Praxiswissen Joomla! 3.x komplett

4. AUFLAGE

Praxiswissen Joomla! 3.x komplett

Tim Schürmann

Tim Schürmann

Lektorat: Alexandra Follenius
Korrektorat: Sibylle Feldmann
Herstellung: Susanne Bröckelmann
Umschlaggestaltung: Michael Oréal, www.oreal.de
Satz: III-Satz, www.drei-satz.de
Druck und Bindung: Druckerei C.H. Beck, www.becksche.de

Bibliografische Information Der Deutschen Nationalbibliothek
Die Deutsche Nationalbibliothek verzeichnet diese Publikation in der Deutschen Nationalbibliografie; detaillierte bibliografische Daten sind im Internet über *http://dnb.d-nb.de* abrufbar.

ISBN:
Print   978-3-96009-007-6
PDF   978-3-96010-075-1
ePub   978-3-96010-076-8
mobi   978-3-96010-077-5

Dieses Buch erscheint in Kooperation mit O'Reilly Media, Inc. unter dem Imprint »O'REILLY«. O'REILLY ist ein Markenzeichen und eine eingetragene Marke von O'Reilly Media, Inc. und wird mit Einwilligung des Eigentümers verwendet.

4., aktualisierte Auflage 2017
Copyright © 2017 dpunkt.verlag GmbH
Wieblinger Weg 17
69123 Heidelberg

Die vorliegende Publikation ist urheberrechtlich geschützt. Alle Rechte vorbehalten. Die Verwendung der Texte und Abbildungen, auch auszugsweise, ist ohne die schriftliche Zustimmung des Verlags urheberrechtswidrig und daher strafbar. Dies gilt insbesondere für die Vervielfältigung, Übersetzung oder die Verwendung in elektronischen Systemen.

Es wird darauf hingewiesen, dass die im Buch verwendeten Soft- und Hardware-Bezeichnungen sowie Markennamen und Produktbezeichnungen der jeweiligen Firmen im Allgemeinen warenzeichen-, marken- oder patentrechtlichem Schutz unterliegen.

Die Informationen in diesem Buch wurden mit größter Sorgfalt erarbeitet. Dennoch können Fehler nicht vollständig ausgeschlossen werden. Verlag, Autoren und Übersetzer übernehmen keine juristische Verantwortung oder irgendeine Haftung für eventuell verbliebene Fehler und deren Folgen.

5 4 3 2 1 0

Inhalt

Vorwort... XIII

Teil I: Einführung und Installation

1 Einführung **3**
    Eine Homepage wächst und wächst 3
    Die Lösung: Content-Management-Systeme 4
    Einsatzbereiche und Vorteile von Joomla! 4
    Wie funktioniert Joomla!? 5
    Versionschaos und eine kleine Geschichtsstunde 6
    Es geht los: Die Filmtoaster-Seiten 13

2 Installation **15**
    Voraussetzungen 16
    Schnellinstallation 19
    Installation von Joomla! 41
    Man spricht Deutsch 68
    Schreibrechte 78

3 Erste Schritte im Backend **81**
    Rundgang durch das Frontend 82
    Anmeldung am Backend 87
    Hauptmenü und Statusleiste 89
    Das Kontrollzentrum 91
    Responsive Design 95
    Mit Listen und Tabellen arbeiten 96
    Der Papierkorb 104
    Inhalte veröffentlichen und verstecken 105

Gesperrte Inhalte freigeben 106
Hilfen nutzen 107

Teil II: Einen Internetauftritt erstellen

4 Den Internetauftritt strukturieren 113
Arbeitsweisen: Beiträge und Kategorien 113
Inhalte gliedern 116

5 Kategorien anlegen und verwalten 121
Eine neue Kategorie erstellen 122
Die Verschachtelung nachträglich ändern 132
Kategorien kopieren 134

6 Beiträge anlegen und verwalten 135
Einen neuen Beitrag erstellen 136
Schlagwörter vergeben 147
Beiträge gliedern 149
Bilder in Beiträge einbauen 154
Verweise und Links einfügen 163
Erstellungs- und Veröffentlichungsdatum 168
Die Darstellung des Beitrags anpassen 169
Beiträge umsortieren 174
Beiträge kopieren 175

7 Inhalte mit Menüpunkten verbinden 177
Vorbereitungen 177
Liste mit Kategorien (Alle Kategorien auflisten) 180
Liste mit Beiträgen (Kategorieliste) 186
Blog aus Beiträgen (Kategorieblog) 195
Einzelner Beitrag 204
Haupteinträge kennzeichnen 207
Indirekt erreichbare Inhalte 211
Sichtbarkeit versteckter Inhalte 215
Vorgaben ändern 217

8 Nützliche Werkzeuge 219
Das Archiv nutzen 219
Schlagwörter verwalten 225
Versionsverwaltung 245
Medien verwalten 250

Teil III: Den Internetauftritt erweitern

9 Komponenten – Nützliche Zusatzfunktionen **263**
    Bannerwerbung 264
    Kontakte und Kontaktformulare 284
    Newsfeeds 314
    Suchfunktion und Suchstatistiken 332
    Suchindex (Smart Search) 338

10 Module – Die kleinen Brüder der Komponenten **351**
    Module, Komponenten und Templates: Ein komplexes Zusammenspiel 352
    Rundgang durch die Modulverwaltung 355
    Module umplatzieren 358
    Reihenfolge der Module ändern 364
    Ein neues Modul erstellen 366
    Eigenschaften eines Moduls verändern 371
    Menüzuweisung – auf welchen Unterseiten erscheint das Modul? 375
    Modul für Werbebanner 378
    Module für Beiträge 380
    Module zur Benutzerverwaltung 392
    Modul für eigene Texte 396
    Module für Newsfeeds 397
    Module für Menüs und zur Navigation 401
    Module für Schlagwörter 403
    Modul zur Sprachauswahl 406
    Module zur Suche 408
    Module für spezielle Situationen 414
    Module im Frontend bearbeiten 418
    Hilfe, mein Modul ist verschwunden! 420
    Module in Beiträge einbinden 420
    Administrator-Module 424

11 Menüs **427**
    Menüs verwalten 428
    Ein neues Menü erstellen 430
    Menüeinträge verwalten 435
    Einen Menüeintrag anlegen 444
    Menüeinträge gliedern 459
    RSS-Feeds aktivieren (Integrationseinstellungen) 463
    Modulzuordnung kontrollieren und korrigieren 464
    Optik eines Menüpunkts ändern 466
    Seitentitel verändern 467

	Spezielle Menüpunkte	470
	Startseite festlegen	478
	Hilfe, mein Menüeintrag ist verschwunden!	482

12 Benutzerverwaltung und -kommunikation — 485

Seiten für Benutzer im Frontend	486
Ein exklusives Menü für Benutzer	488
Benutzergruppen	489
Den Benutzer verwalten	495
Zugriffsebenen – Was bekommt ein Benutzer zu sehen?	503
Berechtigungen – Welche Aktionen darf ein Benutzer ausführen?	513
An- und Abmeldung	523
Registrierung	533
Benutzerprofil	540
Beiträge einreichen und freischalten	544
Benutzerhinweise	550
Das interne Nachrichtensystem	555

13 Joomla! konfigurieren — 561

Systemeinstellungen	562
Ausgelieferte Website	562
Globale Metadaten	567
Fehlersuche (Debug)	568
Zwischenspeicher (Cache)	571
Sitzungsmanagement	574
Cookies	574
Einstellungen zum Webserver	575
Einstellungen zur Datenbank	576
Zeitzone des Servers	577
FTP-Einstellungen korrigieren	577
E-Mail-Versand einrichten (Mailing)	578
Proxy-Einstellungen	580
Einstellungen im Frontend ändern	580
Systeminformationen	581
Menüs und Kategorien wiederherstellen	584

14 Plug-ins — 585

Grundlagen	585
Plug-in-Einstellungen ändern	587
Authentication-Plug-ins	590
Captcha-Plug-ins	594
Content-Plug-ins	595
Editor-Plug-ins	600

Editors-xtd-Plug-ins	610
Extension-Plug-ins	610
Finder-Plug-ins	610
Installer-Plug-ins	611
Quickicon-Plug-ins	612
Search-Plug-ins	612
System-Plug-ins	613
Plug-ins zur Zwei-Faktor-Authentifizierung (twofactorauth)	626
User-Plug-ins	627

Teil IV: Templates

15 Templates verwalten — 633
Templates nachrüsten	633
Stile einsetzen	637
Templates deinstallieren	649

16 Ein eigenes Template entwickeln — 651
Das Template-Verzeichnis	652
Die Entwurfsskizze	653
Ein HTML-Grundgerüst basteln	656
Kopf für Joomla! vorbereiten	662
Komponenten einbinden	665
Modulpositionen kennzeichnen	666
Systemmeldungen einbinden	674
Name der Website einbauen	675
Link zur Startseite	675
Statische Bilder einbauen	676
Die fertige Datei index.php	678
Eigene Fehlerseite gestalten	679
Die Datei templateDetails.xml	683
Template-Paket erstellen und Testlauf in Joomla!	687
Template Overrides	689
Module Chrome	693

17 Responsive Design — 697
CSS-Crashkurs	698
Ein Stylesheet einbinden	700
Mobile First – Layout für kleine Bildschirme	704
Layout für den Desktop	733
Druckvorschau	751

Vorschaubilder	752
Neues Template-Paket erstellen	753
Gezielt einzelne Elemente formatieren	754
Templates mit Parametern steuern	760
Texte im Template übersetzen	768
Bedingte Darstellung	771
Bootstrap einsetzen	775
Ein vorhandenes Template verändern	780

Teil V: Erweiterungen

18 Mehrsprachigkeit — 785
Sprachpakete beschaffen und installieren	785
Sprachpakete entfernen	791
Die Sprache wechseln	791
Einen mehrsprachigen Internetauftritt erstellen	794
Einzelne Übersetzungen austauschen (Language String Overrides)	819
Eigene Sprachpakete erstellen	822

19 Funktionsumfang erweitern — 831
Das Joomla! Extensions Directory (JED)	833
Erweiterungen installieren	834
Erweiterungen verwalten und deinstallieren	840
Wartungsfunktionen	842
Gefahren und Probleme beim Einsatz von Erweiterungen	843
Weblinks	844
Kalender (JEvents)	847
Bildergalerie (Phoca Gallery)	856
Kommentare (JComments)	861

20 Eigene Erweiterungen erstellen — 867
Komponenten	868
Module	890
Plug-ins	895

Teil VI: Tipps und Tricks

21 Suchmaschinenoptimierung — 901
Funktionsweise einer Suchmaschine	903
Seiteninhalte optimieren	904

	Metadaten: Fluch und Segen	908
	Der Name der Website	910
	Suchmaschinenfreundliche URLs (Search Engine Friendly Links)	911
	Umleitungen	916
	Noch mehr Funktionen mit Erweiterungen	919
22	**Datensicherung und Wiederherstellung (Backups)**	**921**
	Backups mit Akeeba Backup	922
	Backups mit Bordmitteln	932
	Joomla! auf einen anderen Server verpflanzen	935
	Super-User-Passwort wiederherstellen	937
	Datenbankfehler	940
23	**Aktualisierung und Migration**	**941**
	Joomla! aktuell halten	942
	Sprachpakete und Erweiterungen aktualisieren	947
	Aktualisierungsquellen	948
	Migration von Joomla! 2.5	951
	Migration von einer älteren Joomla!-Version	953
A	**TinyMCE-Editor**	**955**
	Index	**965**

Vorwort

Hinter dem etwas lustig klingenden Begriff Joomla! verbirgt sich ein beliebtes Content-Management-System, das die Publikation und Verwaltung von Webseiten vereinfacht. Joomla! eignet sich gleichermaßen für die private Homepage wie auch für einen professionellen Internetauftritt. Dank der GNU GPL-Lizenz ist Joomla! kostenlos und liegt vollständig im sogenannten Quellcode vor, sodass man – entsprechende Motivation vorausgesetzt – das System vollständig nach seinen Wünschen verändern kann.

Über dieses Buch

Dieses Buch befasst sich mit der Installation, Konfiguration und Bedienung des kostenlosen Content-Management-Systems Joomla!. Als kapitelübergreifendes Beispiel dient dabei der Aufbau eines kleinen Kinoportals, das zunächst nur Filmkritiken verwaltet, im weiteren Verlauf aber noch um zusätzliche Funktionen verfeinert wird. Sie erfahren, wie Sie Ihren Seiten eine individuelle Optik verpassen und Joomla! einfach um zusätzliche Funktionalitäten erweitern können.

Das Buch wurde so geschrieben, dass Sie es sowohl als Einstieg als auch als Referenz verwenden können (es ist also nicht notwendig, dem durchgehenden Beispiel von Anfang bis zum Ende zu folgen).

Kenntnisse im Umgang mit anderen Content-Management-Systemen (CMS), wie etwa WordPress, sind im Folgenden nicht nötig. Das Buch richtet sich somit insbesondere auch an Einsteiger, die zum ersten Mal einen Internetauftritt mit einem CMS erstellen möchten. Es erleichtert jedoch das Verständnis, wenn Sie bereits eine Internetseite mit einem entsprechenden Baukasten erstellt haben – etwa mit einem Onlinedienst wie Jimdo oder einem herkömmlichen Editor wie NetObject Fusion, Realmac RapidWeaver oder Adobe Dreamweaver.

Anmerkungen zur vierten Auflage

Seit der letzten Auflage von *Praxiswissen Joomla!* waren die Joomla!-Entwickler fleißig und haben ihr Content-Management-System zwar langsam, aber durchaus kontinuierlich weiterentwickelt. Zusammen mit der (wieder einmal) veränderten Veröffentlichungsstrategie wurde eine Überarbeitung von *Praxiswissen Joomla!* fällig.

Diese vierte, grundlegend überarbeitete Auflage erklärt umfassend sämtliche in Joomla! enthaltenen Funktionen. Dabei erhielt vor allem das Erstellen von Inhalten und Beiträgen mehr Raum. Alle Bilder und Erläuterungen in diesem Buch basieren dabei auf der zum Druckzeitpunkt aktuellen Joomla!-Version 3.6.0 mit den passenden deutschen Sprachpaketen (in der Version 3.6.0v1).

Warnung   Da alle Joomla!-Versionen mit einer vorangestellten 3 zueinander kompatibel bleiben, gelten die Angaben in diesem Buch auch weitgehend für alle direkt nachfolgenden Joomla!-Versionen. Mit dem Erscheinen der Joomla!-Version 3.7 ist dieses Buch folglich nicht schlagartig veraltet. (Weitere Informationen hierzu finden Sie im Abschnitt »Versionschaos und eine kleine Geschichtsstunde« auf Seite 6.)

Gegenüber der vorherigen Auflage wurden einige Kapitel ergänzt, darunter Kapitel 8, *Nützliche Werkzeuge*, das unter anderem auf die Schlagwörter- und Versionsverwaltung eingeht.

Die äußerst beliebten Kapitel über die Design-Vorlagen, die sogenannten Templates, erhielten eine Generalüberholung und wurden noch einmal deutlich erweitert. Die dazu teilweise fast neu geschriebenen Kapitel berücksichtigen jetzt auch moderne Internettechniken wie das Responsive Design und die Darstellung auf Smartphones.

Aufbau des Buchs

Das nächste Kapitel, *Einführung*, stellt Joomla! vor, geht auf seine Geschichte ein und beleuchtet die Aufgaben eines Content-Management-Systems. Anschließend nennt Kapitel 2, *Installation*, die Voraussetzungen, die für einen Betrieb von Joomla! notwendig sind, und zeigt, wie man es Schritt für Schritt installiert. In Kapitel 3, *Erste Schritte im Backend*, erfahren Sie, wie man die Kommandozentrale von Joomla! betritt und bedient.

Im zweiten Teil des Buchs entsteht ein neuer Internetauftritt, wobei als Beispiel eine Website mit Filmkritiken dient. Zunächst befasst sich Kapitel 4, *Den Internetauftritt strukturieren*, mit den Konzepten und Arbeitsweisen von Joomla! und zeigt, wie man eine neue Website gliedert beziehungsweise aufbaut. Alle eingetippten Texte fasst Joomla! thematisch in sogenannten Kategorien zusammen. Wie Sie diese anlegen und verwalten, beschreibt Kapitel 5, *Kategorien anlegen und verwalten*. Anschließend geht es in Kapitel 6, *Beiträge anlegen und verwalten*, an die Eingabe der Inhalte in Form von Texten und Bildern. Wie man diese über Menüpunkte erreichbar macht, verrät Kapitel 7, *Inhalte mit Menüpunkten verbinden*. Kapitel 8, *Nützliche Werkzeuge*, stellt schließlich noch hilfreiche Funktionen vor, die im Arbeitsalltag nützlich sind. Dazu zählen unter anderem die eingebaute Versions- und die Medienverwaltung.

Der dritte Teil stellt die in Joomla! mitgelieferten Zusatzfunktionen vor. Dazu zählen zunächst in Kapitel 9, *Komponenten – Nützliche Zusatzfunktionen*, die sogenannten Komponenten. Diese realisieren beispielsweise Kontaktformulare oder verwalten Werbebanner. Unterstützung erhalten die Komponenten durch ihre kleinen Brüder, die sogenannten Module. Sie sind Thema in Kapitel 10, *Module – Die kleinen Brüder der Komponenten*. Das Anlegen von Menüs behandelt Kapitel 11, *Menüs*, die Verwaltung von Benutzern Kapitel 12, *Benutzerverwaltung und -kommunikation*. Dort erfahren Sie auch, wie Sie den Zugriff auf die Inhalte beschränken. Anschließend wirft Kapitel 13, *Joomla! konfigurieren*, einen Blick auf die Grundeinstellungen des Content-Management-Systems, bevor Kapitel 14, *Plug-ins*, mit den Plug-ins noch kurz auf die kleinen, nützlichen Helfer im Hintergrund eingeht.

Der vierte Buchteil widmet sich ganz den Templates, die das Design der späteren Website vorgeben. Wie man weitere fertige Template beschafft und aktiviert, verrät Kapitel 15, *Templates verwalten*. Anschließend erfahren Sie in Kapitel 16, *Ein eigenes Template entwickeln*, wie man ein eigenes Template programmiert. Dessen Optik verbessert anschließend noch Kapitel 17, *Responsive Design*.

Im fünften Teil erfahren Sie, wie man Joomla! um zusätzliche Funktionen und Möglichkeiten erweitert. Zunächst zeigt Kapitel 18, *Mehrsprachigkeit*, wie man mithilfe von Sprachpaketen seiner Website und Joomla! eine fremde Sprache beibringt. Kapitel 19, *Funktionsumfang erweitern*, stellt die verschiedenen Erweiterungsarten näher vor und präsentiert anschließend eine Auswahl der im Internet vorhandenen Erweiterungspakete. Dazu gehören beispielsweise eine Bildergalerie oder ein Kalender. Wie man Schritt für Schritt eigene Erweiterungen programmiert, erfahren Sie in Kapitel 20, *Eigene Erweiterungen erstellen*.

Zum Abschluss enthüllt der sechste Buchteil noch ein paar nützliche Tipps und Tricks. Dies beginnt mit der Suchmaschinenoptimierung in Kapitel 21, *Suchmaschinenoptimierung*, geht über das Erstellen eines Backups in Kapitel 22, *Datensicherung und Wiederherstellung (Backups)* bis hin zur Aktualisierung sowie der Migration von älteren Joomla!-Versionen in Kapitel 23, *Aktualisierung und Migration*. Anhang A gibt einen Überblick über die Funktionen des TinyMCE-Editors.

Beispieldateien zum Download

Die in diesem Buch verwendeten Skripte und Templates finden Sie online unter *http://downloads.oreilly.de/9783960090076* zum Download.

Typografische Konventionen

In diesem Buch werden die folgenden typografischen Konventionen verwendet:

Kursivschrift
: für Datei- und Verzeichnisnamen, E-Mail-Adressen und URLs, aber auch bei der Definition neuer Fachbegriffe und für Hervorhebungen

`Nichtproportionalschrift`
: für Codebeispiele und Variablen, Funktionen, Befehlsoptionen, Parameter, Klassennamen und HTML-Tags

`Nichtproportionalschrift fett`
: für Benutzereingaben und in den Codebeispielen zur Hervorhebung einzelner Zeilen oder Abschnitte

 Tipp
: Die Glühbirne kennzeichnet einen Tipp oder einen generellen Hinweis mit nützlichen Zusatzinformationen zum Thema.

 Warnung
: Die Hand kennzeichnet eine Warnung oder ein Thema, bei dem man Vorsicht walten lassen sollte.

 Kino
: Die kleine Filmklappe zeigt an, wo es um das Kinoportal geht, die sich als Beispiel durch das ganze Buch zieht.

Bei Verzeichnisangaben trennt immer ein Schrägstrich / mehrere einzelne (Unter-)Verzeichnisse voneinander. In der Angabe *joomla/images* wäre *images* ein Unterordner von *joomla*. Diese für Windows-Nutzer etwas ungewohnte Notation wurde absichtlich gewählt: Zum einen verwendet sie Joomla! selbst in seiner Benutzeroberfläche, und zum anderen ist sie auf den meisten (Internet-)Servern üblich. Unter Windows würde man die Verzeichnisangabe aus dem obigen Beispiel als *joomla\images* notieren.

Ressourcen und Support

Die folgende Liste enthält wichtige Internetseiten oder Anlaufstellen rund um das Thema Joomla!:

- *http://www.joomla.org* – Die Homepage von Joomla!
- *http://www.joomla.de* – Die größte deutschsprachige Seite zum Thema Joomla!
- *http://extensions.joomla.org* – Verzeichnis mit kostenlosen Joomla!-Erweiterungen
- *http://jgerman.org* – Internetauftritt des deutschen Übersetzerteams
- *http://www.joomlaos.de* – Verzeichnis mit zahlreichen Templates

Der Autor, die Danksagung und der ganze Rest

Murphys Gesetz besagt, dass alles, was schiefgehen kann, auch schiefgehen wird. Aus diesem Grund enthält das vorliegende Werk neben einem vermutlich recht hohen Zelluloseanteil und viel schwarzer Farbe auch ein paar gezielt eingestreute Fehler. Sie stammen vom Autor selbst und sind trotz der extrem strengen Blicke des Lektorats bis in die Druckerei durchgeflutscht. Dafür müsste man ihnen eigentlich Respekt zollen.

Falls Sie als Leser zufällig auf einen der angesprochenen Fehler treffen, lassen Sie ihn nicht in Freiheit sein Unwesen treiben, sondern melden Sie ihn an die E-Mail-Adresse *info@tim-schuermann.de*. Dies ist gleichzeitig der direkte Draht zum Autor, der sich selbstverständlich auch im Fall von Kommentaren oder anderen Anmerkungen auf Post freut. Seinen eigenen Internetauftritt betreibt der Diplom-Informatiker unter *http://www.tim-schuermann.de*. Bitte beachten Sie, dass auf beiden Wegen leider kein kostenloser Support angeboten werden kann.

Der Dank des Autors geht an die Lektorinnen Alexandra Follenius und Christine Haite, die zahlreiche Vorschläge und Korrekturen beigesteuert haben, sowie an die Fachgutachter Patrick Jungbluth und Jan Erik Zassenhaus, die hartnäckig und unnachgiebig auf Fehlersuche gingen. Weiterer Dank gebührt Ariane Hesse, meiner Familie und natürlich allen Lesern, ohne die diese Buchstabensuppe auf weiß gefärbten Holzabfällen niemals den Weg in die Händlerregale gefunden hätte.

Damit jetzt nicht noch mehr langweiliges Danksagungsdingsbums wertvollen Buchplatz wegnimmt, schließe ich hiermit das aktuelle Kapitel und fahre direkt mit dem eigentlichen Thema fort.

TEIL I
Einführung und Installation

> **In diesem Kapitel:**
> - Eine Homepage wächst und wächst ...
> - Die Lösung: Content-Management-Systeme
> - Einsatzbereiche und Vorteile von Joomla!
> - Wie funktioniert Joomla!?
> - Versionschaos und eine kleine Geschichtsstunde
> - Es geht los: Die Filmtoaster-Seiten

KAPITEL 1
Einführung

Die ersten Schritte zur eigenen Homepage führen meist über Onlinedienste wie Jimdo und Wix oder die »Homepage-Baukästen« von Strato und 1&1. Erfahrenere Seitenbetreiber greifen zu Anwendungen wie Fusion, Adobe Dreamweaver oder Realmac RapidWeaver. In ihnen entwirft man eine Internetseite wie in einem Layout- oder Grafikprogramm. Augenscheinlich führen alle diese Baukästen schnell und unkompliziert zum Ziel. Ein Cineast könnte mit ihnen noch am Abend des Kinobesuchs eine Kritik schreiben und veröffentlichen. Die Probleme beginnen jedoch, wenn die Homepage größer wird.

Eine Homepage wächst und wächst ...

Je mehr Kritiken auf der Homepage landen, desto unübersichtlicher wird sie. In einer ellenlangen unsortierten Liste mit über 100 Filmkritiken findet ein Besucher erst nach mehreren Minuten einen ganz bestimmten Film – wenn er nicht schon vorher entmutigt aufgibt. Es gilt folglich, ständig diszipliniert Ordnung zu halten.

Zudem ist es vielleicht doch keine so gute Idee, immer direkt nach der Vorstellung loszutippen. Einige alte Kritiken sind deshalb nicht nur zu scharf formuliert, sondern auch mit Tippfehlern übersät. Die Texte verlangen somit immer mal wieder nach Korrekturen und Ergänzungen. Flüchtigkeitsfehler sorgen zudem oft für defekte Links, und im schlimmsten Fall sind komplette Filmkritiken nicht mehr für die Besucher erreichbar.

Erfahrungsgemäß trudeln zu gut geschriebenen Texten positive wie negative Kommentare per E-Mail ein. Vielleicht bieten einige Leser sogar ihre Hilfe an und schicken eigene Kritiken. Die in Word- und LibreOffice-Dateien angelieferten Texte müssen allerdings erst noch irgendwie in den Webbaukasten hineinkommen sowie Korrektur gelesen und optisch an die anderen Filmkritiken angepasst werden.

Gefällt irgendwann das Design der Homepage nicht mehr, steht schließlich noch eine kleine Überarbeitungsorgie ins Haus, bei der jeder einzelnen Filmkritik ein neues Layout übergestülpt werden muss. Gleichzeitig wandert der Blick neidisch auf die Funktionen anderer Internetseiten. Dort fördert eine schicke Kommentarfunktion den Gedankenaustausch, eine Suchfunktion erleichtert Besuchern das

Aufstöbern einer bestimmten Filmkritik, und ein Kalender mit allen anstehenden Filmpremieren wäre doch auch ganz nett.

Je weiter also eine Homepage wächst ...

- desto unübersichtlicher wird sie,
- desto mehr Zusatzfunktionen kommen infrage und
- desto häufiger muss man ständig die gleichen stupiden Aufgaben lösen. Diese erfordern einen hohen Arbeitsaufwand, sind teilweise nur umständlich durchzuführen und somit unterm Strich auch noch zeitraubend.

Die Lösung: Content-Management-Systeme

Damit es gar nicht erst zu Chaos auf der Homepage kommt, sollten Sie sich gleich mit Spezialprogrammen anfreunden, die Ihnen bei der Verwaltung und der Gestaltung der Inhalte behilflich sind und Ihnen viele Standardaufgaben abnehmen. Eine solche Software bezeichnet man als *Content-Management-System*, abgekürzt CMS. Wer es ganz genau nimmt, unterteilt die Menge der Content-Management-Systeme noch einmal nach ihrem primären Einsatzzweck. Das in diesem Buch vorgestellte Joomla! gehört dabei zur Gruppe der Web-Content-Management-Systeme, die vorwiegend Internetseiten verwalten. In der Praxis verwendet man jedoch meist nur den Oberbegriff Content-Management-System (Sie müssen sich also den anderen Zungenbrecher nicht merken).

Ein Content-Management-System verwaltet selbstverständlich nicht nur Filmkritiken, sondern auch sämtliche anderen Medien, die auf einer Webseite angeboten werden können, wie etwa Bilder und Videos. Es sorgt automatisch für ihre korrekte Publikation, verknüpft sie sorgfältig miteinander und verpasst allen Seiten ein einheitliches Aussehen. Mithilfe des eingebauten Benutzermanagements schränkt man den Zugriff auf spezielle Bereiche oder Unterseiten für bestimmte Nutzergruppen ein und erlaubt externen Autoren, ihre Texte direkt in das System einzugeben. Aber auch dynamische Zusatzfunktionen, wie eine Kommentarfunktion oder einen Kalender, schaltet man mit nur wenigen Mausklicks aktiv.

Damit könnte sich beispielsweise der Cineast seinen Traum von einer kleinen Kinoseite realisieren: Filmkritiken und aktuelle Nachrichten aus Hollywood würden tagesaktuell von vielen Helfern eingegeben und automatisch vom System übersichtlich verwaltet. Mithilfe einer Kommentarfunktion ließe sich zudem ausführlich über den neuesten James Bond diskutieren. Es gibt folglich viele gute Gründe, zu einem Content-Management-System zu greifen – und natürlich nicht nur für einen Cineasten.

Einsatzbereiche und Vorteile von Joomla!

Joomla! ist ein besonders einfach zu bedienendes Content-Management-System, mit dem sich auch umfangreiche Internetpräsenzen spielend pflegen und gestalten lassen.

Seine Vorteile liegen in einer einfachen Bedienung und seiner Erweiterbarkeit. Von Haus aus bringt es bereits viele Funktionen wie Werbebanner, Kontaktformulare, eine Suchfunktion sowie Benutzerstatistiken mit. Weitere Funktionen rüstet man bei Bedarf über eine der zahlreichen Erweiterungen nach. Joomla! eignet sich somit ideal zur Realisierung von kleinen und mittelgroßen Internetauftritten. Es verfügt über eine große, unterstützende Gemeinschaft, die Joomla! kontinuierlich vorantreibt und weiterentwickelt. Und das Beste: Sie dürfen Joomla! kostenlos verwenden – selbst für kommerzielle Zwecke.

Bei so vielen Vorteilen sollte man jedoch nicht vergessen, dass die Wahl des richtigen Content-Management-Systems auch ein wenig von den eigenen Vorlieben abhängt. Die vielen Glaubenskriege zwischen den jeweiligen Anhängern bezeugen dies. Nicht verschwiegen werden darf zudem, dass Joomla! bei sehr umfangreichen Internetauftritten passen muss, für die man die volle Kontrolle über jedes einzelne Element benötigt. Für solche Aufgaben zieht man besser TYPO3 oder ein vergleichbares System aus dieser Leistungsklasse heran. Darüber hinaus werkelt Joomla! etwas langsamer als die Konkurrenten WordPress und Drupal. Dies merkt man vor allen Dingen an einer leichten Verzögerung bei der Auslieferung einer Internetseite. Dennoch bietet Joomla! einen hervorragenden Kompromiss zwischen Mächtigkeit, Schlankheit und einer einfachen Bedienung.

Die Weiterentwicklung von Joomla! koordiniert und fördert das eigens dafür gegründete gemeinnützige Unternehmen Open Source Matters, kurz OSM (*http://www.opensourcematters.org*).

Wie funktioniert Joomla!?

Joomla! ist kein herkömmliches Programm, das Sie auf dem heimischen PC starten und nutzen können. Stattdessen läuft es direkt auf einem im Internet angemieteten Computer, dem sogenannten *Server*. Ein solches Content-Management-System bezeichnet man daher auch als *serverseitiges CMS*. Dies bedeutet gleichzeitig, dass Konfiguration, Wartung und das Eingeben von neuen Texten aus einem Internetbrowser heraus passieren. Hierzu stellt Joomla! mehrere versteckte Unterseiten bereit, über die Sie als Verwalter später das System einrichten und über die Autoren ihre Beiträge abgeben. Normale Besucher erlangen selbstverständlich keinen Zutritt zu diesen Bereichen.

Ein Autor, der einen neuen Beitrag hinzufügen möchte, meldet sich bei Joomla! an und gibt in einem speziellen Formular seinen Text ein. Sobald er fertig ist, speichert das Content-Management-System diesen Text in einer im Hintergrund werkelnden Datenbank. Diese bewahrt sämtliche Seiteninhalte für einen schnellen Zugriff auf. Damit ist die Arbeit des Autors bereits beendet. Sobald er Joomla! die Freigabe erteilt, erscheint sein Text umgehend auf der Homepage. Um die Formatierung des Texts kümmert sich Joomla! – allerdings erst dann, wenn es ihn an einen Besucher ausliefert: Fordert der Browser eines Besuchers den Beitrag an ❶, kramt Joomla! alle Inhalte, die zu der Seite gehören, aus der Datenbank hervor ❷ und setzt sie mithilfe eines Bauplans zusammen ❸ (siehe Abbildung 1-1). Die fertige Seite reicht Joomla! dann wieder an den Browser zurück ❹.

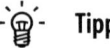 **Tipp**   Bildlich kann man sich diesen Vorgang wie die Konstruktion eines Hauses aus Lego vorstellen. Die genoppten Steine repräsentieren die Inhalte, die Joomla! nach dem beiliegenden Montageplan so zusammenstöpselt, dass sie ein hübsches Häuschen ergeben. Je nachdem, wie der Bauplan aussieht, erhält man eine andere Hausfassade.

Joomla! liefert also nicht einfach fix und fertige *statische* Seiten aus, sondern erzeugt sie erst *dynamisch* in dem Moment, in dem sie angefordert werden. Das kostet zwar jedes Mal etwas Rechenzeit auf dem Server, hat aber den unschlagbaren Vorteil, dass jede Änderung sofort auf der Homepage sichtbar ist. Darüber hinaus werden erst auf diese Weise aktive Inhalte, wie die Such- oder die Kommentarfunktion, möglich.

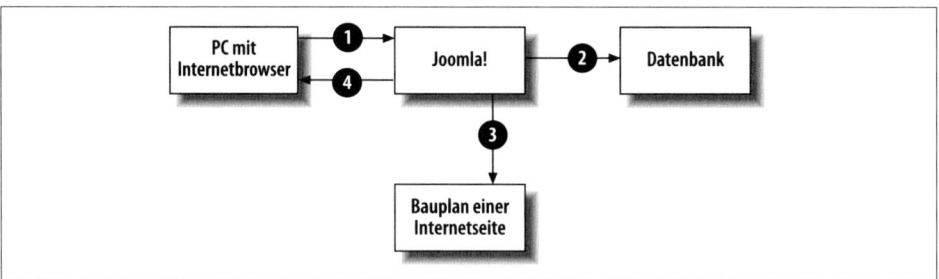

Abbildung 1-1:   Von der Anfrage bis zur Auslieferung der Seite.

Mithilfe der Baupläne trennt Joomla! zudem strikt die Inhalte von der Optik. Das hat wiederum den Vorteil, dass der Betreiber der Homepage das Aussehen aller Texte jederzeit mit nur zwei Mausklicks ändern kann – er muss lediglich einen anderen Seitenbauplan wählen.

Im Fall der Kinoseite bestimmt der Betreiber in Joomla! zunächst das Layout und legt fest, wer seiner vielen Helfer überhaupt Filmkritiken schreiben darf – um den Rest braucht er sich ab sofort keine Gedanken mehr zu machen. Die externen Autoren senden ihre Kritiken nicht mehr per E-Mail zu, sondern melden sich mit ihrem Benutzerkonto direkt bei Joomla! an und hinterlassen dort ihre Texte. Der Betreiber spart somit Zeit und kann sich ganz seinen eigenen Texten und vielen weiteren Kinobesuchen widmen.

Versionschaos und eine kleine Geschichtsstunde

In der Vergangenheit haben die Joomla!-Entwickler ihre Anwender immer wieder mit teilweise etwas merkwürdigen Versionsnummern verwirrt und auch gleich noch mehrfach ihre Veröffentlichungsstrategie gewechselt. Durchschauen lässt sich das Versionsnummernchaos nur mit einem kleinen Blick in die Vergangenheit.

Tipp Glücklicherweise gibt es nur noch jeweils eine einzige aktuelle Joomla!-Version. Zum Zeitpunkt der Drucklegung dieses Buchs war das die Version 3.6.0. Sobald die Entwickler eine neue Version veröffentlichen, gilt die vorherige umgehend als veraltet. Die Aktualisierung wird zudem mit wenigen Mausklicks direkt in Joomla! vorgenommen. Wenn Ihnen also nach der Lektüre dieses Abschnitts der Kopf schwirrt, können Sie ihn einfach wieder vergessen. Solange Sie Joomla! von der offiziellen Joomla!-Homepage *http://www.joomla.org* herunterladen, verwenden Sie automatisch die aktuellste Version.

Die Geschichte von Joomla! reicht bis ins Jahr 2000 zurück. Zu diesem Zeitpunkt begann die australische Firma Miro mit der Entwicklung eines Content-Management-Systems. Um den Verkauf anzukurbeln, gab man auch eine kostenlose Ausgabe heraus. Diese zunächst *Mambo Open Source* (MOS), später nur noch kurz *Mambo* genannte Variante stellte Miro unter die *GNU General Public License* (kurz GNU GPL, *http://www.gnu.de/documents/index.de.html*). Hierüber freute sich die beständig wachsende Fangemeinde, stellte diese spezielle Lizenz doch sicher, dass Mambo auch in Zukunft frei erhältlich sein würde. Gleichzeitig lockten ihre Konditionen zahlreiche Helfer an, die die Weiterentwicklung des Systems in ihrer Freizeit tatkräftig unterstützten.

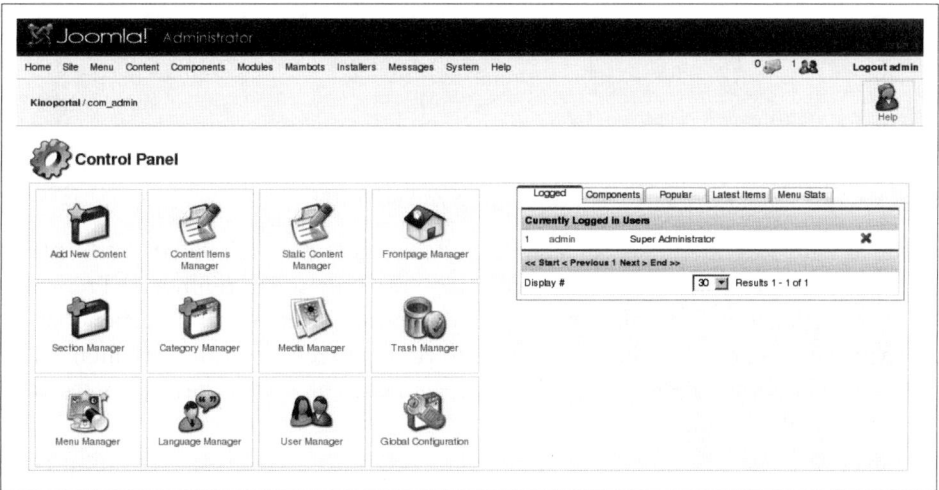

Abbildung 1-2: Ein Content-Management-System im Wandel der Zeit – hier die Steuerzentrale der ersten Joomla!-Version 1.0 aus dem Jahr 2005 ...

Eben jene Entwicklergemeinschaft schlug im April 2005 vor, ihre Aktivitäten in einer Stiftung zu bündeln. Die daraufhin gegründete *Mambo Foundation* blieb jedoch faktisch in den Händen von Miro. Das hiervon enttäuschte Entwicklerteam entschied sich nach kurzer Bedenkzeit, mit einem neuen Content-Management-System zukünftig eigene Wege zu gehen. Als Startkapital nahm man den Programmcode der letzten Mambo-Version mit – dank der GNU GPL ein erlaubtes Vorgehen. Bereits wenige Tage später präsentierte das abtrünnige Entwicklerteam unter dem Namen *Joomla!* sein eigenes Projekt der Öffentlichkeit. Der Begriff stammt aus der afrikanischen Sprache Swahili und ist die (englische) Lautschrift des Worts *Jumla*. Übersetzt bedeutet es etwa so viel wie »alle zusammen« oder »in der Gesamtheit«.

Die erste Version von Joomla! war im Wesentlichen noch mit Mambo identisch, als Lizenz wählte man wieder die freie GNU GPL. Um das System für die Zukunft fit zu machen, unterzogen die Entwickler Joomla! einer kleinen Kernsanierung. Die Änderungen fielen schließlich so umfangreich aus, dass man nicht nur den Veröffentlichungstermin gleich mehrfach verschieben musste, sondern auch die Versionsnummer von 1.0 auf 1.5 springen ließ. Das Ergebnis erschien schließlich nach dreijähriger Arbeit im Februar 2008 (siehe Abbildung 1-3).

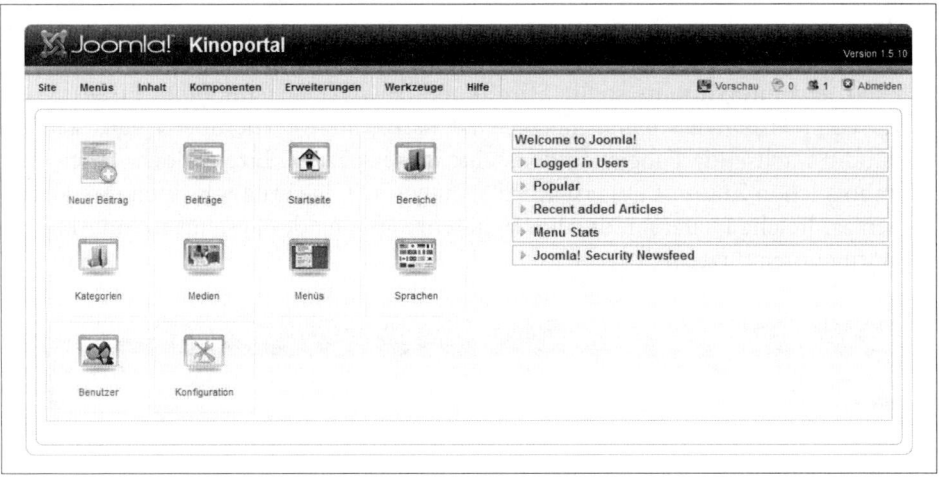

Abbildung 1-3: ... und hier die Steuerzentrale der Version 1.5 aus dem Jahr 2008.

Joomla! kam so gut an, dass es sich schnell zu einem der bedeutendsten Content-Management-Systeme auf dem Markt mauserte und sogar zahlreiche Preise abräumte. Beflügelt vom Erfolg, setzten sich die Joomla!-Entwickler umgehend an die nächste Version, die vor allem eine verbesserte Benutzerverwaltung erhalten sollte. Als sich auch diese Arbeiten in die Länge zogen, entschlossen sich die Entwickler zu einem radikalen Schnitt.

Ab 2011 froren sie den aktuellen Entwicklungsstand alle sechs Monate ein und veröffentlichten ihn als neue Joomla!-Version. So kam es, dass im Januar 2011 Version 1.6 erschien und bereits im Juli desselben Jahres Version 1.7. Mit jeder neuen Version galt die vorherige umgehend als veraltet und erhielt keine Fehlerkorrekturen mehr.

Gleichzeitig entschieden sich die Joomla!-Entwickler dazu, immer eine ausgewählte Joomla!-Version mindestens 18 Monate lang mit Aktualisierungen zu versorgen. Diese sogenannte Langzeitunterstützung, englisch *Long Term Support*, erhielt zunächst Joomla! 1.5, das zu diesem Zeitpunkt schon mehrere Jahre im Einsatz war. Bei ihm stopften die Entwickler noch bis zum Jahr 2012 Sicherheitslücken.

Dieses Vorgehen erfreute vor allem Unternehmen, die gern eine stabile Version über einen längeren Zeitraum einsetzen.

Als nächste Version mit Long Term Support war zunächst Version 1.8 auserkoren. Anwender sollten jedoch auf einen Blick erkennen können, welche Joomla!-Version eine Langzeitunterstützung erhielt. Die Version 1.5 besaß diesen Long Term Support. Folglich wäre es konsequent, grundsätzlich allen Versionen mit Langzeitunterstützung eine 5 an der zweiten Stelle zu verpassen. Damit müsste die nächste Version allerdings nicht 1.8, sondern 2.5 heißen – alle Zahlen zwischen 1.7 und 2.5 würden damit übersprungen. Da das einen recht radikalen Schritt bedeutete, ließen die Entwickler die Nutzer im Internet darüber abstimmen. Eine knappe Mehrheit votierte schließlich für die Bezeichnung *Joomla! 2.5*, die im Januar 2012 erschien (siehe Abbildung 1-4).

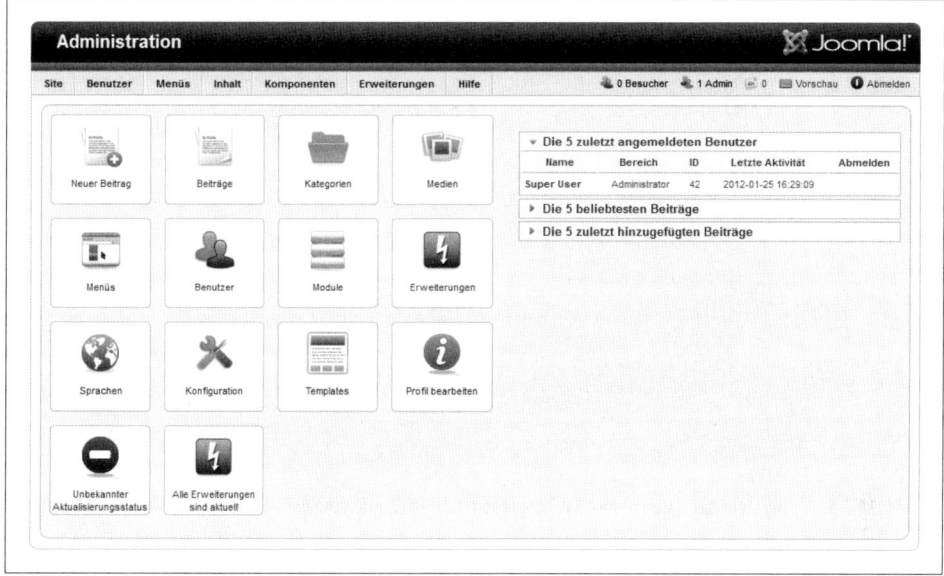

Abbildung 1-4: Die Steuerzentrale von Joomla! 2.5 aus dem Jahr 2012 unterscheidet sich kaum von ihrer Vorgängerin aus Joomla! 1.5.

Im Herbst 2012 veröffentlichten die Joomla!-Entwickler die nächste Version mit der Nummer 3.0. Diese brachte teilweise neue Funktionen und Technologien mit. Die größte sichtbare Änderung war die generalüberholte Benutzeroberfläche, die man jetzt auch bequem auf Smartphones und Tablet-PCs nutzen konnte (siehe Abbildung 1-5). Version 3.0 richteten die Entwickler explizit an neugierige und experimentierfreudige Anwender. Wer eine stabile Joomla!-Version für den produktiven Alltagseinsatz benötigte, sollte nach dem Willen der Joomla!-Entwickler weiterhin Version 2.5 mit Langzeitunterstützung verwenden.

Auf Version 3.0 folgten im Halbjahresrhythmus die Versionen 3.1, 3.2 und 3.3. Diese brachten jeweils immer nur kleinere Neuerungen mit. So führte beispielsweise Version 3.1 die Schlagwörter ein. Die einzelnen Versionen waren zudem immer zum jeweiligen Vorgänger kompatibel, Erweiterungen und Designvorlagen (die sogenannten Templates) ließen sich bis auf wenige Ausnahmen unverändert weiterverwenden. Alles sah danach aus, als arbeiteten die Entwickler auf Version 3.5 hin, die dann wieder einen Long Term Support erhalten würde.

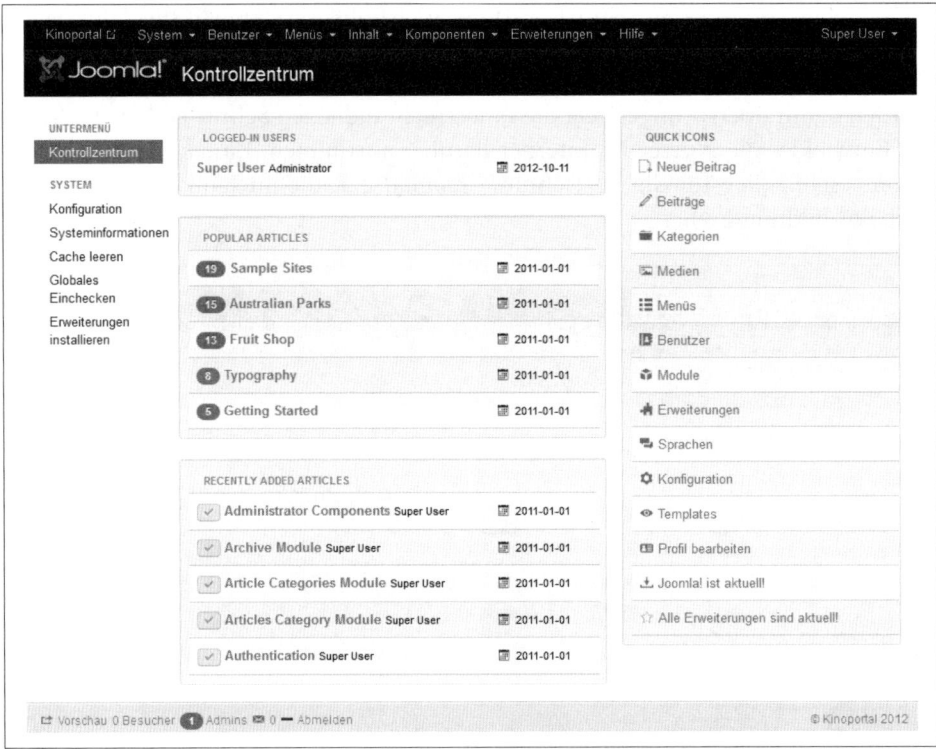

Abbildung 1-5: Die Steuerzentrale von Joomla! 3.0 aus dem Jahr 2012 unterscheidet sich deutlich von ihren Vorgängern.

Mit dem Erscheinen der Version 3.3 im April 2014 warfen die Joomla!-Entwickler allerdings ihre Veröffentlichungsstrategie wieder einmal komplett über den Haufen. Sie erklärten Version 3.3 kurzerhand zu einer stabilen Version, die für den Alltagseinsatz geeignet sei. Eine Version mit Langzeitunterstützung würde es ab sofort nicht mehr geben. Fehlerkorrekturen erhält seitdem immer nur noch die jeweils aktuellste Joomla!-Version. Um den Nutzern von Version 2.5 etwas Zeit zum Umstieg zu gewähren, versorgten die Entwickler Joomla! 2.5 noch bis zum Dezember 2014 mit Fehlerkorrekturen.

 **Warnung** Das bedeutet insbesondere, dass Sicherheitslücken in Joomla! 2.5 nicht mehr geschlossen wurden und werden. Dennoch treibt diese Version immer noch einige Internetauftritte an. Sollten Sie irgendwo über diese Version stolpern, machen Sie folglich entweder einen großen Bogen um sie oder ersetzen sie möglichst schnell durch die aktuelle Joomla!-Version. Andernfalls besteht die Gefahr, dass Einbrecher die komplette Joomla!-Installation übernehmen und damit Schindluder treiben.

Im Februar 2015 erschien Version 3.4, die wiederum Version 3.3 vollständig ersetzte. Auch Joomla! 3.4 brachte wieder nur kleine Neuerungen mit, die vor allem die Sicherheit des Content-Management-Systems erhöhen sollten. Zudem begannen die Joomla!-Entwickler damit, einige Funktionen in Erweiterungspakete auszulagern. Auf diese Weise möchten sie nach und nach das Content-Management-System etwas verschlanken.

Nach der Veröffentlichung von Version 3.4 begannen die Entwickler mit der Arbeit an Version 3.5. Diese wurde im Laufe des Jahres 2015 mehrfach angekündigt und genauso häufig wieder verschoben. Erst über ein Jahr nach Version 3.4 erschien Ende März 2016 Version 3.5.

Jetzt legten die Entwickler plötzlich einen Zahn zu: Bereits im April sollte Version 3.6 erscheinen. Die Arbeiten zogen sich jedoch abermals hin. Erst nach mehreren ausgiebigen Testphasen veröffentlichten die Entwickler im Juli 2016 die Version 3.6, auf der auch dieses Buch basiert.

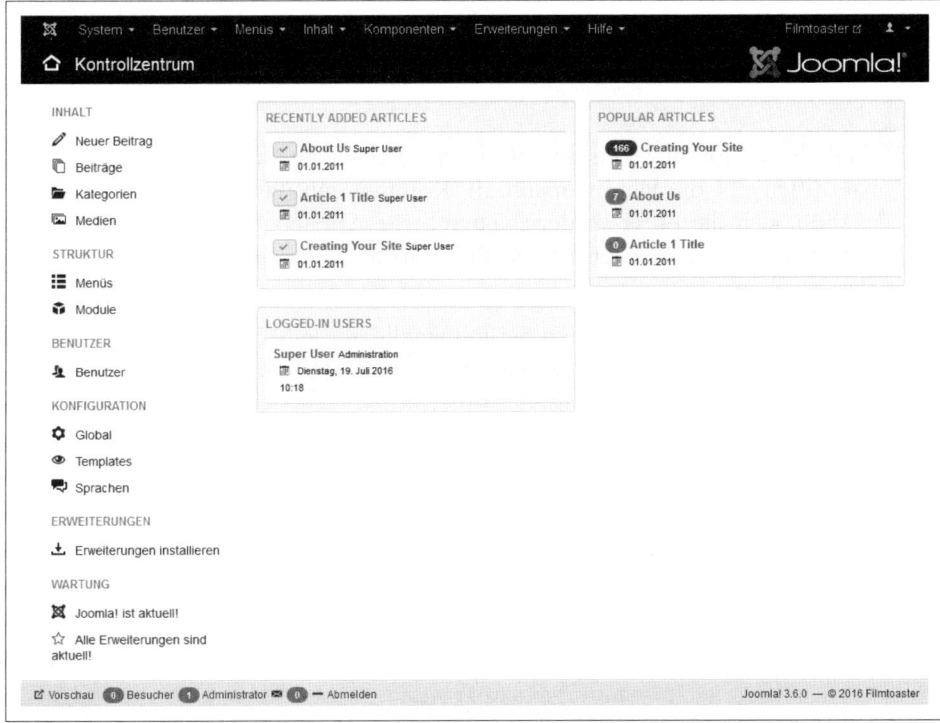

Abbildung 1-6: Die Steuerzentrale von Joomla! 3.6, die Sie in den folgenden Kapiteln nach und nach kennenlernen werden. Lassen Sie sich dabei nicht von der Funktionsvielfalt abschrecken.

Da die Versionsnummern ziemlich verwirrend sind, fasst Tabelle 1-1 noch einmal alle bislang veröffentlichten Joomla!-Ausgaben übersichtlich zusammen.

Tabelle 1-1: Bislang veröffentlichte Joomla!-Versionen

Version	Erscheinungsdatum	Anmerkung
1.0	September 2005	Erste Joomla!-Version.
1.5	Januar 2008	Große Umbauten unter der Haube, nicht mehr kompatibel zu Version 1.0. Diese Version erhielt Fehlerkorrekturen bis zum Dezember 2012.
1.6	Januar 2011	Einführung einer erweiterten Benutzerverwaltung.
1.7	Juli 2011	Enthält gegenüber Version 1.6 vor allem Fehlerkorrekturen.
2.5	Januar 2012	Es gibt nur kleinere Änderungen gegenüber Version 1.7. Unter anderem kann Joomla! die Texte jetzt nicht mehr nur in MySQL-Datenbanken speichern. Version 2.5 erhielt zudem Fehlerkorrekturen bis zum Dezember 2014.
3.0	September 2012	Neue Benutzeroberfläche, die sich der Bildschirmgröße anpasst.
3.1	April 2013	Einführung der Schlagwörter (Tags).
3.2	November 2013	Kleinere Verbesserungen, unter anderem in der Versionsverwaltung.
3.3	April 2014	Kleine Verbesserungen bei der Sicherheit.
3.4	Februar 2014	Kleine Verbesserungen bei der Sicherheit, Editieren von Modulen im Frontend, Entfernen der Weblink-Funktion.
3.5	März 2016	Unterstützung von PHP 7, Verbesserungen beim Texteditor.
3.6	Juli 2016	Vor allem kleinere Verbesserungen an der Benutzeroberfläche und bei der Aktualisierungsfunktion.

Formal erhält jede Joomla!-Version derzeit eine dreistellige Nummer, wie etwa 3.6.0. Die erste Ziffer gibt die Hauptversion an. Kommen ein paar kleinere Funktionen hinzu, erhöht sich die Ziffer an der zweiten Stelle. Die letzte Nummer erhöht sich bei jeder Sicherheitsaktualisierung. Ist diese dritte Ziffer eine 0, schreibt man sie normalerweise nicht aus.

Auf der Joomla!-Homepage finden Sie immer die aktuellste Version, die auch für den produktiven Alltagseinsatz geeignet ist. Wenn Sie Joomla! verwenden möchten, greifen Sie einfach immer zu genau der unter *http://www.joomla.org* plakativ angebotenen Version.

Aktualisieren Sie dann Ihre Installation bei jeder neu erscheinenden Joomla!-Version. Das geschieht bequem über die Benutzeroberfläche von Joomla!. Die genauen Schritte erklärt später noch Kapitel 23, *Aktualisierung und Migration*, Seite 941.

 **Warnung**   Wenn Sie Joomla! auf eine Aktualisierung aufmerksam macht, spielen Sie sie umgehend ein. Nur so ist gewährleistet, dass das Content-Management-System auf dem neuesten Stand ist und keine Fehler aufweist. Letztere könnten sonst böswillige Angreifer ausnutzen, um Ihr System zu übernehmen.

Zum Zeitpunkt der Drucklegung dieses Buchs begannen bereits die Planungen für die Versionen 3.7. Diese wird ebenfalls nur kleinere Änderungen mitbringen und zur Version 3.6 kompatibel bleiben. Die meisten Ausführungen in diesem Buch gelten folglich auch für diese Nachfolgeversionen.

Die Entwickler planen zudem eine komplett runderneuerte Version 4.0. Ihre Entwicklung wird jedoch noch einige Zeit in Anspruch nehmen, vermutlich sogar mehrere

Jahre. Wenn Sie Joomla! nutzen möchten, steigen Sie also jetzt ein und installieren die derzeit aktuelle Version. Dabei hilft Ihnen das direkt nachfolgende Kapitel. Bevor es jedoch losgeht, sollten Sie sich noch kurz ein paar Gedanken zu Ihrem Internetauftritt machen.

Es geht los: Die Filmtoaster-Seiten

Mit Joomla! kann sich auch der schon angesprochene Cineast seinen Traum vom Internetauftritt verwirklichen: Mit dem Content-Management-System verwaltet und publiziert er unter anderem Filmkritiken und Veranstaltungstipps. Da genau diese Art von Internetauftritt recht übersichtlich ist und dennoch alle Funktionen von Joomla! in Anspruch nimmt, soll er in den folgenden Kapiteln als übergreifendes Beispiel entstehen.

Tipp Die folgenden Kapitel enthalten dazu teilweise Schritt-für-Schritt-Anleitungen. Diese müssen Sie jedoch nicht mitmachen, um Joomla! kennenzulernen und die Bedienung zu verstehen.

Wenn Sie selbst einen neuen Internetauftritt mit Joomla! erstellen, überlegen Sie sich zunächst, welche Inhalte Sie anbieten möchten. Wollen Sie Ihren Verein vorstellen oder regelmäßig neue Strickanleitungen veröffentlichen? Fragen Sie sich auch, welche Besuchergruppen Sie zu Ihrem Internetauftritt locken möchten. Richten sich Ihre Seiten etwa nur an bestehende Vereinsmitglieder, oder wollen Sie auch Nichtmitglieder informieren? Wenn Sie bereits eine Vorstellung von Ihrem Internetauftritt haben, sind diese Fragen sehr wahrscheinlich rasch beantwortet.

Als Nächstes müssen Sie Ihrem Internetauftritt einen Namen geben. Joomla! fragt ihn gleich bei seiner Installation ab und schreibt ihn zudem in fetten Lettern über jede Seite (wie in Abbildung 1-7). Bei einem Unternehmen oder einem Verein können und sollten Sie einfach seinen Namen verwenden – also beispielsweise *Fußballklub Holsten* oder *Spielwaren Rumbeck*. Andernfalls sollte der Name möglichst kurz und knackig sein und zudem Aufschluss darüber geben, was Sie auf der Seite anbieten beziehungsweise um was es auf Ihren Seiten geht.

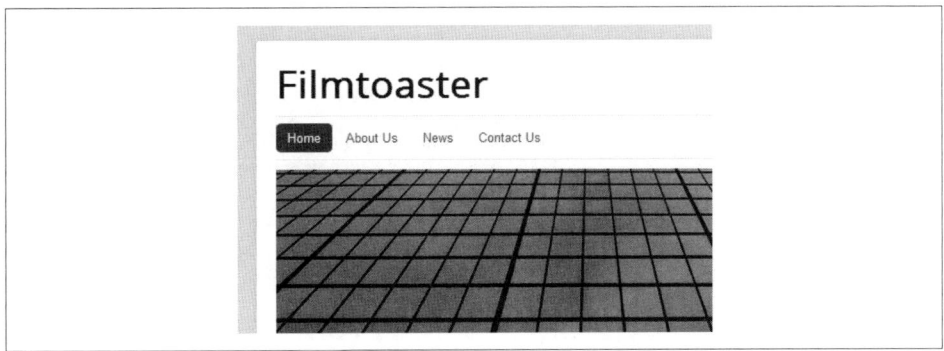

Abbildung 1-7: Den Namen des Internetauftritts (hier »Filmtoaster«) zeigt Joomla! standardmäßig auf jeder Seite an.

Der Internetauftritt mit den Filmkritiken soll den klangvollen Namen »Filmtoaster« erhalten. Er symbolisiert perfekt, dass auf den Seiten Filme äußerst kritisch betrachtet und somit geradezu getoastet werden.

Wenn Sie einen Namen gefunden haben, sollten Sie im Internet prüfen, ob er bereits als Markenname vergeben ist. So dürfen Sie beispielsweise Ihre Internetseite nicht einfach mit *Mercedes-Benz* überschreiben.

Tipp Nehmen Sie sich für den Namen Zeit. Ihn merken sich Ihre Besucher später und verwenden ihn, wenn sie auf Ihren Internetauftritt verweisen. Er ist somit wichtig und sollte von Ihnen nicht übereilt gewählt werden. Den Namen »Filmtoaster« zu finden, hat uns übrigens mehrere Tage gekostet.

Wenn der Name feststeht, müssen Sie Joomla! in Betrieb nehmen. Wie das funktioniert, zeigt Ihnen das folgende Kapitel.

Website oder Webseite?

Im Internet werden die Begriffe Homepage, Website und Webseite gern durcheinandergeworfen.

- Eine einzelne Seite, etwa mit einer Filmkritik, bezeichnet man neudeutsch als *Webseite*.
- Wenn ein Besucher Ihren Internetauftritt ansteuert, sieht er als Erstes die *Startseite* (auch *Homepage* oder im Englischen *Frontpage* genannt). Diese Webseite gibt in der Regel einen Überblick über das Angebot oder präsentiert besonders wichtige Informationen.
- Für den kompletten Internetauftritt hat sich die Bezeichnung *Website* eingebürgert (der englische Begriff *Site* meint hier Platz oder Ort).

Alle diese Begriffe verwendet auch Joomla! in ihrer oben genannten Bedeutung.

In diesem Kapitel:
- Voraussetzungen
- Schnellinstallation
- Installation von Joomla!
- Man spricht Deutsch
- Schreibrechte

KAPITEL 2
Installation

Bevor Sie die aktuelle Joomla!-Version auf Ihrem gemieteten Server im Internet installieren, empfiehlt es sich, zunächst ein paar Trockenübungen auf dem heimischen Computer durchzuführen. Mit einer Joomla!-Installation auf dem eigenen PC können Sie das neue System nicht nur etwas besser kennenlernen, sondern auch gefahrlos verschiedene Einstellungen testen. Darüber hinaus lassen sich ohne Risiko neue unbekannte Erweiterungen ausprobieren: Sollten diese einen Programmfehler aufweisen oder sogar Amok laufen, zerstören sie nicht das Joomla!-System auf Ihrem Server im Internet. Obendrein können Sie mit den Werkzeugen auf Ihrem PC im Fall des Falles schnell auf die Bestandteile Ihres Internetauftritts zugreifen. Beispielsweise lässt sich ein falsch eingebundenes Bild flugs mit Explorer, Dateimanager oder Finder an seine korrekte Stelle verschieben. Diese Möglichkeit beschleunigt insbesondere die Entwicklung von eigenen Designvorlagen und Erweiterungen. Abschließend müssen Sie nicht ständig Daten zwischen Ihrem eigenen Rechenknecht und dem Webserver austauschen.

Tipp Generell sollten Sie jeden neuen Internetauftritt zunächst auf dem heimischen Rechner erstellen und ausprobieren. Erst wenn hier keine Probleme mehr auftreten, richten Sie das System auf Ihrem Webserver ein. Damit vermeiden Sie unliebsame Überraschungen im laufenden Betrieb und Ärgernisse für die Besucher.

Unter dem Strich gibt es viele gute Gründe für eine Testinstallation. Daher beschreiben die folgenden Abschnitte zunächst, wie Sie Joomla! zu Hause auf dem eigenen PC installieren, ihm Deutsch beibringen und es in Betrieb nehmen. Anschließend zeigt Ihnen dann ein eigener Abschnitt, wie Sie Joomla! auf Ihrem angemieteten Server einrichten.

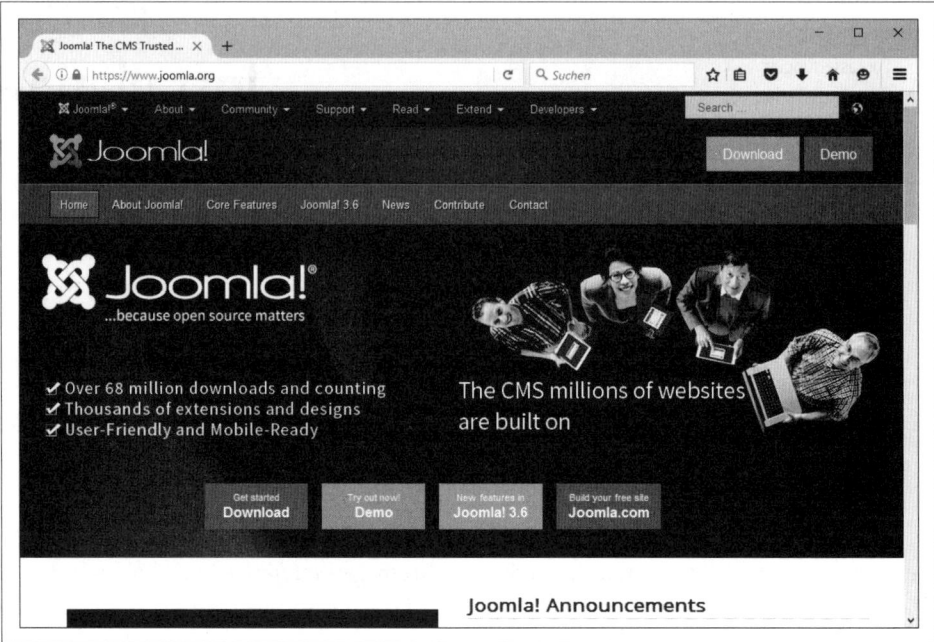

Abbildung 2-1: Die Joomla!-Homepage unter http://www.joomla.org.

Voraussetzungen

Im Gegensatz zu anderen Programmen ist Joomla! keine eigenständige Anwendung. Sie können sie daher nicht einfach aus dem Internet laden und starten. Das hat einerseits den Nachteil, dass man zusätzliche Hilfsprogramme benötigt, andererseits läuft Joomla! hierdurch auf beliebigen Betriebssystemen. Welche Hilfsprogramme Joomla! fordert, klären die folgenden Abschnitte.

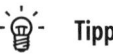 **Tipp**   Im Internet können Sie Server mieten, bei denen alle notwendigen Komponenten bereits betriebsbereit eingerichtet sind. Die Installation auf dem eigenen PC vereinfachen zudem spezielle Komplettpakete. Sie sollten sich folglich nicht von der Liste der benötigten Programme abschrecken lassen.

Webserver

Sobald ein Browser eine Internetseite anfordert, wird diese Anfrage von einer speziellen Software, dem sogenannten *Webserver*, entgegengenommen und an Joomla! weitergereicht. Welchen Webserver Sie verwenden, bleibt Ihnen überlassen. Am häufigsten trifft man in der Praxis auf den freien und quelloffenen Apache der gleichnamigen Stiftung. Sie bekommen ihn kostenlos unter *http://httpd.apache.org*. Für Joomla! muss er mindestens die Versionsnummer 2.0 tragen. Problemlos verwenden lassen sich aber auch der Konkurrent Nginx ab Version 1.0 (*https://www.nginx.com*) oder

der IIS von Microsoft ab Version 7 (*http://www.iis.net*). Wichtig ist nur, dass der präferierte Webserver in der Lage ist, PHP-Programme auszuführen.

PHP

PHP ist ein rekursives Akronym und steht für *PHP Hypertext Preprocessor*. In dieser einfach zu erlernenden, aber doch sehr mächtigen Programmiersprache wurde Joomla! geschrieben.

Anders als herkömmliche Programme benötigen PHP-Anwendungen zu ihrer Ausführung eine zusätzliche Hilfsanwendung, den sogenannten Interpreter. Er liest nacheinander jede Anweisung des PHP-Programms ein und führt sie direkt aus. Die Entwickler von PHP stellen unter *http://www.php.net* ein Paket bereit, das aus besagter Gehhilfe und einigen nützlichen Zusätzen besteht. Für Apache gibt es eine Erweiterung, mit deren Hilfe der Webserver PHP-Anwendungen direkt starten kann. Joomla! verlangt dabei mindestens nach PHP in der Version 5.3.10.

Warnung Insbesondere auf einem Server im Internet sollte eine möglichst aktuelle PHP-Version zum Einsatz kommen. Verwenden sollten Sie mindestens PHP 5.6, das von den PHP-Entwicklern noch bis Ende 2018 mit Aktualisierungen und Fehlerkorrekturen versorgt wird. Meiden Sie möglichst die schon länger veralteten und offiziell nicht mehr unterstützten Versionen 5.3 und 5.4.

Das Content-Management-System unterstützt auch das generalüberholte PHP 7. Zum Zeitpunkt der Bucherstellung galt das aber noch nicht für einige Erweiterungspakete, die weiterhin PHP 5 fordern (die Versionsnummer 6 haben die PHP-Entwickler übersprungen). Mehr zu diesem Thema folgt noch in Kapitel 19, *Funktionsumfang erweitern*, Seite 831.

Neben dem Download-Angebot bietet die PHP-Homepage übrigens auch ausführliche Informationen zu neu entdeckten und behobenen Sicherheitslecks in PHP.

Datenbank

Joomla! merkt sich alle von Ihnen und anderen Autoren eingegebenen Texte in einer Datenbank. Joomla! 3.5 arbeitet offiziell zusammen mit:

- MySQL ab Version 5.1
- PostgreSQL ab Version 8.3.18
- Microsoft SQL Server ab Version 10.50.1600.1

Die Joomla!-Entwickler empfehlen den Einsatz von MySQL. Diese Datenbank ist vollkommen kostenlos und im Internet unter *http://www.mysql.com* erhältlich. Darüber hinaus ist sie bei vielen im Internet angemieteten Servern automatisch enthalten. Entwickelt wird sie derzeit vom Datenbankspezialisten Oracle (*http://www.oracle.com*). Wenn Sie MySQL einsetzen, müssen Sie noch eine kleine Voraussetzung beachten: Um die eigentliche Speicherung der Daten kümmert sich in MySQL eine eigene Komponente, die sogenannte Storage Engine. Joomla! benötigt zwingend die Storage Engine namens InnoDB. Diese sollte jedoch in allen MySQL-Installationen verfügbar sein. Joomla! weist zudem auf ein Fehlen bereits bei seiner Installation hin.

Anstelle von MySQL können Sie auch einen vollständig kompatiblen Klon verwenden. So setzen beispielsweise immer mehr Anbieter von Mietservern auf die Alternative MariaDB (*https://mariadb.org*). Diese Datenbank verhält sich wie MySQL und arbeitet daher ebenfalls problemlos mit Joomla! zusammen.

Server im Internet

Wenn Sie Joomla! nicht nur auf Ihrem eigenen PC verwenden möchten, benötigen Sie noch einen Server, also einen ständig laufenden Computer im Internet (manchmal verwirrenderweise wie das Programm als Webserver bezeichnet). Diesen mieten Sie normalerweise bei einem sogenannten *Webhoster* an.

Da die Anbieter und ihre Angebote recht schnell wechseln, lässt sich an dieser Stelle leider keine Empfehlung für ein konkretes Produkt geben. Es gibt aber ein paar Punkte, die Sie beachten sollten: Wenn Sie zum ersten Mal einen Internetauftritt erstellen, sollten Sie einen Webhoster wählen, der die von Joomla! benötigte Software bereitstellt und sie zudem für Sie auf dem aktuellen Stand hält. Fragen Sie im Zweifel beim Webhoster nach, welche seiner Angebote für Joomla! geeignet sind. Achten Sie zudem darauf, dass der Webhoster für seine Kunden einen umfangreichen Support anbietet, Sie also Fragen per E-Mail und Telefon stellen können. In jedem Fall sollten Sie nur Leistungen buchen, die Sie auch tatsächlich benötigen. Der kleine Internetauftritt eines Vereins mit 20 Mitgliedern benötigt für seine monatlichen Turnierergebnisse sicherlich weder 200 GByte Speicherplatz noch 30 Datenbanken. Sollte der Verein wider Erwarten wachsen, können Sie immer noch auf ein leistungsfähigeres Angebot umsteigen. Achten Sie aber auch auf die Limitierungen der Angebote, die sich teilweise in Fußnoten verstecken. Gilt der angezeigte Preis etwa nur für einen bestimmten Zeitraum? Welche Datenmengen dürfen pro Monat ohne Zusatzkosten zu Ihren Besuchern fließen?

Tipp Einige Webhoster richten sogar Joomla! automatisch für Sie ein. Solche Angebote eignen sich vor allem für private Internetauftritte und Joomla!-Einsteiger. Sie können dann direkt mit der Gestaltung Ihres Internetauftritts beginnen und müssen sich nicht mit der Technik herumschlagen.

Alle zusammen

Damit wären auch schon alle Bestandteile beisammen. Abbildung 2-2 illustriert nochmals das Zusammenspiel der vorgestellten Komponenten: Der Webserver nimmt die Abfrage des Browsers entgegen und startet dann mithilfe von PHP das Content-Management-System Joomla!. Dieses holt seinerseits bei der Datenbank die Seiteninhalte ab und stöpselt sie mithilfe eines Bauplans zusammen. Sobald die

Seite fertig ist, übergibt Joomla! sie wieder an den Webserver, der sie wiederum an den Browser ausliefert.

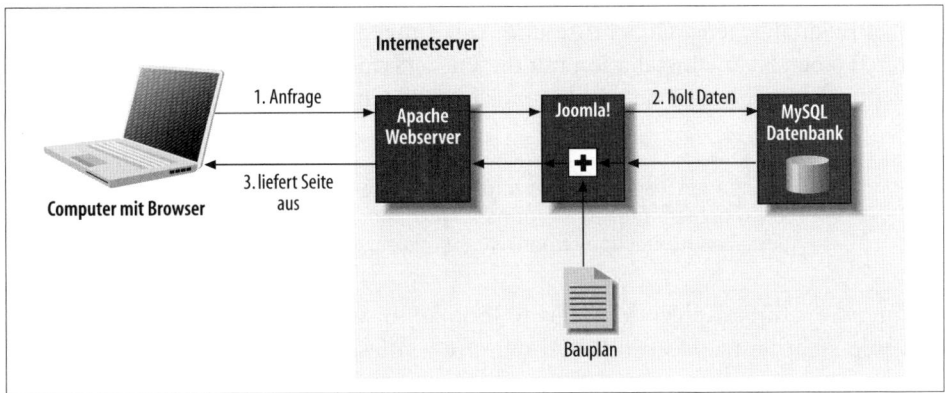

Abbildung 2-2: Der Ablauf einer Seitenanfrage.

Tipp Übrigens schreibt niemand vor, dass alle genannten Komponenten auf ein und demselben Computer laufen müssen. Umgekehrt darf auch der Browser auf demselben Computer installiert sein wie Joomla!.

Zusammengefasst, benötigt Joomla! folgende zusätzliche Softwareprogramme:

- einen Webserver, wie zum Beispiel Apache ab Version 2.0 (*http://www.apache.org*)
- PHP ab Version 5.3.10 (*http://www.php.net*)
- eine Datenbank, etwa MySQL ab Version 5.1 (*http://www.mysql.com*).

Schnellinstallation

Wenn Sie Joomla! auf Ihrem eigenen Computer ausprobieren möchten, müssten Sie nun alle genannten Hilfsprogramme einzeln aus dem Internet fischen, installieren und einrichten. Netterweise gibt es Komplettpakete, die alle erwähnten Komponenten enthalten – mit Ausnahme von Joomla! selbst. Besonders beliebt ist XAMPP (*http://www.xampp.org*), das für Windows, OS X beziehungsweise macOS und Linux bereitsteht.

Da die Installationen von XAMPP und Joomla! dennoch beim ersten Mal etwas kompliziert wirken und daher häufiger Probleme bereiten, finden Sie in diesem Abschnitt zunächst eine einfache Schritt-für-Schritt-Anleitung. Mit ihr gelangen Sie ohne große Umschweife und Erklärungen zu einer fertigen Joomla!-Testinstallation.

Während dieses Buch in der Druckerei entsteht und im Laden auf Käufer wartet, arbeiten die XAMPP- und Joomla!-Entwickler natürlich weiter an ihrer Software. Wenn Sie dieses Buch in den Händen halten, könnten bereits neue Versionen mit einer (leicht) veränderten Installationsprozedur herausgekommen sein. Wenn man eine neue Software kennenlernen möchte, gibt es jedoch nichts Ärgerlicheres, als dass die im Buch vorgestellten Schritte in der Praxis nicht funktionieren. Aus diesem Grund beschreiben die folgenden Schritte die Installation von XAMPP 5.6.23 und Joomla! 3.6.0. Mit diesem Gespann auf Ihrer Festplatte können Sie sicher sein, dass alle im Buch angegebenen Schritte und Anleitungen exakt wie beschrieben funktionieren. Haben Sie die Installation mit diesen Versionen einmal gemeistert, sollten Sie auch die Nachfolgeversionen problemlos installieren und bedienen können.

 **Warnung**   Behalten Sie aber immer im Hinterkopf, dass die hier verwendeten Versionen unter Umständen (leicht) veraltet sind. Wenn Sie also Joomla! auf Ihrem Server installieren möchten, greifen Sie unbedingt immer zur brandaktuellen Version von der offiziellen Homepage *http://www.joomla.org*.

Während die direkt folgenden Schritte Joomla! mit wenigen Mausklicks einrichten, befassen sich die nachfolgenden Abschnitte in diesem Kapitel noch einmal detaillierter mit den einzelnen Installationsschritten. Diese weiteren Abschnitte richten sich an alle, die eine ausführlichere Anleitung bevorzugen, bei denen Probleme auftreten oder die Joomla! auf einem (bereits angemieteten) Internetserver installieren möchten. Letztgenannte können daher auch direkt zum Abschnitt »Installation von Joomla!« ab Seite 41 springen.

Erster Teil: Eine Arbeitsumgebung für Joomla! schaffen

Installieren Sie als Erstes das XAMPP-Paket und somit in einem Rutsch den Webserver Apache, die Datenbank MySQL und PHP. Damit schaffen Sie die Voraussetzung für den Betrieb von Joomla!.

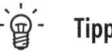 **Tipp**   Der vorherige Absatz ist nicht ganz korrekt: Tatsächlich liegt XAMPP die Datenbank MariaDB bei. Sie ersetzt in der Praxis immer häufiger ihren Konkurrenten MySQL. Beide Datenbanken sind zueinander kompatibel und lassen sich in den meisten Fällen problemlos austauschen. Dazu gibt sich MariaDB teilweise sogar als MySQL aus. XAMPP spricht durchgehend nur von MySQL und verschleiert so, dass unter der Haube eigentlich MariaDB werkelt.

Sollte Sie dieser Tipp jedoch verwirrt haben, gehen Sie einfach weiter davon aus, dass XAMPP die Datenbank MySQL beiliegt.

Windows 7, 8 und 10

Unter Windows installieren Sie XAMPP wie folgt:

1. Laden Sie sich unter *https://sourceforge.net/projects/xampp/files/XAMPP%20Windows/5.6.23/* die Anwendung mit dem kryptischen Namen *xampp-win32-5.6.23-0-VC11-installer.exe* herunter und starten Sie sie. Sollte die genannte Internetadresse nicht funktionieren, wechseln Sie zur Seite *http://www.xampp.org*, laden sich dort unter *Download* die aktuelle XAMPP-Version für Windows herunter und starten das dabei erhaltene Programm (die nachfolgenden Schritte könnten dann jedoch leicht abweichen).

In jedem Fall erlauben Sie die Ausführung mit *Ja* (siehe Abbildung 2-3). Stören Sie sich nicht am jetzt erscheinenden Schriftzug *BitNami*. Diese Firma unterstützt die Weiterentwicklung des XAMPP-Projekts und präsentiert sich deshalb immer mal wieder an mehr oder weniger prominenter Stelle.

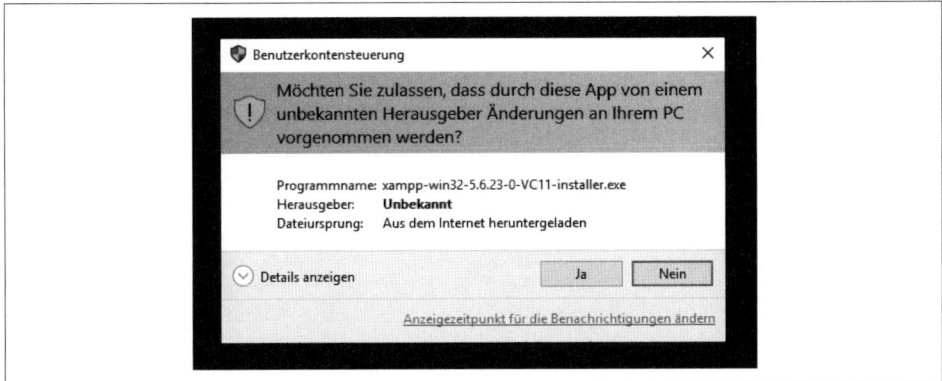

Abbildung 2-3: Windows verlangt vor der Ausführung eine Bestätigung. Hier sehen Sie das entsprechende Fenster unter Windows 10.

2. Den erscheinenden Warnhinweis zur Benutzerkontensteuerung (*User Access Control, UAC*) nicken Sie mit *OK* ab. Die Meldung weist lediglich darauf hin, dass Sie XAMPP nicht in das Verzeichnis *C:\Program Files (x86)* beziehungsweise in einem deutschsprachigen Windows unter *C:\Programme* installieren sollten.

3. Jetzt meldet sich ein Installationsassistent, in dem Sie auf *Next* klicken. Damit landen Sie bei der Programmauswahl aus Abbildung 2-4. Behalten Sie hier alle Vorgaben bei und klicken Sie auf *Next*. Damit installiert der Assistent gleich alle im XAMPP-Paket enthaltenen und für Joomla! benötigten Anwendungen.

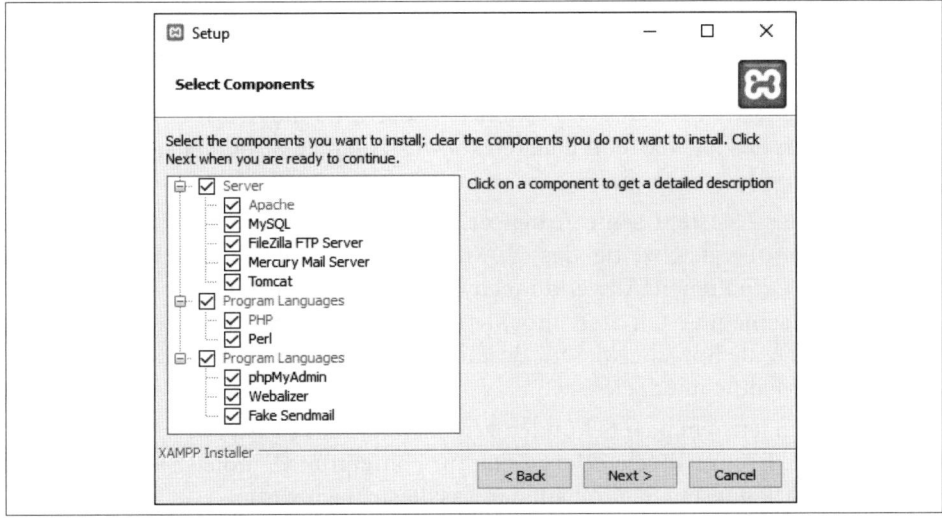

Abbildung 2-4: Mit diesen Einstellungen landen gleich Webserver, Datenbank und PHP auf der Festplatte.

Schnellinstallation | 21

Das vorgeschlagene Installationsverzeichnis aus Abbildung 2-5 übernehmen Sie ebenfalls mit *Next*.

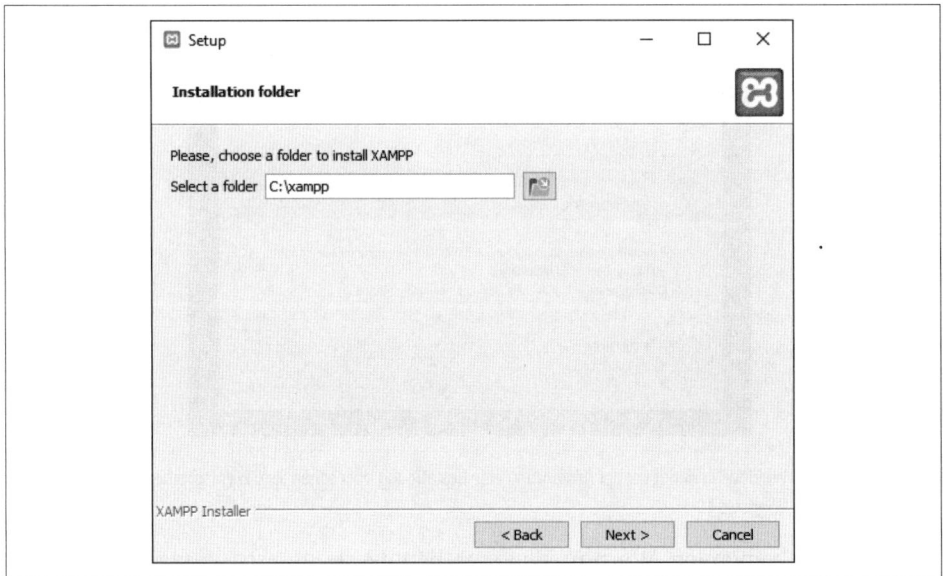

Abbildung 2-5: Das vom Assistenten vorgegebene Installationsverzeichnis C:\xampp übernehmen Sie einfach.

Entfernen Sie den Haken neben *Learn more about BitNami for XAMPP*, womit Sie die Werbung für die Produkte von BitNami unterdrücken. Gehen Sie per *Next* zum nächsten Schritt und starten Sie die Installation mit einem weiteren Klick auf *Next*. Während der recht langwierigen Arbeit des Assistenten können sich im Hintergrund immer wieder kurzzeitig Fenster öffnen.

4. Gegen Ende der Installationsorgie meldet sich sehr wahrscheinlich die in Windows eingebaute Firewall, wie in Abbildung 2-6 dargestellt. Entscheiden Sie sich für *Abbrechen*. Damit lässt sich der Webserver Apache nur noch auf Ihrem eigenen Computer nutzen. Insbesondere kann so niemand von außen auf Ihre Joomla!-Installation zugreifen und während Ihrer Tests irgendwelchen Schabernack treiben. Das ist besonders wichtig, da die XAMPP-Anwendungen zugunsten der Nutzerfreundlichkeit (bewusst) einige Sicherheitslöcher aufweisen (dazu gleich noch mehr).

5. Sobald der Assistent seine Arbeit erledigt hat, beenden Sie ihn über *Finish*. Damit startet gleichzeitig das *XAMPP Control Panel*, über das Sie die in XAMPP enthaltenen Anwendungen komfortabel starten und stoppen können. Bei seinem ersten Start möchte das XAMPP Control Panel zunächst die zu sprechende Sprache wissen. Bestätigen Sie einfach die bereits ausgewählte deutsche Fahne mit *Speichern*.

6. Es können jetzt ein paar Sekunden vergehen, bis das Fenster aus Abbildung 2-7 erscheint. Eventuell versteckt es sich im Hintergrund – holen Sie es dann mit einem Klick auf sein Symbol auf der Taskleiste nach vorne.

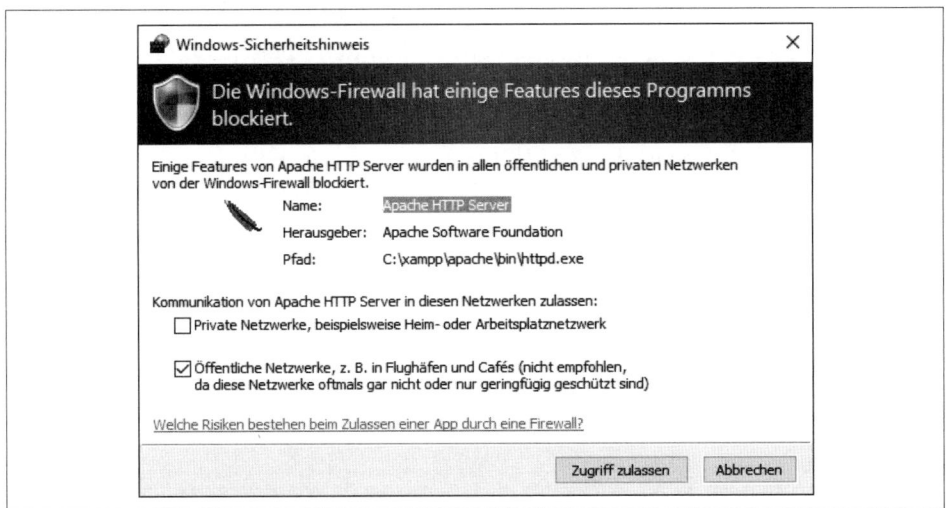

Abbildung 2-6: Sobald Apache und MySQL zum ersten Mal starten, meldet sich die in Windows eingebaute Firewall – hier das Fenster aus Windows 10.

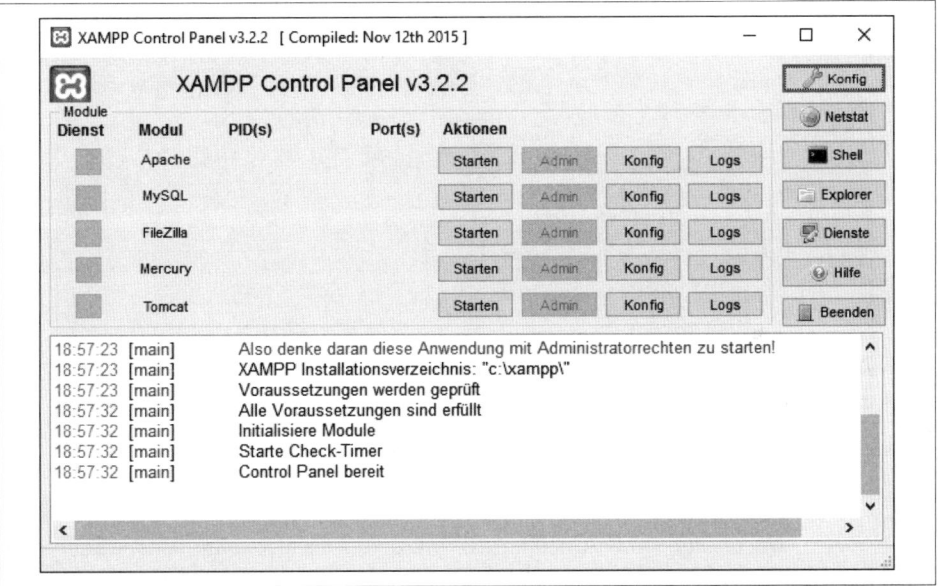

Abbildung 2-7: Über das XAMPP Control Panel starten Sie den Webserver Apache und die Datenbank.

Sofern im XAMPP Control Panel der Schriftzug *Apache* nicht grün hinterlegt ist, klicken Sie auf *Starten* rechts neben *Apache*. Sollte sich jetzt die in Windows eingebaute Firewall melden, entscheiden Sie sich für *Abbrechen*.

In jedem Fall klicken Sie im XAMPP Control Panel auf *Starten* rechts neben *MySQL*. Wenn sich die Windows-Firewall erneut meldet, wählen Sie wieder *Abbrechen*. Damit können Sie auch die Datenbank nur noch auf Ihrem eigenen Computer nutzen.

7. Im XAMPP Control Panel sollten jetzt wie in Abbildung 2-8 die Punkte *Apache* und *MySQL* jeweils grün aufleuchten, und in den Spalten *PID(s)* und *Port(s)* müssten Zahlen stehen. Dies ist das Zeichen dafür, dass der Webserver und die Datenbank im Hintergrund laufen und auf weitere Anweisungen warten.

Lassen Sie das Fenster des XAMPP Control Panel weiterhin geöffnet. Sie können es vorübergehend an den Bildschirmrand verschieben oder verkleinern. Wenn Sie das Fenster einfach schließen, laufen der Webserver und die Datenbank im Hintergrund noch weiter.

Später erreichen Sie das XAMPP Control Panel in Windows 7 im Startmenü unter *Alle Programme → XAMPP → XAMPP Control Panel*. Windows 8-Nutzer starten es über die entsprechende Kachel *XAMPP Control Panel* auf dem Startbildschirm. In Windows 10 versteckt es sich im Startmenü hinter *Alle Apps → XAMPP → XAMPP Control Panel*.

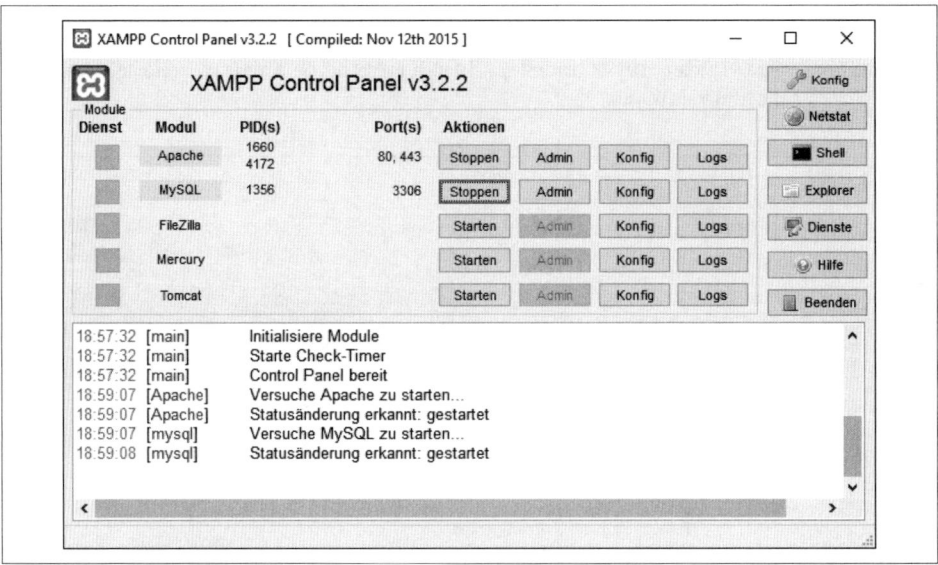

Abbildung 2-8: Wenn das XAMPP Control Panel so aussieht, laufen Apache und MySQL.

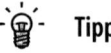 **Tipp**   Häufig gestellte Fragen im Zusammenhang mit Windows beantworten die Macher von XAMPP unter *https://www.apachefriends.org/faq_windows.html*. Dort sollten Sie zuerst nachschlagen, wenn XAMPP bei Ihnen nicht so laufen möchte, wie es in den folgenden Abschnitten beschrieben wird. Weitere Hilfe erhalten Sie im offiziellen XAMPP-Forum unter *https://community.apachefriends.org/f/*.

OS X und macOS ab Version 10.6 (Snow Leopard)

Besitzer eines Apple-Rechners mit OS X beziehungsweise macOS nehmen folgenden Weg:

1. Laden Sie sich unter *https://sourceforge.net/projects/xampp/files/XAMPP%20Mac%20OS%20X/5.6.23/* die Datei *xampp-osx-5.6.23-0-installer.dmg* herun-

ter. Sollte die genannte Internetadresse nicht funktionieren, wechseln Sie zur Seite *http://www.xampp.org* und laden sich dort unter *Download* die aktuelle XAMPP-Version für OS X herunter (die nachfolgenden Schritte könnten dann jedoch leicht abweichen).

2. Öffnen Sie die Datei *xampp-osx-5.6.23-0-installer.dmg* mit einem Doppelklick. OS X beziehungsweise macOS zeigt daraufhin ein Finder-Fenster mit einem großen XAMPP-Symbol an. Führen Sie auf diesem Symbol einen Doppelklick aus. Damit startet ein Installationsprogramm, das XAMPP auf Ihrem Computer einrichtet. Sofern die Sicherheitsabfrage aus Abbildung 2-9 erscheint, erlauben Sie die Ausführung mit *Öffnen*.

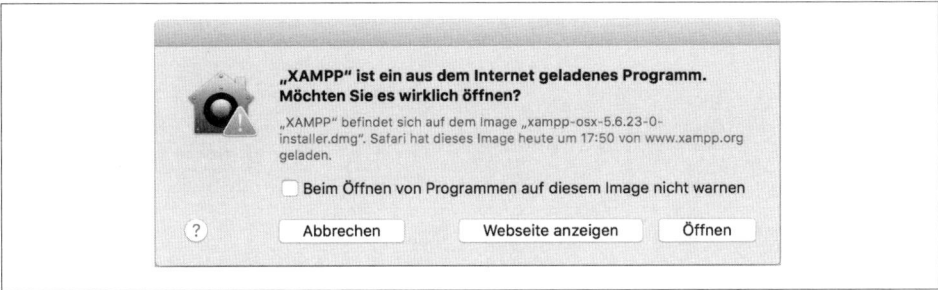

Abbildung 2-9: Mac OS X verlangt vor der Ausführung des Installationsprogramms eine Bestätigung.

3. Sie müssen jetzt Ihr Passwort eingeben und mit *OK* bestätigen. Damit erlauben Sie dem Installationsprogramm von XAMPP, die notwendigen Komponenten einzuspielen. Anschließend erscheint der Schriftzug *BitNami*. Diese Firma unterstützt die Weiterentwicklung des XAMPP-Projekts und präsentiert sich deshalb immer mal wieder an mehr oder weniger prominenter Stelle.

4. Jetzt endlich meldet sich der Installationsassistent, in dem Sie auf *Next* klicken. Sie landen so bei der Auswahl aus Abbildung Abbildung 2-10. Belassen Sie die Vorgaben und klicken Sie auf *Next*. Damit installiert der Assistent gleich alle im XAMPP-Paket enthaltenen und für Joomla! benötigten Anwendungen. Bestätigen Sie das Installationsverzeichnis mit *Next* und entfernen Sie den Haken neben *Learn more about BitNami for XAMPP*, womit Sie die Werbung für die Produkte von BitNami unterdrücken. Gehen Sie per *Next* einen Schritt weiter und starten Sie mit einem weiteren Klick auf *Next* die Installation.

5. Sobald der Assistent seine Arbeit erledigt hat, beenden Sie ihn mit *Finish*. Damit startet der *XAMPP Application Manager* aus Abbildung Abbildung 2-11, über den Sie die in XAMPP enthaltenen Anwendungen komfortabel starten und stoppen können. Gleichzeitig öffnet sich noch ein Browserfenster mit der in XAMPP enthaltenen Beispiel-Website. Wenn sich der XAMPP Application Manager hinter diesem Fenster versteckt, holen Sie ihn in den Vordergrund – etwa mit einem Klick auf sein Symbol im Dock.

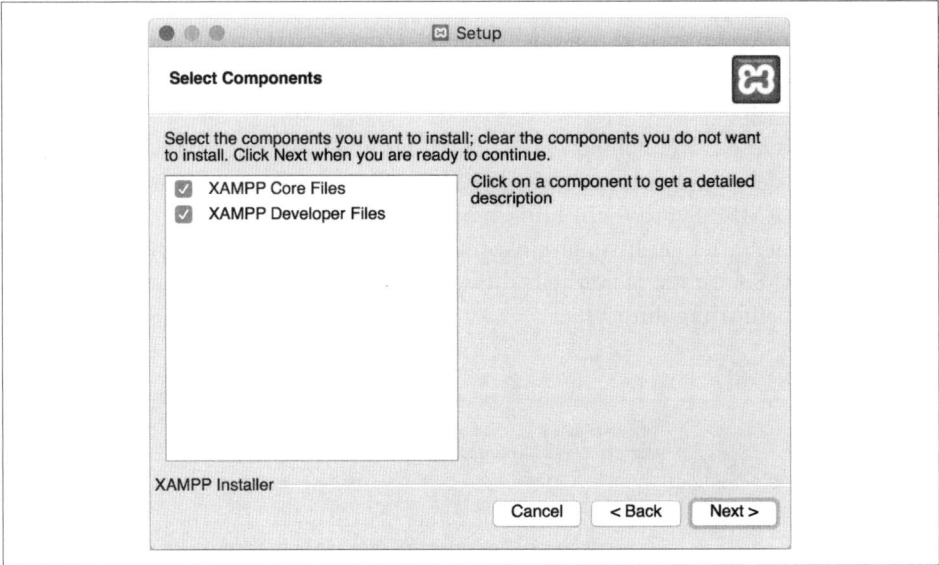

Abbildung 2-10: Die Installation von XAMPP übernimmt dieser kleine Assistent.

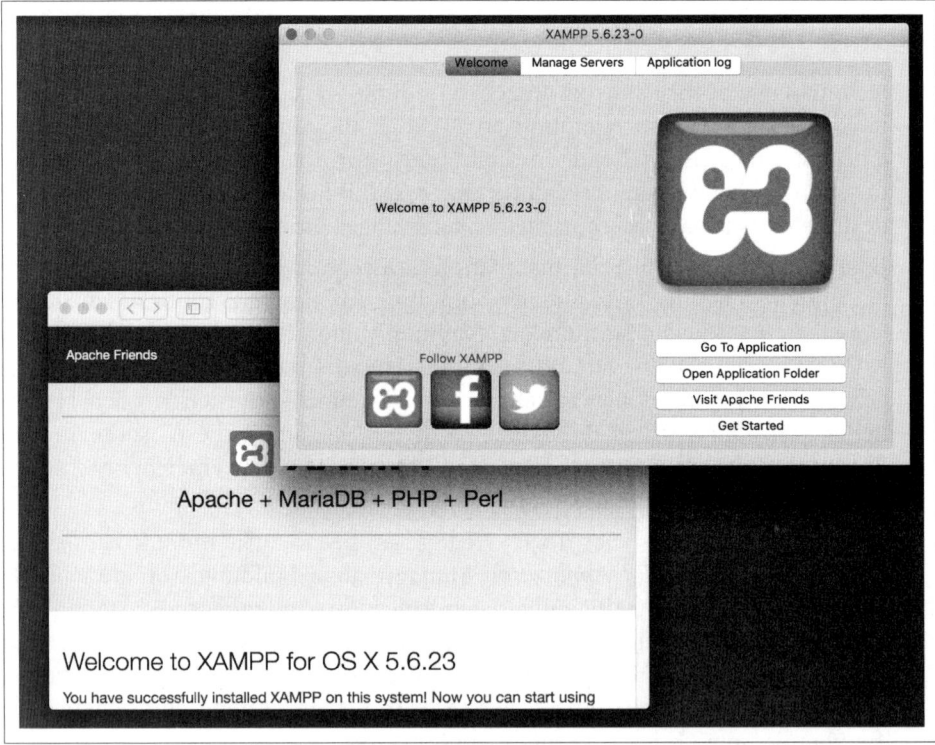

Abbildung 2-11: Der Installationsassistent startet automatisch den XAMPP Application Manager und öffnet die mitgelieferte Beispielseite.

6. Wechseln Sie zum Punkt *Manage Servers* (wie ihn auch Abbildung 2-12 zeigt). Um die Datenbank zu aktivieren, selektieren Sie in der Liste den Punkt *MySQL Database* und klicken auf *Start*. Der Start der Datenbank kann ein paar Sekunden dauern. Sobald sie einsatzbereit ist, erscheint vor *MySQL Database* ein grüner Punkt und in der Spalte *Status* der Hinweis *Running*.

Der *Apache Web Server* sollte bereits laufen. Fehlt vor seinem Eintrag der grüne Punkt, selektieren Sie ihn und klicken dann auf *Start*.

Abbildung 2-12: Wenn der XAMPP Application Manager so aussieht, laufen Apache und MySQL.

7. Im XAMPP Application Manager sollten jetzt wie in Abbildung 2-12 die Punkte *Apache Web Server* und *MySQL Database* jeweils eine grüne Kugel besitzen und in der Spalte *Status* zudem mit einem *Running* gekennzeichnet sein. Lassen Sie den XAMPP Application Manager weiterhin geöffnet, Sie können sein Fenster aber vorübergehend an den Bildschirmrand verschieben oder verkleinern.

Den XAMPP Application Manager finden Sie übrigens später unter den Programmen im Ordner *XAMPP*. Dort genügt ein Doppelklick auf *manager-ox*, um den XAMPP Application Manager zu starten.

Linux

Linux-Anwender verfahren wie folgt:

1. Stellen Sie zunächst über Ihren Paketmanager fest, ob bereits ein Webserver (wie Apache) und die Datenbank MySQL oder ihre Kollegin MariaDB installiert sind. Ist das der Fall, müssen Sie beide Programme von Hand einrichten. Entsprechende Informationen entnehmen Sie der Dokumentation Ihrer Distribution.

2. Laufen weder MySQL noch ein Webserver, müssen Sie herausfinden, ob Sie ein 32-Bit- oder ein 64-Bit-System nutzen. Normalerweise haben Sie sich bei der Installation für eine der beiden Varianten entschieden. Wenn Sie unsicher sind, öffnen Sie das Programm Terminal, geben den Befehl
   uname -m

ein und bestätigen ihn mit der [Enter]-Taste. Erscheint als Ausgabe x86_64, nutzen Sie ein 64-Bit-System, andernfalls ein 32-Bit-System.

3. Laden Sie sich unter *https://sourceforge.net/projects/xampp/files/XAMPP%20Linux/ 5.6.23/* bei einem 64-Bit-System die Datei

   ```
   xampp-linux-x64-5.6.23-0-installer.run
   ```

   beziehungsweise bei einem 32-Bit-System die Datei

   ```
   xampp-linux-5.6.23-0-installer.run
   ```

   in Ihr Heimatverzeichnis herunter.

   Sollte die genannte Internetadresse nicht funktionieren, wechseln Sie zur Seite *http://www.xampp.org* und laden sich dort unter *Download* die aktuelle XAMPP-Version für Linux herunter (die nachfolgenden Schritte könnten dann jedoch leicht abweichen).

4. Öffnen Sie ein Terminal und geben Sie folgenden Befehl ein:

   ```
   chmod +x xampp-linux-x64-5.6.23-0-installer.run
   ```

   Wenn Sie ein 32-Bit-System nutzen, ersetzen Sie xampp-linux-x64-5.6.23-0-installer.run durch xampp-linux-5.6.23-0-installer.run.

   Wie auch alle folgenden Befehle bestätigen Sie ihn mit der [Enter]-Taste. Damit haben Sie die heruntergeladene Datei in ein ausführbares Programm verwandelt.

5. Damit dieses seine Arbeit verrichten kann, müssen Sie es als Benutzer root aufrufen, der je nach Distribution auch Systemverwalter oder Administrator genannt wird. Dazu tippen Sie einfach das folgende Kommando ein:

   ```
   sudo ./xampp-linux-x64-5.6.23-0-installer.run
   ```

   Wenn Sie ein 32-Bit-System nutzen, ersetzen Sie xampp-linux-x64-5.6.23-0-installer.run wieder durch xampp-linux-5.6.23-0-installer.run.

   Nachdem Sie den Befehl mit der [Enter]-Taste abgeschickt haben, müssen Sie blind das Passwort des Benutzers root eintippen. In der Regel haben Sie es bei der Installation von Linux vergeben. Probieren Sie im Zweifelsfall Ihr eigenes aus. Es startet jetzt ein kleiner Installationsassistent, der Sie im Folgenden durch die Einrichtung von XAMPP leitet.

   Der Weg über das vorangestellte sudo funktioniert allerdings nicht auf allen Distributionen. Die Folge ist in dem Fall eine Fehlermeldung. Zudem kann es passieren, dass der Installationsassistent nicht die schicke grafische Benutzeroberfläche zeigt, sondern im Textmodus aus Abbildung 2-13 startet. Beenden Sie dann den Assistenten mit der Tastenkombination [Strg]+[C].

   Sollte sudo bei Ihnen nicht funktionieren, melden Sie sich zunächst mit folgendem Befehl direkt als Benutzer root an:

   ```
   su root
   ```

   Nachdem Sie das Passwort des Systemverwalters beziehungsweise des Benutzers root eingegeben haben (probieren Sie es im Zweifel wieder mit Ihrem eigenen), rufen Sie noch einmal den Installationsassistenten ohne das vorangestellte sudo auf:

./xampp-linux-x64-5.6.23-0-installer.run

Bei einem 32-Bit-System ersetzen Sie xampp-linux-x64-5.6.23-0-installer.run durch xampp-linux-5.6.23-0-installer.run.

Auch bei allen folgenden Befehlen müssen Sie dann immer das vorangestellte sudo weglassen.

Nach dem su root sind Sie als allmächtiger Benutzer root unterwegs. Damit haben Sie gleichzeitig alle Freiheiten und dürfen insbesondere auch das System zerstören. Sie sollten sich daher nach der Installation und dem Start der in XAMPP enthaltenen Anwendungen mit exit wieder abmelden.

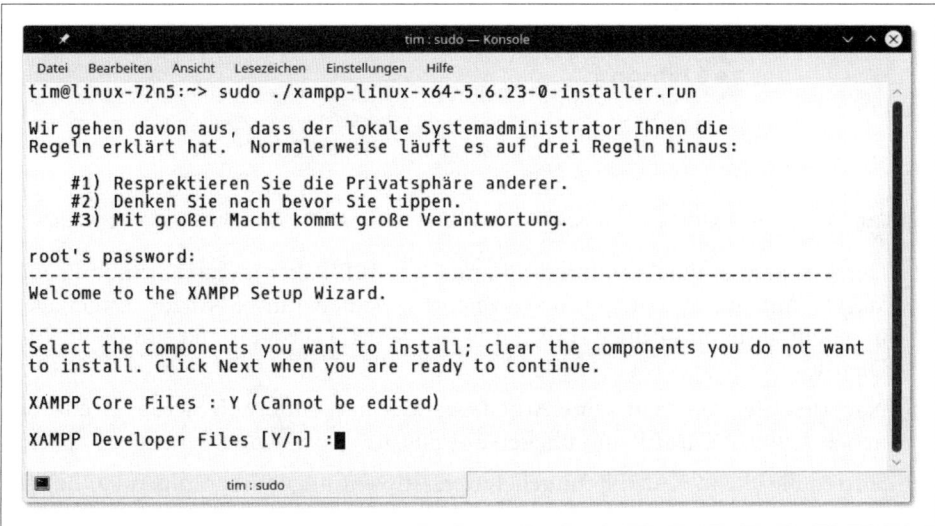

Abbildung 2-13: Der Installationsassistent startet hier im Textmodus, in dem man alle seine Fragen über Tastatureingaben beantworten muss (hier unter openSUSE).

6. Wenn der Installationsassistent korrekt startet, sehen Sie als Erstes den Schriftzug *BitNami*. Diese Firma unterstützt die Weiterentwicklung des XAMPP-Projekts und präsentiert sich deshalb immer mal wieder an mehr oder weniger prominenter Stelle. Anschließend sollte das Fenster aus Abbildung 2-14 erscheinen.

Erhalten Sie stattdessen die Fehlermeldung *There has been an error. This installer requires root previleges.*, konnte *sudo* nicht alle notwendigen Rechte erteilen. Klicken Sie in diesem Fall auf *OK* und melden Sie sich dann, wie im vorherigen Schritt beschrieben, als Benutzer root an (per su root).

7. Im Fenster aus Abbildung 2-14 klicken Sie auf *Next*. Übernehmen Sie die Programmauswahl ebenfalls mit *Next*. Damit installiert der Assistent gleich alle für Joomla! benötigten Komponenten. Bestätigen Sie das Installationsverzeichnis mit *Next*. Entfernen Sie mit einem Mausklick das Kreuzchen neben *Learn*

more about BitNami for XAMPP, womit Sie die Werbung für die Produkte von BitNami unterdrücken. Gehen Sie per *Next* einen Schritt weiter und lassen Sie schließlich die Installation ebenfalls mit *Next* beginnen.

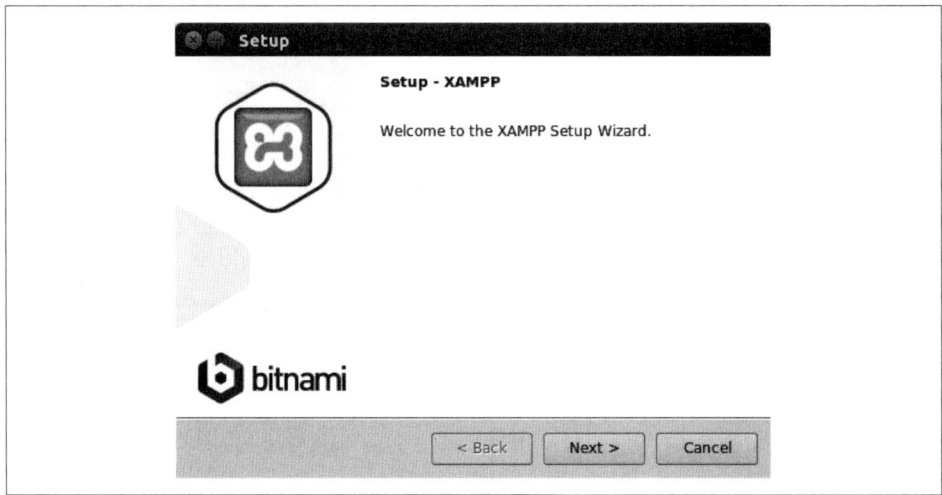

Abbildung 2-14: Dieser Assistent installiert mit wenigen Mausklicks alle im XAMPP-Paket enthaltenen Komponenten.

Der Assistent entpackt nun das gesamte XAMPP-Paket in das Verzeichnis */opt/lampp*. Auf dieses Installationsverzeichnis bleiben Linux-Nutzer festgenagelt; in jedem anderen Ordner verweigern die XAMPP-Programme standhaft ihren Dienst.

8. Nachdem der Assistent seine Arbeit beendet hat, entfernen Sie das Kreuzchen neben *Launch XAMPP* und klicken auf *Finish*.
9. Starten Sie alle in XAMPP mitgelieferten Anwendungen über folgenden Befehl:

   sudo /opt/lampp/lampp start

   Lassen Sie das Terminal-Fenster für den gleich folgenden zweiten Teil noch geöffnet.

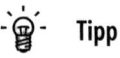 **Tipp**   Alle Unterverzeichnisse von */opt/lampp* gehören dem Benutzer root (alias Systemverwalter beziehungsweise Administrator). Folglich darf nur er dort Veränderungen durchführen. Treten im Betrieb Probleme auf, liegt das meist an fehlenden oder falsch gesetzten Zugriffsrechten. Beheben lassen sie sich beispielsweise mit dem Kommandozeilenwerkzeug chmod (*http://de.wikipedia.org/wiki/Chmod*).

Zweiter Teil: Joomla! herunterladen und entpacken

Als Nächstes gilt es, das Joomla!-Archiv herunterzuladen und in das richtige Verzeichnis zu entpacken.

Windows

Windows-Anwender können dazu den eingebauten Assistenten verwenden:

1. Laden Sie sich unter *https://github.com/joomla/joomla-cms/releases/tag/3.6.0* die Datei *Joomla_3.6.0-Stable-Full_Package.zip* herunter.
2. Klicken Sie jetzt mit der rechten Maustaste auf die Datei *Joomla_3.6.0-Stable-Full_Package.zip*. (Wenn Windows bei Ihnen die Endung *.zip* nicht anzeigt, parken Sie den Mauszeiger kurzzeitig auf den einzelnen Dateien. Die richtige besitzt den Typ *ZIP-komprimierter Ordner*.)
3. Wählen Sie aus dem erscheinenden Kontextmenü den Punkt *Alle extrahieren*. Es erscheint jetzt der kleine Assistent aus Abbildung 2-15.

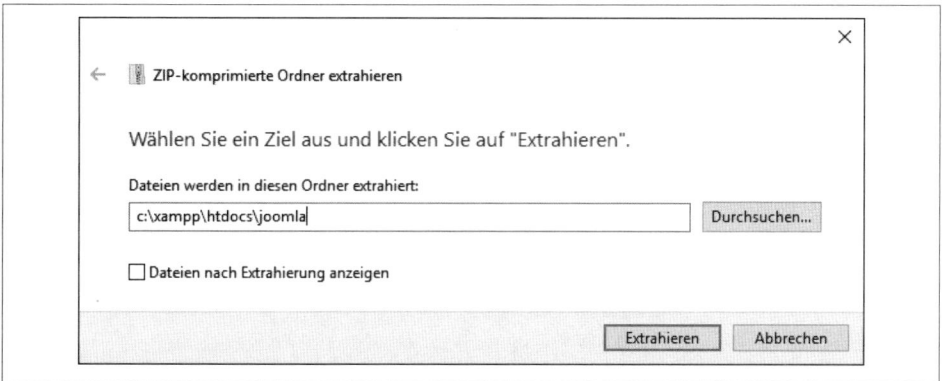

Abbildung 2-15: Unter Windows entpackt ein Assistent das Joomla!-Archiv. Hier sehen Sie die Variante aus Windows 10.

4. Tippen Sie in sein Eingabefeld `c:\xampp\htdocs\joomla` ein. Achten Sie dabei auf die korrekte Schreibweise des Verzeichnisnamens (wie in Abbildung 2-15 gezeigt)!

   Entfernen Sie zudem den Haken vor *Dateien nach Extrahierung anzeigen* und klicken Sie auf *Extrahieren*. Es dauert jetzt einen Moment, bis Joomla! auf der Festplatte entpackt worden ist.

OS X und macOS

Auf einem Apple-Computer unter OS X beziehungsweise macOS verfahren Sie wie folgt:

1. Laden Sie sich unter *https://github.com/joomla/joomla-cms/releases/tag/3.6.0* die Datei *Joomla_3.6.0-Stable-Full_Package.zip* herunter.
2. Aktuelle Versionen von Safari entpacken das heruntergeladene Archiv automatisch. Wenn das bei Ihnen nicht geschieht beziehungsweise Sie einen anderen Browser verwenden, doppelklicken Sie einfach auf die Datei *Joomla_3.6.0-Stable-Full_Package.zip*.
3. Benennen Sie den erstellten Ordner (entweder *Joomla_3* oder *Joomla_3.6.0-Stable-Full_Package*) in *joomla* um. Dazu klicken Sie mit der Maus einmal auf seinen Namen, tippen joomla ein und drücken die [Enter]-Taste beziehungsweise die Zeilenschaltung.

4. Kopieren Sie den Ordner *joomla* in den Ordner */Programme/XAMPP/xampp-files/htdocs*.

5. Selektieren Sie dort den Ordner *joomla*, indem Sie sein Symbol anklicken. Wählen Sie dann *Ablage → Informationen*. Es öffnet sich jetzt ein Fenster, in dem Sie ganz nach unten fahren. Dort gibt es den Punkt *Freigabe & Zugriffsrechte* (siehe Abbildung 2-16). Klappen Sie diesen Punkt mit einem Klick auf das davorstehende Dreieck auf. Damit Sie gleich über den Browser auf Joomla! zugreifen können, muss in der Tabelle neben *everyone* wie in Abbildung 2-16 der Punkt *Lesen & Schreiben* eingestellt sein. Wenn das bei Ihnen nicht der Fall ist, klicken Sie auf das Feld rechts neben *everyone* und wählen *Lesen & Schreiben*. Klicken Sie jetzt auf das Schlosssymbol rechts unten in der Ecke und geben Sie Ihr Passwort ein. Klicken Sie anschließend auf das Symbol mit dem Zahnrad und wählen Sie *Auf alle Unterobjekte anwenden*. Bestätigen Sie die Rückfrage mit *OK*. Anschließend können Sie das Infofenster wieder schließen.

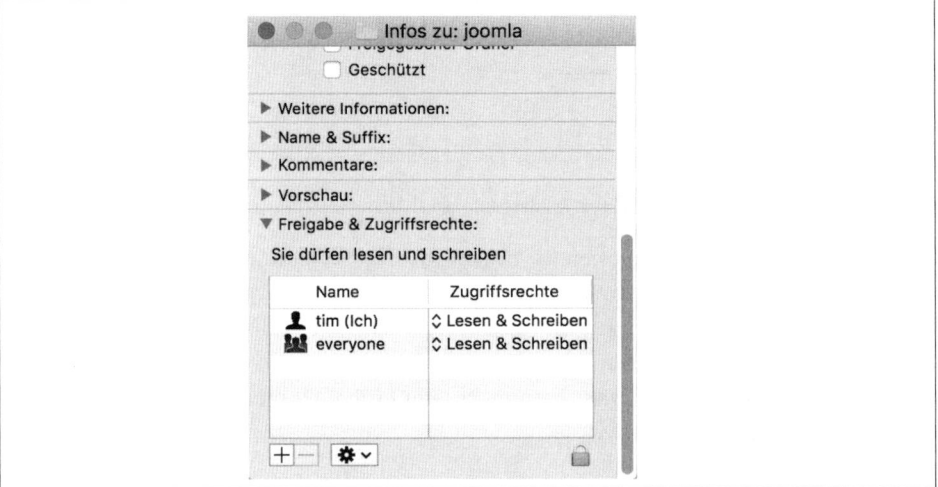

Abbildung 2-16: Über dieses Fenster erlauben Sie in OS X beziehungsweise macOS den Zugriff auf das Joomla!-Verzeichnis.

Warnung Nach diesem letzten Schritt dürfen alle Benutzer und Programme den Inhalt des *joomla*-Verzeichnisses verändern. In einer Testinstallation sorgt das für ein bequemeres Arbeiten. So kann man etwa bei Problemen schneller eingreifen. Später auf einem Server sollten Sie jedoch die Zugriffsrechte gezielt einschränken. Mehr dazu folgt im Abschnitt »Schreibrechte« auf Seite 78.

Linux

Unter Linux entpacken Sie das Archiv mit passenden Befehlen auf der Kommandozeile (achten Sie dabei auf die korrekten Schreibweisen beziehungsweise auf Tippfehler):

1. Laden Sie sich zunächst unter *https://github.com/joomla/joomla-cms/releases/tag/3.6.0* die Datei *Joomla_3.6.0-Stable-Full_Package.tar.gz* in Ihr Heimatverzeichnis herunter.
2. Legen Sie an der dafür vorgesehenen Stelle im XAMPP-Verzeichnis einen neuen Ordner für Joomla! an. Dazu tippen Sie im Terminal-Fenster den folgenden Befehl ein:
   `sudo mkdir /opt/lampp/htdocs/joomla`
3. Nachdem Sie ihn mit der [Enter]-Taste abgeschickt haben, entpacken Sie Joomla! mit dem Befehl:
   `sudo tar xvfz Joomla_3.6.0-Stable-Full_Package.tar.gz -C /opt/lampp/htdocs/joomla`
4. Abschließend müssen Sie noch die Zugriffsrechte anpassen:
   `sudo chmod -R 777 /opt/lampp/htdocs/joomla`

Warnung Nach diesem Befehl dürfen alle Benutzer und Programme den Inhalt des *joomla*-Verzeichnisses verändern. In einer Testinstallation sorgt das für ein bequemeres Arbeiten. So kann man etwa bei Problemen schneller eingreifen. Später auf einem Server sollten Sie jedoch die Zugriffsrechte gezielt einschränken. Mehr dazu folgt im Abschnitt »Schreibrechte« auf Seite 78.

Dritter Teil: Joomla! installieren

Der nächste Teil der Installation läuft jetzt unter allen Betriebssystemen gleich ab:

1. Starten Sie Ihren Internetbrowser und steuern Sie die Internetadresse *http://localhost/joomla* an.
2. Jetzt meldet sich der Installationsassistent aus Abbildung 2-17, in dem Sie zunächst dafür sorgen, dass in der Liste *Sprachauswahl* (beziehungsweise bei einem englischsprachigen Assistenten *Select Language*) der Punkt *German (DE-CH-AT)* ausgewählt ist. Die Installation – und erst einmal nur die – erfolgt dann gleich in Deutsch.
3. Im Bereich *Hauptkonfiguration* geben Sie unter *Name der Website* den Titel beziehungsweise Namen Ihres Internetauftritts ein, wie etwa `Filmtoaster` (siehe auch Abschnitt »Es geht los: Die Filmtoaster-Seiten« auf Seite 13). Im Feld darunter beschreiben Sie möglichst kurz, welche Inhalte Ihre Seite anbietet. Für das Beispiel bietet sich etwa Folgendes an: `Auf den Filmtoaster-Seiten finden Sie Kritiken zu aktuellen Kinofilmen.` Diese Beschreibung ist für Suchmaschinen gedacht und später nicht direkt auf Ihren Seiten zu sehen.

   Auf der rechten Seite hinterlegen Sie im Feld *Administrator-E-Mail* Ihre E-Mail-Adresse. Dorthin schickt Joomla! später wichtige Statusmeldungen, die angegebene E-Mail-Adresse sollte folglich existieren und Post annehmen.

   Denken Sie sich jetzt einen möglichst kryptischen Benutzernamen aus und geben Sie ihn in das Feld *Administrator-Benutzername* ein. Für eine Testinstallation können Sie das in Abbildung 2-17 vorgeschlagene `admin` wählen.

Überlegen Sie sich anschließend ein Passwort und hinterlegen Sie es unter *Administrator-Passwort* sowie noch einmal zur Kontrolle unter *Administrator-Passwort bestätigen*. Die eingetippten Zeichen werden dabei nicht angezeigt. Dies soll verhindern, dass eine eventuell hinter Ihnen stehende Person das Passwort mitlesen kann.

Mit dem Administrator-Benutzernamen und dem Passwort erhalten Sie gleich Zutritt zur Kommandozentrale von Joomla! – merken Sie sich die beiden folglich gut. Das Formular sollte jetzt so wie in Abbildung 2-17 aussehen. Klicken Sie auf *Weiter*.

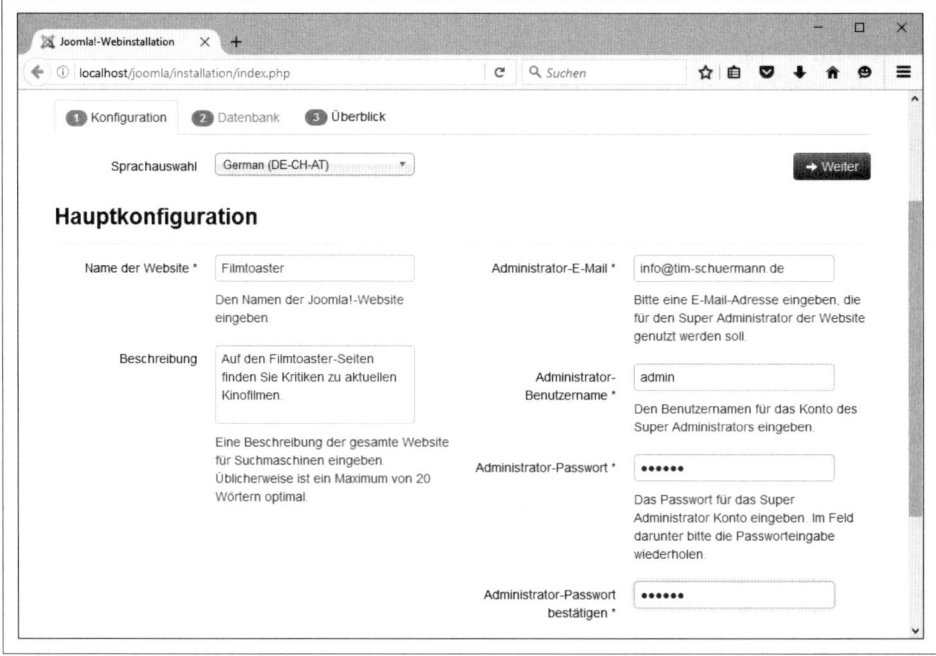

Abbildung 2-17: Die eigentliche Installation von Joomla! geschieht im Browser.

4. Tippen Sie wie in Abbildung 2-18 unter *Benutzername* root ein. Das *Passwort* bleibt leer. Als *Datenbankname* geben Sie joomla ein. Das *Tabellenpräfix* ändern Sie auf jos_. Die Einstellungen sollten damit so wie in Abbildung 2-18 aussehen. Klicken Sie auf *Weiter*.

5. Im dritten Schritt markieren Sie unter *Beispieldaten installieren* den Punkt *Englische (GB) Beispieldaten: Prospektinhalte*. Damit bevölkern gleich schon ein paar Beispieltexte Ihren Internetauftritt. Lassen Sie Joomla! *Installieren*. Es dauert jetzt einige Zeit, bis die Erfolgsmeldung aus Abbildung 2-19 erscheint. Klicken Sie hier jetzt noch nicht auf eine der Schaltflächen – bevor es weitergeht, müssen Sie im nächsten Schritt Joomla! erst mal Deutsch beibringen.

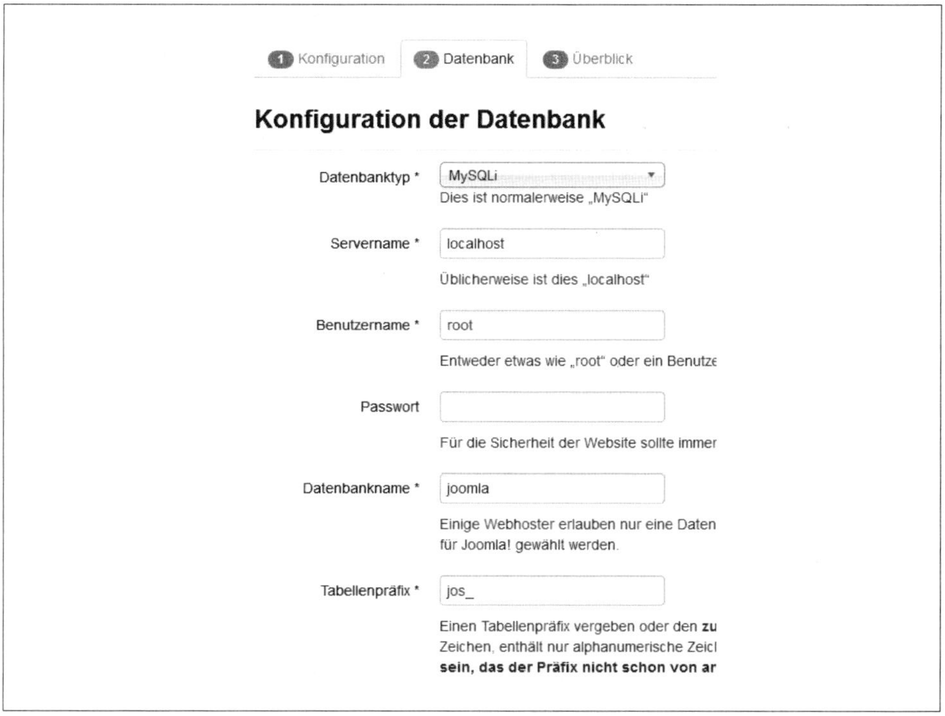

Abbildung 2-18: Die Datenbankeinstellungen für die Installation unter XAMPP.

Abbildung 2-19: Joomla! wurde erfolgreich installiert.

Vierter Teil: Deutsches Sprachpaket installieren

Mit den bisherigen Schritten haben Sie im Schnelldurchgang eine funktionierende Joomla!-Installation auf die Festplatte gebracht, die allerdings im Moment nur Englisch spricht. Weitere Sprachen bringt man dem Content-Management-System über sogenannte Sprachpakete bei. Das deutsche Sprachpaket können Sie ganz einfach mit ein paar zusätzlichen Mausklicks nachrüsten:

1. Stellen Sie sicher, dass eine Internetverbindung besteht, damit Joomla! gleich das Sprachpaket herunterladen kann.
2. Klicken Sie rechts unten auf die Schaltfläche *Extra Schritt: Sprachen installieren* (aus Abbildung 2-20).

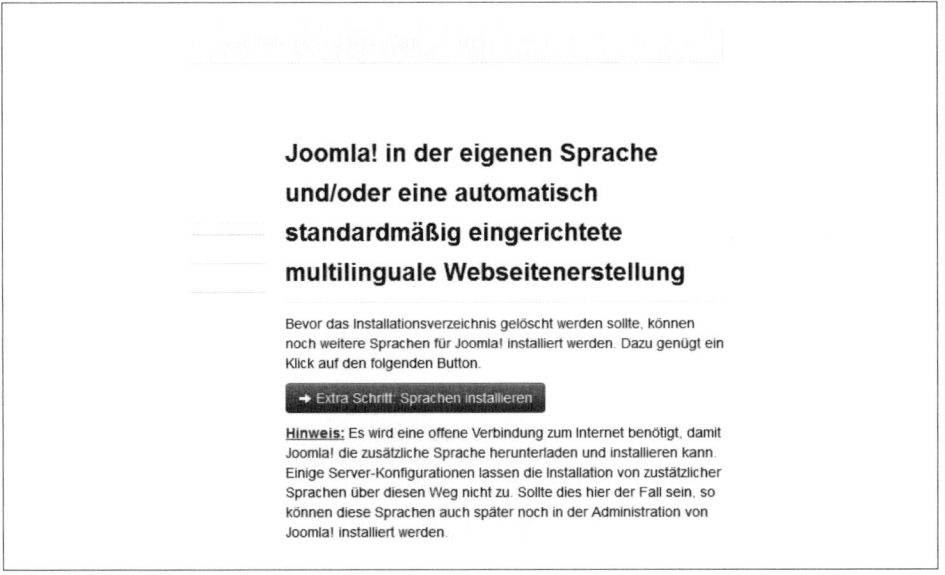

Abbildung 2-20: Über diese Schaltfläche bringen Sie Joomla! Deutsch bei.

3. Joomla! präsentiert Ihnen jetzt wie in Abbildung 2-21 eine lange Liste mit allen Sprachen, die es kennt. Suchen Sie in der Liste den Eintrag *German DE* und setzen Sie in sein Kästchen mit einem Mausklick einen Haken. Fahren Sie wieder ganz nach oben und klicken Sie dort auf *Weiter*. Joomla! lädt jetzt das Sprachpaket aus dem Internet herunter, was ein paar Sekunden dauern kann.
4. Anschließend landen Sie auf einer neuen Seite. Auf ihr fahren Sie an den unteren Seitenrand. Dort aktivieren Sie unter *Standard-Sprache: Administration* und *Standard-Sprache: Website* jeweils den Punkt *German (Germany)*. Das Ergebnis sollte wie in Abbildung 2-22 aussehen. Im oberen Bereich klicken Sie zudem neben *Lokalisierten Inhalt installieren* auf *Nein*. Alle anderen Einstellungen auf der Seite belassen Sie auf ihren Vorgaben. Klicken Sie auf *Weiter*.

Abbildung 2-21: Aus dieser Liste müssen Sie die Sprache auswählen, die Joomla! gleich beherrschen soll – in der Regel also Deutsch.

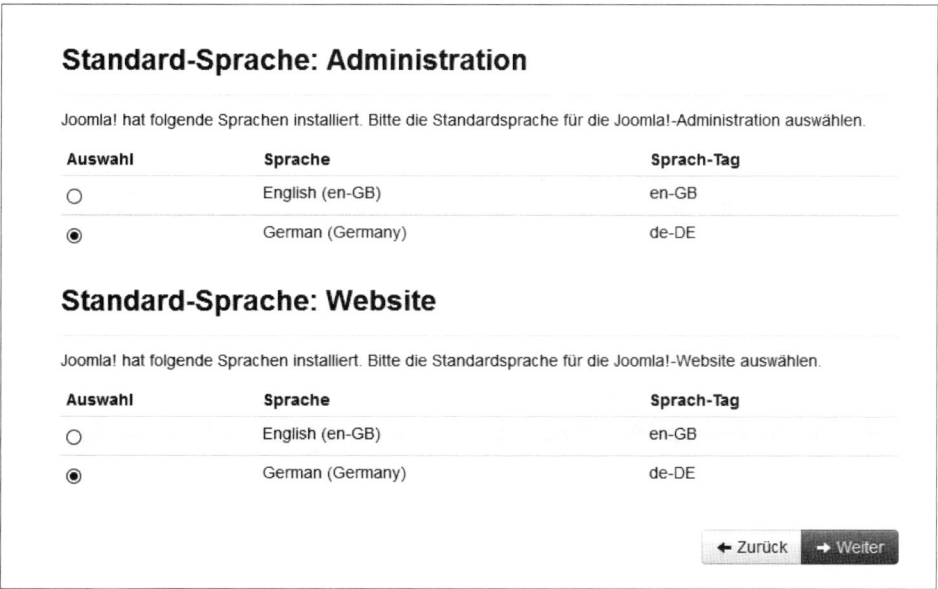

Abbildung 2-22: Hier aktivieren Sie die deutsche Sprache für die Steuerzentrale und Ihren Internetauftritt.

Damit spricht Joomla! jetzt durchgehend Deutsch. Zum Abschluss der Installation fehlt jetzt nur noch ein einziger Mausklick.

Fünfter Teil: Installationsverzeichnis löschen

Joomla! zeigt Ihnen jetzt die Erfolgsmeldung aus Abbildung 2-23. In ihr klicken Sie auf *Verzeichnis »installation« löschen*. Damit löschen Sie wie von Joomla! verlangt das Unterverzeichnis *installation*.

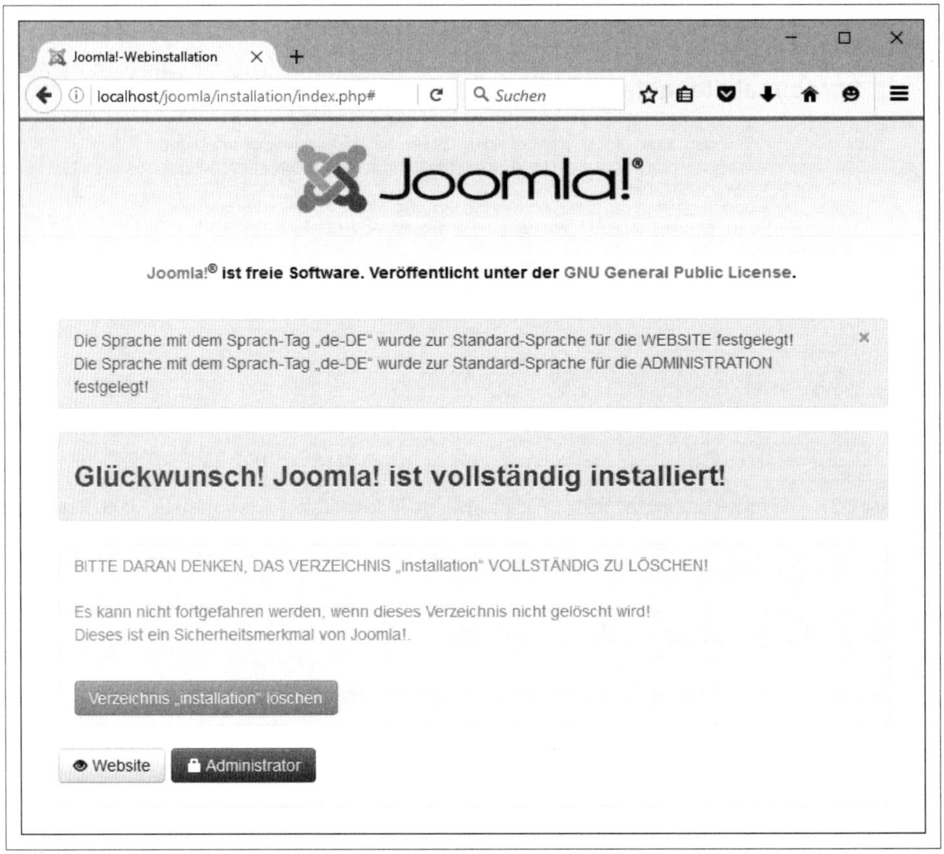

Abbildung 2-23: Im letzten Schritt müssen Sie noch das Installationsverzeichnis löschen lassen.

Damit ist Joomla! installiert. Unter

- *http://localhost/joomla* finden Sie ab sofort die Startseite Ihres Internetauftritts (wie in Abbildung 2-24), und unter
- *http://localhost/joomla/administrator* wartet die Tür zur Steuerzentrale.

Tipp — Der spezielle Name *localhost* bezeichnet immer Ihren eigenen Computer, auf dem Sie gerade Ihren Browser geöffnet haben.

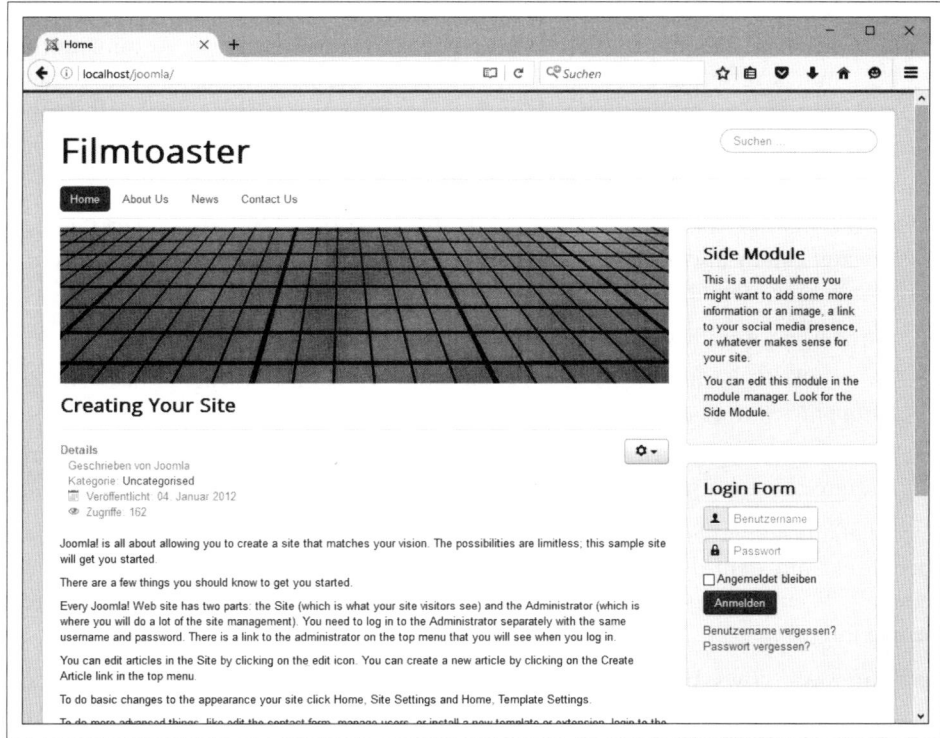

Abbildung 2-24: Am Ende der Installation steht diese Beispiel-Website.

Wie Sie die Steuerzentrale betreten und bedienen, erklärt das nächste Kapitel 3, *Erste Schritte im Backend*, Seite 81. Zuvor erhalten Sie noch kurz einen wichtigen Hinweis zum Beenden von Joomla!.

Anwendungen beenden und Joomla! löschen

Wenn Sie mit der Arbeit in und an Joomla! fertig sind, müssen Sie den Webserver und die Datenbank kontrolliert beenden. Andernfalls drohen Datenverluste!

- Unter Windows klicken Sie dazu im XAMPP Control Panel auf *Stoppen* rechts neben *MySQL* und *Apache*. Schließen Sie dann das Fenster über *Beenden*. Wenn Sie das XAMPP Control Panel über das kleine X rechts oben in der Fensterecke schließen, beendet sich das Programm übrigens nicht, sondern bleibt als Symbol rechts unten in der Taskleiste zurück. Um dann das XAMPP Control Panel komplett zu beenden, müssen Sie das Symbol mit der rechten Maustaste anklicken und *Beenden* wählen.
- Wenn Sie einen Apple-Computer mit OS X beziehungsweise macOS verwenden, klicken Sie im XAMPP Application Manager auf *Stop All*. Beenden Sie anschließend den Application Manager.
- Linux-Nutzer geben in das Terminal-Fenster den Befehl

```
sudo /opt/lampp/lampp stop
```

ein, drücken die [Enter]-Taste und tippen auf Nachfrage ihr Administrator- beziehungsweise das root-Passwort ein. Sollte der Befehl nur zu einer Fehlermeldung führen, müssen Sie sich auch hier wieder per su root direkt als Benutzer root anmelden und dann den obigen Befehl ohne das vorangestellte sudo aufrufen.

Sofern Sie beim Experimentieren das installierte Joomla!-System zerstört haben oder es aus einem anderen Grund neu installieren möchten, müssen Sie lediglich das Verzeichnis *joomla* löschen. Sie finden es

- unter Windows im Verzeichnis *c:\xampp\htdocs*,
- unter OS X beziehungsweise macOS im Verzeichnis */Programme/XAMPP/xampfiles/htdocs* und
- unter Linux im Verzeichnis */opt/lampp/htdocs*. (Dort müssen Sie es als Administrator beziehungsweise Benutzer root löschen.)

Anschließend folgen Sie wieder der obigen Schnellinstallationsanleitung, beginnen aber direkt mit dem dritten Teil (Abschnitt »Dritter Teil: Joomla! installieren« ab Seite 33). Wenn Sie auch das XAMPP-Paket wieder loswerden möchten, verfahren Sie wie folgt:

- Unter Windows 10 rufen Sie im Startmenü die *Einstellungen* auf, wählen den Punkt *System*, dann *Apps & Features*, klicken in der Liste *XAMPP* an und lassen die Software *Deinstallieren*.
- Unter Windows 8 rufen Sie die Systemsteuerung auf, klicken den Punkt *Programm deinstallieren* an, markieren den Eintrag für *XAMPP* und lassen die Software dann *Deinstallieren/ändern*.
- Unter Windows 7 rufen Sie im Startmenü unter *Alle Programme* → *XAMPP* das Programm *Uninstall XAMPP* auf.
- Auf einem Apple-Computer mit OS X beziehungsweise macOS wechseln Sie unter den *Programmen* in den Ordner *XAMPP* und starten dort mit einem Doppelklick den *uninstaller*. Folgen Sie anschließend den Anweisungen auf dem Bildschirm.
- Unter Linux löschen Sie als Benutzer root beziehungsweise Systemverwalter das Verzeichnis */opt/lampp*.

Mit den obigen Schritten haben Sie im Schnelldurchgang eine funktionierende Joomla!-Installation auf die Festplatte gebannt. Die folgenden Abschnitte in diesem Kapitel beleuchten die Prozedur noch einmal etwas ausführlicher. Dort erfahren Sie insbesondere, wofür die ganzen bislang übersprungenen Einstellungen gut sind, wann Sie sie benötigen, wo typischerweise Probleme lauern und was bei der Installation von Joomla! auf einem Server im Internet zu beachten ist. Wenn Sie direkt mit der Arbeit in Joomla! loslegen möchten und bislang keine Probleme aufgetaucht sind, können Sie auch direkt zu Kapitel 3, *Erste Schritte im Backend*, Seite 81, weiterblättern.

XAMPP und die Sicherheit

Das XAMPP-Paket ist schnell installiert und eingerichtet. Wer einen sogenannten Root-Server besitzt, also einen kompletten (physischen) Server in Eigenverantwortung betreibt, kommt da schnell in Versuchung, das XAMPP-System einfach dorthin zu überspielen. Dies ist jedoch gleich aus mehreren Gründen eine schlechte und auch extrem gefährliche Idee: Um die Installation und Einrichtung so einfach wie möglich zu halten, haben die Macher ein paar erhebliche Sicherheitslücken zurückgelassen und teilweise sogar bewusst aufgerissen. Im Hinblick auf Joomla! sind dies die wichtigsten Schwachstellen:

- Der MySQL-Administrator (namens root) hat unter XAMPP kein Passwort.
- Das XAMPP-Verzeichnis ist unter Windows nicht geschützt.
- Das Datenbankkonfigurationsprogramm phpMyAdmin kann von jedem genutzt werden.

Alle diese Voreinstellungen ermöglichen bequemes Arbeiten am heimischen PC, ein Internetserver würde jedoch binnen kürzester Zeit zum Spielball von Angreifern.

Tipp Aus diesen Gründen sollten Sie selbst auf Ihrem Testsystem immer die Firewall Ihres Betriebssystems aktivieren und diese anweisen, jegliche Zugriffsversuche von außen zu unterbinden. Wenn Sie als Windows-Anwender den obigen Anleitungen und Tipps gefolgt sind, ist das bereits der Fall. Ganz sicher sind Sie, wenn Sie für den Testzeitraum die Internetverbindung kappen.

Am sichersten fahren Sie, wenn Ihr gemieteter Server bereits ein eingerichtetes MySQL- und Apache-Gespann mitbringt und dessen Einrichtung und Wartung vom Anbieter beziehungsweise Webhoster übernommen wird.

Falls Sie selbst für Ihren kompletten Server sorgen müssen, wie zum Beispiel im Fall eines gemieteten Root-Servers, sollten Sie unbedingt entsprechende Sicherungsmaßnahmen einleiten. Eine detaillierte Erläuterung würde jedoch den Rahmen dieses Buchs sprengen. Im Handel finden Sie aber umfangreiche Literatur zu Apache und MySQL, die jeweils auch die Installation und Einrichtung eines sicheren Systems beschreibt.

Weitere Informationen zu den in XAMPP enthaltenen Schwachstellen und dazu, wie man sie (notdürftig) flickt, finden Sie auf der XAMPP-Homepage (*http://www.xampp.org*).

Installation von Joomla!

Um Joomla! installieren zu können, müssen alle Voraussetzungen aus Abschnitt »Voraussetzungen« auf Seite 16 erfüllt sein. Der Webserver und die Datenbank müssen zudem laufen. Sofern Sie einen Server im Internet angemietet haben, ist das häufig schon der Fall.

Wenn Sie eine Testinstallation auf Ihrem eigenen Computer einrichten möchten, bietet sich das XAMPP-Paket an, das sämtliche von Joomla! benötigten Komponenten mitbringt (*http://www.xampp.org*). Dessen Installation hat bereits Abschnitt »Schnellinstallation« auf Seite 19 vorgestellt.

Joomla! herunterladen

Sobald alle Voraussetzungen erfüllt sind, kann es mit der eigentlichen Joomla!-Installation weitergehen. Dazu benötigen Sie zunächst das Content-Management-System selbst. Sie erhalten es kostenlos auf der Joomla!-Homepage unter *http://www.joomla.org*. Dort klicken Sie einfach auf den *Download*-Schalter, der Sie zur Seite aus Abbildung 2-25 führt.

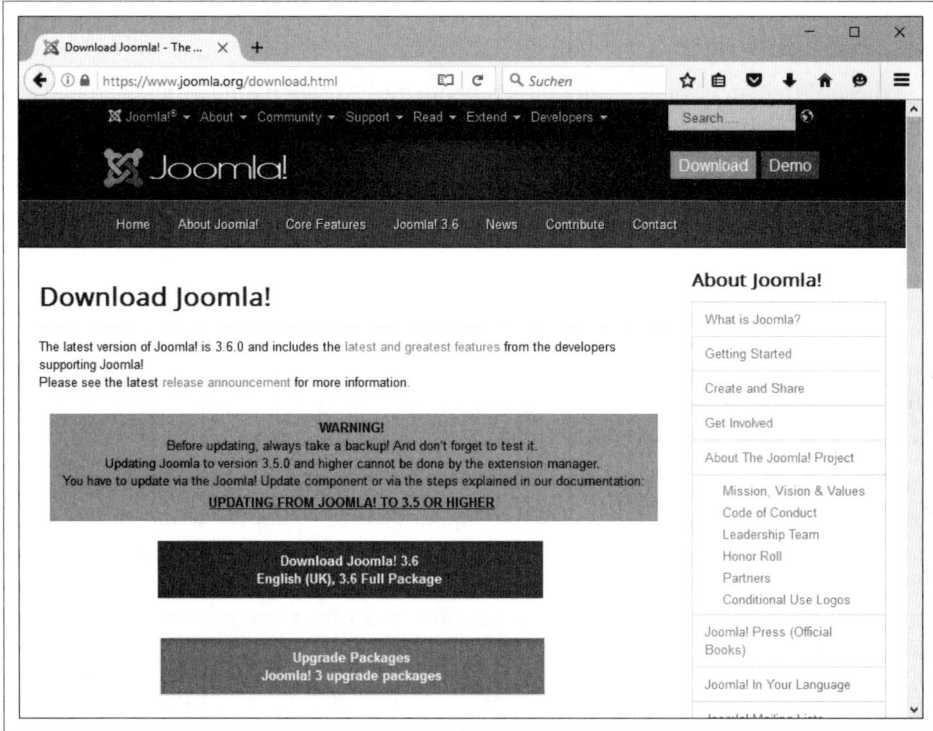

Abbildung 2-25: Die Download-Seite mit den aktuellen Joomla!-Paketen. Hier bekommt man auch sogenannte Upgrade Packages, die ältere Versionen auf den aktuellen Entwicklungsstand heben.

Sie bietet gleich zwei Pakete an, die Sie mit einem Klick auf das blaue oder das grüne Rechteck herunterladen:

- Das *Full Package* (hinter dem blauen Rechteck) enthält das komplette Content-Management-System, während die
- *Upgrade Packages* (erhältlich über das grüne Rechteck) die Vorversionen auf den aktuellen Stand bringen.

Um Joomla! herunterzuladen, genügt ein Klick auf den großen blauen Knopf *Download Joomla* ... Sie erhalten damit ein ZIP-Archiv (mit der Endung *.zip*).

Wenn Sie ein anderes Archivformat bevorzugen oder eine ganz bestimmte Joomla!-Version benötigen, rufen Sie die Seite *https://github.com/joomla/joomla-cms/releases* auf. Dort bieten die Joomla!-Entwickler alle in den letzten Jahren veröffentlichten Joomla!-Versionen zum Download an (Abbildung 2-26). Die aktuelle Joomla!-Version ist auf der linken Seite mit einen grünen Schild *Latest release* markiert. Alle anderen Versionen sind entweder veraltet oder spezielle Testversionen.

Warnung Setzen Sie auf einem Server im Internet immer nur die aktuelle Version von Joomla! ein (die mit *Latest release* markiert ist). Die anderen Versionen können Fehler und Sicherheitslücken enthalten, über die wiederum Angreifer Ihre Joomla!-Installation übernehmen oder die zu Datenverlusten führen könnten.

Zu jeder Joomla!-Version stehen neben dem ZIP-Archiv auch Pakete im *.tar.gz*- und *.tar.bz2*-Format bereit, die vor allem Linux-Anhänger bevorzugen. In allen drei Archiven steckt der gleiche Inhalt; die unterschiedlichen Dateigrößen rühren von den unterschiedlichen Kompressionsgraden her.

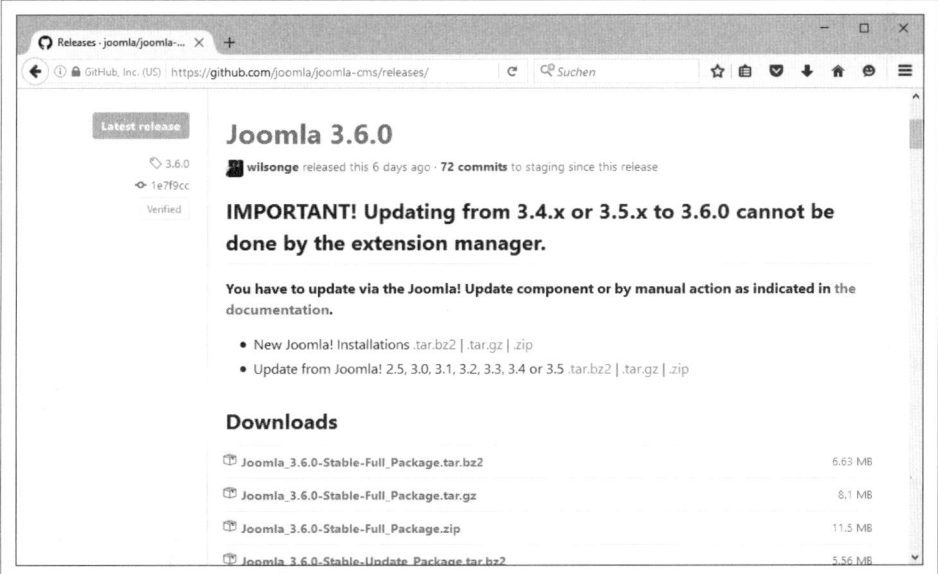

Abbildung 2-26: Die Entwickler nutzen die Seite GitHub, um Joomla! gemeinsam weiterzuentwickeln. Auf dieser Unterseite bieten sie zudem Joomla! in verschiedenen Archivformaten an.

Neben Archiven mit dem kompletten Content-Management-System stehen hier weitere Pakete bereit, mit denen Sie eine ältere Joomla!-Version aktualisieren. Das passende Paket finden Sie, wenn Sie neben *Update from* Ihre alte Joomla!-Version suchen und dann das zugehörige Archivformat rechts daneben wählen. Wenn Sie beispielsweise unter Windows von Joomla! 3.4 auf Version 3.6 umsteigen möchten, klicken Sie neben *Update from Joomla! 2.5, 3.0, 3.1, 3.2, 3.3, 3.4 or 3.5* auf *.zip* (vergleichen Sie dazu Abbildung 2-26). Für eine Aktualisierung gedachte Pakete tragen zudem den Begriff *Update* oder *Patch* in ihrem Namen. Wenn Sie eine solches benutzen, sollten Sie aber geflissentlich darauf achten, die zu Ihrer Joomla!-Version passende Aktualisierung zu verwenden.

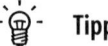

Tipp Um Ihre Joomla!-Installation auf dem aktuellen Stand zu halten, sollten Sie möglichst die eingebaute halb automatische Aktualisierungsfunktion verwenden. Die Pakete sind nur dann interessant, wenn diese automatische Aktualisierung nicht funktioniert – etwa weil Sie Ihr Webhoster verbietet. Wie die Aktualisierung im Einzelnen funktioniert, erklärt später noch Kapitel 23, *Aktualisierung und Migration*, Seite 941.

Alle Archive enthalten ausschließlich ein englischsprachiges Joomla!. Deutsch beziehungsweise eine andere Sprache bringt man dem Content-Management-System später über nachrüstbare Sprachpakete bei. Wie das genau funktioniert, verrät gleich noch der Abschnitt »Man spricht Deutsch«.

Joomla! entpacken

Der Webserver erwartet alle Dokumente und Webanwendungen, die er bereitstellen soll, in einem ganz bestimmten Verzeichnis. Diesen Speicherort gilt es jetzt aufzuspüren.

Warnung Überschreiben Sie niemals eine alte, bestehende Joomla!-Version mit einer neuen. Entpacken Sie also beispielsweise nicht einfach das Paket der neuen Version 3.6 in das Verzeichnis einer bestehenden Joomla!-2.5-Installation! Aufgrund der umfangreichen Änderungen wird das sehr wahrscheinlich schiefgehen und mit einem defekten Content-Management-System enden. Um die Aktualisierung und Migration kümmert sich später noch ausführlich das gleichnamige Kapitel 23, *Aktualisierung und Migration*, Seite 941.

Auf dem eigenen PC

Bei XAMPP-Installationen hört das entsprechende Verzeichnis auf den Namen *htdocs*.

- Unter Windows finden Sie es direkt im XAMPP-Installationsverzeichnis, also normalerweise unter *C:\xampp\htdocs*.
- Bei einem Apple-Computer mit OS X beziehungsweise macOS liegt es unter */Programme/XAMPP/xamppfiles/htdocs*.
- Bei Linux liegt es unter */opt/lampp/htdocs*.

Wenn Sie XAMPP nicht verwenden und selbst einen Webserver aufgesetzt haben, nennt Ihnen das Handbuch Ihres Betriebssystems beziehungsweise Ihres Webservers das passende Verzeichnis (Stichwort »DocumentRoot«). Unter Linux ist beispielsweise */var/www/html* äußerst beliebt.

In dieses Verzeichnis entpacken Sie jetzt das heruntergeladene Joomla!-Archiv. Wenn Sie seinen Inhalt direkt im *htdocs*-Verzeichnis ablegen, erreichen Sie es später über die Adresse *http://localhost*. Der Begriff *localhost* steht dabei immer für den aktuellen Computer. Entpacken Sie den Inhalt des Joomla!-Archivs hingegen in einen Unterordner wie etwa *joomla*, müssen Sie zukünftig diesen Verzeichnisnamen noch an die Internetadresse anhängen und somit *http://localhost/joomla* in Ihrem Browser aufrufen.

Insbesondere bei einer Testinstallation ist es ratsam, Joomla! ein eigenes Unterverzeichnis zu spendieren. Dadurch behalten Sie einen besseren Überblick und können im Fall der Fälle das Content-Management-System einfacher löschen. (Sie müssen nur diesen Unterordner in den Papierkorb werfen.) Als Verzeichnisname bietet sich einfach das erwähnte *joomla* an.

Tipp Auf diese Weise lassen sich auch zwei Joomla!-Versionen parallel betreiben: Packen Sie jede von ihnen in ein eigenes Verzeichnis und wählen Sie später bei der Installation unterschiedliche Datenbanken (oder zumindest verschiedene Präfixe bei den Tabellennamen – mehr dazu folgt im zweiten Installationsschritt).

Wenn Sie eine Testinstallation unter XAMPP aufsetzen möchten, gehen Sie wie folgt vor:

- Unter Windows klicken Sie einfach das heruntergeladene Joomla!-Archiv mit der rechten Maustaste an, wählen den Punkt *Alle extrahieren* und geben als Verzeichnis für den Assistenten *C:\xampp\htdocs\joomla* an. *C:\xampp* müssen Sie dabei gegebenenfalls durch das Installationsverzeichnis von XAMPP ersetzen. Der kleine Assistent erstellt automatisch das Unterverzeichnis *joomla* und entpackt dort dann das Content-Management-System.

- Unter OS X beziehungsweise macOS hängt das Vorgehen vom verwendeten Browser ab. Der mitgelieferte Safari entpackt das ZIP-Archiv mit Joomla! standardmäßig direkt nach dem Download. In diesem Fall müssen Sie das dabei neu entstandene Verzeichnis lediglich in *joomla* umbenennen und dieses dann in den Ordner */Programme/XAMPP/xamppfiles/htdocs* verschieben.

  Wenn Sie einen anderen Browser verwenden, müssen Sie auf das ZIP-Archiv doppelklicken. Benennen Sie dann den entstandenen Ordner in *joomla* um und kopieren Sie ihn in das Verzeichnis */Programme/XAMPP/xamppfiles/htdocs*.

- Sind Sie Linux-Anwender, entpacken Sie das Joomla!-Archiv am schnellsten in einem Terminal-Fenster. Zunächst erstellen Sie dazu ein Unterverzeichnis für Joomla!:

  sudo mkdir /opt/lampp/htdocs/joomla

  Der folgende zweite Befehl entpackt das Joomla!-Archiv. Sofern Sie das ZIP-Archiv heruntergeladen haben, nutzen Sie das folgende Kommando:

  sudo unzip *Joomla_3.6.0-Stable-Full_Package.zip* -d /opt/lampp/htdocs/joomla

  Bei einem *.tar.gz*-Archiv verwenden Sie seinen Kollegen ...

  sudo tar xvfz *Joomla_3.6.0-Stable-Full_Package.tar.gz* -C /opt/lampp/htdocs/joomla

  ... während das folgende Ungetüm ein Archiv im *.tar.bz2*-Format auspackt:

```
sudo tar xvfj Joomla_3.6.0-Stable-Full_Package.tar.bz2 -C /opt/lampp/htdocs/joomla
```

Den Dateinamen des Archivs und den Verzeichnisnamen am Ende müssen Sie entsprechend anpassen. Die obigen Beispiele würden das Archiv der Joomla!-Version 3.6.0 in das Verzeichnis */opt/lampp/htdocs/joomla* entpacken.

Da nur der Benutzer root Schreibrechte auf das Verzeichnis */opt/lampp* besitzt, fordert das vorangestellte sudo die notwendigen Rechte an. Das verlangte Passwort haben Sie bei der Installation Ihrer Distribution vergeben; probieren Sie im Zweifelsfall Ihr eigenes aus. Weigert sich Linux, den Befehl trotz korrekten Passworts auszuführen, melden Sie sich mit

```
su root
```

direkt als Benutzer root an und wiederholen dann die obigen Befehle ohne das vorangestellte sudo. Wenn Sie lieber ein grafisches Packprogramm nutzen möchten, müssen Sie sich zuvor als Administrator beziehungsweise Benutzer root anmelden.

Auf einem Server im Internet

Wenn Sie Joomla! auf Ihrem angemieteten Server im Internet installieren möchten, entpacken Sie zunächst das heruntergeladene Joomla!-Archiv auf Ihrem eigenen Computer in ein Verzeichnis Ihrer Wahl.

- Unter Windows klicken Sie dazu das ZIP-Archiv mit der rechten Maustaste an, wählen den Punkt *Alle extrahieren* und folgen den Anweisungen des Assistenten. Normalerweise können Sie einfach alle Vorgaben übernehmen.
- Auf einem Apple-Computer mit OS X beziehungsweise macOS entpacken aktuelle Versionen von Safari das Archiv automatisch nach dem Herunterladen. Wenn Sie einen anderen Browser benutzen, klicken Sie das ZIP-Archiv doppelt an.
- Linux-Nutzer müssen in der Regel ebenfalls nur das Archiv mit der rechten Maustaste anklicken und dann den entsprechenden Menüpunkt zum Entpacken wählen. Alternativ öffnen Sie ein Terminal-Fenster, erstellen ein neues Verzeichnis mit dem Namen *joomla*:

    ```
    mkdir joomla
    ```

    Entpacken Sie dort hinein das ZIP-Archiv mit:

    ```
    unzip Joomla_3.6.0-Stable-Full_Package.zip -d joomla
    ```

    das *.tar.gz*-Archiv via:

    ```
    tar xvfz Joomla_3.6.0-Stable-Full_Package.tar.gz -C joomla
    ```

    beziehungsweise das *.tar.bz2*-Archiv über:

    ```
    tar xvfj Joomla_3.6.0-Stable-Full_Package.tar.bz2 -C joomla
    ```

    Den Dateinamen müssen Sie dabei entsprechend anpassen.

In jedem Fall besitzen Sie jetzt ein neues Verzeichnis. Als Nächstes müssen Sie seinen kompletten Inhalt auf Ihren angemieteten Server hochladen.

Wie das funktioniert, hängt von Ihren Zugangsmöglichkeiten ab. Häufig stellt Ihnen Ihr Webhoster ein entsprechendes Programm oder eine andere Möglichkeit zum Hochladen von Dateien bereit – hier hilft ein Blick in die Hilfeseiten Ihres Webhosters. In der Regel erlaubt er Ihnen auch den Zugriff über einen sogenannten FTP-Zugang. Wählen Sie dann eines der zahlreichen kostenlosen FTP-Programme nach eigenem Geschmack aus. Äußerst beliebt ist etwa das FTP-Programm FileZilla (*https://filezilla-project.org*), das durch seinen großen Funktionsumfang allerdings auch eine etwas längere Einarbeitung erfordert. Alternativ setzen einige Webhoster auf den Zugang mittels ssh, der Secure Shell. Auch hierfür gibt es kostenlose Programme, die das Hochladen der Dateien übernehmen.

In welches Verzeichnis Sie Joomla! hochladen müssen, verrät Ihnen ebenfalls Ihr Webhoster. Wenn alle Dateien und Unterverzeichnisse auf Ihrem Server angekommen sind, erreichen Sie Joomla! über Ihre gemietete Internetadresse, etwa *http://www.example.com*. Diese müssen später auch Besucher ansteuern, um auf Ihre Internetseiten zu gelangen.

Ihr Webhoster erlaubt Ihnen in der Regel, eigene Unterverzeichnisse auf dem Server zu erstellen und dort dann Joomla! abzulegen. Anders als bei einer Testinstallation sollten Sie sich das jedoch gut überlegen: Wenn Sie Joomla! auf dem Server in das Unterverzeichnis *joomla* hochladen, erreichen Sie Ihre Seiten später unter der Adresse *http://www.example.com/joomla* (mehr zu diesem Thema liefert der Kasten »Unter der Haube«). Diese Adresse müssen dann aber auch später Ihre Besucher kennen. Deshalb empfiehlt es sich, Joomla! auf dem Webserver kein eigenes Unterverzeichnis zu spendieren.

Unter der Haube

Jeder Webserver erwartet alle Dokumente und Webanwendungen in einem ganz bestimmten Verzeichnis – unter XAMPP ist dies *htdocs*. Gibt man die Internetadresse des Computers in einen Browser ein (wie zum Beispiel *http://localhost*), liefert der Webserver standardmäßig eine Übersicht aller dort abgelegten Dateien. Sollte jedoch ein Dokument mit dem Namen *index.html*, *index.htm* oder *index.php* darunter sein, wird stattdessen einfach dieses zurückgeliefert. Dateien in einem Unterordner erreicht man, indem man ihre Namen an die Internetadresse anhängt. *http://localhost/meinedateien/buecher.html* liefert zum Beispiel die Datei *buecher.html* aus dem Unterordner *meinedateien*.

Wenn Sie also Joomla! direkt im *htdocs*-Verzeichnis entpacken, erreichen Sie es später über die Adresse *http://localhost*. Legen Sie es hingegen im Unterverzeichnis *joomla* ab, müssen Sie die Adresse *http://localhost/joomla* mit Ihrem Browser ansteuern.

Analoges gilt auch später für Ihren richtigen Webserver im Internet. Wenn Ihre gemietete Internetadresse *www.example.com* heißt und Sie Joomla! auf dem Server in das Verzeichnis *cms* entpacken, erreichen Sie das Content-Management-System unter der Adresse *http://www.example.com/cms*.

Schritt 1: Hauptkonfiguration

Stellen Sie nun sicher, dass sowohl der Webserver als auch die Datenbank laufen. Öffnen Sie ein Browserfenster und steuern Sie Ihre Joomla!-Installation an. Wenn Sie Joomla! auf Ihrem eigenen PC nutzen und dem vorherigen Abschnitt gefolgt sind, wechseln Sie zur Adresse *http://localhost/joomla* (beziehungsweise *http://localhost*, wenn Sie Joomla! direkt in das *htdocs*-Verzeichnis entpackt haben). Sofern Sie Joomla! auf einen Server im Internet kopiert haben, rufen Sie dessen Domainnamen auf, wie etwa *http://www.example.com*. In jedem Fall führt Sie jetzt ein Assistent zu einer fertigen Joomla!-Installation. Auf der ersten Seite legen Sie zunächst in der Ausklappliste ganz oben die Sprache fest, in der Joomla! Sie durch den Installationsprozess führt. Sofern Sie einen deutschsprachigen Browser verwenden, sollte wie in Abbildung 2-27 bereits der passende Punkt *German (DE-CH-AT)* ausgewählt worden sein. Spricht der Assistent hingegen Englisch, wählen Sie unter *Select Language* den Punkt *German (DE-CH-AT)*. Die *Sprachauswahl*, die Sie hier vornehmen, bezieht sich übrigens ausschließlich auf die Installation. Damit auch später die Benutzeroberfläche von Joomla! durchgehend in Deutsch erscheint, ist ein zusätzliches Sprachpaket notwendig (dazu folgt in wenigen Absätzen mehr).

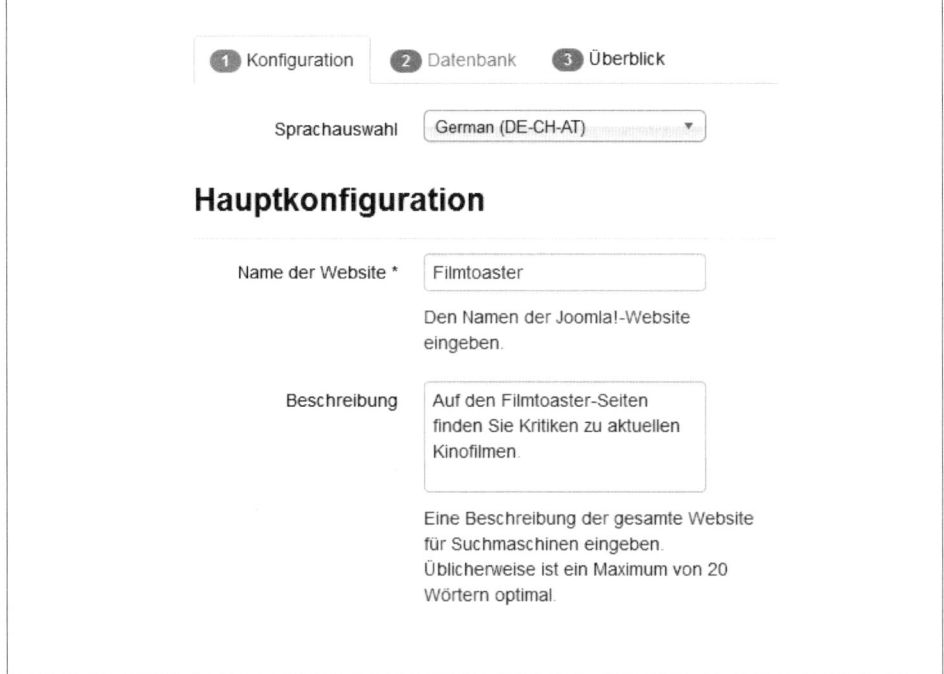

Abbildung 2-27: Die Sprachauswahl schlägt bereits Deutsch vor. Darunter verlangt Joomla! ein paar grundlegende Angaben zur Website.

Im unteren Teil müssen Sie Ihrem Internetauftritt einen Namen verpassen. Für die angestrebten Kinoseiten tippen Sie in das Eingabefeld hinter *Name der Website* kurz und knapp Filmtoaster ein. Dieser Name taucht später an unterschiedlichen

Stellen auf, wie beispielsweise in der Titelleiste Ihres Internetbrowsers (siehe auch Abschnitt »Es geht los: Die Filmtoaster-Seiten« auf Seite 13).

Direkt darunter erwartet ein größeres Feld eine kurze *Beschreibung* Ihres Internetauftritts. Den dort hinterlegten Text versteckt Joomla! in jeder ausgelieferten Seite. Primär ist er für Internetsuchmaschinen wie Google gedacht; normale Besucher bekommen ihn für gewöhnlich nicht zu Gesicht. Ideal ist ein kurzer, knackiger Satz wie der in Abbildung 2-27. Weitere Informationen zu diesen sogenannten Metadaten folgen in Kapitel 21, *Suchmaschinenoptimierung*, Seite 901.

Auf der rechten Seite tragen Sie unter *Administrator-E-Mail* eine gültige E-Mail-Adresse ein, an die Joomla! alle wichtigen Nachrichten schicken darf (siehe Abbildung 2-28).

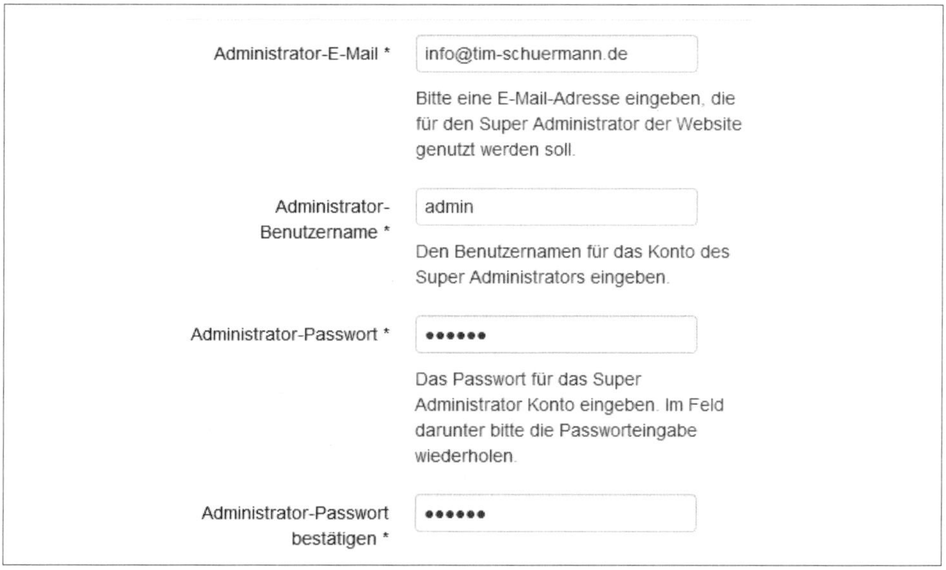

Abbildung 2-28: Mit den hier eingestellten Daten legt Joomla! gleich ein Benutzerkonto an, das weitreichende Rechte besitzt.

Als Nächstes müssen Sie sich einen Benutzernamen sowie ein Passwort ausdenken. Beide zusammen bilden den Schlüssel zum Heiligtum von Joomla!. Aus diesem Grund sollten Sie das Gespann weise wählen, es sich gut merken und vor allem möglichst geheim halten. Wer sich mit ihm später bei Joomla! anmeldet, hat vollen Zugriff auf alle Funktionen.

Warnung In einer lokalen Testinstallation können Sie den Benutzernamen *admin* verwenden. Er ist leicht zu merken und wird auch in vielen Anleitungen im Internet sowie in diesem Buch verwendet. Wenn Sie später Joomla! auf dem Server installieren, sollten Sie jedoch unbedingt einen anderen, möglichst kryptischen Benutzernamen wählen, denn Angreifer kennen *admin* bereits und müssten somit nur noch das Passwort erraten, um Zugang zu Ihrer Joomla!-Installation zu erhalten.

Der Benutzername gehört in das Feld *Administrator-Benutzername*. Das Passwort tippen Sie blind sowohl unter *Administrator-Passwort* als auch noch einmal zur Kontrolle unter *Administrator-Passwort bestätigen* ein (siehe Abbildung 2-28). Beim Erstellen von besonders sicheren Passwörtern helfen sogenannte Passwortgeneratoren, die es kostenlos im Internet gibt. Ein Beispiel wäre das kleine Werkzeug pwgen, das Sie unter *http://8-p.info/pwgen/* finden.

Tipp Die eingetippte Passwortzeichenkette speichert Joomla! zwar verschlüsselt in der Datenbank, erlangt jedoch ein Angreifer vollen Zugriff auf den entsprechenden Eintrag, kann er das Passwort gegen ein eigenes austauschen. Wie das genau funktioniert, verrät Kapitel 22, *Datensicherung und Wiederherstellung (Backups)*. Allein schon aus diesem Grund sollten Sie in einer produktiven Umgebung besonderen Wert auf eine abgeschirmte und sichere Datenbankinstallation legen.

Der von Joomla! verwaltete Internetauftritt ist nach der Installation umgehend für Besucher erreichbar. In einer Testinstallation ist das wünschenswert, bei der Installation auf dem richtigen Internetserver würden die noch anstehenden Umbaumaßnahmen die frühzeitig vorbeischlendernden Besucher jedoch nur verwirren – zu denen übrigens auch Suchmaschinen gehören. Aus diesem Grund können Sie über die Einstellung *Site offline* ganz am unteren Seitenrand Ihre Website (vorübergehend) abschalten. Besucher sehen dann nur noch die kleine Hinweisseite aus Abbildung 2-29. Sobald Sie Joomla! fertig eingerichtet haben, schalten Sie in seinen Grundeinstellungen die Website wieder frei.

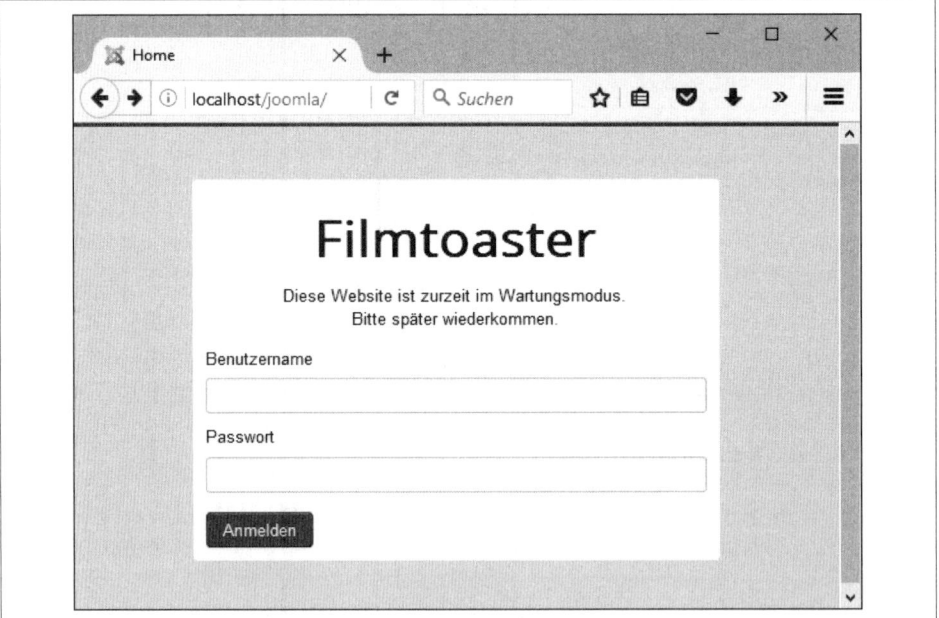

Abbildung 2-29: Schon bei der Installation können Sie die Website in den sogenannten Wartungsmodus versetzen und dann erst einmal in Ruhe die Seiten nach eigenem Geschmack einrichten.

Tipp Als Faustregel gilt: In einer Testinstallation belassen Sie *Site offline* auf *Nein*, bei der Installation auf einem Server setzen Sie die Einstellung hingegen auf *Ja* (indem Sie auf *Ja* klicken).

Sind alle Informationen beisammen, geht es mit einem Klick auf *Weiter* zum nächsten Schritt.

Schritt 2: Konfiguration der Datenbank

Im Formular aus Abbildung 2-30 stellen Sie zunächst ganz oben unter *Datenbanktyp* ein, welche Datenbank Joomla! nutzen soll. Joomla! 3.6 kann mit MySQL, PostgreSQL und dem Microsoft SQL Server zusammenarbeiten.

Wenn Sie hier einen Eintrag vermissen, ist in PHP das entsprechende Datenbankmodul nicht geladen. In diesem Fall müssen Sie die PHP-Konfiguration verändern beziehungsweise mit Ihrem Webhoster sprechen.

Wenn Sie mit MySQL arbeiten, wie es etwa unter XAMPP der Fall ist, belassen Sie den *Datenbanktyp* auf der Voreinstellung *MySQLi*. Die Option *MySQL (PDO)* bezeichnet eine alternative Schnittstelle zur MySQL-Datenbank. Diese sollten Sie dann verwenden, wenn mit MySQLi Probleme auftreten oder Ihr Webhoster MySQL PDO vorschreibt. Schließlich gibt es noch eine dritte Schnittstelle zur Datenbank, die in der Ausklappliste als *MySQL* erscheint. Da sie mittlerweile veraltet ist, sollten Sie diesen Punkt am besten ignorieren.

Unter *Servername* tippen Sie den (Domain-)Namen des Servers ein, auf dem die Datenbank läuft. In der XAMPP-Umgebung ist das derselbe Rechner, auf dem auch Joomla! arbeitet. Der korrekte Wert lautet in diesem Fall `localhost`. Bitte beachten Sie, dass sich `localhost` an dieser Stelle auf den Computer bezieht, auf dem Joomla! installiert wird. Relevant ist dabei der Blickwinkel des Content-Management-Systems: Aus Sicht von Joomla! läuft MySQL auf seinem eigenen Computer (`localhost`).

Die meisten Webhoster lagern allerdings die Datenbank auf einen anderen Computer aus. Wenn Sie Joomla! auf einem angemieteten Server installieren, müssen Sie daher sehr wahrscheinlich hier einen anderen (Domain-)Namen eingeben. Diesen nennt Ihnen normalerweise Ihr Webhoster irgendwo in seinem Kundenbereich beziehungsweise Servicecenter. Im Zweifelsfall sollten Sie Ihren Webhoster fragen, welche Angabe hier richtig ist.

In den nächsten beiden Feldern landen die Zugangsdaten, mit denen sich Joomla! bei der Datenbank anmeldet. Bei der Installation auf einem Server im Internet erhalten Sie das passende Bündel aus Benutzername und Passwort von Ihrem Webhoster. Bei einer lokalen Installation mit XAMPP lautet der *Benutzername* `root`, während das *Passwort* wie in Abbildung 2-30 leer bleibt. Diese Zugangsdaten haben die XAMPP-Macher so vorgegeben. Sofern Sie die Datenbank selbst installiert haben, legen Sie in der Datenbank selbst ein neues Benutzerkonto für Joomla! an.

Warnung   Hier wird noch einmal sehr deutlich eine Sicherheitslücke von XAMPP sichtbar: Jeder halbwegs intelligente Angreifer kennt den voreingestellten Benutzernamen und das Passwort. Sobald er nur irgendwie Zugriff auf das System erlangt, hätte er automatisch auch uneingeschränkten Zugriff auf die komplette MySQL-Datenbank. Setzen Sie daher XAMPP niemals ohne weitere Maßnahmen auf einem produktiven Server ein.

Abschließend fehlt noch der Name der Datenbank. Das mag zunächst etwas komisch klingen, ein Datenbankprogramm wie MySQL kann jedoch durchaus mehrere Datenbanken für jeweils unterschiedliche Zwecke verwalten. Sofern eine Datenbank mit dem hier eingetippten Namen noch nicht existiert, legt Joomla! sie gleich selbstständig an. Unter einer Testinstallation mit XAMPP dürfen Sie einen beliebigen Datenbanknamen wählen, wobei sich wie in Abbildung 2-30 natürlich joomla anbietet. Wichtig ist nur, dass im Namen keine Leerzeichen enthalten sind. Bei einer Installation auf Ihrem richtigen Internetserver gibt Ihnen normalerweise Ihr Webhoster den Datenbanknamen vor. Diesen meist kryptischen Bezeichner tragen Sie dann hier unter *Datenbankname* ein.

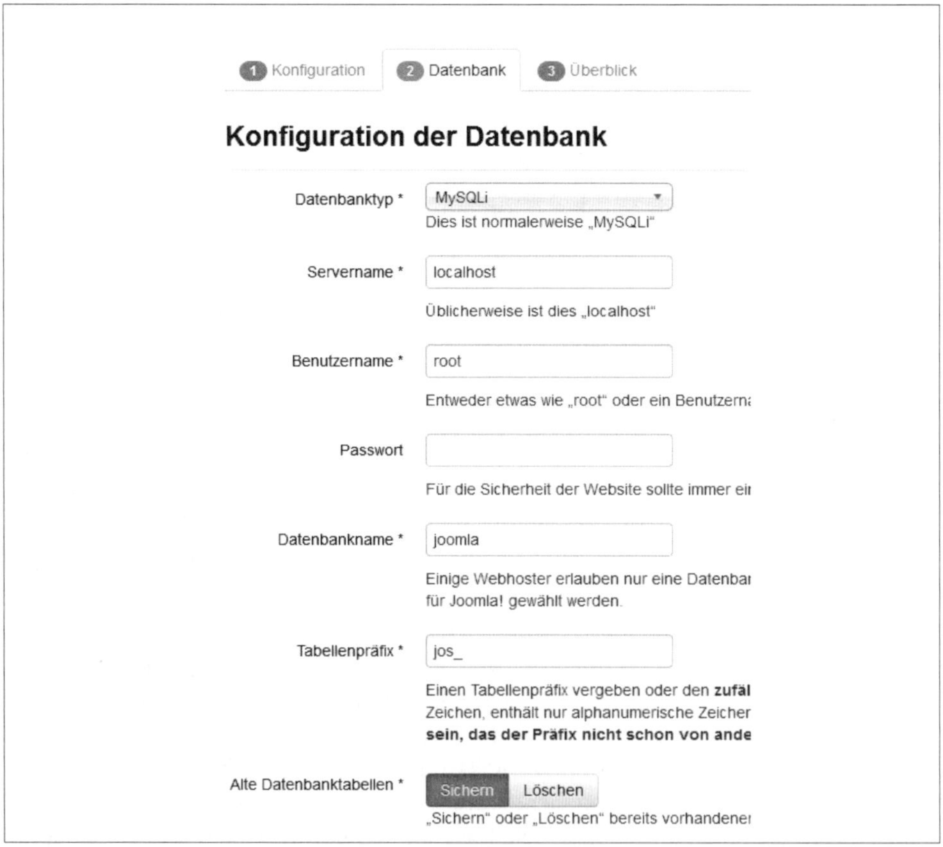

Abbildung 2-30:   Die Datenbankeinstellungen bei Nutzung von XAMPP.

Warnung   Wenn Sie auf Ihrem angemieteten Server den Datenbanknamen selbst wählen können, sollten Sie sich einen möglichst kryptischen ausdenken. Da *joomla* ein recht beliebter Name ist, probieren Angreifer ihn bei ihren Einbruchsversuchen als Erstes aus.

Alle zu speichernden Informationen legt die Datenbank in einzelnen Tabellen ab, die zur Unterscheidung jeweils einen eindeutigen Namen erhalten (wie Sie es vielleicht auch von Ihrer Tabellenkalkulation kennen). Den Namen seiner eigenen Tabellen stellt Joomla! jeweils noch ein kleines Kürzel voran. Dieses *Tabellenpräfix* hat gleich mehrere Vorteile:

- Die zu Joomla! gehörenden Tabellen lassen sich dank des Präfixes schneller identifizieren und sichern (siehe Kapitel 22, *Datensicherung und Wiederherstellung (Backups)*).
- Weitere Webanwendungen können die gleiche Datenbank (mit-)nutzen. Das ist beispielsweise dann nützlich, wenn Sie zwei Joomla!-Portale betreiben wollen, Ihr Webhoster aber nur eine Datenbank spendiert.
- Kriminelle können die Namen der Tabellen nicht so leicht erraten, was wiederum Einbrüche in Ihre Joomla!-Installation erschwert. Aus diesem Grund schlägt Joomla! auch immer eine zufällig generierte Zeichenfolge als Tabellenpräfix vor. Damit wird es fast unmöglich, die korrekten Tabellennamen zu erraten.

Tipp   Einige Anleitungen, dieses Buch sowie Hilfen im Internet verwenden das Präfix *jos_*. Sie können es daher ebenfalls wählen, wenn Sie Joomla! zum ersten Mal in einer Testinstallation ausprobieren. Später auf dem richtigen Internetserver sollten Sie jedoch aus Sicherheitsgründen das von Joomla! vorgeschlagene kryptischere Kürzel übernehmen.

Wenn Joomla! irgendwann einmal auf Ihrem Computer oder Server installiert war, gibt es in der Datenbank bereits die von Joomla! verwendeten Tabellen. Diese dürften sehr wahrscheinlich auch schon (Beispiel-)Texte enthalten. Wenn Sie jetzt Joomla! neu installieren möchten, müssen Sie sich überlegen, was mit diesen alten Tabellen passieren soll. Dabei haben Sie drei Möglichkeiten:

- Sie verwenden ein neues Tabellenpräfix. Damit bleiben die alten Tabellen weiterhin in der Datenbank. Die neue Joomla!-Installation nutzt dann ausschließlich die Tabellen mit dem neuen Tabellenpräfix und beachtet die alten gar nicht weiter. Dieser Weg ist der richtige, wenn Sie die alten Daten behalten möchten.
- Sie lassen die Daten in den alten Tabellen löschen und dann Joomla! die leer geräumten Tabellen nutzen. Genau das passiert, wenn Sie das Präfix der alten Tabellen im Eingabefeld *Tabellenpräfix* hinterlegen und dann den Schalter *Alte Datenbanktabellen* auf *Löschen* umlegen (*Löschen* wird dadurch rot hervorgehoben). Auf diese Weise können Sie schnell eine alte, defekte Installation durch eine frische ersetzen. Doch Vorsicht: Die alten Daten sind anschließend unwiederbringlich verloren!

- Sie lassen von den alten Tabellen eine Sicherheitskopie erstellen. Dazu hinterlegen Sie das Präfix der alten Tabellen im Eingabefeld *Tabellenpräfix* und setzen *Alte Datenbanktabellen* auf *Sichern* (*Sichern* leuchtet grün). Der Installationsassistent von Joomla! benennt dann die alten Tabellen um und legt anschließend neue leere Tabellen an. Dieser Weg ist der richtige, wenn Sie die alten Tabellen sehr wahrscheinlich nicht mehr benötigen (sich aber noch nicht endgültig sicher sind).

Warnung Im letzten Fall gibt es ein Problem, wenn bereits eine ältere Sicherung existiert. Diese wird dann durch das neue Backup rücksichtslos überschrieben. Um folglich ganz sicher zu sein, dass keine alten Daten überschrieben werden, müssen Sie ein anderes, noch nie benutztes Tabellenpräfix wählen.

In der Regel können Sie einfach das von Joomla! vorgegebene Tabellenpräfix übernehmen und *Alte Datenbanktabellen* auf *Sichern* belassen (der Punkt sollte bereits grün hinterlegt sein). Das ist auch die richtige Einstellung, wenn Sie Joomla! zum ersten Mal installieren. Sind alle Einstellungen korrekt, klicken Sie auf *Weiter*. Welches Formular Joomla! jetzt öffnet, hängt von den Gegebenheiten auf Ihrem Computer beziehungsweise Ihrem Server ab.

Schritt 3: FTP-Konfiguration

Die später in das Content-Management-System eingegebenen Texte dürfen Sie selbstverständlich auch mit anderen Medien anreichern. So wäre eine Vereinsseite nicht komplett ohne ein Foto der kompletten Fußballmannschaft. Diese zusätzlichen Dateien hievt Joomla! normalerweise selbst von der heimischen Festplatte auf den Server. Dort landen sie nicht etwa in der Datenbank, sondern in einem explizit dafür gedachten Verzeichnis. Darin muss Joomla! die Dateien speichern dürfen. Ähnliches gilt auch für Erweiterungspakete.

Sollte Joomla! bei der Installation feststellen, dass es Dateien nicht in den entsprechenden Verzeichnissen ablegen kann, bietet es im zusätzlichen Formular aus Abbildung 2-31 an, den meist sowieso schon vorhandenen FTP-Zugang mit zu nutzen. Als Betreiber eines Internetauftritts haben Sie ihn vielleicht schon verwendet, um Ihre Dateien auf den Server hochzuladen (weitere Hintergrundinformationen liefert der Kasten »File Transfer Protocol«).

Falls Sie auf den FTP-Zugang zurückgreifen wollen oder (dank Ihres Webhosters) müssen, stellen Sie zunächst *FTP-Funktion aktivieren* auf *Ja* (indem Sie *Ja* anklicken).

Tipp Wenn Sie jetzt unsicher sind, belassen Sie es beim *Nein* und klicken auf *Weiter*. Sie können Joomla! auch nachträglich noch anweisen, Dateien über den FTP-Zugang hochzuladen.

> **File Transfer Protocol**
>
> Das Akronym *FTP* steht für *File Transfer Protocol*. Ähnlich wie ein Polizist den Verkehr regelt, steuert es den Datenaustausch zwischen zwei Programmen. Das eine der beiden Programme läuft auf dem heimischen PC. Dieser sogenannte FTP-Client sendet die zu übertragenden Dateien an den Server im Internet. Dort nimmt der FTP-Server, eine ständig auf dem Server laufende Anwendung, die losgeschickten Dateien entgegen und speichert sie ab. Für alle halbwegs aktuellen Betriebssysteme steht eine ganze Reihe von kostenlosen Client- und Serverprogrammen bereit.
>
> Die Einrichtung eines FTP-Servers ist auch auf dem heimischen Test-PC eine Überlegung wert: Hier können Sie nicht nur gefahrlos an allen Parametern schrauben, sondern auch die Situation auf dem späteren Server nachbauen und so wiederum Ihren Internetauftritt unter möglichst realen Bedingungen planen.
>
> Falls Sie sich etwas näher mit diesem Thema beschäftigen möchten, sei Ihnen ein Blick auf XAMPP empfohlen. Ihm liegt mit FileZilla unter Windows sowie ProFTPD unter Linux und OS X beziehungsweise macOS ebenfalls ein FTP-Server bei. Informationen zu FileZilla finden Sie unter *https://filezilla-project.org*, eine Dokumentation zu ProFTPD erhalten Sie unter *http://www.proftpd.org*.

Damit nicht jeder Fremde nach Belieben Dateien hochladen kann, ist der FTP-Zugang normalerweise durch ein Gespann aus Benutzername und Passwort geschützt. Dieses Pärchen müssten Sie immer dann eingeben, wenn Sie Dateien hochladen wollen. Das ist auf Dauer nicht nur ziemlich lästig, Sie müssten die Zugangsdaten auch anderen Autoren mitteilen. Aus diesem Grund können Sie Joomla! den Benutzernamen und das Passwort unter *FTP-Benutzername* und *FTP-Passwort* anvertrauen. Das Gespann merkt sich Joomla! allerdings nur, wenn Sie ganz unten auf der Seite neben *FTP-Passwort speichern* den Punkt *Ja* aktivieren. Lassen Sie ihn auf *Nein* stehen, fragt Joomla! beim Hochladen einer Datei immer das Passwort ab.

Allerdings sollten Sie jetzt nicht vorschnell Ihre eigenen Zugangsdaten preisgeben, die Sie von Ihrem Webhoster erhalten haben. Denn Joomla! speichert den Benutzernamen und das Passwort in einer Textdatei auf dem Server. Sollte irgendwann ein böser Hacker es schaffen – aus welchen Gründen auch immer –, in Ihren Internetauftritt einzubrechen, bekäme er dort Ihre Zugangsdaten auf dem Silbertablett präsentiert. Damit könnte er dann den Server übernehmen.

Warnung   Die eigenen Zugangsdaten zum Server gibt man niemals her! Vertrauen Sie sie weder Joomla! noch irgendeiner Person an!

Legen Sie deshalb immer einen neuen und explizit für Joomla! gedachten FTP-Zugang an. Sofern Ihr Webhoster das nicht gestattet, sollten Sie besser auf diese Funktion verzichten und unter *FTP-Funktion aktivieren* den Punkt *Nein* einstellen. Wenn Sie für Joomla! einen FTP-Zugang einrichten, sollte dieser lediglich

Zugriff auf die absolut notwendigen Joomla!-Verzeichnisse gewähren (welche Verzeichnisse das sind, erklärt später noch Abschnitt »Schreibrechte« auf Seite 78). Den Benutzernamen und das Passwort des FTP-Zugangs können Sie dann Joomla! hier ruhigen Gewissens anvertrauen – denn mit dem könnte ein Angreifer nicht allzu viel anfangen. Wie Sie ein neues FTP-Konto anlegen oder sogar einen sogenannten FTP-Server einrichten und konfigurieren, das zu erklären, würde den Rahmen dieses Buchs sprengen. Falls Sie darüber noch keine Kenntnisse besitzen oder sich unsicher sind, sollten Sie unter *FTP-Funktion aktivieren* besser ebenfalls *Nein* wählen.

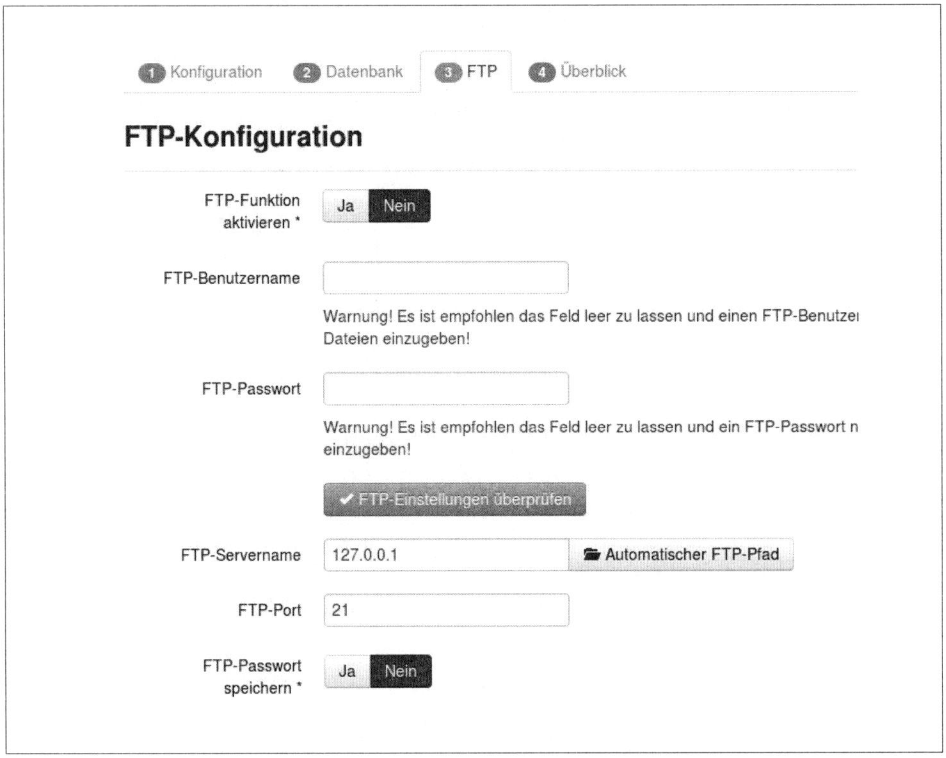

Abbildung 2-31: Damit Joomla! einen FTP-Zugang zum Hochladen von Fotos und anderen Dateien nutzt, benötigt man diese Informationen.

Unter *FTP-Servername* geben Sie den Namen oder die IP-Adresse des Servers an, auf dem die FTP-Serveranwendung auf eingehende Daten wartet. In der Regel ist das wieder der Computer, auf dem auch Joomla! läuft, und folglich sind die bereits vorgegebenen Daten korrekt. (Die spezielle IP-Adresse *127.0.0.1* bezeichnet den eigenen Computer aus Sicht des Content-Management-Systems.) Der *FTP-Port* hängt vom verwendeten FTP-Server ab. Entsprechende Informationen hält Ihr Webhoster beziehungsweise die Dokumentation des FTP-Servers bereit.

Nachdem Sie sich mit einem FTP-Programm am Webserver angemeldet haben, befinden Sie sich in einem Hauptverzeichnis, über dem es keine weitere Verzeichnisebene gibt. Joomla! möchte von dort aus den kompletten Pfad bis zu seinem Installationsverzeichnis wissen. Nach einem Klick auf *Automatischer FTP-Pfad* versucht Joomla!, dieses Verzeichnis selbst zu ermitteln. Nach Klicken auf *FTP-Einstellungen überprüfen* testet Joomla!, ob alle zuvor eingetragenen Angaben stimmen.

Wenn Sie alle für den FTP-Zugang benötigten Informationen hinterlegt haben, gehen Sie zum nächsten Schritt *Weiter*.

Schritt 4: Beispieldaten und Zusammenfassung

Im nächsten Schritt können Sie noch *Beispieldaten installieren* lassen (siehe Abbildung 2-32). Joomla! legt dann in der Datenbank eine Beispiel-Website mit englischen Texten an. Diese können Sie dann wiederum als Ausgangsbasis für Ihren eigenen Internetauftritt verwenden.

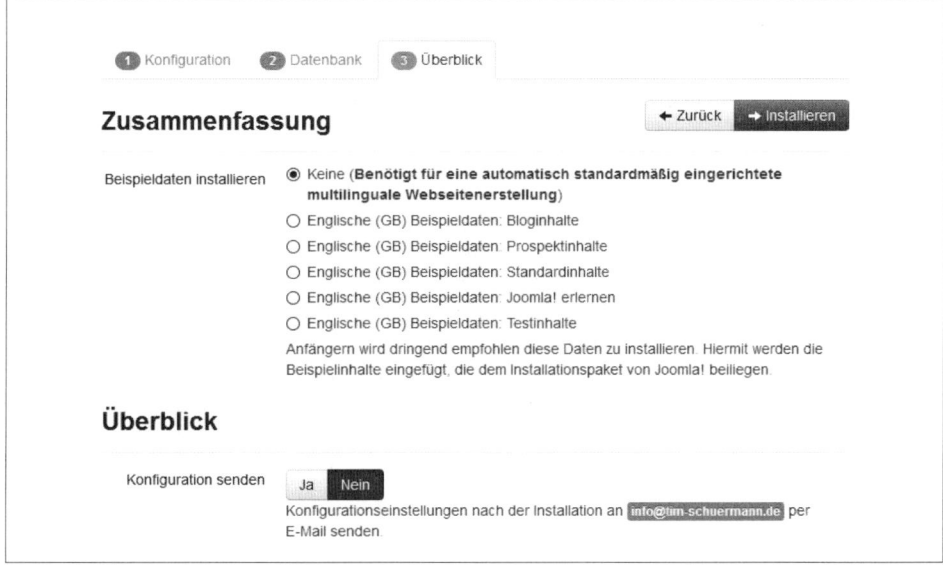

Abbildung 2-32: Die Beispieldaten vereinfachen den Aufbau einer neuen Joomla!-Seite.

Zur Auswahl stehen dabei verschiedene Beispiele für unterschiedliche Einsatzzwecke, die die Abbildungen 2-33 bis 2-37 vorstellen. Wenn Sie beispielsweise mit Joomla! ein Blog aufsetzen möchten, können Sie *Englische (GB) Beispieldaten: Bloginhalte* wählen. Dann installiert Joomla! gleich die Beispiel-Website aus Abbildung 2-33.

| Tipp | Die *Englischen (GB) Beispieldaten: Testinhalte* sind für Entwickler von Erweiterungen beziehungsweise die Programmierer von Joomla! gedacht. Sie spielen einen ganzen Batzen Texte und mitunter auch Nonsens-Informationen ein, mit denen man Joomla! und die Erweiterungen auf Herz und Nieren testen kann. Wenn Sie nicht planen, eigene Erweiterungen für Joomla! zu entwickeln, können Sie diesen Punkt ignorieren. | |

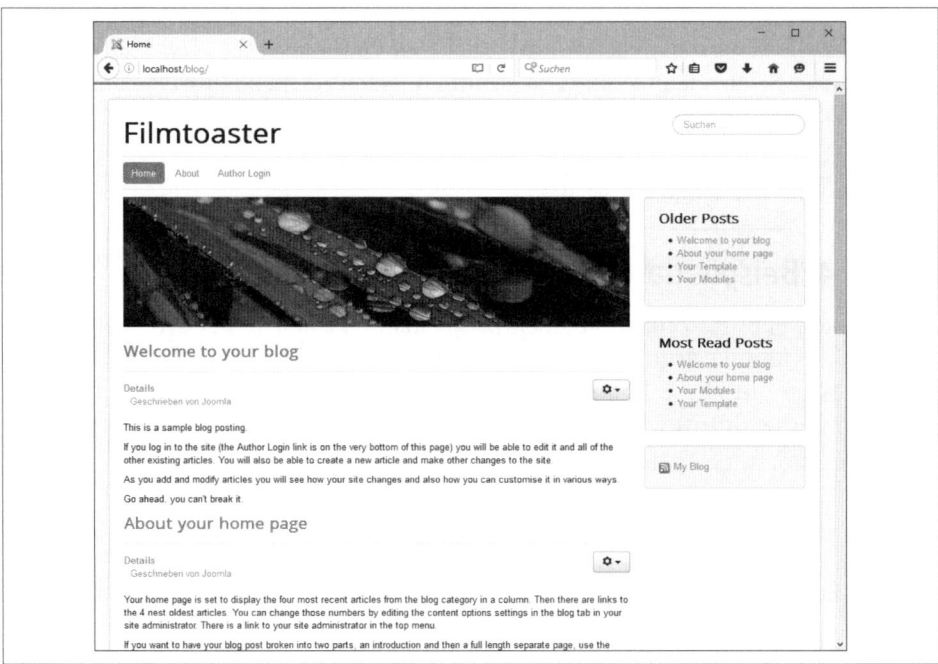

Abbildung 2-33: Englische (GB) Beispieldaten: Bloginhalte

Als Ausgangspunkt für die Filmtoaster-Seiten dienen im Folgenden die *Englische (GB) Beispieldaten: Prospektinhalte*. Wenn Sie die Beispiele mitmachen möchten, sollten Sie diesen Punkt hier markieren.

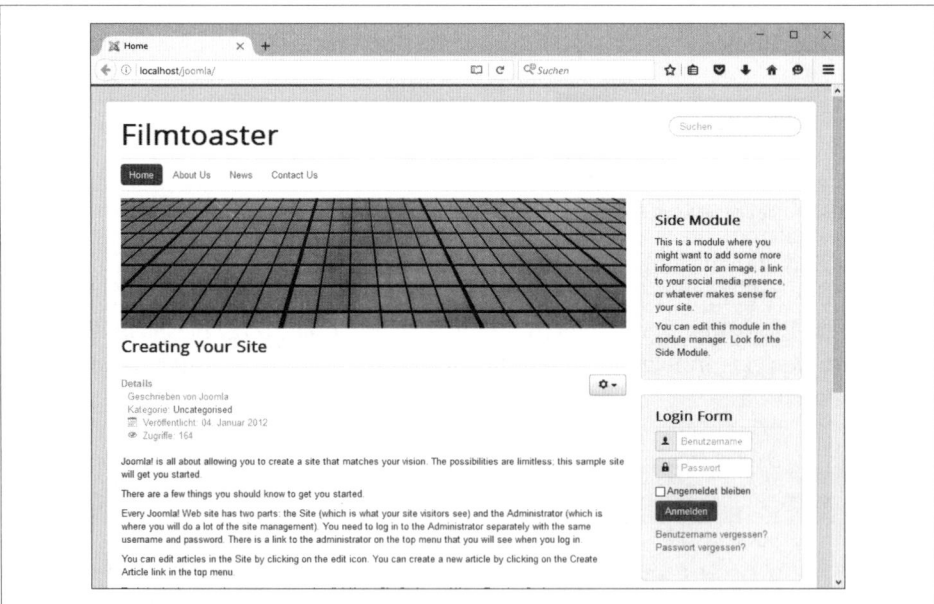

Abbildung 2-34: Englische (GB) Beispieldaten: Prospektinhalte

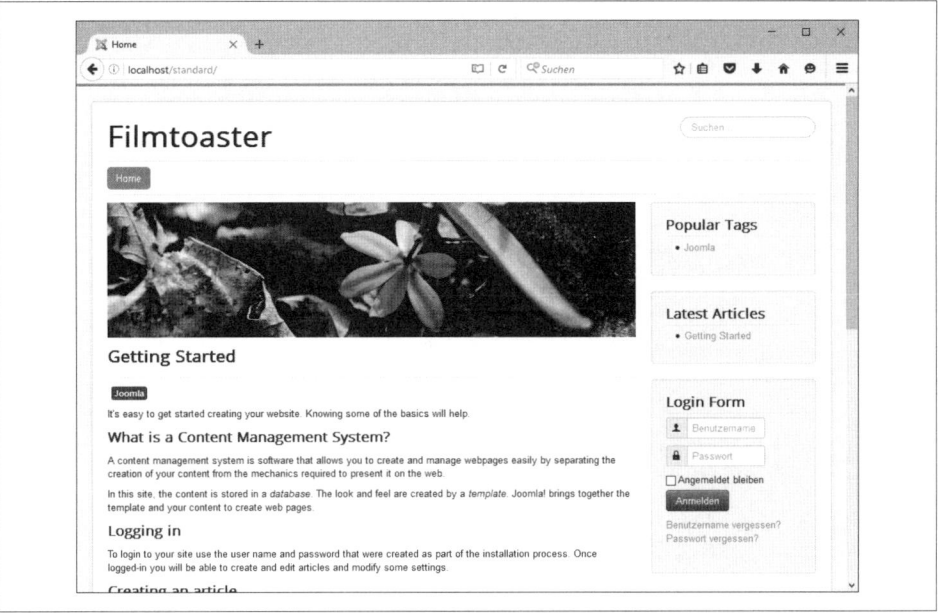

Abbildung 2-35: Englische (GB) Beispieldaten: Standardinhalte

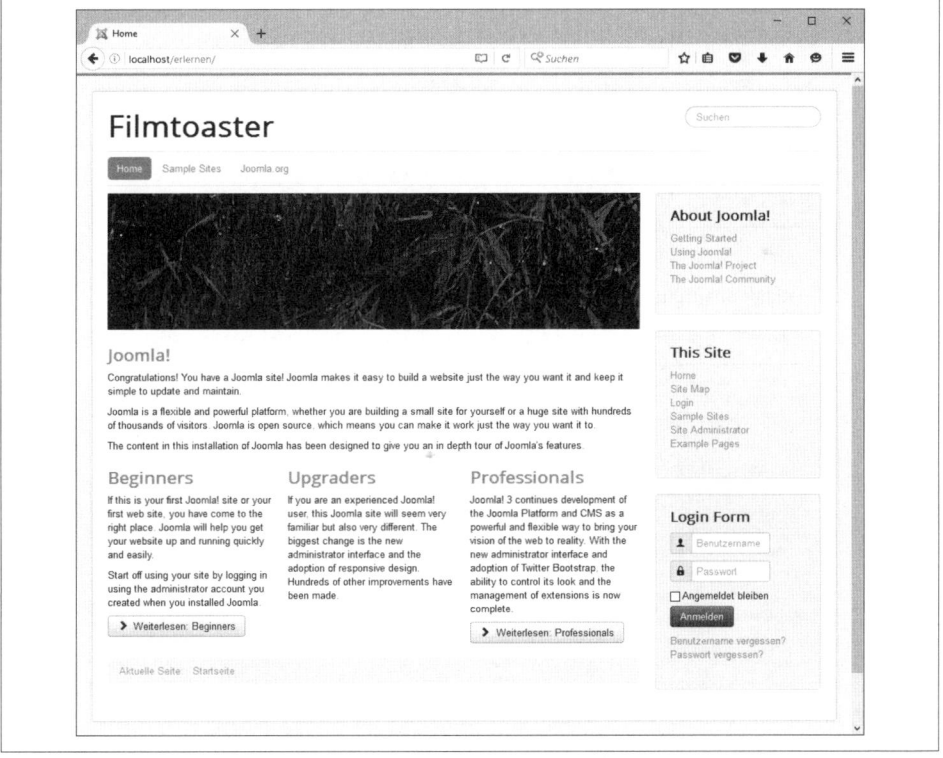

Abbildung 2-36: Englische (GB) Beispieldaten: Joomla! erlernen

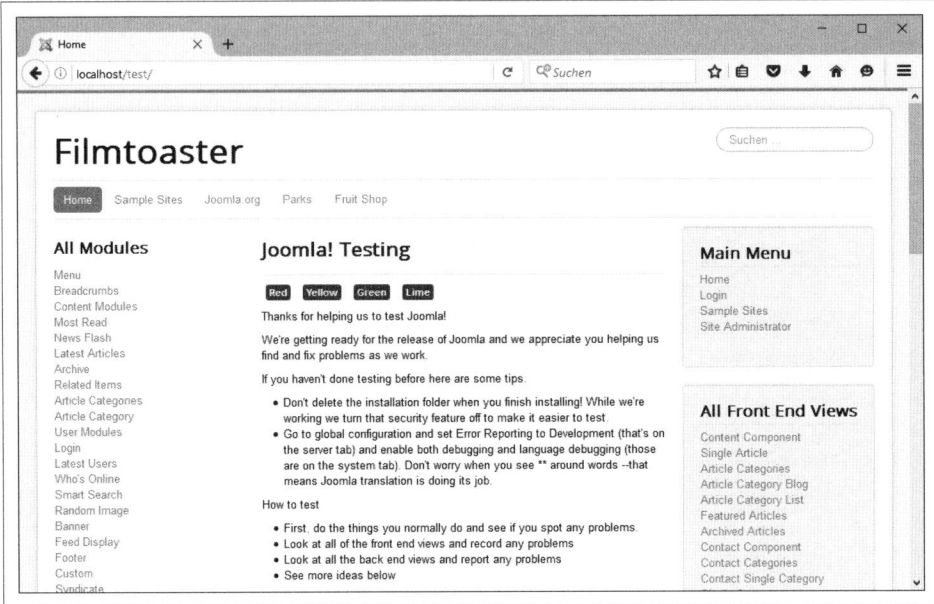

Abbildung 2-37: Englische (GB) Beispieldaten: Testinhalte

Abbildung 2-38: Joomla! passen ein paar Servereinstellungen nicht.

Wenn Sie neben *Konfiguration senden* den Schalter *Ja* anklicken, schickt Joomla! Ihnen eine Zusammenfassung aller Einstellungen an die angegebene E-Mail-Adresse (die Sie im ersten Schritt eingetippt haben, siehe Abschnitt »Schritt 1: Hauptkonfiguration« auf Seite 48). Das ist besonders dann nützlich, wenn Sie Joomla! auf Ihrem angemieteten Server installieren: Sollten später irgendwann im Betrieb Probleme auftreten, können Sie in den zugeschickten Informationen schnell die Einstellungen zur Datenbank nachschlagen. Im unteren Bereich fasst Joomla! noch einmal alle Einstellungen aus den vorherigen Schritten zusammen. Darüber hinaus erfahren Sie, ob das PHP-System alle Voraussetzungen für einen reibungslosen Betrieb erfüllt.

Ist für Joomla! etwas nicht wunschgemäß, bemängelt es dies wie in Abbildung 2-33 mit einem roten oder gelben Warnhinweis. Die Bedingungen und Funktionen auf der linken Seite unter *Installationsprüfung* muss das PHP-System zwingend erfüllen beziehungsweise mitbringen – mit einer Ausnahme: Ganz links unten neben *configuration.php: nicht schreibgeschützt* darf auch ein *Nein* stehen. In diesem Fall kann Joomla! die Einstellungen nicht in einer Datei in seinem Verzeichnis speichern. Dies müssen Sie dann gleich selbst für Joomla! übernehmen (wie das funktioniert, erfahren Sie im nächsten Abschnitt, »Abschluss der Installation« ab Seite 63).

Rechts unten führt der Bereich *Empfohlene Einstellungen* weitere Voraussetzungen auf, die das PHP-System im Idealfall erfüllen sollte, aber nicht zwingend erfüllen muss. In der Tabelle finden Sie unter *Empfohlen* die von Joomla! erwarteten Einstellungen, unter *Aktuell* die derzeit gültigen.

Achten Sie hier insbesondere auf den Punkt *Fehler anzeigen*. Steht er auf *An*, nervt Joomla! Sie unter Umständen später immer mal wieder mit quer über die Benutzeroberfläche geschriebenen Fehlermeldungen. Das passiert insbesondere dann, wenn PHP in seinen Einstellungen angewiesen wurde, Programmierern jeden noch so kleinen Hinweis zu liefern. Die Fehlermeldungen sind vor allen in einer Testinstallation auf dem eigenen PC hilfreich. Sobald Joomla! auf einem Server im Internet läuft, stören Fehlermeldungen jedoch und irritieren sowohl Ihre Besucher als auch die Suchmaschinen. Darüber hinaus können sie Kriminellen wertvolle Informationen über Ihren Internetauftritt liefern. Sofern Sie Joomla! auf einem Server installieren, sollten Sie folglich dem dortigen PHP-System seine Geschwätzigkeit austreiben. Wie das genau funktioniert, hängt von Ihrem Webhoster ab. Normalerweise können Sie die Funktion in seinem Kundenbereich abschalten. Andernfalls spüren Sie die Datei *php.ini* auf, die alle PHP-Einstellungen sammelt. Beim Einsatz von XAMPP liegt sie

- unter Windows im Verzeichnis *C:\xampp\php*,
- unter OS X beziehungsweise macOS im Ordner */Programme/XAMPP/xampp-files/etc* und
- unter Linux im Verzeichnis */opt/lampp/etc*.

Wenn Windows die Dateiendung nicht anzeigt, suchen Sie die Datei *php* vom Typ *Konfigurationseinstellungen*. Den Typ zeigt Windows an, wenn Sie mit dem Mauszeiger auf die entsprechende Datei fahren und etwas warten.

Ausführungszeit erhöhen

Einige Webhoster stellen ihre Server so ein, dass diese zu lang laufende Aktionen abwürgen. Auf diese Weise kann eine Amok laufende oder abgestürzte Anwendung nicht einfach den kompletten Internetauftritt lahmlegen. Dieses zusätzliche Sicherheitsnetz verhindert jedoch auch insbesondere die Installation von Joomla! oder später größeren Erweiterungen. In solch einem Fall müssen Sie Joomla! (vorübergehend) mehr Zeit zugestehen. Wie das funktioniert, hängt von Ihrem Webhoster ab. Normalerweise dürfen Sie irgendwo im Kundenbereich die Ausführungszeit von PHP-Programmen erhöhen. Andernfalls ist die Konfigurationsdatei *php.ini* die korrekte Anlaufstelle. Wenn Sie XAMPP verwenden, finden Sie sie

- unter Windows im Verzeichnis *C:\xampp\php*,
- unter OS X beziehungsweise macOS im Ordner */Programme/XAMPP/xamppfiles/etc* und
- unter Linux im Verzeichnis */opt/lampp/etc*.

Sollte Windows die Dateiendung nicht anzeigen, nehmen Sie die Datei *php* vom Typ *Konfigurationseinstellungen*. Den Typ zeigt Windows an, wenn Sie mit dem Mauszeiger auf die entsprechende Datei fahren und etwas warten.

Öffnen Sie die *php.ini* mit einem Texteditor. Verwenden Sie dabei keine Textverarbeitung wie etwa Word oder LibreOffice! Unter Windows können Sie zum mitgelieferten Editor greifen, unter OS X beziehungsweise macOS zu TextEdit. Linux-Nutzer können den Editor Nano heranziehen, den sie mit folgendem Befehl im Terminal-Fenster aufrufen:

```
sudo nano /opt/lampp/etc/php.ini
```

Suchen Sie in der *php.ini* die Zeile, die mit max_execution_time beginnt:

```
max_execution_time=30
```

Die Zahl hinter dem Gleichheitszeichen gibt an, wie viele Sekunden lang ein PHP-Programm und somit in diesem Fall Joomla! ohne Pause laufen darf. Bei Problemen setzen Sie die Zahl herauf, normalerweise sollten 120 Sekunden mehr als ausreichen:

```
max_execution_time=120
```

Nach der Installation von Joomla! beziehungsweise einer Erweiterung sollten Sie diesen Wert wieder zurücksetzen und nur dann wieder leicht erhöhen, wenn Probleme im Betrieb auftauchen. Speichern Sie die Änderungen ab. Unter Linux mit Nano drücken Sie dazu [Strg]+[O] und dann die [Enter]-Taste. Verlassen Sie den Editor mit [Strg]+[X].

Damit die Änderungen Wirkung zeigen, müssen Sie abschließend den Webserver einmal neu starten:

- Unter Windows klicken Sie im XAMPP Control Panel neben *Apache* auf *Stoppen* und dann wieder auf *Starten*.
- Unter OS X beziehungsweise macOS selektieren Sie im Application Manager unter *Manage Servers* den Eintrag *Apache Web Server* und klicken dann auf *Restart*.
- Unter Linux öffnen Sie ein Terminal und rufen den Befehl sudo /opt/lampp/lampp restart auf.

In jedem Fall öffnen Sie die Datei mit einem Texteditor (jedoch nicht mit einer Textverarbeitung wie Word). Suchen Sie die Zeile

```
display_errors = On
```

und ersetzen Sie sie durch:

```
display_errors = Off
```

Speichern Sie die Änderung und starten Sie anschließend den Webserver neu – beispielsweise indem Sie ihn über das XAMPP Control Panel beziehungsweise den XAMPP Application Manager stoppen und direkt wieder starten. Unter Linux geht das in einem Terminal schneller mit:

```
sudo /opt/lampp/lampp restart
```

In Ihrem Browser laden Sie jetzt nicht einfach die Seite neu, sondern gehen über die entsprechende Schaltfläche einen Schritt *Zurück* und dann wieder *Weiter*. Neben *Fehler anzeigen* in der Spalte *Aktuell* sollte jetzt ein grünes *Aus* leuchten.

Sollte Ihr Webhoster keine Möglichkeit bieten, die Funktion zu deaktivieren, sollten Sie den Kundendienst kontaktieren und dort um eine Deaktivierung bitten.

Abschluss der Installation

Wenn alles stimmt, klicken Sie auf die Schaltfläche *Installieren*.

Warnung   Haben Sie einmal geklickt, gibt es kein Zurück mehr!

Es dauert jetzt einige Sekunden, bis Joomla! die Datenbank eingerichtet und insbesondere eine Beispiel-Website eingespielt hat. Dabei bleibt der Fortschrittsbalken immer mal wieder für kurze Zeit stehen. Sollte er allerdings auch nach zwei Minuten an derselben Stelle verharren, bricht sehr wahrscheinlich Ihr Server den Installationsprozess im Hintergrund ab. Joomla! meldet diesen Vorfall leider nicht, sondern bleibt einfach stehen. In solch einem Fall müssen Sie manuell dem Content-Management-System mehr Arbeitszeit zugestehen. Das dazu notwendige Vorgehen erklärt der Kasten *Ausführungszeit erhöhen*.

Installationsverzeichnis löschen

Nachdem Joomla! die Datenbank eingerichtet hat, erscheint die Glückwunschmeldung aus Abbildung 2-39. Damit ist die Installation allerdings noch nicht ganz beendet.

Joomla! fordert Sie dort auf, das Installationsverzeichnis zu löschen. Gemeint ist das Unterverzeichnis *installation* in Ihrem Joomla!-Verzeichnis, das die Formulare aus den vorherigen Schritten enthält. Dies geschieht wieder aus Sicherheitsgründen: Bei einer Installation auf dem Server könnte jeder beliebige Besucher diese Seiten erneut aufrufen und dabei beispielsweise die Datenbank leeren oder das Passwort ändern. Folgen Sie daher unbedingt Joomla!s Vorschlag. Um das Installationsverzeichnis zu löschen, müssen Sie lediglich auf die entsprechende Schaltfläche *Verzeichnis »installation« löschen* klicken.

Abbildung 2-39: Der letzte Schritt auf dem Weg zur Joomla!-Installation.

Warnung Über die blaue Schaltfläche *Extra Schritt: Sprachen installieren* unten rechts können Sie Joomla! schon jetzt weitere Sprachen hinzufügen – darunter natürlich auch Deutsch. Sobald jedoch das Installationsverzeichnis gelöscht ist, müssen Sie die Sprachen über die Steuerzentrale von Joomla! nachrüsten, was wiederum ein paar Mausklicks mehr erfordert. Wenn Sie Joomla! schon zu diesem Zeitpunkt Deutsch oder eine andere Sprache beibringen wollen, klicken Sie im Bildschirm aus Abbildung 2-39 keine Schaltfläche an und lesen direkt im Abschnitt »Man spricht Deutsch« auf Seite 68 weiter.

Sollte das Content-Management-System in fetten roten Lettern einen Fehler melden, darf es das Verzeichnis nicht selbst löschen. In diesem Fall müssen Sie das Unterverzeichnis *installation* per Hand in den Papierkorb ziehen. Wenn Sie mit

XAMPP arbeiten und der Schnellinstallation aus Abschnitt »Schnellinstallation« auf Seite 19 gefolgt sind, finden Sie das Verzeichnis *installation*

- unter Windows im Verzeichnis *C:\xampp\htdocs\joomla*,
- unter OS X beziehungsweise macOS im Verzeichnis */Programme/XAMPP/xamppfiles/htdocs/joomla* und
- unter Linux im Verzeichnis */opt/lampp/htdocs/joomla*.

configuration.php

Joomla! speichert einige seiner Einstellungen in einer Datei namens *configuration.php*. Kann es diese Datei nicht erstellen oder verändern, erhalten Sie am unteren Rand der Glückwunschmeldung noch den roten Warnhinweis aus Abbildung 2-40. Das ist genau dann der Fall, wenn Joomla! im dritten Schritt im Bereich *Installationsprüfung* neben *configuration.php: nicht schreibgeschützt* mit einem *Nein* warnt (siehe Abschnitt »Schritt 4: Beispieldaten und Zusammenfassung« auf Seite 57).

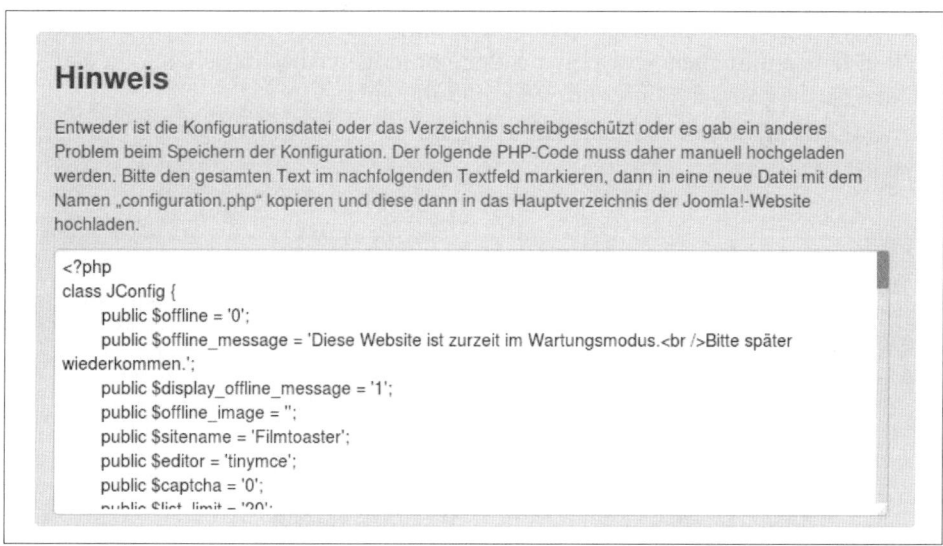

Abbildung 2-40: Konnte Joomla! die Datei configuration.php nicht selbst anlegen, zeigt es Ihnen ihren Inhalt an.

Wenn Sie die rote Warnmeldung sehen, kommen Sie nicht darum herum, die *configuration.php* selbst anzulegen. Joomla! zeigt dazu in dem großen roten Feld den Text an, der in die besagte Datei gehört. Markieren Sie diesen kryptischen Zeichensalat mit der Maus und kopieren Sie ihn über die Zwischenablage in einen Texteditor (nicht in eine Textverarbeitung wie Word oder LibreOffice). Das Ergebnis speichern Sie unter dem Namen *configuration.php* im Joomla!-Verzeichnis. Wenn Sie Joomla! auf Ihrem Server installieren, können Sie die Datei zunächst auf Ihrem Computer speichern und sie dann in das Joomla!-Verzeichnis hochladen. Achten Sie jedoch in jedem Fall darauf, dass in Ihrem Texteditor die Zeichenkodierung *UTF-8* eingestellt ist. Die Zeichenkodierung legt fest, wie die einzelnen Buchstaben vom Computer gespeichert werden. Sie können die Zeichenkodierung in der Regel beim Speichern der Datei festlegen (im Windows-Editor etwa in der Ausklappliste *Codierung*) oder irgendwo im Hauptmenü des Editors auswählen.

 **Warnung** Später auf einem Server sollte die Datei *configuration.php* niemand ändern können! Andernfalls könnten Angreifer oder eine (defekte) Erweiterung die Konfigurationsdatei zerstören und somit das gesamte Joomla!-System lahmlegen. Stellen Sie also nach dem Hochladen der Datei sicher, dass diese schreibgeschützt ist.

Startseite und Kommandobrücke aufrufen

Um die während der Installation erzeugte Beispielseite anzuzeigen, klicken Sie auf der Seite mit der Glückwunschmeldung auf *Website* (siehe Abbildung 2-39). Das Aussehen der Beispielseite hängt davon ab, für welche Beispieldaten Sie sich im letzten Schritt der Installation entschieden haben (Abbildung 2-41). Zur Startseite Ihres Internetauftritts führt die im Abschnitt »Joomla! entpacken« auf Seite 44 vorgestellte Internetadresse. In der Regel ist das der von Ihnen gemietete Domainname, etwa *http://www.example.com*. Wenn Sie Joomla! auf Ihrem eigenen Computer installiert haben und allen Schritten aus den vorherigen Abschnitten gefolgt sind, erreichen Sie die Startseite unter *http://localhost/joomla*.

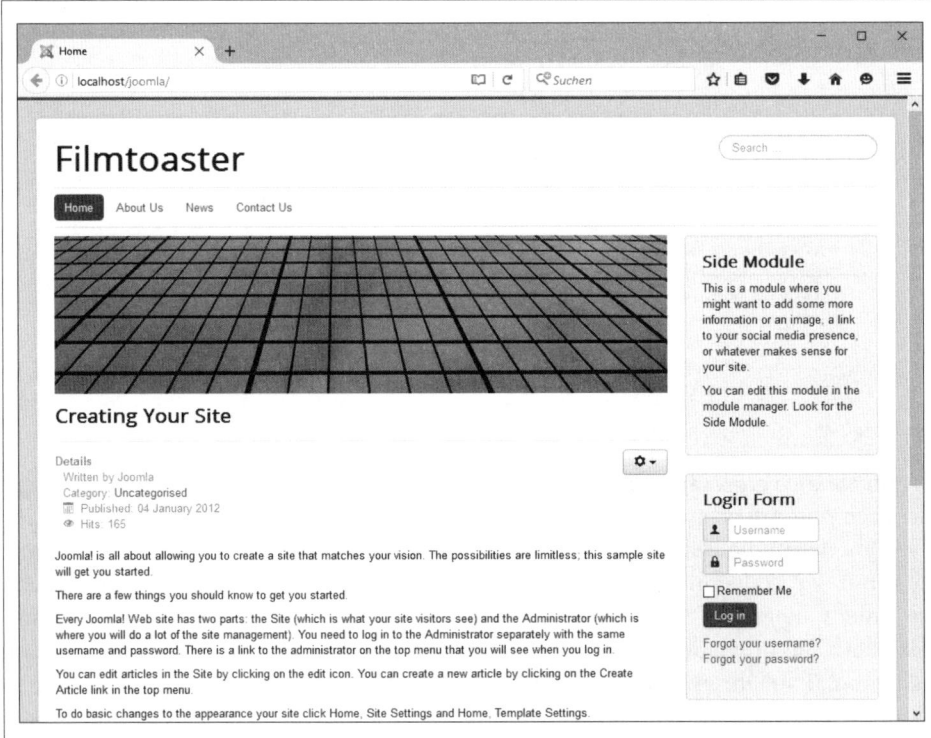

Abbildung 2-41: Die Website aus den mitgelieferten Beispieldaten, hier in der Variante Prospektinhalte.

Wenn Sie sich noch auf der Seite mit der Glückwunschmeldung aus Abbildung 2-39 befinden, erreichen Sie über die Schaltfläche *Administrator* das Eingangstor zu Steuerzentrale von Joomla! (aus Abbildung 2-42). Zukünftig erreichen Sie es, indem Sie der Internetadresse zu Ihrer Startseite noch ein */administrator* anhängen. Ist Ihr Internetauftritt also etwa unter der Adresse *http://www.example.com* zu erreichen, finden Sie unter *http://www.example.com/administrator* den Eingang zur Kommandobrücke. Wenn Sie Joomla! auf Ihrem eigenen PC installiert haben und allen Schritten aus den vorherigen Abschnitten gefolgt sind, erreichen Sie die Steuerzentrale unter *http://localhost/joomla/administrator*.

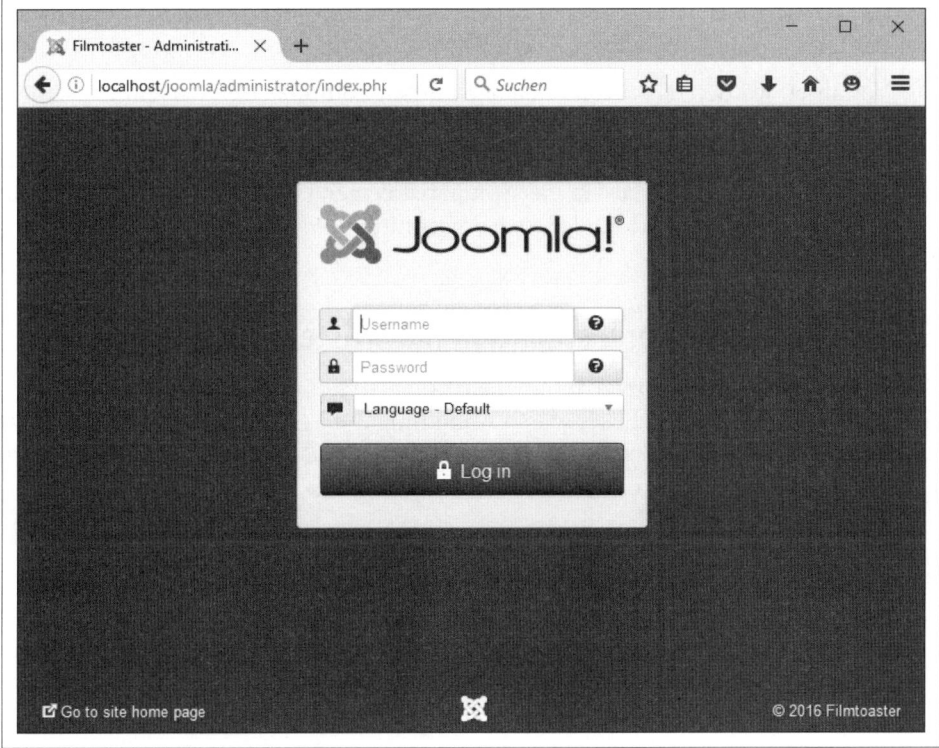

Abbildung 2-42: Der Anmeldebildschirm für die Kommandobrücke von Joomla!.

Bevor es endlich in der Steuerzentrale weitergeht und Sie dort Ihren ersten Text veröffentlichen, sollten Sie Joomla! noch Deutsch beibringen. Genau darum kümmert sich der nächste Abschnitt.

Tipp	Erstellen Sie in regelmäßigen Abständen eine Sicherungskopie sowohl des Joomla!-Verzeichnisses als auch der Datenbank – das gilt erst recht, wenn sich die Seiten im produktiven Einsatz befinden. In diesem Fall empfiehlt sich eine eiserne Backup-Strategie. Einen guten Einstieg in dieses Thema liefert der Wikipedia-Artikel unter *http://de.wikipedia.org/wiki/Datensicherung*. Im Notfall können Sie mit dem Backup schnell den alten Stand wiederherstellen und damit wiederum die Ausfallzeiten so gering wie möglich halten. Weitere Informationen zu diesem Thema folgen noch in Kapitel 22, *Datensicherung und Wiederherstellung (Backups)*.

Man spricht Deutsch

Wie die Abbildungen 2-41 und 2-42 zeigen, spricht Joomla! standardmäßig durchgehend Englisch. Joomla! lernt neue Sprachen mithilfe sogenannter Sprachpakete. Diese können Sie auf drei Arten installieren:

1. Sie können direkt nach der Installation im Bildschirm mit der Erfolgsmeldung ein weiteres Sprachpaket einspielen lassen.
2. Sie können Joomla! in der Steuerzentrale anweisen, ein Sprachpaket aus dem Internet zu holen und einzuspielen.
3. Sie können das Sprachpaket bei den Übersetzern herunterladen und dieses dann an Joomla! übergeben.

Die Verfahren werden dabei von oben nach unten komplizierter: Am einfachsten ist es, Joomla! direkt nach der Installation Deutsch beizubringen. Wenn Sie es vergessen haben, probieren Sie den zweiten Weg über die Steuerzentrale. Sollte auch das nicht funktionieren, müssen Sie das Sprachpaket per Hand herunterladen und in Joomla! installieren. Die nachfolgenden Abschnitte beschreiben alle drei Methoden der Reihe nach.

Sprachpaket nach der Installation nachrüsten

Am Ende der Installation zeigt Joomla! eine Glückwunschmeldung an. Dort finden Sie in der rechten unteren Ecke, wie in Abbildung 2-43 gezeigt, das Angebot, direkt ein Sprachpaket nachzurüsten. Dazu stellen Sie zunächst sicher, dass eine Verbindung ins Internet besteht, und klicken dann auf *Extra Schritt: Sprachen installieren*.

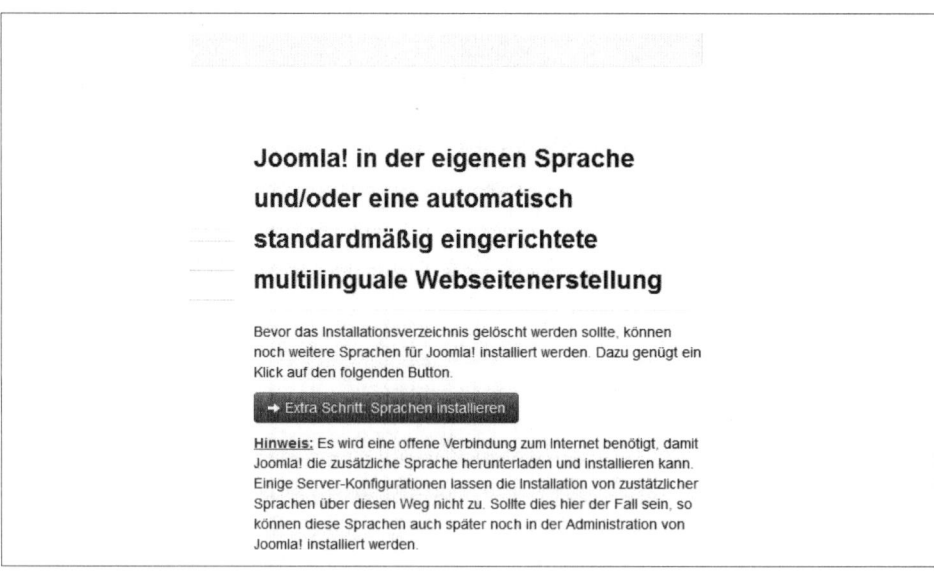

Abbildung 2-43:   Direkt nach der Installation können Sie über diese Schaltfläche eine Sprache nachrüsten.

Warnung   Sobald Sie das Installationsverzeichnis löschen (etwa über die entsprechende
Schaltfläche), verfällt dieses Angebot. In dem Fall müssen Sie im nächsten Abschnitt weiterlesen.

Joomla! präsentiert Ihnen jetzt die Liste aus Abbildung 2-44 mit allen unterstützten Sprachen. Damit Joomla! gleich Deutsch spricht, suchen Sie dort den Eintrag *German DE* und setzen mit einem Mausklick einen Haken in das davorstehende Kästchen.

Abbildung 2-44:   Hier wählen Sie das zu installierende Sprachpaket aus.

Tipp   Alle hier angebotenen Sprachpakete mit *German* im Namen enthalten zumindest
noch in Joomla! 3.6 dieselben Übersetzungen. Das Content-Management-System spricht folglich auch dann Hochdeutsch, wenn Sie einen Haken vor *German CH* setzen. Die zusätzlichen Sprachpakete helfen lediglich dabei, einen Internetauftritt zu erstellen, der für jedes deutschsprachige Land unterschiedliche Inhalte anbietet. Wie das funktioniert, erklärt später noch Kapitel 18, *Mehrsprachigkeit*, Seite 785. Im Moment sollten Sie nur einen Haken vor *German DE* setzen und die anderen Einträge mit *German* (wie *German AT*, *German CH* und so weiter) ignorieren.

Auf die gleiche Weise können Sie auch noch beliebig viele weitere Sprachpakete auswählen. Die Installation eines Sprachpakets dauert allerdings ein paar Sekunden. Insbesondere angemietete Server im Internet unterbrechen zu lang dauernde Arbeiten aus Sicherheitsgründen (siehe auch den Kasten »Ausführungszeit erhöhen« auf Seite 62). Die Entwickler raten daher, nicht mehr als drei Sprachpakete auszuwählen.

 **Tipp**   Installieren Sie hier nur das Sprachpaket für Deutsch (*German DE*). Sie können später bequem in der Kommandozentrale weitere Sprachpakete hinzufügen. Kapitel 18, *Mehrsprachigkeit*, Seite 785, wird sich noch ausführlich darum kümmern.

Fahren Sie wieder an den Seitenanfang und gehen Sie einen Schritt *Weiter*. Joomla! holt sich jetzt das Sprachpaket aus dem Internet und spielt es ein.

Wann das Content-Management-System welche Sprache spricht, bestimmen Sie im nächsten Schritt. Wenden Sie sich dabei zunächst den beiden unteren Punkten aus Abbildung 2-45 zu.

Standard-Sprache: Administration

Joomla! hat folgende Sprachen installiert. Bitte die Standardsprache für die Joomla!-Administration auswählen.

Auswahl	Sprache	Sprach-Tag
●	English (en-GB)	en-GB
○	German (Germany)	de-DE

Standard-Sprache: Website

Joomla! hat folgende Sprachen installiert. Bitte die Standardsprache für die Joomla!-Website auswählen.

Auswahl	Sprache	Sprach-Tag
●	English (en-GB)	en-GB
○	German (Germany)	de-DE

Abbildung 2-45: Hier legen Sie fest, welche Sprache Joomla! standardmäßig auf Ihren Seiten und im Kontrollzentrum sprechen soll.

Unter *Standard-Sprache: Administration* wählen Sie die Sprache aus, die Joomla! standardmäßig in der Kommandozentrale spricht. Wenn Sie *German (Germany)* aktivieren, besitzen folglich gleich alle Schaltflächen und Menüpunkte in der Steuerzentrale eine deutsche Beschriftung.

Analog bestimmen Sie unter *Standard-Sprache: Website*, in welcher Sprache Joomla! Ihre Besucher begrüßt. Wenn Sie *German (Germany)* selektieren, sehen alle Ihre Besucher sofort deutsche Schaltflächen.

Warnung Joomla! kann nur die eigenen Texte, Schaltflächen und Beschriftungen übersetzen, nicht aber die von Ihnen oder Autoren eingetippten Texte. Wenn Sie während der Installation eine englische Beispiel-Website eingespielt haben, bleiben folglich ihre Texte (erst einmal) weiterhin in Englisch.

Standardmäßig spricht Joomla! immer nur eine Sprache. Wenn Sie Ihre einzelnen Internetseiten in mehreren Sprachen anbieten möchten, müssen Sie im oberen Teil der Seite *Mehrsprachenfunktion aktivieren* auf *Ja* setzen (siehe Abbildung 2-46). Joomla! richtet dann sogar automatisch für jede Sprache ein eigenes (Haupt-)Menü ein. Ein mehrsprachiger Internetauftritt ist jedoch wesentlich komplexer als ein einsprachiger. Wenn Sie zum ersten Mal mit Joomla! arbeiten, sollten Sie daher unbedingt *Mehrsprachenfunktion aktivieren* auf *Nein* belassen. Sie können später jederzeit Ihren einsprachigen Internetauftritt in einen mehrsprachigen tunen. Damit beschäftigt sich noch ausführlich Kapitel 18, *Mehrsprachigkeit*, Seite 785.

Auch für die Filmtoaster-Seiten ist noch keine mehrsprachige Seite notwendig. Wenn Sie das Beispiel mitmachen möchten, belassen Sie hier einfach alle Vorgaben.

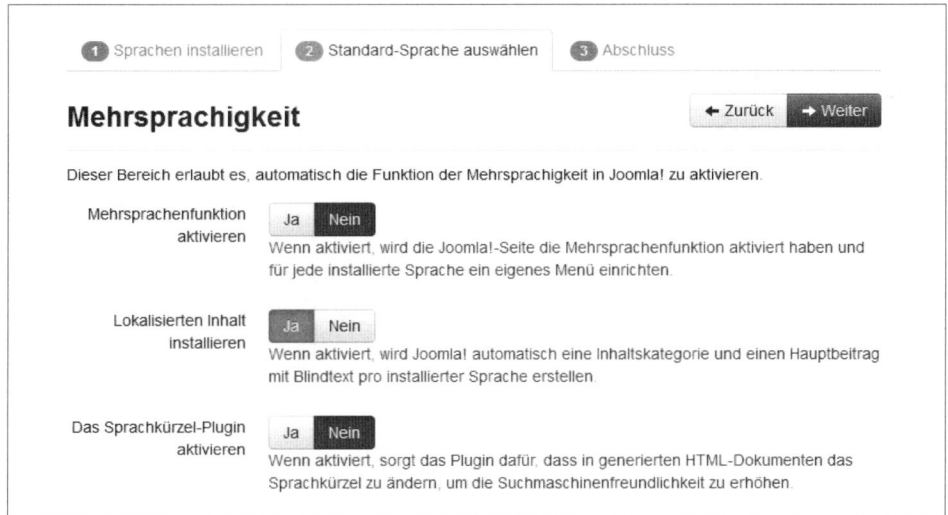

Abbildung 2-46: Diese Einstellungen entscheiden unter anderem darüber, ob Joomla! schon jetzt einen mehrsprachigen Internetauftritt anlegen soll.

Wenn neben *Lokalisierten Inhalt installieren* der Punkt *Ja* aktiviert (und somit grün hinterlegt) ist, erstellt Joomla! für jede ausgewählte Sprache einen Beispieltext. Haben Sie das deutsche Sprachpaket installiert, finden Sie dann gleich auf Ihren Internetseiten auch einen deutschen Beispieltext. Das passiert allerdings nur, wenn *Mehrsprachenfunktion aktivieren* auf *Ja* steht und Sie somit einen mehrsprachigen Internetauftritt erstellen lassen.

Joomla! kann Suchmaschinen mitteilen, in welcher Sprache die Internetseite gerade vorliegt. Dazu versteckt das Content-Management-System entsprechende Informationen in jeder ausgelieferten Seite. Darunter sind auch spezielle Sprachkürzel.

Deutsch trägt beispielsweise das Kürzel de-DE. Wenn Sie den Punkt *Das Sprachkürzel-Plugin aktivieren* auf *Ja* setzen, können Sie später dieses Kürzel gegen ein eigenes austauschen. Interessant ist das etwa für Österreicher: Diese können das deutsche Sprachpaket installieren, das Sprachkürzel aber auf de-AT ändern. Damit wissen die Suchmaschinen, dass die Texte in österreichischem (AT) Deutsch (de) vorliegen. Die entsprechenden Einstellungen müssen Sie allerdings in einem versteckten Winkel der Steuerzentrale vornehmen. Des Weiteren können Sie die Änderung auch später zu jedem beliebigen Zeitpunkt aktivieren. Wenn Sie zum ersten Mal Joomla! verwenden, belassen Sie den Punkt *Das Sprachkürzel-Plugin aktivieren* auf *Nein*. Kapitel 18, *Mehrsprachigkeit*, Seite 785, wird sich noch ausführlich mit den Sprachkürzeln beschäftigen.

Haben Sie alle Einstellungen vorgenommen, klicken Sie auf *Weiter*. Anschließend landen Sie wieder im bekannten Begrüßungsbildschirm, in dem Sie noch das *installation*-Verzeichnis löschen müssen.

Sprachpaket über die Kommandozentrale installieren

Wenn Sie verpasst haben, das Sprachpaket direkt nach der Installation zu aktivieren, müssen Sie es über die Steuerzentrale von Joomla! nachrüsten. Das erfordert allerdings ein paar Mausklicks mehr.

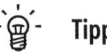

Tipp Lassen Sie sich im Folgenden nicht durch die überfüllten Bildschirme mit ihren scheinbar zahlreichen Funktionen abschrecken. Zum einen sieht es auf den ersten Blick schlimmer aus, als es tatsächlich ist, zum anderen benötigen Sie im Alltag nicht alle Funktionen.

Rufen Sie zunächst in einem Browser die Steuerzentrale von Joomla! auf. Wie Sie sie erreichen, hat bereits Abschnitt »Startseite und Kommandobrücke aufrufen« auf Seite 66 erläutert. Wenn Sie Joomla! mit XAMPP auf Ihrem eigenen PC installiert haben und in den vorherigen Abschnitten allen Schritten gefolgt sind, rufen Sie die Adresse *http://localhost/joomla/administrator* auf.

Geben Sie in das Feld *Username* den bei der Installation gewählten Benutzernamen ein (wenn Sie den Anweisungen aus den vorherigen Abschnitten gefolgt sind, ist das admin). Klicken Sie dazu einfach in das Feld und tippen Sie los. Im Eingabefeld darunter tragen Sie das bei der Installation gewählte Passwort ein. Klicken Sie anschließend auf *Log in*.

Rufen Sie den Menüpunkt *Extensions* → *Manage* → *Install Languages* im Hauptmenü am oberen Fensterrand auf. Das Untermenü klappt beim Überfahren mit der Maus automatisch auf (siehe Abbildung 2-47).

Es erscheint jetzt die Seite aus Abbildung 2-48. Klicken Sie dort auf die Schaltfläche *Find languages*. Joomla! ruft daraufhin im Internet eine Liste mit allen verfügbaren Sprachpaketen ab. Klicken Sie anschließend in das Eingabefeld *Search*, geben Sie den Suchbegriff German ein und aktivieren Sie das Lupensymbol. Unterhalb des

Eingabefelds sollten jetzt nur noch mehrere Einträge erscheinen, die mit *German* beginnen. Setzen Sie einen Haken in das Kästchen vor *German DE*.

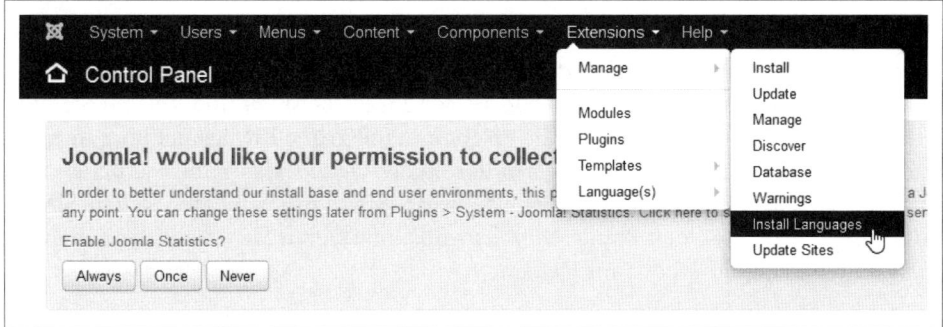

Abbildung 2-47: Die Sprachpakete installiert man auf der Kommandobrücke von Joomla! über einen eigenen Manager.

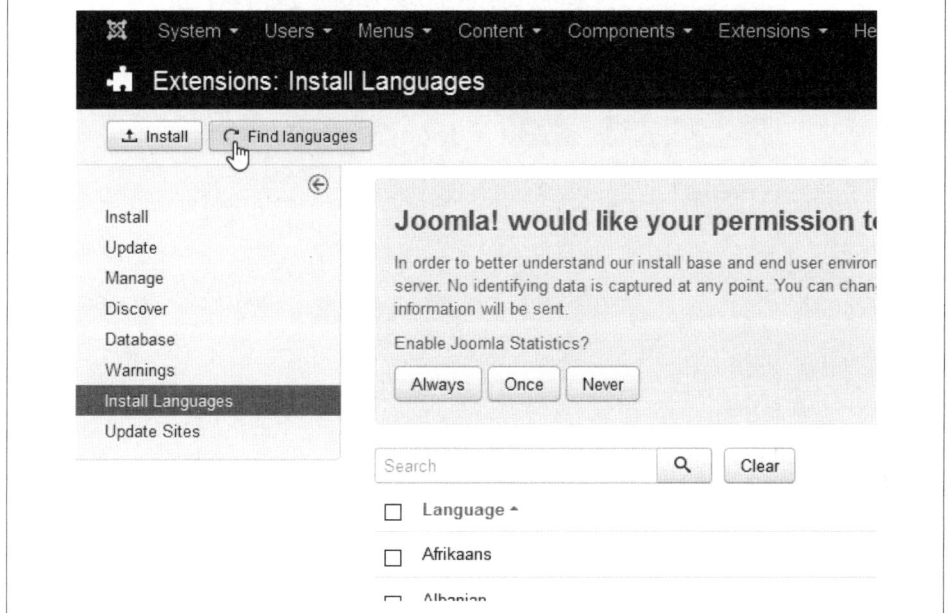

Abbildung 2-48: Hier stellt Joomla! die Sprachpakete zur Auswahl bereit.

Tipp Alle hier angebotenen Sprachpakete mit *German* im Namen enthalten zumindest noch in Joomla! 3.6 dieselben Übersetzungen. Das Content-Management-System spricht folglich auch dann Hochdeutsch, wenn Sie einen Haken vor *German CH* setzen. Die zusätzlichen Sprachpakete helfen lediglich dabei, einen Internetauftritt zu erstellen, der für jedes deutschsprachige Land unterschiedliche Inhalte anbietet. Wie das funktioniert, erklärt später noch Kapitel 18, *Mehrsprachigkeit*, Seite 785. Im Moment sollten Sie nur einen Haken vor *German DE* setzen und die anderen Einträge mit *German* (wie *German AT*, *German CH* und so weiter) ignorieren.

Man spricht Deutsch | 73

Klicken Sie anschließend links oben auf die Schaltfläche *Install*. Nachdem Joomla! das Sprachpaket eingespielt hat, präsentiert es die grüne Meldung *Installation of the German DE language was successful*. Damit ist das Sprachpaket installiert, aber noch nicht aktiviert.

Dazu rufen Sie im Hauptmenü den Punkt *Extensions* → *Language(s)* → *Installed* auf. Markieren Sie wie in Abbildung 2-49 den Punkt *German* und klicken Sie links oben auf die Schaltfläche *Default*. Es erscheint eine grüne Erfolgsmeldung in englischer Sprache. Gleichzeitig wechselt in der Spalte *Default* das gelbe Sternchen zum anderen Punkt. Es markiert die derzeit aktive (Standard-)Sprache. Stellen Sie die Ausklappliste *Site* auf den Punkt *Administrator*, markieren Sie erneut die Zeile *German* und klicken Sie wieder auf *Default*.

Abbildung 2-49: Schalten Sie auf die deutsche Sprache um.

Damit spricht Joomla! endlich Deutsch. Um die Steuerzentrale zu verlassen, klicken Sie rechts oben in der Ecke auf das Symbol mit der weißen Büste und wählen *Abmelden*.

 Tipp   Je nach verwendetem Browser kann es vorkommen, dass Joomla! erst bei der nächsten Anmeldung Deutsch spricht. In diesem Fall melden Sie sich ab, indem Sie auf das Symbol mit der weißen Büste klicken und dann *Logout* wählen.

Sprachpaket manuell installieren

Wenn die beiden vorherigen Methoden nicht funktionieren, müssen Sie das deutsche Sprachpaket aus dem Internet herunterladen und dann in Joomla! installieren.

Dazu steuern Sie die Homepage des deutschen Übersetzerteams unter *http://www.jgerman.de* an (siehe Abbildung 2-50).

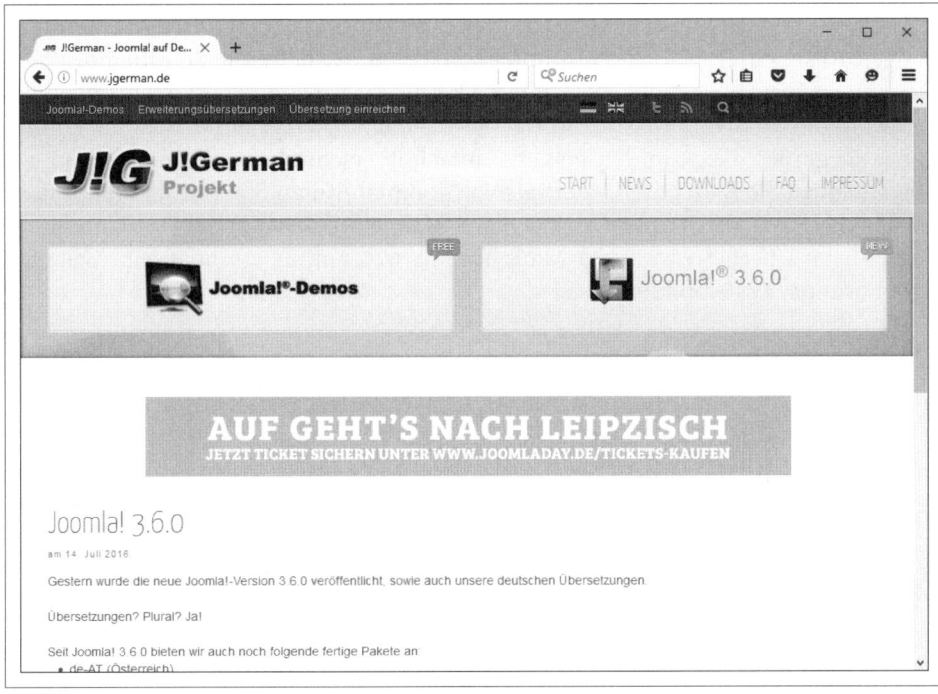

Abbildung 2-50: Die Homepage des deutschen Übersetzerteams.

Dort wählen Sie den Menüpunkt *Downloads*, dann Ihre Joomla!-Version (wenn Sie den bisherigen Beispielen gefolgt sind, ist das *Joomla! 3.6 Deutsch*) und laden mit einem Klick auf das grüne ZIP-Symbol *Deutsches »Full«-Paket* herunter.

Tipp   Weitere Sprachdateien finden Sie am schnellsten über das entsprechende Verzeichnis auf der Joomla!-Homepage. Sie erreichen es, indem Sie Ihren Browser auf die Seite *http://community.joomla.org/translations.html* lenken und dort Ihre Joomla!-Version auswählen.

Alternativ steuern Sie *http://www.joomla.org* an, wählen am oberen Rand *Extend*, klicken *Language Packages* an und wählen Ihre Joomla!-Version.

Die heruntergeladene Datei trägt einen Dateinamen wie etwa *de-DE_joomla_lang_full_3.6.0v1.zip*. Er weist in verschlüsselter Form noch einmal auf den Inhalt hin. Hier im Beispiel enthält das Paket die komplette (*full*) deutsche (*de-DE*) Übersetzung (*lang*) für Joomla! (*joomla*) in Version 3.6.0, wobei die deutschen Texte noch nicht nachträglich korrigiert werden mussten (*v1*). Das angehängte *v1* stellt somit die Versionsnummer der Übersetzung dar.

Tipp   Die Texte in den Sprachpaketen sprechen Ihre Besucher nicht direkt mit »Sie« oder »Du« an und sind somit universell einsetzbar.

Liegt die Datei auf der Festplatte, wechseln Sie in Ihrem Browser zum Anmeldebildschirm der Steuerzentrale. Wie Sie diesen erreichen, hat bereits Abschnitt »Startseite und Kommandobrücke aufrufen« auf Seite 66 beschrieben. Wenn Sie Joomla! mit XAMPP auf Ihrem eigenen PC installiert haben und den Schritten aus den vorherigen Abschnitten gefolgt sind, finden Sie ihn unter der Adresse *http://localhost/joomla/administrator*. Tippen Sie unter *Username* den Benutzernamen und unter *Password* das Passwort ein, die Sie bei der Installation vergeben haben. Sie können dabei die grauen Texte in den Feldern einfach überschreiben. Mit einem Klick auf *Log in* landen Sie in der Steuerzentrale von Joomla!. Rufen Sie dort im Hauptmenü am oberen Rand den Punkt *Extensions → Manage → Install* auf. Das Untermenü klappt beim Überfahren mit der Maus automatisch auf. Es erscheint eine Seite mit dem Formular aus Abbildung 2-51.

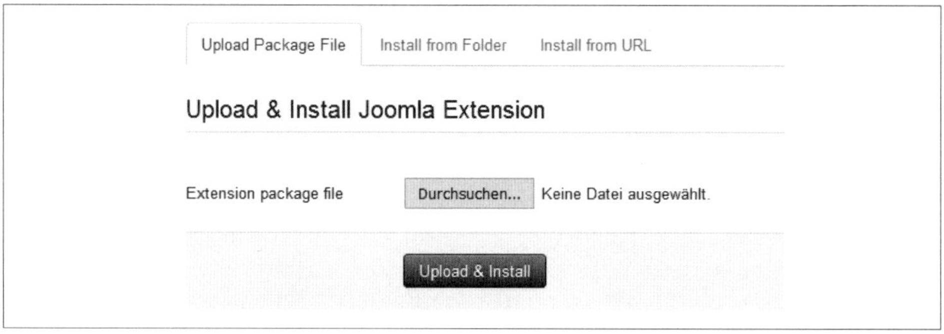

Abbildung 2-51: Hier integrieren Sie das Sprachpaket in Joomla!.

Klicken Sie dort auf *Durchsuchen...* (*Browse...* in einem englischen Browser) und wählen Sie das heruntergeladene Sprachpaket aus. Die Schaltfläche *Upload & Install* spielt es schließlich ein. Sollte eine Fehlermeldung erscheinen, darf Joomla! sehr wahrscheinlich nicht auf die Verzeichnisse *tmp*, *language* und *administrator/language* zugreifen. Die drei Kandidaten finden Sie im Joomla!-Verzeichnis. Damit die Installation klappt, müssen Sie Joomla! das Schreiben in diese drei Verzeichnisse erlauben. Wie das funktioniert, hängt von Ihrem Betriebssystem beziehungsweise Ihrem Server ab. Bitten Sie gegebenenfalls Ihren Webhoster um Hilfe. Nachdem Sie den Zugriff erlaubt haben, spielen Sie das Sprachpaket einfach noch einmal auf die beschriebene Weise ein.

Nachdem das Paket korrekt von Joomla! installiert worden ist, wechseln Sie zum Menüpunkt *Extensions → Language(s) → Installed*. Es erscheint die Seite aus Abbildung 2-52.

Dort finden Sie in der Liste zwei Einträge. Selektieren Sie wie in Abbildung 2-52 die Zeile *German (Germany)* und klicken Sie anschließend links oben auf die *Default*-Schaltfläche. Damit springt gleichzeitig in der Spalte *Default* das gelbe Sternchen zum zweiten Punkt. Es markiert die derzeit aktive (Standard-)Sprache.

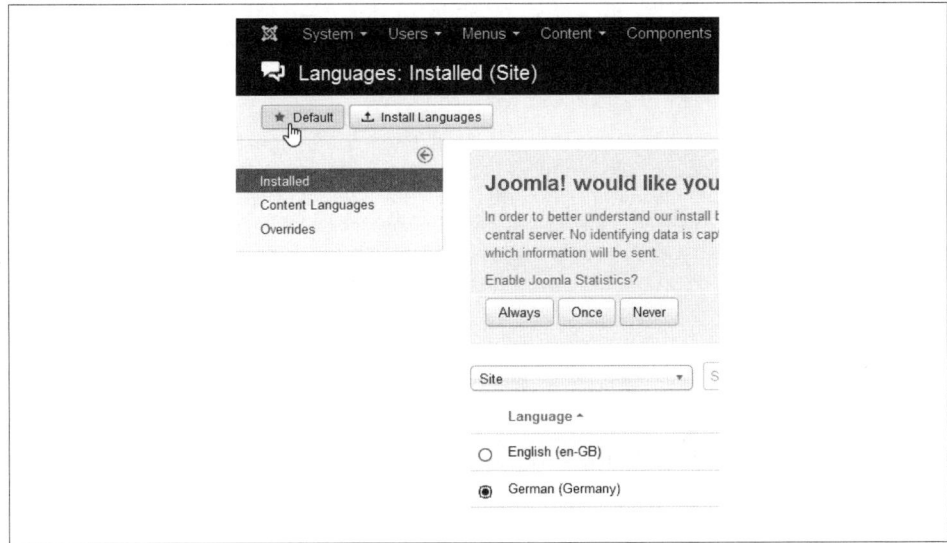

Abbildung 2-52:   Hier wechseln Sie mit zwei Mausklicks zu einer anderen Sprache.

Stellen Sie jetzt in der Ausklappliste *Site* den Punkt *Administrator* ein und wiederholen Sie den Vorgang. Das Ergebnis ist eine vollständig in Deutsch dargestellte Seite (siehe Abbildung 2-53).

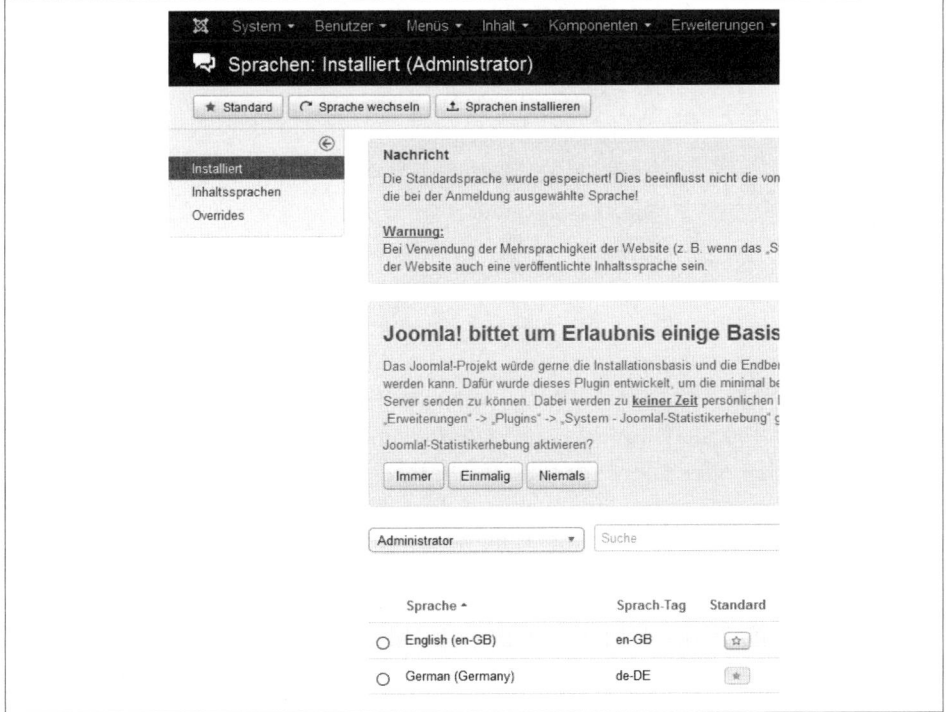

Abbildung 2-53:   Die Steuerzentrale spricht endlich Deutsch.

Zum Abschluss klicken Sie ganz rechts oben in der Ecke auf das Symbol mit der weißen Büste, gefolgt von *Abmelden*. Damit landen Sie automatisch wieder im Anmeldebildschirm.

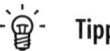 **Tipp** Als Bonus stellt das deutsche Übersetzerteam auf seiner Internetseite *http://www.jgerman.de* ein halb offizielles Joomla!-Archiv bereit, in das die deutschen Sprachpakete bereits integriert wurden. Sie installieren es wie im Abschnitt »Installation von Joomla!« ab Seite 41 beschrieben, besitzen aber anschließend ein komplett deutsches Joomla! – inklusive deutscher Beispieltexte.

Schreibrechte

Insbesondere wenn Sie Joomla! auf einem Server im Internet installiert haben, sollten Sie abschließend noch die Zugriffs- und Schreibrechte der Dateien kontrollieren. Dazu bieten häufig die Kundencenter der Webhoster entsprechende Möglichkeiten an. Alternativ können Sie auch ein FTP-Programm heranziehen. Ein Beispiel für ein zugehöriges Einstellungsfenster zeigt Abbildung 2-54 am Beispiel von FileZilla (*http://filezilla-project.org*).

Abbildung 2-54: Der Eigenschaftsdialog von FileZilla.

Normalerweise benötigt Joomla! nur lesenden Zugriff. Sobald Sie jedoch Erweiterungen einspielen oder Bilder zur Illustration Ihrer Texte hochladen möchten, müssen einige Verzeichnisse beschreibbar sein. Welche das sind, erfahren Sie entweder recht unsanft durch eine Fehlermeldung oder aber in der Verwaltungszentrale von Joomla!. Dazu steuern Sie in Ihrem Browser wieder die Kommandobrücke an (bei einer lokalen Testinstallation gemäß Abschnitt »Schnellinstallation« wäre das die Seite *http://localhost/joomla/administrator*). Melden Sie sich mit dem bei der Installation vergebenen Benutzernamen und dem entsprechenden Passwort an. Anschließend wählen Sie aus dem Hauptmenü *System* → *Systeminformationen* (in der englischen Sprachfassung *System → System Information*) und dann *Verzeichnisrechte* (*Folder Permissions*).

Joomla! präsentiert Ihnen nun eine Liste mit Verzeichnissen, auf die es gern (irgendwann einmal) schreibend zugreifen möchte. Für alle Einträge mit einem roten *Schreibgeschützt* (*Unwritable*) müssen Sie die Zugriffsrechte nachjustieren. Sofern Ihr FTP-Programm einen numerischen Wert für die Zugriffsrechte verlangt, tippen Sie die 777 ein. Damit erlauben Sie allen Nutzern das Lesen und Schreiben der entsprechenden Datei (weitere Informationen zu diesen Nummern finden Sie beispielsweise in der Wikipedia unter *http://de.wikipedia.org/wiki/Unix-Dateirechte*).

Es ist jedoch ratsam, einigen der Verzeichnissen die Schreibrechte nur vorübergehend zu erteilen. Dies gilt insbesondere für die Unterverzeichnisse *components*, *modules*, *templates* sowie für alle Verzeichnisse unter *plugins* und *administrator* – mit der Ausnahme von *cache* im Ordner *administrator*. Auf diese Weise können andere Joomla!-Benutzer oder Eindringlinge nicht einfach hinter Ihrem Rücken Erweiterungspakete oder neue Seitenvorlagen (Templates) einspielen. Falls das FTP-Programm einen numerischen Wert verlangt, wäre in diesem Fall 755 passend (der Eigentümer darf alles, die restlichen Nutzer – darunter auch Joomla! – dürfen nur lesen). Möchte man selbst derartige Elemente einspielen, ergänzt man die Schreibrechte für eine kurze Zeit wieder.

Treten während des Betriebs Probleme auf, etwa bei der Installation von Sprach- oder Erweiterungspaketen, sollten Sie zunächst die korrekte Vergabe der Zugriffsrechte prüfen – vielleicht darf Joomla! überhaupt nichts in die jeweils betroffenen Verzeichnisse schreiben.

KAPITEL 3
Erste Schritte im Backend

In diesem Kapitel:
- Rundgang durch das Frontend
- Anmeldung am Backend
- Hauptmenü und Statusleiste
- Das Kontrollzentrum
- Responsive Design
- Mit Listen und Tabellen arbeiten
- Der Papierkorb
- Inhalte veröffentlichen und verstecken
- Gesperrte Inhalte freigeben
- Hilfen nutzen

Joomla! stellt eine versteckte Kommandozentrale bereit, über die Sie Ihren Internetauftritt einrichten und neue Texte eingeben. Zutritt erhalten erst einmal nur Sie als Seitenbetreiber. Später können Sie dann weiteren ausgewählten Helfern beziehungsweise Autoren den (eingeschränkten) Zugang erlauben. Im Folgenden soll Ihnen ein kleiner Rundgang durch die Kommandozentrale einen ersten Einblick in die Bedienung und die prinzipiellen Arbeitsweisen von Joomla! geben.

Dabei werden Sie über ein paar neue Begriffe und Ausdrücke stolpern, von denen Tabelle 3-1 vorab kurz die wichtigsten vorstellt. Die von Joomla! verwendeten Begriffe hängen maßgeblich von der gerade aktivierten Sprachfassung ab. So spricht ein englisches Joomla! beispielsweise von *Articles*, die ein deutsches Joomla! als *Beiträge* bezeichnet. Des Weiteren haben ältere Joomla!-Versionen an einigen Stellen andere Begriffe genutzt. Dies führt insbesondere in Anleitungen und Diskussionen im Internet mitunter zu einem kleinen Wirrwarr. Tabelle 3-1 listet deshalb auch noch gebräuchliche beziehungsweise veraltete Synonyme auf. Doch keine Sorge: Zum einen hält sich die Anzahl der neuen Begriffe in Grenzen, und zum anderen verstecken sich hinter ihnen durchweg altbekannte oder einfache Konzepte. Darüber hinaus werden Sie im Laufe des Buchs und der Arbeit mit Joomla! automatisch mit der Terminologie etwas vertrauter.

Tabelle 3-1: Wichtige Begriffe und ihre Bedeutung im Überblick

Begriff	Synonyme	Bedeutung
Frontend	Website, Site	Alle Seiten, die ein Besucher zu sehen bekommt.
Backend	Administrationsbereich, Administration, Administrationsoberfläche, Admin	Steuerzentrale von Joomla!, in der Konfiguration und Einrichtung stattfinden.
Startseite	Homepage, Home, veraltet Front Page	Diese Internetseite bekommt ein Besucher immer als Erstes zu sehen, wenn er Ihren Internetauftritt ansteuert.
Beitrag		Ein veröffentlichter Text, wie etwa eine Filmkritik.
Template		Eine Designvorlage, die das Aussehen der Internetseiten vorgibt.

Bevor Sie die Steuerzentrale von Joomla! betreten, versetzt Sie der folgende Abschnitt zunächst kurz in die Perspektive eines Besuchers. Das erleichtert dann anschließend das Verständnis und die Arbeit auf der Kommandobrücke.

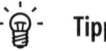 **Tipp**   Joomla! ist ein Gemeinschaftsprojekt zahlreicher Freiwilliger. Jeder kann selbst Verbesserungen einbringen oder bei der Weiterentwicklung helfen. Eine erste Anlaufstelle mit weiteren Informationen und Kontaktdaten finden Interessenten unter *https://www.joomla.org/contribute-to-joomla.html*.

Rundgang durch das Frontend

Alle Seiten, die ein Besucher zu sehen bekommt, fasst man unter dem Begriff *Frontend* zusammen. Joomla! spricht auch von der *Website* oder kurz *Site*. Wie so ein Frontend aussehen kann, demonstrieren besonders gut die in Joomla! mitgelieferten Beispielseiten. Daher sollen sie in den nachfolgenden Abschnitten kurz als Anschauungsobjekt herhalten – genauer gesagt die Beispieldaten *Prospektinhalte* (siehe Abschnitt »Schritt 4: Beispieldaten und Zusammenfassung« auf Seite 57). Wenn Sie der Schnellinstallationsanleitung aus Kapitel 2, *Installation*, Seite 15, gefolgt sind, erreichen Sie diese Beispielseiten in Ihrem Browser unter der Adresse *http://localhost/joomla*. Sie können somit die folgenden Erklärungen direkt an Ihrem Computer nachvollziehen.

Die Startseite

Wenn ein Besucher in seinem Browser Ihren Internetauftritt ansteuert, landet er zunächst immer auf der *Startseite*, englisch *Homepage* oder kurz *Home*. Sie bildet gewissermaßen das Eingangstor zu Ihrem Internetauftritt. Bis einschließlich Version 1.5 bezeichnete Joomla! diese erste Seite als *Front Page* (nicht zu verwechseln mit dem *Frontend*). Dieser Begriff ist seit Version 1.6 weitgehend verschwunden, findet sich aber immer noch in Anleitungen und Forenbeiträgen im Internet.

Abbildung 3-1 zeigt die Startseite aus den Beispieldaten. Die Joomla!-Entwickler demonstrieren mit dieser Seite einige mögliche Funktionen, die Joomla! von Haus aus mitbringt. Betrachten Sie die einzelnen Bereiche der Startseite für einen Moment, und machen Sie sich auf diese Weise etwas mit ihrem Aufbau vertraut.

 Tipp   Für den Besuch der von Joomla! ausgelieferten Seiten genügt theoretisch schon ein alter Browser im Dampfbetrieb ohne zusätzlichen Schnickschnack wie JavaScript oder aktivierte Cookies. Einige Spezialfunktionen sind dann allerdings außer Gefecht gesetzt. So lässt sich beispielsweise die Druckvorschau nicht mehr aufrufen. Auch einige externe Erweiterungen können hier andere oder höhere Ansprüche stellen.

Ganz oben links in der Ecke steht mit großer Schrift der Name Ihrer Website ❶. Diesen haben Sie bei der Installation festgelegt. Alle anderen Elemente und Texte auf der Seite hat hingegen der Ersteller der Beispielseite vorgegeben.

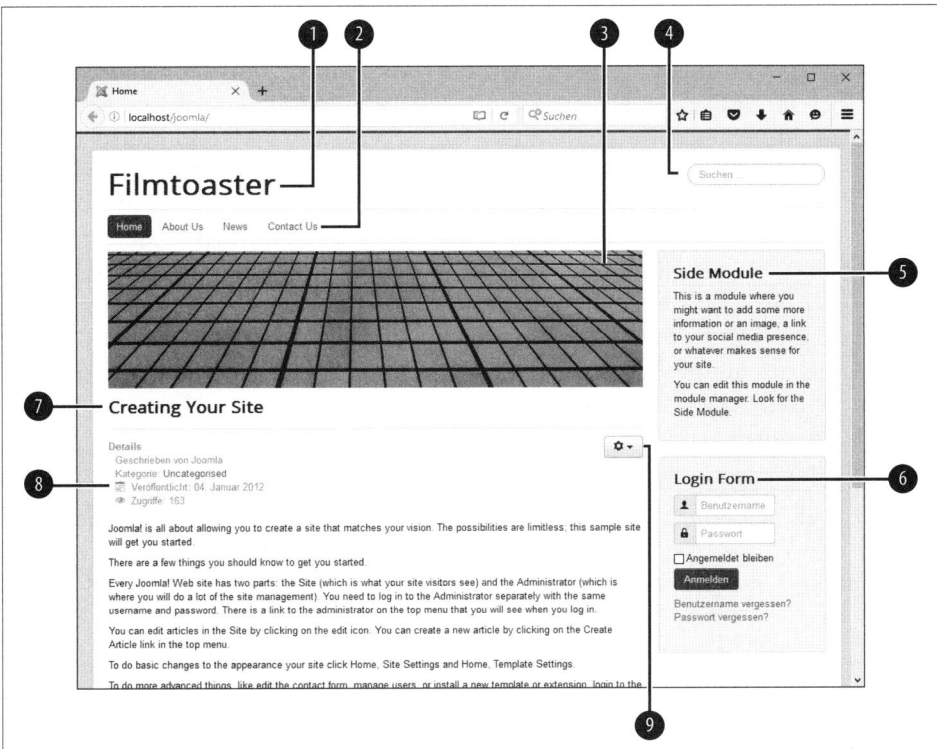

Abbildung 3-1: Die mitgelieferte Beispielseite in ihrer vollen Pracht.

Dazu zählt auch das waagerechte Menü ❷. Dessen Menüpunkte *About Us*, *News* und *Contact Us* führen zu weiteren Unterseiten des Internetauftritts. Unter Joomla! dürfen Sie so viele Menüs anlegen, wie Sie möchten. In diesem Fall hat der Erschaffer der Beispielseite nur das waagerechte Menü am oberen Rand eingerichtet. Darunter erscheint ein größeres Foto, das als Blickfang dient ❸.

Ganz rechts oben in der Ecke finden Sie die Suchfunktion ❹. Wenn Sie dort einen Begriff eintippen und dann die [Enter]-Taste drücken, fahndet Joomla! nach ihm in allen verwalteten Internetseiten. Der Kasten mit der Überschrift *Side Module* enthält einen reinen Informationstext ❺. Auf Ihrer eigenen Seite könnten Sie darin beispielsweise Informationen über sich oder Ihren Verein anzeigen. Darunter finden Sie einen mit *Login Form* überschriebenen Bereich ❻. Über diesen können sich Besucher bei Joomla! anmelden. Sie erhalten dann Zugang zu standardmäßig versteckten Unterseiten beziehungsweise Inhalten (dazu gleich noch mehr).

Joomla! kennt noch eine ganze Reihe weiterer nützlicher Zusatzfunktionen, die es nicht direkt auf die Beispiel-Website geschafft haben. So können Sie unter anderem eine Liste mit den besonders häufig gelesenen Texten anzeigen lassen oder Werbebanner einblenden.

Beiträge

Die einzelnen von Ihnen eingetippten Texte bezeichnet Joomla! als *Beiträge* (englisch *Articles*). Ähnlich wie Zeitschriftenartikel lassen sie sich mit Bildern, Zwischenüberschriften und Formatierungen auflockern. Der Begrüßungstext mit der Überschrift *Creating Your Site* aus Abbildung 3-1 ist ein Beispiel für einen so aufgebrezelten Text – Pardon – Beitrag ❼. Mit einem Beitrag können Sie unter anderem ein Produkt vorstellen, ein Vereinsfest ankündigen oder einen Film durch den Kakao ziehen. Der englische Beispielbeitrag *Creating Your Site* in Abbildung 3-1 erklärt kurz die Arbeitsweise von Joomla!. Normalerweise erscheint jeder Beitrag später auf einer eigenen Unterseite Ihres Internetauftritts. Der Ersteller der Beispiel-Website aus Abbildung 3-1 hat jedoch festgelegt, dass der Beitrag *Creating Your Site* auf der Startseite erscheinen soll. Als Seitenbetreiber dürfen Sie dort aber natürlich auch andere Inhalte einblenden.

Standardmäßig zeigt Joomla! zu jedem Beitrag noch ein paar Zusatzinformationen an. Dazu gehören unter anderem der Autor des Texts und das Veröffentlichungsdatum ❽. Als Seitenbetreiber dürfen Sie für jeden Beitrag selbst bestimmen, welche Informationen Joomla! anzeigt. So ließe sich beispielsweise der Name des Autors ausblenden.

Rechts neben der Überschrift *Creating Your Site* finden Sie eine kleine Schaltfläche mit einem Zahnradsymbol ❾. Wenn Sie darauf klicken, erscheint ein kleines Menü mit zwei Funktionen:

- *Drucken* zeigt den Text so an, dass er sich leicht und problemlos ausdrucken lässt.
- *E-Mail* versendet einen Hinweis auf den Beitrag per E-Mail an einen Bekannten.

Im zweiten Fall öffnet sich ein neues Fenster, das den Empfänger und weitere Informationen abfragt. In der Druckvorschau führt ein erneuter Klick auf *Drucken* ganz rechts oben zu den Druckeinstellungen.

Bis auf wenige Ausnahmen sind die meisten der angezeigten englischen Texte Teil der Beispieldaten – dazu gehören neben dem Beitrag *Creating Your Site* sogar die Beschriftungen der Menüs. Da sie vom Autor der Beispielseiten stammen, kann sie Joomla! nicht selbstständig übersetzen. Das klappt nur mit Beschriftungen, die das Content-Management-System selbst stellt – etwa beim Eingabefeld für die Suchfunktion rechts oben in der Ecke.

Unterseiten

Ganz am unteren Ende der Seite finden Sie einen grauen Streifen mit der merkwürdigen Beschriftung *Aktuelle Seite: Startseite*. Dahinter verbirgt sich die sogenannte Breadcrumb-Leiste, die den Weg von der Startseite bis zur aktuellen Seite anzeigt. Sie soll Ihren Besuchern vor allem die Orientierung erleichtern. Wenn Sie mit diesem Konzept noch nicht vertraut sind, rufen Sie einmal den Menüpunkt *News* auf.

Er führt zu einer Unterseite mit dem Text aus Abbildung 3-2. Die graue Leiste am unteren Seitenrand zeigt jetzt den Weg von der *Startseite* zur Unterseite *News* an. Mit einem Klick auf eines der Elemente springen Sie schnell wieder zur entsprechenden Webseite zurück, beispielsweise direkt zur *Startseite*.

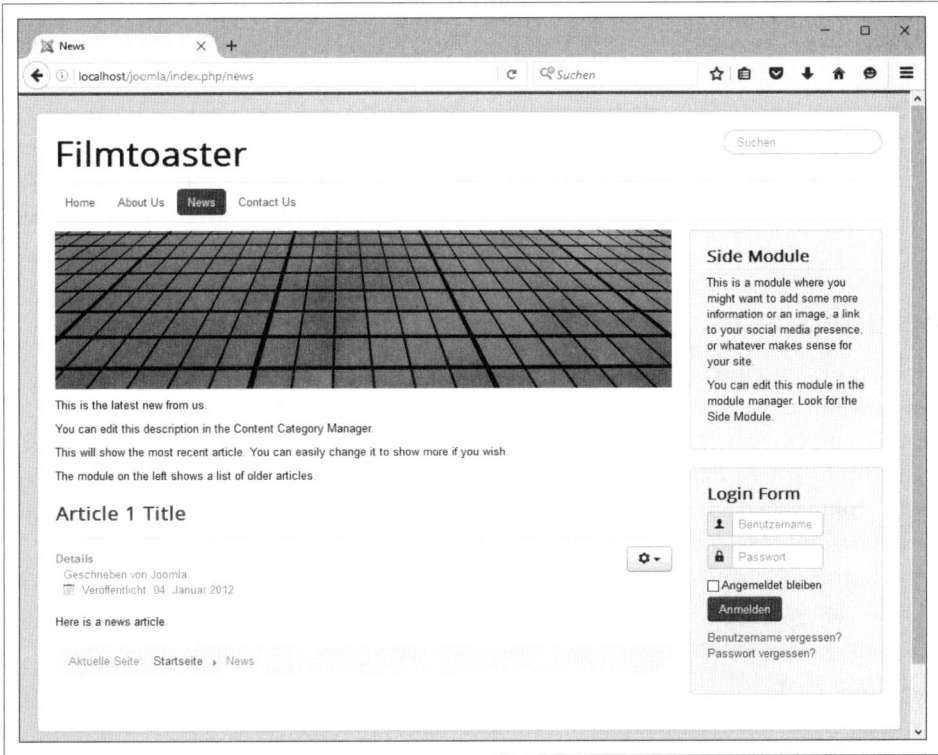

Abbildung 3-2:   Ein Beispiel für eine Unterseite.

Abbildung 3-2 zeigt noch eine Besonderheit: Auf dieser Unterseite tauchen Elemente der Startseite erneut auf. Dazu gehören unter anderem das Aufmacherfoto, das waagerechte Menü und die Suche in der rechten oberen Ecke. Es gibt folglich Elemente, die Joomla! auf allen Seiten mitschleppt. Welche Elemente das sind, dürfen Sie in der Kommandozentrale selbst bestimmen. Stellen Sie jetzt mit einem Klick auf *Home* sicher, dass Sie sich auf der Startseite befinden.

Das Baukastenprinzip

Die Startseite setzt sich unter anderem aus dem Menü, dem Foto, einer Breadcrumb-Leiste und einer Suchfunktion zusammen. Als Seitenbetreiber dürfen Sie die einzelnen Elemente in Grenzen auf der Seite umplatzieren. Beispielsweise könnten Sie die Suchfunktion an den rechten unteren Seitenrand verschieben. Darüber hinaus dürfen Sie die einzelnen Elemente auch komplett von der Seite nehmen oder durch andere Elemente mit neuen Funktionen und Inhalten ersetzen.

Die möglichen Positionen der Elemente und die Optik der kompletten Seiten gibt eine Designvorlage vor, das sogenannte *Template*. Es enthält somit den Bauplan der gesamten Seite.

 **Tipp** Bildlich können Sie sich dieses Konzept wie eine Sammlung von bunten Schachteln vorstellen, die nach einem Lageplan so drapiert werden, dass sie ein möglichst hübsches Gesamtbild ergeben. Das Template entspricht in diesem Bild dem Lageplan.

In Joomla! dürfen Sie sogar jeder Seite eine andere individuelle Optik verpassen. Ein Sportverein könnte beispielsweise die Seiten der Tennisabteilung ganz anders gestalten als die der Schachgruppe und sie so auch optisch deutlich voneinander trennen.

Benutzerkonten

Joomla! besitzt eine eigene eingebaute Benutzerverwaltung, mit der Sie den Zugriff auf bestimmte Bereiche Ihres Internetauftritts einschränken können. Dabei erhält jede Person ein sogenanntes *Benutzerkonto*, das unter anderem aus einem Benutzernamen und einem Passwort besteht. Dieses Duo muss die Person im Kasten *Login Form* hinterlegen und dort auf *Anmelden* klicken. Anschließend gewährt ihr Joomla! umgehend Zugang zu den exklusiven Unterseiten. Auf den Filmtoaster-Seiten könnte man auf diese Weise beispielsweise Vorabversionen der Filmkritiken einer kleinen Gruppe von Lektoren zugänglich machen.

Sie selbst besitzen übrigens schon ein Benutzerkonto. Den zugehörigen Benutzernamen und das Passwort haben Sie bereits bei der Installation vergeben. Joomla! hat dann dazu automatisch ein passendes Konto angelegt. Dieses Konto ist übrigens ein ganz spezielles. Sein Besitzer ist für Joomla! der sogenannte *Super User* (früher *Super Administrator*) – der einzigartige, allmächtige Seitenbetreiber. Er erhält nicht nur Zutritt zu grundsätzlich allen nur erdenklichen Bereichen des Frontends, sondern darf auch sämtliche Einstellungen ändern und erhält obendrein noch Zugang zur Steuerzentrale von Joomla!.

Was nach der Anmeldung über das *Login Form* passiert, können Sie selbst ausprobieren. Dazu hinterlegen Sie Ihren bei der Installation ausgedachten Benutzernamen im oberen und das Passwort im unteren der beiden Felder. Es genügt, in das Feld zu klicken und dann einfach loszutippen. Wenn Sie der Schnellanleitung aus Kapitel 2, *Installation*, Seite 15, gefolgt sind, lautet Ihr Benutzername admin. Nach einem Klick auf *Anmelden* erscheinen im Menü weitere Menüpunkte. Sie lösen Aktionen aus, die nur ein angemeldeter Benutzer ausführen darf. Über *Create an Article* könnten Sie beispielsweise einen neuen Beitrag schreiben. Beenden Sie Ihre Sitzung wieder über die Schaltfläche *Abmelden* am rechten unteren Seitenrand.

Alle bislang gezeigten Seiten fasst man unter dem Begriff *Frontend* zusammen. Normale Besucher bekommen ausschließlich diese Seiten zu Gesicht – vielleicht vergleichbar mit einem Kino, in dem die Zuschauer nur den Film verfolgen, nicht aber in den Vorführraum blicken dürfen. Sie als Super User dürfen ihn aber auch betreten.

Anmeldung am Backend

Ein Internetauftritt wäre ziemlich nutzlos, könnte man ihn nicht nach eigenen Wünschen verändern. Eigens dazu besitzt Joomla! ein verstecktes Hinterzimmer (oder, um beim Bild des Kinosaals zu bleiben, den Vorführraum), in dem Sie als Betreiber hemmungslos an allen Hebeln ziehen dürfen. Hier geben Sie beispielsweise neue Texte ein, laden Bilder hoch oder aktivieren ein anderes Website-Design.

Diese Kommandobrücke bezeichnet man als *Backend*. Ins Deutsche übersetzt man den Begriff häufig etwas sperrig mit *Administrationsbereich*. Im Internet finden sich zudem alternative Übersetzungen wie *Administrationsoberfläche*, *Administratoroberfläche*, *Administration*, *Administrator* oder *Admin(-Bereich)*.

Zugang zum Backend erhalten Sie, indem Sie an die Adresse zu Ihrem Internetauftritt noch ein */administrator* anhängen. Wenn Sie der Schnellinstallationsanleitung aus dem vorherigen Kapitel gefolgt sind, rufen Sie die Internetadresse *http://localhost/joomla/administrator* auf. Sie landen dann vor dem Anmeldebildschirm aus Abbildung 3-3.

Abbildung 3-3: Der Anmeldebildschirm für das Backend.

Damit nicht jeder x-beliebige Besucher nach Gutdünken an den Schrauben des Systems drehen kann, verlangt Joomla! hier nach einem Benutzernamen und dem dazugehörigen Passwort. Als allmächtiger Super User haben Sie beides während der Installation von Joomla! festgelegt. Wenn Sie der Schnellinstallation gefolgt sind, lautet der Benutzername admin. Geben Sie den Benutzernamen und das Passwort einfach in die Felder ein (und überschreiben Sie dabei die schwach grau zu erkennenden Texte *Benutzername* und *Passwort*).

Warnung   Man kann es gar nicht oft genug sagen: Der Super User darf wirklich alles – sogar das gesamte System zerstören. Nicht umsonst bezeichnet Joomla! ihn als *Super User*. Wenn Sie sich mit seinen Daten bei Joomla! anmelden, müssen Sie folglich jeden Mausklick wohlüberlegt setzen.

Um sicherzugehen, dass sich niemand unbefugten Zutritt verschafft, sollten Sie zum einen Ihre Zugangsdaten sicher verwahren und zum anderen weitere Sicherheitsmaßnahmen Ihres Webservers nutzen, allen voran den Zugriffsschutz für Verzeichnisse (beispielsweise indem Sie das *administrator*-Verzeichnis mit einer sogenannten *.htaccess*-Datei für alle anderen Besucher abriegeln). Wie das genau funktioniert, beschreibt die Dokumentation Ihres Webservers – eine ausführliche Erläuterung würde den Rahmen dieses Buchs sprengen.

Über die Benutzerverwaltung können Sie später weiteren Benutzern (eingeschränkten) Zugang zum Backend gewähren.

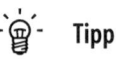

Tipp   Sie sollten bei dieser Gelegenheit auch sich selbst ein zusätzliches eigenes Benutzerkonto spendieren und die Anmeldedaten des allmächtigen Super Users nur noch in Notfällen heranziehen. Damit müssen Sie dann nicht mehr jeden Klick in die Waagschale werfen. Ausführliche Informationen zu diesem Thema folgen in Kapitel 12, *Benutzerverwaltung und -kommunikation*, Seite 485.

Sollten Sie Ihren Benutzernamen oder Ihr Passwort vergessen haben, klicken Sie im Anmeldebildschirm aus Abbildung 3-3 auf das Fragezeichen rechts neben dem entsprechenden Eingabefeld. Joomla! leitet Sie dann auf eine neue Seite, auf der Sie sich an Ihren Benutzernamen erinnern lassen beziehungsweise ein neues Passwort anfordern können. In beiden Fällen müssen Sie die E-Mail-Adresse eingeben, die Sie bei der Installation vergeben haben. Joomla! schickt dann die entsprechenden Informationen dorthin.

Auf dem Anmeldebildschirm regelt die Ausklappliste *Sprache – Standard*, in welcher Übersetzung das Backend gleich erscheint. Joomla! bietet zur Auswahl alle Sprachen an, die ihm zuvor über ein entsprechendes Sprachpaket beigebracht wurden. Wenn Sie den Schritten aus Kapitel 2, *Installation*, Seite 15, gefolgt sind, stehen hier *English* und Deutsch (alias *German*) zur Verfügung. Letzteres ist bereits die Voreinstellung und würde somit auch bei der Wahl von *Sprache – Standard* verwendet.

Nach einem Klick auf *Anmelden* landen Sie automatisch im Backend und somit in der Verwaltungszentrale von Joomla!. Im Gegensatz zum Frontend benötigen Sie für die Bedienung einen halbwegs frischen Browser mit aktivierten Cookies und

JavaScript. Andernfalls erhalten Sie entweder nur einen Pixelbrei, oder ein Klick auf die verschiedenen Schalter und Menüpunkte verpufft wirkungslos. Sollte JavaScript komplett deaktiviert sein, zeigt Joomla! 3.6 einfach eine leere weiße Seite, eine Anmeldung ist dann gar nicht erst möglich.

Hauptmenü und Statusleiste

Nach der Anmeldung präsentiert Joomla! seine Verwaltungszentrale wie in Abbildung 3-4. Auf den ersten Blick wirkt das Angebot ziemlich erschlagend. Lassen Sie sich davon jedoch nicht irritieren.

Abbildung 3-4: Die Einstiegsseite des Backends.

Ganz am oberen Rand finden Sie das Hauptmenü, über das Sie alle Funktionen und Einstellungen des Backends erreichen ❶. Mit einem Mausklick geöffnete Menüs klappen automatisch ihre Unterpunkte auf, sobald Sie mit dem Mausanzeiger darüberfahren. In Joomla! lassen sich zudem alle Menüpunkte anklicken. In Abbildung 3-5 könnte man nicht nur den Unterpunkt *Neuer Beitrag*, sondern auch den Punkt *Beiträge* aufrufen. Beide Menüpunkte aktivieren dabei unterschiedliche Funktionen (die Sie in wenigen Seiten kennenlernen werden).

Abbildung 3-5: Würde der Benutzer jetzt mit der linken Maustaste klicken, würde er zu einer Liste mit allen Beiträgen gelangen.

Am unteren Fensterrand wartet die Statusleiste. Auf ihr finden Sie links die Anzahl der derzeit im Frontend angemeldeten Benutzer (die Zahl vor *Besucher*) und im Backend (die Zahl vor *Administrator*). Momentan ist nur eine Person im Backend unterwegs – nämlich Sie selbst (❷ in Abbildung 3-4). Rechts neben dem Briefumschlag finden Sie die Anzahl aller neu eingegangenen Nachrichten ❸. Joomla! besitzt ein eigenes Nachrichtensystem, über das nicht nur die angemeldeten Mitglieder eingeschränkt kommunizieren können, sondern über das auch wichtige Systemnachrichten verschickt werden. Reicht beispielsweise ein Autor eine neue Filmkritik ein, erhalten Sie automatisch über das Nachrichtensystem einen entsprechenden Hinweis. Im Menü unter *Komponenten* → *Nachrichten* gelangen Sie zu einer Übersicht aller bislang für Sie eingegangenen privaten Nachrichten. Alternativ können Sie auch einfach auf die Nachrichtenzahl in der Statusleiste klicken.

Ganz links in der Statusleiste wartet ein Link namens *Vorschau* ❹. Ein Klick darauf öffnet in einem neuen Fenster den aktuellen Stand Ihrer Website. Alternativ können Sie auch rechts oben in der Ecke auf den Namen Ihrer Website klicken – in Abbildung 3-4 also auf *Filmtoaster* ❺. Das ist besonders dann nützlich, wenn Sie nach Änderungen direkt einen Kontrollblick auf das Ergebnis werfen möchten. Dank dieses Menüpunkts müssen Sie dazu nicht erst wieder das Backend verlassen.

Dies geschieht wiederum über *Abmelden* ❻ in der Statusleiste. Alternativ klicken Sie ganz rechts oben in der Ecke auf das Symbol mit der weißen Büste und wählen *Abmelden*. Sollten Sie längere Zeit untätig gewesen sein, setzt Joomla! Sie automatisch vor die Tür. Dies geschieht zum einen aus Sicherheitsgründen, und zum anderen brauchen Sie nicht in Panik zu geraten, sollten Sie einmal das Abmelden vergessen oder den Browser einfach gedankenlos geschlossen haben.

 **Warnung**   Andererseits können Sie hierdurch auch bereits getätigte Eingaben verlieren, wenn beispielsweise ein dringender Telefonanruf Sie vom Computer und somit von der Arbeit fernhält. Daher sollten Sie immer über die entsprechenden Schaltflächen Ihre Eingaben regelmäßig zwischenspeichern.

Der Inhalt des Bereichs zwischen Hauptmenü und Statusleiste wechselt je nach aufgerufenem Menüpunkt und präsentiert die Einstellungen, die Sie ändern können. Wo Sie sich gerade befinden, verrät die blaue Leiste direkt unterhalb des

Hauptmenüs ❼. Direkt nach der Anmeldung am Backend sehen Sie das sogenannte *Kontrollzentrum*.

Das Kontrollzentrum

Das *Kontrollzentrum* (in der englischen Fassung *Control Panel*) bildet die Startseite des Backends. Es bietet Ihnen nicht nur einen schnellen Überblick über den Zustand Ihres Internetauftritts, sondern präsentiert auch einige Statusinformationen.

Warnung Verzichten Sie im Backend darauf, die Zurück- und Vorwärts-Schaltflächen Ihres Browsers zu verwenden. Dies bringt Joomla! unter Umständen komplett aus dem Tritt. Nutzen Sie zur Navigation ausschließlich die angebotenen Menüs und Symbole.

Statistikerhebung

Direkt nach der Installation von Joomla! zeigt das Kontrollzentrum die nicht zu übersehende Meldung aus Abbildung 3-6. Darin teilt Ihnen Joomla! mit, dass es gern ein paar Informationen über Ihr System sammeln und diese dann an seine Entwickler senden möchte. Zu diesen Daten gehört unter anderem die Joomla!-Version, die verwendete Datenbank (wie etwa MySQL) und die PHP-Version. Wenn Sie innerhalb der langen Nachricht auf denbf Text *Hier klicken um die zu sendenden Daten anzusehen.* klicken, zeigt Ihnen Joomla! alle Daten an, die es an die Entwickler schickt.

Diese Informationen helfen den Entwicklern, Joomla! zu verbessern. Darüber hinaus generieren die Entwickler aus den Daten mehrere Statistiken, die Sie im Internet unter *https://developer.joomla.org/about/stats.html* einsehen können. Sie selbst geben damit allerdings auch Informationen über Ihr System preis, was zudem in einigen Ländern den Datenschutz verletzen kann.

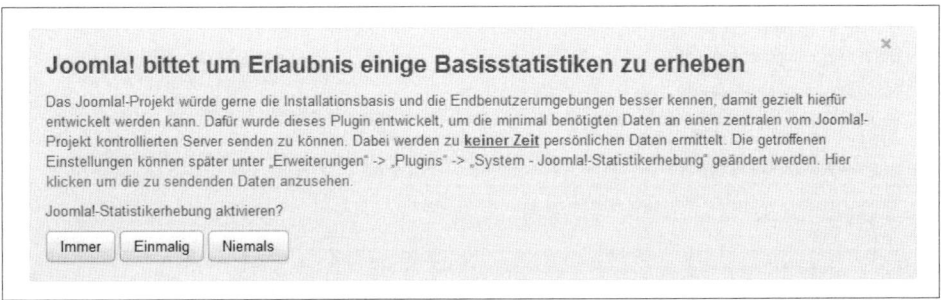

Abbildung 3-6: Seit Version 3.5 sammelt Joomla! Daten über das System und sendet diese an die Entwickler.

Als Seitenbetreiber müssen Sie jetzt entscheiden, ob Sie die Information über Ihr System an die Entwickler weiterleiten möchten. Wenn Sie keine Daten an die Entwickler senden wollen, klicken Sie in der Meldung aus Abbildung 3-6 auf *Niemals*.

Wenn Sie stattdessen *Einmalig* aktivieren, sammelt Joomla! die Informationen ein und schickt sie sofort ab. Alternativ kann Joomla! auch in regelmäßigen Abständen erneut die Daten zusammensuchen und sie im Hintergrund verschicken. Dazu klicken Sie auf die Schaltfläche *Immer*.

 Tipp   Wenn Sie unsicher sind, klicken Sie auf *Niemals* und verbieten so die Übertragung der Daten.

In jedem Fall verschwindet die dicke blaue Nachricht. Sie können Ihre Entscheidung übrigens jederzeit ändern beziehungsweise korrigieren. Dazu rufen Sie im Hauptmenü den Punkt *Erweiterungen → Plugins* auf. Tippen Sie in das Eingabefeld *Suche* den Text Statistikerhebung und klicken Sie auf das Lupensymbol. Unterhalb des Felds erscheint jetzt der Eintrag *System – Joomla!-Statistikerhebung*. Klicken Sie ihn an. Unter *Modus* können Sie einstellen, ob und, wenn ja, wie oft Joomla! die Daten senden soll. Wenn Sie eine Änderung vorgenommen haben, klicken Sie auf die Schaltfläche *Speichern & Schließen*, andernfalls nur auf *Schließen*. Zum Kontrollzentrum zurück gelangen Sie wieder über *System → Kontrollzentrum*.

Nachinstallationshinweise

Direkt nach der Installation zeigt das Kontrollzentrum zudem die blau hinterlegte Meldung *Es gibt Nachinstallationshinweise* an. Der Begriff klingt dramatischer, als es tatsächlich ist: Mit einem Klick auf die Schaltfläche *Hinweise anzeigen* landen Sie auf der Seite aus Abbildung 3-7.

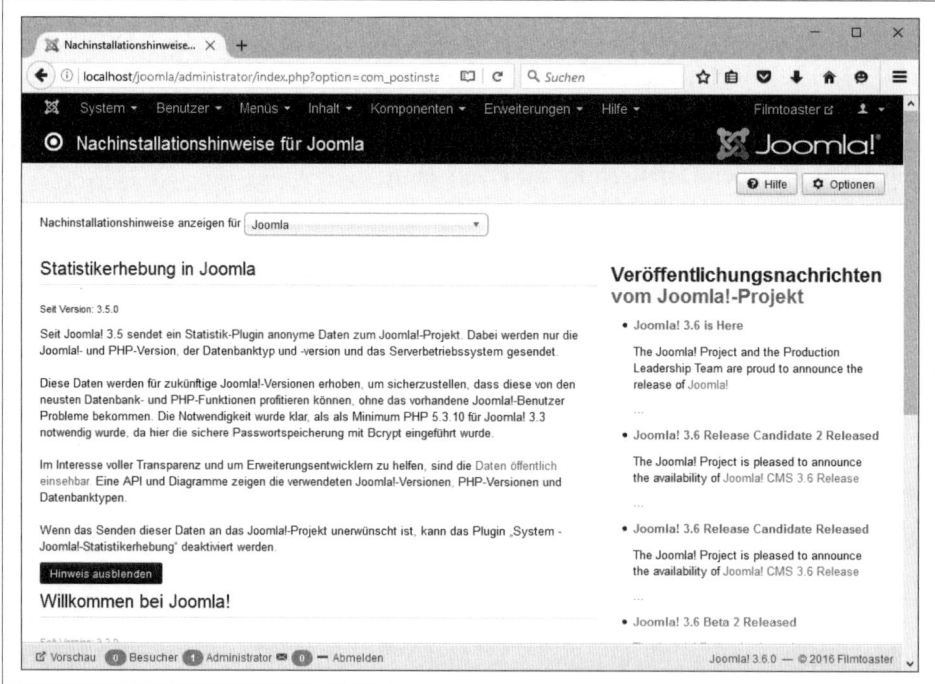

Abbildung 3-7:   Die Nachinstallationshinweise beschreiben einfach die Neuerungen in Ihrer Joomla!-Version.

Die listet schlichtweg alle (wichtigen) Neuerungen in Ihrer Joomla!-Version auf. Teilweise liefern die Entwickler dort auch wichtige Hinweise und Tipps.

Nachdem Sie einen der Hinweise gelesen haben, müssen Sie ihn explizit mithilfe der Schaltfläche *Hinweis ausblenden* wegklicken. Erst wenn Sie das bei allen Hinweisen gemacht haben, verschwindet im Kontrollzentrum der blaue Kasten *Es gibt Nachinstallationshinweise*.

Für die Filmtoaster-Seiten klicken Sie deshalb nacheinander alle Schaltflächen *Hinweis ausblenden* an. Anschließend erscheint dann in fetter Schrift die Meldung *Keine Hinweise*.

Die Hinweise sind damit nicht gelöscht, sondern nur ausgeblendet. Sie können sie sich jederzeit wieder ansehen, indem Sie im Hauptmenü *Komponenten → Nachinstallationshinweise* aufrufen und dann die Schaltfläche *Alle Hinweise wieder einblenden* anklicken.

Zum Kontrollzentrum zurück bringt Sie in jedem Fall wieder im Hauptmenü am oberen Rand der Punkt *System → Kontrollzentrum*.

Schnellstartsymbole

Im Kontrollzentrum führen die Menüpunkte auf der linken Seite zu häufig benötigten Funktionen und Aufgabengebieten (siehe Abbildung 3-8). Ein Klick auf *Benutzer* führt beispielsweise umgehend zur Benutzerverwaltung. Dank dieser sogenannten *Schnellstartsymbole* (englisch *Quick Icons*) müssen Sie sich nicht erst mühsam durch die Menüs hangeln.

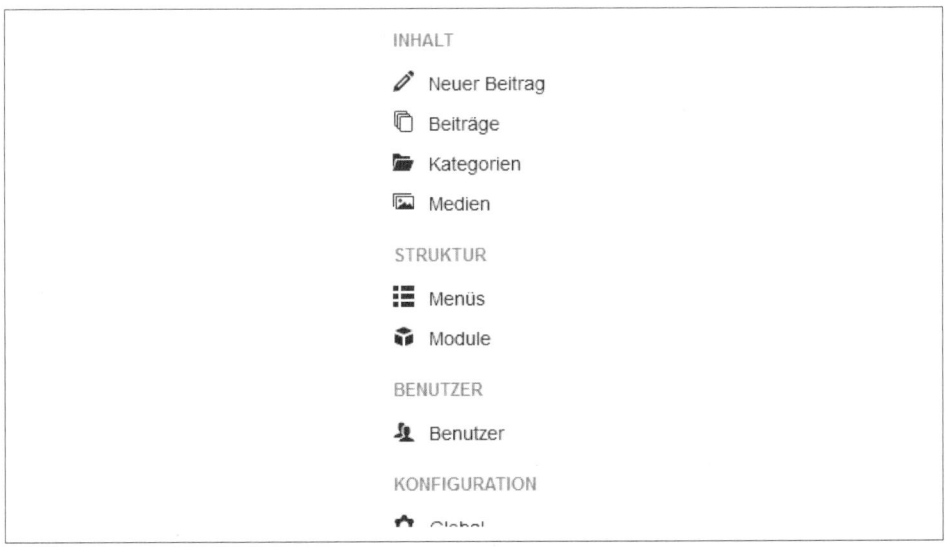

Abbildung 3-8: Die Schnellstartsymbole (hier nur ein Ausschnitt) sparen im hektischen Arbeitsalltag ein paar Mausklicks.

Statistiken

In der Mitte des Kontrollzentrums sehen Sie mehrere Listen. Gemäß ihrer Beschriftung enthalten sie ...

- ... die zuletzt hinzugefügten Textbeiträge (*Recently Added Articles*, siehe Abbildung 3-9)

  In blauer Schrift finden Sie die Überschrift des Beitrags, in kleiner schwarzer Schrift folgt der Autor. Auf der rechten Seite steht noch das Erstellungsdatum. Die grünen Haken auf der linken Seite zeigen an, dass die Texte derzeit für Besucher sichtbar sind. Ein Klick auf eine der hier aufgeführten blauen Überschriften öffnet den zugehörigen Text direkt in einem Bearbeitungsbildschirm.

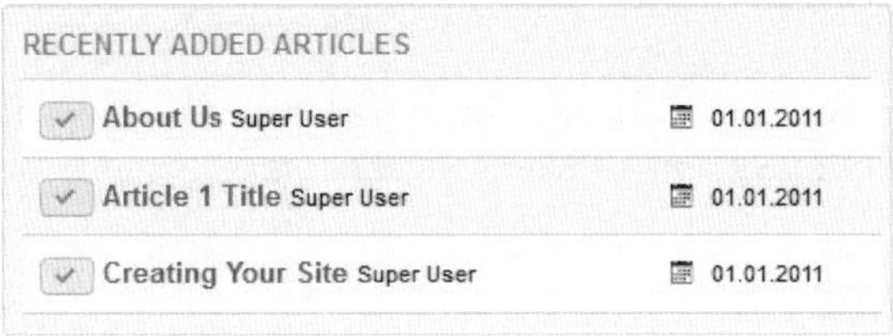

```
RECENTLY ADDED ARTICLES
  ✓  About Us Super User                   01.01.2011
  ✓  Article 1 Title Super User            01.01.2011
  ✓  Creating Your Site Super User         01.01.2011
```

Abbildung 3-9:   Die zuletzt hinzugefügten Beiträge.

- ... die beliebtesten Beiträge (*Popular Articles*, siehe Abbildung 3-10)

  Dahinter verbergen sich die am häufigsten angeklickten Beiträge. Damit können Sie genau verfolgen, welche Texte am beliebtesten sind. Neben dem Erstellungsdatum auf der rechten Seite verrät Joomla! auch in den Ovalen die Anzahl der bisherigen Aufrufe (und somit Besucher).

```
POPULAR ARTICLES
  166  Creating Your Site                  01.01.2011
   7   About Us                            01.01.2011
   0   Article 1 Title                     01.01.2011
```

Abbildung 3-10:   Die beliebtesten Beiträge.

- ... die angemeldeten Benutzer (*Logged-in Users*, siehe Abbildung 3-11)

  Hier ist mindestens der *Super User* aufgeführt, das sind Sie selbst. Der klein geschriebene Text *Administration* weist darauf hin, dass Sie derzeit im Backend angemeldet sind. In Abbildung 3-11 hat sich neben dem Super User auch noch ein weiterer, normaler Benutzer namens *Tim Schürmann* angemeldet. Dass er im Frontend unterwegs ist, verrät das kleine *Site* neben dem Namen. Steht dort stattdessen *Administration*, tummelt sich der Benutzer im Backend – genau wie

Sie selbst. Mit einem Klick auf das *X* vor dem Namen können Sie den entsprechenden Benutzer zwangsweise vom System abmelden. Bei Ihnen selbst fehlt das Symbol, Sie können das Backend folglich nur über *Abmelden* in der Statusleiste beziehungsweise das Symbol mit der Büste rechts oben in der Ecke mit anschließendem Klick auf *Abmelden* verlassen.

Abbildung 3-11: Die angemeldeten Benutzer: Hier hat sich neben dem Super User auch noch ein weiterer, normaler Benutzer namens Tim Schürmann im Frontend angemeldet.

Responsive Design

Wenn Sie Ihr Browserfenster verkleinern, passt Joomla! die dargestellte Seite automatisch an die neuen Gegebenheiten an. Dabei verschiebt es unter Umständen einige Elemente beziehungsweise Seitenbereiche. Das kann bei einem sehr kleinen Fenster sogar dazu führen, dass Joomla! die Teile der Seite wie in Abbildung 3-12 übereinanderstapelt. Darüber hinaus ist dort das Hauptmenü verschwunden.

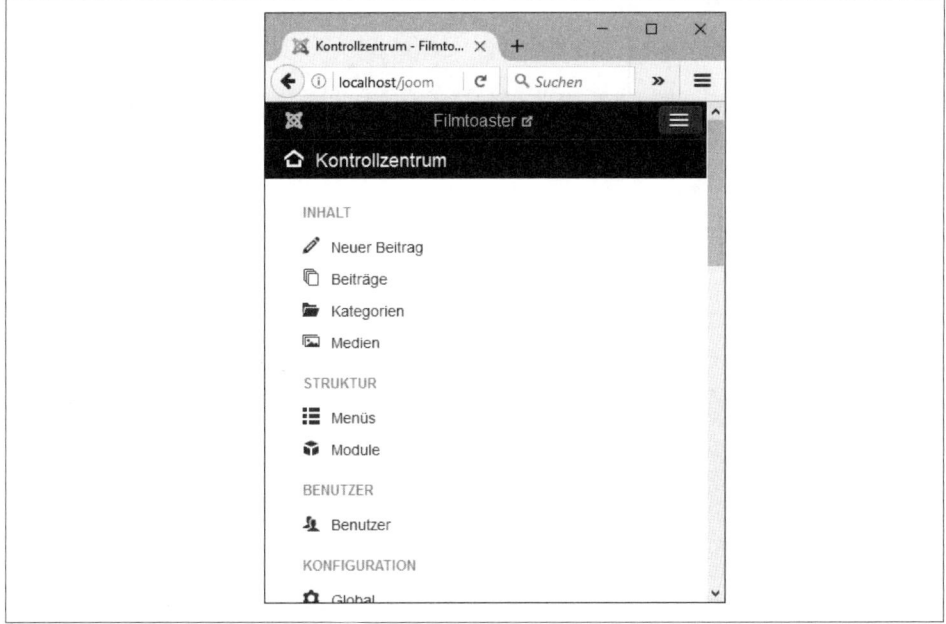

Abbildung 3-12: Verkleinert man das Hauptfenster, passt Joomla! die Inhalte der gerade angezeigten Seite automatisch an den zur Verfügung stehenden Platz an.

Sie erhalten es wieder, indem Sie ganz rechts oben in der Ecke auf den Knopf mit den drei Streifen klicken. Dieses Symbol wird aufgrund seines Aussehens scherzhaft als Hamburger-Symbol bezeichnet. Die Darstellung aus Abbildung 3-12 erhalten auch Anwender, die Joomla! mit einem Mobiltelefon ansteuern.

Diese Fähigkeit, die Darstellung an unterschiedliche Geräte und Fenstergrößen anzupassen, bezeichnet man als *Responsive Design* (reaktionsfreudiges Design). Es soll vor allem die Bedienung auf Smartphones und Tablet-PCs ermöglichen beziehungsweise vereinfachen. Auch die Beispiel-Website nutzt diese Technik; probieren Sie es einfach mal aus (indem Sie die *Vorschau* öffnen und dann Ihr Browserfenster in der Größe verändern).

	Tipp	Joomla! verändert dabei die Darstellung mithilfe einer als *Bootstrap* bezeichneten Werkzeugsammlung, die ursprünglich von Twitter entwickelt wurde. Wenn Sie sich für die dahinterstehende Technik interessieren, sollten Sie einen Blick auf die Seite *http://getbootstrap.com* werfen.

Mit Listen und Tabellen arbeiten

Im Backend lässt sich grundsätzlich jeder Menüeintrag anklicken, auch wenn noch weitere Untermenüs aufklappen. Klicken Sie beispielsweise im Hauptmenü mit der Maus auf *Inhalt* und fahren dann über den Unterpunkt *Beiträge*, erscheint noch die einsame Option *Neuer Beitrag*. Dennoch können Sie direkt *Beiträge* anklicken.

Abbildung 3-13: Die Seite Inhalt ® Beiträge verwaltet alle Textbeiträge übersichtlich in einer Liste.

In der Regel führen solche Oberpunkte zu einer Liste beziehungsweise Tabelle. Wählen Sie beispielsweise den Menüpunkt *Inhalt* → *Beiträge*, liefert Joomla! Ihnen eine Aufstellung aller derzeit existierenden Textbeiträge. In Abbildung 3-13 stammen diese aus den Beispieldaten; im Fall der Filmtoaster-Seiten würden an dieser

Stelle später unter anderem alle Filmkritiken aufgeführt. Lassen Sie sich auch hier nicht durch die enorme Informationsfülle erschrecken – es sieht nur auf den ersten Blick so schlimm aus.

Aufbau der Tabellen

Unter dem Hauptmenü zeigt Joomla! zunächst noch einmal in der blauen Leiste an, wo Sie sich gerade im Backend befinden beziehungsweise was Sie gerade betrachten. In Abbildung 3-13 sind Sie in der Verwaltung für die *Beiträge* ❶ gelandet. Direkt unter dem blauen Streifen liegt immer die sogenannte *Werkzeugleiste* ❷ (englisch *Toolbar*). Mit ihren Schaltflächen lassen sich die Textbeiträge in der Tabelle auf vielfältige Art und Weise bearbeiten. Welche Werkzeuge Joomla! hier im Einzelnen anbietet, hängt von der Tabelle und ihren Inhalten ab. Das Hauptmenü und die Werkzeugleiste bleiben übrigens auch dann eingeblendet, wenn Sie auf einer langen Seite mit den Bildlaufleisten in Ihrem Browser nach unten fahren.

Direkt unterhalb der Werkzeugleiste finden Sie am linken Seitenrand ein kleines Menü ❸. Diese sogenannte *Seitenleiste* (englisch *Sidebar*) erlaubt den Zugriff auf weitere (Unter-)Funktionen. Welche Menüpunkte die Seitenleiste anbietet, hängt von den gerade angezeigten Informationen ab. In Abbildung 3-13 bietet es noch einmal die Punkte aus dem Menü *Inhalt* an (klappen Sie dieses Menü im Hauptmenü einmal auf und vergleichen Sie die Einträge). Wenn Sie die Seitenleiste stört, können Sie sie mit einem Klick auf den kleinen blauen Kreis mit dem Pfeil einklappen. Mit einem erneuten Klick auf das Symbol holen Sie die Seitenleiste wieder hervor.

Den Hauptteil der Seite nimmt in Abbildung 3-13 die Tabelle mit den Textbeiträgen ein ❹. In ihrer vierten Spalte von links finden Sie die Überschriften beziehungsweise *Titel* der Beiträge. Suchen Sie die hier aufgeführten Texte einmal in der *Vorschau* im Frontend. Der Beitrag *Creating Your Site* taucht beispielsweise direkt auf der Startseite auf. Die übrigen Spalten liefern schnell einen Überblick über die wichtigsten Einstellungen und Eigenschaften der Texte. Das *Datum* verrät beispielsweise, wann der Beitrag erstellt wurde.

Die *Titel* der einzelnen Beiträge sind Links und lassen sich mit der Maus anklicken. Joomla! würde dann ein Formular öffnen, in dem Sie den entsprechenden Text ändern können. Auch in anderen Tabellen können Sie die einzelnen aufgelisteten Elemente nach dem gleichen Prinzip anklicken und so die jeweiligen Einstellungen bearbeiten (sollten Sie probeweise einen der Links beziehungsweise Beitragstitel angeklickt haben, schließen Sie jetzt das Formular über die Schaltfläche *Schließen* in der Werkzeugleiste am oberen Rand).

In der Tabelle mit den Beiträgen gibt es noch eine Besonderheit: In der Spalte *Status* finden Sie Schalter mit einem nach unten gerichteten Dreieck ❺. Ein Mausklick darauf öffnet ein kleines Menü, mit dem Sie häufig benötigte Funktionen direkt auf den Beitrag anwenden können. Es handelt sich dabei um die gleichen Funktionen, die auch die Werkzeugleiste anbietet. Auf die einzelnen Bearbeitungsmöglichkeiten gehen die nachfolgenden Kapitel noch ausführlich ein.

Tabellen wie die aus Abbildung 3-13 kennt das Content-Management-System auch für viele andere Elemente, wie für die Menüs (*Menüs → Verwalten*), alle seine Benutzer (*Benutzer → Verwalten*), die verfügbaren Werbebanner (*Komponenten → Banner*) und so weiter.

Seiten umblättern

Sehr lange Tabellen und Listen verteilt Joomla! auf mehrere Seiten. Am unteren Rand der Tabelle finden Sie dann die Zahlen und Schaltflächen aus Abbildung 3-14, über die Sie an die restlichen Einträge gelangen. Um sich in längeren Tabellen dabei nicht zu Tode zu klicken, können Sie über die Zahlen direkt eine der Seiten anspringen. Klicken Sie beispielsweise auf die Ziffer 3, blättert Joomla! umgehend zur dritten Seite. Analog springen Sie über die Doppelpfeile mit dem abschließenden Strich zum Anfang beziehungsweise Ende der Liste.

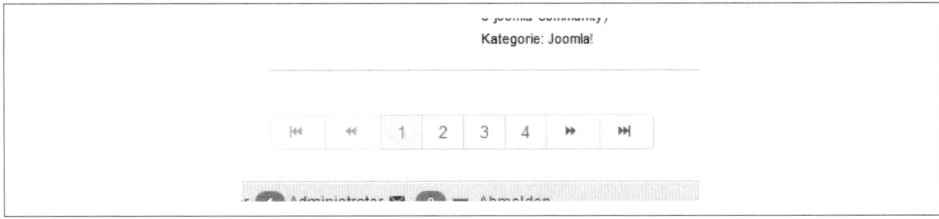

Abbildung 3-14: Mit diesen Schaltflächen blättern Sie zwischen den Seiten.

Wie viele Zeilen die Tabelle auf jeder Seite anzeigt, bestimmt die Ausklappliste direkt rechts oberhalb der Liste mit der Beschriftung *20* (siehe Abbildung 3-15). Wählen Sie dort den kleinsten Wert von 5, erscheinen auf jeder Seite nur noch maximal fünf Zeilen. Die voreingestellten 20 Einträge sind in der Praxis bereits ein guter Kompromiss.

Abbildung 3-15: Über diese Ausklappliste bestimmen Sie, wie viele Zeilen eine Liste oder Tabelle auf jeder Seite anzeigt.

Wenn Ihr Internetauftritt wächst, kommen mit der Zeit immer mehr Beiträge hinzu. Die Tabelle wird folglich immer länger und unübersichtlicher. Möchten Sie dann beispielsweise die Filmkritik zu *James Bond: Skyfall* ändern, müssten Sie erst umständlich die Tabelle nach dem entsprechenden Beitrag durchblättern. Diese Arbeit ersparen Ihnen die von Joomla! bereitgestellten Such- und Filterwerkzeuge.

Listen und Tabellen filtern

Um in einer Tabelle schnell das Gewünschte zu finden, können Sie zunächst die Suchfunktion heranziehen: Klicken Sie in das Eingabefeld *Suche* und tippen Sie einen Begriff ein (schreiben Sie einfach drauflos). Sobald Sie die [Enter]-Taste drücken oder auf das nebenstehende Symbol mit der Lupe klicken, zeigt die Tabelle nur noch die Einträge an, die irgendwie diesen Begriff enthalten. Tippen Sie beispielsweise in der Tabelle mit allen Beiträgen (hinter *Inhalt → Beiträge*) in das Feld about ein und drücken die [Enter]-Taste, präsentiert die Tabelle nur noch Beiträge, die den Begriff *about* als Überschrift tragen. In der Beispiel-Website ist das nur genau ein Beitrag – nämlich der mit dem Titel *About Us*. Über die Schaltfläche *Zurücksetzen* stellen Sie den Ursprungszustand wieder her. Die Suchfunktion ist immer dann nützlich, wenn Sie sich zumindest an ein Wort aus dem Titel des gesuchten Beitrags erinnern.

Wenn Sie auf die Schaltfläche *Suchwerkzeuge* klicken, blendet Joomla! die zusätzlichen Ausklapplisten aus Abbildung 3-16 ein. Über diese können Sie alle unwichtigen Zeilen ausblenden lassen. Interessieren Sie sich beispielsweise nur für die Texte eines ganz bestimmten Autors, wählen Sie seinen Namen einfach aus der Ausklappliste – *Autor wählen* –. Über die anderen Ausklapplisten können Sie die Anzeige anschließend noch weiter einschränken beziehungsweise verfeinern. Wenn Sie in einer Ausklappliste wieder den Punkt mit den Strichen einstellen, nimmt Joomla! das entsprechende Filterkriterium zurück. Setzen Sie beispielsweise die Ausklappliste mit dem Autor auf den Punkt – *Autor wählen* –, zeigt Joomla! wieder die Beiträge aller Autoren an.

Abbildung 3-16: Diese Ausklapplisten filtern die Inhalte von Listen und Tabellen und schaffen so mehr Übersicht.

Sie können die Ausklapplisten und die Suchfunktion sogar gleichzeitig benutzen und sich so beispielsweise alle Filmkritiken vom Autor Hans anzeigen lassen, die in ihrer Überschrift das Wort *Bond* verwenden. Dazu müssen Sie nur in der Ausklappliste – *Autor wählen* – den Autor *Hans* einstellen, dann in das Eingabefeld *Suche* den Begriff Bond eintippen und auf das Lupensymbol klicken.

In jedem Fall stellt ein Klick auf *Zurücksetzen* den Ursprungszustand wieder her, die Tabelle zeigt dann erneut restlos alle Einträge an.

| **Tipp** | Sollten Sie irgendwann einmal in einer Liste einen bestimmten Eintrag nicht finden können, klicken Sie einmal auf *Zurücksetzen*. Damit ist sichergestellt, dass Joomla! keine Zeilen in der Tabelle ausblendet. |

Wenn Sie Joomla! zum ersten Mal nutzen, erschlagen Sie jetzt vermutlich diese ganzen Such- und Filtermöglichkeiten. Lassen Sie sich dadurch jedoch nicht irritieren: Wenn Sie ein wenig aktiver mit Joomla! arbeiten, werden Sie mit den Tabellen und den Filterfunktionen automatisch etwas vertrauter. Sollten Sie die ganzen Ausklapplisten irritieren, können Sie sie mit einem Klick auf *Suchwerkzeuge* wieder verstecken.

Sortierreihenfolge ändern

Rechts neben der Schaltfläche *Zurücksetzen* befindet sich noch eine Ausklappliste mit der zunächst etwas ominösen Beschriftung *ID absteigend*. Mit ihr können Sie die Zeilen der Tabelle sortieren lassen. Wenn Sie in der Tabelle mit allen Beiträgen (hinter *Inhalt → Beiträge*) sämtliche zuletzt erstellten Texte ganz oben sehen möchten, stellen Sie die Ausklappliste *ID absteigend* auf *Datum absteigend*. Wählen Sie hingegen *Titel aufsteigend*, ordnet Joomla! alle Beiträge alphabetisch nach ihrem *Titel*. Ganz oben in der Tabelle stehen dann alle Beiträge, deren Überschriften mit A beginnen, darunter folgen alle mit B und so weiter.

Welche Sortierkriterien Joomla! anbietet, hängt von der jeweiligen Tabelle ab. Dazu zählen jedoch mindestens die in der Tabelle vorhandenen Spalten. Die Beiträge können Sie folglich unter anderem nach ihrem Titel (also ihren Überschriften), dem Autor und dem Erstellungsdatum sortieren lassen. Nach welcher Spalte Joomla! gerade die Einträge sortiert, markiert zusätzlich ein kleines blaues Dreieck neben der Spaltenbeschriftung. In Abbildung 3-17 steht dieser Pfeil neben dem *Titel*, folglich sortiert Joomla! alle Beiträge in der Tabelle nach ihren Überschriften. Da der Pfeil nach oben zeigt, erfolgt die Sortierung alphabetisch aufsteigend.

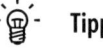

Tipp   Sie können die Sortierung auch schnell mit einem Klick auf die Spaltenbeschriftung ändern. Klicken Sie beispielsweise auf *Datum*, sortiert Joomla! umgehend alle Beiträge nach ihrem Datum. Mit einem weiteren Klick auf die Spaltenbeschriftung drehen Sie die Reihenfolge um (wechseln also zwischen aufsteigender und absteigender Sortierung).

Abbildung 3-17:   Joomla! sortiert hier alle Beiträge alphabetisch aufsteigend nach ihrem Titel.

Bei einigen Tabellen dürfen Sie auch das spezielle Sortierkriterium *Reihenfolge aufsteigend* einstellen. Dann zeigt Ihnen Joomla! die Elemente in der Tabelle genau in der Reihenfolge an, in der sie später auf Ihrer Website erscheinen. Das Prinzip lässt sich besonders gut am Menü erklären: Wenn Sie der Schnellinstallationsanleitung aus Kapitel 2, *Installation*, Seite 15, gefolgt sind, sieht das Menü auf Ihrer Startseite wie in Abbildung 3-18 aus. Ganz links gibt es einen Menüpunkt *Home*, rechts daneben folgen seine Kollegen *About Us*, *News* und *Contact Us*.

Abbildung 3-18: In dieser Reihenfolge erscheinen die Menüpunkte auf der Startseite.

Alle Menüpunkte dieses Menüs zeigt Ihnen Joomla! im Backend an, wenn Sie dort *Menüs → Main Menu* aufrufen. Steht jetzt rechts oberhalb der Tabelle die Ausklappliste für das Sortierkriterium auf *Reihenfolge aufsteigend*, listet Joomla! die Menüpunkte in genau der Reihenfolge auf, in der sie auch im Menü auf Ihrer Website erscheinen. Das Ergebnis zeigt Abbildung 3-19. Vergleichen Sie es einmal mit Abbildung 3-18: In der Tabelle folgt auf den Menüpunkt *About Us* der Punkt *News*, genau wie im Menü auf der Website. Dort sind die Menüpunkte lediglich von links nach rechts und nicht von oben nach unten angeordnet. (Denken Sie zudem daran, dass einige Menüpunkte nur für angemeldete Besucher sichtbar sind.)

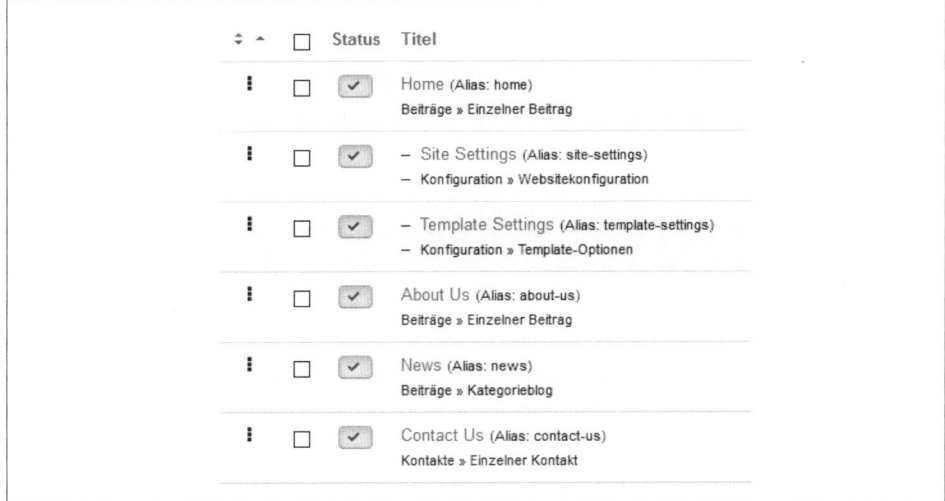

Abbildung 3-19: Die Menüpunkte erscheinen hier in der gleichen Reihenfolge wie später in Ihrem Internetauftritt.

Zum Sortierkriterium *Reihenfolge aufsteigend* gibt es noch das Gegenstück *Reihenfolge absteigend*. In dem Fall würde die Tabelle die Menüpunkte in genau der umgekehrten Reihenfolge anzeigen, in der sie auf Ihrer Website zu sehen sind. In der Tabelle würde also der Menüpunkte *News* über seinem Kollegen *About Us* erscheinen.

Wenn Ihnen die Reihenfolge der Menüpunkte nicht gefällt, können Sie sie sogar direkt in der Tabelle ändern. Das ist allerdings etwas fummelig geraten: Stellen Sie zunächst sicher, dass als Sortierkriterium *Reihenfolge aufsteigend* eingestellt ist.

Tipp Alternativ können Sie in der allerersten Spalte der Tabelle ganz oben auf das Symbol mit den beiden blauen Dreiecken klicken (in Abbildung 3-19 das Symbol ganz links oben in der Ecke). Unter den beiden Dreiecken erscheint dann ein drittes Dreieck. Dessen Spitze muss wie in Abbildung 3-19 nach oben zeigen. Wenn es nach unten weist, listet Joomla! die Elemente absteigend auf. Klicken Sie dann noch einmal auf das Symbol mit den beiden Dreiecken. Sie merken sicher schon: Es ist einfacher, das Sortierkriterium *Reihenfolge aufsteigend* in der Ausklappliste einzustellen.

In der ersten Spalte enthält jetzt jede Zeile ganz links drei kleine schwarze Punkte. An diesen schwarzen Pünktchen können Sie die jeweilige Zeile »anfassen« und an eine andere Stelle in der Tabelle ziehen. Das Verfahren und die Auswirkungen erklärt am besten ein kleines Beispiel zum Mitmachen: Sofern Sie den Schritten bis hierhin noch nicht gefolgt sind, rufen Sie den Menüpunkt *Menüs → Main Menu* auf und stellen sicher, dass die Ausklappliste für das Sortierkriterium auf *Reihenfolge aufsteigend* steht (dies sollte standardmäßig der Fall sein). Fahren Sie jetzt mit der Maus wie in Abbildung 3-20 auf die drei schwarzen Punkte in der Zeile *News*. Der Mauszeiger verwandelt sich dabei in einen Doppelpfeil.

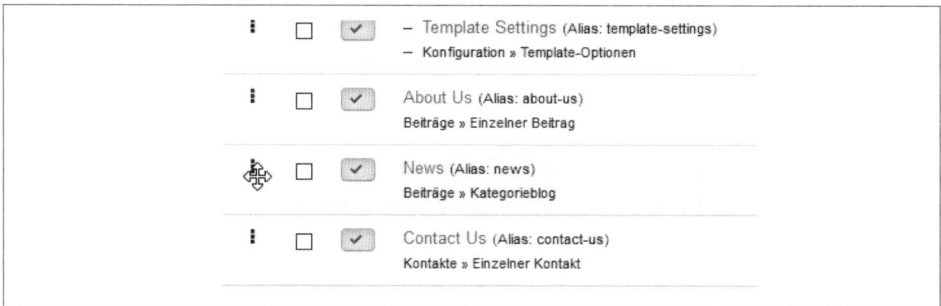

Abbildung 3-20: Sobald sich der Mauszeiger in einen Doppelpfeil verwandelt, können Sie die Zeile an eine andere Stelle verschieben.

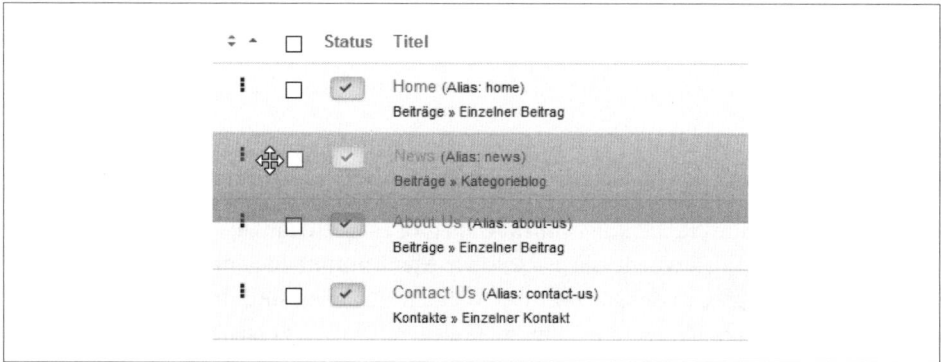

Abbildung 3-21: Hier erhält der Menüpunkt News eine neue Position.

Halten Sie die linke Maustaste gedrückt und ziehen Sie die Zeile über ihre Kollegin *About Us*. Nicht erschrecken: Sobald Sie die Zeile verschieben, blendet Joomla! die

Unterpunkte des obersten Menüpunkts aus. Lassen Sie sich dadurch nicht irritieren und ziehen Sie wie in Abbildung 3-21 den Menüpunkt *News* über die Zeile *About Us*. Die anderen Menüpunkte machen dabei automatisch Platz.

Lassen Sie jetzt die Maustaste los. Sollte die Zeile noch immer an Ihrem Mauszeiger kleben, drücken Sie noch einmal die linke Maustaste. Damit steht jetzt der Menüpunkt *News* vor dem Menüpunkt *About Us* – und zwar auch auf der Startseite. Das können Sie prüfen, indem Sie die *Vorschau* Ihrer Website aufrufen (etwa über den Link ganz links unten in der Statusleiste des Backends). Das Ergebnis sollte nun wie in Abbildung 3-22 aussehen. Vergleichen Sie es auch mit dem vorherigen Zustand aus Abbildung 3-18.

Abbildung 3-22: Die Menüpunkte haben eine veränderte Reihenfolge erhalten.

Stellen Sie jetzt im Backend die vorherige Reihenfolge wieder her. Fahren Sie also erneut mit der Maus auf die kleinen schwarzen Klötzchen in der Zeile *News*, halten Sie die linke Maustaste gedrückt, ziehen Sie die Zeile unter Ihre Kollegin *About Us* und lassen Sie die Maustaste los. Das Ergebnis sollte damit wieder wie in Abbildung 3-19 aussehen.

Neben den Menüpunkten gibt es noch einige weitere Inhalte und Situationen, bei denen die Reihenfolge eine wichtige Rolle spielt. Beispielsweise können Sie mehrere Textbeiträge auf einer Internetseite anzeigen lassen. Wie das funktioniert, erklärt später noch ausführlich Kapitel 7, *Inhalte mit Menüpunkten verbinden*, Seite 177.

Identifikationsnummern

Für jedes neu angelegte Element, wie zum Beispiel für einen neuen Menüpunkt, vergibt Joomla! eine eindeutige Identifikationsnummer. Mit ihrer Hilfe kann das Content-Management-System Elemente mit gleichem Namen auseinanderhalten. So könnten beispielsweise zwei Filmkritiken den Titel *Filmkritik Titanic* tragen – an diesem Thema haben sich schließlich gleich mehrere Regisseure versucht. Anhand der Identifikationsnummer kann Joomla! die Texte dennoch voneinander unterscheiden.

Auch wenn die Identifikationsnummer in den meisten Tabellen in einer eigenen Spalte namens *ID* steht, kommt man mit ihr als Anwender nur selten in Kontakt – vorausgesetzt, man hat seine Titel und Überschriften möglichst eindeutig vergeben.

Tipp	Geben Sie Ihren Texten und Menüs möglichst eindeutige Titel und Beschriftungen – sie allein anhand einer nichtssagenden Identifikationsnummer auseinanderzuhalten, kann recht verwirrend werden.

Ganz nutzlos ist die ID allerdings nicht: Joomla! vergibt die Nummern fortlaufend. Später veröffentlichte Filmkritiken besitzen folglich eine höhere ID als ältere Exemplare. Die Tabellen können zudem ihre Zeilen nach den Identifikationsnummern sortieren. Damit würden dann die zuletzt erstellten Beiträge oder Menüpunkte oben, die früher erstellten weiter unten in der Tabelle erscheinen. Dazu müssen Sie in der entsprechenden Ausklappliste für das Sortierkriterium nur den Punkt *ID absteigend* einstellen – was übrigens meistens standardmäßig der Fall ist. Sein Kollege *ID aufsteigend* würde die Zeilen umgekehrt anordnen. Ältere Beiträge erscheinen dann oben, die neueren weiter unten in der Tabelle.

Der Papierkorb

Möchten Sie etwas mit einem der Elemente in der Tabelle anstellen, setzen Sie zunächst mit einem Mausklick einen Haken in das kleine Kästchen links neben seinem Titel. Anschließend klicken Sie in der Werkzeugleiste (die Symbolleiste direkt unterhalb des Hauptmenüs) auf eine der angebotenen Aktionen. Auf diese Weise könnten Sie etwa einen Beitrag in den *Papierkorb* verfrachten. Wenn Sie der Schnellinstallationsanleitung aus Kapitel 2, *Installation*, Seite 15, gefolgt sind, probieren Sie das direkt einmal aus und stecken den überflüssigen Menüpunkt *Administrator* in den Mülleimer: Rufen Sie im Hauptmenü *Menüs → Main Menu* auf. Klicken Sie in das Kästchen der Zeile *Administrator* und dann in der Werkzeugleiste auf *Papierkorb*.

Der heißt in Joomla! übrigens absichtlich so: Darin entsorgte Elemente sind noch nicht ganz gelöscht, sondern lassen sich auch wieder aus ihm herausholen. Um in den Mülleimer zu linsen, öffnen Sie die *Suchwerkzeuge* und stellen die mit – *Status wählen* – beschriftete Ausklappliste auf *Papierkorb*. In der Tabelle erscheint jetzt sein Inhalt. Folglich sollten Sie dort auch den Menüpunkt *Administrator* wiederfinden. Vielleicht ist der aber doch nicht so entbehrlich, wie ursprünglich gedacht.

Um ein Element wiederherzustellen, markieren Sie in der Liste sein Kästchen und klicken dann auf *Veröffentlichen*. Zum gleichen Ergebnis führt auch ein Klick auf das Mülleimersymbol in der Spalte *Status*. Wenn Sie den Menüpunkt auf eine der beiden Weisen wiederhergestellt haben, zeigt Joomla! den jetzt leeren Papierkorb. Um diese Ansicht wieder zu verlassen, stellen Sie die Ausklappliste *Papierkorb* wieder auf – *Status wählen* – oder klicken alternativ auf *Zurücksetzen*.

Möchten Sie eine der Funktionen aus der Werkzeugleiste auf mehrere Elemente anwenden, setzen Sie einfach mit der Maus Haken vor alle betroffenen Zeilen. Um beispielsweise sämtliche Menüpunkte zu löschen, setzen Sie in alle Kästchen einen Haken und klicken dann auf *Papierkorb*. Dieser Vorgang lässt sich sogar noch etwas beschleunigen: In der Zeile mit den Spaltenbeschriftungen gibt es (ganz links) ein kleines Kästchen. Ist es aktiviert, werden mit einem Schlag alle seine Kollegen direkt darunter selektiert (siehe Abbildung 3-23). Auf diese Weise könnte man später mit nur zwei Mausklicks alle Filmkritiken in den *Papierkorb* werfen.

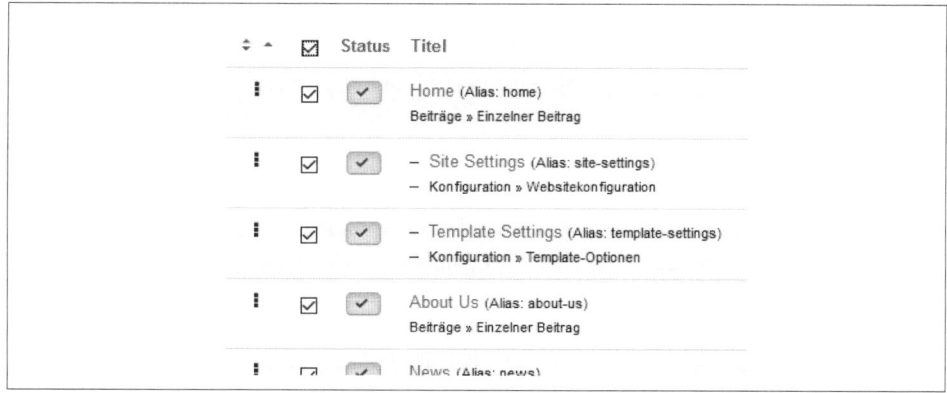

Abbildung 3-23: Ein Haken in dem Kästchen ganz oben, und schon sind sämtliche Listeneinträge darunter selektiert.

Im wahren Leben würde man den Papierkorb regelmäßig der Müllabfuhr übergeben und somit seinen Inhalt ein für alle Mal vernichten. Auch in Joomla! können Sie die Elemente im Papierkorb endgültig löschen lassen. Dazu klappen Sie zunächst die *Suchwerkzeuge* auf und stellen – *Status wählen* – auf *Papierkorb*. Setzen Sie jetzt jeweils einen Haken in die Kästchen vor den Elementen, die Sie endgültig loswerden möchten. Lassen Sie dann über den gleichnamigen Knopf in der Werkzeugleiste den *Papierkorb leeren*. Damit ist der abgehakte Inhalt allerdings unwiederbringlich gelöscht! Überlegen Sie sich folglich den Klick auf *Papierkorb leeren* gut.

Warnung An einigen Stellen gibt es anstelle des Papierkorbs eine Schaltfläche *Löschen*. In diesem Fall existiert kein Papierkorb, und das entsprechende Element wandert direkt ins Nirwana!

Inhalte veröffentlichen und verstecken

In fast allen Tabellen existiert eine Spalte mit der Aufschrift *Status*. Bei den Menüpunkten ist es die dritte Spalte von links. Die Symbole in dieser Spalte zeigen an, ob das jeweilige Element auch tatsächlich für Besucher des Internetauftritts sichtbar ist. Der grüne Haken verrät, dass das zugehörige Element – im Beispiel der Menüpunkt – auch irgendwo im Frontend zu sehen ist (siehe Abbildung 3-24).

Abbildung 3-24: Ein Haken in der Spalte Status zeigt an, dass der Menüpunkt About Us für Ihre Besucher zu sehen ist. Das rote X vor News weist hingegen darauf hin, dass dieser Menüpunkt derzeit versteckt ist.

Den Zustand wechseln Sie, indem Sie einen Haken in das Kästchen der entsprechenden Zeile setzen und dann das Element in der Werkzeugleiste entweder *Verstecken* oder *Veröffentlichen* lassen. Alternativ klicken Sie einfach direkt auf den grünen Haken beziehungsweise den roten Kreis in der *Status*-Spalte.

Um die Auswirkungen an einem Beispiel kennenzulernen, öffnen Sie die *Vorschau* (etwa über den entsprechenden Link ganz unten links in der Statusleiste). Im Hauptmenü auf der Startseite wartet auch der Menüpunkt *News*. Wechseln Sie wieder zurück zum Backend. Rufen Sie dort *Menüs* → *Main Menu* auf, suchen Sie die Zeile mit dem Menüpunkt *News* und klicken Sie auf das Symbol mit dem grünen Haken. Aus dem grünen Häkchen ist wie in Abbildung 3-24 ein roter Kreis mit einem X geworden – ein Zeichen dafür, dass der Menüpunkt von der Website verbannt wurde. Wenn Sie jetzt im Fenster mit der *Vorschau* die Seite neu laden, fehlt dort der Menüpunkt *News* (siehe Abbildung 3-25).

Abbildung 3-25: Die Beispielseite ohne den Menüpunkt News.

Um ihn wieder zurückzuholen, markieren Sie im Backend das Kästchen vor dem Menüpunkt *News* und klicken auf *Veröffentlichen*. Auf diese Weise lässt sich ein Element rasch vor neugierigen Augen verstecken, ohne es gleich löschen beziehungsweise in den Papierkorb stecken zu müssen. Was mit den Menüpunkten funktioniert, klappt selbstverständlich auch mit den Beiträgen und anderen Inhalten. Ist beispielsweise ein Beitrag veraltet, könnten Sie ihn zunächst auf die gezeigte Weise verstecken und dann nach einer Überarbeitung wieder veröffentlichen.

Gesperrte Inhalte freigeben

Sobald Sie einen Beitrag bearbeiten, sperrt Joomla! ihn für alle weiteren Zugriffe. Kein anderer Nutzer kann ab diesem Zeitpunkt den Text mehr verändern. Diese Sperrung erfolgt auch bei vielen anderen Inhalten, beispielsweise wenn Sie einen Menüpunkt bearbeiten. Damit gewährleistet das Content-Management-System, dass nicht zwei Autoren gleichzeitig Änderungen vornehmen und so beispielsweise eine komplett unbrauchbare Filmkritik entsteht.

Von diesem Sperrvorgang bekommen sowohl der Autor als auch die Besucher Ihrer Website normalerweise nichts mit. Sobald Sie oder ein Autor seine Arbeit beendet hat, hebt Joomla! die Sperrung automatisch wieder auf. Das Content-Management-System bezeichnet diesen Vorgang als *freigeben* (englisch *Check-In*). Ein gesperrtes Element taucht innerhalb des Backends mit einem Schlosssymbol auf (siehe Abbildung 3-26).

Abbildung 3-26: Der Text About Us wird hier gerade von einem anderen Autor bearbeitet.

Nur derjenige Benutzer, der das Element in diesem Zustand zurückgelassen hat, darf es noch bearbeiten und somit auch wieder freigeben (indem er einfach seine Arbeiten beendet). Für Besucher der Website hat dieser Zustand keine Auswirkungen. Für sie bleibt das Element auch während der Bearbeitung weiterhin zugänglich.

Es gibt jedoch ein Problem, wenn der Browser plötzlich während der Bearbeitung geschlossen wird (zum Beispiel durch einen Absturz) oder die Internetverbindung zu Joomla! abreißt. Das kann Ihnen auch passieren, wenn Sie allein mit Joomla! arbeiten. In diesem Sonderfall können Sie die Sperrung auf drei alternativen Wegen manuell aufheben:

- Klicken Sie einfach auf das Schlosssymbol.
- Markieren Sie in der Tabelle das Kästchen des gesperrten Elements und klicken Sie dann in der Werkzeugleiste auf *Freigeben*.
- Unter *System → Globales Freigeben* haken Sie alle Punkte ab und klicken dann auf *Freigeben*. Damit geben Sie alle noch gesperrten Elemente auf einen Schlag frei.

Die Tabelle hinter *System → Globales Freigeben* nennt übrigens nicht die Anzahl der noch gesperrten Elemente, sondern gibt einen Einblick in die Datenbank: Links stehen die von Joomla! genutzten Tabellen, rechts ist angegeben, wie viele Tabelleneinträge von gesperrten Elementen blockiert werden. Da das schon kompliziert klingt, sollten Sie diese Ansicht ausschließlich dazu verwenden, wirklich immer nur alles freizugeben. Wenn Sie einzelne Elemente beziehungsweise Textbeiträge freigeben möchten, nutzen Sie den zuvor genannten Weg über die entsprechende Tabelle (bei den Textbeiträgen etwa die hinter *Inhalt → Beiträge*).

Hilfen nutzen

Zu fast jedem Regler, jedem Eingabefeld und zu so gut wie jeder Ausklappliste hält Joomla! eine kleine Kurzbeschreibung bereit. Sie erscheint, sobald Sie den Mauszeiger einen kurzen Moment auf dem entsprechenden Element oder seiner Beschriftung parken – wie in Abbildung 3-27.

Tipp Wenn Sie die Bedeutung einer Einstellung nicht kennen, sollten Sie immer erst ihre Beschreibung auf den Schirm holen lassen.

Abbildung 3-27: Verweilt man auf einer Einstellung oder einer Schaltfläche, taucht häufig ein kleines schwarzes Fenster (Tooltipp) mit mehr oder weniger nützlichen Informationen auf.

Sollten Sie weitere Hilfe benötigen, genügt der Aufruf von *Hilfe* → *Joomla!-Hilfe*. Das Content-Management-System öffnet dann die Onlinehilfe. Diese greift allerdings teilweise auf die entsprechenden Seiten der Joomla!-Homepage zurück (siehe Abbildung 3-28). Sie müssen daher über eine bestehende Internetverbindung verfügen – andernfalls erscheint auf dem Schirm nur eine Fehlermeldung. Über die Begriffe am linken Seitenrand gelangen Sie schnell zu den entsprechenden Hilfethemen. Zusätzlich können Sie die Suchfunktion links oben in Anspruch nehmen.

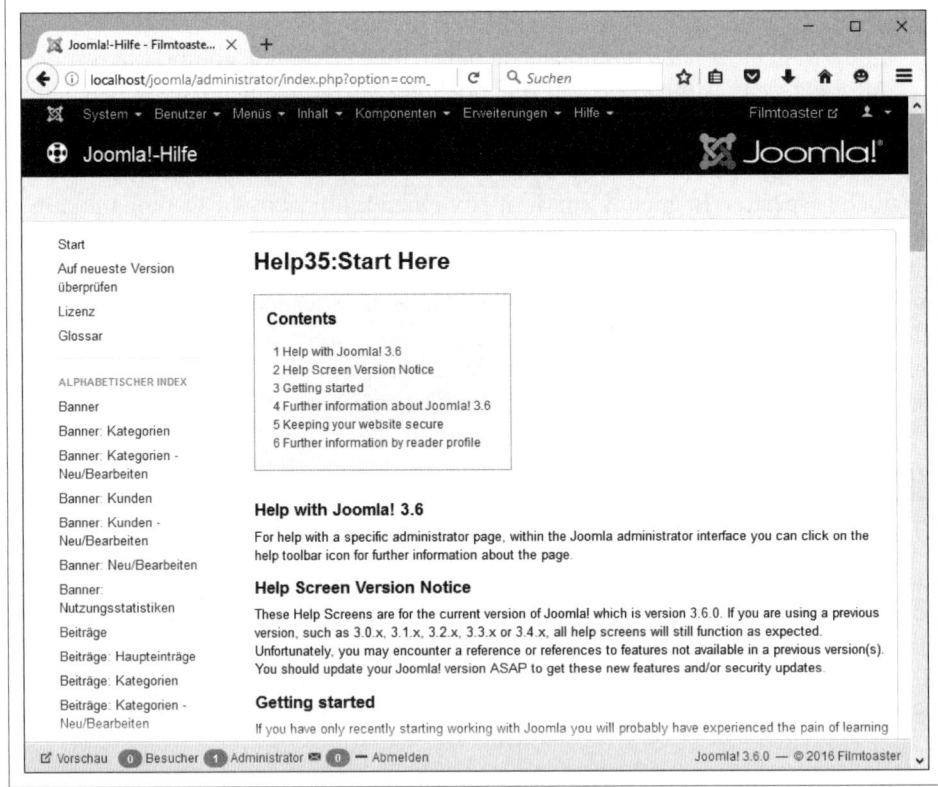

Abbildung 3-28: Die eingebaute Onlinehilfe lag zum Zeitpunkt der Drucklegung nur auf Englisch vor.

In verschiedenen Teilen des Backends treffen Sie zudem immer mal wieder auf eine Schaltfläche mit der Aufschrift *Hilfe*. Ein Klick darauf genügt, um ein neues Fenster mit einem zur derzeitigen Situation passenden Hilfetext hervorzuholen.

Weitere Hilfe erhalten Sie im offiziellen Joomla!-Forum. Das erreichen Sie direkt aus dem Backend heraus über den Menüpunkt *Hilfe → Offizielles Supportforum*. Das Forum besitzt auch eine deutschsprachige Sektion, die Sie direkt über den Menüpunkt *Hilfe → Offizielles deutsches Forum* ansteuern können.

Tipp Im Forum tauschen sich Joomla!-Anwender aus, die anderen Anwendern unentgeltlich in ihrer Freizeit helfen. Bleiben Sie daher in den Diskussionen freundlich und haben Sie etwas Geduld.

Nach diesem kleinen Rundgang durch Frontend und Backend geht es im nächsten Kapitel direkt in medias res und somit an die Gestaltung der Filmtoaster-Seiten.

TEIL II
Einen Internetauftritt erstellen

In diesem Kapitel:
- Arbeitsweisen: Beiträge und Kategorien
- Inhalte gliedern

KAPITEL 4
Den Internetauftritt strukturieren

Nach der Installation, der Inbetriebnahme und einem ersten kleinen Rundgang durch das Content-Management-System wird es endlich Zeit, es mit eigenen Inhalten zu füttern. Dabei muss man sich allerdings an einige feste Spielregeln halten.

Arbeitsweisen: Beiträge und Kategorien

Joomla! verwaltet von Haus aus lediglich sogenannte *Beiträge* (englisch *Articles*). Ähnlich wie Zeitungsartikel sind diese Beiträge ganz normale Texte, die durch Formatierungen, Bilder und Multimedia-Elemente aufgelockert werden. Jeder Beitrag erscheint später auf einer eigenen Unterseite Ihres Internetauftritts. Joomla! liefert in den Beispieldaten bereits einige Beiträge mit. Einen typischen Vertreter zeigt Abbildung 4-1. Wenn Sie der Schnellinstallation aus Kapitel 2, *Installation*, Seite 15, gefolgt sind, erreichen Sie den Beitrag, indem Sie die Adresse *http://localhost/joomla* aufrufen.

Dieser Beitrag trägt die Überschrift *Creating Your Site* und wurde passenderweise von einem Autor mit dem Pseudonym *Joomla* erstellt. Die Zusatzinformationen am Anfang, wie den Autor und das Veröffentlichungsdatum, setzt Joomla! im Moment noch selbstständig dazu. Je nach eingegebenem Text repräsentiert ein Beitrag beispielsweise eine Nachrichtenmeldung, einen Reisebericht, einen Blogeintrag oder im Fall der Filmtoaster-Seiten eine Filmkritik. In Abbildung 4-1 handelt es sich um eine kurze Einführung in Joomla!.

Da Joomla! nur mit Beiträgen hantiert, ist man allerdings auch gezwungen, sämtliche Informationen irgendwie in einen oder mehrere Beiträge zu quetschen.

Tipp So ist es beispielsweise nicht ohne Weiteres möglich, eine Bildergalerie aufzubauen. Um das ohne Hilfsmittel zu erreichen, könnten Sie lediglich pro Bild einen Beitrag anlegen, der dann nur das Bild ohne jeden weiteren Text enthält. Diese Methode ist aber weder für den Seitenbetreiber noch für den Besucher besonders bedienerfreundlich.

Wie man in Joomla! dennoch andere Daten speichert und somit aus dem Beitragskorsett ausbricht, zeigen Kapitel 9, *Komponenten – Nützliche Zusatzfunktionen*, Seite 263, und Kapitel 19, *Funktionsumfang erweitern*, Seite 831. Sie beschäftigen sich auch noch einmal mit der Bildergalerie.

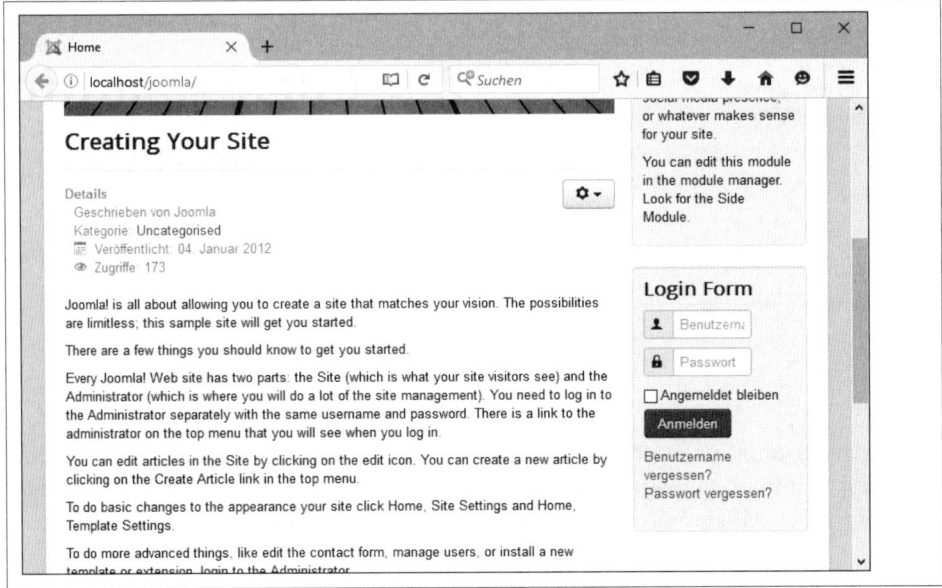

Abbildung 4-1: Ein Beispiel für einen Beitrag.

Thematisch zusammengehörende Beiträge darf man in sogenannten *Kategorien* (englisch *Categories*) gruppieren. Im Fall der Filmtoaster-Seiten könnte man beispielsweise die Kritiken zu *Vom Winde verweht* und zu *Pretty Woman* in einer Kategorie *Liebesfilme* zusammenfassen. Die Inhalte einer Kategorie präsentiert Joomla! bei Bedarf auf einer Übersichtsseite, für die Abbildung 4-2 ein Beispiel zeigt.

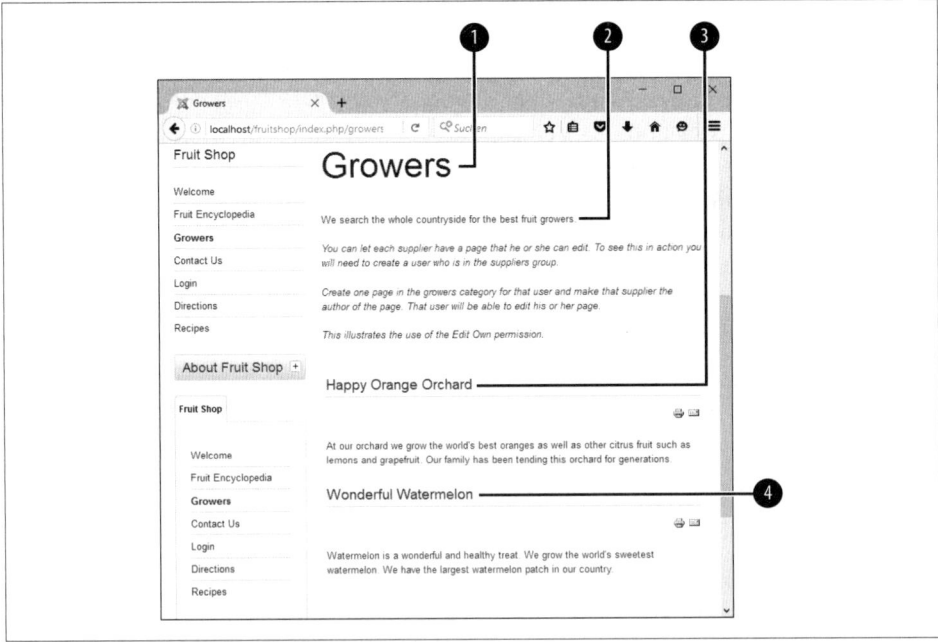

Abbildung 4-2: Ein Beispiel für eine Übersichtsseite.

Die dortige Seite präsentiert den Inhalt einer Kategorie namens *Growers* (auf Deutsch Pflanzenzüchter). Unter ihrer fetten Überschrift ❶ am oberen Rand enthält sie zunächst einen von Ihnen frei wählbaren Text ❷. In Abbildung 4-2 beginnt er mit »We search the whole countryside ...«. Für gewöhnlich umreißt er kurz, was für Beiträge der Besucher in dieser Kategorie vorfindet. Darunter findet man dann eine Auflistung aller Dinge, die die Kategorie enthält. In Abbildung 4-2 sind das die zwei ziemlich kurzen Beiträge mit den Titeln *Happy Orange Orchard* ❸ und *Wonderful Watermelon* ❹.

Wie Joomla! auf solchen Übersichtsseiten die Inhalte präsentiert, dürfen Sie in einem begrenzten Rahmen selbst bestimmen. So würde man auf der Übersichtsseite zur Kategorie mit allen Liebesfilmen lediglich Verweise zu den eigentlichen Kritiken bevorzugen. In Abbildung 4-2 hat sich der Ersteller der Kategorie hingegen dazu entschlossen, die zwei enthaltenen Beiträge komplett abzudrucken – schließlich sind sie nicht besonders lang. Diese Darstellung eignet sich besonders gut für ein Blog oder einen Nachrichtenticker. Ein Beispiel für Letztgenannten enthält übrigens auch die Beispiel-Website, die Sie während der Schnellinstallationsanleitung in Kapitel 2, *Installation*, Seite 15, eingespielt haben. Sie müssen lediglich im Menü auf *News* klicken, womit Sie im Nachrichtenticker aus Abbildung 4-3 landen. Anders als in Abbildung 4-2 gibt es dort keine Überschrift, sondern nur einen Einleitungstext. Darunter wartet im Moment eine einsame Nachricht mit dem nichtssagenden Titel *Article 1 Title*.

Abbildung 4-3: Der Nachrichtenticker auf der Beispiel-Website.

Kategorien darf man in andere Kategorien stecken und sie so ineinander verschachteln. Beispielsweise könnte man auf den Filmtoaster-Seiten die Kategorien mit den

Liebesfilmen, den *Actionfilmen* und den *Komödien* gemeinsam in eine Kategorie *Filmkritiken* stecken (siehe Abbildung 4-4).

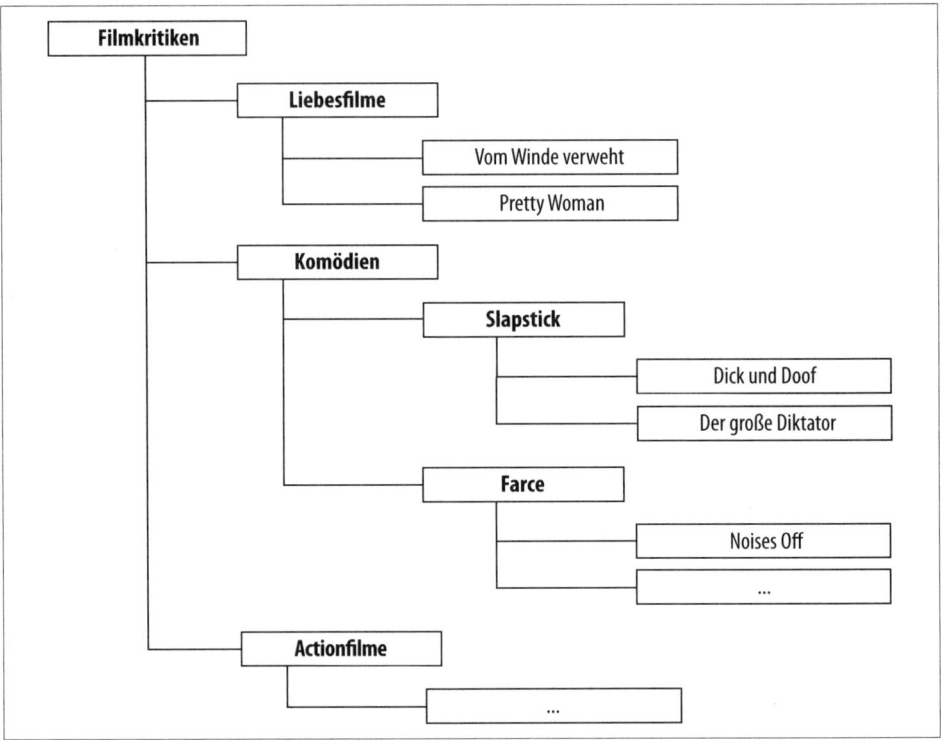

Abbildung 4-4: Ein Beispiel für den Aufbau von Kategorien.

Diese Verschachtelung dürfen Sie beliebig weit treiben, also eine Kategorie in eine Kategorie stecken, die Sie wiederum in eine andere Kategorie packen, die Sie noch mal in eine neue Kategorie einordnen und so weiter. Nicht erlaubt sind jedoch Querbeziehungen, die zu »Kreisen« führen. Sie können also nicht die Kategorie mit den *Actionfilmen* in die Kategorie *Filmkritiken* packen und genau diese dann anschließend wieder in die *Actionfilme*.

Des Weiteren muss jeder Beitrag immer in genau einer Kategorie liegen. Joomla! zwingt Sie so dazu, Ihre Beiträge mithilfe der Kategorien zu gliedern beziehungsweise zu strukturieren. Was zunächst wie eine Einschränkung oder gar Gängelung aussieht, sorgt ganz nebenbei für einen übersichtlicheren Internetauftritt.

Inhalte gliedern

Bevor Sie jetzt mit viel Elan zum Backend wechseln und voller Tatendrang in die Tastatur greifen, sollten Sie kurz über den Aufbau Ihres zukünftigen Internetauftritts nachdenken.

Erster Schnelldurchlauf für Eilige

Für alle Ungeduldigen, die unbedingt endlich einen ersten Beitrag erstellen wollen, folgt hier ein kleiner Schnelldurchlauf. Er zeigt Ihnen, wie Sie eine Kategorie erstellen, darin ein paar Beiträge abladen und diese dann über einen Menüpunkt auf der Website zugänglich machen. Sofern noch nicht geschehen, melden Sie sich dazu im Backend an.

1. Schritt – Kategorie anlegen
   - Erstellen Sie eine neue Kategorie über den Menüpunkt *Inhalt* → *Kategorien* → *Neue Kategorie*.
   - Verpassen Sie ihr im Feld *Titel* einen eindeutigen Namen, wie etwa *Krimskrams*.
   - Achten Sie zudem darauf, dass die Ausklappliste *Übergeordnet* auf – *Keine übergeordnete Kategorie* – steht und Joomla! sie somit nicht in irgendeine der schon vorhandenen Kategorien einordnet.
   - Erzeugen Sie die neue Kategorie mit einem Klick auf *Speichern & Schließen*.

2. Schritt – Beiträge anlegen

   Sobald eine Kategorie existiert, können Sie sie mit Beiträgen befüllen. Dazu gehen Sie wie folgt vor:
   - Erstellen Sie einen neuen Beitrag über den Menüpunkt *Inhalt* → *Beiträge* → *Neuer Beitrag*.
   - Geben Sie dem Beitrag einen möglichst eindeutigen *Titel*. Er erscheint später auch als Überschrift auf der Website.
   - Stellen Sie in der Ausklappliste *Kategorie* die eben erstellte Kategorie ein (im Beispiel *Krimskrams*).
   - Tippen Sie im großen Feld den eigentlichen Text des Beitrags ein.
   - Speichern Sie den Beitrag via *Speichern & Schließen*.
   - Wenn Sie Ihre Kategorie mit weiteren Beiträgen füllen möchten, wiederholen Sie einfach diesen zweiten Schritt beliebig oft.

3. Schritt – Kategorie in ein Menü einbinden

   Abschließend müssen Sie die Beiträge in der Kategorie noch über einen Menüpunkt zugänglich machen:
   - Rufen Sie den Menüpunkt *Menüs* → *Main Menu* → *Neuer Menüeintrag* auf.
   - Aktivieren Sie neben *Menüeintragstyp* die Schaltfläche *Auswählen*, klicken Sie im neuen Fenster auf die *Beiträge* und entscheiden Sie sich für die *Kategorieliste*.
   - Wählen Sie in der Ausklappliste *Kategorie auswählen* die im zweiten Schritt von Ihnen angelegte Kategorie (im Beispiel war das *Krimskrams*).
   - Verpassen Sie dem neuen Menüpunkt unter *Menütitel* noch eine Beschriftung (wie etwa *Zum Krimskrams*) und legen Sie ihn schließlich via *Speichern & Schließen* endgültig an.

→

> Wenn Sie jetzt in die *Vorschau* wechseln, finden Sie im waagerechten Menü den gerade angelegten Eintrag *Zum Krimskrams*. Über ihn erreichen Sie eine Liste mit allen von Ihnen vorhin im zweiten Schritt in der Kategorie *Krimskrams* angelegten Beiträgen. Dies ist gleichzeitig die Übersichtsseite Ihrer Kategorie. Sobald Sie den Titel eines Beitrags anklicken, bringt Joomla! ihn in seiner vollen Schönheit auf den Schirm. Selbstverständlich können Sie jetzt auch noch nachträglich weitere Beiträge anlegen – wiederholen Sie einfach den obigen zweiten Schritt.
>
> Alle drei Schritte vollziehen Sie im Prinzip auch nach, wenn Sie die Filmtoaster-Seiten oder Ihren eigenen Internetauftritt aufbauen, nur dass Sie dort die vielen hier bisher übergangenen Einstellungen hinzuziehen.

Den Kern der Filmtoaster-Seiten bilden die (hoffentlich) zahlreichen Filmkritiken. Jede von ihnen ist ein eigener Beitrag. Wie im vorherigen Abschnitt bietet es sich an, sie nach Filmgenres zu sortieren. Die Kategorie *Actionfilme* beherbergt dann beispielsweise die Filmkritiken zu *James Bond: Skyfall* und *Stirb langsam*. Alle Genres fasst dann noch einmal eine übergeordnete Kategorie namens *Filmkritiken* zusammen.

Neben den Kritiken sollen noch Veranstaltungstipps zum Film- und Kinogeschehen den Auftritt abrunden. Jede Meldung stellt dabei wieder einen eigenen Beitrag dar, und diese Beiträge werden in der Kategorie *Veranstaltungen* gebündelt. Finden besonders viele Veranstaltungen statt, könnte man die einzelnen Meldungen zusätzlich noch nach Monat, Jahr oder aber Themen sortieren. In diesem kleinen Beispiel genügt es jedoch, die Veranstaltungstipps in einer einzigen Kategorie zu sammeln.

Ergänzend muss noch ein kleines Blog her, in dem die Autoren und natürlich auch der Betreiber kuriose Erlebnisse erzählen oder gegen die neueste Preiserhöhung für Popcorn wettern können. Diese einzelnen Beiträge landen in einer eigenen Kategorie namens *Blog*. (Joomla! stellt diese Beiträge dann später wie von einem Blog gewohnt dar; Sie müssen also nicht extra noch eine spezielle Blogsoftware wie WordPress installieren.)

Abschließend braucht jeder Internetauftritt noch zwingend ein Impressum, das zwangsweise für sich allein steht. Da Joomla! allerdings jeden Beitrag immer in einer Kategorie liegen sehen möchte, muss man hier wohl oder übel dem Impressum eine eigene Kategorie spendieren. Durch einen kleinen Kunstgriff werden die Besucher von dieser »Dummy-Kategorie« später jedoch nichts bemerken.

Unterm Strich ergibt sich damit für die Filmtoaster-Seiten die Gliederung aus Abbildung 4-5.

Die Seiten beziehungsweise Inhalte eines jeden Internetauftritts lassen sich in solch eine Hierarchie pressen. Wie man Letztere wählt, hängt vom konkreten Thema und den darzustellenden Inhalten ab.

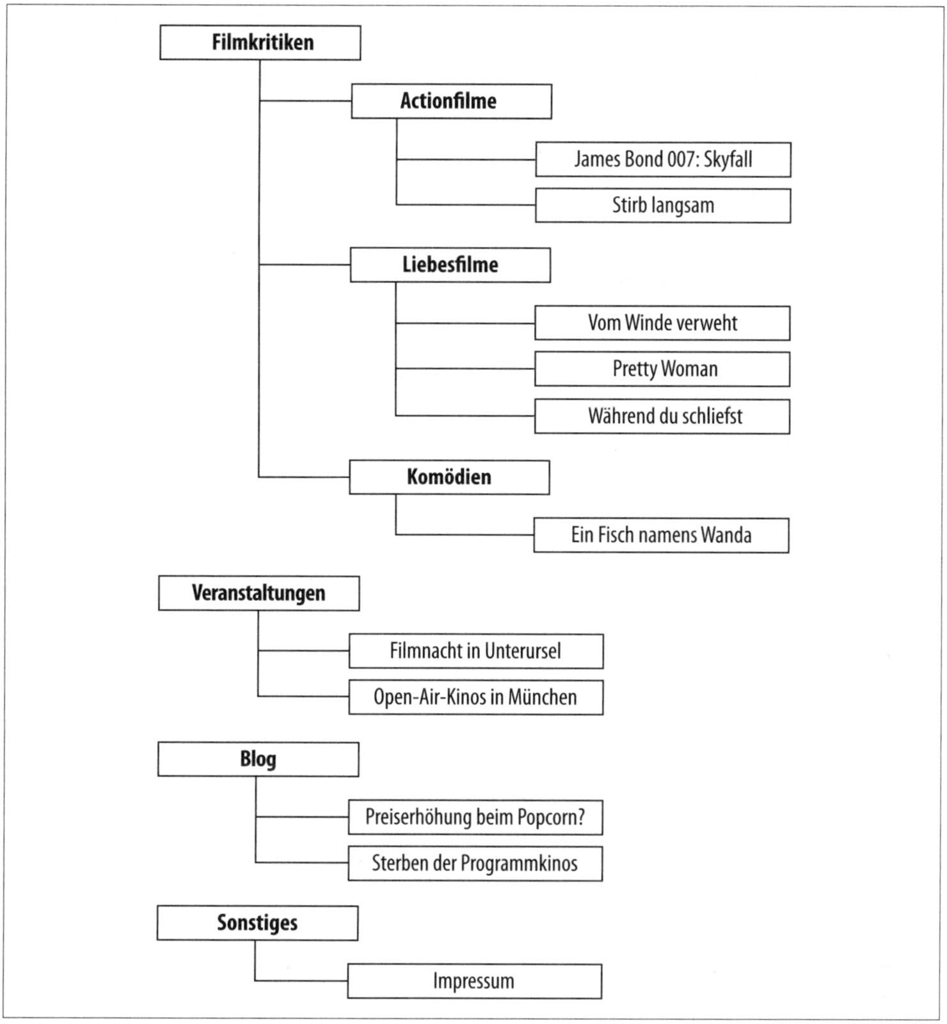

```
Filmkritiken
├── Actionfilme
│   ├── James Bond 007: Skyfall
│   └── Stirb langsam
├── Liebesfilme
│   ├── Vom Winde verweht
│   ├── Pretty Woman
│   └── Während du schliefst
└── Komödien
    └── Ein Fisch namens Wanda

Veranstaltungen
├── Filmnacht in Unterursel
└── Open-Air-Kinos in München

Blog
├── Preiserhöhung beim Popcorn?
└── Sterben der Programmkinos

Sonstiges
└── Impressum
```

Abbildung 4-5: Die fertige Gliederung.

Tipp Achten Sie darauf, die Kategorien nicht zu tief zu verschachteln. Andernfalls verlieren die Besucher (und Sie irgendwann auch) die Orientierung. Drei ineinandergesteckte Kategorien haben sich in der Praxis als akzeptabel erwiesen, tiefere Gliederungen sollten Sie hingegen gut begründen können.

Wenn sich Ihnen nicht direkt eine Gliederung anbietet, überlegen Sie kurz, welche Inhalte Sie den späteren Besuchern präsentieren möchten. Auf den Filmtoaster-Seiten waren dies die Filmkritiken. Versuchen Sie dabei ruhig, schon ein paar konkrete Beispiele zu finden, wie hier die Kritiken zu *James Bond: Skyfall* oder *Ein Fisch namens Wanda*. Anschließend machen Sie Gemeinsamkeiten zwischen diesen aus und bilden so Gruppen. *Pretty Woman* und *Während du schliefst* sind beispielsweise beides Liebesfilme. Es liegt also nahe, die Kritiken nach Genres zu sortieren.

Dies ist selbstverständlich nur eine von vielen Möglichkeiten. Beispielsweise hätte man auch die Qualität der Filme oder ihr Erscheinungsjahr als Sortierkriterium heranziehen können. In diesem Fall stellt sich jedoch die Frage, wie sinnvoll diese Kategorisierung für die Besucher wäre. Wenn Sie also mehrere Möglichkeiten für eine Strukturierung gefunden haben, sollten Sie immer diejenige wählen, die für die Besucher (und nicht für Sie selbst) am sinnvollsten erscheint. Dazu fragen Sie sich einfach, wonach ein Gast sucht, wenn er auf Ihre Website stößt. Im Fall der Filmtoaster-Seiten wäre dies sicherlich eine Filmkritik zu einem konkreten Film, den er gesehen hat oder noch anschauen möchte. Folglich muss es ihm so einfach wie nur möglich gemacht werden, diese Kritik unter all den anderen zu finden.

Tipp   Malen Sie sich die Hierarchie Ihres Internetauftritts wie in Abbildung 4-5 auf Papier auf. Bei komplexen beziehungsweise umfangreichen Internetauftritten können Sie auch die Kategorien und Beispielseiten auf Karteikarten schreiben und diese dann auf dem Fußboden oder an einem Flipchart anordnen. Es gibt zudem Programme, mit denen sich derartige Diagramme zeichnen lassen – wie etwa das kostenlose LibreOffice Draw aus dem LibreOffice-Paket (*http://www.libreoffice.org*).

Sobald eine Gliederung gefunden ist, muss man sie nur noch Joomla! beibringen, beginnend bei den Kategorien.

Tipp   Wenn Sie die Schritte in den folgenden Kapiteln immer direkt in Ihrer Joomla!-Installation umsetzen möchten, sollten Sie im Backend unter *System* → *Konfiguration* im Register *System* den Punkt *Sitzungslänge* auf einen Wert von *60* hochsetzen und diese Änderung dann *Speichern & Schließen*. Damit setzt Joomla! Sie erst nach 60 Minuten Untätigkeit zwangsweise vor die Tür. Sie haben folglich etwas mehr Zeit, die Abschnitte zu lesen und dann alle Kategorien, Beiträge und Menüpunkte anzulegen.

KAPITEL 5

Kategorien anlegen und verwalten

In diesem Kapitel:
- Eine neue Kategorie erstellen
- Die Verschachtelung nachträglich ändern
- Kategorien kopieren

Nachdem Sie Ihren Internetauftritt geplant und strukturiert haben, müssen Sie als Nächstes die dabei festgelegten Kategorien anlegen. Die Kategorien verwalten Sie im Backend hinter dem Menüpunkt *Inhalt* → *Kategorien*. Die daraufhin erscheinende Tabelle listet sämtliche existierenden Kategorien auf. Wenn Sie der Schnellinstallationsanleitung aus Kapitel 2, *Installation*, Seite 15, gefolgt sind, finden Sie dort bereits die zwei Kategorien aus Abbildung 5-1.

Abbildung 5-1: Die Kategorien aus den mitgelieferten Beispieldaten.

Wenn eine Kategorie in einer anderen liegt, zeigt Joomla! sie entsprechend eingerückt an. Im Beispiel aus Abbildung 5-2 etwa steckt die Kategorie *Fruit Shop Site* in ihrer Kollegin namens *Sample Data-Articles*, während sich die Kategorie *Growers* wiederum in *Fruit Shop Site* befindet.

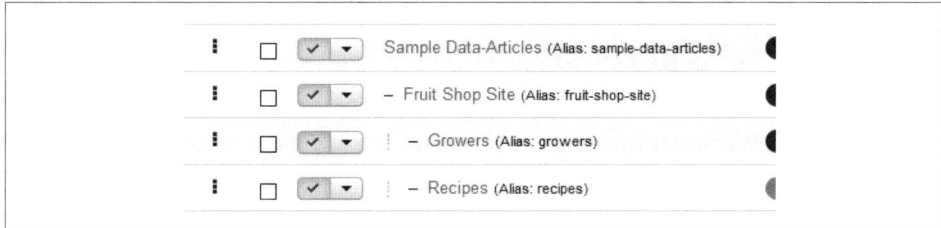

Abbildung 5-2: Verschachtelte Kategorien erscheinen in der Tabelle eingerückt.

Die Bedeutung der ersten Spalten in der Tabelle kennen Sie bereits aus den vorherigen Kapiteln. Die kryptischen Kürzel unter *Zugriffsebene* zeigen an, wer überhaupt die Kategorie betreten und somit ihre Inhalte sehen kann. Im Fall von *Public* dürfen restlos alle Besucher in der Kategorie stöbern (dazu folgt später mehr in Kapitel 12, *Benutzerverwaltung und -kommunikation*, Seite 485). Bei mehrsprachigen Internetauftritten verrät schließlich noch die *Sprache*, in welchen Übersetzungen die Kategorie erscheint (siehe Kapitel 18, *Mehrsprachigkeit*, Seite 785).

Die vielen Kreise mit den Zahlen in den mittleren Spalten zeigen von links nach rechts an, wie viele Beiträge in der jeweiligen Kategorie derzeit auf Ihrer Website veröffentlicht sind, versteckt wurden, im sogenannten Archiv lagern oder aber im Papierkorb liegen. In Abbildung 5-1 gibt es beispielsweise in der Kategorie *News* genau einen Beitrag, der für Ihre Besucher sichtbar ist.

Tabelle 5-1 fasst noch einmal alle Spalten und ihre jeweils präsentierten Informationen zusammen.

Tabelle 5-1: Spalten der Tabelle Beiträge: Kategorien und ihre jeweiligen Informationen

Spalte	Bedeutung
Status	Erscheint ein grüner Haken, sind die Beiträge aus der Kategorie prinzipiell für Besucher zu sehen.
	Hinter dem schwarzen Dreieck verbergen sich häufig benötigte Funktionen.
Titel	Titel beziehungsweise Name der Kategorie.
✓	So viele Beiträge aus der Kategorie sind auf Ihrer Website zu sehen.
⊗	So viele Beiträge sind versteckt und somit für Besucher nicht zu sehen.
🗄	So viele Beiträge befinden sich im Archiv.
🗑	So viele Beiträge liegen gerade im Papierkorb.
Zugriffsebene	Die Zugriffsebene legt fest, welche Besuchergruppen die Kategorie zu Gesicht bekommen.
Sprache	Die Kategorie enthält Beiträge für diese Sprachfassung der Website.
ID	Die interne Identifikationsnummer der Kategorie.

Um archivierte Beiträge kümmert sich später noch ein eigener Abschnitt (siehe »Das Archiv nutzen« auf Seite 219). Zunächst gilt es erst einmal, eine neue Kategorie anzulegen.

Eine neue Kategorie erstellen

Um eine neue Kategorie anzulegen, wie etwa die für die Filmkritiken, klicken Sie auf *Neu* in der Werkzeugleiste oder rufen alternativ *Inhalt* → *Kategorien* → *Neue Kategorie* auf. Joomla! öffnet daraufhin den Bearbeitungsbildschirm für Kategorien aus Abbildung 5-3. Hier muss man jetzt einmal alle Einstellungen durchgehen.

Tipp Häufig reicht es bereits, der Kategorie unter *Titel* einen Namen zu geben und die sinnvollen Vorgaben der anderen Einstellungen einfach zu übernehmen. Das gilt aber leider nicht immer.

Basisinformationen einer Kategorie

Unter *Titel* tippen Sie als Erstes die Bezeichnung für die neue Kategorie ein. Im Beispiel der Filmtoaster-Seiten wäre dies Filmkritiken. Unter diesem Namen taucht die Kategorie in der Tabelle des Backends und später auf Wunsch auch auf der Website auf. Alle von Ihnen zwingend auszufüllenden Felder kennzeichnet Joomla! mit einem kleinen Sternchen (*). Sie kommen also nicht darum herum, einer Kategorie einen Titel zu geben.

Zusätzlich zum Titel dürfen Sie noch einen *Alias* vergeben. Diesen alternativen Namen benutzt Joomla! für interne Zwecke sowie für einige Sonderfunktionen, wie beispielsweise zur Suchmaschinenoptimierung (mehr dazu finden Sie in Kapitel 21, *Suchmaschinenoptimierung*, Seite 901). Normalerweise können Sie das Feld einfach leer lassen. Joomla! wählt dann automatisch einen passenden Alias.

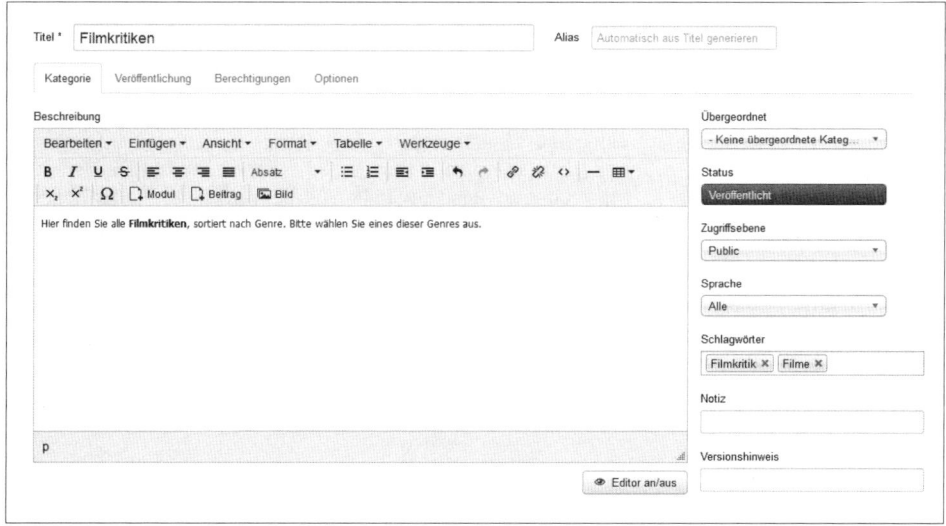

Abbildung 5-3: Dieses Formular öffnet sich beim Anlegen oder Editieren einer Kategorie.

Warnung   Der Alias-Name darf aus verschiedenen Gründen keine Leerzeichen enthalten. Sollten Sie dennoch welche eintippen, ersetzt Joomla! sie beim Speichern selbstständig durch Bindestriche.

Darüber hinaus muss der Alias-Name eindeutig sein. Zwei Kategorien dürfen also nicht den gleichen Alias-Namen tragen.

Als Nächstes können Sie im großen Eingabefeld *Beschreibung* einen Text hinterlassen, der später auf der Übersichtsseite der Kategorie erscheint. Er informiert einen Besucher darüber, was ihn alles in dieser Kategorie erwartet. Für die Filmkritiken geben Sie den folgenden Text ein: »Hier finden Sie alle Filmkritiken, sortiert nach Genre. Bitte wählen Sie eines dieser Genres aus.«

Das große Eingabefeld funktioniert ähnlich wie eine kleine Textverarbeitung. Über die entsprechenden Symbole können Sie den Text sogar formatieren. Um etwa den Begriff *Filmkritiken* fett anzuzeigen, markieren Sie ihn und klicken dann auf die Schaltfläche mit dem *B*. Ein Zeichenlimit gibt es nicht, dennoch sollten Sie sich an dieser Stelle kurzfassen. Sie haben hier übrigens die gleichen umfassenden Möglichkeiten wie bei einem normalen Beitrag. So reichern Sie über die entsprechenden Schaltflächen die Beschreibung beispielsweise um ein *Bild* an oder fügen einen Link auf einen bereits vorhandenen *Beitrag* ein.

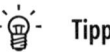

Tipp Überlegen Sie sich gut, ob Sie diese Instrumente wirklich benötigen. Zusätzliche Links auf andere Beiträge verwirren den Besucher meist nur. Auch Bilder sollten Sie lieber sparsam einsetzen: Sie konkurrieren meist mit den Einleitungen zu den Beiträgen, zumal es in den folgenden Einstellungen noch eine alternative Methode gibt, der Kategorie offiziell ein Bild beziehungsweise ein Symbol zu verpassen.

Normalerweise genügt eine kurze und knappe Textbeschreibung. Andernfalls sollten Sie darüber nachdenken, ob die Beschreibung nicht in einen eigenen Beitrag gehört oder ob Ihr Internetauftritt anders gegliedert werden sollte. Da die Beschreibung zudem nur auf der Übersichtsseite der Kategorie erscheint, sollte Ihr Augenmerk auf einem aussagekräftigeren Titel liegen. Bei einer Rubrik namens *Filmkritiken* erübrigt sich eigentlich schon jegliche Beschreibung: Der Besucher weiß, dass er in dieser Kategorie die Filmkritiken finden wird.

Die neue Kategorie *Filmkritiken* ist eine übergeordnete Kategorie, sie steckt also nicht in einer anderen. Daher ist unter *Übergeordnet* die Voreinstellung – *Keine übergeordnete Kategorie* – bereits genau richtig.

Der Eintrag unter *Status* steuert, ob die Kategorie samt der in ihr enthaltenen Beiträge für Besucher sichtbar ist (*Veröffentlicht*) oder besser erst mal noch nicht (*Versteckt*).

Warnung Wenn Sie eine bestehende Kategorie verstecken, nehmen Sie auf einen Schlag sämtliche in ihr enthaltenen Beiträge von Ihrer Website. Sollte es in Ihrem Internetauftritt eine Übersichtsseite für die Kategorie geben, blendet Joomla! diese ebenfalls mit aus.

Dieses radikale Vorgehen hat zwar den Vorteil, dass Sie nicht mühsam jeden Beitrag einzeln per Hand verstecken müssen. Umgekehrt könnten damit aber Menüpunkte plötzlich ins Leere führen. Ruft ein Besucher einen solchen Menüpunkt auf, sieht er nur noch eine kryptische Fehlermeldung. Bevor Sie also eine komplette Kategorie verstecken, sollten Sie zuvor auch alle Menüpunkte verstecken, die zu dieser Kategorie oder einem Beitrag daraus führen.

Zusätzlich haben Sie in der Ausklappliste noch die Möglichkeit, die Kategorie direkt in den *Papierkorb* zu werfen oder sie als *Archiviert* auszumustern (zum Archiv folgt noch mehr im Abschnitt »Das Archiv nutzen« ab Seite 219).

In den meisten Fällen soll die Kategorie mit ihren Beiträgen natürlich sichtbar sein. Das gilt auch für das Filmtoaster-Beispiel. Belassen Sie daher die Voreinstellung *Veröffentlicht*.

Tipp   Sollten Sie jedoch bereits eine Seite in den Produktivbetrieb überführt haben, empfiehlt es sich, zunächst alle neu angelegten Elemente auszublenden (also zu verstecken). Erst wenn sämtliche Änderungen durchgeführt worden sind, setzen Sie den *Status* wieder auf *Veröffentlicht*. Hierdurch verschrecken Sie Ihre Besucher nicht mit vorübergehenden Inkonsistenzen oder leeren Seiten.

Die *Zugriffsebene* regelt zusammen mit dem Register *Berechtigungen*, wer auf die Kategorie und ihre Inhalte zugreifen darf. Mit den Standardeinstellungen (*Zugriffsebene* auf *Public*) darf das jeder beliebige Besucher. Für die Kategorie *Filmkritiken* ist das wieder genau die richtige Einstellung. Auf die Benutzerverwaltung und ihre Möglichkeiten geht später noch Kapitel 12, *Benutzerverwaltung und -kommunikation*, Seite 485, ein.

Die nächste Ausklappliste, *Sprache*, ist nur von Interesse, wenn Sie eine mehrsprachige Website in Angriff nehmen wollen. Mit der Voreinstellung *Alle* erscheint die Kategorie in allen Übersetzungen, ansonsten nur in der hier gewählten Sprachfassung. Mehr zu Übersetzungen folgt in Kapitel 18, *Mehrsprachigkeit*, Seite 785. Für die *Filmkritiken* belassen Sie es hier bei *Alle*.

Im Eingabefeld darunter können Sie der Kategorie noch ein paar *Schlagwörter* (englisch *Tags*) anheften. Diese Wörter erscheinen später standardmäßig über der Kategoriebeschreibung, zu sehen in Abbildung 5-4. Darüber hinaus können Sie wie in Abbildung 5-5 eine Liste mit besonders beliebten Schlagwörtern anzeigen lassen. In jedem Fall darf der Besucher die einzelnen Schlagwörter anklicken. Joomla! listet dann alle Inhalte auf, denen genau dieses Schlagwort irgendwann einmal angeheftet wurde. Die Schlagwörter bilden so eine zusätzliche Klassifikations- und Navigationsmöglichkeit. Sinnvoll sind Schlagwörter vor allem bei etwas größeren Internetauftritten mit vielen Inhalten.

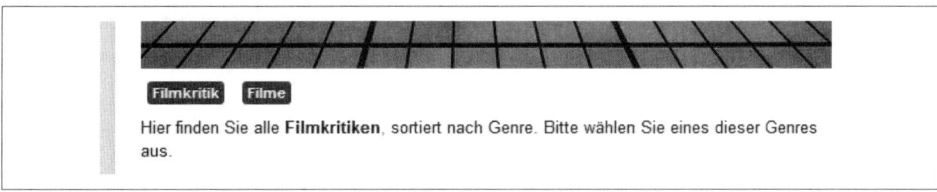

Abbildung 5-4:   Die Schlagwörter Filmkritik und Filme erscheinen hier über der Beschreibung und erlauben so eine zusätzliche Klassifizierung der Inhalte.

Abbildung 5-5:   Die Liste mit den beliebtesten Schlagwörtern motiviert Ihre Besucher dazu, sich weitere Inhalte anzusehen.

Tipp Die Schlagwörter verleiten Besucher dazu, sich weitere (beliebte) Inhalte anzusehen. Das funktioniert aber nur, wenn Sie und Ihre Autoren konsequent allen Kategorien und später auch den Beiträgen ein oder mehrere Schlagwörter anheften. Wenn Sie das nicht durchhalten können, verzichten Sie lieber auf die Schlagwörter. Nur teilweise ausgezeichnete Inhalte könnten sonst Ihre Besucher verwirren oder sogar fehlleiten. Die Schlagwörter sind zudem nicht immer notwendig. Das gilt insbesondere für Internetauftritte mit wenigen Seiten – beispielsweise wenn sich ein Handwerksbetrieb lediglich auf zehn Internetseiten kurz vorstellen möchte.

 Um der Kategorie ein neues Schlagwort anzuheften, klicken Sie in das Eingabefeld und tippen das erste Wort ein. Für die Kategorie *Filmkritiken* bietet sich vielleicht das Schlagwort Filmkritik an. Drücken Sie anschließend die [Enter]-Taste – nur dann wird der Begriff übernommen. Joomla! zeigt das Wort anschließend als kleines Kästchen an. Möchten Sie weitere Schlagwörter hinzufügen, schreiben Sie wieder einfach drauflos und drücken nach jedem Begriff die [Enter]-Taste. Im Filmtoaster-Beispiel könnten Sie noch Filme dazuschreiben. Während Sie tippen, schlägt Ihnen Joomla! automatisch schon vorhandene Schlagwörter vor (wie in Abbildung 5-6). Sollte in der dabei aufklappenden Liste darunter das gewünschte Wort sein, genügt ein Klick auf den entsprechenden Eintrag.

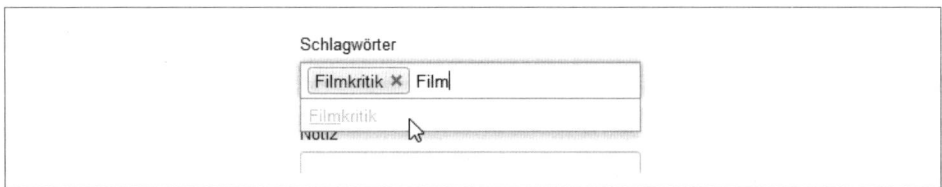

Abbildung 5-6: Jedes Schlagwort lässt sich nur genau ein Mal an die Kategorie heften.

Ein Schlagwort entfernen Sie, indem Sie auf das kleine graue Kreuzchen neben seinem Namen klicken. Sie können später jederzeit weitere Schlagwörter nachtragen. Dazu klicken Sie in einen leeren, weißen Teil des Eingabefelds und schreiben wie gehabt drauflos.

Die *Notiz* funktioniert ähnlich wie einer dieser gelben Post-it-Zettel. Der dort eingegebene Text ist nur als Gedächtnisstütze gedacht und erscheint ausschließlich im Backend. Bei einer Kategorie für Nachrichten könnten Sie sich mit seiner Hilfe beispielsweise ständig daran erinnern lassen, dass dort »Keine Meldungen älter als drei Tage« hineinwandern sollten. Für die Filmtoaster-Seiten lassen Sie das Eingabefeld *Notiz* leer.

 Tipp Wie das kurze Feld schon andeutet, sollte diese Notiz knappgehalten bleiben und im Idealfall nur aus einem oder wenigen Stichwörtern bestehen.

Später kann es immer mal wieder vorkommen, dass Sie die Einstellungen der Kategorie anpassen müssen – beispielsweise weil sich in die Beschreibung ein Tippfehler eingeschlichen hat. Notieren Sie dann im Eingabefeld *Versionshinweis* kurz, welche Änderungen Sie dabei im Einzelnen vorgenommen haben. Im Beispiel des Tippfehlers bietet sich etwa an: »Tippfehler in der Beschreibung korrigiert.« Zusammen mit der in Joomla! eingebauten Versionsverwaltung können Sie dann leichter nachvollziehen, wer wann wo welche Änderungen vorgenommen hat. Das ist besonders nützlich, wenn Sie mit mehreren Autoren zusammenarbeiten. Fassen Sie sich im Feld *Versionshinweis* möglichst kurz, eine Zusammenfassung der Änderungen genügt. Wenn Sie zum ersten Mal eine Kategorie erstellen, wie im Beispiel der *Filmkritiken*, lassen Sie das Feld einfach leer. Weitere Informationen zur Versionsverwaltung folgen später noch im Abschnitt »Versionsverwaltung« auf Seite 245.

Informationen und Metadaten

Weiter geht es jetzt mit dem Register *Veröffentlichung* aus Abbildung 5-7. Joomla! merkt sich, wer die Kategorie wann erstellt hat. Sobald Sie also die neue Kategorie per *Speichern* anlegen, erscheint im obersten Eingabefeld das *Erstellungsdatum*. Des Weiteren gelten Sie automatisch als Ersteller der Kategorie. Unter *Autor* können Sie jedoch auch eine ganz andere Person einsetzen. Das gelingt (auch jederzeit nachträglich) mit zwei Mausklicks: Sobald Sie auf das Symbol mit der weißen Büste klicken, öffnet sich eine Liste mit allen registrierten Benutzern. Wenn Sie die gewünschte Person nicht auf Anhieb finden, hilft das Suchfeld am oberen Rand. Ein Klick auf den Namen genügt, und ab sofort geht Joomla! davon aus, dass dieser Autor die Kategorie angelegt hat. Für die Kategorie mit den Filmkritiken sind Sie jedoch der Ersteller.

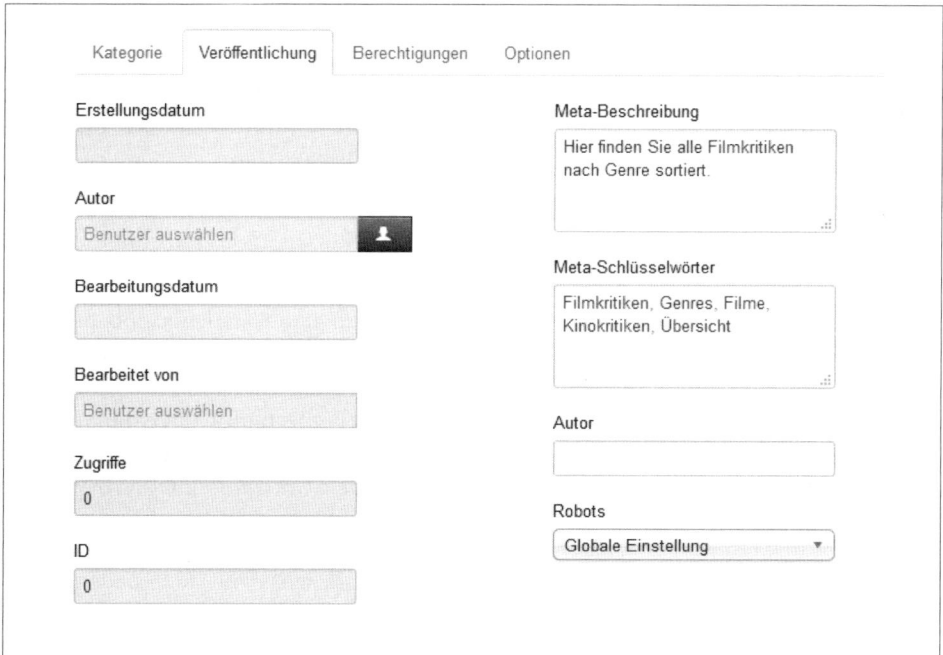

Abbildung 5-7: Das Register Veröffentlichung liefert unter anderem ein paar Informationen über die Kategorie, wie etwa das Erstellungsdatum.

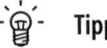
| Tipp | Ein anderer *Autor* ist beispielsweise dann sinnvoll, wenn der Filmkritiker Peter Meier sein eigenes Blog betreiben möchte. Dazu legen Sie eine neue Kategorie *Peter Meiers Blog* an, der Sie den Kritiker als *Autor* zuweisen. Bei größeren Internetauftritten teilen sich zudem meist mehrere Personen die Pflege unterschiedlicher Bereiche. In diesem Fall können Sie als Ersteller die Person wählen, die für diese Kategorie zuständig ist. Bei offenen Fragen reicht dann ein Blick, um den passenden Ansprechpartner zu finden.

Wenn später jemand die Einstellungen der Kategorie verändert, finden Sie im Feld *Bearbeitet von* den Namen der entsprechenden Person. Das Datum der letzten Änderung verrät zudem das Feld *Bearbeitungsdatum*. Bei einer neu erstellten Kategorie sind diese beiden Felder noch leer.

Das Feld *Zugriffe* zeigt Ihnen später an, wie oft Besucher die Kategorie betreten haben. Da die Kategorie im Moment noch gar nicht existiert, steht hier noch eine 0.

Im Feld *ID* zeigt Joomla! die interne Identifikationsnummer der Kategorie an, die Sie auch in der Tabelle finden (siehe Abschnitt »Identifikationsnummern« auf Seite 103). Da die Kategorie noch nicht angelegt wurde, steht auch hier wieder nur eine 0.

Die Eingabefelder und Einstellungen auf der rechten Seite richten sich an Suchmaschinen. Die von Ihnen in die beiden Felder eingetippten Texte versteckt Joomla! in der Übersichtsseite der Kategorie. Diese sogenannten Metadaten oder Metainformationen sollen primär Suchmaschinen die Arbeit erleichtern, indem sie noch einmal den Inhalt der Seite kurz und knackig zusammenfassen (*Meta-Beschreibung*) beziehungsweise wichtige Stichwörter auflisten (*Meta-Schlüsselwörter*). Im Fall der Filmkritiken könnten Sie unter *Meta-Beschreibung* den Text »Hier finden Sie alle Filmkritiken nach Genre sortiert« eintragen, während »Filmkritiken, Genres, Filme, Kinokritiken, Übersicht« passende *Meta-Schlüsselwörter* wären.

Sollen die Suchmaschinen eine ganz bestimmte Person für den *Autor* der Übersichtsseite halten, tragen Sie seinen (vollständigen) Namen in das gleichnamige Feld ein. Für gewöhnlich reicht es aus, das Feld leer zu lassen.

Mit der Ausklappliste *Robots* können Sie schließlich noch festlegen, ob Suchmaschinen die Seite betreten und den Links darauf folgen dürfen. Bei einer Einstellung mit *index* dürfen Google, Bing & Co. die Seite in ihrem Index ablegen – das ist die Voraussetzung dafür, dass die Übersichtsseite später überhaupt über die Suchmaschine gefunden werden kann. *follow* erlaubt schließlich noch, dass die Suchmaschine allen Links auf der Seite folgen darf. *noindex* und *nofollow* verbieten die jeweilige Funktion.

| Tipp | Niemand garantiert, dass wirklich alle Suchmaschinen diese Einstellungen berücksichtigen. Zumindest die großen, wie Google und Bing, halten sich aber an die Vorgaben.

Weitere Tipps und Informationen zu den Metadaten finden Sie später noch in Kapitel 21, *Suchmaschinenoptimierung*, Seite 901.

Für die Kategorie *Filmkritik* übernehmen Sie die Vorgabe *Globale Einstellung*. Damit gelten die systemweiten Einstellungen, nach denen Suchmaschinen die Übersichtsseite unter die Lupe nehmen und auch allen darauf befindlichen Links folgen dürfen.

Layout und Kategoriebild

Wechseln Sie weiter zum Register *Optionen*. Wenn die Kategorie später im Frontend nicht direkt über einen Menüpunkt erreichbar ist, dann (und wirklich nur dann) können Sie Ihrer Übersichtsseite hier eine eigene, spezielle Optik verpassen.

Tipp Vielleicht erscheint Ihnen diese Einschränkung etwas merkwürdig. In Joomla! legen jedoch die Menüpunkte fest, wie die darüber erreichbaren Seiten aussehen. Allen anderen wird ein Standardlayout übergestülpt. Das ist beispielsweise bei Unterkategorien der Fall (also Kategorien, die in einer anderen Kategorie stecken). Sie sind auf der Website nur über die Übersichtsseiten ihrer übergeordneten Kategorie erreichbar. Damit Sie solchen Kategorien dennoch ein abweichendes Layout verpassen können, gibt es hier eine entsprechende Einstellung. Wenn Sie das jetzt verwirrend finden, warten Sie erst mal ab bis zum Kapitel 7, *Inhalte mit Menüpunkten verbinden*, Seite 177. Dort folgt noch einmal ein ausführliches Beispiel.

Um in solch einem Fall ein anderes Aussehen zu wählen, entscheiden Sie sich für eine Einstellung unter *Alternatives Layout*. Welche Darstellungen hier zur Verfügung stehen, hängt von den installierten Templates ab. Standardmäßig kann die Übersichtsseite ihre Inhalte einfach in einer *Liste* oder ähnlich wie in einem *Blog* anbieten. Im Fall von *Globale Einstellung* gelten die systemweiten Vorgaben. Genau die lassen Sie auch für die Kategorie der *Filmkritiken* stehen.

Über die Schaltfläche *Auswählen* können Sie der Kategorie ein Bild oder ein Symbol spendieren. Dieses sogenannte *Kategoriebild* soll primär den Wiedererkennungswert erhöhen und ergänzt später auf der Übersichtsseite die *Beschreibung* (die Sie auf der Registerkarte *Kategorie* hinterlegt haben). Ein Beispiel für solch ein Kategoriebild zeigt Abbildung 5-8.

Abbildung 5-8: Das Bild mit dem Kalender gehört zur Kategorie Veranstaltungen. Es ergänzt die Beschreibung »Hier finden Sie wichtige Veranstaltungen aus der Film- und Kinowelt«.

Tipp Wählen Sie ein Bild, das noch einmal den Inhalt illustriert. Es sollte zudem dezent und nicht zu groß sein. Verzichten Sie jedoch unbedingt auf lustige ClipArt-Bildchen. Diese wirken insbesondere bei professionellen Seitenauftritten fehl am Platz. Verzichten Sie im Zweifelsfall lieber auf eine Abbildung.

Um der Kategorie ein Bild zuzuweisen, klicken Sie *Auswählen* an. Es erscheint jetzt das neue Fenster aus Abbildung 5-9.

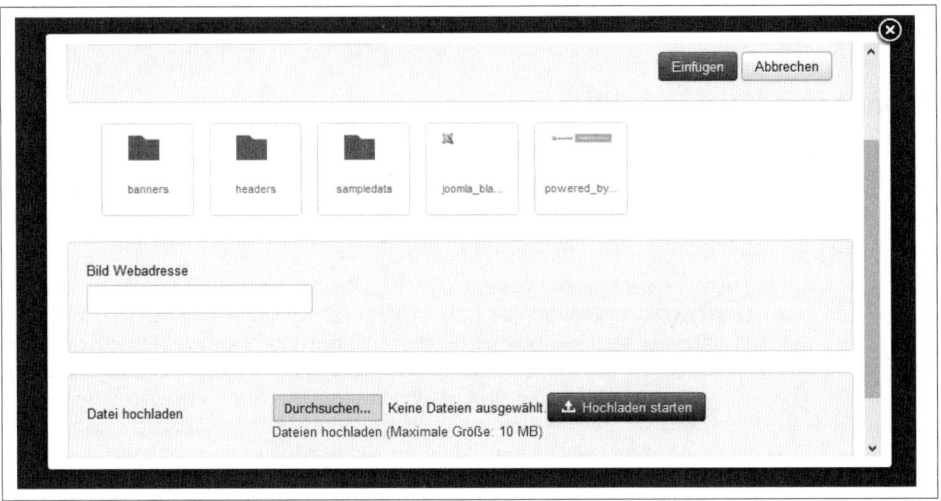

Abbildung 5-9: Die Auswahl eines Bilds für die Kategorie.

Im oberen Teil führt Joomla! alle Bilder auf, die bereits auf seinem Server liegen. Um ein Bild von der eigenen Festplatte hinzuzufügen, fahren Sie mit der Bildlaufleiste des kleinen Fensters nach unten, klicken dort auf *Durchsuchen...*, wählen die gewünschte Datei aus und klicken auf *Hochladen starten*. Anschließend finden Sie das Bild im oberen Teil wieder, wo Sie es mit einem Mausklick auswählen. Sein Dateiname erscheint dann im Feld *Bild Webadresse*.

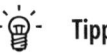 **Tipp**   Die im oberen Bereich aufgeführten Bilder und Verzeichnisse liegen übrigens im Ordner *images* Ihrer Joomla!-Installation. Wie man darin für Ordnung sorgt, zeigt Abschnitt »Medien verwalten« ab Seite 250.

Für die Kategorie der *Filmkritiken* klicken Sie einfach auf ein beliebiges der schon vorhandenen Bilder, auch wenn es nicht zum Thema passt. Es gibt nämlich eine spezielle Situation, in der Joomla! das einer Kategorie zugeordnete Bild ignoriert – und über genau diesen Fall werden Sie bei der *Filmkritiken*-Kategorie später noch stolpern. Es ist also hier egal, welches Bild Sie den *Filmkritiken* zuordnen – verwenden Sie einfach eines der Joomla!-Logos.

Wenn Sie sich für ein Bild entschieden haben und es im Feld *Bild Webadresse* steht, müssen Sie es noch einmal explizit über die Schaltfläche *Einfügen* übernehmen. Der Dateiname taucht jetzt im Feld rechts neben *Bild* auf. Haben Sie sich vertan, löschen Sie das Eingabefeld mit dem *X*-Knopf. Mit ihm werden Sie das Kategoriebild auch jederzeit wieder los.

Im untersten Eingabefeld *Alternativtext* beschreiben Sie anschließend noch ganz kurz, was auf dem Kategoriebild zu sehen ist. Diese Beschreibung hilft unter anderem Suchmaschinen und Menschen mit eingeschränkter Sehfähigkeit.

Kategorie speichern

Damit haben Sie alle erforderlichen Angaben für die neue Kategorie *Filmkritiken* zusammen. Um diese zu speichern und die Kategorie anzulegen, bietet Joomla! in der Werkzeugleiste gleich mehrere Schaltflächen an: *Speichern* dient nur dem Zwischenspeichern. Sofern die Kategorie noch nicht existiert, legt sie diese auch neu an, lässt aber den Bearbeitungsbildschirm weiterhin geöffnet. *Abbrechen* würde sämtliche Änderungen beziehungsweise Eingaben verwerfen und umgehend zur Tabelle mit allen Kategorien zurückführen. Wenn Sie später eine bestehende Kategorie bearbeiten, sehen Sie anstelle von *Abbrechen* eine *Schließen*-Schaltfläche. Sie verwirft ebenfalls alle Änderungen und kehrt zur Tabelle mit allen Kategorien zurück. Um schnell hintereinander mehrere Kategorien zu erstellen, klicken Sie auf *Speichern & Neu*. Joomla! erzeugt dann die Kategorie und bietet umgehend ein neues leeres Formular an, in dem Sie direkt eine weitere Kategorie erstellen können.

In der Regel ist jedoch ein Klick auf *Speichern & Schließen* genau das Richtige: Diese Schaltfläche erzeugt die Kategorie und kehrt anschließend zur Tabelle mit allen vorhandenen Kategorien zurück. Im Beispiel der Filmtoaster-Seiten klicken Sie auf *Speichern & Schließen*. In der Tabelle mit den Kategorien sollten jetzt auch die *Filmkritiken* auftauchen.

Erstellen Sie jetzt auf analoge Weise eine weitere Kategorie für die Actionfilme: Klicken Sie auf *Neu*, tragen Sie Actionfilme unter *Titel* ein und denken Sie sich eine *Beschreibung* aus – wie etwa »Hier finden Sie Kritiken zu Actionfilmen«. In der Ausklappliste *Übergeordnet* wählen Sie diesmal die zuvor angelegte Kategorie *Filmkritiken*. Damit werden die *Actionfilme* automatisch zu einer Unterkategorie der *Filmkritiken*. Wenn Sie auf Ihrer Festplatte noch ein geeignetes kleines Bild finden, können Sie der Kategorie auf der Registerkarte *Optionen* auch ein *Bild* zuweisen – notwendig ist das jedoch nicht. Klicken Sie zum Abschluss auf *Speichern & Neu* in der Werkzeugleiste. Joomla! erstellt jetzt die Kategorie und öffnet umgehend ein neues leeres Formular. Legen Sie jetzt nach dem gleichen Prinzip jeweils eine weitere Kategorie für die *Liebesfilme* und die *Komödien* an. Denken Sie dabei daran, in der Ausklappliste *Übergeordnet* die Kategorie *Filmkritiken* einzustellen.

Abschließend muss noch jeweils eine Kategorie für die *Veranstaltungen*, das *Blog* und alle sonstigen Seiten her (mit dem Titel *Sonstiges*). Auch diese drei Kategorien legen Sie wie oben beschrieben an. Achten Sie aber darauf, dass diesmal *Übergeordnet* auf – *Keine übergeordnete Kategorie* – steht, die Kategorien also in keine andere gesteckt werden. Die Übersichtsseiten für die Veranstaltungen und des Blogs sollen später ohne Umschweife sofort alle darin enthaltenen Nachrichten beziehungsweise Beiträge auflisten, folglich ist die *Beschreibung* entbehrlich, das entsprechende Feld können Sie also leer lassen. Ein kleines Symbolfoto ist jedoch sinnvoll, damit der Besucher die Veranstaltungen mit nur einem Blick vom Blog unterscheiden kann. Dafür finden Sie auf unserer Download-Seite im Verzeichnis *Kapitel5* zwei kleine Fotos: Die Datei *kulis.jpg* weisen Sie der Kategorie *Blog* zu, das Foto *kalender.jpg* der Kategorie *Veranstaltungen* (indem Sie zum Register *Optionen* wechseln, *Auswählen* anklicken, per *Durchsuchen...* das entsprechende Bild auswählen, anschließend *Hochladen starten* aktivieren, das Bild im oberen Bereich anklicken und dann das Fenster über *Einfügen* schließen). Die Kategorie für die sonstigen Seiten benötigt kein Bild, da sie nur als Auffangbecken für das Impressum dient und ihre Übersichtsseite somit später gar nicht erst auf der Website erscheint. Geben Sie dieser Kategorie den Titel Sonstiges.

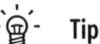

Tipp   Selbstverständlich können Sie auch Bilder aus Ihrem eigenen Fundus verwenden. Achten Sie aber darauf, dass diese nicht zu groß sind – schließlich sollen sie nur den Wiedererkennungswert erhöhen und nicht gleich das Layout sprengen. Das Foto mit dem Kalender misst 317 x 80 Pixel, das der Kugelschreiber 280 x 72 Pixel. In diesem Bereich sollten sich auch Ihre Bilder bewegen.

Die übrigen Einstellungen können bei allen drei Kategorien auf ihren Standardwerten bleiben. Nachdem Sie die Daten für die letzte Kategorie *Sonstiges* im Formular hinterlegt haben, klicken Sie nicht auf *Speichern & Neu*, sondern auf *Speichern & Schließen*. Damit legt Joomla! die Kategorie an und kehrt dann umgehend zur Tabelle mit allen Kategorien zurück.

In der Tabelle hinter *Inhalt → Kategorien* sollten die neuen Kategorien damit wie in Abbildung 5-10 aussehen.

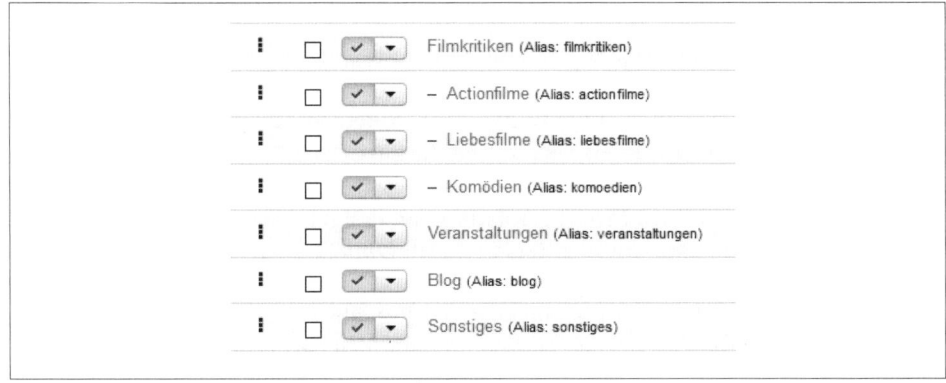

Abbildung 5-10:   Die Kategorie für die Filmkritiken mit drei weiteren Unterkategorien für die einzelnen Genres.

Vergleichen Sie das Ergebnis auch mit der geplanten Gliederung aus Abbildung 4-5 auf Seite 119.

Die Verschachtelung nachträglich ändern

Haben Sie eine Kategorie aus Versehen unter einem falschen Kollegen einsortiert, können Sie dieses Malheur in der Tabelle hinter *Inhalt → Kategorien* auf zwei verschiedene Arten beheben:

1. Klicken Sie in der Tabelle auf den Titel der falsch einsortierten Kategorie. Packen Sie sie dann unter *Übergeordnet* in die gewünschte Kategorie. Soll sie allein stehen und somit keiner anderen Kategorie untergeordnet werden, wählen Sie aus besagter Ausklappliste den Punkt – *Keine übergeordnete Kategorie* –. Via *Speichern & Schließen* wenden Sie die Änderungen an.

2. Markieren Sie die falsch einsortierte Kategorie, indem Sie in der Tabelle ihr Kästchen in der zweiten Spalte anhaken. Klicken Sie dann in der Werkzeugleiste auf *Stapelverarbeitung*. Es öffnet sich daraufhin das Fenster aus Abbildung 5-11. Stellen Sie in der Ausklappliste *Zum Verschieben oder Kopieren der Auswahl eine Kategorie auswählen* die neue, übergeordnete Kategorie ein (wie in Abbildung 5-11). Sofern die Ausklappliste falsch oder abgeschnitten dargestellt wird, hilft Ihnen unten der Kasten *Das Problem mit abgeschnittenen Ausklapplisten*. Mit dem Punkt *Oberste Kategorie* steht die bislang noch falsch eingeordnete Kategorie anschließend allein, ist dann also keiner Kategorie mehr untergeordnet. Markieren Sie noch unterhalb der Ausklappliste *Verschieben*, bevor Sie schließlich auf *Ausführen* klicken.

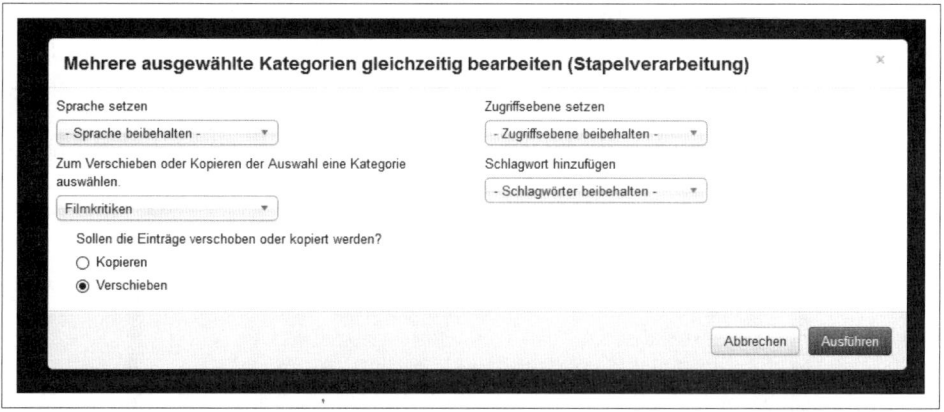

Abbildung 5-11: Über diese Einstellungen verschieben Sie schnell eine oder mehrere falsch einsortierte Kategorien. In diesem Fall würden die zuvor ausgewählten Kategorien in ihre Kollegin Filmkritiken gesteckt.

Mit dieser zweiten Methode können Sie sogar mehrere Kategorien auf einmal verschieben. Dazu haken Sie einfach in der Tabelle alle Kategorien an, die verschoben werden sollen, und verfahren dann wie beschrieben: Unter *Zum Verschieben oder Kopieren der Auswahl eine Kategorie auswählen* stellen Sie die Kategorie ein, in der alle markierten Kategorien landen sollen, aktivieren darunter *Verschieben* und klicken auf *Ausführen*.

Das Problem mit abgeschnittenen Ausklapplisten

Wenn Sie in Joomla! eine Ausklappliste öffnen, kann es passieren, dass sie nur zum Teil zu sehen ist. Meist schneidet dann einfach der untere Fensterrand die Liste ab. In solchen Fällen müssen Sie mit den Bildlaufleisten Ihres Browsers weiter nach unten fahren. Sollte die Ausklappliste in einem kleinen weißen Fenster stecken (Abbildung 5-11), sind die Bildlaufleisten dieses weißen Fensters der richtige Partner. Ebenfalls helfen kann es, das komplette Browserfenster zu vergrößern oder zu verkleinern. Probieren Sie auch das Mausrad aus, mit dem Sie mitunter den Inhalt des Fensters verschieben können.

Kategorien kopieren

Anstatt eine neue Kategorie zu erstellen, können Sie auch eine vorhandene kopieren. Dazu gibt es in der Tabelle hinter *Inhalt → Kategorien* zwei verschiedene Wege:

1. Klicken Sie in der Tabelle auf den Titel der zu kopierenden Kategorie. Wählen Sie dann in der Werkzeugleiste *Als Kopie speichern*. Joomla! erstellt jetzt mit den angezeigten Einstellungen eine neue Kategorie und hängt ihrem Titel zur Unterscheidung eine aufsteigende Nummer an. Bei der ersten Kopie ist das die (2). Das Duplikat landet dabei in der gleichen Kategorie wie das Original. Der Bearbeitungsbildschirm bleibt weiterhin geöffnet, Sie können die Kopie folglich umgehend nach Ihren eigenen Wünschen verändern und ihr insbesondere auch einen neuen *Titel* verpassen.
2. Alternativ markieren Sie in der Tabelle die Kategorie, die Sie kopieren möchten, indem Sie ihr Kästchen anklicken. Anschließend müssen Sie sich überlegen, ob und, wenn ja, in welche andere Kategorie Joomla! das Duplikat stecken soll. Mit dieser Information im Hinterkopf klicken Sie in der Werkzeugleiste auf *Stapelverarbeitung*. Es öffnet sich das Fenster aus Abbildung 5-12.

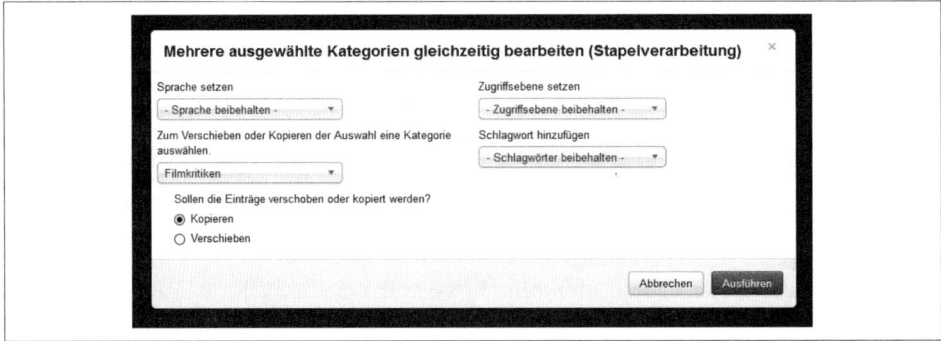

Abbildung 5-12: Mit diesen Einstellungen würden die zuvor gewählten Kategorien dupliziert, und die Kopien würden in der Kategorie Filmkritiken abgelegt.

Hier wählen Sie nun in der Ausklappliste *Zum Verschieben oder Kopieren der Auswahl eine Kategorie auswählen* die Kategorie, in der das Duplikat landen soll. Möchten Sie die Kopie in keiner der vorhandenen Kategorien ablegen, wählen Sie stattdessen den Punkt *Oberste Kategorie*. Jetzt müssen Sie nur noch darunter *Kopieren* selektieren und schließlich auf *Ausführen* klicken. Damit erhalten Sie eine exakte Kopie der Kategorie. Zur besseren Unterscheidung hängt Joomla! ihr gegebenenfalls eine aufsteigende Zahl an.

Wenn Sie die Kopie umbenennen wollen, rufen Sie ihre Einstellungen auf (indem Sie auf ihren Titel in der Tabelle hinter *Inhalt → Kategorien* klicken) und vergeben dort dann einfach einen neuen *Titel* nebst entsprechendem *Alias*. Wichtig ist nur, dass jede Kategorie einen anderen Alias-Namen trägt.

 **Warnung**   Die eventuell in der ursprünglichen Kategorie enthaltenen Beiträge kopiert Joomla! nicht mit. Das Duplikat ist folglich noch leer.

In diesem Kapitel:
- Einen neuen Beitrag erstellen
- Schlagwörter vergeben
- Beiträge gliedern
- Bilder in Beiträge einbauen
- Verweise und Links einfügen
- Erstellungs- und Veröffentlichungsdatum
- Die Darstellung des Beitrags anpassen
- Beiträge umsortieren
- Beiträge kopieren

KAPITEL 6
Beiträge anlegen und verwalten

Wenn alle benötigten Kategorien existieren, füllt man sie mit Beiträgen. Deren Verwaltung erfolgt über den Menüpunkt *Inhalt → Beiträge*. Die nun erscheinende Tabelle kennen Sie schon aus dem vorhergehenden Kapitel 3, *Erste Schritte im Backend*, Seite 81: Sie führt restlos alle von Joomla! verwalteten Beiträge auf (siehe Abbildung 6-1).

Je mehr Beiträge hinzukommen, desto unübersichtlicher wird die Tabelle. Sie sollten daher unbedingt von den *Suchwerkzeugen* Gebrauch machen. Besonders hilfreich ist dabei die Ausklappliste – *Kategorien wählen* –, mit der Sie die Sicht auf alle Beiträge aus einer Kategorie einschränken. Des Weiteren sollten Sie sich nur noch die auf der Website sichtbaren Beiträge anzeigen lassen, indem Sie – *Status wählen* – auf *Veröffentlicht* setzen. Reicht das immer noch nicht, ziehen Sie auch die anderen Ausklapplisten heran und lassen etwa nur die Beiträge eines ganz bestimmten Autors einblenden.

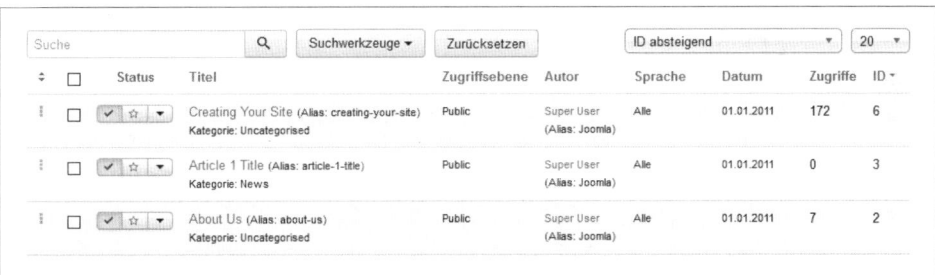

Abbildung 6-1: Die Tabelle mit allen in Joomla! gespeicherten Beiträgen.

In der Spalte *Status* kennzeichnet zunächst der grüne Haken, dass der Beitrag gerade irgendwo auf der Website zu sehen ist. Sofern das Sternchensymbol rechts daneben gelb aufleuchtet, ist der Beitrag ein ganz besonders wichtiger. Im Moment gilt das noch für keinen der Beiträge. Was man mit hervorgehobenen Beiträgen alles anstellen kann, verrät später noch ausführlich der Abschnitt »Haupteinträge kennzeichnen« ab Seite 207. Wenn Sie mit der Maus auf das Symbol mit dem nach unten zeigenden Dreieck klicken, erscheint ein Menü, mit dem Sie den Beitrag schnell *Archivieren* oder in den *Papierkorb* werfen können.

Direkt unter dem *Titel* eines jeden Beitrags steht in schwarzen Lettern, zu welcher *Kategorie* er gehört. In Abbildung 6-1 liegt der Beitrag *Article 1 Title* beispielsweise in der *Kategorie: News*.

Wer den Beitrag überhaupt lesen darf, verrät die Spalte *Zugriffsebene*. Steht dort der Begriff *Public*, können alle Besucher den Text sehen (dazu folgt später noch mehr in Kapitel 12, *Benutzerverwaltung und -kommunikation*, Seite 485). Im hinteren Bereich nennen die übrigen Spalten den *Autor* und das *Datum* der Erstellung. Bei einem mehrsprachigen Internetauftritt verrät die Spalte *Sprache*, in welchen Übersetzungen der jeweilige Beitrag erscheint (mehr dazu in Kapitel 18, *Mehrsprachigkeit*, Seite 785). Die vorletzte Spalte *Zugriffe* zeigt schließlich noch an, wie oft der Beitrag bereits von Besuchern gelesen wurde.

Tabelle 6-1 fasst noch einmal alle Spalten und ihre jeweils präsentierten Informationen zusammen.

Tabelle 6-1: Spalten der Tabelle Beiträge und ihre jeweiligen Informationen

Spalte	Bedeutung
Status	Bei einem grünen Haken sind die Beiträge aus der Kategorie prinzipiell für Besucher zu sehen.
	Bei einem gelben Sternchen sind die Beiträge zu sogenannten Haupteinträgen erhoben.
	Hinter dem schwarzen Dreieck verbergen sich häufig benötigte Funktionen.
Titel	Titel des Beitrags, darunter erscheint zudem in kleiner schwarzer Schrift seine Kategorie.
Zugriffsebene	Die Zugriffsebene legt fest, welche Besuchergruppen den Beitrag lesen dürfen.
Autor	Der Autor des Beitrags.
Sprache	Der Beitrag erscheint in dieser Sprachfassung der Website.
Datum	Das Erstellungsdatum des Beitrags.
Zugriffe	So viele Leser hatte der Beitrag bislang.
ID	Die interne Identifikationsnummer des Beitrags.

Tipp Wenn Sie die Ausklappliste *ID absteigend* auf *Zugriffe absteigend* stellen, präsentiert die Tabelle ganz oben die besonders häufig aufgerufenen Beiträge. Das sind somit auch die beliebtesten Beiträge. Sie sollten sich daher überlegen, ob Sie weitere Beiträge zu den entsprechenden Themen schreiben oder diese Beiträge besonders hervorheben.

Im Fall der Filmtoaster-Seiten existieren bislang nur die drei Beiträge aus den Beispieldaten – was sich jetzt aber umgehend ändern wird.

Einen neuen Beitrag erstellen

Um einen neuen Beitrag anzulegen, klicken Sie auf *Neu* in der Werkzeugleiste oder rufen alternativ *Inhalt* → *Beiträge* → *Neuer Beitrag* auf. Daraufhin öffnet sich der Bearbeitungsbildschirm für *Beiträge* aus Abbildung 6-2.

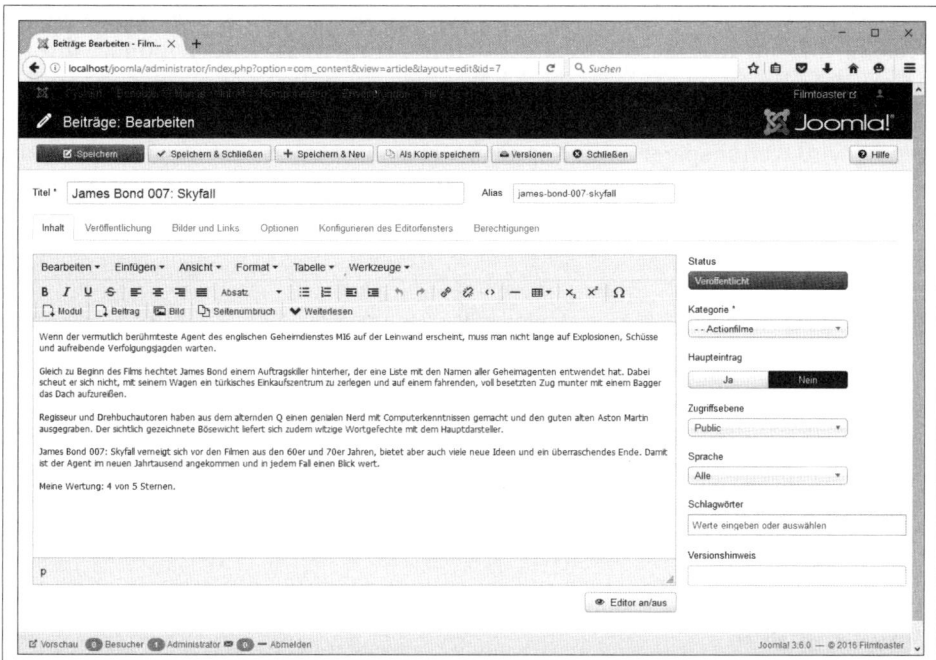

Abbildung 6-2: Alle Einstellungen für die Filmkritik von »James Bond 007: Skyfall«. Die nachfolgenden Abbildungen zeigen die einzelnen Bereiche des Formulars noch etwas größer.

Tipp Häufig genügt es bereits, dem Beitrag einen *Titel* zu verpassen, den Text in das riesige Eingabefeld zu tippen und noch eine *Kategorie* auszuwählen. Die übrigen Einstellungen stehen bereits auf sinnvollen Vorgaben. Das gilt aber leider nicht für alle Fälle.

Titel und Alias

Verpassen Sie dem neuen Beitrag zunächst im gleichnamigen Feld einen *Titel*. Er erscheint später auf der Website als Überschrift über dem eigentlichen Beitragstext. Für die Filmtoaster-Seiten soll eine neue Filmkritik her, folglich wäre hier als Titel der Filmname angebracht. Im Beispiel soll dies James Bond 007: Skyfall sein (siehe Abbildung 6-3).

Abbildung 6-3: Sie müssen mindestens das Feld Titel ausfüllen, den Beitragstext eintippen und eine Kategorie wählen. Alle anderen Einstellungen sind optional.

Im Feld rechts daneben können Sie ergänzend zum Titel einen *Alias-* beziehungsweise Ersatznamen vergeben. Wie bei den Kategorien verwendet Joomla! ihn für interne Zwecke. Lassen Sie ihn einfach leer, wählt Joomla! selbst einen passenden Alias. Bei Bedarf können Sie ihn später noch anpassen (wann das eventuell notwendig wird, verrät später noch Kapitel 21, *Suchmaschinenoptimierung*, Seite 901). In jedem Fall darf der Alias-Name keine Leerzeichen enthalten und muss unbedingt eindeutig sein – Sie dürfen also zwei Beiträgen nicht den gleichen Alias-Namen verpassen.

 **Warnung**   Sie dürfen durchaus mehreren Beiträgen den gleichen Titel verpassen (solange jeder Beitrag einen eindeutigen Alias besitzt). Ihre Besucher könnten zwei Beiträge mit identischem Titel jedoch verwirren. Darüber hinaus ist die Gefahr groß, dass sie die beiden Beiträge im Backend miteinander verwechseln. Geben Sie daher allen Beiträgen einen möglichst eindeutigen Titel. Das gelingt am einfachsten durch einen kleinen Zusatz. Möchten Sie beispielsweise zwei Titanic-Filme besprechen, könnten Sie noch das Erscheinungsjahr in den Titel aufnehmen. Der erste Beitrag würde dann *Titanic (1943)* heißen, der zweite *Titanic (1997)*. Damit lassen sich die beiden Filme eindeutig unterscheiden.

Text eingeben

Unterhalb des Titels folgt auf der Registerkarte *Inhalt* unübersehbar das größere Eingabefeld aus Abbildung 6-4. Darin tippen Sie den Text Ihres Beitrags ein. Über die Symbolleiste und das kleine Menü können Sie Ihren Beitragstext noch hübsch formatieren. Das funktioniert genau so, wie Sie es aus Ihrer Textverarbeitung gewohnt sind. Um beispielsweise einen markierten Text fett hervorzuheben, klicken Sie auf das Symbol mit dem *B* oder rufen *Format* → *Fett* auf. Einen Überblick über die Funktionen aller Symbole gibt der Anhang, *TinyMCE-Editor*.

Zum Einsatz kommt hier übrigens der TinyMCE-Editor. Er erlaubt nicht nur die komfortable Eingabe der Texte, sondern versucht sie auch möglichst so darzustellen, wie sie später auf der Website erscheinen. Das klappt jedoch nicht immer zuverlässig, da letztendlich das Template die Optik der Beiträge bestimmt.

Wenn Ihnen das Eingabefeld zu groß oder zu klein erscheint, können Sie es mithilfe der rechten unteren Ecke zurechtzupfen. Dort finden Sie eine kleine, geriffelte Fläche. Sobald Sie sie mit dem Mauszeiger berühren, verwandelt sich dieser in einen Doppelpfeil. Halten Sie jetzt die linke Maustaste gedrückt und ziehen Sie den Editor in die gewünschte Größe.

 Tipp   Da dieser Editor keine Rechtschreibkorrektur kennt, sollten Sie längere Beiträge zunächst in einer Textverarbeitung vorschreiben. Den fertigen Text fügen Sie dann über die Zwischenablage hier in das große Feld ein und formatieren ihn abschließend noch ansprechend mit den Symbolleisten des TinyMCE-Editors.

Bei einigen Textverarbeitungen kopieren Sie allerdings auf diesem Weg auch spezielle Steuerzeichen mit, die dann wiederum im fertigen Beitrag ein kleines Chaos veranstalten und die Optik der Seite zerschießen. Um das ausschließen, sollten Sie den Text zunächst in einen einfachen Texteditor und von dort aus weiter nach Joomla! kopieren. Das ist zwar etwas komplizierter, spart aber später viel Ärger und Korrekturarbeit.

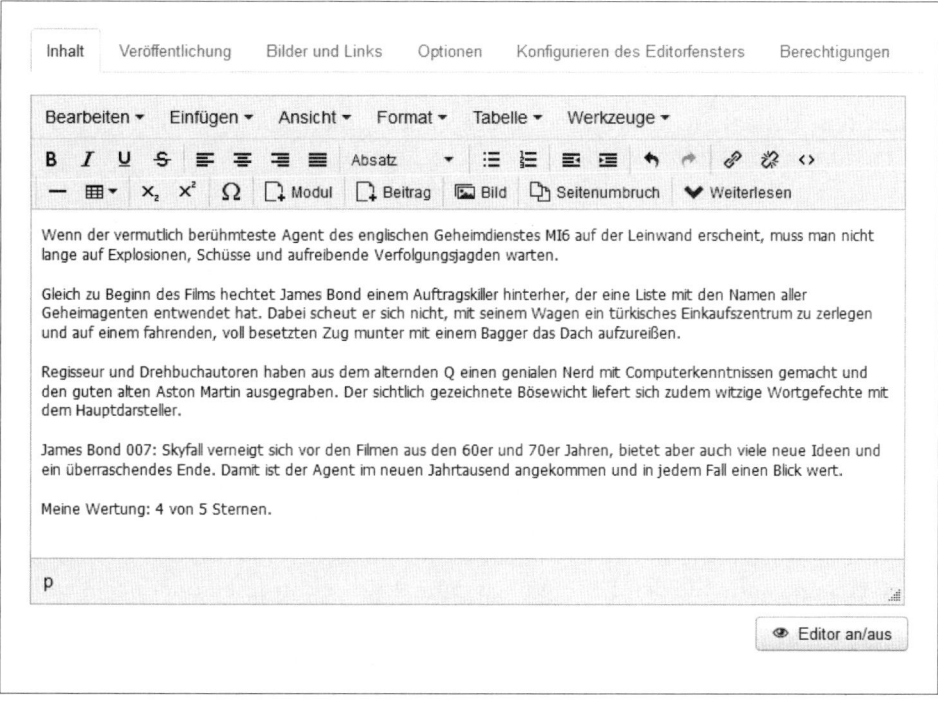

Abbildung 6-4: In diesem Editor verfassen Sie den eigentlichen Beitrag.

Wenn Sie sich gern auf die Eingabe des reinen Texts konzentrieren möchten, können Sie den TinyMCE-Editor (vorübergehend) auch gegen ein schlichtes Eingabefeld eintauschen. Dazu klicken Sie an seinem unteren Rand auf *Editor an/aus*. Über die gleiche Schaltfläche holen Sie ihn später auch wieder zurück. Joomla! erlaubt zudem den Einsatz von anderen Editoren. Wie ein solcher Austausch funktioniert, erklärt Kapitel 13, *Joomla! konfigurieren*, Seite 561.

| Tipp | Sie können den Text auch direkt mithilfe sogenannter HTML-Befehle formatieren. Diese steuern normalerweise das Aussehen herkömmlicher beziehungsweise einfacher Internetseiten. Eine gute deutsche Einführung in die Thematik bietet beispielsweise die Seite *http://www.selfhtml.org*. Sie sollten jedoch vorsichtig mit diesem machtvollen Instrument umgehen. Je nach verwendeten Befehlen greifen Sie ansonsten in das von Joomla! erzeugte Seitenlayout ein, das im Extremfall dann nur noch zerstückelt beim Betrachter ankommt. Um HTML-Befehle einzugeben, blenden Sie entweder den TinyMCE-Editor wie beschrieben aus oder rufen *Werkzeuge → Quelltext* auf. Jetzt können Sie den Text mit den HTML-Befehlen eintippen. Die Auswirkungen sehen Sie allerdings erst, wenn Sie mit einem Klick auf *OK* beziehungsweise auf *Editor an/aus* wieder zum TinyMCE-Editor zurückkehren. | |

Für die Filmkritik denken Sie sich einen passenden (Nonsens-)Text aus oder übernehmen kurzerhand den Text aus Abbildung 6-4. Lassen Sie anschließend Ihren Text über die entsprechende Schaltfläche *Speichern*. Joomla! erstellt dann im Hintergrund den Beitrag, lässt das Formular aber noch geöffnet. Damit ist Ihre mühevolle Tipparbeit gesichert, und Sie müssen auch nicht alle Schritte aus den folgenden Abschnitten an einem Stück nachvollziehen. Um Ihre Arbeit zu unterbrechen, klicken Sie auf *Speichern & Schließen*. Um den Beitrag dann später weiter zu bearbeiten, klicken Sie im Backend in der Tabelle unter *Inhalt → Beiträge* auf den Beitrag *James Bond 007: Skyfall*.

Tipp   Auch wenn Sie Ihre eigenen Beiträge anlegen, sollten Sie zwischendurch immer mal wieder den aktuellen Stand speichern. Damit geht zum einen Ihre Arbeit nicht verloren, und zum anderen können Sie bei Bedarf mit der Versionsverwaltung aus Abschnitt »Versionsverwaltung« auf Seite 245 schnell zu einem vorherigen Stand zurückkehren.

Status, Kategorie und Versionshinweis

Wenden Sie sich als Nächstes den Ausklapplisten am rechten Seitenrand zu, die Abbildung 6-5 zeigt. Achten Sie zunächst darauf, dass dort der *Status* auf *Veröffentlicht* steht. Nur dann ist der Beitrag später für die Besucher auch zu sehen. Wenn Sie den Beitrag verstecken möchten, wählen Sie hier jedoch *Versteckt*. Das ist beispielsweise ratsam, wenn Sie den Beitrag noch einmal Korrektur lesen oder nachbearbeiten müssen. Ihre Besucher bekommen dann den unfertigen Text noch nicht zu sehen. Erst wenn Sie mit dem Beitrag zufrieden sind, schalten Sie ihn unter *Status* auf *Veröffentlicht* und somit auf Ihrer Website für alle Besucher frei. Über die Ausklappliste *Status* können Sie den Beitrag zudem noch direkt in den *Papierkorb* werfen oder in das Archiv stecken (was sich hinter dem Archiv verbirgt, verrät später noch Abschnitt »Das Archiv nutzen« auf Seite 219).

Tipp   Auf kleinen Bildschirmen und in kleinen Browserfenstern finden Sie die Ausklappliste *Status* zusammen mit ihren folgenden Kolleginnen ganz am unteren Seitenrand.

In jedem Fall müssen Sie den Beitrag mit der Ausklappliste darunter in eine *Kategorie* stecken. Die Kritik zum James-Bond-Film gehört eindeutig in die Kategorie *Actionfilme*.

Wenn Sie die Ausklappliste *Kategorie* öffnen, finden Sie am oberen Ende auch ein Eingabefeld (wie das in Abbildung 6-6). Dieses hat gleich zwei Funktionen: Wenn Sie einen Begriff eintippen, zeigt Joomla! in der Liste nur noch Kategorien, die diesen Begriff in ihrem Titel enthalten. In Abbildung 6-6 gibt es beispielsweise genau drei Kategorien mit dem Wort `film`.

Tipp   Wenn die Liste wirklich so unübersichtlich ist, dass Sie über das Eingabefeld eine Kategorie suchen müssen, ist in der Regel auch die Gliederung Ihres Internetauftritts zu komplex oder sogar wirr. Sie sollten dann noch einmal den Aufbau Ihres Internetauftritts überdenken. Mehr zu diesem Thema finden Sie in Kapitel 4, *Den Internetauftritt strukturieren*, Seite 113.

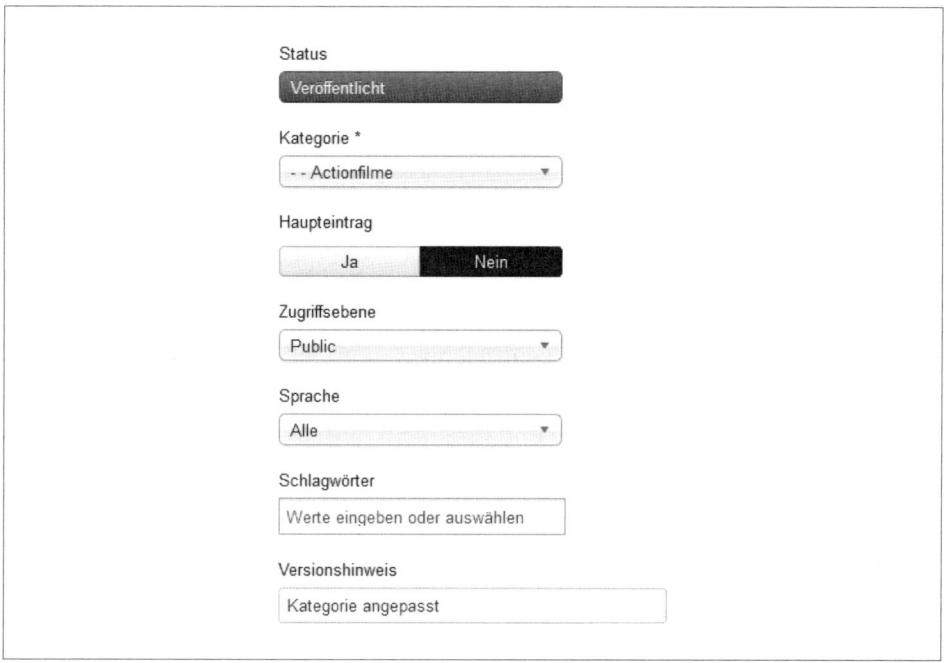

Abbildung 6-5: Über die Ausklapplisten am rechten Rand legen Sie unter anderem fest, ob der Beitrag sichtbar ist und zu welcher Kategorie er gehört.

Über das Eingabefeld können Sie aber auch schnell eine neue Kategorie anlegen. Dazu tippen Sie einfach den Namen der neuen Kategorie in das Eingabefeld und drücken die [Enter]-Taste. Sobald Sie den Beitrag speichern, legt Joomla! im Hintergrund automatisch die Kategorie an und sortiert den Beitrag dort ein.

Warnung Auf diese Weise verändern Sie nachträglich die Struktur Ihres Internetauftritts und verwirren so nicht nur Suchmaschinen, sondern insbesondere auch Ihre Besucher. Des Weiteren verwendet Joomla! einfach die Standardeinstellungen. In den meisten Fällen müssen Sie folglich hinter *Inhalt → Kategorien* doch wieder die Einstellungen der Kategorie aufrufen und sie nachbearbeiten. Aus diesen Gründen sollten Sie das Eingabefeld am besten ignorieren.

Im laufenden Betrieb kann es allerdings immer wieder passieren, dass Sie nachträglich neue Kategorien anlegen müssen – beispielsweise wenn die Kategorie *Komödien* vor lauter Filmkritiken zu unübersichtlich geworden ist. Man könnte in ihr dann noch die Unterkategorien *Farce*, *Tragikomödie* etc. erstellen. Eine solche gut begründete Anpassung sollten Sie immer über die Kategorienverwaltung hinter *Inhalt → Kategorien* vornehmen (siehe Kapitel 5, *Kategorien anlegen und verwalten*, Seite 121) und nicht »schnell mal eben« hier beim Schreiben eines neuen Beitrags.

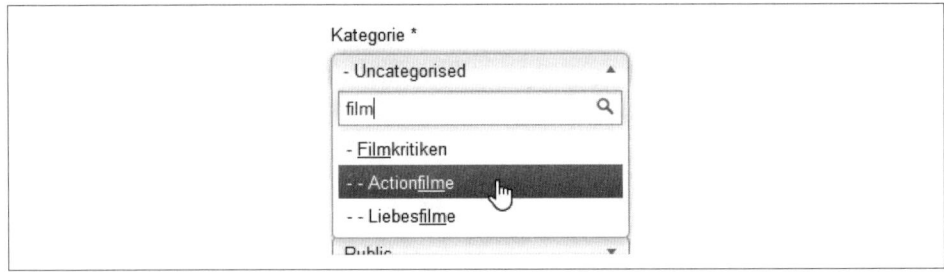

Abbildung 6-6: Die Liste zeigt hier nur noch alle Kategorien an, die den Text film enthalten.

Mit einem *Ja* bei *Haupteintrag* würden Sie den Beitrag als besonders wichtig kennzeichnen. Alle so geadelten Beiträge könnten Sie dann später unter anderem prominent auf der Startseite anzeigen lassen. Wie das im Einzelnen funktioniert und was man mit diesen sogenannten Haupteinträgen noch so alles anstellen kann, verrät später Abschnitt »Haupteinträge kennzeichnen« auf Seite 207. Die Filmkritik ist nicht extrem wichtig, belassen Sie es daher hier bei *Nein*.

Welche Personen den Beitrag lesen und verändern dürfen, regelt die *Zugriffsebene* in Zusammenarbeit mit dem Register *Berechtigungen*. Standardmäßig dürfen alle Besucher den neuen Beitrag lesen, lassen Sie also die Einstellungen hier zunächst auf ihren Vorgaben. Kapitel 12, *Benutzerverwaltung und -kommunikation*, Seite 485, wird noch einmal ausführlich auf die Rechtevergabe zurückkommen.

Die nächste Ausklappliste *Sprache* ist nur relevant, wenn Sie eine mehrsprachige Website in Angriff nehmen. Sie legt fest, in welcher Sprache der Beitrag verfasst wurde. Mit der Voreinstellung *Alle* taucht er später in jeder Sprachfassung der Website auf. Mehr zu den Übersetzungen folgt noch in Kapitel 18, *Mehrsprachigkeit*, Seite 785. Für die Filmkritik behalten Sie hier die Voreinstellung bei.

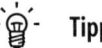 **Tipp**   Die Voreinstellung ist auch der passende Wert, wenn Sie nur einen rein deutschen beziehungsweise anderweitig einsprachigen Internetauftritt erstellen.

Wenn Sie später irgendwann einmal im Beitragstext einen Tippfehler korrigieren oder nachträglich an den Einstellungen schrauben müssen, beschreiben Sie kurz im Eingabefeld *Versionshinweis* die von Ihnen durchgeführten Änderungen. Es genügt dabei eine möglichst kurze Zusammenfassung wie etwa »Tippfehler korrigiert«. Gemeinsam mit der Versionsverwaltung aus Abschnitt »Versionsverwaltung« auf Seite 245 können Sie dann leichter nachvollziehen, wer wann wo welche Änderungen vorgenommen hat. Das ist besonders nützlich, wenn Sie mit mehreren Autoren zusammenarbeiten. Sollten Sie den Beitrag gerade erst erstellen, können Sie das Feld einfach leer lassen.

 Im Fall der Filmkritik haben Sie gerade die Kategorie angepasst. Hinterlegen Sie deshalb unter *Versionshinweis* den Text Kategorie angepasst und lassen Sie den Beitrag einmal *Speichern*. Joomla! leert dabei gleichzeitig das Feld *Versionshinweis*. Weitere Informationen zur Versionsverwaltung folgen später noch im Abschnitt »Versionsverwaltung« auf Seite 245.

Metadaten

Weiter geht es jetzt erst einmal auf der Registerkarte *Veröffentlichung* mit den Eingabefeldern auf der rechten Seite (wie sie auch Abbildung 6-7 zeigt). Die dort hinterlegten Metadaten versteckt Joomla! im ausgelieferten Beitrag, sie bleiben somit für normale Besucher Ihres Internetauftritts unsichtbar. Gedacht sind die Informationen primär für Suchmaschinen, die beispielsweise die Schlüsselwörter bei der Auswertung von Suchanfragen heranziehen.

Abbildung 6-7: Die Metadaten liefern Suchmaschinen wertvolle Informationen. Sie sollten daher die Felder Meta-Beschreibung und Meta-Schlüsselwörter immer ausfüllen.

Tipp Dass die Metadaten vorhanden sind, können Sie prüfen, indem Sie die Startseite Ihres Internetauftritts aufrufen und dann in Ihrem Browser die sogenannte Quelltextansicht einschalten (bei Firefox drücken Sie dazu [Strg]+[U]). Damit werfen Sie einen Blick hinter die Kulissen: Aus dem kryptischen Textbrei, der hier angezeigt wird, macht der Browser eine ansehnliche Webseite. Die Metadaten finden Sie ganz am Anfang dieses Codes wieder, genauer gesagt in den mit `<meta name= ...` beginnenden HTML-Befehlen. Auf der Startseite finden Sie erst einmal nur die Metadaten, die Sie bei der Installation von Joomla! vorgegeben haben, die Seiten mit den Beiträgen enthalten dann auch die hier im Formular hinterlegten Metadaten.

Unter *Meta-Beschreibung* erklären Sie kurz und bündig, um was es in Ihrem Beitrag geht. Ein Satz sollte bereits ausreichen. *Meta-Schlüsselwörter* nimmt anschließend mehrere durch Kommata getrennte Begriffe auf. Sie fassen den Inhalt des Beitrags in kurzen Worten zusammen, im Beispiel etwa `Filmkritik, Kritik, James Bond, 007, Skyfall`.

Die Einstellung bei *Robots* sagt der Suchmaschine, ob sie die Seite überhaupt betreten und den Links darauf folgen darf. Bei einer Einstellung mit *index* dürfen Google, Bing & Co. die Seite unter die Lupe nehmen (und in ihren sogenannten Index aufnehmen). *follow* erlaubt der Suchmaschine, allen Links auf der Seite zu folgen. *noindex* und *nofollow* verbieten die jeweilige Funktion.

Tipp Niemand garantiert, dass sich die Suchmaschinen auch an diese Vorgaben halten. Zumindest bei den großen Suchmaschinen, wie Google und Bing, ist es jedoch der Fall.

Weitere Tipps und Informationen zu den Metadaten finden Sie später noch in Kapitel 21, *Suchmaschinenoptimierung*, Seite 901.

 Für die Filmkritik übernehmen Sie die Vorgabe *Globale Einstellung*. Damit gelten die systemweiten Einstellungen, nach denen die Suchmaschinen den Beitrag einlesen und allen darauf befindlichen Links folgen dürfen.

Sollen die Suchmaschinen einen ganz bestimmten *Autor* für den Urheber des Beitrags halten, tragen Sie seinen (vollständigen) Namen in das gleichnamige Feld ein. Normalerweise können Sie das Feld jedoch leer lassen, insbesondere dann, wenn Sie den Autor bereits im Beitrag nennen (wie Sie das sicherstellen können, verrät der nachfolgende Abschnitt »Die Darstellung des Beitrags anpassen« ab Seite 169).

Ist der Beitrag urheberrechtlich geschützt, können Sie im Feld *Inhaltsrechte* darauf hinweisen. Dort hinein gehören etwa eine Nutzungslizenz, Patentangaben, Hinweise auf Warenzeichen oder ähnliche Informationen. Üblich ist auch eine Angabe à la »Copyright 2016«. Im Beispiel der Filmkritik könnten Sie dort angeben, dass das »Kopieren grundsätzlich verboten« ist. Denken Sie jedoch daran, dass es sich hier um eine Metainformation handelt, die Joomla! vor den Augen der Besucher versteckt. Es ist auch vollkommen unklar, wie die Browser beziehungsweise die Suchmaschinen mit dem Hinweis umgehen sollen – in der Praxis wird er folglich einfach ignoriert.

Tipp Wenn Sie Ihre Besucher auf besondere Urheberrechte oder Lizenzen hinweisen möchten, schreiben Sie diese in oder unter den eigentlichen Beitrag.

Im Feld *Externe Referenz* können Sie auf eine externe Datenquelle für den Beitrag verweisen (für HTML-Kenner: Der hier eingetippte Text landet im HTML-Tag `<meta name="xreference" content="..." />`). Werten Sie in Ihrem Beitrag beispielsweise Zahlen des Statistischen Bundesamts aus, können Sie hier auf die Internetseite des Bundesamts verweisen. Die externe Referenz wird jedoch derzeit weder von Joomla! noch von den gängigen Browsern ausgewertet, daher können Sie diese Einstellung ignorieren.

Auf der rechten Seite gibt es schließlich noch ein mysteriöses Eingabefeld namens *Schlüsselreferenz*. Um es vorwegzunehmen: Sie können es ignorieren und direkt im nächsten Abschnitt weiterlesen. Sie können darin einen Begriff hinterlegen, der intern als Referenz auf den Beitrag dient (die sogenannte *Key Reference*). Der Begriff ist somit eine Alternative für die etwas schlecht zu merkende und fest vorgegebene Identifikationsnummer. Zumindest Joomla! 3.6 speichert den hier eingetippten Begriff jedoch nur noch in der Datenbank und ignoriert ihn ansonsten. Sofern Sie keine Erweiterung einsetzen, die in irgendeiner Form die Schlüsselreferenz verwenden möchte, können Sie sie komplett ignorieren.

Für die Filmkritik sollten die Eingabefelder jetzt wie in Abbildung 6-7 aussehen. Wechseln Sie zum Register *Inhalt* und notieren Sie kurz im Eingabefeld *Versionshinweis* Ihre durchgeführten Änderungen – wie etwa: Metadaten ergänzt. Lassen Sie den Beitrag dann *Speichern*. (Weitere Informationen zum Versionshinweis finden Sie im Abschnitt »Status, Kategorie und Versionshinweis« auf Seite 140).

Autor und ergänzende Informationen

Das Register *Veröffentlichung* liefert links unten ein paar interessante Daten über den Beitrag. Die dortigen Eingabefelder aus Abbildung 6-8 füllt Joomla! automatisch aus – jedoch erst, nachdem Sie den Beitrag mindestens einmal gespeichert haben. Sie finden dort dann folgende Informationen:

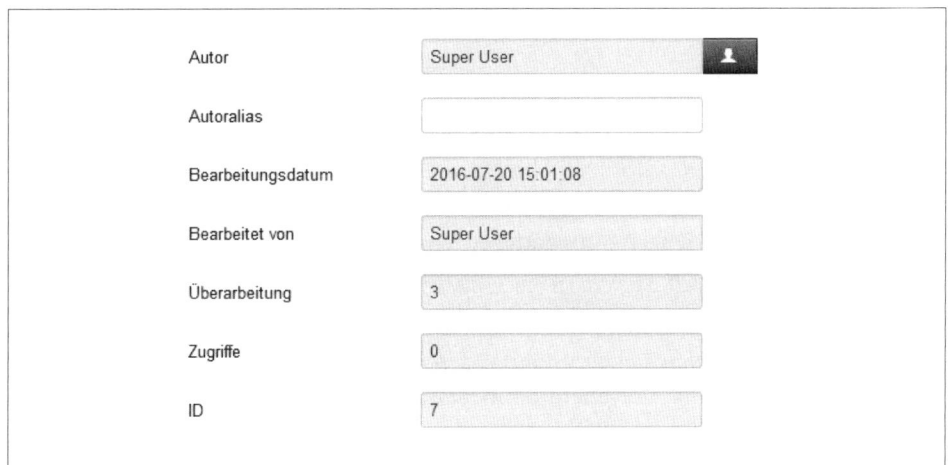

Abbildung 6-8: Bis auf den Autor gibt Joomla! die jeweiligen Informationen vor.

Autor

Im Feld *Autor* zeigt Ihnen Joomla! an, wer den Beitrag (ursprünglich) erstellt hat. Mit einem Klick auf das Symbol mit der weißen Büste dürfen Sie auch einen anderen Benutzer zum Schöpfer des Beitrags erheben. Das ist beispielsweise dann notwendig, wenn Sie den Beitrag im Auftrag eines anderen Autors erstellen.

Autoralias

Auf Ihrer Website können Sie auch immer den Autor des Beitrags einblenden lassen. Joomla! zeigt dann normalerweise den kompletten Namen an, wie etwa *Tim Schürmann*. Das ist jedoch nicht immer erwünscht – beispielsweise wenn mehrere Personen an einem Text beteiligt waren oder der Autor anonym bleiben möchte. Aus diesem Grund dürfen Sie dem Autor im Feld *Autoralias* einen anderen Namen verpassen. Dieses Pseudonym erscheint dann anstelle des tatsächlichen Namens über dem Text – wohlgemerkt, nur bei diesem Beitrag.

Bearbeitungsdatum, Bearbeitet von und Überarbeitung
Das Feld *Überarbeitung* verrät, wie oft der Beitrag schon geändert wurde. Wann dies das letzte Mal geschehen ist, können Sie unter *Bearbeitungsdatum* ablesen. Der entsprechende Täter steht schließlich noch rechts neben *Bearbeitet von*.

Zugriffe
So oft haben sich Besucher den Beitrag bereits angesehen.

ID
Im Feld *ID* steht die interne Identifikationsnummer des Beitrags (siehe auch Abschnitt »Identifikationsnummern« auf Seite 103). Wenn Sie einen neuen Beitrag anlegen, hat Joomla! noch keine Nummer vergeben, daher steht hier dann eine *0*.

Für die Filmkritik müssen Sie den Autor nicht ändern, Sie können folglich die Felder aus Abbildung 6-8 ignorieren.

Beitrag speichern

Haben Sie alle Einstellungen vorgenommen, lassen Sie den Beitrag speichern. Dazu haben Sie gleich mehrere Möglichkeiten:

- Sie klicken wie bekannt auf *Speichern*. In dem Fall sichert Joomla! alle Änderungen und legt – sofern notwendig – den Beitrag an.
- Mit einem Klick auf *Speichern & Schließen* sichert Joomla! ebenfalls den Beitrag, kehrt aber anschließend zur Tabelle mit allen Beiträgen zurück.
- Via *Speichern & Neu* sichert Joomla! den Beitrag, erstellt dann aber umgehend einen neuen. Das ist vor allem dann praktisch, wenn Sie schnell mehrere Beiträge hintereinander erstellen möchten.
- Mit einem Klick auf *Abbrechen* verwirft Joomla! sämtliche noch nicht gespeicherten Änderungen und kehrt zur Tabelle mit allen Beiträgen zurück. Wenn Sie einen vorhandenen Beitrag bearbeiten, führt *Schließen* zum gleichen Ergebnis. Da Ihre Änderungen dabei verloren gehen, sollten Sie sich den Klick auf *Abbrechen* beziehungsweise *Schließen* gut überlegen.

Wenn Sie gleich alle weiteren Schritte auf den Filmtoaster-Seiten mitmachen möchten, steht jetzt noch etwas Fleißarbeit an. Erstellen Sie auf die gezeigte Art und Weise mindestens eine weitere Kritik zu einem Actionfilm, etwa zu *James Bond: Goldfinger*. Die Kategorien zu den Liebesfilmen und Komödien bleiben hingegen absichtlich noch leer. Anschließend überlegen Sie sich mindestens zwei Veranstaltungen und zwei Blogbeiträge, die in ihren jeweiligen Kategorien landen. Sie können sich dabei wieder irgendwelche kurzen Nonsenstexte ausdenken. Wichtig ist nur, dass Sie immer jeweils ein, zwei Zeilen Text in das große Eingabefeld auf der Registerkarte *Inhalt* eintippen. Alle übrigen Einstellungen können auf ihren Vorgaben verbleiben. Nutzen Sie auch die Schaltfläche *Speichern & Neu*, um immer jeweils direkt den nächsten Beitrag in Angriff zu nehmen.

Abschließend muss noch ein Impressum her. Als *Inhalt* muss es mindestens Ihre vollständige Postanschrift und eine E-Mail-Adresse enthalten. Legen Sie das Impressum in der Kategorie *Sonstiges* ab.

Warnung Finden Sie heraus, welche Informationen Sie noch benötigen. Insbesondere wenn Sie mit Joomla! einen Unternehmensauftritt verwalten möchten, muss das Impressum zahlreiche Daten preisgeben, unter anderem das zuständige Finanzamt und die Umsatzsteuer-ID. Lassen Sie sich gegebenenfalls von einem Anwalt beraten. Einen guten ersten Anlaufpunkt bietet der Wikipedia-Artikel *https://de.wikipedia.org/wiki/Impressumspflicht*.

Schlagwörter vergeben

Sie können jedem Beitrag noch ein paar *Schlagwörter* (englisch *Tags*) anheften. Diese zeigt Joomla! später standardmäßig über dem Beitragstext an – wie in Abbildung 6-9 gezeigt. Das Aussehen der Schlagwörter bestimmt dabei das Template, in diesem Fall werden die Schlagwörter als kleine Kästchen dargestellt.

Abbildung 6-9: Die Schlagwörter Filmkritik, Action, Daniel Craig, Explosion und James Bond erscheinen hier über der Beschreibung und erlauben so eine zusätzliche Klassifizierung der Inhalte.

Klickt ein Besucher auf eines der Schlagwörter, zeigt ihm Joomla! alle Beiträge und Kategorien an, die ebenfalls dieses Schlagwort besitzen. Ihre Besucher können sich so beispielsweise schnell alle Beiträge anzeigen lassen, die sich irgendwie um das Thema *James Bond* drehen.

Ergänzend können Sie neben Ihren Beiträgen eine Auflistung mit besonders beliebten oder zum Beitrag passenden Schlagwörtern einblenden lassen. Diese Liste kann Joomla! zudem wie in Abbildung 6-10 anzeigen. Dabei erscheinen besonders häufig vergebene Schlagwörter in einer größeren Schrift. Diese Darstellung bezeichnet man neudeutsch auch als Tag-Wolke oder Tag-Cloud.

Abbildung 6-10: Hier wurde das Schlagwort Filmkritik besonders häufig vergeben.

 Tipp In jedem Fall verleiten die Schlagwörter Ihre Besucher dazu, noch weitere Beiträge zu lesen. Dazu müssen Sie aber konsequent allen Beiträgen ein oder mehrere sinnvolle Schlagwörter anheften.

Um dem Beitrag ein oder mehrere neue Schlagwörter anzuheften, öffnen Sie die Einstellungen des entsprechenden Beitrags und tippen die Begriffe auf der Registerkarte *Inhalt* rechts unten in das Eingabefeld *Schlagwörter* ein.

 Auf den Filmtoaster-Seiten soll die Filmkritik zu *James Bond 007: Skyfall* ein paar Schlagwörter erhalten (wenn Sie die Beispiele aus den vorherigen Abschnitten nicht mitgemacht haben, nehmen Sie einfach einen anderen Beitrag). Dazu klicken Sie in der Tabelle hinter *Inhalt → Beiträge* auf *James Bond 007: Skyfall*. Für die Filmkritik bietet sich zunächst das Schlagwort *Action* an. Klicken Sie in das Eingabefeld *Schlagwörter*, tippen Sie das Wort Action ein und drücken Sie die [Enter]-Taste. Joomla! übernimmt jetzt das Wort und zeigt es wie in Abbildung 6-11 in einem kleinen grauen Kästchen an. Möchten Sie weitere Schlagwörter hinzufügen, schreiben Sie wieder einfach drauflos, wobei Sie nach jedem Begriff die [Enter]-Taste drücken müssen. Im Filmtoaster-Beispiel könnten Sie noch den Schauspieler Daniel Craig, Explosion, Filmkritik und James Bond hinzufügen.

 Tipp Wenn Ihnen keine Schlagwörter einfallen, suchen Sie in Ihrem Beitrag nach besonders wichtigen oder häufig verwendeten Substantiven.

Wählen Sie zudem nicht zu viele Schlagwörter. Fünf bis maximal zehn Begriffe sollten ausreichen. Andernfalls sehen Ihre Besucher später nur noch einen verwirrenden Wörtersalat.

Während Sie tippen, schlägt Ihnen Joomla! automatisch schon bekannte Schlagwörter vor (wie in Abbildung 6-11 gezeigt). Sollte in der dabei aufklappenden Liste das gewünschte Wort darunter sein, genügt ein Klick auf den entsprechenden Eintrag, damit Joomla! es übernimmt. Diese Liste mit Vorschlägen spart somit nicht nur Tipparbeit, sie verhindert auch Mehrdeutigkeiten. Beispielsweise meinen *Gardine* und *Vorhang* dasselbe, die Begriffe würden aber vom dummen Joomla! als zwei verschiedene Schlagwörter behandelt. Wenn Ihnen Joomla! in der Liste ein ähnliches schon vorhandenes Schlagwort anbietet, geben Sie folglich immer diesem den Vorzug.

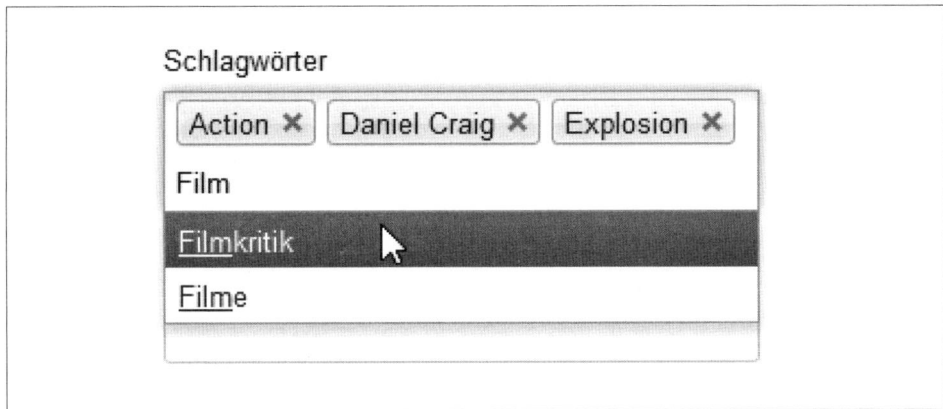

Abbildung 6-11: Joomla! schlägt schon bekannte Schlagwörter in einer Liste vor.

Ein vorhandenes Schlagwort können Sie wieder löschen, indem Sie auf das kleine Kreuzchen in seinem grauen Kasten klicken. Wenn Sie umgekehrt später weitere Schlagwörter nachtragen möchten, klicken Sie einfach in einen leeren, weißen Teil des Eingabefelds und tippen wie beschrieben drauflos.

Wenn Sie alle Schlagwörter eingegeben haben, hinterlegen Sie im Feld *Versionshinweis* eine kurze Bemerkung, wie etwa Schlagwörter ergänzt, und lassen Sie den Beitrag *Speichern & Schließen*. (Warum die Angabe eines Versionshinweises nützlich ist, erläutert Abschnitt »Status, Kategorie und Versionshinweis« auf Seite 140.)

Beiträge gliedern

Die meisten Betrachter empfinden lange Bildschirmseiten mit viel Text als eher unangenehm. Nicht nur für Autoren von Filmkritiken ergibt sich somit ein Problem: Einerseits hat man viel zu schreiben, andererseits möchte man die Augen der Leser nicht ermüden und schon gar nicht Besucher zum vorzeitigen Wegklicken animieren. Joomla! löst das Problem, indem es lange Texte in kleinere, handlichere Teile zerlegt. Dabei bietet das Content-Management-System dem Autor zwei Möglichkeiten: Zum einen kann man eine Einleitung abteilen, und zum anderen lässt sich ein langer Text auf mehrere (Unter-)Seiten verteilen.

Einleitung

Zunächst sollte man sich überlegen, wie man einen Besucher überhaupt dazu bewegt, einen längeren Beitrag zu lesen. Am besten ködert man ihn mit einer kurzen, mitreißenden Einleitung, die gleichzeitig noch einen Einblick in das behandelte Thema gewährt. Einen solchen Werbetext bezeichnet man als Intro, Vorspann, Aufmacher oder Einleitung. Mit diesem Trick arbeitet übrigens fast jede Zeitschrift: Unter dem Titel folgt immer eine kleine Zusammenfassung des eigentlichen Artikels. Auf diese Weise muss der Leser nicht erst mehrere Abschnitte durcharbeiten, nur um zu merken, dass ihn das Thema eigentlich gar nicht interessiert. Gleichzeitig sollte die Einleitung so gestaltet sein, dass sie zum Weiterlesen animiert.

Eine solche Einleitung ist auch bei Internetseiten sinnvoll: Auf der Startseite des Internetauftritts macht der Aufmacher Appetit auf den vollständigen Beitrag, zu dem dann eine kleine beigefügte *Weiterlesen*-Schaltfläche führt – ganz so wie in Abbildung 6-12.

Abbildung 6-12: Beispiel für eine Einleitung.

Um Joomla! mitzuteilen, welcher Teil Ihres Beitrags die Einleitung und welcher der Haupttext ist, öffnen Sie zunächst seine Einstellungen (indem Sie unter *Inhalt → Beiträge* seinen Titel anklicken). Für die Filmtoaster-Seiten soll die Filmkritik zu *James Bond 007: Skyfall* eine Einleitung erhalten. Öffnen Sie daher ihre Einstellungen (wenn Sie die Beispiele aus den vorherigen Abschnitten nicht mitgemacht haben, können Sie einen beliebigen anderen Beitrag verwenden.)

Platzieren Sie jetzt die Textmarke genau an der Stelle im Text, an der die Einleitung endet, bei der Kritik zu *James Bond 007: Skyfall* beispielsweise die Stelle am Ende des ersten Absatzes hinter dem Wort »warten«. Wenn Sie einen eigenen Text eingetippt haben, wählen Sie ebenfalls einfach das Ende des ersten Absatzes.

Tipp   Wie bei der Filmkritik bietet sich manchmal schon der erste Absatz als Einleitung an. Das gilt aber nur dann, wenn er schon den Inhalt umreißt. Besser ist es, am Anfang des Beitrags explizit eine neue Einleitung zu schreiben. Dieser neue Absatz sollte zum einen den Inhalt des Beitrags möglichst kurz zusammenfassen und gleichzeitig den Leser auf den Beitrag neugierig machen. Da insbesondere Letzteres nicht ganz einfach zu erreichen ist, sollten Sie sich für die Einleitung ruhig etwas Zeit nehmen.

Anschließend genügt ein Klick auf die Schaltfläche *Weiterlesen* aus der Symbolleiste des TinyMCE-Editors (in älteren Joomla!-Versionen lag die Schaltfläche noch am unteren Seitenrand). Damit trennt dann wie in Abbildung 6-13 eine rote Linie die Einleitung vom restlichen Text.

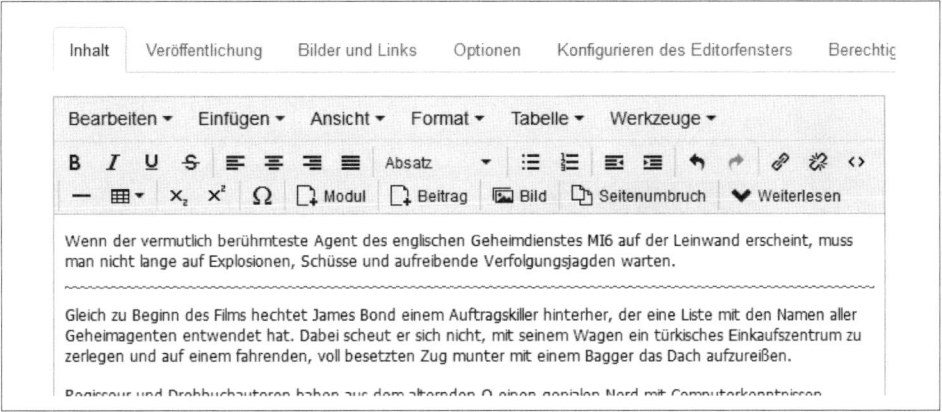

Abbildung 6-13: Die rote Linie trennt die Einleitung vom eigentlichen Haupttext.

Ab sofort erscheint auf allen Seiten, die mehrere Beiträge in der Übersicht präsentieren, nur noch die Einleitung nebst einer *Weiterlesen*-Schaltfläche. Wenn Sie die Trennung wieder loswerden wollen, löschen Sie einfach die rote Linie aus dem Text (wie ein normales Zeichen).

Tragen Sie unter *Versionshinweis* den Text Einleitung festgelegt ein und lassen Sie Ihren Beitrag *Speichern*. Der nächste Abschnitt verteilt die lange Filmkritik auf mehrere (Unter-)Seiten. (Warum die Angabe eines Versionshinweises nützlich ist, erläutert Abschnitt »Status, Kategorie und Versionshinweis« auf Seite 140.)

Unterseiten

Nachdem der Leser geködert ist, dürfen Sie seine Augen nicht durch zu viel Text ermüden. Damit das nicht passiert, können Sie längere Texte auf mehrere Internetseiten verteilen. Dafür fahren Sie zunächst mit der Einfügemarke an die Stelle im Text, an der eine neue Seite beginnen soll.

In der Filmkritik zu *James Bond 007: Skyfall* soll die Meinung des Autors auf einer neuen Seite erscheinen. Platzieren Sie deshalb die Einfügemarke am Anfang des Absatzes »James Bond 007: Skyfall verneigt sich vor den Filmen ...«. Wenn Sie einen eigenen Text eingetippt haben, wählen Sie eine beliebige andere Stelle.

In jedem Fall müssen Sie sich irgendwo hinter der Einleitung befinden, also unterhalb der roten Linie. Anschließend klicken Sie auf *Seitenumbruch* in der Symbolleiste des TinyMCE-Editors (in älteren Joomla!-Versionen befand sich die Schaltfläche noch am unteren Seitenrand). Daraufhin erscheint das Fenster aus Abbildung 6-14.

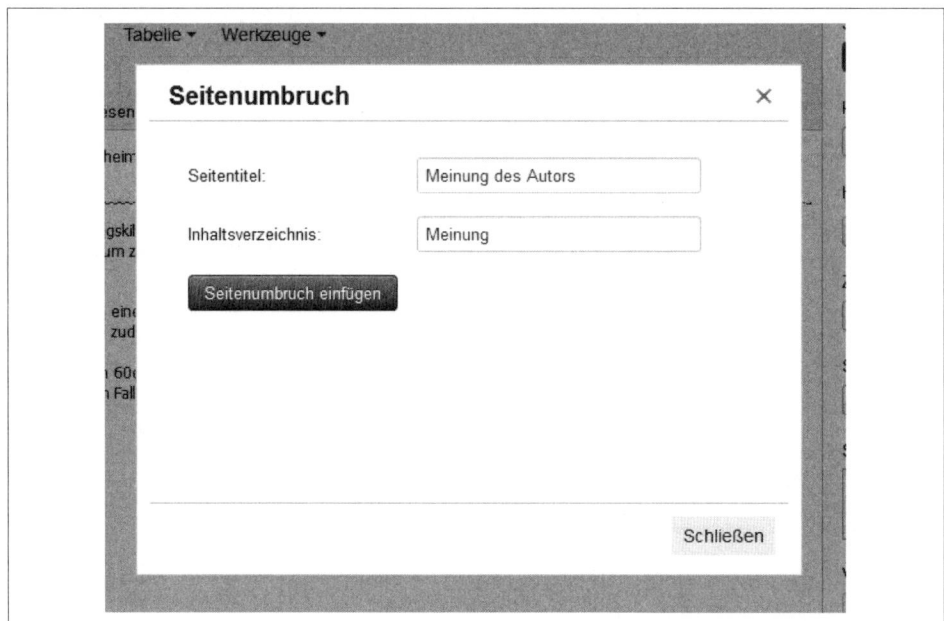

Abbildung 6-14: Der Seitentitel erscheint später ...

Wenn der Besucher auf die neue Seite umblättert, hängt das Content-Management-System den Text aus dem Feld *Seitentitel* an die Überschrift des Beitrags. Das sieht dann so aus wie in Abbildung 6-15: Dort wurde als *Seitentitel* der Text Meinung des Autors gewählt. Damit weiß der Leser, auf welcher Unterseite er sich gerade befindet. In Zeitschriften entspricht dies den Zwischenüberschriften im Text.

Damit der Besucher später schneller zwischen den einzelnen Unterseiten hin und her springen kann, erstellt Joomla! automatisch ein kleines Menü. In Abbildung 6-15 befindet es sich auf der rechten Seite. Über das Eingabefeld *Inhaltsverzeichnis* geben Sie vor, unter welchem Eintrag die neue Unterseite in diesem kleinen Menü erscheinen soll. Tippen Sie beispielsweise unter *Inhaltsverzeichnis* das Wort Meinung ein, erstellt Joomla! in dem kleinen Menü einen neuen Menüpunkt mit der Beschriftung *Meinung*. Ein Klick auf diesen Eintrag führt dann direkt zur entsprechenden Unterseite.

 Für die Filmkritik wählen Sie als *Seitentitel* wie in Abbildung 6-14 den Text Meinung des Autors und tragen unter *Inhaltsverzeichnis* das Wort Meinung ein.

In jedem Fall sollten Sie beide Texte möglichst kurz und knackig wählen. Durch einen Klick auf *Seitenumbruch einfügen* wird dieser schließlich angelegt. Das Ergebnis auf Ihrer Website sieht dann später wie das in Abbildung 6-15 aus. Beachten Sie, dass der Seitenumbruch unabhängig von der Einleitung aus dem vorherigen Abschnitt ist.

Abbildung 6-15: ... prominent neben der Überschrift. Das zusätzlich kleine Menü auf der rechten Seite erlaubt zudem einen schnellen Wechsel zwischen den einzelnen Unterseiten.

Am Ende einer jeden Unterseite blendet Joomla! die Schaltflächen *Weiter* und *Zurück* ein. Über sie kann der Besucher zwischen den einzelnen Seiten hin und her wechseln. Die erste Seite erreicht man im kleinen Menü übrigens immer über den Titel des Beitrags (in Abbildung 6-15 ist das *James Bond 007: Skyfall*). Der Punkt *Alle Seiten* zeigt den gesamten Text auf einer einzigen Seite an.

Nach dem gezeigten Verfahren können Sie beliebige weitere Seitenumbrüche einfügen: Fahren Sie an die Stelle, an der eine neue Unterseite beginnen soll, klicken Sie auf *Seitenumbruch*, füllen Sie das Formular aus und lassen Sie den *Seitenumbruch einfügen*. Das kleine Menü aktualisiert Joomla! dann automatisch.

Ob ein oder mehrere Seitenumbrüche wirklich sinnvoll sind, hängt vom jeweiligen Text beziehungsweise seinem Inhalt ab. Als Faustregel gilt: Einen Seitenumbruch sollten Sie immer nach jeweils rund 3.500 bis 4.000 Zeichen setzen, wobei der komplette Text mindestens 5.000 Zeichen besitzen sollte. Einfügen sollten Sie einen Seitenumbruch allerdings nicht stur nach jeweils 3.500 Zeichen, sondern bevorzugt dort, wo im Text ein neuer Gedanke oder ein neues Thema beginnt. Die Filmkritik aus dem Beispiel beschreibt zunächst den Filminhalt, dem dann die Meinung des Autors folgt. Es bietet sich daher an, einen Seitenumbruch nach der Filmbeschreibung zu setzen.

Tipp
Sollte es beim Einfügen eines Seitenumbruchs Probleme geben, schalten Sie kurzzeitig den TinyMCE-Editor ab (über *Editor an/aus*). Fahren Sie dann an die Stelle im Text, an der Sie eigentlich den Seitenumbruch einfügen wollten, und tippen Sie dort folgenden kryptischen Text ein:

```
<hr title="..." alt="..." class="system-pagebreak" />
```

Zwischen die ersten beiden Anführungszeichen (hinter `title=`) schreiben Sie den Text aus dem Feld *Seitentitel*, und zwischen die anderen beiden Anführungszeichen (hinter `alt=`) gehört der Text aus dem Feld *Inhaltsverzeichnis*. Aktivieren Sie anschließend den TinyMCE-Editor wieder (über *Editor an/aus*).

Den Beitrag mit der Filmkritik sollten Sie jetzt wieder zwischenspeichern. Dazu tippen Sie als *Versionshinweis* die Angabe Text aufgeteilt ein und klicken auf *Speichern & Schließen*. (Warum solch ein Hinweis nützlich ist, erläutert Abschnitt »Status, Kategorie und Versionshinweis« auf Seite 140.)

Bilder in Beiträge einbauen

Derzeit besteht die Filmkritik noch aus einer hässlichen Textwüste. Höchste Zeit also, sie mit einem passenden Foto etwas aufzulockern.

 Um einen Beitrag mit einem Bild zu versehen, öffnen Sie zunächst seine Einstellungen (indem Sie in der Tabelle hinter *Inhalt → Beiträge* auf seinen Titel klicken). Auf den Filmtoaster-Seiten soll die Filmkritik zu *James Bond 007: Skyfall* mit einem Foto geschmückt werden. Öffnen Sie daher deren Einstellungen (wenn Sie die Beispiele aus den vorherigen Abschnitten nicht mitgemacht haben, können Sie einen beliebigen anderen Beitrag verwenden.)

☞ **Warnung**   Beachten Sie dabei das Urheberrecht! Gerade bei einer Filmkritik liegt es nahe, sich irgendwo ein passendes Bild aus dem Internet zu angeln. Die Rechteinhaber populärer Filme sind jedoch in dieser Hinsicht ziemlich streng. Daher finden Sie auch auf unserer Download-Seite kein Beispielbild für die Kritik zu *James Bond 007: Skyfall*.

Wenn Sie fremde Bilder in Ihre Beiträge übernehmen möchten, fragen Sie immer den Urheber des Bilds um Erlaubnis. Andernfalls riskieren Sie eine teure Abmahnung. Weitere Informationen hierzu finden Sie im Abschnitt »Rechtliche Aspekte« auf Seite 259.

Bilder einfügen

Seit Joomla! 3.5 können Sie die Bilddatei einfach mit der Maus von Ihrer Festplatte in den Text ziehen. Sobald sich der Mauszeiger über dem TinyMCE-Editor befindet, erhält dieser eine gestrichelte Umrandung. Wenn Sie jetzt die Maustaste loslassen, fügt Joomla! das Bild an der Stelle der Einfügemarke ein. Diese Methode funktioniert recht unkompliziert und schnell. Sie können ein Bild aber noch auf einem zweiten Weg einfügen, der ein paar interessante zusätzliche Einstellungen bietet.

 Dazu fahren Sie zunächst mit der Einfügemarke an die Stelle im Text, an der das Bild später erscheinen soll – im Fall der Filmkritik ganz ans Ende des Beitrags. Klicken Sie anschließend auf die Schaltfläche *Bild* in der Symbolleiste des TinyMCE-Editors (in älteren Joomla!-Versionen befand sie sich noch unterhalb des Eingabefelds). Es erscheint dann das Fenster aus Abbildung 6-16.

Im oberen weißen Bereich zeigt Ihnen Joomla! alle ihm bereits bekannten Bilder an. Zur besseren Übersicht sind sie in verschiedenen Unterverzeichnissen zusammengefasst. Die Navigation erfolgt wie im Dateimanager Ihres Betriebssystems: Ein Klick auf einen der blauen Ordner betritt ihn, per *Hoch* oder mit der Ausklappliste *Verzeichnis* am oberen linken Fensterrand gelangen Sie wieder eine oder mehrere Ebenen zurück. Sofern Ihnen eines der schon vorhandenen Bilder zusagt, klicken Sie es an.

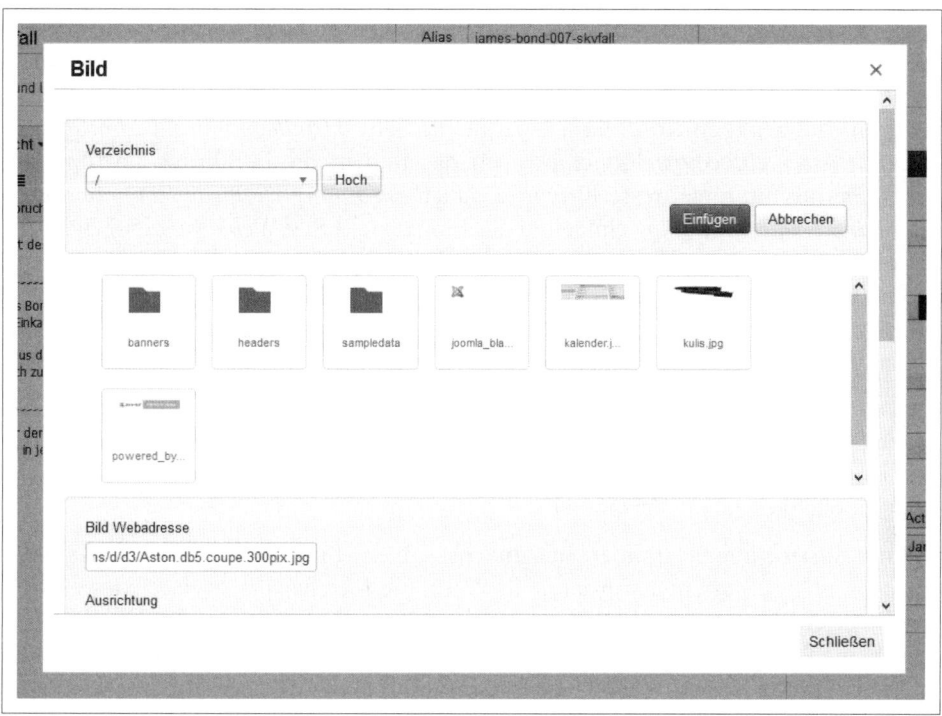

Abbildung 6-16: Übernahme eines Bilds in einen Beitrag.

Tipp Die im oberen Bereich präsentierten Bilder liegen im Unterverzeichnis *images* Ihrer Joomla!-Installation. Wie Sie sie dort verwalten, verrät Ihnen Abschnitt »Medien verwalten« auf Seite 250.

Warnung Wie Sie in Abbildung 6-16 sehen, besitzt das Fenster gleich mehrere Bildlaufleisten, die für unterschiedliche Bereiche zuständig sind. Solch ein Durcheinander finden Sie auch in anderen Fenstern von Joomla!. Welche Bildlaufleiste welche Informationen freigibt, müssen Sie im Zweifelsfall durch Experimentieren herausfinden.

Häufig schneiden diese weißen Fenster auch einfach geöffnete Ausklapplisten ab. In solch einem Fall müssen Sie ebenfalls mit einer der Bildlaufleisten nach unten fahren (siehe dazu den Kasten *Das Problem mit abgeschnittenen Ausklapplisten* auf Seite 133).

Haben Sie hingegen ein (einigermaßen) passendes Bild auf der Festplatte liegen, wählen Sie es im Fenster ganz unten via *Durchsuchen...* aus und klicken auf *Hochladen starten*. Joomla! holt die Datei dann zu sich auf den Server und fügt sie seinen bekannten Bildern hinzu. Dort klicken Sie das Bild einmal an.

Eine dritte Möglichkeit besteht darin, die Internetadresse zu einem Bild in das Eingabefeld *Bild Webadresse* einzutippen. Das bietet sich auch im Fall des Films *James Bond 007: Skyfall* an: Unter *http://upload.wikimedia.org/wikipedia/commons/d/d3/ Aston.db5.coupe.300pix.jpg* finden Sie ein Bild des Sportwagens Aston Martin DB5, wie ihn James Bond im Film *Skyfall* gefahren hat. Das Bild gehört eigentlich zum entsprechenden Wikipedia-Artikel (*http://de.wikipedia.org/wiki/Aston_Martin_DB5*). Der Fotograf Martin Hidinger hat das Foto jedoch für jede beliebige Benutzung freigegeben, die genauen Konditionen nennt die Seite *http://commons.wikimedia.org/ wiki/File:Aston.db5.coupe.300pix.jpg*. Um das Bild in die Filmkritik einzubinden, geben Sie die Internetadresse *http://upload.wikimedia.org/wikipedia/commons/d/d3/ Aston.db5.coupe.300pix.jpg* einfach in das Eingabefeld *Bild Webadresse* ein. Sie müssen es also nicht erst auf Ihrem Computer zwischenspeichern und dann mühsam mit Joomla! wieder hochladen. Doch Vorsicht: Bei dieser Methode bindet Joomla! das Bild nur ein. Wird es auf dem fremden Server gelöscht (im Beispiel also aus der Wikipedia), fehlt es auch umgehend in Ihrem Beitrag.

Egal auf welchem der drei Wege Sie ein Bild einbinden, in jedem Fall finden Sie jetzt im Feld *Bild Webadresse* den Dateinamen oder die Internetadresse zum Foto wieder. Unter diesem Eingabefeld stehen Ihnen noch ein paar weitere wichtige Einstellungsmöglichkeiten zur Verfügung.

Mit der *Ausrichtung* bestimmen Sie zunächst, ob das Bild später im Text links- oder rechtsbündig ausgerichtet werden soll. Wenn Sie hier beispielsweise *Links* einstellen, klebt das Foto später am linken Rand, wobei sich der Text rechts am Bild vorbeischlängelt. Für die Filmkritik belassen Sie hier einfach die Voreinstellung.

Das Feld *Beschreibung* fasst noch einmal zusammen, was auf dem Bild zu sehen ist. Für die Filmkritik wäre das beispielsweise `Der Aston Martin aus dem Film James Bond 007: Skyfall`. Dieser Text ist insbesondere für Suchmaschinen und blinde Besucher gedacht sowie für den Fall, dass das Bild nicht angezeigt werden kann.

Der unter *Bildtitel* eingetippte Text erscheint immer dann, wenn der Besucher mit seiner Maus auf das Bild fährt und ein paar Sekunden wartet. Für die Filmkritik wählen Sie einfach `Aston Martin DB5`.

In jedem Fall sollten Sie dem Bild noch eine Bildunterschrift im Feld *Bildbeschriftung* verpassen. Für die Filmkritik wählen Sie: `Der Oldtimer aus dem Film James Bond 007: Skyfall ist ein Aston Martin DB5`. Diese Bildunterschrift erscheint standardmäßig linksbündig unter dem Foto. Genau das können Sie über das Eingabefeld *Caption-Klasse* ändern. Wenn Sie dort `text-right` eintippen, richtet Joomla! die Bildunterschrift rechtsbündig aus. Mit `text-center` hingegen erscheint die Bildunterschrift zentriert unterhalb des Fotos. `text-left` wiederum richtet die Bildunterschrift garantiert linksbündig aus (wie es auch normalerweise der Fall ist). Es gibt allerdings einen kleinen Haken: Die Angabe im Feld *Caption-Klasse* muss das Template berücksichtigen. Beim standardmäßig aktiven *Protostar* ist dies der Fall. Darüber hinaus verstehen Templates neben `text-right`, `text-center` und `text-left` noch weitere Formatierungsbefehle. Diese verrät Ihnen der Entwickler des Templates.

Für die Filmkritik lassen Sie das Eingabefeld *Caption-Klasse* leer, die Bildunterschrift wird dann linksbündig ausgerichtet.

Tipp HTML-Kenner dürfte interessieren, dass Joomla! ein Foto wie folgt in die Webseite einbettet:

```
<figure>
    <img title="Bildtitel" src="/joomla/images/foto.jpg"
                    alt="Beschreibung" />
    <figcaption class="text-right">Bildbeschriftung</
                    figcaption>
</figure>
```

Der Bildtitel landet im Attribut `title`, die Beschreibung im Attribut `alt`. Die Bildbeschriftung wiederum steht zwischen `figcaption`-Tags. Dieser weist Joomla! noch die *Caption-Klasse* zu.

Per *Einfügen* platzieren Sie das gewählte Bild schließlich im Text.

Warnung Ab jetzt gibt es keine komfortable Möglichkeit mehr, die Ausrichtung und den Bildtitel zu verändern. Wie es dennoch gelingt, verrät gleich Abschnitt »Bildeinstellungen ändern und Bilder aus dem Text löschen« auf Seite 159.

Joomla! zeigt das Bild jetzt allerdings noch nicht ganz so an, wie es später auf Ihrer Website zu sehen sein wird. Das betrifft insbesondere die Ausrichtung: Selbst wenn das Foto am rechten Rand erscheinen soll, klebt es hier im Editor erst einmal noch am linken Rand. Das fertige Ergebnis sehen Sie erst dann, wenn Sie den Beitrag speichern und anschließend im Frontend betrachten. Lassen Sie sich folglich hier nicht durch den Editor irritieren.

Ihren damit optisch aufgemotzten Beitrag sollten Sie erneut speichern. Beschreiben Sie aber vorher noch kurz Ihre durchgeführten Änderungen im Eingabefeld *Versionshinweis*. Im Beispiel bietet sich etwa `Bild eingefügt` an (mehr zum Versionshinweis finden Sie im Abschnitt »Status, Kategorie und Versionshinweis« auf Seite 140). Lassen Sie danach Ihren Beitrag *Speichern*.

Sie können den TinyMCE-Editor in einen sogenannten kompletten Modus schalten. Die Symbolleisten bieten dann einige weitere Funktionen an. Unter anderem stellt der Editor eine weitere Methode zum Einfügen eines Bilds bereit.

Tipp Dieser komplette Modus ist eigentlich im normalen Betrieb nicht notwendig. Aktivieren Sie ihn nur, wenn Sie die in ihm angebotenen Funktionen wirklich benötigen. Weitere Informationen hierzu finden Sie in Kapitel 14, *Plug-ins*, Seite 585, und in Anhang *TinyMCE-Editor*.

Um den kompletten Modus einzuschalten, rufen Sie im Backend *Erweiterungen → Plugins* auf, klicken in der Liste *Editor – TinyMCE* an, setzen die *Funktionalität* auf *Komplett* und lassen die Änderung *Speichern & Schließen*.

Jetzt können Sie ein Foto aus dem Internet in den Text einfügen (wie etwa das Bild des Aston Martin aus der Wikipedia), indem Sie mit der Einfügemarke an die Stelle im Text fahren, an der das Bild erscheinen soll. Rufen Sie dann *Einfügen → Bild einfügen/bearbeiten* auf. Joomla! zeigt Ihnen jetzt das Fenster aus Abbildung 6-17 an.

Abbildung 6-17: Über dieses Fenster können Sie ebenfalls ein Bild einbinden.

Bei *Quelle* tragen Sie die Internetadresse ein, unter der das Bild zu finden ist – also etwa http://upload.wikimedia.org/wikipedia/commons/d/d3/Aston.db5.coupe.300pix.jpg für den Aston Martin aus der Wikipedia. Des Weiteren können Sie noch eine *Bildbeschreibung* vergeben (sie entspricht dem Feld *Beschreibung* im Fenster aus Abbildung 6-16). Die *Abmessungen* des Bilds ermittelt Joomla! selbstständig. Ein Haken vor *Seitenverhältnis beibehalten* sorgt dafür, dass das Foto nicht verzerrt erscheint. Weitere Einstellungen sind hier allerdings nicht möglich, insbesondere können Sie keine Bildunterschrift vergeben und auch kein Bild hochladen.

 Tipp Wenn Sie mit der Medienverwaltung aus Abschnitt »Medien verwalten« auf Seite 250 ein Foto hochgeladen haben, können Sie es hier ebenfalls einbinden. Das ist allerdings reichlich umständlich: Tippen Sie unter *Quelle* zunächst den Dateinamen des Fotos ein. Sofern Sie das Bild mit der Medienverwaltung in einem Unterverzeichnis gespeichert haben, stellen Sie den Namen des Ordners dem Dateinamen voran. Vor das fertige Gebilde setzen Sie schließlich noch ein *images/*. Geben Sie beispielsweise *images/filmkritiken/auto.jpg* ein, bindet Joomla! das Foto *auto.jpg* ein, das im Unterverzeichnis *filmkritiken* liegt und von Joomla! verwaltet wird. Sie merken sicher schon: Es ist wesentlich einfacher, ein Bild über einen der anderen Wege in den Text einzufügen.

Größe der Bilder ändern

Bilder fügt Joomla! immer in ihrer Originalgröße in den Text ein. Um nicht die Beitragsseite zu sprengen, sollten Sie insbesondere Fotos schon vor dem Hochladen mit einem Bildbearbeitungsprogramm verkleinern. Als Faustregel gilt, dass Bilder zur Illustration dabei nicht breiter als 650 Pixel sein sollten. Wenn Sie das Bild vorab verkleinern, belegt es gleichzeitig auch weniger Speicherplatz. Es müssen folglich weniger Daten durch das Internet wandern, was insbesondere Nutzer von Mobiltelefonen und Tablets freut.

Zusätzlich können Sie im TinyMCE-Editor das Bild mit der Maus in die gewünschte Größe zupfen. Dazu klicken Sie das Bild einmal an. Es erhält jetzt an seinen Ecken kleine weiße Kästchen. Wenn Sie mit der Maus über ein Kästchen fahren, verwandelt sich der Zeiger in einen Doppelpfeil. Halten Sie jetzt die linke Maustaste gedrückt und ziehen Sie dann das Bild in die richtige Größe. Auf diese Weise lassen sich vor allem auch Bilder aus einer externen Quelle, im Beispiel das Bild aus der Wikipedia, auf passende Abmessungen bringen.

Wenn Ihnen die Methode mit der Maus zu ungenau ist und sich der TinyMCE-Editor im sogenannten kompletten Modus befindet (siehe vorherigen Abschnitt), klicken Sie das Bild einmal an und rufen *Einfügen* → *Bild einfügen/bearbeiten* auf. Im jetzt erscheinenden Fenster können Sie die *Abmessungen* des Bilds in Pixeln eingeben. Ein Haken neben *Seitenverhältnis beibehalten* stellt sicher, dass das Foto später nicht verzerrt erscheint.

Warnung	Wenn Sie die Größe mit der Maus oder über *Einfügen* → *Bild einfügen/bearbeiten* anpassen, stellt der Browser das Bild nur verkleinert beziehungsweise vergrößert dar. Die Bilddatei selbst bleibt unverändert. Sollte Ihr Foto satte 12 MByte groß sein, wandern diese weiterhin komplett durch das Internet – selbst wenn es nur in Briefmarkengröße auf Ihrer Webseite erscheint. Das wiederum dürfte Nutzer einer teuren Mobilfunkverbindung verärgern. Bringen Sie daher am besten das Bild schon vor dem Hochladen mit einem Bildbearbeitungsprogramm auf die passenden Abmessungen.

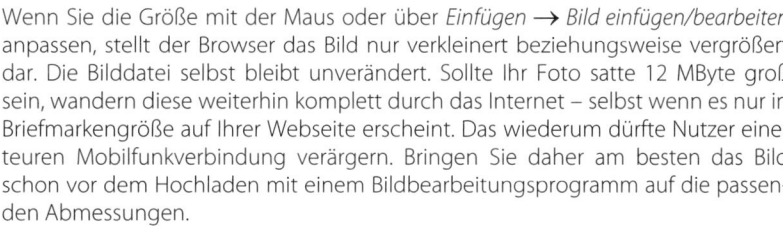

Bilder im Text umplatzieren

Um das Bild nachträglich an eine andere Stelle zu verschieben, haben Sie zwei Möglichkeiten:

- Parken Sie den Mauszeiger über dem Bild, halten Sie dann die linke Maustaste gedrückt und ziehen Sie es an seine richtige Position. Im Hintergrund wandert dabei die Einfügemarke mit. An genau ihrer Stelle legt Joomla! das Bild ab, sobald Sie die Maustaste loslassen. Doch Vorsicht: Bei diesem Verfahren reißen Sie die Bildunterschrift ab, die dann einsam im Text zurückbleibt.

- Markieren Sie das komplette Bild samt Bildunterschrift, als wäre es ein Zeichen im Text (beispielsweise bei gedrückter [Umschalt]-Taste mit den Pfeiltasten). Schneiden Sie es dann via [Strg]+[X] in die Zwischenablage aus, bugsieren Sie die Einfügemarke an die Zielposition und setzen Sie das Bild dort über [Strg]+[V] wieder ein.

Bildeinstellungen ändern und Bilder aus dem Text löschen

Wenn Sie Ihrem Bild eine Bildunterschrift beziehungsweise Bildbeschriftung spendiert haben, können Sie diese jederzeit schnell nachbearbeiten. Dazu klicken Sie einfach in den Text der Bildunterschrift und ändern sie wie auch jeden anderen Text.

Wenn Sie den TinyMCE-Editor in den sogenannten kompletten Modus versetzt haben (wie im Abschnitt »Bilder einfügen« auf Seite 154 beschrieben), können Sie auch nachträglich die Beschreibung verändern. Dazu klicken Sie auf das Bild und rufen dann *Einfügen → Bild einfügen/bearbeiten* auf. Im erscheinenden Fenster können Sie Ihrem Foto dann eine andere *Bildbeschreibung* verpassen.

Die übrigen Einstellungen, wie etwa der Bildtitel und insbesondere die Ausrichtung, lassen sich zumindest in Joomla! 3.6 leider nur etwas umständlich ändern. Die einfachste Variante besteht darin, das Bild komplett zu löschen und es dann über die Schaltfläche *Bild* neu einzufügen. Alternativ deaktivieren Sie den TinyMCE-Editor über die entsprechende Schaltfläche *Editor an/aus*. Sie sehen jetzt den Text so, wie ihn Joomla! später an den Browser Ihrer Besucher ausliefert. Darunter finden Sie auch mehrere kryptische Formatierungsbefehle in spitzen Klammern. In diesem Textbrei suchen Sie jetzt Ihr Bild. Orientieren Sie sich dabei am besten an der Bildunterschrift oder am Dateinamen des Bilds. Sie werden dann auf eine Textpassage stoßen, die folgendermaßen aussieht:

```
<figure class="pull-right">
    <img title="Bildtitel" src="images/foto.jpg" alt="Beschreibung" />
    <figcaption class="text-right">Bildbeschriftung</figcaption>
</figure>
```

Hier finden Sie den Bildtitel, die Beschreibung und die Bildbeschriftung wieder, die Sie jetzt einfach anpassen können. Ändern Sie aber nur den Text zwischen den Anführungszeichen und achten Sie penibel darauf, dass Sie nicht noch andere Stellen ändern. Die Ausrichtung des Bilds steht ganz am Anfang hinter `<figure class="`. Der Text `pull-right` würde das Foto an den rechten Seitenrand drücken, `pull-left` richtet das Bild linksbündig aus, während `pull-center` das Foto zentriert anzeigt. Sie können die Angabe einfach gegen das gewünschte Kürzel austauschen. Achten Sie aber auch hier wieder darauf, dass die Anführungszeichen erhalten bleiben. Wenn Sie Ihre Änderungen vorgenommen haben, klicken Sie erneut auf *Editor an/aus*.

Tipp   Wenn Ihnen der Weg über die kryptischen Kürzel zu kompliziert oder verwirrend erscheint, löschen Sie das Foto und fügen es einfach noch einmal mit den richtigen Werten ein. Dieser Weg ist die sichere Variante.

Möchten Sie das Bild später wieder loswerden, löschen Sie es wie ein einzelnes Zeichen aus dem Text. Alternativ klicken Sie es einmal an und drücken dann die [Entf]-Taste auf Ihrer Tastatur. Bei dieser Methode bleibt jedoch wieder die Bildunterschrift zurück, die Sie ebenfalls wie normalen Text löschen können.

Einleitungs- und Beitragsbilder

Bilder lassen sich bequem über den Button *Bild* einbinden (wie im Abschnitt »Bilder einfügen« auf Seite 154 vorgestellt). Das funktioniert natürlich auch in der Einleitung, wie Abbildung 6-18 beweist. Wie dort aber zu sehen, ist das Bild in der Einleitung viel zur groß. Es wäre daher gut, wenn Joomla! auf den Übersichtsseiten eine kleinere Fassung des Bilds anzeigen könnte. Klickt der Besucher dann auf *Weiterlesen*, soll in der Einleitung ein anderes, größeres Bild erscheinen.

Abbildung 6-18: Hier wurde ein Bild versuchsweise in die Einleitung gesetzt. Es erscheint somit auch prominent auf den Übersichtsseiten.

Genau das ermöglichen in den Einstellungen eines Beitrags die Regler und Eingabefelder auf der linken Seite des Registers *Bilder und Links*. Das dort eingestellte *Einleitungsbild* erscheint später in der Einleitung auf den Übersichtsseiten – und zwar nur dort. Das unter *Komplettes Beitragsbild* eingetragene Bild steht hingegen immer am Anfang eines Beitrags (wie in den Abbildungen 6-19 bis 6-21 gezeigt). Beide Bilder stellt Joomla! zudem immer automatisch an den Anfang des Texts.

Das jeweilige Bild binden Sie über *Auswählen* ein, woraufhin das schon aus den vorherigen Abschnitten bekannte Fenster erscheint. Darin können Sie ein neues Bild hochladen oder sich für eines der vorhandenen Bilder entscheiden. Haben Sie sich verklickt, entfernen Sie das Bild über die Schaltfläche mit dem *X* wieder.

Tipp Sie können die Größe der Bilder hier nicht mehr nachträglich verändern. Folglich müssen Sie vorab sicherstellen, dass beide Bilder die korrekten Maße aufweisen – etwa mithilfe eines Bildbearbeitungsprogramms.

Anders als in den Abbildungen 6-19 bis 6-21 würde man in der Praxis normalerweise nur ein Bild in zwei verschiedenen Größen verwenden: Das kleinere kommt in die Einleitung als *Einleitungsbild*, die größere Variante dann als Aufmacher in den Beitrag als *Komplettes Beitragsbild*. Alternativ könnte man auch als Einleitungsbild einen (pfiffig gewählten) Ausschnitt des Beitragsbilds verwenden. Bei der Filmkritik zu *James Bond 007: Skyfall* könnten Sie beispielsweise einen Scheinwerfer mit einem Bildbearbeitungsprogramm ausschneiden und dies als Einleitungsbild verwenden. Als Beitragsbild setzen Sie dann das komplette Fahrzeug ein.

Abbildung 6-19: Diese Einstellungen ...

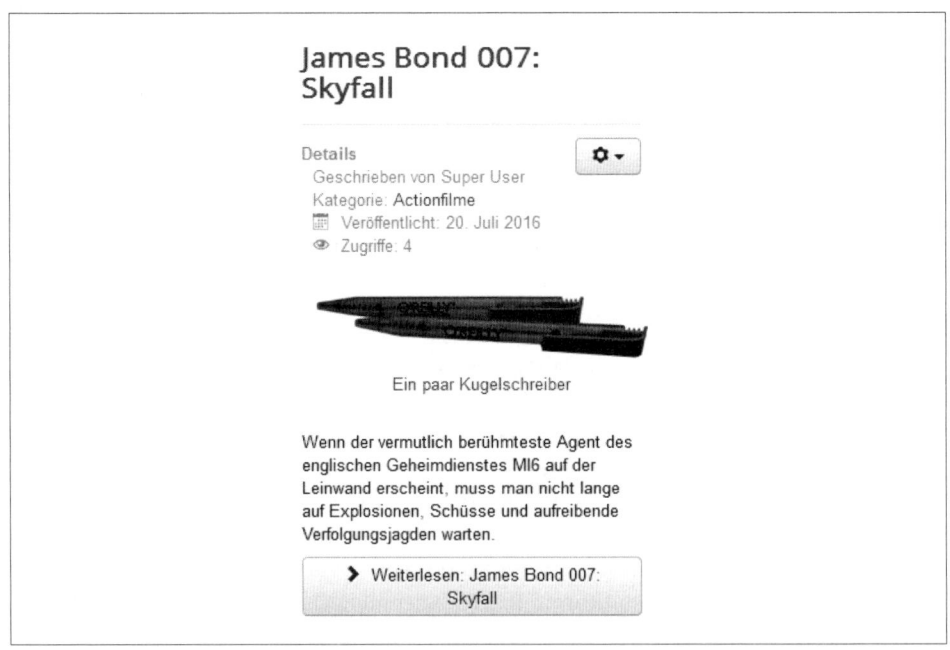

Abbildung 6-20: ... führen zu dieser Einleitung ...

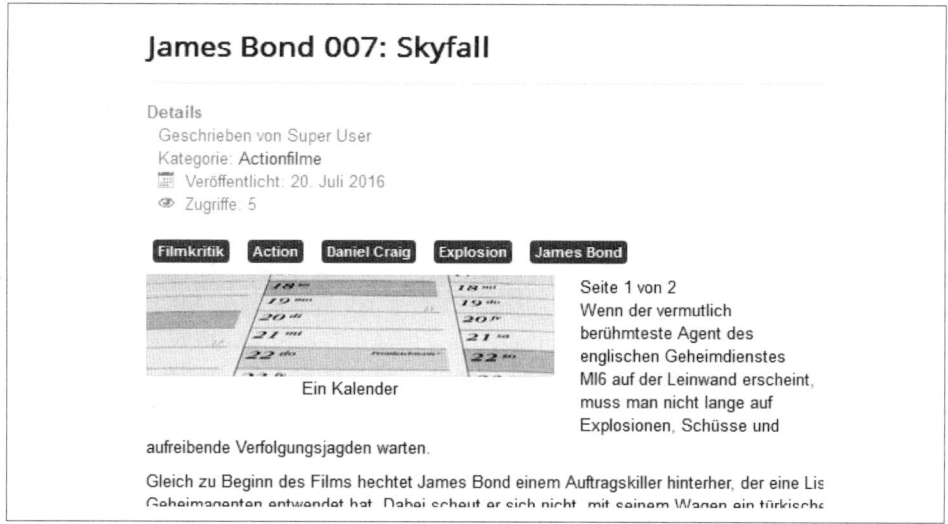

Abbildung 6-21: ... und diesem Beitrag.

Der Text fließt um beide Bilder herum. Auf welcher Seite er das tut, regeln Sie über die Ausklappliste *Textumfließung des Bildes*. Die jeweilige Ausklappliste bezieht sich immer auf das direkt darüber ausgewählte Bild. Die Einstellung *Keine* schaltet den Textumfluss ab, der Text beginnt damit also unterhalb des Bilds.

Verpassen Sie beiden Bildern unter *Alternativer Text* auch stets eine Beschreibung. Diese erscheint unter anderem immer dann, wenn das Bild aus irgendeinem Grund nicht geladen werden konnte. Darüber hinaus hilft sie Suchmaschinen und Menschen mit eingeschränkter Sehfähigkeit, die mit einem speziellen Browser Ihren Internetauftritt besuchen. Falls gewünscht, können Sie auch noch eine *Bildunterschrift* vergeben. Hier beziehen sich die Eingabefelder ebenfalls immer auf das direkt darüber gewählte Einleitungs- beziehungsweise Beitragsbild.

Für die Filmkritik sind solche Bilder nicht notwendig, lassen Sie die Felder also leer und *Schließen* Sie die Einstellungen des Beitrags.

Verweise und Links einfügen

In Ihren Beiträgen können Sie auch auf vorhandene Kollegen verweisen sowie Links auf beliebige andere Internetseiten setzen. Beides erfordert allerdings ganz unterschiedliche Handgriffe.

Querverweise auf bestehende Beiträge einfügen

Wer sich für den Film *Skyfall* interessiert, könnte auch Gefallen am James-Bond-Klassiker *Goldfinger* finden. Man könnte daher in der Filmkritik zu *James Bond 007: Skyfall* einen Querverweis auf die Kritik zu *James Bond: Goldfinger* einfügen. Auf diese Weise lockt man geschickt den Leser auf eine andere Seite des eigenen Internetauftritts. Im Folgenden soll deshalb genau dieser Querverweis angelegt werden. Wenn Sie die Beispiele aus den vorherigen Abschnitten nicht mitgemacht haben, wählen Sie einfach zwei andere Beiträge.

Öffnen Sie zunächst die Einstellungen des Beitrags, in den Sie den Querverweis einfügen möchten. Auf den Filmtoaster-Seiten klicken Sie dazu hinter *Inhalt* → *Beiträge* die Kritik zu *James Bond 007: Skyfall* an.

Setzen Sie jetzt die Eingabemarke an die Position im Text, an der Sie den Querverweis einfügen möchten. In der Filmkritik fahren Sie ans Textende (hinter der Wertung »Meine Wertung: 4 von 5 Sternen.«). Klicken Sie anschließend auf die Schaltfläche *Beitrag* in der Symbolleiste des TinyMCE-Editors (in älteren Joomla!-Versionen befand sich die Schaltfläche noch am unteren Seitenrand). Es öffnet sich dann das Fenster aus Abbildung 6-22, das alle vorhandenen Beiträge auflistet.

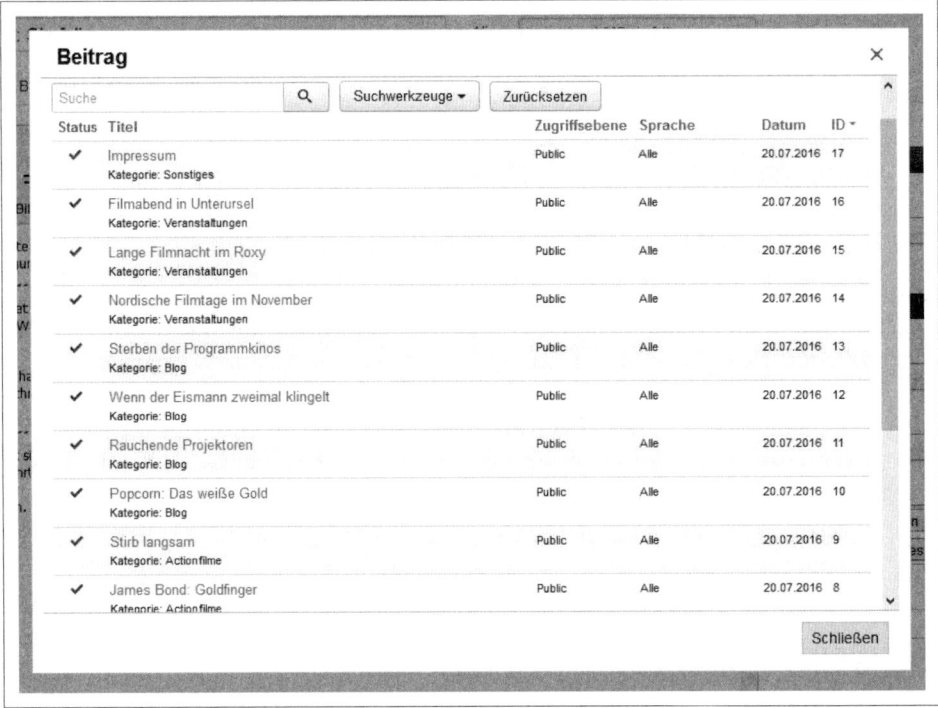

Abbildung 6-22: Über dieses Fenster fügen Sie einen Querverweis auf einen anderen Beitrag ein.

Über die *Suchwerkzeuge* und das Suchfeld am oberen Rand können Sie die Ansicht einschränken beziehungsweise nach einem ganz bestimmten Beitrag fahnden. Alle derzeit auf Ihrer Website veröffentlichten und somit prinzipiell sichtbaren Beiträge besitzen einen grünen Haken in der ersten Spalte *Status*. Haben Sie den gewünschten Beitrag ausgemacht, klicken Sie einfach seinen *Titel* an. Im Beispiel entscheiden Sie sich für die Kritik zu *James Bond: Goldfinger*. Joomla! fügt dann einen entsprechenden Link direkt in Ihren Text ein. Wenn ihn später ein Besucher anklickt, landet er unmittelbar bei der Filmkritik zu *James Bond: Goldfinger*.

Den Link können Sie wie jeden normalen Text nachbearbeiten und auch wieder löschen. Möchten Sie ihn nachträglich an eine andere Stelle in Ihrem Text verschieben, schneiden Sie ihn via [Strg]+[X] aus und fügen ihn an seiner eigentlichen Stelle im Text per [Strg]+[C] ein.

Der Link trägt als Beschriftung standardmäßig nur den Titel des Beitrags. Damit der Link nicht so allein im Beitrag steht, sollten Sie um ihn herum noch ein paar erklärende Worte schreiben. Im Beispiel könnten Sie vor den Link noch den Hinweis Lesen Sie auch unsere Filmkritik zu einfügen. Damit wissen Ihre Besucher, warum es einen Link zu *Goldfinger* in einer Kritik zu *Skyfall* gibt.

Einzelne Beiträge können Sie nur bestimmten Besuchern zugänglich machen (wie das funktioniert, erläutert Ihnen Kapitel 12, *Benutzerverwaltung und -kommunikation*, Seite 485). Verweise auf solche exklusiven Beiträge zeigt Joomla! im Text wie alle anderen Links an. Klickt ein beliebiger Besucher darauf, erscheint nur eine ziemlich kryptische Fehlermeldung. Um den Besucher nicht verwirrt zurückzulassen, haben Sie zwei Möglichkeiten:

- Sie können den Querverweis auf den exklusiven Beitrag immer entsprechend kennzeichnen – beispielsweise indem Sie hinter den Link Folgendes in Klammern schreiben: (nur für registrierte Mitglieder).
- Alternativ rufen Sie die Einstellungen des exklusiven Beitrags auf, wechseln dort auf die Registerkarte *Optionen* und stellen *Nicht zugängliche Links* auf *Ja*. Joomla! zeigt dann anstelle der Fehlermeldung zumindest die Einleitung des exklusiven Beitrags an und bittet gleichzeitig den Besucher, sich anzumelden.

Links auf Internetseiten einfügen

Neben Querverweisen zu anderen Beiträgen dürfen Sie auch Links auf beliebige Internetseiten einbauen. Beispielsweise könnten Sie am Ende der Filmkritik auf die offizielle James-Bond-Seite unter *http://www.007.com* verweisen.

Dazu fahren Sie mit der Eingabemarke an die Position im Text, an der Sie den Link einfügen möchten, im Fall der Filmkritik also ans Textende (hinter der Wertung »Meine Wertung: 4 von 5 Sternen.«). Klicken Sie dann in der Symbolleiste des TinyMCE-Editors auf das Symbol mit der geschlossenen Kette oder rufen Sie *Einfügen → Link einfügen/bearbeiten* auf. Joomla! blendet jetzt das Fenster aus Abbildung 6-23 ein.

Im Feld *URL* hinterlegen Sie die Internetadresse zur gewünschten Seite, im Fall der Filmkritik wäre das *http://www.007.com*. Ein Link besteht aus einem kurzen Text oder einem Begriff, den der Besucher anklicken kann. Genau diesen Text tragen Sie im Feld *Anzuzeigender Text* ein. Im Beispiel könnte man Zur offiziellen 007-Seite eintippen.

Tipp   Wenn Sie unsicher sind oder Ihnen kein passender Text einfällt, wiederholen Sie im Feld *Anzuzeigender Text* einfach noch einmal die *URL*.

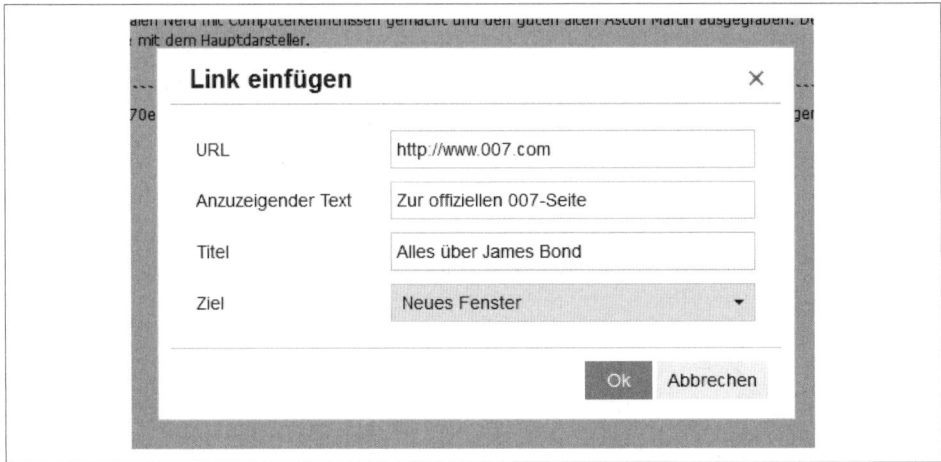

Abbildung 6-23: Über dieses Fenster fügen Sie einen Link auf eine andere Internetseite ein.

Im Feld *Titel* beschreiben Sie noch einmal ganz kurz, wohin der Link den Besucher führt. Den hier eingetragenen Text zeigt der Browser später an, wenn der Besucher seinen Mauszeiger auf dem Link platziert. Für die Filmkritik wählen Sie Alles über James Bond.

Wenn der Besucher auf den Link klickt, wechselt der Browser zur Seite *http://www.007.com*. Damit verlässt der Besucher jedoch auch Ihren Internetauftritt. Das können Sie verhindern, indem Sie *Ziel* auf *Neues Fenster* setzen. Dann öffnet der Browser die fremde Internetseite in einem neuen Fenster beziehungsweise Register (Tab). Geben Sie deshalb dieser Methode möglichst den Vorzug. Für das Beispiel sollte das Fenster jetzt wie in Abbildung 6-23 aussehen.

Nach einem Klick auf *OK* fügt Joomla! den Link in den Text ein. Dort können Sie ihn wie jeden anderen Text nachbearbeiten. Wenn Sie die Internetadresse oder den Titel ändern wollen, platzieren Sie die Eingabemarke im Link. Klicken Sie anschließend auf das Symbol mit der geschlossenen Kette oder rufen Sie *Einfügen → Link einfügen/bearbeiten* auf. Sie landen dann wieder im bekannten Fenster aus Abbildung 6-23.

Einen Link löschen Sie wie jeden anderen Text. Alternativ können Sie die Verlinkung aufheben beziehungsweise den Link in normalen Text umwandeln. Dazu setzen Sie die Eingabemarke in den Link und klicken in der Symbolleiste auf das Symbol mit der gesprengten Kette (*Link entfernen*).

Mit der vorgestellten Methode fügen Sie Links direkt in den Text ein, Joomla! kann aber zusätzlich auch Links an den Beitrag anhängen. Diese Links erscheinen dann wie in Abbildung 6-24 wahlweise oberhalb oder unterhalb des Beitrags. Normalerweise fungieren diese Links als Quellennachweis oder zeigen auf eine Seite mit weiterführenden Informationen. In der Filmkritik könnte man beispielsweise so auf die Wikipedia-Seite zu »James Bond 007: Skyfall« verweisen.

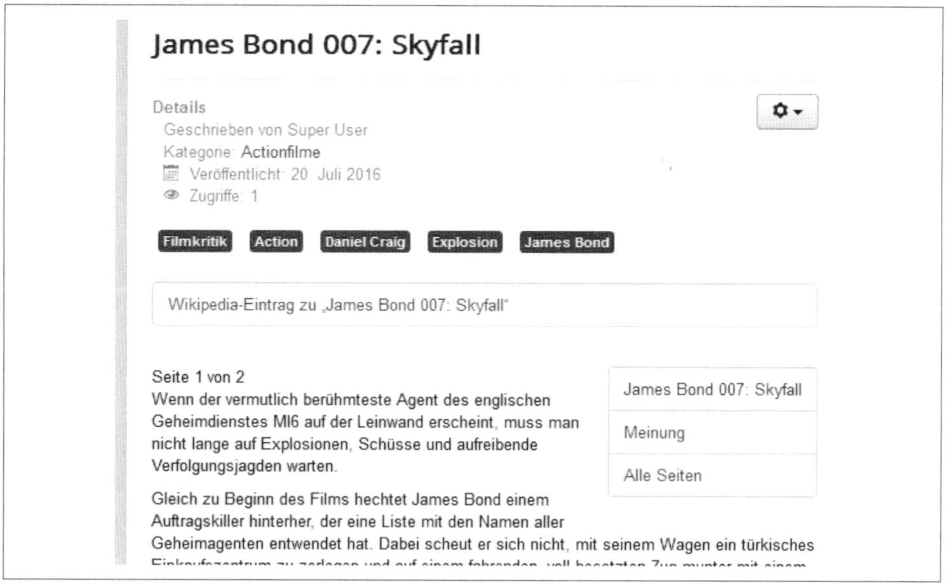

Abbildung 6-24: Link A erscheint später über dem Beitrag.

Dazu wechseln Sie zum Register *Bilder und Links*. Auf der rechten Seite können Sie jetzt dem Beitrag insgesamt drei Links anheften (*Link A* bis *Link C*). Wenden Sie sich zunächst den ersten drei Einstellungen zu. Im Feld *Link A* hinterlegen Sie die Internetadresse auf die externe Webseite. Im Beispiel der Filmkritik soll der Link auf den Wikipedia-Artikel zu Skyfall verweisen. Tragen Sie deshalb die Adresse https://de.wikipedia.org/wiki/James_Bond_007:_Skyfall ein.

In das Feld *Linktext A* wandert die Beschriftung des Links, im Beispiel etwa Wikipedia-Eintrag zu »James Bond 007: Skyfall«. Wenn ein Besucher den Link anklickt, öffnet der Browser die externe Seite im gleichen Fenster. Die Filmkritik würde also durch die Wikipedia-Seite ersetzt. Über die Ausklappliste *URL-Zielfenster* können Sie dieses Verhalten ändern:

In gleichem Fenster öffnen
    Dies ist das Standardverhalten: Der Browser des Besuchers ersetzt die Filmkritik durch den Wikipedia-Artikel.

In neuem Fenster öffnen
    Der Wikipedia-Artikel erscheint in einem komplett neuen Browserfenster beziehungsweise in einem neuen Register (Tab).

Als Pop-up-Fenster öffnen
    Der Wikipedia-Artikel erscheint in einem neuen, kleinen Browserfenster ohne Navigationsleiste.

Modalfenster
    Joomla! dunkelt die Seite mit der Filmkritik ab, öffnet ein eigenes kleines Fenster und zeigt darin dann den Wikipedia-Artikel an. Sie kennen solche Fenster bereits von der Auswahl der Bilder.

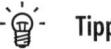 **Tipp** Wenn Joomla! die Seite durch die fremde Seite ersetzt, kehrt der Besucher meist nicht mehr zu Ihrer Seite zurück. Unter Umständen verwirren Sie ihn damit sogar. Sie sollten daher Links immer in einem separaten Fenster öffnen lassen.

 Für die Filmkritik wählen Sie den Punkt *In neuem Fenster öffnen*.

Auf die gleiche Weise können Sie dem Beitrag noch zwei weitere Links hinzufügen (*Link B* und *Link C*). Später auf der Website kann Joomla! diese Links dann ober- oder unterhalb des Beitragstexts platzieren (in Abbildung 6-24 steht er über dem Beitragstext). Wo genau die Links erscheinen, bestimmen Sie im Register *Optionen* mit der Ausklappliste *Linkpositionierung* (die Einstellung finden Sie recht weit unten). Im Fall der Filmkritik sollte der Link am besten unterhalb des Beitrags angezeigt werden. Klicken Sie daher neben *Linkpositionierung* auf *Darunter*.

 Sichern Sie Ihre Änderungen wieder. Dazu wechseln Sie zunächst auf die Registerkarte *Inhalt*, hinterlegen unter *Versionshinweis* den Text Links hinzugefügt und klicken auf *Speichern & Schließen*. (Mehr zum Versionshinweis finden Sie im Abschnitt »Status, Kategorie und Versionshinweis« auf Seite 140.)

Erstellungs- und Veröffentlichungsdatum

Sobald Sie einen Beitrag erstellt haben, erscheint er auf der Website – und steht dort so lange, bis Sie ihn eigenhändig wieder verstecken. Sie können den Beitrag aber auch zeitgesteuert erscheinen und wieder verschwinden lassen. Das ist insbesondere bei Nachrichten sinnvoll, die ein Verfallsdatum besitzen. Beispielsweise ist die Ankündigung eines Filmabends im Mehrzweckveranstaltungssaal von Unterursel nur so lange für die Besucher interessant, wie der Filmabend noch nicht stattgefunden hat.

 Um einen Beitrag zeitgesteuert ein- und ausblenden zu lassen, öffnen Sie seine Einstellungen. Sofern Sie alle Beispiele für die Filmtoaster-Seiten bis hierhin mitgemacht haben, suchen Sie sich hinter *Inhalt* → *Beiträge* eine passende Veranstaltung aus und klicken ihren Titel an. Andernfalls wählen Sie einfach einen anderen Beitrag.

Auf der Registerkarte *Veröffentlichung* warten jetzt links oben die Einstellungen aus Abbildung 6-25.

Unter *Veröffentlichung starten* tragen Sie ein, wann der Beitrag auf der Website auftauchen, und unter *Veröffentlichung beenden*, wann er von dort wieder verschwinden soll. Über die kleinen Kalendersymbole rechts neben den Eingabefeldern öffnen Sie zunächst einen etwas größeren Kalender. Darin wählen Sie das gewünschte Datum aus. Die Uhrzeit passen Sie anschließend im Eingabefeld an. Alternativ tippen Sie das Datum im Format *Jahr-Monat-Tag Stunde:Minute:Sekunde* direkt ein. Das Jahr müssen Sie dabei vierstellig angeben, alle anderen Angaben als zweistellige Zahlen. Ein Beispiel wäre 2016-07-21 15:13:08.

Um die zeitgesteuerte Veröffentlichung zu starten, lassen Sie den Beitrag einmal *Speichern*. Wenn später die Zeit des Beitrags abgelaufen ist, nimmt Joomla! ihn zwar von der Website, das Backend führt ihn aber weiterhin als veröffentlicht. In der Tabelle hinter *Inhalt → Beiträge* markiert ihn Joomla! allerdings in der Spalte *Status* mit einem Durchfahrt-verboten-Schild ( ).

Abbildung 6-25: Hier legen Sie unter anderem fest, wann der Beitrag auf der Website erscheinen und von dort auch wieder verschwinden soll.

Möchten Sie später einen abgelaufenen Beitrag wieder anzeigen lassen, löschen Sie einfach die Eingabefelder *Veröffentlichung starten* und *Veröffentlichung beenden*.

Joomla! merkt sich zudem für jeden Beitrag, wann er angelegt wurde. Unter *Erstellungsdatum* dürfen Sie diese Angabe fälschen. Ein Klick auf das nebenstehende Kalendersymbol öffnet einen kleinen Kalender, der die Eingabe vereinfacht. Andernfalls notieren Sie Datum und Zeit wie beim Veröffentlichungsdatum nach dem Schema *Jahr-Monat-Tag Stunde:Minute:Sekunde*. Das Jahr müssen Sie dabei wieder vierstellig angeben, alle anderen Angaben als zweistellige Zahlen.

In der Regel müssen Sie das Erstellungsdatum nicht ändern. Das gilt auch im Beispiel der Filmtoaster-Seiten. Lassen Sie daher den Beitrag *Speichern & Schließen*.

Die Darstellung des Beitrags anpassen

Auf Ihrer Website zeigt Joomla! neben dem Beitragstitel und dem eigentlichen Beitragstext auch noch ein paar weitere Informationen an. Dazu zählen unter anderem der Autor und das Erstellungsdatum. In Abbildung 6-26 sind sämtliche verfügbaren Informationen eingeblendet.

Welche Informationen Joomla! im Einzelnen präsentiert, dürfen Sie selbst für jeden Beitrag festlegen. Dazu öffnen Sie die Einstellungen des entsprechenden Beitrags und wechseln zum Register *Optionen*.

Warnung   Es gibt noch andere Ecken und Funktionen in Joomla!, die diese Einstellungen hier überschreiben können. Das sind in erster Linie die Menüpunkte (Sie lesen richtig), aber auch die Systemvorgaben nehmen Einfluss auf das Aussehen einer Seite. Und als wäre das noch nicht genug, wirken einige der Einstellungen nur unter ganz bestimmten Bedingungen beziehungsweise in ganz bestimmten Situationen (in welchen genau, erfahren Sie unter anderem im direkt folgenden Kapitel).

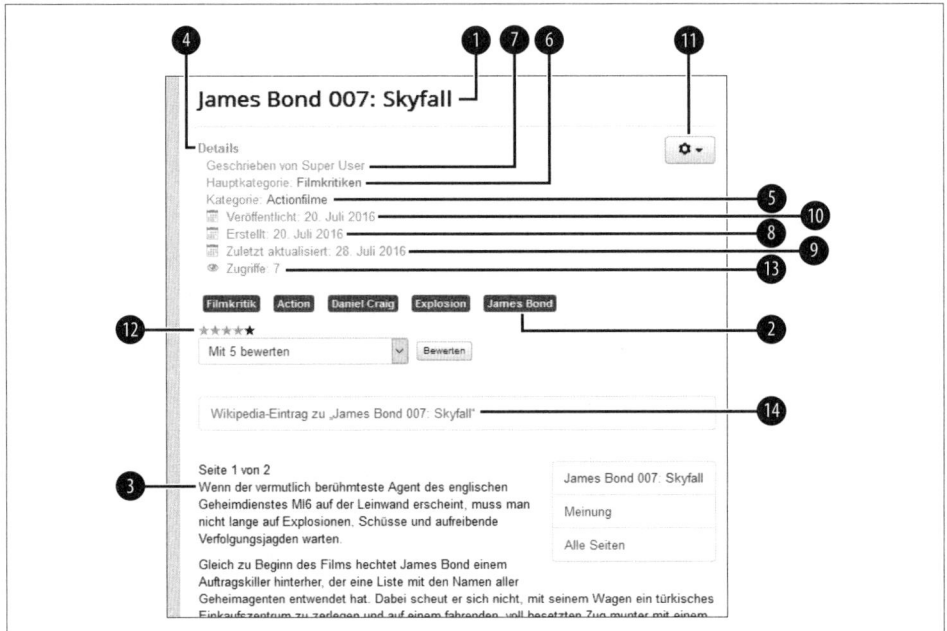

Abbildung 6-26: Die zusätzlichen Informationen stellt Joomla! an den Anfang des Beitrags.

Die einzelnen Punkte in diesem Register bestimmen, ob das zugehörige Element auf der Seite erscheinen soll (*Anzeigen* beziehungsweise *Ja*) oder nicht (*Verbergen* beziehungsweise *Nein*). Standardmäßig stehen die meisten Punkte auf *Globale Einstellung*. In diesem Fall gelten die systemweiten Vorgaben. Diese sind wiederum im Backend unter *Inhalt → Beiträge* und dort über die Schaltfläche *Optionen* auf der Registerkarte *Beiträge* änderbar.

Im Folgenden erfahren Sie, welche Ausklappliste welche Information ein- beziehungsweise ausblendet. Für die Filmtoaster-Seiten öffnen Sie die Einstellungen der Filmkritik zu *James Bond 007: Skyfall* und wechseln zum Register *Optionen*. Gehen Sie dann die folgenden Punkte einmal durch und überlegen Sie, ob die jeweilige Information beziehungsweise Funktion sinnvoll ist.

Tipp Wenn Sie unsicher sind, belassen Sie einfach alle Einstellungen auf ihren jeweiligen Vorgaben. Das gilt auch später für Ihre eigenen Beiträge.

Joomla! zeigt dann standardmäßig den Beitragstitel, den Autor, die Kategorie, das Veröffentlichungsdatum, die Anzahl der Zugriffe und die Schlagwörter an.

Titel

Der *Titel* des Beitrags erscheint standardmäßig über dem Beitrag. In Abbildung 6-26 ist dies *James Bond 007: Skyfall*. ❶ Wenn Sie den Titel *Verbergen* lassen, fehlt folglich die Überschrift über dem Beitrag.

Titel verlinken
: Mit der Einstellung *Ja* erscheint die Überschrift als Link, der (wieder) direkt zum Haupttext des Beitrags führt – also die gleiche Wirkung wie der *Weiterlesen*-Link besitzt (siehe auch Abschnitt »Einleitung« auf Seite 149).

Tags anzeigen
: Hiermit können Sie die Schlagwörter des Beitrags ein- und ausblenden. ❷

Einleitungstext
: Einen Beitrag kann man in zwei Hälften aufspalten: in die Einleitung und den nachfolgenden Haupttext (siehe Abschnitt »Einleitung« auf Seite 149). Ist hier *Verbergen* aktiviert, wird die Einleitung nicht angezeigt (in Abbildung 6-26 wäre dann folglich der Absatz »Wenn der vermutlich berühmteste Agent ...« verschwunden ❸). Ein Ausblenden ist beispielsweise dann sinnvoll, wenn Sie die Einleitung nur dazu benutzen, Ihre Besucher auf die Seite zu locken, dieser »Locktext« aber anschließend nicht mehr im eigentlichen Beitrag erscheinen soll.

Position der Beitragsinfo
: In Abbildung 6-26 erscheinen die Informationen zum Autor, zur Kategorie und so weiter *über* dem eigentlichen Beitragstext. Möchten Sie die ganzen Zusatzinformationen an das Ende des Beitrags verschieben, wählen Sie in dieser Liste den Punkt *Darunter*. In der Einstellung *Aufteilen* stellt Joomla! einige Informationen (wie den Autor) an den Anfang des Beitragstexts, die übrigen hingegen an das Ende. Die Wahl von *Darüber* stellt alle Informationen wieder vor den eigentlichen Text (wie in Abbildung 6-26).

Beitragsinfotitel
: Über die Zusatzinformationen wie den Autor und das Veröffentlichungsdatum schreibt Joomla! noch in fetter Schrift das Wort *Details* ❹. Wenn Sie dieses Wort stört, können Sie es über die Ausklappliste *Beitragsinfotitel* verbergen lassen.

Kategorie
: Hierüber können Sie den Namen der Kategorie ein- und ausblenden, in der sich der Beitrag befindet. In Abbildung 6-25 ist dies *Kategorie: Actionfilme* ❺.

Kategorie verlinken
: Wenn Sie hier *Ja* einstellen, kann der Besucher mit einem Klick auf die Kategorie direkt zu ihrer Übersichtsseite beziehungsweise einer Aufstellung mit allen in ihr enthaltenen Beiträgen springen. Das Ganze funktioniert natürlich nur, wenn der Name der Kategorie auch sichtbar ist (siehe den vorherigen Punkt).

Übergeordnete Kategorie und Übergeordnet verlinken
: Diese beiden Einstellungen funktionieren analog zu den beiden vorherigen Punkten, nur dass hier noch zusätzlich die übergeordnete Kategorie angezeigt wird. Auf den Filmtoaster-Seiten steckt beispielsweise die Filmkritik zu *James Bond 007: Skyfall* in der Kategorie *Actionfilme*, die sich wiederum in der Kategorie *Filmkritiken* befindet. Würden Sie jetzt *Übergeordnete Kategorie* auf *Anzeigen* setzen, verrät Joomla! im Beitrag zu *James Bond 007: Skyfall*, dass die

Hauptkategorie die *Filmkritiken* sind (siehe ❻ in Abbildung 6-26). Steht *Übergeordnet verlinken* auf *Ja*, würde zudem aus dem Wort *Filmkritiken* ein Link erstellt werden, der schnurstracks zur Übersichtsseite der Kategorie *Filmkritiken* führte.

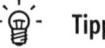 **Tipp** Die Nennung der Kategorie und der übergeordneten Kategorie ist gerade bei größeren Seiten noch einmal eine kleine Orientierungshilfe für den Besucher und ergänzt die Breadcrumb-Leiste. Empfehlenswert ist das Anzeigen der Kategorien insbesondere, wenn Sie ein Glossar, eine Wissensdatenbank oder ähnliche Seiten anbieten. Ein Besucher, der den Beitrag zur »Umlaufblende« liest, weiß dann mit einem Blick, dass sie ein Bestandteil der »Filmprojektoren« ist, die wiederum in die Kategorie der »Kinotechnik« fallen.

Autor

Hierüber können Sie den Autor des Beitrags ein- und ausblenden. In Abbildung 6-26 hat der *Super User* ❼ die Filmkritik geschrieben. Wie bei allen redaktionell betreuten Inhalten ist die Angabe des Autors auch bei den Filmkritiken sinnvoll.

Autor verlinken

Wenn Sie hier *Ja* einstellen, kann der Besucher mit einem Klick auf den Autorennamen zu einer entsprechenden Kontaktseite springen – vorausgesetzt, Joomla! zeigt den Autor des Beitrags an, und dieser besitzt obendrein noch eine eigene Kontaktseite (wie man diese anlegt, verraten die Kapitel 9, *Komponenten – Nützliche Zusatzfunktionen*, Seite 263, sowie Kapitel 12, *Benutzerverwaltung und -kommunikation*, Seite 485).

Erstellungsdatum, Bearbeitungsdatum und Veröffentlichungsdatum

Joomla! kann Ihren Besuchern verraten, wann der Beitrag erstellt ❽, zuletzt geändert ❾ und veröffentlicht ❿ wurde. Diese drei Informationen sind insbesondere bei redaktionellen Inhalten sowie Nachrichten sinnvoll. Bei den Filmkritiken weiß ein Besucher so beispielsweise, ob die Rezension erst nach der Premiere der deutschen Synchronfassung geschrieben wurde. Standardmäßig zeigt Joomla! nur das *Veröffentlichungsdatum* an, was in den meisten Fällen bereits ausreicht.

Seitennavigation

Ein *Anzeigen* blendet am unteren Rand des Beitrags zwei Schaltflächen ein, mit denen man zum nächsten beziehungsweise vorherigen Beitrag in seiner Kategorie blättern kann. Im Fall der Filmkritik zu *James Bond 007: Skyfall* könnte der Besucher damit zur nächsten Actionfilmkritik weiterblättern.

 Tipp Diese Art der Navigation verwirrt allerdings schnell. Sie sollten sie nur dann anbieten, wenn Ihre Seiten ähnlich wie in einem Buch einzelne Kapitel repräsentieren.

Symbole/Text

Im Moment erscheint neben dem Beitragstext auch ein Zahnradsymbol ⓫. Ein Klick darauf öffnet ein kleines Kontextmenü, über das Besucher eine Druckansicht und den E-Mail-Versand aufrufen können. Vor diesen beiden Menüeinträgen erscheinen ebenfalls kleine Symbole. Sie verschwinden, wenn Sie die Einstellung *Symbole/Text* auf *Verbergen* stellen – zu sehen sind dann nur noch zwei nüchterne Textlinks (*Drucken* und *E-Mail*). Es geht hier also lediglich um die Optik. Einige Designvorlagen (Templates) ignorieren zudem diese Einstellung und bieten die beiden Funktionen ausschließlich als Links an. Welche der beiden Funktionen tatsächlich zur Verfügung stehen, regeln die nachfolgenden Ausklapplisten.

Drucksymbol
Steht diese Einstellung auf *Anzeigen*, können Besucher später eine druckerfreundliche Ansicht des Beitrags aufrufen (im aktuellen Template über das Zahnradsymbol, siehe Abschnitt »Rundgang durch das Frontend« auf Seite 82). Mit der Einstellung *Verbergen* fehlt diese Funktion hingegen.

E-Mail-Symbol
Steht diese Einstellung auf *Anzeigen*, können Besucher später den Beitrag per E-Mail versenden (im aktuellen Template über das Zahnradsymbol, siehe Abschnitt »Rundgang durch das Frontend« auf Seite 82). Mit der Einstellung *Verbergen* fehlt diese Funktion hingegen.

Beitragsbewertung
Wenn Sie die Einstellung *Beitragsbewertung* auf *Anzeigen* setzen, dürfen Ihre Besucher den Beitrag mit maximal fünf Sternchen bewerten ❶. Unter der Beitragsüberschrift erscheint dann hinter *Bewertung* der Durchschnitt aller abgegebenen Bewertungen. Je mehr gelbe Sternchen ein Beitrag hat, desto besser gefällt er den Besuchern. In der Ausklappliste darunter wählt der Besucher seine Bewertung aus und gibt sie dann via *Bewerten* ab.

Warnung Jeder Besucher kann Ihren Beitrag beliebig oft bewerten. Die angezeigten Sternchen liefern folglich keine repräsentative Bewertung, sondern nur ein grobes Stimmungsbild.

Seitenaufrufe
Wenn Sie diese Ausklappliste auf *Anzeigen* setzen, zeigt Joomla! Ihren Besuchern an, wie oft der Beitrag bereits gelesen wurde. In Abbildung 6-26 gab es beispielsweise schon 7 Zugriffe auf die Filmkritik ❷.

Nicht zugängliche Links
In Ihrem Beitrag können Sie auch auf andere Beiträge verweisen, die nur bestimmte Besucher sehen dürfen (wie im Abschnitt »Querverweise auf bestehende Beiträge einfügen« auf Seite 163 beschrieben). Klickt ein beliebiger Besucher auf einen solchen Verweis, erscheint normalerweise nur eine nichtssagende Fehlermeldung. Wenn Sie allerdings im exklusiven Beitrag die Einstellung *Nicht zugängliche Links* auf *Ja* setzen, zeigt Joomla! anstelle der Fehlermeldung zumindest die Einleitung des exklusiven Beitrags an und bittet gleichzeitig den Besucher, sich anzumelden.

Tipp   Auf diese Weise landen die Leser nicht in einer Sackgasse, und Sie können ihnen mit der Einleitung als Appetithappen gleichzeitig eine Registrierung schmackhaft machen.

Linkpositionierung

Dem Beitrag können Sie ein paar ergänzende Links hinzufügen (auf der Registerkarte *Bilder und Links*, siehe Abschnitt »Links auf Internetseiten einfügen« auf Seite 165). Die Einstellung *Linkpositionierung* regelt, ob diese Links am Anfang des Beitrags (*Darüber*) oder am unteren Ende (*Darunter*) erscheinen sollen. In Abbildung 6-26 gibt es einen Link auf den Wikipedia-Artikel zum Film *James Bond: 007 Skyfall*, der als Kasten direkt über dem eigentlichen Beitragstext erscheint. ⓮

Anderer »Weiterlesen«-Text

Auf einigen Seiten Ihres Internetauftritts erscheint nur die Einleitung und somit nur der Anfang des Beitrags. Das passiert beispielsweise, wenn Joomla! alle Beiträge aus einer Kategorie präsentiert. Unter dem Einleitungstext führt dann ein *Weiterlesen*-Link die Besucher zum kompletten Beitrag. Über das Eingabefeld *Anderer »Weiterlesen«-Text* können Sie dem Link eine andere Beschriftung verpassen, zum Beispiel *Hier entlang*.

Alternatives Layout

Hier können Sie dem Beitrag ein ganz bestimmtes Aussehen überstülpen. Welche Optiken zur Verfügung stehen, hängt von den installierten Templates ab. Behalten Sie im Zweifelsfall die Voreinstellung bei.

Wenn Sie eine oder mehrere Änderungen vorgenommen haben, hinterlegen Sie im Register *Inhalt* einen passenden *Versionshinweis* und lassen den Beitrag *Speichern & Schließen*.

Beiträge umsortieren

Immer wenn Sie mehrere Beiträge hintereinander angelegt haben, sollten Sie anschließend in der Tabelle unter *Inhalt → Beiträge* noch einmal kontrollieren, ob die Beiträge auch in ihren zugedachten Kategorien gelandet sind. Falsch einsortierte Beiträge zählen in der Praxis zu den häufigsten Fehlern. Nutzen Sie als Hilfe auch die Suchfunktion und aus den Suchwerkzeugen die Ausklappliste – *Kategorie wählen* –. Wenn Sie vergessen haben, einen Beitrag in eine Kategorie zu stecken, befindet er sich sehr wahrscheinlich in der standardmäßig eingestellten Kategorie *Uncategorised*.

Um einen falsch eingeordneten Beitrag umzusortieren, haben Sie in der Tabelle unter *Inhalt → Beiträge* zwei Möglichkeiten:

1. Klicken Sie den Titel des Beitrags an, wählen Sie dann die passende *Kategorie* und *Speichern & Schließen* Sie die Änderung.

2. Alternativ haken Sie den oder die falsch einsortierten Beiträge ab und klicken dann auf *Stapelverarbeitung*. Im erscheinenden Fenster stellen Sie über die Ausklappliste *Zum Verschieben oder Kopieren der Auswahl eine Kategorie auswählen* die neue Heimat der Beiträge ein, markieren darunter *Verschieben* und klicken auf *Ausführen*. Wenn die Ausklappliste abgeschnitten oder unvollständig erscheint, helfen unter Umständen die Maßnahmen aus dem Kasten *Das Problem mit abgeschnittenen Ausklapplisten* auf Seite 133.

Die zweite Methode hat den Vorteil, dass Sie gleich mehrere Beiträge auf einmal in eine andere Kategorie verschieben können.

Beiträge kopieren

Wenn Sie einen wichtigen Beitrag duplizieren möchten, stehen Ihnen in der Tabelle unter *Inhalt → Beiträge* zwei Wege offen:

1. Klicken Sie den Titel des Beitrags an und aktivieren Sie dann in der Werkzeugleiste *Als Kopie speichern*. Joomla! erzeugt so ein Duplikat, das es umgehend zur Bearbeitung öffnet.

2. Alternativ haken Sie den oder die zu kopierenden Beiträge ab und klicken dann auf *Stapelverarbeitung*. Im erscheinenden Fenster stellen Sie über die Ausklappliste *Zum Verschieben oder Kopieren der Auswahl eine Kategorie auswählen* die Kategorie ein, in der die Duplikate landen sollen. Markieren Sie anschließend darunter *Kopieren* und klicken Sie auf *Ausführen*. Wenn die Ausklappliste abgeschnitten oder unvollständig erscheint, helfen unter Umständen die Maßnahmen aus dem Kasten *Das Problem mit abgeschnittenen Ausklapplisten* auf Seite 133.

In jedem Fall hängt Joomla! eine fortlaufende Nummer an den Titel des Duplikats an. Die erste Kopie der Kritik zu *James Bond 007: Skyfall* würde *James Bond 007: Skyfall (2)* heißen. Diesen automatisch erzeugten Namen können Sie ganz einfach in den Einstellungen des Beitrags im Feld *Titel* ändern.

Tipp Sie können dort der Kopie auch wieder den Namen des Originals geben. Im Beispiel hätten Sie dann zwei Beiträge mit dem Titel *James Bond 007: Skyfall*. Wichtig ist nur, dass sich die Alias-Namen der beiden Beiträge voneinander unterscheiden. Zwei Beiträge mit identischen Titeln verwirren allerdings Ihre Besucher, Sie sollten daher möglichst darauf verzichten.

In diesem Kapitel:
- Vorbereitungen
- Liste mit Kategorien (Alle Kategorien auflisten)
- Liste mit Beiträgen (Kategorieliste)
- Blog aus Beiträgen (Kategorieblog)
- Einzelner Beitrag
- Haupteinträge kennzeichnen
- Indirekt erreichbare Inhalte
- Sichtbarkeit versteckter Inhalte
- Vorgaben ändern

KAPITEL 7
Inhalte mit Menüpunkten verbinden

Ihre mühsam erstellten Beiträge müssen die Besucher irgendwie erreichen können. Das gelingt über entsprechende Menüpunkte. Wie Sie genau die einrichten, erfahren Sie in den folgenden Abschnitten.

Vorbereitungen

Zunächst müssen Sie sich entscheiden, welches Menü die neuen Einträge anbieten soll. Auf den Filmtoaster-Seiten fällt diese Entscheidung leicht: Dort gibt es nur das waagerechte Menü aus Abbildung 7-1. Wie später Kapitel 11, *Menüs*, Seite 427, noch zeigen wird, können Sie beliebig viele Menüs auf Ihrer Website anbieten – auch wenn in den meisten Fällen ein Exemplar vollkommen ausreichen dürfte.

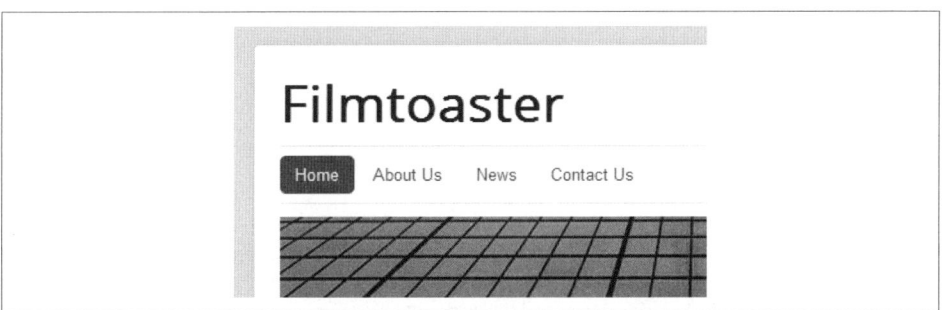

Abbildung 7-1: Das Menü aus den Beispieldaten besitzt die Menüpunkte Home, About Us, News und Contact Us.

Jedes Menü erhält intern einen eindeutigen Namen, was wiederum im Backend die Identifizierung erleichtert. Das waagerechte Menü aus Abbildung 7-1 trägt den Namen *Main Menu*. Dies hat der Ersteller der Beispiel-Website so festgelegt. Klappen Sie jetzt im Hauptmenü des Backends das Menü *Menüs* auf. Klicken Sie dann im unteren Teil auf genau das Menü, in dem Sie den neuen Menüpunkt anlegen möchten. Im Beispiel soll der neue Menüpunkt im *Main Menu* auftauchen – wechseln Sie also zum Punkt *Menüs* → *Main Menu*. Es erscheint jetzt eine Tabelle, die sämtliche Menüpunkte des Menüs *Main Menu* auflistet. Einige davon können nur angemeldete Benutzer sehen, in der Tabelle erscheinen folglich mehr Menüpunkte als in Abbildung 7-1.

Einen neuen Menüpunkt erstellen Sie mit einem Klick auf *Neu* in der Werkzeugleiste oder über *Menüs* → *Main Menu* → *Neuer Menüeintrag*. In jedem Fall erscheint das Formular aus Abbildung 7-2.

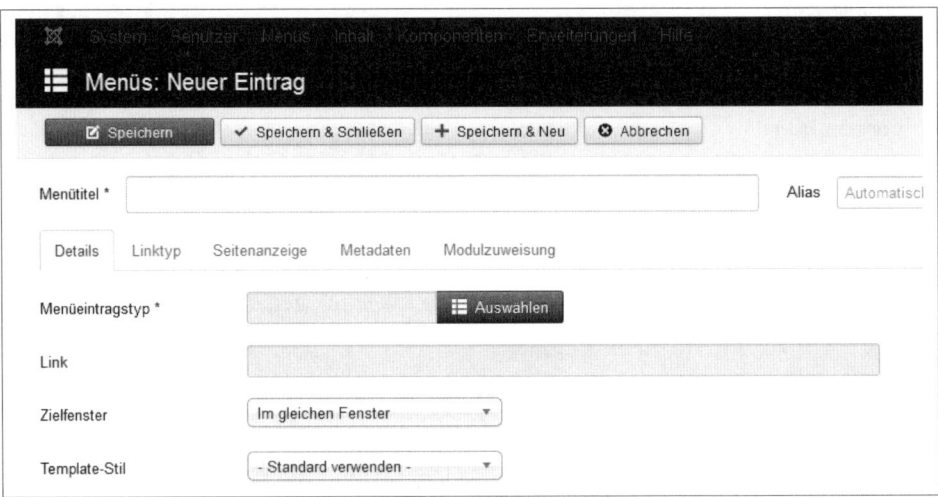

Abbildung 7-2: Hier entsteht ein neuer Menüpunkt.

Jetzt wird es leider etwas komplizierter, denn es gilt:

> **Warnung** In Joomla! bestimmt der Menüpunkt, was die darüber erreichbare Seite alles anzeigt.

Diese Regel zieht nicht nur das etwas kompliziert zu bedienende Formular aus Abbildung 7-2 nach sich, sie ist auch später noch für ein paar umständliche Konzepte und Einstellungen verantwortlich, die nur unter ganz bestimmten Bedingungen gelten.

> **Warnung** Beachten Sie, dass der Menüpunkt wirklich nur bestimmt, welche *Informationen* auf der Seite zu sehen sind. Für eine ansprechende *Optik*, wie etwa neongrüne Überschriften, sorgt dann das Template.

Als Erstes müssen Sie also festlegen, was Joomla! nach einem Klick auf den Menüpunkt anzeigen soll. Dazu klicken Sie auf *Auswählen* rechts neben *Menüeintragstyp*, woraufhin das Fenster aus Abbildung 7-3 erscheint.

Hier entscheiden Sie jetzt, ob der Menüpunkt auf einen einzelnen Beitrag, ein Kontaktformular, eine Liste mit mehreren Beiträgen oder etwas anderes zeigen soll. Joomla! gruppiert dabei alle Möglichkeiten thematisch auf sogenannten Slidern. Diese funktionieren ähnlich wie Schubladen: Mit einem Klick auf ihren Namen klappen Sie weitere Einstellungen nach unten aus. Soll Ihr neuer Menüpunkt auf eine Seite mit einem oder mehreren Beiträgen zeigen, klappen Sie den Slider *Beiträge* mit einem Klick auf seinen Namen auf; Abbildung 7-4 zeigt das Ergebnis.

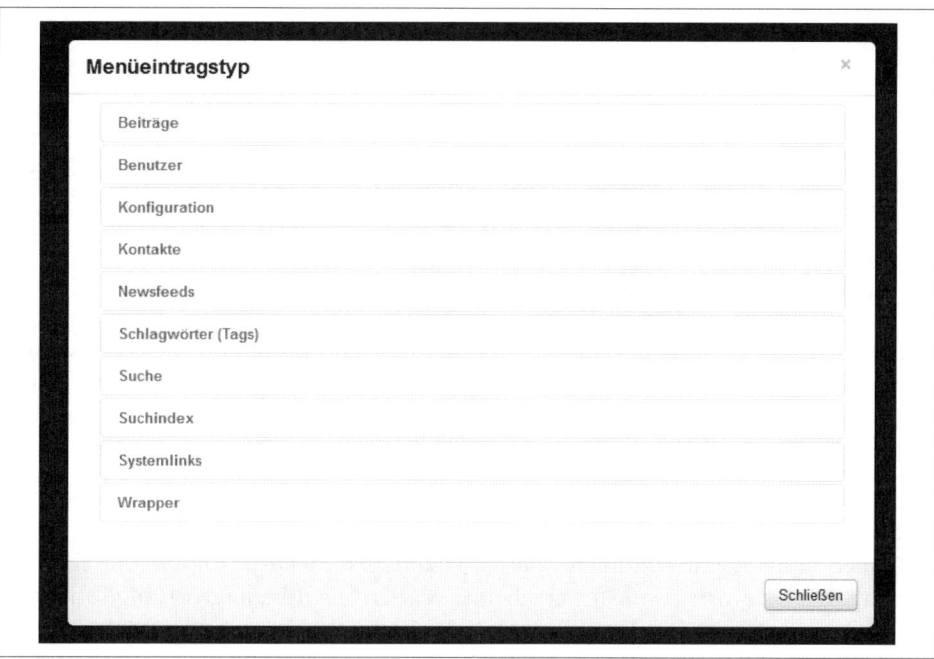

Abbildung 7-3: Joomla! sortiert alle möglichen Menüeintragstypen auf diesen Slidern.

Abbildung 7-4: Hier ist der Slider Beiträge geöffnet, der alle Menüeintragstypen auflistet, die zu Beiträgen oder Beitragskategorien führen.

Vorbereitungen | 179

Sie könnten jetzt den Menüpunkt unter anderem auf einen *Einzelnen Beitrag* zeigen lassen. Alle hier im Fenster angebotenen Seitendarstellungen bezeichnet Joomla! als *Menüeintragstypen* (englisch *Menu Item Type*, früher auch *Menütypen*).

Für die Inhalte der Kategorien stellt Joomla! hier gleich drei mögliche Menüeintragstypen zur Wahl – die rein zufällig genau auf die Kategorien der Filmtoaster-Seiten passen. (Wenn Sie nicht alle Beispiele bis hierhin mitgemacht haben, verwenden Sie im Folgenden einfach jeweils eine andere Kategorie, die ein paar Beiträge enthält. Für den direkt folgenden Abschnitt brauchen Sie zudem eine Kategorie, die mindestens eine Unterkategorie enthält.)

Liste mit Kategorien (Alle Kategorien auflisten)

Zunächst muss ein Menüpunkt her, der zu den Filmkritiken führt. Die Kritiken selbst stecken gut sortiert in den Unterkategorien *Actionfilme*, *Liebesfilme* und *Komödien*. Die über den neuen Menüpunkt zu erreichende Seite soll deshalb den Besuchern diese Unterkategorien zur Auswahl anbieten.

Für genau solche Fälle gibt es den Menüeintragstyp *Alle Kategorien auflisten*. Sobald Sie ihn angeklickt haben, landen Sie wieder im Formular aus Abbildung 7-2. Es dauert einen kleinen Moment, bis im Feld neben *Menüeintragstyp* der gewählte Eintrag *Alle Kategorien auflisten* erscheint. Warten Sie unbedingt so lange ab, bevor Sie fortfahren. Gleichzeitig verändert sich das Formular ein wenig, sodass es wie das in Abbildung 7-5 aussieht.

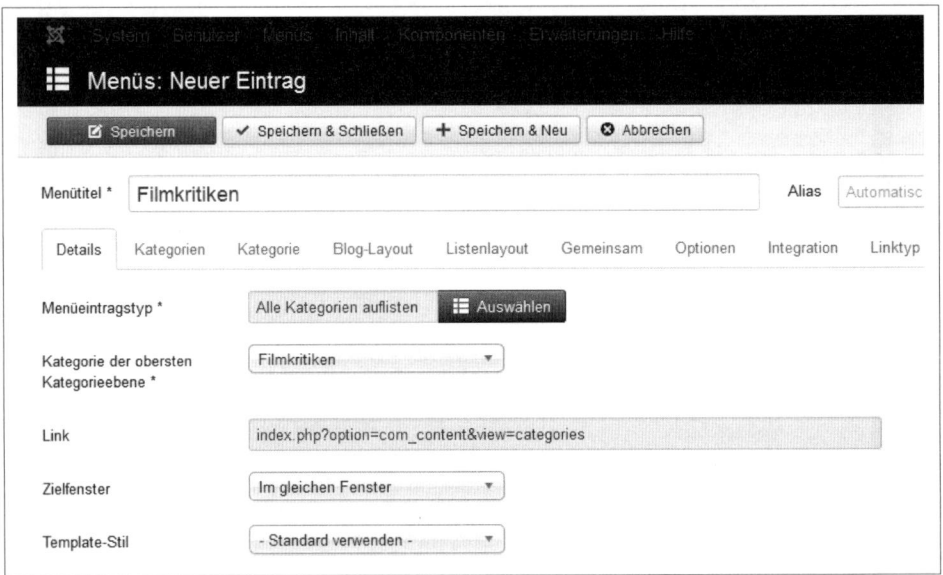

Abbildung 7-5: Hier entsteht ein Menüpunkt zu den Filmkritiken.

Damit weiß Joomla! jetzt, dass der neue Menüpunkt zu einer Liste mit Unterkategorien führt. Aus welcher Kategorie diese Unterkategorien stammen, stellen Sie unter

Kategorie der obersten Kategorieebene ein. Im Beispiel setzen Sie besagte Ausklappliste auf die *Filmkritiken*. Anschließend verpassen Sie dem neuen Menüpunkt im Eingabefeld *Menütitel* noch eine Beschriftung, wie beispielsweise Filmkritiken.

Tipp Wenn Ihnen jetzt der Kopf schwirrt, fahren Sie erst einmal fort. Das Konzept wird etwas klarer, wenn man (wie im Folgenden) noch ein paar weitere Menüpunkte erzeugt hat.

Der hier erstellte Menüpunkt führt zu einer Seite, die dem Besucher alle Unterkategorien aus der Kategorie *Filmkritiken* zur Auswahl anbietet (für Letzteres sorgt der Menüeintragstyp *Alle Kategorien auflisten*).

Alle übrigen Einstellungen des Formulars bleiben zunächst auf den Vorgaben. Das Formular sollte damit so wie in Abbildung 7-5 aussehen. Ein Klick auf *Speichern & Schließen* legt den neuen Menüeintrag an. Um das Ergebnis zu begutachten, wechseln Sie in die *Vorschau*. Wenn Sie dort den neuen Menüpunkt *Filmkritiken* anklicken, landen Sie auf der Seite aus Abbildung 7-6.

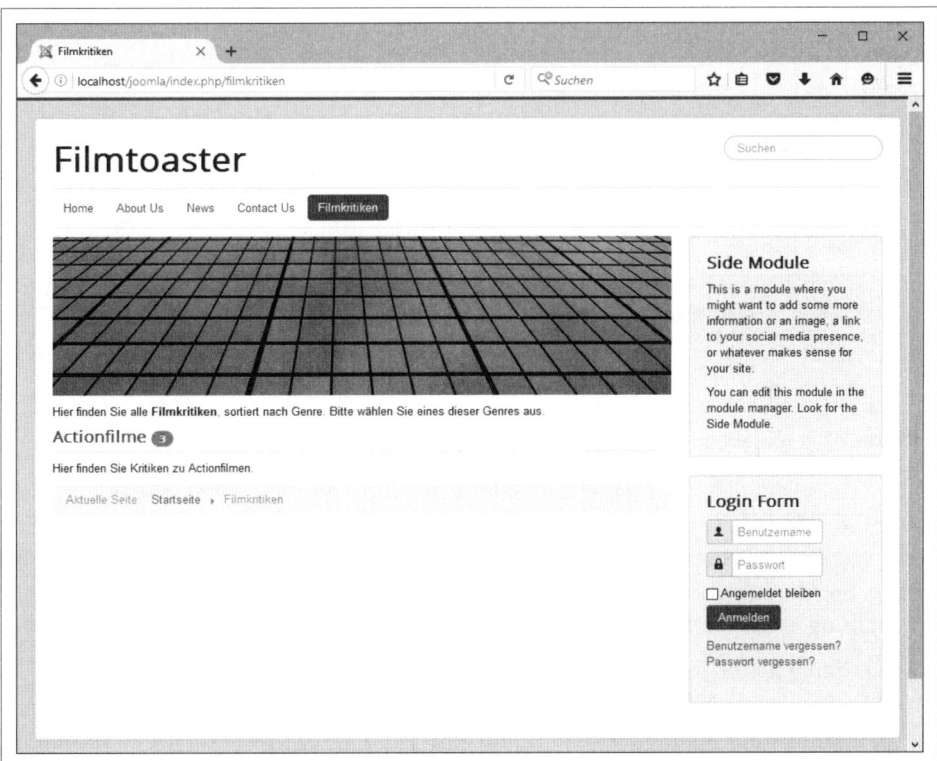

Abbildung 7-6: Über den Menüpunkt Filmkritiken erreicht man derzeit diese Übersichtsseite.

Ganz offensichtlich fehlen dort noch einige Informationen. Durch Abwesenheit glänzen insbesondere die Kategorien für die Liebesfilme und die Komödien. Von der Kategorie *Filmkritiken* zeigt Joomla! zwar die Beschreibung an, nicht aber ihren Titel und das ihr zugeordnete Kategoriebild (siehe Abschnitt »Layout und Kategoriebild« auf Seite 129). Diese dürftige Informationspolitik liegt an den Grundeinstellungen, die standardmäßig alle genannten Elemente verstecken.

Erinnern Sie sich daran, dass der Menüpunkt vorgibt, was auf der Seite zu sehen ist. Um also die verschwundenen Elemente auf den Bildschirm zu holen, müssen Sie noch einmal zurück zu den Einstellungen des Menüpunkts. Für die Filmtoaster-Seiten rufen Sie dazu im Backend den Menüpunkt *Menüs → Main Menu* auf und klicken in der Tabelle den Eintrag *Filmkritiken* an. Damit landen Sie wieder im bekannten Formular. Hier wechseln Sie jetzt auf die Registerkarte *Kategorien* aus Abbildung 7-7.

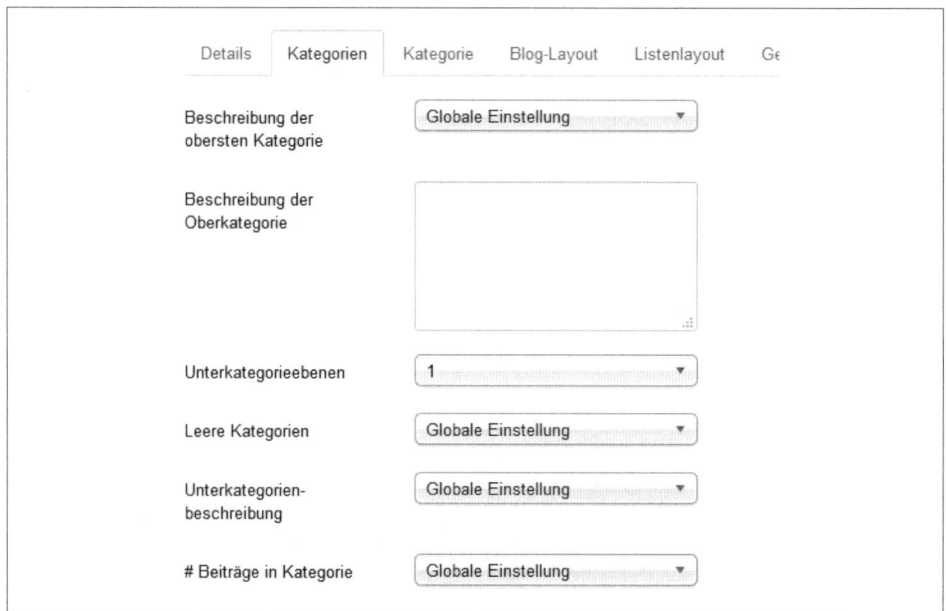

Abbildung 7-7: Diese Einstellungen regeln, welche Elemente später auf der Übersichtsseite zu sehen sind.

Dort lassen sich die Elemente der Seite über die entsprechenden Ausklapplisten *Anzeigen* oder *Verbergen*. Steht die entsprechende Ausklappliste auf *Globale Einstellung*, gilt die Standardvorgabe – derzeit also überall. Im Filmtoaster-Beispiel gehen Sie die angebotenen Elemente einmal durch und überlegen dabei, welche Einstellungen für die Filmkritiken sinnvoll sind:

Beschreibung der obersten Kategorie und Beschreibung der Oberkategorie
  Mit *Beschreibung der obersten Kategorie* können Sie die Beschreibung der Kategorie ein- und ausblenden. Im Feld *Beschreibung der Oberkategorie* dürfen Sie diese Beschreibung zudem durch eine andere ersetzen.

  In Abbildung 7-6 zeigt Joomla! die Beschreibung der Kategorie *Filmkritiken* an: »Hier finden Sie alle Filmkritiken, sortiert nach Genre. Bitte …« Genau diesen Text versteckt Joomla!, wenn Sie *Beschreibung der obersten Kategorie* auf *Verbergen* stellen. Sind Sie hingegen der Meinung, dass in diesem Fall eine andere Beschreibung hermuss, setzen Sie *Beschreibung der obersten Kategorie* auf *Anzei-*

gen und tippen dann eine alternative Beschreibung in das Eingabefeld *Beschreibung der Oberkategorie*. Wenn dann ein Besucher auf den Menüpunkt klickt, zeigt Joomla! nicht die Beschreibung der *Filmkritiken*-Kategorie, sondern stattdessen den Text aus dem Eingabefeld *Beschreibung der Oberkategorie*.

Im Filmtoaster-Beispiel soll die Beschreibung der Kategorie *Filmkritiken* erscheinen. Belassen Sie daher hier alle Voreinstellungen. Insbesondere das Eingabefeld *Beschreibung der Oberkategorie* muss leer sein.

Unterkategorieebenen

Joomla! präsentiert normalerweise immer alle in der Kategorie enthaltenen Unterkategorien einschließlich der Unter-Unterkategorien. Enthält beispielsweise die Kategorie *Komödien* auch noch die Unterkategorien *Slapstick* und *Farce*, würde Joomla! auf der Seite aus Abbildung 7-6 diese beiden Kategorien ebenfalls zur Auswahl stellen. Damit kann dann der Besucher zwar direkt zur Unter-Unterkategorie *Slapstick* springen, die Seite wird möglicherweise aber auch etwas unübersichtlicher.

Über die Ausklappliste *Unterkategorieebenen* können Sie deshalb die Anzeige beschränken. Bei einer *1* präsentiert Joomla! gleich nur die direkt in der Kategorie enthaltenen Unterkategorien, bei einer 2 auch deren Unterkategorien, bei einer 3 auch noch zusätzlich die dritte Gliederungsebene und so weiter. Die Abbildungen 7-8 und 7-9 illustrieren das noch einmal.

Abbildung 7-8: Bei Unterkategorieebenen von 1 zeigt Joomla! nur die beiden direkt enthaltenen Unterkategorien an.

Abbildung 7-9: Erhöht man Unterkategorieebenen auf 2, präsentiert die Seite jetzt auch noch die Kategorien der nächsten Gliederungsebene, in diesem Fall also die Unter-Unterkategorien. Mit dem standardmäßig verwendeten Template Protostar müssen Besucher die Unter-Unterkategorien allerdings erst über die kleinen Symbole auf der rechten Seite aufklappen.

Im Fall der Filmtoaster-Seiten soll Joomla! nur die direkt in den *Filmkritiken* enthaltenen Unterkategorien *Actionfilme*, *Komödien* und *Liebesfilme* anzeigen. Setzen Sie daher die Ausklappliste auf *1*.

Leere Kategorien
Enthält eine Kategorie leere Unterkategorien, blendet Joomla! diese standardmäßig aus. Aus diesem Grund fehlen auch in Abbildung 7-6 die Kategorien *Liebesfilme* und *Komödien* – schließlich wurden sie bislang noch nicht mit entsprechenden Kritiken bestückt. Dieses Verhalten ist in den meisten Fällen sinnvoll, da der Besucher dann nicht plötzlich in einer leeren Kategorie und somit einer Sackgasse landet. Belassen Sie deshalb für die Filmtoaster-Seiten die Voreinstellung (oder setzen Sie sicherheitshalber *Leere Kategorien* auf *Verbergen*).

Unterkategorienbeschreibung
Die Unterkategorien besitzen für gewöhnlich jeweils eigene Beschreibungen. Die der Kategorie *Actionfilme* lautet beispielsweise: »Hier finden Sie Kritiken zu Actionfilmen.« Diese Beschreibungen zeigt Joomla! normalerweise ebenfalls an (wie auch in Abbildung 7-6). Möchten Sie das verhindern, setzen Sie *Unterkategorienbeschreibung* auf *Verbergen*. Da die Beschreibungen dem Besucher jedoch bei seiner Entscheidung für eine der Unterkategorien helfen, sollten Sie hier die Voreinstellung beibehalten (oder sicherheitshalber *Anzeigen* wählen).

 # Beiträge in Kategorie
Abschließend kann Joomla! noch neben jeder Unterkategorie notieren, wie viele Beiträge in ihr enthalten sind. In Abbildung 7-6 lagern beispielsweise drei Kritiken in der Kategorie *Actionfilme*. Der Besucher weiß damit schon im Voraus, welche Informationsflut ihn erwartet. Belassen Sie deshalb hier die Vorgabe.

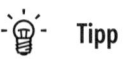

Tipp   Wie hier trifft man in Joomla! immer wieder auf die Raute # (auch als Gitterzaun, Doppelkreuz oder Hash bezeichnet). Sie steht als Abkürzung für »Anzahl«. *# Beiträge* ist somit als »Anzahl der Beiträge« zu lesen. In der Computerbranche ist diese Schreibweise sehr verbreitet.

Das waren auch schon alle möglichen Einstellungen. Verändert hat sich damit allerdings noch nichts. Es fehlen immer noch der Titel der Kategorie sowie das Kategoriebild. Die Einstellungen in den übrigen Registern bieten jedoch keine Möglichkeit, diese Elemente einzublenden. Stattdessen kümmern sie sich nur noch um die Inhalte der Unterkategorien *Actionfilme*, *Liebesfilme* und *Komödien* (dazu folgt später noch mehr).

Es bleibt Ihnen somit nichts anderes übrig, als entweder auf den Titel und das Bild zu verzichten oder aber die Darstellungsform und somit den Menüeintragstyp zu wechseln. Dazu aktivieren Sie wieder das Register *Details*, klicken dort auf *Auswählen* und öffnen den Slider *Beiträge*.

Da die Übersichtsseite der Filmkritiken die enthaltenen Unterkategorien auflisten soll, kommt eigentlich nur noch die *Kategorieliste* infrage. Sie ist eigentlich dazu gedacht, die in der Kategorie enthaltenen Beiträge aufzulisten. Die Unterkategorien werden dann einfach wie in Abbildung 7-10 als Bonus am unteren Seitenrand mit aufgeführt.

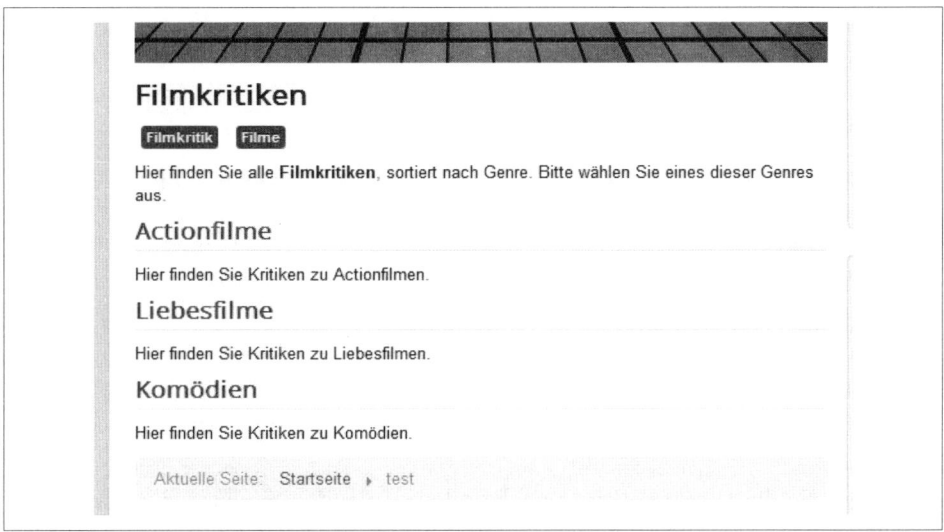

Abbildung 7-10: Wenn Sie anstelle des Menüeintragstyps Alle Kategorien auflisten die Kategorieliste wählen, sieht die Übersichtsseite nach ein paar weiteren Feineinstellungen wie hier gezeigt aus.

Sie müssen für Ihren Internetauftritt selbst entscheiden, ob der Menüeintragstyp *Alle Kategorien auflisten* ausreicht oder die *Kategorieliste* die passendere Variante ist. Auf den Filmtoaster-Seiten behalten Sie der Einfachheit halber den Menüeintragstyp *Alle Kategorien auflisten* bei und verzichten somit auf den Titel und das Bild (einen Menüpunkt vom Typ *Kategorieliste* lernen Sie zudem gleich noch im nächsten Abschnitt ausführlich kennen). *Schließen* Sie also das Auswahlfenster für den Menüeintragstyp und direkt anschließend auch noch das Formular via *Speichern & Schließen*.

Wenn Sie in Ihrem Internetauftritt stattdessen lieber die Kategorieliste nutzen möchten, wählen Sie diesen Menüeintragstyp aus und passen dann die Einstellungen auf der Registerkarte *Kategorie* an. Um die Darstellung aus Abbildung 7-10 zu erzielen, setzen Sie dort den *Kategorietitel* und die *Kategoriebeschreibung* jeweils auf *Anzeigen*. Die *Meldung »Keine Beiträge«* sowie *Unterkategorietext* lassen Sie hingegen *Verbergen*. Ausführliche Informationen zur Kategorieliste samt einer Beschreibung der Einstellungen finden Sie im direkt folgenden Abschnitt.

Warnung Wenn Sie den Menüeintragstyp wechseln, sollten Sie anschließend noch einmal alle übrigen Einstellungen des Formulars kontrollieren. Das gilt insbesondere für Einstellungen, die mit einem Sternchen (*) gekennzeichnet sind.

Damit existiert jetzt ein Menüpunkt, über den der Besucher zu den Filmkritiken gelangt. Es fehlen aber noch passende Menüeinträge für das Impressum, das Blog und die Veranstaltungen. Den Anfang machen dabei die Veranstaltungen.

Liste mit Beiträgen (Kategorieliste)

Ein Menüpunkt kann selbstverständlich auch zu einer Liste mit Beiträgen führen. Eine solche Liste bietet sich vor allem für Nachrichten oder Veranstaltungstipps an. Auch auf den Filmtoaster-Seiten soll Joomla! alle Veranstaltungstipps chronologisch auflisten. Diese Tipps stecken in der Kategorie *Veranstaltungen*. Die über den neuen Menüpunkt erreichbare Seite muss folglich einfach nur alle Beiträge aus der Kategorie *Veranstaltungen* auflisten.

Dazu legen Sie zunächst einen neuen Menüpunkt an – im Fall der Filmtoaster-Seiten via *Menüs* → *Main Menu* → *Neuer Menüeintrag* (Informationen hierzu lieferte bereits Abschnitt »Vorbereitungen« auf Seite 177). Klicken Sie dann im Formular auf *Auswählen* neben *Menüeintragstyp*.

Der Menüpunkt soll zu einer Liste mit Beiträgen führen. Klappen Sie folglich mit einem Mausklick den gleichnamigen Slider *Beiträge* auf. Die gewünschte Liste mit (Nachrichten-)Beiträgen produziert die *Kategorieliste*. (Lassen Sie sich dabei nicht vom Namen irritieren, sondern achten Sie auf die ziemlich klein gedruckte Beschreibung.)

Nachdem Sie die *Kategorieliste* angeklickt haben, landen Sie wieder im bekannten Formular. Unter *Kategorie auswählen* müssen Sie jetzt Joomla! noch mitteilen, aus welcher Kategorie die Beiträge stammen sollen. Auf den Filmtoaster-Seiten stellen Sie in der Ausklappliste die Kategorie *Veranstaltungen* ein.

Abschließend geben Sie dem neuen Menüpunkt unter *Menütitel* noch eine passende Beschriftung, etwa Veranstaltungen. Das Formular sollte damit so wie das in Abbildung 7-11 aussehen.

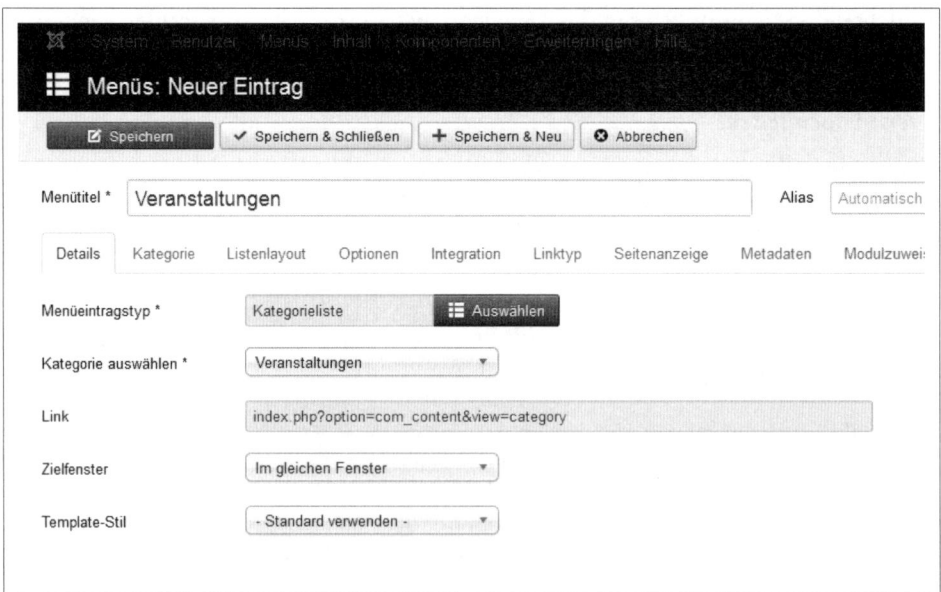

Abbildung 7-11: Die Einstellungen für den Menüpunkt Veranstaltungen.

Lassen Sie den neuen Menüpunkt via *Speichern* anlegen (das Formular bleibt damit noch geöffnet), wechseln Sie in die *Vorschau* und klicken Sie dort auf den neuen Menüpunkt *Veranstaltungen*. Abbildung 7-12 zeigt das Ergebnis.

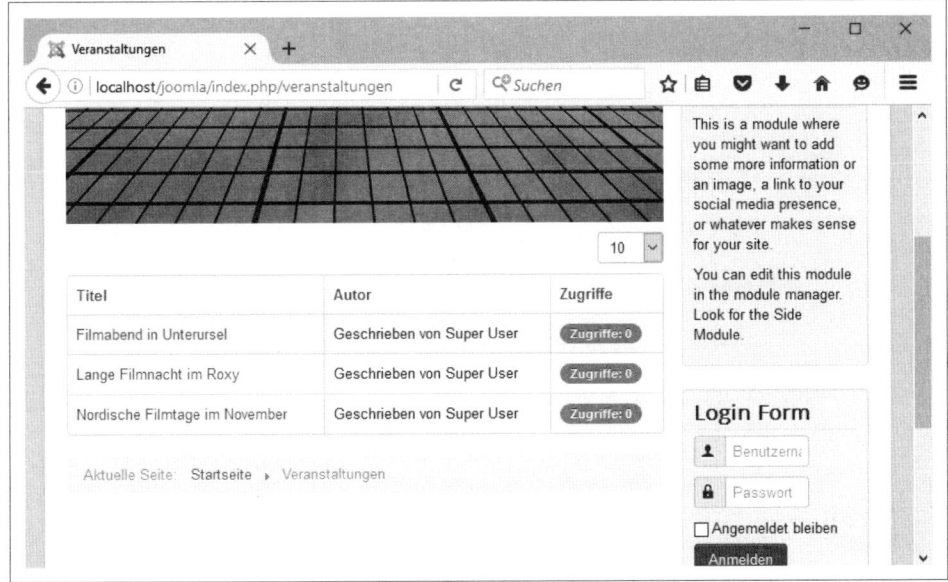

Abbildung 7-12: So sieht die Übersichtsseite der Kategorie Veranstaltungen aus, wenn Sie sich für den Menüeintragstyp Kategorieliste entschieden haben.

Ein Klick auf einen der *Titel* in der Liste führt direkt zum entsprechenden Beitrag. Über die Ausklappliste rechts oben mit der *10* kann der Besucher auswählen, wie viele Beiträge beziehungsweise in diesem Fall Veranstaltungen Joomla! ihm präsentieren soll. Die Links zu den übrigen Beiträgen verteilt Joomla! dann auf weitere Seiten, zu denen der Besucher über entsprechende Schaltflächen umblättern muss.

Die Liste aus Abbildung 7-12 ist noch etwas karg. So wäre es schön, wenn Joomla! die Einträge nach Datum sortieren könnte und dieses auch gleich mit anzeigen würde. Zudem wäre eine Überschrift *Veranstaltungen* wünschenswert, und das schicke Kategoriebild mit dem Kalender fehlt auch noch (dieses haben Sie in Kapitel 5, *Kategorien anlegen und verwalten*, Seite 121, zugewiesen, sofern Sie alle Schritte mitgemacht haben).

In Joomla! regelt der Menüpunkt, was auf der Seite zu sehen ist. Kehren Sie also wieder zum Backend und dort zum noch geöffneten Formular zurück. Wechseln Sie zum Register *Kategorie*, das Abbildung 7-13 zeigt.

Hier stehen jetzt folgende Einstellungen zur Verfügung:

Kategorietitel
  Mit *Anzeigen* erscheint auf der Seite auch der Titel der Kategorie als fette Überschrift – also genau das, was im Fall der *Veranstaltungen* geschehen soll. Legen Sie daher diesen Schalter entsprechend um.

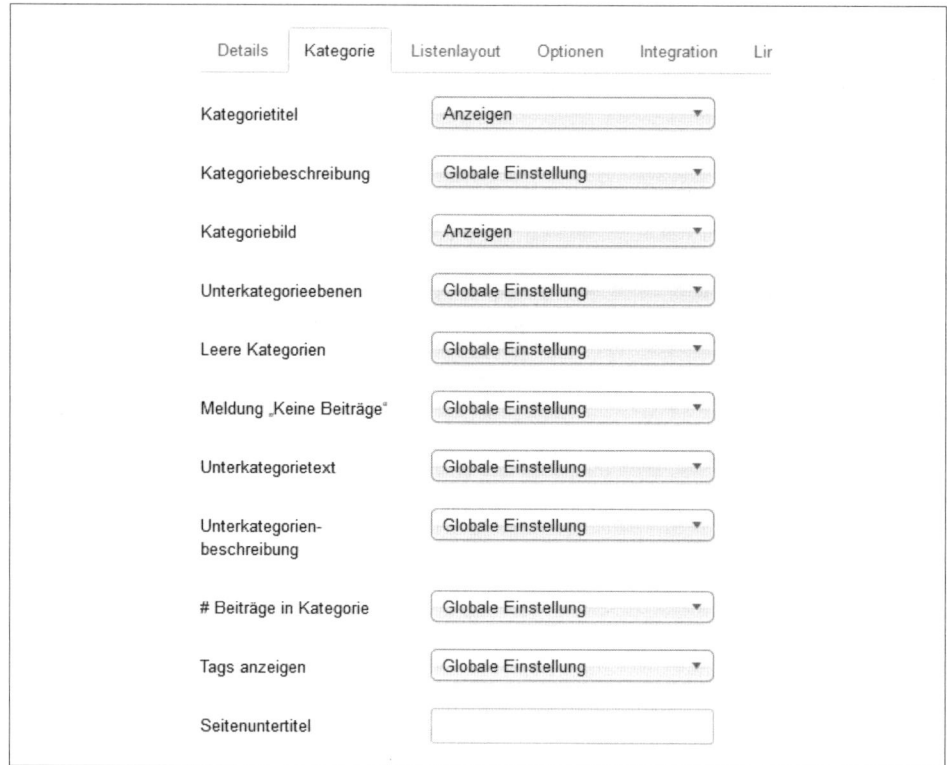

Abbildung 7-13: Das Register Kategorie mit den Einstellungen für das Beispiel.

Kategoriebeschreibung
  Wenn Sie diese Einstellung auf *Anzeigen* setzen, blendet Joomla! auf der Seite die Beschreibung der Kategorie ein. Da die Veranstaltungen keine Beschreibung besitzen, behalten Sie hier einfach die Vorgabe bei.

Kategoriebild
  Steht diese Einstellung auf *Anzeigen*, erscheint auf der Seite auch das Kategoriebild. Damit im Fall der *Veranstaltungen* der schicke Kalender zu sehen ist, setzen Sie folglich diese Einstellung ebenfalls explizit auf *Anzeigen*.

Die meisten der nun folgenden Einstellungen kümmern sich um den Fall, dass die Kategorie noch Unterkategorien enthält:

Unterkategorieebenen
  Normalerweise zeigt die Seite nur die direkt in der Kategorie enthaltenen Unterkategorien an. Möchten Sie auch noch deren Unterkategorien mit auf die Seite quetschen, müssen Sie die *Unterkategorieebenen* entsprechend erhöhen. Bei einer 1 zeigt die Seite nur die in ihr direkt enthaltenen Kategorien an, bei einer 2 auch deren Unterkategorien, bei einer 3 auch noch zusätzlich die dritte Gliederungsebene und so weiter (das Prinzip zeigen die Abbildungen 7-8 und 7-9 auf Seite 183). Da die Kategorie für die Veranstaltungen keine Unterkategorien besitzt, behalten Sie hier einfach die Voreinstellung bei.

Leere Kategorien

Enthält die Kategorie leere Unterkategorien, blendet Joomla! diese standardmäßig auf der Seite aus. Dieses Verhalten ist in den meisten Fällen sinnvoll, da der Besucher dann nicht plötzlich in einer leeren Kategorie und somit einer Sackgasse landet. Mit *Anzeigen* können Sie diese leeren Kategorien dennoch einblenden. Für die Filmtoaster-Seiten behalten Sie auch hier wieder die Vorgabe bei.

Meldung »Keine Beiträge«

Enthält die Kategorie keine Beiträge, weist Joomla! den Besucher mit der Standardmeldung aus Abbildung 7-14 explizit darauf hin. In Ihrem eigenen Internetauftritt müssen Sie selbst entscheiden, ob Sie diese Meldung anzeigen lassen wollen. Auf den Filmtoaster-Seiten ist sie an dieser Stelle nützlich: Der Besucher erfährt so, dass keine Veranstaltungen anstehen. Behalten Sie daher hier die Voreinstellung bei.

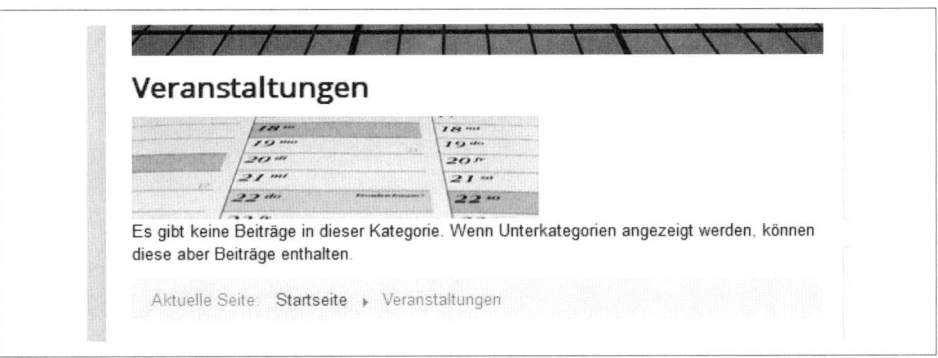

Abbildung 7-14: Enthält die Kategorie keine Beiträge, erscheint diese Standardmeldung.

Unterkategorietext

Wenn sich in der Kategorie weitere Unterkategorien befinden, bietet Joomla! sie am unteren Rand, wie in Abbildung 7-15 gezeigt, den Besuchern zur Auswahl an. Fett über den Unterkategorien erscheint noch das Wort *Unterkategorien*. Damit weiß der Besucher, dass es sich bei den *Veranstaltungen in München* und den *Veranstaltungen in Berlin* um Unterkategorien handelt. Die fette Überschrift *Unterkategorien* können Sie ausblenden, indem Sie hier *Unterkategorietext* auf *Verbergen* setzen.

Unterkategorienbeschreibung

Unter jeder Unterkategorie erscheint auch immer noch ihre jeweilige Beschreibung (in Abbildung 7-15 sind das die Sätze »Hier finden Sie ...«). Möchten Sie das verhindern, setzen Sie *Unterkategorienbeschreibung* auf *Verbergen*. Da die Beschreibungen dem Besucher jedoch bei seiner Entscheidung für eine der Unterkategorien helfen, sollten Sie hier die Voreinstellung beibehalten (oder sicherheitshalber *Anzeigen* wählen).

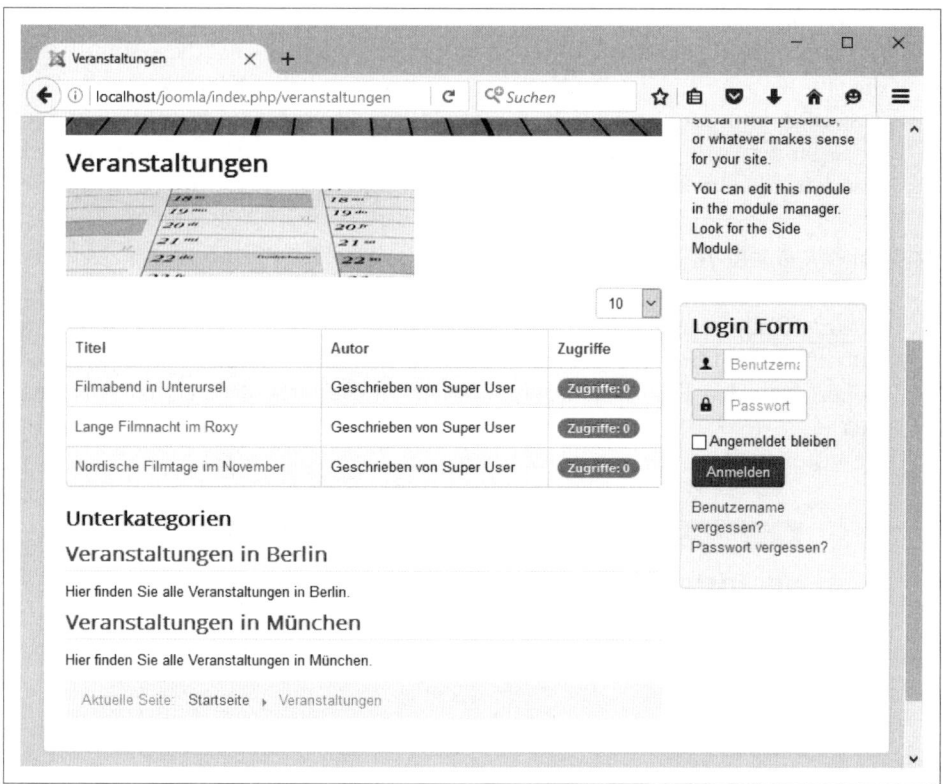

Abbildung 7-15: Mit einem Klick auf Veranstaltungen in München würde Joomla! alle Beiträge aus der gleichnamigen Unterkategorie einblenden.

 # Beiträge in Kategorie
   Neben jeder Unterkategorie kann Joomla! notieren, wie viele Beiträge darin enthalten sind. Der Besucher weiß damit schon im Voraus, welche Informationsflut ihn erwartet.

Tags anzeigen
   Sie können jeder Kategorie ein paar Schlagwörter (englisch Tags) anheften. Diese zeigt Joomla! normalerweise unter dem Titel an (in Abbildung 7-15 direkt unter *Veranstaltungen*). Wenn Sie die Schlagwörter ausblenden möchten, setzen Sie *Tags anzeigen* auf *Verbergen*.

Seitenuntertitel
   Der in dieses Feld eingetippte Text erscheint später als Untertitel auf der Seite – wo und wie genau, bestimmt das gerade aktive Template. Das standardmäßig von Joomla! verwendete Template *Protostar* ignoriert diesen Text in Joomla! 3. 6. Für die Seite mit den Veranstaltungen ist dieses Feld folglich nutzlos und sollte leer bleiben.

Die Einstellungen für die Filmtoaster-Seiten sollten jetzt wie die in Abbildung 7-13 auf Seite 188 aussehen. Als Nächstes muss noch die Liste mit den Veranstaltungstipps etwas zurechtgezupft werden.

Um das Aussehen der Liste mit den Beiträgen kümmert sich das Register *Listenlayout*. Wenn Sie es aufrufen, erscheinen die Einstellungen aus Abbildung 7-16.

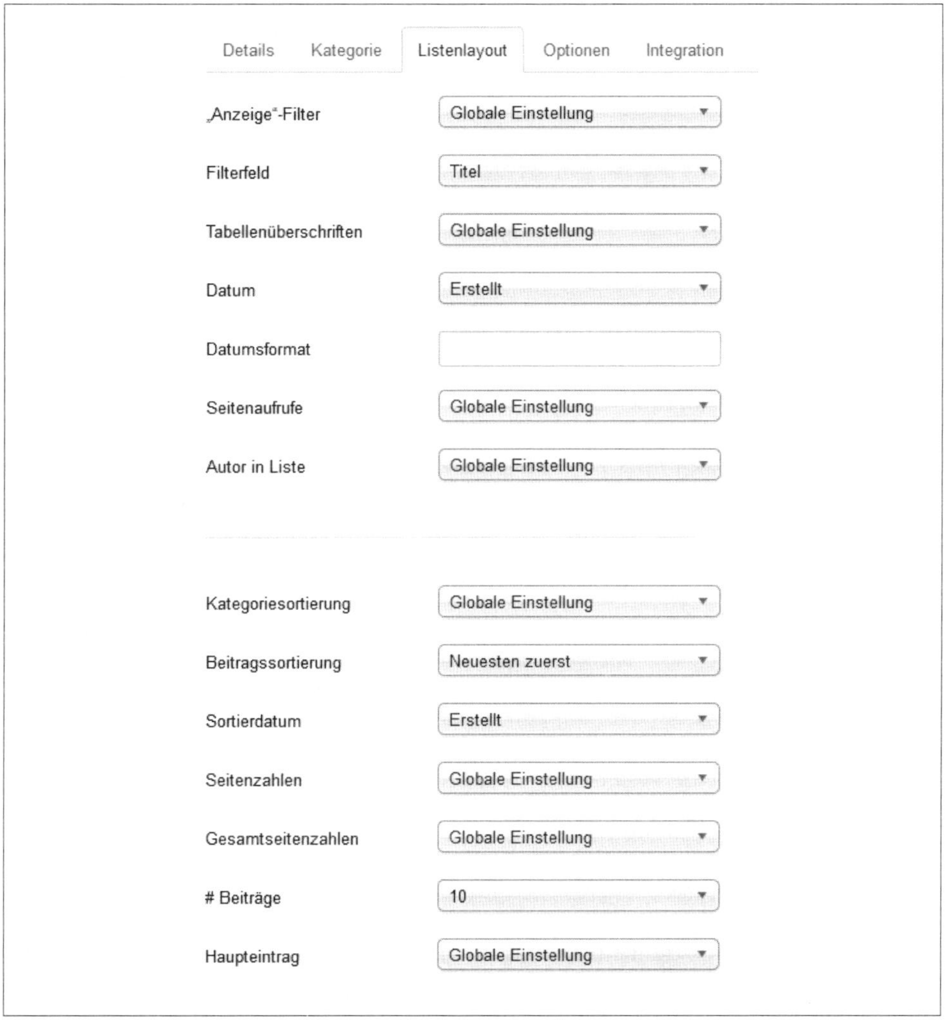

Abbildung 7-16: Das Register Listenlayout mit den Einstellungen für das Beispiel.

Die Einstellungen im oberen Teil (über der Lücke) schalten die entsprechenden Elemente hinzu beziehungsweise ab. Abbildung 7-17 zeigt (fast) alle aktivierten Elemente im Überblick:

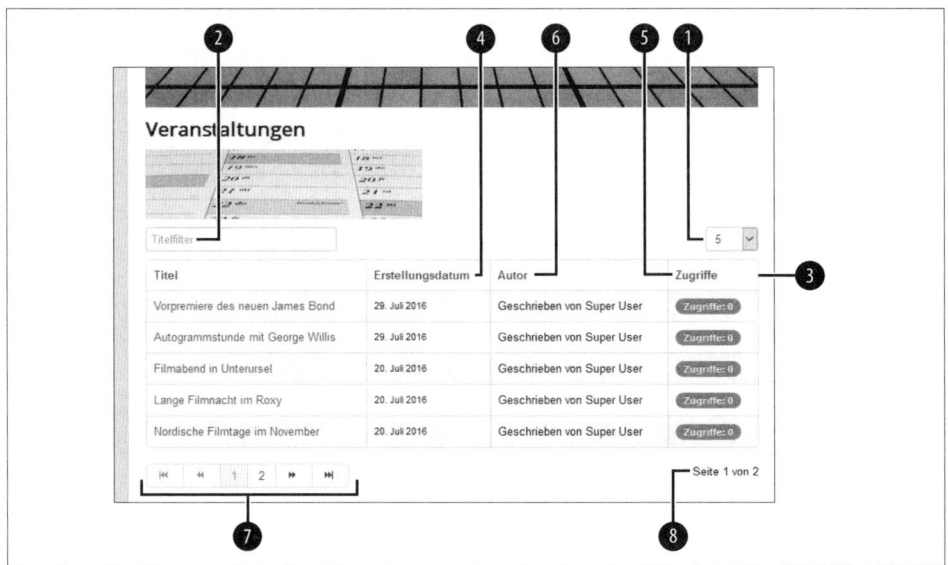

Abbildung 7-17: Die Liste mit allen aktivierten Funktionen.

»Anzeige«-Filter

Der Besucher kann über eine Ausklappliste wählen, wie viele Beiträge Joomla! ihm auf einer Bildschirmseite präsentieren soll ❶. Das ist vor allem sinnvoll, wenn die Kategorie sehr viele Beiträge enthält. Standardmäßig ist die Ausklappliste vorhanden, behalten Sie also für die Filmtoaster-Seiten die Standardeinstellung bei.

Filterfeld

Bei sehr vielen Nachrichten sollte der Besucher die Liste auf die Beiträge beschränken können, die ihn interessieren. Genau dabei hilft das sogenannte *Filterfeld*. Es ist ein Eingabefeld, das links über der Liste erscheint ❷. Joomla! blendet alle Zeilen in der Liste aus, die nicht den dort eingetippten Suchtext enthalten.

In der Ausklappliste *Filterfeld* müssen Sie sich nur noch entscheiden, ob Joomla! das eingegebene Wort im *Titel* der Beiträge, im Namen der *Autoren*, in der Anzahl der *Zugriffe* oder in den *Schlagwörtern* suchen soll. In Abbildung 7-16 würde Joomla! die Beiträge nach den Titeln filtern – also genau das Richtige für die Veranstaltungen.

 **Warnung**   Zumindest die Joomla!-Versionen bis einschließlich 3.6.0 besitzen hier noch ein etwas unschönes Verhalten: Gibt es keinen Beitrag, in dem das eingetippte Wort auftaucht, beharrt Joomla! plötzlich darauf, dass es in dieser Kategorie gar keine Beiträge gäbe, und blendet sogar das Filterfeld aus – der Besucher hat somit keine Möglichkeit mehr, den Filter wieder zu löschen. Er befindet sich dann in einer Sackgasse und muss mit der Zurück-Schaltfläche seines Browsers wieder zur vorherigen Seite zurückspringen – worauf er aber erst einmal kommen muss. Überlegen Sie sich daher gut, ob Sie die Filterfunktion einsetzen möchten, zumal Joomla! auch noch eine normale Suchfunktion bietet (diejenige rechts oben am Seitenrand).

Tabellenüberschriften
>Joomla! ordnet die Informationen in Spalten an. Beispielsweise sehen Sie auf der linken Seite die Titel der Beiträge und ganz rechts die Anzahl der Zugriffe. Damit Besucher wissen, in welcher Spalte sich welche Information verbirgt, zeigt Joomla! passende Spaltenbeschriftungen an ❸. Wenn Sie diese ausblenden möchten, setzen Sie *Tabellenüberschriften* auf *Verbergen*. Für die Filmtoaster-Seiten belassen Sie hier die Voreinstellung, womit die Tabellenüberschriften erscheinen.

Datum
>Zu jedem Beitrag verrät Joomla! wahlweise das Erstellungsdatum (*Erstellt*) ❹, das Datum der letzten Änderung (*Bearbeitet*) oder das Datum der Veröffentlichung (*Veröffentlicht*). Bei den Veranstaltungen ist insbesondere das Erstellungsdatum interessant. Wählen Sie daher in der Ausklappliste *Erstellt*.

Datumsformat
>Joomla! druckt das Datum so, wie es das gerade aktivierte Sprachpaket vorschreibt. Bei einem deutschen Sprachpaket sieht ein Datum etwa so aus: *24. April 2016* (siehe Abbildung 7-17). Dieses Format können Sie im Feld *Datumsformat* ändern. Dabei stehen die Platzhalterbuchstaben *d*, *m* und *Y* für Tag, Monat und Jahr. Um beispielsweise das Datum im amerikanischen Stil als *2016-04-24* auszugeben, tippen Sie in das Feld *Y-m-d*. Weitere Informationen zu dieser Notation finden Sie auf der Internetseite *http://www.php.net/manual/de/function.date.php*. Normalerweise (wie auch bei den Filmtoaster-Seiten) sind hier keine Änderungen notwendig. Lassen Sie daher das Feld leer.

Seitenaufrufe
>Joomla! zeigt zu jedem Beitrag an, wie häufig er bereits gelesen wurde (hinter *Zugriffe* ❺). Wenn Sie hier *Verbergen* wählen, versteckt Joomla! die entsprechenden Zahlen. Auf den Filmtoaster-Seiten ist diese Zugriffszahl gleichzeitig ein Indikator dafür, wie beliebt eine Veranstaltung ist. Belassen Sie sie daher auf ihrem Standardwert und somit eingeblendet.

Autor in Liste
>Zu jedem Beitrag nennt Joomla! auch den Autor ❻. Mit der Einstellung *Verbergen* können Sie das verhindern. Für die Veranstaltungen ist der Autor eine wichtige Information, behalten Sie deshalb auch hier die Vorgabe bei.

Der untere Teil der Einstellungen legt vorrangig fest, wie die Beiträge in der Liste sortiert werden:

Kategoriesortierung
>Diese Einstellung legt fest, in welcher Reihenfolge die Unterkategorien aufgelistet werden sollen. Im Fall der *Kategoriereihenfolge* erscheinen die Kategorien in der Reihenfolge, in der sie auch in der Tabelle unter *Inhalt → Kategorien* im Backend zu sehen sind, wenn Sie dort in der Ausklappliste für das Sortierkriterium den Punkt *Reihenfolge aufsteigend* wählen (weitere Informationen hierzu finden Sie

im Abschnitt »Sortierreihenfolge ändern« auf Seite 100). Da die Veranstaltungen keine weiteren Unterkategorien enthalten, belassen Sie hier einfach die Vorgabe.

Beitragssortierung
Hiermit bestimmen Sie die Reihenfolge der Beiträge in der Liste. In der Einstellung *Titel von A bis Z* würde Joomla! die Beiträge anhand ihres Titels alphabetisch aufsteigend präsentieren (Veranstaltungen mit *A* stehen oben auf der Seite, die mit *Z* unten).

Im Fall der *Beitragsreihenfolge* erscheinen die Beiträge genau in der Reihenfolge, in der sie auch in der Tabelle unter *Inhalt → Beiträge* im Backend zu sehen sind, wenn Sie dort die Ausklappliste *ID absteigend* auf *Reihenfolge aufsteigend* setzen. Wie Sie die Beiträge dort umsortieren, hat bereits Abschnitt »Sortierreihenfolge ändern« auf Seite 100 erklärt.

Wenn Sie die Ausklappliste *Beitragssortierung* auf *Zufällige Reihenfolge* setzen, listet Joomla! die Beiträge in zufälliger Reihenfolge auf. Diese Funktion ist mit Joomla! 3.5 neu hinzugekommen. Sie sollten sie nur dann verwenden, wenn nicht zu viele Beiträge vorliegen. Andernfalls verwirren Sie Ihre Besucher, die bei jedem neuen Besuch den gewünschten Beitrag erst in der Liste neu aufspüren müssen. Die zufällige Reihenfolge sorgt allerdings auch dafür, dass jedes Mal ein anderer Beitrag ganz oben in der Liste erscheint.

Auf den Filmtoaster-Seiten sollen bei den Veranstaltungen die *Neuesten zuerst* aufgelistet werden. Ältere Beiträge beziehungsweise abgelaufene Veranstaltungen verschwinden damit am unteren Rand.

Sortierdatum
Joomla! sortiert jetzt die Beiträge nach einem Datum – nur nach welchem? Nach ihrem Erstellungsdatum, dem Datum ihrer letzten Änderung oder dem Zeitpunkt ihrer Veröffentlichung? Genau das entscheiden Sie mit der Ausklappliste *Sortierdatum*. Bei den Veranstaltungen soll das Erstellungsdatum die Reihenfolge bestimmen – wählen Sie hier folglich *Erstellt*.

Seitenzahlen
Wenn mehr Beiträge in der Kategorie stecken, als die Liste gleichzeitig anzeigen kann oder soll, erscheinen am unteren Rand Schaltflächen, über die der Besucher zu den übrigen Beiträgen vor- beziehungsweise zurückblättern kann ❼. Mit der Einstellung *Anzeigen* sind diese Schalter immer sichtbar, mit *Auto* hingegen nur dann, wenn Joomla! die Liste auf mehrere Bildschirmseiten verteilt.

 **Warnung**   Diese Navigation sollten Sie nur dann *Verbergen*, wenn sich zum einen nur eine feste Zahl an Beiträgen in der Kategorie befindet und Sie zum anderen die Ausklappliste rechts oberhalb der Liste (1, siehe Einstellung *»Anzeige«-Filter*) ebenfalls deaktiviert haben. Denn stellt ein Besucher diese Liste auf eine geringere Zahl, gelangt er nicht mehr an die dann ausgeblendeten Beiträge.

Zumindest in Joomla!-Versionen bis 3.6.0 funktioniert diese Ausklappliste zudem nicht so, wie sie sollte: Die Einstellung *Anzeige* verhält sich genauso wie *Auto*.

Belassen Sie daher hier immer die Voreinstellung.

Gesamtseitenzahlen
>Mit *Anzeigen* verrät Joomla! rechts unter der Liste, auf wie viele Bildschirmseiten es die Liste aufgeteilt hat und auf welcher dieser Seiten sich der Besucher gerade befindet ❽ (in Abbildung 7-17 beispielsweise *Seite 1 von 2*). Auch diese Einstellung belassen Sie am besten auf ihrer Vorgabe, womit Joomla! die Seitenzahl einblendet.

 # Beiträge
>So viele Beiträge zeigt Joomla! standardmäßig in der Liste auf einer Bildschirmseite an. Sofern Sie die Ausklappliste rechts oberhalb der Liste ❶ aktiviert haben (siehe Einstellung »*Anzeige*«-*Filter*), kann der Besucher diese Vorgabe ändern. Die letzten *10* Veranstaltungen sind für die Filmtoaster-Seiten ausreichend.

Haupteintrag
>Sie können Beiträge zu sogenannten Haupteinträgen erheben und sie so als besonders wichtig kennzeichnen (wie im Abschnitt »Status, Kategorie und Versionshinweis« auf Seite 140 beschrieben). Standardmäßig zeigt die Liste aus Abbildung 7-17 immer sämtliche Beiträge aus der entsprechenden Kategorie an – die darin liegenden Haupteinträge eingeschlossen.
>
>Mit der Ausklappliste *Haupteintrag* können Sie jedoch gezielt alle Haupteinträge *Verbergen* lassen. Das bietet sich beispielsweise an, wenn Sie die Haupteinträge auf einer anderen, separaten Seite sammeln möchten (wie das funktioniert, verrät gleich noch Abschnitt »Haupteinträge kennzeichnen« auf Seite 207).
>
>Umgekehrt können Sie auch nur die Haupteinträge in der Liste anzeigen lassen. Dazu wählen Sie in der Ausklappliste den Eintrag *Nur*. Mit der Einstellung *Anzeigen* präsentiert die Liste alle Beiträge inklusive der Haupteinträge.
>
>Für die Filmtoaster-Seiten belassen Sie die Voreinstellung.

Die Einstellungen in diesem Register sollten jetzt so wie in Abbildung 7-16 aussehen. Wenden Sie Ihre Änderungen mit *Speichern & Schließen* an und begutachten Sie das Ergebnis in der *Vorschau*. Es sollte ähnlich wie das in Abbildung 7-17 aussehen. Sofern Sie nur wenige Beiträge eingegeben haben, fehlen am unteren Rand die Elemente zur Seitennavigation. Wie weiter oben erläutert, blendet Joomla! sie lediglich bei Bedarf ein und verwirrt so den Besucher nicht unnötig. Damit steht das Angebot der Veranstaltungen. Als Nächstes ist das Blog an der Reihe.

Blog aus Beiträgen (Kategorieblog)

Mitunter sollen die Texte mehrerer Beiträge gemeinsam auf einer Seite erscheinen. Zwei Paradebeispiele wären eine Nachrichtenseite und ein Blog, bei denen mehrere Beiträge untereinander angezeigt werden. Diese Darstellung ist aber auch in anderen Lebenslagen nützlich, etwa wenn Sie mehrere wichtige Texte auf einer Seite bewerben möchten.

Auf den Filmtoaster-Seiten soll es ein klassisches Blog geben. Dessen Beiträge stecken praktischerweise schon in der Kategorie *Blog*. Es muss folglich nur noch ein Menüpunkt her, der zu einer Seite mit allen komplett ausgedruckten Beiträgen führt.

Um einen Menüpunkt auf eine solche Darstellung einzurichten, legen Sie zunächst einen neuen an – im Fall der Filmtoaster-Seiten via *Menüs* → *Main Menu* → *Neuer Menüeintrag* (Informationen hierzu lieferte bereits Abschnitt »Vorbereitungen« auf Seite 177). Vergeben Sie zunächst einen passenden *Menütitel*. Für die Filmtoaster-Seiten wählen Sie Blog. Anschließend klicken Sie neben *Menüeintragstyp* auf *Auswählen*.

Wie in einem echten Blog soll Joomla! die Texte aller (Blog-)Beiträge nacheinander auf einer Seite anzeigen. Genau das erledigt der Menüeintragstyp *Kategorieblog*. Nachdem Sie ihn auf dem Slider *Beiträge* angeklickt haben, landen Sie wieder im bekannten Formular. Dort stellen Sie unter *Kategorie auswählen* die Kategorie mit den anzuzeigenden Beiträgen ein. Auf den Filmtoaster-Seiten ist dies das *Blog*. *Speichern* Sie Ihre Änderungen (und lassen Sie somit den Bearbeitungsschirm noch geöffnet), wechseln Sie in die *Vorschau* und dort weiter zum frisch angelegten Menüpunkt *Blog*. Das Ergebnis sollte so ähnlich wie das in Abbildung 7-18 aussehen.

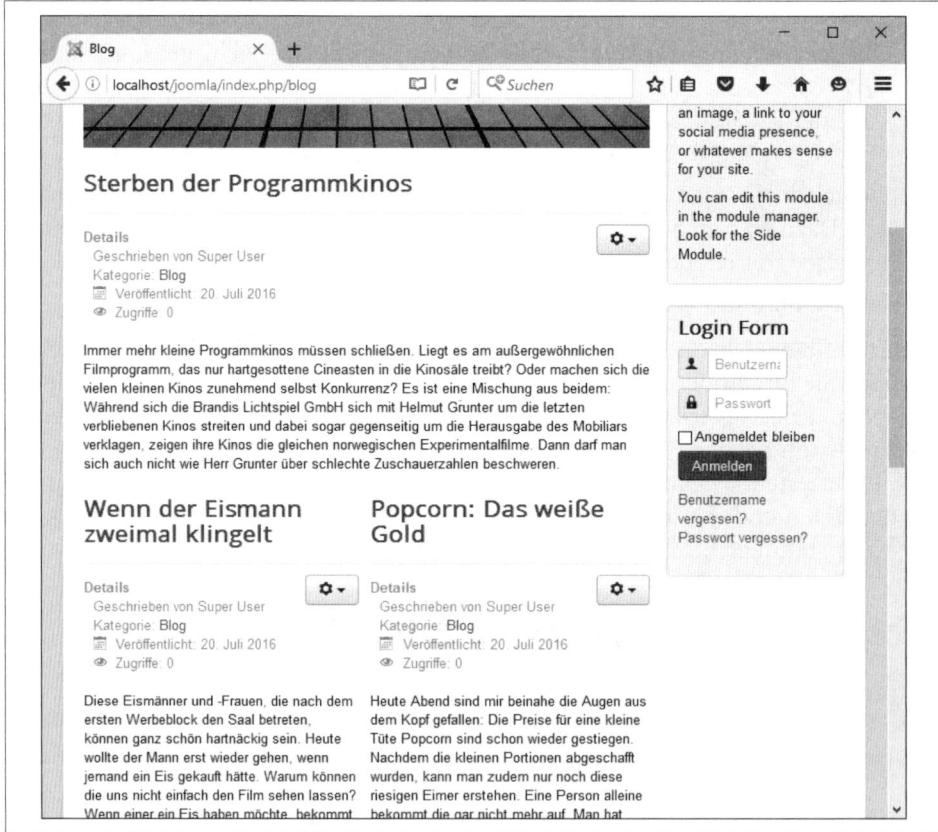

Abbildung 7-18: Das Blog mit drei Beiträgen in den Standardeinstellungen.

Dieser Standardaufbau liefert noch nicht ganz das gewünschte Ergebnis: Joomla! ordnet die Beiträge nicht wie in einem richtigen Blog strikt untereinander an. Stattdessen steht der neueste Beitrag oben, darunter folgen in mehreren Spalten die etwas älteren Texte. Des Weiteren wäre es schön, wenn Joomla! auch noch den Titel der Kategorie *Blog* und das zugeordnete Kategoriebild (mit den Kugelschreibern) anzeigen würde.

Tipp Wie Sie an Abbildung 7-18 sehen, ist der Menüeintragstyp *Kategorieblog* nicht nur zur Erstellung von Blogs gedacht. Er ist immer dann die richtige Wahl, wenn Sie mehrere Beitragstexte aus einer Kategorie (irgendwie) auf einer Seite präsentieren möchten. Es gibt dabei allerdings eine Einschränkung: Um das Layout nicht zu sprengen, zeigt Joomla! hier stets lediglich die Einleitungen der Beiträge an. Nur wenn ein Beitrag keine Einleitung besitzt, erscheint sein kompletter Text.

Um diese Situation zu beheben, kehren Sie ins Backend zurück. Dort wechseln Sie im Formular auf die Registerkarte *Kategorie*. Genau wie im vorherigen Abschnitt »Liste mit Beiträgen (Kategorieliste)« auf Seite 186 bestimmen Sie auch hier, welche Informationen auf der Webseite zu sehen sind. Da die Einstellungen genau die gleichen Bedeutungen haben, folgt hier nur ein kurzer Schnelldurchlauf:

Unterkategorietext
Sollten sich in der Kategorie noch Unterkategorien befinden, bietet Joomla! diese am unteren Rand den Besuchern zur Auswahl an und schreibt darüber noch in fetten Lettern das Wort *Unterkategorien*. Genau dieses Wort können Sie ausblenden, wenn Sie *Unterkategorietext* auf *Verbergen* setzen.

Kategorietitel
Mit *Anzeigen* erscheint auf der Seite auch der Titel der Kategorie.

Kategoriebeschreibung
Mit *Anzeigen* erscheint auf der Seite auch die Beschreibung der Kategorie.

Kategoriebild
Mit *Anzeigen* erscheint auf der Seite auch das Kategoriebild.

Unterkategorieebenen
Bei einer *1* zeigt die Seite nur die direkt in der Kategorie enthaltenen Unterkategorien, bei einer *2* auch deren Unter-Unterkategorien, bei einer *3* zusätzlich noch die dritte Gliederungsebene und so weiter. Standardmäßig (*Globale Einstellung*) erscheinen nur die direkt in der Kategorie enthaltenen Unterkategorien.

Leere Kategorien
Mit *Anzeigen* bietet Joomla! auf der Seite auch leere Unterkategorien zur Auswahl an.

Meldung »Keine Beiträge«
Steht dieser Punkt auf *Anzeigen* und enthält eine Kategorie keine Beiträge, weist Joomla! den Besucher explizit darauf hin. Dies ist auch standardmäßig der Fall.

Unterkategorienbeschreibung
Enthält die Kategorie weitere Unterkategorien und zeigt Joomla! diese auf der Seite an (Einstellung *Unterkategorieebenen*), erscheinen bei der Einstellung *Anzeigen* auch noch die jeweiligen Beschreibungen.

 # Beiträge in Kategorie
Steht diese Einstellung auf *Anzeigen*, notiert Joomla! für jede Unterkategorie, wie viele Beiträge in ihr enthalten sind.

Tags anzeigen
Joomla! zeigt standardmäßig die Schlagwörter (englisch Tags) der Kategorie an. Das unterbinden Sie, indem Sie *Tags anzeigen* auf *Verbergen* stellen.

Seitenuntertitel
Der in dieses Feld eingetippte Text erscheint später auf der Seite als Untertitel – wie und wo genau, bestimmt das gerade aktive Template. Das von Joomla! standardmäßig eingesetzte Template *Protostar* stellt den Untertitel dem Kategorietitel voran. Tippen Sie also im Filmtoaster-Beispiel als *Untertitel* den Text Grandioses ein, würde Joomla! die Beiträge nicht nur mit *Blog*, sondern mit *Grandioses Blog* überschreiben. Auch wenn dieser Titel verlockend ist: Ein anderes Template könnte den Untertitel *Grandioses* ganz anders darstellen. Für das Blog auf den Filmtoaster-Seiten lassen Sie daher dieses Feld leer.

Setzen Sie für dieses Blog außerdem den *Kategorietitel* und das *Kategoriebild* auf *Anzeigen*. Alle anderen Einstellungen können auf ihren Vorgaben bleiben.

Als Nächstes muss noch die Darstellung der Beiträge angepasst werden. Die dazu notwendigen Einstellungen finden Sie im Register *Blog-Layout* (siehe Abbildung 7-19).

Dort stehen folgende Einstellungen bereit, wobei Joomla! bei leeren Eingabefeldern die Standardeinstellungen übernimmt (auch hier ist die Raute # wieder als »Anzahl« zu lesen):

 # Führende
Im Moment erscheint oben auf der Seite nur ein einziger Beitrag in voller Breite. In Abbildung 7-18 wäre dies der Beitrag über die Programmkinos. Wie viele Beiträge Joomla! auf diese Weise anzeigen soll, tragen Sie in das Feld *# Führende* ein. Für das Blog auf den Filmtoaster-Seiten reicht es aus, dass die drei aktuellsten Beiträge auf diese Weise erscheinen. Tragen Sie deshalb dort eine 3 ein.

 # Einleitung
Unter dem beziehungsweise den führenden Beiträgen zeigt Joomla! noch ein paar weitere Kollegen nebeneinander in Spalten an. In Abbildung 7-18 gilt dies für die Beiträge über das teure Popcorn und den Eismann. Wie viele Beiträge dort in den Spalten erscheinen sollen, legen Sie im Eingabefeld *# Einleitung* fest. Auf den Filmtoaster-Seiten soll ein echtes Blog möglichst gut imitiert wer-

den. Tippen Sie daher eine 0 ein. Damit gilt die Devise: Entweder erscheint ein (Blog-)Beitrag in voller Breite oder gar nicht.

Spalten

Standardmäßig ordnet Joomla! die Texte im unteren Teil der Seite in zwei Spalten an (wie in Abbildung 7-18). Möchten Sie die Beiträge dort auf mehr Spalten verteilen, tippen Sie einfach die entsprechende Anzahl unter *# Spalten* ein. Denken Sie aber dabei daran, dass die Seitenbreite gleich bleibt. Je mehr Spalten hinzukommen, desto schmaler werden sie, und desto gequetschter erscheinen die in ihnen platzierten Beiträge. Beim Blog auf den Filmtoaster-Seiten haben Sie mit der vorherigen Einstellung diese Spaltendarstellung bereits abgeschaltet, folglich können Sie das Feld *# Spalten* ignorieren.

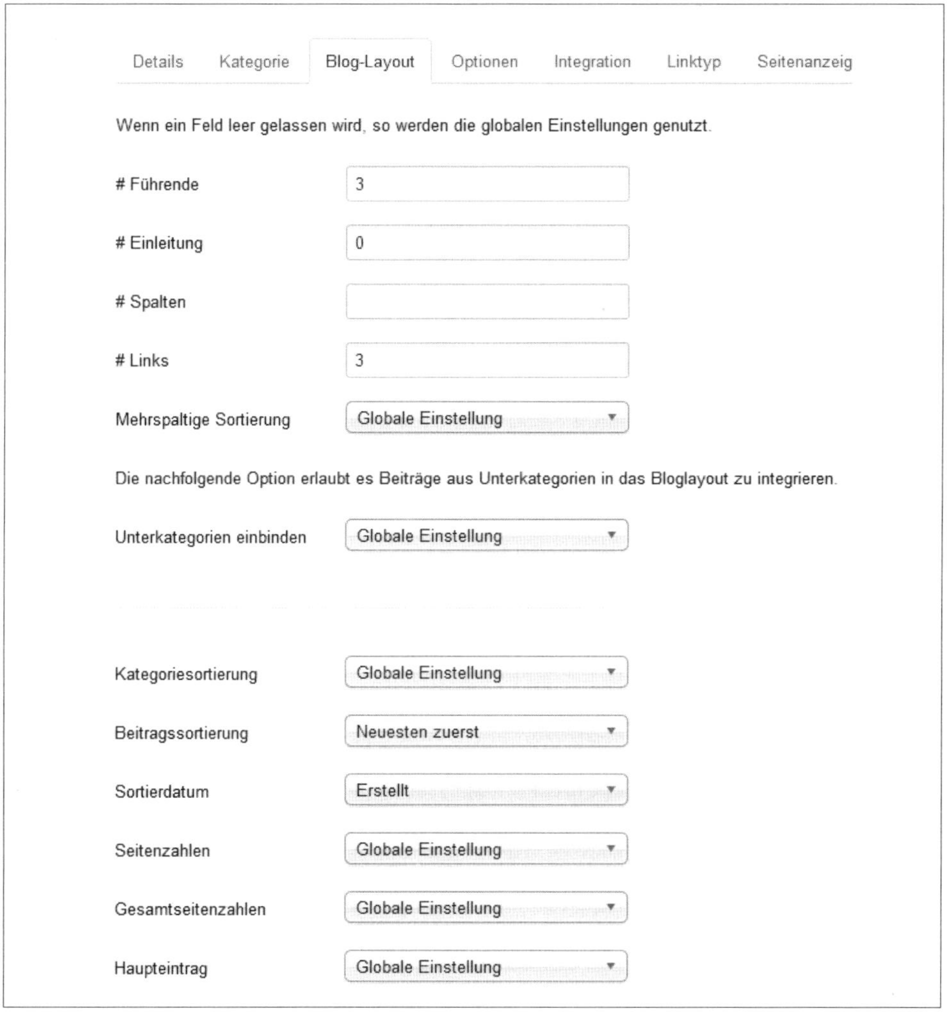

Abbildung 7-19: Die Einstellungen für das Blog aus dem Beispiel.

 **Warnung**   Beachten Sie den Unterschied zwischen *# Einleitung* und *# Spalten*:

 # Einleitung legt fest, wie viele Beiträge Joomla! im unteren Teil der Seite anzeigt.

 # Spalten legt fest, wie viele dieser Beiträge immer jeweils nebeneinander passen.

Sie können also beispielsweise fünf Beiträge in drei Spalten anzeigen lassen. In den ersten beiden Spalten stehen dann jeweils zwei Beiträge übereinander.

Links

Ganz am unteren Seitenrand listet Joomla! auf Wunsch noch weitere Beiträge auf, die es nicht mehr auf die Seite geschafft haben. Im Blog der Filmtoaster-Seiten haben Sie beispielsweise gerade festgelegt, dass nur die aktuellsten drei Blog-Beiträge erscheinen sollen. Einige der älteren würde Joomla! dann wie in Abbildung 7-20 am unteren Seitenrand noch in einer Liste anbieten. Ein Klick auf einen der Einträge würde den (Blog-)Beitrag dann auf einer eigenen Seite öffnen. Wie viele Beiträge in der Liste erscheinen sollen, geben Sie im Feld *# Links* vor. Für das Blog sollten Sie ebenfalls 3 festlegen.

Noch ältere Beiträge erreichen Besucher über die in Abbildung 7-20 ganz unten angezeigten Navigationsschaltflächen. Das gilt selbst dann, wenn wie hier im Filmtoaster-Beispiel die Seite immer nur die sechs aktuellsten Beiträge anbietet (drei im Volltext und drei am unteren Rand in der Liste).

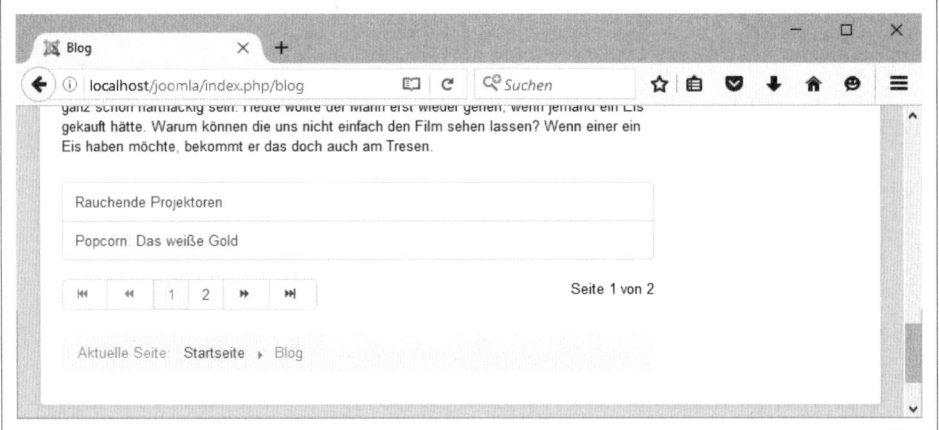

Abbildung 7-20:   Ältere Beiträge listet Joomla! am unteren Seitenrand auf, hier die zwei Blog-Beiträge »Rauchende Projektoren« und »Popcorn: Das weiße Gold«.

 Tipp   Wenn ein Beitrag aus dem Blog verschwinden soll, müssen Sie ihn im Backend entweder verstecken oder löschen.

Mehrspaltige Sortierung

Sofern die Beiträge auf der Seite in mehreren Spalten erscheinen (siehe Einstellung *# Spalten*), können Sie hier festlegen, in welcher Reihenfolge die Texte über diese Spalten verteilt werden. In der Einstellung *Seitlich* setzt Joomla! in jede Spalte einen Beitrag. Sind dann noch Beiträge übrig, beginnen diese darunter wieder in der ersten Spalte. Da im Blog auf den Filmtoaster-Seiten keine Spalten mehr zum Einsatz kommen, können Sie diese Einstellung einfach ignorieren.

Unterkategorien einbinden

Bislang zeigt Joomla! nur die Beiträge aus einer Kategorie an – auf den Filmtoaster-Seiten sind das die Beiträge aus der Kategorie *Blog*. Diese Kategorie darf aber selbstverständlich auch noch weitere Unterkategorien enthalten. Deren Beiträge wiederum können Sie mit auf die Seite und somit in das Blog setzen lassen. Bis zu welcher Unter-Unterkategorie Joomla! dabei hinabsteigen soll, wählen Sie hier in der Liste *Unterkategorien einbinden*. Steht die Ausklappliste beispielsweise auf *1*, präsentiert Joomla! auf der Seite alle Beiträge aus der Kategorie *Blog* sowie ihren direkten Unterkategorien.

Auf den Filmtoaster-Seiten hat *Blog* keine weiteren Unterkategorien, folglich belassen Sie die Ausklappliste auf ihrer Voreinstellung.

Tipp Wenn die Blog-Einträge sehr zahlreich werden, können Sie dem Blog (nachträglich) weitere Unterkategorien spendieren, wie etwa *Kinos*, *Filme* und *Schauspieler*. Dort sortieren Sie dann die Beiträge ein und stellen hier *Unterkategorien einbinden* auf *1*. Damit zeigt Joomla! alle Beiträge aus der Kategorie *Blog* sowie seinen Unterkategorien *Kinos*, *Filme* und *Schauspieler* auf einer Seite an.

Kategoriesortierung

Alle Unterkategorien bietet Joomla! zusätzlich noch einmal am unteren Seitenrand zur Auswahl an (wie in Abbildung 7-21). In welcher Reihenfolge das geschieht, legen Sie mit der Ausklappliste *Kategoriesortierung* fest. Da das Blog auf den Filmtoaster-Seiten keine weiteren Unterkategorien enthält, behalten Sie hier einfach die Vorgabe bei.

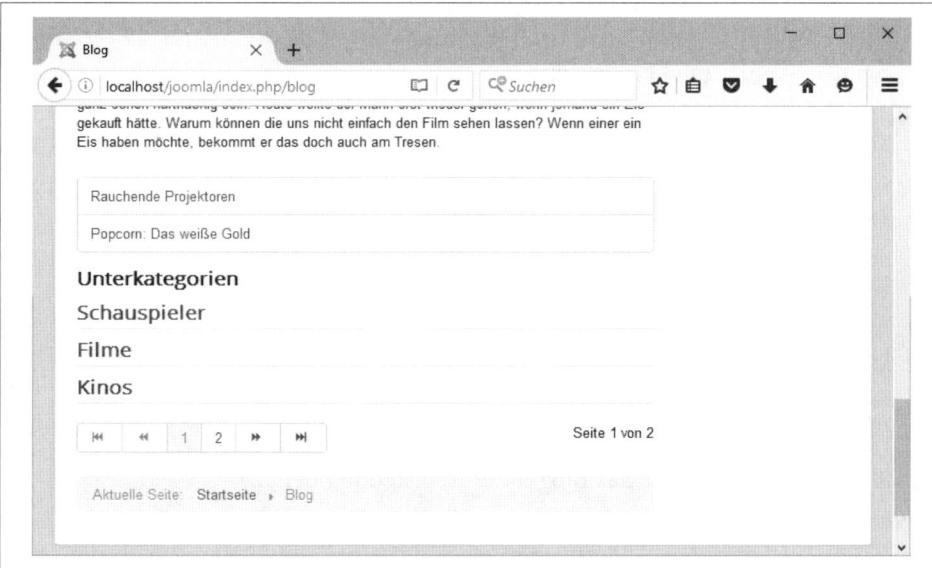

Abbildung 7-21: Hier wurden der Kategorie Blog noch die Unterkategorien Filme, Kinos und Schauspieler hinzugefügt. Nach einem Kick auf eine davon zeigt Joomla! alle darin enthaltenen Beiträge an.

Beitragssortierung
: Hiermit legen Sie fest, in welcher Reihenfolge die Beiträge auf der Seite erscheinen. In der Einstellung *Titel von A bis Z* würde Joomla! die Beiträge anhand ihrer Titel alphabetisch aufsteigend präsentieren (Beiträge, die mit »A« beginnen, stehen oben auf der Seite, die mit »Z« unten).

Im Fall der *Beitragsreihenfolge* erscheinen die Beiträge genau in der Reihenfolge, in der sie auch in der Tabelle hinter *Inhalt* → *Beiträge* im Backend zu sehen sind, wenn Sie dort die Ausklappliste *ID absteigend* auf *Reihenfolge aufsteigend* setzen. Wie Sie die Beiträge dann umsortieren, hat Ihnen bereits Abschnitt »Sortierreihenfolge ändern« auf Seite 100 erklärt.

Wenn Sie die Ausklappliste *Beitragssortierung* auf *Zufällige Reihenfolge* setzen, listet Joomla! die Beiträge in zufälliger Reihenfolge auf. Diese Funktion ist mit Joomla! 3.5 neu hinzugekommen. Die zufällige Reihenfolge sorgt dafür, dass jedes Mal ein anderer Beitrag ganz oben auf der Seite erscheint und dort die volle Aufmerksamkeit der Besucher erhält. Sie sollten die *Zufällige Reihenfolge* allerdings nur dann verwenden, wenn die Blog-Beiträge nicht veralten. Andernfalls besteht die Gefahr, dass plötzlich veraltete Texte ganz oben erscheinen.

Im Blog auf den Filmtoaster-Seiten soll der neueste Beitrag ganz oben erscheinen, folglich ist hier *Neuesten zuerst* der korrekte Wert. Ältere beziehungsweise abgelaufene Beiträge verschwinden damit am unteren Rand.

Sortierdatum
: Mit der vorherigen Einstellung sortiert Joomla! die Beiträge absteigend nach ihrem Datum. Welches Datum dabei zugrunde liegt, wählen Sie in dieser Ausklappliste. Zur Auswahl stehen das Erstellungsdatum (*Erstellt*), das Datum der letzten Änderung (*Bearbeitet*) sowie der Zeitpunkt der Veröffentlichung (*Veröffentlicht*). Bei den Blogs soll das Erstellungsdatum die Reihenfolge bestimmen; wählen Sie hier folglich *Erstellt*.

Seitenzahlen
: Wenn mehr Beiträge in der Kategorie stecken, als auf die Seite passen, erscheinen am unteren Rand Schaltflächen, über die der Besucher zu den übrigen Beiträgen vor- beziehungsweise zurückblättern kann (siehe Abbildung 7-21). Mit der Einstellung *Anzeigen* sind diese Schalter immer sichtbar, mit *Auto* hingegen nur bei Bedarf.

 **Warnung**   Diese Navigation sollten Sie nur dann *Verbergen*, wenn sich eine feste Zahl an Beiträgen in der Kategorie befindet. Andernfalls kann der Besucher ältere Beiträge nicht mehr aufrufen.

Behalten Sie daher für das Blog die Voreinstellung bei.

Gesamtseitenzahlen
: Zusammen mit den Schaltflächen erscheint am unteren Rand noch die Information, auf wie viele Bildschirmseiten Joomla! die Beiträge verteilt hat und auf

welcher dieser Seiten sich der Besucher gerade befindet (in Abbildung 7-21 etwa *Seite 1 von 2*). Mit der Ausklappliste *Gesamtseitenzahlen* können Sie diese Information explizit *Verbergen* lassen. Für die Filmtoaster-Seiten belassen Sie am besten die Vorgabe, womit Joomla! die Seitenzahl einblendet.

Haupteintrag

Sie können Beiträge zu sogenannten Haupteinträgen erheben und sie so als besonders wichtig kennzeichnen (wie im Abschnitt »Status, Kategorie und Versionshinweis« auf Seite 140 beschrieben). Standardmäßig zeigt Joomla! immer sämtliche Beiträge aus der entsprechenden Kategorie an, was auch die darin liegenden Haupteinträge einschließt.

Mit der Ausklappliste *Haupteintrag* können Sie jedoch gezielt alle Haupteinträge *Verbergen* lassen. Das bietet sich beispielsweise an, wenn Sie die Haupteinträge auf einer anderen, separaten Seite sammeln möchten (wie das funktioniert, verrät gleich noch Abschnitt »Haupteinträge kennzeichnen« auf Seite 207).

Umgekehrt können Sie auch nur die Haupteinträge anzeigen lassen. Dazu wählen Sie in der Ausklappliste den Eintrag *Nur*. Mit der Einstellung *Anzeigen* erscheinen alle Beiträge inklusive der Haupteinträge.

Für die Filmtoaster-Seiten belassen Sie die Voreinstellung.

Die Einstellungen für das Blog-Beispiel sollten jetzt wie in Abbildung 7-19 aussehen.

Damit ist aber immer noch nicht Schluss: Im Register *Optionen* verbergen sich weitere Einstellungen, mit denen Sie die Darstellung der einzelnen Beiträge beeinflussen können. Der dort angebotene Einstellungswust sieht nur auf den ersten Blick erschlagend aus. Beim genaueren Hinsehen dürften Ihnen die Optionen extrem bekannt vorkommen: Es handelt sich um die Einstellungen der Beiträge aus Abschnitt »Die Darstellung des Beitrags anpassen« auf Seite 169. Da der Menüpunkt das Aussehen der Seite vorgibt, müssen Sie auch hier das Aussehen der Beiträge einstellen. Die Vorgaben, die Sie damals bei den Beiträgen eingestellt haben, übernimmt Joomla! nur, wenn Sie die entsprechenden Ausklapplisten auf *Beitragseinstellungen verwenden* setzen. Es gibt hier jedoch auch zwei neue Einstellungen:

»Weiterlesen«

Auf der Seite zeigt Joomla! nur die Einleitungen der Beiträge an. Sofern diese Beiträge noch einen Haupttext besitzen, erscheint standardmäßig eine *Weiterlesen*-Schaltfläche, über die der Besucher zum kompletten Beitrag gelangt. Wenn Sie hier jetzt die Ausklappliste *»Weiterlesen«* auf *Verbergen* setzen, verschwindet diese Schaltfläche. Der Besucher kommt dann nur noch durch einen Klick auf die Beitragsüberschrift zum Haupttext – vorausgesetzt, Sie haben die Ausklappliste neben *Titel verlinken* nicht auf *Nein* gestellt.

»Weiterlesen«-Titel

Bei *Anzeigen* schreibt Joomla! zusätzlich noch den Titel des Beitrags auf die *Weiterlesen*-Schaltfläche (also beispielsweise *Weiterlesen: Sterben der Programmkinos*). Dies ist auch standardmäßig der Fall.

Im Blog können Sie die *Kategorie* und die Anzahl der *Seitenaufrufe* jeweils *Verbergen*. Alle anderen Einstellungen belassen Sie auf ihren Vorgaben. Nach dem *Speichern & Schließen* sieht das Blog dann aus, wie in Abbildung 7-22 gezeigt.

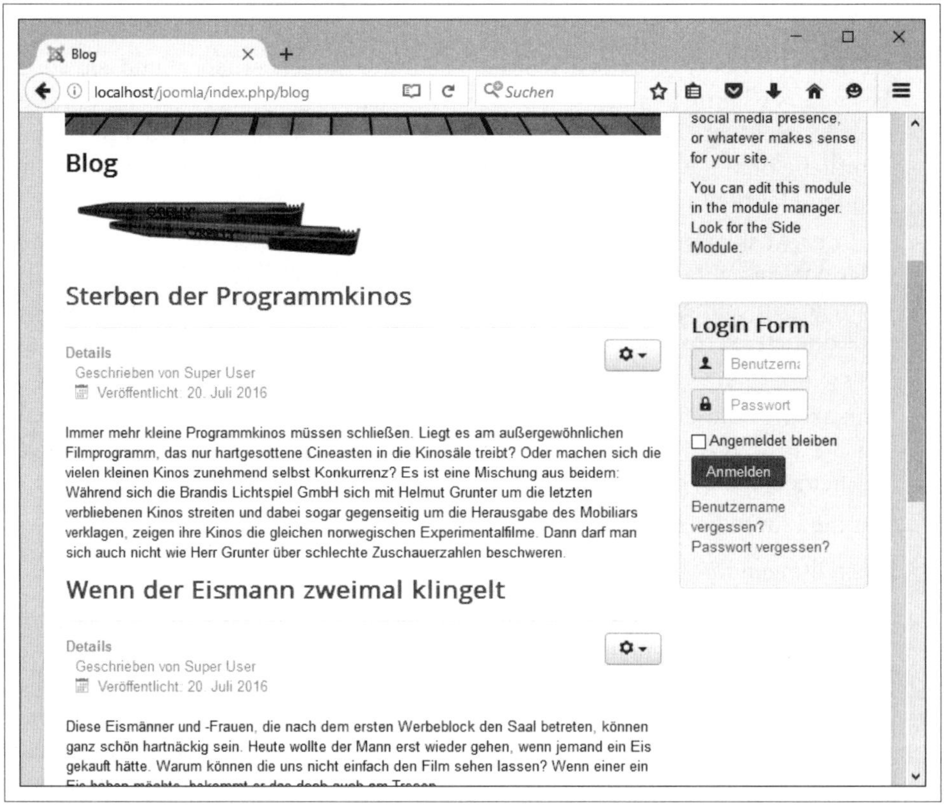

Abbildung 7-22: Das fertige Blog.

Einzelner Beitrag

Ein Menüpunkt kann auch direkt zu einem einzelnen Beitrag führen. Auf diese Weise lässt sich auf den Filmtoaster-Seiten ganz elegant das Impressum einbinden.

Dazu erstellen Sie wieder einen neuen Eintrag im entsprechenden Menü – im Filmtoaster-Beispiel via *Menüs → Main Menu → Neuer Menüeintrag* (Informationen hierzu lieferte bereits Abschnitt »Vorbereitungen« auf Seite 177). Vergeben Sie einen passenden *Menütitel*, im Beispiel etwa Impressum. Klicken Sie dann neben *Menüeintragstyp* auf *Auswählen*.

Das Impressum ist ein *Einzelner Beitrag*, entscheiden Sie sich daher für den gleichnamigen Punkt auf dem Slider *Beiträge*. Wieder zurück im Formular, klicken Sie rechts neben *Beitrag auswählen* auf *Auswählen*. In der erscheinenden Liste suchen Sie den Beitrag, zu dem der neue Menüpunkt führen soll – im Beispiel also das

Impressum. Nutzen Sie dabei als Hilfe die Filtermöglichkeiten und die Suchfunktion am oberen Rand. Wenn Sie beispielsweise die *Suchwerkzeuge* öffnen und dann – *Kategorie wählen* – auf *Sonstiges* setzen, sollte Ihnen das *Impressum* bereits entgegenleuchten (andernfalls haben Sie es in die falsche Kategorie einsortiert). Achten Sie auch darauf, dass Ihr Beitrag in der Spalte *Status* einen grünen Haken besitzt. Nur dann ist er veröffentlicht und somit prinzipiell für Ihre Besucher zu sehen. Andernfalls würde ein Klick auf den Menüpunkt später nur zu einer Fehlermeldung führen. Haben Sie den Beitrag gefunden, klicken Sie seinen Titel an (für die Filmtoaster-Seiten also das *Impressum*). Das Formular sollte damit wie das in Abbildung 7-23 aussehen.

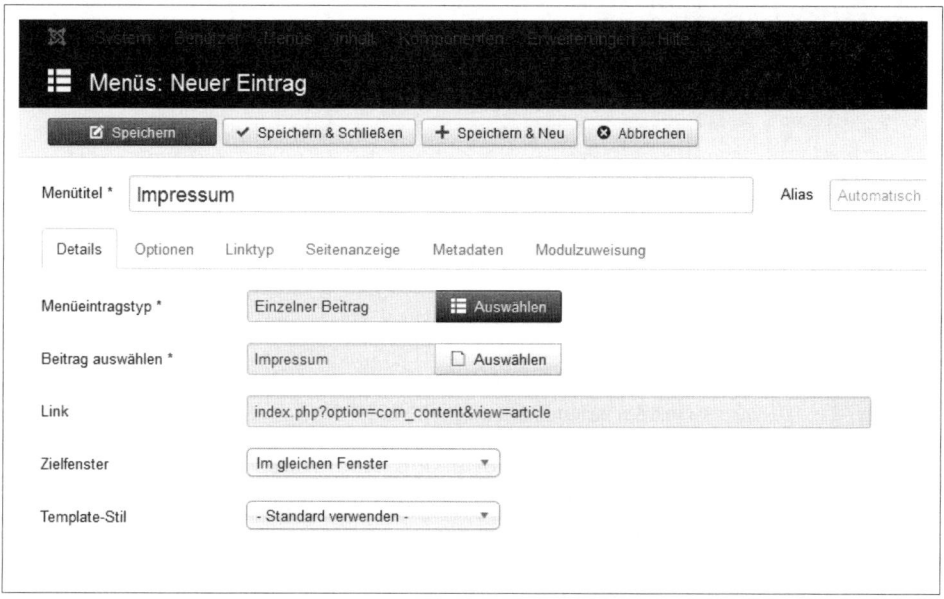

Abbildung 7-23: Diese Einstellungen legen einen Menüpunkt an, der zum Beitrag Impressum führt.

Legen Sie den Menüpunkt mit *Speichern* an (damit bleiben Sie im Formular). Wechseln Sie in die *Vorschau* und dort weiter zum Menüpunkt *Impressum*. Das Ergebnis sollte jetzt dem aus Abbildung 7-24 ähneln.

Joomla! zeigt hier unter dem Beitragstitel noch die Kategorie, das Veröffentlichungsdatum, den Autor und die Anzahl der Zugriffe an. Alle vier Informationen sind bei einem Impressum jedoch entbehrlich. Denken Sie wieder daran, dass der Menüpunkt das Aussehen der über ihn erreichbaren Seiten bestimmt.

Um die angezeigten Informationen zu verändern, kehren Sie folglich zum Backend zurück und wechseln dort im Formular auf die Registerkarte *Optionen*. Hier können Sie jetzt detailliert festlegen, welche Informationen auf der Seite erscheinen sollen. Die Einstellungen kennen Sie bereits von den Beiträgen aus Abschnitt »Die Darstellung des Beitrags anpassen« auf Seite 169. Beachten Sie aber, dass sich die Einstellungen hier nur auf die über den Menüpunkt erreichbare Seite beziehen.

Würden Sie das Impressum noch auf einem anderen Weg einbinden (beispielsweise in einem anderen Menü), erscheint es dort womöglich wieder anders.

Abbildung 7-24: Das Impressum mit den Standardeinstellungen.

Für das Impressum setzen Sie die *Kategorie*, den *Autor*, das *Veröffentlichungsdatum* und die *Seitenaufrufe* auf *Verbergen*. Nach dem *Speichern & Schließen* sieht das Ergebnis in der Vorschau so wie in Abbildung 7-25 aus.

Abbildung 7-25: Das angepasste Impressum.

Haupteinträge kennzeichnen

Besonders wichtige oder ausgesuchte Beiträge können Sie zu sogenannten *Haupteinträgen* erheben (englisch *Featured Articles*), ältere deutsche Joomla!-Versionen sprachen noch von *Hauptbeiträgen*). Die so geadelten Beiträge dürfen Sie dann gebündelt auf einer separaten Seite präsentieren. Ein Onlinehändler könnte beispielsweise alle Sonderangebote als Haupteinträge kennzeichnen und diese dann zusammen auf einer eigenen Seite vorstellen. Beschäftigt sich der Internetauftritt mit Tieren, könnte man am Tag des Artenschutzes (am 3. März) alle Beiträge als Haupteinträge kennzeichnen, die sich um besonders bedrohte Tiere drehen. Wie Sie an diesem Beispiel sehen, sind Haupteinträge nicht fix: Sie können jeden Beitrag jederzeit zu einem Haupteintrag erheben und ihm diesen Status auch jederzeit wieder aberkennen.

Auf den Filmtoaster-Seiten könnte die Redaktion alle gerade angesagten beziehungsweise besonders lesenswerten Filmkritiken, Veranstaltungen und Blog-Beiträge zu Haupteinträgen erheben. Diese soll dann der Besucher über einen neuen Menüpunkt *Angesagt* erreichen (englischsprachige Internetauftritte bieten häufig eine ähnliche Zusammenstellung unter dem Menüpunkt *Hot!* an).

Zunächst müssen Sie die entsprechenden Beiträge zu Haupteinträgen küren. Dazu rufen Sie die Beitragsverwaltung unter *Inhalt* → *Beiträge* auf. Dort haben Sie jetzt drei Möglichkeiten:

- Vor alle designierten Hauptbeiträge setzen Sie einen Haken in das Kästchen und klicken dann in der Werkzeugleiste auf *Haupteintrag*. Mit dieser Methode können Sie schnell mehrere Beiträge auf einmal als Haupteintrag auszeichnen.
- Suchen Sie die Zeile des Beitrags, den Sie zum Haupteintrag küren wollen. Klicken Sie dann in der Spalte *Status* auf das Sternchensymbol.
- Klicken Sie auf den Titel des Beitrags, den Sie zum Haupteintrag erheben möchten. Stellen Sie dann auf der rechten Seite den Punkt *Haupteintrag* auf *Ja*. Lassen Sie Ihre Änderung *Speichern & Schließen*.

In jedem Fall markiert Joomla! alle Haupteinträge in der Tabelle mit einem gelben Sternchen in der Spalte *Status*.

Für die Filmtoaster-Seiten küren Sie jetzt mindestens einen Beitrag zum Haupteintrag. Wenn Sie bis hierin alle Schritte mitgegangen sind, können Sie die Filmkritik zu *James Bond 007: Skyfall*, einen Veranstaltungstipp und einen Blog-Beitrag zum Haupteintrag erheben.

Sämtliche Haupteinträge zeigt zudem kompakt die Tabelle hinter *Inhalt* → *Haupteinträge* an (wie sie Abbildung 7-26 zeigt).

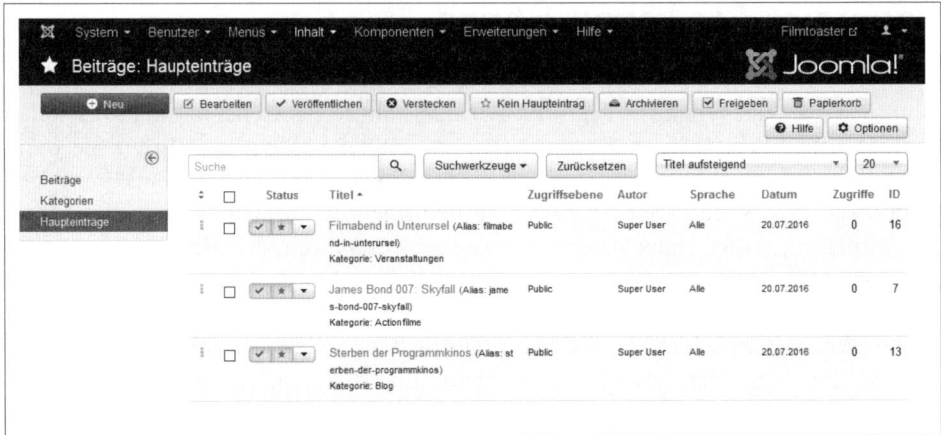

Abbildung 7-26: Diese Tabelle sammelt die Haupteinträge.

Alle Haupteinträge kann Joomla! auf einer eigenen Seite präsentieren. Dort erscheinen sie dann in einer Art Blog-Darstellung, wie sie Abbildung 7-27 zeigt. Damit der Besucher dorthin gelangt, muss zunächst ein neuer Menüpunkt her.

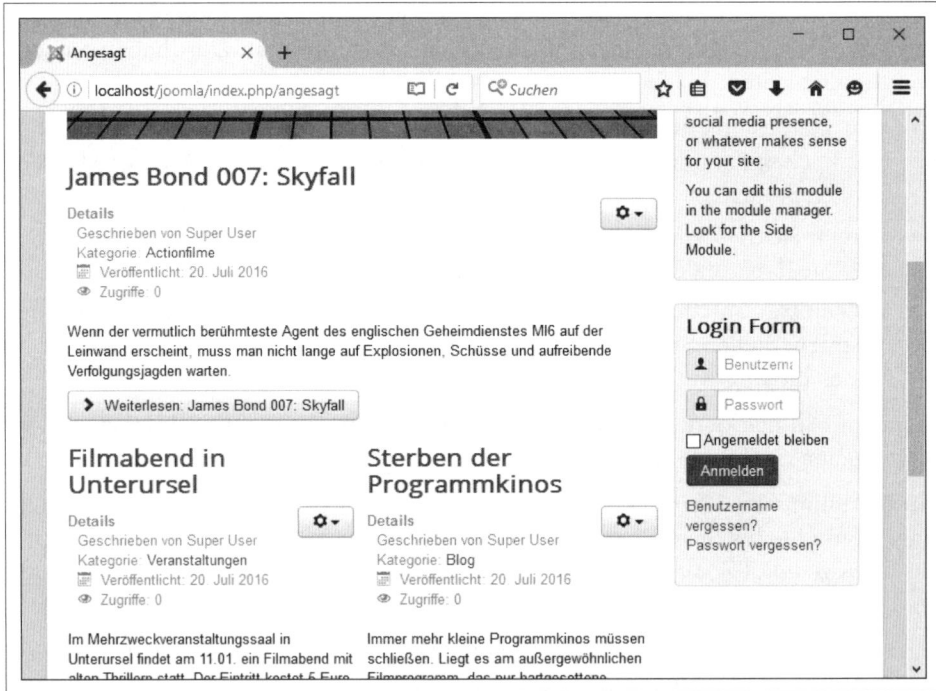

Abbildung 7-27: Die Haupteinträge erscheinen auf der Seite mit ihren Einleitungen.

Erstellen Sie einen solchen wie gewohnt auf den Filmtoaster-Seiten via *Menüs* → *Main Menu* → *Neuer Menüeintrag* (Informationen hierzu lieferte bereits Abschnitt »Vorbereitungen« auf Seite 177). Im Formular klicken Sie neben *Menüeintragstyp* auf *Auswählen* und entscheiden sich dann auf dem Slider *Beiträge* für den Menüeintragstyp *Haupteinträge*. Vergeben Sie noch einen *Menütitel*, im Fall der Filmtoaster-Seiten Angesagt.

Standardmäßig führt dieser Menüpunkt zu einer Seite mit allen Haupteinträgen aus allen Kategorien. Wenn Sie nur die Hauptbeiträge aus ganz bestimmten Kategorien anzeigen lassen möchten, wechseln Sie zum Register *Layout*. Das Feld *Kategorie auswählen* listet alle Kategorien auf, aus denen Joomla! Haupteinträge anzeigt. Im Moment sind das noch *Alle Kategorien*. Um nur eine oder mehrere Kategorien auszuwählen, entfernen Sie zunächst den bestehenden Eintrag mit einem Klick auf das X rechts neben – *Alle Kategorien* –. Klicken Sie jetzt in das leere Eingabefeld und suchen Sie sich die gewünschte Kategorie aus. Um die Haupteinträge aus einer weiteren Kategorie hinzuzufügen, klicken Sie erneut in einen weißen, leeren Bereich des Felds. Wiederholen Sie das Verfahren, bis Sie sich alle Kategorien zusammengeklickt haben. Das Ergebnis sieht dann so ähnlich aus wie das in Abbildung 7-28. Falsch ausgewählte Kategorien werden Sie wieder los mit einem Klick auf ihr X.

Warnung Joomla! zeigt später nur die Haupteinträge aus den eingestellten Kategorien an. Würden Sie beispielsweise auf den Filmtoaster-Seiten die Kategorie *Filmkritiken* auswählen, präsentiert Joomla! nicht automatisch auch noch die Haupteinträge aus der Unterkategorie *Actionfilme*. Sie müssen also Unterkategorien separat hinzufügen.

Abbildung 7-28: Mit diesen Einstellungen würde Joomla! auf der Zielseite nur noch die Haupteinträge aus den Kategorien Actionfilme, Blog und Veranstaltungen anzeigen.

Für die Filmtoaster-Seiten sollte das Eingabefeld *Kategorie auswählen* nur den Punkt – *Alle Kategorien* – anzeigen und somit auf der Vorgabe verbleiben.

Die übrigen Einstellungen entsprechen denen des Menüeintragstyps *Kategorieblog* aus dem Abschnitt »Blog aus Beiträgen (Kategorieblog)« auf Seite 195. Das Register *Layout* ist dabei identisch mit dem Register *Blog-Layout*, die *Optionen* entsprechen denen des gleichnamigen Kollegen. Für die Filmtoaster-Seiten belassen Sie alle Einstellungen auf ihren Vorgaben.

In welcher Reihenfolge später die Haupteinträge auf der Webseite erscheinen, regeln auf der Registerkarte *Layout* die Ausklapplisten *Kategoriesortierung* und *Beitragssortierung*. Beide wirken dabei immer zusammen: Zunächst sortiert Joomla! die Haupteinträge nach ihren Kategorien gemäß der Einstellung unter *Kategoriesortierung*. Wenn Sie etwa die *Kategoriesortierung* auf *Titel von A bis Z* stellen, stehen alle Haupteinträge aus der Kategorie *Äpfel* später immer über den Haupteinträgen aus der Kategorie *Birnen* (denn *A* kommt im Alphabet vor *B*). Anschließend sortiert Joomla! noch einmal die Beiträge untereinander gemäß der *Beitragssortierung*. Die Abbildungen 7-29 bis 7-31 veranschaulichen dieses Prinzip.

Abbildung 7-29: Die Haupteinträge Cox Orange und Elstar befinden sich in der Kategorie Äpfel, wohingegen Blutbirne und Williams Christ der Kategorie Birnen angehören.

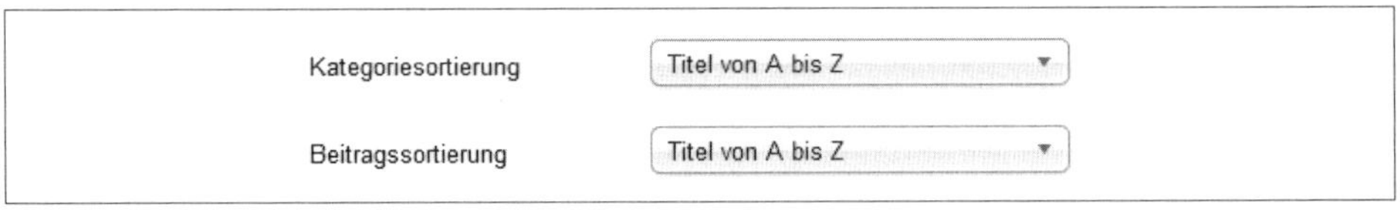

Abbildung 7-30: Diese Einstellungen führen …

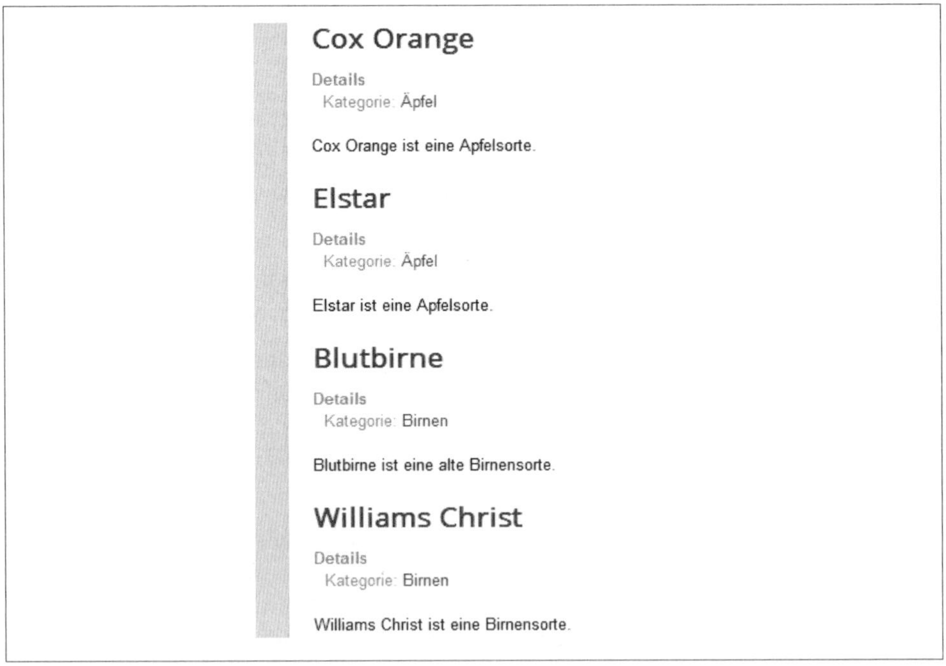

Abbildung 7-31: … zu dieser Sortierung. Oben stehen alle Äpfel, darunter die Birnen. Die Äpfel und die Birnen sind jeweils für sich noch einmal alphabetisch aufsteigend sortiert. Aus diesem Grund steht die Blutbirne nicht ganz oben.

Möchten Sie auf der Seite alle Haupteinträge alphabetisch aufsteigend sortieren lassen, müssen Sie erst die *Kategoriesortierung* auf *Keine Sortierung* stellen und dann die *Beitragssortierung* auf *Titel von A bis Z*.

Wenn Sie die *Kategoriesortierung* auf *Keine Sortierung* und den Punkt *Beitragssortierung* auf *Reihenfolge Haupteinträge* stellen, erscheinen später die Haupteinträge in genau der Reihenfolge, die auch die Tabelle hinter *Inhalt → Haupteinträge* zeigt, wenn Sie dort die Ausklappliste *Titel aufsteigend* auf *Reihenfolge aufsteigend* stellen. Die Reihenfolge ändern Sie dort wie im Abschnitt »Sortierreihenfolge ändern« auf Seite 100 beschrieben.

Auf den Filmtoaster-Seiten spielt die Reihenfolge der Beiträge keine Rolle. Belassen Sie dort einfach die Vorgabe. Nach dem *Speichern & Schließen* führt der Menüpunkt zu einer Seite, die wie in Abbildung 7-27 nur noch die Haupteinträge anzeigt.

Tipp Wenn Sie die Haupteinträge nicht als Blog, sondern in einer Liste präsentieren möchten, müssen Sie zu einem kleinen Kniff greifen: Erstellen Sie einen Menüeintragstyp mit dem Menüeintragstyp *Kategorieliste*. Im Register *Listenlayout* setzen Sie dann die Ausklappliste *Haupteintrag* auf *Nur*. Damit zeigt die Liste auf der Website ausschließlich Haupteinträge an. Die Liste passen Sie, wie im Abschnitt »Liste mit Beiträgen (Kategorieliste)« auf Seite 186 beschrieben, nach Ihren Wünschen an.

Wenn Sie einen Haupteintrag zu einem normalen Beitrag degradieren möchten, rufen Sie entweder *Inhalt → Haupteinträge* oder *Inhalt → Beiträge* auf. In jedem Fall haben Sie jetzt wieder drei Möglichkeiten:

- Setzen Sie Haken in die Kästchen vor den entsprechenden Haupteinträgen und klicken Sie dann in der Werkzeugleiste auf *Kein Haupteintrag*.
- Suchen Sie die Zeile des Haupteintrags und klicken Sie in der Spalte *Status* auf das Sternchensymbol.
- Klicken Sie auf den Titel des Haupteintrags, setzen Sie auf der rechten Seite den Punkt *Haupteintrag* auf *Nein* und lassen Sie Ihre Änderung *Speichern & Schließen*.

Auch wenn ein Beitrag als Haupteintrag gilt, ist er weiterhin über den bekannten Weg erreichbar – die Filmkritik zu *James Bond 007: Skyfall* also beispielsweise via *Filmkritiken → Actionfilme*. Die Veröffentlichung als Haupteintrag ist nur ein Zusatzangebot.

Indirekt erreichbare Inhalte

In Joomla! bestimmen die Menüpunkte, welche Informationen auf der Zielseite angezeigt werden. Und was ist mit Unterseiten, die nicht direkt über einen Menüpunkt zu erreichen sind? Die gibt es in fast jedem Internetauftritt – auch auf den Filmtoaster-Seiten.

Wenn Sie dort in der *Vorschau* den Menüpunkt *Filmkritiken* aufrufen, präsentiert Ihnen Joomla! wie in Abbildung 7-32 die Unterkategorien *Actionfilme*, *Komödien* und *Liebesfilme* (wenn bei Ihnen Kategorien fehlen, enthalten diese keine Beiträge). Die Darstellung gibt der Menüpunkt *Filmkritiken* so fest vor.

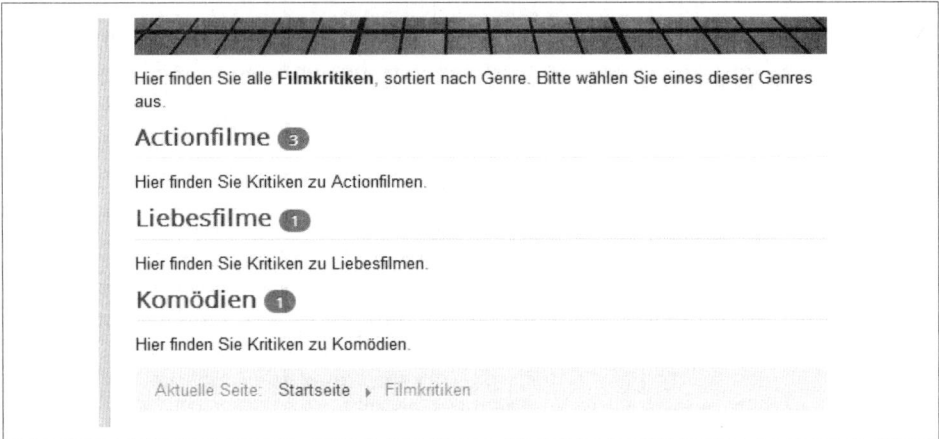

Abbildung 7-32: Die Unterkategorien stellt Joomla! hier als Liste dar.

Entscheiden Sie sich dort für die *Actionfilme*, stellt Joomla! alle darin enthaltenen Beiträge jedoch nicht ebenfalls in einer Liste dar, sondern präsentiert sie in ihrem Text, ähnlich wie im Blog (siehe Abbildung 7-33).

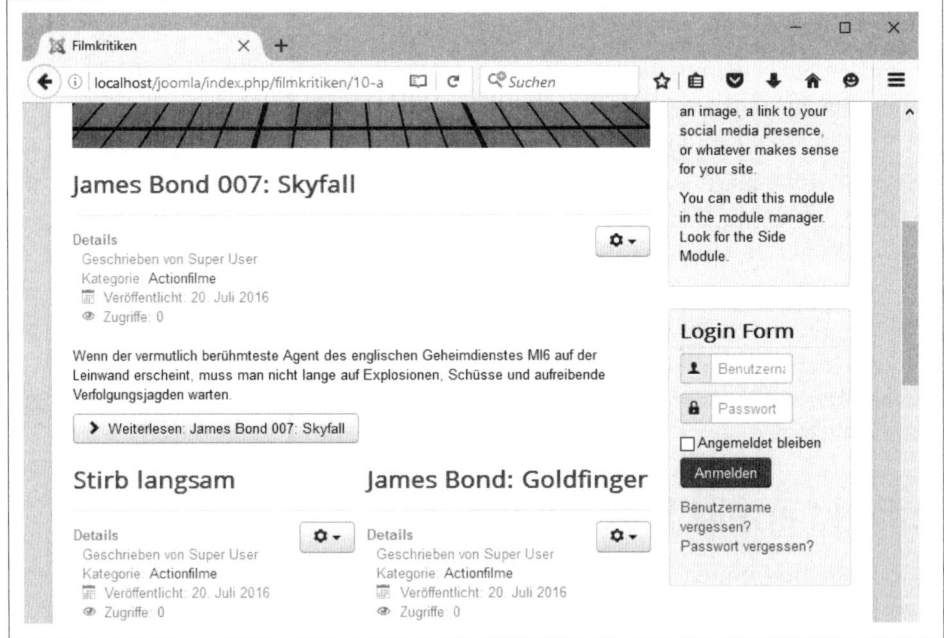

Abbildung 7-33: Die Actionfilme sollten eigentlich in einer Liste präsentiert werden.

Die Menüpunkte legen (meist) nur fest, was auf der direkt über sie erreichbaren Seite zu sehen ist, und kümmern sich nicht um die darüber erreichbaren Unterkategorien und Beiträge. Genau das ist auch auf den Filmtoaster-Seiten der Fall: Sie haben Joomla! bislang nur mitgeteilt, was auf der Übersichtsseite der Kategorie *Filmkritiken* zu sehen ist, nicht aber, welche Informationen auf ihren Unterseiten erscheinen sollen. Um auch deren Darstellung anzupassen, ist ein Ausflug zu unterschiedlichen Stellen des Backends fällig.

Warnung Achtung, jetzt wird es noch einmal richtig kompliziert und umständlich. Um das Prinzip zu verstehen, sollten Sie daher möglichst am Computer die folgenden Schritte aktiv nachvollziehen.

Suchen Sie zunächst den Menüpunkt, über den Sie zur Unterseite gelangen. Bei den Filmkritiken ist das der Menüpunkt *Filmkritiken*. Öffnen Sie seine Einstellungen. Für die Filmkritiken steuern Sie dazu im Backend *Menüs → Main Menu* an und klicken in der Tabelle auf den Eintrag *Filmkritiken*.

Interessant sind jetzt die Einstellungen im Register *Kategorie* (das dritte von links, also nicht *Kategorien*) sowie in seinen Kollegen *Blog-Layout*, *Listenlayout*, *Gemeinsam* und *Optionen*. Sie regeln, was mit den *Unterseiten* geschehen soll – im Beispiel also, wie die Übersichtsseiten der Kategorien *Actionfilme*, *Liebesfilme* und *Komödien* sowie die eigentlichen Kritiken aussehen.

Die auf den Registerkarten jeweils vorgehaltenen Einstellungen entsprechen exakt denen aus den vorherigen Abschnitten. Im Register *Kategorie* legen Sie zunächst das allgemeine Aussehen der (Unter-)Kategorien fest. Für die Filmtoaster-Seiten stellen Sie sicher, dass der *Kategorietitel* und die *Kategoriebeschreibung* auf *Anzeigen* stehen. Ein Bild gibt es nicht, die Kategorien *Actionfilme*, *Liebesfilme* und *Komödien* enthalten zudem keine weiteren Unterkategorien, die übrigen Vorgaben können Sie daher beibehalten.

Warnung Beachten Sie, dass die hier vorgenommenen Einstellungen für *alle* Unterkategorien gelten, die über den Menüpunkt erreichbar sind. Im Beispiel ändern Sie folglich gleichzeitig das Aussehen der Übersichtsseiten der *Actionfilme*, der *Liebesfilme* und der *Komödien*.

Weiter geht es in den nächsten Registern. Im Beispiel sollen die vorhandenen Kritiken später in einer Liste dem Besucher zur Auswahl angeboten werden. Für diese Darstellung ist das Register *Listenlayout* zuständig. Hier setzen Sie für die Filmtoaster-Seiten die Ausklappliste *Filterfeld* auf *Titel* und das *Datum* auf *Erstellt*. Alle übrigen Einstellungen bleiben auf ihren Standardwerten. Wenn Sie unsicher sind, was diese Einstellungen bewirken, blättern Sie noch einmal zum entsprechenden Abschnitt »Liste mit Beiträgen (Kategorieliste)« auf Seite 186 zurück.

Das Register *Blog-Layout* kümmert sich analog um eine Blog-Darstellung, die entsprechenden Einstellungen beschreibt Abschnitt »Blog aus Beiträgen (Kategorieblog)« auf Seite 195. Da auf den Filmtoaster-Seiten die Kritiken jedoch in einer Liste erscheinen sollen, können Sie das Register *Blog-Layout* ignorieren.

Das Register *Gemeinsam* hält schließlich noch Einstellungen vor, die für alle Darstellungsformen gelten. In Joomla! 3.6 gibt es dort nur zwei Einstellungen, die Sie ebenfalls aus den vorherigen Abschnitten kennen: Wenn Joomla! die Beiträge auf mehrere Seiten verteilt, können die Besucher mit Schaltflächen am unteren Rand zu den übrigen Beiträgen blättern. Diese Schaltflächen lassen sich unter *Seitenzahlen* immer einblenden (*Anzeigen*) oder auch *Verbergen*. Im Fall von *Auto* zeigt Joomla! die Schaltflächen nur bei Bedarf an. Wenn Sie die Schaltflächen *Verbergen*, kann der Besucher ältere Beiträge nicht mehr aufrufen. Neben den Schaltflächen verrät Joomla! immer, auf wie viele Seiten es die Beiträge verteilt hat und auf welcher Seite sich der Besucher gerade befindet. Mit der Ausklappliste *Gesamtseitenzahlen* können Sie diese Information explizit *Anzeigen* oder *Verbergen* lassen. Für die Filmtoaster-Seiten behalten Sie hier einfach die Vorgaben bei.

Wenden Sie Ihre Änderungen per *Speichern & Schließen* an. Wechseln Sie dann in die *Vorschau*, wo Sie dem Menüpunkt *Filmkritiken* folgen und dann die *Actionfilme* aufrufen. Zwar erscheinen jetzt schon einmal der Titel und die Beschreibung der Kategorie über den Beiträgen, die Darstellung ist allerdings immer noch in Blog-Form.

Um die Darstellung von einem Blog auf eine Liste umzuschalten, müssen Sie sich an Abschnitt »Eine neue Kategorie erstellen« auf Seite 122 zurückerinnern: Im Bearbeitungsschirm der Kategorie gab es eine Einstellung, mit der Sie die Darstellungsform verändern konnten. Dorthin müssen Sie jetzt zurück. Für die Filmtoaster-Seiten rufen Sie im Backend *Inhalt → Kategorien* auf und klicken in der Liste die *Actionfilme* an. Wechseln Sie auf die Registerkarte *Optionen* und stellen Sie *Alternatives Layout* auf *Liste*. Nach dem *Speichern & Schließen* kontrollieren Sie kurz in der *Vorschau* das Ergebnis. Es sollte so wie in Abbildung 7-34 aussehen. Ändern Sie jetzt noch auf die gleiche Weise die Einstellung *Alternatives Layout* bei den *Liebesfilmen* und den *Komödien*.

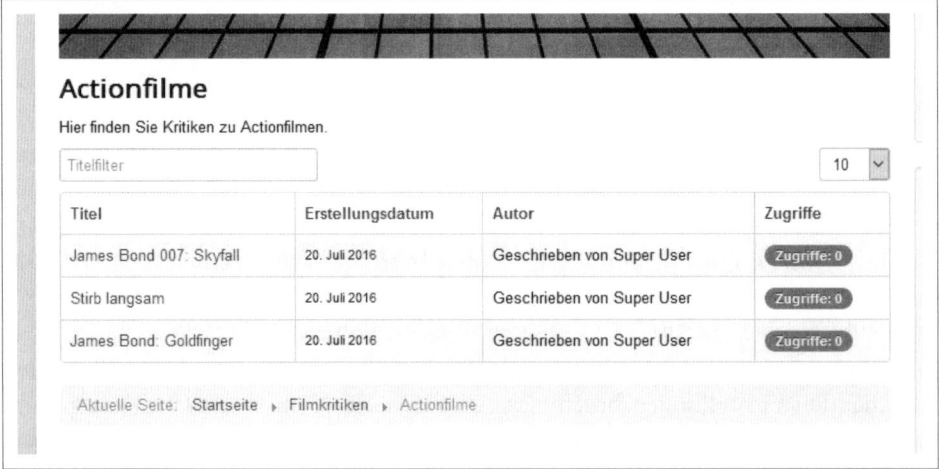

Abbildung 7-34: Die Seite mit allen Actionfilmen nach dem Einstellungsmarathon.

Abschließend können Sie noch die Darstellung der einzelnen Filmkritiken anpassen (für die Filmtoaster-Seiten ist das jedoch nicht nötig). Die entsprechenden Einstellungen verstecken sich wieder an zwei verschiedenen Stellen:

- Wenn Sie die Darstellung für alle Beiträge anpassen möchten, die irgendwie über den Menüpunkt *Filmkritiken* erreichbar sind, wechseln Sie zunächst wieder in die Einstellungen des Menüpunkts (via *Menüs* → *Main Menu*, dann *Filmkritiken* anklicken) und aktivieren dort das Register *Optionen*.
- Soll nur ein Beitrag anders aussehen, rufen Sie hingegen seine Einstellungen auf (via *Inhalt* → *Beiträge* und einen Klick auf seinen Titel) und wechseln zum Register *Optionen*.

In beiden Fällen finden Sie zahlreiche Einstellungen vor, die bereits der Abschnitt »Die Darstellung des Beitrags anpassen« auf Seite 169 ausführlich vorgestellt hat.

Das bisher Gesagte gilt nur, wenn die Unterseiten über einen Menüpunkt vom Typ *Alle Kategorien auflisten* erreichbar sind. Bei den anderen Menüeintragstypen dürfen Sie leider lediglich teilweise an der Darstellung ihrer (Unter-)Unterseiten schrauben. Dort fehlen dann einige der vorgestellten Register *Kategorie*, *Blog-Layout*, *Listenlayout* und *Gemeinsam*. Häufig müssen Sie auch das Aussehen der Übersichtsseiten von Unterkategorien entweder akzeptieren oder aber gleich die globalen Einstellungen verändern. Letzteres hat aber unter Umständen auch wieder Auswirkungen auf alle anderen Kategorien – vorausgesetzt, ein Menüpunkt überschreibt nicht diese Einstellungen.

Vermutlich sind Sie jetzt zu Recht etwas verwirrt. Deshalb folgt hier zum Abschluss noch einmal eine kurze Zusammenfassung. Wenn Sie die angezeigten Informationen auf einer Seite ändern möchten, gehen Sie immer nach folgendem Schema vor:

1. Finden Sie heraus, welcher Menüpunkt zur fraglichen Kategorie beziehungsweise zum betroffenen Beitrag führt. Rufen Sie dann die Einstellungen dieses Menüpunkts auf und kontrollieren Sie die Einstellungen in den Registern *Kategorie*, *Blog-Layout*, *Listenlayout* und *Gemeinsam*.
2. Liefert das noch nicht das gewünschte Ergebnis oder fehlen passende Einstellungen, rufen Sie die Einstellungen der Kategorie beziehungsweise des Beitrags auf. Prüfen Sie auch dort alle Einstellungen auf der Registerkarte *Optionen*.
3. Hilft das immer noch nicht, werfen Sie einen Blick in die Grundeinstellungen. Wie man dorthin gelangt, verrät Abschnitt »Vorgaben ändern« auf Seite 217 weiter unten.

Sichtbarkeit versteckter Inhalte

Wechseln Sie im Backend zur Tabelle mit den Kategorien hinter *Inhalt* → *Kategorien*. Sofern dort eine Kategorie in der Spalte *Status* einen grünen Haken besitzt, ist sie auf der Website veröffentlicht und somit dort für Besucher zugänglich – vorausgesetzt, die Kategorie (beziehungsweise ihre Übersichtsseite) ist irgendwo über ein Menü erreichbar.

Sobald Sie im Backend eine Kategorie verstecken (indem Sie beispielsweise auf den kleinen grünen Haken in der Spalte *Status* klicken), sind sowohl die Kategorie als auch alle darin enthaltenen Unterkategorien nicht mehr für Ihre Besucher erreichbar. Der Menüpunkt, der auf diese Kategorie verweist, bleibt jedoch erhalten und führt folglich ins Nirwana.

Probieren Sie das einmal auf den Filmtoaster-Seiten mit der Kategorie der *Filmkritiken* aus: Klicken Sie auf den grünen Haken in ihrer Zeile und wechseln Sie dann in der *Vorschau* zum Menüpunkt *Filmkritiken*. Es erscheint nun der Bildschirm aus Abbildung 7-35 – der später aber leider auch jedem Besucher der Seite gezeigt werden würde.

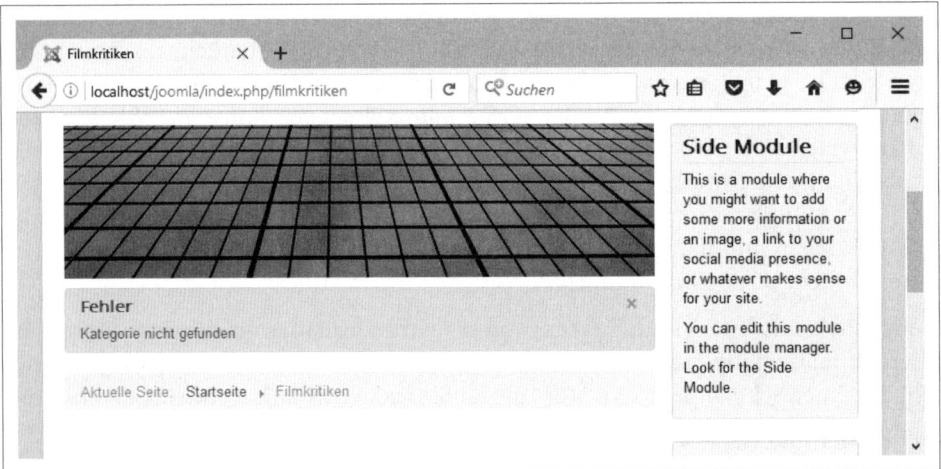

Abbildung 7-35: Versteckte Inhalte führen zu dieser Fehlermeldung.

Damit aber noch nicht genug: Auch alle in der Kategorie enthaltenen Beiträge sind ab sofort nicht mehr erreichbar! Gäbe es beispielsweise einen Menüeintrag, der direkt zur Filmkritik *James Bond 007: Skyfall* springt, würde dieser dann nur noch zur recht abschreckenden Fehlermeldung aus Abbildung 7-36 führen.

Bevor Sie also eine Kategorie verstecken, sollten Sie daher immer erst prüfen, ob

- die Kategorie noch über einen Menüpunkt erreichbar ist,
- ihre Unterkategorien noch irgendwie auf der Website erreichbar sind und
- Beiträge aus der Kategorie noch irgendwo auf der Website sichtbar sind.

Wenn zur Kategorie noch ein Menüpunkt führt, verstecken Sie zunächst den Menüpunkt und danach erst die Kategorie. Auf diese Weise können Besucher nicht in einer Sackgasse beziehungsweise vor einer unschönen Fehlermeldung landen.

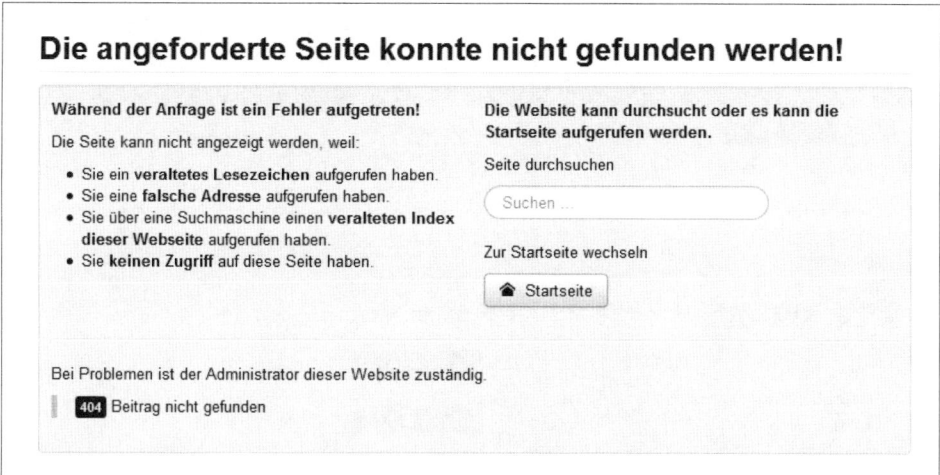

Abbildung 7-36: Kann Joomla! einen Beitrag nicht anzeigen, erschlägt es den Besucher mit dieser Fehlermeldung.

Veröffentlichen Sie die gerade testweise versteckte Kategorie wieder, indem Sie im Backend in der Tabelle hinter *Inhalt* → *Kategorien* in der Zeile für die Kategorie *Filmkritiken* das kleine rote Symbol in der Spalte *Status* anklicken. Damit veröffentlicht Joomla! auch automatisch wieder alle untergeordneten Kategorien.

Vorgaben ändern

Bei Ihrem Weg durch das Backend sind Sie ziemlich häufig auf den Punkt *Globale Einstellung* gestoßen. Joomla! übernimmt dann jeweils die systemweiten Vorgaben. Diese sind jedoch nicht in Stein gemeißelt, sondern können von Ihnen angepasst werden.

Warnung   Behalten Sie dabei im Hinterkopf, dass sich eine Änderung auf alle Seiten Ihres Internetauftritts auswirken kann – das gilt auch für Seiten und Beiträge, die man schon fast vergessen hat!

Sie sollten deshalb die globalen Einstellungen möglichst immer nur einmal direkt nach der Installation von Joomla! festlegen und sie dann nicht mehr antasten.

Um die Vorgaben anzupassen, wechseln Sie im Backend wieder zur Tabelle mit allen Beiträgen unter *Inhalt* → *Beiträge* (oder alternativ zur Tabelle mit allen Kategorien unter *Inhalt* → *Kategorien*). Dort klicken Sie die Schaltfläche *Optionen* in der Werkzeugleiste an, woraufhin sich die mit Schaltflächen und Ausklapplisten überfrachtete Seite aus Abbildung 7-37 öffnen.

Die Einstellungen auf den einzelnen Registerkarten dürften Ihnen jedoch bekannt vorkommen. Es sind gleichen, die schon in den vorherigen Abschnitten vorgestellt wurden. Setzen Sie beispielsweise *Autor* auf *Verbergen*, zeigt Joomla! standardmäßig den Autor nicht mehr an – und zwar bei *allen* Beiträgen Ihres Internetauftritts.

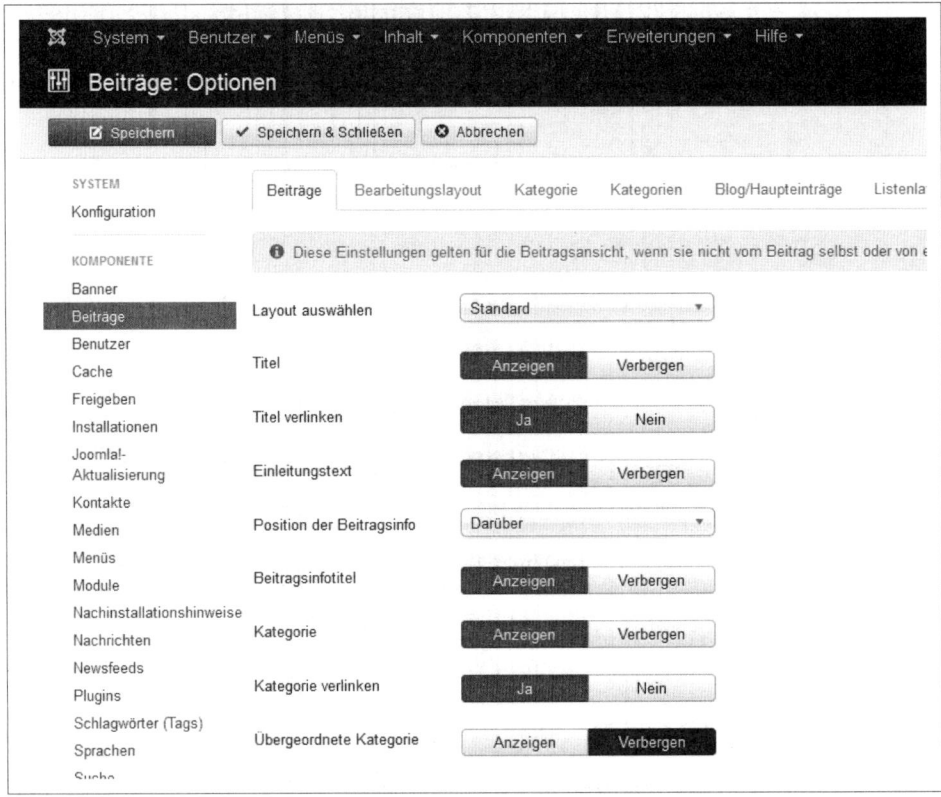

Abbildung 7-37: Die Vorgaben für Beiträge und Kategorien.

Auf den Registerkarten *Beiträge* und *Bearbeitungslayout* finden Sie alle Einstellungen für die Beiträge, analog enthalten die Register *Kategorie*, *Kategorien*, *Blog/Haupteinträge*, *Listenlayout* und *Gemeinsam* die Vorgaben für die Übersichtsseiten der Kategorien. Mit dem Wissen, das Sie in den vorherigen Abschnitten erworben haben, sollten die Punkte allesamt selbsterklärend sein.

Sämtliche hier gewählten Vorgaben gelten grundsätzlich so lange für alle Kategorien und Beiträge, bis Sie sie in den Einstellungen der Menüpunkte, der Kategorien oder der Beiträge explizit überschreiben. Wenn Sie Änderungen an den Vorgaben vorgenommen haben, dürfen Sie nicht vergessen, sie über die entsprechende Schaltfläche *Speichern & Schließen* zu übernehmen. Möchten Sie Ihre Änderungen hingegen verwerfen, klicken Sie auf *Abbrechen*.

In diesem Kapitel:
- Das Archiv nutzen
- Schlagwörter verwalten
- Versionsverwaltung
- Medien verwalten

KAPITEL 8
Nützliche Werkzeuge

Wenn sich Ihr Internetauftritt nach und nach mit Beiträgen füllt, sammeln sich immer mehr Schlagwörter und Bilder an. Einige Beiträge werden zudem veralten oder bedürfen einer Überarbeitung – beispielsweise weil der Vereinsvorstand wechselt. Joomla! hält daher noch ein paar Werkzeuge bereit, die Ihnen im Arbeitsalltag helfen. Mit der Schlagwörterverwaltung behalten Sie alle vergebenen Tags im Auge, während Sie über die Medienverwaltung nicht mehr benötigte Fotos vom Server löschen. Dank der Versionsverwaltung können Sie jederzeit Änderungen an einem Beitrag wieder zurücknehmen, während veraltete Beiträge in ein Archiv wandern. Die nachfolgenden Abschnitte stellen alle diese nützlichen Werkzeuge und Hilfen vor. Den Anfang macht dabei das Archiv.

Das Archiv nutzen

Bestimmte Beiträge haben irgendwann ausgedient. Beispielsweise könnte der Filmabend im Mehrzweckveranstaltungssaal von Unterursel vorbei sein. Damit ist auch der entsprechende Ankündigungstext hinfällig. Man könnte diesen Beitrag nun einfach löschen, indem man in der Tabelle unter *Inhalt → Beiträge* das Kästchen vor dem Namen ankreuzt und ihn dann in den *Papierkorb* wirft. Vielleicht möchte man aber irgendwann noch einmal den Text nachlesen oder ihn für kommende Veranstaltungen wiederverwenden. Für solche Zwecke stellt Joomla! ein Archiv bereit.

Inhalte archivieren

Um einen Beitrag in das Archiv zu verschieben, haben Sie in der der Tabelle hinter *Inhalt → Beiträge* drei Möglichkeiten:

- Markieren Sie in seiner Zeile sein Kästchen und klicken Sie dann auf *Archivieren* in der Werkzeugleiste. Auf diese Weise können Sie auch mehrere Beiträge in einem Rutsch archivieren. Sie müssen sie lediglich alle abhaken und dann auf *Archivieren* klicken.

- Sie können in der Zeile des Beitrags in der Spalte *Status* auch auf das nach unten gerichtete Dreieck klicken und dann *Archivieren* wählen.
- Klicken Sie auf den Titel des Beitrags, stellen Sie dann den *Status* auf *Archiviert* und lassen Sie den Beitrag *Speichern & Schließen*.

In jedem Fall wird der betroffene Beitrag gleichzeitig versteckt und somit von Ihrer Website genommen.

Probieren Sie das auf den Filmtoaster-Seiten einmal aus: Wechseln Sie zu *Inhalte → Beiträge*, suchen Sie sich einen Veranstaltungstipp (oder einen beliebigen anderen sichtbaren Beitrag) aus und werfen Sie ihn mit einer der oben genannten Methoden in das Archiv. Prüfen Sie anschließend in der *Vorschau*, ob der Beitrag von Ihrer Website verschwunden ist, also nicht mehr unter den *Veranstaltungen* auftaucht.

Einen Überblick über alle archivierten Beiträge erhalten Sie, indem Sie die *Suchwerkzeuge* aufklappen und dann in der Auswahlliste – *Status wählen* – den Punkt *Archiviert* selektieren (siehe Abbildung 8-1). Alle archivierten Beiträge tragen zudem in der Spalte *Status* das kleine Symbol einer Ablage ().

Abbildung 8-1: Ein archivierter Veranstaltungstipp.

Auf die gezeigte Weise können Sie auch andere Inhalte in das Archiv werfen, hinter *Inhalt → Kategorien* beispielsweise komplette Kategorien.

Menüpunkt zum Archiv anlegen

Die Beiträge im Archiv können Sie auch Ihren Besuchern zugänglich machen. Dazu erstellen Sie einen neuen Menüpunkt. Auf den Filmtoaster-Seiten wählen Sie *Menüs → Main Menu → Neuer Menüeintrag*.

Klicken Sie dann neben *Menüeintragstyp* auf *Auswählen* und entscheiden Sie sich in der Gruppe *Beiträge* für *Archivierte Beiträge*. Geben Sie dem neuen Menüpunkt im Eingabefeld *Menütitel* noch eine passende Beschriftung, im Filmtoaster-Beispiel etwa Archiv. Auf Ihrer Website führt der neue Menüpunkt später zu einer Liste mit allen archivierten Beiträgen (wie in Abbildung 8-2).

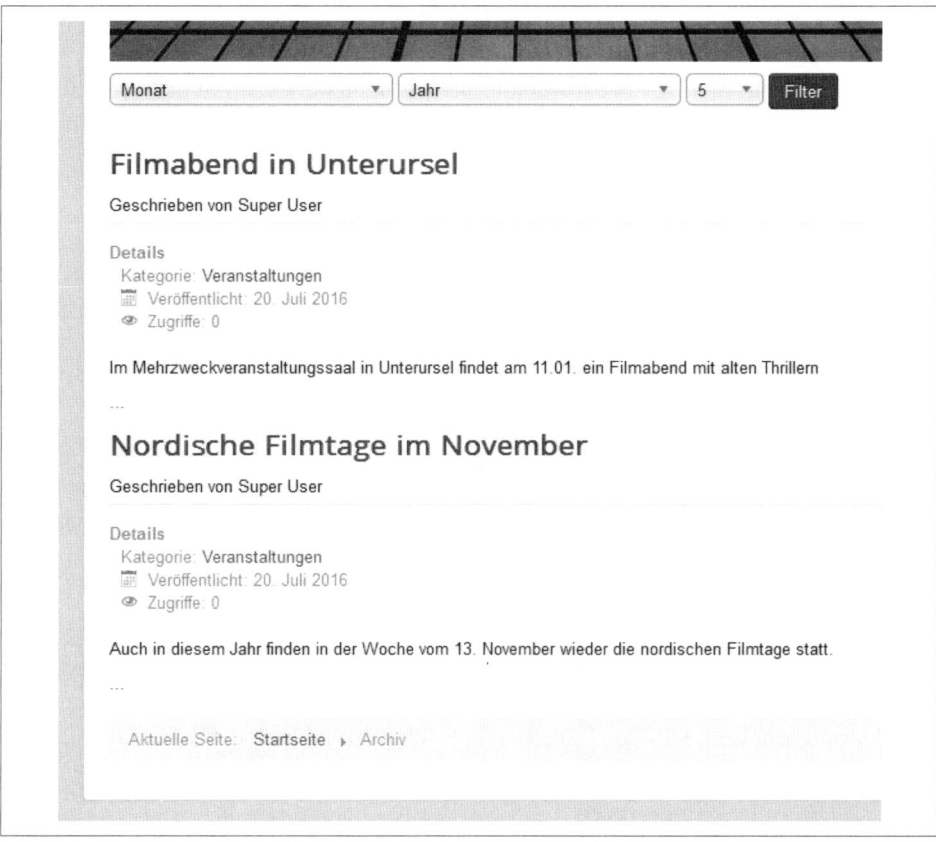

Abbildung 8-2: Die archivierten Beiträge erscheinen so auf der Website (hier liegen zwei Beiträge im Archiv).

Über die Ausklapplisten am oberen Rand der Liste kann sich ein Besucher die archivierten Beiträge aus einem ganz bestimmten Monat anzeigen lassen. Die Ausklappliste ganz rechts bestimmt, wie viele archivierte Beiträge Joomla! auf einer Seite anzeigen soll. Nachdem ein Besucher seine Einstellungen vorgenommen hat, muss er noch auf *Filter* klicken – worauf das aktuelle Template *Protostar* leider nicht explizit hinweist.

Welche Informationen in der Liste in welcher Reihenfolge zu sehen sind, regeln Sie im Register *Archiv*. Dort finden Sie folgende Einstellungen:

Beitragssortierung
Hiermit legen Sie die Sortierreihenfolge der einzelnen Beiträge fest. In der Einstellung *Titel von A bis Z* würde Joomla! die Beiträge anhand ihrer Überschrift alphabetisch aufsteigend präsentieren (Artikel mit *A* stehen oben auf der Seite, die mit *Z* unten). Im Fall der *Reihenfolge* erscheinen die Beiträge genau in der Reihenfolge, in der sie auch im Backend in der Tabelle hinter *Inhalt → Beiträge* zu sehen sind, wenn Sie dort die *Suchwerkzeuge* öffnen, die Ausklappliste – *Status wählen* – auf *Archiviert* setzen und zusätzlich die Ausklappliste *ID absteigend*

auf *Reihenfolge aufsteigend* stellen. Dort ändern Sie bei Bedarf die Reihenfolge genau so, wie es Abschnitt »Sortierreihenfolge ändern« auf Seite 100 beschreibt.

Wenn Sie die *Beitragssortierung* auf *Neuesten zuerst* setzen, würde Joomla! die neuesten Beiträge ganz oben in der Liste anzeigen, bei *Ältesten zuerst* hingegen die ältesten Beiträge. Bleibt nur noch die Frage zu klären, was neue und was alte Beiträge sind. Genau das bestimmt die nächste Ausklappliste.

Sortierdatum
: Wenn Sie in der vorherigen Ausklappliste *Neuesten zuerst* beziehungsweise *Ältesten zuerst* ausgewählt haben, stellen Sie hier das dabei zugrunde liegende Datum ein. Sie können die Beiträge nach ihrem Erstellungsdatum (*Erstellt*), dem Bearbeitungsdatum (*Bearbeitet*) oder nach dem Veröffentlichungsdatum (*Veröffentlicht*) sortieren lassen.

 # Beiträge
: So viele archivierte Beiträge zeigt Joomla! maximal auf einer Bildschirmseite an. Sollten mehr Beiträge im Archiv vorhanden sein, muss der Besucher zwischen ihnen über Schaltflächen am unteren Seitenrand hin- und herblättern.

Filterfeld
: Dem Ausklapplistengespann am oberen Rand der Liste dürfen Sie noch ein Eingabefeld hinzufügen. Wenn der Besucher dort einen Begriff eintippt und auf *Filter* klickt, zeigt Joomla! nur noch die Beiträge an, die in ihrem Titel den Begriff enthalten. Um das Eingabefeld erscheinen zu lassen, stellen Sie *Filterfeld* auf *Anzeigen*.

Max. Länge des Einleitungstextes
: Joomla! präsentiert auch immer den Anfang der archivierten Beiträge. Wie viele Zeichen dieser Textschnipsel lang sein soll, legen Sie unter *Max. Länge des Einleitungstextes* fest. Bei einer *100* zeigt Joomla! beispielsweise die ersten 100 Zeichen des Beitrags an, bei einer *0* hingegen den kompletten Einleitungstext.

Weiter geht es mit dem Register *Optionen*. Dort bestimmen Sie, welche Informationen Joomla! über die archivierten Beiträge überhaupt anzeigen soll. Im Einzelnen warten hier folgende Einstellungen:

Einleitungstext
: Mit *Anzeigen* präsentiert Joomla! den Anfang der archivierten Beiträge. Dies ist auch die Voreinstellung. Wie lang dieser Text ist, bestimmt die Einstellung *Max. Länge des Einleitungstextes* auf der Registerkarte *Archiv*.

Position der Beitragsinfo
: In Abbildung 8-2 erscheint zu jedem Beitrag unter anderem auch sein Veröffentlichungsdatum und die Kategorie. Diese Informationen stehen standardmäßig über der Einleitung. Über die Ausklappliste *Position der Beitragsinfo* können Sie sie aber auch *Darunter* setzen lassen. Als dritte Möglichkeit kann Joomla! die Informationen aufspalten und einen Teil über den Text, die anderen Informationen darunter platzieren. In diesem Fall wählen Sie *Aufteilen*.

Beitragsinfotitel
: Über die Zusatzinformationen wie das Veröffentlichungsdatum und die Kategorie schreibt Joomla! noch das fett dargestellte Wort *Details*. Wenn Sie dieses Wort stört, können Sie es über die Ausklappliste *Beitragsinfotitel* verbergen lassen. Zumindest unter Joomla! 3.6.0 hat diese Einstellung jedoch keine Auswirkungen, das Wort *Details* wird immer angezeigt.

Kategorie
: Steht diese Ausklappliste auf *Anzeigen*, nennt Joomla! zu jedem archivierten Beitrag seine Kategorie. Dies ist auch die Vorgabe.

Kategorie verlinken
: Wenn Sie zusätzlich *Kategorie verlinken* auf *Ja* setzen, erscheint der Name der Kategorie als Link. Klickt der Besucher ihn an, gelangt er direkt zur Übersichtsseite der Kategorie.

Übergeordnete Kategorie und Übergeordnet verlinken
: Steckt ein archivierter Beitrag in einer Unterkategorie, nennt Joomla! auch den Namen der übergeordneten Kategorie. Wenn Sie zusätzlich *Übergeordnet verlinken* auf *Ja* setzen, erscheint der Name der übergeordneten Kategorie als Link. Klickt der Besucher diesen an, gelangt er direkt zur Übersichtsseite der übergeordneten Kategorie. Wenn Joomla! die übergeordnete Kategorie nicht anzeigen soll, setzen Sie *Übergeordnete Kategorie* auf *Verbergen*.

Titel verlinken
: Bei einem *Ja* verwandelt Joomla! die Überschrift des archivierten Beitrags in einen Link. Über ihn gelangt der Besucher dann zum vollständigen Text.

Autor
: Zu jedem archivierten Beitrag nennt Joomla! auch den jeweiligen Autor. Dazu setzen Sie diese Ausklappliste auf *Anzeigen*. In Joomla! 3.6.0 funktioniert das jedoch nicht, der Autor lässt sich folglich nicht einblenden.

Autor verlinken
: Wenn Sie *Autor verlinken* auf *Ja* setzen, erscheint der Name des Autors als Link. Klickt der Besucher diesen an, gelangt er direkt zu einem passenden Kontaktformular – vorausgesetzt, Sie haben für den Autor zuvor ein solches Formular erstellt (wie das funktioniert, erläutert gleich noch Abschnitt »Kontakte und Kontaktformulare« auf Seite 284).

Erstellungsdatum, Bearbeitungsdatum und Veröffentlichungsdatum
: Über dieses Trio blenden Sie für jeden archivierten Beitrag sein (ursprüngliches) Erstellungsdatum sowie das Bearbeitungsdatum und das Veröffentlichungsdatum ein. Standardmäßig zeigt Joomla! nur das Veröffentlichungsdatum an.

Seitennavigation
: Steht diese Ausklappliste auf *Anzeigen* und ruft ein Besucher einen archivierten Beitrag auf, blendet Joomla! am unteren Ende der Seite Schaltflächen ein, mit denen der Besucher zwischen den Beiträgen hin- und herblättern kann. Zumindest bis einschließlich Joomla! 3.6.0 zeigte diese Einstellung keine Wirkung.

Seitenaufrufe

Mit der Einstellung *Anzeigen* verrät Joomla!, wie oft ein jeder Beitrag gelesen wurde. Dies ist auch die Voreinstellung.

 Für die Filmtoaster-Seiten belassen Sie alle Einstellungen auf ihren Vorgaben. Nach *Speichern & Schließen* gelangen Sie in der *Vorschau* über den Menüpunkt *Archiv* zu der Seite aus Abbildung 8-2.

Inhalte aus dem Archiv holen

Um einen Beitrag wieder aus dem Archiv zu holen, rufen Sie zunächst im Hauptmenü des Backends *Inhalt* → *Beiträge* auf. Öffnen Sie die *Suchwerkzeuge* und stellen Sie die Ausklappliste – *Status wählen* – auf *Archiviert*. Dort haben Sie jetzt vier Möglichkeiten:

- Setzen Sie einen Haken in sein Kästchen und wählen Sie anschließend *Veröffentlichen* in der Werkzeugleiste. Auf diese Weise können Sie auch mehrere Beiträge gleichzeitig aus dem Archiv holen, Sie müssen die Kandidaten vor dem Klick auf *Veröffentlichen* lediglich abhaken.

- Klicken Sie in der Zeile des Beitrags auf das nach unten gerichtete Dreieck in der Spalte *Status* und wählen Sie dann *Aus Archiv entfernen*. Damit holt Joomla! den Beitrag zwar aus dem Archiv, veröffentlicht ihn aber noch nicht (der Beitrag ist also weiterhin versteckt). Um ihn zu veröffentlichen, klicken Sie auf *Zurücksetzen*, suchen in der Tabelle den Beitrag und veröffentlichen ihn – beispielsweise indem Sie auf das rote *X*-Symbol in der Spalte *Status* klicken.

- Klicken Sie den Titel des Beitrags an, stellen Sie den *Status* auf *Veröffentlicht* und *Speichern & Schließen* Sie den Beitrag.

- Klicken Sie in der Zeile des Beitrags auf das kleine Symbol mit der Ablage ( ) in der Spalte *Status*. Damit holt Joomla! den Beitrag aus dem Archiv, veröffentlicht ihn aber noch nicht (der Beitrag ist also weiterhin versteckt). Um ihn zu veröffentlichen, klicken Sie auf *Zurücksetzen*, suchen in der Tabelle den Beitrag und veröffentlichen ihn – beispielsweise indem Sie auf das rote *X*-Symbol in der Spalte *Status* klicken.

Nach dem gleichen Prinzip holen Sie auch andere Inhalte aus dem Archiv. Sie müssen lediglich zuvor zum entsprechenden Menüpunkt wechseln. Wollen Sie beispielsweise eine Kategorie aus dem Archiv befreien, rufen Sie *Inhalt* → *Kategorien* auf und verfahren dort analog zur Beschreibung für die Beiträge.

 Holen Sie auf den Filmtoaster-Seiten auf einem der Wege den Beitrag wieder aus dem Archiv. Er sollte damit erneut in der *Vorschau* unter den *Veranstaltungen* erscheinen. Der Menüpunkt *Archiv* hingegen führt zu einer leeren Seite. Wenn das Archiv leer ist, sollten Sie daher auch immer den dorthin zeigenden Menüpunkt zumindest verstecken. Dazu wechseln Sie im Backend zur Tabelle mit den Menüpunkten, auf den Filmtoaster-Seiten also zu *Menüs* → *Main Menu*. Klicken Sie dann in der Spalte *Status* auf den grünen Haken neben dem Menüpunkt *Archiv*.

Schlagwörter verwalten

Beiträgen, Kategorien und anderen Inhalten dürfen Sie Schlagwörter (englisch Tags) zuweisen. Diese Begriffe erscheinen dann beispielsweise bei Beiträgen direkt unter dem Titel (wie in Abbildung 8-3). Ein Klick auf ein Schlagwort führt den Besucher dann zu einer Liste mit allen Inhalten, denen ebenfalls das Schlagwort anheftet.

Abbildung 8-3: Hier wurden dem Beitrag die Schlagwörter Filmkritik, Action, Daniel Craig, Explosion und James Bond zugewiesen.

Im Laufe der Zeit sammeln sich auf diese Weise zahlreiche Schlagwörter an, die Sie immer mal wieder durchsehen und gegebenenfalls aussortieren sollten. Sämtliche jemals vergebenen Schlagwörter finden Sie im Backend in der Tabelle hinter *Komponenten → Schlagwörter (Tags)* (Abbildung 8-4).

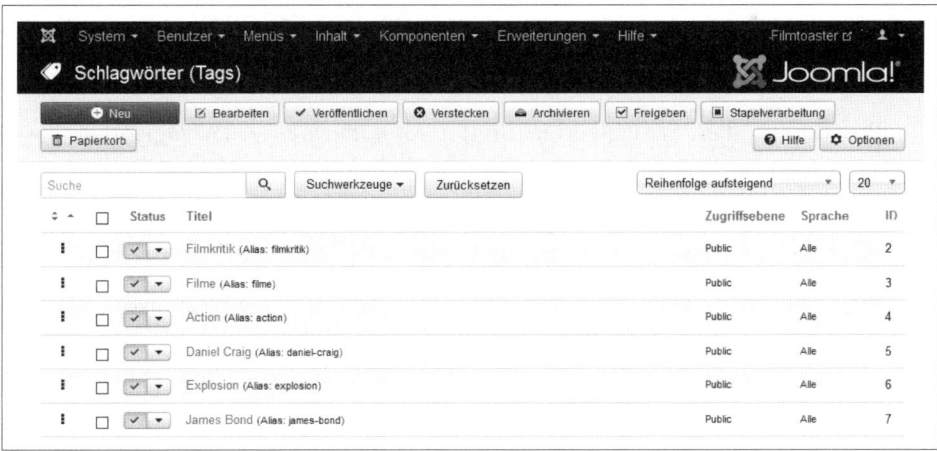

Abbildung 8-4: Diese Schlagwörter heften auf den Filmtoaster-Seiten den Beiträgen und Kategorien an.

Tabelle 8-1 fasst alle Spalten und ihre jeweils präsentierten Informationen zusammen. Weitere Informationen zur *Zugriffsebene* folgen noch in Kapitel 12, *Benutzer-*

verwaltung und -kommunikation, Seite 485, um die *Sprache* kümmert sich das Kapitel 18, *Mehrsprachigkeit*, Seite 785.

Tabelle 8-1: Spalten der Tabelle Schlagwörter (Tags) und ihre jeweiligen Informationen

Spalte	Bedeutung
Status	Bei einem grünen Haken ist das entsprechende Schlagwort prinzipiell für Besucher zu sehen.
Titel	Das Schlagwort selbst.
Zugriffsebene	Die Zugriffsebene legt fest, welche Besuchergruppen das Schlagwort zu sehen bekommen.
Sprache	Das Schlagwort erscheint in dieser Sprachfassung der Website.
ID	Die interne Identifikationsnummer des Schlagworts.

Schlagwörter ausmisten

In der Tabelle hinter *Komponenten → Schlagwörter (Tags)* können Sie ein Schlagwort explizit verstecken und somit gleichzeitig von der Website nehmen. Das ist besonders dann nützlich, wenn sich ein Autor einen Spaß erlaubt und unflätige oder beleidigende Schlagwörter vergeben hat. Um ein Schlagwort auszublenden, klicken Sie einfach in der entsprechenden Zeile auf den grünen Haken. Alternativ setzen Sie in sein Kästchen einen Haken und klicken dann auf *Verstecken*. Damit verschwindet das Schlagwort komplett von Ihren Internetseiten, Joomla! zeigt es dort nirgendwo mehr an. Das Backend schlägt das Wort allerdings weiterhin den Autoren vor, die es an ihre Beiträge heften dürfen.

Um ein Schlagwort komplett loszuwerden, müssen Sie es in den Papierkorb stecken. Damit schlägt es Joomla! zwar den Autoren nicht mehr vor, diese könnten es dann aber einfach wieder neu eintippen. Derzeit gibt es in Joomla! keine Möglichkeit, bestimmte Schlagwörter zu verbieten. Wenn Sie also einen unbelehrbaren Spaßvogel unter Ihren Autoren haben, müssen Sie diesen komplett von der Vergabe der Schlagwörter ausschließen. Das gelingt mithilfe der Benutzerverwaltung, die Kapitel 12, *Benutzerverwaltung und -kommunikation*, Seite 485, vorstellt.

Die Tabelle mit allen Schlagwörtern hinter *Komponenten → Schlagwörter (Tags)* sollten Sie regelmäßig durchsehen. Achten Sie dabei insbesondere auf:

- leichte Abwandlungen (wie etwa »Filmkritik« und »Filmkritiken«),
- Synonyme (wie etwa »Sofa« und »Couch«),
- unverständliche Schlagwörter (wie die »Personenvereinzelungsanlage«),
- unpassende Schlagwörter (wie »Arschloch« oder »Idiot«) und
- unvollständige oder unsinnige Schlagwörter (wie »Schwei«, »Bratf« oder »Hngl«).

Abwandlungen und Synonyme sind problematisch, weil Joomla! und in bestimmten Fällen auch Suchmaschinen die einzelnen Begriffe getrennt behandeln: Klickt ein Besucher beispielsweise auf das Schlagwort *Filmkritik* (im Singular), liefert Joomla! nicht die Beiträge mit dem Schlagwort *Filmkritiken* (im Plural). Der Besucher sieht somit nur einen Teil der eigentlich infrage kommenden Beiträge. Analoges gilt für die

Couch und das *Sofa*. Solche Dopplungen und Synonyme zu eliminieren, ist allerdings etwas schwieriger, weil Joomla! ein Schlagwort nicht durch ein anderes ersetzen kann. Um also etwa das *Sofa* durch die *Couch* zu ersetzen, müssen Sie im Backend alle Beiträge und Kategorien abklappern, dort *Sofa* löschen und *Couch* neu eintippen.

Tipp Legen Sie deshalb von Anfang an ein paar Grundregeln fest. Das gilt erst recht, wenn Sie mit mehreren Autoren arbeiten. Beispielsweise könnten Sie vorgeben, dass die Schlagwörter immer nur in der Einzahl (im Singular) vorkommen dürfen – *Filmkritik* wäre dann erlaubt, die *Filmkritiken* hingegen nicht.

Alternativ zum Verstecken und Löschen können Sie die Schlagwörter auch ins Archiv verschieben. Das funktioniert wie bei den Beiträgen: Haken Sie das oder die Schlagwörter ab und klicken Sie auf *Archivieren*.

Schlagwörter vorgeben und bearbeiten

Sie können vorhandene Schlagwörter nicht nur verstecken und löschen, sondern Sie dürfen auch eigene explizit vorgeben. Für die Filmkritiken könnten Sie beispielsweise noch das Schlagwort *Schusswechsel* hinzufügen – schließlich gibt es einen solchen in den meisten Actionfilmen.

Dazu klicken Sie in der Tabelle hinter *Komponenten → Schlagwörter (Tags)* in der Werkzeugleiste auf *Neu*. Das jetzt erscheinende Formular aus Abbildung 8-5 dürfte Ihnen bekannt vorkommen: Es ähnelt dem zum Anlegen eines neuen Beitrags.

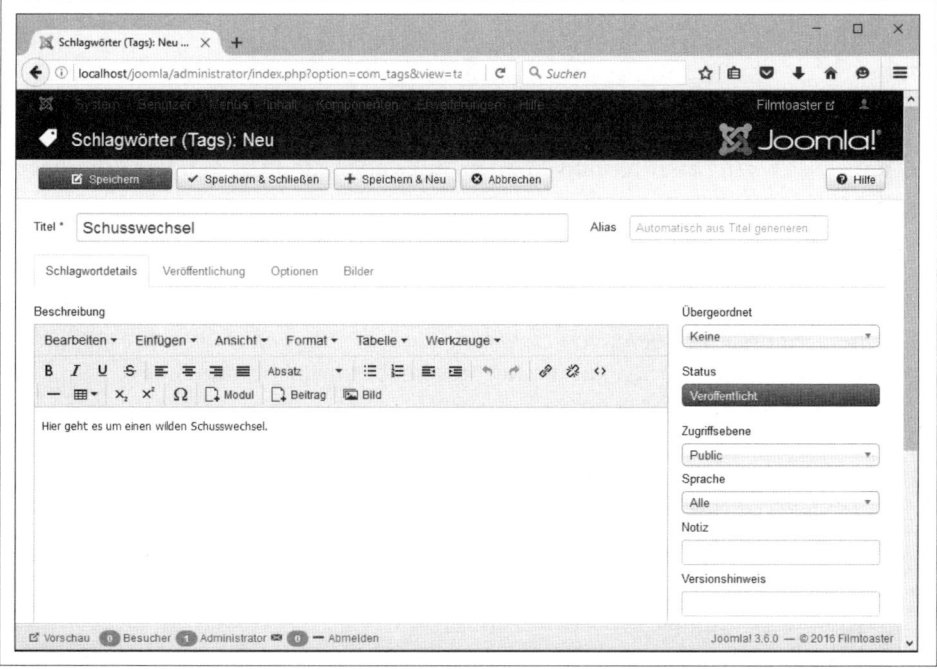

Abbildung 8-5: Hier entsteht das neue Schlagwort Schusswechsel.

Tippen Sie zunächst das neue Schlagwort in das Feld *Titel* ein. Für die Filmtoaster-Seiten wählen Sie Schusswechsel. Wie bei den Beiträgen können Sie noch einen *Alias*-Namen vergeben. Lassen Sie das entsprechende Feld einfach leer, Joomla! wählt dann automatisch einen passenden.

Auf der Registerkarte *Schlagwortdetails* können Sie noch eine *Beschreibung* hinterlegen. Diese Beschreibung erscheint beispielsweise, wenn Sie einen Menüpunkt zu einem Schlagwort führen lassen. Wie das geht und wozu man solche Menüpunkte benötigt, erfahren Sie im übernächsten Abschnitt. Dem neuen Schlagwort *Schusswechsel* könnten Sie die Beschreibung Hier geht es um einen wilden Schusswechsel. mit auf den Weg geben.

Auf der rechten Seite des Registers *Schlagwortdetails* warten noch folgende Einstellungen:

Übergeordnet
Über diese Ausklappliste können Sie ein Schlagwort einem anderen unterordnen. Das Prinzip ist dasselbe wie bei den Kategorien. Beispielsweise bedingt ein Schusswechsel auch immer Action, Sie könnten folglich den *Schusswechsel* dem Schlagwort *Action* unterordnen. Auf diese Weise können Sie Ihre Schlagwörter gliedern beziehungsweise strukturieren und so die Übersicht erhöhen. Auf ihrer Website können Sie dann in bestimmten Situationen gezielt die untergeordneten Schlagwörter ausblenden – oder absichtlich wieder anzeigen lassen (dazu folgen in den nächsten Abschnitten noch weitere Informationen).

Bei den meisten Internetauftritten mit einem überschaubaren Haufen von Schlagwörtern ist eine Gliederung jedoch nicht notwendig – das gilt auch für das Filmtoaster-Beispiel.

Status
Nur wenn der *Status* auf *Veröffentlicht* steht, ist das Schlagwort später für Ihre Besucher zu sehen. Möchten Sie das Schlagwort verstecken, wählen Sie hier zunächst *Versteckt*. Alternativ können Sie es auch direkt in den *Papierkorb* werfen oder archivieren lassen.

Zugriffsebene
Welche Personen das Schlagwort überhaupt zu Gesicht bekommen, regelt diese Ausklappliste. Standardmäßig dürfen alle Besucher das neue Schlagwort sehen. Kapitel 12, *Benutzerverwaltung und -kommunikation*, Seite 485, wird noch einmal ausführlich auf die Rechtevergabe zurückkommen.

Sprache
Hier legen Sie fest, in welcher Sprache das Schlagwort verfasst wurde. Mit der Voreinstellung *Alle* taucht es später in allen Sprachfassungen Ihrer Website auf. Mehr zu den Übersetzungen folgt noch in Kapitel 18, *Mehrsprachigkeit*, Seite 785.

Notiz
Hier können Sie eine kurze Anmerkung hinterlegen. Notieren Sie sich beispielsweise, warum Sie das Schlagwort erstellt haben. Der Text erscheint nicht auf der Website und ist nur zu Ihrer Erinnerung gedacht.

Versionshinweis

Wenn Sie später irgendwann einmal in der Beschreibung einen Tippfehler korrigieren oder nachträglich an den Einstellungen schrauben müssen, beschreiben Sie kurz im Eingabefeld *Versionshinweis* die von Ihnen durchgeführten Änderungen. Es genügt dabei eine möglichst kurze Zusammenfassung, etwa »Tippfehler korrigiert«. Wenn Sie das Schlagwort erstellen, können Sie das Eingabefeld leer lassen. Mehr zum Einsatzzweck des Versionshinweises folgt gleich noch im Abschnitt »Versionsverwaltung« auf Seite 245.

Für das Schlagwort *Schusswechsel* belassen Sie alle Einstellungen auf ihren Vorgaben, die wie in den meisten Fällen bereits passend sind.

Weiter geht es mit dem Register *Veröffentlichung*, das auf der linken Seite zunächst ein paar Informationen zum Schlagwort anzeigt. Einige Felder füllt Joomla! allerdings erst aus, wenn Sie das Schlagwort einmal gespeichert haben. Ganz oben links steht dann das *Erstellungsdatum* und direkt darunter die Person, die das Schlagwort angelegt hat. Sie können diesen »Autor« auch ändern, indem Sie auf das Symbol mit der weißen Büste klicken und eine andere Person aussuchen. Im Feld *Autoralias* können Sie diesen Namen mit einem Pseudonym überschreiben.

Als weitere Informationen verrät Joomla! noch, wann jemand die Einstellungen des Schlagworts verändert hat (*Bearbeitungsdatum*) und wer das war (*Bearbeitet von*). Wie häufig ein Besucher das Schlagwort bereits angeklickt hat, können Sie im Feld *Zugriffe* ablesen. Das letzte Feld nennt schließlich noch die interne Identifikationsnummer des Schlagworts.

Auf der rechten Seite können Sie den Suchmaschinen entgegenkommen. Die dort in den Eingabefeldern hinterlegten Texte versteckt Joomla! auf der Seite, die nach einem Klick auf das Schlagwort erscheint. Unter *Meta-Beschreibung* sollten Sie daher kurz eine Beschreibung und unter *Meta-Schlüsselwörter* ein paar Begriffe notieren. Im Fall des *Schusswechsels* hinterlegen Sie unter *Meta-Beschreibung* den Text `Inhalte mit dem Tag Schusswechsel` und im Feld *Meta-Schlüsselwörter* die Begriffe Schusswechsel, Schüsse, Beiträge.

Sollen die Suchmaschinen einen ganz bestimmten Autor für den Urheber des Beitrags halten, tragen Sie dessen (vollständigen) Namen in das gleichnamige Feld ein. Die Einstellung unter *Robots* sagt der Suchmaschine, ob sie die Seite überhaupt betreten und den Links darauf folgen darf. Bei einer Einstellung mit *index* dürfen Google, Bing & Co. die Seite unter die Lupe nehmen (und in ihren sogenannten Index aufnehmen). *follow* erlaubt der Suchmaschine, allen Links auf der Seite zu folgen. *noindex* und *nofollow* verbieten die jeweilige Funktion.

Für das Schlagwort *Schusswechsel* belassen Sie alle diese Einstellungen auf ihren Vorgaben.

Wenn der Besucher ein Schlagwort anklickt, präsentiert Joomla! auf einer neuen Seite alle Inhalte, denen dieses Schlagwort anheftet. Das Aussehen dieser Seite können Sie im Register *Optionen* verändern. Welche Optiken unter *Alternatives Layout* zur Verfügung stehen, hängt von den installierten Templates ab. Behalten Sie hier im Zweifelsfall die Voreinstellung bei. Tasten Sie den Inhalt des Felds *CSS-Klasse für den Schlagwortlink* möglichst nicht an. Sein kryptischer Text beeinflusst die Formatierung der Schlagwörter. Tragen Sie hier nur Begriffe ein, die Ihnen der Entwickler Ihres Templates vorgegeben hat.

Auf der letzten Registerkarte *Bilder* können Sie dem Schlagwort ein *Einleitungsbild* und ein *Schlagwortbild* zuweisen. Das funktioniert genau so wie bei den Beiträgen im Abschnitt »Einleitungs- und Beitragsbilder« auf Seite 160. Diese Bilder erscheinen später, wenn Sie einen Menüpunkt auf das Schlagwort zeigen lassen – dazu in wenigen Absätzen mehr. In den meisten Fällen benötigt ein Schlagwort keine Bilder.

Das gilt auch für das Schlagwort *Schusswechsel*. *Speichern & Schließen* Sie daher das neue Schlagwort. Wenn Sie jetzt einen neuen Beitrag erstellen und in das Feld *Schlagwörter* klicken, bietet Ihnen Joomla! auch den *Schusswechsel* an.

Die Beschreibung und alle anderen Informationen können Sie jederzeit nachträglich ändern beziehungsweise bei bereits existierenden Schlagwörtern nachtragen. Dazu klicken Sie einfach in der Tabelle hinter *Komponenten → Schlagwörter (Tags)* auf das entsprechende Schlagwort. Es öffnet sich dann das bekannte Formular aus Abbildung 8-5, in dem Sie die gewünschten Änderungen vornehmen können.

Schlagwort schnell zuweisen

Ein Schlagwort können Sie schnell mehreren Beiträgen oder Kategorien zuweisen. Auf den Filmtoaster-Seiten bietet es sich etwa an, den im vorherigen Abschnitt angelegten *Schusswechsel* allen Actionfilmen anzuheften.

Dazu rufen Sie zunächst im Backend die Beitragsverwaltung hinter *Inhalt → Beiträge* auf. Haken Sie jetzt in der Tabelle alle Beiträge ab, denen Sie das (neue) Schlagwort zuweisen möchten. Auf den Filmtoaster-Seiten wären das mindestens zwei passende Actionfilme. (Wenn Sie bis hierhin nicht alle Schritte mitgemacht haben, wählen Sie alternativ zwei beliebige andere Beiträge.)

Klicken Sie dann in der Werkzeugleiste auf *Stapelverarbeitung*. Im erscheinenden Fenster wählen Sie unter *Schlagwort hinzufügen* das gewünschte Schlagwort aus – im Beispiel *Schusswechsel*. Dieses Schlagwort hängt nach einem Klick auf *Ausführen* sofort allen gewählten Beiträgen an. (Wenn die Ausklappliste abgeschnitten erscheint, finden Sie Hilfe im Kasten *Das Problem mit abgeschnittenen Ausklapplisten* auf Seite 133.)

Auf die gleiche Weise können Sie auch einer oder mehreren Kategorien hinter *Inhalt → Kategorien* schnell ein (neues) Schlagwort zuweisen.

Menüpunkt zu einem Schlagwort einrichten

Wenn der Besucher ein Schlagwort anklickt, zeigt Joomla! eine Seite wie die aus Abbildung 8-6 an. Sie präsentiert alle Inhalte, denen das Schlagwort anheftet.

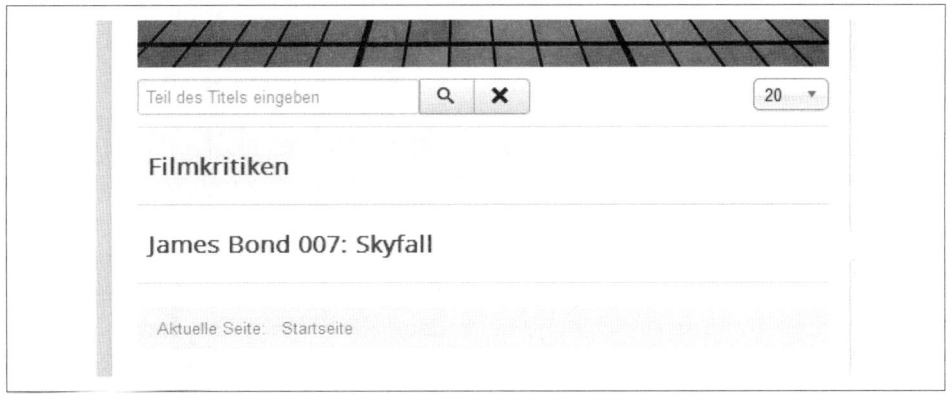

Abbildung 8-6: Nach einem Klick auf das Schlagwort Filmkritik hat Joomla! hier genau eine Kategorie und einen Beitrag gefunden.

Sie dürfen in Joomla! auch einen Menüpunkt auf eine solche Seite einrichten. Auf den Filmtoaster-Seiten könnte man beispielsweise einen Menüpunkt auf das Schlagwort *James Bond* setzen. Nach einem Klick auf den Menüpunkt würde Joomla! dann alle Beiträge, Kategorien und sonstigen Inhalte anzeigen, denen Sie irgendwann einmal das Schlagwort *James Bond* zugewiesen haben. Eine solcher Menüpunkt bietet sich beispielsweise an, wenn gerade einmal wieder ein neuer James-Bond-Film Premiere feiert und Ihre Besucher nach allem suchen, was irgendwie mit James Bond zu tun hat.

Warnung Sie verändern damit aber auch gleichzeitig die Navigation. Um Ihre Besucher nicht zu verwirren, sollten Sie daher nur in Sonderfällen einen Menüpunkt auf ein Schlagwort legen – wie im genannten James-Bond-Beispiel.

Um einen entsprechenden Menüpunkt anzulegen, öffnen Sie zunächst im Backend das Menü *Menüs*. Darin entscheiden Sie sich für das Menü, in dem der neue Menüpunkt erscheinen soll. Auf den Filmtoaster-Seiten wählen Sie *Menüs → Main Menu*.

Nach einem Klick auf *Neu* erscheint das Formular aus Abbildung 8-7. Verpassen Sie dem Menüpunkt bei *Menütitel* zunächst eine passende Beschriftung, im Beispiel einfach Alles über James Bond. Klicken Sie dann neben *Menüeintragstyp* auf *Auswählen*. Der neue Menüpunkt soll zu einem Schlagwort führen. Klappen Sie daher den Slider *Schlagwörter (Tags)* auf und entscheiden Sie sich für die *Kompaktliste der verschlagworteten Einträge*.

Wieder im Formular, klicken Sie in das Eingabefeld *Schlagwort* und suchen sich das gewünschte Schlagwort aus. Im Beispiel wäre das *James Bond*. Sie dürfen sogar noch weitere Schlagwörter hinzufügen. Dazu klicken Sie in einen noch weißen Bereich im Eingabefeld und wählen das passende Schlagwort aus. Später präsentiert Joomla! dann nach einem Klick auf den Menüpunkt nur noch die Inhalte, denen alle hier eingestellten Schlagwörter anheften. Stellen Sie hier neben *James Bond* beispielsweise auch noch *Action* ein, präsentiert Joomla! später nur die Beiträge, die die Schlagwörter *James Bond* und *Action* besitzen. Oder soll Joomla! sämtliche Beiträge heraussuchen, denen entweder das Schlagwort *James Bond* oder das Schlagwort *Action* anheftet? Genau das regeln Sie auf der Registerkarte *Eintragsauswahl*. Wenn Sie dort den *Suchtyp* auf *Alle* stellen, liefert Joomla! nur die Inhalte zurück, die auch tatsächlich alle ausgewählten Schlagwörter besitzen. Im Beispiel würde eine Filmkritik nur dann angezeigt, wenn ihr die Schlagwörter *James Bond* und *Action* zugewiesen worden wären. Setzen Sie hingegen den *Suchtyp* auf *Irgendeiner*, gibt Joomla! alle Inhalte aus, die mindestens eines der ausgewählten Schlagwörter besitzen. Im Beispiel sehen Besucher dann alle Filmkritiken, denen entweder das Schlagwort *James Bond* oder das Schlagwort *Action* anheftet. Wenn Sie schließlich noch *Untergeordnete Schlagwörter* auf *Inklusive* stellen, berücksichtigt Joomla! bei seiner Suche auch noch alle untergeordneten Schlagwörter. Für das Filmtoaster-Beispiel belassen Sie im Register *Eintragsauswahl* die Voreinstellungen. Wechseln Sie wieder zurück zum Register *Details*. Um ein *Schlagwort* wieder aus dem Eingabefeld zu entfernen, klicken Sie auf sein kleines graues X. Für die Filmtoaster-Seiten soll nur James Bond im Feld *Schlagwort* stehen.

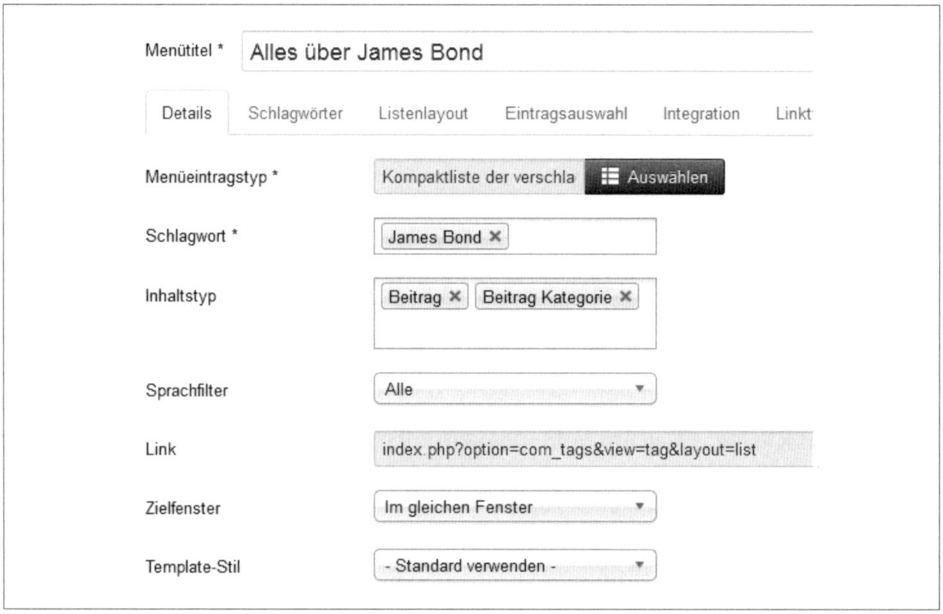

Abbildung 8-7: Hier entsteht ein Menüpunkt, der zum Schlagwort James Bond führt.

Wenn ein Besucher auf den Menüpunkt klickt, kramt Joomla! sämtliche Inhalte hervor, denen das Schlagwort anheftet. Neben Beiträgen können das auch Kategorien und die später noch behandelten Werbebanner und Kontakte sein. Im Extremfall gibt das auf der Seite aus Abbildung 8-6 ein kleineres Durcheinander. Um den Besucher nicht zu verwirren, können Sie das Content-Management-System daher auch anweisen, beispielsweise nur nach Beiträgen und Kategorien zu suchen – und somit die Werbebanner und Kontakte zu ignorieren. Dazu klicken Sie in das Eingabefeld *Inhaltstyp* und legen die gewünschte Einschränkung fest. Auf den Filmtoaster-Seiten wählen Sie zunächst *Beitrag*. Damit würde Joomla! später nach einem Klick auf den Menüpunkt nur noch Beiträge anzeigen, die das Schlagwort *James Bond* besitzen. Damit Joomla! auch noch die Kategorien berücksichtigt, klicken Sie wieder in einen weißen Teil des Felds und wählen *Beitrag Kategorie*. Auf die gleiche Weise fügen Sie bei Bedarf noch weitere Inhaltstypen hinzu. Wenn Sie sich verklickt haben und ein Element wieder löschen möchten, klicken Sie auf sein kleines graues *X*. Sofern das Eingabefeld leer ist, berücksichtigt Joomla! alle Inhalte.

Die nächste Ausklappliste *Sprachfilter* ist nur dann von Bedeutung, wenn Sie einen mehrsprachigen Internetauftritt betreiben (wie ihn später noch Kapitel 18, *Mehrsprachigkeit*, Seite 785, beschreibt). Standardmäßig berücksichtigt Joomla! die Sprache nicht, sondern kramt einfach alle Inhalte mit dem entsprechenden Schlagwort heraus. Im Beispiel würde Joomla! folglich nach einem Klick auf den Menüpunkt neben deutschen auch englische Beiträge zum Schlagwort *James Bond* präsentieren. Mit der Ausklappliste *Sprachfilter* können Sie Joomla! hingegen auf eine Sprache festnageln. Stellen Sie hier beispielsweise *English (UK)* ein, sehen Besucher später nur noch alle englischsprachigen Beiträge, die das Schlagwort *James Bond* tragen. Wenn Sie hingegen *Aktuell* wählen, präsentiert Joomla! lediglich die Beiträge, die in der derzeitigen Standardsprache geschrieben wurden. Im Fall von *Alle* berücksichtigt Joomla! restlos alle Beiträge in sämtlichen Sprachen – dies ist auch die Voreinstellung.

Für die Filmtoaster-Seite sollte das Formular jetzt wie in Abbildung 8-7 dargestellt aussehen. *Speichern* Sie den Menüpunkt (und lassen Sie somit das Formular noch geöffnet). Wenn Sie jetzt die *Vorschau* öffnen und zum neuen Menüpunkt wechseln, werden Sie etwas Ähnliches wie das in Abbildung 8-8 sehen. Je nachdem, wie viele Beiträge das Schlagwort *James Bond* tragen, sieht die Liste recht kläglich, wenn nicht gar leer aus. Es wäre daher sinnvoll, dem Besucher auf der Seite noch ein paar weitere Informationen zu geben.

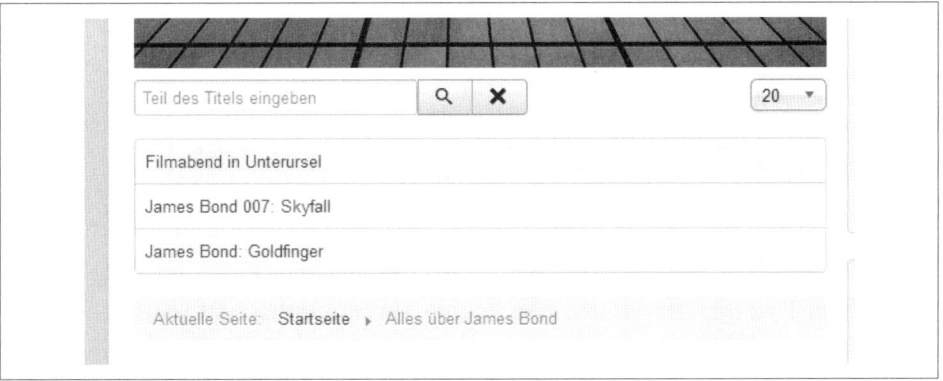

Abbildung 8-8: Die Liste aller Beiträge mit dem Schlagwort James Bond.

Das Aussehen der Seite aus Abbildung 8-8 steuern Sie in den Einstellungen des Menüpunkts im Register *Schlagwörter*. Im Einzelnen haben Sie hier folgende Möglichkeiten:

Schlagwort

Wenn Sie die Ausklappliste auf *Anzeigen* stellen, blendet Joomla! über den Suchergebnissen noch einmal den Namen des Schlagworts ein. In Abbildung 8-9 ist dies *James Bond*. Sofern Sie auf der Registerkarte *Details* mehrere Schlagwörter ausgewählt haben, schreibt Joomla! alle diese Schlagwörter über die **Suchergebnisse, jedoch jeweils nur getrennt durch ein Leerzeichen**, was wiederum etwas wirr aussehen kann. Sie müssen daher für Ihre Schlagwörter selbst entscheiden, ob das Einblenden sinnvoll ist. Für das Filmtoaster-Beispiel setzen Sie *Schlagwort* auf *Anzeigen*.

Schlagwortbild

Jedem Schlagwort können Sie in seinen Einstellungen auch ein Schlagwortbild zuordnen (siehe Abschnitt »Schlagwörter vorgeben und bearbeiten« auf Seite 227). Dieses Bild zeigt Joomla! nur dann an, wenn Sie hier *Schlagwortbild* auf *Anzeigen* setzen. In Abbildung 8-9 würde es unterhalb der fetten Überschrift *James Bond* erscheinen. Das Schlagwortbild erscheint zudem grundsätzlich nur dann, wenn Sie auf der Registerkarte *Details* unter *Schlagwort* nur ein einziges Schlagwort ausgewählt haben.

Schlagwortbeschreibung

Setzen Sie diese Ausklappliste auf *Anzeigen*, blendet Joomla! auch die Beschreibung des Schlagworts ein. Wie Sie diese Beschreibung hinterlegen, hat bereits Abschnitt »Schlagwörter vorgeben und bearbeiten« auf Seite 227 erläutert. Die Schlagwortbeschreibung erscheint allerdings nur dann, wenn Sie auf der Registerkarte *Details* unter *Schlagwort* lediglich ein einziges Schlagwort eingestellt haben.

Bild

Neben dem Schlagwortbild kann Joomla! noch ein weiteres Bild anzeigen, das Sie hier mit einem Klick auf *Auswählen* aussuchen.

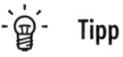

Tipp   Das ist beispielsweise nützlich, wenn Sie auf der Registerkarte *Details* unter *Schlagwort* zwei oder mehr Schlagwörter eingestellt haben. Joomla! zeigt dann die Schlagwortbilder der Schlagwörter nicht an (selbst wenn Sie *Schlagwortbild* auf *Anzeigen* gesetzt haben). Dann können Sie über das *Bild* dennoch eine Illustration oder ein Foto auf die Seite setzen lassen.

Beschreibung

Im Feld *Beschreibung* können Sie eine weitere Beschreibung oder einen ergänzenden Text hinterlegen. Joomla! zeigt diese dann unter dem Schlagwort an. In Abbildung 8-9 lautet sie: »Hier finden Sie alles zum Thema James Bond.« Sofern die *Schlagwortbeschreibung* auf *Anzeigen* steht, blendet Joomla! die *Beschreibung* zusätzlich ein. Für das Filmtoaster-Beispiel tippen Sie den Text

Hier finden Sie alles zum Thema James Bond. in das Eingabefeld *Beschreibung* ein.

Tipp Die *Beschreibung* ist vor allem dann nützlich, wenn Sie auf der Registerkarte *Details* mehrere *Schlagwörter* ausgewählt haben. Joomla! zeigt dann die Beschreibungen der Schlagwörter nicht an (selbst wenn Sie *Schlagwortbeschreibung* auf *Anzeigen* gesetzt haben). Sie können dennoch hier über die *Beschreibung* eine solche hinterlegen. Haben Sie sich etwa für die Schlagwörter *Action* und *James Bond* entschieden, könnten Sie als *Beschreibung* den folgenden Text verwenden: »Hier finden Sie alle Actionfilme zum Thema James Bond.«

Anzahl Beiträge

Wie viele Beiträge das Schlagwort enthalten, verrät Joomla!, wenn Sie diese Ausklappliste auf *Anzeigen* stellen. Zumindest in Joomla! 3.6.0 funktionierte das jedoch (noch) nicht.

Reihenfolge

Auf der Seite aus Abbildung 8-9 sortiert Joomla! alle gefundenen Inhalte alphabetisch aufsteigend nach ihrem Titel. Eine Filmkritik zu *Diamantenfieber* stünde folglich über der zu *Octopussy*. Diese Sortierung können Sie unter *Reihenfolge* ändern. Wählen Sie dort etwa das *Veröffentlichungsdatum*, zeigt Joomla! neuere Beiträge auf der Seite weiter oben an.

Richtung

Wenn Sie sich unter *Reihenfolge* für ein Kriterium entschieden haben, können Sie über die Ausklappliste *Richtung* die Sortierung umdrehen. Steht etwa die *Reihenfolge* auf *Titel* und die *Richtung* auf *Absteigend*, sortiert Joomla! die gefundenen Inhalte alphabetisch absteigend. Der Beitrag zum Film *Octopussy* würde folglich jetzt über der Filmkritik zu *Diamantenfieber* erscheinen.

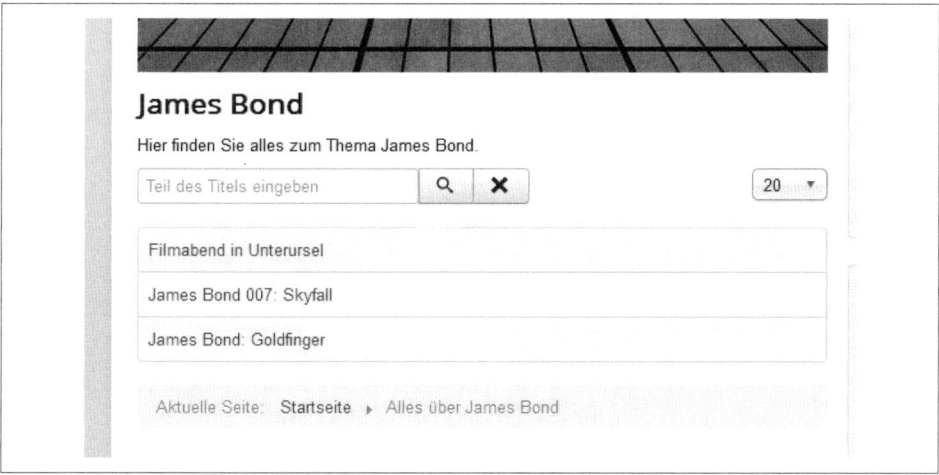

Abbildung 8-9: Die angepasste Darstellung zum Schlagwort James Bond.

Für das Filmtoaster-Beispiel sollte *Schlagwort* auf *Anzeigen* stehen, und im Eingabefeld *Beschreibung* sollte sich der Text `Hier finden Sie alles zum Thema James Bond.` befinden. Die anderen Einstellungen belassen Sie auf ihren jeweiligen Vorgaben.

Im Register *Listenlayout* können Sie die Darstellung der Ergebnisse noch weiter beeinflussen:

Schlagwortbild
> Wenn Sie diese Ausklappliste auf *Anzeigen* setzen, präsentiert Joomla! zu jedem Fundstück noch das entsprechende Bild, bei Beiträgen das Einleitungsbild. Joomla! 3.6.0 ignorierte die Einstellung Schlagwortbild jedoch komplett. Wenn Sie dennoch die Einleitungsbilder anzeigen lassen möchten, sollten Sie einen Menüpunkt vom Typ *Verschlagwortete Einträge* erstellen, wie ihn der nächste Abschnitt beschreibt.

Eintragsbeschreibung
> Steht die *Eintragsbeschreibung* auf *Anzeigen*, präsentiert Joomla! zu jedem Eintrag in der Liste jeweils eine Beschreibung. Bei Beiträgen verwendet Joomla! dazu die Einleitung. Sollte diese nicht existieren, erscheint der komplette Beitragstext. Auf diese Weise sehen die Besucher dann nicht nur eine Liste mit Links, wie in Abbildung 8-9, sondern erfahren auch, was sie hinter jedem Link erwartet. Joomla! 3.6.0 wollte allerdings noch keine Beschreibungen einblenden. Wenn Sie dennoch die Beschreibung anzeigen lassen möchten, sollten Sie einen Menüpunkt vom Typ *Verschlagwortete Einträge* erstellen, wie ihn der nächste Abschnitt beschreibt.

Maximale Anzahl Zeichen
> Sehr lange Eintragsbeschreibungen könnten optisch die ganze Seite sprengen. Aus diesem Grund können Sie in diesem Eingabefeld vorgeben, wie lang die einzelnen Beschreibungen maximal sein dürfen. Steht hier etwa eine *20*, schneidet Joomla! alle Beschreibungen nach spätestens 20 Zeichen ab. Bei einer *0* erscheinen alle Beschreibungen komplett – mitunter also der komplette Beitragstext.

Filterfeld
> Bei sehr vielen Nachrichten sollte der Besucher die Liste auf die Einträge beschränken können, die ihn interessieren. Dabei hilft das sogenannte *Filterfeld*, das links oberhalb der Liste erscheint. Joomla! blendet alle Einträge in der Liste aus, die nicht den dort eingetippten Suchtext in ihrem Titel enthalten. Hier in der Ausklappliste können Sie das Filterfeld auf *Verbergen* lassen.

»Anzeige«-Filter
> Wenn das Schlagwort sehr vielen Beiträgen anheftet, wird die Liste aus Abbildung 8-9 recht lang. Damit die Übersicht nicht verloren geht, verteilt Joomla! die Liste auf mehrere Seiten. Rechts oberhalb der Liste kann der Besucher in einer Ausklappliste wählen, wie viele Einträge auf einer Bildschirmseite erscheinen sollen. Diese Ausklappliste können Sie unter *»Anzeige«-Filter* auch *Verbergen* lassen.

 # Eintragsanzahl

In dieser Auskappliste geben Sie vor, wie viele Einträge Joomla! standardmäßig auf einer Seite anzeigt. Wählen Sie hier etwa *30*, präsentiert die Liste ab sofort 30 Beiträge pro Seite. Sofern es mehr Beiträge mit dem Schlagwort gibt, muss der Besucher dann über die Schaltflächen aus Abbildung 8-10 umblättern. Den hier unter *# Eintragsanzahl* gewählten Wert kann der Besucher über die Auskappliste rechts oberhalb der Liste selbst verändern – vorausgesetzt, Sie haben »*Anzeige*«-Filter nicht auf *Verbergen* gesetzt. In der Regel können Sie hier unter *# Eintragszahl* die Vorgabe belassen: 20 Einträge sind für die meisten Internetseiten bereits ein guter Kompromiss.

Abbildung 8-10: Wenn Sie das Schlagwort sehr vielen Inhalten zugewiesen haben, wird auch die Liste recht lang. Joomla! bricht sie dann auf mehrere Seiten um und erlaubt das Umblättern über diese Schaltflächen.

Seitenzahlen

Wenn Joomla! die Einträge auf mehrere Seiten verteilt, kann der Besucher über die Schaltflächen aus Abbildung 8-10 zwischen den Seiten hin- und herblättern. Eben genau diese Schaltflächen können Sie hier unter dem etwas missverständlich bezeichneten Punkt *Seitenzahlen* auch *Verbergen* lassen. Damit ist der Besucher allerdings nicht mehr in der Lage, zu den anderen Seiten umzublättern. Setzen Sie daher diesen Punkt immer nur dann auf *Verbergen*, wenn Sie die *# Eintragsanzahl* auf *Alle* und den »*Anzeige*«-Filter auf *Verbergen* gesetzt haben. In dem Fall zeigt Joomla! sämtliche zum Schlagwort passenden Inhalte nur auf einer einzigen Seite an.

Stellen Sie *Seitenzahlen* auf *Auto*, blendet Joomla! die Schaltflächen nur bei Bedarf ein (wenn sich die Liste tatsächlich über mehrere Seiten erstreckt). Zumindest in Joomla! 3.6.0 führte die Einstellung *Anzeigen* zum gleichen Ergebnis wie *Auto*.

Gesamtseitenzahlen

Sofern Joomla! die Liste auf mehrere Seiten verteilt, erfährt der Besucher rechts unten, auf welcher Seite er sich gerade befindet. In Abbildung 8-10 sieht er die erste von insgesamt zwei Seiten. Diese Information blenden Sie aus, indem Sie *Gesamtseitenzahlen* auf *Verbergen* stellen.

Datum

Auf Wunsch blendet Joomla! neben allen Inhalten noch das jeweilige Erstellungs-, Bearbeitungs- oder Veröffentlichungsdatum ein. Sie müssen dazu lediglich in der Auskappliste *Datum* die passende Einstellung wählen. Das Ergebnis sieht dann wie in Abbildung 8-10 aus: Dort zeigt Joomla! das Veröffentlichungsdatum der jeweiligen Beiträge an. Über die Ausklappliste können Sie das *Datum* aber auch explizit *Verbergen* lassen.

Datumsformat
Joomla! druckt das Datum so, wie es das gerade aktivierte Sprachpaket vorschreibt – wie etwa 24. April 2016. Im Feld *Datumsformat* können Sie einen anderen Aufbau vorgeben. Dabei stehen die Platzhalterbuchstaben d, m und Y für Tag, Monat und Jahr. Wenn Sie in das Feld Y-m-d eintippen, präsentiert Joomla! jedes Datum im amerikanischen Stil: *2016-04-24*. Weitere Informationen zu dieser Notation finden Sie auf der Internetseite *http://www.php.net/manual/de/function.date.php*. Normalerweise sollten Sie das Feld leer lassen und dem Sprachpaket die Formatierung überlassen.

Für die Filmtoaster-Seiten ist das Veröffentlichungsdatum der Filmkritiken noch hilfreich. Setzen Sie daher *Datum* auf *Veröffentlicht*. Nach dem *Speichern & Schließen* führt in der Vorschau der Menüpunkt *Alles über James Bond* zur Seite aus Abbildung 8-11.

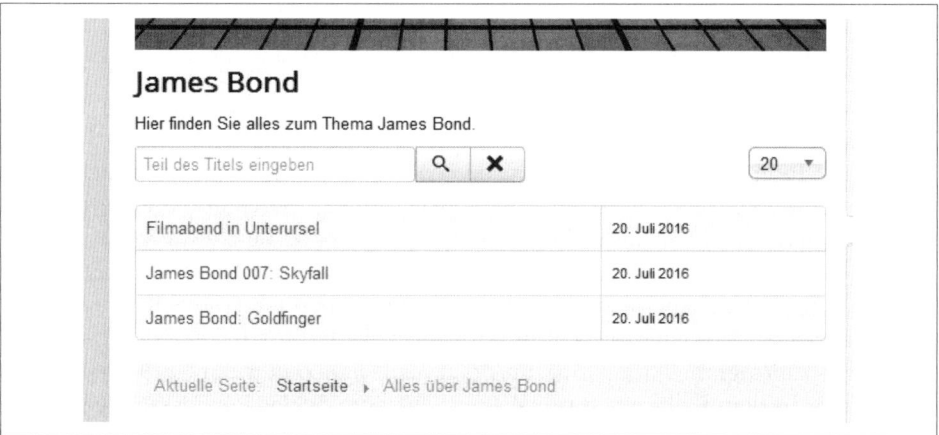

Abbildung 8-11: Die verbesserte Darstellung zum Schlagwort James Bond.

Um die Besucher nicht zu verwirren, sollte der neue Menüpunkt nur dann eingeblendet sein, wenn auch ein neuer James-Bond-Film ansteht. Da dies im Moment nicht der Fall ist, verstecken Sie den Menüpunkt – beispielsweise indem Sie in seiner Zeile auf den grünen Haken klicken.

Menüpunkt vom Typ »Verschlagwortete Einträge«

Der im vorherigen Abschnitt angelegte Menüpunkt führt zu einer Seite wie der aus Abbildung 8-11. Sie listet alle Beiträge, Kategorien und andere Inhalte auf, denen ein ganz bestimmtes Schlagwort anheftet. Die Beiträge in Abbildung 8-11

besitzen beispielsweise alle das Schlagwort *James Bond*. Es gibt derzeit in Joomla! noch einen zweiten Weg, einen solchen Menüpunkt einzurichten. Er führt zum gleichen Ergebnis und bietet sogar die gleichen Einstellungen – mit einem einzigen

Unterschied: Auf dem im Folgenden beschriebenen Weg können Sie noch vorgeben, wie viele Inhalte Joomla! auf der Seite aus Abbildung 8-11 anzeigt. Auf den Filmtoaster-Seiten können Sie so beispielsweise festlegen, dass nur genau fünf Beiträge angezeigt werden, denen das Schlagwort *James Bond* anheftet. Alle anderen Beiträge blendet Joomla! dann allerdings aus, Ihre Besucher erfahren folglich nicht mehr, dass es sie gibt. In der Regel möchte man jedoch genau das nicht. Und es gibt noch ein Problem: Zumindest Joomla! 3.6.0 ignoriert die Vorgabe einfach und zeigt immer alle Inhalte an, die das gewählte Schlagwort besitzen. Sie können deshalb diesen Abschnitt einfach überspringen. Der Vollständigkeit halber soll jedoch im Folgenden das Anlegen eines solchen Menüpunkts beschrieben werden.

Dazu erstellen Sie zunächst im Backend einen neuen Menüpunkt, indem Sie beispielsweise unter *Menüs* das passende Menü auswählen und dann auf *Neu* klicken. Vergeben Sie einen *Menütitel*, wie etwa Action und James Bond. Klicken Sie anschließend neben *Menüeintragstyp* auf *Auswählen* und entscheiden Sie sich unter *Schlagwörter (Tags)* für *Verschlagwortete Einträge*.

Unter *Schlagwort* müssen Sie jetzt die von Ihnen gewünschten Schlagwörter auswählen. Im Beispiel sollen es die Schlagwörter *Action* und *James Bond* sein. Dazu klicken Sie in das Eingabefeld *Schlagwort* und wählen aus der Liste das erste Schlagwort aus. Um ein weiteres Schlagwort hinzuzufügen, klicken Sie erneut in einen weißen Teil des Eingabefelds. Wenn Sie ein Schlagwort wieder loswerden möchten, klicken Sie auf das kleine graue *X* neben seinem Namen.

Soll Joomla! nur alle Beiträge mit den Schlagwörtern *Action* und *James Bond* anzeigen oder doch alle Beiträge heraussuchen, denen entweder *James Bond* oder *Action* anheftet? Diese Frage beantwortet das Register *Eintragsauswahl*. Dessen Einstellungen kennen Sie bereits aus dem vorherigen Abschnitt: Steht *Suchtyp* auf *Alle*, liefert Joomla! nur die Inhalte zurück, denen auch tatsächlich alle ausgewählten Schlagwörter anheften. Bei der Einstellung *Irgendeiner* gibt Joomla! hingegen alle Inhalte aus, die mindestens eines der ausgewählten Schlagwörter besitzen. Steht *Untergeordnete Schlagwörter* auf *Inklusive*, berücksichtigt Joomla! bei seiner Suche auch die untergeordneten Schlagwörter. Wenn es sehr viele Beiträge mit den eingestellten Schlagwörtern gibt, wird die Ergebnisliste extrem lang und unübersichtlich. Joomla! zeigt deshalb nur so viele Ergebnisse an, wie im Eingabefeld *Maximale Einträge* hinterlegt ist. Tragen Sie dort etwa eine 5 ein, erscheinen später nur noch fünf Beiträge zur Auswahl – auch wenn es mehr Beiträge mit dem Schlagwort geben sollte. Joomla! 3.6.0 ignorierte diese Einstellung jedoch noch. Wechseln Sie wieder zurück auf die Registerkarte *Details*.

Standardmäßig präsentiert Joomla! gleich sämtliche Inhalte, denen die Schlagwörter anheften. Neben Beiträgen können das auch Kategorien und Werbebanner sein. Möchten Sie beispielsweise nur Beiträge anzeigen lassen, wenden Sie sich dem Feld *Inhaltstyp* zu. Joomla! zeigt nur die hier ausgewählten Inhaltsarten an. Wenn Sie in das Feld klicken und beispielsweise die *Beiträge* auswählen, berücksichtigt Joomla! gleich nur noch Beiträge. Die Bedienung des Felds funktioniert genau so wie sein

Kollege *Schlagwort*: Klicken Sie in einen leeren Teil des Felds und wählen Sie eine Inhaltsart aus. Eine vorhandene löschen Sie, indem Sie auf ihr *X* klicken.

Joomla! berücksichtigt direkt ausschließlich Beiträge und Inhalte, die in der unter *Sprachfilter* eingestellten Sprache verfasst wurden. Steht die Ausklappliste auf *Alle*, spielt die Sprache keine Rolle. Eine Änderung ist hier nur in einem mehrsprachigen Internetauftritt sinnvoll, wie ihn später noch Kapitel 18, *Mehrsprachigkeit*, Seite 785, beschreibt.

Wenn ein Besucher später den Menüpunkt anklickt, präsentiert ihm Joomla! einfach eine Liste mit Beiträgen und anderen Inhalten. Der Besucher weiß folglich nicht, nach welchen Kriterien die Beiträge ausgewählt wurden – es sei denn, Sie haben den Menüpunkt eindeutig beschriftet. Sie können daher nicht nur die Schlagwörter als Überschrift oben über die Liste setzen lassen, sondern sie auch noch mit ein paar weiteren Informationen garnieren. Dazu wechseln Sie zum Register *Schlagwörter*, in dem folgende Einstellungen bereitstehen:

Schlagwort
Steht diese Ausklappliste auf *Anzeigen*, blendet Joomla! alle ausgewählten Schlagwörter als Überschrift ein.

Schlagwortbild und Schlagwortbeschreibung
Jedem Schlagwort können Sie auch ein Bild und eine Beschreibung zuordnen (wie im Abschnitt »Schlagwörter vorgeben und bearbeiten« auf Seite 227 beschrieben). Wenn Sie die Ausklappliste *Schlagwortbild* auf *Anzeigen* setzen, zeigt Joomla! das Schlagwortbild über der Tabelle an, schalten Sie *Schlagwortbeschreibung* auf *Anzeigen* um, erscheint auch noch die Beschreibung. Sowohl das Bild als auch die Beschreibung präsentiert Joomla! allerdings nur dann, wenn Sie auf der Registerkarte *Details* unter *Schlagwort* lediglich ein einziges Schlagwort ausgewählt haben.

Bild
Das hier eingestellte Bild setzt Joomla! über die Liste.

Beschreibung
Der hier eingetippte Text erscheint später über der Liste.

Anzahl Beiträge
Wenn Sie diese Ausklappliste auf *Anzeigen* stellen, verrät Joomla! gleich, wie viele Inhalte das jeweilige Schlagwort besitzen. Zumindest in Joomla! 3.6.0 funktionierte das jedoch (noch) nicht.

Reihenfolge und Richtung
Standardmäßig sortiert Joomla! alle Inhalte alphabetisch aufsteigend. Diese *Reihenfolge* können Sie in der gleichnamigen Ausklappliste ändern. Beim *Veröffentlichungsdatum* wird festgelegt, ob Joomla! neuere Beiträge weiter oben oder unten anzeigen soll. Unter *Richtung* geben Sie vor, ob die Sortierung dabei *Aufsteigend* oder *Absteigend* erfolgt.

Wie Joomla! die gefundenen Beiträge und Inhalte auf der Seite präsentiert, bestimmen Sie auf der Registerkarte *Einträge*. Die dortigen Optionen kennen Sie bereits aus dem vorherigen Abschnitt:

Schlagwortbild
> Mit *Anzeigen* präsentiert Joomla! unter jedem Eintrag noch ein Bild. Bei Beiträgen ist dies das jeweilige Einleitungsbild (siehe Abschnitt »Einleitungs- und Beitragsbilder« auf Seite 160).

Eintragsbeschreibung und Maximale Anzahl Zeichen
> Wenn Sie *Eintragsbeschreibung* auf *Anzeigen* stellen, blendet Joomla! auch zu jedem Eintrag immer eine Beschreibung ein. Bei Beiträgen ist das in der Regel die Einleitung. Wie lang diese Beschreibung maximal sein darf, legt *Maximale Anzahl Zeichen* fest. Steht dort etwa eine 20, schneidet Joomla! alle Texte nach spätestens 20 Zeichen ab. Bei einer 0 erscheinen die Texte komplett.

Filterfeld
> Hiermit blenden Sie das Filterfeld über der Liste ein und aus. Joomla! versteckt alle Einträge in der Liste, die nicht den dort eingetippten Suchtext enthalten.

Sofern es sehr viele Inhalte mit den ausgewählten Schlagwörtern gibt, verteilt sie Joomla! auf mehrere Seiten. Über die Ausklappliste rechts oberhalb der Liste kann der Besucher einstellen, wie viele Inhalte Joomla! pro Seite darstellt. Standardmäßig sind das 20 Stück. Wie sich Joomla! genau verhält, regeln Sie im Register *Seitenzahlen*. Die Einstellungen sind wieder identisch mit denen aus dem vorherigen Abschnitt:

»Anzeige«-Filter
> Hiermit können Sie die Ausklappliste *Verbergen* lassen.

Seitenzahlen
> Zwischen den Seiten wechselt der Besucher über die Schaltflächen, die Joomla! am unteren Rand einblendet. Diese Schaltflächen können Sie hier *Verbergen*. Im Fall von *Auto* blendet Joomla! die Schaltflächen nur bei Bedarf ein. Zumindest in Joomla! 3.6.0 führte die Einstellung *Anzeigen* zum gleichen Ergebnis wie *Auto*.

Gesamtseitenzahlen
> Rechts unten blendet Joomla! noch die Seitenzahlen ein. Genau diese können Sie hier *Verbergen* lassen.

Menüpunkt zu einer Liste mit Schlagwörtern

Sie können ebenfalls einen Menüpunkt erstellen, der zu einer Seite mit allen jemals vergebenen Schlagwörtern führt. Abbildung 8-12 zeigt dafür ein Beispiel. Ein Klick auf eines der Schlagwörter führt dann wiederum zu einer Liste mit allen Inhalten, denen das Schlagwort anheftet.

 **Tipp** Für die Filmtoaster- und normalerweise auch für die meisten anderen Seiten ist ein solcher Menüpunkt nicht notwendig. Mit ihm führen Sie eine weitere Form der Navigation ein, die neben dem normalen Menü existiert und somit Ihre Besucher verwirren könnte. Sinnvoll ist ein solcher Menüpunkt nur, wenn Sie etwa auf Ihrer Seite eine Dokumentation oder ein Handbuch veröffentlichen, bei dem die Schlagwörter als eine Art Index beziehungsweise Stichwortverzeichnis fungieren. Auf normalen Internetauftritten sollten Sie stattdessen besser eine Tag-Cloud einsetzen, die Ihre Besucher aus vielen Blogs kennen dürften. Wie man eine solche Tag-Cloud einblendet, verrät Kapitel 10, *Module – Die kleinen Brüder der Komponenten*, Seite 351.

Abbildung 8-12: Joomla! kann dem Besucher sämtliche Schlagwörter zur Auswahl stellen.

Um solch einen Menüpunkt zu erstellen, klappen Sie im Backend das Menü *Menüs* auf. Wählen Sie das Menü, in dem der neue Menüpunkt erscheinen soll, und klicken Sie anschließend in der Werkzeugleiste auf *Neu*. Im erscheinenden Formular vergeben Sie einen *Menütitel*, beispielsweise Alle Schlagwörter. Klicken Sie neben *Menüeintragstyp* auf *Auswählen*. Entscheiden Sie sich unter *Schlagwörter (Tags)* für die *Liste aller Schlagwörter*.

Wenn ein Besucher den neuen Menüpunkt anklickt, präsentiert ihm Joomla! sämtliche existierenden Schlagwörter. Sie können die Anzeige aber auch einschränken. Dazu wählen Sie unter *Übergeordnetes Schlagwort* ein Schlagwort aus. Joomla! zeigt dann nur noch dieses Schlagwort sowie alle ihm direkt untergeordneten Schlagwörter an.

Die Ausklappliste *Sprachfilter* ist nur bei einem mehrsprachigen Internetauftritt von Bedeutung: Joomla! zeigt später nur die Schlagwörter an, die in der hier gewählten Sprache vorliegen. Stellen Sie beispielsweise *English (UK)* ein, sehen Besucher später nur noch die englischsprachigen Schlagwörter. Mit der Einstellung *Alle* präsentiert Joomla! sämtliche Schlagwörter – unabhängig von der Sprache. Dies ist auch die Standardeinstellung. Weitere Informationen zu einem mehrsprachigen Internetauftritt liefert später noch Kapitel 18, *Mehrsprachigkeit*, Seite 785.

Wenn Sie die Einstellungen jetzt *Speichern* lassen, dann die *Vorschau* aufrufen und zum neuen Menüpunkt wechseln (im Beispiel wäre das *Alle Schlagwörter*), erhalten Sie eine Seite ähnlich der aus Abbildung 8-12. Die Schlagwörter präsentiert Joomla! dort noch etwas unmotiviert. Insbesondere sollte man den Besucher darauf hinweisen, dass es sich um Schlagwörter handelt und er diese jeweils anklicken kann.

Um die Darstellung der Schlagwörter auf der Seite kümmert sich in den Einstellungen des Menüpunkts das Register *Optionen*. Dort können Sie an folgenden Schrauben drehen:

Anzahl Spalten
Wie in Abbildung 8-12 zu sehen, ordnet Joomla! immer vier Schlagwörter nebeneinander an, dann geht es in einer neuen Zeile von vorne los. Wie viele Schlagwörter Joomla! nebeneinandersetzt, legen Sie im Eingabefeld *Anzahl Spalten* fest. Bei einer 3 stehen folglich nur noch immer drei Schlagwörter nebeneinander, bei einer 1 erhalten Sie eine Liste mit Schlagwörtern.

Überschriftsbeschreibung
Der hier eingetippte Text erscheint später über allen Schlagwörtern. Es bietet sich folglich an, dem Besucher kurz zu erklären, was er auf der Seite sieht – beispielsweise mit dem Text `Wählen Sie ein Schlagwort aus:`.

Überschriftsbild und Überschriftsbild
Neben der Überschriftsbeschreibung können Sie über den Schlagwörtern auch noch ein Bild oder Foto einblenden. Dazu klicken Sie zunächst auf *Auswählen* und entscheiden sich dann für das passende Bild. Anschließend können Sie über die Ausklappliste *Überschriftsbild* darüber entscheiden, ob Joomla! das Bild *Anzeigen* oder *Verbergen* soll.

Reihenfolge und Richtung
Standardmäßig sortiert Joomla! die Schlagwörter alphabetisch aufsteigend. Das Schlagwort *Action* steht somit wie in Abbildung 8-12 vor *Filme*. Über die Ausklappliste *Reihenfolge* können Sie ein anderes Sortierkriterium einstellen. Wenn Sie etwa *Zugriffe* wählen, erscheinen besonders häufig angeklickte Schlagwörter weiter vorn. Mit der *Richtung* entscheiden Sie schließlich noch, ob Joomla! die Schlagwörter gemäß der gewählten *Reihenfolge* aufsteigend oder absteigend anordnen soll.

Tipp Die alphabetisch aufsteigende Sortierung ist besonders gut nachzuvollziehen und übersichtlich. Alle anderen Sortiermethoden erzeugen eine für den Besucher zunächst verwirrende Anordnung. Lassen Sie daher die Ausklisten *Reihenfolge* und *Richtung* möglichst auf ihren Standardwerten.

Schlagwortbilder, Schlagwortbeschreibung und Maximale Anzahl Zeichen
Jedem Schlagwort können Sie ein Bild und eine Beschreibung zuweisen (wie im Abschnitt »Schlagwörter vorgeben und bearbeiten« auf Seite 227 beschrieben). Die Bilder zeigt Joomla! nur dann an, wenn Sie *Schlagwortbilder* auf *Anzeigen* setzen.

Die Beschreibungen erscheinen standardmäßig unter jedem Schlagwort an. Ein Beispiel dafür sehen Sie in Abbildung 8-12: Dort wurde dem Schlagwort *Schusswechsel* noch die Beschreibung Hier geht es um einen wilden Schusswechsel mit auf den Weg gegeben. Möchten Sie verhindern, dass Joomla! diese Beschreibungen anzeigt, stellen Sie *Schlagwortbeschreibung* auf *Verbergen*. Mithilfe der Beschreibungen können sich Ihre Besucher allerdings schneller für eines der Schlagwörter entscheiden. Sie sollten die Schlagwortbeschreibung daher möglichst anzeigen lassen.

Längere Schlagwortbeschreibungen können jedoch auch schnell die Seite unübersichtlich machen. Geben Sie daher unter *Maximale Anzahl Zeichen* die Länge der Beschreibung vor. Tippen Sie dort etwa eine 30 ein, zeigt Joomla! nur noch die ersten 30 Zeichen der Beschreibung an. Bei einer 0 gibt Joomla! den kompletten Text aus.

Zugriffe
Wenn Sie diese Ausklappliste auf *Anzeigen* stellen, blendet Joomla! unter jedem Schlagwort ein, wie oft es bereits von Besuchern angeklickt wurde. In Abbildung 8-13 wurde das Schlagwort *Action* bereits dreimal von Besuchern angeklickt.

Weitere Einstellungen verstecken sich im Register *Auswahl*:

Maximale Einträge
Wenn der Besucher ein Schlagwort anklickt, zeigt Joomla! alle Beiträge, Kategorien und alle übrigen Inhalte mit diesem Schlagwort an – maximal aber so viele Inhalte, wie in diesem Eingabefeld vorgegeben. Tragen Sie etwa unter *Maximale Einträge* eine 5 ein und klickt ein Besucher auf das Schlagwort *James Bond*, präsentiert Joomla! höchstens fünf Filmkritiken mit dem Schlagwort *James Bond*.

Filterfeld
Über den Schlagwörtern blendet Joomla! links oben noch ein Eingabefeld ein. Mit diesem können Besucher nach einem ganz bestimmten Schlagwort suchen. Joomla! blendet dann nur noch die Schlagwörter ein, die mit dem dort eingetippten Begriff übereinstimmen. Wenn Sie das Eingabefeld verstecken möchten, setzen Sie *Filterfeld* auf *Verbergen*.

»Anzeige«-Filter, Seitenzahlen und Gesamtseitenzahlen
Wenn es viele Schlagwörter gibt, verteilt sie Joomla! wie in Abbildung 8-13 auf mehrere Seiten. Die Besucher können dann am unteren Rand über entsprechende Schaltflächen zwischen den Seiten hin- und herblättern. Wie viele Schlagwörter Joomla! auf einer Seite präsentiert, können Besucher über die Ausklappliste rechts oberhalb der Schlagwörter einstellen (in Abbildung 8-13 die mit der Zahl 5). Wenn Sie diese Ausklappliste verstecken möchten, setzen Sie *»Anzeige«-Filter* auf *Verbergen*. Möchten Sie die Schaltflächen am unteren Rand verstecken, setzen Sie *Seitenzahlen* auf *Verbergen*. Doch Vorsicht: Der Besucher hat dann keine Möglichkeit mehr, zu den anderen Schlagwörtern weiterzublättern. Bei der Einstellung *Auto* blendet Joomla! die Schaltflächen nur

bei Bedarf ein – dies ist auch die Voreinstellung. Rechts unterhalb der Schlagwörter erscheint noch die Angabe, auf welcher Seite sich der Besucher gerade befindet. Diese Information verschwindet, wenn Sie *Gesamtseitenzahlen* auf *Verbergen* setzen.

Abbildung 8-13: Die Seite mit allen Schlagwörtern lässt sich um zusätzliche Informationen ergänzen – wie etwa um die Anzahl der Zugriffe.

Versionsverwaltung

Joomla! merkt sich sämtliche Änderungen, die Sie oder einer Ihrer Autoren an den Beiträgen vornimmt. Zusammen mit der eingebauten Versionsverwaltung können Sie so jederzeit

- nachprüfen, wer was wann wie verändert hat, und
- eine ältere Fassung des Beitrags wiederherstellen.

Die Versionsverwaltung arbeitet in der Regel von Ihnen unbemerkt im Hintergrund: Wann immer Sie einen Betrag speichern, merkt sich Joomla! einfach sämtliche Änderungen in der Datenbank. Das passiert vollautomatisch und lässt sich auch nicht abschalten.

| Tipp | Fassen Sie vor dem Speichern des Beitrags im Eingabefeld *Versionshinweis* kurz zusammen, was Sie verändert haben. Damit können Sie später einfacher und schneller nachvollziehen, was sich wann verändert hat. | |

Joomla! erfasst zudem nicht nur die Änderungen an den Beiträgen, sondern auch an den Kategorien und an fast allen anderen Inhalten. Entdecken Sie beispielsweise in der Kategoriebeschreibung einen gravierenden Fehler, könnten Sie auch dort erst einmal schnell zu einer älteren Fassung zurückkehren. Das funktioniert genau so, wie in den nachfolgenden Abschnitten für die Beiträge beschrieben.

Wenn Sie die folgenden Beispiele mitmachen möchten, benötigen Sie einen Beitrag, den Sie mehrfach verändert und nach jeder Änderung gespeichert haben. Sofern Sie allen Schritten aus Abschnitt »Einen neuen Beitrag erstellen« auf Seite 136 gefolgt sind, ist das bereits der Fall: Dort haben Sie die Filmkritik zu *James Bond 007: Skyfall* erstellt und mehrfach verändert.

Versionsverwaltung aufrufen

Wenn Sie wissen möchten, was sich an einem Beitrag im Laufe der Zeit geändert hat, müssen Sie zunächst die Einstellungen des Beitrags aufrufen. Dazu wechseln Sie im Backend zur Tabelle hinter *Inhalt* → *Beiträge* und klicken den entsprechenden Beitrag an. Im Filmtoaster-Beispiel wählen Sie dort die Filmkritik zu *James Bond 007: Skyfall*. In der Werkzeugleiste finden Sie die Schaltfläche *Versionen*. Wenn Sie diese anklicken, landen Sie in der Versionsverwaltung aus Abbildung 8-14.

Abbildung 8-14: Der Beitrag James Bond 007: Skyfall wurde hier sechs Mal verändert. Zusammen mit der Ursprungsfassung gibt es von dem Beitrag folglich sieben verschiedene Versionen.

Dieses etwas sperrig mit *Eintragsversionsverlauf* bezeichnete Fenster wirft einen Blick in die Vergangenheit: Die erste Spalte *Datum* zeigt an, wann der Beitrag geändert wurde. In Abbildung 8-14 wurde die Filmkritik insgesamt sechs Mal angepasst.

Was dabei jeweils geändert wurde, können Sie in der Spalte *Versionshinweis* ablesen – vorausgesetzt, Sie haben immer vor dem Speichern des Beitrags im Feld *Versionshinweis* kurz Ihre Änderungen beschrieben. In Abbildung 8-14 wurden beispielsweise zuletzt ein paar Links ergänzt.

Tipp   Hier sehen Sie, wie wichtig es ist, immer vor dem Speichern einen Versionshinweis zu hinterlegen: Dank der kurzen Notiz können Sie in Abbildung 8-14 auf einen Blick erkennen, was sich wann verändert hat. Wenn Sie den Versionsverweis hingegen vergessen oder nicht angeben, müssen Sie sich jede einzelne Fassung des Beitrags ansehen und nach den Unterschieden suchen (wie das funktioniert, sehen Sie in wenigen Zeilen).

Wer die Änderungen durchgeführt hat, verrät die Spalte *Autor*. Sofern Sie allein arbeiten, sollte dort der *Super User* immer der Schuldige sein – das sind Sie selbst.

In der letzten Spalte zeigt Ihnen Joomla! noch an, wie viele Zeichen der Beitrag lang ist beziehungsweise war. Sie sehen so auf einen Blick, ob der Beitrag im Laufe der Änderungen länger oder eher kürzer geworden ist.

In Abbildung 8-14 hat sich Joomla! sieben verschiedene Fassungen des Beitrags gemerkt. Die ursprüngliche Version steht dabei ganz unten, der Beitrag wurde folglich am 20.07.2016 um 14:35:07 Uhr erstellt. Die letzte Änderung des Beitrags steht ganz oben. Im Beispiel aus Abbildung 8-14 gab es die letzte Änderung am 27.07.2016 um 16:17:35 Uhr. Das ist derzeit auch gleichzeitig die Version des Beitrags, die auf der Website erscheint.

Ältere Versionen einsehen und vergleichen

Wenn Sie jetzt wissen möchten, wie der Beitrag zu einem früheren Zeitpunkt ausgesehen hat, klicken Sie im Fenster *Eintragsversionsverlauf* einfach auf das entsprechende Datum. Alternativ können Sie auch mit einem Mausklick einen Haken in das davorstehende Kästchen setzen und dann die *Vorschau* aktivieren. In jedem Fall erscheint das Fenster aus Abbildung 8-15. Es zeigt den Beitrag so an, wie er zum entsprechenden Zeitpunkt aussah – und zwar nicht nur den Beitragstext, sondern auch sämtliche Einstellungen.

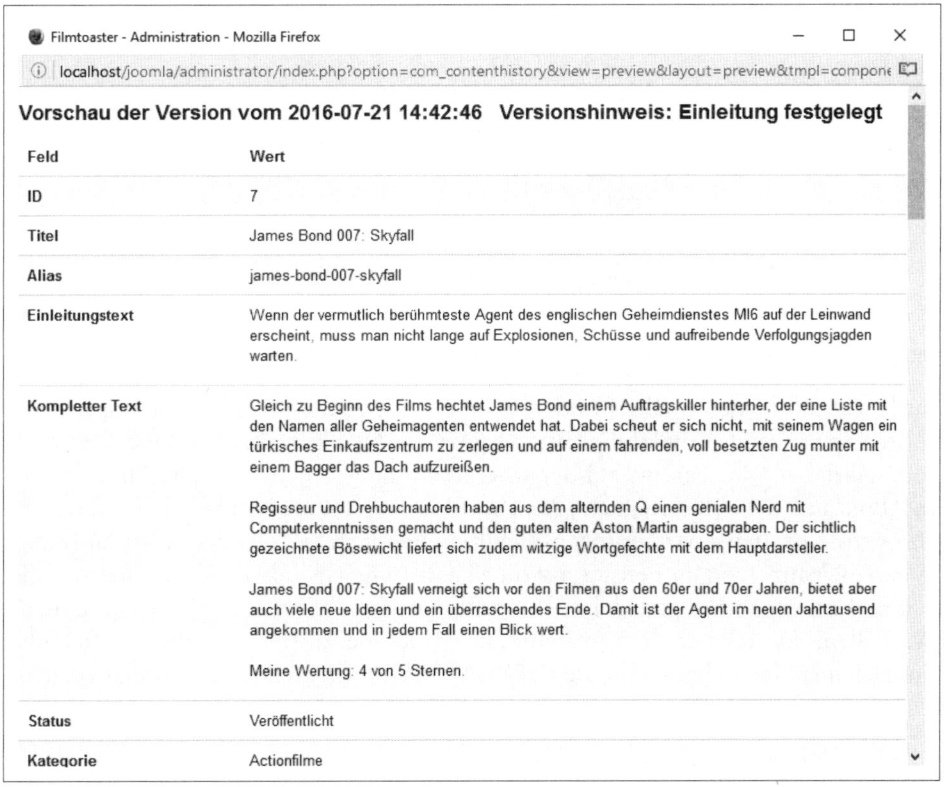

Abbildung 8-15: Der Beitrag James Bond 007: Skyfall sah am 21.07.2016 um 14:42:46 so aus.

Dieses Fenster ist allerdings recht unübersichtlich. Insbesondere sehen Sie nicht, was sich zur vorherigen Version geändert hat. Netterweise kann Joomla! auch zwei verschiedene Versionen des Beitrags vergleichen und die Änderungen hervorheben. Dazu haken Sie im Fenster *Eintragsversionsverlauf* die beiden Versionen an, die miteinander verglichen werden sollen. Möchten Sie beispielsweise wissen, was sich bei der letzten Änderung im Einzelnen verändert hat, setzen Sie einen Haken in das oberste Kästchen sowie einen weiteren Haken direkt in das Kästchen darunter. Klicken Sie dann auf die Schaltfläche *Vergleichen*. Joomla! öffnet jetzt ein Fenster wie das aus Abbildung 8-16.

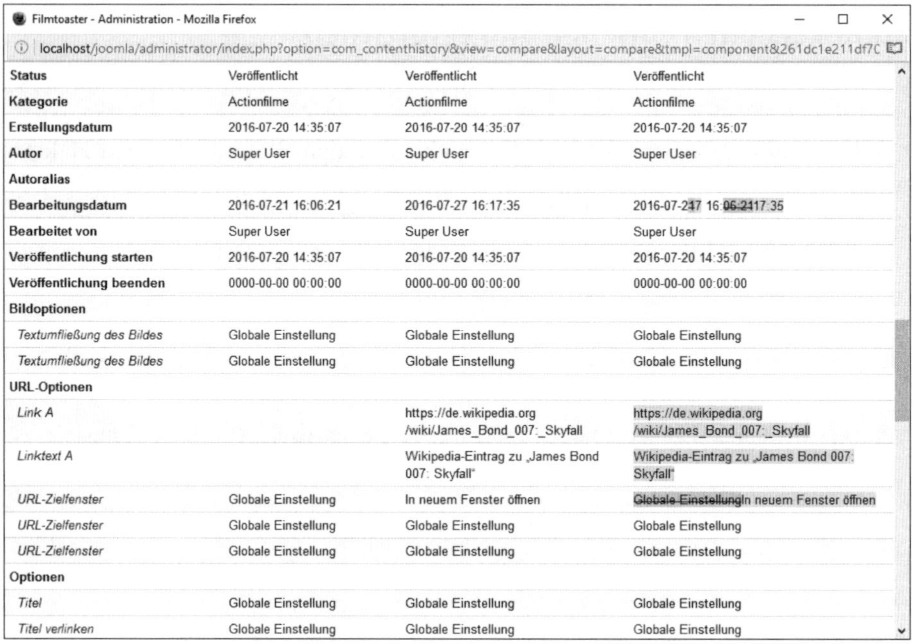

Abbildung 8-16: Hier stellt Joomla! die letzte und die vorletzte Fassung des Beitrags James Bond 007: Skyfall gegenüber.

In den ersten beiden Spalten finden Sie die beiden Fassungen des Beitrags. In der dritten Spalte zeigt Joomla! die Unterschiede an. Neu hinzugekommene Texte hebt Joomla! dabei grün hervor, bei der Überarbeitung gestrichene Texte hingegen rot. In Abbildung 8-16 sind folglich *Link A* und *Linktext A* ergänzt worden. Manchmal ist es trotz der Farbmarkierungen nicht ganz einfach, alle Änderungen zu finden. Wenn Sie ganz oben im Fenster auf die Schaltfläche *Geänderte Werte* klicken, zeigt Joomla! nur noch die geänderten Einstellungen und Texte an. Ein Klick auf *Alle Werte* kehrt zurück zur alten Ansicht. HTML-Kenner dürfen sich zudem noch über die gleichnamige Schaltfläche den *HTML-Code anzeigen* lassen. Joomla! zeigt die Texte dann so an, wie sie später auch der Browser sieht.

Versionen wiederherstellen

Im Fenster *Eintragsversionsverlauf* ist es Ihnen auch möglich, zu einer beliebigen Fassung zurückzukehren. Im Beispiel aus Abbildung 8-16 könnten die Links falsch sein. Es wäre also angebracht, zur vorherigen Version des Beitrags zurückzukehren.

Dazu setzen mit der Maus einen Haken vor die Fassung, die Sie wiederherstellen möchten. Im Beispiel wäre das die zweite von oben. Klicken Sie dann auf die Schaltfläche *Wiederherstellen*. Joomla! stellt jetzt die gewählte ältere Version wieder her und speichert sie automatisch ab. Ihre Besucher sehen folglich umgehend wieder die ältere Version. Gleichzeitig landen Sie in den Einstellungen des Beitrags. Wenn Sie jetzt erneut in der Werkzeugleiste auf *Versionen* klicken, gibt es im Fenster *Eintragsversionsverlauf* zwei Besonderheiten:

- Ein gelbes Sternchen kennzeichnet die derzeit aktuell sichtbare Version des Beitrags.
- Es sind nach wie vor alle Fassungen des Beitrags aufgelistet. Joomla! hat also die letzte Version des Beitrags nicht gelöscht. In Abbildung 8-17 könnten Sie folglich jederzeit wieder zur Version mit den ergänzten Links zurückkehren. Das funktioniert wie gehabt: Setzen Sie einen Haken in das (oberste) Kästchen und klicken Sie auf *Wiederherstellen*.

Abbildung 8-17: Wie das gelbe Sternchen zeigt, hat Joomla! den Beitrag James Bond 007: Skyfall auf den Stand vom 21.07.2016 um 16:06:21 zurückgesetzt.

Was aber passiert, wenn Sie eine frühere Version wiederherstellen und diese frühere Version verändern? Auch dann behält Joomla! alle früheren Versionen des Beitrags.

Das können Sie direkt einmal ausprobieren: Wechseln Sie wie oben beschrieben zur vorletzten Version Ihres Beitrags (setzen Sie also einen Haken in das zweite Kästchen von oben und klicken Sie auf *Wiederherstellen*). Ergänzen Sie jetzt auf der Registerkarte *Veröffentlichung* ein paar *Meta-Schlüsselwörter*, etwa Ian Fleming (den Vater von James Bond), und lassen Sie den Beitrag *Speichern*. Wenn Sie auf *Versionen* klicken, sind die vorherigen Versionen des Beitrags weiterhin vorhanden. Joomla! hat einfach eine neue Version erstellt, die alle Ihre Änderungen umfasst.

Versionen löschen und die automatische Löschung stoppen

Insbesondere wenn mehrere Autoren einen Beitrag bearbeiten, können ziemlich schnell viele Versionen eines Beitrags entstehen und die Datenbank fluten. Um das zu verhindern, merkt sich Joomla! immer nur die zehn letzten Fassungen des Beitrags. Es kann jedoch vorkommen, dass Sie eine bestimmte Version auf jeden Fall behalten möchten. Auf den Filmtoaster-Seiten wäre es beispielsweise sinnvoll, die Ursprungsfassung der Filmkritik zu verwahren.

Dazu markieren Sie im Fenster *Eintragsversionsverlauf* die Version, die Sie behalten möchten. Im Beispiel setzen Sie folglich einen Haken in das unterste Kästchen. Klicken Sie dann auf *Speichern An/Aus*. Joomla! setzt diese Version jetzt in der Liste nach oben und markiert sie in der Spalte *Immer speichern* mit einem *Ja*. Damit ist diese Version geschützt und wird nicht von Joomla! gelöscht. Wenn Sie diese Sperrung wieder aufheben möchten, setzen Sie einen Haken vor die entsprechende Version und klicken erneut auf *Speichern An/Aus*.

Sie können eine Version auch manuell löschen. Dazu setzen Sie einen Haken in das Kästchen vor der überflüssigen Version und klicken dann auf *Löschen*. Doch Vorsicht: Damit ist die Version definitiv gelöscht und lässt sich folglich nicht mehr wiederherstellen.

Kehren Sie auf den Filmtoaster-Seiten zur letzten Version des Beitrags zurück: Setzen Sie einen Haken in das Kästchen vor der Version mit dem Versionshinweis *Links hinzugefügt* (es müsste jetzt die dritte Zeile von oben sein) und klicken Sie auf *Wiederherstellen*. *Schließen* Sie die Einstellungen des Beitrags.

Medien verwalten

In Beiträgen verschönern Fotos und Illustrationen längere Texte. Auf den Filmtoaster-Seiten könnte man etwa die Kritiken mit Fotos aus dem jeweiligen Film aufpeppen. Auch den Kategorien dürfen Sie ein kleines Bild spendieren (wie in Abbildung 8-18). Wählt man das Bild geschickt, sieht der Besucher schon auf den ersten Blick, wo er sich gerade befindet und welche Beiträge ihn erwarten.

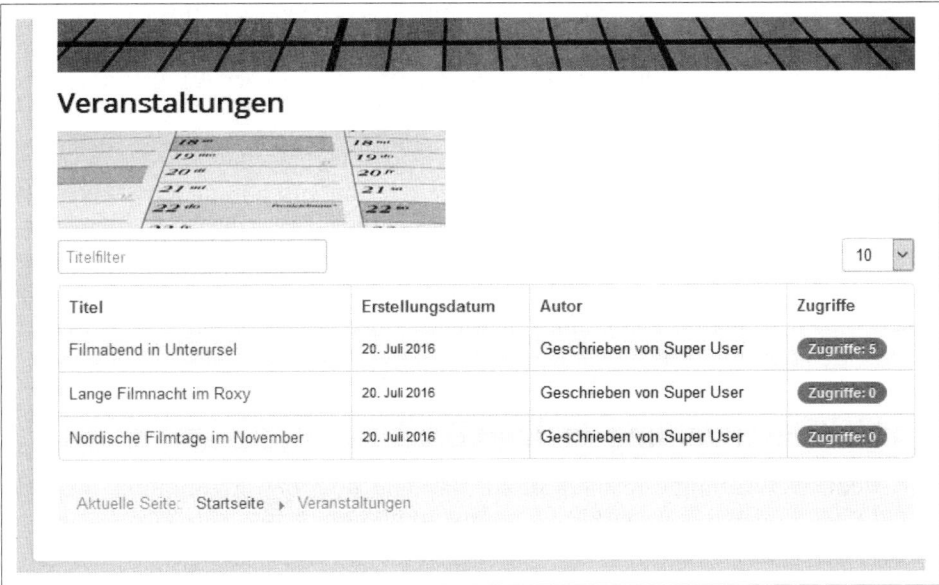

Abbildung 8-18: Die Übersichtsseite für die Kategorie Veranstaltungen zeigt neben einer Auswahl der enthaltenen Beiträge auch ein kleines Bild.

Die Bilder weisen Sie den Beiträgen und den Kategorien direkt in den Einstellungen zu. Wenn Sie einen Beitrag oder eine Kategorie löschen, bleiben die Bilder weiterhin auf dem Server liegen und belegen dort unnötig Platz. Netterweise bietet Joomla! eine eingebaute Medienverwaltung, mit der Sie nicht mehr benötigte Bilder vom Server werfen können. Umgekehrt dürfen Sie selbst mit der Medienverwaltung vorab Bilder hochladen, die dann wiederum Ihre Autoren später verwenden dürfen. Bevor Sie die Medienverwaltung kennenlernen, folgt noch ein kurzer Blick auf den Speicherort der Bilder.

Das Medienverzeichnis

Sämtliche Bild- und sonstigen Mediendateien liegen im Unterverzeichnis *images* Ihrer Joomla!-Installation. Wenn Sie der Schnellinstallation aus Kapitel 2, *Installation*, Seite 15, gefolgt sind, ist das

- unter Windows das Verzeichnis *C:\xampp\htdocs\joomla\images*,
- unter OS X beziehungsweise macOS der Ordner */Programme/XAMPP/xamppfiles/htdocs/joomla/images* und
- unter Linux */opt/lampp/htdocs/joomla/images*.

Man könnte nun die eigenen Fotos einfach dort hineinkopieren. Dies ist jedoch weder komfortabel noch ratsam: Läuft Joomla! bereits auf einem Server im Internet, müsste man die Bilddateien je nach Zugang per FTP- oder SSH-Programm hochladen. Sobald mehrere Autoren ihre Kritiken schreiben möchten, müsste man jedem dieser Autoren entweder einen eigenen, zusätzlichen FTP-Zugang spendieren, oder die Autoren müssten sich einen Zugang teilen. Das erzeugt nicht nur einen erheblichen Verwaltungsaufwand, man riskiert auch schnell wieder Sicherheitsprobleme – schließlich kann man sich nie sicher sein, was ein böswilliger Autor mit den neu gewonnenen Rechten so alles in das System einschleust.

Aus diesen Gründen sollte man besser zur in Joomla! eingebauten Medienverwaltung greifen (englisch *Media Manager*). Wie der Name schon andeutet, verwaltet sie nicht nur Bilder, sondern alle Dokumente, mit denen man die Beiträge irgendwie aufpeppen oder ergänzen kann. Hierunter fallen neben Videos beispielsweise auch Excel- oder Word-Dokumente. Darüber hinaus hilft die Medienverwaltung beim Hochladen der Dateien und erlaubt die übersichtliche Gruppierung der Dateien in weiteren Unterverzeichnissen.

Die Medienverwaltung im Überblick

Die Medienverwaltung erreichen Sie im Backend über den Menüpunkt *Inhalt* → *Medien*. Sie landen damit im Bildschirm aus Abbildung 8-19.

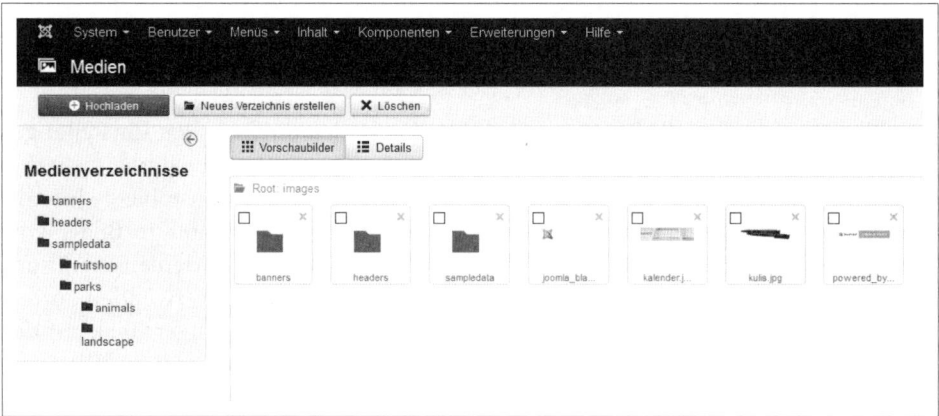

Abbildung 8-19: Der Verwaltungsbildschirm für Medien.

 **Tipp** Sollten Sie sich während der Installation gegen den FTP-Zugang entschieden haben, benötigt Joomla! Schreibrechte auf das Verzeichnis *images* und seine Unterverzeichnisse. Gegebenenfalls müssen Sie dies über die entsprechenden Befehle oder Programme nachholen (wie das funktioniert, zeigte bereits Kapitel 2, *Installation*, Seite 15). Beachten Sie jedoch, dass das unter Umständen zu Sicherheitsproblemen führen kann: Sobald es einem Angreifer gelänge, die Kontrolle über Joomla! zu erlangen, dürfte er auch diese Verzeichnisse manipulieren.

Im großen Rechteck rechts unten erscheint der Inhalt des *images*-Verzeichnisses. Jeder kleinere Kasten entspricht dabei genau einer Datei oder einem Unterordner. Das Symbol weist dabei auf den Dateiinhalt hin, bei Bildern präsentiert Joomla! direkt kleine Vorschauen (englisch *Thumbnails*). Unterhalb der Symbole finden Sie den zugehörigen Datei- beziehungsweise Verzeichnisnamen.

Detailliertere Informationen zu einer Datei erhalten Sie, wenn Sie auf *Details* klicken. Jetzt präsentiert Joomla! die vorhandenen Dateien in einer Liste, in der auch die jeweilige Dateigröße und bei Bildern deren Maße erscheinen (siehe Abbildung 8-20). Zurück zur alten Ansicht gelangen Sie mit einem Klick auf *Vorschaubilder*.

Egal in welcher Ansicht Sie sich befinden: Ein Klick auf ein Bild bringt es in seiner vollen Pracht auf den Schirm. Um diese Vorschau wieder zu verlassen, klicken Sie auf *Schließen* oder das etwas unscheinbare graue X rechts oben.

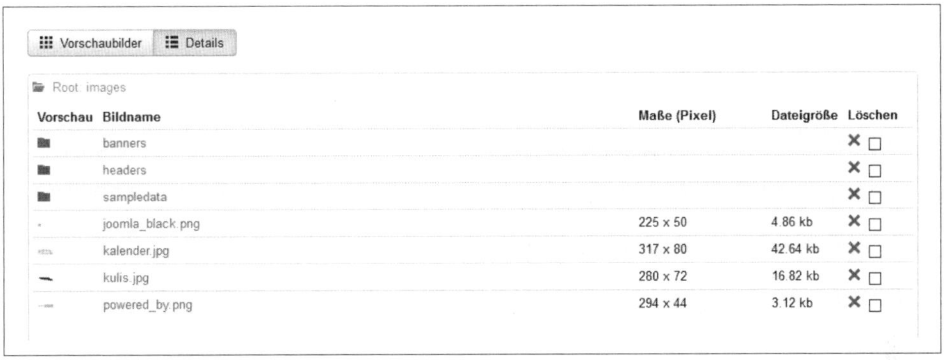

Vorschau	Bildname	Maße (Pixel)	Dateigröße	Löschen
	banners			X ☐
	headers			X ☐
	sampledata			X ☐
	joomla_black.png	225 x 50	4.86 kb	X ☐
	kalender.jpg	317 x 80	42.64 kb	X ☐
	kulis.jpg	280 x 72	16.82 kb	X ☐
	powered_by.png	294 x 44	3.12 kb	X ☐

Abbildung 8-20: Die Detailansicht der Medienverwaltung liefert auch die Dateigrößen und die Abmessungen von Bildern.

Medien löschen

Um eine Datei oder ein Verzeichnis wieder vom Server zu entfernen, kreuzen Sie das Kästchen bei allen überflüssigen Kandidaten an und wählen in der Werkzeugleiste *Löschen*. Alternativ befördert ein Klick auf das kleine graue X rechts oberhalb des Vorschaubilds die zugehörige Datei sofort ins Jenseits. In der *Details*-Ansicht funktioniert das Löschen ebenfalls, dort genügt ein Klick auf das blaue X.

| **Warnung** | Doch Vorsicht: Mit einem Klick auf ein X oder *Löschen* entfernt Joomla! das Bild ohne Rückfrage vom Server. Sollte es zu diesem Zeitpunkt noch in einem Beitrag enthalten sein, fehlt es dort ab sofort. Stellen Sie folglich vor dem Löschen sicher, dass das Bild nicht noch irgendwo verwendet wird. | |

| **Tipp** | Sollten Sie dennoch einmal ein Bild aus Versehen gelöscht haben, laden Sie es einfach wieder hoch. Es erscheint dann erneut automatisch an seinen alten Stellen – vorausgesetzt, Sie haben den Dateinamen nicht verändert. | |

Mit Verzeichnissen Ordnung halten

Wie auf Ihrer Festplatte können Sie die Bilder und Dateien in Verzeichnissen ordnen. Alle bereits existierenden Unterverzeichnisse zeigt Joomla! links in dem grauen Kasten *Medienverzeichnisse*. Unterverzeichnisse erscheinen dabei eingerückt. Mit einem Klick auf einen der Verzeichnisnamen wechseln Sie in den entsprechenden Ordner. Probieren Sie das einmal aus: Ein Klick auf *banners* führt direkt in das gleichnamige Verzeichnis mit einigen mitgelieferten Werbebannern. Alternativ können Sie auch in der *Vorschaubilder*-Ansicht auf das entsprechende Ordnersymbol oder in der *Details*-Ansicht auf den Verzeichnisnamen in der Liste klicken.

Bildverzeichnisse ändern

In der Medienverwaltung erreichen Sie über die Schaltfläche *Optionen* ein paar Grundeinstellungen. Im Register *Komponente* finden Sie zwei Eingabefelder, mit denen Sie die Speicherorte der Bilder ändern können.

Dateiverzeichnis-Pfad
Standardmäßig sammelt Joomla! alle Mediendateien im bekannten Unterverzeichnis *images*. Wenn Sie unbedingt ein anderes Verzeichnis als Medienablage verwenden möchten oder müssen, ändern Sie den *Dateiverzeichnis-Pfad*. Als Alternative können Sie nur einen anderen Unterordner des Joomla!-Installationsverzeichnisses wählen; die hier eingetippte Pfadangabe interpretiert die Medienverwaltung immer relativ zum Joomla!-Ordner.

Normalerweise ist eine Änderung des Verzeichnisses nicht notwendig, sie kann sogar zu ärgerlichen Nebeneffekten führen – beispielsweise wenn später eine Erweiterung das Verzeichnis *images* erwartet.

Bildverzeichnis-Pfad
In der Medienverwaltung landen mitunter auch private Bilder, geheime Pressetexte und andere Medien, die besser nicht direkt in Beiträgen auftauchen sollen. Damit keiner der Autoren unnötig in Versuchung gerät, können Sie Joomla! zwingen, Bilder nur noch aus einem ganz bestimmten Unterverzeichnis anzubieten.

Dazu erstellen Sie zunächst das entsprechende Verzeichnis in der Medienverwaltung und tragen es dann hier im Feld *Bildverzeichnis-Pfad* ein. Joomla! verlangt dabei einen Pfad relativ zu seinem Installationsverzeichnis. Sollen zukünftig alle Autoren ihre Bilder nur noch aus dem Unterverzeichnis *beitraege* beziehen dürfen, tragen Sie hier `images/beitraege` ein. Wenn Sie jetzt nach dem *Speichern & Schließen* ein Bild in einen Beitrag einbinden, bietet Joomla! nur noch die Inhalte aus dem Ordner *images/beitraege* sowie dessen Unterverzeichnisse an. Das gilt übrigens nicht nur für Beiträge: Überall dort, wo Sie ein Bild auswählen oder einbinden können, bietet Joomla! nur noch Bilder aus dem *Bildverzeichnis-Pfad* an. Da eine nachträgliche Änderung des Verzeichnisses somit weitere Konsequenzen haben kann, sollten Sie es niemals im produktiven Betrieb wechseln. Wenn Sie den Zugriff nicht wirklich auf ein Verzeichnis beschränken müssen, behalten Sie zudem am besten hier die Voreinstellung *images* bei.

Über die Medienverwaltung haben Sie selbstverständlich weiterhin Zugriff auf alle Inhalte des *images*-Ordners. Bilder in älteren Beiträgen bleiben übrigens erhalten, auch wenn sie jetzt in einem anderen, ausgeblendeten Verzeichnis liegen. Sie müssen die Beiträge somit nicht alle ändern.

Der nach oben gerichtete Pfeil führt wieder eine Verzeichnisebene nach oben. In der *Vorschaubilder*-Ansicht ist er immer im Kästchen ganz links oben zu finden, in der *Details*-Ansicht wartet er in der obersten Zeile. Klicken Sie diesen Pfeil jetzt einmal an, womit Sie wieder im *images*-Verzeichnis landen. Dort gibt es den Pfeil allerdings nicht mehr, Sie kommen folglich aus dem *images*-Verzeichnis nicht heraus. Die Medienverwaltung sperrt Sie aus Sicherheitsgründen im *images*-Verzeichnis ein. Andernfalls könnten Sie oder einer der Autoren in das Joomla!-Installationsverzeichnis wechseln, dort auf alle Systemdateien zugreifen und so das Content-Management-System (versehentlich) zerstören beziehungsweise unter die eigene Kontrolle bringen.

Joomla! bringt von Haus aus einige Ordner mit, in denen schon ein paar Bilder lagern. Im Einzelnen sind dies:

images
  Das Joomla!-Logo in verschiedenen Ausführungen.

images/banners
  Ein paar Joomla!-Werbebanner. Später sollen hier auch alle weiteren Werbebanner Ihres Internetauftritts landen.

images/headers
  Ein paar Bilder zur Verzierung Ihrer Website. Hier finden Sie auch das Bild mit den grünen Streifen, das derzeit auf Ihrer Website zu sehen ist.

images/sampledata
  Einige Beispielbilder, die Früchte und Tiere zeigen.

Über die entsprechende Schaltfläche in der Werkzeugleiste können Sie ein *Neues Verzeichnis erstellen*. Joomla! blendet dann ein Eingabefeld ein. Darin geben Sie einfach den Namen des neuen Ordners ein und klicken anschließend rechts daneben auf *Verzeichnis erstellen*.

Tipp Wenn Ihre Beiträge häufig viele Bilder umfassen, lohnt es sich, die Seitenstruktur im Ordner *images* noch einmal mit entsprechenden Unterverzeichnissen nachzubilden. Damit würden dann beispielsweise alle Bilder zur Filmkritik »James Bond 007: Skyfall« im Verzeichnis *images/filmkritiken/actionfilme/skyfall* liegen. Auf diese Weise behält man den Überblick über das Bildmaterial, und die verschiedenen Autoren kommen sich beim Hochladen nicht gegenseitig in die Quere.

Klappt das Anlegen nicht, besitzt Joomla! entweder keine Schreibrechte für das entsprechende Verzeichnis, oder – falls Sie sich bei der Installation für den FTP-Zugang entschieden haben – die Zugangsdaten stimmen nicht.

Bilder und Dokumente hochladen

Um eigene Bilder oder Dokumente hinzuzufügen, klicken Sie auf den grünen Knopf *Hochladen* in der Werkzeugleiste. Dadurch erscheinen weitere Schaltflächen. Klicken Sie auf *Durchsuchen…* und wählen Sie die entsprechende Datei aus. Mit einem anschließenden Klick auf *Hochladen starten* wandert die Datei in das aktuell angezeigte Verzeichnis.

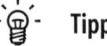
Tipp   Die Schaltflächen können Sie wieder ausblenden, indem Sie in der Werkzeugleiste noch einmal auf *Hochladen* klicken. Auch das Eingabefeld zum Anlegen eines neuen Verzeichnisses verstecken Sie wieder mit einem erneuten Klick auf *Verzeichnis erstellen*.

Standardmäßig sind Dateien bis zu einer Größe von 10 MB erlaubt. Den genannten Wert können Sie ändern, indem Sie in der Werkzeugleiste die *Optionen* der Medienverwaltung aufrufen und dort auf der Registerkarte *Komponente* im Feld *Max. Größe (in MB)* den gewünschten Wert in Megabyte eintragen. Lassen Sie anschließend Ihre Änderungen *Speichern*.

Warnung   Der hier maximal mögliche Wert hängt zusätzlich noch von der PHP-Konfiguration und somit letztendlich auch von Ihrem Webhoster ab. Je nach gemietetem Paket sind hier größere oder kleinere Dateien erlaubt.

Die Medienverwaltung verarbeitet standardmäßig ausschließlich Bilder mit den Dateiendungen *bmp*, *gif*, *ico*, *jpg*, *jpeg*, *png* und *xcf* sowie Dokumente mit den Endungen *pdf*, *swf* (Flash), *doc* (Word), *xls* (Excel), *ppt* (PowerPoint), *txt* (einfacher Text) und *csv* (Tabellen als Comma Separated Values) nebst den Dokumenten der LibreOffice-Anwendungen (mit den Dateiendungen *odg*, *odp*, *ods* und *odt*). Wenn Sie versuchen, eine andere Datei hochzuladen, verweigert sich Joomla!. Hierzu gehören zum Beispiel auch Film- oder Musikdateien. Um weitere Dateiendungen zu erlauben, öffnen Sie die *Optionen* und hängen dort auf der Registerkarte *Komponente* im Feld *Erlaubte Dateiendungen* einfach die gewünschten Endungen, jeweils durch ein Komma getrennt, an die vorhandenen an (siehe Abbildung 8-21).

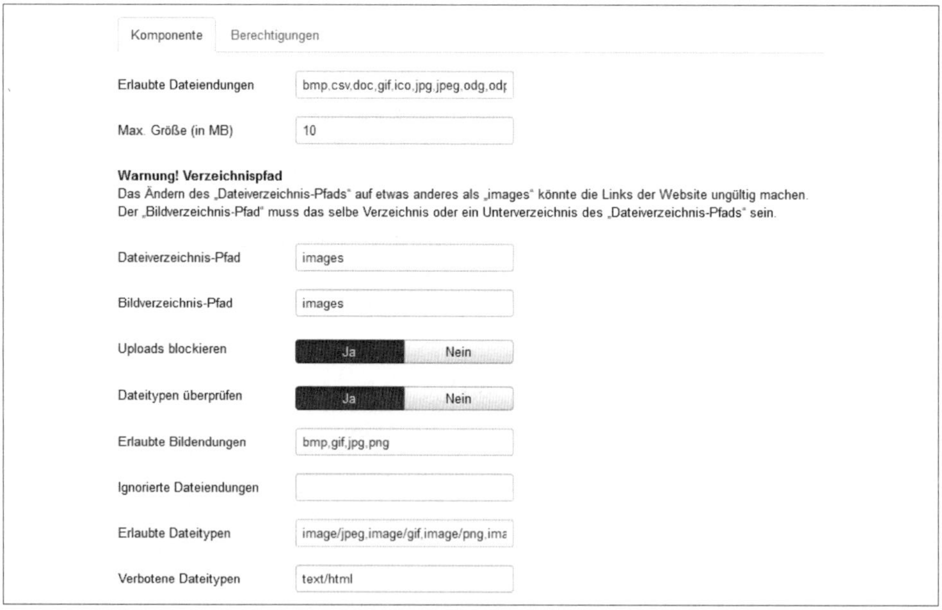

Abbildung 8-21:   Die Grundeinstellungen der Medienverwaltung.

Nicht immer steckt in einer hochgeladenen Datei das drin, was draufsteht. So könnte ein findiger Benutzer Ihrer Seite einer MP3-Datei den Namen *bild.jpg* geben. Solch eine Identitätsfälschung würde Joomla! passieren lassen. Glücklicherweise existieren für PHP die beiden Erweiterungen *MIME Magic* (*http://us3.php.net/mime_magic*) und *Fileinfo* (*http://us3.php.net/manual/de/book.fileinfo.php*). Sie lassen sich nicht vom Dateinamen blenden, sondern analysieren den Inhalt der Datei. Als Ergebnis liefern sie dann ihren wahren Typ zurück. Ob eine der beiden Erweiterungen bei Ihnen installiert ist, erfahren Sie im Backend unter *System → Systeminformationen* im Register *PHP-Informationen*. Wenn es dort weder eine Sektion für MIME Magic noch eine für Fileinfo gibt, fehlen die Erweiterungen. In diesem Fall müssen Sie Ihren Webhoster kontaktieren.

Sofern eine der beiden genannten Erweiterungen auf dem Server installiert ist, prüft Joomla! mit ihr jede hochgeladene Datei und weist sie im Fall der Fälle ab. In den *Optionen* der Medienverwaltung regeln auf der Registerkarte *Komponente* die folgenden Einstellungen das entsprechende Verhalten:

Uploads blockieren
Sofern beide Erweiterungen fehlen, dürfen bei einem *Ja* sicherheitshalber nur noch Benutzer vom Rang eines Managers oder höher Dateien auf den Server laden (auf die Benutzerrechte geht später noch Kapitel 12, *Benutzerverwaltung und -kommunikation*, Seite 485, ein).

Dateitypen überprüfen
Bei einem *Ja* prüft Joomla! jede hochgeladene Datei mit einer der beiden Erweiterungen. Durchgelassen werden nur solche Dateien, die tatsächlich den Formaten aus dem Feld *Erlaubte Bildendungen* entsprechen.

Erlaubte Bildendungen
Joomla! lädt nur Bilder mit den hier aufgeführten Endungen auf den Webserver. Auch hier müssen die Dateiendungen wieder jeweils durch ein Komma voneinander getrennt werden.

Ignorierte Dateiendungen
Dateien mit den hier eingetragenen Dateiendungen winkt Joomla! ohne jegliche Prüfung durch.

Warnung Dieses Feld sollte möglichst immer leer bleiben. Die Gefahr, dass ein böswilliger Benutzer durch dieses Schlupfloch schädliche Programme oder urheberrechtlich geschütztes Material hochlädt, ist einfach zu groß.

Erlaubte Dateitypen
Als Nächstes müssen Sie Joomla! noch mitteilen, welche Arten von Dateien es hochladen darf. Dazu zählen sicherlich JPEG-Bilder und einfache Textdateien. Für jeden dieser erlaubten Dateitypen müssen Sie im Eingabefeld *Erlaubte Dateitypen* ein spezielles Kürzel hinterlegen. Die Angabe text/plain kennzeichnet beispielsweise reinen Text, wohingegen image/jpeg auf ein JPEG-Bild hinweist. Diese Kürzel bezeichnet man als *MIME-Typ* (eigentlich *Internet Media*

Type oder auch *Content-Type*). Welches Kürzel für welchen Dateityp steht, legt derzeit die *Internet Assigned Numbers Authority* (kurz IANA) fest. Eine Liste mit allen derzeit gültigen MIME-Typen finden Sie im Internet beispielsweise unter *http://www.iana.org/assignments/media-types/* oder unter *http://wiki.selfhtml.org/wiki/Referenz:MIME-Typen*.

Verbotene Dateitypen
Alle Dateien mit den hier eingetragenen MIME-Typen blockiert Joomla! beim Versuch, sie hochzuladen.

Sofern Sie eine oder mehrere Einstellungen angepasst haben, müssen Sie diese abschließend noch *Speichern & Schließen*. Ein Klick auf *Abbrechen* verwirft hingegen sämtliche Änderungen.

Bilder einbinden

Nachdem die Bilder in der Medienverwaltung gelandet sind, möchte man sie auch irgendwie in die eigene Website einbinden. Überall dort, wo Sie Bilder einbinden können, bietet Joomla! eine entsprechende Schaltfläche an. Beim Erstellen einer Kategorie können Sie beispielsweise über das Register *Optionen* ein Bild *Auswählen*. Wenn Sie das Bild hingegen direkt in einen Beitragstext integrieren möchten, klicken Sie in den Einstellungen des Beitrags auf die Schaltfläche *Bild*.

Abbildung 8-22: Die Miniausgabe der Medienverwaltung hilft beim Einbinden der Bilder.

In jedem Fall öffnet sich dann eine Miniausgabe der Medienverwaltung, die Ihnen die Inhalte des *images*-Verzeichnisses kredenzt (siehe Abbildung 8-22).

Wie man die Miniausgabe der Medienverwaltung bedient, haben Sie bereits im Abschnitt »Bilder in Beiträge einbauen« auf Seite 154 gesehen.

Rechtliche Aspekte

Gerade bei Filmkritiken ist es oftmals mehr als verlockend, einfach das Bild eines Schauspielers oder einer Filmszene von irgendeiner Seite im Internet herunterzuladen und es in den eigenen Text zu integrieren. Dieser Versuchung sollten Sie jedoch unter allen Umständen widerstehen: Sämtliche Bild-, Ton- und Textdokumente sind urheberrechtlich geschützt. Ein Einsatz auf dem eigenen Internetauftritt sollte nur nach Rücksprache mit dem jeweiligen Rechteinhaber erfolgen. Bei Bildern ist dies meist der Fotograf oder eine Bildagentur. Bittet man nicht um Erlaubnis, kann das recht schnell zu einer teuren Abmahnung und sogar zu Schadensersatzforderungen führen. Fragen Sie im Zweifelsfall einen Rechtsanwalt oder benutzen Sie ausschließlich selbst angefertigte Bilder. Doch auch hier lauern Fallen: Wenn Sie eine Person fotografiert haben, muss diese der Veröffentlichung zustimmen. Auch einige Gebäude und deren Silhouetten sind rechtlich geschützt – wie etwa der beleuchtete Eiffelturm bei Nacht oder das Atomium in Brüssel (siehe *http://reiseweblog.com/2010/10/15/fotografieren-nicht-verboten-ins-internet-hochladen-aber-schon/*). Auch hier müssen Sie sich die Erlaubnis des Rechteinhabers einholen.

Weitere Informationen zu diesem Thema finden Sie im Internet. Eine erste Anlaufstelle ist Wikipedia mit den Beträgen unter *http://de.wikipedia.org/wiki/Urheberrechtsverletzung* und *http://de.wikipedia.org/wiki/Wikipedia:Bildrechte*.

TEIL III
Den Internetauftritt erweitern

In diesem Kapitel:
- Bannerwerbung
- Kontakte und Kontaktformulare
- Newsfeeds
- Suchfunktion und Suchstatistiken
- Suchindex (Smart Search)

KAPITEL 9
Komponenten – Nützliche Zusatzfunktionen

In einem wachsenden Internetauftritt entsteht schnell der Wunsch, ihn mit ein paar interessanten Zusatzfunktionen aufzupeppen. Beispielsweise könnte man über kleine Werbebanner die Miete für den Webserver wieder hereinholen, und ein Kontaktformular wäre auch nicht schlecht. Derartige Aufgaben übernehmen unter Joomla! die sogenannten Komponenten. Eine Komponente ist ein Erweiterungspaket, das Joomla! um zusätzliche Funktionen bereichert – wie etwa die erwähnten Kontaktformulare.

> ### Komponenten sind wie Bauklötzchen
>
> In der Softwareentwicklung versteht man unter einer Komponente allgemein ein Stück Software, das eine ganz bestimmte Aufgabe erledigt. Man kann sich Komponenten wie Bauklötze vorstellen, die sich zu einer kompletten Anwendung zusammenstöpseln lassen – ganz ähnlich wie bei einem Haus aus Legosteinen.
>
> Joomla! ist selbst ein Beispiel für eine Anwendung, die vollständig aus einzelnen Komponenten besteht: Eine Komponente verwaltet die Beiträge, während sich eine andere der Werbebanner annimmt, wohingegen eine dritte alle Kontaktformulare unter ihre Fittiche nimmt. Im Zusammenspiel bilden sie dann das komplette Content-Management-System.
>
> Genau wie ein Legohaus können Sie auch Joomla! mit weiteren passenden Bauklötzchen – Pardon: Komponenten – erweitern. Wie das funktioniert und wie man eigene Komponenten erstellt, erklären später noch die Kapitel 19, *Funktionsumfang erweitern*, Seite 831, und Kapitel 20, *Eigene Erweiterungen erstellen*, Seite 867.

Netterweise bringt Joomla! schon ein paar ausgewählte Komponenten mit. Diese bieten ihre Funktionen im Menü *Komponenten* des Backends an. Sehen Sie doch einmal nach, was Sie bis jetzt in diesem Menü vorfinden (siehe Abbildung 9-1). Über jeden Eintrag erreichen Sie die Funktionen jeweils genau einer mitgelieferten Komponente. Hinter *Banner* verbirgt sich beispielsweise eine kleine Verwaltung von Werbebannern. Die Schlagwortverwaltung und die *Nachinstallationshinweise* haben Sie schon in den vorherigen Kapiteln kennengelernt (im Abschnitt »Schlagwörter verwalten« auf Seite 225 und Abschnitt »Nachinstallationshinweise« auf Seite 92). Auch diese beiden Funktionen stellt jeweils eine eigene Komponente bereit.

Die folgenden Abschnitte befassen sich mit den übrigen Komponenten zur Verwaltung von Werbebannern, Kontaktformularen, Newsfeeds und den Suchergebnissen. Selbstverständlich bleibt es Ihrem eigenen Geschmack überlassen, welche dieser Zusatzfunktionen Sie auf Ihren Seiten nutzen möchten. Auf den Filmtoaster-Seiten kommen zum Kennenlernen alle einmal kurz zum Einsatz.

 **Warnung** Die Joomla!-Entwickler wollen in den kommenden Versionen nach und nach einige der Komponenten entfernen und so das Content-Management-System etwas verschlanken. Den Anfang hat bereits die sogenannte Weblinks-Komponente gemacht. Mit ihr konnte man in älteren Joomla!-Versionen noch Listen mit Internetlinks erstellen. Welche Komponente als Nächstes von Bord gehen muss, stand zum Erstellungszeitpunkt dieses Buchs noch nicht fest. Die im Folgenden vorgestellten Komponenten bringt Joomla! 3.6.0 mit. Alle gestrichenen Komponenten gehen jedoch nicht verloren, sondern sollen sich jederzeit per Hand nachrüsten lassen. Wie das gelingt, verrät später noch Kapitel 19, *Funktionsumfang erweitern*, Seite 831.

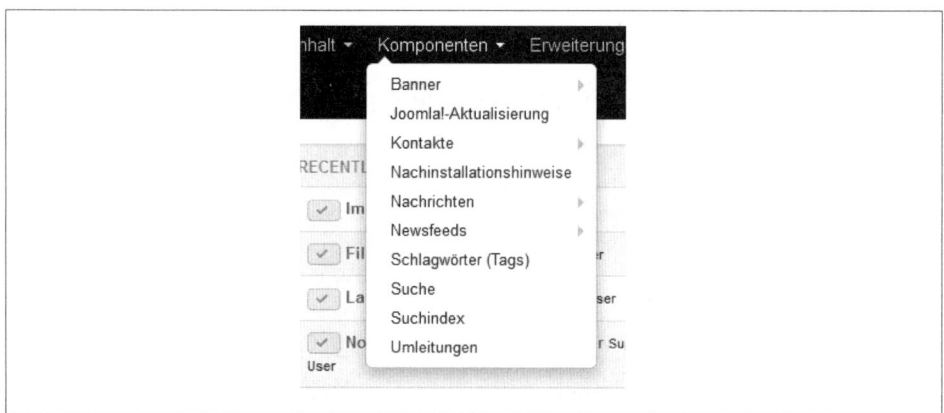

Abbildung 9-1: Diese Komponenten bringt Joomla! bereits ab Werk mit.

Bannerwerbung

 Der Betrieb eines Internetauftritts nagt beständig am eigenen Geldbeutel – schließlich erbringen die Webhoster ihre Leistungen nicht umsonst. Es liegt also nahe, auf der eigenen Seite etwas Werbung zu schalten, um so zumindest einen Teil der Kosten wieder hereinzubekommen. Genau zu diesem Zweck bringt Joomla! eine Komponente mit, die Werbeanzeigen, neudeutsch Werbebanner oder kurz Banner, verwaltet. Hierbei bucht ein Kunde einen gut einsehbaren Platz auf der Website. Gleichzeitig stellt er ein Bild zur Verfügung, das später nicht nur die angemietete

Werbefläche zieren, sondern auch bei einem Mausklick direkt auf seine eigenen Internetseiten führen soll. Auf den Filmtoaster-Seiten könnte beispielsweise das hiesige Programmkino *Schauburg* den Werbeplatz buchen.

Tipp Mit den Werbebannern können Sie nicht nur (bezahlte) Werbung einblenden, sondern beispielsweise auch ein Banner oder Logo einer befreundeten Website.

Werbekunden verwalten

Bevor ein Banner auf den Internetseiten landet, benötigt man zunächst einen Werbekunden. Joomla! nennt diesen nur kurz *Kunde* (im Englischen *Client*) und verwaltet *Kunden* unter *Komponenten → Banner → Kunden*. Wenn Sie diesen Menüpunkt aufrufen, landen Sie in einer Tabelle mit allen schon vorhandenen Kunden. Da es nach der Installation von Joomla! normalerweise noch keinen Kunden gibt, zeigt Joomla! dort lediglich die Meldung *Keine passenden Ergebnisse*.

Um einen neuen Kunden zu erstellen, klicken Sie in der Werkzeugleiste auf die Schaltfläche *Neu*. In das nun angezeigte Formular aus Abbildung 9-2 tippen Sie unter *Name* den Namen des Kunden ein. Auf den Filmtoaster-Seiten wäre dies die Schauburg.

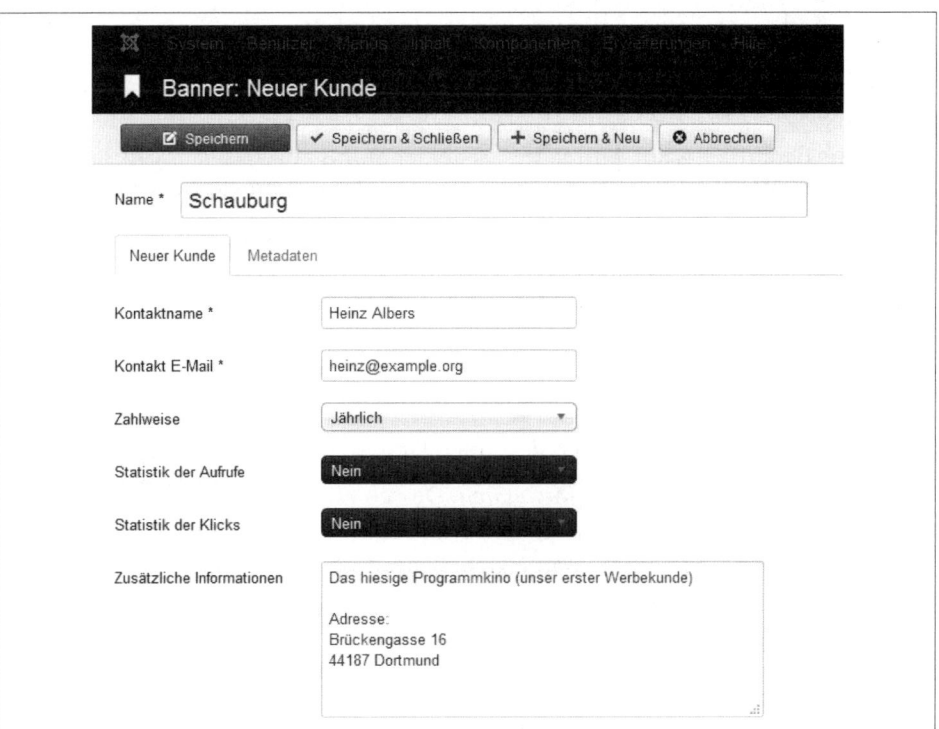

Abbildung 9-2: Diese Daten legen die Schauburg als neuen Kunden an.

Wenn der Kunde wie im Beispiel ein Unternehmen ist, gibt es dort in der Regel einen Ansprechpartner. Dessen Namen und seine E-Mail-Adresse tragen Sie in die Felder *Kontaktname* und *Kontakt E-Mail* ein. Der Ansprechpartner bei der Schauburg heißt Heinz Albers und ist unter der E-Mail-Adresse heinz@example.org zu erreichen.

Unter *Zahlweise* stellen Sie ein, wann der Kunde das Geld für das elektronische Inserat überweist. Die Schauburg bezahlt die Schaltung ihrer Werbebanner *Jährlich*. Die standardmäßig vorgegebene *Globale Einstellung* entspricht einer monatlichen Überweisung.

Wenn Sie *Statistik der Aufrufe* und *Statistik der Klicks* auf *Ja* setzen, protokolliert Joomla! akribisch für jeden Tag, wie oft die Werbebanner des Kunden in den letzten 24 Stunden auf der Website angezeigt wurden (*Statistik der Aufrufe*) beziehungsweise wie oft ein Besucher das Banner angeklickt hat (*Statistik der Klicks*).

 **Warnung**   Diese Informationen geben nicht nur Aufschluss über den Erfolg einer Werbekampagne, sie sind auch unter Umständen notwendig, um mit dem Werbekunden abzurechnen. Allerdings produziert die Protokollierung zusätzlichen Rechenaufwand, was die Seitenauslieferung verlangsamen kann. Lassen Sie sie deshalb auf den Filmtoaster-Seiten erst einmal ausgeschaltet.

Im Feld *Zusätzliche Informationen* dürfen Sie schließlich noch ein paar weitere Daten über den Kunden hinterlegen, wie beispielsweise seine Postanschrift (wie in Abbildung 9-2).

Achten Sie darauf, dass auf der rechten Seite der *Status* auf *Veröffentlicht* steht. Nur dann sind die Werbebanner des Kunden auch gleich für Besucher zu sehen.

Wenn Sie nachträglich Informationen ändern müssen, wie etwa die E-Mail-Adresse Ihres Ansprechpartners, hinterlegen Sie unter *Versionshinweis* eine kurze Zusammenfassung – im Beispiel also Tippfehler in der E-Mail-Adresse korrigiert. Zusammen mit der Versionsverwaltung aus Abschnitt »Versionsverwaltung« auf Seite 245 können Sie dann die Änderungen besser nachvollziehen. Legen Sie den Kunden wie jetzt neu an, können Sie das Eingabefeld erst einmal ignorieren.

 Für die Filmtoaster-Seiten sollte das Formular damit so wie in Abbildung 9-2 aussehen.

Weiter geht es mit dem Register *Metadaten*. Dessen Einstellungen haben eine besondere Funktion: Sie können Joomla! später anweisen, die Werbebanner so zu wählen, dass ihr Inhalt zum gerade gezeigten Beitrag passt. Beispielsweise würde die Werbung des Reiseveranstalters *Hinundweg* ideal zu Abenteuerfilmen passen. Wenn ein solcher Film den Besucher interessiert, dürfte er viel eher auch auf das Reisebanner aufmerksam werden. Damit Joomla! eine solche kontextabhängige Werbeeinblendung vornehmen kann, durchsucht es die Meta-Schlüsselwörter des jeweils angezeigten Beitrags (siehe den Abschnitt »Metadaten« auf Seite 143) nach den hier unter *Meta-Schlüsselwörter* eingegebenen und jeweils durch ein Komma getrennten Stichwörtern. Damit die Suche nach den Stichwörtern etwas schneller geht, können

Sie unter *Schlüsselwörter-Präfix* ein Präfix eintippen, wie etwa Abent. Wenn Sie dazu noch *Eigenen Präfix verwenden* auf *Ja* setzen, konzentriert sich Joomla! nur noch auf die Suche nach Wörtern, die mit Abent beginnen. Zusätzlich versteckt Joomla! natürlich auch noch sämtliche *Meta-Schlüsselwörter* in allen Seiten, auf denen ein Werbebanner des Kunden erscheint. Auf dieses Angebot stürzen sich dann insbesondere Suchmaschinen (siehe Kapitel 21, *Suchmaschinenoptimierung*, Seite 901).

Da das Werbebanner für die Schauburg omnipräsent sein soll, lassen Sie die Eingabefelder hier in den *Metadaten* leer.

Ein Klick auf *Speichern & Schließen* führt wieder zurück zur Tabelle aller Kunden (aus Abbildung 9-3). Dort können Sie in der Spalte *Kunde* den Namen des Kunden ablesen, in der Spalte *Kontakt* steht der Name der Kontaktperson. Die Spalte mit dem grünen Haken verrät, wie viele Werbebanner des Kunden prinzipiell für Besucher zu sehen sind. Im Beispiel gibt es für die Schauburg 0 und somit noch keine veröffentlichten Werbebanner. Analog präsentieren die nächsten drei Spalten, wie viele Werbebanner des Kunden versteckt sind, im Archiv lagern oder im Papierkorb stecken. In den äußerst rechten Spalten der Tabelle stehen noch die *Zahlweise* des Kunden und seine interne Identifikationsnummer. Tabelle 9-1 fasst noch einmal alle Spalten und ihre jeweils präsentierten Informationen zusammen.

Abbildung 9-3: Hier gibt es mit der Schauburg nur einen Kunden.

Tabelle 9-1: Spalten der Tabelle Banner: Kunden und ihre jeweiligen Informationen

Spalte	Bedeutung
Status	Bei einem grünen Haken ist der Werbekunde veröffentlicht und seine Werbebanner auf der Website prinzipiell zu sehen.
Kunde	Name des Kunden.
Kontakt	Name eines Ansprechpartners beim Kunden.
✓	So viele Banner des Kunden sind auf der Website zu sehen.
✗	So viele Banner des Kunden sind versteckt und somit für Besucher nicht zu sehen.
🗄	So viele Banner des Kunden befinden sich im Archiv.
🗑	So viele Banner des Kunden liegen gerade im Papierkorb.
Zahlweise	Der Kunde bezahlt die Werbung in diesem Rhythmus.
ID	Die interne Identifikationsnummer des Kunden.

Über die Schaltfläche *Optionen* erreichen Sie noch einige Grundeinstellungen. Im Register *Kunden* können Sie die *Zahlweise*, die Anzeige- und Klickstatistik sowie das *Meta-Schlüsselwort-Präfix* vorgeben. Die dort gewählten Einstellungen gelten dann standardmäßig für jeden neu angelegten Kunden.

Bannerkategorien anlegen

Sofern das Internetportal floriert und viele Firmen einen Werbeplatz buchen, kann man die Banner-Bilder noch einmal thematisch in Gruppen zusammenfassen. Analog zu den Beiträgen bezeichnet Joomla! diese Gruppen als *Kategorien*.

Warnung Verwechseln Sie die Bannerkategorien nicht mit denen für die Beiträge aus Kapitel 5, *Kategorien anlegen und verwalten*, Seite 121, auch wenn die Arbeitsweise ganz ähnlich ist.

Diese Gruppierung dient zum einen der Übersicht: Mit 100 und mehr Bannern zu jonglieren, kann schnell etwas unübersichtlich werden. Zum anderen kann man später die Anzeige auf Werbebanner aus einer dieser Kategorien beschränken.

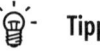

Tipp Auf diese Weise lassen sich sogar themenbezogene Kampagnen schalten: Auf den Filmtoaster-Seiten könnte man alle Anzeigen, die für das Filmfestival im Juli werben, in einer eigenen Kategorie zusammenfassen. Zwei Wochen vor Beginn des Festivals weist man Joomla! an, nur noch Anzeigen aus eben jener Kategorie zu verwenden.

Da unter Joomla! jedes Werbebanner mindestens einer Kategorie zugeordnet sein muss, geht es als Nächstes zum Menüpunkt *Komponenten → Banner → Kategorien*. Sie landen damit in der Tabelle mit allen Kategorien aus Abbildung 9-4. Joomla! bringt bereits eine Kategorie namens *Uncategorised* mit. Die in den Spalten angezeigten Informationen fasst Tabelle 9-2 zusammen.

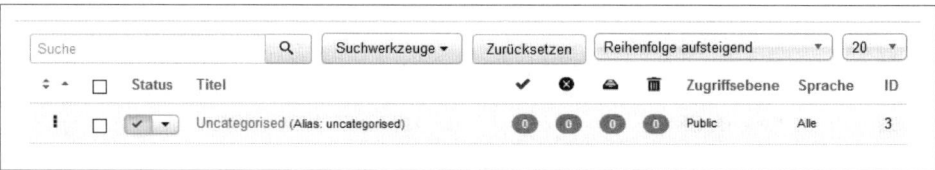

Abbildung 9-4: Standardmäßig liefert Joomla! eine Bannerkategorie namens Uncategorised mit.

Tabelle 9-2: Spalten der Tabelle Banner: Kategorien und ihre jeweiligen Informationen

Spalte	Bedeutung
Status	Bei einem grünen Haken sind die Werbebanner aus der Kategorie prinzipiell für Besucher zu sehen.
Titel	Titel der Kategorie.
✓	So viele Banner sind auf der Website zu sehen.
✗	So viele Banner sind versteckt und somit für Besucher nicht zu sehen.

Tabelle 9-2: Spalten der Tabelle Banner: Kategorien und ihre jeweiligen Informationen *(Fortsetzung)*

Spalte	Bedeutung
🖨	So viele Banner befinden sich im Archiv.
🗑	So viele Banner liegen gerade im Papierkorb.
Zugriffsebene	Die Zugriffsebene legt fest, welche Besuchergruppen die Banner in der Kategorie zu Gesicht bekommen.
Sprache	Die Kategorie enthält Banner für diese Sprachfassung der Website.
ID	Die interne Identifikationsnummer der Kategorie.

Eine neue Kategorie erstellen Sie wie gewohnt mit einem Klick auf *Neu* in der Werkzeugleiste. Es erscheint dann das Formular aus Abbildung 9-5.

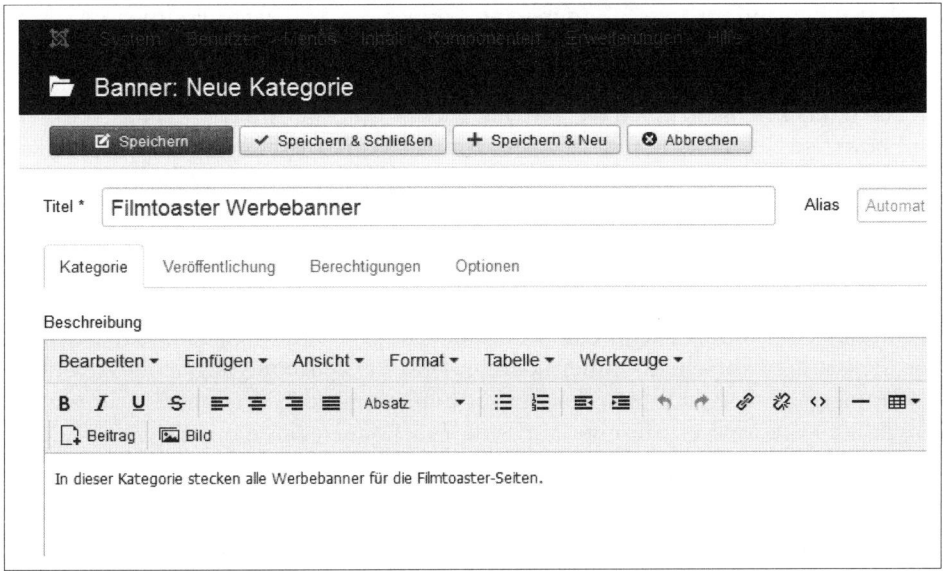

Abbildung 9-5: Anlegen einer neuen (Werbe-)Kategorie.

Es entspricht weitgehend seinem Kollegen für die Beitragskategorien: Unter *Titel* verpassen Sie zunächst der Kategorie einen Namen, für die Filmtoaster-Seiten etwa `Filmtoaster Werbebanner`. Wenn Sie das *Alias*-Feld frei lassen, wählt Joomla! wieder selbst einen passenden Alias- beziehungsweise Ersatznamen. Wenn Sie mögen, geben Sie der Kategorie im großen Eingabefeld noch eine *Beschreibung*. Für die Filmtoaster-Seiten sollte das Formular damit wie in Abbildung 9-5 aussehen.

Bannerkategorien dürfen Sie ineinander verschachteln und so für Ordnung sorgen. Beispielsweise könnte man zunächst eine Kategorie für die Anzeigen aller Kinos erstellen und dieser dann noch einmal Unterkategorien für Programm- und Multiplexkinos spendieren. Die Werbeanzeigen der wirtschaftlich gebeutelten Programmkinos könnte man dann bevorzugt behandeln. Die gerade entstehende Kategorie stecken Sie über die Ausklappliste *Übergeordnet* in eine andere Kollegin. Da auf den

Filmtoaster-Seiten die Schauburg der einzige Werbekunde ist und somit die Anzahl der Werbebanner überschaubar bleibt, belassen Sie *Übergeordnet* auf – *Keine übergeordnete Kategorie* –.

Der *Status* sollte auf *Veröffentlicht* stehen, nur dann erscheinen später auch alle Werbebanner aus dieser Kategorie auf der Website. Mit der *Zugriffsebene* und den Einstellungen im Register *Berechtigungen* können Sie detailliert regeln, wer die Werbebanner aus der Kategorie zu Gesicht bekommt. In den Standardeinstellungen sind dies alle Besucher (mehr zu den Zugriffsrechten folgt noch in Kapitel 12, *Benutzerverwaltung und -kommunikation*, Seite 485). Bei mehrsprachigen Seiten bestimmt die Ausklappliste *Sprache*, in welchen Sprachfassungen Ihrer Website die Werbebanner vertreten sein sollen. Im Fall eines einsprachigen Internetauftritts belassen Sie hier *Alle*. (Kapitel 18, *Mehrsprachigkeit*, Seite 785, wird noch auf dieses Thema eingehen.)

Auch der Kategorie für die Werbebanner können Sie *Schlagwörter* anheften. Dazu klicken Sie in das gleichnamige Eingabefeld und tippen los. Bestätigen Sie jedes Wort immer mit der [Enter]-Taste. Wenn Sie später weitere Wörter hinzufügen möchten, klicken Sie in einen weißen Bereich des Eingabefelds, tippen das Wort ein und bestätigen es mit der [Enter]-Taste. Um ein Wort wieder loszuwerden, klicken Sie auf das graue *X* neben seinem Namen. Weitere Informationen zur Schlagwortverwaltung finden Sie im Abschnitt »Schlagwörter verwalten« auf Seite 225.

Im Eingabefeld *Notiz* können Sie eine solche hinterlegen. Der hier eingegebene Text erscheint nicht auf der Website und dient nur zu Ihrer Erinnerung.

Wenn Sie irgendwann nachträglich die Einstellungen anpassen müssen, beschreiben Sie vor dem Speichern immer noch im Feld *Versionshinweis* ganz kurz, welche Änderungen Sie vorgenommen haben. Zusammen mit der Versionsverwaltung aus Abschnitt »Versionsverwaltung« auf Seite 245 können Sie dann die Änderungen später besser nachvollziehen.

Für die Filmtoaster-Seiten belassen Sie einfach alle Einstellungen auf ihren Vorgaben beziehungsweise leer.

Joomla! zeigt später ausschließlich die einzelnen Werbebanner an. Die Bannerkategorien bleiben hingegen für Ihre Besucher komplett unsichtbar (ganz im Gegensatz zu den Beitragskategorien). Daher sind die Einstellungen in den übrigen Registern weitgehend nutzlos. Zwar können Sie der Kategorie in den *Optionen* ein Bild zuordnen, dies bekommt aber später niemand mehr zu Gesicht. Sie können daher die Einstellungen allesamt ignorieren – mit einer kleinen Ausnahme, die sich auf der Registerkarte *Veröffentlichung* versteckt.

Wie bereits bei den Kunden im vorherigen Abschnitt erwähnt, können Sie immer zum Beitragsinhalt passende Werbebanner einblenden lassen. Zur Filmkritik zu *James Bond 007: Skyfall* würden beispielsweise die Banner aus einer Kategorie für Abenteuerreisen passen. Damit Joomla! eine solche kontextabhängige Werbeeinblendung vornehmen kann, durchsucht es die Meta-Schlüsselwörter des jeweils angezeigten Beitrags nach den hier unter *Meta-Schlüsselwörter* eingegebenen und jeweils mit einem Komma voneinander getrennten Stichwörtern. Da auf den Filmtoaster-Seiten nur das Werbeplakat der Schauburg existiert, können Sie auf diesen Mechanismus verzichten und das Feld somit leer lassen.

Legen Sie jetzt die neue Kategorie via *Speichern & Schließen* an. Damit kehren Sie gleichzeitig zur Tabelle mit allen Kategorien zurück. Dort können Sie irgendwann ausgediente Kategorien genau wie die Beitragskategorien verwalten und sie etwa in den Papierkorb werfen oder archivieren. Über die Schaltfläche *Stapelverarbeitung* in der Werkzeugleiste dürfen Sie zudem die Werbebannerkategorien verschieben und kopieren. Dabei gehen Sie so vor, wie in den Abschnitten »Die Verschachtelung nachträglich ändern« und »Kategorien kopieren« ab Seite 132 beschrieben.

Die Banner einbinden

Sind eine Kategorie und mindestens ein Werbekunde vorhanden, können Sie im nächsten Schritt dessen Werbebilder einbinden. Dies geschieht hinter dem Menüpunkt *Komponenten → Banner → Banner*. Damit landen Sie in einer Tabelle, die alle verfügbaren Werbebanner auflistet. Direkt nach der Installation sind Joomla! keine bekannt, weshalb die Tabelle noch leer ist.

Um ein neues Werbebanner wie etwa das für die Schauburg anzumelden, klicken Sie in der Werkzeugleiste auf *Neu*. Es erscheint ein etwas monströses Formular, dessen linke obere Ecke Abbildung 9-6 zeigt. In diesem Formular müssen Sie jetzt wohl oder übel einmal alle Einstellungen kurz durchgehen und anpassen.

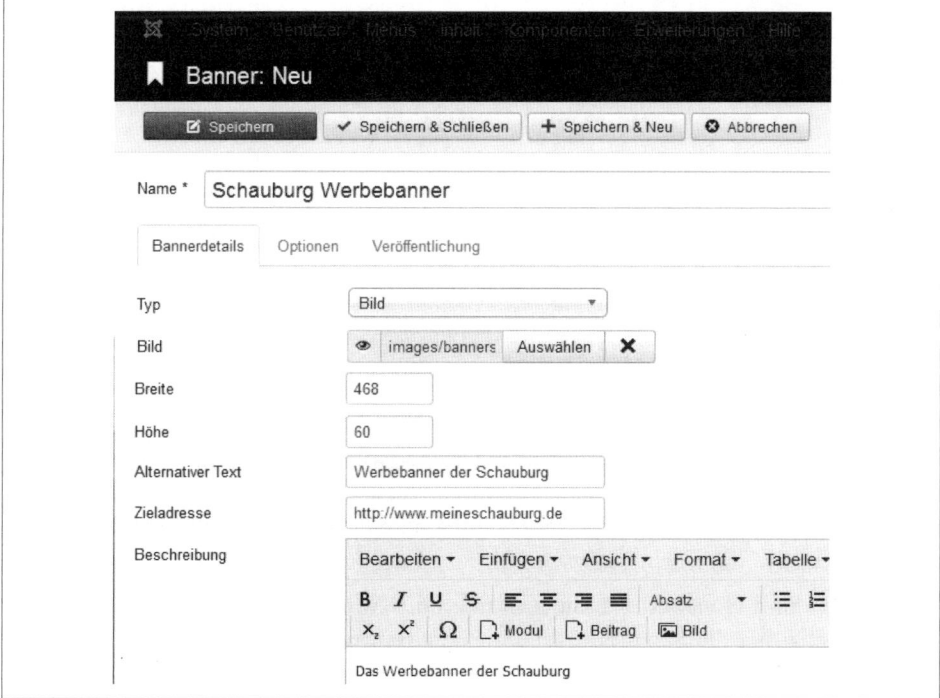

Abbildung 9-6: Diese Einstellungen legen ein neues Banner für die Schauburg an.

Basisinformationen

Vergeben Sie hier zunächst unter *Name* einen möglichst aussagekräftigen Namen für das neue Banner – im Fall der Filmtoaster-Seiten etwa Schauburg Werbebanner.

Rechts daneben können Sie einen *Alias-* beziehungsweise Ersatznamen eingeben. Er dient wie immer hauptsächlich internen Zwecken, beispielsweise hilft er bei der Suchmaschinenoptimierung. Lassen Sie ihn leer, wählt Joomla! selbst einen passenden Namen. Das ist auch genau das richtige Vorgehen auf den Filmtoaster-Seiten.

Weiter geht es jetzt darunter im bereits geöffneten Register *Bannerdetails*. Dort finden Sie zunächst eine Einstellung *Typ*, die aufgrund ihrer Arbeitsweise eine etwas ausführlichere Erklärung verlangt: In der Regel ist ein Werbebanner nichts anderes als ein Bild. Im Fall der Filmtoaster-Seiten hat die Schauburg ein Bild mit ihrem Logo geliefert, das Sie auf unserer Download-Seite im Verzeichnis *Kapitel9* finden. Mit solch einem Bild auf der Festplatte belassen Sie *Typ* auf *Bild* und klicken auf *Auswählen* rechts neben der folgenden Einstellung *Bild*. Es öffnet sich dann die Minivariante der Medienverwaltung, die hier ausschließlich die Bilder aus dem Unterverzeichnis *banners* anbietet, das sich wiederum standardmäßig im *images*-Ordner Ihrer Joomla!-Installation befindet (siehe auch Abschnitt »Medien verwalten« auf Seite 250).

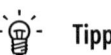
Tipp Wenn Sie hier eine Fehlermeldung präsentiert bekommen, kann Joomla! eben jenes Bannerverzeichnis nicht finden. Um den Fehler zu beheben, müssen Sie noch einmal zum Backend zurückkehren, dann zum Menüpunkt *Inhalt → Medien* wechseln, dort auf *Optionen* klicken und auf der Registerkarte *Komponente* einen Blick in das Eingabefeld *Bildverzeichnis-Pfad* werfen. Im dort eingetragenen Ordner erwartet Joomla! das *banners*-Verzeichnis. Steht dort beispielsweise *images*, sucht Joomla! in seinem eigenen Installationsverzeichnis den Unterordner *images/banners* und hält dort nach Werbebannern Ausschau. Sie müssen folglich in der Medienverwaltung kurz kontrollieren, ob dieses Verzeichnis existiert, und es gegebenenfalls erstellen (wie das funktioniert, wurde bereits im Abschnitt »Medien verwalten« ab Seite 250 beschrieben). Achten Sie dabei auf die korrekte Schreibweise von *banners*. Existiert das Verzeichnis bereits an der korrekten Stelle und erhalten Sie weiterhin eine Fehlermeldung, sollten Sie die Zugriffsrechte kontrollieren (siehe auch Kapitel 2, *Installation*, Seite 15).

Klicken Sie jetzt auf *Durchsuchen...*, wählen Sie dann das Werbebanner auf der Festplatte (beziehungsweise von unserer Download-Seite) aus und übergeben Sie es schließlich per *Hochladen starten* an Joomla!. Anschließend klicken Sie das Banner im oberen Bereich an, woraufhin sein Name im Feld *Bild Webadresse* erscheint. Lassen Sie es jetzt in das Formular *Einfügen*.

Unter *Breite* und *Höhe* müssen Sie nun noch die Abmessungen des Bilds eintragen. Das Werbebanner der Schauburg ist 468 Pixel breit und 60 Pixel hoch.

Tipp Die Bildgröße verrät Ihnen auch die Medienverwaltung in der *Details*-Ansicht (siehe Abschnitt »Medien verwalten« ab Seite 250).

Die Bildgröße ist Joomla! prinzipiell egal, dennoch haben sich für Werbebanner im Internet Standardgrößen etabliert. Am weitesten verbreitet ist das sogenannte *Fullbanner-Format* von 468 x 60 Bildpunkten (Pixel). Weitere gängige Formate nennt der Wikipedia-Artikel unter *http://de.wikipedia.org/wiki/Werbebanner*. Als Dateiformat kommen PNG, JPEG oder GIF infrage – nur sie werden später von allen Internetbrowsern der Besucher ohne Probleme angezeigt.

Den unter *Alternativer Text* eingetippten Text präsentiert der Browser immer dann, wenn das Bild nicht angezeigt werden kann – beispielsweise weil der Besucher mit einer Braillezeile im Internet unterwegs ist. Auch Suchmaschinen stürzen sich auf diesen Text. Beschreiben Sie hier möglichst in nur einem Satz, was auf dem Werbebanner zu sehen ist. Auf den Filmtoaster-Seiten genügt beispielsweise schon der Hinweis Werbebanner der Schauburg.

Um die Aufmerksamkeit auf sich zu ziehen, setzen immer mehr Werbende interaktive Elemente ein. Für diese erhalten Sie anstelle eines Bilds einen kleinen Schnipsel kryptischen Programmcodes, den Sie in Ihre Webseite einbauen müssen. Ist dies bei Ihnen der Fall, markieren Sie unter *Typ* den Punkt *Benutzerdefiniert* und hinterlegen dann den Programmcode im Feld *Benutzerdefinierter Code*.

Die jetzt noch verbleibenden Einstellungen sind wieder rasch erklärt:

Zieladresse
    Klickt ein Besucher auf das Werbebanner, wird er auf die hier angegebene Internetseite weitergeleitet. In der Regel verweist die Adresse auf die Homepage des Werbenden – im Beispiel der Filmtoaster-Seiten etwa auf *http://www.meineschauburg.de*.

Beschreibung
    Hier dürfen Sie weitere Bemerkungen oder Anmerkungen zum Werbebanner eintragen, wie etwa Das Werbebanner der Schauburg.

Im Fall der Filmtoaster-Seiten sollte das Formular jetzt so wie in Abbildung 9-6 aussehen.

Weiter geht es mit den Ausklapplisten auf der rechten Seite:

Status
    Die Werbetafel erscheint nur dann auf der Website, wenn sie *Veröffentlicht* ist.

Kategorie
    Hier bestimmen Sie die Kategorie, in die Joomla! die Werbetafel stecken soll. Für die Filmtoaster-Seiten wäre das *Filmtoaster Werbebanner*.

Wichtig
    Wenn Sie hier *Wichtig* auf *Ja* setzen, behandelt Joomla! dieses neue Banner bevorzugt. Es erscheint dann auf der Website häufiger als andere Banner. Auf diese Weise können Sie einen gut zahlenden Kunden bevorzugt behandeln. Für die Schauburg aus dem Beispiel lassen Sie die Vorgabe *Nein* stehen.

Sprache
> Bei einer mehrsprachigen Website stellen Sie hier ein, in welchen Sprachfassungen das Banner auftauchen soll. Bei einem einsprachigen Auftritt wie den Filmtoaster-Seiten behalten Sie hier die Voreinstellung *Alle* bei. Um Mehrsprachigkeit kümmert sich noch Kapitel 18, *Mehrsprachigkeit*, Seite 785.

Versionshinweis

Wann immer Sie nachträglich die Einstellungen anpassen müssen, beschreiben Sie in diesem Eingabefeld kurz Ihre Änderungen. Diese können Sie dann bei Bedarf mit der im Abschnitt »Versionsverwaltung« auf Seite 245 beschriebenen Versionsverwaltung einfacher nachvollziehen. Wenn Sie das Banner gerade erstellen, können Sie das Eingabefeld ignorieren.

 Im Fall der Filmtoaster-Seiten sollten Sie lediglich die *Kategorie* auf *Filmtoaster Werbebanner* stellen und alle anderen Einstellungen auf der rechten Seite auf ihren Vorgaben belassen.

Kunden- und Abrechnungsdetails

Wer das Banner in Auftrag gegeben hat und wie oft es angezeigt werden soll, legen Sie im Register *Optionen* fest. Dort warten die Einstellungen aus Abbildung 9-7.

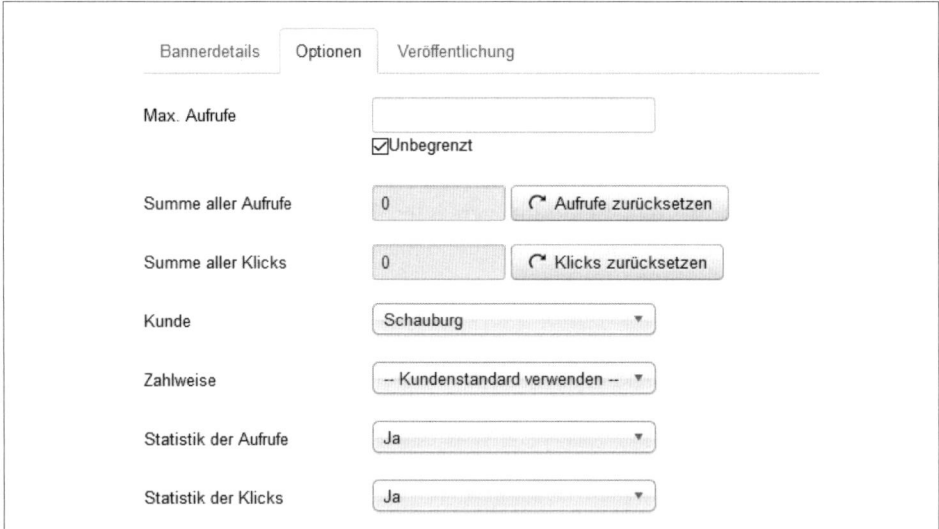

Abbildung 9-7: Wer das Werbebanner für wie viele Anzeigen gebucht hat, legt man auf dieser Registerkarte fest.

Max. Aufrufe
> Hier tippen Sie die Anzahl der gekauften Einblendungen ein. Beispielsweise könnte die Schauburg insgesamt 100 Einblendungen bezahlt haben. Als Einblendung gilt jeder Seitenaufruf, bei dem das Werbebanner erscheint. Gibt es

beispielsweise nur das Banner der Schauburg und rufen 100 Menschen die Filmtoaster-Seite auf, ist das Soll bereits erfüllt. Joomla! würde dann die Werbung automatisch von Ihrer Website nehmen. Ist hingegen der Punkt *Unbegrenzt* mit einem Haken versehen, fällt diese Beschränkung weg, und der Werbevertrag läuft unbegrenzt weiter (sofern nicht das *Veröffentlichungsende* im nächsten Register *Veröffentlichung* etwas anderes vorgibt – dazu gleich mehr). Für das Banner der Schauburg gibt es kein Limit. Lassen Sie folglich den Haken bei *Unbegrenzt* stehen und das Feld leer.

Summe aller Aufrufe

In diesem Feld können Sie ablesen, wie oft das Werbebanner schon auf der Website angezeigt wurde. Da das Banner gerade erst erstellt wird, steht der Zähler noch auf 0. Per *Aufrufe zurücksetzen* können Sie ihn später wieder auf diesen Ausgangswert zurücksetzen.

Summe aller Klicks

Die Zahl hier gibt an, wie oft das Werbebanner bereits von Besuchern angeklickt wurde. Dieser Zählerstand ist insbesondere für eine Abrechnung mit dem Werbenden interessant und gilt darüber hinaus als Hinweis, wie »beliebt« das Banner war. Über die Schaltfläche *Klicks zurücksetzen* können Sie den Zähler manuell wieder auf 0 stellen.

Kunde

Hier stellen Sie ein, zu welchem Kunden das Werbebanner gehört. Auf den Filmtoaster-Seiten ist das die *Schauburg*.

Zahlweise

Hier stellen Sie ein, wann der Kunde die Werbung bezahlt. Bei der Einstellung – *Kundenstandard verwenden* – gilt die Zahlweise, die Sie vorhin beim Anlegen des Kunden vorgegeben haben (siehe Abschnitt »Werbekunden verwalten« auf Seite 265). Eine andere Einstellung müssen Sie hier wählen, wenn beispielsweise eine Sonderaktion nur über eine Woche läuft und der Kunde diese anders als üblich abrechnen möchte. Für die Schauburg aus dem Beispiel belassen Sie hier den Standardwert.

Statistik der Aufrufe und Statistik der Klicks

Joomla! zählt automatisch mit, wie oft ein Werbebanner bereits auf der Website eingeblendet wurde und wie oft Besucher es angeklickt haben. Diese Zählung kann das Content-Management-System auf Wunsch auch noch für jeden einzelnen Tag gesondert durchführen. Sie erfahren so, wie oft das Werbebanner in den letzten 24 Stunden angezeigt (*Statistik der Aufrufe*) beziehungsweise angeklickt (*Statistik der Klicks*) wurde, und können diese Werte mit denen der vorangegangenen Tage vergleichen. Diese detailliertere Aufstellung ist unter Umständen auch für die Abrechnung mit dem Werbekunden notwendig.

| **Warnung** | Allerdings produziert die Protokollierung zusätzlichen Rechenaufwand, was die Seitenauslieferung verlangsamen kann. Schalten Sie die beiden Punkte deshalb wirklich nur dann an, wenn Sie die Statistik tatsächlich benötigen. | |

Wenn Sie die jeweilige Ausklappliste auf – *Kundenstandard verwenden* – setzen, übernimmt Joomla! die entsprechenden Einstellungen des Kunden (siehe auch den Abschnitt »Werbekunden verwalten« auf Seite 265).

Da im Beispiel nur ein einsames Werbebanner der Schauburg existiert, stellen Sie beide Ausklapplisten auf *Ja*.

 Für die Filmtoaster-Seiten sollten die Einstellungen jetzt wie in Abbildung 9-7 aussehen.

Veröffentlichungsoptionen

Ab wann das Banner für welchen Zeitraum auf der Website erscheinen soll, legen Sie im Register *Veröffentlichung* auf der linken Seite fest (siehe Abbildung 9-8).

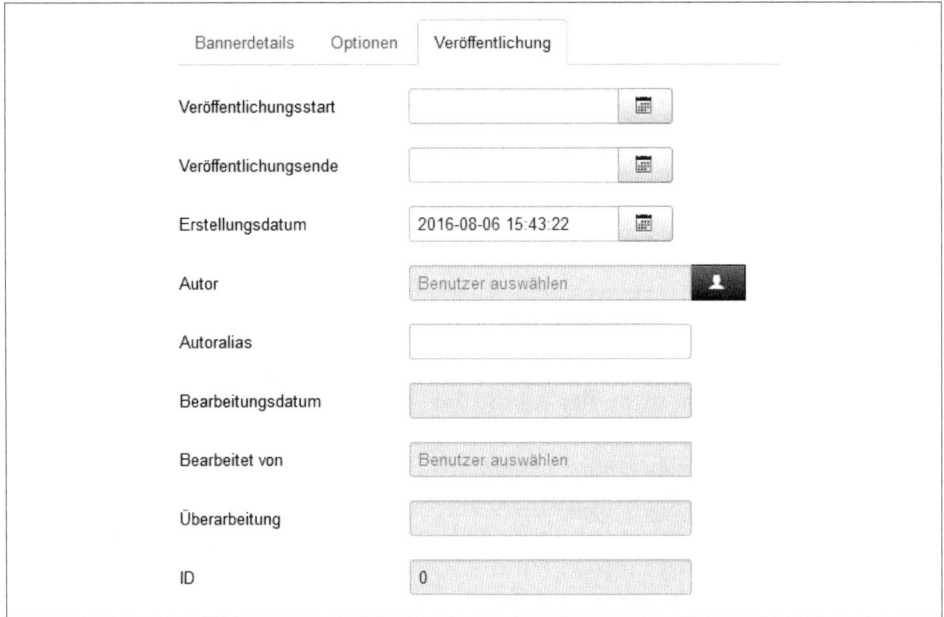

Abbildung 9-8:   Diese Einstellungen legen fest, wann und wie lange das Banner auf der Website erscheinen soll.

Veröffentlichungsstart
> An diesem Zeitpunkt erscheint das Werbebanner erstmals auf Ihrer Webseite. Wenn Sie das Feld leer lassen, ist dies sofort nach dem Speichern der Fall. Für das Banner der Schauburg übernehmen Sie hier die Voreinstellung.

Veröffentlichungsende
> An dem hier eingetragenen Zeitpunkt versteckt Joomla! das Banner und nimmt es somit von der Website. Wenn Sie das Feld leer lassen, bleibt die Werbung so lange sichtbar, bis Sie sie manuell wieder abschalten beziehungsweise verstecken.

Die Einstellungen *Veröffentlichungsstart* und *Veröffentlichungsende* sind insbesondere dann nützlich, wenn der Kunde seine Anzeige nur für einen bestimmten Zeitraum gebucht hat. In diesem Fall stellen Sie den Startzeitpunkt der Kampagne unter *Veröffentlichungsstart* ein, das Ende unter *Veröffentlichungsende*. Joomla! schaltet dann das Werbebanner automatisch frei und nimmt es nach Ablauf der Aktion wieder von der Website.

Wenn Sie ein Datum vorgeben oder ändern möchten, holt ein Klick auf das Symbol rechts neben dem jeweiligen Eingabefeld einen kleinen Kalender hervor, in dem Sie bequem das passende Datum auswählen können. Andernfalls notieren Sie Datum und Zeit nach dem Schema *Jahr-Monat-Tag Stunde:Minute:Sekunde*. Das Jahr müssen Sie dabei vierstellig angeben, Monat und Tag jeweils als zweistellige Zahlen.

Erstellungsdatum
An diesem Datum haben Sie das Banner im Backend angelegt. Für gewöhnlich müssen Sie es nie ändern.

Autor
Sie selbst erstellen gerade das Werbebanner. Wenn Sie einen anderen Joomla!-Benutzer als Ersteller ausgeben möchten, klicken Sie neben *Autor* auf das Symbol mit dem Kopf und wählen dann in der Liste den entsprechenden Benutzer aus. Wie auch auf den Filmtoaster-Seiten ist das normalerweise nicht notwendig.

Autoralias
Hier können Sie sich oder der unter *Autor* gewählten Person noch ein Pseudonym geben. Da dieser Alias-Name aber normalerweise nirgendwo sonst auftaucht, können Sie das Feld auch einfach ignorieren.

Bearbeitungsdatum
An dem hier angezeigten Datum wurden die Einstellungen des Werbebanners zuletzt geändert. Da Sie gerade erst das Banner anlegen, ist das Feld noch leer.

Bearbeitet von
Sollte jemand nachträglich die Einstellungen des Banners verändert haben, steht hier sein Benutzername.

Überarbeitung
In diesem Feld können Sie ablesen, wie oft die Einstellungen des Werbebanners nachträglich verändert wurden.

ID
Hier finden Sie die interne Identifikationsnummer des Banners, die Joomla! automatisch vergibt. Wenn Sie ein Banner anlegen, ist die Nummer noch 0.

Im Beispiel belassen Sie für das Banner der Schauburg alle Einstellungen auf ihren Vorgaben, also insbesondere auch die beiden Felder *Veröffentlichungsstart* und *Veröffentlichungsende* leer.

Kontextabhängige Werbung

Wenden Sie sich abschließend noch den Einstellungen auf der rechten Seite des Registers *Veröffentlichung* zu. Die dortigen Eingabefelder kennen Sie bereits von den Werbekunden: Sie können Joomla! später anweisen, die Werbebanner so zu wählen, dass ihr Inhalt zum gerade gezeigten Beitrag passt. Beispielsweise würde eine Werbung für einen Abenteuerurlaub in Amerika doch prima zur Filmkritik zu *James Bond 007: Skyfall* passen. Wenn der Film einen Besucher interessiert, dürfte er vermutlich auch an einem Abenteuerurlaub Interesse zeigen und die Werbung neben der Filmkritik somit eher bemerken.

Damit Joomla! eine solche kontextabhängige Werbeeinblendung vornehmen kann, durchsucht es die Meta-Schlüsselwörter des jeweils angezeigten Beitrags nach den hier unter *Meta-Schlüsselwörter* eingegebenen und per Kommata getrennten Stichwörtern. Beachten Sie, dass Joomla! nicht nur nach den hier eingegebenen Schlüsselwörtern fahndet, sondern auch noch die *Meta-Schlüsselwörter* des Kunden und der Kategorie heranzieht.

Damit die Suche nach den Stichwörtern etwas schneller geht, können Sie unter *Meta-Schlüsselwörter-Präfix* ein Präfix eintippen, wie etwa Abent. Joomla! konzentriert sich dann bei seiner Suche im Beitrag nur noch auf Schlüsselwörter, die mit Abent beginnen – das geschieht allerdings nur, wenn Sie *Eigenen Präfix verwenden* auf *Ja* setzen, andernfalls verwendet Joomla! das Präfix, das Sie beim zugehörigen Kunden hinterlegt haben (siehe Abschnitt »Werbekunden verwalten« auf Seite 265).

Auf den Filmtoaster-Seiten ist diese Funktion nicht notwendig. Lassen Sie daher die drei Einstellungen auf ihren Vorgaben beziehungsweise die Eingabefelder leer.

Nach einem Klick auf *Speichern & Schließen* kehren Sie automatisch zur Tabelle mit allen Werbebannern aus Abbildung 9-9 zurück. Besonders wichtig in der Tabelle sind die beiden Spalten *Aufrufe* und *Klicks*.

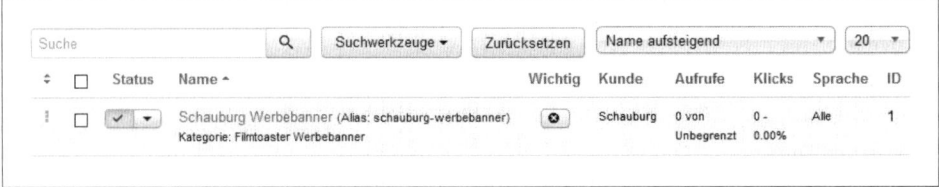

Abbildung 9-9: Hier gibt es genau ein Werbebanner.

Aufrufe zählt, wie oft das Werbebanner bereits auf der Website angezeigt wurde. Die zweite Zahl, die in dieser Spalte hinter *von* erscheint, führt darüber Buch, wie viele Seitenaufrufe noch übrig sind, bevor das Banner wieder für immer in der Versenkung verschwindet. Steht dort *Unbegrenzt*, läuft der Werbevertrag nie aus.

Die Spalte *Klicks* verrät, wie oft Besucher schon auf das Werbebanner geklickt haben. Der Prozentwert hinter dem Bindestrich besagt, wie viel Prozent aller Besucher dies waren. Ein hoher Prozentwert deutet somit darauf hin, dass dieses Werbeangebot für die Besucher besonders verführerisch war.

Die Bedeutung der einzelnen Spalten fasst Tabelle 9-3 zusammen.

Tabelle 9-3: Spalten der Tabelle Banner und ihre jeweiligen Informationen

Spalte	Bedeutung
Status	Bei einem grünen Haken ist das Werbebanner prinzipiell für Besucher zu sehen.
Name	Name des Werbebanners.
Wichtig	Bei einem grünen Haken erscheint das Werbebanner bevorzugt beziehungsweise häufiger als andere.
Kunde	Dieser Kunde hat das Werbebanner in Auftrag gegeben.
Aufrufe	So oft wurde das Werbebanner bereits auf der Website angezeigt.
Klicks	So oft wurde das Werbebanner bereits angeklickt.
Sprache	Das Banner erscheint in dieser Sprachfassung der Website.
ID	Die interne Identifikationsnummer des Banners.

Banner auf der Website anzeigen

Die Werbebanner erscheinen allerdings nicht automatisch auf der Website. Dazu benötigen Sie die Hilfe eines sogenannten Moduls. Was es mit diesen Dingern genau auf sich hat, klärt das gleich noch folgende Kapitel 10, *Module – Die kleinen Brüder der Komponenten*, Seite 351. Gehen Sie im Moment einfach davon aus, dass Sie für die Darstellung des Banners eines dieser Module benötigen. Um es anzulegen, wechseln Sie zum Menüpunkt *Erweiterungen* → *Module*, klicken auf *Neu* und wählen in der erscheinenden Liste ganz oben *Banner*. Das damit neu erstellte Modul kümmert sich um die eigentliche Darstellung der Werbebanner auf der Website.

Geben Sie im neu geöffneten Formular dem Modul einen *Titel*, wie etwa Werbebanner. Damit dieser Titel später nicht im Frontend erscheint, setzen Sie *Titel anzeigen* auf *Verbergen*. Öffnen Sie dann auf der rechten Seite die Ausklappliste *Position* (auch wenn sie deaktiviert erscheint). Joomla! listet jetzt alle Positionen im Frontend auf, an denen Sie das Werbebanner anzeigen lassen können. Dabei gibt es für jedes installierte Template einen eigenen Abschnitt. Wenn Sie der Schnellinstallationsanleitung aus Kapitel 2, *Installation*, Seite 15, gefolgt sind, nutzt das Frontend derzeit das Template *Protostar*. Fahnden Sie in der Liste nach dem gleichnamigen Eintrag. Er sollte sich etwa in der Mitte befinden. Darunter wählen Sie schließlich den Eintrag *Mitte oben [position-3]*.

Für die Filmtoaster-Seiten sollte das Formular jetzt so wie in Abbildung 9-10 aussehen. Damit erscheint das Banner auf der Website gleich an einer gut sichtbaren, prominenten Stelle (die den etwas schrägen Namen *Mitte oben [position-3]* trägt).

Abschließend müssen Sie dem Modul noch sagen, welche Werbebanner es anzeigen soll. Das erledigen Sie auf der linken Seite. Wählen Sie dort in der entsprechenden Ausklappliste zunächst den Kunden. Für das Beispiel stellen Sie unter *Kunde* die *Schauburg* ein.

Wenden Sie sich dann direkt darunter dem Feld *Kategorie* zu. Mit seiner jetzigen Einstellung würde Joomla! sämtliche Werbebanner anzeigen. Um explizit nur die aus der Kategorie *Filmtoaster Werbebanner* anzuzeigen, klicken Sie auf das kleine *X* rechts neben *– Alle Kategorien –*. Anschließend klicken Sie in das jetzt leere Feld hinein und wählen Sie aus der aufklappenden Liste die entsprechende Kategorie – im Beispiel also den Punkt *Filmtoaster Werbebanner*. Wenn Sie noch weitere Kategorien hinzufügen möchten, klicken Sie in einen leeren Bereich des Felds und treffen wie beschrieben Ihre Wahl. Eine falsch gewählte Kategorie entfernen Sie mit einem Klick auf das *X* neben ihrem Namen.

Abbildung 9-10: Die Position bestimmt, wo auf der Website das Werbebanner erscheint.

 Für die Filmtoaster-Seite sind keine weiteren Kategorien notwendig. Die Einstellungen sollten so wie in Abbildung 9-11 aussehen.

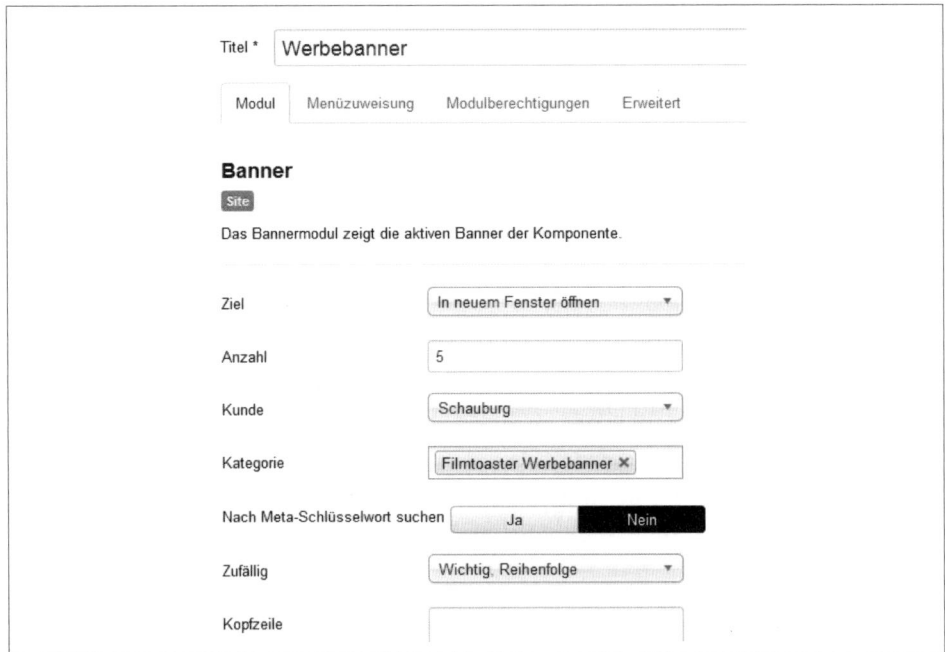

Abbildung 9-11: Mit diesen Einstellungen zeigt das Modul ausschließlich Werbebanner an, die dem Kunden Schauburg gehören und gleichzeitig aus der Kategorie Filmtoaster Werbebanner stammen.

Wenn Sie die kontextabhängige Werbeeinblendung nutzen wollen, setzen Sie noch *Nach Meta-Schlüsselwort suchen* auf *Ja*; im Fall der Filmtoaster-Seiten behalten Sie hier das *Nein* bei. Alle anderen Einstellungen im Formular belassen Sie auf ihren Vorgaben.

Bestätigen Sie Ihre Änderungen via *Speichern & Schließen* und wechseln Sie in die *Vorschau*.

Damit zeigt sich das neue Werbebanner der Schauburg endlich auf der Website (wie in Abbildung 9-12).

Warnung Werbung muss unter Umständen als solche gekennzeichnet sein. Lassen Sie sich hier gegebenenfalls von einem Anwalt beraten.

In Joomla! gibt es mehrere Wege, ein Werbebild eindeutig als Anzeige auszuweisen: Zunächst kann bereits das Bild einen entsprechenden Hinweis enthalten, etwa das Wort *Anzeige* in der linken oberen Ecke. Des Weiteren bieten einige Templates spezielle Positionen für Werbebanner an. Sobald Sie dort dann ein Werbebanner einblenden lassen, erscheint über dem Werbebild ein Hinweis. Derartige Templates sind jedoch selten. Schließlich können Sie auch noch das Modul anweisen, einen entsprechenden Text einzublenden. Wie das funktioniert, verrät später noch ausführlich Abschnitt »Modul für Werbebanner« auf Seite 378.

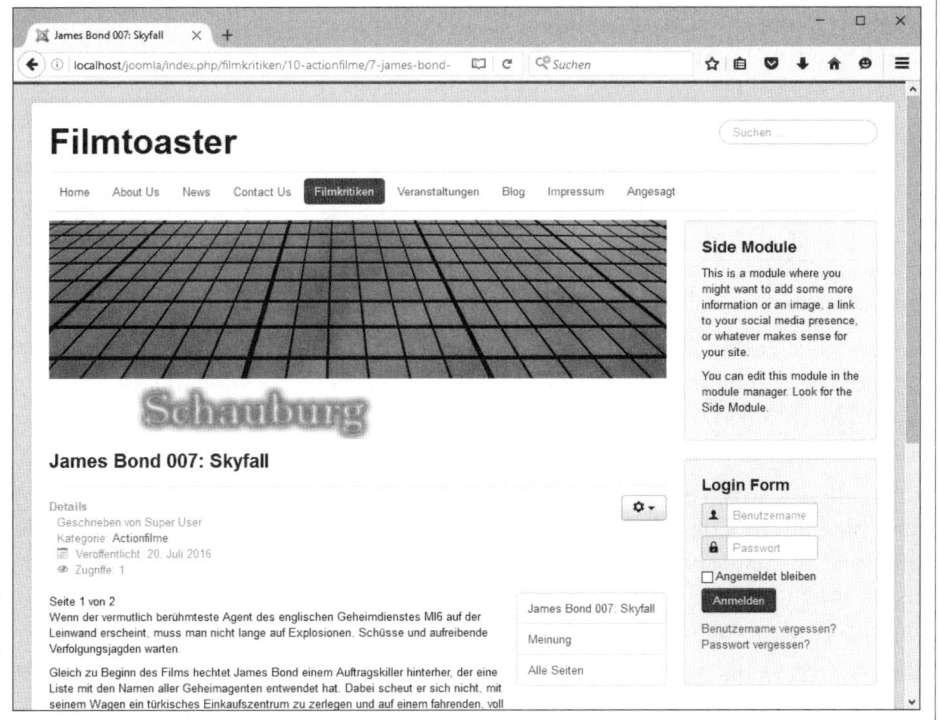

Abbildung 9-12:   Das neue Banner auf der Homepage.

Statistiken

Wenn Sie die tägliche Protokollierung aktiviert haben (Einstellungen *Statistik der Aufrufe* und *Statistik der Klicks*), wie im Beispiel des Werbebanners für die Schauburg, finden Sie die Auswertung im Backend hinter dem Menüpunkt *Komponenten* → *Banner* → *Statistiken* (siehe Abbildung 9-13).

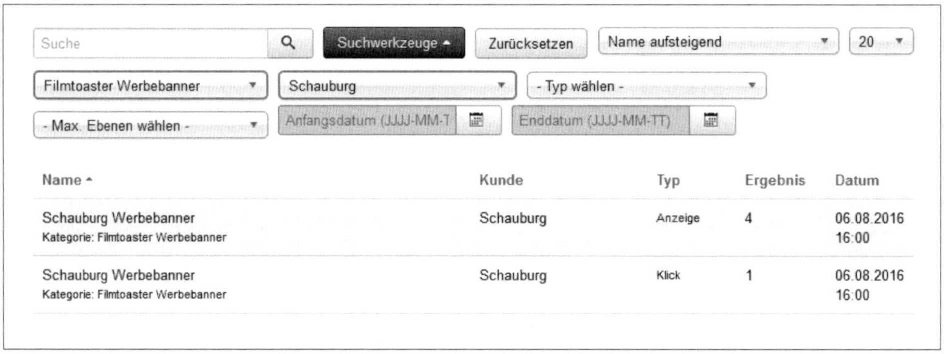

Abbildung 9-13: Am 06.08.2016 wurde das Werbebanner der Schauburg genau viermal angezeigt und einmal angeklickt.

Hier treffen Sie auf eine sehr wahrscheinlich recht lange und umfangreiche Tabelle. Wie umfangreich sie ist, hängt davon ab, wie viele Werbebanner Sie von Joomla! so detailliert beobachten lassen und wie lang die Banner bereits für Besucher sichtbar sind. Um etwas Licht in den Datenwust zu bringen, sollten Sie unbedingt die Filter und Suchwerkzeuge am oberen Rand und am Tabellenrand verwenden.

Um beispielsweise herauszufinden, wie oft das Werbebanner der Schauburg am 06.08.2016 angezeigt wurde, öffnen Sie die *Suchwerkzeuge*, setzen die Ausklappliste – *Kunde wählen* – auf die *Schauburg* und stellen – *Kategorie wählen* – auf *Filmtoaster Werbebanner*. Damit erscheinen in der Tabelle nur noch die Werbebanner der Schauburg. Gefragt war ja, wie oft das Werbebanner den Besuchern angezeigt wurde. Setzen Sie deshalb noch – *Typ wählen* – auf *Aufrufe*.

Suchen Sie jetzt alle Einträge, die als *Datum* den 06.08.2016 tragen. Als Hilfe können Sie den Betrachtungszeitraum über die beiden Felder *Anfangsdatum* und *Enddatum* einschränken. Mit einem Klick auf die nebenstehenden Symbole holen Sie einen Kalender hervor, der die Auswahl vereinfacht.

Durch diese ganzen Filtermöglichkeiten sollten jetzt nur noch wenige Einträge übrig bleiben. In jedem Fall verrät die Spalte *Ergebnis*, wie oft die jeweiligen Werbebanner an dem entsprechenden Tag angezeigt wurden. Wenn Sie auch noch wissen möchten, wie oft das Werbebanner angeklickt wurde, setzen Sie die Ausklappliste – *Typ wählen* – auf *Klicks*.

Welchen Wert die Spalte *Ergebnis* angibt, sehen Sie in ihrer Kollegin *Typ*. Bei *Anzeige* steht unter *Ergebnis*, wie häufig das Werbebanner an diesem Tag angezeigt wurde, bei *Klick* steht hingegen in der Spalte *Ergebnis*, wie oft jemand die Anzeige angeklickt hat. In der Tabelle finden Sie übrigens nur dann einen Eintrag für einen

Tag, wenn das Werbebanner an diesem Tag auch tatsächlich angezeigt beziehungsweise angeklickt wurde.

Wie schon das kleine Beispiel zeigt, ist die Auswertung der Statistiken innerhalb von Joomla! recht mühsam. Aus diesem Grund können Sie sich alle Daten per *Export* (in der Werkzeugleiste) als Tabelle herunterladen. Im erscheinenden Fenster müssen Sie nur noch angeben, ob Joomla! die Daten vor dem Versand in einer ZIP-Datei komprimieren soll, einen Dateinamen eintippen und auf *Statistiken exportieren* klicken. Das Ergebnis ist dann eine Tabelle im CSV-Format, das jede bessere Tabellenkalkulation lesen und verarbeiten kann. Um das Exportfenster wieder loszuwerden, klicken Sie auf *Abbrechen*.

Wenn Ihnen die Einträge und Statistiken irgendwann über den Kopf wachsen, können Sie sie auch einfach über den gleichnamigen Knopf in der Werkzeugleiste löschen. Das entfernt allerdings nur die bislang gesammelten Daten, Joomla! legt weiterhin neue Statistiken an. Um auch das zu unterbinden, müssen Sie die Protokollierung abschalten (indem Sie die Punkte *Statistik der Aufrufe* und *Statistik der Klicks* in den Einstellungen des Banners und des Kunden jeweils auf *Nein* setzen).

Werbung abschalten

Wenn die Werbung ausgedient hat, können Sie sie im Backend auf drei Arten wieder verstecken beziehungsweise loswerden:

- Wenn nur ein Werbebanner ausgedient hat, rufen Sie *Komponenten → Banner → Banner* auf. Suchen Sie in der Tabelle das Banner und lassen Sie es verstecken – etwa indem Sie auf den grünen Haken in der Spalte *Status* klicken. Damit taucht es nicht mehr auf der Website auf. Alternativ können Sie das Banner natürlich auch in den Papierkorb werfen und somit komplett loswerden.

- Sollen alle Werbebanner aus einer ganz bestimmten Kategorie nicht mehr erscheinen, rufen Sie *Komponenten → Banner → Kategorien* auf. Suchen Sie in der Tabelle die Kategorie und lassen Sie sie verstecken, beispielsweise indem Sie auf den grünen Haken in der Spalte *Status* klicken. Damit erscheinen auf der Website keine Banner mehr, die sich in dieser Kategorie befinden. Die Banner aus den anderen Kategorien zeigt Joomla! weiterhin an – vorausgesetzt, Sie haben das Modul aus Abschnitt »Banner auf der Website anzeigen« dazu angewiesen.

- Zahlt ein Kunde nicht, können Sie auch alle Banner dieses Kunden auf einmal verstecken. Dazu rufen Sie *Komponenten → Banner → Kunden* auf und verstecken einfach den Kunden, indem Sie ihn in der Tabelle suchen und dann auf seinen grünen Haken in der Spalte *Status* klicken. Joomla! zeigt von diesem Kunden nun keine Banner mehr an. Gleiches passiert, wenn Sie den Kunden löschen.

- Möchten Sie die Werbung komplett von Ihrer Seite nehmen, müssen Sie das Modul verstecken (das Sie im Abschnitt »Banner auf der Website anzeigen« auf Seite 279 angelegt haben). Dazu rufen Sie *Erweiterungen* → *Module* auf, klicken in der Tabelle auf den Namen des Moduls, setzen auf der rechten Seite den *Status* auf *Versteckt* und lassen das Modul *Speichern & Schließen*.

Auch auf den Filmtoaster-Seiten soll zukünftig keinerlei Werbung mehr erscheinen. Dazu müssen Sie nur das vorhin angelegte Modul verstecken. Das gelingt, indem Sie *Erweiterungen* → *Module* aufrufen, in der Tabelle *Werbebanner* anklicken, auf der rechten Seite den *Status* auf *Versteckt* stellen und das Modul *Speichern & Schließen* lassen.

Kontakte und Kontaktformulare

Die Filmtoaster-Seiten florieren, es gibt fleißige Autoren, die Filmkritiken beisteuern, und die hohen Besucherzahlen sprechen für sich. Einige der Besucher würden jedoch gern mit den Autoren Kontakt aufnehmen. Abhilfe schafft eine genau für diese Zwecke mitgelieferte Komponente: Sie verwaltet Kontakt- und Adressdaten und stellt diese übersichtlich aufbereitet auf der Website bereit. Abbildung 9-14 zeigt ein Beispiel für eine solche Seite.

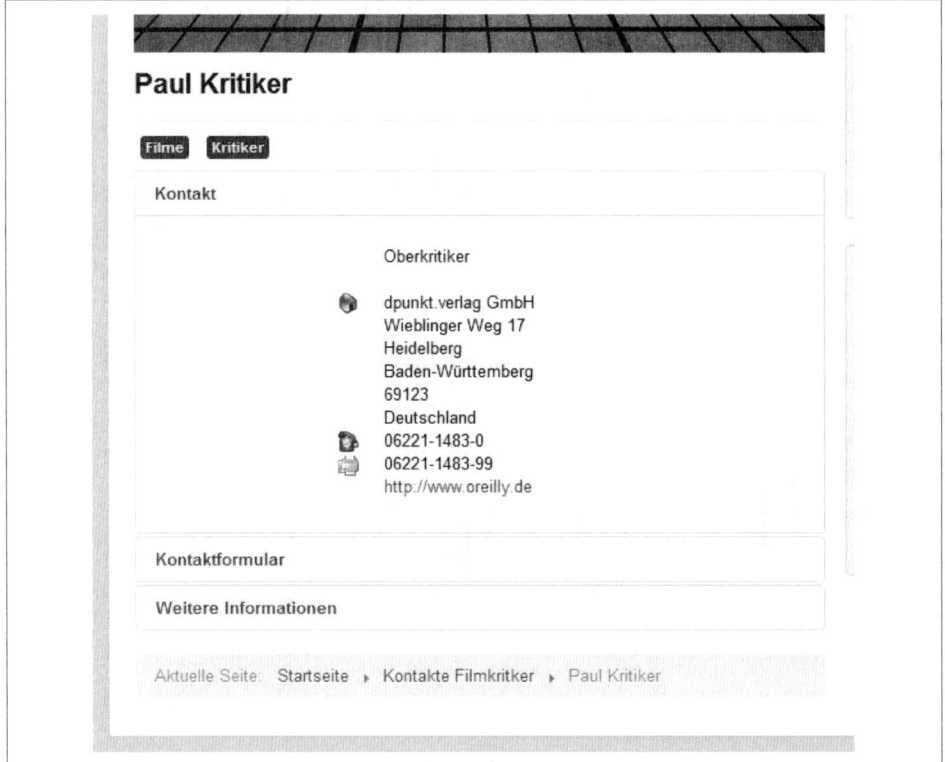

Abbildung 9-14: Beispiel für einen Kontakt.

Alle auf einer solchen virtuellen Visitenkarte untergebrachten Informationen bezeichnet Joomla! zusammenfassend als *Kontakt* (englisch *Contacts*). Auf Wunsch fügt die Komponente sogar noch ein komfortables Kontaktformular hinzu, über das der Besucher direkt eine Frage stellen kann (siehe Abbildung 9-15).

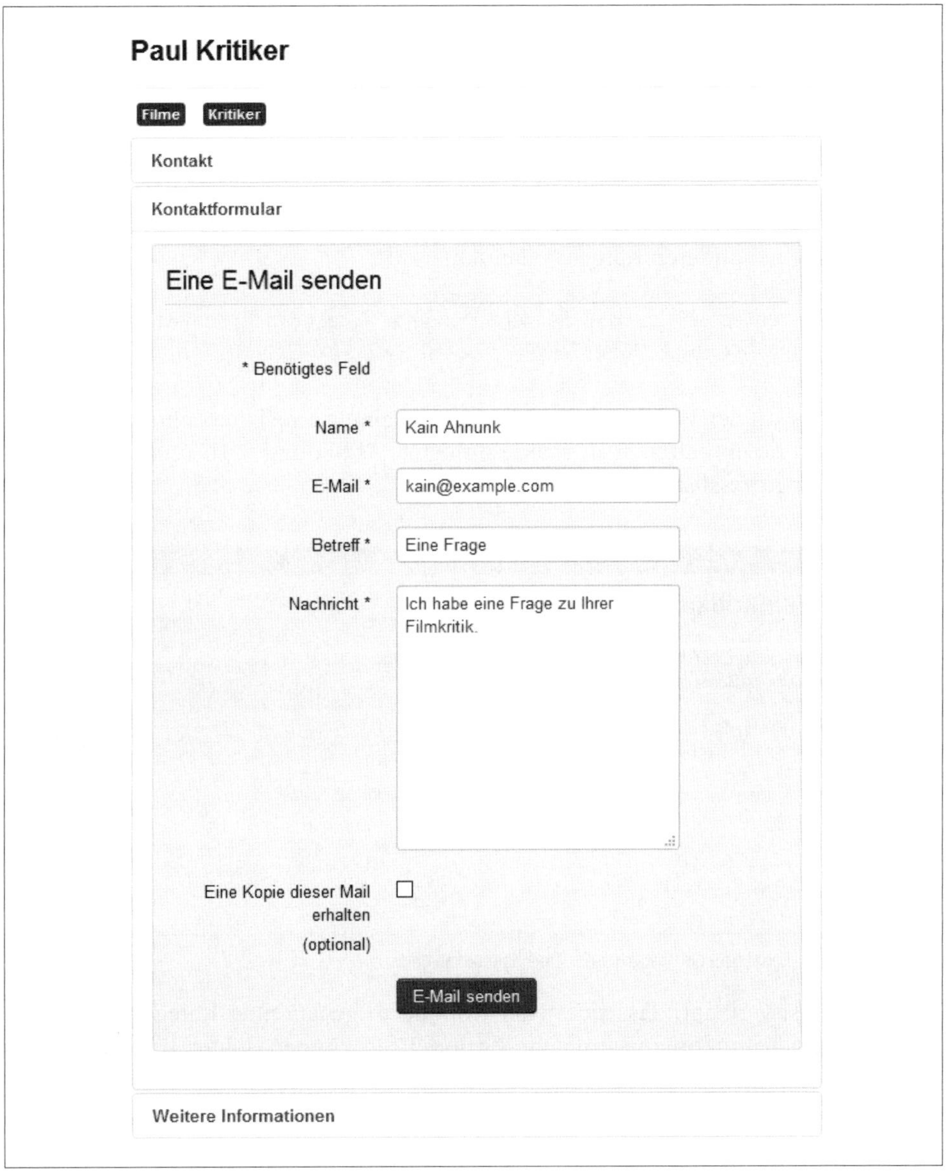

Abbildung 9-15: Beispiel für ein Kontaktformular.

Auf diese Weise können Sie die Kontaktdaten beliebiger Personen anzeigen. Diese benötigen noch nicht einmal ein Benutzerkonto unter Joomla!. Das ist vor allem beim Internetauftritt einer Firma praktisch: Dort erfahren dann die Besucher auf einer entsprechenden Kontaktseite die Telefonnummer des Kundendiensts, den dortigen Mitarbeitern muss man aber keinen Zugang zu Joomla! gewähren. Des Weiteren können Sie so nicht nur die Kontaktdaten echter Personen verraten, sondern beispielsweise auch die Adressen der umliegenden Kinos bereitstellen.

Kategorien für die Kontakte anlegen

Bei sehr vielen Kontakten würde es für den Besucher recht schwierig, die richtige Person zu finden. Denken Sie beispielsweise an ein Unternehmen mit über 100 Mitarbeitern. Aus diesem Grund lassen sich die Kontakte noch einmal thematisch in Kategorien zusammenfassen. In einer Firma könnte man so alle Kundendienstmitarbeiter in einer eigenen Kategorie sammeln, während die im Vertrieb arbeitenden Personen in einer anderen Kategorie landen.

 **Warnung**   Verwechseln Sie nicht die hier behandelten Kategorien für Kontakte mit denen der Beiträge aus Kapitel 5, *Kategorien anlegen und verwalten*, Seite 121.

Später gibt es auf der Website für jede Kategorie eine kleine Übersichtsseite, die alle in der Kategorie enthaltenen Kontakte auflistet. Abbildung 9-16 zeigt ein Beispiel für solch eine Adressliste.

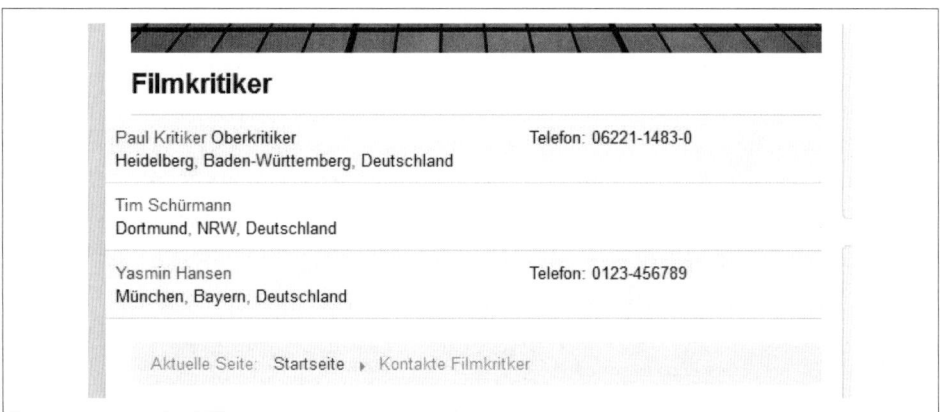

Abbildung 9-16:   Beispiel für die Übersichtsseite einer Kontaktkategorie.

Joomla! selbst verlangt, dass sich jeder Kontakt in genau einer Kategorie befindet. Das hat jedoch nur organisatorische Gründe: Sie können später trotzdem einen Menüpunkt direkt zu einem einzelnen Kontakt beziehungsweise zu einem Kontaktformular führen lassen (dazu in wenigen Absätzen mehr).

Die Verwaltung aller Kategorien übernimmt die Tabelle hinter *Komponenten* → *Kontakte* → *Kategorien*. Standardmäßig existiert bereits eine Kategorie mit dem Namen *Uncategorised* (siehe Abbildung 9-17). Die in der Tabelle angezeigten Informationen kennen Sie bereits von den Beitragskategorien, Tabelle 9-4 fasst sie noch einmal zusammen.

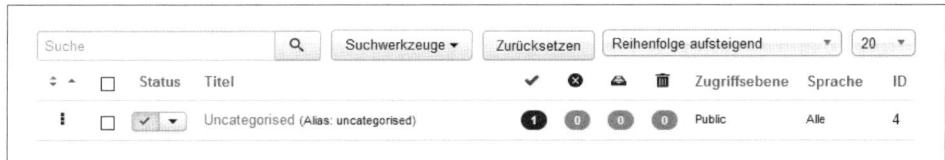

Abbildung 9-17: Hier gibt es eine Kontaktkategorie namens Uncategorised, in der sogar bereits ein Kontakt liegt.

Tabelle 9-4: Spalten der Tabelle Kontakte: Kategorien und ihre jeweiligen Informationen

Spalte	Bedeutung
Status	Bei einem grünen Haken sind die Kontakte aus der Kategorie prinzipiell für Besucher zu sehen.
Titel	Titel der Kategorie.
✔	So viele Kontakte sind auf der Website zu sehen.
✖	So viele Kontakte sind versteckt und somit für Besucher nicht zu sehen.
🗄	So viele Kontakte befinden sich im Archiv.
🗑	So viele Kontakte liegen gerade im Papierkorb.
Zugriffsebene	Die Zugriffsebene legt fest, welche Besuchergruppen die Kontakte in der Kategorie zu Gesicht bekommen.
Sprache	Die Kategorie enthält Kontakte für diese Sprachfassung der Website.
ID	Die interne Identifikationsnummer der Kategorie.

Für die eigene Website muss jedoch in der Regel eine neue Kategorie her. Das gilt auch für die Filmtoaster-Seiten, auf denen eine neue Kategorie die Kontakte der Filmkritiker sammeln soll.

Mit der Schaltfläche *Neu* in der Werkzeugleiste legen Sie eine neue Kategorie an. Das nun erscheinende Formular dürfte Ihnen bereits aus den vorherigen Kapiteln bekannt vorkommen (siehe Abbildung 9-18). Es ähnelt seinem Kollegen für die Beiträge aus Kapitel 5, *Kategorien anlegen und verwalten*, Seite 121, und fragt die folgenden Daten ab:

Titel
Der Name der Kategorie, der später auch auf der Website als Überschrift erscheint. Für das Filmtoaster-Beispiel wählen Sie hier `Filmkritiker`.

Alias
Hier können Sie einen Alias- beziehungsweise Ersatznamen für die Kategorie hinterlegen. Er dient hauptsächlich internen Zwecken – beispielsweise hilft er bei der Suchmaschinenoptimierung. Sie können das Eingabefeld in der Regel leer lassen und somit Joomla! die Wahl eines Alias überlassen.

Beschreibung
An dieser Stelle können Sie eine kurze Beschreibung hinterlegen, die später auf der Übersichtsseite der Kategorie erscheint. Da er Ihren Besuchern hilft, die passende Kontaktperson zu finden, sollten Sie hier ein paar (knappe) Worte

über die enthaltenen Kontaktdaten verlieren. Bei der Kategorie für die Filmkritiker bietet sich beispielsweise `Hier finden Sie die Kontaktdaten aller Filmkritiker` an.

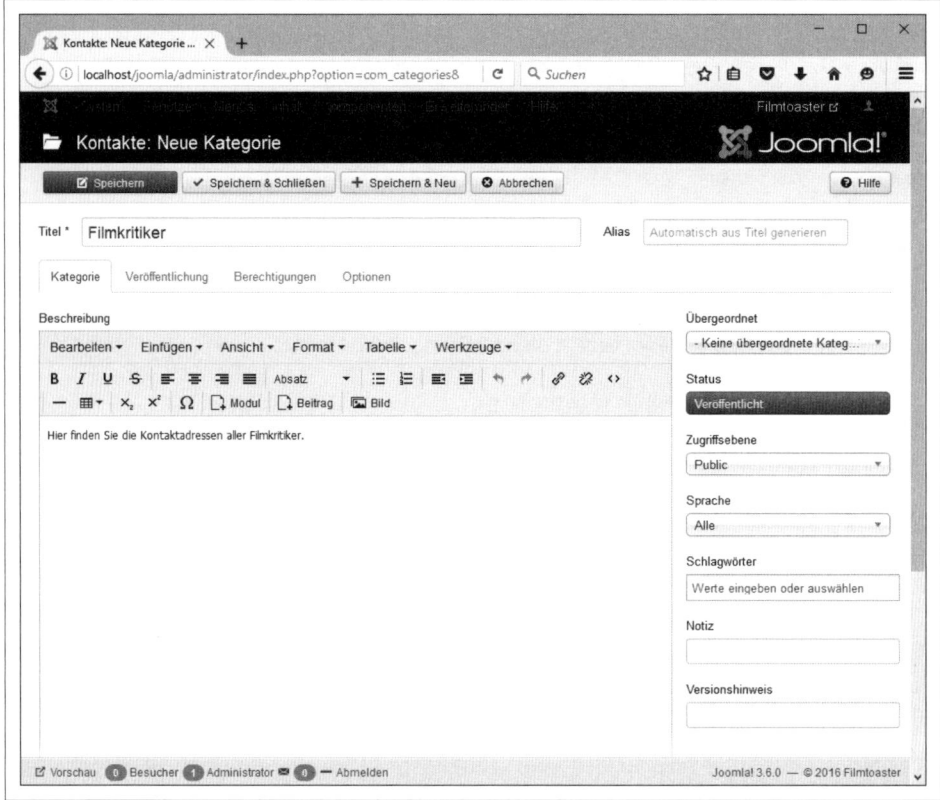

Abbildung 9-18: Die Basisdaten für die neue Kontaktkategorie.

Übergeordnet
: Die Kontaktkategorien dürfen Sie ineinander verschachteln, um so für Ordnung zu sorgen. Beispielsweise könnte man zunächst eine Kategorie für alle Filmkritiker schaffen und diese dann noch einmal in Unterkategorien mit ihren Anfangsbuchstaben einsortieren. Bei einer größeren Firma lässt sich wiederum die interne Firmenstruktur abbilden. So könnte man der Kategorie *Kundenbetreuung* die Kategorien *Produktberatung* und *Reparaturannahme* unterordnen.

Mit der Ausklappliste *Übergeordnet* können Sie diese (neue) Kategorie in eine andere stecken. Im Filmtoaster-Beispiel ist die Anzahl der Filmkritiker noch überschaubar, weshalb keine untergeordneten Kategorien notwendig sind. Belassen Sie daher das Feld *Übergeordnet* auf – *Keine übergeordnete Kategorie* –.

Status
: Nur wenn hier *Veröffentlicht* steht, erscheinen die Kategorie und ihre Kontakte auf der Website.

Zugriffsebene
Dieser Punkt legt zusammen mit dem Register *Berechtigungen* fest, welche Personengruppen überhaupt die Kontaktinformationen in dieser Kategorie einsehen dürfen. Mit den Standardeinstellungen können später alle Besucher die Kontakte einsehen beziehungsweise die entsprechenden Kontaktformulare nutzen. Behalten Sie daher die Voreinstellungen für die Filmtoaster-Seiten bei. Mehr zu den Zugriffsrechten folgt noch in Kapitel 12, *Benutzerverwaltung und -kommunikation*, Seite 485.

Sprache
Bei mehrsprachigen Seiten bestimmt diese Ausklappliste, in welcher Sprachfassung die Kategorie vertreten sein soll. Im Fall eines einsprachigen Internetauftritts belassen Sie *Alle*. Kapitel 18, *Mehrsprachigkeit*, Seite 785, wird noch auf dieses Thema eingehen.

Schlagwörter
Der Kategorie dürfen Sie im gleichnamigen Feld Schlagwörter anheften. Diese erscheinen dann später auf der Übersichtsseite der Kategorie. Um ein oder mehrere Schlagwörter zu vergeben, klicken Sie in das Eingabefeld *Schlagwörter* und tippen los. Bestätigen Sie dabei jedes Wort mit der [Enter]-Taste. Wenn Sie später weitere Wörter hinzufügen möchten, klicken Sie in einen weißen Bereich des Eingabefelds, tippen das Wort ein und bestätigen es ebenfalls mit der [Enter]-Taste. Um ein Wort wieder loszuwerden, klicken Sie auf das graue X neben seinem Namen. Weitere Informationen rund um die Schlagwörter finden Sie im Abschnitt »Schlagwörter verwalten« auf Seite 225.

Notiz
In diesem Eingabefeld können Sie eine kleine Notiz hinterlegen. Der hier eingegebene Text erscheint nicht auf der Website und dient nur zu Ihrer Erinnerung.

Versionshinweis
Wenn Sie nachträglich die Einstellungen der Kategorie angepasst haben, beschreiben Sie vor dem Speichern im Feld *Versionshinweis* kurz die durchgeführten Änderungen. Zusammen mit der Versionsverwaltung aus Abschnitt »Versionsverwaltung« auf Seite 245 können Sie dann später Ihre Änderungen einfacher nachvollziehen. Wenn Sie die Kategorie erstellen, können Sie das Eingabefeld noch leer lassen.

Für das Filmtoaster-Beispiel belassen Sie alle Einstellungen auf der rechten Seite auf ihren jeweiligen Vorgaben. Das Register *Kategorie* sollte wie in Abbildung 9-18 aussehen.

Auf der Registerkarte *Veröffentlichung* zeigt Joomla! auf der linken Seite einige Informationen über die Kategorie an. Diese erscheinen allerdings erst in den Feldern, nachdem Sie die Kategorie einmal gespeichert haben. Dann sehen Sie im obersten Feld das *Erstellungsdatum* der Kategorie. Joomla! merkt sich zudem, wer die Kategorie angelegt hat. Mit einem Klick auf das Symbol mit dem Kopf rechts neben *Autor* können Sie eine andere Person als Ersteller vorgeben. Normalerweise ist dies jedoch nicht notwendig. Werden die Einstellungen der Kategorie später irgendwann einmal geändert, verraten die beiden Felder darunter das *Bearbeitungsdatum* und den entsprechenden Übeltäter (*Bearbeitet von*). Ganz unten erfahren Sie schließlich noch die Anzahl der bisherigen Besucher (*Zugriffe*) und die interne Identifikationsnummer der Kategorie (*ID*). Da Sie die Kategorie gerade erst erstellen, stehen beide Werte noch auf *0*.

Auf der rechten Seite können Sie den Suchmaschinen entgegenkommen. Unter *Meta-Beschreibung* hinterlassen Sie für Google & Co. eine kurze Beschreibung der Kategorieinhalte, wie beispielsweise Die Kontaktdaten der Filmkritiker. Dazu passende *Meta-Schlüsselwörter* wären etwa Kontakt, Kontaktdaten, Filmkritiker. Alle diese Informationen versteckt Joomla! später in der Übersichtsseite der Kategorie. Sollen die Suchmaschinen eine ganz bestimmte Person für den *Autor* der Übersichtsseite halten, tragen Sie ihren Namen in das gleichnamige Feld ein. Für gewöhnlich reicht es aus, das Feld leer zu lassen. Mit der Ausklappliste *Robots* können Sie schließlich noch festlegen, ob die Suchmaschinen überhaupt die Seite betreten (eine der Optionen mit *index*) und den Links darauf folgen dürfen (eine der Optionen mit *follow*). *noindex* und *nofollow* verbieten hingegen die jeweilige Aktion.

Für die neue Kategorie auf den Filmtoaster-Seiten behalten Sie die Vorgabe *Globale Einstellung* bei. Damit gelten die systemweiten Einstellungen, nach denen die Suchmaschinen die Übersichtsseite unter die Lupe nehmen und auch allen darauf befindlichen Links folgen dürfen.

Wenn die Kategorie später im Frontend nicht direkt über einen Menüpunkt erreichbar ist, dann (und wirklich nur dann) können Sie ihrer Übersichtsseite im Register *Optionen* unter *Alternatives Layout* eine eigene, spezielle Optik verpassen.

Tipp   Denken Sie daran, dass normalerweise die Menüpunkte bestimmen, was auf der dahinterliegenden Seite zu sehen ist.

Welche Darstellungen hier zur Verfügung stehen, hängt von den installierten Templates ab. Standardmäßig bringt Joomla! nur eine Darstellungsform mit (*Standard*). Belassen Sie daher die Ausklappliste auf ihrem voreingestellten Wert.

Über die Schaltfläche *Auswählen* können Sie der Kategorie noch ein Bild oder ein Symbol spendieren. Es erscheint später auf der Übersichtsseite über der Beschreibung. Für die Kategorie im Filmtoaster-Beispiel ist kein Bild notwendig. Wenn Sie ein Bild einbinden, beschreiben Sie kurz im Feld *Alternativtext*, was auf dem Bild zu sehen ist. Diesen Text zeigt der Browser immer dann an, wenn er das Bild aus irgendeinem Grund nicht darstellen kann. Das ist etwa der Fall, wenn jemand die Seiten über eine Braillezeile ansteuern. Darüber hinaus werten Suchmaschinen den *Alternativtext* aus – Sie sollten ihn folglich immer angeben.

Nachdem Sie die Kategorie per *Speichern & Schließen* angelegt haben, landen Sie wieder in der Tabelle mit allen Kategorien. Dort können Sie später ausgediente Kategorien genau wie schon die Kunden entweder in den Papierkorb werfen oder archivieren. Über die Schaltfläche *Stapelverarbeitung* in der Werkzeugleiste können Sie die Kontaktkategorien zudem verschieben und kopieren. Dabei gehen Sie so vor, wie in den Abschnitten »Die Verschachtelung nachträglich ändern« und »Kategorien kopieren« ab Seite 134 beschrieben.

Kontakte einrichten

Nachdem die Kategorie erstellt ist, wird es höchste Zeit, sie mit neuen Kontakten zu füllen. Dazu rufen Sie den Punkt *Komponenten* → *Kontakte* → *Kontakte* auf. Es erscheint eine Tabelle mit allen derzeit existierenden Kontaktmöglichkeiten. Wenn Sie der Schnellinstallationsanleitung aus Kapitel 2, *Installation*, Seite 15, gefolgt sind, existiert bereits ein Kontakt aus den mitgelieferten Beispieldaten (Abbildung 9-19). Er trägt den etwas merkwürdigen Namen *Your Name*. Die Bedeutung der einzelnen Spalten fasst noch einmal Tabelle 9-5 zusammen. Nicht selbsterklärend dürften dabei die Spalten *Verknüpfter Benutzer* und *Haupteintrag* sein.

Abbildung 9-19: In den Beispieldaten gibt es bereits einen Kontakt, der die elektronische Visitenkarte für einen gewissen Herrn Your Name bereitstellt.

Wenn die entsprechende Kontaktperson ein Benutzerkonto bei Joomla! besitzt, dürfen Sie den Kontakt mit diesem Benutzerkonto verknüpfen. Joomla! ergänzt dann später auf der elektronischen Visitenkarte selbstständig ein paar zusätzliche Informationen. In der Tabelle aus Abbildung 9-19 zeigt die Spalte *Verknüpfter Benutzer* an, zu welchem Benutzerkonto der Kontakt gehört. In den Beispieldaten besitzt Herr *Your Name* kein Benutzerkonto unter Joomla!, folglich gibt es in der Spalte *Verknüpfter Benutzer* keinen Eintrag.

Wie schon die Beiträge können Sie auch einzelne Kontakte zu sogenannten Haupteinträgen erheben (englisch *Featured Contact*). Die so geadelten Kontakte lassen sich dann später zusammen auf einer eigenen Internetseite zur Auswahl stellen. Bei allen zu Haupteinträgen gekürten Kontakten zeigt die Spalte *Haupteintrag* ein gelbes Sternchen an.

Tabelle 9-5: Spalten der Tabelle Kontakte und ihre jeweiligen Informationen

Spalte	Bedeutung
Status	Bei einem grünen Haken ist der Kontakt prinzipiell für Besucher zu sehen.
Titel	Der Name des Kontakts beziehungsweise der Kontaktperson.
Verknüpfter Benutzer	Der Kontakt gehört zu diesem Benutzerkonto.
Haupteintrag	Bei einem gelben Sternchen wurde der Kontakt zu einem Haupteintrag erhoben.
Zugriffsebene	Die Zugriffsebene legt fest, welche Besuchergruppen den Kontakt zu sehen bekommen.

Tabelle 9-5: Spalten der Tabelle Kontakte und ihre jeweiligen Informationen *(Fortsetzung)*

Spalte	Bedeutung
Sprache	Der Kontakt erscheint nur in dieser Sprachfassung der Website.
ID	Die interne Identifikationsnummer des Kontakts.

Um einen neuen Kontakt, zum Beispiel für einen neu hinzugekommenen Filmkritiker, anzulegen, klicken Sie auf die Schaltfläche *Neu* in der Werkzeugleiste. Sie führt zu einem monströsen Formular, von dem Abbildung 9-20 die Einstellungen auf der linken Seite zeigt. Diese Einstellungen müssen Sie jetzt wohl oder übel einmal kurz durchgehen.

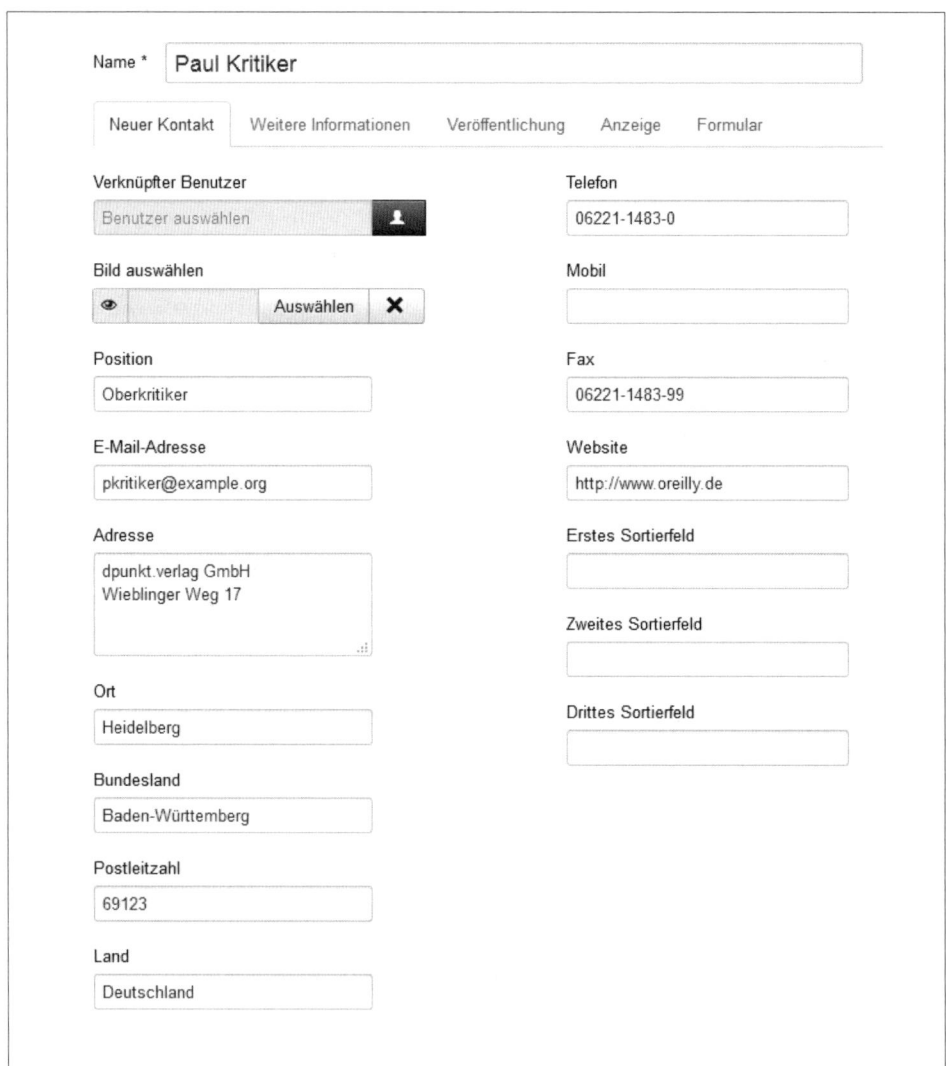

Abbildung 9-20: Diese Daten führen zu einem Kontaktformular für den fiktiven Kritiker Paul Kritiker.

Kontaktdaten

Geben Sie zunächst ganz oben im Eingabefeld *Name* den vollständigen Namen der Kontaktperson ein, wie etwa den des weltberühmten `Paul Kritiker`.

Im Eingabefeld rechts daneben können Sie noch einen Alias- beziehungsweise Ersatznamen hinterlegen. Er dient hauptsächlich internen Zwecken und hilft etwa bei der Suchmaschinenoptimierung. In der Regel können Sie ihn leer lassen, Joomla! wählt dann automatisch einen passenden.

Weiter geht es jetzt darunter in dem schon geöffneten Register *Neuer Kontakt*. Dort gibt es auf der linken Seite folgende Einstellungen:

Verknüpfter Benutzer
    Die Kontaktperson muss nicht zwangsläufig ein Benutzerkonto unter Joomla! besitzen. Falls Paul Kritiker dennoch über eines verfügt, könnten Sie es mit dem gerade neu entstehenden Kontakt verknüpfen. Dazu klicken Sie einfach auf das blaue Symbol mit dem stilisierten Kopf und dann in der erscheinenden Liste auf den entsprechenden Joomla!-Benutzer. Wenn Sie den Benutzer mit dem Kontakt verknüpfen, kann Joomla! ein paar zusätzliche Informationen auf der Kontaktseite einblenden (dazu folgt in wenigen Absätzen mehr).

    Da Sie auf den Filmtoaster-Seiten als Super User im Moment der einzige Joomla! bekannte Benutzer sind, lassen Sie das Feld noch leer und verzichten somit vorerst auf eine Verknüpfung. Bei Bedarf können Sie das selbstverständlich auch noch später nachholen. Mehr zu den Benutzerkonten folgt in Kapitel 12, *Benutzerverwaltung und -kommunikation*, Seite 485.

Bild auswählen
    Via *Auswählen* dürfen Sie hier die elektronische Visitenkarte noch mit einem Foto aufpeppen. Im Fall der Filmtoaster-Seiten bietet sich beispielsweise ein Porträt des Kritikers an.

In den folgenden Eingabefeldern geht es jetzt ans Eingemachte. Dort hinterlegen Sie die entsprechenden Adressdaten, wie zum Beispiel die *E-Mail-Adresse* der Person, ihre Postanschrift (unter *Adresse*), den Wohnort (unter *Ort*) oder ihre *Telefon*-Nummer. Die *Position* meint den Aufgabenbereich oder die Berufsbezeichnung. In einem Verein könnte die Person beispielsweise ein *Kassenwart* sein, im Unternehmen hingegen der *CEO*.

Für die Filmtoaster-Seiten können Sie sich eine Nonsens-Adresse für Paul Kritiker ausdenken oder die Daten aus Abbildung 9-20 übernehmen.

Sämtliche Adressangaben sind übrigens optional. Sie entscheiden also selbst, welche Daten später Ihre Besucher sehen sollen.

Warnung

Geben Sie immer nur die Informationen von einer Person preis, mit denen diese auch einverstanden ist. Nicht jeder möchte seine private Telefonnummer öffentlich im Internet wiederfinden.

Weiter geht es jetzt mit den Einstellungen auf der rechten Seite (aus Abbildung 9-21):

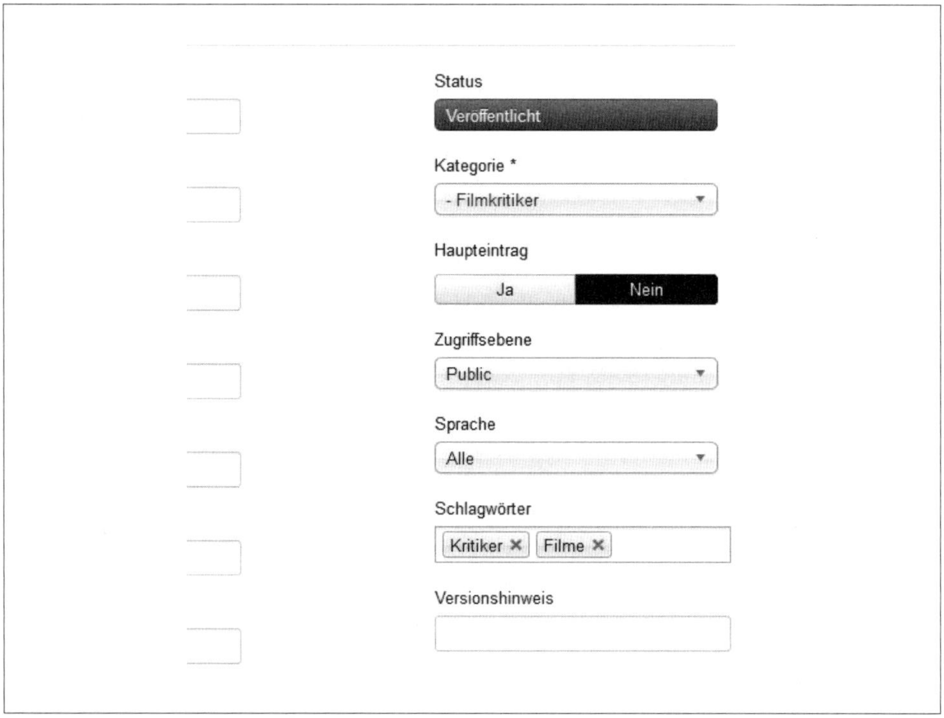

Abbildung 9-21: Diese Einstellungen steuern, ob und unter welchen Umständen die Kontaktdaten von Paul Kritiker auf der Website angezeigt werden.

Status

Nur wenn hier *Veröffentlicht* eingestellt ist, erscheinen die Kontaktdaten von Paul Kritiker auf der Website.

Kategorie

Hier stecken Sie den neuen Kontakt in eine der bestehenden Kategorien. Die Kontaktdaten von Paul Kritiker gehören in die *Filmkritiker*.

Haupteintrag

Einen besonders wichtigen Kontakt können Sie zu einem Haupteintrag erheben. Alle so gekennzeichneten Kontakte kann Joomla! später auf einer speziellen Übersichtsseite zusammenfassen. Paul Kritiker ist jedoch nicht wichtig genug, sodass Sie hier *Nein* stehen lassen.

Zugriffsebene

Diese Ausklappliste legt fest, welche Besuchergruppen die Kontaktdaten zu Gesicht bekommen. In der Standardeinstellung sind das alle Besucher der Website, also ist dies genau die richtige Einstellung für die Adresse von Paul Kritiker. Weitere Informationen hierzu folgen in Kapitel 12, *Benutzerverwaltung und -kommunikation*, Seite 485.

Sprache
> Bei mehrsprachigen Internetauftritten stellen Sie hier ein, in welcher Sprachfassung die Kontaktseite auftauchen soll, also mit anderen Worten die Sprache, die Paul Kritiker spricht. Sofern Sie nur eine einsprachige Website betreiben, lassen Sie wie auch für die Filmtoaster-Seiten *Alle* stehen. Um mehrsprachige Internetauftritte kümmert sich später noch das Kapitel 18, *Mehrsprachigkeit*, Seite 785.

Schlagwörter
> Dem Kontakt dürfen Sie im entsprechenden Eingabefeld noch *Schlagwörter* anheften. Diese erscheinen dann später auf der Kontaktseite über den Adressdaten. Um ein oder mehrere Schlagwörter zu vergeben, klicken Sie in das Eingabefeld *Schlagwörter* und tippen los. Bestätigen Sie dabei jedes Wort mit der [Enter]-Taste. Wenn Sie später weitere Wörter hinzufügen möchten, klicken Sie in einen weißen Bereich des Eingabefelds, tippen das Wort ein und bestätigen es mit der [Enter]-Taste. Um ein Wort wieder loszuwerden, klicken Sie auf das graue *X* neben seinem Namen. Weitere Informationen rund um die Schlagwörter finden Sie im Abschnitt »Schlagwörter verwalten« auf Seite 225.
>
> Für Paul Kritiker bieten sich die Schlagwörter `Kritiker` und `Filme` an.

Versionshinweis
> Wenn Sie die Kontaktdaten nachträglich angepasst haben, beschreiben Sie vor dem Speichern kurz im Feld *Versionshinweis* Ihre Änderungen – wie beispielsweise `Wohnort hat sich geändert`. Zusammen mit der Versionsverwaltung aus Abschnitt »Versionsverwaltung« auf Seite 245 können Sie dann später Ihre Änderungen einfacher nachvollziehen. Wenn Sie den Kontakt erstellen, lassen Sie das Eingabefeld noch leer.

Die Einstellungen für Paul Kritiker sollten jetzt so wie in Abbildung 9-21 aussehen.

Weiter geht es im Register *Weitere Informationen*. Hier können Sie eine Beschreibung oder einen freien Text über Paul Kritiker hinterlegen. Das Eingabefeld ist nicht für die eigentlichen Kontaktdaten gedacht – die geben Sie auf der Registerkarte *Neuer Kontakt* ein. Stattdessen stellen Sie hier die Person kurz vor, etwa mit einem kleinen Lebenslauf. Über Paul Kritiker könnte man vielleicht schreiben: `Paul Kritiker ist der beste Filmkritiker der Welt. Das belegen seine 12 Pulitzerpreise.`

Angezeigte Informationen festlegen

Springen Sie weiter zum Register *Anzeige*. Die hier angebotenen Einstellungen regeln, welche der Kontaktinformationen überhaupt später auf der Website erscheinen. Beispielsweise sorgt *Verbergen* bei *Telefon* dafür, dass auf der elektronischen Visitenkarte die Telefonnummer der Kontaktperson fehlt.

> **Warnung**   Wenn Sie allerdings einen Menüpunkt direkt auf die Kontaktseite setzen, bestimmt dieser die sichtbaren Informationen. Die Einstellungen in diesem Register würden folglich komplett ignoriert.

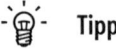 **Tipp** Geben Sie wirklich nur die Informationen preis, die für eine Kontaktaufnahme mindestens erforderlich sind. Spam-Versender stürzen sich auf gedankenlos veröffentlichte E-Mail-Adressen schneller als hungrige Wespen auf einen Erdbeerkuchen.

Einige der hier angebotenen Punkte sind allerdings nicht ganz selbsterklärend:

Kontaktliste

Wenn diese Einstellung auf *Anzeigen* steht, erscheint später auf der Seite mit den Kontaktdaten eine kleine Ausklappliste, über die der Besucher schnell zu einem anderen Kontakt aus der gleichen Kategorie wechseln kann.

Anzeigeformat

Joomla! kann die Kontaktdaten auf drei verschiedene Arten darstellen. Im Fall von *Slider* verteilt es die Informationen auf Bereiche, die beim Klick auf ihren Namen »auffahren« (wie in Abbildung 9-22 gezeigt). Dies ist auch die Standardeinstellung. Mit der Einstellung *Tabs* verteilt Joomla! die Daten auf mehrere Registerblätter wie in Abbildung 9-23. *Vollständig* klebt hingegen alle Informationen auf eine einzige Seite (wie in Abbildung 9-24).

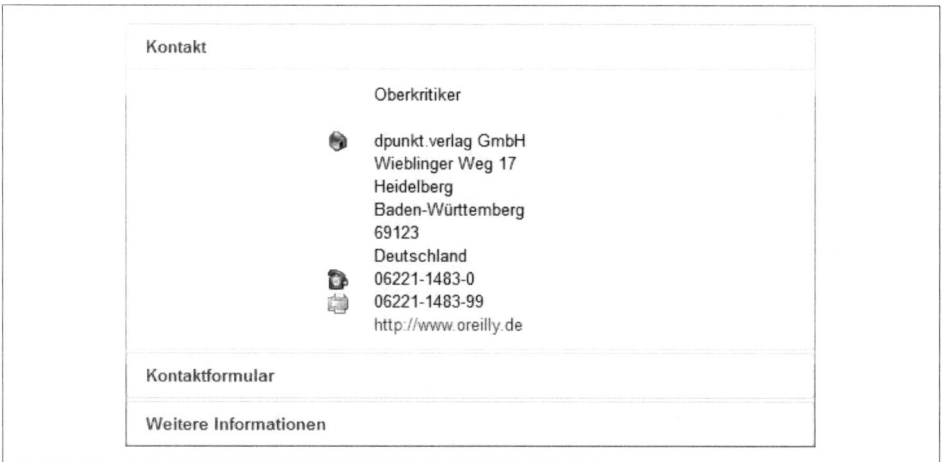

Abbildung 9-22: Die Kontaktdaten in der Darstellungsform Slider.

Abbildung 9-23: Die Kontaktdaten in der Darstellungsform Tabs.

Abbildung 9-24: Die Kontaktdaten in der Darstellungsform Vollständig.

Weitere Informationen

Auf der Registerkarte *Weitere Informationen* konnten Sie einen Text hinterlegen. Je nach Anzeigeformat erscheint dieser später auf einem eigenen Slider, auf einer eigenen Registerkarte oder ganz am unteren Seitenrand. Der Slider beziehungsweise die Registerkarte heißt dann auch passend *Weitere Informationen* (wie in Abbildung 9-22 und 9-23). Sie können den Text aber auch explizit ausblenden. Dazu stellen Sie die Ausklappliste *Weitere Informationen* auf *Verbergen*.

vCard

Wenn diese Einstellung auf *Anzeigen* steht, stellt Joomla! die Kontaktdaten zusätzlich im sogenannten vCard-Format zum Download bereit. Mit diesem standardisierten Dateiformat kann der Besucher den Kontakt mit wenigen Mausklicks in sein elektronisches Adressbuch übernehmen. Weitere Informationen zum vCard-Format finden Sie beispielsweise unter *http://de.wikipedia.org/wiki/VCard*.

Beiträge und # gelistete Beiträge

Sofern Sie den Kontakt mit einem Benutzerkonto verknüpft haben, kann Joomla! alle Beiträge dieses Benutzers auflisten. Dazu stellen Sie diese Ausklappliste auf *Anzeigen*. Wie viele Beiträge des Benutzers Joomla! auflisten soll, wählen Sie unter *# gelistete Beiträge*.

Benutzerprofil

Sofern Sie den Kontakt mit einem Benutzerkonto verknüpft haben, kann Joomla! auf Wunsch das entsprechende Benutzerprofil anzeigen. Dazu setzen Sie diese Ausklappliste auf *Anzeigen*. Mehr zu den Benutzerprofilen erfahren Sie in Kapitel 12, *Benutzerverwaltung und -kommunikation*, Seite 485.

Zusätzliche Links

Hier können Sie dem Kontaktformular noch eine Liste mit bis zu fünf Internetadressen hinzufügen. Dazu tippen Sie in das Feld *Link A Beschriftung* eine Bezeichnung ein, wie etwa Mein Arbeitgeber, und dann unter *Link A Webadresse* die entsprechende Internetadresse, beispielsweise http://www.roxykino.com. Wenn dann noch *Zusätzliche Links* auf *Anzeigen* steht, sieht das Ergebnis auf der Website so wie in Abbildung 9-25 aus. Die anderen Felder *Link ... Beschriftung* und *Link ... Webadresse* funktionieren nach dem gleichen Prinzip.

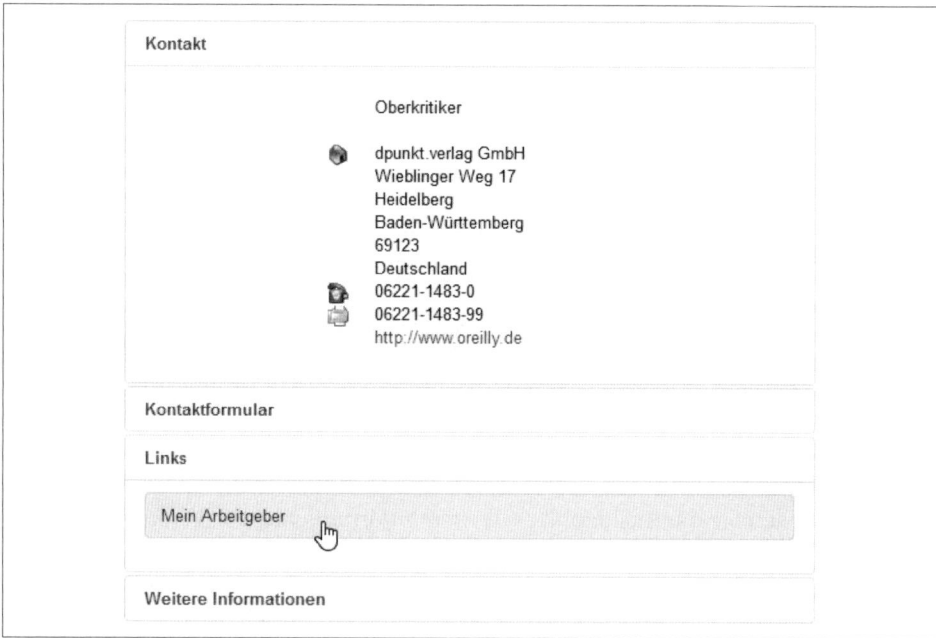

Abbildung 9-25: Die zusätzlichen Links auf der Website.

Unter *Alternatives Layout* können Sie der Kontaktseite schließlich noch eine eigene, individuelle Optik überstülpen. Welche Darstellungen hier zur Verfügung stehen, hängt von den installierten Templates ab.

 Für den Kontakt Paul Kritiker belassen Sie im Register *Anzeige* einfach alle Vorgaben.

Einstellungen zur Veröffentlichung

Wechseln Sie zum Register *Veröffentlichung*. Auf der linken Seite gibt es folgende Einstellungen und Informationen:

Veröffentlichung starten und Veröffentlichung beenden
Über diese beiden Einstellungen können Sie die Kontaktseite zeitgesteuert erscheinen und wieder verschwinden lassen. Das ist beispielsweise dann nützlich, wenn Paul Kritiker nur ein Jahr für die Filmtoaster-Seiten schreibt und dann wieder zu einem gut dotierten Magazin wechseln wird.

Unter *Veröffentlichung starten* tragen Sie ein, wann die Kontaktdaten erstmals auf Ihrer Website erscheinen sollen, und unter *Veröffentlichung beenden* legen Sie fest, wann sie von dort wieder verschwinden. Die Kalender hinter den Symbolen rechts neben den Eingabefeldern helfen bei der Auswahl des korrekten Termins. Andernfalls notieren Sie Datum und Zeit nach dem Schema *Jahr-Monat-Tag Stunde:Minute:Sekunde*. Das Jahr müssen Sie dabei vierstellig angeben, Monat und Tag jeweils als zweistellige Zahlen.

Erstellungsdatum
Joomla! merkt sich, wann der Kontakt angelegt wurde. Unter *Erstellungsdatum* dürfen Sie diese Angabe fälschen. Normalerweise ist das aber nicht notwendig.

Autor
Mit einem Klick auf das blaue Kopfsymbol kann man einen anderen Benutzer zum Schöpfer des Kontakts erheben. Normalerweise ist hier keine Änderung notwendig.

Autoralias
Benutzernamen sind oftmals recht kryptisch, erst recht, wenn sie von den Angemeldeten selbst gewählt wurden. Aus diesem Grund erlaubt Joomla! hier, einen anderen Namen beziehungsweise ein Pseudonym für den *Autor* zu vergeben. Da dieser Alias aber nirgendwo mehr in Joomla! auftaucht, können Sie ihn normalerweise ignorieren – es sei denn, eine nachträglich installierte Erweiterung wertet ihn aus.

Bearbeitungsdatum, Bearbeitet von und Überarbeitung
Sollte jemand später einmal die Kontaktdaten ändern, zeigt Joomla! hier noch an, wann das zuletzt geschehen ist (*Bearbeitungsdatum*), wer der Verantwortliche war (*Bearbeitet von*) und wie oft der Kontakt schon überarbeitet wurde (*Überarbeitung*).

Zugriffe
Hier können Sie später ablesen, wie viele Besucher die Kontaktseite bereits angesehen haben. Besonders hohe Werte lassen auf besonders beliebte Kontaktpersonen schließen. Wenn bei einer Firma der Kontakt zum Kundendienst überproportional häufig besucht wird, existiert vielleicht ein grundlegendes Problem mit einem Produkt.

ID
Hier steht später die interne Identifikationsnummer des Kontakts. Da Sie ihn gerade erstellen, steht hier noch eine *0*.

Für das Beispiel belassen Sie alle Einstellungen auf ihren Vorgaben beziehungsweise die Eingabefelder leer – Paul Kritiker schreibt erfreulicherweise auch zukünftig für die Filmtoaster-Seiten.

Metadaten

Auf der rechten Seite im Register *Veröffentlichung* können Sie noch ein paar Metainformationen für Suchmaschinen in der Kontaktseite verstecken:

Meta-Beschreibung und Meta-Schlüsselwörter
  Meta-Beschreibung verrät in kurzen und knappen Worten, was auf der Kontaktseite zu sehen ist, wie etwa Die Kontaktdaten des berühmten Filmkritikers Paul Kritiker. Ergänzend nimmt *Meta-Schlüsselwörter* noch ein paar durch Kommata getrennte Stichwörter auf, die auf die Kontaktseite zutreffen. Für Paul Kritiker wären beispielsweise Paul Kritiker, Kontakt, Adresse passend.

Robots
  Mit der Ausklappliste *Robots* legen Sie fest, ob die Suchmaschinen überhaupt die Seite betreten (eine der Optionen mit *index*) und den Links darauf folgen dürfen (eine der Optionen mit *follow*). *noindex* und *nofollow* verbieten hingegen die jeweilige Aktion. In der Regel können Sie hier die Vorgabe beibehalten, nach der Suchmaschinen die Seite untersuchen und allen ihren Links folgen dürfen.

Rechte
  Sind die Kontaktangaben und insbesondere das (Porträt-)Foto urheberrechtlich geschützt oder stehen sie unter einer speziellen Lizenz, können Sie einen entsprechenden Hinweis im Feld *Rechte* hinterlassen. Üblicherweise trägt man hier einen Text wie Copyright 2016 ein. Diese Metainformationen werten Browser jedoch nicht aus, und auch bei den Suchmaschinen ist der Nutzen dieses Eingabefelds fraglich. Sie können das Feld daher auch ignorieren.

Kontaktformular einrichten

Über die Einstellungen im letzten Register *Formular* können Sie der Seite noch ein Kontaktformular hinzufügen. Der Besucher kann seine Frage in ein Feld eintippen, die Joomla! dann direkt an Paul Kritiker sendet (siehe auch Abbildung 9-15 auf Seite 285).

Kontaktformular
  Mit der Einstellung *Anzeigen* erscheint das Formular auf der Website. Dies ist auch gleichzeitig die Standardvorgabe.

 **Warnung**   Das Formular erscheint nur, wenn Sie im Register *Neuer Kontakt* (beziehungsweise nach dem Speichern des Kontakts im Register *Kontakt*) eine *E-Mail-Adresse* hinterlegt oder dort den Kontakt mit einem vorhandenen Benutzer verknüpft haben. Andernfalls weiß Joomla! nicht, wohin es die Nachrichten der Besucher schicken soll.

Kopie an Absender
  Auf Wunsch kann sich der Besucher eine Kopie seiner Nachricht zusenden lassen. Dazu muss er ein kleines Kästchen ankreuzen. Genau dieses Kästchen können Sie hier unter *Kopie an Absender* wahlweise *Verbergen* oder *Anzeigen*

lassen. Damit schalten Sie auch gleichzeitig diese Funktion aus beziehungsweise ein.

Blockierte E-Mail
Hier können Sie die E-Mail-Adressen von bekannten Rüpeln eintragen. Deren Besitzern ist es dann nicht mehr möglich, über das Formular eine Nachricht zu versenden. Mehrere E-Mail-Adressen sind bei der Eingabe jeweils durch ein Semikolon zu trennen, wie etwa idiot@exmample.com;spam@example.com. Diese sogenannte Blacklist ist insbesondere dann nützlich, wenn ein Besucher durch Pöbeleien oder Spam-Versand auffällt.

Warnung   Der Rüpel kann diese Sperrung jedoch einfach umgehen, indem er sich eine neue E-Mail-Adresse besorgt oder eine fiktive eintippt. Die Blacklist ist also kein universeller Schutz gegen nervende Gäste.

Verboten im Betreff
Alle hier eingetragenen Wörter sind in der Betreffzeile des Formulars verboten. In der Regel sind dies Schimpf- oder ähnliche Reizwörter. Auch in diesem Feld müssen Sie die einzelnen Wörter jeweils durch ein Semikolon voneinander trennen, wie etwa Mist;Idiot.

Verboten im Text
Alle hier eingetragenen Wörter sind in der eigentlichen Nachricht verboten. Die einzelnen Begriffe sind jeweils durch ein Semikolon voneinander zu trennen.

Sitzungsprüfung
Auf Wunsch kann Joomla! vor dem Versand der Nachricht prüfen, ob der Besucher tatsächlich über Ihren Internetauftritt zum Kontaktformular gelangt ist und dieses ausgefüllt hat. Damit hält man sich Spammer vom Leib, die mit speziellen Programmen das Internet automatisiert nach Formularen abgrasen und dann dort ihren Müll abladen.

Aus technischer Sicht übergibt Joomla! dem Browser des Besuchers eine eindeutige Kennnummer (ein sogenanntes Cookie). An ihm erkennt Joomla! den Besucher jederzeit wieder. Ein Spam-Programm, das das Kontaktformular direkt anspringt, kann kein passendes Cookie vorzeigen und wird vom Content-Management-System abgewiesen. Aus Angst, ausspioniert zu werden, deaktivieren allerdings einige Besucher in ihren Browsern die Cookie-Funktion. Wenn Sie die Prüfung einschalten, können diese Besucher dann folglich das Kontaktformular nicht mehr abschicken.

Sie müssen also abwägen, ob Sie diese sogenannte *Sitzungsprüfung* hier mit einem *Ja* aktivieren und damit einige Besucher vom Kontaktformular aussperren oder aber die Funktion lieber via *Nein* abgeschaltet lassen und damit Spam-Versand riskieren. Standardmäßig ist die Prüfung eingeschaltet.

Die Session-Prüfung ist übrigens kein alleiniges Allheilmittel gegen unerwünschten Werbemüll. Spam-Versender rüsten ihre Programme ebenfalls immer weiter auf. Weiterführende Informationen zum Thema Cookies finden Sie beispielsweise unter *http://de.wikipedia.org/wiki/HTTP-Cookie*.

Benutzerdefinierte Antwort
> Dieser Punkt ist etwas missverständlich übersetzt: Wenn Ihnen das von Joomla! bereitgestellte Kontaktformular nicht ausreicht, können Sie weitere Funktionen über eine passende Erweiterung nachrüsten. Einige von diesen Erweiterungen verarbeiten dann die vom Besucher eingetippte Nachricht selbst. In einem solchen Fall müssen Sie Joomla! daran hindern, die Nachricht zu verschicken. Genau das passiert, wenn Sie *Benutzerdefinierte Antwort* auf *Ja* setzen.

 Legen Sie hier den Schalter wirklich nur dann um, wenn eine Erweiterung Sie explizit dazu auffordert. Andernfalls verkommt das Kontaktformular einfach nur zu einer nutzlosen Ansammlung von netten Eingabefeldern.

Kontakt Weiterleitung
> Nachdem Joomla! die Nachricht verschickt hat, kann es den Besucher auf eine andere Webseite weiterleiten. Dessen Internetadresse tragen Sie unter *Kontakt Weiterleitung* ein. Lassen Sie das Feld leer, bleibt das Kontaktformular auch nach dem Absenden der Nachricht geöffnet.

 Für Paul Kritikers Kontaktformular übernehmen Sie hier überall die Standardeinstellungen.

Kontakt anlegen

 Damit wären alle Angaben für die Kontaktseite von Paul Kritiker beisammen. Legen Sie ihn per *Speichern & Schließen* an. Als kleine Fingerübung können Sie jetzt auf die gleiche Weise noch ein paar Kontakte für weitere Kritiker erstellen.

Ein solcher Kontakt eignet sich auch ideal dazu, ein etwas hübscheres Impressum zu erschaffen. Anders als im Beitrag aus dem vorherigen Kapitel besitzt es auch gleich noch ein Kontaktformular. Um das alte Impressum auszutauschen, erstellen Sie einen weiteren Kontakt per *Neu*, vergeben Impressum als *Name*, füllen die Felder auf der Registerkarte *Neuer Kontakt* aus und hinterlegen im Eingabefeld auf der Registerkarte *Weitere Informationen* alle übrigen (Pflicht-)Informationen des Impressums.

Normalerweise nimmt das Feld *Name* den Namen der Kontaktperson auf, in diesem Fall wären das also Sie als Seitenbetreiber beziehungsweise der Name Ihres Unternehmens. Der *Name* bildet aber auch gleichzeitig die Überschrift des späteren Kontaktformulars, weshalb er hier auf *Impressum* steht. Um doch noch den Namen einer Kontaktperson beziehungsweise Ihres Unternehmens zu nennen, haben Sie mehrere Möglichkeiten:

- Sie löschen *Impressum* im Feld *Name* und tragen dort wieder Ihren Namen beziehungsweise den Namen des Unternehmens ein. Damit dient dieser Name aber später auch gleichzeitig als Überschrift.
- Sie geben den Namen einfach zusammen mit der Straße in das Feld *Adresse* im Register *Neuer Kontakt* ein. Dies wäre die eleganteste Lösung.

- Sie »missbrauchen« das Eingabefeld *Position*, indem Sie dort den Namen des Betreibers, des Vereins oder des Unternehmens eintippen.

Den fertigen Kontakt packen Sie abschließend einfach in die mitgelieferte, aber noch leere *Kategorie* namens *Uncategorised*. Sie könnten selbstverständlich auch eine neue, eigene Kategorie für den Kontakt anlegen. Wie jedoch schon der Beitrag für das Impressum wird auch der Kontakt direkt in das Menü eingebunden, die Kategorie spielt folglich keine Rolle. Wichtig ist jedoch, dass Sie den Kontakt nicht zu den Filmkritikern stecken. Andernfalls würde das Impressum später fälschlicherweise auch noch einmal unter diesen auftauchen. *Speichern & Schließen* Sie das fertige Impressum.

Kontakte mit einem Menüpunkt verbinden

Die mühevoll angelegten Kontakte sind bislang im Frontend noch nicht erreichbar – es fehlen schlichtweg passende Menüpunkte. Folglich müssen schleunigst einige solche her. Das dazu nötige Vorgehen ähnelt dem für die Beiträge aus Kapitel 7, *Inhalte mit Menüpunkten verbinden*, Seite 177.

Inhalte einer Kontaktkategorie auflisten

Wenn es mehrere Kontaktpersonen beziehungsweise Ansprechpartner gibt, bietet sich eine klassische Adressliste an. Ein Beispiel dafür zeigt Abbildung 9-26. Joomla! listet darin einfach alle Kontakte aus einer Kategorie auf. Ein Klick auf einen der Kontakte bringt den Besucher dann zur zugehörigen elektronischen Visitenkarte. In Abbildung 9-26 listet Joomla! alle Filmkritiker aus der gleichnamigen Kategorie auf.

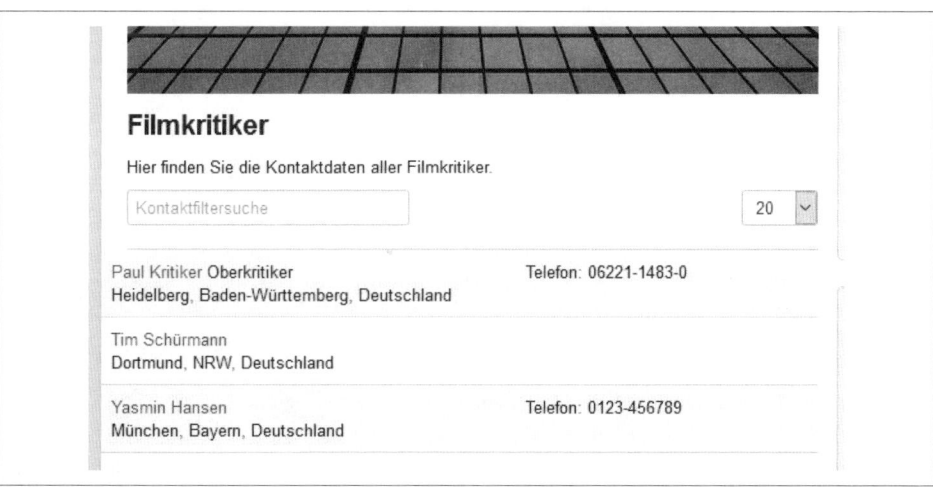

Abbildung 9-26: Die Liste mit allen Filmkritikern auf der Website.

Um einen Menüpunkt für eine solche Liste einzurichten, klappen Sie im Backend das Menü *Menüs* auf. Wählen Sie dann das Menü, in dem der neue Menüpunkt erscheinen soll. Auf den Filmtoaster-Seiten rufen Sie *Menüs → Main Menu* auf. Klicken Sie dann in der Werkzeugleiste auf *Neu*.

Im erscheinenden Formular verpassen Sie dem neuen Menüpunkt zunächst im Feld *Menütitel* eine Beschriftung, wie etwa Kontakte Filmkritiker. Anschließend müssen Sie festlegen, worauf der Menüpunkt überhaupt zeigen soll. Dazu klicken Sie neben *Menüeintragstyp* auf *Auswählen*. Interessant sind jetzt die Angaben unter *Kontakte*, klappen Sie also diesen Punkt mit einem Mausklick auf.

Der neue Menüpunkt soll zu einer Liste mit allen Kontaktdaten führen. Infrage kommen dazu zwei Punkte:

- *Alle Kontaktkategorien auflisten* präsentiert entweder alle existierenden Kontaktkategorien oder aber alle Unterkategorien einer ausgewählten Kategorie. Dieser Menüeintragstyp ist somit primär dazu gedacht, den Besuchern die Wahl zwischen verschiedenen Kontaktkategorien zu ermöglichen.
- *Kontakte in Kategorie auflisten* stellt hingegen die Kontakte aus einer Kategorie zur Auswahl – und auf Wunsch auch noch sämtliche in der Kategorie enthaltenen Unterkategorien.

Letztgenannter Menüeintragstyp ist folglich genau der richtige für die Liste mit allen Filmkritikern. Klicken Sie also für das Filmtoaster-Beispiel den Punkt *Kontakte in Kategorie auflisten* an, woraufhin Sie wieder im bekannten Formular landen.

Hier stellen Sie unter *Kategorie auswählen* die Kategorie ein, deren Kontakte Joomla! anzeigen soll. Im Beispiel sind dies die *Filmkritiker* (siehe Abbildung 9-27).

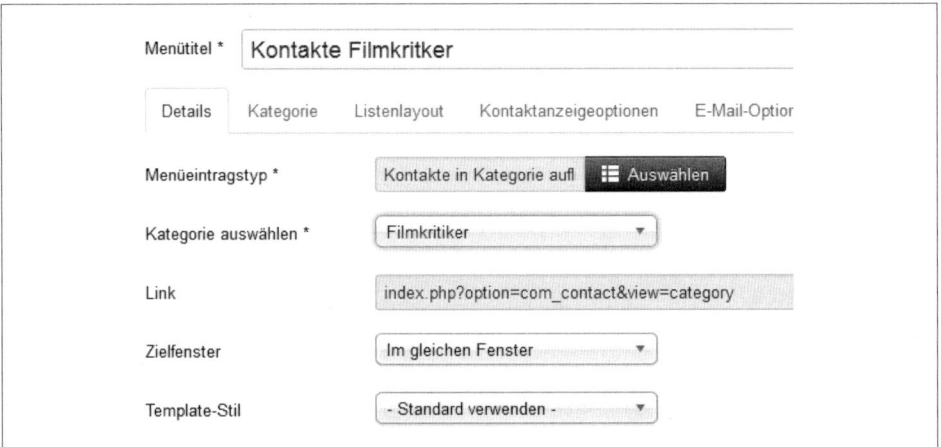

Abbildung 9-27: Diese Einstellungen erzeugen einen Menüpunkt, der zum Inhalt einer Kontaktkategorie führt.

Auf der Registerkarte *Kategorie* regeln Sie, welche Informationen über die Kontaktkategorie – im Beispiel also die *Filmkritiker* – auf der Webseite erscheinen sollen. Es handelt sich dabei um die gleichen Einstellungen, die Sie schon bei den Kategorien für Beiträge im Abschnitt »Liste mit Beiträgen (Kategorieliste)« auf Seite 186 kennengelernt haben. Hier sind noch einmal kurz die Punkte im Schnelldurchgang:

Kategorietitel
Joomla! zeigt später den Titel der Kontaktkategorie als Überschrift an, im Beispiel wäre das *Filmkritiker*. Wenn Sie dies unterbinden möchten, stellen Sie die Ausklappliste *Kategorietitel* auf *Verbergen*.

Kategoriebeschreibung
Wenn Sie diese Ausklappliste auf *Anzeigen* stellen, erscheint später unter dem Kategorietitel auch die Beschreibung der Kontaktkategorie – im Beispiel aus Abbildung 9-27 ist das *Hier finden Sie die Kontaktdaten aller Filmkritiker*. Da die Beschreibung Ihren Besuchern verrät, welche Personen hier in der Adressliste zu finden sind, sollten Sie sie immer möglichst einblenden. Stellen Sie daher auch für die Filmtoaster-Seiten die *Kategoriebeschreibung* auf *Anzeigen*.

Kategoriebild
Wenn Sie hier *Anzeigen* einstellen, blendet Joomla! das Bild der Kontaktkategorie ein. Im Beispiel wurde keines vergeben.

Unterkategorieebenen
Die Seite präsentiert auch alle enthaltenen Unterkategorien bis zur angegebenen Hierarchiestufe.

Leere Kategorien
Joomla! bietet auf Wunsch leere Unterkategorien zur Auswahl an. Dazu setzen Sie *Leere Kategorien* auf *Anzeigen*.

Unterkategorienbeschreibung
Sofern eine Kategorie weitere Unterkategorien enthält, blendet Joomla! auch die Beschreibungen dieser Unterkategorien ein. Das können Sie verhindern, indem Sie *Unterkategorienbeschreibung* auf *Verbergen* stellen.

 # Kontakte in der Kategorie
Joomla! zeigt an, wie viele Kontakte jeweils in einer Unterkategorie enthalten sind. Diese Information können Sie über die Ausklappliste *Verbergen*.

Für die Kontaktdaten der Filmkritiker setzen Sie lediglich die *Kategoriebeschreibung* auf *Anzeigen* und belassen alle anderen Einstellungen auf ihren Vorgaben.

Joomla! zeigt später alle Kontaktdaten wie in Abbildung 9-26 in einer kleinen Tabelle an. Auf der Registerkarte *Listenlayout* legen Sie fest, welche Informationen in dieser Tabelle auftauchen sollen. Joomla! präsentiert standardmäßig *Position*, *Telefon*, *Ort*, *Bundesland* und *Land*. Die Einstellungen hier sollten bis auf folgende Ausnahmen selbsterklärend sein:

Filterfeld
Wenn Sie hier *Anzeigen* wählen, blendet Joomla! über der Liste mit allen Kontakten ein sogenanntes Filterfeld ein (in Abbildung 9-26 auf Seite 303 ganz

links oben die *Kontaktfiltersuche*). Wenn der Besucher dort einen Begriff eintippt und die [Enter]-Taste drückt, zeigt Joomla! nur noch zu diesem Begriff passende Kontakte an. Damit findet der Besucher gerade bei sehr vielen Kontakten schneller den gewünschten Ansprechpartner. Bei so wenigen Kontakten wie auf den Filmtoaster-Seiten können Sie es ausblenden und somit die Voreinstellung belassen.

Über die Ausklappliste *Filterfeld* können Sie das Eingabefeld auch *Verbergen* und somit von der Webseite nehmen.

»Anzeige«-Filter

Der Besucher kann über eine Ausklappliste wählen, wie viele Kontakte Joomla! ihm auf einer Bildschirmseite präsentieren soll. In Abbildung 9-26 auf Seite 303 sind es *20* Stück. Diese Auswahlmöglichkeit sollten Sie ihren Besuchern geben, wenn es sehr viele Kontakte gibt. Über die Einstellung *»Anzeige«-Filter* können Sie die Ausklappliste *Anzeigen* oder *Verbergen* lassen.

Tabellenüberschriften

Das derzeit verwendete Template namens *Protostar* stellt später die Kontakte wie in Abbildung 9-26 auf Seite 303 dar. Die Zusatzinformationen, wie etwa der Wohnort, erscheinen dabei unterhalb des Namens. In Abbildung 9-26 stammt *Paul Kritiker* aus *Heidelberg*. Andere Templates zeigen die Kontakte allerdings in einer Tabelle an, wie sie Abbildung 9-28 zeigt. Der Wohnort und die weiteren Zusatzinformationen stehen dort jeweils in einer eigenen Spalte. Damit der Besucher weiß, welche Informationen in welcher Spalte stehen, blendet Joomla! entsprechende Spaltenbeschriftungen ein (in Abbildung 9-28 sind diese blau hinterlegt). Genau diese Beschriftungen schalten Sie über den Punkt *Tabellenüberschriften* ein und aus. Das Template *Protostar* ignoriert diese Einstellung jedoch komplett.

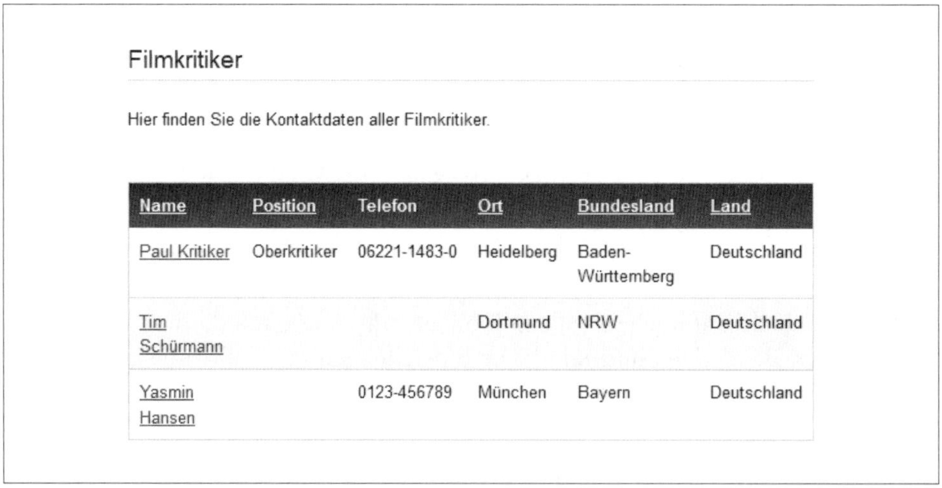

Filmkritiker

Hier finden Sie die Kontaktdaten aller Filmkritiker.

Name	Position	Telefon	Ort	Bundesland	Land
Paul Kritiker	Oberkritiker	06221-1483-0	Heidelberg	Baden-Württemberg	Deutschland
Tim Schürmann			Dortmund	NRW	Deutschland
Yasmin Hansen		0123-456789	München	Bayern	Deutschland

Abbildung 9-28: Das Template Beez3 hinterlegt die Tabellenüberschriften blau.

Seitenzahlen
> Wenn mehr Kontakte in der Kategorie stecken, als die Tabelle gleichzeitig anzeigen kann, erscheinen am unteren Rand Schaltflächen, über die der Besucher zu den übrigen Kontakten vor- und zurückblättern kann. Unter *Seitenzahlen* können Sie diese Schaltflächen *Verbergen* oder explizit *Anzeigen* lassen. Bei *Auto* erscheinen die Schaltflächen nur, wenn sie tatsächlich benötigt werden.

Gesamtseitenzahlen
> Mit *Anzeigen* sehen Sie unterhalb der Tabelle, auf wie viele Bildschirmseiten Joomla! die Tabelle aufgeteilt hat und auf welcher dieser Seiten sich der Besucher gerade befindet.

Diese beiden zuletzt genannten Einstellungen sollten Sie immer auf ihrer Vorgabe belassen. Joomla! blendet die entsprechenden Elemente immer dann ein, wenn sie notwendig werden. Andernfalls besteht die Gefahr, dass der Besucher nicht mehr zu den übrigen Kontakten weiterblättern kann.

Sortierung nach
> Joomla! sortiert die Kontakte in der Tabelle nach dem hier eingestellten Kriterium. Der Punkt *Name* sortiert die Kontakte beispielsweise alphabetisch aufsteigend nach den Namen der Personen. Sie dürfen die Reihenfolge auch eigenhändig vorgeben. Dazu stellen Sie zunächst *Sortierung nach* auf den Punkt *Sortierung*. Nachdem Sie dann gleich den Menüpunkt angelegt haben, wechseln Sie zur Tabelle hinter *Komponenten → Kontakte → Kontakte* und stellen dort die Ausklappliste *Titel aufsteigend* auf *Reihenfolge aufsteigend*. In der jetzt angezeigten Reihenfolge erscheinen die Kontakte auch den Besuchern. Die Reihenfolge können Sie jetzt wie im Abschnitt »Sortierreihenfolge ändern« auf Seite 100 beschrieben anpassen.

Für die Kontaktdaten der Filmkritiker können Sie wieder alle Voreinstellungen übernehmen. Wenn Sie jetzt den neuen Menüpunkt *Speichern* und ihm dann in der *Vorschau* folgen, erreichen Sie die Seite aus Abbildung 9-29. Klicken Sie dort den Kontakt für *Paul Kritiker* an, landen Sie auf seiner Kontaktseite mit dem Kontaktformular aus Abbildung 9-30.

Abbildung 9-29: Im Moment gibt es nur einen Kritiker, folglich kann der Besucher auch nur eine Person in der Adressliste auswählen.

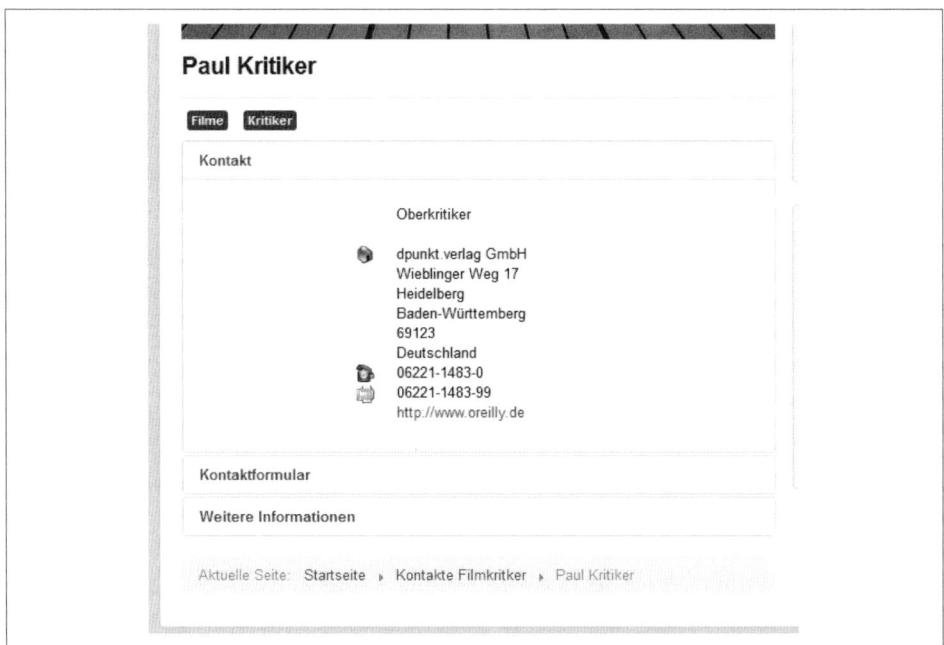

Abbildung 9-30: Die Kontaktdaten zu Paul Kritiker zeigt Joomla! so auf der Website an.

Wie man das Aussehen dieser Seite manipuliert, haben Sie bereits im Abschnitt »Angezeigte Informationen festlegen« auf Seite 295 erfahren. Es gibt allerdings noch eine zweite Stelle, an der Sie das Aussehen der Seite beeinflussen können. Wechseln Sie dazu wieder zurück ins Backend in die Einstellungen des Menüpunkts. Dort finden Sie noch die zwei Register *Kontaktanzeigeoptionen* und *E-Mail-Optionen*. Die dortigen Einstellungen entsprechen exakt denen aus Abschnitt »Angezeigte Informationen festlegen«. Sie bestimmen das Aussehen der Kontaktseiten, die irgendwie über diesen Menüpunkt erreichbar sind. Die Einstellungen, die Sie hier beim Menüpunkt festlegen, überschreiben diejenigen, die Sie im Abschnitt »Angezeigte Informationen festlegen« vorgenommen haben.

Wenn Sie also das Aussehen einer Kontaktseite wie der von *Paul Kritiker* verändern möchten, gehen Sie dazu immer wie folgt vor:

1. Öffnen Sie die Einstellungen des Kontakts und stellen Sie im Register *Anzeige* die anzuzeigenden Informationen ein. Achten Sie auch darauf, dass die Felder in den übrigen Registern korrekt ausgefüllt sind – eine nicht vorhandene Adresse kann Joomla! auch nicht anzeigen.

2. Führt das nicht zum gewünschten Ergebnis, prüfen Sie, über welchen Menüpunkt die Kontaktseite erreichbar ist. Rufen Sie dann seine Einstellungen auf und kontrollieren Sie dort die Ausklapplisten in den Registern *Kontaktanzeigeoptionen* und *E-Mail-Optionen*.

 Wenn Sie den Filmtoaster-Beispielen gefolgt sind, verlassen Sie jetzt per *Schließen* die Einstellungen.

Alle Kontaktkategorien auflisten

Haben Sie sehr viele Kontakte in gleich mehreren Kontaktkategorien angelegt, können Sie Ihren Besuchern auch zunächst alle Kontaktkategorien zur Auswahl anbieten. Dies erledigt der schon im vorherigen Abschnitt kurz angesprochene Menüpunkt vom Menüeintragstyp *Alle Kontaktkategorien auflisten*. Über ihn erreicht ein Besucher zunächst eine Aufstellung mit mehreren Kontaktkategorien. Nachdem er sich für eine Kategorie entschieden hat, präsentiert ihm Joomla! alle in der Kategorie enthaltenen Kontakte in einer Art Adressliste (wie Sie sie schon aus dem vorherigen Abschnitt aus Abbildung 9-30 kennen). Aus dieser Liste wählt der Besucher dann wiederum die gewünschte Kontaktperson aus.

Für die Filmtoaster-Seiten ist ein solcher Menüpunkt nicht notwendig: Dort kommen als Kontaktpersonen nur die wenigen Filmkritiker infrage, die wiederum alle in einer Kategorie liegen.

Um in Ihrem Internetauftritt einen Menüpunkt für eine Liste mit Kontaktkategorien anzulegen, klappen Sie zunächst das Menü *Menüs* auf. Klicken Sie das Menü an, in dem der neue Mcnüpunkt ein neues Zuhause finden soll. Legen Sie dann via *Neu* einen neuen Menüeintrag an. Klicken Sie auf *Auswählen*, öffnen Sie den Slider *Kontakte* und entscheiden Sie sich für *Alle Kontaktkategorien auflisten*.

Wenden Sie sich jetzt im Register *Details* der Ausklappliste *Kategorie der obersten Kategorieebene* zu. Wenn darin *Root* eingestellt ist, bietet Joomla! dem Besucher gleich *sämtliche* Kontaktkategorien zur Auswahl an. Möchten Sie nur die Unterkategorien einer ganz bestimmten Kontaktkategorie anzeigen lassen, wählen Sie diese in der Ausklappliste aus.

Weiter geht es mit dem Register *Kategorien* (dem zweiten von links). Auch die dort angebotenen Einstellungen kennen Sie bereits von den Beitragskategorien:

Beschreibung der obersten Kategorie und Beschreibung der Oberkategorie
    Mit *Beschreibung der obersten Kategorie* können Sie die Beschreibung der Kategorie ein- und ausblenden. Der Text im Feld *Beschreibung der Oberkategorie* ersetzt die Beschreibung der Kategorie.

Unterkategorieebenen
    Die Seite präsentiert alle enthaltenen Unterkategorien bis zur angegebenen Hierarchiestufe.

Leere Kategorien
    Steht diese Ausklappliste auf *Anzeigen*, stellt Joomla! auch leere Unterkategorien zur Auswahl.

Unterkategorienbeschreibung
    Hiermit können Sie die Beschreibungen der Unterkategorien ein- und ausblenden.

 # Kontakte in der Kategorie
    Joomla! kann den Besuchern zusätzlich noch verraten, wie viele Kontakte jeweils in einer Unterkategorie enthalten sind. Dazu setzen Sie einfach diese Ausklappliste auf *Anzeigen*.

Wenn Sie dem angelegten Menüpunkt folgen, sehen Sie eine Auswahl mit enthaltenen Kontaktkategorien. Sobald Sie eine davon anklicken, landen Sie auf einer Seite, die alle Kontakte in dieser Unterkategorie auflistet. Das Aussehen genau dieser Seite regeln die Einstellungen in den Registern *Kategorie* (dem dritten von links) und *Listenlayout*. Ihre Einstellungen entsprechen ihren gleichnamigen Kollegen aus dem vorherigen Abschnitt »Inhalte einer Kontaktkategorie auflisten« auf Seite 303.

Sobald alle Einstellungen korrekt gesetzt sind, lassen Sie den Menüpunkt *Speichern & Schließen*.

Einen einzelnen Kontakt in das Menü einbinden

Sie können auch einen Menüpunkt zu einem ausgewählten Kontakt führen lassen. Das ist beispielsweise nützlich, wenn Sie Ihren Internetauftritt allein betreiben oder es nur einen (offiziellen) Ansprechpartner gibt. Sie können mit einem Kontakt sogar das Impressum ersetzen. Für die Filmtoaster-Seiten haben Sie dazu im vorherigen Abschnitt schon einen passenden Kontakt angelegt (im Abschnitt »Kontakt anlegen« auf Seite 302). Sie müssen diesem nur noch einen entsprechenden Menüpunkt spendieren. Wenn Sie das Filmtoaster-Beispiel nicht bis hierhin mitgemacht haben, wählen Sie im Folgenden einfach einen beliebigen anderen existierenden Kontakt.

Um einen Menüpunkt auf einen einzelnen Kontakt zeigen zu lassen, klappen Sie im Backend das Menü *Menüs* auf. Entscheiden Sie sich für das Menü, in dem der Menüpunkt zukünftig erscheinen soll. Für das Filmtoaster-Beispiel wählen Sie *Menüs → Main Menu*.

Hier könnten Sie jetzt mit einem Klick auf *Neu* einen neuen Menüpunkt anlegen. Wenn Sie jedoch alle Beispiele bis hierhin mitgemacht haben, hätten Sie dann anschließend zwei Menüpunkte, die auf ein Impressum zeigen würden. Um das zu verhindern, können Sie entweder den bereits bestehenden Menüpunkt zum Impressum löschen und dann per *Neu* einen neuen anlegen. Eleganter und schneller ist es aber, einfach den Menüeintragstyp des vorhandenen *Impressum*-Menüpunkts zu ändern. Dazu klicken Sie in der Tabelle den Eintrag *Impressum* an.

Egal welchen Weg Sie beschreiten, in jedem Fall landen Sie im Formular aus Abbildung 9-31. Klicken Sie dort auf *Auswählen*. Der Menüpunkt soll auf einen einzelnen Kontakt zeigen. Klappen Sie daher den Slider *Kontakte* auf und klicken Sie den passenden Menüeintragstyp *Einzelner Kontakt* an. Wieder zurück im Formular, müssen Sie noch festlegen, zu welchem Kontakt der neue Menüpunkt führen soll. Dazu klicken Sie rechts neben *Kontakt auswählen* auf *Auswählen* und in der erscheinenden Liste auf den gewünschten Kontakt – im Beispiel das *Impressum*. Für das Beispiel sollte das Formular jetzt so wie in Abbildung 9-31 aussehen.

Speichern Sie den Menüpunkt (lassen Sie also das Formular noch geöffnet) und folgen Sie in der *Vorschau* dem *Impressum*. Die jetzt angezeigte Seite verwendet noch die üblichen Slider, Besucher müssten folglich erst das *Kontaktformular* aufklappen. Gerade bei einem Impressum wäre es jedoch besser, wenn alle Informationen einschließlich des Kontaktformulars immer komplett sichtbar wären.

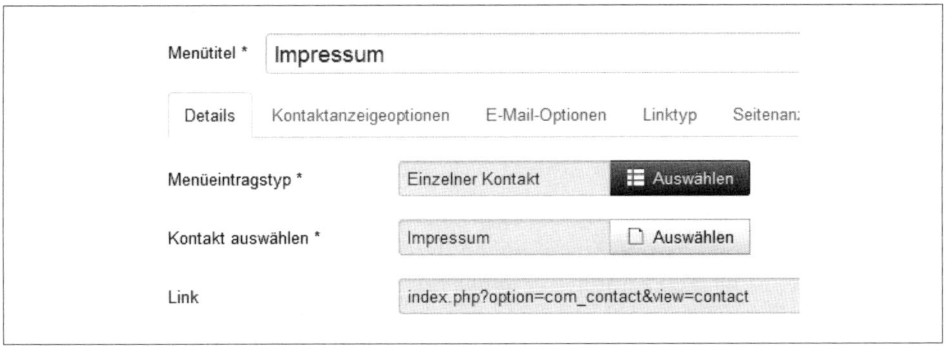

Abbildung 9-31: Hier entsteht ein Menüpunkt, der auf die Kontaktseite mit dem Impressum führt.

Um das zu ändern, müssen Sie sich wieder daran erinnern, dass in Joomla! der Menüpunkt bestimmt, was auf der Zielseite zu sehen ist. Wechseln Sie also zurück zu den Einstellungen des Menüpunkts. Dort bestimmen die *Kontaktanzeigeoptionen* und die *E-Mail-Optionen* das Aussehen der Seite und des Kontaktformulars. Ihre Einstellungen entsprechen exakt denen aus Abschnitt »Angezeigte Informationen festlegen« auf Seite 295. Für das Impressum wechseln Sie zum Register *Kontaktanzeigeoptionen* und setzen *Anzeigeformat* auf *Vollständig*. Nach dem *Speichern & Schließen* sieht das Impressum auf Ihrer Website ähnlich wie das in Abbildung 9-32 aus.

Abbildung 9-32: Das fertige Impressum auf der Website.

Symbole und weitere Grundeinstellungen

Werfen Sie noch einmal einen kurzen Blick auf Abbildung 9-32. Dort sehen Sie vor der Telefon- und der Faxnummer zwei kleine Symbole – bei der Telefonnummer etwa ein rotes Telefon. Auf diese Weise sieht ein Besucher schneller, welche Nummer welchem Zweck dient.

Wenn Sie die Symbole loswerden beziehungsweise durch einen Text ersetzen wollen, müssen Sie in die Grundeinstellungen der Kontakt-Komponente wechseln. Sie versteckt sich im Backend unter *Komponenten* → *Kontakte* hinter der Schaltfläche *Optionen* (zu finden in der Werkzeugleiste). Das Ergebnis ist ein neuer Schirm mit ziemlich vielen Registerblättern. Auf ihnen können Sie vorgeben, welche Informationen auf den Kontaktseiten und den Übersichtsseiten der Kontaktkategorien standardmäßig zu sehen sind. Die Einstellungen entsprechen jeweils denen, die Sie in den vorherigen Abschnitten kennengelernt haben.

Eine Ausnahme bildet das Register *Symboleinstellungen* aus Abbildung 9-33. Dort bestimmen Sie, ob und, wenn ja, welche Symbole auf der Kontaktseite erscheinen sollen.

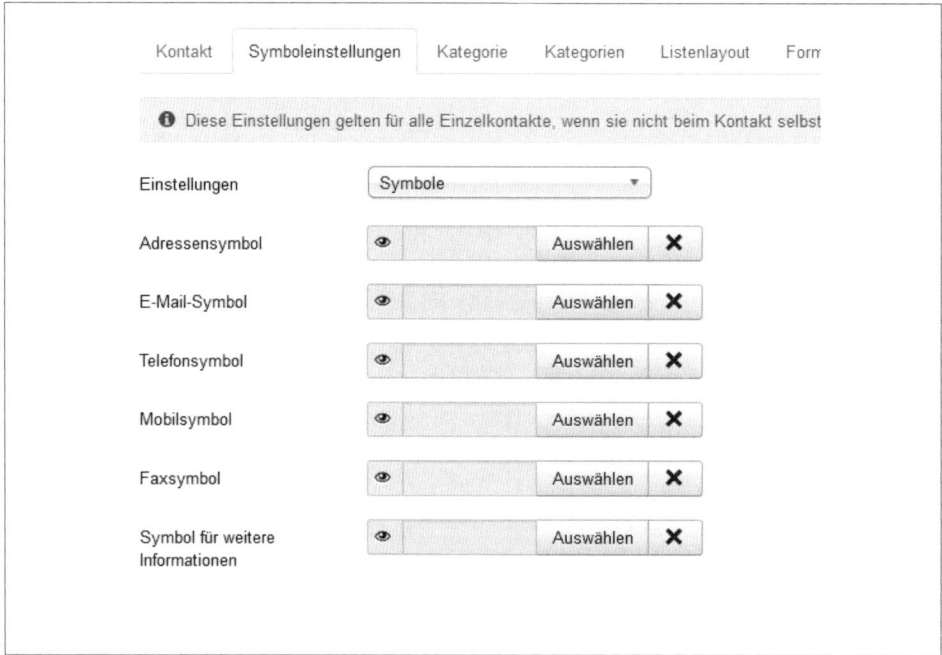

Abbildung 9-33: Die Symboleinstellungen der Kontakt-Komponente.

Die erste Ausklappliste *Einstellungen* legt fest, ob den Informationen auf den Kontaktseiten *Symbole*, jeweils ein *Text* oder nichts (*Keine*) vorangestellt wird. Wenn Sie den *Text* wählen, erscheint der Kontakt wie in Abbildung 9-34. Die fett hervorgehobenen Begriffe gibt das jeweils aktive Sprachpaket vor.

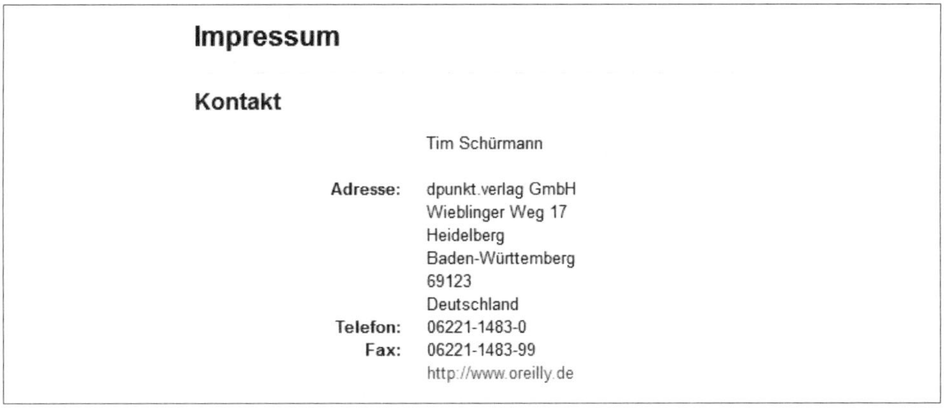

```
Impressum

Kontakt

              Tim Schürmann
    Adresse:  dpunkt.verlag GmbH
              Wieblinger Weg 17
              Heidelberg
              Baden-Württemberg
              69123
              Deutschland
    Telefon:  06221-1483-0
        Fax:  06221-1483-99
              http://www.oreilly.de
```

Abbildung 9-34: Hier wurden die Symbole gegen Texte eingetauscht.

Entscheiden Sie sich hingegen für die *Symbole*, können Sie das jeweils zu verwendende Piktogramm in den nachfolgenden Feldern frei wählen – es muss also vor der Telefonnummer nicht zwangsläufig ein rotes Telefon erscheinen. Um ein anderes, eigenes Piktogramm zuzuweisen, klicken Sie einfach rechts neben dem entsprechenden Eingabefeld auf *Auswählen*, laden dann das Bild mit der Minivariante der Medienverwaltung hoch, wählen es darin aus und lassen es schließlich *Einfügen*. Ein eigenes Symbol werden Sie wieder los, indem Sie auf das *X* klicken. Vergessen Sie nicht, nach einer Änderung die Grundeinstellungen in der Werkzeugleiste zu *Speichern*.

Hauptkontakte

Besonders wichtige Kontakte dürfen Sie zu sogenannten Haupteinträgen (englisch *Featured Contacts*) erheben und diese dann gemeinsam in einer eigenen Liste präsentieren. In einem Unternehmen könnten Sie so beispielsweise die wichtigsten Anlaufstellen für Ihre Kunden zusammenfassen, auch wenn sie sich in unterschiedlichen Abteilungen und somit verschiedenen (Kontakt-)Kategorien befinden. Das Prinzip ist das gleiche wie bei den Beiträgen, die Haupteinträge hier bei den Kontakten haben jedoch ansonsten nichts mit den Haupteinträgen bei den Beiträgen gemeinsam.

Um einen Kontakt als Haupteintrag zu adeln, wechseln zunächst zum Menüpunkt *Komponenten → Kontakte → Kontakte*. Suchen Sie in der Tabelle den entsprechenden Kontakt. Jetzt haben Sie zwei Möglichkeiten: Zum einen können Sie in der Spalte *Haupteintrag* auf das Symbol mit dem Stern klicken, der daraufhin gelb aufleuchtet. Alternativ klicken Sie auf den Titel des Kontakts, setzen *Haupteintrag* auf *Ja* und lassen diese Änderung *Speichern & Schließen*. In jedem Fall zeigt die Tabelle hinter *Komponenten → Kontakte → Kontakte* bei allen geadelten Kontakten ein gelbes Sternchen in der Spalte *Haupteintrag* an.

Um Ihren Besuchern eine Liste mit allen diesen wichtigen Kontakten zu präsentieren, legen Sie wie bekannt einen neuen Menüpunkt an (beispielsweise via *Menüs →*

Main Menu → *Neuer Menüeintrag*), klicken im erscheinenden Formular neben *Menüeintragstyp* auf *Auswählen* und entscheiden sich auf dem Slider *Kontakte* für die *Hauptkontakte*. Die übrigen Einstellungen des Formulars kennen Sie bereits vom Menüeintragstyp *Kontakte in Kategorie auflisten* aus Abschnitt »Inhalte einer Kontaktkategorie auflisten« auf Seite 303. Lediglich die *Kontaktanzeigeoptionen* stecken hier im Register *Formular*.

Newsfeeds

Das Internet ist voller Informationen, die sich ständig verändern. Viele Seiten liefern brandaktuelle Nachrichten im Sekundentakt oder aktualisieren wichtige Beiträge in raschen Zeitabständen. Ist man auf viele dieser Internetquellen angewiesen oder an ihren Inhalten interessiert, müsste man immer wieder alle Seiten nach neuen Informationen abklappern – schließlich weiß man nie, wann eine Internetseite ihre Texte aktualisiert. Um dieses zeitaufwendige Problem zu lösen, wurde das Konzept der sogenannten Nachrichtenkanäle, englisch *Newsfeeds*, ins Leben gerufen. Dabei packt jede Internetseite die Schlagzeilen ihrer aktuellsten Beiträge in eine spezielle Textdatei. Ein Internetbrowser oder ein spezielles Auswertungsprogramm sammelt diese kleinen Dateien ein, wertet sie aus und stellt sie übersichtlich und optisch ansprechend in einer Liste dar. Nach einer festgelegten Wartezeit schaut der Browser dann selbstständig nach einer aktualisierten Fassung der Newsfeed-Datei. Man könnte auch sagen, die Internetseiten »füttern« (engl. »feed«) den Browser auf diese Weise mit Nachrichten. Im Ergebnis erhält man so die moderne Form eines Nachrichtentickers, mit dessen Hilfe der Browserbenutzer stets alle neu eingetrudelten Beiträge im Blick behält. Eine in Joomla! mitgelieferte Komponente kann solche Newsfeeds einsammeln und die darin gespeicherten Informationen auf einer eigenen Seite präsentieren.

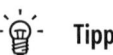
Tipp   Joomla! kann nicht nur Newsfeeds von anderen Seiten abholen, sondern auch selbst welche erstellen. Wie das funktioniert, erklärt Kapitel 10, *Module – Die kleinen Brüder der Komponenten*, Seite 351.

 Auf den Filmtoaster-Seiten könnte man eine Liste mit Newsfeeds rund um das Thema Film anbieten. Setzt man dabei auf Newsfeeds mit den aktuellsten Nachrichten aus der Branche, erhält man nebenbei und ohne viel Aufwand sogar ein kleines Nachrichtenportal.

Warnung   Anbieter von Newsfeeds sehen es für gewöhnlich nicht gern, wenn ihre mühsam erstellten Informationen plötzlich auf einer anderen Internetseite auftauchen. Sie sollten daher die jeweiligen Seitenbetreiber vorab um Erlaubnis fragen. Andernfalls riskieren Sie eine kostenpflichtige Abmahnung.

Kategorien für die Newsfeeds anlegen

Da bei vielen abonnierten Newsfeeds schnell der Überblick verloren gehen kann, gruppiert Joomla! die Nachrichtenkanäle in Kategorien. Auf diese Weise lassen sich

Newsfeeds mit ähnlichem Inhalt oder Themenbezug bequem zusammenfassen. Grundsätzlich muss in Joomla! jeder Newsfeed genau einer Kategorie angehören.

Warnung Die Kategorien für Newsfeeds funktionieren zwar nach dem gleichen Prinzip, sind aber nicht identisch mit denen für die Beiträge aus Kapitel 5, *Kategorien anlegen und verwalten*, Seite 121.

Für die Verwaltung der Kategorien ist die Tabelle hinter dem Menüpunkt *Komponenten → Newsfeeds → Kategorien* zuständig. Standardmäßig existiert schon eine Kategorie mit dem nichtssagenden Namen *Uncategorised* (siehe Abbildung 9-35). Tabelle 9-6 verrät die Bedeutung der einzelnen Spalten.

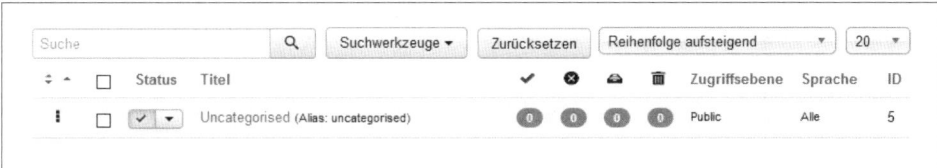

Abbildung 9-35: Der Verwaltungsbildschirm für Newsfeed-Kategorien.

Tabelle 9-6: Spalten der Tabelle Newsfeeds: Kategorien und ihre jeweiligen Informationen

Spalte	Bedeutung
Status	Bei einem grünen Haken sind die Newsfeeds aus der Kategorie prinzipiell für Besucher zu sehen.
Titel	Titel der Kategorie.
✓	So viele Newsfeeds aus dieser Kategorie sind auf der Website zu sehen.
✗	So viele Newsfeeds aus dieser Kategorie sind versteckt und somit für Besucher nicht zu sehen.
📥	So viele Newsfeeds aus dieser Kategorie befinden sich im Archiv.
🗑	So viele Newsfeeds aus dieser Kategorie liegen gerade im Papierkorb.
Zugriffsebene	Die *Zugriffsebene* legt fest, welche Besuchergruppen die Newsfeeds in der Kategorie zu Gesicht bekommen.
Sprache	Die Newsfeeds aus der Kategorie erscheinen in dieser Sprachfassung der Website – in der Regel also die Sprache der Newsfeeds.
ID	Die interne Identifikationsnummer der Kategorie.

Auf den Filmtoaster-Seiten sollen die Newsfeeds zum Thema Film in einer eigenen Kategorie landen.

Um eine funkelnagelneue Kategorie zu erstellen, wählen Sie *Neu* in der Werkzeugleiste. Das nun erscheinende Formular aus Abbildung 9-36 ähnelt seinem Kollegen für die Beiträge aus Kapitel 5, *Kategorien anlegen und verwalten*, Seite 121, und fragt die folgenden Daten ab:

Abbildung 9-36: Die Basiseinstellungen für die neue Newsfeed-Kategorie.

Titel
> Unter *Titel* geben Sie der Kategorie einen Namen. Er erscheint später auch auf der Website als Überschrift. Für das Filmtoaster-Beispiel wählen Sie hier `Film-Nachrichten`.

Alias
> In dieses Feld gehört ein Alias- beziehungsweise Ersatzname für die Kategorie, den Joomla! für interne Zwecke verwendet (unter anderem bei der Suchmaschinenoptimierung). Sie können das Feld in der Regel leer lassen, Joomla! wählt dann automatisch einen passenden Namen aus.

Beschreibung
> In diesem Feld beschreiben Sie kurz und knapp, welche Newsfeeds die Besucher in dieser (neuen) Kategorie erwarten. Der hier eingetippte Text erscheint später auf der Übersichtsseite der Kategorie. Für die Filmtoaster-Seiten wählen Sie `Hier finden Sie brandaktuelle Newsfeeds rund um das Thema Film.`

Übergeordnet
> Die neue Kontaktkategorie dürfen Sie über diese Ausklappliste in eine andere stecken. Durch die so entstehende Verschachtelung sorgen Sie bei sehr vielen Newsfeeds für weitere Ordnung. Auf den Filmtoaster-Seiten ist das nicht notwendig, lassen Sie deshalb das Feld *Übergeordnet* auf *– Keine übergeordnete Kategorie –*.

Status
> Nur wenn hier ein *Veröffentlicht* steht, erscheint die Kategorie samt ihrer Newsfeeds auf der Website.

Zugriffsebene
> Dieser Punkt legt zusammen mit dem Register *Berechtigungen* fest, welche Personengruppen die Newsfeeds überhaupt ansehen dürfen. Für das Beispiel belassen Sie hier die Voreinstellung, womit alle Besucher die Newsfeeds aus dieser Kategorie lesen können. Mehr zu den Zugriffsrechten folgt noch in Kapitel 12, *Benutzerverwaltung und -kommunikation*, Seite 485.

Sprache
> Bei einem mehrsprachigen Internetauftritt bestimmt diese Ausklappliste, in welchen Sprachfassungen die Kategorie vertreten sein soll. Im Fall einer einsprachigen Website behalten Sie hier wie auch für die Filmtoaster-Seiten den Punkt *Alle* bei. Kapitel 18, *Mehrsprachigkeit*, Seite 785, wird noch auf dieses Thema eingehen.

Schlagwörter
> Der Kategorie dürfen Sie im gleichnamigen Feld *Schlagwörter* anheften. Diese erscheinen dann auch später auf der Übersichtsseite der Kategorie. Um ein oder mehrere Schlagwörter zu vergeben, klicken Sie in das Eingabefeld *Schlagwörter* und tippen los. Bestätigen Sie dabei jedes Wort mit der [Enter]-Taste. Wenn Sie später weitere Wörter hinzufügen möchten, klicken Sie in einen weißen Bereich des Eingabefelds, tippen das Wort ein und bestätigen es mit der [Enter]-Taste. Um ein Wort wieder loszuwerden, klicken Sie auf das graue *X* neben seinem Namen. Weitere Informationen rund um die Schlagwörter finden Sie im Abschnitt »Schlagwörter verwalten« auf Seite 225.

Notiz
> In diesem Eingabefeld können Sie eine kleine Notiz hinterlegen. Der hier eingegebene Text erscheint nicht auf der Website und dient nur zu Ihrer Erinnerung.

Versionshinweis
> Wenn Sie die Einstellungen der Kategorie nachträglich angepasst haben, halten Sie Ihre Änderungen vor dem Speichern kurz im Feld *Versionshinweis* fest. Mit der Versionsverwaltung aus Abschnitt »Versionsverwaltung« auf Seite 245 können Sie dann später Änderungen schneller nachvollziehen. Wenn Sie die Kategorie erstellen, können Sie das Eingabefeld noch leer lassen.

Für das Beispiel sollte die linke Seite des Formulars jetzt wie in Abbildung 9-36 aussehen, die Einstellungen auf der rechten Seite bleiben auf ihren Vorgaben.

Weiter geht es auf der Registerkarte *Veröffentlichung*. Auf der linken Seite zeigt Joomla! ein paar Informationen über die Kategorie an – allerdings erst, wenn Sie die Kategorie einmal gespeichert und somit angelegt haben. Dann können Sie links oben das *Erstellungsdatum* der Kategorie ablesen. Wer die Kategorie angelegt hat, steht im Feld *Autor*. Mit einem Klick auf den Knopf mit der weißen Büste können Sie eine andere Person als Ersteller vorgeben. Normalerweise ist das jedoch nicht notwendig. Unter *Bearbeitungsdatum* erfahren Sie, wann die Einstellungen der Kategorie zuletzt geändert wurden. Die dafür verantwortliche Person liefert das Feld *Bearbeitet von*. *Zugriffe* nennt die Anzahl der Besucher, die bereits einen Blick in die Kategorie geworfen haben. Die *ID* verrät schließlich noch die Identifikationsnummer der Kategorie. Da Sie gerade eine neue Kategorie erstellen, stehen beide Zähler noch auf *0*.

Auf der rechten Seite können Sie den Suchmaschinen entgegenkommen. Unter *Meta-Beschreibung* hinterlassen Sie für Google & Co. eine kurze Beschreibung der Kategorieinhalte, wie beispielsweise Newsfeeds zum Thema Film. Dazu passende *Meta-Schlüsselwörter* wären etwa Newsfeeds, Film, Nachrichten. Diese Informationen versteckt Joomla! später in der Übersichtsseite der Kategorie. Sollen die Suchmaschinen eine ganz bestimmte Person für den *Autor* der Übersichtsseite halten, tragen Sie seinen Namen in das gleichnamige Feld ein. Normalerweise können Sie das Feld leer lassen. Mit der Ausklappliste *Robots* legen Sie schließlich noch fest, ob die Suchmaschinen überhaupt die Seite betreten (eine der Optionen mit *index*) und den Links darauf folgen dürfen (eine der Optionen mit *follow*). *noindex* und *nofollow* verbieten hingegen die jeweilige Aktion. Für die neue Kategorie auf den Filmtoaster-Seiten behalten Sie die Vorgabe *Globale Einstellung* bei. Damit gelten die systemweiten Vorgaben, nach denen die Suchmaschinen die Übersichtsseite unter die Lupe nehmen und auch allen darauf befindlichen Links folgen dürfen.

Wenn die Kategorie später im Frontend nicht direkt über einen Menüpunkt erreichbar ist, dann (und wirklich nur dann) können Sie ihrer Übersichtsseite auf der Registerkarte *Optionen* unter *Alternatives Layout* eine eigene, spezielle Optik verpassen.

Tipp   Denken Sie daran, dass die Menüpunkte bestimmen, was auf der dahinterliegenden Seite zu sehen ist.

Welche Darstellungen hier zur Verfügung stehen, hängt von den installierten Templates ab. Standardmäßig bringt Joomla! nur eine Darstellungsform namens *Standard* mit. Belassen Sie daher die Ausklappliste auf ihrem voreingestellten Wert.

Über die Schaltfläche *Auswählen* können Sie der Kategorie noch ein Bild oder ein Symbol spendieren, das später auf der Übersichtsseite erscheint. Im Feld *Alternativtext* beschreiben Sie kurz, was auf dem Bild zu sehen ist. Diesen Text werten nicht nur Suchmaschinen aus, er erscheint auch immer dann im Browser, wenn dieser das Bild nicht anzeigen kann. Im Beispiel ist kein Bild notwendig, lassen Sie daher *Bild* und *Alternativtext* leer.

Damit wären für die Newsfeed-Kategorie auf den Filmtoaster-Seiten alle notwendigen Informationen beisammen.

Nach dem *Speichern & Schließen* landen Sie wieder in der Tabelle mit allen Newsfeed-Kategorien. Dort können Sie später ausgediente Kategorien genau wie die Beiträge in den *Papierkorb* werfen oder archivieren. Über die Schaltfläche *Stapelverarbeitung* in der Werkzeugleiste können Sie die Newsfeed-Kategorien zudem verschieben und kopieren. Dabei gehen Sie so vor, wie in den Abschnitten »Die Verschachtelung nachträglich ändern« und »Kategorien kopieren« ab Seite 132 beschrieben.

Newsfeeds einrichten

Sobald die Kategorie existiert, kann man endlich einen Newsfeed anzapfen. Dazu rufen Sie im Menü den Punkt *Komponenten* → *Newsfeeds* → *Feeds* auf. Joomla! präsentiert Ihnen hier alle in Joomla! angemeldeten Newsfeeds. Wenn Sie der Schnellinstallationsanleitung aus Kapitel 2, *Installation*, Seite 15, gefolgt sind, gibt es noch keine hinterlegten Newsfeeds, was Joomla! wiederum mit der Meldung *Keine passenden Ergebnisse* quittiert.

Auf den Filmtoaster-Seiten soll der Newsticker von *kino.de* mit den aktuellen Filmstarts angezapft werden.

Um eine neue eigene Nachrichtenquelle einzubinden, klicken Sie auf die Schaltfläche *Neu* in der Werkzeugleiste.

Basiseinstellungen

Daraufhin erscheint das Formular aus Abbildung 9-37. Geben Sie dem Newsfeed zunächst ganz oben im Eingabefeld *Titel* einen Namen. Dieser Name erscheint später auch als Überschrift über sämtlichen Nachrichten. Im Beispiel wäre vielleicht Kino.de Newsfeed ganz passend.

Im Feld *Alias* rechts daneben können Sie dem Newsfeed einen Alias- beziehungsweise Ersatznamen verpassen. Diesen verwendet Joomla! für interne Zwecke, wie etwa zur Suchmaschinenoptimierung. Für gewöhnlich können Sie das Feld ignorieren, Joomla! wählt dann selbst einen passenden Alias.

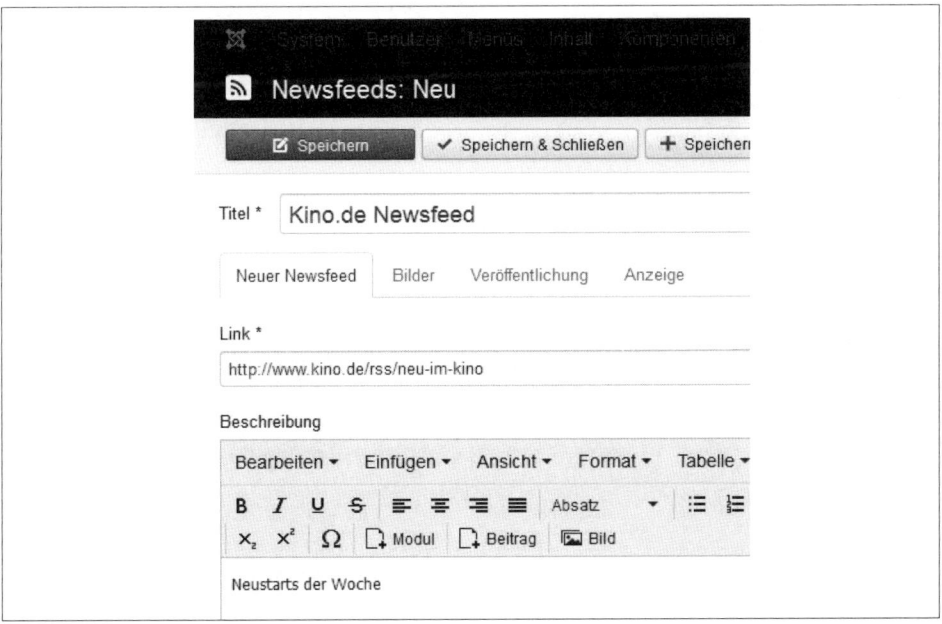

Abbildung 9-37: In diesem Beispiel wird ein Newsfeed angezapft, der die Filmpremieren der aktuellen Woche von kino.de bezieht.

Wenden Sie sich jetzt dem Register *Neuer Newsfeed* zu, auf dem Sie folgende Einstellungsmöglichkeiten finden:

Link
In diesem Feld hinterlegen Sie die Internetadresse zur entsprechenden Newsfeed-Datei. Um sie zu ermitteln, müssen Sie auf die Homepage des Newsfeed-Anbieters wechseln und dort nach entsprechenden Hinweisen Ausschau halten. Häufig finden Sie irgendwo ein kleines Symbol, das mit *RSS* oder *XML* beschriftet ist. Ein Klick darauf fördert dann die benötigte Internetadresse zutage. Auf *http://kino.de* gab es bei Drucklegung dieses Buchs ganz unten auf der Seite den Menüpunkt *RSS-Feed*, der zu einer Aufstellung mit allen angebotenen Newsfeeds führte. Die RSS-Datei mit den anstehenden Filmpremieren stand dabei unter der Adresse *http://www.kino.de/rss/neu-im-kino* bereit. Genau die tippen Sie jetzt für die Filmtoaster-Seiten in das Feld *Link*.

Beschreibung
In diesem Feld sollten Sie kurz und knapp beschreiben, welche Meldungen der Newsfeed dem Besucher später präsentiert. Auf den Filmtoaster-Seiten könnten Sie beispielsweise eintippen: Neustarts der Woche. Joomla! zeigt diese Beschreibung später über dem Inhalt des Newsfeeds an.

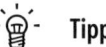
Tipp   Einige Newsfeeds bringen selbst eine solche Beschreibung mit. In diesem Fall können Sie die Beschreibung hier weglassen. Alternativ hinterlegen Sie eine eigene Beschreibung und blenden die im Newsfeed mitgelieferte Beschreibung aus (dazu in wenigen Zeilen mehr).

Die Ausklapplisten auf der rechten Seite sind wieder alte Bekannte:

Status
Nur wenn der *Status* auf *Veröffentlicht* steht, erscheinen die Inhalte des Newsfeeds später auf Ihrer Website.

Kategorie
Über diese Ausklappliste stecken Sie den neuen Newsfeed in eine Newsfeed-Kategorie. Im Beispiel wählen Sie die im vorherigen Abschnitt angelegten *Film-Nachrichten*.

Zugriffsebene
Diese Ausklappliste legt fest, wer die im Newsfeed enthaltenen Informationen zu sehen bekommt. In der Standardeinstellung sind das restlos alle Besucher, was genau das Richtige für die Filmstarts ist. Weitere Informationen hierzu folgen später noch in Kapitel 12, *Benutzerverwaltung und -kommunikation*, Seite 485.

Sprache
Bei mehrsprachigen Internetauftritten stellen Sie hier ein, in welcher Sprachfassung die Inhalte des Newsfeeds auftauchen sollen – für gewöhnlich ist das die Sprache, in der auch der Newsfeed seine Texte ausspuckt. Sofern Sie nur eine

einsprachige Website betreiben, lassen Sie wie auch für die Filmtoaster-Seiten *Alle* stehen. Um mehrsprachige Internetauftritte kümmert sich später noch das Kapitel 18, *Mehrsprachigkeit*, Seite 785.

Schlagwörter

Dem Newsfeed dürfen Sie im entsprechenden Eingabefeld noch *Schlagwörter* anheften. Diese erscheinen dann auch später über den Inhalten des Newsfeeds. Um ein oder mehrere Schlagwörter zu vergeben, klicken Sie in das Eingabefeld *Schlagwörter* und tippen los. Bestätigen Sie dabei jedes Wort mit der [Enter]-Taste. Wenn Sie später weitere Wörter hinzufügen möchten, klicken Sie in einen weißen Bereich des Eingabefelds, tippen das Wort ein und bestätigen es mit der [Enter]-Taste. Um ein Wort wieder loszuwerden, klicken Sie auf das graue X neben seinem Namen. Weitere Informationen rund um die Schlagwörter finden Sie im Abschnitt »Schlagwörter verwalten« auf Seite 225.

Für den Newsfeed aus dem Beispiel bieten sich die Schlagwörter `Neustarts` und `Filme` an.

Versionshinweis

Wenn Sie die Einstellungen irgendwann nachträglich anpassen müssen, beschreiben Sie vor dem Speichern kurz im Feld *Versionshinweis*, welche Änderungen Sie vorgenommen haben – beispielsweise `Der Link hat sich geändert`. Zusammen mit der Versionsverwaltung aus Abschnitt »Versionsverwaltung« auf Seite 245 können Sie dann später Änderungen schneller nachvollziehen. Wenn Sie den Newsfeed erstellen, können Sie das Eingabefeld noch leer lassen.

Die Beschreibung können Sie noch mit zusätzlichen Bildern aufpeppen. Dazu nutzen Sie entweder den Knopf *Bild* in der Symbolleiste des großen Eingabefelds oder die Einstellungen auf der Registerkarte *Bilder*. Während die über den Knopf *Bild* eingefügten Bilder immer direkt in der Beschreibung stehen, stellt Joomla! die über *Erstes Bild* und *Zweites Bild* eingefügten Bilder stets separat neben oder über die Beschreibung. Wenn Sie diese Möglichkeiten im Register *Bilder* nutzen möchten, klicken Sie neben *Erstes Bild* beziehungsweise *Zweites Bild* auf *Auswählen*, laden in der Miniausgabe der Medienverwaltung ein Bild hoch, klicken es an und lassen es *Einfügen*. Wie die Beschreibung das jeweilige Bild umfließen soll, stellen Sie in der Ausklappliste *Textumfließung des Bildes* ein. Beispielsweise steht der Text bei der Auswahl *Rechts* später immer rechts vom Bild. Schließlich können Sie noch eine *Bildunterschrift* und einen alternativen Text vergeben. Die Bildunterschrift zeigt der Browser an, wenn der Besucher mit der Maus über das Bild fährt. Den alternativen Text werten Suchmaschinen und Spezialbrowser für sehbehinderte Personen aus. Darüber hinaus präsentiert ihn der Browser, wenn er das jeweilige Bild nicht anzeigen kann. Sie sollten folglich immer eine Bildunterschrift und einen alternativen Text hinterlegen.

| Tipp | Viele Newsfeeds enthalten selbst Bilder, zudem sind ihre Inhalte häufig selbsterklärend. Fassen Sie sich daher bei der Beschreibung möglichst kurz und binden Sie eigene Bilder nur dann ein, wenn sie wirklich notwendig sind. | |

Veröffentlichungsoptionen

Weiter geht es mit dem Register *Veröffentlichung*. Dort finden Sie folgende Einstellungen:

Veröffentlichung starten und Veröffentlichung beenden
Über diese beiden Einstellungen können Sie die Inhalte des Newsfeeds zeitgesteuert erscheinen und wieder verschwinden lassen. Dazu tragen Sie unter *Veröffentlichung starten* ein, wann der Newsfeed erstmals auf der Website auftauchen soll, und unter *Veröffentlichung beenden*, wann er von dort wieder verschwindet. Mit den Knöpfen rechts neben den Eingabefeldern zaubern Sie kleine Kalender hervor, die bei der Auswahl des korrekten Termins helfen. Alternativ notieren Sie Datum und Zeit nach dem Schema *Jahr-Monat-Tag Stunde:Minute:Sekunde*. Das Jahr müssen Sie dabei vierstellig angeben, Monat und Tag jeweils als zweistellige Zahlen.

Erstellungsdatum
Joomla! merkt sich, wann Sie den Newsfeed angelegt haben. Unter *Erstellungsdatum* dürfen Sie diese Angabe fälschen beziehungsweise überschreiben (indem Sie auf das Kalendersymbol auf der rechten Seite klicken und das entsprechende Datum wählen). Eine Änderung des Erstellungsdatum ist normalerweise nicht notwendig.

Autor
Sie selbst legen hier gerade den Newsfeed an. Soll aber stattdessen jemand anderer als Ersteller gelten, klicken Sie auf das Symbol mit der weißen Büste und wählen in der Liste den entsprechenden Benutzer aus. Normalerweise ist auch hier keine Änderung notwendig.

 **Warnung**   Mit *Autor* ist folglich die Person gemeint, die hier im Formular die Einstellungen vorgenommen hat, und nicht etwa der Ersteller der eigentlichen Newsfeed-Texte.

Autoralias
Benutzernamen sind oftmals recht kryptisch, erst recht, wenn sie von den Angemeldeten selbst gewählt wurden. Aus diesem Grund erlaubt Joomla! Ihnen, hier einen anderen Namen zu vergeben. Da dieser Alias aber nirgendwo sonst in Joomla! auftaucht, können Sie ihn ignorieren – es sei denn, eine nachträglich installierte Erweiterung wertet ihn aus.

Bearbeitungsdatum, Bearbeitet von und Überarbeitung
Unter *Bearbeitungsdatum* zeigt Ihnen Joomla! an, wann hier die Einstellungen zum letzten Mal geändert wurden. Welche Person die Änderungen durchgeführt hat, steht im Feld *Bearbeitet von*. Wie häufig die Einstellungen im Laufe der Zeit geändert wurden, verrät schließlich noch das Feld *Überarbeitung*.

ID
Im Feld *ID* zeigt Joomla! die interne Identifikationsnummer des Newsfeeds an. Da Sie gerade den Newsfeed erstellen, steht hier noch eine *0*.

Auf den Filmtoaster-Seiten bleiben alle Einstellungen auf ihren Vorgaben und somit insbesondere die Felder *Veröffentlichung starten* und *Veröffentlichung beenden* leer. Damit sind die Informationen aus dem Newsfeed umgehend auf der Website zu sehen.

Metadaten

Die auf der rechten Seiten erfragten und an Suchmaschinen gerichteten Metadaten kennen Sie bereits aus vorherigen Abschnitten:

Meta-Beschreibung und Meta-Schlüsselwörter
    Meta-Beschreibung verrät in knappen Worten, um was es im Newsfeed geht, wie etwa `Die aktuellen Filmstarts, gemeldet von Kino.de`. Ergänzend nimmt *Meta-Schlüsselwörter* ein paar durch Kommata getrennte Stichwörter auf. Auf den Filmtoaster-Seiten passen beispielsweise `Filmstarts, Kino.de, Newsfeed`.

Externe Referenz
    Im Feld *Externe Referenz* können Sie auf eine externe Datenquelle für den Newsfeed verweisen (für HTML-Kenner – der hier eingetippte Text landet im HTML-Tag `<meta name="xreference" content="..." />`). Er wird jedoch im Moment nicht von Browsern und Suchmaschinen ausgewertet, weshalb Sie diese Einstellung ignorieren können.

Robots
    Mit der Ausklappliste *Robots* legen Sie fest, ob die Suchmaschinen überhaupt die Seite betreten (eine der Optionen mit *index*) und den Links darauf folgen dürfen (eine der Optionen mit *follow*). *noindex* und *nofollow* verbieten hingegen die jeweilige Aktion. In der Regel können Sie hier die Vorgabe beibehalten, womit Suchmaschinen die Seite untersuchen und allen ihren Links folgen dürfen.

Inhaltsrechte
    Sind die Newsfeed-Inhalte urheberrechtlich geschützt oder stehen unter einer speziellen Lizenz, können Sie einen entsprechenden Hinweis in diesem Feld hinterlegen. Üblicherweise trägt man hier einen Text wie `Copyright 2016 Kino.de` ein. Diese Information werten Browser jedoch nicht aus, und auch bei den Suchmaschinen ist der Nutzen dieses Eingabefelds fraglich. Sie können es daher ignorieren.

Im Filmtoaster-Beispiel tragen Sie nur die oben genannte *Meta-Beschreibung* und die *Meta-Schlüsselwörter* ein, alle anderen Einstellungen bleiben wieder auf ihren Vorgaben.

Darstellung anpassen

Welche im Newsfeed mitgelieferten Inhalte überhaupt auf Ihrer Website erscheinen sollen, bestimmen Sie im letzten Register *Anzeige*:

Anzahl der Beiträge
In der Regel liefert ein Newsfeed nicht nur eine, sondern mehrere Meldungen. Wie viele Joomla! davon auf Ihrer Website anzeigen soll, legt die hier eingetippte Zahl fest. Die vorgegebenen fünf Stück sind bereits ein guter Standardwert.

Cache-Dauer
Joomla! schaut in regelmäßigen Abständen nach, ob es bereits eine neue Version der Newsfeed-Datei gibt. Wie viele Minuten Joomla! zwischen diesen Nachfragen warten soll, bestimmen Sie im Feld *Cache-Dauer*. Bei einer Seite, die in sehr schnellen Zyklen neue Nachrichten generiert (wie beispielsweise ein Börsenticker), können Sie den Standardwert entsprechend verringern. Ansonsten sollten Sie ihn möglichst beibehalten, um Joomla! auch noch Luft für andere Aufgaben zu lassen.

Schreibrichtung
Arabisch wie auch viele andere Sprachen liest man von rechts nach links. Sofern die Inhalte des Newsfeeds diese Schreibrichtung ebenfalls verwenden, setzen Sie diese Ausklappliste auf *Rechts nach Links*. Die in Europa übliche Schreibrichtung von *Links nach Rechts* ist bereits die Standardeinstellung.

Newsfeed-Bild
Diese Ausklappliste regelt, ob Joomla! die im Newsfeed mitgelieferten Bilder *Anzeigen* oder *Verbergen* soll. Meist sind es Piktogramme oder verkleinerte Fotos.

Newsfeed-Beschreibung
Die meisten Newsfeeds bieten auch eine kurze Beschreibung ihrer Inhalte an. Joomla! präsentiert diesen Text später über den eigentlichen Nachrichtentexten. Wenn Sie das verhindern möchten, beispielsweise weil Sie schon auf der Registerkarte *Neuer Newsfeed* eine eigene *Beschreibung* vorgegeben haben, setzen Sie diese Ausklappliste auf *Verbergen*.

Newsfeed-Inhalt
Hiermit können Sie die eigentlichen Nachrichtentexte im Newsfeed *Verbergen*. Das ist etwa dann sinnvoll, wenn Sie auf Ihrer Website die Newsfeeds nur vorstellen, nicht aber auch ihre Inhalte übernehmen möchten.

Anzahl Zeichen
Die im Newsfeed ausgelieferten Meldungen können recht lang sein. Joomla! kann deshalb die Texte nach einer bestimmten Länge abschneiden. Dazu tippen Sie in das Feld einfach die Anzahl der maximal anzuzeigenden Zeichen ein. Bei der voreingestellten 0 zeigt Joomla! immer die kompletten Meldungen an.

Alternatives Layout
Wenn der Newsfeed später im Frontend nicht direkt über einen Menüpunkt erreichbar ist, dann (und wirklich nur dann) können Sie ihm hier eine eigene, spezielle Optik verpassen. Welche Darstellungen hier zur Verfügung stehen, hängt von den installierten Templates ab. Von Haus aus bringt Joomla! nur

eine Darstellungsform namens *Standard* mit. Belassen Sie daher die Ausklappliste auf ihrem voreingestellten Wert.

Feed-Reihenfolge

Normalerweise zeigt Joomla! immer die neuesten Nachrichten im Newsfeed als Erstes an. Diese Reihenfolge können Sie über diese Ausklappliste umdrehen: Mit der Einstellung *Ältesten zuerst* zeigt Joomla! auf Ihrer Website zuerst die ältesten Nachrichten im Newsfeed an.

Der Newsfeed von *kino.de* enthält keine Bilder und nur recht kurze Texte. Die Beschreibung ist zudem recht nützlich, um dem Besucher einen kurzen Überblick über die Inhalte zu geben. Belassen Sie daher alle Einstellungen auf ihren Vorgaben.

Newsfeed anlegen

Damit wären alle Daten für den Newsfeed beisammen. Legen Sie ihn per *Speichern & Schließen* an, womit Sie automatisch wieder in der Tabelle mit allen Newsfeeds aus Abbildung 9-38 landen. Dort steht unter den einzelnen Titeln der Newsfeeds noch einmal die Kategorie, in der sie liegen. Die in den anderen Spalten angezeigten Informationen verrät Tabelle 9-7.

Tabelle 9-7: Spalten der Tabelle Newsfeeds: Kategorien und ihre jeweiligen Informationen

Spalte	Bedeutung
Status	Bei einem grünen Haken ist der Newsfeed prinzipiell für Besucher zu sehen.
Titel	Titel des Newsfeeds.
Zugriffsebene	Die Zugriffsebene legt fest, welche Besuchergruppen den Newsfeed ansehen können.
# Beiträge	Joomla! zeigt so viele Nachrichten aus dem Newsfeed an.
Cache-Dauer	So lange wartet Joomla!, bis es den Newsfeed aktualisiert.
Sprache	Die Nachrichten aus dem Newsfeed erscheinen in dieser Sprachfassung Ihrer Website.
ID	Die interne Identifikationsnummer des Newsfeeds.

Abbildung 9-38: Der hinterlegte Newsfeed mit den Filmpremieren von kino.de.

Newsfeeds mit einem Menüpunkt verbinden

Abschließend müssen Sie den Newsfeed nur noch über einen Menüpunkt auf Ihrer Website zugänglich machen. Dazu klappen Sie im Backend das Menü *Menüs* auf. Wählen Sie dort das Menü, in dem der neue Menüpunkt erscheinen soll. Auf den

Filmtoaster-Seiten rufen Sie *Menüs → Main Menu* auf. Klicken Sie dann in der Werkzeugleiste auf *Neu*.

Verpassen Sie dem Menüpunkt einen *Menütitel*, etwa `Film-Newsfeeds`. Klicken Sie dann auf *Auswählen* neben *Menüeintragstyp*. Interessant ist jetzt das Angebot auf dem Slider *Newsfeeds*:

- *Alle Newsfeed-Kategorien auflisten* präsentiert entweder sämtliche vorhandenen Newsfeed-Kategorien oder aber alle Unterkategorien einer ausgewählten Newsfeed-Kategorie. Dieser Menüeintragstyp ist primär dazu gedacht, den Besuchern die Wahl zwischen verschiedenen Unterkategorien zu ermöglichen.
- *Newsfeeds in Kategorie auflisten* bietet hingegen die Newsfeeds und auf Wunsch auch noch sämtliche Unterkategorien einer Newsfeed-Kategorie zur Auswahl an.
- *Einzelner Newsfeed* führt zu den Texten eines einzelnen Newsfeeds.

Auf den Filmtoaster-Seiten soll der Menüpunkt zu einer Seite mit allen Newsfeeds aus der Kategorie *Film-Nachrichten* führen. Entscheiden Sie sich daher für den Punkt *Newsfeeds in Kategorie auflisten*.

Newsfeeds in Kategorie auflisten

Wenn Sie sich wie im Beispiel für den Menüeintragstyp *Newsfeeds in Kategorie auflisten* entschieden haben, zeigt Joomla! gleich alle Newsfeeds aus einer ganz bestimmten Newsfeed-Kategorie an. Diese *Kategorie* müssen Sie als Nächstes in der gleichnamigen Ausklappliste einstellen. Für die Filmtoaster-Seiten wählen Sie als *Kategorie* die *Film-Nachrichten*. Das Formular sollte damit wie in Abbildung 9-39 aussehen.

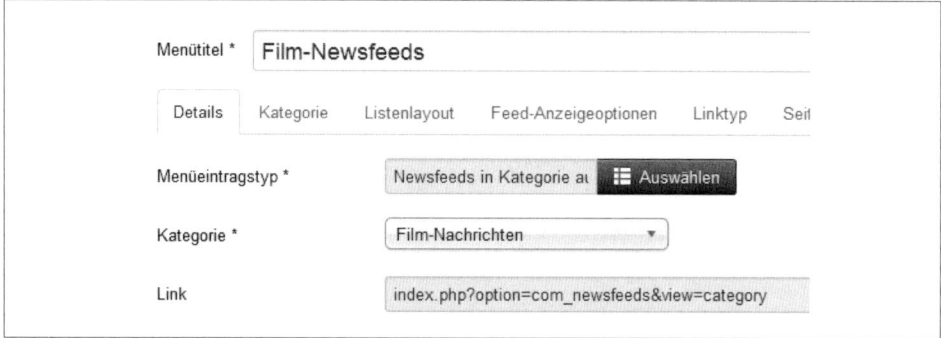

Abbildung 9-39: Hier entsteht ein neuer Menüpunkt für die Newsfeed-Kategorie Film-Nachrichten.

Legen Sie jetzt den Menüpunkt mit *Speichern* an (lassen Sie das Formular also noch geöffnet), rufen Sie die *Vorschau* auf und folgen Sie dort dem neuen Menüpunkt *Film-Newsfeeds*. Sie gelangen damit zur Übersichtsseite der Newsfeed-Kategorie *Film-Nachrichten* aus Abbildung 9-40.

Abbildung 9-40: Die Kategorie Film-Nachrichten auf der Website

Joomla! listet hier sämtliche Newsfeeds aus der Kategorie *Film-Nachrichten* auf. Wenn Sie alle Schritte bis hierin mitgemacht haben, ist das nur genau einer. Mit einem Klick auf seinen Titel *Kino.de Newsfeed* gelangen Sie zum eigentlichen Newsfeed und seinen Inhalten (siehe Abbildung 9-41).

Abbildung 9-41: So sieht der von Kino.de bereitgestellte Newsfeed auf der Joomla!-Website aus.

Sofern Sie Joomla! auf einem Computer im Heimnetzwerk oder lokal installiert haben, benötigen Sie eine funktionierende Internetverbindung. Ansonsten werden zwar die angelegten Newsfeeds angezeigt, nicht aber die darin enthaltenen Texte abgeholt. Joomla! zeigt dann eine entsprechende Fehlermeldung an. Ein Klick auf eine der Nachrichtenüberschriften führt übrigens direkt zur kompletten Meldung auf *http://www.kino.de*. Der Text *Neustarts der Woche* ist die Beschreibung, die Sie dem Newsfeed verpasst haben (im Abschnitt »Newsfeeds einrichten« auf Seite 319). Der Satz *Alle neuen Filme in den deutschen Kinos* liefert hingegen der Newsfeed mit – Sie hätten sich folglich eine eigene Beschreibung sparen können.

Wie im Beispiel sieht man bei einigen Newsfeeds erst in der Vorschau auf der Website, dass Informationen überflüssig sein oder umgekehrt fehlen können. In solchen Fällen muss man nachträglich noch etwas an der Optik drehen. Im Filmtoaster-Beispiel wäre es vielleicht sinnvoll, die im Newsfeed mitgelieferte Beschreibung auszublenden. Dann müssen Sie daran denken, dass in Joomla! der Menüpunkt bestimmt, was die über ihn erreichbaren Seiten zeigen. Wechseln Sie also noch einmal zurück zu den Einstellungen des Menüpunkts im Backend.

Im Register *Kategorie* regeln Sie, welche Informationen über die Newsfeed-Kategorie – in diesem Fall die *Film-Nachrichten* – erscheinen sollen. Sie steuern hier folglich die Inhalte der Seite aus Abbildung 9-40. Die einzelnen Einstellungen sollten Ihnen bereits aus vorherigen Abschnitten bekannt vorkommen, daher nur noch mal im Schnelldurchgang:

Kategorietitel
: Zeigt den Titel der Kategorie als Überschrift an, im Beispiel *Film-Nachrichten*.

Kategoriebeschreibung
: Blendet die Beschreibung der Newsfeed-Kategorie ein und aus, im Beispiel wäre dies der Text *Hier finden Sie brandaktuelle Newsfeeds rund um das Thema Film*.

Kategoriebild
: Blendet die Bilder der Newsfeed-Kategorie ein und aus; im Beispiel wurden keine vergeben.

Unterkategorieebenen
: Die Übersichtsseite präsentiert alle enthaltenen Unterkategorien bis zu dieser Hierarchiestufe.

Leere Kategorien
: Wenn Sie hier *Anzeigen* wählen, bietet Joomla! den Besuchern auch leere Unterkategorien zur Auswahl an.

Unterkategorienbeschreibung
: Dieser Punkt blendet die Beschreibungen der Unterkategorien ein und aus.

 # Feeds in Kategorie
: Steht diese Ausklappliste auf *Anzeigen*, verrät Joomla!, wie viele Newsfeeds jeweils in den einzelnen Unterkategorien enthalten sind.

Später präsentiert Joomla! alle Newsfeeds wie in Abbildung 9-40 in einer kleinen Liste oder Tabelle. Im Register *Listenlayout* legen Sie fest, welche Informationen in und um dieser Liste auftauchen sollen:

Filterfeld
: Wenn Sie hier *Anzeigen* wählen, blendet Joomla! über der Liste mit allen Newsfeeds ein Filterfeld ein (in Abbildung 9-40 links oben über der Liste). Wenn der Besucher dort einen Begriff eintippt und die [Enter]-Taste drückt, zeigt Joomla! nur noch zu diesem Begriff passenden Newsfeeds an. Damit findet der Besucher schneller den gewünschten Newsfeed. Über die Ausklappliste *Filterfeld* können Sie das Eingabefeld auch *Verbergen* und somit von der Webseite nehmen. Joomla! 3.6.0 ignorierte jedoch diese Einstellung und zeigte das Filterfeld immer an.

»Anzeige«-Filter
: Der Besucher kann über eine Ausklappliste wählen, wie viele Newsfeeds Joomla! ihm auf einer Bildschirmseite anbieten soll (in Abbildung 9-40 rechts oben über

der Liste). Diese Möglichkeit sollten Sie ihm geben, wenn die Liste sehr viele Newsfeeds enthält.

Tabellenüberschriften

Manche Templates zeigen die Newsfeeds nicht in einer Liste wie in Abbildung 9-40, sondern in einer Tabelle wie in Abbildung 9-42 an. Über diese Ausklappliste können Sie dann die Spaltenbeschriftungen – und somit die erste Zeile – der Tabelle ein- beziehungsweise ausblenden.

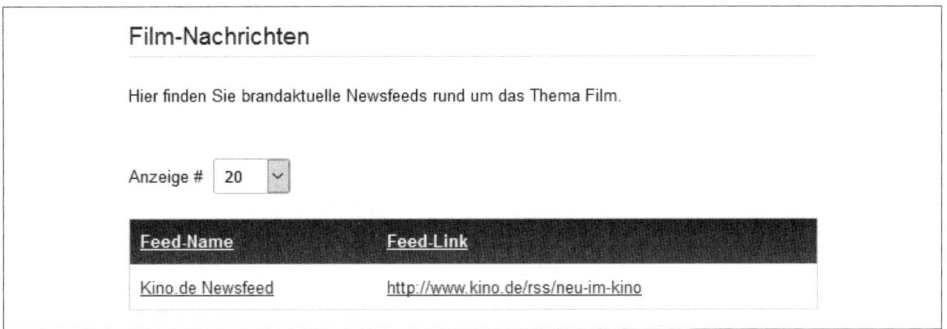

Abbildung 9-42: Das Beez3-Template bietet die Newsfeeds einer Kategorie in einer Tabelle an.

 # Beiträge

Wenn Sie diese Ausklappliste auf *Anzeigen* setzen, verrät eine weitere Spalte in der Liste (beziehungsweise der Tabelle), wie viele Nachrichten sich in den jeweiligen Newsfeeds befinden.

Newsfeed-Links

Wie in Abbildung Abbildung 9-40 dargestellt, zeigt Joomla! für jeden Newsfeed dessen Internetadresse an (in der Tabelle aus Abbildung 9-42 in der Spalte *Feed-Link*). Wenn Sie das unterbinden möchten, setzen Sie diese Ausklappliste auf *Verbergen*.

Seitenzahlen

Wenn mehr Newsfeeds in der Kategorie stecken, als die Liste beziehungsweise Tabelle auf einmal anzeigen kann, erscheinen am unteren Rand Schaltflächen, über die der Besucher zu den übrigen Newsfeeds vor- beziehungsweise zurückblättern kann. Über diese Ausklappliste können Sie die Schaltflächen auch *Verbergen* lassen. Unter Umständen kommt der Besucher dann aber nicht mehr zu den übrigen Newsfeeds. Belassen Sie daher hier möglichst immer die Voreinstellung. Joomla! blendet dann die Schaltflächen ein, wenn sie benötigt werden.

Gesamtseitenzahlen

Mit *Anzeigen* erscheint unterhalb der Liste die Information, auf wie viele Bildschirmseiten Joomla! die Liste aufgeteilt hat und auf welcher dieser Seiten sich der Besucher gerade befindet.

Über einen Klick auf einen Newsfeed erreichen Sie seine Inhalte (wie sie Abbildung 9-41 auf Seite 327 zeigt). Was auf dieser Seite zu sehen ist, bestimmt das Register *Feed-Anzeigeoptionen*. Die darauf vorhandenen Einstellungsmöglichkeiten entsprechen exakt denen aus Abschnitt »Darstellung anpassen« auf Seite 323. Die dort vorgenommenen Einstellungen werden von denen hier angebotenen überschrieben.

Sie können folglich auch im Filmtoaster-Beispiel endlich die im Newsfeed mitgelieferte Beschreibung ausblenden. Dazu setzen Sie die *Newsfeed-Beschreibung* auf *Verbergen* und lassen die Änderung *Speichern & Schließen*. Über dem Newsfeed erscheint dann nur noch die von Ihnen vorgegebene Beschreibung – im Beispiel also die *Neustarts der Woche*.

Wenn Sie also das Aussehen einer Newsfeed-Seite wie der aus Abbildung 9-41 verändern möchten, gehen Sie dazu immer wie folgt vor:

1. Öffnen Sie die Einstellungen des Newsfeeds (*Komponenten → Newsfeeds → Feeds*, dann ein Klick auf den entsprechenden Newsfeed) und stellen Sie im Register *Anzeige* die anzuzeigenden Informationen ein.
2. Führt das nicht zum gewünschten Ergebnis, prüfen Sie, über welchen Menüpunkt der Newsfeed erreichbar ist, rufen seine Einstellungen auf und kontrollieren dort das Register *Feed-Anzeigeoptionen*.

Alle Newsfeed-Kategorien auflisten

Wenn Sie viele Newsfeed-Kategorien angelegt haben, können Sie Ihren Besuchern diese Kategorien auf einer Seite zur Auswahl anbieten. Ein Klick auf eine der Kategorien führt dann zu den enthaltenen Newsfeeds. Im Filmtoaster-Beispiel existiert nur eine Newsfeed-Kategorie, weshalb solch eine Übersicht nicht notwendig ist – Sie können daher diesen Abschnitt überspringen.

Möchten Sie solch eine Liste mit Newsfeed-Kategorien erstellen, legen Sie zunächst einen neuen Menüpunkt an, vergeben einen *Menütitel*, klicken neben *Menüeintragstyp* auf *Auswählen*, klappen die *Newsfeeds* auf und entscheiden sich für den Punkt *Alle Newsfeed-Kategorien auflisten*.

Sofern in der Ausklappliste *Kategorie der obersten Kategorieebene* der Punkt *Root* eingestellt ist, bietet Joomla! Ihren Besuchern gleich sämtliche existierenden Newsfeed-Kategorien zur Auswahl an. Alternativ können Sie in der Ausklappliste auch eine einzelne Kategorie auswählen. Joomla! zeigt dann nur noch die darin enthaltenen Unterkategorien an.

Auf der Registerkarte *Kategorien* (der zweiten von links) warten noch folgende Einstellungen, die Ihnen ebenfalls bekannt vorkommen dürften:

Beschreibung der obersten Kategorie und Beschreibung der Oberkategorie
  Mit *Beschreibung der obersten Kategorie* können Sie die Beschreibung der Kategorie ein- und ausblenden. Der Text im Feld *Beschreibung der Oberkategorie* ersetzt diese Beschreibung.

Unterkategorieebenen
  Joomla! präsentiert gleich alle in der Kategorie enthaltenen Unterkategorien bis zu dieser Hierarchiestufe.

Leere Kategorien
> Wenn diese Ausklappliste auf *Anzeigen* steht, bietet Joomla! Ihren Besuchern auch leere (Unter-)Kategorien zur Auswahl an.

Unterkategorienbeschreibung
> Hiermit blenden Sie die Beschreibungen der Unterkategorien ein und aus.

 # Feeds in Kategorie
> Steht diese Ausklappliste auf *Anzeigen*, erscheint neben jeder Unterkategorie die Anzahl der enthaltenen Newsfeeds.

Wenn Sie einem Menüpunkt vom Typ *Alle Newsfeed-Kategorien auflisten* folgen, bietet Ihnen Joomla! die Newsfeed-Kategorien zur Auswahl an. Sobald Sie eine davon anklicken, landen Sie auf einer Seite, die alle Newsfeeds dieser Kategorie auflistet (ähnlich wie in Abbildung 9-40 auf Seite 327). Das Aussehen genau dieser Seite regeln die Einstellungen in den Registern *Kategorie* (dem dritten von links) und *Listenlayout*. Ihre Einstellungen entsprechen ihren Namensvettern beim Menüeintragstyp *Newsfeeds in Kategorie auflisten* aus dem vorherigen Abschnitt. Wie schließlich die darüber erreichbaren Newsfeed-Nachrichtenseiten aussehen, bestimmen die *Feed-Anzeigeoptionen*. Auch ihre Einstellungen entsprechen denen des Menüeintragstyps *Newsfeeds in Kategorie auflisten*.

Einzelner Newsfeed

Abschließend können Sie noch einen Menüpunkt auf einen einzelnen Newsfeed setzen. Dazu erstellen Sie einen neuen Menüpunkt, vergeben einen *Menütitel*, klicken neben *Menüeintragstyp* auf *Auswählen*, öffnen die *Newsfeeds* und entscheiden sich für *Einzelner Newsfeed*. Klicken Sie dann neben *Newsfeed* auf *Auswählen* und suchen Sie sich im erscheinenden Fenster den zu verknüpfenden Newsfeed aus. Anschließend können Sie noch auf der Registerkarte *Feed-Anzeigeoptionen* festlegen, welche Informationen Joomla! aus dem Newsfeed anzeigen soll. Die dortigen Einstellungen entsprechen wieder denen aus Abschnitt »Darstellung anpassen« auf Seite 323, wobei die hier vorgenommenen Änderungen ihre Pendants überschreiben.

Schlagwörter verstecken und die Grundeinstellungen

Sowohl den Newsfeed-Kategorien als auch den Newsfeeds dürfen Sie jeweils Schlagwörter anheften. Diese zeigt Joomla! dann immer auf der Übersichtsseite der Kategorie oder über dem Newsfeed an (wie in Abbildung 9-41 auf Seite 327).

Wenn Sie die Schlagwörter (vorübergehend) verstecken möchten, müssen Sie die Grundeinstellungen der Newsfeed-Komponente aufrufen. Dazu wechseln Sie zum Menüpunkt *Komponenten* → *Newsfeeds* und aktivieren in der Werkzeugleiste die *Optionen*. Auf den jetzt angezeigten Registerkarten können Sie vorgeben, welche Informationen standardmäßig auf den Seiten der Newsfeed-Kategorien und der einzelnen Newsfeeds zu sehen sind. Die Einstellungen entsprechen jeweils denen, die Sie in den vorherigen Abschnitten kennengelernt haben.

Möchten Sie die Schlagwörter über allen Newsfeeds ausblenden, setzen Sie im Register *Newsfeed* den Punkt *Tags anzeigen* auf *Verbergen*. Analog können Sie die Schlagwörter auf den Übersichtsseiten aller Newsfeed-Kategorien ausblenden, indem Sie im Register *Kategorie* den Punkt *Tags anzeigen* auf *Verbergen* setzen.

Zumindest Joomla! 3.6.0 verhält sich jedoch etwas merkwürdig: Während der Punkt *Tags anzeigen* im Register *Kategorie* überhaupt keine Auswirkungen zeigte, versteckte der Punkt *Tags anzeigen* im Register *Newsfeed* auch gleich noch die Schlüsselwörter auf allen Übersichtsseiten der Newsfeed-Kategorien. Mit anderen Worten, Sie können unter Joomla! 3.6.0 immer nur auf sämtlichen Seiten mit Newsfeeds die Schlüsselwörter ausblenden.

Es gibt jedoch eine kleine Ausnahme: Wenn Sie einen Menüpunkt direkt auf einen Newsfeed richten (mit dem Menüeintragstyp *Einzelner Newsfeed*), können Sie in den Einstellungen des Menüpunkts im Register *Feed-Anzeigeoptionen* unter *Tags anzeigen* die Schlagwörter nur für diesen einen Newsfeed *Verbergen* lassen.

Wenn Sie hinter *Komponenten* → *Newsfeeds* in den *Optionen* eine oder mehrere Einstellungen angepasst haben, dürfen Sie nicht vergessen, diese Änderungen zu *Speichern*.

Suchfunktion und Suchstatistiken

Sofern Sie der Schnellinstallationsanleitung aus Kapitel 2, *Installation*, Seite 15, gefolgt sind beziehungsweise während der Joomla!-Installation die Beispieldaten eingespielt haben, finden Sie auf der Website rechts oben in der Ecke ein *Suchen*-Feld. Wenn Sie in das kleine Eingabefeld einen Begriff eingeben und auf die [Enter]-Taste drücken, sucht das Content-Management-System Ihren Begriff im gesamten Internetauftritt und listet anschließend alle Fundstellen auf. Abbildung 9-43 zeigt das Ergebnis einer solchen Suchanfrage. Joomla! blendet dabei im oberen Teil noch weitere Einstellungen ein, mit denen der Suchende seine Anfrage weiter verfeinern kann.

Tipp   Das kleine Suchfeld rechts oben in der Seitenecke stellt übrigens ein Modul bereit. Sie werden folglich in Kapitel 10, *Module – Die kleinen Brüder der Komponenten*, Seite 351, noch einmal über die Suchfunktion stolpern.

Suchanfragen analysieren

Ein Besucher nutzt die Suchfunktion besonders dann, wenn er einen bestimmten Beitrag nicht schnell genug finden konnte. Häufige Suchanfragen weisen somit auf einen fehlerhaften oder suboptimalen Aufbau des Internetauftritts hin – denn andernfalls hätten die Besucher den wesentlich bequemeren Weg über das Menü genommen.

Netterweise kann Joomla! genau protokollieren, welche Begriffe wie oft gesucht wurden. Dazu rufen Sie im Backend den Menüpunkt *Komponenten* → *Suche* auf. Das Ergebnis ist ein zunächst noch etwas karger Bildschirm.

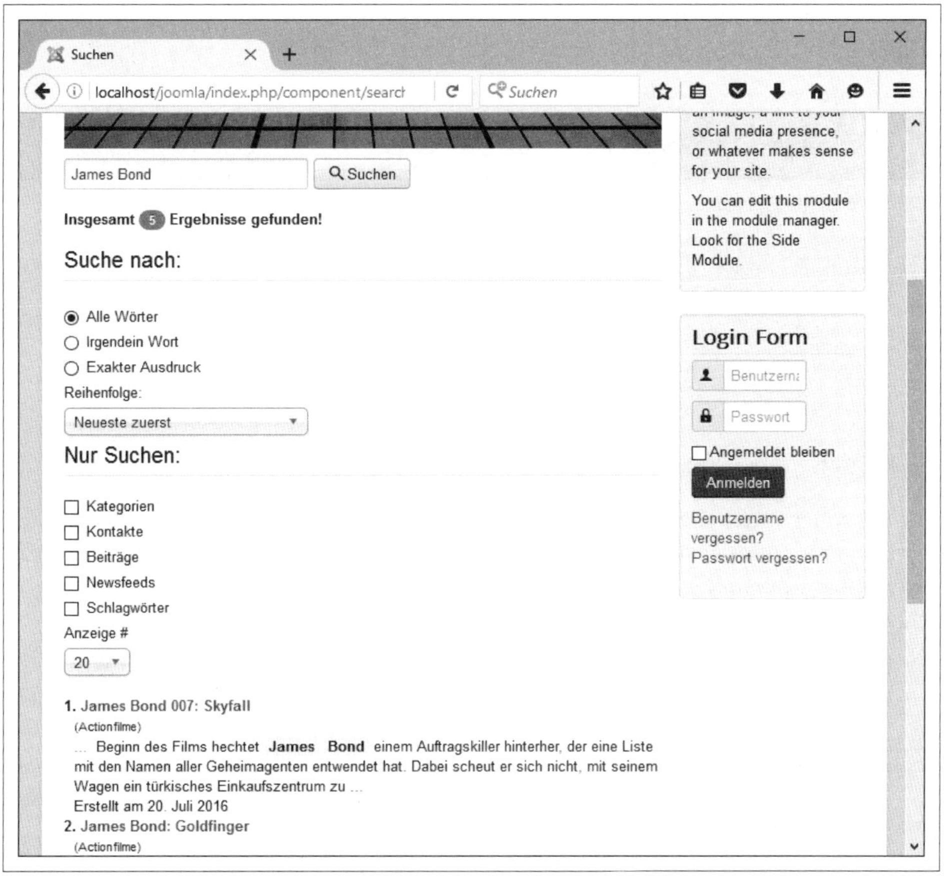

Abbildung 9-43: Steckt das gesuchte Wort in einem Beitrag, nennt Joomla! auch dessen Erstellungsdatum in seinen Suchergebnissen.

Wie der Text *Suchstatistiken werden nicht erfasst* bereits dezent andeutet, merkt sich Joomla! von Haus aus keinen einzigen Suchbegriff. Um das zu ändern, klicken Sie in der Werkzeugleiste auf *Optionen*. Um die Erstellung von Suchstatistiken anzuwerfen, aktivieren Sie *Ja* neben *Suchstatistiken erfassen* und klicken anschließend auf *Speichern & Schließen*, um die Änderungen zu übernehmen. Damit protokolliert Joomla! ab sofort penibel jede Suchanfrage.

Spielen Sie jetzt einmal Besucher, indem Sie in die *Vorschau* wechseln, in das Suchfeld rechts oben james bond eintippen und anschließend die [Enter]-Taste betätigen. Wiederholen Sie diesen Vorgang absichtlich ein zweites Mal.

Wenn Sie nun zurück ins Backend wechseln und im Hauptmenü wieder den Punkt *Komponenten → Suche* aufrufen, erscheint eine Liste mit allen bislang gesuchten Begriffen. Die Spalte *Zugriffe* verrät, wie oft nach dem Begriff gesucht wurde (wie Abbildung 9-44 zeigt). In der Spalte *Ergebnisse* zeigt Joomla! zudem noch an, auf wie vielen Internetseiten die einzelnen Begriffe derzeit vorkommen. Die Daten in der letzten Spalte können Sie über die Schaltfläche *Suchergebnisse ausblenden* (in der Werkzeugleiste ganz links) verstecken lassen, ein Klick auf *Suchergebnisse anzeigen* blendet sie wieder ein.

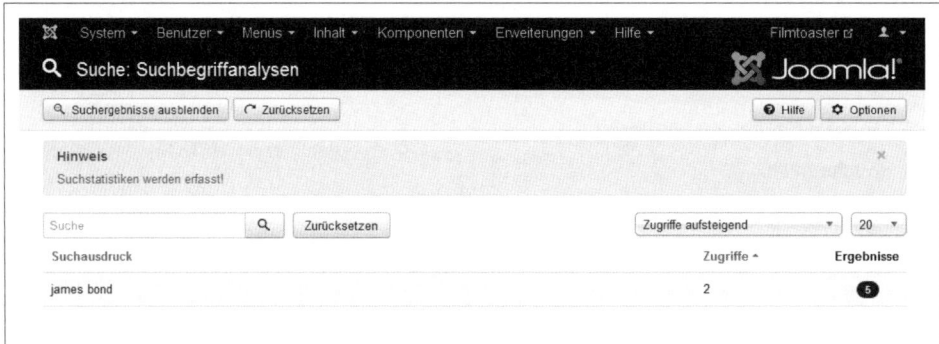

Abbildung 9-44: Wie diese Statistik verrät, wurde zwei Mal nach dem Begriff james bond gesucht.

Ein Besucher nutzt die Suchfunktion vor allem dann, wenn er einen bestimmten Beitrag gar nicht oder nicht schnell genug findet. Sie sollten daher regelmäßig in der Liste unter *Komponenten → Suche* die besonders häufig gesuchten Begriffe nachschlagen und zu diesen dann immer Folgendes überprüfen:

- Existiert überhaupt ein Beitrag oder ein Kontakt zu diesem Begriff? Wenn die Besucher auf den Filmtoaster-Seiten besonders häufig nach Titanic suchen, sollten Sie eine entsprechende Filmkritik schreiben. Suchen auf einer Vereinsseite besonders viele Menschen nach den Mitgliedsbeiträgen, sollte man einen direkt über das Menü erreichbaren Beitrag mit den entsprechenden Informationen einrichten.

- Existiert ein Beitrag zu einem ähnlichen Thema oder unter einem Synonym? Beispielsweise könnten Sie einen Beitrag über Gardinen erstellt haben, während Ihre Besucher jedoch nach Vorhängen suchen. In diesem Fall sollten Sie den Begriff Vorhänge in den Text aufnehmen oder vielleicht sogar den Titel des Beitrags ändern.

- Sind die Beiträge und Kontakte zu diesem Begriff leicht über Ihre Menüs zu erreichen? So sollten beispielsweise zu der besonders häufig gesuchten Titanic-Kritik möglichst wenige Mausklicks führen.

Aktiv werden müssen Sie allerdings dann, wenn die Zugriffe eines Suchbegriffs erkennbar höher sind als die der anderen Suchbegriffe.

Um die Suchstatistiken zu löschen und mit der Erfassung wieder von vorne zu beginnen, klicken Sie in der Werkzeugleiste auf *Zurücksetzen*.

 **Warnung**   Das Sammeln und Berechnen der Suchstatistik kostet zusätzliche Rechenzeit, wodurch sich unter Umständen die Auslieferung der Webseiten verzögern kann. Überlegen Sie sich also gut, ob Sie die Statistiken erstellen lassen möchten. Schalten Sie sie daher möglichst nur über einen kurzen Zeitraum ein oder wenn Sie den Verdacht haben, dass die Suchfunktion überproportional oft verwendet wird.

Suchformular in ein Menü einbinden

Das umfangreiche Suchformular aus Abbildung 9-45 erscheint immer erst dann, wenn der Besucher seinen Begriff in das kleine Suchfeld rechts oben in der Ecke eingetippt und abgeschickt hat – also eigentlich viel zu spät. Sie können ihm das Formular jedoch über einen Menüpunkt zugänglich machen. Auch die Filmtoaster-Seiten sollen einen solchen Menüpunkt anbieten.

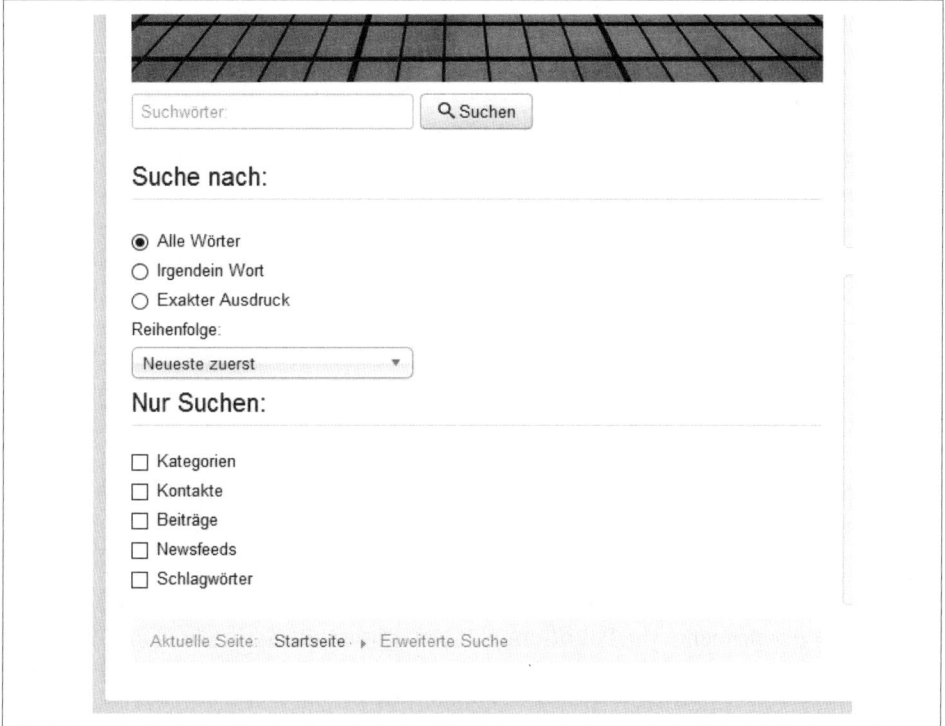

Abbildung 9-45: Dieses Formular können Sie auch über einen Menüpunkt zugänglich machen.

Dazu erstellen Sie einen neuen Menüpunkt, indem Sie im Backend das Menü *Menüs* aufklappen. Wählen Sie dort das Menü, in dem der Menüpunkt unterkommen soll. Auf den Filmtoaster-Seiten entscheiden Sie sich für das *Main Menu*. Klicken Sie anschließend auf *Neu* in der Werkzeugleiste. Im erscheinenden Formular klicken Sie neben *Menüeintragstyp* auf *Auswählen*, klappen den Slider *Suche* auf und entscheiden sich für den Menüeintragstyp *Suchformular oder Suchergebnisse auflisten*. Vergeben Sie noch einen passenden *Menütitel*, wie etwa Erweiterte Suche.

Im Feld *Suchbegriff (optional)* dürfen Sie noch einen Suchbegriff vorgeben. Sobald ein Besucher das Formular aufruft, packt Joomla! diesen Suchbegriff automatisch in das Eingabefeld. Der Besucher kann den Begriff dann direkt übernehmen oder mit einem anderen überschreiben. Normalerweise gibt man auf diesem Weg einen besonders häufig gesuchten Begriff vor. In der Regel können Sie das Feld *Suchbegriff (optional)* jedoch leer lassen, das gilt auch für die Filmtoaster-Seiten.

Wechseln Sie jetzt zum Register *Optionen*. Hier können Sie das Suchformular noch etwas anpassen.

In das Eingabefeld des Suchformulars tippen Besucher mitunter nicht nur eins, sondern gleich mehrere Wörter ein. Wie Joomla! dann vorgehen soll, können Ihre Besucher direkt unter dem Eingabefeld im Bereich *Suche nach* festlegen (siehe Abbildung 9-45). Bei *Alle Wörter* müssen alle eingegebenen Wörter irgendwo in einem Beitrag enthalten sein, damit er später unter den Suchergebnissen auftaucht. Im Fall von *Irgendein Wort* reicht es schon aus, wenn eines der Wörter im Beitrag vorkommt. *Exakter Ausdruck* berücksichtigt auch die Reihenfolge der Wörter – »james bond« wird folglich erst gefunden, wenn diese beiden Wörter exakt so in einem Beitrag stehen. Über die Ausklappliste *Reihenfolge* können die Besucher zudem noch ein Kriterium festlegen, nach dem die Suchergebnisse sortiert werden sollen. Joomla! schlägt dabei dem Besucher schon Einstellungen vor. In Abbildung 9-45 empfiehlt das Content-Management-System beispielsweise, *Alle Wörter* suchen zu lassen und die Suchergebnisse nach ihrem jeweiligen Erstellungsdatum zu sortieren (*Neueste zuerst*). Diese Vorschläge können Sie in den Einstellungen des Menüpunkts mit den Ausklapplisten *Suchen nach* und *Ergebnissortierung* ändern. Setzen Sie beispielsweise die *Ergebnissortierung* auf *Alphabetisch*, sortiert Joomla! später standardmäßig alle Fundstellen alphabetisch aufsteigend. Diese Einstellungen sind jedoch immer nur eine Vorgabe, die der Besucher später im Formular aus Abbildung 9-45 selbst abändern darf. Sie können den kompletten Bereich *Suche nach* aber auch ausblenden. Dazu setzen Sie die Ausklappliste *Suchoptionen verwenden* auf *Nein*.

Im Formular aus Abbildung 9-45 gibt es noch einen weiteren Bereich – *Nur Suchen*. Darin kann der Besucher die Fahndung auf Kategorien, Kontakte und so weiter einschränken. Mit einem Haken vor *Schlagwörter* würde Joomla! folglich den eingetippten Suchbegriff nur noch in den Schlagwörtern suchen. Auch den Bereich *Nur Suchen* können Sie ausblenden, indem Sie in den Einstellungen des Menüpunkts die Ausklappliste *Suchbereiche verwenden* auf *Nein* stellen.

In den Einstellungen des Menüpunkts finden Sie zudem die Ausklappliste *Erstellungsdatum*. Sie bezieht sich auf die Darstellung der Suchergebnisse. Diese präsentiert Joomla! auf der Website in einer mehr oder weniger langen Liste. Handelt sich bei einer der Fundstellen um einen Beitrag, zeigt das Content-Management-System standardmäßig auch dessen Erstellungsdatum (wie in Abbildung 9-43 auf Seite 333 am äußersten unteren Rand). Auf diese Weise sieht der Suchende sofort, ob der Beitrag eventuell schon veraltet ist. Möchten Sie das Datum in den Suchergebnissen nicht mit aufführen, setzen Sie *Erstellungsdatum* auf *Verbergen*.

Für die Filmtoaster-Seiten belassen Sie mal wieder alle Einstellungen auf ihren Vorgaben. Legen Sie dann den Menüpunkt mit *Speichern & Schließen* an. Auf Ihrer Website sollte jetzt der neue Menüpunkt zum Suchformular aus Abbildung 9-45 führen.

Die oben vorgestellten Einstellungen *Suchoptionen verwenden*, *Suchbereiche verwenden* und *Erstellungsdatum* bieten auch jeweils den Punkt *Globale Einstellung*. Welche Auswirkungen der jeweils hat, können Sie selbst unter *Komponenten* → *Suche* nach einem Klick auf die *Optionen* in den Grundeinstellungen der Komponente festlegen.

OpenSearch nutzen

Die Suchfunktion von Joomla! können nicht nur Ihre Besucher, sondern auch andere Programme und Apps nutzen. Ein Paradebeispiel für solch ein Programm ist Firefox: Bei diesem Browser können Sie einen Suchbegriff in das Eingabefeld rechts oben eintippen (siehe Abbildung 9-46). Firefox führt dann normalerweise für Sie eine Suchanfrage bei Google, Bing oder einer anderen Suchmaschine durch. Wenn Sie nach der Eingabe des Suchbegriffs auf das Lupensymbol klicken, können Sie sich wie in Abbildung Abbildung 9-46 im unteren Bereich bequem eine der Suchmaschinen aussuchen. Zur Auswahl steht dabei neben Google und Bing unter anderem auch die Suchfunktion der Wikipedia. Wenn Sie sich für diese entscheiden, erhalten Sie natürlich nur Suchergebnisse aus der Online-Enzyklopädie. Diese von Firefox angebotenen Suchmaschinen dürfen Sie um eigene ergänzen. Auf diese Weise können Sie sogar die Suchfunktion aus Ihrer Joomla!-Installation einbinden. Sie können dann direkt aus Firefox heraus alle Filmkritiken durchsuchen. Dazu müssen Sie zunächst in der Vorschau Ihres Internetauftritts eine Seite ansteuern, auf der das Suchen-Modul zu sehen ist (also das kleine Eingabefeld für die Suche, das standardmäßig rechts oben in der Ecke lungert). Wenn Sie der Schnellinstallationsanleitung aus Kapitel 2, *Installation*, Seite 15, gefolgt sind, reicht es dazu schon aus, die Startseite aufzurufen. In Firefox erhält dann im Eingabefeld rechts oben die Lupe wie in Abbildung 9-46 ein grünes Pluszeichen. Wenn Sie jetzt auf dieses Symbol klicken, können Sie Ihre Joomla!-Installation als Suchmaschine hinzufügen – in Abbildung 9-46 also die Suchfunktion der Filmtoaster-Seite.

Diese reibungslose Integration ermöglicht der OpenSearch-Standard, der ursprünglich von Amazon entwickelt wurde. Er regelt penibel, wie Firefox und andere Programme die Suchfunktion der Website nutzen können. Joomla! unterstützt von Haus aus den OpenSearch-Standard, Sie müssen den Browser nur wie beschrieben auf eine Seite mit dem Suchen-Modul steuern.

Die Suchfunktion Ihres Internetauftritts kennen Firefox und andere Programme unter dem Namen der Website. Im Beispiel bietet Firefox somit an, den Begriff in *Filmtoaster* zu suchen. Diese Bezeichnung ist natürlich nicht ganz passend, besser wäre vielleicht *Filmtoaster-Suche*. Netterweise dürfen Sie selbst bestimmen, wie die Suchfunktion heißen soll. Dazu rufen Sie im Backend von Joomla! *Komponenten* → *Suche* auf und wechseln in der Werkzeugleiste in die *Optionen*. Dort geben Sie unter *OpenSearch-Name* vor, unter welchem Namen die Joomla!-Suche in anderen Programmen zukünftig bekannt ist. Für das Beispiel hinterlegen Sie `Filmtoaster-Suche`. Ergänzend können Sie im Feld *OpenSearch-Beschreibung* noch kurz darstellen, was Ihre Suchfunktion durchsucht. Auf den Filmtoaster-Seiten ist folgender Hinweis sinnvoll: Diese Internetseite bietet Kritiken zu Kinofilmen an. Lassen Sie anschließend diese Informationen *Speichern*. Nicht alle Programme werten diese beiden Angaben aus. Firefox beispielsweise ignorierte zum Zeitpunkt der Drucklegung die *OpenSearch-Beschreibung*.

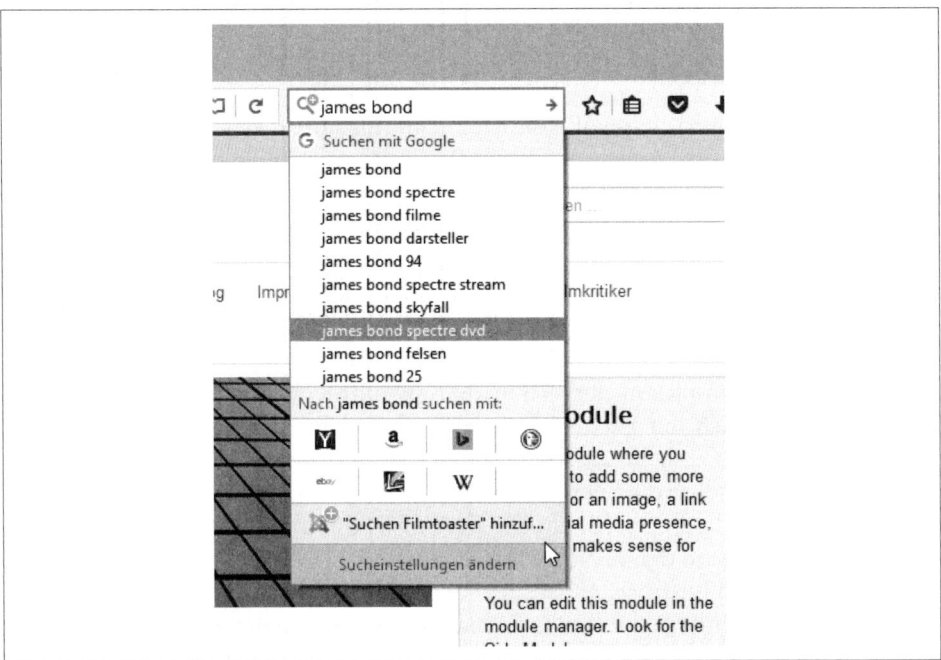

Abbildung 9-46: Firefox kann die Suchfunktion von Joomla! direkt nutzen. Anwender von Firefox müssen dann nicht erst das Suchformular aufrufen.

Weitere Hintergrundinformationen zum OpenSearch-Standard finden Sie in der Wikipedia unter *https://de.wikipedia.org/wiki/OpenSearch* sowie unter *http://www.opensearch.org*.

Tipp   Neben den Browsern gibt es in der Praxis kaum weitere Anwendungen, die die Suchfunktion von Joomla! direkt sinnvoll nutzen beziehungsweise einspannen. Sollte ein Programm die Suchfunktion verwenden wollen, klappt das in der Regel vollautomatisch, ohne dass Sie oder der Anwender des Programms eingreifen müssten.

Suchindex (Smart Search)

Seit Joomla! 2.5 gibt es noch eine zweite Suchfunktion namens *Smart Search*, die im Deutschen etwas sperrig *Suchindex* heißt. Dahinter verbirgt sich eine runderneuerte, halb intelligente Suchfunktion. In einem ersten Schritt analysiert sie sämtliche in Joomla! gespeicherten Inhalte – diesen Vorgang bezeichnet man als Indexierung. Auf diese Weise kann die Suchfunktion die Fundstellen eines Suchlaufs nach Relevanz sortieren.

Darüber hinaus schlägt sie alternative Suchbegriffe vor – beispielsweise anstelle von »jems bond« den Begriff »James Bond« (siehe Abbildung 9-47). Sie kennen diese Funktion vielleicht von Google (»Meinten Sie ...?«). Die Suchmaschine stand auch bei einer weiteren Funktion Pate: Sobald der Besucher zu tippen beginnt, versucht Joomla!, den Suchbegriff zu erraten, und unterbreitet ihm in einer Ausklappliste ein paar Vorschläge. Dank der Indexierung ist der eigentliche Suchvorgang obendrein auch noch schneller. Ihren Ursprung hat die neue Suchfunktion übrigens in einer Erweiterung namens *Finder*.

Abbildung 9-47: Die neue Suchfunktion hilft bei Tippfehlern im Suchbegriff.

Smart Search klingt somit extrem verlockend, diese moderne Suchfunktion hat aber auch ein paar Nachteile:

- Smart Search arbeitet komplett unabhängig von der normalen Suche (die in den vorherigen Abschnitten beschrieben wurde). Sie müssen sich also entscheiden, ob Sie auf Ihrer Website die normale Suchfunktion oder aber Smart Search verwenden.

| **Tipp** | Auch wenn es prinzipiell möglich ist, sollten Sie niemals beide Suchfunktionen gleichzeitig auf Ihrer Website einsetzen, denn in dem Fall würden die Besucher, sicher ziemlich verwirrt, vor zwei Eingabefeldern beziehungsweise Menüpunkten stehen. | |

- Nachträglich installierte Erweiterungen unterstützen häufig nur die normale Suchfunktion, nicht aber Smart Search. Das hat unter Umständen zur Folge, dass Smart Search nicht alle Inhalte findet.
- Obwohl Smart Search schon seit mehreren Jahren existiert, behandeln sie die Joomla!-Entwickler immer noch etwas stiefmütterlich. So haben einige Einstellungen nach wie vor keine Auswirkungen, und das Suchformular wirkt unter dem Template *Protostar* etwas wirr (wie das aussieht, demonstriert Abbildung 9-50 auf Seite 343).

Probieren Sie daher Smart Search immer erst gründlich in einer Joomla!-Testinstallation aus, bevor Sie diese neue Suchfunktion auf Ihrer richtigen Webseite freischalten.

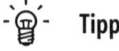 **Tipp**   Wenn Sie jetzt unsicher sind, nutzen Sie einfach weiterhin die im vorherigen Abschnitt beschriebene normale Suchfunktion und ignorieren einfach diesen Abschnitt. Auch auf den Filmtoaster-Seiten soll ebenfalls die normale Suchfunktion zum Einsatz kommen.

Standardmäßig ist die neue Suchfunktion deaktiviert. Um Smart Search in Betrieb zu nehmen, ist daher noch etwas Vorarbeit notwendig.

Suchindex aktivieren

Wechseln Sie zunächst zum Menüpunkt *Erweiterungen* → *Plugins* und suchen Sie dort in der Tabelle den Eintrag *Inhalt – Suchindex*. Setzen Sie mit einem Mausklick einen Haken in das Kästchen und klicken Sie dann in der Werkzeugleiste auf *Aktivieren*. In der Zeile *Inhalt – Suchindex* sollte jetzt in der Spalte *Status* ein grüner Haken leuchten. Damit ist die neue Suchfunktion aktiviert. (Was sich hinter Plug-ins und der Tabelle genau verbirgt, klärt später noch Kapitel 14, *Plug-ins*, Seite 585.)

Als Nächstes müssen Sie Joomla! anweisen, alle schon vorhandenen Inhalte zu analysieren. Dazu wechseln Sie zum Menüpunkt *Komponenten* → *Suchindex* und klicken auf *Indexieren* in der Werkzeugleiste. Es öffnet sich ein neues Fenster mit einem Fortschrittsbalken. Sobald Joomla! mit der Arbeit fertig ist, landen Sie in einer Tabelle mit allen von Joomla! gefundenen und analysierten Inhalten (siehe Abbildung 9-48). Nur die hier aufgelisteten Inhalte berücksichtigt Smart Search später bei der Suche. Die Spalte *Typ* verrät dabei, ob es sich um einen Beitrag, eine Kategorie, ein Schlagwort oder etwas anderes handelt. Die Tabelle aus Abbildung 9-48 erreichen Sie ab sofort immer über den Menüpunkt *Komponenten* → *Suchindex*.

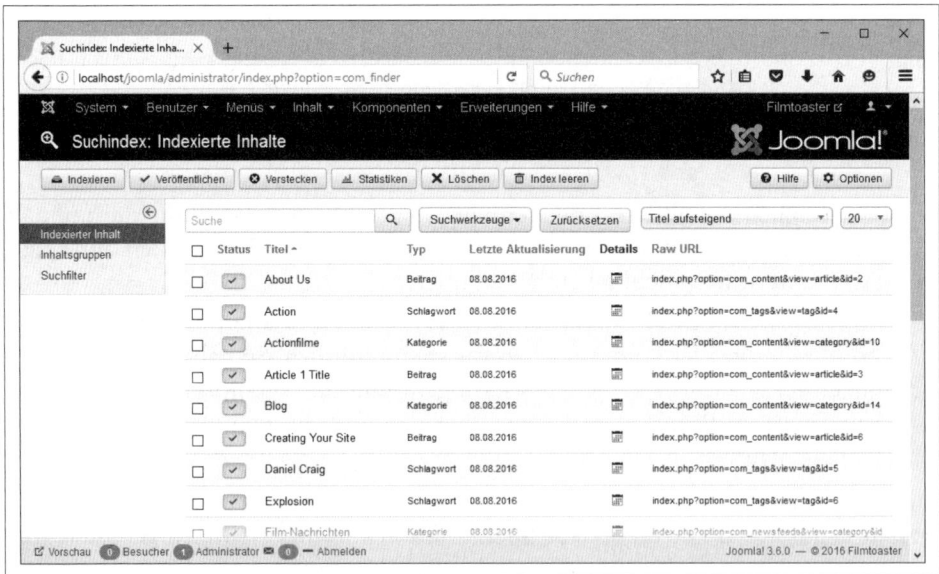

Abbildung 9-48:   Die indexierten Inhalte.

Sie können hier Inhalte auch explizit von der Suche ausschließen. Dazu verstecken Sie einfach das entsprechende Element. Möchten Sie beispielsweise verhindern, dass Smart Search den Beitrag zum *Filmabend in Unterursel* findet, klicken Sie einfach seinen grünen Haken in der Spalte *Status* weg.

Die übrigen Spalten können Sie in der Regel ignorieren: Wann Smart Search die Inhalte zum letzten Mal analysiert hat, verrät die Spalte *Letzte Aktualisierung*. Wenn Sie auf das kleine Kalendersymbol in der Spalte *Details* fahren, erscheint ein kleines Fenster, das anzeigt, seit wann der entsprechende Inhalt auf Ihrer Website zu sehen ist und wann er wieder von der Website verschwindet. Wenn Sie die kryptische *Raw URL* an die Internetadresse zu Ihrer Startseite anhängen und dann die so gebildete Adresse in Ihrem Browser aufrufen, landen Sie direkt auf der Webseite mit dem entsprechenden Inhalt.

| **Tipp** | Joomla! analysiert ab jetzt neu angelegte Inhalte automatisch. Es kann jedoch immer mal passieren, dass der Index nicht mehr auf dem aktuellen Stand ist – beispielsweise wenn Sie Erweiterungen einsetzen, die Inhalte an Joomla! vorbei in die Datenbank schmuggeln. In solchen Fällen sollten Sie hin und wieder manuell über die Werkzeugleiste den *Index leeren* und dann einen neuen Index per *Indexieren* erzeugen lassen. |

Jetzt wird es noch einmal komplizierter: Smart Search fasst die Inhalte Ihrer Website selbstständig in Gruppen thematisch zusammen. Beispielsweise finden sich in der Gruppe *Baden-Württemberg* alle Kontakte, die in diesem Bundesland wohnen. Analog sammelt die Gruppe *Super User* alle vom gleichnamigen Benutzer erstellten Beiträge und Kategorien. Diese Gruppen bezeichnet ein deutsches Joomla! als *Inhaltsgruppen*. Welche Inhaltsgruppen Smart Search gebildet hat, präsentiert Joomla! in einer eigenen Tabelle. Diese erreichen Sie, indem Sie am linken Rand in der Seitenleiste die *Inhaltsgruppen* anklicken (siehe Abbildung 9-49).

Wie Sie dort sehen, hat Joomla! auch noch einmal Untergruppen gebildet. So gibt es in Abbildung 9-49 eine Inhaltsgruppe *Autor*. Diese enthält für jeden Benutzer eine weitere Inhaltsgruppe. Die Gruppe *Super User* sammelt dabei alle Inhalte, die der Benutzer Super User (also Sie selbst) irgendwann einmal erstellt hat.

Die Inhaltsgruppen legt Smart Search selbst an, eingreifen oder die Gruppen verändern dürfen Sie zumindest in Joomla! 3.6.0 leider noch nicht. Hält Joomla! versehentlich einen gewissen »James Bond« für einen Autor, bleibt dies unverrückbar so. Sie können lediglich einzelne Gruppen verstecken (beispielsweise mit einem Klick auf ihren grünen Haken in der Spalte *Status*). Damit schließt sie Joomla! allerdings nicht von der Suche aus. Lediglich der Besucher kann später nicht mehr die Suche auf diese Inhaltsgruppe einschränken (dazu gleich noch mehr).

In der Spalte *Gruppen* können Sie ablesen, wie viele Untergruppen Smart Search jeweils gebildet hat. Sie müssen so die eingerückten Inhaltsgruppen nicht per Hand zählen. Wie viele Inhalte in einer Gruppe liegen, können Sie in der Spalte *Veröffentlichter indexierter Inhalt* ablesen. In Abbildung 9-49 hat beispielsweise der *Super User* schon insgesamt *20* Dinge erstellt – dazu zählen unter anderem Beiträge, Kategorien und Schlagwörter. Wenn Sie wissen möchten, für welche Inhalte der Super User im Einzelnen verantwortlich zeichnet, klicken Sie einfach auf die Zahl in der Spalte *Veröffentlichter indexierter Inhalt*. Joomla! wechselt dann automatisch wieder zur bekannten Tabelle aus Abbildung 9-48, zeigt dort aber nur noch die Inhalte an, die der Super User erstellt hat. In der Tabelle aus Abbildung 9-49 gibt es außerdem die Spalte *Gesperrter indexierter Inhalt*. In ihr können Sie ablesen, wie viele Inhalte aus der jeweiligen Gruppe derzeit nicht für Besucher sichtbar sind. In Abbildung 9-49 sind beispielsweise alle vom Super User erstellten Inhalte sichtbar.

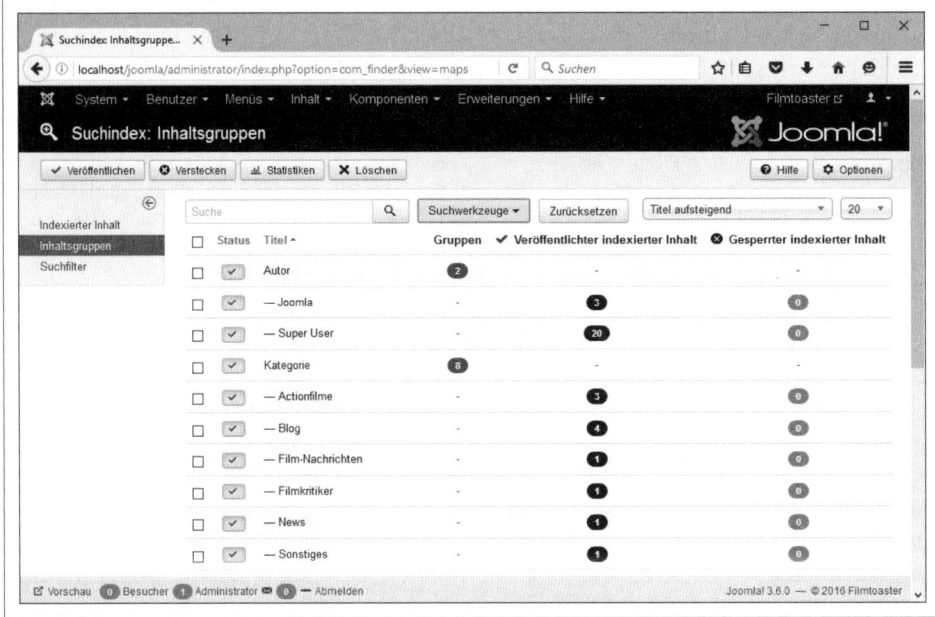

Abbildung 9-49: Die Inhaltsgruppen dienen der Klassifizierung von Begriffen.

Zurück zur ursprünglichen Tabelle mit allen Inhalten gelangen Sie über die Seitenleiste am linken Rand via *Indexierter Inhalt*.

Tipp   Insbesondere dann, wenn man eine englischsprachige Anleitung zu diesem Thema konsultiert, trifft man auf weitere wirre Bezeichnungen. In der deutschen Sprachfassung ordnet Joomla! die Inhalte (etwa eine Filmkritik) in Inhaltsgruppen (beispielsweise Kategorien) ein. Im Englischen heißt das ganze Klassifikationskonzept *Content Maps*, die Inhaltsgruppen sind die *Branches*, während die darin liegenden Inhalte als *Nodes* bezeichnet werden. Wer einen Blick in die Datenbank wirft, findet dort die Inhaltsgruppen in einer Tabelle namens *Taxonomy*.

Suchformular anzeigen

Als Nächstes müssen Sie die neue Suchfunktion noch auf der Website zugänglich machen. Das geschieht über einen neuen Menüpunkt. Erstellen Sie ihn wie gewohnt, indem Sie das Menü *Menüs* aufklappen und dann das Menü auswählen, in dem der Menüpunkt erscheinen soll. Klicken Sie schließlich auf *Neu* in der Werkzeugleiste.

Im Formular aktivieren Sie neben *Menüeintragstyp* die Schaltfläche *Auswählen* und entscheiden sich auf dem Slider *Suchindex* für den Menüeintragstyp *Suche*. Vergeben Sie einen *Menütitel*, wie etwa Suche, und legen Sie den Menüpunkt mit *Speichern* an (lassen Sie also die Einstellungen noch geöffnet).

Wenn Sie jetzt in der *Vorschau* dem neuen Menüpunkt folgen, landen Sie bei einem augenscheinlich einfachen Eingabefeld. Mit einem Klick auf *Erweiterte Suche* erscheinen wie in Abbildung 9-50 mehrere Ausklapplisten, mit denen Sie die Suche weiter einschränken dürfen. Um etwa nur alle Beiträge von einem ganz bestimmten Autor durchsuchen zu lassen, setzt man *Suche nach Autor* auf die entsprechende Person. Die Ausklapplisten dürften Ihnen zudem nach der Lektüre des letzten Abschnitts bekannt vorkommen: Joomla! stellt hier für jede (veröffentliche) Inhaltsgruppe genau eine Ausklappliste bereit.

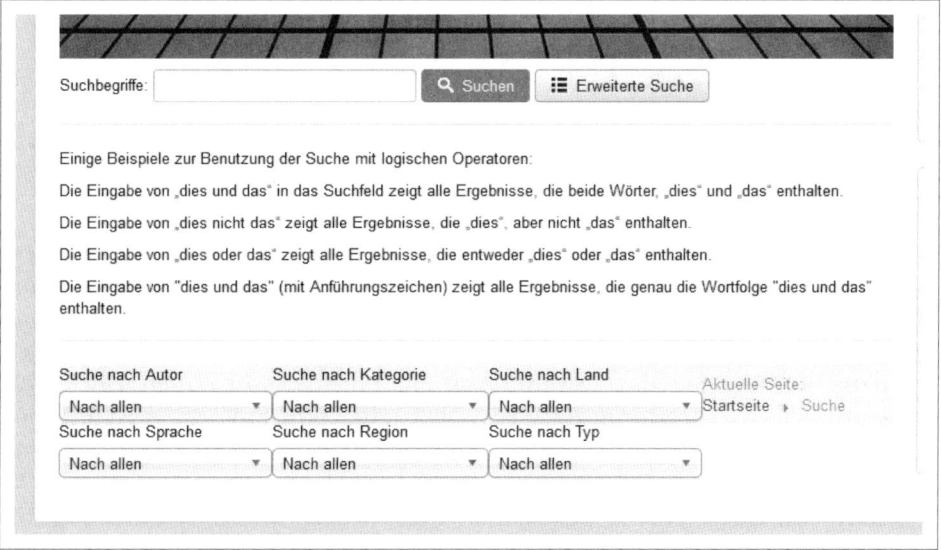

Abbildung 9-50: Die neue Suchfunktion sieht etwas anders aus als ihr Vorgänger. Die Ausklapplisten ordnet das Template Protostar so chaotisch an.

Wie die vielen Texte über den Ausklapplisten vorschlagen, kann man die Suchanfrage mit logischen Operatoren verfeinern. Die Eingabe von bond nicht Joomla würde etwa alle Beiträge zutage fördern, die den Begriff »bond« und gleichzeitig nicht den Begriff »Joomla« enthalten.

Das Aussehen dieses Suchformulars können Sie in den Einstellungen des Menüpunkts anpassen. Dazu wechseln Sie noch einmal zurück ins Backend. Dort dürfen Sie zunächst auf der Registerkarte *Details* im Feld *Suchanfrage* einen Suchbegriff vorgeben. Im Gegensatz zur normalen Suche liefert Joomla! hier jedoch sofort alle passenden Fundstellen, sobald der Besucher den Menüpunkt anklickt (der Besucher hat also gar keine Chance, einen anderen Suchbegriff einzutippen). Das ist beispielsweise nützlich, wenn Sie einen Menüpunkt »Zu allen Inhalten mit dem Wort Bond« anbieten möchten.

Öffnen Sie jetzt das Register *Optionen*, das folgende Einstellungen anbietet:

Datumsfilter
   Wenn Sie diese Ausklappliste auf *Anzeigen* setzen, erscheinen im Formular auch noch die zwei weiteren Eingabefelder aus Abbildung 9-51. Mit ihnen kann man die Suche auf Inhalte aus einem ganz bestimmten Zeitraum beschränken.

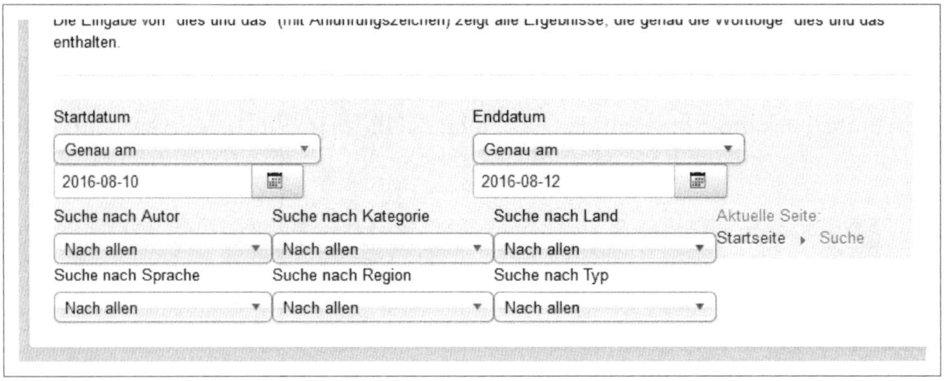

Abbildung 9-51: Der aktivierte Datumsfilter.

Möchten Sie beispielsweise nur in Beiträgen fahnden, die zwischen dem 10.08.2016 und dem 12.08.2016 veröffentlicht wurden, stellen Sie unter *Startdatum* die erste Ausklappliste auf *Genau am*, klicken neben dem Eingabefeld auf das Kalendersymbol und wählen den 10.08.2016 aus. Alternativ können Sie das Datum auch im Format *Jahr-Monat-Tag* direkt eintippen, wobei Monat und Tag zweistellig sein müssen. Anschließend stellen Sie die Ausklappliste unter *Enddatum* auf *Genau am*, klicken auf das Kalendersymbol des zugehörigen Eingabefelds und stellen den 12.08. 2016 ein. Das Ergebnis sieht dann so wie in Abbildung 9-51 aus. Wie Sie merken, ist die Bedienung der Felder nicht ganz trivial. Sie sollten sich daher überlegen, ob Sie sie ihren Besuchern anbieten.

Erweiterte Suche
   Hiermit können Sie die erweiterten Einstellungen aus Abbildung 9-51 komplett ab- beziehungsweise wieder anschalten.

Erweiterte Suche öffnen
   Wenn Sie diese Ausklappliste auf *Anzeigen* setzen, zeigt Joomla! die erweiterten Einstellungen immer an. Der Besucher muss sie also nicht erst mit einem Klick auf *Erweiterte Suche* öffnen.

Ergebnisbeschreibung
   Zu jedem gefundenen Beitrag zeigt Joomla! auch seinen Anfang – wie in Abbildung 9-52.

Abbildung 9-52: Zu jedem gefundenen Beitrag zeigt Joomla! einen kurzen Teil seines Texts sowie einen zu ihm führenden Link.

Wenn Sie diesen Textauszug unterdrücken möchten, setzen Sie die Ausklappliste *Ergebnisbeschreibung* auf *Verbergen*.

Länge der Beschreibung

In diesem Eingabefeld legen Sie fest, wie viele Zeichen vom Anfang eines gefundenen Beitrags erscheinen sollen. Standardmäßig sind das *255* Zeichen.

URL der Ergebnisse

Unter jedes Suchergebnis setzt Joomla! noch einen Link, der direkt zur entsprechenden Fundstelle führt. In Abbildung 9-52 ist die Filmkritik zu »James Bond 007: Skyfall« etwa unter der Adresse *http://localhost/joomla/index.php/filmkritiken/10-actionfilme/7-james-bond-007-skyfall* zu erreichen. Diese Links können Sie ausblenden lassen, indem Sie *URL der Ergebnisse* auf *Verbergen* setzen. In jedem Fall gelangt der Besucher mit einem Klick auf den Titel (in Abbildung 9-52 also mit einem Klick auf *James Bond 007: Sykfall*) zum entsprechenden Beitrag.

Im nächsten Register *Erweitert* warten noch folgende Einstellungen:

»Anzeige«-Filter

Über eine Ausklappliste kann der Besucher festlegen, wie viele Fundstellen Joomla! ihm auf einer Seite präsentiert. Über diese Einstellung können Sie besagte Ausklappliste *Anzeigen* und *Verbergen* lassen. Zumindest unter Joomla! 3.6.0 hat diese Einstellung keine Auswirkungen.

Seitenzahlen

Besonders viele Fundstellen verteilt Joomla! über mehrere Seiten. Der Besucher kann dann über Knöpfe am unteren Seitenrand zwischen den Seiten hin- und herspringen. Mit dieser Einstellung können Sie diese Knöpfe *Anzeigen* und *Verbergen*. Bei *Auto* zeigt Joomla! sie nur dann an, wenn sie benötigt werden.

Gesamtseitenzahlen
> Joomla! zeigt auch an, auf wie viele Seiten es die Suchergebnisse verteilt und auf welcher Seite sich der Besucher gerade befindet (beispielsweise *Seite 1 von 4*). Über die Ausklappliste *Gesamtseitenzahlen* können Sie diese Information *Verbergen* lassen.

Allow Empty Search
> Wenn hier ein *Nein* steht, muss der Besucher mindestens einen Begriff in das Suchfeld eintippen. Joomla! 3.6.0 hat auch diese Einstellung ignoriert.

Alternative Suchbegriffe
> Gibt es zu einem Begriff keine Fundstellen, schlägt Smart Search einen ähnlichen Begriff vor (»Meinten Sie ...?«). Sucht jemand etwa nach »jems bond«, bietet Smart Search »James Bond« als Alternative an. Setzen Sie die Ausklappliste *Alternative Suchbegriffe* auf *Nein*, macht Joomla! keine derartigen Vorschläge mehr.

Abfrageerklärung
> Über die Liste mit allen Fundstücken schreibt Joomla! noch eine kleine Erklärung, wie etwa: *Unter der Annahme, dass »james« benötigt wird, wurden folgende Ergebnisse gefunden:*. Diesen Hinweistext können Sie abschalten, indem Sie die Ausklappliste *Abfrageerklärung* auf *Nein* setzen.

Sortierfeld
> Hier geben Sie vor, in welcher Reihenfolge Joomla! die Fundstellen auflisten soll, wie etwa nach dem *Datum*.

Sortierrichtung
> Ergänzend zur vorherigen Einstellung können Sie die Sortierreihenfolge noch umdrehen. Möchten Sie beispielsweise, dass Joomla! die ältesten Beiträge in der Liste zuerst anzeigt, stellen Sie *Sortierfeld* auf *Datum* und dann die *Sortierrichtung* auf *Absteigend*.

Show Feed
> Joomla! kann zu einer Suchanfrage einen Newsfeed generieren. Mit *Anzeigen* schalten Sie ihn ein. Unter Joomla! 3.6.0 hat diese Einstellung keine Auswirkungen.

Show Feed Text
> Mit einem *Ja* erscheinen im Newsfeed nicht nur die Titel der Fundstellen, sondern auch der Anfang ihrer Texte.

Filter erstellen und verwalten

Standardmäßig durchforstet Smart Search sämtliche Inhalte. Mithilfe sogenannter Filter können Sie die Suche jedoch gezielt auf bestimmte Bereiche einschränken. Beispielsweise lässt sich so festlegen, dass Joomla! ausschließlich die vom Autor Hans Hansen erstellten Inhalte durchsuchen soll.

Um einen Filter zu erstellen, rufen Sie im Backend *Komponenten* → *Suchindex* auf und wechseln über die Seitenleiste am linken Rand zum Punkt *Suchfilter*. Sie landen damit in einer Tabelle mit allen existierenden Filtern. Da bisher kein Filter angelegt wurde, ist die Tabelle noch leer.

Um das zu ändern und einen neuen Filter anzulegen, klicken Sie in der Werkzeugleiste auf *Neu*, woraufhin das etwas wirre Formular aus Abbildung 9-53 erscheint.

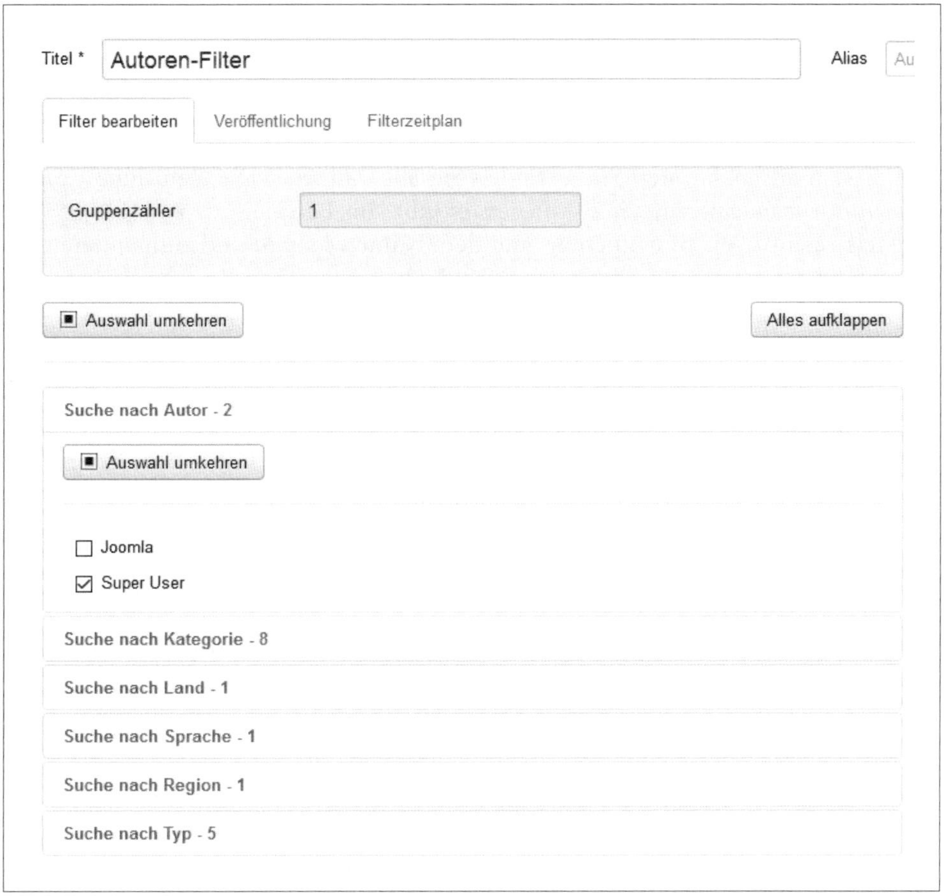

Abbildung 9-53:   Mithilfe dieses Formulars erzeugen Sie einen neuen Suchfilter.

In diesem Formular verpassen Sie dem Filter unter *Titel* einen neuen Namen, wie zum Beispiel Autoren-Filter. Wie bei den Beiträgen und Kategorien dürfen Sie auch hier wieder einen Alias-Namen vergeben. Wenn Sie das Feld leer lassen, wählt Joomla! automatisch einen passenden für Sie aus. Nur wenn der *Status* auf *Veröffentlicht* steht, ist der Filter später auch verwendbar.

Im unteren Bereich auf der Registerkarte *Filter bearbeiten* klicken Sie sich jetzt die benötigten Einschränkungen zusammen. Joomla! zeigt dazu für jede Inhaltsgruppe einen Slider an. Abbildung 9-54 zeigt als Beispiel den Slider für die Autoren.

Abbildung 9-54: Hier können Sie die Suche auf einen ganz bestimmten Autor beschränken.

Auf diesem ausgeklappten Slider finden Sie alle Autoren. Die Zahl hinter *Suche nach Autor* zeigt an, wie viele Autoren es gibt. Im Beispiel aus Abbildung 9-54 sind das genau zwei: zum einen der mit dem Namen *Joomla* und zum anderen der *Super User*.

Soll die Suchfunktion nur noch Inhalte finden, die der Super User erstellt hat, klicken Sie in das Kästchen vor *Super User*. Ganz oben erhöht sich dabei der *Gruppenzähler*: An ihm können Sie ablesen, wie viele Häkchen Sie bereits auf den Slidern gesetzt haben (und wie viele Inhaltsgruppen die Smart Search später berücksichtigt).

Nach dem gleichen Prinzip öffnen Sie nacheinander die anderen Slider und haken die Inhalte ab, die Joomla! später durchsuchen soll. Über die entsprechenden Schaltflächen können Sie schnell die jeweilige *Auswahl umkehren* lassen. *Alles aufklappen* öffnet auf einen Schlag sämtliche Slider.

Auf der Registerkarte *Filterzeitplan* können Sie die Suche schließlich noch auf einen bestimmten Zeitraum eingrenzen. Die Ausklapplisten und Eingabefelder funktionieren wie ihre Kollegen aus dem Suchformular (die aus dem vorherigen Abschnitt »Suchformular anzeigen« auf Seite 342).

Auf der Registerkarte *Veröffentlichung* können Sie das *Erstellungsdatum* des Filters fälschen. Dazu klicken Sie einfach auf das Kalendersymbol und wählen den passenden Tag aus. Joomla! merkt sich zudem, wer den Filter erstellt hat. Mit einem Klick auf das Symbol mit der weißen Büste dürfen Sie auch einen anderen Benutzer zum Ersteller küren. Da Benutzernamen in der Regel kryptisch sind, können Sie den vollen Namen des Benutzers unter *Alias* eintragen. Einen Nutzen haben diese Einstellungen im Register *Veröffentlichung* derzeit übrigens noch nicht, sie dienen rein Ihrer Information. Ganz unten zeigt Joomla! noch an, wann die Einstellungen des Filters zuletzt angepasst wurden (*Bearbeitungsdatum*) und wer die Änderungen vorgenommen hat (*Bearbeitet von*).

Nachdem Sie den Filter per *Speichern & Schließen* angelegt haben, landen Sie wieder in der Tabelle mit allen Filtern. Dort zeigt die Spalte *Gruppenzahl* an, wie viele Inhaltsgruppen der Filter umfasst. Im Beispiel war das nur 1 Autor. Tabelle 9-8 fasst noch einmal die Bedeutung aller Spalten zusammen.

Tabelle 9-8: Spalten der Tabelle Suchindex: Suchfilter und ihre jeweiligen Informationen

Spalte	Bedeutung
Status	Bei einem grünen Haken ist der Filter prinzipiell einsatzbereit.
Titel	Titel des Filters.
Autor	Der Ersteller des Filters.
Erstellungsdatum	Der Filter wurde an diesem Datum erstellt.
Gruppenzahl	Der Filter schließt so viele Inhaltsgruppen ein.
ID	Die interne Identifikationsnummer des Filters.

Abschließend müssen Sie den Filter noch anwenden. Dazu rufen Sie wieder die Einstellungen des entsprechenden Menüpunkts auf (wenn Sie die Beispiele mitgemacht haben, ist dies *Menüs* → *Main Menu*, dann ein Klick auf *Suche*). Dort setzen Sie im Register *Details* den Punkt *Filter durchsuchen* auf den gerade angelegten *Autoren-Filter* und klicken auf *Speichern & Schließen*. Wenn Sie jetzt in der Vorschau das Suchformular aufrufen und einen Begriff eintippen, liefert Joomla! nur noch solche Suchergebnisse, die den Kriterien aus dem Filter entsprechen – im Beispiel also ausschließlich die Inhalte, die der Super User erstellt hat.

Suchindex-Statistiken und Suchindex-Modul

Wie die alte Suchfunktion hält auch die neue ein paar Statistiken bereit. Diese rufen Sie hinter *Komponenten* → *Suchindex* über den Knopf *Statistiken* in der Werkzeugleiste auf. Leider liefert die jetzt erscheinende Tabelle nur eine knappe Zusammenfassung – welcher Suchbegriff wie oft eingetippt wurde, erfährt man nicht.

Wenn Sie der Schnellinstallationsanleitung aus Kapitel 2, *Installation*, Seite 15, gefolgt sind, gibt es zudem noch eine kleine Altlast: Hinter dem Suchfeld rechts oben in der Ecke im Frontend verbirgt sich noch die alte Suchfunktion. Um das Feld auszutauschen, muss ein spezielles Modul her. Um diese Gesellen kümmert sich noch ausführlich Kapitel 10, *Module – Die kleinen Brüder der Komponenten*, Seite 351. Für Eilige gibt es hier eine Schnellanleitung: Rufen Sie *Erweiterungen* → *Module* auf, klicken Sie *Neu* an, wählen Sie aus der Liste *Suchindex* aus, vergeben Sie einen *Titel*, etwa Smart Search, klicken Sie auf die (nur scheinbar deaktivierte) Ausklappliste rechts neben *Position*, entscheiden Sie sich unterhalb von *Protostar* für die *Suche [position-0]* und *Speichern & Schließen* Sie das Formular. Damit gibt es ein neues Eingabefeld für die Smart Search-Suche. Auf der Website würden damit allerdings noch zwei Eingabefelder erscheinen. Um das alte auszublenden, setzen Sie zunächst einen Haken vor das entsprechende Modul – wenn Sie der Schnellinstallationsanleitung gefolgt sind, klicken Sie in das Kästchen in der Zeile *Search*. Aktivieren Sie dann in der Werkzeugleiste *Verstecken*. Mehr Informationen zu diesen Modulen liefert direkt das nächste Kapitel.

KAPITEL 10

Module – Die kleinen Brüder der Komponenten

In diesem Kapitel:
- Module, Komponenten und Templates: Ein komplexes Zusammenspiel
- Rundgang durch die Modulverwaltung
- Module umplatzieren
- Reihenfolge der Module ändern
- Ein neues Modul erstellen
- Eigenschaften eines Moduls verändern
- Menüzuweisung – auf welchen Unterseiten erscheint das Modul?
- Module für Werbebanner, Beiträge, Benutzerverwaltung, eigene Texte, Newsfeeds, Menüs, Navigation, Schlagwörter, Sprachauswahl, Suche und spezielle Situationen
- Module im Frontend bearbeiten
- Hilfe, mein Modul ist verschwunden!
- Module in Beiträge einbinden
- Administrator-Module

In Abbildung 10-1 hat ein Besucher die Filmkritik zu *James Bond 007: Skyfall* aufgerufen. Dieser Beitrag nimmt den größten Teil der Seite ein. Um ihn herum drapiert Joomla! noch zahlreiche weitere Dinge. Auf der rechten Seite gibt es beispielsweise das *Login Form* ❶, über das sich Benutzer bei Joomla! anmelden können, sowie einen Kasten mit der Überschrift *Side Module* und einem Nonsens-Text ❷. Unübersehbar steht über dem Beitrag ein Foto, das als Blickfang dient ❸. Darüber gibt es das im Laufe der letzten Kapitel etwas größer gewordene Menü ❹ und rechts oben in der Ecke das Eingabefeld für die Suchfunktion ❺.

Jedes dieser fünf Elemente stellt ein sogenanntes *Modul* bereit. Bildlich können Sie sich Module als Miniprogramme vorstellen, die Ihren Besuchern jeweils eine kleine Zusatzfunktion anbieten. Als Seitenbetreiber dürfen Sie selbst bestimmen, welche Module zum Einsatz kommen und wo sie auf Ihren Webseiten erscheinen. Die möglichen Plätze schreibt dabei allerdings das gerade aktive Template vor.

Was es mit den Modulen genau auf sich hat, welche Module Joomla! mitliefert und wie man die Module hübsch auf der Seite arrangiert, erklären die folgenden Abschnitte.

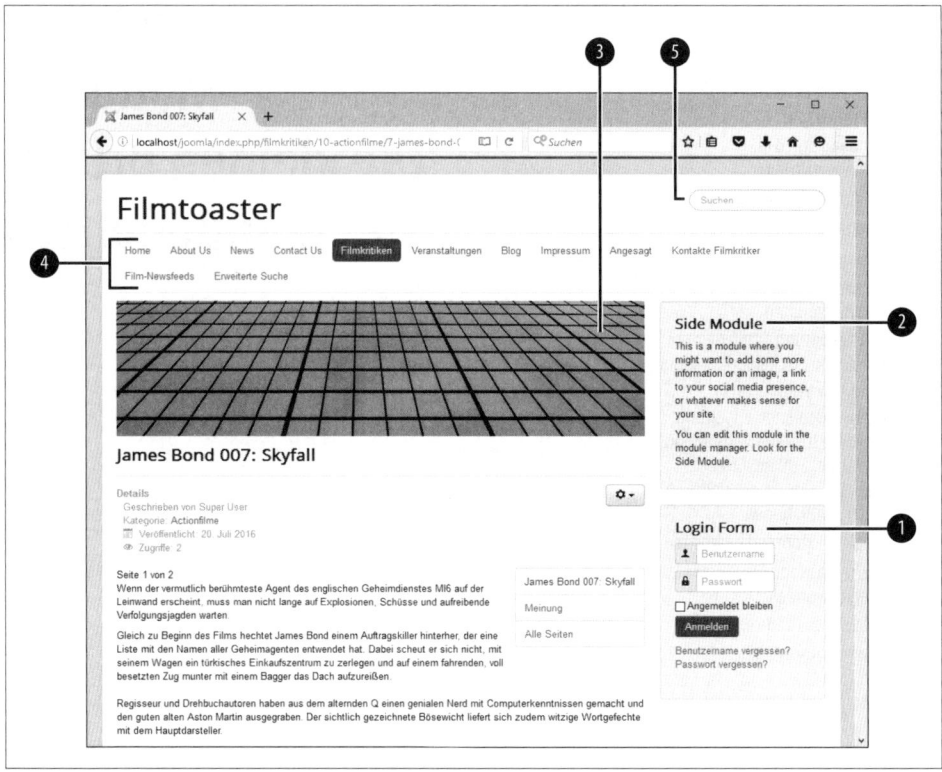

Abbildung 10-1: Rund um den Beitrag sind zahlreiche weitere Informationen und Elemente angeordnet. Dahinter steckt jeweils ein sogenanntes Modul.

Module, Komponenten und Templates: Ein komplexes Zusammenspiel

Die in Kapitel 9, *Komponenten – Nützliche Zusatzfunktionen*, Seite 263, vorgestellten Komponenten sind echte Schwergewichte. Sie haben nicht nur jeweils eine große Aufgabe zu lösen, auch ihre Ausgaben sind häufig so umfangreich, dass sie dafür ordentlich Platz beanspruchen. Denken Sie nur an das Kontaktformular oder die zahlreichen Nachrichten eines Newsfeeds. Aus diesem Grund gingen die Joomla!-Entwickler auf Nummer sicher und wiesen ihnen einen festen, aber ausreichend großen Platz auf der Website zu. Das ist genau der große Hauptbereich, in dem in Abbildung 10-1 der Beitrag erscheint.

Neben diesen dicken Komponenten gibt es aber auch noch kleine und schlanke Pendants. Um sie von ihren großen Brüdern abzugrenzen, bezeichnet man sie als *Module*. Jedes Modul bietet Ihren Besuchern genau eine kleine Zusatzfunktion an. Beispielsweise gibt es ein Modul, das eine Liste mit den beliebtesten Beiträgen anzeigt. Ein anderes stellt hingegen das kleine Eingabefeld für die Suche bereit. Sie als Seitenbetreiber dürfen frei entscheiden, welche Module auf Ihren Webseiten zu sehen sind.

Module lösen meist nur eine kleine Aufgabe, für die sie oftmals sogar die Hilfe einer großen Komponente in Anspruch nehmen. Ein Beispiel für eine solche Kooperation liefern die Werbebanner: Das Banner-Modul zeigt auf der Website ein Werbebild an. Sobald ein Besucher das Bild anklickt, übergibt das Modul diese Information an die bereits in Kapitel 9, *Komponenten – Nützliche Zusatzfunktionen*, Seite 263, vorgestellte Werbebanner-Komponente. Letztere registriert den Mausklick für die Abrechnung mit dem Kunden und leitet den Besucher schließlich auf das fremde Angebot weiter. Häufig trifft man aber auch auf Module mit etwas mehr Intelligenz. Hierzu zählt beispielsweise das Modul namens *Zufallsbild* (englisch *Random Image*). Es wählt unter mehreren vorgegebenen Bildern zufällig eines aus und präsentiert es anschließend Ihren Besuchern.

Anders als die Komponenten dürfen Sie die Module relativ frei auf der Website platzieren. An welchen Stellen die Module erscheinen können, bestimmt das gerade aktive Template. Meist sind das wie in Abbildung 10-1 die Bereiche am oberen und rechten Seitenrand. Den vom Template vorgegebenen Seitenbauplan können Sie sich dabei wie eine Ansammlung von Schachteln vorstellen. Wenn Sie die *Vorschau* Ihrer bisher zusammengebauten Website betrachten, dürften Ihnen sicherlich schnell die rechteckigen Bereiche auffallen. Abbildung 10-2 hebt sie noch einmal deutlicher mithilfe grauer Rechtecke hervor. Genau das sind die Schachteln, in die man ein oder mehrere Module stecken darf.

Tipp In der Legowelt wären Komponenten die größeren Sechser- und Module die kleinen Einer-Bausteine. Das Template entspricht in diesem Bild dem mitgelieferten Aufbauplan.

Da die Begriffe und Konzepte recht verwirrend sind, sollen sie noch einmal kurz zusammengefasst werden:

- Eine *Komponente* übernimmt eine größere Aufgabe. Beispielsweise kümmert sich eine Komponente um die Verwaltung und Anzeige von Kontaktformularen. Die Ausgaben einer Komponente erscheinen immer in einem größeren, extra dafür reservierten Hauptbereich auf Ihrer Website (dort, wo auch die Texte der Beiträge angezeigt werden).
- *Module* bieten Ihren Besuchern ebenfalls eine ganz bestimmte, aber meist kleinere Funktion an. Beispielsweise gibt es ein Modul, das die beliebtesten Beiträge auflistet. Sie dürfen in Grenzen selbst entscheiden, wo auf Ihren Webseiten welche Module erscheinen. Häufig arbeitet ein Modul mit einer Komponente zusammen.
- Das *Template* bildet den Bauplan Ihres Internetauftritts und legt insbesondere die Stellen fest, an denen die Komponenten und Module erscheinen dürfen.

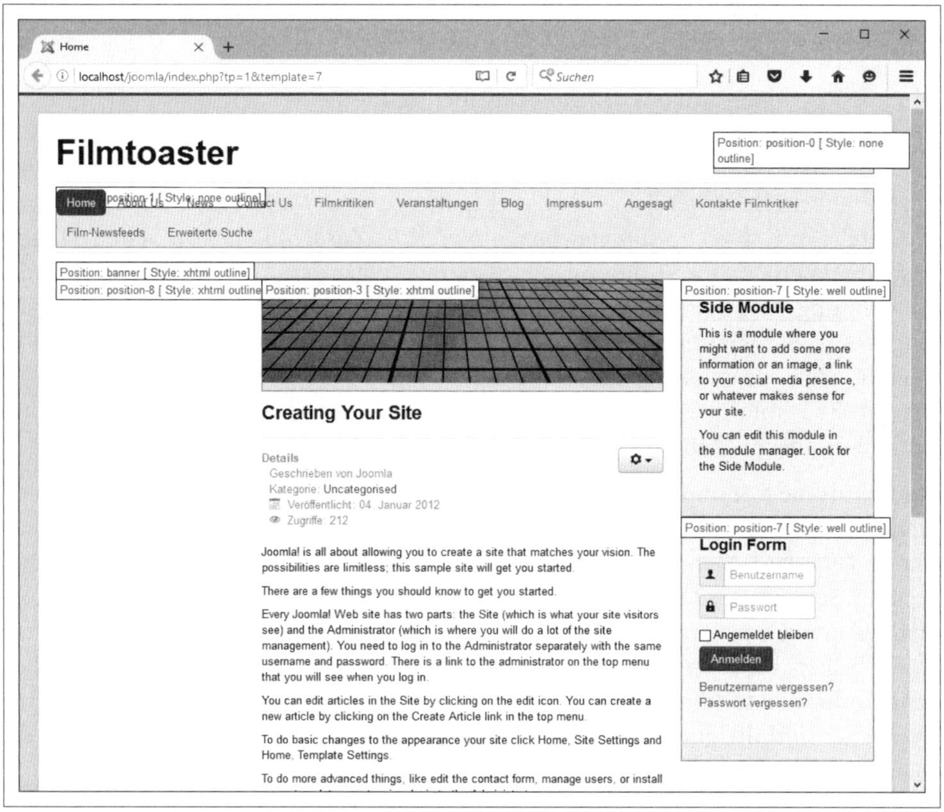

Abbildung 10-2: Die grauen, rechteckigen Kästchen kennzeichnen die möglichen Positionen für die Module. Jede dieser Positionen erhält noch einen Namen, der hier in roter Schrift erscheint.

Abbildung 10-3 veranschaulicht noch einmal das komplexe Zusammenspiel der kleinen Module, der funktionsschweren Komponenten und der Templates.

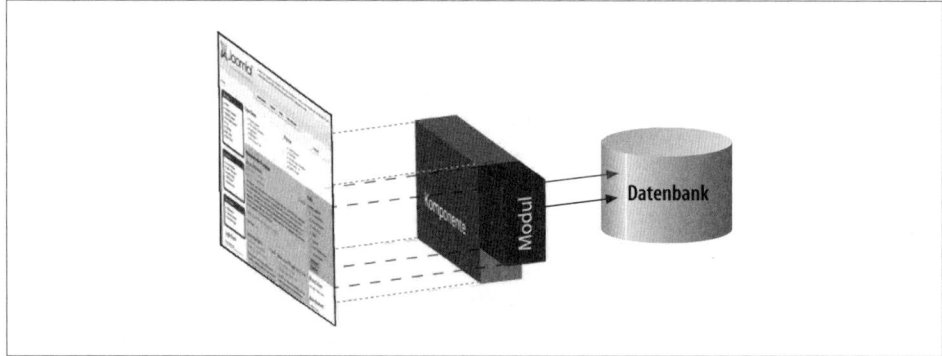

Abbildung 10-3: Der Aufbau von Joomla! als Explosionszeichnung: Module und Komponenten holen Texte und andere Daten aus der Datenbank und zeigen sie dann gemeinsam auf der Website an. Im Gegensatz zu Komponenten lassen sich Module auf der Website an eine andere Stelle verschieben.

Eigentlich gibt es keinen triftigen Grund, zwischen Komponenten und Modulen zu unterscheiden: Beide erfüllen eine ganz bestimmte Aufgabe, deren Ergebnisse sie auf der Website präsentieren. Diese Trennung geht noch auf den Joomla!-Vorläufer Mambo zurück. Warum sie einst erfolgte, wird wohl für immer ein Geheimnis der damaligen Entwickler bleiben – zumal jeder Programmierer selbst entscheiden kann, welche Funktionen er in ein Modul und welche er in eine Komponente packt. Dafür existieren noch nicht einmal (verbindliche) Richtlinien.

Verflixt kompliziert, möchte man meinen. Allerdings hat diese Arbeitsteilung auch den Vorteil, dass man die einzelnen Teile flexibel austauschen und umbauen kann. Gibt es beispielsweise ein Modul, das die Werbebanner noch hübscher und schneller anzuzeigen vermag, reicht es aus, das kleine Modul zu ersetzen. Der Rest des Joomla!-Systems bleibt dabei unangetastet.

Rundgang durch die Modulverwaltung

Für die Verwaltung der Module ist der Bildschirm hinter dem Menüpunkt *Erweiterungen* → *Module* zuständig. Das Ergebnis ist die Tabelle aus Abbildung 10-4.

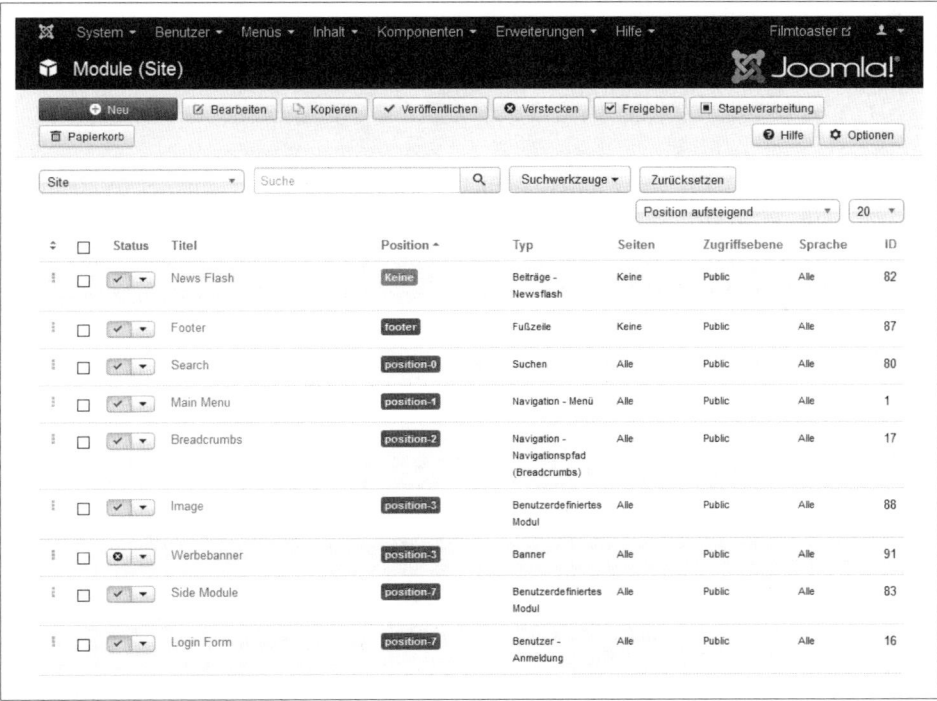

Abbildung 10-4: Der Verwaltungsbildschirm für Module.

Links oben neben der Tabelle, direkt unterhalb der Werkzeugleiste, finden Sie die Ausklappliste *Site*. Sofern darin *Site* eingestellt ist, führt die große Tabelle alle Module auf, die ihr Werk auf der Website verrichten und somit den Besuchern nützen. Wenn Sie die Ausklappliste auf *Administrator* umschalten, erscheinen in der Tabelle hingegen alle Module, die irgendwo im Backend auftauchen.

Das mag zunächst etwas verwirrend klingen. Das Backend ist jedoch eigentlich nichts anderes als eine kleine Joomla!-Website mit einem ganz speziellen Zweck – nämlich dem der Verwaltung Ihres Internetauftritts. Das Hauptmenü am oberen Rand funktioniert daher genau so wie die Menüs auf Ihrer Website: Auch für deren Anzeige ist ein Modul zuständig (dazu gleich noch mehr). Sofern Sie nicht auf Basis von Joomla! ein eigenes Content-Management-System entwickeln möchten, sind hier jedoch glücklicherweise keinerlei Änderungen erforderlich. Es besteht im Gegenteil sogar die Gefahr, dass Sie sich selbst für immer aussperren. Bis auf wenige Ausnahmen werden Sie somit ausschließlich mit den Modulen für die *Site* in Kontakt kommen.

 Tipp   Im Englischen fasst man alle Module für die Website unter dem Begriff *Site Modules* zusammen, während ihre Kollegen für das Backend als *Administration Modules* bekannt sind. Da Letztere normalerweise nicht angetastet werden, verwendet man den Begriff *Modules* häufig synonym zu *Site Modules*. In den deutschen Übersetzungen ist allgemein nur von *Modulen* die Rede. Diese gebräuchliche Konvention soll auch in allen folgenden Abschnitten zur Anwendung kommen.

 **Warnung**   Achten Sie im Folgenden immer darauf, dass Sie sich bei den Modulen für die Website befinden – dass also der Punkt *Site* eingestellt ist.

Jede Zeile der Tabelle zeigt ein Modul. Das ist genau dann auf der Website zu sehen, wenn es in der Spalte *Status* einen grünen Haken besitzt. Bei einem roten Kreis ist es hingegen für Ihre Besucher nicht zu sehen. Der Name des Moduls in der Spalte *Titel* prangt später auf Wunsch auch als Überschrift über dem Modul. Ein gutes Beispiel dafür ist das Modul für die Benutzeranmeldung: In der Tabelle taucht es als *Login Form* auf, und dies ist auch gleichzeitig die Überschrift über den Eingabefeldern auf der Website (zu sehen in den Abbildungen 10-5 und 10-6).

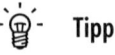 **Tipp**   Wenn Sie ein Modul in der Tabelle suchen, beachten Sie, dass Joomla! die Einträge standardmäßig nach ihrer *Position* auf der Website sortiert. Erst nach einem Klick auf die Spaltenbeschriftung *Titel* erscheinen die Module in alphabetischer Reihenfolge. Bei sehr vielen Modulen sollten Sie zudem die *Suchwerkzeuge* nutzen.

Abbildung 10-5:   Der Name des Moduls ...

Abbildung 10-6: ... ist gleichzeitig sein Titel auf der Website.

Das Template legt die Stellen auf der Website fest, an denen Sie Ihre Module ablegen dürfen. Um die Positionierung zu vereinfachen, gibt das Template diesen Stellen jeweils einen eindeutigen Namen. Die meisten Templates verwenden dabei recht kryptische Bezeichnungen, wie *position-3* oder *position-7*. Das gilt insbesondere auch für das standardmäßig aktive Template *Protostar*. In der Tabelle aus Abbildung 10-4 verrät die Spalte *Position*, an welcher Stelle auf der Website das zugehörige Modul erscheint (also den Namen der Schachtel, in der das Modul liegt).

Einige Module liegen an der gleichen Position. In Abbildung 10-4 gilt das beispielsweise für das *Side Module* und das *Login Form*: Beide befinden sich an *position-7*. Dies weist dezent darauf hin, dass Sie durchaus mehrere Module an der gleichen Position ablegen dürfen (beziehungsweise zusammen in eine Schachtel packen können). So könnten Sie beispielsweise auch das *Werbebanner* an den rechten Rand zum *Login Form* packen. Befinden sich mehrere Module an einer Position, werden sie dort automatisch übereinandergestapelt. Ein Paradebeispiel ist der rechte Seitenrand der Startseite, an dem momentan der Kasten *Side Module* über dem *Login Form* liegt.

Jedes Modul erledigt eine ganz spezielle Aufgabe. Ein Banner-Modul gibt ausschließlich Werbeplakate aus, während das Suchmodul ganz rechts oben in der Ecke die Suchfunktion bereitstellt. Auch hinter jedem einzelnen Menü steckt nichts anderes als ein Modul, das die Menüeinträge hübsch zur Auswahl bereitstellt. Um was sich ein Modul kümmert beziehungsweise welche Informationen es anzeigt, verrät in der Tabelle die Spalte *Typ*.

Ihre Kollegin *Seiten* zeigt hingegen, auf welchen Unterseiten das Modul auftaucht. Bei *Alle* hat der Besucher das Modul immer im Blick, bei *Keine* erscheint es nirgendwo auf Ihrer Website. Im Fall von *Ausgewählte* sehen die Besucher das Modul nur auf einigen wenigen ausgewählten Webseiten – wie etwa nur auf der Startseite. Module, deren Ausgaben umgekehrt eigentlich auf allen Seiten zu sehen sind, aber nur auf einigen wenigen anderen fehlen, kennzeichnet hier ein *Alle, außer ausgewählte*.

Die restlichen drei Spalten verraten, welche Besuchergruppen das Modul überhaupt zu Gesicht bekommen (*Zugriffsebene*), in welcher Sprachfassung der Website das Modul erscheint (*Sprache*) und wie die interne Identifikationsnummer lautet (*ID*). Tabelle 10-1 fast noch einmal die Informationen der einzelnen Spalten zusammen.

Tabelle 10-1: Spalten der Tabelle Module (Site) und ihre jeweiligen Informationen

Spalte	Bedeutung
Status	Bei einem grünen Haken ist das Modul prinzipiell auf der Website zu sehen.
Titel	Der Titel des Moduls.
Position	Das Modul erscheint an dieser Stelle auf der Website.
Typ	Das Modul bietet diese Funktion an.
Seiten	Das Modul erscheint auf diesen Webseiten.
Zugriffsebene	Das Modul sehen nur diese Benutzergruppen.
Sprache	Das Modul erscheint in dieser Sprachfassung der Website.
ID	Die interne Identifikationsnummer des Moduls.

Auch für Module gibt es einen Papierkorb: Möchten Sie ein Modul wieder loswerden, beispielsweise weil Sie keine Werbebanner mehr brauchen, markieren Sie das kleine Kästchen in seiner Zeile und klicken dann auf *Papierkorb*. Einen Blick in diesen Abfallbehälter werfen Sie, indem Sie die *Suchwerkzeuge* öffnen und dann die Ausklappliste – *Status wählen* – auf *Papierkorb* setzen. Erst wenn Sie dort die Module noch einmal abhaken und *Papierkorb leeren* anklicken, entfernt sie Joomla! endgültig. Benötigen Sie später doch einmal wieder ein Werbebanner- oder ein anderes gelöschtes Modul, müssen Sie ein neues anlegen, das die gleiche Aufgabe löst (wie das funktioniert, erklärt gleich noch Abschnitt »Ein neues Modul erstellen« auf Seite 366).

Warnung   Auf diese Weise lassen sich auch Module ins Jenseits befördern, die eine Kernfunktionalität bereitstellen. Dies gilt insbesondere für die im Abschnitt »Administrator-Module« auf Seite 424 vorgestellten Administrator-Module.

Zwar können Sie in der Modulverwaltung immer noch ein entsprechendes neues Modul als Ersatz anlegen, das geht aber nur, wenn Sie sich nicht durch das Löschen eines wichtigen Moduls zuvor selbst ausgesperrt haben. Achten Sie folglich peinlich genau darauf, welches Modul Sie gerade markiert haben beziehungsweise löschen.

Module umplatzieren

Um ein Modul, wie etwa das *Login Form*, an einen anderen Ort zu verschieben, muss man zunächst herausbekommen, welche möglichen Positionen (beziehungsweise Schachteln) das Template überhaupt anbietet.

Neue Position ermitteln

Eigens zu diesem Zweck bietet Joomla! eine extrem gut versteckte Spezialvorschau. Um sie zu aktivieren, wechseln Sie zum Menüpunkt *Erweiterungen → Templates*, öffnen die *Optionen*, setzen dort *Vorschau von Modulpositionen* auf *Aktiviert* und *Speichern & Schließen* Ihre Änderungen. Jetzt erreichen Sie die Spezialvorschau auf zwei verschiedenen Wegen:

- Öffnen Sie ein neues Browserfenster. Wenn Sie der Schnellinstallationsanleitung aus Kapitel 2, *Installation*, Seite 15, gefolgt sind, steuern Sie die Internetadresse *http://localhost/joomla/index.php?tp=1* an. Andernfalls wechseln Sie zur Startseite Ihres Internetauftritts, hängen der Internetadresse ein `?tp=1` an und rufen das Ergebnis auf.

Tipp Das funktioniert auch bei jeder beliebigen Unterseite: Hängen Sie der Internetadresse einfach ein `?tp=1` an. Sobald Sie eine so gebildete Adresse aufrufen, sehen Sie den Bauplan der Unterseite.

- Stellen Sie in der Tabelle hinter *Erweiterungen → Templates* sicher, dass die Ausklappliste links oben den Eintrag *Site* zeigt. Dies sollte bereits standardmäßig der Fall sein. Suchen Sie dann die Zeile mit dem gerade aktiven Template. Das ist genau diejenige, bei der in der Spalte *Standard* ein gelber Stern leuchtet. Wenn Sie der Schnellinstallationsanleitung aus Kapitel 2, *Installation*, Seite 15, gefolgt sind, ist die Zeile *My Default Style (Protostar)* die richtige. Klicken Sie dort jetzt auf das Symbol mit dem Auge (Joomla! sollte den Hinweis *Vorschau* einblenden, wenn Sie mit dem Mauszeiger über das Symbol fahren).

Egal welchen Weg Sie zur speziellen Vorschau wählen, Sie landen immer auf einer Seite, die wie in Abbildung 10-7 aussieht.

Die grauen Kästen markieren alle möglichen Positionen für ein Modul. Jede Position erhält einen eindeutigen Namen, den Joomla! in roter Schrift anzeigt. Das *Login Form* rechts unten befindet sich an einer Position, die den pfiffigen Namen *position-7* trägt – die Macher des Templates waren offensichtlich nicht besonders kreativ. Der Begriff in den eckigen Klammern, hier *[Style: well outline]*, gehört nicht mehr zum Namen, sondern bezieht sich auf die optische Darstellung. Diese Zusatzinformation richtet sich primär an Template-Entwickler, Sie können sie daher ignorieren.

Auffällig in Abbildung 10-7 ist der leere Bereich am linken Seitenrand. Dort können Sie ebenfalls Module platzieren, die entsprechende Position heißt *position-8*. Solange dort keine Module abgelegt sind, dürfen sich alle anderen Elemente der Seite etwas breiter machen und diesen leeren Bereich mitnutzen. Das ist übrigens eine nette Geste des Templates *Protostar*. Andere Templates sind nicht so generös und zeigen leere Positionen einfach als leere Bereiche an.

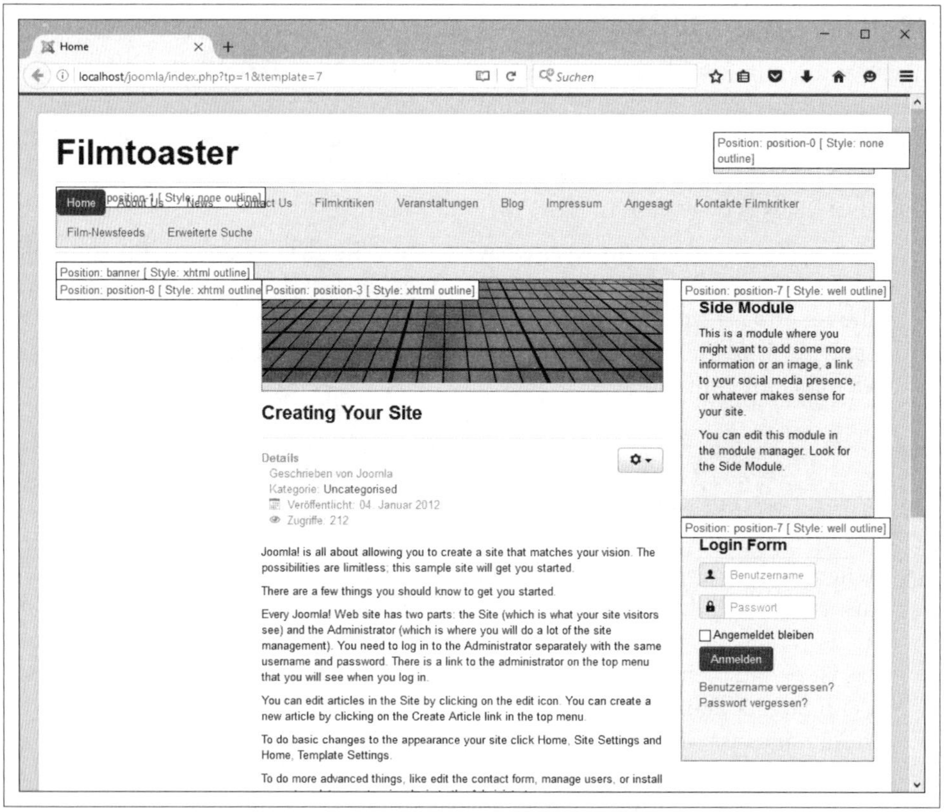

Abbildung 10-7: Diese Spezialvorschau hebt alle Positionen hervor, an denen Sie Module ablegen können.

Sie müssen jetzt die Position finden, an der Sie Ihr Modul ablegen möchten, und sich den Namen der gewählten Position merken. Auf den Filmtoaster-Seiten soll das *Login Form* probeweise an den linken Seitenrand wandern. Diese Position trägt den Namen *position-8*, den Sie im Hinterkopf behalten sollten.

Deaktivieren Sie anschließend wieder die Spezialvorschau, indem Sie im Backend hinter *Erweiterungen* → *Templates* in die *Optionen* wechseln, dort die *Vorschau von Modulpositionen* auf *Deaktiviert* setzen und die Änderungen *Speichern & Schließen* lassen.

Warnung Gewöhnen Sie sich immer an, die spezielle Vorschau wieder zu deaktivieren. Ein bösartiger Hacker erhält ansonsten unter Umständen wertvolle Informationen über den Aufbau Ihres Internetauftritts.

Jetzt haben Sie zwei Möglichkeiten, das Modul zu verschieben: Sie können im Backend eine andere Position vorgeben oder aber das Modul direkt im Frontend verschieben. Zunächst zum Weg über das Backend.

Module über das Backend umtopfen

Um ein Modul an eine andere Position zu verschieben, kehren Sie zur Modulverwaltung hinter *Erweiterungen* → *Module* zurück, klicken in der Tabelle den Namen des Moduls an und suchen sich in den Einstellungen auf der Registerkarte *Details* in der Ausklappliste *Position* eine andere aus.

Auf den Filmtoaster-Seiten können Sie das anhand des *Login Form* ausprobieren: Suchen Sie in der Modulverwaltung die Zeile für das *Login Form*, klicken Sie seinen Titel an und öffnen Sie die Ausklappliste *Position*.

Tipp Die Ausklappliste können Sie immer öffnen, auch wenn sie die hellgraue Beschriftung *Position eingeben oder auswählen* zeigt. Die Ausklappliste ist dann nicht deaktiviert.

Die jetzt erscheinende Liste bietet Ihnen sämtliche möglichen Positionen aller installierten Templates zur Auswahl an. Das macht die Liste aber auch leider etwas unübersichtlich. Um eine andere Position einzustellen, sollten Sie zunächst in der Liste den Namen des derzeit aktivierten Templates suchen. Wenn Sie der Schnellinstallationsanleitung aus Kapitel 2, *Installation*, Seite 15, gefolgt sind, ist im Moment das Template *Protostar* aktiviert. Sie finden den entsprechenden Eintrag etwa in der Mitte der Liste (siehe Abbildung 10-8). Zur besseren Unterscheidung zeigt Joomla! die Namen der Templates in fetten Lettern. Darunter, etwas nach rechts eingerückt, sehen Sie die Namen aller Positionen, die das Template *Protostar* anbietet. Hier müssen Sie sich nur noch für eine Position entscheiden. Bei einigen Positionen finden Sie zusätzlich zu ihrem Namen (wie *position-7*) auch noch einen Hinweis auf ihre Lage. Beispielsweise liegt die *position-8* irgendwo *Links*.

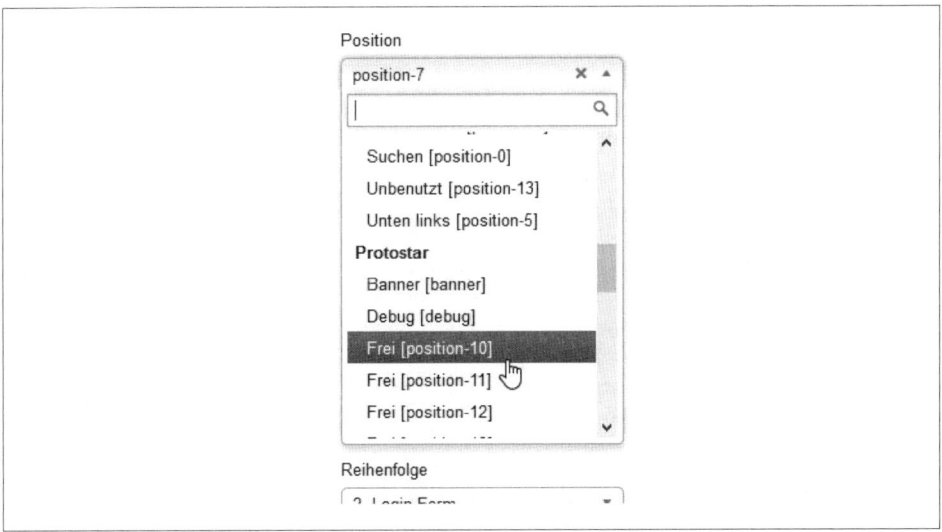

Abbildung 10-8: In dieser Liste wählen Sie eine neue Position für das Modul. Hier würde das Modul an eine neue Position mit dem Namen Frei [position-10] geschoben.

Möchten Sie dem Modul später einmal explizit keine Position zuordnen, klicken Sie einfach auf das leicht zu übersehende *X* am rechten Rand der Ausklappliste. Damit ist das Modul dann gleichzeitig nicht mehr auf Ihrer Website zu sehen (selbst wenn es trotzdem noch veröffentlicht ist).

Im Fall des *Login Form* entscheiden Sie sich probeweise für *Links [position-8]*. Wenn Sie jetzt nach dem *Speichern & Schließen* in die *Vorschau* wechseln, erscheint das *Login Form* wie in Abbildung 10-9 am linken Seitenrand.

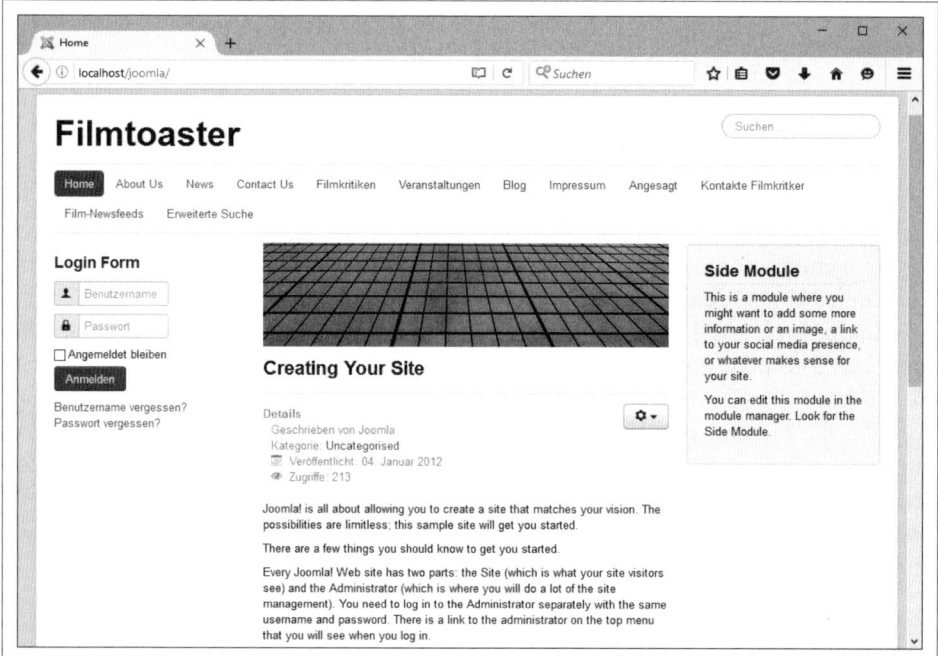

Abbildung 10-9: Das Login Form wurde hier an die Position position-8 versetzt.

Das *Login Form* wird dort allerdings etwas anders dargestellt. So fehlen beispielsweise der graue Hintergrund und der Rahmen. Verursacher ist das Template: Dieses bestimmt, wie ein Modul an der jeweiligen Position aussieht. Die Designer des Templates *Protostar* haben sich dazu entschlossen, dass alle Module am rechten Seitenrand (*position-7*) einen Rahmen erhalten, die am linken Seitenrand positionierten jedoch nicht.

Insbesondere bei fertigen Templates aus dem Internet sieht man erst nach dem Umsetzen, ob das Modul überhaupt an die Position passt oder zu einer hässlichen Optik führt. Einen Anhaltspunkt bieten die Ausmaße der Kästen in der Spezialvorschau (werfen Sie auch noch mal einen Blick auf Abbildung 10-7 auf Seite 360). Ein großes Modul in einem kleinen Bereich kann Ihnen folglich den Gesamteindruck der Website ruinieren.

Das *Login Form* soll wieder an seinen alten Platz zurück. Dazu könnten Sie jetzt einfach erneut in seine Einstellungen wechseln, über die Ausklappliste *Position* wieder

Rechts [position-7] einstellen und die Änderungen *Speichern & Schließen*. Oder aber Sie setzen das Modul direkt auf der Website um.

Module im Frontend umpositionieren

Als Seitenbetreiber dürfen Sie direkt auf Ihrer Website Module umherschieben. Dazu müssen Sie sich allerdings zunächst über das *Login Form* anmelden. Dies verhindert, dass x-beliebige Besucher die Module umplatzieren. Tippen Sie also im *Login Form* im oberen Eingabefeld Ihren Benutzernamen ein und im Feld darunter Ihr Passwort – das sind die gleichen Daten, mit denen Sie sich auch am Backend anmelden. Nach einem Klick auf *Anmelden* begrüßt Sie das *Login Form*.

Wenn Sie jetzt mit dem Mauszeiger über das Modul fahren, erscheint rechts oberhalb des Moduls ein zusätzliches Symbol (siehe Abbildung 10-10). Mit einem Klick darauf öffnet sich das Formular aus Abbildung 10-11, in dem Sie alle Einstellungen des Moduls verändern können – darunter auch die *Position*. Öffnen Sie die gleichnamige Ausklappliste, stellt Ihnen Joomla! hier im Frontend nur noch die Positionen zur Wahl, die das aktuell aktivierte Template anbietet. Die Auswahl ist folglich nicht ganz so verwirrend wie im Backend.

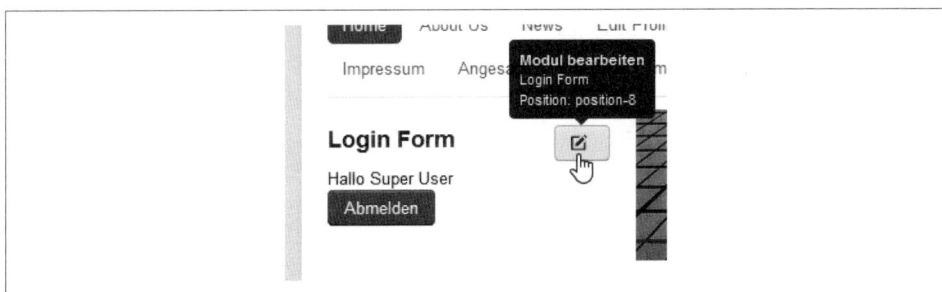

Abbildung 10-10: Über das kleine Symbol rechts oben können Sie ein Modul nachbearbeiten.

Für die Filmtoaster-Seiten stellen Sie die Ausklappliste *Position* auf *Rechts [position-7]*.

Anschließend müssen Sie Ihre Änderung noch *Speichern & Schließen*. Joomla! vermeldet dann erneut, dass das Modul geändert wurde. Im Beispiel sollte es damit gleichzeitig wieder auf der rechten Seite stehen. Dort müssen Sie sich im *Login Form* wieder *Abmelden*.

Tipp Über das Formular aus Abbildung 10-11 können Sie das Modul nicht nur umpositionieren, sondern auch noch andere Einstellungen ändern. Das Angebot ist dabei identisch mit den Einstellungen aus dem Backend – Joomla! präsentiert sie hier lediglich etwas anders.

Das zurückgesetzte *Login Form* erscheint jetzt sehr wahrscheinlich über dem *Side Module*. Wie man es wieder eine Etage tiefer schiebt, erklärt der nächste Abschnitt.

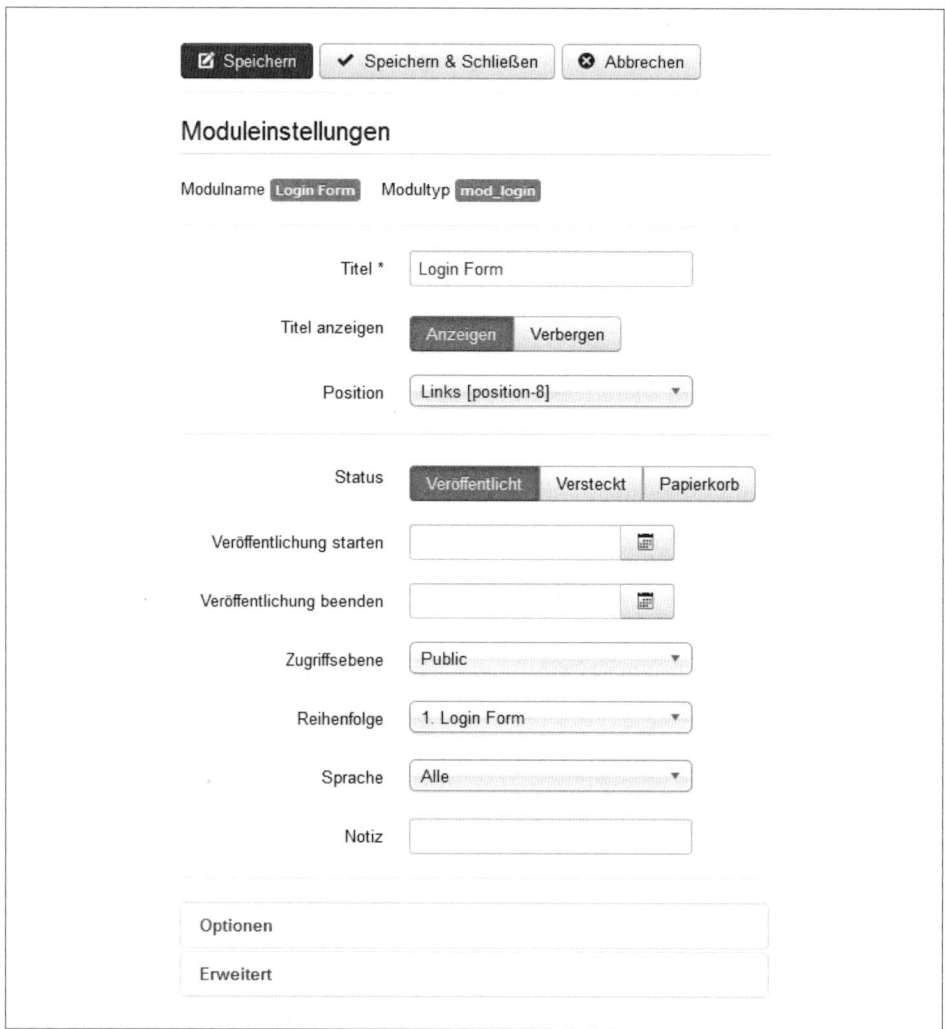

Abbildung 10-11: In diesem Formular können Sie unter anderem die Position des Moduls ändern.

Reihenfolge der Module ändern

Sofern Sie mehrere Module an ein und dieselbe Position setzen, stapelt sie Joomla! dort wie in Abbildung 10-12 einfach übereinander. Netterweise dürfen Sie die Reihenfolge der Module selbst bestimmen.

Dazu wechseln Sie im Backend zunächst in die Modulverwaltung unter *Erweiterungen → Module*. Dort haben Sie zwei Möglichkeiten:

- Klicken Sie den Namen des Moduls an, dessen Lage Sie verändern möchten. Um beispielsweise das *Login Form* aus Abbildung 10-12 unter das *Side Module* zu schieben, klicken Sie das *Login Form* an.

Auf der rechten Seite finden Sie jetzt die Ausklappliste *Reihenfolge*. Joomla! ordnet das Modul immer an genau der hier eingestellten Stelle ein. Wählen Sie beispielsweise den mit der *1* beginnenden Eintrag, landet das *Login Form* ganz oben im Modulstapel. Wenn Sie die passende Lage gewählt haben, lassen Sie Ihre Änderungen *Speichern & Schließen*.

Abbildung 10-12: Hier stehen an der Position position-7 zwei Module, die Joomla! übereinanderstapelt.

Warnung In Joomla! 3.6.0 funktioniert die Ausklappliste *Reihenfolge* nicht immer korrekt. Sie erhalten dann nach dem Speichern eine falsche Sortierreihenfolge. Die Ursache ist ein Programmfehler, durch den Joomla! versehentlich zwei Modulen dieselbe Lage zuweist. Das führt dann wiederum zu einer falschen oder sogar chaotischen Sortierreihenfolge.

In solchen Fällen hilft es nur, das Modul wieder an seine alte Position zurückzusetzen und es anschließend mit der im Folgenden vorgestellten zweiten Methode erneut umzusortieren. Führt auch das nicht zum gewünschten Ergebnis, verschieben Sie die anderen Module um das problematische Modul herum.

- Standardmäßig zeigt die Modulverwaltung immer alle Module an allen Positionen an. Um beim Umsortieren nicht durcheinanderzugeraten, öffnen Sie zunächst die *Suchwerkzeuge* und stellen die Ausklappliste – *Position wählen* – auf die entsprechende Position. Möchten Sie etwa wie im Beispiel die Module an der Position *position-7* umsortieren, setzen Sie – *Position wählen* – auf *position-7*. In der Tabelle sehen Sie jetzt nur noch Module, die sich an genau dieser Position befinden. Im Beispiel sind das die beiden Module *Login Form* und *Side Module*.

  Setzen Sie als Nächstes die Ausklappliste *Position aufsteigend* am oberen rechten Tabellenrand auf *Reihenfolge aufsteigend* und sortieren Sie dann in der Tabelle die Module über die drei Punkte in der ersten Spalte. Das entsprechende Verfahren hat bereits Abschnitt »Sortierreihenfolge ändern« auf Seite 100 vorgestellt.

 **Warnung**   Auch diese Methode funktioniert in Joomla! 3.6.0 nicht immer zuverlässig: Mitunter weicht die im Backend angezeigte Reihenfolge von der auf der Website ab. In einem solchen Fall ziehen Sie das Modul erst an eine ganz andere Stelle und dann weiter an seinen eigentlichen Bestimmungsort. Sollte etwa im Beispiel das *Login Form* auf der Website über dem *Side Module* stehen, in der Tabelle im Backend aber unter dem *Side Module* angezeigt werden, ziehen Sie das *Login Form* im Backend über das *Side Module*, lassen es dort fallen und ziehen dann das *Login Form* wieder unter das *Side Module*. Damit sollte es dann auch auf der Website wieder unter dem *Side Module* erscheinen.

 Schieben Sie auf den Filmtoaster-Seiten mit einer der beiden Methoden das Modul *Login Form* unter das *Side Module*.

Ein neues Modul erstellen

 Auf Ihrer Website können Sie nicht nur die vorhandenen Module an andere Positionen schieben, sondern auch weitere hinzufügen. So lässt sich in Joomla! unter anderem auch ein Modul einrichten, das die beliebtesten Beiträge einblendet. Auf den Filmtoaster-Seiten könnte man so die populärsten Filmkritiken präsentieren. Damit müssten Ihre Besucher dann nicht erst umständlich nach diesen besonders interessanten Texten suchen, und darüber hinaus werden sie dazu animiert, auch ältere Beiträge zu lesen. Folglich muss auf den Filmtoaster-Seiten schleunigst ein solches Modul her.

Um der eigenen Website ein weiteres, neues Modul zu spendieren, klicken Sie in der Modulverwaltung hinter *Erweiterungen* → *Module* auf die Schaltfläche *Neu*. Es erscheint nun die ziemlich lange Liste aus Abbildung 10-13.

Hier entscheiden Sie zunächst, welche Aufgabe das neue Modul erledigen soll. Muss es die neuesten Beiträge anzeigen oder doch nur ein Foto? Mit anderen Worten: Joomla! möchte wissen, was für einen *Modultyp* (englisch *Module Type*) Sie benötigen. Unter Joomla! 3.6.0 haben Sie standardmäßig die Wahl zwischen insgesamt 25 verschiedene Modultypen für ganz unterschiedliche Zwecke. Beispielsweise zeigt ein Modul vom Typ *Beiträge – Neueste* die aktuellsten Beiträge an, während ein Modul vom Typ *Zufallsbild* ein Foto präsentiert. Im Einzelnen stehen folgende Modultypen bereit:

Banner
Ein solches Modul zeigt ein Werbebanner an.

Beiträge – Archiv
Präsentiert eine Liste mit allen Monaten, in denen archivierte Beiträge existieren.

Beiträge – Beliebte
Bietet eine Liste mit den meistgelesenen und somit beliebtesten Beiträgen.

Beiträge – Kategorie
Listet alle Beiträge aus einer oder mehreren Kategorien auf.

Beiträge – Kategorien
Listet sämtliche Unterkategorien einer Kategorie auf.

Beiträge – Neueste
Listet die zuletzt erstellten Beiträge auf. (Im Gegensatz zu seinem Kollegen *Beiträge – Newsflash* zeigt ein Modul vom Typ *Beiträge – Neueste* nicht den Inhalt der Beiträge an.)

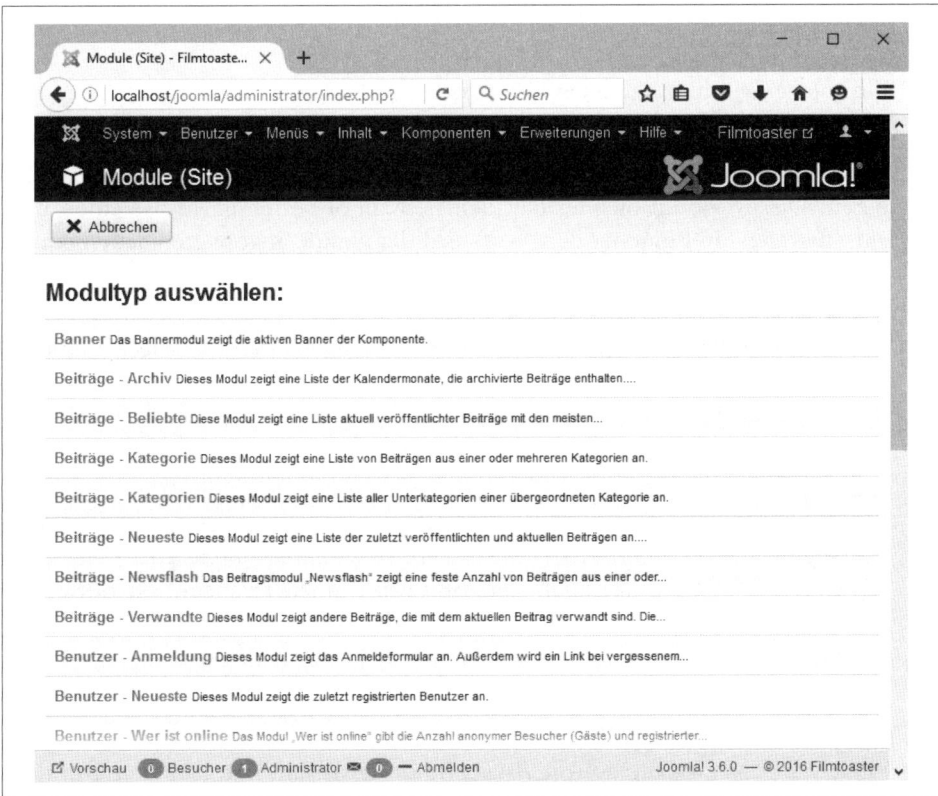

Abbildung 10-13:   Im ersten Schritt wählen Sie aus, was das neue Modul anzeigen soll.

Beiträge – Newsflash
Zeigt eine feste Anzahl Beiträge aus einer oder mehreren ausgewählten Kategorien an. Ein solches Modul dient folglich als eine Art Nachrichtenticker, daher die Bezeichnung *Newsflash*.

Beiträge – Verwandte
Ein solches Modul listet alle Beiträge auf, die irgendwie zum aktuell angezeigten Beitrag passen könnten. Auf diese Weise kann man Besucher auf ähnliche oder verwandte Beiträge hinweisen. Das Modul orientiert sich bei seinen Vorschlägen an den Meta-Schlüsselwörtern der Beiträge.

Benutzer – Anmeldung
Über ein solches Modul können sich registrierte Besucher bei Joomla! anmelden – also das bereits bekannte *Login Form*.

Benutzer – Neueste
Listet die Namen der zuletzt registrierten Benutzer auf.

Benutzer – Wer ist online
Gibt Auskunft darüber, wie viele Gäste und wie viele angemeldete Besucher derzeit auf Ihren Webseiten unterwegs sind.

Benutzerdefiniertes Modul
Zeigt einen beliebigen Text an. In älteren Joomla!-Versioneen hieß dieser Modultyp noch *Eigene Inhalte (Leeres Modul)*.

Feeds – Externen Feed anzeigen
Ein solches Modul zeigt einen Newsfeed an.

Feeds – Feed erzeugen
Für jede Seite Ihres Internetauftritts stellt Joomla! einen eigenen Newsfeed bereit. Dieses Modul blendet ein kleines Symbol beziehungsweise einen Link ein, über den ein Besucher den Newsfeed der gerade angezeigten Seite bequem abonnieren kann. In früheren Joomla!-Versionen hieß dieser Modultyp noch *Syndication Feeds*.

Das Modul arbeitet Hand in Hand mit der eingebauten Newsfeed-Funktion von Joomla!, die Sie über die Menüpunkte ein- und ausschalten (Sie lesen richtig). Mehr dazu finden Sie in Kapitel 11, *Menüs*, im Abschnitt »RSS-Feeds aktivieren (Integrationseinstellungen)« auf Seite 463.

Fußzeile
Präsentiert die Joomla!-Copyright-Informationen – genauer gesagt den Text *Copyright © 2016 Filmtoaster. Alle Rechte vorbehalten. Joomla! ist freie, unter der GNU/GPL-Lizenz veröffentlichte Software*. Einen eigenen Text dürfen Sie leider nicht vorgeben.

Navigation – Menü
Zeigt ein Menü an.

Navigation – Navigationspfad (Breadcrumbs)
Zeigt den Navigationspfad (die *Breadcrumb-Leiste*) an, also den Weg zur aktuellen Webseite. Der Navigationspfad teilt dem Besucher mit, wie er auf die

aktuelle Seite gekommen ist, und soll ihm so bei der Orientierung helfen. Sie haben eine solche »Brotkrumenleiste« bereits in Kapitel 3, *Erste Schritte im Backend*, im Abschnitt »Unterseiten« auf Seite 84 kennengelernt: In der mitgelieferten Beispiel-Website sehen Sie eine solche Leiste am unteren Seitenrand in einem länglichen grauen Kasten.

Schlagwörter – Beliebte
Listet die besonders häufig vergebenen und somit beliebtesten Schlagwörter auf. Ein solches Modul kann zudem eine sogenannte Schlagwörterwolke, englisch *Tag-Cloud*, anzeigen.

Schlagwörter – Ähnliche
Dieses Modul listet alle Beiträge auf, die ähnliche Schlagwörter wie der gerade angezeigte Text besitzen.

Sprachauswahl
Bei einem mehrsprachigen Internetauftritt erlaubt dieses Modul den schnellen und bequemen Wechsel zu einer anderen Sprachfassung.

Statistiken
Präsentiert verschiedene Statistiken, darunter unter anderem die Anzahl der Beiträge und die auf dem Server eingesetzte PHP-Version.

Suchen
Stellt ein kleines Eingabefeld bereit, in das der Besucher einen Suchbegriff eintippen kann. In der mitgelieferten Beispiel-Website finden Sie ein solches Feld ganz rechts oben in der Ecke.

Suchindex
Stellt ein kleines Eingabefeld für die neue Suchfunktion (*Smart Search*) bereit.

Wrapper
Zeigt eine fremde Internetseite an.

Zufallsbild
Wählt per Zufall ein Bild aus einem vorgegebenen Verzeichnis aus und zeigt es an.

Überlegen Sie sich jetzt, welche Aufgabe das neue Modul erfüllen soll. Suchen Sie dann in der Liste den passenden Modultyp und klicken Sie ihn an. Nachträglich installierte Erweiterungspakete können die Liste aus Abbildung 10-13 übrigens noch um weitere Modultypen ergänzen.

Auf den Filmtoaster-Seiten soll das neue Modul die beliebtesten Filmkritiken anzeigen, folglich ist der Modultyp *Beiträge – Beliebte* genau der richtige.

Tipp Zusammen mit den Beispieldaten hat Joomla! bereits bei der Installation einige Module eingerichtet. Diese können Sie einfach an Ihre eigenen Bedürfnisse anpassen. In der Regel tragen sie als Titel die englische Übersetzung ihres Typs (der Autor der Beispiel-Homepage war offenbar nicht sehr kreativ). So steckt beispielsweise hinter dem *Login Form* ein Modul vom Typ *Benutzer – Anmeldung*.

Es öffnet sich nun ein ziemlich umfangreiches Formular, in dem Sie dem Modul zunächst im Eingabefeld *Titel* einen Namen verpassen. Auf den Filmtoaster-Seiten wählen Sie für das Modul mit den beliebtesten Beiträgen einfach `Beliebteste Kritiken`. Der Titel erscheint später auch als Überschrift über den Ausgaben des Moduls (wie in Abbildung 10-14). Wählen Sie den Titel daher möglichst so, dass er die vom Modul präsentierten Informationen kurz und knackig zusammenfasst. Damit können Sie das Modul auch später im Backend leichter identifizieren.

Anschließend müssen Sie noch auf der rechten Seite eine *Position* auswählen, an der das Modul zukünftig erscheinen soll. Im Beispiel setzen Sie das Modul an die Position *Rechts [position-7]*. Beim standardmäßig aktiven Template *Protostar* liegt dieser Bereich am rechten Seitenrand (wo auch das *Login Form* zu sehen ist). In der Ausklappliste finden Sie den passenden Punkt *Rechts [position-7]* im unteren Teil unterhalb von *Protostar*. Weitere Informationen zur Positionierung eines Moduls lieferte der vorherige Abschnitt »Module umplatzieren« ab Seite 358. Alle anderen Einstellungen können Sie erst einmal auf ihren Vorgaben belassen.

Sobald Sie das neue Modul *Speichern & Schließen* lassen, erscheint es umgehend auf der Website. Im Beispiel sind die *Beliebtesten Kritiken* sehr wahrscheinlich irgendwo zwischen oder unter den anderen Modulen zu sehen (wie in Abbildung 10-14).

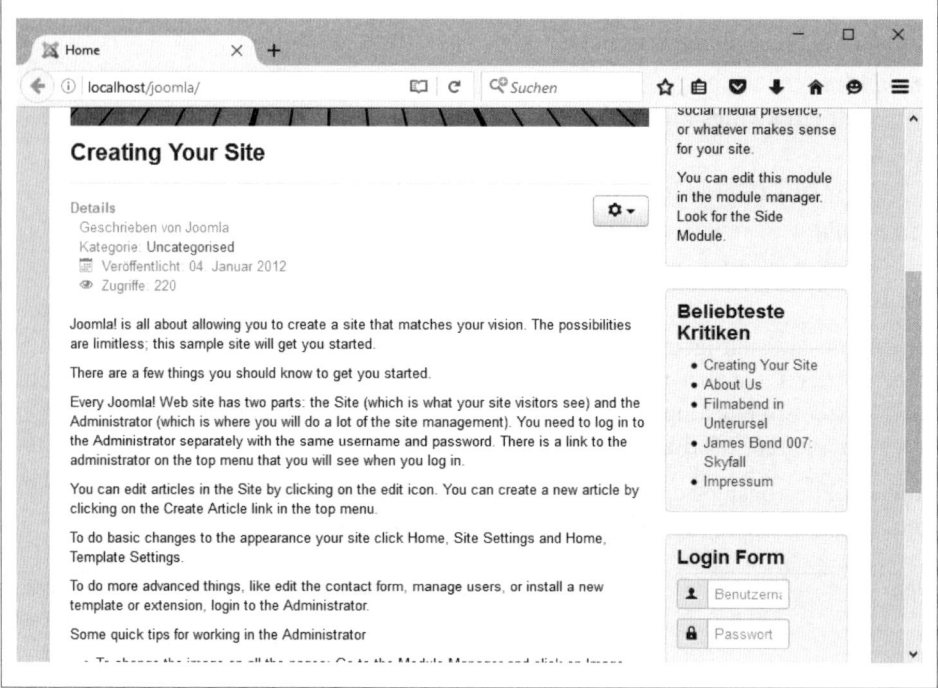

Abbildung 10-14: Das neue Modul auf der Website.

Dort dürften Besucher das Modul jedoch schnell übersehen. Zudem zeigt es nicht nur Filmkritiken, sondern auch noch andere beliebte Beiträge an – in Abbildung 10-14 beispielsweise noch das *Impressum*. Abschließend erscheint das Modul standardmäßig auf allen von Joomla! ausgelieferten Webseiten. Zumindest im Impressum ist es jedoch entbehrlich. Netterweise lassen sich alle genannten Probleme in den Einstellungen des Moduls beheben.

Tipp Niemand hindert Sie daran, mehrere Module des gleichen Typs zu erstellen. Auf diese Weise könnten Sie Ihre Website mit sechs Navigationspfaden, vierzehn Suchfeldern und zwei Zufallsbildern ausstatten. Ob das immer sinnvoll ist, steht natürlich auf einem anderen Blatt.

Eigenschaften eines Moduls verändern

Um die Einstellungen eines Moduls zu verändern, klicken Sie einfach das Modul in der Tabelle hinter *Erweiterungen* → *Module* an. Auf den Filmtoaster-Seiten benötigt das im vorherigen Abschnitt erstellte Modul *Beliebteste Kritiken* noch etwas Feinschliff. Klicken Sie daher in der Tabelle seinen Titel an.

In jedem Fall landen Sie wieder im ziemlich überfüllt wirkenden Formular aus Abbildung 10-15. Es präsentiert alle Eigenschaften und Stellschrauben des Moduls.

Abbildung 10-15: In den Einstellungen des Moduls finden Sie zunächst Informationen über das Modul.

Im bereits geöffneten Register *Modul* informiert Sie Joomla! zunächst noch einmal links oben über den Leistungsumfang des Moduls. Wie in Abbildung 10-15 erfahren Sie dort den Typ des Moduls (im Beispiel ist dies *Beiträge – Beliebte*) und ob es sich um ein Modul handelt, das im Frontend seinen Dienst verrichtet (*Site*). Darüber hinaus beschreibt Joomla! noch kurz den Zweck beziehungsweise die Aufgabe des Moduls.

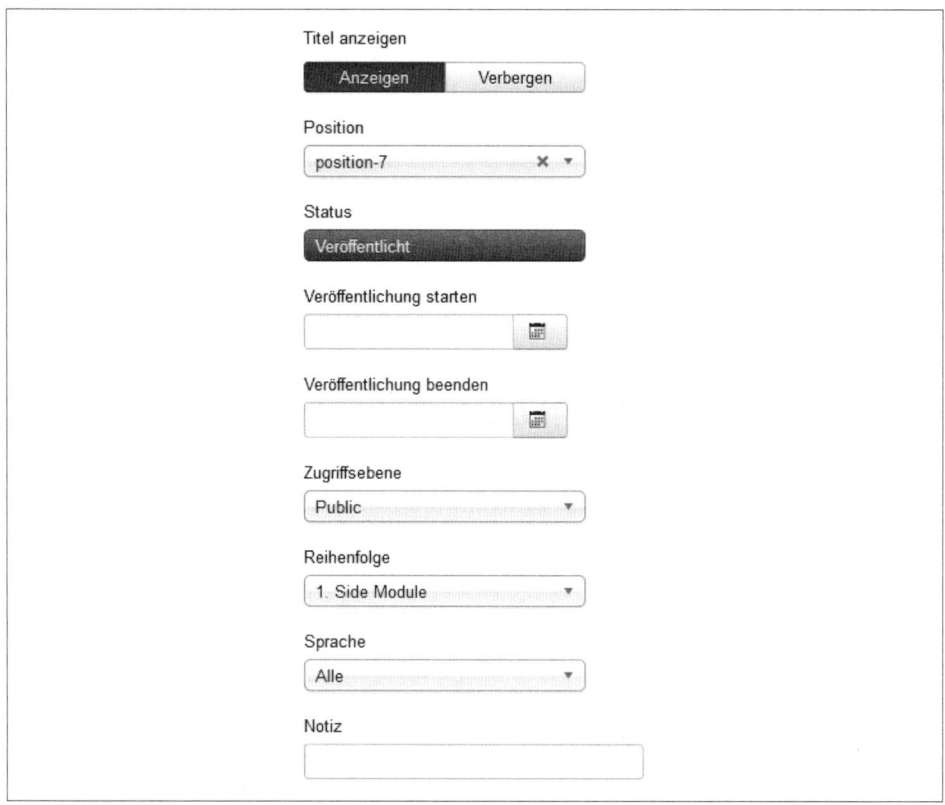

Abbildung 10-16: Die Grundeinstellungen des Moduls Beiträge – Beliebte.

Auf der rechten Seite finden Sie die Einstellungen aus Abbildung 10-16. Diese treffen Sie bei jedem Modul an:

Titel anzeigen
   Mit *Anzeigen* erscheint der *Titel* über dem Modul auf der Website. Auf den Filmtoaster-Seiten behalten Sie hier *Anzeigen* bei. Damit erscheint der Titel *Beliebteste Kritiken* weiterhin wie in Abbildung 10-14 (auf Seite 370) über den Beiträgen und verrät den Besuchern so, welche Informationen das Modul überhaupt anzeigt.

Position
   Hier weisen Sie dem Modul einen Platz auf Ihrer Website zu. Die Ausklappliste bietet dazu alle möglichen Positionen der derzeit installierten Templates an. Die Bedienung haben Sie bereits im Abschnitt »Module umplatzieren« auf Seite 358 kennengelernt. Auf den Filmtoaster-Seiten lassen Sie das Modul weiterhin an *position*-7 stehen.

Status
   Nur wenn hier *Veröffentlicht* eingestellt ist, erscheint das Modul auf der Website.

Veröffentlichung starten und Veröffentlichung beenden
Genau wie bei einem Beitrag können Sie auch das Modul zu einem bestimmten Zeitpunkt auf der Website erscheinen und dann nach einer gewissen Zeitspanne automatisch wieder verschwinden lassen. Den Startzeitpunkt hinterlegen Sie unter *Veröffentlichung starten*, das Enddatum unter *Veröffentlichung beenden*. Um alles Weitere kümmert sich dann Joomla!. Ein Klick auf die Symbole rechts neben den Eingabefeldern holt jeweils einen kleinen Kalender hervor, in dem Sie das Datum bequem auswählen können. Andernfalls notieren Sie Datum und Zeit nach dem Schema *Jahr-Monat-Tag Stunde:Minute:Sekunde*. Das Jahr müssen Sie dabei vierstellig angeben, Monat und Tag jeweils als zweistellige Zahlen. Wenn beide Eingabefelder leer sind, ist das Modul immer sichtbar.

Zugriffsebene
Diese Ausklappliste bestimmt zusammen mit dem Register *Modulberechtigungen*, wer das Modul zu Gesicht bekommt. Standardmäßig sind dies alle Besucher – also genau das Richtige für die beliebtesten Kritiken auf den Filmtoaster-Seiten. Mehr zur Benutzerverwaltung folgt noch in Kapitel 12, *Benutzerverwaltung und -kommunikation*, Seite 485.

Reihenfolge
Haben Sie mehreren Modulen die gleiche Position zugewiesen, stapelt sie Joomla! dort einfach übereinander. Mit dieser Ausklappliste legen Sie die Reihenfolge der Module in diesem Stapel fest. Das Modul wird dabei immer an der in der Liste gewählten Stelle eingeordnet. Für die Filmtoaster-Seiten setzen Sie die Ausklappliste auf den obersten Punkt mit der *1*. Weitere Informationen zur Reihenfolge finden Sie im Abschnitt »Reihenfolge der Module ändern« auf Seite 364.

Warnung Wenn Sie die Position verändert haben, müssen Sie das Modul erst noch über die gleichnamige Schaltfläche einmal *Speichern*, bevor Sie die Reihenfolge anpassen können.

Sprache
Bei einem mehrsprachigen Internetauftritt legen Sie hier fest, in welcher Sprachfassung das Modul erscheinen soll. Sofern Sie einen einsprachigen Internetauftritt betreiben, ist *Alle* der richtige Wert. Um die Mehrsprachigkeit kümmert sich später noch Kapitel 18, *Mehrsprachigkeit*, Seite 785.

Notiz
In diesem Feld können Sie noch eine kleine Notiz hinterlegen. Sie dient rein als Gedächtnisstütze und taucht später nur hier im Backend auf.

Für die Filmtoaster-Seiten sollten die Einstellungen jetzt so wie in Abbildung 10-16 aussehen.

Weiter geht es im Register *Erweitert*. Auch die dort angebotenen Einstellungen bietet jedes Modul an. Normalerweise können Sie sie auf ihren Standardwerten belassen. Die Einstellungen richten sich durchweg an Template-Entwickler und setzen bis auf wenige Ausnahmen das Wissen aus Kapitel 16, *Ein eigenes Template entwickeln*, Seite 651, voraus.

Alternatives Layout
: Über die Ausklappliste können Sie den Modulausgaben eine ganz bestimmte vom Standard abweichende Optik überstülpen. Welche Punkte hier zur Auswahl stehen, hängt vom Modul und den installierten Templates ab. Belassen Sie im Zweifelsfall die *Standard*-Ansicht.

Modulklassensuffix
: Mit diesem Feld können Template-Entwickler die Darstellung des Moduls beeinflussen. Der hier eingegebene Begriff wird dabei als Erweiterung (Suffix) an die CSS-Klasse des Moduls angehängt. Sofern Ihnen das jetzt nichts sagt, ignorieren Sie das Feld *Modulklassensuffix* einfach. Mehr zu diesem Thema folgt später noch in Kapitel 17, *Responsive Design*, Seite 697.

Caching
: Hierüber können Sie einen Zwischenspeicher (den sogenannten Cache) deaktivieren, der die Ausgaben des Moduls puffert. Dadurch muss das Modul seine Ausgaben nicht immer wieder erneut zusammenstellen und kann somit Besucher schneller bedienen. *Keine Zwischenspeicherung* sollten Sie nur dann wählen, wenn das Modul (häufig) veraltete Informationen ausspuckt.

  Diese Einstellung fehlt bei Modulen vom Typ *Suchindex*. Bei Modulen vom Typ *Benutzer – Anmeldung*, *Benutzer – Wer ist online*, *Feeds – Feed erzeugen* und *Zufallsbild* ist die Einstellung zwar vorhanden, der Zwischenspeicher lässt sich dort aber nicht einschalten.

Cache-Dauer
: Diese Zahl gibt an, nach wie vielen Minuten die Daten im Zwischenspeicher veralten, also nach wie vielen Minuten das Modul seine Darstellung auffrischen sollte.

  Diese Einstellung fehlt bei Modulen vom Typ *Benutzer – Anmeldung*, *Benutzer – Wer ist online*, *Feeds – Feed erzeugen*, *Suchindex* und *Zufallsbild*.

Modul-Tag
: Joomla! steckt die Inhalte des Moduls in das hier eingestellte HTML-Element, was wiederum die Darstellung des Moduls auf der Website beeinflusst. Ändern Sie die Einstellungen hier nur dann, wenn Ihnen der Template-Entwickler dazu rät.

Bootstrap-Größe
: Einige Templates nutzen das in Joomla! mitgelieferte und ursprünglich von Twitter entwickelte Bootstrap-System. Es bietet ein Raster, auf dem die Template-Entwickler die Elemente der Seite besonders schnell und ansehnlich platzieren können. Wie viele Spalten in diesem Raster das Modul einnehmen soll, stellen Sie hier unter *Bootstrap-Größe* ein – damit legen Sie also die Breite des Moduls fest. Beachten Sie, dass die Auswirkungen dieser Einstellung letztend-

lich vom Template und der Position des Moduls abhängen: Sperrt der Template-Entwickler alle Module in einen Kasten, der nur eine Spalte breit ist, können Sie über die *Bootstrap-Größe* das Modul nicht verbreitern. Die Einstellung ist zudem nur dann wirksam, wenn das Template das Bootstrap-System verwendet.

Header-Tag und Header-Klasse
Joomla! gibt den Modultitel in dem unter *Header-Tag* eingestellten HTML-Element aus. Diesem Element dürften Sie unter *Header-Klasse* noch einen CSS-Klassennamen verpassen. Wenn Ihnen das jetzt nichts sagt beziehungsweise Ihnen Ihr Template-Entwickler keine gegenteiligen Anweisungen gegeben hat, ignorieren Sie die beiden Felder.

Modulstil
Hier legen Sie fest, in welche HTML-Elemente das Modul seine einzelnen Inhalte verpacken soll. Mehr zu diesen Stilen finden Sie in Kapitel 16, *Ein eigenes Template entwickeln*, im Abschnitt »Das style-Attribut nutzen« auf Seite 669.

Für die Filmtoaster-Seiten belassen Sie auch hier alle Einstellungen auf ihren Vorgaben. Nach dem *Speichern & Schließen* erscheint das Modul jetzt in der *Vorschau* am rechten Seitenrand ganz oben. Sollte dem nicht so sein, folgen Sie der Anleitung und den Hinweisen im Abschnitt »Reihenfolge der Module ändern« auf Seite 364, um es ganz nach oben zu schieben. Darunter sollten das *Side Module* und dann ganz unten das *Login Form* folgen.

Menüzuweisung – auf welchen Unterseiten erscheint das Modul?

Häufig soll Joomla! ein Modul nur auf ganz bestimmten ausgewählten Unterseiten einblenden. Das Modul mit den beliebtesten Filmkritiken soll beispielsweise nur auf der Startseite sowie allen Unterseiten erscheinen, die irgendetwas mit den Filmkritiken zu tun haben. Um das zu erreichen, wechseln Sie zunächst in die Einstellungen des Moduls. Für das Beispiel rufen Sie also die Modulverwaltung auf (*Erweiterungen → Module*) und klicken dort auf den Titel des Moduls (im Beispiel *Beliebteste Kritiken*).

Wechseln Sie weiter auf die Registerkarte *Menüzuweisung*. Dort steuern Sie, auf welchen Seiten das neue Modul später erscheinen soll. Wie die noch recht einsame Ausklappliste *Modulzuweisung* verrät, ist das Modul derzeit *Auf allen Seiten* zu sehen.

Alternativ können Sie das Modul auch von allen Seiten verbannen. Dazu wählen Sie in der Ausklappliste *Auf keinen Seiten*. Mit dieser Einstellung versteckt Joomla! das Modul selbst dann, wenn es veröffentlicht und somit prinzipiell zu sehen ist.

Um das Modul nur auf ausgewählten Webseiten einzublenden, setzen Sie zunächst die Ausklappliste *Modulzuweisung* auf *Nur auf den gewählten Seiten*. Joomla! zeigt Ihnen jetzt wie in Abbildung 10-17 eine ellenlange Liste mit allen existierenden

Menüs und ihren Menüpunkten an. Wenn Sie alle Beispiele aus den vorherigen Kapiteln mitgemacht haben, gibt es nur ein Menü namens *MAIN MENU*, das über zahlreiche Menüpunkte verfügt. Alle versteckten und somit derzeit auf der Website nicht sichtbaren Menüpunkte markiert Joomla! mit dem Hinweis *Versteckt*. In Abbildung 10-17 gilt das beispielsweise für den Menüpunkt zum Archiv.

Abbildung 10-17: Auf den hier abgehakten Unterseiten ist das Modul später zu sehen. Wenn Sie nicht alle Beispiele aus den vorherigen Kapiteln mitgemacht haben, fehlen bei Ihnen hier einige Menüpunkte.

Ist Ihnen die Liste zu lang, klicken Sie am oberen Rand rechts neben dem klein dargestellten *Ausklappen* auf *Keine*. Joomla! zeigt Ihnen dann erst einmal nur alle Menüs an. Die Unterpunkte eines Menüs klappen Sie auf, indem Sie auf das Pluszeichen vor dem jeweiligen Menü klicken. Analog blenden Sie mit einem Klick auf ein Minuszeichen wieder alle Unterpunkte aus. Auf den Filmtoaster-Seiten stellen Sie sicher, dass Sie wie in Abbildung 10-17 alle Unterpunkte sehen. Das erreichen Sie besonders schnell und einfach, indem Sie am oberen Rand der Liste neben dem kleinen *Ausklappen* auf *Alle* klicken.

Die Ausgaben des Moduls sind jetzt auf allen Seiten sichtbar, die direkt über die abgehakten Menüpunkte erreichbar sind. Besitzt also wie in Abbildung 10-17 *Filmkritiken* einen Haken, sieht ein Besucher das Modul später auch neben der Genreauswahl und allen darüber erreichbaren Filmkritiken.

Für das Modul mit den beliebtesten Filmkritiken stellen Sie folglich sicher, dass *Filmkritiken* abgehakt ist. Um das Modul zusätzlich auch auf der Startseite anzuzeigen, ist noch ein Haken vor *Home* (ganz oben direkt unter MAIN MENU) notwendig. Bei allen anderen Menüpunkten unterhalb von MAIN MENU entfernen Sie den Haken. Wenn Sie bis hierin alle Beispiele mitgemacht haben, müssten Sie sich aufgrund der vielen Menüpunkte dazu allerdings den Finger wund klicken. Um Ihnen das zu ersparen, bietet Ihnen Joomla! mehrere Klickhilfen.

Rechts neben den Menüs sowie einigen Menüpunkten finden Sie einen Knopf mit einem nach unten gerichteten Dreieck. Wenn Sie diesen anklicken, öffnet sich ein kleines Menü. Über das können Sie wiederum schnell allen untergeordneten Punkten einen Haken verpassen (via *Auswählen*) oder diesen überall entfernen lassen (mit *Auswahl aufheben*). Klicken Sie also im Beispiel neben MAIN MENU auf das Dreieck und wählen Sie *Auswahl aufheben*. Die Haken verschwinden umgehend vor allen Menüpunkten des MAIN MENU. Jetzt müssen Sie nur noch wieder jeweils einen Haken vor *Filmkritiken* und *Home* setzen. Auf diese Weise haben Sie sich zahlreiche Mausklicks gespart.

Mit einem Klick auf die klitzekleinen Links ganz am oberen Rand der Liste können Sie auch schnell restlos alle Menüpunkte auf einen Schlag auswählen oder bei ihnen den Haken entfernen. Dazu klicken Sie rechts neben *Auswählen* auf *Alle* beziehungsweise *Keine*.

Wenn die Liste mit den Menüpunkten recht lang ist, können Sie einen bestimmten Menüpunkt auch heraussuchen lassen. Dazu geben Sie den Namen des Menüpunkts in das Eingabefeld rechts oberhalb der Liste ein. Schon während des Tippens zeigt Joomla! dann in der Liste nur noch die Menüpunkte an, die dem Suchbegriff entsprechen.

Soll ein Modul auf fast allen (Unter-)Seiten erscheinen, müsste man mühsam fast alle Menüpunkte abhaken. Damit das nicht zu einer Sisyphusarbeit ausartet, setzen Sie in einem solchen Fall *Modulzuweisung* auf den Punkt *Auf allen, außer den gewählten Seiten* und haken dann nur noch die Menüpunkte ab, auf deren Seiten das Modul *nicht* erscheinen soll.

Auf den Filmtoaster-Seiten sollte der Bereich *Menüzuweisung* jetzt so wie in Abbildung 10-17 aussehen. Nach dem *Speichern & Schließen* taucht das Modul jetzt nur noch auf der Startseite und neben den Filmkritiken auf.

Auf den Filmtoaster-Seiten bleibt damit jetzt aber das Problem, dass das Modul nicht nur die beliebtesten Kritiken, sondern einfach die beliebtesten Beiträge anzeigt – darunter könnte sich sogar noch das Impressum befinden. Auch das lässt sich in den Einstellungen des Moduls richten: Jedes Modul bringt abhängig von seinem Modultyp weitere Spezialeinstellungen mit. Genau die stellen die nachfolgenden Abschnitte für die einzelnen Modultypen ausführlich vor. Darunter finden sich auch Einstellungen, mit denen man im Modul die beliebtesten Beiträge auf die Filmkritiken beschränken kann. Wenn Sie (nur) das Filmtoaster-Beispiel komplettieren möchten, können Sie direkt zum Abschnitt »Beiträge – Beliebte« auf Seite 380 springen.

Tipp Als Fingerübung können Sie die folgenden Abschnitte anlesen und dabei überlegen, ob ein solches Modul auch den Filmtoaster-Seiten beziehungsweise Ihrer eigenen geplanten Website gut zu Gesicht stünde. Für die nachfolgenden Kapitel ist das jedoch nicht zwingend notwendig. Bei bereits auf den Filmtoaster-Seiten vorhandenen Modulen können Sie zudem ruhig etwas mit den vorgestellten Einstellungen experimentieren. Kehren Sie dort aber immer wieder zur Ausgangssituation beziehungsweise den Voreinstellungen zurück.

Modul für Werbebanner

Ein Modul des Typs *Banner* präsentiert ein oder mehrere Werbebanner. Letztgenannte müssen Sie zuvor mithilfe der Bannerverwaltung hinterlegen. Wie das funktioniert, hat bereits Abschnitt »Bannerwerbung« auf Seite 264 vorgestellt. Das Modul bietet in seinen Einstellungen im Register *Modul* folgende Stellschrauben:

Ziel

Sobald der Besucher auf das Werbebanner klickt, wird er auf die Internetseite des Werbenden weitergeleitet. In welchem Browserfenster die Seite erscheint, bestimmen Sie mit der Ausklappliste *Ziel*. Wenn Sie *In neuem Fenster öffnen* oder *Als Pop-up-Fenster öffnen* auswählen, wird jeweils ein neues Fenster aufgemacht, beim »Pop-up-Fenster« fehlt allerdings die sonst übliche Symbolleiste mit den Navigationsschaltflächen. Der Besucher kann also auf der Internetseite des Werbenden nicht mehr einfach vor- und zurücknavigieren. Die Einstellung *In gleichem Fenster öffnen* ersetzt Ihre Internetseite durch die des Werbekunden.

Anzahl

So viele Werbebanner zeigt das Modul gleichzeitig untereinander an. Wenn Sie also hier eine 5 eintragen und fünf Werbebanner hinterlegt haben, zeigt das Modul alle diese fünf Banner untereinander an.

Tipp Ihre Internetseite sieht dann allerdings wie eine bunte Litfaßsäule aus. Um das zu vermeiden, sollten Sie entweder mit den folgenden Einstellungen die Auswahl der Werbebanner einschränken oder aber hier eine 1 hinterlegen. In dem Fall zeigt das Modul immer nur genau ein Werbebanner an.

Kunde

Das Modul zeigt ausschließlich die Werbebanner des hier ausgewählten Kunden an. Sofern Sie – *Kein Kunde* – einstellen, zeigt das Modul die Anzeigen aller Kunden an.

Kategorie

Aus den hier hinterlegten Banner-Kategorien entnimmt das Modul die angezeigten Werbetafeln. Weitere Kategorien fügen Sie hinzu, indem Sie in einen leeren Bereich des Eingabefelds klicken und dann aus der Liste die gewünschten Kategorien heraussuchen. Einmal ausgesuchte Kategorien entfernen Sie wieder über das kleine X neben ihrem Namen. Mit der Vorgabe – *Alle Kategorien* – zeigt das Modul sämtliche Banner aus allen existierenden Banner-Kategorien.

Nach Meta-Schlüsselwort suchen
Steht hier der Schalter auf *Ja*, wählt das Modul das Werbebanner passend zum gerade angezeigten Beitrag. Bei einer Filmkritik zu *James Bond 007: Skyfall* würde das Modul beispielsweise automatisch zu einem Banner für Abenteuerurlaub greifen.

Das Modul orientiert sich dabei an den hinterlegten Meta-Schlüsselwörtern: Ein Werbebanner mit dem Meta-Schlüsselwort *Abenteuer* erscheint genau dann, wenn der gerade angezeigte Beitrag ebenfalls das Meta-Schlüsselwort *Abenteuer* besitzt. Damit das Modul das passende Werbebanner anzeigen kann, müssen Sie also konsequent alle Beiträge und Werbebanner mit passenden Meta-Schlüsselwörtern versehen – unterschätzen Sie die dazu notwendige Arbeit nicht! Wie man Beiträge mit Meta-Schlüsselwörtern ausstattet, hat bereits Kapitel 6, *Beiträge anlegen und verwalten*, Seite 135, gezeigt. Analog verriet Abschnitt »Kontextabhängige Werbung« auf Seite 277, wie Sie Meta-Schlüsselwörter an Werbebanner heften.

Zufällig
Die Kategorien enthalten in der Regel mehrere verschiedene Werbebanner. In der Ausklappliste *Zufällig* können Sie festlegen, in welcher Reihenfolge das Modul die Banner anzeigt. Wenn Sie *Wichtig, Zufällig* einstellen, zieht das Modul immer zufällig ein Werbebanner aus den festgelegten Kategorien. Im Fall von *Wichtig, Reihenfolge* greift sich das Modul hingegen immer die nächste Werbetafel – und zwar in genau der Reihenfolge, wie sie die Tabelle hinter *Komponenten → Banner → Banner* anzeigt, wenn Sie dort die Ausklappliste *Name aufsteigend* auf *Reihenfolge aufsteigend* umstellen. Die Reihenfolge ändern Sie, wie im Abschnitt »Sortierreihenfolge ändern« auf Seite 100 beschrieben.

Tipp Soll das Modul bei jedem Seitenwechsel ein anderes Werbebanner anzeigen, setzen Sie zunächst *Anzahl* auf *1* und dann *Zufällig* auf *Wichtig, Zufällig*.

Kopfzeile und Fußzeile
Der hier eingetippte Text erscheint zusätzlich über beziehungsweise unterhalb des Werbebanners auf der Website.

Tipp Mithilfe von Kopf- und Fußzeile können Sie ein Werbeplakat auch eindeutig als Werbung kennzeichnen. Das ist insbesondere dann notwendig, wenn die Werbung nicht eindeutig als solche erkennbar ist. Tippen Sie in dem Fall einfach bei *Kopfzeile* `Werbung` oder `Promotion` ein. Beachten Sie, dass Werbung immer klar als solche erkennbar sein muss. Kennzeichnen Sie daher die Banner im Zweifelsfall lieber überdeutlich als zu wenig. Sprechen Sie gegebenenfalls auch mit einem Fachanwalt.

Module für Beiträge

In Joomla! lassen sich gleich mehrere verschiedene Module erstellen, die ganz bestimmte Beiträge oder Beitragskategorien anzeigen. Besucher können so unter anderem gezielt auf die neuesten Texte aufmerksam gemacht werden. Welche Beiträge die einzelnen Module wann wie präsentieren, hängt neben dem Modultyp auch von den jeweiligen Einstellungen ab.

Beiträge – Archiv

Ein Modul des Typs *Beiträge – Archiv* ermöglicht einen Zugang zu den im Archiv gespeicherten Texten. Dazu zeigt es auf der Website eine Liste mit allen Kalendermonaten, in denen archivierte Beiträge lagern (wie in Abbildung 10-18).

Archivierte Beiträge
- August, 2016
- Juli, 2016
- Januar, 2011

Abbildung 10-18: Aus diesen Monaten stammen die archivierten Beiträge.

Klickt ein Besucher auf einen der Monate, erscheint eine Liste mit archivierten Beiträgen, die ursprünglich einmal im gewählten Monat erstellt wurden. Ein Klick auf die Überschrift eines Beitrags zeigt diesen in seiner vollen Schönheit an. Mit anderen Worten: Über dieses Modul gestatten Sie Besuchern den Zugriff auf Ihr (Beitrags-)Archiv.

Das Modul bietet nur eine einzige Einstellung: Im Register *Modul* bestimmen Sie unter *# Monate*, wie viele Monate das Modul zur Auswahl anbieten soll. Damit verhindern Sie, dass bei vielen archivierten Beiträgen das Modul eine ellenlange Liste zeigt. In früheren Joomla!-Versionen hieß der Modultyp übrigens noch *Archivierte Beiträge*.

Beiträge – Beliebte

Ein Modul vom Typ *Beiträge – Beliebte* listet die am häufigsten gelesenen Beiträge auf (in früheren Joomla!-Versionen hieß der Modultyp noch *Beliebte Beiträge*). Das Modul zeigt dabei nur die Titel der Beiträge an. Mit einem Klick auf einen der Titel gelangt der Besucher dann zum entsprechenden Beitrag. Standardmäßig berücksichtigt das Modul alle Beiträge aus restlos allen Kategorien. Wie auf den Filmtoaster-Seiten kann es Ihnen somit passieren, dass unter Umständen auch das Impressum angezeigt wird.

Welche Beiträge das Modul aus welchen Kategorien berücksichtigt, dürfen Sie in den Einstellungen des Moduls festlegen. Wenn Sie die Beispiele aus den vorherigen Abschnitten mitgemacht haben, öffnen Sie in der Modulverwaltung hinter *Erweiterungen* → *Module* die Einstellungen des Moduls *Beliebteste Kritiken*.

Im Register *Modul* warten jetzt auf der linken Seite die Einstellungen aus Abbildung 10-19.

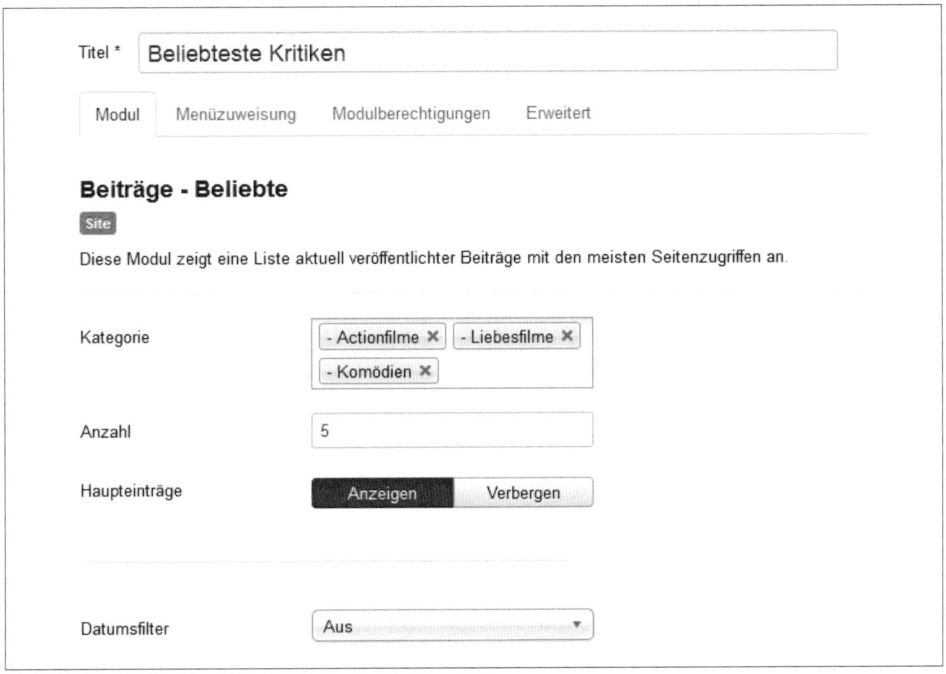

Abbildung 10-19: Die Einstellungen im Modul Beiträge – Beliebte für die Filmtoaster-Seiten.

Kategorie

In diesem Feld führen Sie alle Kategorien auf, aus denen das Modul die Beiträge zusammensucht. Standardmäßig berücksichtigt das Modul – *Alle Kategorien* –. Eine weitere Kategorie fügen Sie hinzu, indem Sie auf eine leere weiße Stelle des Eingabefelds klicken und sich dann aus der Liste die passende Kategorie herauspicken. Eine vorhandene Kategorie entfernen Sie mit einem Klick auf das *X* neben ihrem Namen.

Auf den Filmtoaster-Seiten soll das Modul nur die beliebtesten Kritiken anzeigen. Entfernen Sie deshalb zunächst den Eintrag – *Alle Kategorien* – mit einem Klick auf sein kleines *X*. Anschließend klicken Sie in das nun leere Feld und suchen die Kategorie *Actionfilme* aus. Damit das Modul auch noch die Beiträge aus der Kategorie *Liebesfilme* berücksichtigt, klicken Sie wieder auf eine leere Stelle des Eingabefelds und wählen aus der Liste die *Liebesfilme* aus. Wiederholen Sie das Verfahren für die *Komödien*. Das Ergebnis sollte so wie in Abbildung 10-19 aussehen.

Anzahl
> So viele Beiträge listet das Modul später auf. Bei einer 5 zeigt es folglich die Titel der fünf meistgelesenen Beiträge an. Für die Filmtoaster-Seiten behalten Sie die Voreinstellung bei.

Haupteinträge
> Bei *Anzeigen* nimmt das Modul auch Haupteinträge in seine Liste auf. Sie zu *Verbergen*, ist beispielsweise dann sinnvoll, wenn die Haupteinträge schon auf der Startseite erscheinen. In diesem Fall würden sie noch einmal in der Liste des Moduls auftauchen und so anderen Beiträgen wertvollen (Werbe-)Platz wegnehmen. Weitere Informationen zu den Haupteinträgen finden Sie im Abschnitt »Haupteinträge kennzeichnen« auf Seite 207.

Das Modul zeigt gnadenlos auch uralte Beiträge an. Das gilt beispielsweise für die extrem beliebte, aber uralte Filmkritik zu Harry Potter aus dem Jahr 2010. Sie können das Modul aber auch dazu zwingen, nur noch Beiträge aus einem bestimmten Zeitraum zu berücksichtigen. Auf den Filmtoaster-Seiten könnten Sie beispielsweise das Modul nur noch Filmkritiken anzeigen lassen, die in den letzten zwölf Monaten erschienen sind. Auf diese Weise lenken Sie den Blick gezielt auf neuere Filmkritiken und Beiträge.

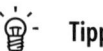
Tipp Ihre Besucher erwarten allerdings im Kasten tatsächlich die beliebtesten Kritiken aller Zeiten. Wenn Sie den Zeitraum eingrenzen möchten, sollten Sie den Titel passend dazu ändern, etwa in `Beliebteste Kritiken 2016`.

Wenn das Modul nur noch Beiträge aus einem konkreten Zeitraum berücksichtigen soll, wie etwa vom 27.04.2015 bis zum 12.07.2016, setzen Sie die Ausklappliste *Datumsfilter* auf *Datumsbereich* und geben dann das erste Datum in das Eingabefeld *Datumsbereich von* ein – im Beispiel wäre das der 27.04.2015. Das letztmögliche Datum hinterlegen Sie im Feld *bis Datum*. Wenn Sie rechts neben einem Feld auf das Kalendersymbol klicken, können Sie sich das jeweilige Datum bequem aus einem kleinen Kalender auswählen. Sofern Sie das Datum lieber direkt eintippen möchten, geben Sie es in der Notation `Jahr-Monat-Tag Stunde:Minute:Sekunde` ein. Das Jahr ist dabei vierstellig anzugeben, alle anderen Informationen zweistellig.

Wenn das Modul die beliebtesten Beiträge aus den letzten zwölf Monaten anzeigen soll, setzen Sie den *Datumsfilter* auf *Relatives Datum* und tragen im Eingabefeld *Relatives Datum* die Zeitspanne in Tagen ein. Steht etwa *Relatives Datum* auf 30, zeigt das Modul nur noch die beliebtesten Kritiken aus den letzten 30 Tagen an. Um die letzten zwölf Monate zu erhalten, müssen Sie folglich in das Eingabefeld 365 eintragen.

Egal ob Sie den *Datumsfilter* auf *Datumsbereich* oder *Relatives Datum* gesetzt haben, bei der Auswahl der Beiträge orientiert sich das Modul am Erstellungsdatum der Beiträge. Vielleicht wurde aber die alte Filmkritik über Harry Potter im Jahr 2016 noch einmal wesentlich überarbeitet. Bei den Filmkritiken wäre es also sinnvoll, dass sich das Modul am Bearbeitungsdatum der Beiträge orientiert. Genau das legen Sie in der Ausklappliste *Datumsbereich* fest. Dort wählen Sie aus, ob sich das

Modul am *Erstellungsdatum*, am *Bearbeitungsdatum* oder am *Veröffentlichungsstart* der Beiträge orientieren soll.

Soll das Modul irgendwann wieder alle Beiträge berücksichtigen, setzen Sie die Ausklappliste *Datumsfilter* zurück auf *Aus*.

Auf den Filmtoaster-Seiten soll das Modul alle beliebtesten Beiträge anzeigen, und zwar unabhängig von ihrem Alter. Belassen Sie daher *Datumsfilter* auf *Aus*. Die Einstellungen sollten damit jetzt so wie in Abbildung 10-19 aussehen. Speichern Sie Ihre Änderungen per *Speichern & Schließen* und wechseln Sie anschließend in die *Vorschau*. Dort sollte auf der rechten Seite das Modul jetzt nur noch die beliebtesten Filmkritiken aufführen (wie in Abbildung 10-20). Wenn Sie im Anschluss lediglich das Beispiel der Filmtoaster-Seiten nachvollziehen möchten, können Sie jetzt direkt zum Abschnitt »Module im Frontend bearbeiten« auf Seite 418 weiterspringen.

Beliebteste Kritiken
- James Bond 007: Skyfall
- James Bond: Goldfinger
- Stirb langsam

Abbildung 10-20: Das Modul mit den beliebtesten Filmkritiken auf der Website.

Beiträge – Kategorie

Ein Modul des Typs *Beiträge – Kategorie* listet einfach mehrere Beiträge auf. Abbildung 10-21 zeigt ein Beispiel. Mit einem Klick auf einen Titel gelangt der Besucher direkt zum entsprechenden Beitrag. In älteren Joomla!-Versionen hieß der Modultyp übrigens noch *Beitragkategorie*.

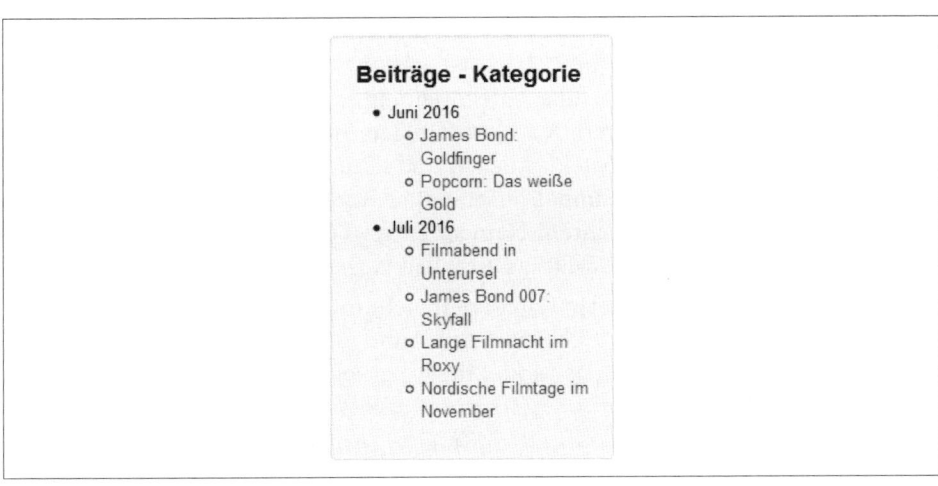

Abbildung 10-21: Das Modul Beiträge – Kategorie zeigt ausgewählte Beiträge an.

 **Tipp** Wenn Sie Ihren Internetauftritt übersichtlich strukturiert haben, sollte dieses Modul normalerweise nicht notwendig sein. Nützlich ist es eigentlich nur, um Querverweise auf Hilfetexte, Anleitungen oder besonders wichtige Beiträge zu setzen.

Welche Beiträge das Modul anzeigt, dürfen Sie ziemlich flexibel selbst festlegen. Dazu bietet es in seinen Einstellungen gleich mehrere Register mit zahlreichen Optionen an.

Auf der Registerkarte *Modul* wählen Sie zunächst die Arbeitsweise des Moduls. Wenn der *Modus* auf *Normal* steht, können Sie in den nachfolgenden Registern selbst festlegen, welche Beiträge das Modul wie anzeigt.

Im dynamischen Modus prüft das Modul hingegen, in welcher Kategorie der Besucher gerade auf der Website unterwegs ist, und stellt dann aus genau dieser Kategorie die Beiträge zur Auswahl. Wenn Sie sich für diesen Modus entschieden haben, legen Sie auf der Registerkarte *Dynamischer Modus* fest, ob das Modul auch auf Beitragsseiten erscheinen (*Anzeigen*) oder aber besser immer nur auf Übersichtsseiten von Kategorien zu sehen sein soll (*Verbergen*).

Auf der Registerkarte *Filter* legen Sie fest, welche Beiträge das Modul anzeigen und zur Auswahl stellen soll:

Anzahl
> Das Modul zeigt höchstens so viele Beiträge auf einmal an. Bei einer 0 präsentiert es alle Beiträge. Wie viele Beiträge tatsächlich erscheinen, hängt noch von den folgenden Einstellungen ab.

Haupteinträge
> Bei *Anzeigen* erscheinen im Modul auch die Haupteinträge, im Fall von *Verbergen* werden die Haupteinträge hingegen nicht mit aufgelistet. Alternativ kann das Modul auch *Nur* die Haupteinträge anzeigen. Weitere Informationen zu den Haupteinträgen finden Sie im Abschnitt »Haupteinträge kennzeichnen« auf Seite 207.

Kategorien-Filtertyp und Kategorie
> Unter *Kategorie* stellen Sie alle Kategorien ein, aus denen das Modul die Beiträge anzeigen soll. Weitere Kategorien fügen Sie hinzu, indem Sie auf einen leeren Bereich des Eingabefelds klicken und dann in der Liste die gewünschten Kategorien auswählen. Einmal ausgesuchte Kategorien entfernen Sie wieder über das kleine *X* neben ihrem Namen. Ist im Feld – *Alle Kategorien* – eingestellt, zeigt das Modul die Beiträge aus allen vorhandenen Kategorien.
>
> Damit Sie sich bei sehr vielen Kategorien nicht mürbe klicken, können Sie auch *Kategorien-Filtertyp* auf *Exklusiv* setzen und dann im Feld *Kategorien* alle Kategorien einstellen, die das Modul nicht berücksichtigen soll.

Unterkategorienbeiträge und Kategorietiefe
> Setzen Sie *Unterkategorienbeiträge* auf *Inklusive*, berücksichtigt das Modul auch alle Beiträge in Unterkategorien bis zu der unter *Kategorietiefe* gewählten Gliederungstiefe.

Autor-Filtertyp und Autoren
> Unter *Autoren* stellen Sie alle Autoren ein, deren Beiträge das Modul anzeigen soll. Weitere Autoren fügen Sie hinzu, indem Sie auf einen leeren Bereich des Eingabefelds klicken und dann aus der Liste den Autor heraussuchen. Einmal gewählte Autoren entfernen Sie über das kleine X neben ihrem Namen wieder. Damit Sie sich bei sehr vielen Autoren nicht müde klicken, können Sie auch *Autor-Filtertyp* auf *Exklusiv* setzen und dann unter *Autoren* alle Autoren hinterlegen, die das Modul nicht berücksichtigen soll. Steht *Autor-Filtertyp* auf *Inklusive* und ist – *Autoren wählen* – eingestellt, zeigt das Modul die Beiträge aller Autoren an.

Autoralias-Filtertyp und Autoralias
> Unter *Autoralias* stellen Sie alle Autoren-Aliase ein, deren Beiträge das Modul anzeigen soll. Den Autoren-Alias können Sie in den Einstellungen eines jeden Beitrags vergeben (siehe Abschnitt »Autor und ergänzende Informationen« auf Seite 145).
>
> Damit Sie sich hier nicht bei sehr vielen Autoren den Finger wund klicken, können Sie auch *Autoralias-Filtertyp* auf *Exklusiv* setzen und dann alle Autoren-Aliasnamen auswählen, die das Modul nicht berücksichtigen soll. Steht *Autoralias-Filtertyp* auf *Inklusive* und ist – *Autoren Aliase wählen* – eingestellt, ignoriert das Modul den Autoren-Alias.

Beitrags-IDs ausschließen
> Die Beiträge mit den hier eingetippten Identifikationsnummern zeigt das Modul nicht an. Dabei erwartet Joomla! in jeder Zeile eine Nummer.

Datumsfilter
> Abschließend können Sie die Anzeige auch noch auf Beiträge aus einem bestimmten Zeitraum beschränken. Wenn Sie das möchten, setzen Sie *Datumsfilter* auf *Datumsbereich* und tippen dann unter *Datumsbereich von* das Anfangsdatum und unter *bis Datum* das Enddatum ein. Ein Klick auf eines der Symbole rechts neben den Eingabefeldern holt einen kleinen Kalender hervor, der bei der Auswahl hilft. Unter *Datumsbereich* wählen Sie schließlich noch, ob das Modul dabei das *Erstellungsdatum*, das Veröffentlichungsdatum (*Veröffentlichungsstart*) oder das *Bearbeitungsdatum* der Beiträge heranzieht.
>
> Anstatt feste Daten vorzugeben, können Sie auch einfach alle Beiträge der letzten Tage anzeigen lassen. Dazu aktivieren Sie unter *Datumsfilter* den Punkt *Relatives Datum* und tragen dann die Anzahl der Tage ganz unten in das Eingabefeld *Relatives Datum* ein. Bei einer 30 würde das Modul nur noch die Beiträge aus den letzten 30 Tagen präsentieren.

Damit weiß das Modul, welche Beiträge es anzeigen soll. In welcher *Reihenfolge* das Modul sie präsentiert, legen Sie im gleichnamigen Register unter *Sortierung nach Beitragsfeld* fest. Das Modul sortiert die Beiträge nach dem hier eingestellten Element. Wählen Sie beispielsweise *Titel*, erscheinen die Beiträge alphabetisch nach ihren Überschriften geordnet. Die Ausklappliste darunter bestimmt, ob das *Auf-* oder *Absteigend* erfolgt. Wenn Sie *Reihenfolge* auf *Beitragsreihenfolge* setzen, verwendet das Modul die von der Beitragsverwaltung vorgegebene Reihenfolge. Diese können Sie einsehen, indem Sie hinter *Inhalt → Beiträge* die Ausklappliste *ID absteigend* auf *Reihenfolge aufsteigend* setzen. Wie Sie dort dann die Reihenfolge anpassen, hat bereits Abschnitt »Sortierreihenfolge ändern« auf Seite 100 gezeigt.

Im Register *Gliederung* können Sie die angezeigten Beiträge noch gruppieren. In Abbildung 10-21 wurden beispielsweise alle Beiträge zusammengefasst, die im gleichen Monat erschienen sind. Gruppieren können Sie die Beiträge hier unter *Beitragsgliederung* nach *Jahr*, dann wie in Abbildung 10-21 nach *Monat und Jahr*, dem *Autor* und der *Kategorie*. Unter *Ausrichtung* legen Sie zudem noch fest, ob die Gruppen *Aufsteigend* oder *Absteigend* sortiert werden sollen. In Abbildung 10-21 stehen die Beiträge aus dem Juni über denen aus dem Juli, folglich wurden die Monate *Aufsteigend* sortiert. Bei einer Sortierung nach Monaten beschriftet das Modul die Gruppen nach dem Schema *Monat Jahreszahl*; in Abbildung 10-21 steht beispielsweise *Juni 2016*. Wenn Sie eine andere Notation wünschen, legen Sie diese im Feld *Monats- und Jahresanzeigeformat* fest. Der Platzhalterbuchstabe F steht dabei für den ausgeschriebenen Monat und Y für das Jahr. Weitere Platzhalter und zusätzliche Informationen zu diesem Format finden Sie auf der Internetseite *http://php.net/date*.

Abschließend dürfen Sie noch auf der Registerkarte *Anzeige* festlegen, welche Informationen das Modul zu jedem Beitrag liefern soll:

Titel verlinken
   Bei einem *Ja* gelangt der Besucher mit einem Klick auf den Beitragstitel zum entsprechenden Text.

Datum, Datumsfeld und Datumsformat
   Wenn Sie neben *Datum* den Knopf *Anzeigen* aktivieren, setzt das Modul neben jeden Beitrag auch noch ein Datum – welches, bestimmt die Ausklappliste *Datumsfeld*. Das kryptische Gebilde im Eingabefeld *Datumsformat* bestimmt wiederum, wie das Datum auf der Website erscheint. Die einzelnen Buchstaben fungieren hier wieder als Platzhalter: Y für das Jahr, m für den Monat, d für den Tag, H für die Stunden, i für die Minuten und s für die Sekunden. Weitere Platzhalter und Informationen zu dieser kryptischen Notation finden Sie auf der Internetseite *http://php.net/date*.

Die nächsten Einstellungen sollten selbsterklärend sein: *Kategorie* blendet noch die jeweilige Kategorie ein, *Zugriffe* die Anzahl der bisherigen Leser und *Autor* den Namen des Urhebers. Mit *Einleitungstext* auf *Anzeigen* präsentiert das Modul jeweils noch den Einleitungstext der Beiträge. Wie viele Buchstaben dabei maximal erscheinen, regelt das *Einleitungstextlimit*. Steht »*Weiterlesen*« auf *Anzeigen*, blendet das Modul die gleichnamigen Links ein, über die der Besucher zum jeweiligen Text des Beitrags gelangt. Setzen Sie zusätzlich »*Weiterlesen*«-*Titel* auf *Anzeigen*, steht in der Beschriftung des Links noch der Titel des Beitrags. Sollte dieser wiederum sehr lang sein, schneidet das Modul ihn nach so vielen Zeichen ab, wie Sie unter »*Weiterlesen*«-*Textlimit* eingetragen haben.

Tipp Sie sollten sich gut überlegen, ob Sie diese Informationen wirklich benötigen. Denn je mehr Daten das kleine Modul anzeigen muss, desto unübersichtlicher wird es.

Beiträge – Kategorien

Ein Modul des Typs *Beiträge – Kategorien* listet alle Unterkategorien einer ausgewählten Kategorie auf (ältere Joomla!-Versionen kannten diesen Modultyp noch unter dem Namen *Beitragskategorien*). In Abbildung 10-22 zeigt ein solches Modul die Unterkategorien der *Filmkritiken* an. Ein Klick auf einen der Einträge führt direkt zur entsprechenden Übersichtsseite der gewählten Kategorie.

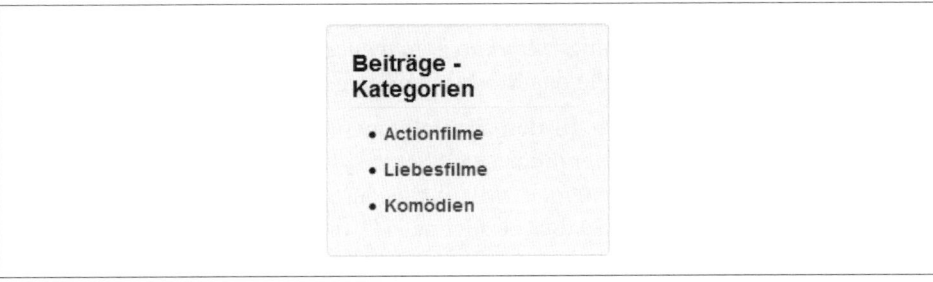

Abbildung 10-22: Über ein Modul vom Typ Beiträge – Kategorien gelangen Besucher schnell zu ausgewählten (Unter-)Kategorien.

Tipp Wenn Sie Ihren Internetauftritt übersichtlich strukturiert haben, sollte dieses Modul normalerweise nicht notwendig sein. Nützlich ist es eigentlich nur, um Querverweise auf extrem wichtige (Unter-)Kategorien zu setzen, etwa in einem Handbuch oder einer Onlinehilfe.

Das Modul verlangt in seinen Einstellungen auf der Registerkarte *Modul* folgende Eingaben:

Höhere Kategorie
   Das Modul stellt alle Unterkategorien aus der hier eingestellten Kategorie zur Auswahl.

Kategoriebeschreibungen
   Bei einem *Ja* zeigt das Modul zu jeder Unterkategorie auch noch ihre Beschreibung an. Da diese Beschreibungen dem Besucher bei seiner Auswahl helfen, sollten Sie hier immer möglichst *Ja* aktivieren – vorausgesetzt, die Anzahl der Kategorien ist nicht zu groß und die Beschreibungen sind kurz.

Anzahl Beiträge
   Wenn Sie diese Einstellung auf *Ja* setzen, blendet das Modul neben jeder Kategorie ein, wie viele Beiträge in ihr enthalten sind.

Unterkategorien anzeigen
   Auf Wunsch präsentiert das Modul auch noch die in den Unterkategorien enthaltenen Unter-Unterkategorien. Wenn Sie das wünschen, setzen Sie diese Einstellung auf *Ja*.

 # Erste Unterkategorie

So viele Unterkategorien zeigt das Modul an. Hätte man im Beispiel aus Abbildung 10-22 etwa eine 2 gewählt, würde das Modul nur noch die beiden Unterkategorien *Actionfilme* und *Liebesfilme* zur Auswahl stellen. Diese Einstellung soll verhindern, dass das Modul bei sehr vielen Unterkategorien aus allen Nähten platzt.

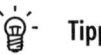 **Tipp**   In einem solchen Fall sollten Sie allerdings dringend darüber nachdenken, ob Ihr Internetauftritt nicht eine andere Gliederung vertragen könnte.

Maximale Ebenentiefe

Wenn Sie sich dazu entschlossen haben, auch die Unter-Unterkategorien darstellen zu lassen (Einstellung *Unterkategorien anzeigen*), bestimmen Sie hier, bis zu welcher Gliederungstiefe das Modul die Kategorien anzeigen soll.

Im Register *Erweitert* hat sich zu den Einstellungen, die Sie schon aus Abschnitt »Eigenschaften eines Moduls verändern« auf Seite 371 kennen, noch die Einstellung *Überschriftgröße* hinzugeschmuggelt. Mit ihr legen Sie die Schriftgröße der angezeigten Unterkategorien fest. Dabei bezeichnet *H1* die größte und *H5* die kleinste Schriftgröße. (HTML-Kennern dürften diese Bezeichnungen bekannt vorkommen.)

Beiträge – Neueste

Ein Modul des Typs *Beiträge – Neueste* listet die zuletzt veröffentlichten Beiträge auf (in älteren Joomla!-Versionen war dieser Modultyp noch als *Neueste Beiträge* bekannt). Besonders sinnvoll ist diese Anzeige, wenn Sie Nachrichten oder in kurzen Abständen viele neue Beiträge veröffentlichen. Auf diese Weise sieht ein Besucher sofort, welche Meldungen die aktuellsten sind. Auch auf den Filmtoaster-Seiten könnte ein solches Modul wie in Abbildung 10-23 auf die neuesten Beiträge aufmerksam machen. Beachten Sie, dass das Modul nur die Titel der Beiträge anzeigt, nicht aber ihren Beitragstext. Erst wenn der Besucher auf einen der Titel klickt, bekommt er den entsprechenden Beitrag in seiner vollen Schönheit zu sehen.

Neueste Beiträge
- Filmabend in Unterursel
- Lange Filmnacht im Roxy
- Nordische Filmtage im November
- Sterben der Programmkinos
- Wenn der Eismann zweimal klingelt

Abbildung 10-23:   Die neuesten Beiträge auf der Filmtoaster-Seite.

Das Modul verlangt in seinen Einstellungen auf der Registerkarte *Modul* folgende Eingaben:

Kategorie
   Das Modul listet nur Beiträge auf, die aus den hier vorgegebenen Kategorien stammen. Weitere Kategorien fügen Sie hinzu, indem Sie auf einen leeren Bereich des Eingabefelds klicken und dann aus der Liste die gewünschten Kategorien heraussuchen. Einmal ausgesuchte Kategorien entfernen Sie wieder über das kleine X neben ihrem Namen. Ist im Feld – *Alle Kategorien* – eingestellt, zeigt das Modul die neuesten Beiträge aus allen vorhandenen Kategorien.

Anzahl
   So viele Beiträge listet das Modul auf. Bei der Vorgabe 5 würde es also wie in Abbildung 10-23 die fünf zuletzt erstellten Beiträge präsentieren.

Haupteinträge
   Steht diese Einstellung auf *Anzeigen*, berücksichtigt das Modul auch alle Haupteinträge. Im Fall von *Verbergen* ignoriert das Modul sämtliche Haupteinträge. Das ist beispielsweise dann nützlich, wenn das Modul auf der Startseite erscheint, auf der bereits alle Haupteinträge zu sehen sind. Schließlich können Sie das Modul auch noch dazu zwingen, ausschließlich die Hauptbeiträge anzuzeigen. Dazu setzen Sie die Ausklappliste auf *Nur Haupteinträge anzeigen*. Weitere Informationen zu den Haupteinträgen finden Sie im Abschnitt »Haupteinträge kennzeichnen« auf Seite 207.

Sortieren
   Hier legen Sie fest, in welcher Reihenfolge das Modul die gefundenen Beiträge anzeigt.

Autoren
   Damit diese Einstellung Wirkung zeigt, muss sich zunächst ein Besucher auf der Startseite anmelden. Sie können dann das Modul dazu bewegen, nur noch die von diesem Besucher zuletzt erstellten Beiträge zu präsentieren. Dazu stellen Sie die Ausklappliste *Autoren* auf *Von mir erstellt oder geändert*. Umgekehrt verbannt *Nicht von mir erstellt oder geändert* alle Beiträge aus der Liste, bei denen der Benutzer seine Finger im Spiel hatte. Mit der Voreinstellung *Jeder* erscheinen immer alle neuen Beiträge in der Liste – egal ob sie der Besucher erstellt oder nicht erstellt hatte.

Beiträge – Newsflash

Ein Modul des Typs *Beiträge – Newsflash* stellt den Anfang eines oder mehrerer Beiträge dar (siehe Abbildung 10-24). Dabei dürfen Sie entscheiden, ob das Modul nur die zuletzt erstellten Beiträge präsentieren oder aber per Zufall welche auswählen soll. Auf den Filmtoaster-Seiten könnten Sie ein solches Modul die aktuellsten Veranstaltungshinweise anzeigen lassen (wie in Abbildung 10-24).

Beiträge - Newsflash

Filmabend in Unterursel

Im Mehrzweckveranstaltungssaal in Unterursel findet am 11.01. ein Filmabend mit alten Thrillern statt. Der Eintritt kostet 5 Euro pro Person, Einlass ist um 20 Uhr.

Lange Filmnacht im Roxy

Am nächsten Samstag findet im Roxy die „Lange Nacht der Stummfilme" statt. Gezeigt werden zwei Filme von Fritz Lang, sowie ein Charlie Chaplin Film. Das genaue Programm wurde noch nicht verraten. Für stilechte Musikuntermalung sorgt ein bekannter Stummfilmpianist.

Abbildung 10-24: Ein Beispiel für einen Newsflash.

Warnung Bei sehr langen Beiträgen wird auch das Modul ziemlich hoch beziehungsweise lang. Sie sollten daher im Newsflash entweder nur kurze Beiträge (etwa Kurznachrichten) einblenden lassen oder aber konsequent jedem Beitrag eine Einleitung spendieren. In letzterem Fall zeigt das Modul nur noch die kurze Einleitung und nicht mehr den kompletten Beitragstext an. Wie Sie eine Einleitung anlegen, hat bereits Abschnitt »Einleitung« auf Seite 149 gezeigt.

Das Modul verlangt in seinen Einstellungen im Register *Modul* folgende Eingaben:

Kategorie
  Hier legen Sie die Kategorie fest, aus der das Modul die Texte nimmt. Weitere Kategorien fügen Sie hinzu, indem Sie auf einen leeren Bereich des Eingabefelds klicken und dann aus der Liste die gewünschten Kategorien heraussuchen. Einmal ausgesuchte Kategorien entfernen Sie wieder über das kleine X neben ihrem Namen. Ist das Feld auf – *Alle Kategorien* – eingestellt, holt sich das Modul die Texte aus sämtlichen vorhandenen Kategorien. Im Fall der Filmtoaster-Seiten löschen Sie erst die Voreinstellung – *Alle Kategorien* – mit einem Klick auf das kleine X, klicken dann in das leere Eingabefeld und wählen die *Veranstaltungen*.

Beitragsbilder anzeigen
  Bei einem *Ja* werden auch die Beitragsbilder der einzelnen Beiträge angezeigt. Doch Vorsicht: Das kann in dem kleinen Modul zu Gedränge führen.

Beitragstitel anzeigen
Bei einem *Ja* werden wie in Abbildung 10-24 auch die Überschriften der Beiträge angezeigt. Andernfalls erscheinen nur die nackten Beitragstexte.

Titel verlinken
Wählt man hier *Ja*, kann der Besucher über einen Klick auf die Beitragsüberschrift direkt zum zugehörigen Beitrag springen. Voraussetzung dafür ist, dass die Überschrift unter *Beitragstitel anzeigen* aktiviert wurde.

Überschriftgröße
Hier legen Sie die Schriftgröße der Beitragsüberschriften fest. Dabei bezeichnet *H1* die größte und *H5* die kleinste Schriftgröße. (HTML-Kennern dürften diese Bezeichnungen bekannt vorkommen.)

Trennelement anzeigen
Wenn das Modul mehrere Beiträge anzeigt, trennt es diese optisch voneinander – in der Regel durch einen Strich. Wenn Sie diese Einstellung auf *Ja* setzen, malt das Modul auch nach dem letzten Beitrag einen solchen Strich. Ob ein solcher Trennstrich tatsächlich auf der Website erscheint, bestimmt jedoch letztendlich das Template. Das standardmäßig zum Einsatz kommende Template *Protostar* unterdrückt beispielsweise das Trennelement.

Weiterlesen-Link
Mit *Anzeigen* erscheint unter jedem Beitrag der berühmte *Weiterlesen*-Link, über den ein Besucher zum kompletten Text gelangt. Den Link präsentiert Joomla! allerdings nur, wenn der jeweilige Beitrag eine Einleitung und einen Haupttext besitzt (siehe auch Abschnitt »Einleitung« auf Seite 149).

Anzahl von Beiträgen
So viele Beiträge soll das Modul gleichzeitig anzeigen.

Ergebnisse der Sortierung
Hier stellen Sie ein, welche Beiträge das Modul anzeigen soll. Beim *Veröffentlichungsdatum* erscheinen die zuletzt veröffentlichten Beiträge, beim *Erstellungsdatum* analog die zuletzt erstellten.

Tipp Rufen Sie sich den Unterschied zwischen den beiden Daten ins Gedächtnis: Der Autor hat den Beitrag zum *Erstellungsdatum* angelegt, aber auf der Website erschien er zum ersten Mal am *Veröffentlichungsdatum*.

Bei der Einstellung *Sortierung* nimmt das Modul die vom Backend vorgegebene Reihenfolge. Diese können Sie einsehen, indem Sie hinter *Inhalt → Beiträge* die Ausklappliste *ID absteigend* auf *Reihenfolge aufsteigend* setzen. Wie Sie dort dann die Reihenfolge anpassen, hat bereits Abschnitt »Sortierreihenfolge ändern« auf Seite 100 gezeigt.

Abschließend können Sie noch die Beiträge anhand der *Zugriffe* sortieren lassen oder aber das Modul anweisen, *Zufällig* ein paar Beiträge aus der eingestellten *Kategorie* ziehen zu lassen.

Richtung

Unter *Richtung* legen Sie zudem noch fest, ob die Sortierung *Aufsteigend* oder *Absteigend* erfolgen soll.

Beiträge – Verwandte

Ein Modul vom Typ *Beiträge – Verwandte* listet alle Beiträge auf, die mit dem derzeit angezeigten Text thematisch verwandt sind. Liest der Besucher beispielsweise gerade einen Nachrichtenbeitrag über *Julia Roberts* und taucht dieser Name noch in einer Filmkritik auf, würde im Modul ein Link auf diese Filmkritik erscheinen.

Ob ein Beitrag mit einem anderen thematisch verwandt ist, ermittelt das Modul durch einen Vergleich ihrer Meta-Schlüsselwörter. Wie Sie diese hinterlegen, hat bereits Abschnitt »Einen neuen Beitrag erstellen« auf Seite 136 erklärt. Damit also im obigen Beispiel die Filmkritik im Modul auftaucht, müsste der Name *Julia Roberts* als Schlüsselwort sowohl in der Nachricht als auch in der Filmkritik enthalten sein.

Da das Modul somit fast alles allein macht, gibt es auch nicht besonders viel einzustellen. Steht auf der Registerkarte *Modul* der Punkt *Datum anzeigen* auf *Ja*, setzt das Modul neben die gefundenen Beiträge noch ihr jeweiliges Erstellungsdatum. Wie viele Beiträge das Modul höchstens anzeigt, legen Sie im Feld *Max. Beiträge* fest. Die Vorgabe ist bereits für die meisten Fälle sinnvoll.

 **Warnung**   Damit das Modul sinnvolle Vorschläge machen kann, müssen Sie konsequent alle Beiträge mit Meta-Schlüsselwörtern ausstatten! Dies erfordert von allen Autoren eine strenge Disziplin. Im hektischen Arbeitsalltag vergisst man jedoch gerne schon einmal, die Meta-Schlüsselwörter einzutragen. Wenn Sie das Modul einsetzen möchten, sollten Sie daher immer mal wieder alle Beiträge abklappern und die Meta-Schlüsselwörter kontrollieren.

Module zur Benutzerverwaltung

Sie können ausgewählte Webseiten nur ganz bestimmten Besuchern zur Verfügung stellen. Ein Verein könnte so den Bericht des Schatzmeisters nur seinen Mitgliedern zugänglich machen. Bevor diese privilegierten Besucher die versteckten Beiträge zu Gesicht bekommen, müssen sie sich mit einem Benutzernamen und einem Passwort gegenüber Joomla!ausweisen. Das kann wiederum über ein entsprechendes Modul geschehen. Wenn Sie der Schnellinstallationsanleitung aus Kapitel 2, *Installation*, Seite 15, gefolgt sind, existiert bei Ihnen bereits ein solches Modul mit dem Titel *Login Form*. Darüber hinaus dürfen Sie noch weitere Module anlegen, die ein paar Informationen über die angemeldeten Benutzer präsentieren.

Benutzer – Anmeldung

Über ein Modul des Typs *Benutzer – Anmeldung* melden sich registrierte Benutzer am Joomla!-System an (siehe Abbildung 10-25). Dazu müssen sie nur ihren Benutzernamen und ihr Passwort in den entsprechenden Feldern hinterlegen und auf *Anmelden* klicken. Außerdem zeigt das Modul zwei weitere Links an, über die sich vergessliche Anwender an ihren Benutzernamen erinnern lassen oder ein neues Passwort anfordern können. Sofern sich die Besucher selbst ein neues Benutzerkonto beschaffen dürfen, zeigt das Modul schließlich noch einen entsprechenden Link auf ein Registrierungsformular. Was es damit genau auf sich hat und wie Sie selbst ein Benutzerkonto im Backend einrichten, klärt ausführlich Kapitel 12, *Benutzerverwaltung und -kommunikation*, Seite 485.

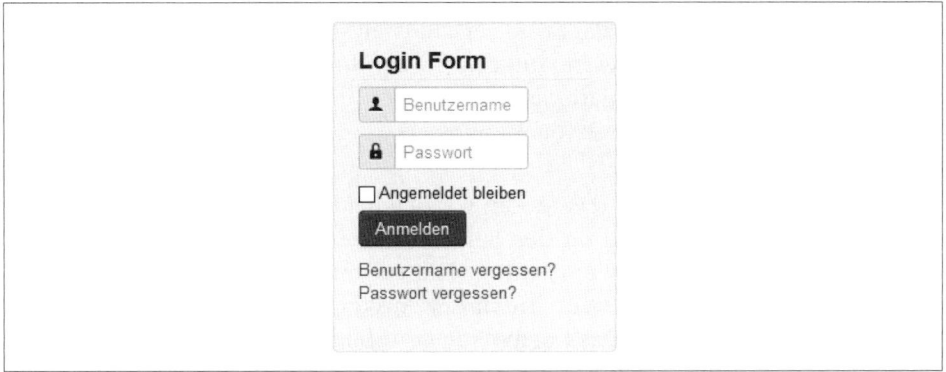

Abbildung 10-25: Über dieses Modul melden sich Benutzer bei Joomla! an.

Nach der erfolgreichen Anmeldung wechselt das Modul seinen Inhalt und bietet ab sofort einen Knopf zum Abmelden an.

In seinen Einstellungen verlangt das Modul im Register *Modul* folgende Eingaben:

Text davor
   Der hier eingegebene Text erscheint direkt unter dem Titel (also der Überschrift) des Moduls.

Text danach
   Der hier eingegebene Text erscheint am Ende des Moduls (also unterhalb des *Passwort vergessen?*-Links).

Anmeldungsweiterleitung
   Sofern die Anmeldung erfolgreich war, ruft Joomla! automatisch den hier eingestellten Menüpunkt auf. In der Regel sollte die dort wartende Seite einen Begrüßungstext oder aktuelle Hinweise für die Benutzer enthalten. Steht die Ausklappliste auf *Standard*, bleibt Joomla! einfach auf der gerade angezeigten Seite.

Abmeldungsweiterleitung
   Nachdem sich ein Besucher wieder abgemeldet hat, ruft Joomla! automatisch diesen Menüpunkt auf. Steht die Ausklappliste auf *Standard*, bleibt Joomla! auf der aktuellen Seite.

Begrüßung zeigen
   Nach dem Anmelden ersetzt das Modul seine Eingabefelder durch eine Schaltfläche zum Abmelden. Sofern Sie hier *Ja* wählen, zeigt Joomla! direkt über diesem Knopf einen Begrüßungstext in der Form *Hallo Benutzername*.

Benutzer-/Name anzeigen
   Sofern *Begrüßung zeigen* aktiviert ist, bestimmt diese Einstellung, ob nach dem *Hallo* der vollständige *Name* oder nur der *Benutzername* folgt.

Anmeldung über HTTPS
   Wenn Sie diesen Punkt auf *Ja* setzen, schickt der Browser den eingetippten Benutzernamen und das Passwort verschlüsselt an das Content-Management-System. Aktivieren Sie diesen Punkt nur, wenn Joomla! über das *https://*-Protokoll erreichbar ist (Informationen hierzu liefert Ihnen das Handbuch zu Ihrem Webserver beziehungsweise Ihr Webhoster).

Beschreibung anzeigen
   In Abbildung 10-25 zeigt das Modul vor den beiden Eingabefeldern jeweils ein Symbol an: Vor dem Feld für den Benutzernamen ist eine Büste zu sehen, vor dem Feld für das Passwort ein Schloss. Diese Symbole tauscht das Modul gegen Textbeschriftungen aus, wenn Sie in der Ausklappliste *Beschreibung anzeigen* den Punkt *Text* wählen. Das Ergebnis zeigt Abbildung 10-26, wie Sie hier sehen können, wirkt das Ergebnis unter Umständen etwas zerpflückt. Das ist immer dann der Fall, wenn das gerade aktive Template nur auf die Anzeige der Symbole optimiert ist. Setzen Sie in einem solchen Fall *Beschreibung anzeigen* wieder auf *Icons*.

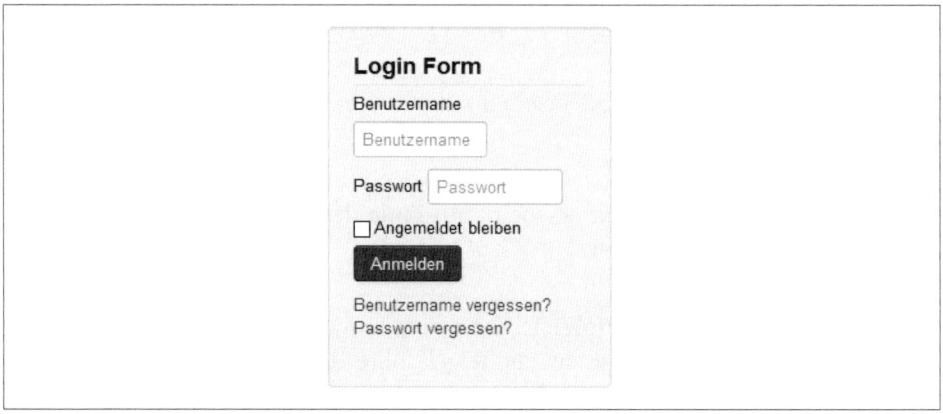

Abbildung 10-26: Hier wurden die Symbole vor den Eingabefeldern durch passende Beschriftungen ersetzt.

Benutzer – Neueste

Ein Modul vom Typ *Benutzer – Neueste* präsentiert die zuletzt registrierten Benutzer (in älteren Joomla!-Versionen hieß dieser Modultyp noch *Neueste Benutzer*).

Auf diese Weise werden alle anderen Besucher auf neue Mitglieder oder Autoren aufmerksam.

Warnung Dieses Modul sollten Sie deshalb nicht für jeden beliebigen Besucher freigeben – normalerweise geht es nicht jeden etwas an, wer sich zuletzt registriert hat. Wie man den Zugriff auf ein Modul einschränkt, erfahren Sie in Kapitel 12, *Benutzerverwaltung und -kommunikation*, Seite 485.

Wie in Abbildung Abbildung 10-27 zeigt das Modul unter Joomla! 3.6.0 nur die Benutzernamen, nicht aber die vollständigen Namen an.

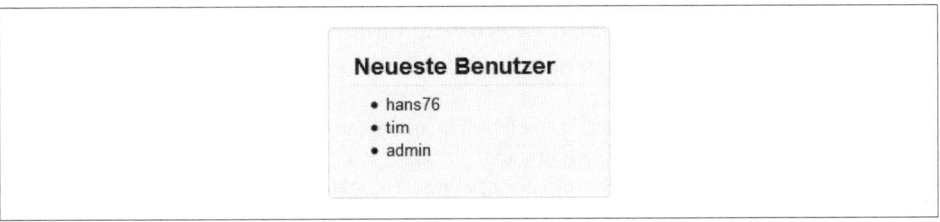

Abbildung 10-27: Nach dem admin haben sich hier noch zwei Benutzer namens tim und hans76 registriert.

Die Einstellungen des Moduls sind entsprechend rar. Das Register *Modul* bietet lediglich folgende zwei Möglichkeiten:

Benutzeranzahl
    So viele Namen zeigt das Modul an, standardmäßig also immer die fünf zuletzt registrierten Benutzer.

Gruppenfilter
    Jeder Benutzer befindet sich immer auch in einer sogenannten Benutzergruppe. Wenn Sie die Einstellung *Gruppenfilter* auf *Ja* setzen, zeigt das Modul dem gerade angemeldeten Benutzer nur noch die Personen an, die sich mit ihm in der gleichen oder einer untergeordneten Benutzergruppe befinden. Meldet sich beispielsweise ein Mitglied der Benutzergruppe *Registered* bei Joomla! an, sieht es im Modul nur noch andere Benutzer aus der Gruppe *Registered* – nicht aber jemanden aus der Gruppe *Super Users*. Das ist beispielsweise in einem Verein nützlich: Die Tennisspieler in einer Gruppe sehen dann nicht auch noch die ebenfalls angemeldeten Fußballspieler aus einer anderen Gruppe. Mehr zu den Benutzergruppen folgt noch in Kapitel 12, *Benutzerverwaltung und -kommunikation*, Seite 485.

Benutzer – Wer ist online

Ein Modul des Typs *Benutzer – Wer ist online* informiert darüber, wie viele Besucher sich gerade auf der Seite tummeln. Abbildung 10-28 zeigt dazu ein Beispiel. Auf Wunsch erscheinen angemeldete Benutzer mit ihrem Namen in einer Liste, alle anderen werden als Gäste gezählt.

Wer ist online?

Aktuell sind ein Gast und keine Mitglieder online

Abbildung 10-28: Derzeit schaut sich nur ein Gast auf der Seite um.

In den Einstellungen des Moduls legen Sie im Register *Modul* mit der Ausklappliste *Anzeige* fest, welche Informationen das Modul präsentiert. *# von Gästen / Benutzern* beschränkt sich auf die Anzahl der derzeit angemeldeten Benutzer und Gäste (wie in Abbildung 10-28). *Benutzernamen* zeigt nur die Namen der derzeit angemeldeten Benutzer, und *Beides* vereint beide Informationen.

 **Warnung**   Normalerweise geht es niemanden etwas an, welche und wie viele Personen gerade bei Joomla! angemeldet sind. Sie sollten daher das Modul ausschließlich angemeldeten Benutzern zeigen. Wie das funktioniert, erklärt Kapitel 12, *Benutzerverwaltung und -kommunikation*, Seite 485. Wenn Sie das Modul unbedingt allen Ihren Besuchern präsentieren möchten, belassen Sie möglichst die Voreinstellung *# von Gästen / Benutzern*. Damit verraten Sie zumindest nicht die Benutzernamen.

Eine weitere Einstellung versteckt sich noch zwischen ihren Kolleginnen auf der Registerkarte *Erweitert* (die Sie bereits aus Abschnitt »Eigenschaften eines Moduls verändern« auf Seite 371 kennen): Wenn Sie dort *Gruppenfilter* auf *Ja* setzen, zeigt das Modul dem gerade angemeldeten Benutzer nur noch die Personen an, die sich mit ihm in der gleichen oder einer untergeordneten Benutzergruppe befinden.

Modul für eigene Texte

Ein Modul vom Typ *Benutzerdefiniertes Modul* zeigt einfach einen Text an. Ein Beispiel sehen Sie in Abbildung 10-29. (In älteren Joomla!-Versionen hieß der Modultyp übrigens noch *Eigene Inhalte* oder *Leeres Modul*.)

Den Text hinterlegen Sie in den Einstellungen des Moduls auf der Registerkarte *Modul* im TinyMCE-Editor. Dort können Sie ihn zudem wie einen Beitrag formatieren.

 **Warnung**   Mit den vom TinyMCE-Editor angebotenen Möglichkeiten sollten Sie jedoch sparsam umgehen: Zum einen wirkt der Text in dem kleinen Modul recht schnell unruhig, zum anderen ist eigentlich das Template für die Optik verantwortlich. Bevor Sie also beispielsweise eine Textpassage fett setzen, überlegen Sie zweimal, ob das wirklich notwendig ist.

Im Register *Optionen* können Sie veranlassen, dass das Modul den eingetippten Text auch an die Joomla!-Inhalts-Plug-ins weiterreicht. Auf diese kleinen Helfer stoßen Sie noch in Kapitel 14, *Plug-ins*, Seite 585. Sie kümmern sich unter anderem darum, dass Sie bei neu eingereichten Beiträgen per E-Mail informiert werden. Damit das Modul den Text an die Plug-ins abgibt, stellen Sie *Inhalte vorbereiten* auf *Ja*. Wenn Sie sich unsicher sind, behalten Sie hingegen unter *Inhalte vorbereiten* die Vorgabe *Nein* bei. Darüber hinaus können Sie hier noch ein *Hintergrundbild auswählen*. Dazu klicken Sie auf *Auswählen* und suchen sich dann in der Minivariante der Medienverwaltung das passende Bild aus. Das Modul zeigt das Bild dann hinter dem Text an. Über die Schaltfläche mit dem X werden Sie das Hintergrundbild jederzeit wieder los.

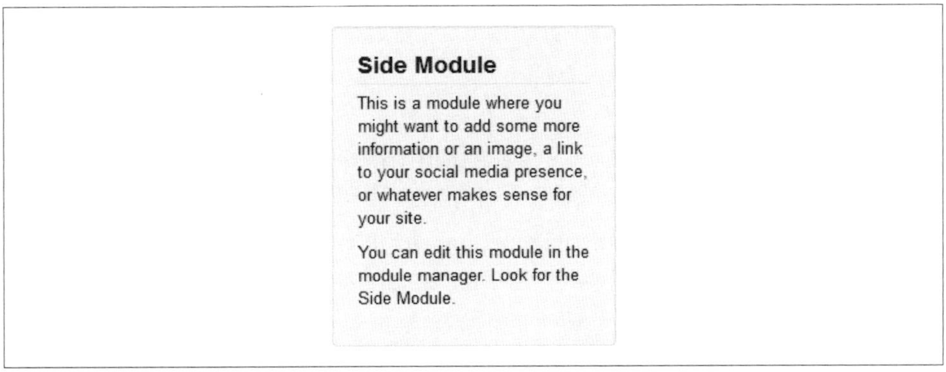

Side Module

This is a module where you might want to add some more information or an image, a link to your social media presence, or whatever makes sense for your site.

You can edit this module in the module manager. Look for the Side Module.

Abbildung 10-29: Dieses Modul mit dem Titel Side Module zeigt einfach einen Nonsens-Text an.

Module für Newsfeeds

Über sogenannte Newsfeeds stellen einige Websites Kurznachrichten oder eine Liste mit zuletzt veröffentlichten Beiträgen bereit. Besucher können diese Newsfeeds mit ihrem Browser abonnieren und bleiben so immer auf dem Laufenden.

Auf Ihren eigenen Webseiten zeigt die Komponente aus Abschnitt »Newsfeeds« auf Seite 314 existierende Newsfeeds an. Alternativ können Sie Module einrichten, die jeweils einen einzelnen Newsfeed präsentieren.

Auch Joomla! erzeugt für einige seiner Seiten automatisch einen Newsfeed. Über ein entsprechendes Modul können Ihre Besucher diese Newsfeeds besonders bequem abonnieren. Zunächst geht es jedoch um die Anzeige von existierenden Newsfeeds.

Feeds – Externen Feed anzeigen

Ein Modul vom Typ *Feeds – Externen Feed anzeigen* holt einen Newsfeed von einem anderen Internetauftritt ab und präsentiert die im Newsfeed gespeicherten Informationen (wie in Abbildung 10-30). In früheren Joomla!-Versionen hieß das Modul übrigens noch *Feed – Anzeige*.

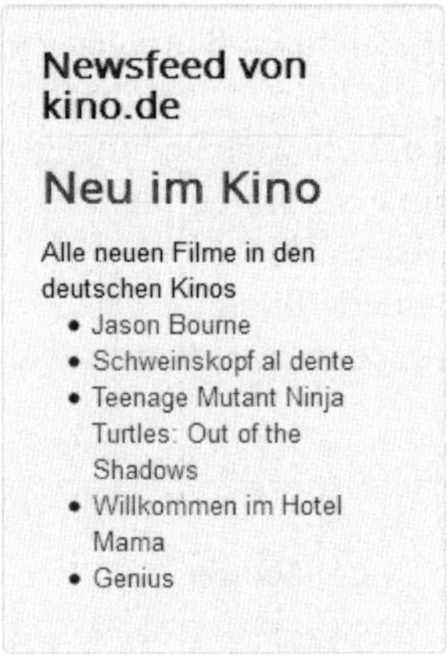

> **Newsfeed von kino.de**
>
> **Neu im Kino**
>
> Alle neuen Filme in den deutschen Kinos
> - Jason Bourne
> - Schweinskopf al dente
> - Teenage Mutant Ninja Turtles: Out of the Shadows
> - Willkommen im Hotel Mama
> - Genius

Abbildung 10-30: Das Modul zur Newsfeed-Anzeige präsentiert hier einen Newsfeed des Internetportals kino.de. Die Überschrift Newsfeed von kino.de ist der Titel des Moduls, alle anderen Texte stammen aus dem Newsfeed.

Ein solches Modul arbeitet unabhängig von der Newsfeed-Komponente. Folglich haben Sie in Joomla! zwei Möglichkeiten, Newsfeeds von anderen Webseiten auf der eigenen anzuzeigen.

Tipp　An dieser Stelle zeigt sich deutlich, wie sehr die Grenzen zwischen Modulen und Komponenten verschwimmen: Für ein und dieselbe Aufgabe – nämlich die Anzeige von Newsfeeds – existieren sowohl ein Modul als auch eine Komponente. Diese Doppelung ist nur aufgrund der für Module und Komponenten geltenden Einschränkungen notwendig. Ob Sie die Anzeige eines Newsfeeds der Komponente aus Abschnitt »Newsfeeds« auf Seite 314 oder einem Modul überlassen, bleibt Ihnen überlassen. Die Komponente präsentiert alle Newsfeeds im Hauptbereich der Website. Das Modul wiederum erscheint in der Regel irgendwo am Seitenrand, ist aber auf Wunsch auf allen Seiten zu sehen. Die Komponente wiederum kann dafür etwas komfortabler eine komplette Newsfeed-Sammlung jonglieren.

Das Modul verlangt in seinen Einstellungen im Register *Modul* folgende Eingaben:

Feed-URL
  Hier müssen Sie die Internetadresse zum entsprechenden Newsfeed hinterlegen. Diese ermitteln Sie, indem Sie auf der Internetseite des Newsfeed-Anbieters nach einem kleinen orangefarbenen Symbol mit mehreren weißen Halbkreisen suchen. Alternativ verstecken sich die Newsfeeds auch gern hinter einem Symbol mit der Aufschrift *RSS* oder *XML*. In jedem Fall führt ein Klick auf eines der Symbole direkt zum Newsfeed. Die dabei in Ihrem Browser angezeigte Internetadresse übertragen Sie dann in das Feld *Feed-URL*.

RTL-Feed
  Sofern die Inhalte des Newsfeeds von rechts nach links gelesen werden (*Right to Left*), müssen Sie diesen Schalter auf *Ja* setzen.

Feed-Titel
: Enthält der Newsfeed eine Überschrift, wird diese bei einem *Ja* später auf der Website angezeigt (in Abbildung 10-30 ist dies *Neu im Kino*).

Feed-Beschreibung
: Einige Newsfeeds enthalten eine kurze Beschreibung ihrer Inhalte. In Abbildung 10-30 lautet sie beispielsweise *Alle neuen Filme in den deutschen Kinos*. Wenn Sie die *Feed-Beschreibung* auf *Nein* setzen, versteckt das Modul diese Beschreibung.

Feed-Bild
: Einige Newsfeeds liefern ein Bild mit. Dieses verstecken Sie, indem Sie *Feed-Bild* auf *Nein* setzen.

Feed-Einträge
: In der Regel enthält ein Newsfeed mehrere Kurznachrichten. Die hier eingetippte Zahl legt fest, wie viele dieser Nachrichten das Modul anzeigen sollen.

Beitragsbeschreibung
: Die im Newsfeed enthaltenen Nachrichten dürfen neben der obligatorischen Schlagzeile auch einen erläuternden Text enthalten. Wenn Sie hier *Ja* wählen, werden diese Beschreibungen ebenfalls im Modul angezeigt.

Wortanzahl
: Die im Newsfeed enthaltenen Nachrichtentexte (siehe vorherigen Punkt) können recht lang sein. Damit man mit diesen Textmassen nicht das schöne Layout der eigenen Website zerschießt, darf man den Text über dieses Eingabefeld zurechtstutzen. Die Beschriftung ist dabei etwas irreführend: Der Text enthält später höchstens so viele Zeichen, wie das Eingabefeld vorgibt. Tragen Sie hier etwa eine 10 ein, ist jeder Nachrichtentext aus dem Newsfeed höchstens zehn Zeichen lang. Joomla! achtet dabei darauf, keine Wörter mittendrin abzuschneiden. Dadurch werden die Texte in aller Regel (wesentlich) kürzer, als es der Wert im Feld *Wortanzahl* eigentlich erlauben würde. Bei einer 0 zeigt Joomla! den gesamten Text.

Tipp Kontrollieren Sie nach der Aktivierung des Moduls seine Ausgaben in der *Vorschau*. Wenn der Newsfeed wie in Abbildung 10-30 schon eine Überschrift mitbringt, sollten Sie den Titel des Moduls ausblenden (indem Sie *Titel anzeigen* auf *Verbergen* setzen). Zahlreiche lange Nachrichtenbeiträge können Ihnen zudem das Seitenlayout zerstören. Begrenzen Sie daher die *Wortanzahl*.

Sehr viele lange Nachrichten benötigen recht viel Hauptspeicher. Fehlt Letzterer, unterschlägt Joomla! unter Umständen die Darstellung der kompletten Webseite – teilweise kommentarlos, teilweise mit einer hässlichen Fehlermeldung. In einem solchen Fall müssen Sie entweder das Modul wieder deaktivieren oder die PHP-Konfigurationsdatei *php.ini* anpassen (ihren Fundort auf Ihrem System verrät der Kasten *Ausführungszeit erhöhen* auf Seite 62). Öffnen Sie sie mit einem Texteditor und suchen Sie mit seiner Hilfe die Zeile `memory_limit = 8M`. Die Zahl gibt an, wie viel Speicher in Megabyte sich Joomla! genehmigen darf. Ändern Sie die Zahl auf einen höheren Wert, wie zum Beispiel 16. Speichern Sie die *php.ini* und starten Sie anschließend Ihren Webserver neu. Jetzt sollte das Modul wieder funktionieren.

Feeds – Feed erzeugen

Auf Wunsch erstellt Joomla! für ausgewählte Seiten Ihres Internetauftritts einen eigenen Newsfeed. Immer wenn ein neuer Beitrag oder eine neue Nachricht erstellt wird, geht dann eine Kurzfassung über den Newsfeed an alle Abonnenten. Letztere müssen auf diesem Weg nicht erst Ihren Internetauftritt besuchen, nur um zu erfahren, ob es irgendwelche neuen Beiträge gibt. Je nach Browser ist das Abonnieren eines solchen Newsfeeds recht umständlich oder erfordert zahlreiche Mausklicks.

Ein Modul vom Typ *Feeds – Feed erzeugen* macht nicht nur den Besucher auf die von Joomla! generierten Newsfeeds aufmerksam, es vereinfacht auch das Abonnement. Dazu blendet es wie in Abbildung 10-31 ein kleines Symbol ein. Ein Mausklick darauf genügt, und schon bietet der Browser an, den Newsfeed für die aktuell angezeigte Seite zu abonnieren. Der Modultyp *Feeds – Feed erzeugen* hieß übrigens in älteren Joomla!-Versionen noch *Syndication Feeds*.

Abbildung 10-31: Ein Modul des Typs Feeds – Feed erzeugen erlaubt das bequeme Abonnieren des Newsfeeds für die aktuelle Seite. Ein Klick auf dieses kleine Symbol beziehungsweise den Link genügt bereits.

Nachdem Sie das Modul wie im Abschnitt »Ein neues Modul erstellen« auf Seite 366 beschrieben angelegt haben, müssen Sie es nur noch einer *Position* zuweisen und *Speichern*. Das Modul erscheint dann automatisch nur auf solchen Webseiten, auf denen Joomla! einen Newsfeed bereitstellt. Standardmäßig sind das alle Übersichtsseiten für die Kategorien. Wenn Sie die Filmtoaster-Beispiele mitgemacht haben, können Sie folglich einen Newsfeed für die Veranstaltungen und das Blog abonnieren, wohingegen das Modul auf der Startseite durch Abwesenheit glänzt. Dieses intelligente Verhalten hat den Vorteil, dass Sie das Modul normalerweise einfach auf allen Ihren Webseiten eingeblendet lassen können (und somit jetzt nicht wieder zum Abschnitt »Menüzuweisung – auf welchen Unterseiten erscheint das Modul?« auf Seite 375 zurückspringen müssen).

Sie dürfen selbst bestimmen, für welchen Webseiten Joomla! einen Newsfeed anbietet. Das geschieht wiederum in den Einstellungen der Menüpunkte, die zu den entsprechenden Webseiten führen. (Sie lesen richtig: Die Menüpunkte legen fest, ob Joomla! einen Newsfeed für die darüber erreichbaren Seiten generiert.) Wie das genau funktioniert, verrät später noch Kapitel 11, *Menüs*, im Abschnitt »RSS-Feeds aktivieren (Integrationseinstellungen)« auf Seite 463.

Den Aufbau von Newsfeeds regeln derzeit gleich mehrere Quasi-Standards. Am weitesten verbreitet ist das RSS-Format in der Version 2.0.

Tipp Lustigerweise hat sich mit den Versionen auch das Akronym verändert: In Version 0.91 stand es noch für *Rich Site Summary*, in Version 1.0 dann für *RDF Site Summary*, und schließlich ist es heute die Abkürzung von *Really Simple Syndication*. Als Grundlage dient in allen Fällen das textbasierte Austauschformat XML.

Alternativ kann das Modul die Newsfeeds im Konkurrenzformat ATOM 1.0 anbieten. Dazu setzen Sie in seinen Einstellungen im Register *Modul* das *Feed-Format* auf *Atom 1.0*. Der im selben Register im Eingabefeld eingetippte *Text* erscheint neben dem kleinen Symbol (in Abbildung 10-31 lautet er *Feed-Einträge*). Wenn Sie das Feld leer lassen, verwendet Joomla! einen vom Sprachpaket mitgelieferten Text. Den Text können Sie auch komplett abschalten, indem Sie *Text anzeigen* auf *Nein* setzen.

Weitere Informationen zu den Newsfeeds finden Sie unter anderem im entsprechenden Wikipedia-Artikel unter *https://de.wikipedia.org/wiki/RSS_%28Web-Feed%29*.

Module für Menüs und zur Navigation

Menüs zeigt Joomla! nicht selbst an, sondern überlässt das entsprechenden Modulen. Das hat den Vorteil, dass man das Menü schnell auf der Website umpositionieren kann. Ergänzend zum Menü können Sie zudem eine sogenannte Breadcrumb-Leiste einblenden.

Navigation – Menü

Ein Modul des Typs *Navigation – Menü* zeigt ein Menü an. Die von einem solchen Modul angebotenen Einstellungen setzen Wissen um den Aufbau eines Menüs voraus, weshalb sich in Kapitel 11, *Menüs*, der Abschnitt »Ein neues Menü-Modul erstellen« auf Seite 432 noch ausführlich mit ihnen beschäftigen wird. Der Vollständigkeit halber finden Sie hier die Einstellungen im Register *Modul* im Schnelldurchgang:

Menü auswählen
 Das Modul zeigt das hier eingestellte Menü an.

Basiseintrag
 Das Modul hebt den hier eingestellten Menüpunkt optisch hervor. Im Fall von *Aktuell* wird immer der zuletzt angeklickte Menüpunkt markiert.

Erste Ebene und Letzte Ebene
 Wenn die Menüpunkte verschachtelt sind, zeigt das Modul nur die Menüpunkte von der unter *Erste Ebene* bis zur unter *Letzte Ebene* eingestellten Gliederungsebene. Damit können Sie etwa verhindern, dass auch die Unter-Untermenüpunkte noch angezeigt werden.

Untermenüeinträge anzeigen
 Wenn Sie hier *Ja* wählen, präsentiert das Modul sämtliche Menüpunkte einschließlich ihrer untergeordneten Punkte. Besucher müssen dann nicht erst die

Unterpunkte aufklappen. Das letzte Wort bei der Darstellung hat jedoch immer das Template.

Die Einstellungen im Register *Erweitert* hat bereits Abschnitt »Eigenschaften eines Moduls verändern« auf Seite 371 vorgestellt. Bei einem Menü-Modul finden Sie dort noch die drei zusätzlichen Eingabefelder *Menü-Tag-ID*, *Menüklassensuffix* und *Zielposition*. Diese richten sich an Template-Entwickler. Tragen Sie in die Felder nur dann etwas ein, wenn Ihnen dies der Template-Ersteller vorschreibt beziehungsweise empfiehlt.

Navigation – Navigationspfad (Breadcrumbs)

Damit der Benutzer immer weiß, wo er sich gerade befindet, blenden Module des Typs *Navigation – Navigationspfad (Breadcrumbs)* stets den Weg zur aktuellen Seite ein. Abbildung 10-32 veranschaulicht das noch einmal: Von der *Startseite* aus gelangt man über die *Filmkritiken* zur Kategorie *Actionfilme*, von der aus es weiter zur Filmkritik zu *James Bond 007: Skyfall* geht. Mit einem Klick auf eine der vorherigen Stationen springt der Besucher dann schnell wieder zurück. Dem gleichen Prinzip folgt übrigens auch der Dateimanager von Windows.

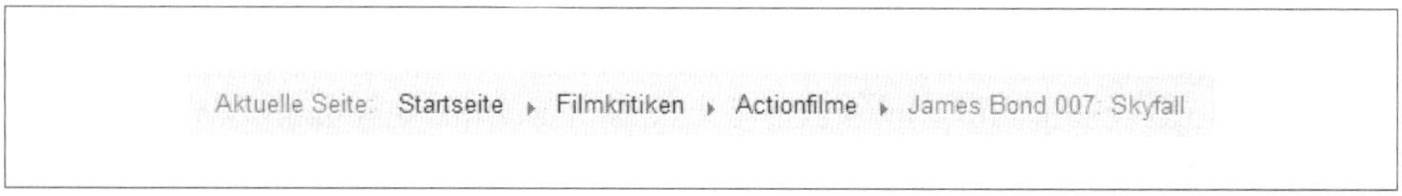

> Aktuelle Seite: Startseite ▸ Filmkritiken ▸ Actionfilme ▸ James Bond 007: Skyfall

Abbildung 10-32: Der »Breadcrumb-Pfad« zur Filmkritik James Bond 007: Skyfall.

In Anlehnung an Hänsel und Gretel, die versuchten, mithilfe einer von ihnen gelegten Brotkrumenspur den Weg zurück nach Hause zu finden, bezeichnet man einen solchen Pfad aus Links im Englischen als *Breadcrumbs*. Im Deutschen spricht man von einer *Brotkrumennavigation* oder einem *Navigationspfad*. Diese Hilfe sollten Sie insbesondere immer dann anbieten, wenn Ihre Seitenstruktur recht verschachtelt oder komplex ist. Positionieren Sie das Modul zudem möglichst an einer nicht ganz so auffälligen Stelle. Die meisten Templates bieten bereits eine passende Position für die Leiste an. Häufig befindet sich diese direkt unter dem Menü oder am unteren Seitenrand.

Ein Modul für die Breadcrumbs bietet in seinen Einstellungen im Register *Modul* folgende Einstellungsmöglichkeiten:

»Aktuelle Seite« anzeigen
  Je nach gewähltem Template erscheint ganz links vor dem Navigationspfad der Text *Aktuelle Seite* (siehe Abbildung 10-32). Diesen Text können Sie durch ein Symbol ersetzen, wenn Sie hier *Nein* wählen. Es gibt allerdings auch Templates, die dann weder das Symbol noch den Text *Aktuelle Seite* einblenden.

Startseite anzeigen
  Wenn Sie hier *Ja* aktivieren, erscheint auch immer die Startseite im Pfad (in Abbildung 10-32 ist das der Punkt *Startseite* ganz links). Da der Besucher so schnell wieder zur Startseite Ihres Internetauftritts zurückspringen kann, sollten Sie *Ja* möglichst immer aktiviert lassen.

Text für die Startseite
Im Pfad erscheint ganz links immer ein Link, der zurück zur *Startseite* führt (es sei denn, Sie haben *Startseite anzeigen* auf *Nein* gesetzt). Diesem Link können Sie hier eine andere Beschriftung verpassen und so beispielsweise das lange Wort *Startseite* durch das kürzere *Home* ersetzen. Tippen Sie dazu einfach in das Feld die gewünschte Beschriftung ein. Wenn das Feld leer ist, verwendet das Modul die vom Sprachpaket vorgegebene Beschriftung.

Letztes Element anzeigen
Bei einem *Ja* zeigt der Navigationspfad ganz rechts noch einmal den Titel der aktuellen Seite (in Abbildung 10-32 *James Bond 007: Skyfall*).

Trennzeichen
Zwischen die Bestandteile des Pfads setzt Joomla! ein Trennzeichen. Wie dieses Trennzeichen aussieht, bestimmt normalerweise das Template. In Abbildung 10-32 setzt das Template *Protostar* kleine rote Dreiecke zwischen die Bestandteile des Pfads. Sie können aber auch ein eigenes Trennzeichen vorgeben. Tippen Sie es dazu einfach in das Eingabefeld *Trennzeichen* ein. In der Praxis werden meist Schrägstriche (/) oder spitze Klammern (>) verwendet. Das letzte Wort hat hier jedoch immer das Template.

Module für Schlagwörter

Beiträgen dürfen Sie Schlagwörter (englisch Tags) zuweisen. Spezielle Module können diese Schlagwörter auf unterschiedliche Art und Weise präsentieren. Dazu gehört auch die berühmte Darstellung als sogenannte Tag-Cloud. In jedem Fall springen Besucher mit einem Klick auf eines der Schlagwörter zu einer Liste mit allen Beiträgen, denen das entsprechende Schlagwort anheftet.

Schlagwörter – Beliebte

Ein Modul vom Typ *Schlagwörter – Beliebte* zeigt alle besonders häufig vergebenen Schlagwörter an. Standardmäßig sind das wie in Abbildung 10-33 genau fünf Stück.

Tipp Das Modul zeigt grundsätzlich nur Schlagwörter an, die hinter *Komponenten* → *Schlagwörter (Tags)* veröffentlicht sind.

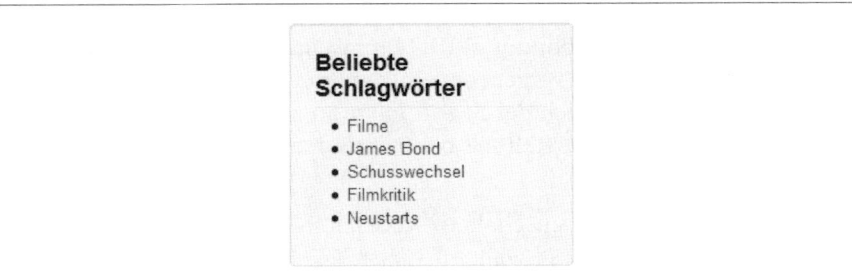

Abbildung 10-33: Diese fünf Schlagwörter wurden besonders häufig von Autoren verwendet.

In seinen Einstellungen bietet ein solches Modul im Register *Modul* folgende Stellschrauben:

Maximale Anzahl Schlagwörter
So viele Schlagwörter zeigt das Modul an.

Zeitspanne
Normalerweise berücksichtigt das Modul alle veröffentlichten Schlagwörter. Es kann aber auch nur diejenigen beachten, die in der letzten Stunde, gestern, den letzten sieben Tagen, den letzten 30 Tagen oder den letzten 12 Monaten vergeben wurden. Die gewünschte *Zeitspanne* müssen Sie dazu nur in der gleichnamigen Ausklappliste einstellen.

Reihenfolge und Richtung
Das Modul zeigt die Schlagwörter wie in Abbildung 10-33 standardmäßig in einer Liste an. Ganz oben steht dabei das Schlagwort, das am häufigsten vergeben wurde. Darunter folgt das bei Autoren zweitbeliebteste und so weiter. Sie können die Schlagwörter aber auch in alphabetischer Reihenfolge anzeigen lassen. Dazu setzen Sie die Ausklappliste *Reihenfolge* auf *Titel*. Wenn Sie dort hingegen *Zufällig* einstellen, listet das Modul die Schlagwörter in zufälliger Reihenfolge auf. Mit *Number of Items* sortiert das Modul die Schlagwörter wieder nach ihrer Häufigkeit.

In jedem Fall dürfen Sie unter *Richtung* noch einstellen, ob das Modul die Schlagwörter *Aufsteigend* oder *Absteigend* anordnen soll. Stellen Sie beispielsweise die *Reihenfolge* auf *Number of Items* und dann die *Richtung* auf *Aufsteigend*, steht im Modul das Schlagwort ganz oben, das besonders selten vergeben wurde.

Display number of items
Wenn Sie diesen Punkt auf *Ja* setzen, blendet das Modul hinter jedem Schlagwort noch ein, wie oft dieses vergeben wurde.

Show »No results« text
Wenn es keine Schlagwörter gibt, wird das Modul komplett ausgeblendet. Alternativ kann es aber auch einen Hinweistext anzeigen. Dazu schalten Sie *Show »No results« text* auf *Ja* um. Den Text gibt dabei das derzeit aktive Sprachpaket vor. In der deutschsprachigen Fassung lautet er: *Keine Schlagwörter gefunden*.

Das Modul kann die Schlagwörter nicht nur wie in Abbildung 10-33 auflisten, sondern sie auch so wie in Abbildung 10-34 präsentieren. Bei dieser Darstellung erscheinen besonders häufig vergebene Schlagwörter in einer größeren Schrift. In Abbildung 10-34 wurde folglich der Begriff *Filme* an mehr Beiträge getackert als der Begriff *James Bond*. Diese Darstellung bezeichnet man als *Tag-Cloud* oder *Schlagwörter-Wolke*.

Um auf diese Darstellung umzuschalten, wechseln Sie zum Register *Erweitert* und setzen den Punkt *Alternatives Layout* auf *Cloud*. Die Schriftgröße der Schlagwörter dürfen Sie anschließend auf der Registerkarte *Cloud Layout* regulieren. Die *Mini-*

mum font size bestimmt dabei die Schriftgröße der besonders selten vergebenen Begriffe. Die Schriftgröße der am häufigsten genutzten Begriffe tragen Sie hingegen unter *Maximum font size* ein. Für alle anderen Schlagwörter wählt Joomla! eine passende Schriftgröße. Die Zahlen in den Eingabefeldern geben jeweils den Vergrößerungsfaktor an, um den das Modul die Standardschrift aufbläst. Wenn Sie also beispielsweise in das Feld *Maximum font size* eine 2 eintippen, zeigt das Modul das beliebteste Schlagwort doppelt so groß wie den normalen Text an.

Abbildung 10-34: Ein Beispiel für die Cloud-Darstellung.

Tipp Die hier von Joomla! vorgegebenen Schriftgrößen sind für die meisten Fälle bereits passend. Sie können sie daher in der Regel einfach so übernehmen. Wenn Sie einen oder beide Vergrößerungsfaktoren ändern, kontrollieren Sie anschließend das Ergebnis: Je nach Template kann es sonst passieren, dass das wichtigste Schlagwort das Modul mit seiner enormen Größe sprengt.

Auch in der Darstellung als Tag-Cloud berücksichtigt das Modul alle Einstellungen im Register *Modul*. Wenn Sie dort beispielsweise die *Reihenfolge* auf *Titel* setzen, sortiert das Modul die Schlagwörter alphabetisch. Die Schriftgröße hängt allerdings weiterhin davon ab, wie oft das entsprechende Schlagwort vergeben wurde. Wenn Sie die beliebtesten Schlagwörter in einer Tag-Cloud präsentieren wollen, müssen folglich die *Reihenfolge* auf *Number of Items* und die *Richtung* auf *Absteigend* stehen.

Schlagwörter – Ähnliche

Ein Modul vom Typ *Schlagwörter – Ähnliche* greift sich alle Schlagwörter des gerade angezeigten Texts und listet dann sämtliche anderen Beiträge auf, denen die gleichen Schlagwörter anheften. Liest der Besucher beispielsweise gerade die Filmkritik zu *James Bond 007: Skyfall* und klebt an diesem Beitrag das Schlagwort *Daniel Craig*, präsentiert das Modul alle anderen Beiträge mit dem Schlagwort *Daniel Craig*. Auf diese Weise können Sie den Besucher auf Beiträge aufmerksam machen, die ihn mit großer Wahrscheinlichkeit ebenfalls interessieren – ein James-Bond-Fan wird vermutlich auch andere Beiträge mit dem Schlagwort *James Bond* interessant finden.

Ein passendes Modul müssen Sie, wie im Abschnitt »Ein neues Modul erstellen« auf Seite 366 beschrieben, lediglich erstellen, einer *Position* zuweisen und *Speichern*. Es erscheint auf Ihrer Website allerdings immer nur dann, wenn

- der aktuell angezeigte Beitrag mindestens ein Schlagwort besitzt und
- es mindestens noch einen anderen Beitrag mit diesem Schlagwort gibt.

In den Einstellungen des Moduls können Sie im Register *Modul* noch an folgenden Schrauben drehen:

Maximale Anzahl Beiträge
: So viele Beiträge zeigt das Modul höchstens an. Sie sollten hier keinen zu hohen Wert wählen, da das Modul sonst den Besucher mit zu vielen Vorschlägen überfordern könnte. Die standardmäßig vorgegebenen fünf Stück sind in den meisten Fällen bereits optimal.

Suchtyp
: Mit dieser Ausklappliste legen Sie fest, wie das Modul die von ihm aufgelisteten Beiträge auswählen soll.

  Wenn Sie *Alle* einstellen, müssen alle am gerade angezeigten Beitrag klebenden Schlagwörter auch genau so in einem anderen Beitrag vorkommen, damit dieser im Modul erscheint. Besitzt beispielsweise der gerade angezeigte Text die Schlagwörter *Film*, *Action* und *James Bond*, listet das Modul nur die Beiträge auf, denen ebenfalls die drei Schlagwörter *Film*, *Action* und *James Bond* anheften.

  Im Fall von *Irgendeiner* muss lediglich eines der Schlagwörter übereinstimmen. Im Beispiel würde das Modul alle Beiträge anzeigen, denen das Schlagwort *Film* oder das Schlagwort *Action* oder das Schlagwort *James Bond* anheftet.

  Bei der Einstellung *Hälfte* müssen mindestens die Hälfte aller Schlagwörter an einem Beitrag kleben, damit ihn das Modul anzeigt. Im Beispiel würde das Modul alle Beiträge präsentieren, denen entweder *Film* und *Action* oder *Action* und *James Bond* oder auch *Film* und *James Bond* angetackert wurden.

Ergebnissortierung
: Das Modul sortiert alle gefundenen Beiträge noch einmal. Normalerweise stehen die Beiträge ganz oben, die besonders viele Schlagwörter mit dem aktuell angezeigten Text teilen. Sie können das Modul über die Ausklappliste *Ergebnissortierung* aber auch anweisen, die Beiträge *Zufällig* anzuordnen. Wenn Sie *Anzahl der passenden Tags & Zufällig* einstellen, sortiert das Modul die Beiträge zunächst nach der Anzahl der übereinstimmenden Tags. Sollten mehrere Beiträge die gleiche Anzahl aufweisen, werden diese in zufälliger Reihenfolge angezeigt.

Modul zur Sprachauswahl

Mit einem Modul vom Typ *Sprachauswahl* schalten die Besucher eines mehrsprachigen Internetauftritts auf eine andere Sprachfassung um.

Warnung Dies klappt allerdings nur, wenn einige Voraussetzungen erfüllt sind. Welche das sind, verrät später noch Kapitel 18, *Mehrsprachigkeit*, Seite 785.

Auf einer einsprachigen Seite wie den Filmtoaster-Seiten ist dieses Modul nutzlos. Eine ausführliche Erklärung der einzelnen Einstellungen finden Sie daher in Kapitel 18, *Mehrsprachigkeit*, Seite 785. Der Vollständigkeit halber gibt es hier einen Schnelldurchgang durch die Einstellungen des Moduls:

Text davor und Text danach
Der hier eingegebene Text erscheint ganz oben direkt unter dem Titel des Moduls (*Text davor*) beziehungsweise am unteren Ende des Moduls (*Text danach*).

Drop-Down benutzen
Wenn Sie diesen Punkt auf *Ja* setzen, können die Besucher die Sprache aus einer Ausklappliste auswählen. Bei einem *Nein* müssen die Besucher auf ein passendes Flaggensymbol klicken.

Wenn Sie sich gegen die Ausklappliste entscheiden, gelten noch folgende Einstellungen:

Bildflaggen benutzen
Bei einem *Ja* zeigt das Modul kleine Flaggensymbole an, bei einem *Nein* schreibt es die Namen der Sprachen aus.

Aktive Sprache
Bei einem *Nein* blendet das Modul die Flagge beziehungsweise den Namen der derzeit aktiven Sprache aus.

Vollständige Sprachennamen
Diese Einstellung erscheint nur, wenn Sie *Bildflaggen benutzen* auf *Nein* gestellt haben. In dem Fall zeigt das Modul die Namen der Sprachen an. Dabei haben Sie die Wahl zwischen dem kompletten Namen, wie etwa *English (UK)*, und dem entsprechenden Sprachkürzel, wie *EN*. Wenn Sie nur die Sprachkürzel anzeigen lassen möchten, setzen Sie *Vollständige Sprachennamen* auf *Nein*.

Horizontale Anzeige
Bei einem *Ja* zeigt das Modul die zur Auswahl stehenden Sprachen nebeneinander an.

Wenn Sie sich bei *Drop-Down benutzen* für *Ja* und somit die Ausklappliste entschieden haben, gibt es hingegen folgende Einstellungsmöglichkeiten:

Flaggen im Drop-Down
Bei einem *Ja* erscheinen in der Ausklappliste zusätzlich kleine Flaggensymbole.

Linienhöhe
Je nach hier gewählter Einstellung rücken die Einträge in der Ausklappliste etwas weiter auseinander oder zusammen.

Aktive Sprache
  Bei einem *Nein* verschwindet der Name der derzeit aktiven Sprache aus der Ausklappliste. Das Template *Protostar* verwendet grundsätzlich die derzeit aktive Sprache als Beschriftung der Ausklappliste.

Beachten Sie, dass bei der Darstellung des Moduls immer das Template das letzte Wort hat.

Module zur Suche

Joomla! besitzt eine eingebaute Suchfunktion, über die Ihre Besucher unter anderem schnell einen Beitrag finden können. Den Suchbegriff tippen die Besucher in ein Formular ein, das Sie über einen Menüpunkt zugänglich machen müssen. Wie das funktioniert, hat bereits Kapitel 9, *Komponenten – Nützliche Zusatzfunktionen*, Seite 263, erklärt. Alternativ oder zusätzlich dürfen Sie aber auch ein Modul einblenden. Dieses zeigt lediglich ein Eingabefeld an, in das die Besucher ihren Suchbegriff eintippen und mit der [Enter]-Taste abschicken. Das Modul erlaubt somit einen noch schnelleren Zugriff auf die Suchfunktion. Je nachdem, ob Sie die normale Suchfunktion oder das modernere Smart Search verwenden, müssen Sie jeweils ein anderes Modul anlegen.

Suchen

Ein Modul des Typs *Suchen* stellt ein Eingabefeld bereit, über das Besucher die Seite mit der normalen Suchfunktion nach einem bestimmten Begriff durchsuchen können (siehe Abbildung 10-35). Das Ergebnis der Suche präsentiert Joomla! dann auf einer neuen Seite.

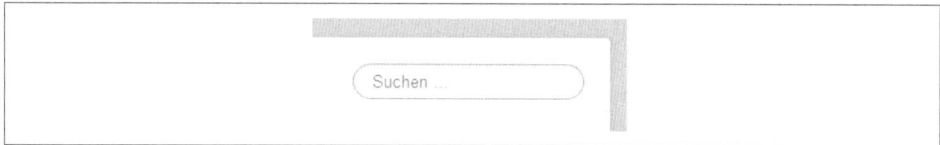

Abbildung 10-35: Die minimalistische Version des Suchmoduls.

Das Modul verlangt in seinen Einstellungen im Register *Modul* folgende Eingaben:

Boxbeschreibung
  Der hier eingetippte Text erscheint links neben dem Eingabefeld. In Abbildung 10-35 ist er ausgeblendet. Ob er erscheint, hängt auch vom Template ab.

Boxbreite
  So breit ist das Eingabefeld später. Auch diese Vorgabe kann das Template überschreiben. Die *Boxbreite* beeinflusst nur die optische Breite des Eingabefelds. Wie viele Zeichen die Besucher eintippen dürfen, bestimmt davon unabhängig das gerade aktivierte Sprachpaket. In der deutschen Fassung sind das bis zu 200 Zeichen.

Boxtext
> Der hier eingegebene Text wird im Eingabefeld angezeigt. Sofern Sie *Boxtext* leer lassen, packt Joomla! die Vorgabe aus dem derzeit aktiven Sprachpaket in das Feld. Wie in Abbildung 10-35 ist dies bei einem deutschen Sprachpaket *Suchen ...*

Suchen-Schaltfläche
> Standardmäßig löst die [Enter]-Taste den Suchvorgang aus. Bei einem *Ja* setzt das Modul neben das Suchfeld noch eine Schaltfläche, über die Ihre Besucher ebenfalls die Suche anstoßen können (siehe Abbildung 10-36).

Tipp Viele Besucher dürften nicht wissen, dass sie die Suche über die [Enter]-Taste einleiten müssen (schließlich ist das nicht selbstverständlich). Blenden Sie daher die Schaltfläche ruhig immer per *Ja* ein.

Die nächsten drei Einstellungen erscheinen nur, wenn Sie die *Suchen*-Schaltfläche einblenden lassen:

Schaltflächenposition
> Auf welcher Seite die Schaltfläche erscheinen soll, entscheiden Sie über die Ausklappliste *Schaltflächenposition*. Wenn Sie beispielsweise den Punkt *Rechts* wählen, erscheint die Schaltfläche wie in Abbildung 10-36 rechts neben dem Eingabefeld, *Unten* platziert sie hingegen direkt unterhalb des Felds.

Suchbutton-Bild
> Die Schaltfläche muss grundsätzlich das Template malen. Wenn Sie hier *Nein* wählen, zeichnet es den Knopf selbst (mithilfe der in Kapitel 17, *Responsive Design*, Seite 697, angesprochenen CSS-Technik). Diese Methode sollte immer zu einem ansehnlichen Ergebnis führen (wie in Abbildung 10-36).

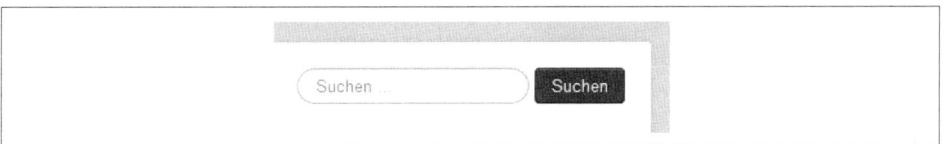

Abbildung 10-36: Das standardmäßig aktive Template Protostar zeichnet die Suchen-Schaltfläche mit einem grauen Hintergrund.

Alternativ kann der Template-Ersteller ein Bild von der Schaltfläche malen und dann dieses Bild verwenden. Anstelle einer Beschriftung kann sie auch einen Pfeil oder ein beliebiges anderes Symbol zeigen. Wenn sie aus diesem Bild bestehen soll, setzen Sie hier *Suchbutton-Bild* auf *Ja*.

Diese zweite Variante hat allerdings mehrere Nachteile: Zunächst einmal muss dem Template ein solches Bild beiliegen. Die in Joomla! 3.6.0 mitgelieferten Templates bieten kein solches Bild an.

Tipp Template-Entwickler dürfte es interessieren, dass dieses Bild den Dateinamen *searchButton.gif* tragen und im Template-Verzeichnis im Unterordner *images* liegen muss. Joomla! findet es dort automatisch.

Des Weiteren besitzt das Bild eine feste Größe. Ist es zu klein, muss man es auf großen Monitoren mit der Lupe suchen, hat es der Template-Entwickler zu groß gemalt, sprengt es das Seitenlayout. Des Weiteren ist ein solches Bild nicht barrierefrei. Schließlich müssen die Besucher das Symbol deuten können. Nicht jeder wird auf Anhieb wissen, dass er einen Pfeil anklicken kann.

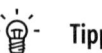 **Tipp**   Sie sollten daher hier der Einstellung *Nein* den Vorzug geben.

Schaltflächentext
Anstelle eines Symbols können Sie die Schaltfläche auch mit dem hier hinterlegten Text beschriften. Dazu setzen Sie *Suchbutton-Bild* auf *Nein* und tippen dann die Beschriftung des Knopfs unter *Schaltflächentext* ein. Um den Besucher nicht in die Irre zu führen, sollten Sie klare Begriffe wählen, wie beispielsweise Suchen oder Los. Wenn Sie das Feld leer lassen, beschriftet das Modul die Schaltfläche mit einem entsprechenden Text aus dem derzeit aktiven Sprachpaket.

OpenSearch-Auto-Discovery und OpenSearch-Titel
Wenn Sie in die Adresszeile Ihres Browsers einen Begriff eintippen, schickt der Browser diesen Begriff direkt an eine Suchmaschine. Welche dabei zum Einsatz kommt, dürfen Sie entweder über eine kleine Ausklappliste oder in den Browsereinstellungen festlegen.

Die Suchfunktion auf Ihrer Joomla!-Website ist aber ebenfalls nichts anderes als eine Suchmaschine – die allerdings nur Ihren Internetauftritt durchsucht. Da liegt die Idee nahe, die Suchfunktion einfach im Browser als weitere Suchmaschine hinzuzufügen. Auf diese Weise ließe sich direkt aus dem Browser heraus nach einer Filmkritik auf den Filmtoaster-Seiten suchen. Genau das ermöglicht eine Technik namens *OpenSearch*.

Damit sich Joomla! den Browsern als potenzielle Suchmaschine zu erkennen gibt, setzen Sie *OpenSearch-Auto-Discovery* auf *Ja* und tragen dann unter *OpenSearch-Titel* eine Bezeichnung ein, unter der Joomla!s Suchfunktion später im Browser auftaucht.

Damit erscheint jetzt Ihr Internetauftritt für den Browser wie eine Internetsuchmaschine. Um sie in den Browser zu integrieren, müssen Sie oder Ihre Besucher eine Website ansteuern, auf der das Suchen-Modul zu sehen ist. Das dann folgende Prozedere hängt vom Browser ab. Im Fall von Firefox müssen Sie nur die Ausklappliste rechts oben im Suchfeld öffnen und dann den entsprechenden Eintrag anklicken (»... *hinzufügen*«). Bei anderen Browsern sind unter Umständen weitere Mausklicks notwendig.

Eintrags-ID setzen
Um diese Einstellung zu verstehen, muss man etwas um die Ecke denken und sich zudem daran erinnern, dass in Joomla! die Menüpunkte bestimmen, was auf einer Internetseite zu sehen ist. Netterweise können Sie die Einstellung *Ein-*

trags-ID setzen in der Regel einfach ignorieren, die Suche funktioniert trotzdem korrekt.

Wenn ein Besucher einen Suchbegriff in das Feld des Moduls eintippt und die [Enter]-Taste drückt, präsentiert Joomla! ein Suchformular, das im unteren Teil alle Fundstellen auflistet.

In Joomla! dürfen Sie allerdings mehrere Menüpunkte anlegen, die jeweils zu einem eigenen Suchformular führen (auch wenn mehrere Suchformulare Ihre Besucher verwirren und somit eigentlich nicht sinnvoll sind). Welches dieser Suchformulare Joomla! dann verwendet, bestimmen Sie unter *Eintrags-ID setzen*, indem Sie dort den entsprechenden Menüpunkt einstellen. Entscheiden Sie sich etwa für den Menüpunkt *Erweiterte Suche*, wird Joomla! später selbstständig den Menüpunkt *Erweiterte Suche* aufrufen, im dahinter wartenden Suchformular den Suchbegriff hinterlegen und die Suche starten. Die Suche erfolgt dann zudem genau so, wie Sie es in den Einstellungen des Menüpunkts *Erweiterte Suche* vorgegeben haben.

Das Ganze klingt nicht nur kompliziert, das ist es leider auch (tatsächlich sind die Abläufe im Hintergrund sogar noch komplexer).

Suchindex

Ein Modul vom Typ *Suchindex* stellt ein Suchfeld bereit, das jedoch im Gegensatz zu einem Kollegen des Typs *Suche* die neue Suchfunktion *Smart Search* verwendet (wie sie Abschnitt »Suchindex (Smart Search)« auf Seite 338 beschreibt).

In den Einstellungen des Moduls darf man dabei im Register *Modul* an folgenden Schrauben drehen:

Suchfilter
  Hier können Sie einen Suchfilter hinzuschalten und so die Liste mit den Ergebnissen weiter einschränken.

Suchvorschläge
  Wenn Sie diese Ausklappliste auf *Anzeigen* setzen, unterbreitet das Suchfeld ähnlich wie Google schon beim Tippen mögliche Vorschläge – vorausgesetzt, Sie haben zuvor hinter *Komponenten → Suchindex* einen *Index* generieren lassen und das Suchindex-Plug-in aktiviert (mehr dazu finden Sie im Abschnitt »Suchindex (Smart Search)« auf Seite 338).

Erweiterte Suche
  Über diese Ausklappliste können Sie dem Besucher noch erweiterte Filterkriterien an die Hand geben. Im Fall von *Anzeigen* erscheinen unter dem Suchfeld die Filter-Ausklapplisten, die Sie auch schon aus Abschnitt »Suchindex (Smart Search)« auf Seite 338 kennen. Da das allerdings, wie Abbildung 10-37 zeigt, schnell das Layout sprengt, kann man mit dem Punkt *Verknüpfung zur Komponente* auch nur einen Link auf das große Suchformular einblenden.

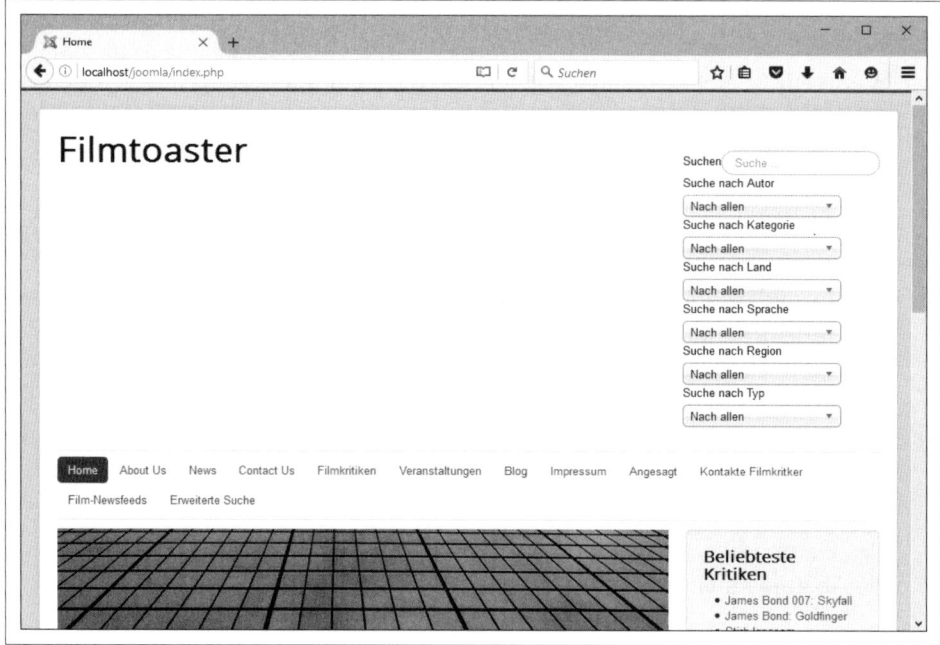

Abbildung 10-37: Die Filter unter dem Suchfeld sprengen schnell die Optik.

Suchfeldgröße
So breit ist das Eingabefeld später. Die *Suchfeldgröße* beeinflusst nur die optische Breite des Felds, Besucher können immer beliebig viele Zeichen eintippen. Das letzte Wort bei der Darstellung hat jedoch stets das Template.

Bezeichnung Suchfeld, Bezeichnungsposition und Alternative Bezeichnung
Den unter *Alternative Bezeichnung* eingegebenen Text parkt Joomla! vor dem Suchfeld. Das passiert allerdings nur, wenn *Bezeichnung Suchfeld* auf *Anzeigen* steht. Wo der Text genau erscheinen soll, legen Sie unter *Bezeichnungsposition* fest. Wenn Sie das Eingabefeld *Alternative Bezeichnung* leer lassen, verwendet das Modul einen vom derzeit aktiven Sprachpaket vorgegebenen Begriff.

Suchbutton
Standardmäßig löst die [Enter]-Taste den Suchvorgang aus. Über diese Einstellung kann man neben dem Suchfeld zusätzlich noch einen kleinen Knopf einblenden, der ebenfalls die Suche anstößt.

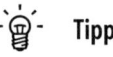 **Tipp** — Viele Besucher dürften nicht wissen, dass sie die Suche über die [Enter]-Taste einleiten müssen (schließlich ist das nicht selbstverständlich). Lassen Sie daher den *Suchbutton* ruhig *Anzeigen*.

Button-Position
> Hier bestimmen Sie die Position der Schaltfläche in Relation zum Eingabefeld. *Unten* platziert die Schaltfläche beispielsweise direkt unterhalb des Felds.

OpenSearch-Unterstützung und OpenSearch-Titel
> Wenn Sie in die Adresszeile Ihres Browsers einen Begriff eintippen, schickt der Browser diesen Begriff direkt an eine Suchmaschine. Welche dabei zum Einsatz kommt, können Sie entweder über eine kleine Ausklappliste oder in den Browsereinstellungen festlegen.
>
> Die Suchfunktion auf Ihrer Joomla!-Website ist aber ebenfalls nichts anderes als eine Suchmaschine – die allerdings nur Ihren Internetauftritt durchsucht. Da liegt die Idee nahe, die Suchfunktion einfach im Browser als weitere Suchmaschine hinzuzufügen. Auf diese Weise ließe sich direkt aus dem Browser heraus nach einer Filmkritik auf den Filmtoaster-Seiten suchen. Genau das ermöglicht eine Technik namens *OpenSearch*.
>
> Damit sich Joomla! den Browsern als potenzielle Suchmaschine zu erkennen gibt, setzen Sie *OpenSearch-Unterstützung* auf *Ja* und tragen dann unter *OpenSearch-Titel* eine Bezeichnung ein, unter der Joomla!s Suchfunktion später im Browser auftaucht.
>
> Damit erscheint jetzt Ihr Internetauftritt für den Browser wie eine Internetsuchmaschine. Um sie in den Browser zu integrieren, müssen Sie oder Ihre Besucher eine Website ansteuern, auf der das Suchen-Modul zu sehen ist. Das dann folgende Prozedere hängt vom Browser ab. Im Fall von Firefox müssen Sie nur die Ausklappliste rechts oben im Suchfeld öffnen und dann den entsprechenden Eintrag anklicken (»... *hinzufügen*«). Bei anderen Browsern sind unter Umständen weitere Mausklicks notwendig.

Item-ID festlegen
> Um diese Einstellung zu verstehen, muss man etwas um die Ecke denken und sich zudem daran erinnern, dass in Joomla! die Menüpunkte bestimmen, was auf einer Internetseite zu sehen ist. Netterweise können Sie die Einstellung *Item-ID festlegen* in der Regel einfach ignorieren, die Suche funktioniert trotzdem korrekt.
>
> Wenn ein Besucher einen Suchbegriff in das Feld des Moduls eintippt und die [Enter]-Taste drückt, präsentiert Joomla! ein Suchformular, das im unteren Teil alle Fundstellen auflistet.
>
> In Joomla! dürfen Sie allerdings mehrere Menüpunkte anlegen, die jeweils zu einem eigenen Suchformular führen (auch wenn mehrere Suchformulare Ihre Besucher verwirren und somit eigentlich nicht sinnvoll sind). Welches dieser Suchformulare Joomla! dann verwendet, bestimmen Sie unter *Item-ID festlegen*, indem Sie dort den entsprechenden Menüpunkt einstellen. Entscheiden Sie sich etwa für den Menüpunkt *Erweiterte Suche*, wird Joomla! später selbstständig den Menüpunkt *Erweiterte Suche* aufrufen, im dahinter wartenden Suchformular den Suchbegriff hinterlegen und die Suche starten. Die Suche

erfolgt dann zudem genau so, wie Sie es in den Einstellungen des Menüpunkts *Erweiterte Suche* vorgegeben haben.

Das Ganze klingt nicht nur kompliziert, das ist es leider auch (tatsächlich sind die Abläufe im Hintergrund sogar noch komplexer.

Module für spezielle Situationen

Neben den vorgestellten Modulen bietet Joomla! noch ein paar weitere, die allerdings nur in speziellen Situationen zum Einsatz kommen. Auf einige Module sollten Sie sogar komplett verzichten.

Fußzeile

Ein Modul des Typs *Fußzeile* blendet den folgenden Hinweistext ein: *Copyright © 2016 Filmtoaster. Alle Rechte vorbehalten. Joomla! ist freie, unter der GNU/GPL-Lizenz veröffentlichte Software.* Sie dürfen diesen Text weder verändern noch einen eigenen Text vorgeben. Folglich bietet ein solches Modul auch keine weiteren Einstellungen. Wenn Sie es erstellen, sollten Sie es bevorzugt am unteren Seitenrand platzieren.

Statistiken

Ein Modul des Typs *Statistiken* gibt Informationen zur Website und über das System aus. Abbildung 10-38 zeigt eine Beispielausgabe.

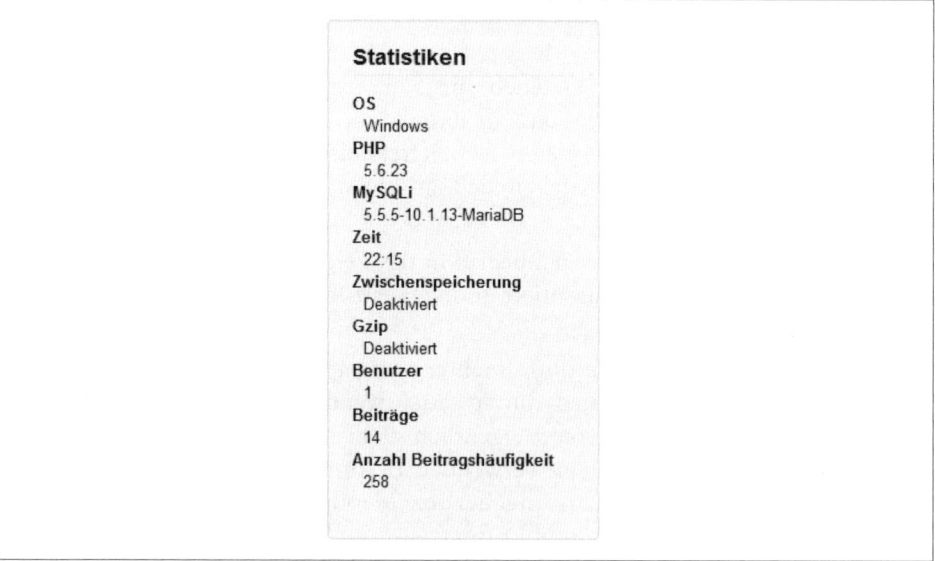

Abbildung 10-38: Beispiel für die Ausgaben eines Statistik-Moduls.

Warnung Diese Statistik sollten Sie ausschließlich in einer Testinstallation von Joomla! aktivieren, da Angreifer andernfalls wertvolle Informationen über Ihr System beziehungsweise potenzielle Schwachpunkte erhalten. Am besten ignorieren Sie daher das Statistik-Modul komplett.

Welche Informationen das Modul anzeigen soll, legen Sie in seinen Einstellungen im Register *Modul* fest:

Serverinformationen
Bei einem *Ja* spuckt das Modul Informationen über den Computer aus, auf dem Joomla! läuft.

Seiteninformationen
Bei einem *Ja* liefert das Modul Informationen über die Website. Dazu zählen die Anzahl der Personen, die ein Benutzerkonto besitzen (die Zahl unter *Benutzer*) sowie die Anzahl der *Beiträge*.

Zugriffszähler
Wann immer ein Besucher auf Ihrer Website einen Beitrag aufruft, erhöht Joomla! im Hintergrund einen Zähler. Dessen Stand zeigt das Modul an, wenn Sie *Zugriffszähler* auf *Ja* stellen. Mit der Interpretation der Zahl sollten Sie jedoch vorsichtig sein: Sie verrät nur, wie oft bislang alle Ihre Beiträge abgerufen wurden. Sie lässt jedoch keine Rückschlüsse auf die Beliebtheit Ihrer Beiträge oder die Anzahl der Besucher zu – schließlich könnte ein einziger Besucher fünf oder mehr Beiträge nacheinander gelesen haben. Die Aussagekraft des Zugriffszählers ist somit recht beschränkt.

Zähler hochsetzen
Setzt den Zugriffszähler auf die hier eingetragene Zahl. Diese Funktion ist besonders für Seitenbetreiber interessant, die ihre Seite neu aufsetzen (müssen), den alten (Zähler-)Stand aber nicht verlieren wollen.

Wrapper

Ein Modul vom Typ *Wrapper* zeigt eine (externe) Internetseite an. Sollte die Seite nicht in das Modul passen, erscheinen wie in Abbildung 10-39 zusätzliche Bildlaufleisten.

Warnung Auf diese Weise machen Sie sich die fremde Seite zu eigen. Um nicht mit dem Urheberrecht zu kollidieren, sollten Sie den konkurrierenden Seitenbetreiber immer vorher um Erlaubnis bitten. Darüber hinaus sind Sie ab sofort für die integrierten Inhalte mitverantwortlich. Sollten dort also beispielsweise rechtswidrige Texte erscheinen, könnte man Sie ebenfalls haftbar machen. Schließlich besteht auch noch die Möglichkeit, dass die fremde Seite Ihren Besuchern Schadsoftware anbietet oder sogar unterschiebt. Setzen Sie daher ein Modul vom Typ *Wrapper* wirklich nur in absoluten Ausnahmefällen ein.

Abbildung 10-39: Hier hat das Modul den Internetauftritt der Free Software Foundation Europe (https://fsfe.org) eingebunden.

In den Einstellungen des Moduls finden Sie im Register *Modul* folgende Stellschrauben:

URL
: Hier tippen Sie die Internetadresse der Seite ein, die das Modul anzeigen soll – im Beispiel aus Abbildung 10-39 ist dies `https://fsfe.org`.

Protokoll hinzufügen
: Sofern im Feld *URL* das Protokoll (*http://* oder *https://* zu Beginn der Adresse) fehlt, ergänzt Joomla! diese Angabe selbstständig – vorausgesetzt, hier ist *Ja* aktiviert.

Scrollbalken
: Sofern die Internetseite größer ist als das Modul, erscheinen wie in Abbildung 10-39 Bildlaufleisten. Wenn Sie hier *Nein* einstellen, unterdrückt das Modul die Bildlaufleisten, ein *Ja* erzwingt sie. *Autom.* blendet sie bei Bedarf ein.

Breite
: Die Internetseite füllt nicht das komplette Modul aus, sondern erscheint immer in einem abgegrenzten Bereich innerhalb des Moduls. Die *Breite* dieses Bereichs hinterlegen Sie im gleichnamigen Eingabefeld. Sie dürfen die Breite entweder in Pixeln (Bildpunkten) oder als Prozentwert eintragen. Bei 100% nimmt die Seite den kompletten vom Modul bereitgestellten Platz ein.

Höhe
: Das ist die Höhe des Bereichs, in dem die Seite angezeigt wird. Sie dürfen die Höhe entweder in Pixeln (Bildpunkten) oder als Prozentwert eintragen.

Autom. Höhe
: Bei einem *Ja* bestimmt das Modul die Höhe selbstständig. Das funktioniert allerdings meist mehr schlecht als recht.

Frame-Rahmen
: Wenn Sie hier *Ja* aktivieren, malt das Modul einen schmalen Rahmen um die Seite (siehe Abbildung 10-39).

Zielname
   Dieses Feld richtet sich primär an Programmierer (von Templates): Die externe Seite wird über das HTML-Tag `iframe` eingebunden. Diesem kann man unter *Zielname* noch einen Namen verpassen (den Zielnamen packt Joomla! in das Attribut name). Sofern Sie vom Entwickler Ihres Templates keine anderweitigen Anweisungen erhalten haben, lassen Sie dieses Eingabefeld leer.

Zufallsbild

Ein Modul des Typs *Zufallsbild* präsentiert ein zufällig ausgewähltes Bild (siehe Abbildung 10-40). Auf den Filmtoaster-Seiten könnte man es dazu verwenden, verschiedene nostalgische Filmplakate zu präsentieren, um so an die gute alte Zeit zu erinnern. Aber auch in Foto- oder Kunstportalen sorgen zufällig gezogene Bilder für eine Auflockerung und machen Appetit auf die eigentliche Sammlung.

Abbildung 10-40: Ein Zufallsbild-Modul hat hier zufällig ein paar schmucke O'Reilly-Kugelschreiber gewählt.

Tipp   Das Modul wählt immer ein Foto aus mehreren verfügbaren aus. Wenn es nur ein einziges Bild anzeigen soll, müssen Sie zu einem Trick greifen: Erstellen Sie in der Medienverwaltung hinter *Inhalt* → *Medien* ein neues Verzeichnis und legen Sie darin das anzuzeigende Bild ab. Das Verzeichnis mit dem einsamen Bild übergeben Sie dann wie gleich beschrieben an das Modul. Alternativ können Sie ein Bild auch über das *Benutzerdefinierte Modul* anzeigen lassen, das Abschnitt »Modul für eigene Texte« auf Seite 396 vorgestellt hat.

Damit das Modul weiß, welche Bilder es anzeigen soll, müssen Sie in seinen Einstellungen im Register *Modul* folgende Einstellungen anpassen:

Bildtyp
   Hier legen Sie das Bildformat fest, wie *gif*, *png* oder *jpg*. Das Modul zeigt immer nur Fotos in genau diesem Format an. Tippen Sie etwa png ein, erscheinen im Modul ausschließlich PNG-Bilder. Beschränken Sie sich möglichst auf eines der drei genannten Formate, da nur diese von allen Browsern ohne Probleme erkannt beziehungsweise verarbeitet werden.

Bildverzeichnis
   Aus dem hier hinterlegten Verzeichnis zieht das Modul per Zufall ein Bild. Den Pfad müssen Sie dabei relativ zum Joomla!-Verzeichnis eingeben. Liegen die Bilder zum Beispiel unter Windows im Verzeichnis *C:\xampp\htdocs\joomla\images\galerie*, gehört der Eintrag images/galerie in das Feld.

 **Tipp**   Da dieses Verzeichnis Teil der Medienverwaltung ist, liegt es nahe, diese auch für die Verwaltung der hier benötigten Bilder heranzuziehen. Beispielsweise könnten Sie mit ihr das Verzeichnis *images/zufall* anlegen, das dann ausschließlich die Bilder für das Zufallsbild-Modul aufnimmt. (Weitere Informationen zur Medienverwaltung finden Sie im Abschnitt »Medien verwalten« auf Seite 250.)

Links
 Der Besucher gelangt nach einem Klick auf das Bild zur hier eingetragenen Internetadresse.

Breite (px)
 Die Breite des Bilds in Pixeln (Bildpunkten). Fehlt hier ein Eintrag, wird das Bild automatisch in den vom Modul bereitgestellten Kasten gequetscht.

Höhe (px)
 Die Höhe des Bilds in Pixeln (Bildpunkten). Fehlt hier ein Eintrag, wird das Bild automatisch in den vom Modul bereitgestellten Kasten gequetscht.

Module im Frontend bearbeiten

Module können Sie auch direkt auf Ihrer Website bearbeiten beziehungsweise verändern. Sie müssen sich so nicht erst umständlich im Backend anmelden und sich über das Hauptmenü zur Modulverwaltung hangeln. Das spart vor allem dann Zeit, wenn Sie etwa nur mal eben einen Tippfehler im Titel eines Moduls korrigieren möchten. Es gibt allerdings gleich mehrere Einschränkungen:

- Bearbeiten lassen sich im Frontend immer nur die gerade dort sichtbaren Module.
- Sie müssen sich im Frontend irgendwie anmelden können.

  Das geschieht entweder über einen passenden Menüpunkt (wie in Kapitel 12, *Benutzerverwaltung und -kommunikation*, Seite 485, beschrieben) oder über ein Modul vom Typ *Benutzer – Anmeldung* (wie im Abschnitt »Benutzer – Anmeldung« auf Seite 392 beschrieben). Wenn Sie der Schnellinstallationsanleitung aus Kapitel 2, *Installation*, Seite 15, gefolgt sind, können Sie das *Login Form* verwenden.

- Ihnen muss es erlaubt sein, Module im Frontend ändern zu dürfen. Das ist automatisch der Fall, wenn Sie Joomla! alleine nutzen beziehungsweise als Super User unterwegs sind. (Weitere Informationen hierzu finden Sie auch in Kapitel 12, *Benutzerverwaltung und -kommunikation*, Seite 485.)

 Selbstverständlich können Sie auf diese Weise auch Module von der Website nehmen beziehungsweise verstecken. Auf den Filmtoaster-Seiten ist beispielsweise das *Side Module* überflüssig und soll im Folgenden über das Frontend versteckt werden.

Um im Frontend ein Modul zu verändern, melden Sie sich dort an – auf den Filmtoaster-Seiten etwa über das *Login Form*. Wechseln Sie dann zu einer Seite, auf der das Modul zu sehen ist. Auf den Filmtoaster-Seiten steuern Sie die Startseite an. Sobald Sie mit dem Mauszeiger das Modul berühren, erscheint wie in Abbildung

10-41 in seiner rechten oberen Ecke ein kleines Symbol mit einem Stift. Wenn Sie dieses Symbol anklicken, landen Sie im Formular aus Abbildung Abbildung 10-42. Dort können Sie alle Einstellungen des Moduls anpassen.

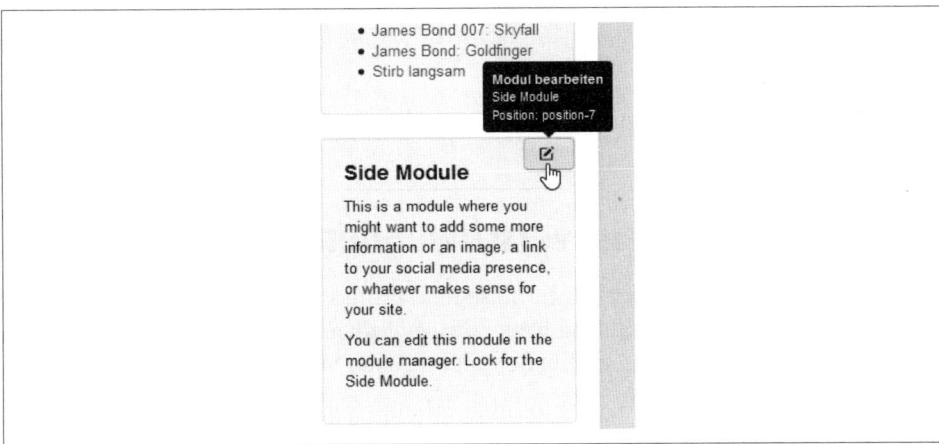

Abbildung 10-41: Ein Klick auf dieses Symbol ...

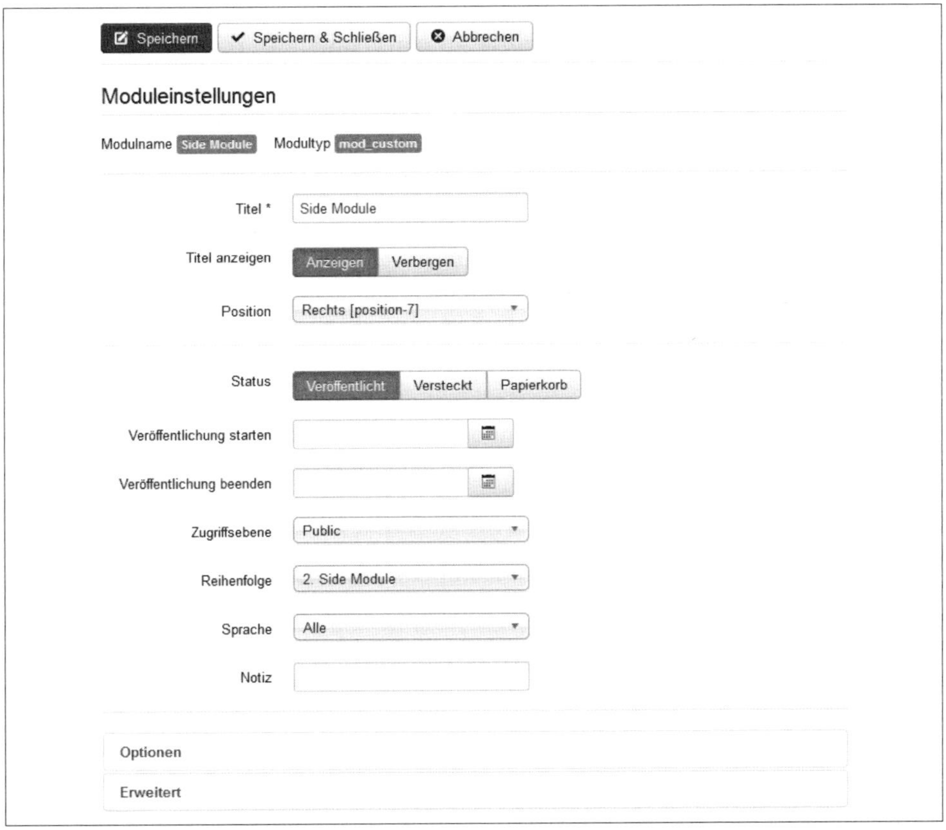

Abbildung 10-42: ... öffnet diese Einstellungen, mit denen Sie das Modul verändern können.

Die angebotenen Stellschrauben sind exakt die gleichen, die Sie auch aus dem Backend beziehungsweise den vorherigen Abschnitten kennen. Hier im Frontend sind sie lediglich auf Slider verteilt (in Abbildung 10-42 liegen die weiteren Einstellungen unter *Optionen* und *Erweitert*).

Um auf den Filmtoaster-Seiten das Modul zu verstecken, setzen Sie den *Status* auf *Versteckt*.

Vergessen Sie nicht, Ihre Änderungen über die entsprechende Schaltfläche *Speichern & Schließen* zu lassen.

Hilfe, mein Modul ist verschwunden!

Wenn Sie ein Modul auf Ihren Internetseiten vermissen, wechseln Sie zunächst im Backend in die Modulverwaltung hinter *Erweiterungen* → *Module* und klicken auf den Titel des Moduls. In seinen Einstellungen gehen Sie folgendermaßen vor:

- Prüfen Sie als Erstes, ob das Modul überhaupt veröffentlicht ist. Dazu muss im Register *Modul* der Punkt *Status* auf *Veröffentlicht* stehen.
- Das Modul muss sich zudem an einer *Position* befinden, die auch sichtbar ist. Verschieben Sie gegebenenfalls das Modul vorübergehend an eine Position, an der im Moment auch andere Module zu sehen sind.
- Kontrollieren Sie anschließend im Register *Menüzuweisung*, auf welchen Unterseiten das Modul erscheint. Stellen Sie im Zweifelsfall die *Modulzuweisung* auf den Punkt *Auf alle Seiten*. Damit ist das Modul dann garantiert irgendwo zu sehen.
- Einige Module erscheinen nur unter ganz bestimmten Bedingungen. Beispielsweise taucht ein Modul vom Typ *Feeds – Feed erzeugen* nur auf den Seiten auf, für die Joomla! einen Newsfeed generiert. Stellen Sie sicher, dass alle diese Bedingungen erfüllt sind. Im Beispiel wechseln Sie in der *Vorschau* auf eine Seite, für die Joomla! garantiert einen Newsfeed erzeugt.
- Erscheint das Modul immer noch nicht, bekommen es nur ganz bestimmte Benutzergruppen zu sehen. Informationen zur Benutzerverwaltung erhalten Sie in Kapitel 12, *Benutzerverwaltung und -kommunikation*, Seite 485. Setzen Sie im Zweifelsfall im Register *Modul* die *Zugriffsebene* auf *Public*. Damit können alle Besucher das Modul sehen.

Vergessen Sie nicht, Ihre geänderten Einstellungen jeweils zu *Speichern*.

Module in Beiträge einbinden

Die Ausgaben eines Moduls dürfen Sie auch mitten in einen Beitrag kleben. Dazu erstellen Sie zunächst das gewünschte Modul und weisen ihm eine Position zu, die es überhaupt nicht gibt. Denken Sie sich also eine Bezeichnung aus, wie etwa `meineposition`, und tippen Sie diese in das Feld *Position* ein. Dazu öffnen Sie zunächst die Ausklappliste. An ihrem oberen Rand erscheint jetzt das Eingabefeld, in das Sie meineposition eingeben (siehe Abbildung 10-43) und dann diese Position mit der [Enter]-Taste bestätigen. Den *Titel* des Moduls können Sie beliebig wählen. Achten Sie aber darauf, dass *Titel anzeigen* auf *Verbergen* steht – andernfalls erscheint der Titel auch später mit im Beitrag.

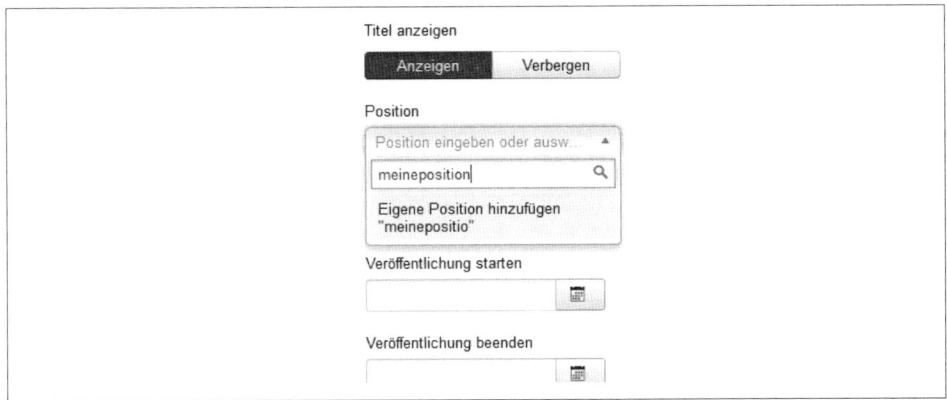

Abbildung 10-43: Um die Ausgaben des Moduls in einen Beitrag fließen zu lassen, setzt man das Modul zunächst an eine Position, die es nicht gibt.

Nach dem *Speichern & Schließen* wechseln Sie in die Einstellungen des Beitrags (hinter *Inhalt → Beiträge* mit einem Klick auf den Titel des Beitrags).

Setzen Sie die Eingabemarke an die Stelle im Text, an der das Modul erscheinen soll. Klicken Sie dann in der Symbolleiste des TinyMCE-Editors auf *Modul*. Es erscheint jetzt das Fenster aus Abbildung 10-44, das Ihnen alle möglichen Module zur Auswahl anbietet. Suchen Sie in der Liste das gewünschte Modul. Es ist leicht an der *Position* auszumachen (im Beispiel *meineposition*).

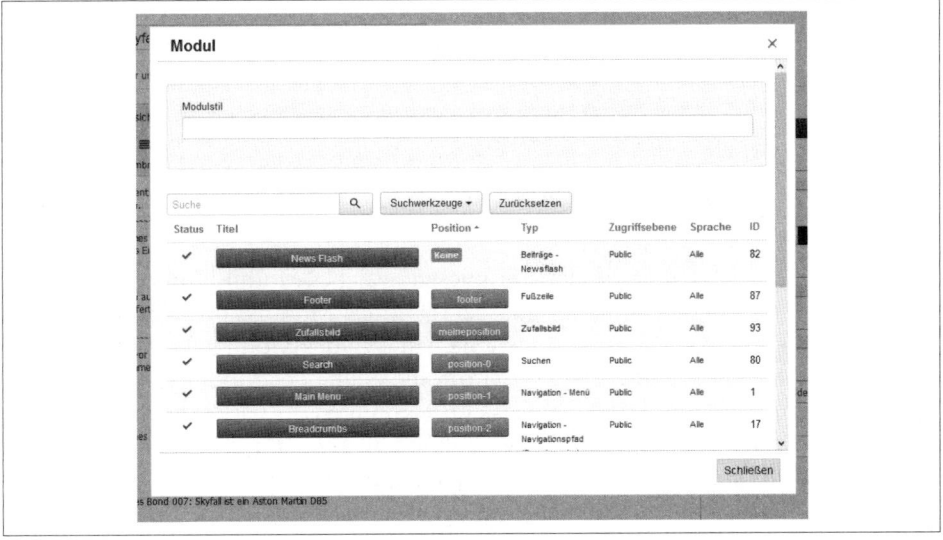

Abbildung 10-44: Hier wählen Sie das einzubettende Modul aus.

Über das Eingabefeld *Modulstil* am oberen Rand können Sie die Optik des Moduls verändern. Welcher Text dort hineingehört, teilt Ihnen der Entwickler des Templates mit. In der Regel können Sie das Feld ignorieren (insbesondere dann, wenn der Template-Entwickler dazu keine Informationen liefert).

Klicken Sie in der Liste auf den Namen des gewünschten Moduls (also die entsprechende grüne Schaltfläche). Im Beitrag erscheint, wie in Abbildung 10-45, jetzt ein kryptischer Befehl wie etwa:

```
{loadmodule mod_random_image,Zufallsbild}
```

Diesen Platzhalter ersetzt Joomla! später automatisch durch das Modul (siehe Abbildung 10-46).

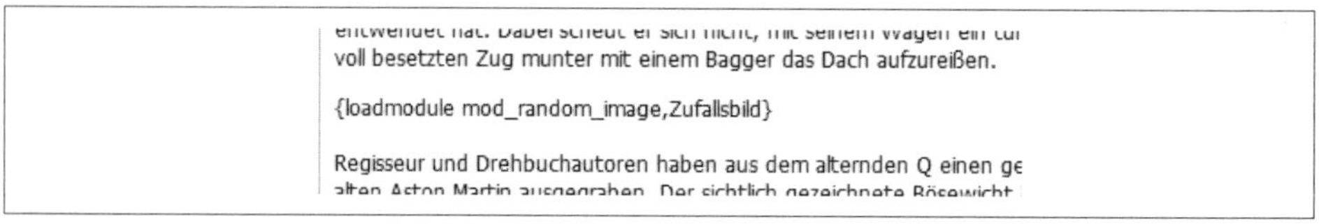

Abbildung 10-45: Diesen Platzhalter ersetzt Joomla! ...

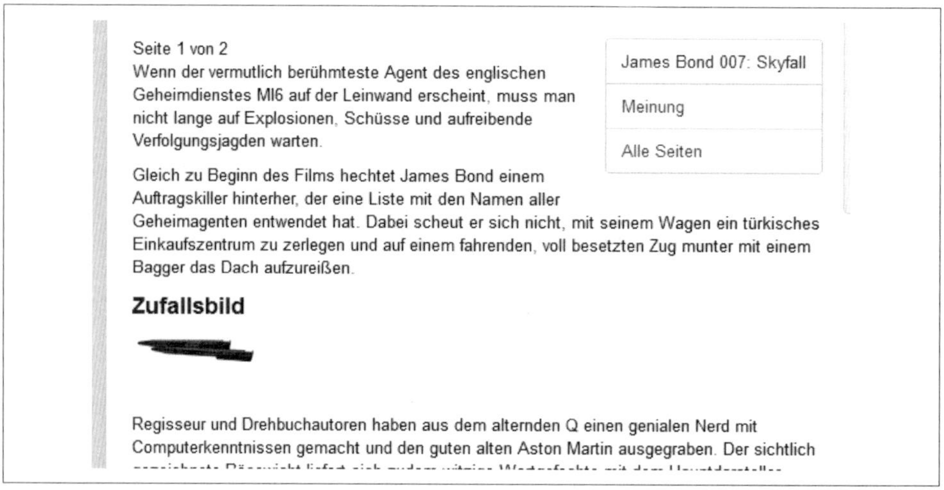

Abbildung 10-46: ... durch das Modul mit dem Titel Zufallsbild. Der Modul-Titel wurde hier nicht versteckt, weshalb er über dem Bild erscheint.

Am kryptischen Platzhalter können Sie ablesen, welches Modul Joomla! einblendet: Ganz rechts steht neben dem Komma der Titel des Moduls. Im Beispiel lautet er Zufallsbild. Links vom Komma finden Sie den Typ des Moduls. In Abbildung 10-45 ist dies mod_random_image. Das ist der interne Name des Modultyps, den eigentlich nur Joomla!-Programmierer zu Gesicht bekommen. Er wirkt zwar kryptisch, in der Regel lässt sich aber aus ihm der Modultyp ableiten – im Beispiel ist das Modul vom Typ *Zufallsbild*. Tabelle 10-2 listet noch einmal alle Modultypen und ihre entsprechenden Bezeichnungen für loadmodule auf.

Tabelle 10-2: Modultypen und ihre internen Bezeichnungen

Modultyp	Bezeichner für loadmodule
Banner	mod_banners
Beiträge – Archiv	mod_articles_archive
Beiträge – Beliebte	mod_articles_popular
Beiträge – Kategorie	mod_articles_category
Beiträge – Kategorien	mod_articles_categories
Beiträge – Neueste	mod_articles_latest
Beiträge – Newsflash	mod_articles_news
Beiträge – Verwandte	mod_related_items
Benutzer – Anmeldung	mod_login
Benutzer – Neueste	mod_users_latest
Benutzer – Wer ist online	mod_whosonline
Benutzerdefiniertes Modul	mod_custom
Feeds – Externen Feed anzeigen	mod_feed
Feeds – Feed erzeugen	mod_syndicate
Fußzeile	mod_footer
Navigation – Menü	mod_menu
Navigation – Navigationspfad (Breadcrumbs)	mod_breadcrumbs
Schlagwörter – Beliebte	mod_tags_popular
Schlagwörter – Ähnliche	mod_tags_similar
Sprachauswahl	mod_languages
Statistiken	mod_stats
Suchen	mod_search
Suchindex	mod_finder
Wrapper	mod_wrapper
Zufallsbild	mod_random_image

Sie dürfen den Platzhalter übrigens auch per Hand einfügen beziehungsweise verändern. Das ist allerdings etwas umständlicher: Sie müssen die internen Namen der Modultypen kennen, und Sie laufen auch noch Gefahr, dass sich ein Tippfehler einschleicht.

Joomla! kann im Beitrag auch alle Module anzeigen, die sich an einer ausgewählten Position befinden. Dazu tippen Sie folgenden Platzhalter ein:

{loadposition *name*}

Ersetzen Sie dabei name durch die entsprechende Position. Möchten Sie beispielsweise im Beitrag alle Module einblenden, die an der Position meineposition liegen, tippen Sie folgenden Platzhalter ein:

{loadposition meineposition}

Anstelle einer eigenen Position können Sie selbstverständlich auch eine existierende, sichtbare Position nehmen. Würden Sie beispielsweise

```
{loadposition position-7}
```

schreiben, würden im Beitrag das *Login Form* und alle anderen Module vom rechten Fensterrand noch einmal mitten im Text auftauchen. Die hier benötigte Positionsangabe ist dabei diejenige, die in den Einstellungen des Moduls in der Ausklappliste *Position* in den eckigen Klammern zu finden ist.

Administrator-Module

Rufen Sie im Menü des Backends den Punkt *Erweiterungen* → *Module* auf und stellen Sie die Ausklappliste *Site* (links neben dem Eingabefeld für die Suche) auf *Administrator*. Joomla! präsentiert Ihnen nun in der Tabelle alle Module, die ihre Arbeit im Backend verrichten (siehe Abbildung 10-47).

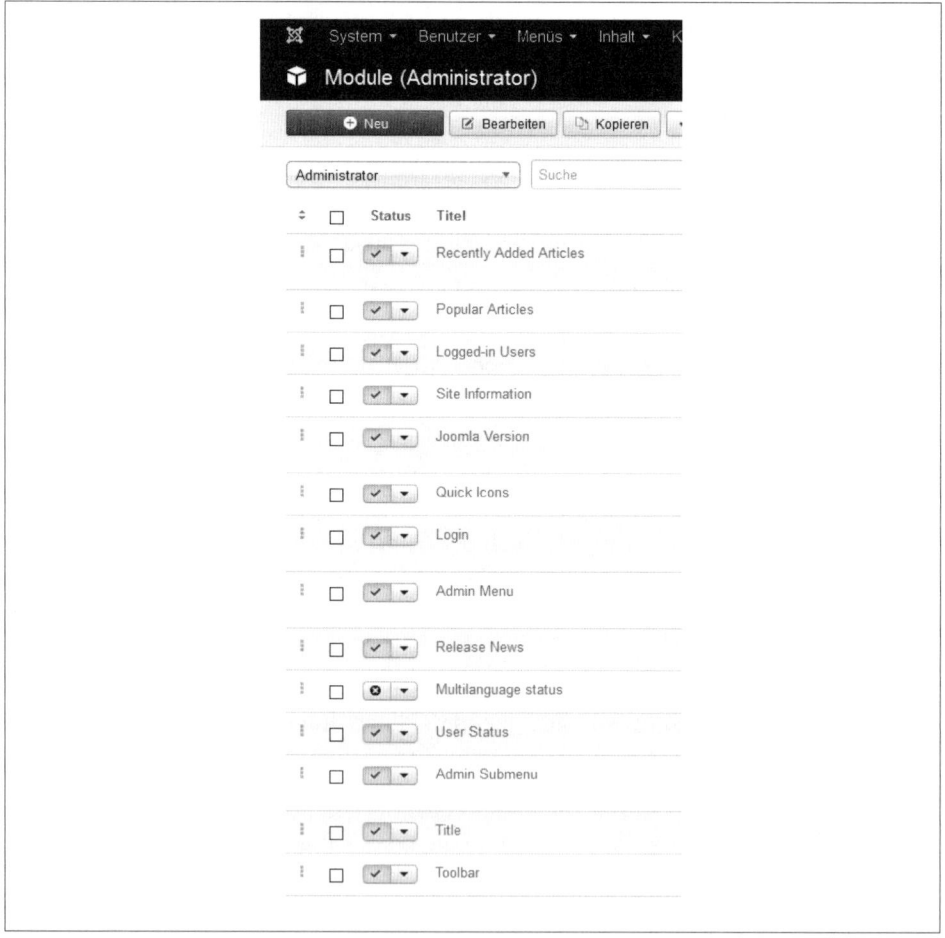

Abbildung 10-47: Die Module für das Backend im Überblick.

Beispielsweise sorgt das Modul *Admin Menu* dafür, dass am oberen Rand das Hauptmenü erscheint.

Die Einrichtung der Module läuft genau so ab, wie es in den vorherigen Abschnitten für die Module des Frontends gezeigt wurde. Da im normalen Betrieb jedoch keine Änderungen an den bestehenden Einstellungen erforderlich sind, soll im Folgenden nur ein kurzer Überblick über die vorhandenen Module gegeben werden.

Warnung   Bei Experimenten mit den hier angebotenen Modulen besteht immer die Gefahr, dass man sich selbst aus dem Backend aussperrt. Sie sollten daher Änderungen an den Administrator-Modulen niemals auf einem produktiven System durchführen!

Standardmäßig sehen Sie hier folgende Module:

Logged-in Users, Popular Articles, Recently Added Articles, Site Information
: Diese Module liefern die im Kontrollzentrum (*System → Kontrollzentrum*) angezeigten Informationen, wie etwa die zuletzt angemeldeten Benutzer.

Joomla Version
: Blendet die von Ihnen gerade genutzte Joomla!-Version ein (in der Regel ganz rechts unten in der Ecke).

Quick Icons
: Stellt im Kontrollzentrum die Symbole und Links am linken Seitenrand bereit.

Login
: Kümmert sich um den Anmeldebildschirm.

Admin Menu
: Stellt das Hauptmenü am oberen Seitenrand bereit.

Release News
: Dieses Modul weist auf eine aktualisierte Joomla!-Version hin.

Multilanguage status
: Kümmert sich um die Mehrsprachigkeit.

User Status
: Zeigt den Status der angemeldeten Benutzer an (in der Statusleiste am unteren Rand).

Admin Submenu
: Blendet ein Untermenü ein (bei aktiviertem Template *Isis* erscheint es unterhalb der Werkzeugleiste).

Title
: Blendet im blauen Streifen unter dem Hauptmenü den Namen beziehungsweise den Titel der gerade geöffneten Seite ein.

Toolbar
: Zeigt die Schaltflächen in der Werkzeugleiste an.

Sollten Sie wider Erwarten doch einmal mit den hier aufgeführten Modulen in Kontakt treten müssen, finden Sie weitere Informationen in der Joomla!-Onlinehilfe.

KAPITEL 11
Menüs

In diesem Kapitel:
- Menüs verwalten
- Ein neues Menü erstellen
- Menüeinträge verwalten
- Einen Menüeintrag anlegen
- Menüeinträge gliedern
- RSS-Feeds aktivieren (Integrationseinstellungen)
- Modulzuordnung kontrollieren und korrigieren
- Optik eines Menüpunkts ändern
- Seitentitel verändern
- Spezielle Menüpunkte
- Startseite festlegen
- Hilfe, mein Menüeintrag ist verschwunden!

Die Navigation in Ihrem Internetauftritt erfolgt über Menüs. Diese enthalten normalerweise mehrere Menüpunkte, die wiederum zu den Kategorien, Beiträgen und anderen Inhalten führen. Im Gegensatz zu vielen anderen Content-Management-Systemen gilt dabei die wichtige Regel:

Warnung In Joomla! bestimmt der Menüpunkt, was die dahinterliegenden Webseiten anzeigen. (Um einen schicken Anstrich kümmert sich dann das Template.)

In der Praxis vergisst man diese Regel jedoch recht schnell und wundert sich dann, warum auf einer Unterseite des Auftritts plötzlich einige Informationen und Inhalte fehlen. Man kann sie daher gar nicht oft genug erwähnen.

Wenn Sie alle Beispiele aus den vorherigen Kapiteln mitgemacht haben, dürfte das in Joomla! mitgelieferte Menü wie in Abbildung 11-1 aus allen Nähten platzen. Um das Monster etwas übersichtlicher zu gestalten, könnten Sie einige der mühsam angelegten Menüpunkte wieder entfernen. Oder aber Sie verschieben einfach weniger wichtige Menüpunkte in ein zweites Menü, das dann etwas unauffälliger am rechten Seitenrand erscheint.

Abbildung 11-1: Das Menü auf den Filmtoaster-Seiten wirkt im Moment noch überladen.

In den nachfolgenden Abschnitten erfahren Sie, wie man ein neues Menü erstellt, dieses mit Menüpunkten bevölkert und schließlich noch Feineinstellungen vornimmt. Dabei werden Sie auf einige sperrige Begriffe und Konzepte stoßen, die der Kasten *Alle Begriffe im Überblick* vorab zusammenfasst. Die Begriffe sollten Ihnen bereits aus den vorherigen Kapiteln bekannt vorkommen. Lassen Sie sich in jedem Fall nicht von ihnen abschrecken – die nachfolgenden Abschnitte werden sie allesamt (noch einmal) ausführlich vorstellen.

> ### Alle Begriffe im Überblick
> Da die Begriffe und Konzepte rund um die Menüs recht verwirrend sind, folgt hier eine kurze Zusammenfassung:
> - Ein *Menü* enthält einen oder mehrere *Menüeinträge*.
> - Für jeden Menüeintrag muss man festlegen, auf was für Informationen er zeigen soll (einen Beitrag oder ein Kontaktformular?). Dies bezeichnet man als *Menüeintragstyp*.
> - Die Menüeinträge bestimmen, was auf den über sie erreichbaren Seiten zu sehen ist (nur der Text eines Beitrags oder auch der Name des Autors?).
> - Ein Modul zeigt das Menü schließlich auf Ihrer Website an.

Menüs verwalten

Für die Verwaltung der Menüs ist im Backend der gleichnamige Menüpunkt *Menüs → Verwalten* zuständig. Die dahinterstehende Tabelle aus Abbildung 11-2 präsentiert alle derzeit existierenden Menüs.

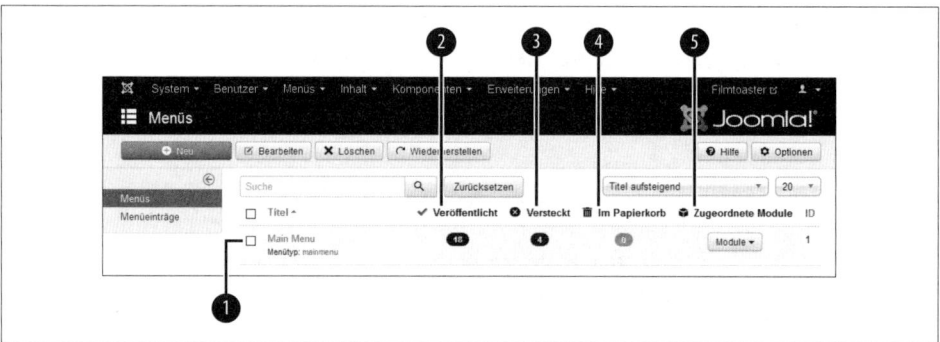

Abbildung 11-2: Diese Seite verwaltet alle vorhandenen Menüs. Wenn Sie der Schnellinstallationsanleitung aus Kapitel 2, *Installation*, gefolgt sind, gibt es nur ein Hauptmenü.

Anhand ihrer *Titel* sollten Sie die Menüs schnell im Frontend identifizieren können: Hinter dem *Main Menu* ❶ aus den Beispieldaten verbirgt sich das waagerechte Hauptmenü am oberen Rand Ihrer Website.

Die nächsten drei Spalten zeigen an, wie viele Menüpunkte des Menüs derzeit

- für Besucher zu sehen sind (*Veröffentlicht*) ❷,
- auf der Website nicht sichtbar sind (*Versteckt*) ❸ oder
- *Im Papierkorb* liegen ❹.

Mit einem Klick auf eine der Zahlen gelangen Sie direkt zu einer Liste mit den entsprechenden Menüpunkten. Würden Sie also beispielsweise in Abbildung 11-2 in der Zeile für das *Main Menu* die *18* in der Spalte *Veröffentlicht* anklicken, erscheinen alle im waagerechten Menü sichtbaren Menüpunkte. Analog würde die *0* in der Spalte *Im Papierkorb* zu einem leeren Papierkorb führen. Über *Menüs* → *Verwalten* kehren Sie immer wieder zur Tabelle mit allen Menüs zurück. Um die Menüpunkte kümmert sich gleich noch ein eigener Abschnitt.

Die Menüverwaltung hinter *Menüs* → *Verwalten* legt nur fest, welche Menüs es überhaupt gibt. Ihre Darstellung auf der Website übernimmt jeweils ein entsprechendes Modul. Das hat den Vorteil, dass Sie das Modul mit dem Menü relativ frei auf der Website platzieren beziehungsweise umherschieben dürfen. Anders als etwa in WordPress erscheint das Menü folglich nicht an einer festgelegten Stelle.

Tipp Die meisten Templates reservieren für das Menü eine entsprechende Position, manche Templates erwarten das Menü sogar zwingend dort. Häufig heißt diese Position *Navigation* oder *Menue*.

Darüber hinaus können Sie mehrere Module einrichten, die das gleiche Menü anzeigen. Das ist beispielsweise nützlich, wenn Sie das Menü auf der Startseite anders darstellen möchten als auf ihren Unterseiten oder aber das Menü auf ausgewählten Unterseiten an eine andere Position rutschen soll.

Wenn Sie wissen möchten, von welchen Modulen ein Menü derzeit angezeigt wird, suchen Sie in der Tabelle zunächst die Zeile mit dem entsprechenden Menü. Klicken Sie dann in der Spalte *Zugeordnete Module* ❺ auf *Module*. Es klappt jetzt, wie in Abbildung 11-3 gezeigt, eine Liste auf.

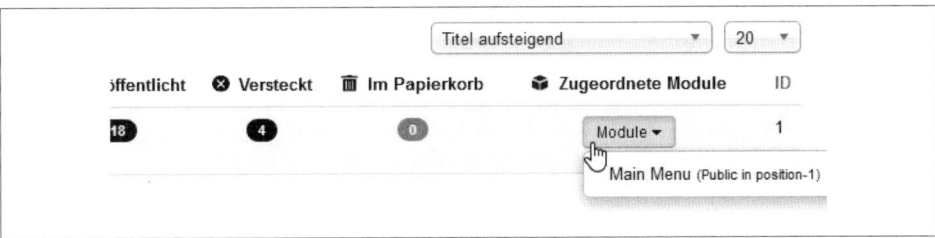

Abbildung 11-3: Wie ein Klick auf die Schaltfläche Module enthüllt, zeigt das Main Menu derzeit ein Modul namens Main Menu an, das zudem auf der Website an position-1 erscheint.

Sie verrät, welche Module das Menü an welchen Positionen auf der Website präsentieren und welche Besuchergruppen das Menü überhaupt zu sehen bekommen. In Abbildung 11-3 wird das Menü von genau einem Modul angezeigt. Dieses trägt den

Titel *Main Menu*. Es heißt somit genau wie das Menü, was wiederum die Zuordnung erleichtert (das Menü *Main Menu* wird vom Modul mit dem Namen *Main Menu* angezeigt). Die Namensgleichheit ist aber nicht zwingend, Sie können das Menü und die Module benennen, wie Sie möchten. Das Modul in Abbildung 11-3 ist derzeit auf der Website an der Position *position-1* zu sehen. Das Modul und somit das Menü sehen zudem alle Besucher – darauf weist der Begriff *Public* hin.

Tipp Mit einem Klick auf den Modulnamen gelangen Sie direkt zu seinen Einstellungen.

Tabelle 11-1 fasst noch einmal alle Spalten der Menüverwaltung zusammen.

Tabelle 11-1: Spalten der Tabelle Menüs und ihre jeweiligen Informationen

Spalte	Bedeutung
Titel	Name des Menüs.
Veröffentlicht	So viele Menüpunkte sind prinzipiell auf der Website zu sehen.
Versteckt	So viele Menüpunkte sind derzeit auf der Website unsichtbar beziehungsweise versteckt.
Im Papierkorb	So viele Menüpunkte liegen derzeit im Papierkorb.
Zugeordnete Module	Diese Module zeigen das Menü derzeit (irgendwo) auf der Website an.
ID	Die interne Identifikationsnummer des Menüs.

Die Arbeit mit den Menüs und den Menü-Modulen mag extrem umständlich erscheinen, ist aber wieder ein gutes Beispiel für die Trennung von Inhalt und Darstellung: Den Aufbau des Menüs legt die Menüverwaltung fest, während sich ein Modul um die Anzeige auf der Website kümmert.

Wenn Sie bei der Installation von Joomla! eine Beispiel-Homepage eingespielt haben, bringt diese bereits ein oder sogar mehrere Menüs mit. Diese fertigen Menüs liefern in den meisten Fällen schon ein recht gutes Ausgangsmaterial, aus dem sich mit wenigen Mausklicks ein (Haupt-)Menü für den eigenen Internetauftritt bauen lässt.

Um ein komplettes Menü zu löschen, haken Sie wie unter Joomla! üblich den Kandidaten in der ersten Spalte der Tabelle ab und klicken anschließend in der Werkzeugleiste auf den Schalter *Löschen*.

Warnung Sobald Sie die Nachfrage bestätigen, entfernt Joomla! nicht nur das Menü, sondern auch alle darin enthaltenen Menüpunkte sowie das für seine Anzeige zuständige Modul. Alle diese Elemente sind dann unwiederbringlich verloren. Überlegen Sie sich folglich den Klick auf *Löschen* gut.

Ein neues Menü erstellen

Ein Internetauftritt sollte immer genau ein Hauptmenü anbieten. Darin sammeln Sie möglichst nur die wichtigsten Menüpunkte. So bleibt das Menü schön schlank und vor allem übersichtlich. Über die im Hauptmenü enthaltenen Menüpunkte müssen die Besucher (irgendwie) alle wichtigen Seiten Ihres Internetauftritts erreichen können.

Auf den Filmtoaster-Seiten ermöglichen das bereits die Menüpunkte *Filmkritiken*, *Veranstaltungen*, *Blog* und *Impressum*. Alle anderen weniger wichtigen Menüpunkte, wie etwa *Angesagt*, *Kontakte Filmkritiker* und *Film-Newsfeeds*, könnten daher in ein zweites Menü wandern. Das blenden Sie dann an einer etwas weniger prominenten Stelle ein – wie etwa auf der rechten Seite über den anderen Modulen. Damit sind die Menüpunkte weiterhin vorhanden, der Besucher nimmt sie aber als Zusatzangebot wahr. Auf den Filmtoaster-Seiten soll folglich ein weiteres Menü her, das später einige weniger wichtige Menüpunkte aufnimmt.

Ein neues Menü erstellen Sie in der Regel in zwei Schritten: Zunächst legen Sie das Menü selbst an und erstellen anschließend ein Menü-Modul, das dieses Menü dann auf der Website anzeigt.

Ein Menü anlegen

Um ein neues Menü anzulegen, klicken Sie in der Menüverwaltung hinter *Menüs* → *Verwalten* auf *Neu* in der Werkzeugleiste. Joomla! verlangt dann auf der Registerkarte *Menüdetails* lediglich nach den drei Eingaben aus Abbildung 11-4.

Abbildung 11-4: Joomla! braucht nur diese drei Informationen für ein neues Menü.

Bei *Titel* geben Sie dem Menü zunächst einen Namen. Unter dieser Bezeichnung finden Sie es gleich auch im Backend in der Menüverwaltung wieder. Für die Filmtoaster-Seiten wählen Sie einfach `Filmtoaster-Menü`. Der *Menütyp* ist der interne Name für das Menü, quasi sein Identifikationsname. Er muss unter allen Menüs eindeutig sein und darf keine Leerzeichen enthalten. Für ein neues Menü auf den Filmtoaster-Seiten könnte man beispielsweise `filmtoaster_menue` wählen. Bis auf ganz wenige Ausnahmen verwendet in Zukunft lediglich Joomla! selbst diesen kryptischen Bezeichner – Sie werden mit ihm folglich nur in wenigen Fällen noch einmal in Berührung kommen.

Eine ergänzende *Beschreibung* gehört in das dritte Feld. Sie dient rein der Information und sollte kurz den Zweck des Menüs umreißen. Für die Filmtoaster-Seiten bietet sich etwa `Das Menü für die Filmtoaster-Seiten` an.

Im zweiten Register *Menüberechtigungen* legen Sie fest, welche Besuchergruppen Änderungen am Menü vornehmen dürfen. Sofern Sie allein mit Joomla! arbeiten, können Sie das Register komplett ignorieren. Um die Benutzerverwaltung kümmert sich später noch ausführlich das Kapitel 12, *Benutzerverwaltung und -kommunikation*, Seite 485.

Für die Filmtoaster-Seiten sollten die Felder auf der Registerkarte *Menüdetails* so wie in Abbildung 11-4 aussehen. Ein Klick auf *Speichern & Schließen* legt das Menü an und führt wieder zurück zur Tabelle mit allen Menüs.

Wie ein kurzer Blick in die *Vorschau* verrät, ist das Menü allerdings noch nicht zu sehen. Damit es dort erscheint, müssen Sie erst noch ein passendes Modul erstellen.

Ein neues Menü-Modul erstellen

Um für das Menü ein passendes Modul anzulegen, gibt es zwei Möglichkeiten:

- Wechseln Sie in die Modulverwaltung hinter *Erweiterungen* → *Module* und klicken Sie dort auf *Neu*. Entscheiden Sie sich im neuen Fenster für den Modultyp *Navigation – Menü*.

- Klicken Sie in der Menüverwaltung hinter *Menüs* → *Verwalten* in der Spalte *Zugeordnete Module* auf die Schaltfläche *Ein Modul für dieses Menü hinzufügen*. Joomla! erstellt jetzt ein passendes Modul und öffnet ein neues Fenster mit seinen Einstellungen.

In jedem Fall wählen Sie im erscheinenden Formular zunächst eine passende *Position* und vergeben einen *Titel*. Der Titel erscheint später auf Wunsch auch als Überschrift über dem Menü. Das ist durchaus sinnvoll, da Ihre Besucher so auf einen Blick erfahren, welche Menüpunkte das Menü anbietet. Der Titel sollte folglich die Inhalte des Menüs kurz zusammenfassen. Führen beispielsweise auf einer Vereinsseite alle Menüpunkte im Menü zu irgendwelchen Turnierergebnissen, sollten Sie dem Menü-Modul den Titel *Turnierergebnisse* verpassen. Eine Ausnahme bildet das Hauptmenü, bei dem man normalerweise den Titel versteckt.

Auf den Filmtoaster-Seiten wäre Kino, Film und Co als *Titel* ganz passend. Als *Position* für das Modul wählen Sie die *Rechts [position-7]* unterhalb von *Protostar*. Damit erscheint das Menü gleich auf der rechten Seite.

Als Nächstes legen Sie im Formular auf der linken Seite in der Ausklappliste *Menü auswählen* fest, welches Menü das Modul anzeigen soll. Für die Filmtoaster-Seiten stellen Sie die Ausklappliste auf das vorhin angelegte *Filmtoaster-Menü*.

Im Register *Modul* stehen zudem noch folgende optionale Einstellungen parat:

Basiseintrag
    Den in der Ausklappliste *Basiseintrag* gewählten Menüeintrag hebt Joomla! optisch hervor. Wie das dann auf Ihrer Website aussieht, hängt vom verwendeten Template ab, die meisten heben den Menüeintrag wie in Abbildung 11-5

fett oder farbig hervor. (Für Template-Entwickler: Der Menüpunkt erhält dann die Klassennamen current und active.)

Wenn Sie die Ausklappliste auf ihrem Standardwert *Aktuell* belassen, hebt Joomla! immer den zuletzt angeklickten Menüpunkt optisch hervor. Ihre Besucher sehen so direkt, auf welcher Unterseite sie sich befinden. Sofern nicht wichtige Gründe dagegensprechen, sollten Sie hier folglich die Standardeinstellung belassen.

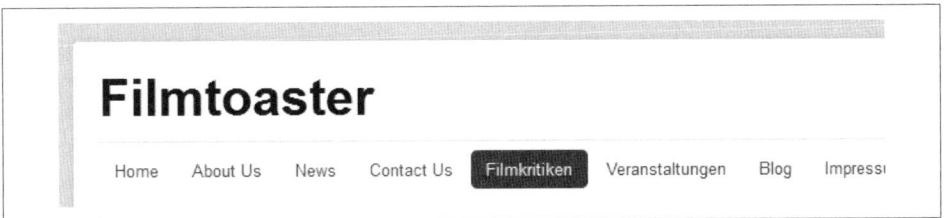

Abbildung 11-5: Das Template Protostar hebt hier den gerade angeklickten Menüpunkt Filmkritiken durch einen grauen Kasten hervor.

Menüpunkte können Sie einem anderen unterordnen. Das führt dann zu einem verschachtelten Menü wie dem aus Abbildung 11-6. Wie die Unterpunkte angezeigt werden, bestimmt das Template. In Abbildung 11-6 rückt das Template *Protostar* die Unterpunkte nach rechts ein und stellt sie in verkleinerter Schrift dar.

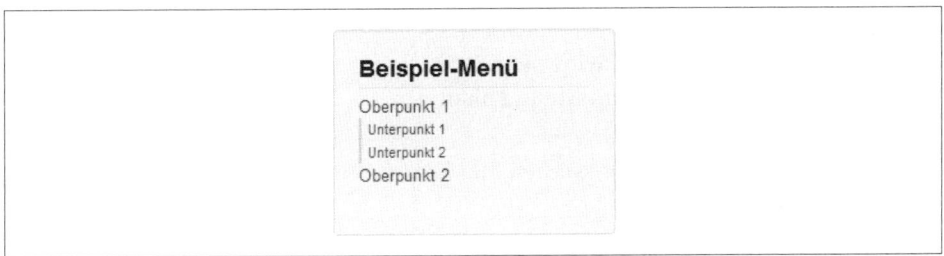

Abbildung 11-6: Ein Menü mit zwei Unterpunkten.

Die nächsten Einstellungen auf der Registerkarte *Modul* beeinflussen, welche Unterpunkte angezeigt werden:

Erste Ebene
  Das Modul zeigt nur Menüpunkte ab dieser Hierarchie- beziehungsweise Gliederungsebene an (dazu erfahren Sie im folgenden Abschnitt noch mehr).

Letzte Ebene
  Das Modul zeigt nur Menüpunkte bis zu dieser Hierarchie- beziehungsweise Gliederungsebene an (auch hierzu liefert der folgende Abschnitt noch weitere Informationen).

Untermenüeinträge anzeigen
  Enthält ein Menüeintrag weitere Unterpunkte, bleiben diese bei einem *Ja* immer eingeblendet. Damit ist die komplette Gliederung von Anfang an für den

Besucher sichtbar (wie in Abbildung 11-6). Bei einem *Nein* klappen die einzelnen Unterpunkte erst nach einem Klick auf ihren jeweils übergeordneten Eintrag auf. In Abbildung 11-6 müsste der Besucher folglich erst auf *Oberpunkt 1* klicken, damit er auch *Unterpunkt 1* und den *Unterpunkt 2* sieht.

Bis auf *Menü auswählen* können für die Filmtoaster-Seiten alle Einstellungen auf den Vorgaben verbleiben.

Mit den Einstellungen auf der Registerkarte *Erweitert* können Sie in Grenzen die Darstellung des Menüs beeinflussen. Wenn Sie ein fertiges Template verwenden, teilt Ihnen der Entwickler des Templates mit, welche Werte in welchen Feldern zu welchen optischen Ergebnissen führen. Als Template-Entwickler finden Sie weitere Informationen in Kapitel 17, *Responsive Design*, Seite 697. Andernfalls ignorieren Sie das Register *Erweitert* einfach. Mit den Standardeinstellungen sollte jedes Template ansehnliche Ergebnisse liefern. Der Vollständigkeit halber folgen hier die Einstellungsmöglichkeiten im Schnelldurchgang. Wenn Ihnen einzelne Punkte (noch) nichts sagen, ignorieren Sie sie erst einmal, Kapitel 17, *Responsive Design*, Seite 697, wird noch einmal darauf zurückkommen.

Menü-Tag-ID
Hier dürfen Sie dem Menü ein individuelles ID-Attribut anheften, mit dem später dann das Template das Menü individuell formatieren kann. Beachten Sie, dass Sie dem Modul auch noch zusätzlich ein *Modulklassensuffix* und ein *Menüklassensuffix* verpassen können.

Menüklassensuffix
Der hier eingetippte Text wird den Menüklassen angehängt (genauer gesagt der CSS-Klasse menu, die jedem Menü anhaftet).

Zielposition
JavaScript-Programmierer können hier Werte eingeben, um ein Pop-up-Fenster zu positionieren.

Alternatives Layout
Über die Ausklappliste können Sie den Modulausgaben eine ganz bestimmte vom Standard abweichende Optik überstülpen. Welche Punkte hier zur Auswahl stehen, hängt von den installierten Templates ab, Joomla! selbst bringt nur die *Standard*-Ansicht mit.

Modulklassensuffix
Mit diesem Feld können Template-Entwickler die Darstellung des Moduls beeinflussen. Der hier eingegebene Begriff wird dabei an die CSS-Klasse des Moduls angehängt.

Caching
Aktiviert einen Zwischenspeicher (Cache), der den Inhalt dieses Moduls puffert. Dadurch muss das Modul seine Ausgaben nicht immer wieder erneut zusammenstellen und kann somit Anfragen schneller bedienen. Im Gegenzug kostet diese Funktion Speicherplatz, und man läuft zudem Gefahr, dass das Modul veraltete Informationen ausspuckt. Belassen Sie hier im Zweifelsfall die Voreinstellung.

Cache-Dauer
: So viele Minuten verbleiben die Daten im Cache, danach erneuert das Modul die Darstellung. Belassen Sie auch hier im Zweifelsfall die Voreinstellung, die für durchweg alle Internetauftritte passend ist.

Modul-Tag
: Joomla! steckt die Ausgaben des Moduls in das hier eingestellte HTML-Element.

Bootstrap-Größe
: Seit Joomla! 3.0 können Templates direkt das ursprünglich vom Kurznachrichtendienst Twitter entwickelte Bootstrap-System nutzen. Es bietet ein Raster, auf dem die Template-Entwickler die Elemente der Seite besonders schnell und ansehnlich platzieren können. Wie viele Spalten in diesem Raster das Modul einnehmen soll, stellen Sie unter *Bootstrap-Größe* ein – Sie legen also die Breite des Moduls fest.

Header-Tag und Header-Klasse
: Joomla! gibt den Modultitel in dem unter *Header-Tag* eingestellten HTML-Element aus. Diesem Element dürften Sie unter *Header-Klasse* noch einen CSS-Klassennamen verpassen.

Modulstil
: Hier legen Sie fest, in welche HTML-Elemente das Modul seine einzelnen Inhalte verpacken soll. Mehr zu diesen Stilen finden Sie in Kapitel 16, *Ein eigenes Template entwickeln*, im Abschnitt »Das style-Attribut nutzen« ab Seite 669.

Die Einstellungen auf den anderen Registerkarten kennen Sie bereits aus Kapitel 10, *Module – Die kleinen Brüder der Komponenten*, Seite 351. In der Regel können Sie sie auf ihren Vorgaben belassen.

Auch bei den Filmtoaster-Seiten nehmen Sie keine weiteren Änderungen vor. Legen Sie das Menü-Modul via *Speichern & Schließen* an und werfen Sie wieder einen Blick in die *Vorschau*. Dort glänzen das Modul und somit das Menü immer noch durch Abwesenheit. Der Grund dafür ist einfach: Standardmäßig blendet Joomla! alle leeren Menüs aus. Um das neue Menü hervorzuzaubern, muss man es folglich mit mindestens einem Menüpunkt bestücken.

Menüeinträge verwalten

Jedes ordentliche Menü bietet mehrere Menüpunkte an, die Joomla! als *Menüeinträge* (englisch *Menu Items*) bezeichnet. Klickt der Benutzer auf einen solchen Menüeintrag, gelangt er zu einer der vielen Unterseiten, die (hoffentlich) der Beschriftung des Eintrags entspricht. Dies ist jedoch nur eine Aufgabe von vielen:

- Menüeinträge geben dem Benutzer einen Überblick über das Angebot Ihrer Website. (Was beziehungsweise welche Informationen bietet der Internetauftritt an?)
- Menüeinträge gliedern den Inhalt. (Was findet der Besucher wo?)

- Menüeinträge leiten den Benutzer gezielt in die Tiefen der Website. (Wie gelangt der Besucher dorthin?)
- Menüeinträge verweisen auf externe Internetseiten. (Wo findet der Benutzer ähnliche oder weiterführende Internetauftritte?)

Es ist also wichtig, sich ein paar Gedanken über die Menüstruktur zu machen und die Menüpunkte entsprechend zu gestalten.

Das gilt erst recht für den momentanen Zustand der Filmtoaster-Seiten, auf denen noch Kraut und Rüben herrschen. Dort sollen nur die wichtigsten Menüpunkte im waagerechten Hauptmenü verbleiben. Die weniger wichtigen wandern hingegen in ein zweites Menü, das Sie in den vorherigen Abschnitten angelegt haben.

Vorhandene Menüeinträge auflisten

Um die bereits existierenden Menüeinträge zu verändern,

- öffnen Sie entweder im Hauptmenü des Backends den Punkt *Menüs* und klicken im aufklappenden Untermenü dann auf das Menü, dessen Einträge Sie bearbeiten möchten,
- oder Sie klicken hinter *Menüs* → *Verwalten* in der Seitenleiste am linken Rand die *Menüeinträge* an und wählen in der Ausklappliste – *Menü wählen* – links oben (neben dem Eingabefeld für die Suche) das Menü aus, dessen Menüpunkte Sie bearbeiten möchten.
- Seit Joomla! 3.6 können Sie auch *Menüs* → *Alle Menüeinträge* aufrufen. Sie landen dann in einer Tabelle mit sämtlichen auf Ihrer Website veröffentlichten (also sichtbaren) Menüpunkten aus allen Menüs. Möchten Sie nur die Menüeinträge aus einem ganz bestimmten Menü sehen, öffnen Sie oben bei den Suchwerkzeugen die Ausklappliste – *Menü wählen* – (links neben dem Eingabefeld für die Suche) und stellen das entsprechende Menü ein.

Auf den Filmtoaster-Seiten sollen einige Menüpunkte aus dem Hauptmenü (*Main Menu*) in das Filmtoaster-Menü umziehen. Wählen Sie daher *Menüs* → *Main Menu*.

Es erscheint jetzt die Tabelle aus Abbildung 11-7 Dort sehen Sie alle im *Main Menu* enthaltenen Menüpunkte. Unterpunkte erscheinen eingerückt. In Abbildung 11-7 gilt dies beispielsweise für *Site Settings* und *Template Settings*. Ob und wie diese Unterpunkte auf der Website erscheinen, hängt von den Einstellungen des anzeigenden Moduls ab. In der Regel taucht ein solcher Eintrag erst dann auf, wenn der Besucher den übergeordneten Punkt – in diesem Fall also *Home* – angeklickt hat.

Ein Menüpunkt erscheint nur dann auf der Website, wenn er veröffentlicht ist und somit in der Spalte *Status* ein grüner Haken leuchtet. Mit einem Klick auf dieses Symbol können Sie den Menüpunkt schnell verstecken beziehungsweise wieder hervorholen.

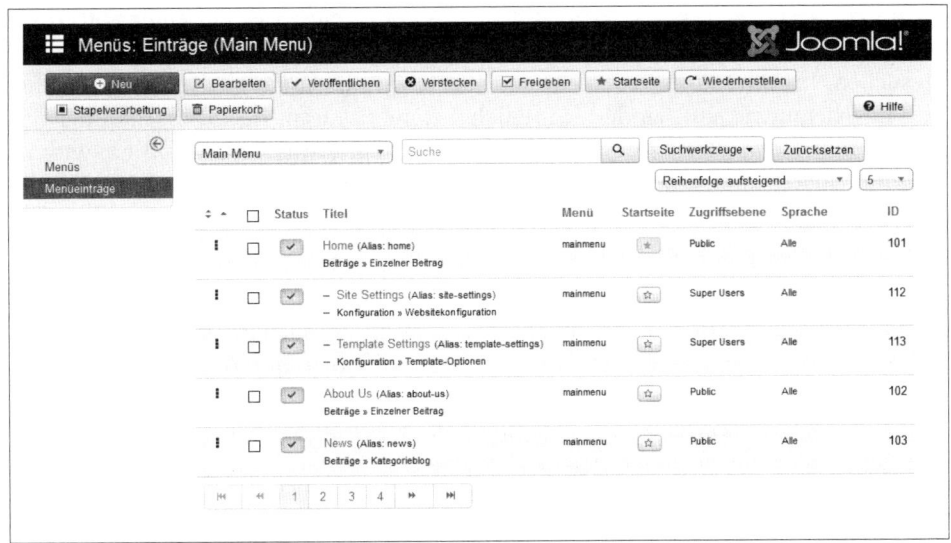

Abbildung 11-7: Alle derzeitigen Menüpunkte des Hauptmenüs Main Menu (die Ansicht wurde hier auf 5 Einträge beschränkt).

In der Tabelle dürfen Sie die Reihenfolge der Menüpunkte innerhalb des Menüs über die kleinen schwarzen Punkte in der ersten Zeile verschieben. Das funktioniert genau so, wie bereits im Abschnitt »Sortierreihenfolge ändern« auf Seite 100 beschrieben. Sie verändern damit die Reihenfolge der Menüpunkte sowohl hier im Backend als auch auf der Website – die dortige Anordnung der einzelnen Menüpunkte entspricht exakt der hier in der Tabelle vorherrschenden Reihenfolge.

Tipp Besucher erwarten immer ganz links oben einen Knopf, mit dem sie zur Startseite zurückkehren können. Auf den Filmtoaster-Seiten ist das im Moment der Punkt *Home*.

Als Faustregel gilt: Je wichtiger und bedeutender ein Menüeintrag ist, desto höher sollte er im Menü aufsteigen, bei einem waagerechten Menü sollte er möglichst weit links stehen.

Wohin ein Menüpunkt führt, steht immer in kleiner schwarzer Schrift unterhalb der einzelnen *Titel*. In Abbildung 11-7 zeigt beispielsweise der Menüeintrag *About Us* auf einen einzelnen Beitrag. Diesen sogenannten Menüeintragstypen widmet sich gleich noch ausführlich Abschnitt »Einen Menüeintrag anlegen« auf Seite 444.

In der Spalte *Menü* können Sie ablesen, in welchem Menü sich der jeweilige Menüpunkt befindet. Joomla! zeigt dabei allerdings nicht den Namen, sondern den Menütyp an. Diesen mussten Sie wiederum beim Anlegen des Menüs angeben (siehe Abschnitt »Ein Menü anlegen« auf Seite 431). Das *mainmenu* in Abbildung 11-7 steht für das Hauptmenü *Main Menu*.

Wenn ein Besucher Ihren Internetauftritt ansteuert, landet er auf einer von Ihnen ausgewählten Webseite. Genau die markiert die Spalte *Startseite* mit einem gelben Sternchen. In Abbildung 11-7 steht das Sternchen neben *Home*. Ruft ein Besucher den Internetauftritt auf, landet er folglich automatisch auf der Seite, die über den Menüpunkt *Home* erreichbar ist. Da dieses Konzept etwas verwirrend ist, widmet sich ihm später noch ein eigener Abschnitt »Startseite festlegen« auf Seite 478. Im Moment können Sie sich merken: Ein gelbes Sternchen markiert den Menüpunkt, der zur Startseite Ihres Internetauftritts führt.

In der Spalte *Zugriffsebene* können Sie ablesen, wer den Menüpunkt überhaupt zu Gesicht bekommt. Im Fall von *Public* sind das alle Besucher. In Abbildung 11-7 bekommen nur die allmächtigen *Super Users* die beiden Unterpunkte *Site Settings* und *Template Settings* zu sehen. Mehr zu den Benutzerrechten erfahren Sie in Kapitel 12, *Benutzerverwaltung und -kommunikation*, Seite 485. Bei einer mehrsprachigen Seite gibt die vorletzte Spalte *Sprache* an, in welcher Sprachfassung der Menüpunkt auftaucht. Tabelle 11-2 listet noch einmal alle Spalten mit ihrer jeweiligen Bedeutung auf.

Tabelle 11-2: Spalten der Tabelle Menüs: Einträge und ihre jeweiligen Informationen

Spalte	Bedeutung
Status	Bei einem grünen Haken ist der Menüpunkt auf der Website prinzipiell zu sehen.
Titel	Beschriftung des Menüpunkts.
Menü	Der Menüpunkt gehört zu diesem Menü.
Startseite	Der Menüpunkt mit dem gelben Sternchen führt zur Startseite des Internetauftritts.
Zugriffsebene	Der Menüpunkt ist nur für diese Benutzergruppe sichtbar.
Sprache	Der Menüpunkt erscheint nur in dieser Sprachfassung der Website.
ID	Die interne Identifikationsnummer des Menüpunkts.

Menüeinträge löschen

Auf den Filmtoaster-Seiten stammen die Menüpunkte *Site Settings*, *Template Settings*, *About Us*, *News* und *Contact Us* noch aus der Beispiel-Homepage. Sie sind mittlerweile überflüssig und können daher gelöscht werden.

Menüpunkte löschen Sie wie auch andere Elemente in Joomla!: Setzen Sie einen Haken in das kleine Kästchen vor den zu löschenden Zeilen und klicken Sie anschließend auf den *Papierkorb* in der Werkzeugleiste. Führen Sie genau das auf den Filmtoaster-Seiten für die fünf genannten Menüpunkte durch.

 **Warnung** Joomla! löscht immer auch alle Unterpunkte eines Menüeintrags. Wenn Sie in Abbildung Abbildung 11-7 beispielsweise den Menüpunkt *Home* löschen würden, wandern auch automatisch die Unterpunkte *Site Settings* und *Template Settings* mit in den Papierkorb.

Wollen Sie die Unterpunkte behalten, müssen Sie sie erst in ihren Einstellungen zu Oberpunkten erheben. Erst danach dürfen Sie ihren ehemaligen Oberpunkt löschen.

Das Hauptmenü sieht damit auf den Filmtoaster-Seiten schon etwas aufgeräumter aus. Das Ergebnis in der *Vorschau* zeigt Abbildung 11-8.

Menüeinträge verschieben

Das Hauptmenü sollte immer nur die wichtigsten Menüpunkte anbieten. Diese Menüpunkte sollten Sie zudem so auswählen, dass die Besucher über sie alle Webseiten Ihres Internetauftritts erreichen können. Bei allen anderen Menüpunkten sollten Sie prüfen, ob sie wirklich notwendig sind. Sofern sie komplett entbehrlich sind, löschen Sie sie wie im vorherigen Abschnitt gezeigt. Andernfalls sammeln Sie die weniger wichtigen Punkte in einem zweiten Menü.

Auf den Filmtoaster-Seiten sieht das Menü derzeit noch so wie in Abbildung 11-8 aus – sofern Sie alle Beispiele bis hierhin mitgemacht haben. Durch die Löschaktion aus dem vorherigen Abschnitt hat sich der Menüpunkt-Dschungel schon etwas gelichtet. Essenziell sind die Menüpunkte *Filmkritiken*, *Veranstaltungen*, *Blog* und *Impressum*. Die Seite hinter *Angesagt* sammelt einfach ein paar wichtige Beiträge und wäre somit eigentlich entbehrlich. Gleiches gilt für die Seite mit den Kontakten: Nur die wenigsten Besucher werden wirklich den Filmkritikern eine Nachricht schicken wollen. Die *Film-Newsfeeds* sind eher ein nettes Zusatzangebot. Die *Erweiterte Suche* ist ebenfalls nicht zwingend erforderlich, da bereits rechts oben in der Ecke das Suchen-Modul seine Dienste anbietet. Damit wären die Menüpunkte *Angesagt*, *Kontakte Filmkritiker*, *Film-Newsfeeds* und *Erweiterte Suche* heiße Kandidaten, um im extra dafür angelegten *Filmtoaster-Menü* zu landen.

Abbildung 11-8: Das noch etwas überfrachtete Hauptmenü auf den Filmtoaster-Seiten.

Um einen Menüeintrag von einem Menü in ein anderes zu verschieben, klappen Sie das Menü *Menüs* auf. Klicken Sie dann das Menü an, in dem sich die Menüpunkte (noch) befinden. Anschließend haken Sie in der Tabelle alle Menüpunkte ab, die Sie in ein anderes Menü verschieben wollen.

Für die Filmtoaster-Seiten setzen Sie hinter *Menüs* → *Main Menu* einen Haken vor *Angesagt*, *Kontakte Filmkritiker*, *Film-Newsfeeds* und *Erweiterte Suche*. Sofern Sie nicht alle Schritte bis hierhin mitgemacht haben, nehmen Sie einfach einen anderen Menüpunkt.

Klicken Sie jetzt in der Werkzeugleiste auf *Stapelverarbeitung*. Damit öffnet sich das Fenster aus Abbildung 11-9.

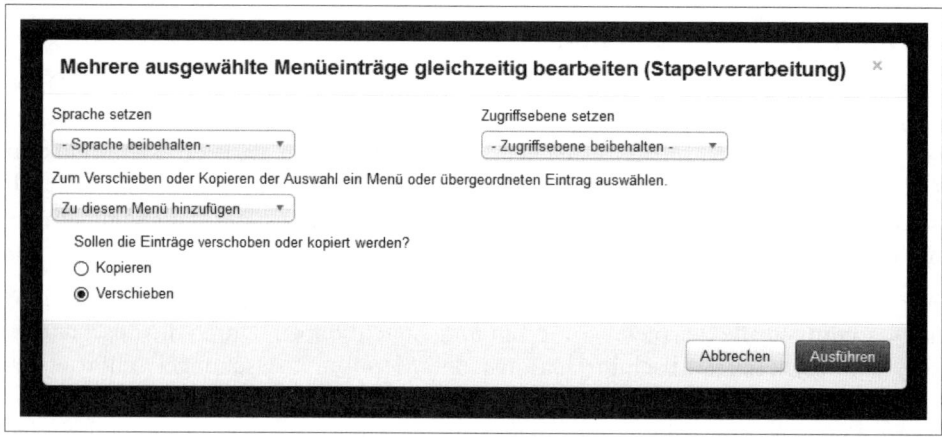

Abbildung 11-9: Über dieses Fenster verschiebt man die Menüpunkte in ein anderes Menü.

Stellen Sie in der Ausklappliste *Zum Verschieben oder Kopieren der Auswahl ein Menü oder übergeordneten Eintrag auswählen* das Menü ein, in dem die Menüpunkte landen sollen. Dazu suchen Sie in der geöffneten Ausklappliste zunächst den Namen des Menüs und wählen dann das etwas eingerückte *Zu diesem Menü hinzufügen*.

Für die Filmtoaster-Seiten sollen die Menüpunkte im *Filmtoaster-Menü* landen. Suchen Sie daher in der Ausklappliste den schwarzen Eintrag *Filmtoaster-Menü* und klicken Sie dann das direkt darunter eingerückte *Zu diesem Menü hinzufügen* an (siehe Abbildung 11-10). Wenn die Darstellung zu klein erscheint oder die Ausklapplisten abgeschnitten werden, hilft Ihnen der Kasten *Das Problem mit abgeschnittenen Ausklapplisten* auf Seite 133.

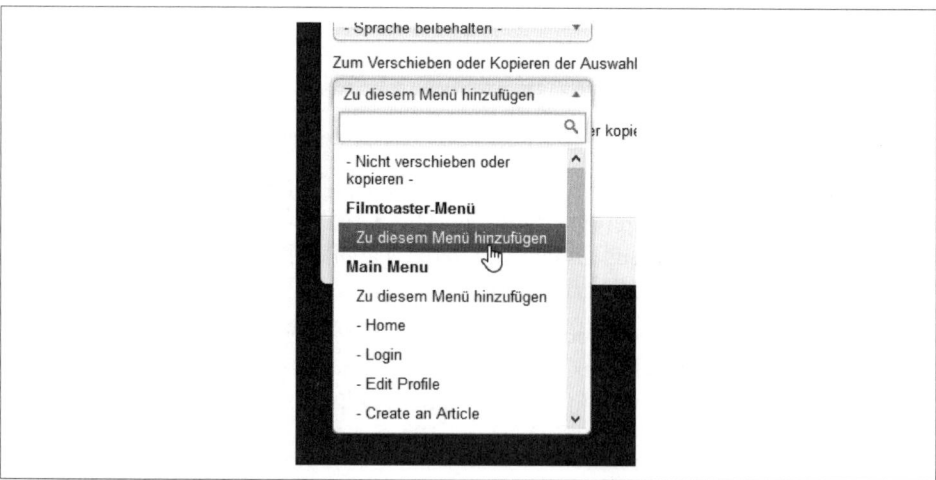

Abbildung 11-10: Mit dieser Einstellung landen gleich alle abgehakten Menüpunkte im Filmtoaster-Menü.

Würden Sie nicht *Zu diesem Menü hinzufügen*, sondern einen vorhandenen Menüpunkt auswählen, würde Joomla! die Menüpunkte *Angesagt, Kontakte Filmkritiker* etc. gleich zu dessen Unterpunkten machen.

Achten Sie jetzt noch darauf, dass direkt unter der Ausklappliste der Punkt *Verschieben* aktiviert ist. *Ausführen* verschiebt schließlich die Menüpunkte.

Die angekreuzten Menüeinträge sollten jetzt aus der Tabelle verschwunden sein. Ob sie auch im korrekten Menü gelandet sind, prüfen Sie kurz hinter *Menüs* → *Filmtoaster-Menü*. Da dieses Menü jetzt nicht mehr leer ist, erscheint es auch endlich in der *Vorschau*. Die Startseite Ihres Internetauftritts müsste damit so wie in Abbildung 11-11 aussehen.

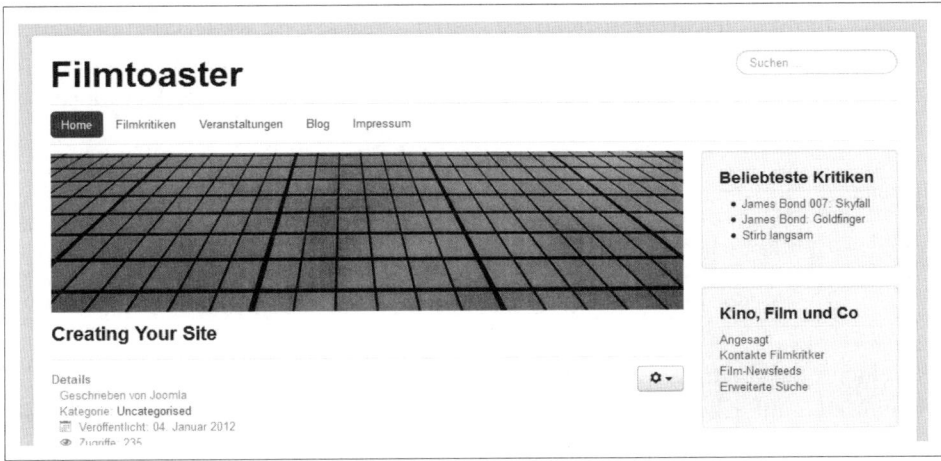

Abbildung 11-11: Das neue Menü auf der Startseite.

Im Menü *Kino, Film und Co* findet der Besucher jetzt Menüpunkte zu weiteren interessanten Informationen und Seiten. Das Hauptmenü am oberen Rand ist hingegen nun kompakt und übersichtlich. Wenn Ihnen die Reihenfolge der Module am rechten Rand nicht gefällt, können Sie sie mit den Schritten aus Abschnitt »Reihenfolge der Module ändern« auf Seite 364 ändern.

| Tipp | Es bleibt letztendlich Ihnen überlassen, wie Sie Ihre Menüs aufbauen. Sie könnten folglich auch das Hauptmenü vom oberen an den rechten Seitenrand verlegen. In jedem Fall sollten Sie jedoch versuchen, doppelte Menüeinträge zu vermeiden, die Menüs nicht mit Einträgen zu überfrachten und die Menüpunkte thematisch zu gruppieren. Sehen Sie sich auch die Menüs von anderen Internetauftritten an: Besucher haben sich an die Bedienung insbesondere von größeren Seiten wie Amazon, eBay und Apple gewöhnt. | |

Menüeinträge kopieren

Sie können Menüeinträge nicht nur verschieben, sondern auch kopieren. Das ist etwa dann nützlich, wenn Sie einen neuen Menüpunkt einrichten möchten, der ähnliche Einstellungen wie ein vorhandener besitzt.

Auch auf den Filmtoaster-Seiten kann man einen duplizierten Menüpunkt gebrauchen: Wenn Ihnen Besucher eine Nachricht schreiben möchten, suchen sie häufig erst nach einem Menüpunkt, der mit *Kontakt* beschriftet ist. Viele Internetseiten bieten deshalb mittlerweile zwei Menüpunkte an: einmal das *Impressum* mit allen vom Gesetz geforderten Informationen und einen weiteren Menüpunkt namens *Kontakt* mit einem Kontaktformular. Mitunter führen beide Menüpunkte sogar zur selben Seite. Analog könnte man daher auf den Filmtoaster-Seiten dem neuen kleinen Menü *Kino, Film und Co* noch einen Punkt *Kontakt zum Seitenbetreiber* hinzufügen. Er soll zu einer Kontaktseite führen, die die gleichen Informationen wie das Impressum bereithält.

Dazu könnten Sie jetzt einen neuen Menüpunkt *Kontakt zum Seitenbetreiber* anlegen und ihm die gleichen Einstellungen verpassen wie dem Kollegen zum *Impressum*. Alternativ können Sie aber auch einfach den vorhandenen Menüpunkt *Impressum* kopieren und dann das Duplikat anpassen. Diese zweite Methode spart Ihnen mehrere Mausklicks.

Warnung Sie könnten auf diese Weise auch schnell zwei identische Menüpunkte in zwei verschiedenen Menüs anlegen. Letzteres ist jedoch keine gute Idee, da Sie mit zwei identischen Menüpunkten Ihre Besucher verwirren. Diese wissen dann nicht, welchen der beiden Punkte sie anklicken sollen beziehungsweise welcher der richtige ist. Beschriften Sie daher alle Menüpunkte unterschiedlich und eindeutig.

Um einen oder mehrere Menüpunkte zu duplizieren, klappen Sie im Backend das Menü *Menüs* auf. Klicken Sie dann das Menü an, in dem sich der oder die zu kopierenden Menüpunkte befinden. Im Filmtoaster-Beispiel rufen Sie *Menüs → Main Menu* auf. Setzen Sie jetzt jeweils einen Haken in die Kästchen vor den zu kopierenden Menüpunkten. Sofern der abgehakte Menüpunkt weitere Unterpunkte besitzt, kopiert sie Joomla! automatisch mit. Auf den Filmtoaster-Seiten soll nur der Punkt *Impressum* dupliziert werden. Setzen Sie folglich einen Haken in sein Kästchen.

Als Nächstes klicken Sie in der Werkzeugleiste auf *Stapelverarbeitung*. Damit öffnet sich das aus dem vorherigen Abschnitt bekannte Fenster aus Abbildung 11-9 (auf Seite 440). Öffnen Sie die Ausklappliste *Zum Verschieben oder Kopieren der Auswahl ein Menü oder übergeordneten Eintrag auswählen* und wählen Sie das Menü, in dem gleich die Kopien landen sollen. Dazu suchen Sie erst den fett dargestellten Namen des Menüs. Im Beispiel wäre dies das *Filmtoaster-Menü*. Klicken Sie dann auf das darunter eingerückte *Zu diesem Menü hinzufügen* (wie in Abbildung 11-12). Sie dürfen übrigens das Duplikat auch wieder im gleichen Menü ablegen (im Beispiel also im *Main Menu*), es muss also nicht zwingend in einem anderen Menü landen.

Wenn Sie einen vorhandenen Menüpunkt wie etwa *Home* wählen, würden die duplizierten Menüeinträge zu seinen Unterpunkten.

Stellen Sie abschließend noch sicher, dass im unteren Bereich des weißen Fensters der Punkt *Kopieren* markiert ist. Klicken Sie jetzt auf *Ausführen*. Joomla! kopiert die

Menüeinträge dann in das entsprechende Menü. Auf den Filmtoaster-Seiten können Sie das kontrollieren, indem Sie *Menüs → Filmtoaster-Menü* aufrufen.

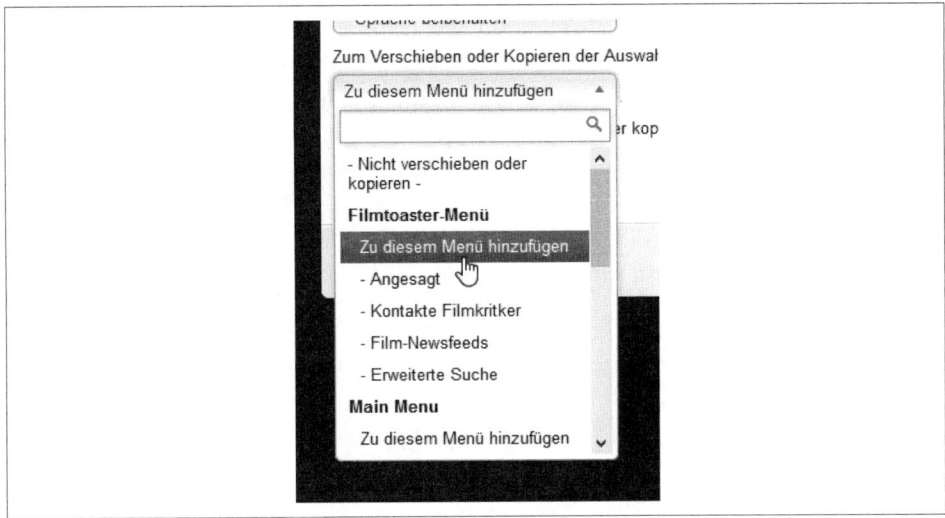

Abbildung 11-12: Mit dieser Einstellung landen die Kopien gleich im Filmtoaster-Menü.

Jedes Duplikat trägt zur Unterscheidung eine *(2)* im Namen (wie in Abbildung 11-13). In den Einstellungen des Menüeintrags sollten Sie dann den Titel anpassen. Für die Filmtoaster-Seiten klicken Sie das *Impressum (2)* an und ändern den Titel auf Kontakt zum Seitenbetreiber. Wenn Sie die Schritte aus Abschnitt »Kontakte und Kontaktformulare« auf Seite 284 nicht mitgemacht haben, können Sie den Menüpunkt auch einfach Kontakt nennen – er kann dann nicht mit seinem Kollegen *Kontakte Filmkritiker* verwechselt werden. In jedem Fall lassen Sie alle anderen Einstellungen auf ihren aktuellen Werten. Vergessen Sie nicht das *Speichern & Schließen* der Änderungen.

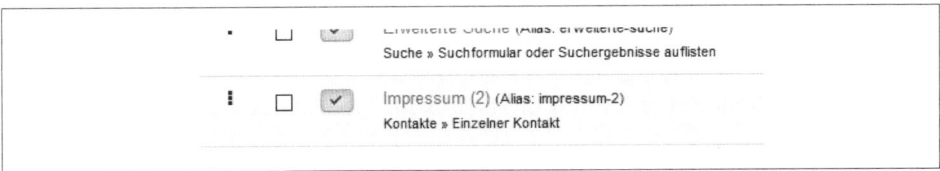

Abbildung 11-13: Hier wurde der Menüpunkt Impressum kopiert. Das Duplikat ist an der angehängten (2) zu erkennen.

Warnung Nach dem Kopieren existieren zwei eigenständige und komplett voneinander unabhängige Menüpunkte. Wenn Sie die Einstellungen eines der beiden Menüpunkte verändern, bleibt der andere so, wie er ist. Würden Sie also irgendwann die Einstellungen des Menüpunkts *Impressum* anpassen, würde das nicht die Seite hinter *Kontakt zum Seitenbetreiber* betreffen.

Joomla! kann allerdings auch *einen* Menüeintrag in *mehreren* Menüs auftauchen lassen. Um diesen sogenannten Menüeintrag-Alias kümmert sich gleich noch der Abschnitt »Menüeintrag-Alias« auf Seite 472.

Einen Menüeintrag anlegen

Nicht nur wenn man einen neuen Internetauftritt erstellt, auch später kann es immer wieder vorkommen, dass man ein Menü um weitere Menüpunkte ergänzen muss.

Das gilt auch für die Filmtoaster-Seiten: Wenn der Besucher eine Filmkritik zu einem Actionfilm lesen möchte, muss er erst den Menüpunkt *Filmkritiken* anklicken und dann das entsprechende Genre auswählen. Praktischer wäre es, wenn beim Überfahren des Menüpunkts *Filmkritiken* wie in Abbildung 11-14 ein Untermenü mit den Genres aufklappen würde. Der Besucher könnte dann wesentlich schneller – nämlich mit nur einem einzigen Mausklick – zwischen den Genres hin und her springen.

Abbildung 11-14: Ein Menü mit Unterpunkten.

Solche Unterpunkte haben zwei Vorteile:

- Wenn sie erst bei Bedarf aufklappen, bleibt das Menü weiterhin übersichtlich.
- Man kann die Gliederung des Internetauftritts auch im Menü widerspiegeln und so dem Besucher die Orientierung erleichtern.

Um das Ergebnis aus Abbildung 11-14 nachzubauen, müssen also drei weitere Menüpunkte her. Das gibt gleichzeitig die Gelegenheit, noch einmal einen genauen Blick auf das Erstellen eines Menüpunkts und die dabei benötigten Einstellungen zu werfen.

Schritt 1: Auswahl des Menüs

Um einen neuen Menüpunkt zu erstellen, klappen Sie zunächst im Backend das Menü *Menüs* auf. Klicken Sie in seinem unteren Teil das Menü an, in dem der neue Eintrag auftauchen soll. Im Fall der Filmtoaster-Seiten sollen die neuen Menüpunkte im Hauptmenü der Website erscheinen, rufen Sie folglich *Menüs → Main Menu* auf.

In diesem Menü erstellen Sie einen neuen Menüpunkt, indem Sie auf *Neu* in der Werkzeugleiste klicken.

Tipp Sie sparen sich einen Mausklick, wenn Sie alternativ das Menü *Menüs* öffnen, mit der Maus im unteren Teil auf das gewünschte Menü fahren (im Beispiel das *Main Menu*) und dann auf das ausklappende *Neuer Menüeintrag* klicken.

Schritt 2: Festlegen des Menüeintragstyps

Als Nächstes klicken Sie auf *Auswählen* rechts neben *Menüeintragstyp* und legen dann im neuen Fenster fest, auf was der neue Menüpunkt verweisen soll. Wie Abbildung 11-15 zeigt, können das unter anderem Kategorien, Kontakte oder natürlich auch einzelne Beiträge sein.

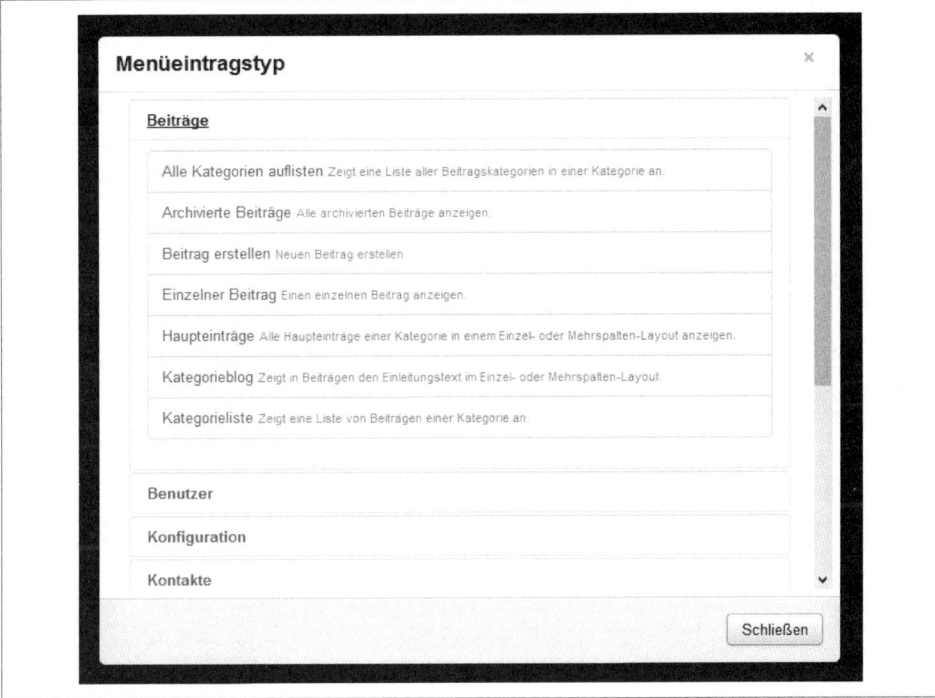

Abbildung 11-15: Ein Menüpunkt besitzt immer einen bestimmten Typ. Beim Erstellen eines neuen Eintrags muss man ihn in diesem Fenster festlegen.

Die Auswahl hier sagt noch nichts darüber aus, in welchem Menü der Menüpunkt später erscheint oder welche Beschriftung er trägt. Stattdessen legen Sie erst einmal nur fest, worauf der neue Menüpunkt zeigt. Man könnte auch sagen, dass die hier in der Liste verfügbaren Wahlmöglichkeiten den *Typ* des neuen Menüpunkts bestimmen. Die formale, offizielle Bezeichnung dafür lautet *Menüeintragstyp*, Joomla! 2.5 sprach dereinst noch kurz von einem *Menütyp*.

Tipp Falls Sie mit diesen Fachbegriffen nichts anfangen können, dürfen Sie sie auch getrost wieder vergessen. Merken Sie sich nur, dass Sie hier für den neuen Menüpunkt festlegen, auf was er später verweisen soll (einen Beitrag, die Übersichtsseite einer Kategorie, ein Kontaktformular ...).

Joomla! gruppiert alle möglichen Menüeintragstypen noch einmal nach ihrem Einsatzzweck. Möchten Sie beispielsweise den Menüpunkt auf eine Beitragskategorie oder einen einzelnen Beitrag zeigen lassen, müssen Sie mit einem Mausklick die *Beiträge* aufklappen. Soll der Menüpunkt hingegen zu einem Kontaktformular führen, müssen Sie sich den *Kontakten* zuwenden. Die Gruppierung der Menüeintragstypen auf diesen sogenannten Slidern soll vor allem die Übersicht verbessern. Sie öffnen und schließen einen Slider, indem Sie auf seinen Namen klicken.

Bei den Einträgen taucht auch immer wieder der Begriff *Blog* auf – etwa in Abbildung 11-15 in Form des *Kategorieblogs*. Dieser hat nur in zweiter Linie etwas mit den gleichnamigen elektronischen Tagebüchern zu tun, die sich derzeit im Internet großer Beliebtheit erfreuen. Hier wird der Begriff lediglich in Anlehnung an den optischen Aufbau eines Blogs verwendet, wie in Abbildung 11-16 dargestellt. Joomla! zeigt dabei immer mehrere Beiträge auf einer Seite an – wahlweise untereinander, nebeneinander oder wie in Abbildung 11-16 sowohl unter- als auch nebeneinander. Sie können damit ein Blog simulieren oder beispielsweise auch mehrere Filmkameras platzsparend nebeneinander vorstellen. Ein deutschsprachiges Joomla! bezeichnet diese Darstellungsform teilweise auch etwas passender als *Einzel- und Mehrspalten-Layout*.

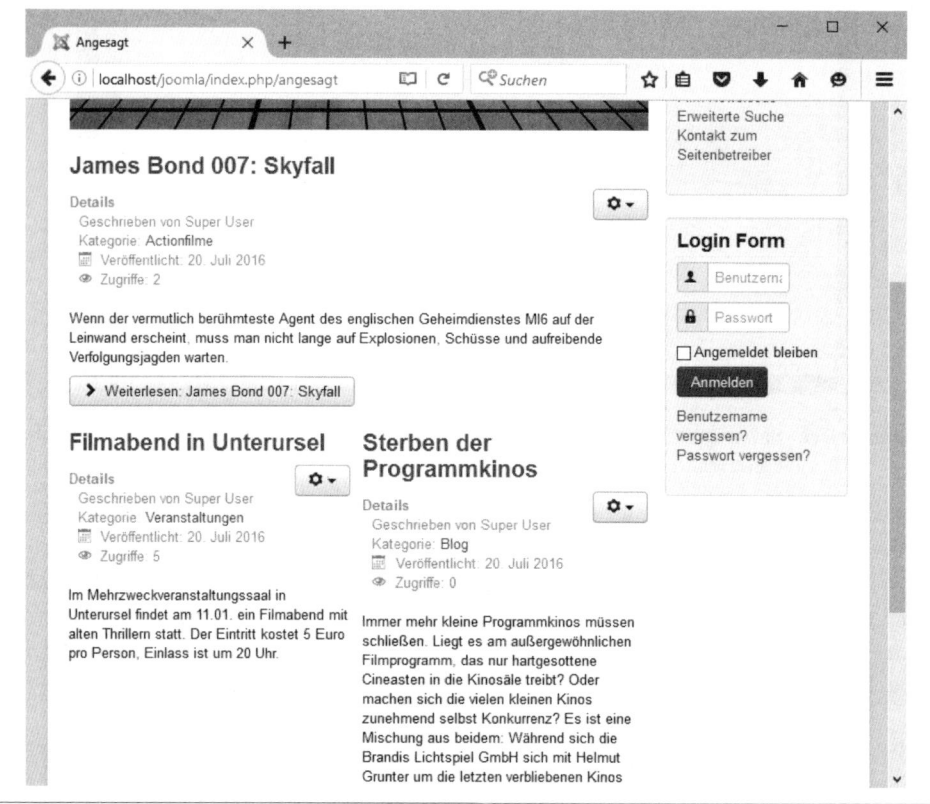

Abbildung 11-16: Wie dieses Beispiel einer Blogdarstellung zeigt, können darin die Beiträge auch in Spalten erscheinen.

Die ansonsten übliche Standarddarstellung als *Liste* sehen Sie in Abbildung 11-17. Sie stellt lediglich mehrere Beiträge, Kategorien, Kontakte oder andere Inhalte zur Auswahl.

Abbildung 11-17: Ein Beispiel für eine Listendarstellung (die eigentlich mehr eine Tabelle ist).

Wissen Sie schon, welche Art von Menüeintrag Sie anlegen wollen? Die folgenden Beschreibungen sollen Ihnen bei der Auswahl helfen (in alphabetischer Reihenfolge). Einige der vorgestellten Menüeintragstypen dürften Ihnen dabei bereits aus den vorherigen Kapiteln bekannt vorkommen, auf einige andere kommen gleich noch die folgenden Abschnitte zu sprechen.

Beiträge

Über diesen Slider lassen sich Menüpunkte anlegen, die irgendeiner Weise Beiträge oder gleich ganze Beitragskategorien anzeigen:

Alle Kategorien auflisten
 Ein solcher Menüpunkt führt zu einer Liste mit mehreren Kategorien, aus denen sich der Besucher dann eine aussuchen kann. Sie können dabei alle vorhandenen Kategorien anzeigen lassen oder aber nur die Unterkategorien einer ganz bestimmten Kategorie.

Archivierte Beiträge
 Führt zu einer Liste mit allen archivierten Beiträgen. Als Bonus ermöglicht die Zielseite eine Suche nach einem bestimmten Datum.

Beitrag erstellen
 Führt zu einem Formular, über das Besucher einen neuen Beitrag zur Veröffentlichung einreichen können. Für gewöhnlich müssen Sie anschließend den Beitrag zunächst begutachten und dann zur Veröffentlichung freischalten. Wie dieses Verfahren genau abläuft, zeigt Kapitel 12, *Benutzerverwaltung und -kommunikation*, Seite 485.

Einzelner Beitrag
 Führt zu einem einzelnen Beitrag.

Haupteinträge
 Zeigt alle Haupteinträge in einer Blogdarstellung an.

Kategorieblog
   Stellt die Beiträge einer Kategorie in Blogform dar (siehe Abbildung 11-16).

Kategorieliste
   Stellt die Beiträge einer Kategorie in einer Liste zur Auswahl (siehe Abbildung 11-17).

Benutzer

Die Menüeintragstypen aus dieser Kategorie drehen sich um die Benutzerverwaltung (siehe auch Kapitel 12, *Benutzerverwaltung und -kommunikation*, Seite 485). Insgesamt stehen dabei folgende Ansichten zur Auswahl:

Abmelden
   Wenn ein Benutzer auf einen solchen Menüpunkt klickt, meldet ihn Joomla! umgehend und ohne weitere Nachfrage wieder ab.

Anmeldeformular
   Führt zu einer Seite, über die sich registrierte Benutzer bei Joomla! anmelden können. Sofern Sie bereits das Modul *Login Form* (beziehungsweise ein Modul vom Typ *Benutzer – Anmeldung*) auf Ihrer Website einsetzen, benötigen Sie einen derartigen Menüpunkt eigentlich nicht.

Benutzername erneut zusenden
   Hat ein registrierter Benutzer seinen Benutzernamen vergessen, können Sie ihm eine rettende Hand reichen: Der hierüber angelegte Menüpunkt führt auf ein spezielles Formular, auf dem ein vergesslicher Benutzer seine E-Mail-Adresse hinterlässt. Joomla! schickt ihm dann seinen Benutzernamen zu. Ein vergessenes Passwort kann er über diesen Punkt nicht anfordern.

Benutzerprofil
   Führt zum sogenannten Benutzerprofil eines Besuchers, das in Form eines kleinen Steckbriefs ein paar Informationen über den Besucher verrät.

Benutzerprofil bearbeiten
   Führt zu einem Formular, in dem der registrierte Benutzer seine persönlichen Daten nachträglich ändern darf. Dazu gehören unter anderem sein Name, seine E-Mail-Adresse und sein Passwort.

Passwort zurücksetzen
   Führt zu einem Formular, auf dem ein vergesslicher Benutzer ein neues Passwort anfordern kann.

Registrierungsformular
   Führt zu einem Formular, über das Besucher ein Benutzerkonto beantragen oder sich sogar eigenmächtig beschaffen können. Dieses Angebot ist nicht ganz risikolos, da sich ein böswilliger Besucher unter Umständen gleich mehrere Konten spendieren und damit Schindluder treiben könnte. Verzichten Sie daher wenn möglich auf einen solchen Menüpunkt. Mehr zu dieser Problema-

tik und möglichen Gegenmaßnahmen folgt in Kapitel 12, *Benutzerverwaltung und -kommunikation*, Seite 485.

Konfiguration

Normalerweise gestalten Sie Ihre Website im Backend. Einige Einstellungen dürfen Sie aber auch im Frontend ändern. So können Sie dort nach einer Anmeldung beispielsweise direkt die Module bearbeiten. Zusätzlich können Sie im Frontend auch Menüpunkte anbieten, die zu weiteren (Grund-)Einstellungen führen.

Warnung Die Einstellungen im Frontend vorzunehmen, ist bequem. Zudem können Sie so auch anderen Personen das Ändern der Einstellungen ermöglichen, ohne diesen gleich Zutritt zum Backend zu gewähren.

Sie müssen jedoch penibel darauf achten, wer im Frontend die Einstellungen zu Gesicht bekommt. Denn das Frontend dürfen standardmäßig x-beliebige Personen betreten. Eine falsche Einstellung könnte dazu führen, dass jeder Besucher mal eben die Farbe Ihrer Website ändern oder ein anderes Logo einbauen könnte. Zwar erlaubt Joomla! standardmäßig Änderungen an solch kritischen Einstellungen nur Ihnen, Sie sollten aber dennoch den Zugriff auf solche Menüpunkte unbedingt gezielt einschränken. Wie das funktioniert, verrät das Kapitel 12, *Benutzerverwaltung und -kommunikation* auf Seite 485.

Überlegen Sie sich zweimal, ob Sie solche Menüpunkte wirklich benötigen – insbesondere wenn Sie allein mit Joomla! arbeiten: Alle über die folgenden beiden Menüpunkte erreichbaren Seiten bieten Einstellungen an, die Sie nur einmal bei der Einrichtung Ihrer Website vornehmen sollten. Das gelingt aber auch im Backend beziehungsweise direkt bei der Installation.

Template-Optionen
  Führt zu einer Seite, auf der Sie die Optik der Website verändern dürfen. Welche Einstellungen dabei möglich sind, hängt vom Template ab.

Websitekonfiguration
  Führt zu einer Seite, auf der Sie einige Grundeinstellungen vornehmen dürfen. Unter anderem können Sie dort den Namen der Website ändern und die Metadaten anpassen. Die entsprechenden Einstellungen finden Sie im Backend auch hinter *System* → *Konfiguration* (wobei Joomla! dort noch viele weitere Einstellungen anbietet).

Kontakte

Die hierüber angelegten Menüpunkte führen zu einem oder mehreren Kontakten. Diese Webseiten präsentieren die (E-Mail-)Adresse einer Person und auf Wunsch jeweils ein passendes Kontaktformular (siehe Abschnitt »Kontakte und Kontaktformulare« auf Seite 284). Im Einzelnen stehen folgende Ansichten bereit:

Alle Kontaktkategorien auflisten
  Zeigt eine Liste mit allen oder einigen ausgewählten Kontaktkategorien an.

Einzelner Kontakt
  Zeigt einen einzelnen Kontakt an.

Hauptkontakte
   Listet alle Kontakte auf, die zu einem Haupteintrag erhoben wurden.

Kontakte in Kategorie auflisten
   Listet alle Kontakte aus einer ausgewählten Kontaktkategorie auf.

Newsfeeds

Die hierüber angelegten Menüpunkte führen zu den Newsfeeds, die Sie mit der gleichnamigen Komponente verwalten (siehe Abschnitt »Newsfeeds« auf Seite 314). Dabei stehen folgende Ansichten zur Auswahl:

Alle Newsfeed-Kategorien auflisten
   Listet alle oder einige ausgewählte Newsfeed-Kategorien auf.

Einzelner Newsfeed
   Zeigt den Inhalt eines Newsfeeds an.

Newsfeeds in Kategorie auflisten
   Zeigt eine Liste mit allen Newsfeeds aus einer Newsfeed-Kategorie an.

Schlagwörter (Tags)

Beiträgen und vielen anderen Inhalten können Sie Schlagwörter (englisch Tags) anheften. In Joomla! dürfen Sie einen Menüpunkt einrichten, der zu einer Liste mit Schlagwörtern führt. Umgekehrt können Sie auch alle Beiträge auflisten lassen, denen ein ganz bestimmtes Schlagwort zugewiesen wurde. Im Einzelnen haben Sie folgende Möglichkeiten:

Kompaktliste der verschlagworteten Einträge
   Ein solcher Menüpunkt führt zu einer Liste mit allen Beiträgen, denen ein oder mehrere vorgegebene Schlagwörter anheften.

Liste aller Schlagwörter
   Führt zu einer Seite mit allen Schlagwörtern. Mit einem Klick auf ein Schlagwort gelangt der Besucher dann zu einer Liste mit allen Beiträgen, die dieses Schlagwort besitzen.

Verschlagwortete Einträge
   Ein solcher Menüpunkt führt zu einer Liste mit allen Beiträgen, denen ein oder mehrere vorgegebene Schlagwörter anheften. Unter Joomla! 3.6.0 führt ein Menüpunkt vom Typ *Kompaktliste der verschlagworteten Einträge* zu einer ähnlichen Webseite (siehe Abschnitt »Menüpunkt vom Typ »Verschlagwortete Einträge«« auf Seite 238).

Suche

Ein Menüpunkt vom Typ *Suchformular oder Suchergebnisse auflisten* führt zu einem Formular, mit dem man den kompletten Internetauftritt durchsuchen kann. Dabei darf man nicht nur einen Suchbegriff eintippen, sondern kann auch anhand verschiedener Kriterien die Suche einschränken. So lässt sich beispielsweise gezielt nach Beiträgen fahnden, in denen die Wörter *James* und *Bond* vorkommen.

Ein derartiger Menüeintrag ist insbesondere bei großen, umfangreichen Internetauftritten ratsam. Bei kleinen Seiten reicht bereits ein Suchen-Modul, das ein entsprechendes Eingabefeld bereitstellt (siehe Abschnitt »Module zur Suche« auf Seite 408). Wenn Sie bei der Installation eine Beispiel-Website installiert haben, gibt es bereits ein solches Modul rechts oben in der Seitenecke. Weitere Informationen rund um die Suchfunktion finden Sie im Abschnitt »Suchfunktion und Suchstatistiken« auf Seite 332.

Suchindex

Ein Menüpunkt vom Typ *Suche* führt ebenfalls zu einem Suchformular, das allerdings die modernere Suchfunktion *Smart Search* alias *Suchindex* nutzt. Ein derartiger Menüeintrag ist insbesondere bei großen, umfangreichen Internetauftritten ratsam. Bei kleinen Seiten reicht bereits ein Suchindex-Modul, das ein entsprechendes Eingabefeld bereitstellt (siehe Abschnitt »Module zur Suche« auf Seite 408). Weitere Informationen zu Smart Search beziehungsweise der Suchindex-Funktion finden Sie im Abschnitt »Suchindex (Smart Search)« auf Seite 338.

Systemlinks

Die Menüpunkte auf diesem Slider verweisen auf ein paar spezielle Ziele beziehungsweise Seiten:

Externe URL
   Der hierüber angelegte Menüpunkt verweist auf eine externe Internetseite. Sobald der Besucher den Menüeintrag anklickt, leitet ihn Joomla! automatisch auf die externe Webseite weiter.

Menü-Überschrift
   Ein solcher Menüpunkt zeigt nur seine Beschriftung an und lässt sich nicht anklicken. Mit ihm können Sie eine Zwischenüberschrift in einem Menü erstellen und so das Menü (optisch) strukturieren.

Menüeintrag-Alias
   Ein solcher Menüpunkt zeigt auf einen anderen Menüpunkt. Auf diese Weise lassen sich zwei identische Menüpunkte mit unterschiedlichen Beschriftungen erstellen. Das ist beispielsweise nützlich, wenn der Menüpunkt *Kontakt* zur selben Seite führen soll wie der bereits bestehende Menüpunkt *Impressum*. Dazu muss man lediglich den Menüpunkt *Kontakt* als *Menüeintrag-Alias* auf das *Impressum* zeigen lassen. Der Menüpunkt vom Typ *Menüeintrag-Alias* übernimmt dabei immer automatisch alle Einstellungen des Vorbilds.

Trennzeichen
   Ein derartiger Menüpunkt ist kein Menüpunkt, sondern nur ein lebloser Strich beziehungsweise ein Symbol oder Zeichen in einem Menü. Er dient dazu, die Menüs optisch etwas aufzulockern.

Konkrete Anwendungsbeispiele für alle diese vier Menüeintragstypen folgen später noch im Abschnitt »Spezielle Menüpunkte« ab Seite 470.

Wrapper

Mit dem *Iframe-Wrapper* binden Sie eine (externe) Internetseite in die eigene ein. Diese wird dabei in einem Bereich der eigenen Seite eingeblendet, der bei Bedarf noch Bildlaufleisten erhält (technisch gesehen erfolgt die Einbindung über das HTML-Element iframe). Ein Anwendungsbeispiel folgt im Abschnitt »Iframe-Wrapper« auf Seite 476.

 Für die Filmtoaster-Seiten muss zunächst ein Menüpunkt zu allen Actionfilmkritiken her. Da es sich somit um *Beiträge* handelt, öffnen Sie zunächst den gleichnamigen Slider. Joomla! soll die Kritiken aus der Kategorie *Actionfilme* auflisten. Passend wäre somit der Menüeintragstyp *Kategorieliste*, den Sie anklicken. Damit kehren Sie automatisch wieder in das große Formular zurück. Nachdem Sie sich für einen Menüeintragstyp entschieden haben, warten Sie einen Moment ab, bis er im Feld *Menüeintragstyp* erscheint. Per *Auswählen* können Sie ihn jederzeit wechseln.

 **Warnung** Dabei gehen allerdings die meisten der übrigen Einstellungen des Menüpunkts komplett verloren.

Schritt 3: Den Menüpunkt beschriften

 Im Feld *Menütitel* verpassen Sie dem Menüpunkt einen passenden Namen. Dies ist auch gleichzeitig später seine Beschriftung auf der Website. Für das Filmtoaster-Beispiel wählen Sie Actionfilme.

Das Eingabefeld neben *Alias* verlangt wie immer nach einem alternativen Titel für interne Zwecke. Wenn Sie das Feld leer lassen, überlegt sich Joomla! selbst einen passenden Alias. Auch für die Filmtoaster-Seiten bleibt es leer.

Schritt 4: Grundeinstellungen vornehmen

Alle übrigen Einstellungen hängen vom gewählten Menüeintragstyp ab. Es gibt aber ein paar kleinere Ausnahmen. Zunächst sind das die folgenden Einstellungen links unten auf der Registerkarte *Details*, die Sie in Abbildung 11-18 sehen.

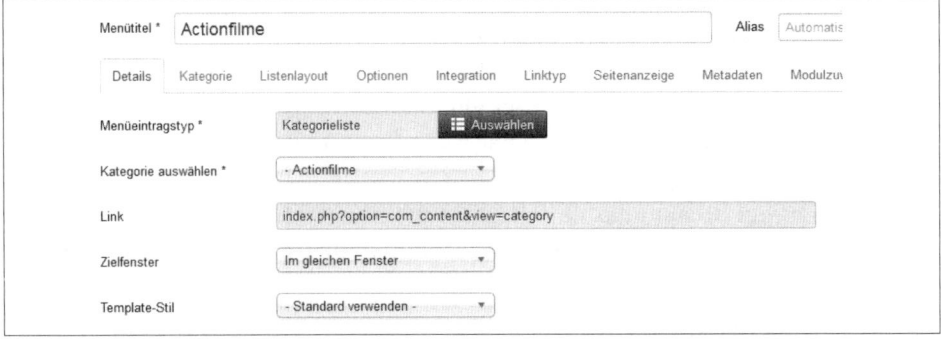

Abbildung 11-18: Diese Einstellungen sind bis auf den Punkt Kategorie auswählen für jeden Menüeintragstyp gleich.

Link
> Jeder von Ihnen angelegte Menüpunkt führt immer zu einer ganz bestimmten Webseite. Wie alle Internetseiten besitzt auch sie eine eindeutige Internetadresse. Diese erhalten Sie, wenn Sie an die Adresse zu Ihrer Startseite (wie etwa *http://localhost/joomla/*) noch den Teil im Feld *Link* anhängen. In der Regel müssen Sie sich um diese Adresse keine weiteren Gedanken machen, Joomla! sorgt automatisch dafür, dass die korrekte Seite erscheint, und sperrt sogar das Feld *Link* gegen Änderungen. Haben Sie allerdings einen Menüpunkt vom Typ *Externe URL* angelegt (siehe vorherigen Abschnitt), gehört in dieses Feld die Internetadresse der externen Seite.

Zielfenster
> Wenn ein Besucher später auf den Menüpunkt klickt, erscheint die Seite im aktuellen Browserfenster beziehungsweise Browser-Tab. Sie können die Seite aber auch in einem separaten Browserfenster anzeigen lassen. Dazu bietet Ihnen diese Ausklappliste gleich zwei Varianten: *Neues Fenster mit Navigation* öffnet die Zielseite in einem normalen Browserfenster, während *Neues Fenster ohne Navigation* ein neues Fenster ohne Symbolleisten erzwingt. Das normale Verhalten erhalten Sie mit der Einstellung *Im gleichen Fenster*. Einige Browser reißen unter Umständen nicht gleich ein neues Fenster auf, sondern öffnen die entsprechende Seite nur in einem weiteren Register (Tab).

Tipp Ein neues Fenster sollten Sie nur dann öffnen lassen, wenn die Zielseite nicht zum Angebot Ihrer eigenen Website gehört. Andernfalls irritieren Sie Ihre Besucher. Im Zweifelsfall belassen Sie diesen Punkt immer auf seiner Vorgabe.

Template-Stil
> Der neue Menüpunkt führt zu einer Internetseite, der Sie unter *Template-Stil* eine ganz individuelle Optik überstülpen können. Dazu wählen Sie aus der Liste einfach eine passende aus. Für jedes Template können dabei mehrere verschiedene Optiken bereitstehen. Diese erscheinen in der Ausklappliste jeweils eingerückt unter dem fett dargestellten Template-Namen.

Warnung Den hier gewählten Anstrich tragen unter Umständen auch alle weiteren Unterseiten, die über diesen Menüpunkt erreichbar sind. Sofern Sie einzelnen Seiten ein anderes Template zugewiesen haben, sollten Sie anschließend die Seiten unbedingt in der *Vorschau* kontrollieren.

Des Weiteren dürften die meisten Besucher irritiert sein, wenn die aufgerufene Webseite plötzlich komplett anders aussieht als der Rest Ihres Internetauftritts. Ändern Sie daher den *Template-Stil* nur dann, wenn es wirklich sinnvoll oder notwendig ist.

> Sofern Sie in der Ausklappliste – *Standard verwenden* – einstellen beziehungsweise beibehalten, nutzt die Seite das systemweit gültige Template. Möchten Sie Ihrem Internetauftritt ein einheitliches Aussehen verpassen, ist dies somit genau die richtige Einstellung – wie auch im Beispiel der Filmtoaster-Seiten.

Weitere Informationen zu den Templates finden Sie in Kapitel 15, *Templates verwalten*, Seite 633.

Weiter geht es jetzt auf der rechten Seite. Auch die dortigen Einstellungen aus Abbildung 11-19 bietet jeder Menüpunkt an:

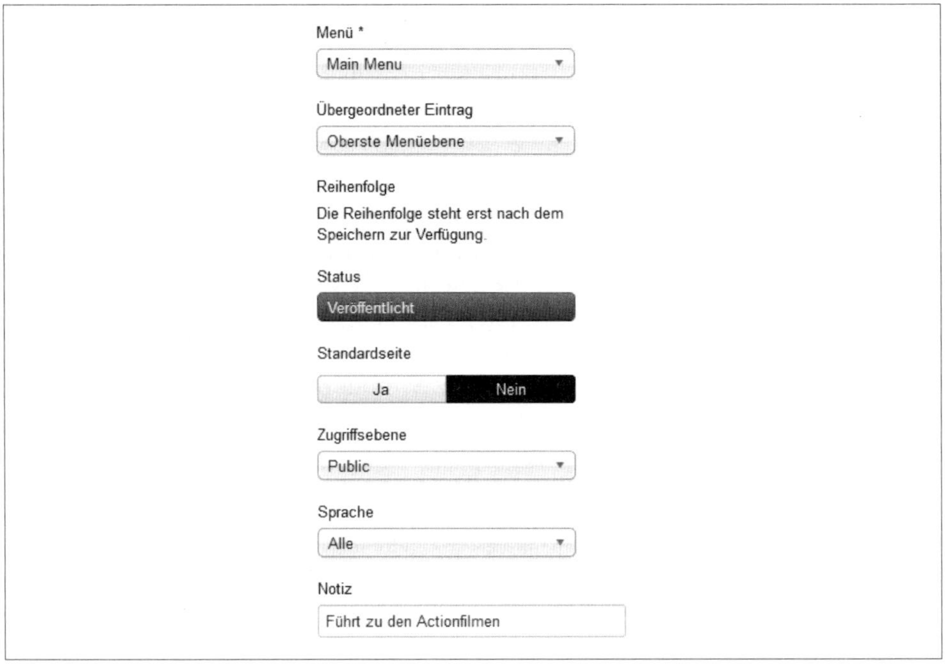

Abbildung 11-19: Die Grundeinstellungen auf der rechten Seite.

Menü
In dem hier gewählten Menü erscheint später der neue Menüpunkt. Im Fall der Filmtoaster-Seiten ist mit dem *Main Menu* schon die korrekte Heimat ausgewählt.

Übergeordneter Eintrag
Hierüber können Sie den Menüpunkt einem anderen unterordnen. Darum kümmert sich gleich noch ausführlich der nächste Abschnitt »Menüeinträge gliedern« auf Seite 459.

Reihenfolge
Sobald Sie den Menüeintrag angelegt haben (zum Beispiel via *Speichern*), können Sie ihn hier an eine andere Position innerhalb des Menüs verschieben. Dazu stellen Sie in der Ausklappliste den Menüpunktkollegen ein, unter beziehungsweise neben dem der Menüpunkt zukünftig erscheinen soll. Um den Menüpunkt an den oberen Rand des Menüs zu verfrachten, wählen Sie – *Erster* –, ans Ende schiebt ihn hingegen – *Letzter* –. Ändern können Sie die Reihenfolge der Menüpunkte zudem auch mit der Methode aus Abschnitt »Sortierreihenfolge ändern« auf Seite 100.

Status
> Der Menüpunkt ist nur dann für die Besucher sichtbar, wenn *Status* auf *Veröffentlicht* steht. Um den Menüpunkt vorübergehend von der Website zu nehmen, aktivieren Sie hier *Versteckt*. Er ist dann übrigens auch nicht mehr für registrierte Besucher sichtbar.

Standardseite
> Wenn *Standardseite* auf *Ja* steht, ist die über den Menüpunkt erreichbare Seite auch gleichzeitig die Startseite Ihres Internetauftritts. Mehr zu diesem Thema finden Sie im Abschnitt »Startseite festlegen« auf Seite 478.

Zugriffsebene
> Wer den Menüpunkt zu Gesicht bekommt, regelt die *Zugriffsebene*. Mit der Standardeinstellung *Public* sieht jeder Besucher den Menüpunkt und darf ihn anklicken. Das ist auch genau das Richtige für die Filmtoaster-Seiten.

Tipp Man könnte ein ganzes Menü vor normalen Besuchern verstecken, indem man alle enthaltenen Punkte eines Menüs auf eine passende *Zugriffsebene* setzt. Wesentlich eleganter ist es jedoch, einfach das komplette Menü-Modul nur den ausgewählten Benutzern zugänglich zu machen. Weitere Informationen zu den Benutzerrechten liefert Kapitel 12, *Benutzerverwaltung und -kommunikation*, Seite 485. Mehr Informationen zu Modulen finden Sie in Kapitel 10, *Module – Die kleinen Brüder der Komponenten*, Seite 351.

Sprache
> Bei einem mehrsprachigen Internetauftritt legen Sie hier fest, in welcher Sprachfassung der Menüpunkt auftauchen soll. Sofern Sie nur einen einsprachigen Auftritt planen, behalten Sie hier die Vorgabe *Alle* bei.

Notiz

Hier können Sie eine kleine Notiz hinterlassen. Sie dient rein als Gedächtnisstütze und taucht später nur im Backend auf. Im Fall des Filmtoaster-Beispiels könnten Sie hier so etwas notieren wie `Führt zu den Actionfilmen`.

Für die Filmtoaster-Seiten wählen Sie die Einstellungen aus den Abbildungen 11-18 und 11-19.

Schritt 5: Metadaten ergänzen

Abschließend können Sie in der über den Menüpunkt erreichbaren Seite noch ein paar Metadaten verstecken. Diese Informationen sollen vor allem Suchmaschinen etwas unter die Arme greifen. Die entsprechenden Einstellungen finden Sie auf der Registerkarte *Metadaten* – sie sollten Ihnen bereits aus den vorherigen Kapiteln bekannt vorkommen:

Meta-Beschreibung
> Hier hinterlassen Sie für Google & Co. eine kurze Beschreibung der Seiteninhalte, wie beispielsweise `Kritiken zu bekannten Actionfilmen`.

Meta-Schlüsselwörter
Die *Meta-Beschreibung* ergänzen Sie um ein paar passende *Meta-Schlüsselwörter*. Für den Menüpunkt zu den Actionfilmen könnten Sie beispielsweise Kritiken, Action, Filme wählen. Die einzelnen Wörter trennen Sie jeweils durch Kommata.

Robots
Mit der Ausklappliste *Robots* legen Sie fest, ob die Suchmaschinen die Seite überhaupt betreten (eine der Optionen mit *index*) und den Links darauf folgen dürfen (eine der Optionen mit *follow*). *noindex* und *nofollow* verbieten hingegen die jeweilige Aktion. Für die Filmtoaster-Seiten belassen Sie die Vorgabe, womit Google & Co. die Seite betreten und allen Links auf ihr folgen dürfen.

HTTPS-Sicherheit
Wenn Sie diesen Punkt auf *An* setzen, können die Besucher die Seite hinter dem Menüpunkt nur noch über eine verschlüsselte Verbindung erreichen. Das klappt allerdings nur, wenn auch der Webserver solche Verbindungen über das sogenannte HTTPS-Protokoll akzeptiert. Informationen hierzu liefert Ihnen das Handbuch zu Ihrem Webserver beziehungsweise Ihr Webhoster. Belassen Sie im Zweifelsfall *Ignorieren*. Das ist auch die richtige Einstellung auf den Filmtoaster-Seiten.

Schritt 6: Typabhängige Einstellungen vornehmen

Jeder Menüpunkt bietet ein paar Einstellungen an, die vom gewählten Menüeintragstyp abhängen. Das beginnt bereits auf der Registerkarte *Details*. Dort gibt es unterhalb des Felds *Menüeintragstyp* mindestens eine weitere Einstellung, die Sie zwingend anpassen müssen (siehe Abbildung 11-20). Wie sie heißt und was sie bewirkt, hängt vom gewählten Menüeintragstyp ab.

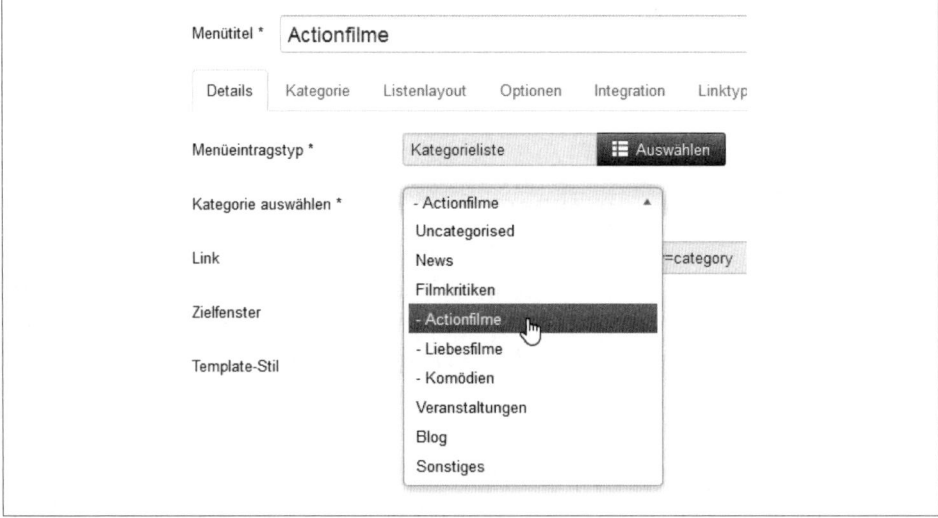

Abbildung 11-20: Im Fall der Kategorieliste ist eine passende Kategorie auszuwählen.

Auf den Filmtoaster-Seiten wurde als *Menüeintragstyp* die *Kategorieliste* gewählt. Der neue Menüpunkt führt somit zu einer Liste mit Beiträgen. Aus welcher Kategorie diese Beiträge stammen, legen Sie unter *Kategorie auswählen* fest. Der neue Menüpunkt soll auf die *Actionfilme* zeigen, folglich wählen Sie hier die gleichnamige Kategorie (siehe Abbildung 11-20).

Auch die Einstellungen auf den übrigen Registerkarten des Formulars hängen vom gewählten Menüeintragstyp ab. Die meisten Einstellungen dort sind jedoch optional und bereits mit sinnvollen Werten bestückt.

Alle diese vom Menüeintragstyp abhängigen Einstellungen werden ausführlich in den entsprechenden Kapiteln angesprochen. Tabelle 11-3 gibt noch einmal einen kurzen Überblick darüber, auf welcher Seite Sie bei welchem Menüeintragstyp nachschlagen müssen.

Für das aktuelle Filmtoaster-Beispiel müssen Sie jetzt nicht extra zurückblättern. Bis auf zwei kleine Ausnahmen können Sie alle Einstellungen auf ihren voreingestellten Werten belassen. Setzen Sie lediglich im Register *Kategorie* die Punkte *Kategorietitel* und *Kategoriebeschreibung* auf *Anzeigen*.

Tabelle 11-3: Vom Menüeintragstyp abhängige Einstellungen und wo ihre jeweilige Erklärung zu finden ist

Menüeintragstyp	Kapitel	Seite
Beiträge		
Alle Kategorien auflisten	7, »Inhalte mit Menüpunkten verbinden«, Abschnitt »Liste mit Kategorien (Alle Kategorien auflisten)«	180
Archivierte Beiträge	8, »Nützliche Werkzeuge«, Abschnitt »Menüpunkt zum Archiv anlegen«	220
Beitrag erstellen	12, »Benutzerverwaltung und -kommunikation«, Abschnitt »Beiträge einreichen und freischalten«	544
Einzelner Beitrag	7, *Inhalte mit Menüpunkten verbinden*, Abschnitt »Einzelner Beitrag«	204
Haupteinträge	7, *Inhalte mit Menüpunkten verbinden*, Abschnitt »Haupteinträge kennzeichnen«	207
Kategorieblog	7, *Inhalte mit Menüpunkten verbinden*, Abschnitt »Blog aus Beiträgen (Kategorieblog)«	195
Kategorieliste	7, *Inhalte mit Menüpunkten verbinden*, Abschnitt »Liste mit Beiträgen (Kategorieliste)«	186
Benutzer		
Abmelden	12, *Benutzerverwaltung und -kommunikation*, Abschnitt »Abmelden über einen Menüpunkt«	531
Anmeldeformular	12, *Benutzerverwaltung und -kommunikation*, Abschnitt »Anmeldeformular«	523
Benutzername erneut zusenden	12, *Benutzerverwaltung und -kommunikation*, Abschnitt »Vergessene Benutzernamen und Passwörter«	531
Benutzerprofil	12, *Benutzerverwaltung und -kommunikation*, Abschnitt »Benutzerprofil anzeigen«	531
Benutzerprofil bearbeiten	12, *Benutzerverwaltung und -kommunikation*, Abschnitt »Benutzerprofil bearbeiten«	541
Passwort zurücksetzen	12, *Benutzerverwaltung und -kommunikation*, Abschnitt »Vergessene Benutzernamen und Passwörter«	531

Tabelle 11-3: Vom Menüeintragstyp abhängige Einstellungen und wo ihre jeweilige Erklärung zu finden ist *(Fortsetzung)*

Menüeintragstyp	Kapitel	Seite
Registrierungsformular	12, *Benutzerverwaltung und -kommunikation*, Abschnitt »Registrierungsformular bereitstellen«	534
Konfiguration		
Template-Optionen	15, *Templates verwalten*, Abschnitt »Stil im Frontend ändern«	648
Websitekonfiguration	13, *Joomla! konfigurieren*, Abschnitt »Ausgelieferte Website«	562
Kontakte		
Alle Kontaktkategorien auflisten	9, *Komponenten – Nützliche Zusatzfunktionen*, Abschnitt »Alle Kontaktkategorien auflisten«	309
Einzelner Kontakt	9, *Komponenten – Nützliche Zusatzfunktionen*, Abschnitt »Einen einzelnen Kontakt in das Menü einbinden«	310
Hauptkontakte	9, *Komponenten – Nützliche Zusatzfunktionen*, Abschnitt »Hauptkontakte«	313
Kontakte in Kategorie auflisten	9, *Komponenten – Nützliche Zusatzfunktionen*, Abschnitt »Inhalte einer Kontaktkategorie auflisten«	303
Newsfeeds		
Alle Newsfeed-Kategorien auflisten	9, *Komponenten – Nützliche Zusatzfunktionen*, Abschnitt »Alle Newsfeed-Kategorien auflisten«	330
Einzelner Newsfeed	9, *Komponenten – Nützliche Zusatzfunktionen*, Abschnitt »Einzelner Newsfeed«	331
Newsfeeds in Kategorie auflisten	9, *Komponenten – Nützliche Zusatzfunktionen*, Abschnitt »Newsfeeds in Kategorie auflisten«	326
Schlagwörter (Tags)		
Kompaktliste der verschlagworteten Einträge	8, *Nützliche Werkzeuge*, Abschnitt »Menüpunkt zu einem Schlagwort einrichten«	230
Liste aller Schlagwörter	8, *Nützliche Werkzeuge*, Abschnitt »Menüpunkt zu einer Liste mit Schlagwörtern«	241
Verschlagwortete Einträge	8, *Nützliche Werkzeuge*, Abschnitt »Menüpunkt vom Typ »Verschlagwortete Einträge««	238
Suche		
Suchformular oder Suchergebnisse auflisten	9, *Komponenten – Nützliche Zusatzfunktionen*, Abschnitt »Suchformular in ein Menü einbinden«	335
Suchindex		
Suche	9, *Komponenten – Nützliche Zusatzfunktionen*, Abschnitt »Suchformular anzeigen«	342
Systemlinks		
Externe URL	11, *Menüs*, Abschnitt »Externe URL«	471
Menü-Überschrift	11, *Menüs*, Abschnitt »Menü-Überschrift«	475
Menüeintrag-Alias	11, *Menüs*, Abschnitt »Menüeintrag-Alias«	472
Trennzeichen	11, *Menüs*, Abschnitt »Trennzeichen«	474
Wrapper		
Iframe-Wrapper	11, *Menüs*, Abschnitt »Iframe-Wrapper«	474

Ist bei einer Einstellung der Punkt *Globale Einstellung* ausgewählt, verwendet das Content-Management-System einfach die systemweit vorgegebenen Werte. Diese können Sie anpassen, indem Sie im Backend den zugehörigen Verwaltungsbildschirm aufrufen und dann die Schaltfläche *Optionen* anklicken. Möchten Sie beispielsweise Vorgaben ändern, die sich auf die Beiträge beziehen, rufen Sie zunächst *Inhalt* → *Beiträge* auf und klicken dann auf *Optionen*. Analog erreichen Sie die Grundeinstellungen für die Kontaktformulare unter *Komponenten* → *Kontakte* und einem Klick rechts oben auf *Optionen*.

Schritt 7: Menüpunkt erzeugen

Legen Sie den Menüpunkt via *Speichern & Schließen* an und betrachten Sie das Ergebnis in der *Vorschau*. Im Moment steht der neue Menüpunkt *Actionfilme* noch gleichberechtigt neben allen anderen (wenngleich er auch ganz rechts zu sehen ist). Im nächsten Abschnitt wird er jedoch umgehend zu einem Unterpunkt der *Filmkritiken*.

Menüeinträge gliedern

Menüpunkte lassen sich einem beliebigen Kollegen unterordnen. Auf diese Weise entsteht ein Untermenü, wie Sie es auch aus dem Hauptmenü eines normalen Anwendungsprogramms kennen. Die Abbildungen 11-21 bis 11-23 zeigen dazu ein kleines Beispiel.

Abbildung 11-21: Hier wurden dem Menüpunkt Oberpunkt die beiden Menüpunkte Ein Unterpunkt und Noch ein Unterpunkt untergeordnet. Dieses Gespann erscheint dann ...

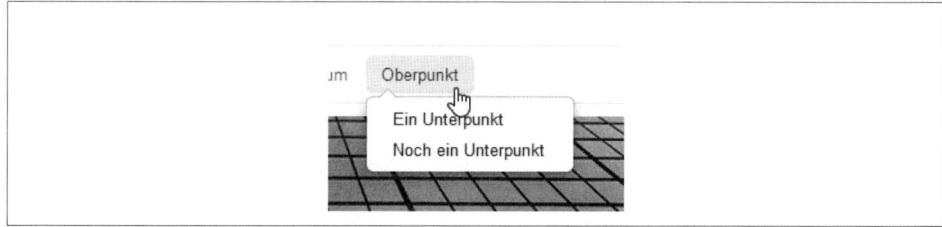

Abbildung 11-22: ... so in einem waagerechten Menü ...

Abbildung 11-23: ... wohingegen ein senkrechtes Menü die Unterpunkte dann einrückt. Die Optik, wie etwa Schriftgröße und Schriftart, hängt dabei vom Template ab.

Mit solchen Unterpunkten lässt sich auch die Struktur des Internetauftritts abbilden und so gleichzeitig die Übersicht für den Betrachter verbessern. Letzteres ist insbesondere bei besonders vielen Menüpunkten hilfreich.

Tipp   Behalten Sie dabei jedoch die Verschachtelungstiefe im Auge. Bei mehr als drei Gliederungsebenen (also Unter-Unter-Unterpunkten) geht die Übersicht für Besucher schnell wieder verloren. In solch einem Fall sollten Sie überlegen, ob Sie Ihren Internetauftritt nicht besser anders strukturieren.

Auf den Filmtoaster-Seiten soll der Menüpunkt zu den *Actionfilmen* ein Unterpunkt des Eintrags *Filmkritiken* werden. (Wenn Sie die Schritte aus den vorherigen Abschnitten nicht mitgemacht haben, können Sie die folgenden Aktionen auch einfach mit zwei anderen sichtbaren Menüpunkten durchspielen.)

Um einen Menüpunkt einem anderen unterzuordnen, rufen Sie seine Einstellungen auf. Für das Filmtoaster-Beispiel wechseln Sie dazu im Backend zum Punkt *Menüs → Main Menu* und klicken dort die *Actionfilme* an.

Überlegen Sie sich dann, welchem Menüpunkt Sie den gerade geöffneten unterordnen möchten. Diesen Kollegen stellen Sie dann einfach im Register *Details* auf der rechten Seite in der Ausklappliste *Übergeordneter Eintrag* ein. Im Filmtoaster-Beispiel sollen die *Actionfilme* ein Unterpunkt der *Filmkritiken* werden. Wählen Sie folglich in der Ausklappliste *Übergeordneter Eintrag* den Punkt *Filmkritiken*.

Falls in der Ausklappliste *Oberste Menüebene* eingestellt ist, erscheint der neue Menüpunkt auf gleicher Höhe mit seinen restlichen Kollegen.

Tipp   Beim Aufbau einer Menühierarchie sollten Sie sich an Ihrer eigenen orientieren, die Sie in Kapitel 4, *Den Internetauftritt strukturieren*, Seite 113, ausgetüftelt haben. Damit finden sich die späteren Besucher schneller auf Ihrer Website zurecht.

Jetzt müssen Sie die Änderungen erst mal *Speichern & Schließen*. Die Arbeit geht allerdings noch etwas weiter: Standardmäßig bekommen Besucher die Unterpunkte erst zu Gesicht, wenn sie die *Filmkritiken*, also den Oberpunkt, anklicken. Probieren Sie das einmal selbst aus: Wechseln Sie zunächst in die *Vorschau*, wo jetzt der Menüpunkt *Actionfilme* fehlen sollte. Klicken Sie die *Filmkritiken* an. Erst wenn Sie nun noch einmal mit der Maus über den Menüpunkt *Filmkritik* fahren, erscheint der Unterpunkt *Actionfilme*. Dieses Verhalten ist natürlich nicht besonders intuitiv.

Netterweise können Sie aber auch alle Unterpunkte direkt einblenden lassen. Dazu müssen Sie allerdings in die Einstellungen des entsprechenden Moduls wechseln – denn das ist für die Anzeige des Menüs verantwortlich.

Auf den Filmtoaster-Seiten müssen Sie folglich *Erweiterungen* → *Module* aufrufen.
Das Hauptmenü zeigt das Modul *Main Menu* an. Öffnen Sie seine Einstellungen, indem Sie in der Tabelle auf seinen Titel klicken.

Im Register *Modul* können Sie jetzt dauerhaft alle *Untermenüeinträge anzeigen* lassen, indem Sie den gleichnamigen Punkt auf *Ja* setzen. Nach dem *Speichern* erscheint dann das Menü in der *Vorschau* wie in Abbildung 11-24. Damit das Untermenü ausklappt, müssen Sie ab sofort nur noch mit der Maus über den Menüpunkt *Filmkritiken* fahren. Diesen Menüpunkt können Sie übrigens trotz des Unterpunkts weiterhin anklicken.

Warnung Wie das Menü aussieht und wie es sich verhält, bestimmt das Template. Beim standardmäßig zum Einsatz kommenden *Protostar* müssen Sie beispielsweise wie in Abbildung 11-24 erst immer mit der Maus über einen Menüpunkt fahren, damit seine Unterpunkte ausklappen. Andere Templates könnten die Unterpunkte anders anzeigen. Die Optik hängt zudem von der Position des Menü-Moduls auf der Seite ab.

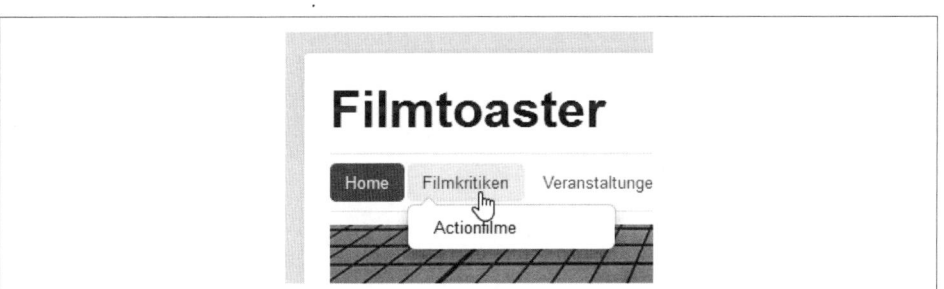

Abbildung 11-24: Das Menü mit einem Unterpunkt.

Kehren Sie noch einmal zurück in die Einstellungen des Menü-Moduls. Wenn das Menü über Unterpunkte verfügt, sind dort auch zwei weitere Punkte interessant: In Abbildung 11-24 gibt es zwei Gliederungsebenen – einmal die *Filmkritiken* und dann den Unterpunkt *Actionfilme*. In den Einstellungen des Moduls bestimmen Sie mit *Letzte Ebene*, bis zu welcher Gliederungsebene Joomla! Unterpunkte anzeigen soll. Setzen Sie *Letzte Ebene* beispielsweise auf *1*, verschwindet der Menüpunkt zu den *Actionfilmen*, da er sich auf der zweiten Gliederungsebene befindet. Der Besucher hat dann auch keine Möglichkeit mehr, an die so ausgeblendeten Menüpunkte heranzukommen.

Analog können Sie mit der Ausklappliste darüber die *Erste Ebene* bestimmen, die das Menü anzeigen soll. Setzen Sie die *Erste Ebene* beispielsweise auf 2, zeigt das Menü nur noch die Untermenüpunkte an – im Beispiel also die *Actionfilme*.

Mit einer geschickten Wahl von *Erste Ebene* und *Letzte Ebene* lässt sich ein Menü basteln, das nur aus ganz bestimmten Unterpunkten besteht.

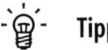
Tipp Wenn Sie das Konzept verwirrt, bauen Sie sich probeweise ein relativ tief verschachteltes Menü und experimentieren dann ein wenig mit den verschiedenen Einstellungen.

Auf den Filmtoaster-Seiten nehmen Sie hier keine weiteren Änderungen vor und *Schließen* einfach die Einstellungen des Moduls. Erstellen Sie als Übung noch zwei weitere Menüpunkte – einen zu den Liebesfilmen und einen zu den Komödien – und komplettieren Sie so das Untermenü. Rufen Sie also *Menüs → Main Menu → Neuer Menüeintrag* auf, wählen Sie per *Auswählen* den Menüeintragstyp *Kategorieliste*, setzen Sie die Ausklappliste *Kategorie auswählen* auf die Kategorie *Liebesfilme*, tragen Sie als *Menütitel* Liebesfilme ein, setzen Sie *Übergeordneter Eintrag* auf *Filmkritiken* und stellen Sie auf der Registerkarte *Kategorie* den *Kategorietitel* und die *Kategoriebeschreibung* auf *Anzeigen*. Nach dem *Speichern & Schließen* wiederholen Sie die gleiche Prozedur für die Komödien. Im Backend sollte die Tabelle mit den Menüpunkten damit wie in Abbildung Abbildung 11-25 aussehen. Das Ergebnis in der *Vorschau* zeigt Abbildung 11-26. Nach dem gleichen Prinzip richten Sie auch andere verschachtelte Menüs ein.

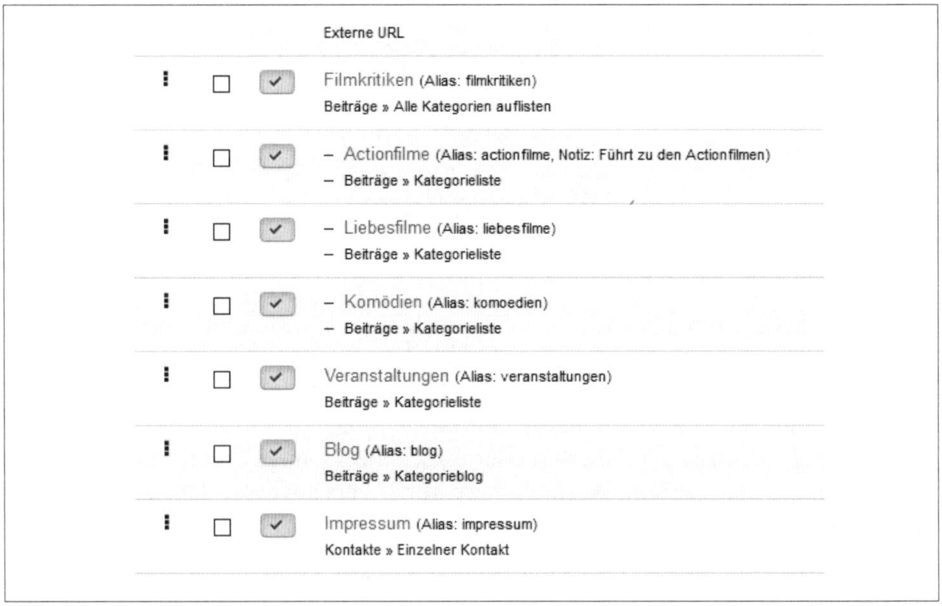

Abbildung 11-25: Diese Gliederung ...

Abbildung 11-26: ... zeigt das Template Protostar so an.

RSS-Feeds aktivieren (Integrationseinstellungen)

Möchte ein Besucher wissen, ob es einen neuen Blogbeitrag gibt, muss er erst zeitaufwendig die Filmtoaster-Seiten mit seinem Browser ansteuern und den Menüpunkt *Blog* aufrufen. Netterweise stellt Joomla! die Inhalte des Blogs zusätzlich als sogenannten Newsfeed bereit. Der Besucher muss lediglich mit seinem Browser den Newsfeed abonnieren. Der Browser holt dann in regelmäßigen Abständen den Newsfeed bei Joomla! ab und zeigt ihn an. Auf diese Weise bleibt der Besucher stets auf dem Laufenden, ohne die Filmtoaster-Seiten eigenhändig aufrufen zu müssen. (Weitere Informationen über Newsfeeds finden Sie im Abschnitt »Newsfeeds« auf Seite 314.)

Joomla! erzeugt einen solchen Newsfeed automatisch für alle Unterseiten, die häufig wechselnde Inhalte anbieten. Auf den Filmtoaster-Seiten zählen dazu neben dem Blog unter anderem auch die Seite mit allen *Veranstaltungen* sowie die Liste hinter *Filmkritiken* → *Actionfilme*.

Als Seitenbetreiber dürfen Sie die Newsfeeds einzeln deaktivieren und zumindest in Grenzen ihre Inhalte beeinflussen. Dazu ermitteln Sie zunächst den Menüpunkt, der zur entsprechenden Seite führt, und öffnen dann im Backend seine Einstellungen. Möchten Sie beispielsweise auf den Filmtoaster-Seiten den Newsfeed für das Blog deaktivieren, rufen Sie die Einstellungen des Menüpunkts *Blog* auf.

Wechseln Sie jetzt zum Register *Integration*, das Abbildung 11-27 zeigt. Es existiert allerdings nur bei Menüpunkten, für deren Webseite Joomla! einen Newsfeed erzeugen kann, und fehlt folglich bei einem Menüpunkt, der nur auf einen einzelnen Beitrag zeigt – denn schließlich wäre ein Newsfeed für eine einzelne Filmkritik sinnlos.

Wenn es ein Register *Integration* gibt, erzeugt Joomla! standardmäßig einen passenden Newsfeed. Besucher müssen nur den Menüpunkt aufrufen und können dann direkt die Informationen auf der Seite als Newsfeed abonnieren.

Abbildung 11-27: Hier regeln Sie, ob Joomla! für die erreichbare Seite einen Newsfeed erstellen soll und, wenn ja, welche Informationen dieser enthält.

 Tipp Damit der Besucher überhaupt erfährt, dass es einen Newsfeed gibt, sollten Sie ein Modul vom Typ *Feeds – Feed erzeugen* einrichten und es auf alle passenden Seiten platzieren (siehe auch Abschnitt »Feeds – Feed erzeugen« auf Seite 400).

Joomla! packt in den Newsfeed immer alle Inhalte der zugehörigen Seite. Damit der Feed nicht aus allen Nähten platzt, übernimmt Joomla! von Beiträgen immer nur den Einleitungstext. Möchten Sie dennoch den kompletten Beitrag im Newsfeed ausliefern, stellen Sie *In jedem Feed-Eintrag* auf *Gesamter Text*.

Möchten Sie verhindern, dass Joomla! einen Newsfeed für die über diesen Menüpunkt erreichbare Seite erzeugt, setzen Sie den Punkt *Feed-Link* auf *Verbergen*.

 Tipp Lassen Sie im Zweifelsfall hier die Einstellungen auf ihren Standardwerten.

 Für die Filmtoaster-Seiten belassen Sie bei allen Menüpunkten die Vorgaben (und lassen somit Joomla! den Feed für die verschiedenen Unterseiten generieren).

Modulzuordnung kontrollieren und korrigieren

Wenn ein Besucher einen Menüpunkt aufruft, landet er auf einer neuen Seite. Diese zeigt sehr wahrscheinlich auch ein paar Module an. Welche das sind, können Sie in den Einstellungen des Menüpunkts auf der Registerkarte *Modulzuweisung* kontrollieren.

Hier finden Sie wie in Abbildung 11-28 eine recht monströse Tabelle mit sämtlichen jemals von Ihnen angelegten Modulen. Wichtig sind vor allem die letzten beiden Spalten.

In der Spalte *Veröffentlicht* können Sie zunächst ablesen, ob das jeweilige Modul überhaupt veröffentlicht und somit prinzipiell für Besucher zu sehen ist. Das trifft auf alle Module zu, bei denen in der Spalte *Veröffentlicht* ein grünes *Ja* leuchtet. Alle mit einem *Nein* gekennzeichneten Module sind hingegen derzeit nicht auf der Seite zu sehen. Genau diese Einträge können Sie ausblenden, indem Sie *Versteckte Module* auf *Verbergen* setzen. Die Tabelle zeigt jetzt nur noch die veröffentlichten und somit sichtbaren Module an.

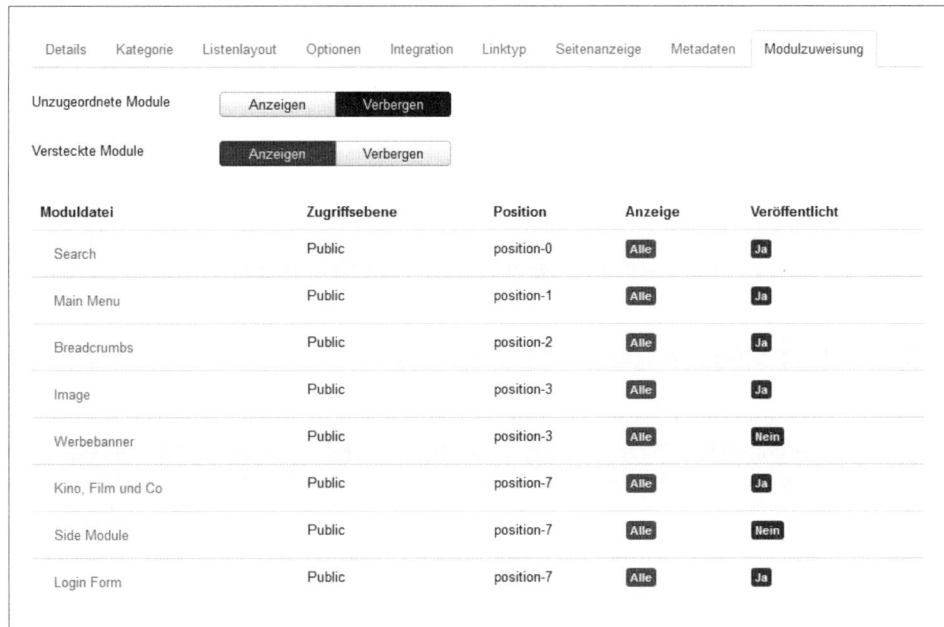

Abbildung 11-28: Wenn ein Besucher den neuen Menüpunkt anklickt, sieht er auf der dann erscheinenden Seite diese Module – vorausgesetzt, sie sind nicht versteckt.

Damit wissen Sie nun, welche Module sichtbar sind. Ein Modul muss aber nicht zwingend auf jeder Unterseite erscheinen. Welche Module der Seite zugeordnet und somit auf ihr zu sehen sind, können Sie in der Spalte *Anzeige* ablesen. Sofern das jeweilige Modul auf der Seite erscheint, steht dort *Ja* oder *Alle*. Ist es auf der Seite nicht zu sehen, leuchtet an der gleichen Stelle ein rotes *Nein*. Wenn Sie *Unzugeordnete Module* auf *Verbergen* setzen, zeigt Joomla! in der Tabelle nur noch die Module an, die der Seite zugeordnet und somit auf ihr zu sehen sind.

Beachten Sie den Unterschied zwischen den Spalten *Anzeige* und *Veröffentlicht*: Ein Modul erscheint nur dann auf der Seite,

- wenn es der Seite zugeordnet ist (das verrät die Spalte *Anzeige*) *und*
- wenn Sie es nicht versteckt haben (das verrät die Spalte *Veröffentlicht*).

Lange Rede, kurzer Sinn: Setzen Sie *Unzugeordnete Module* auf *Verbergen* und *Versteckte Module* auf *Verbergen*. Die Tabelle präsentiert dann nur noch genau die Module, die just in diesem Moment auf der Seite hinter dem Menüpunkt zu sehen sind.

Soll eines der Module nicht mehr auf der Seite erscheinen, klicken Sie in der Spalte *Moduldatei* auf seinen Titel. In einem neuen Fenster öffnen sich jetzt alle Einstellungen des Moduls. Dort können Sie zum einen den *Status* des Moduls auf *Versteckt* setzen. Damit ist es dann allerdings auf keiner Seite mehr zu sehen. Alternativ weisen Sie das Modul im Register *Menüzuweisung* nur noch ganz bestimmten Unterseiten zu. Wie das funktioniert, hat bereits Abschnitt »Menüzuweisung – auf welchen

Unterseiten erscheint das Modul?« auf Seite 375 erklärt. Wenn Sie eine Änderung vorgenommen haben, *Speichern & Schließen* Sie die Einstellungen. Die Schaltfläche *Schließen* verwirft hingegen alle Änderungen.

In der Tabelle aus Abbildung 11-28 verrät die *Zugriffsebene* noch, welche Besuchergruppen das jeweilige Modul angezeigt bekommen. Im Fall von *Public* kann jedermann das Modul sehen. An welcher *Position* sich das jeweilige Modul befindet, können Sie in der gleichnamigen Spalte ablesen. In Abbildung 11-28 liegt beispielsweise das *Main Menu* an der vom Template bereitgestellten *position-1*.

Optik eines Menüpunkts ändern

In den Einstellungen eines Menüpunkts finden Sie auch ein Register *Linktyp*. Darin können Sie in engen Grenzen das Aussehen des Menüpunkts beeinflussen. Eine Einstellung ist dabei ganz besonders interessant: *Bild zum Link* ordnet dem Menüpunkt ein (kleines) Bild zu. Letzteres erscheint dann auf der Website immer neben, über oder unter der Beschriftung des Menüpunkts (wie in Abbildung Abbildung 11-29).

Abbildung 11-29: Hier wurde dem Menüpunkt zum Blog eine verkleinerte Variante der Kugelschreiber zugewiesen (Sie finden das Foto auch auf unserer Download-Seite im Verzeichnis Kapitel11).

 Tipp   In der Regel wählt man nur ein kleines Symbol und kein größeres Foto. Beispielsweise ziert häufig ein kleines Häuschen den Menüpunkt zur Startseite (Home).

Die Besucher können sowohl das Bild als auch die Beschriftung des Menüpunkts anklicken, um zur gewünschten Seite zu gelangen. In Abbildung 11-29 bilden folglich der Text *Blog* und das Bild zusammen einen Menüeintrag. Beim standardmäßig aktiven Template *Protostar* erkennt man das leider nur an einem dunkelgrauen Hintergrund, der erst erscheint, wenn Sie mit der Maus über den Menüpunkt fahren.

Um einem Menüeintrag ein Bild zu verpassen, klicken Sie auf *Auswählen*, woraufhin sich die bekannte Miniausgabe der Medienverwaltung meldet. Darin laden Sie das gewünschte Bild hoch, klicken es dann im oberen Bereich an und wählen *Einfügen*; weitere Informationen finden Sie im Abschnitt »Medien verwalten« ab Seite 250. Um ein zugewiesenes Bild wieder loszuwerden, klicken Sie einmal auf den Knopf mit dem *X*.

Häufig sieht es etwas unschön aus, wenn den Menüpunkt wie in Abbildung 11-29 sowohl ein Bild als auch eine Beschriftung zieren Zudem irritiert es den Besucher: Soll er jetzt den Text anklicken oder das Bild oder gar beides? Aus diesem Grund können Sie die Beschriftung abschalten, indem Sie *Menütitel hinzufügen* auf *Nein* setzen. Im Beispiel aus Abbildung 11-29 würde dann der Begriff *Blog* verschwinden.

Tipp	Mischen Sie möglichst nie Text und Bild, sondern ersetzen Sie entweder alle Menüpunkte eines Menüs durch Bilder oder bleiben Sie bei einer reinen Beschriftung.
	Wenn möglich, sollten Sie sogar ganz auf Bilder verzichten: Zum einen könnte das Menü unruhig und unseriös wirken, wenn die Bilder nicht auf die Optik der Seite abgestimmt sind. Viel schwerer wiegt jedoch, dass die Besucher die Bilder richtig deuten müssen: Würden Sie vermuten, dass sich hinter dem Bild mit den Kugelschreibern aus Abbildung 11-29 ein Blog befindet? Und dass man die Kugelschreiber anklicken kann? Des Weiteren stellen viele Templates die mit Bildern gespickten Menüs chaotisch und unansehnlich dar. Schließlich sind Bilder nicht barrierefrei, und auch Suchmaschinen können mit ihnen nichts anfangen.

Den Text im Feld *Title-Attribute für Menülinks* zeigen viele Browser später als kleinen Tooltipp an, wenn der Besucher mit dem Mauszeiger auf den Menüpunkt fährt. Sofern aus der Beschriftung nicht schon hervorgeht, wohin der Menüpunkt führt, sollten Sie hier eine kurze Erläuterung hinterlassen. (Unter der Haube packt Joomla! den Text aus dem Feld *Title-Attribute für Menülinks* in das HTML-Attribut title und tackert es an den Link, der den Menüpunkt repräsentiert.)

Über das Eingabefeld *CSS-Style für Link* können Sie dem Menüpunkt eine spezielle Optik überstülpen. Welcher in diesem Feld eingetippte Wert welche Auswirkungen hat, verrät Ihnen der Entwickler des Templates. Die meisten Templates ignorieren jedoch diese Einstellung. Normalerweise können Sie daher das Eingabefeld leer lassen. Template-Entwickler dürfte noch interessieren, dass ein Menüpunkt später in der ausgelieferten Seite nichts anderes als ein normaler Link ist. Diesen kann man im Template mit einem speziellen CSS-Stil formatieren. Man muss lediglich seinen Namen in dieses Feld eintippen, woraufhin Joomla! ihn später automatisch an diesen Menüpunkt anheftet.

Abschließend können Sie den Menüpunkt mitsamt seinen Unterpunkten aus den Menüs ausblenden. Dazu setzen Sie *Im Menü anzeigen* auf *Nein*.

Für die Menüpunkte der Filmtoaster-Seiten können Sie sämtliche Einstellungen auf ihren Vorgaben belassen, auch ein Bild ist nicht notwendig.

Seitentitel verändern

Wenn Sie in der *Vorschau* einen Menüpunkt anklicken und dann einen Blick auf die Titelleiste beziehungsweise die Registerlasche Ihres Browsers werfen, steht dort immer der Titel der aktuell angezeigten Seite. In den Einstellungen des Menüpunkts können Sie im Register *Seitenanzeige* diese Beschriftung gegen eine eigene austauschen.

Dazu tragen Sie die neue Beschriftung einfach unter *Seitentitel im Browser* ein. Das Ergebnis veranschaulichen die Abbildungen 11-30 und 11-31. Joomla! ersetzt den Seitentitel immer nur auf der direkt über den Menüpunkt erreichbaren Seite.

Abbildung 11-30: Der hier eingegebene Text ...

Abbildung 11-31: ... erscheint später als Registerbeschriftung beziehungsweise in der Titelleiste im Browser (hier am Beispiel von Firefox).

 **Warnung**   Auch Suchmaschinen orientieren sich an diesem Seitentitel. Wenn Sie ihn ändern, sollten Sie ihn möglichst weise vergeben.

Stellen Sie zusätzlich *Seitenüberschrift anzeigen* auf *Ja*, erscheint der Text aus dem Feld *Seitentitel im Browser* auch noch einmal als Überschrift auf der Seite (wie in Abbildung 11-32).

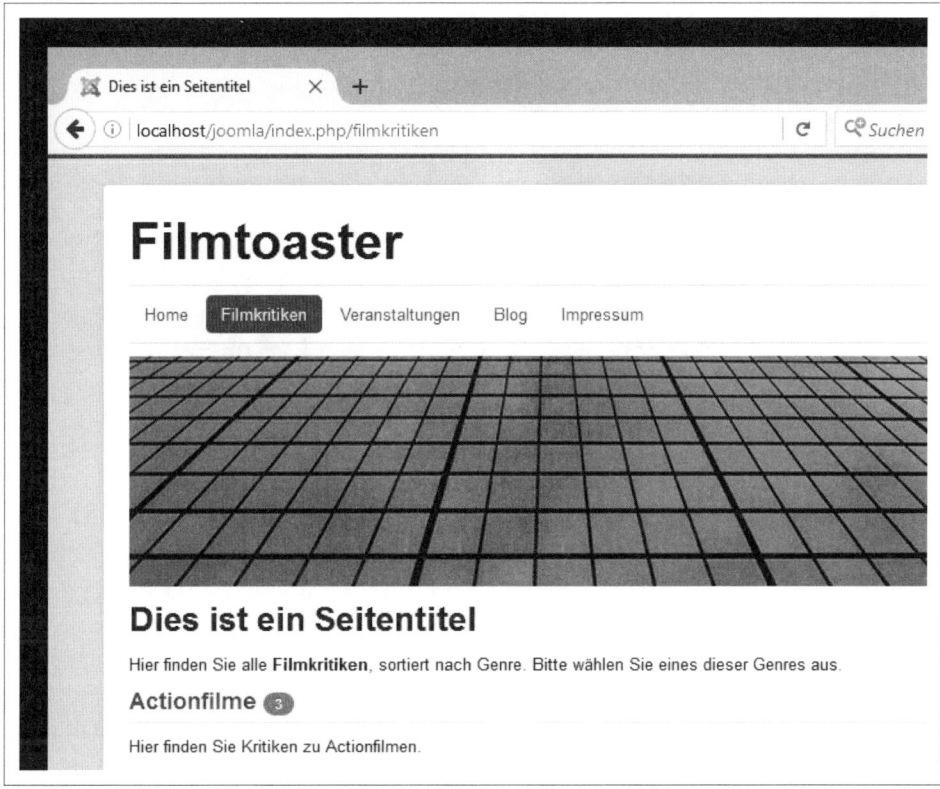

Abbildung 11-32: Auf Wunsch blendet Joomla! den Seitentitel noch einmal dick und fett auf der entsprechenden Webseite ein.

Im Feld *Seitenüberschrift* können Sie wiederum auch noch diese Überschrift austauschen. Die Auswirkungen zeigen die Abbildungen 11-33 und 11-34.

Abbildung 11-33: Diese Einstellungen ...

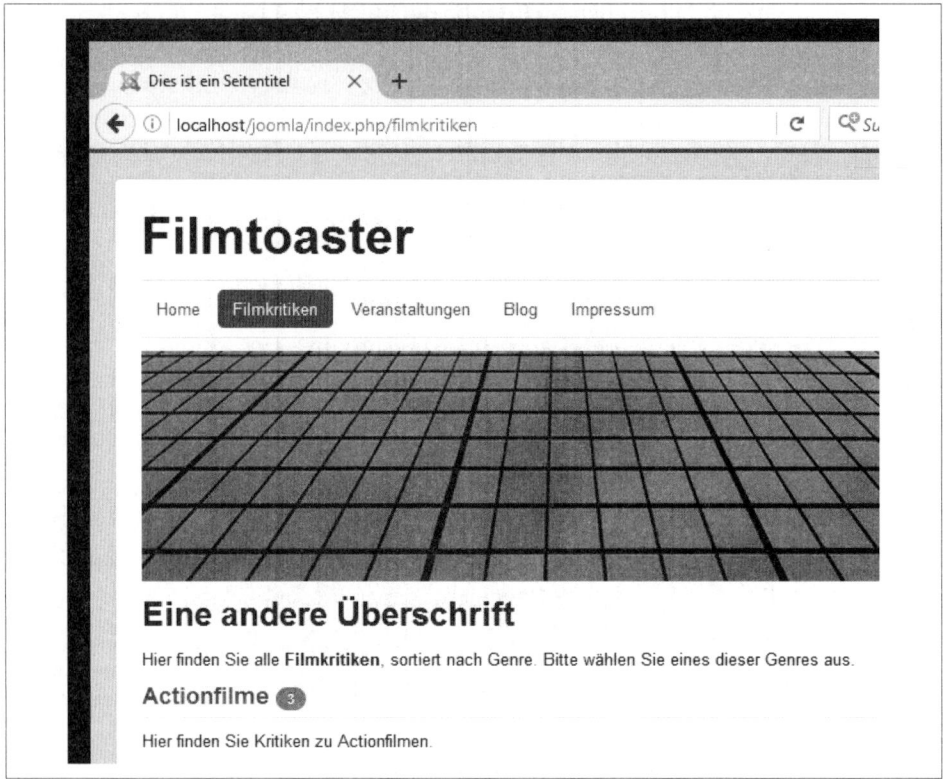

Abbildung 11-34: ... führen zu diesem Ergebnis.

Über das letzte Eingabefeld *Seitenklasse* können Sie dem Inhalt der Seite (also nicht der kompletten Seite) eine individuelle Optik verpassen. Welche Werte hier im Feld zu welchen Ergebnissen führen, verrät Ihnen der Entwickler des Templates. Die meisten Templates ignorieren diese Einstellung, Sie können das Eingabefeld also normalerweise leer lassen. Template-Entwickler dürfte noch interessieren, dass Joomla! den hier eingetragenen CSS-Klassennamen an das div-Element tackert, das die Seiteninhalte umschließt.

 Auf den Filmtoaster-Seiten sind die Menüpunkte allesamt beschreibend genug. Ein zusätzlicher Titel beziehungsweise eine zusätzliche Überschrift ist somit nicht notwendig. Belassen Sie daher bei allen Menüpunkten die Vorstellungen.

Spezielle Menüpunkte

Normalerweise führt ein Menüpunkt immer auf eine Seite mit Inhalten, etwa zu einer Filmkritik, einem Kontaktformular oder einer Linksammlung. Joomla! kennt aber auch noch ein paar ganz spezielle Menüeintragstypen. Die dienen rein der Optik oder helfen in Sonderfällen.

Externe URL

Sobald die Filmtoaster-Seiten einen größeren Bekanntheitsgrad erreichen, sind Kooperationen mit anderen Filmfans nicht auszuschließen. Beispielsweise könnte man eine Partnerschaft mit dem Betreiber einer Seite über Filmmusik eingehen. In diesem Fall ist es üblich, dass man über einen Link auf die Partner-Homepage verweist.

Glücklicherweise kann Joomla! einen Menüpunkt direkt auf eine externe Internetseite zeigen lassen. Genau eine solche Verknüpfung soll auf den Filmtoaster-Seiten im Menü *Kino, Film und Co* auftauchen.

Tipp Ein Menüeintrag ist nichts anderes als ein Link auf eine Internetseite. Dies kann eine von Joomla! bereitgestellte Unterseite oder aber, wie jetzt gerade im Beispiel, eine externe Internetseite sein. Umgekehrt können Sie mit der folgenden Methode auch einen Menüpunkt auf eine beliebige Unterseite Ihres eigenen Internetauftritts anlegen.

Warnung Bei Links beziehungsweise Menüpunkten auf externe Seiten ist jedoch Vorsicht geboten: In erster Linie dienen Menüs der Navigation im eigenen Internetauftritt. Aus diesem Grund sollten Menüeinträge, die auf externe Seiten verweisen, immer gesondert, am besten in einem eigenen Menü, erscheinen. Andernfalls läuft man Gefahr, den Besucher zu verwirren.

Erstellen Sie zunächst wie gewohnt einen neuen Menüeintrag. Auf den Filmtoaster-Seiten wechseln Sie dazu im Backend zum Punkt *Menüs* → *Filmtoaster-Menü* → *Neuer Menüeintrag*. Klicken Sie dann neben *Menüeintragstyp* auf *Auswählen*. Entscheiden Sie sich auf dem Slider *Systemlinks* für *Externe URL*.

Vergeben Sie jetzt einen *Menütitel*, im Beispiel etwa Partnerseite Filmmusik, und tragen Sie dann unter *Link* die Internetadresse zu dieser Seite ein. Für die Filmtoaster-Seiten könnten Sie beispielsweise *http://www.filmmusik.uni-kiel.de* verwenden. Klickt der Besucher später den Menüpunkt an, landet er automatisch auf den Seiten der *Kieler Gesellschaft für Filmmusikforschung*.

Die übrigen Einstellungen können Sie nun noch nach Lust und Laune beziehungsweise nach Ihren Anforderungen zurechtbiegen.

Warnung Standardmäßig öffnet Joomla! die externe Homepage im gleichen Browserfenster, sie verdrängt also Ihren eigenen Internetauftritt. Um das zu ändern, müssen Sie ein anderes *Zielfenster* auswählen. Ein neues Fenster könnte allerdings Ihre Besucher irritieren – meist sind sie überrascht, wenn nach einem Klick auf einen Menüpunkt plötzlich ein neues Fenster erscheint.

Jetzt müssen Sie nur noch Ihre Einstellungen *Speichern & Schließen*. Den Menüpunkt zur Kieler Gesellschaft für Filmmusikforschung finden Sie in der *Vorschau* im Menü *Kino, Film und Co*.

Menüeintrag-Alias

In der Praxis kommt es immer mal wieder vor, dass mehrere Menüeinträge auf ein und dieselbe Seite zeigen müssen. Ein Paradebeispiel dafür ist das Impressum: Zu ihm führt häufig ein Menüpunkt im Hauptmenü sowie ein Kollege in einem zweiten kleinen Menü ganz am unteren Seitenrand. Manche Internetauftritte bieten auch die Menüpunkte *Impressum* und *Kontakt* an, die beide zur selben Seite führen.

Wenn Sie den Schritten aus Abschnitt »Menüeinträge kopieren« auf Seite 441 gefolgt sind, ist dies auch auf den Filmtoaster-Seiten der Fall: Zum *Impressum* gelangen Sie zum einen über das Hauptmenü am oberen Rand und zum anderen über den Menüpunkt *Kontakt zum Seitenbetreiber* im Menü *Kino, Film und Co*.

Auf den ersten Blick scheint das kein großes Problem zu sein: Man legt einfach nacheinander mehrere Menüpunkte an und lässt sie jeweils auf den gleichen Beitrag beziehungsweise das gleiche Kontaktformular zeigen (siehe Abbildung 11-35). Dummerweise regeln in Joomla! die Menüpunkte, wie die darüber erreichbare Seite aussieht. Mit anderen Worten, jeder Menüpunkt führt zu einer eigenen Seite, auch wenn diese dann die gleichen Inhalte zeigen. Dreht man nun an den Einstellungen eines der beiden Menüpunkte, bleibt das Aussehen der anderen Seite unverändert.

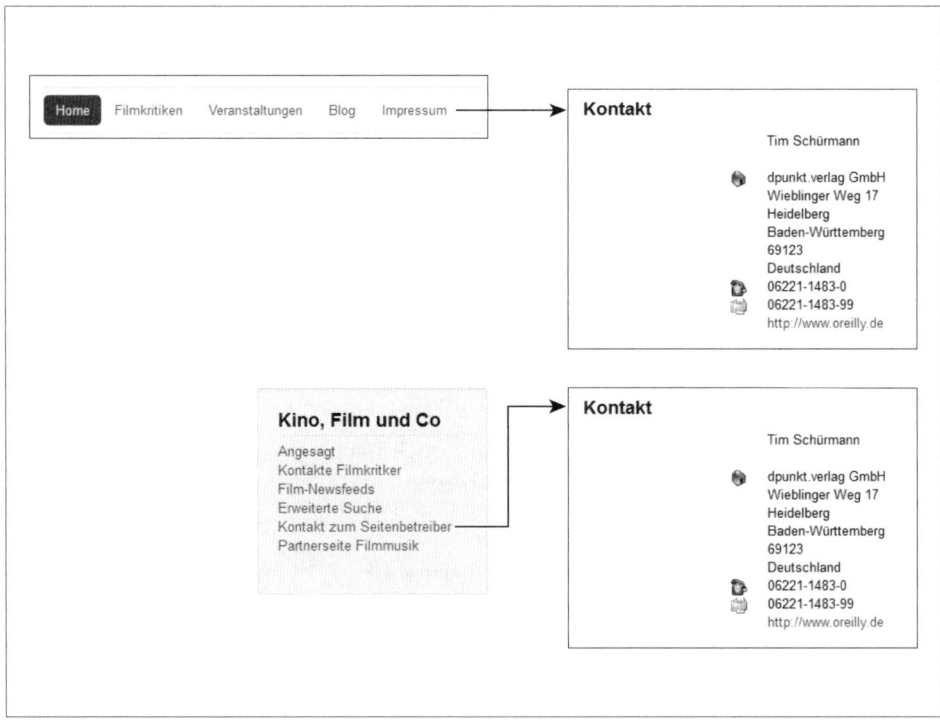

Abbildung 11-35: Jeder Menüpunkt führt zu einer eigenen Seite, auch wenn diese wie hier die gleichen Inhalte zeigen. Im Gegensatz dazu ...

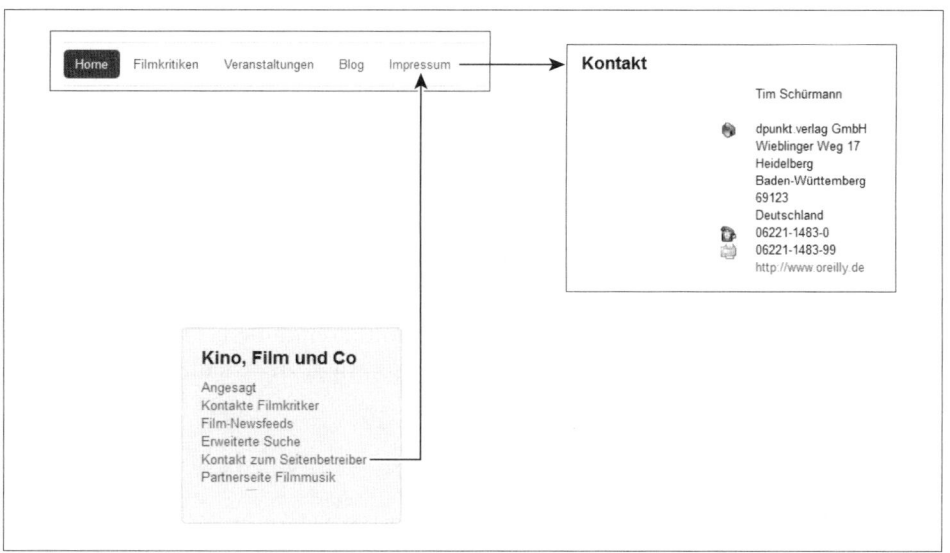

Abbildung 11-36: ... übernimmt der Menüeintrag-Alias alle Einstellungen eines anderen Menüpunkts.

Wenn Sie die Beispiele aus den vorherigen Abschnitten nachvollzogen haben, probieren Sie das einmal auf den Filmtoaster-Seiten aus: Wechseln Sie im Backend zum Menüpunkt *Menüs → Filmtoaster-Menü*, klicken Sie den Menüpunkt *Kontakt zum Seitenbetreiber* an und setzen Sie dann auf der Registerkarte *E-Mail-Optionen* den Punkt *Kontaktformular* auf *Verbergen*. Wenn Sie jetzt nach dem *Speichern & Schließen* in der *Vorschau* auf den Menüpunkt *Kontakt zum Seitenbetreiber* klicken, fehlt dort das Kontaktformular. Klicken Sie hingegen auf den Menüpunkt *Impressum* im Hauptmenü, ist das Kontaktformular noch da. Beide Webseiten zeigen jedoch den gleichen Kontakt an.

Glücklicherweise können Sie in Joomla! aber auch einen Menüpunkt auf einen anderen Kollegen zeigen lassen (wie in Abbildung 11-36). Einen solchen Menüpunkt, der auf einen anderen Menüpunkt verweist, bezeichnet Joomla! als *Menüeintrag-Alias*. Sie können sich ihn als normalen Menüpunkt vorstellen, der immer sämtliche Einstellungen eines anderen Menüpunkts übernimmt.

Um einen Menüeintrag-Alias anzulegen, erstellen Sie wie gewohnt einen neuen Menüpunkt, weisen ihm aus der Gruppe *Systemlinks* den Menüeintragstyp *Menüeintrag-Alias* zu und wählen dann im Register *Details* unter *Alias verlinken mit* den Menüpunkt aus, dessen Einstellungen der Menü-Alias übernehmen soll. Alle übrigen der angebotenen Einstellungen können Sie nach Belieben festlegen.

Auf den Filmtoaster-Seiten soll der Menüpunkt *Kontakt zum Seitenbetreiber* im Menü *Kino, Film und Co* auf seinen Kollegen *Impressum* zeigen. Dazu rufen Sie im Backend *Menüs → Filmtoaster-Menü* auf, klicken den Menüpunkt *Kontakt zum Seitenbetreiber* an, aktivieren auf der Registerkarte *Details* die Schaltfläche *Auswählen*, öffnen den Slider *Systemlinks* und wählen den *Menüeintrag-Alias*. Jetzt müssen Sie nur noch in der Ausklappliste *Alias verlinken mit* das *Main Menu* finden und dort den (eingerückten) Eintrag *Impressum* auswählen. Beachten Sie, dass Joomla! in der Liste die einzelnen Menüs mit ihren Alias-Namen aufführt. Wenden Sie Ihre Änderungen per *Speichern & Schließen* an.

Das war bereits alles: Ab sofort gelten für beide Menüpunkte immer die gleichen Einstellungen. Wenn Sie ein Template einsetzen, das den aktuell angeklickten Menüpunkt markiert, erscheinen sogar beide Menüpunkte hervorgehoben.

Trennzeichen

Menüs mit sehr vielen Menüpunkten können mit Trennlinien, Ornamenten oder kleinen Grafiken unterteilt und auf diese Weise etwas übersichtlicher oder hübscher gemacht werden.

 **Warnung**   Setzen Sie Trennstriche und Ornamente sparsam ein. Bei mehr als zwei davon sollten Sie die Gliederung Ihres Internetauftritts prüfen. Bei kleinen Menüs (wie denen auf der Filmtoaster-Seite) können zusätzliche Trennstriche sogar kontraproduktiv sein und das Menü komplexer erscheinen lassen, als es tatsächlich ist.

Bei den meisten Internetauftritten sind Trennstriche und Ornamente daher entbehrlich – das gilt auch für die beiden übersichtlichen Menüs auf den Filmtoaster-Seiten.

Möchten Sie dennoch eine Trennlinie einziehen, erstellen Sie wie gewohnt einen neuen Menüpunkt und verpassen ihm den Menüeintragstyp *Trennzeichen* (zu finden auf dem Slider *Systemlinks*). Ein solcher Menüpunkt lässt sich später nicht anklicken, er zeigt lediglich den Menütitel oder ein kleines Bild an – und genau damit lassen sich schnell Trennlinien erzeugen.

Zunächst könnte man auf die Idee kommen, wie in Abbildung 11-37 im Feld *Menütitel* eine Trennlinie mit Textzeichen nachzubauen. Wie Ihnen Abbildung 11-38 zeigt, wirkt eine solche »Linie« etwas kitschig und auch unprofessionell.

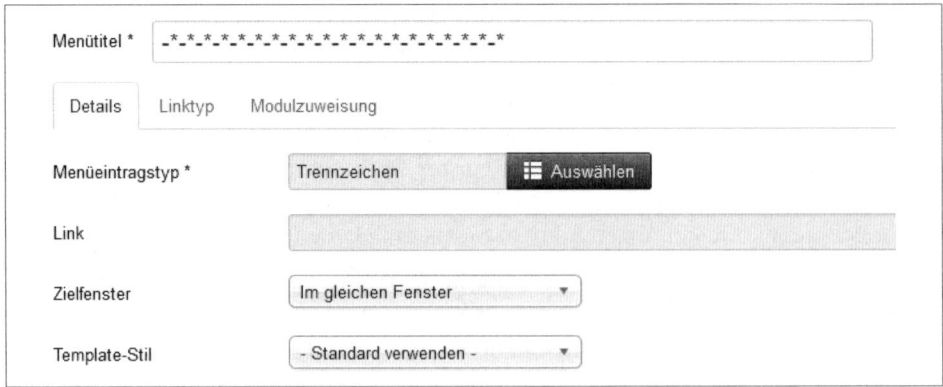

Abbildung 11-37:   Diese Einstellungen ...

Abbildung 11-38: ... führen zu solch einem Trennstreifen.

Glücklicherweise können Sie dem Menüpunkt auf der Registerkarte *Linktyp* auch ein beliebiges Bild verpassen (via *Auswählen* neben *Bild zum Link*). Dieses Bild kann dann eine Linie, ein Ornament oder ein schmückendes Foto zeigen. Sie sollten lediglich darauf achten, dass das Bild zum Template passt.

Allerdings hat die Sache noch einen kleinen Haken: Joomla! verlangt, dass jeder Menüpunkt auch zwingend einen Menütitel besitzt. Sie kommen also nicht darum herum, einen (Nonsens-)*Menütitel* zu vergeben. Diesen müssen Sie dann direkt wieder ausblenden, indem Sie im Register *Linktyp* den Punkt *Menütitel hinzufügen* auf *Nein* setzen. Damit zeigt der Menüpunkt dann nur noch das Bild und somit die Trennlinie (oder das Ornament) an.

Menü-Überschrift

Neben Trennlinien können Sie auch Zwischenüberschriften in Menüs einfügen. Abbildung 11-39 zeigt dafür ein Beispiel.

Abbildung 11-39: Beispiel für eine Zwischenüberschrift.

Eine solche Zwischenüberschrift besteht in Joomla! einfach aus einem Menüpunkt vom Menüeintragstyp *Menü-Überschrift*. Ein solcher Menüpunkt lässt sich zum einen später nicht anklicken, zum anderen wird seine Beschriftung vom Template besonders hervorgehoben beziehungsweise dargestellt – das Template in Abbildung 11-39 zentriert den Text beispielsweise.

☞ **Warnung** Setzen Sie Zwischenüberschriften sparsam ein. Bei mehr als drei von ihnen sollten Sie die Gliederung Ihres Internetauftritts prüfen. Darüber hinaus sollten Sie erwägen, das Menü in mehrere einzelne Menüs zu zerlegen. Das hat zudem den Vorteil, dass Sie die verschiedenen Menüs jeweils nur bei Bedarf einblenden können.

Die Menüs auf den Filmtoaster-Seiten sind beide schlank und übersichtlich, Sie können folglich dort auf Zwischenüberschriften verzichten.

Um eine solche Zwischenüberschrift zu erzeugen, erstellen Sie wieder einen neuen Menüpunkt. Klicken Sie dann im entsprechenden Formular neben *Menüeintragstyp* auf *Auswählen* und entscheiden Sie sich auf dem Slider *Systemlinks* für die *Menü-Überschrift*. Jetzt müssen Sie nur noch im Feld *Menütitel* den Text eintippen, der später als Zwischenüberschrift erscheinen soll, dann den neuen Menüpunkt per *Speichern* anlegen, ihn über die Ausklappliste *Reihenfolge* an seine endgültige Position setzen und ihn *Speichern & Schließen* lassen.

Iframe-Wrapper

Ein Menüpunkt vom Typ *Iframe-Wrapper* bindet eine fremde, externe Webseite in den eigenen Internetauftritt ein (wie in Abbildung 11-40).

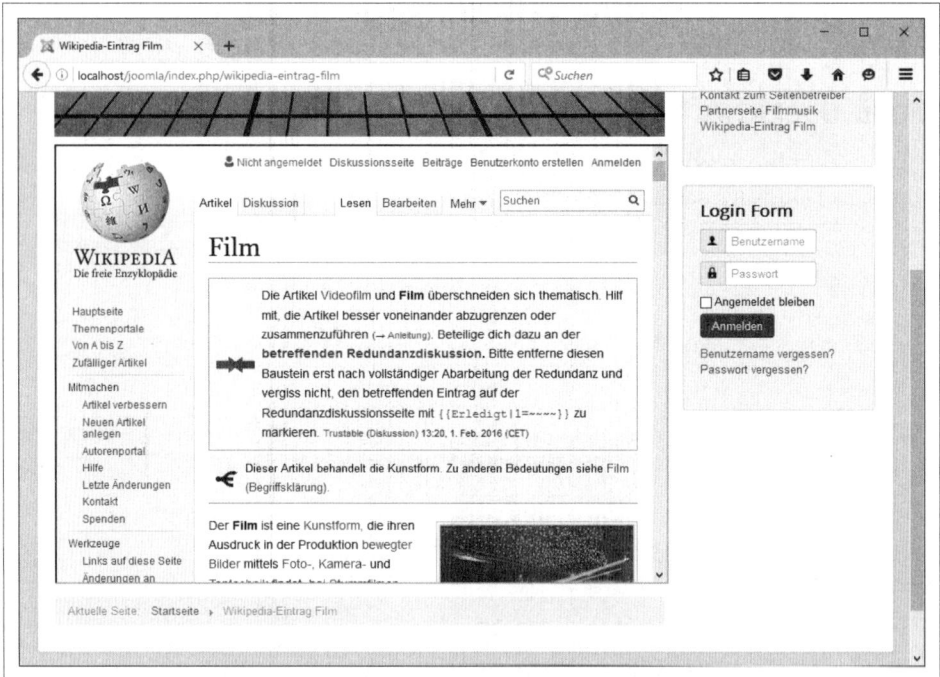

Abbildung 11-40: Hier wurde die Wikipedia-Seite zum Begriff Film über einen Menüpunkt vom Typ Iframe-Wrapper eingebunden.

Von dieser Methode sollten Sie aus gleich mehreren Gründen Abstand nehmen:

- Sie integrieren eine fremde Seite in den eigenen Internetauftritt. Dies wirkt auf Besucher irritierend – erst recht, wenn die integrierte Seite ein anderes Layout aufweist.
- Sie machen sich den Inhalt der fremden Seite zwar zu eigen, haben aber keine Kontrolle darüber. Das ist insbesondere dann brenzlig, wenn die integrierte Seite (plötzlich) gegen geltendes Recht verstößt. In diesem Fall könnte man Sie ebenfalls haftbar machen.
- Sie verletzen unter Umständen das Urheberrecht. Sie sollten daher vor einer Übernahme der Seite den anderen Seitenbetreiber um Erlaubnis fragen.

Binden Sie daher dann eine externe Seite in den eigenen Auftritt ein, wenn Sie wirklich gute Gründe dafür haben.

Ist dies der Fall, erstellen Sie wie gewohnt einen neuen Menüpunkt, dem Sie den Menüeintragstyp *Iframe-Wrapper* verpassen (zu finden auf dem Slider *Wrapper*). Unter *Webadresse* tippen Sie dann die Internetadresse der Seite ein, die Joomla! einbinden soll. Wie und in welcher Weise sich diese externe Webseite auf der Ihren breitmachen darf, regeln die folgenden Einstellungen auf der Registerkarte *Bildlaufleistenparameter*:

Bildlaufleiste
Hiermit legen Sie fest, ob die Bildlaufleisten immer (*Ja*), nie (*Nein*) oder nur dann angezeigt werden sollen, wenn die eingebundene Seite zu groß ist (*Automatisch*).

Breite
So viel Platz darf die eingebundene Internetseite in der Breite einnehmen. Sie können ihn entweder in Prozent des zur Verfügung stehenden Platzes angeben (dann hängen Sie der eingetippten Zahl ein Prozentzeichen an) oder aber exakt in Bildpunkten (Pixeln).

Höhe
So viel Platz darf die eingebundene Seite in der Höhe einnehmen. Die Angabe hier muss in Bildpunkten (Pixeln) erfolgen.

Drei ergänzende Einstellungen hält schließlich noch das Register *Erweitert* parat:

Automatische Höhe
Sofern die eingebundene Seite zum eigenen Internetauftritt gehört, kann Joomla! die Höhe auch selbst ermitteln. Wenn Sie das erlauben wollen, setzen Sie hier ein *Ja*.

Automatisch hinzufügen
Die unter *Webadresse* eingetippte Internetadresse muss normalerweise immer mit einem *http://* oder *https://* beginnen. Wenn Sie hier ein *Ja* setzen, dürfen Sie dies auch »vergessen«. Joomla! ergänzt dann automatisch das Präfix *http://*.

Frame-Rand
Wenn Sie hier *Ja* aktivieren, zeichnet Joomla! um die eingebundene Webseite einen Rahmen. In Abbildung 11-40 ist dieser schwarz und grau. Wenn Sie

möchten, dass die eingebundene Seite so aussieht, als wäre sie Teil Ihres eigenen Internetauftritts, setzen Sie ein *Nein*.

Alle übrigen Einstellungen kennen Sie bereits aus den vorherigen Abschnitten.

Startseite festlegen

Wenn ein Besucher Ihren Internetauftritt ansteuert, landet er zunächst auf der Startseite. Sofern Sie der Schnellinstallationsanleitung aus Kapitel 2, *Installation*, Seite 15, gefolgt sind, zeigt die Startseite im Moment noch den Beitrag *Creating Your Site* aus Abbildung 11-41 – was in den wenigsten Fällen erwünscht sein dürfte. Für gewöhnlich gibt die Startseite einen schnellen und kurzen Überblick über die (besonders interessanten) Inhalte der Website. Auf den Filmtoaster-Seiten könnte sie beispielsweise ein paar derzeit angesagte Filmkritiken, Veranstaltungshinweise und Blogbeiträge präsentieren. Vereine und Unternehmen wiederum könnten auf ihrer Startseite kurz den Verein beziehungsweise die Firma vorstellen.

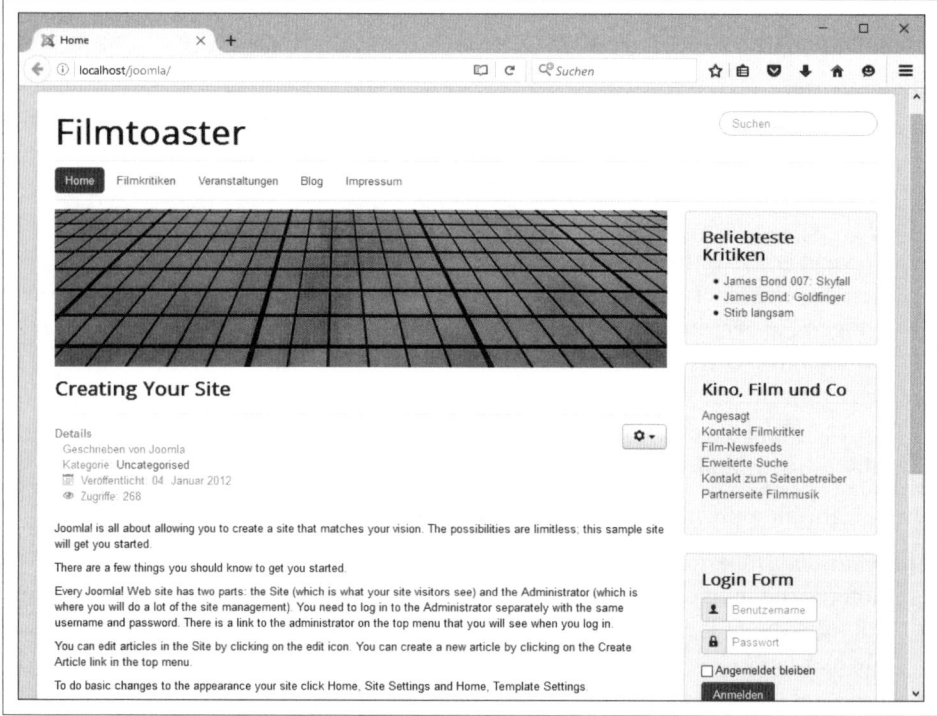

Abbildung 11-41: Die Seite hinter dem Menüpunkt Home bildet hier gleichzeitig die Startseite.

Startseite im Backend wechseln

Um die Startseite zu verändern, müssen Sie zunächst ins Backend wechseln. Wenn Sie dort das Menü *Menüs* aufklappen, finden Sie darin einen Menüpunkt mit einem Haussymbol. Klicken Sie ihn an, landen Sie in einer Tabelle mit Menüpunkten. Irgendwo in der Spalte *Startseite* gibt es ein gelbes Sternchen (siehe Abbildung 11-42).

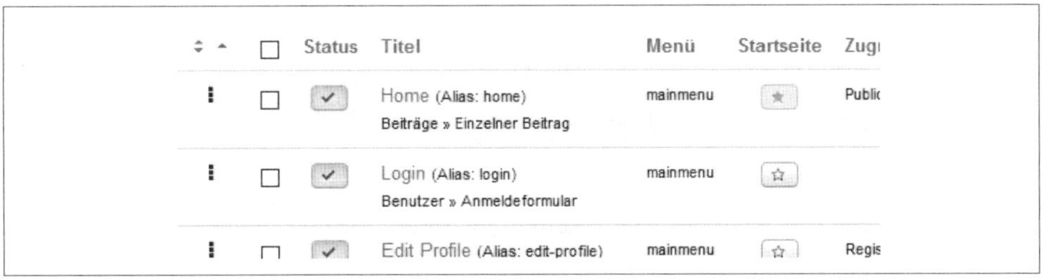

		Status	Titel	Menü	Startseite	Zugr
⋮	☐	✓	Home (Alias: home) Beiträge » Einzelner Beitrag	mainmenu	★	Public
⋮	☐	✓	Login (Alias: login) Benutzer » Anmeldeformular	mainmenu	☆	
⋮	☐	✓	Edit Profile (Alias: edit-profile)	mainmenu	☆	Regis

Abbildung 11-42: Das gelbe Sternchen markiert hier die Startseite.

Der so markierte Menüpunkt führt zur Startseite Ihres Internetauftritts. Sofern Sie der Schnellinstallationsanleitung aus Kapitel 2, *Installation*, Seite 15, gefolgt sind, ist das der Menüpunkt *Home*. Wenn Sie die Einstellungen dieses Menüpunkts verändern, ändert sich folglich auch das Aussehen Ihrer Startseite. (Denken Sie daran: In Joomla! bestimmt der Menüpunkt, was auf der über ihn erreichbaren Seite zu sehen ist.)

Das Sternchen können Sie auch irgendeinem anderen Menüpunkt aus einem beliebigen Menü zuweisen. Die über ihn erreichbare Seite bildet dann ab sofort die Startseite Ihres Internetauftritts. Dieser Menüpunkt muss allerdings in einem sichtbaren Menü liegen, und die über ihn erreichbare Seite darf nicht versteckt sein.

Probieren Sie das einmal auf den Filmtoaster-Seiten aus: Rufen Sie *Menüs → Main Menu* auf. Klicken Sie dann in der Zeile *Blog* (oder bei einem anderen sichtbaren Menüpunkt) auf das Sternchensymbol in der Spalte *Startseite*. Wenn Sie jetzt die *Vorschau* aufrufen, erscheint hier ab sofort das Blog als Startseite. Sie können weiterhin zum Menüpunkt *Home* wechseln, der nach wie vor den Beitrag *Creating Your Site* anzeigt. Wenn Sie aber via *http://localhost/joomla* die Startseite Ihres Auftritts aufrufen, landen Sie als Erstes immer beim Blog. Stellen Sie wieder den Ursprungszustand her, indem Sie im Backend neben *Home* in der Spalte *Startseite* auf das Sternchensymbol klicken.

Dieses Konzept ist zugegebenermaßen etwas gewöhnungsbedürftig: Joomla! kennt keine spezielle Startseite. Steuert ein Besucher Ihren Internetauftritt an, ruft Joomla! stattdessen einfach automatisch den mit dem gelben Sternchen markierten Menüpunkt auf. Das Konzept hat aber zumindest den positiven Nebeneffekt, dass immer ein Menüpunkt existiert, über den Besucher schnell wieder zur Startseite springen können.

Inhalte für die Startseite vorbereiten

Wenn Sie eine neue Startseite erstellen möchten, überlegen Sie sich zunächst, was zukünftig darauf zu sehen sein soll, und legen dann die entsprechenden Inhalte an.

Möchten Sie etwa sich selbst oder Ihren Verein auf der Startseite vorstellen, erzeugen Sie einen passenden Beitrag (siehe Abschnitt »Einen neuen Beitrag erstellen« auf Seite 136). Soll die Startseite einfach nur ein Kontaktformular bereithalten, legen Sie einen entsprechenden Kontakt an (wie im Abschnitt »Kontakte und Kontaktformulare« ab Seite 284). Möchten Sie mit Joomla! ein Blog führen, brauchen Sie hingegen eine Kategorie mit sämtlichen Blogbeiträgen.

Auf den Filmtoaster-Seiten soll die Startseite angesagte Filmkritiken, Veranstaltungen und Blogbeiträge anzeigen, also ausgewählte Beiträge aus verschiedenen Kategorien. Für genau solch einen Zweck gibt es die Haupteinträge: Man erhebt einfach alle Beiträge, die auf der Startseite erscheinen sollen, zu Haupteinträgen. Sofern Sie die Schritte aus Abschnitt »Haupteinträge kennzeichnen« (auf Seite 207) nachvollzogen haben, ist das bereits der Fall. Andernfalls wechseln Sie in die Beitragsverwaltung hinter *Inhalt* → *Beiträge* und klicken in der Spalte *Status* bei ein paar Beiträgen auf das Sternchen. Küren Sie auf diese Weise aber nicht zu viele Beiträge zu Haupteinträgen – schließlich soll die Startseite übersichtlich bleiben. Ideal ist ein besonders angesagter Beitrag aus jeder Kategorie.

Menüpunkt für die Startseite einrichten

Als Nächstes müssen Sie sicherstellen, dass ein Menüpunkt zu diesen Inhalten führt. Dazu können Sie entweder einen neuen Menüpunkt erstellen oder aber einfach den vorhandenen Menüpunkt zur Startseite umbiegen – im Beispiel wäre das der Menüpunkt *Home*. Wichtig ist nur, dass der Menüpunkt auf *allen* Seiten sichtbar ist. Den aktuell auf die Startseite zeigenden Menüpunkt finden Sie, indem Sie im Backend das Menü *Menüs* aufklappen. Dort markiert das Haussymbol genau das Menü, in dem der Menüpunkt zur Startseite enthalten ist. Auf den Filmtoaster-Seiten rufen Sie *Menüs* → *Main Menu* auf. Klicken Sie dort den Menüpunkt mit dem gelben Sternchen an, im Beispiel also *Home*.

Egal ob Sie einen neuen Menüpunkt erstellen oder den vorhandenen abändern, Sie landen in jedem Fall im bekannten Formular aus Abbildung 11-43 mit den Einstellungen für einen Menüeintrag. Geben Sie dem Menüpunkt zunächst einen passenden *Menütitel*. Wählen Sie dazu einen aussagekräftigen Begriff wie *Home*, *Start* oder *Startseite* – diese Begriffe kennen die Besucher auch von den meisten anderen Internetseiten. Auf den Filmtoaster-Seiten können Sie daher den Menütitel *Home* belassen.

Stellen Sie anschließend sicher, dass *Standardseite* auf *Ja* steht. Klicken Sie dann neben *Menüeintragstyp* auf *Auswählen*. Legen Sie in dem neuen Fenster fest, was die Startseite zukünftig anzeigen soll. Wenn Sie beispielsweise nur einen Beitrag anzeigen möchten, wählen Sie auf dem Slider *Beiträge* den Punkt *Einzelner Beitrag*, bei einem Blog wäre auf dem Slider *Beiträge* der Punkt *Kategorieblog* der richtige, und wenn Sie nur ein Kontaktformular präsentieren möchten, entscheiden Sie sich auf dem Slider *Kontakte* für *Einzelner Kontakt*. Grundsätzlich haben Sie hier die freie Wahl unter allen Menüeintragstypen, Sie können als Startseite sogar einen Newsfeed oder ein Suchformular anzeigen lassen. Auf den Filmtoaster-Seiten soll die Startseite alle Haupteinträge präsentieren. Klappen Sie dazu den Slider *Beiträge* auf und wählen Sie *Haupteinträge*.

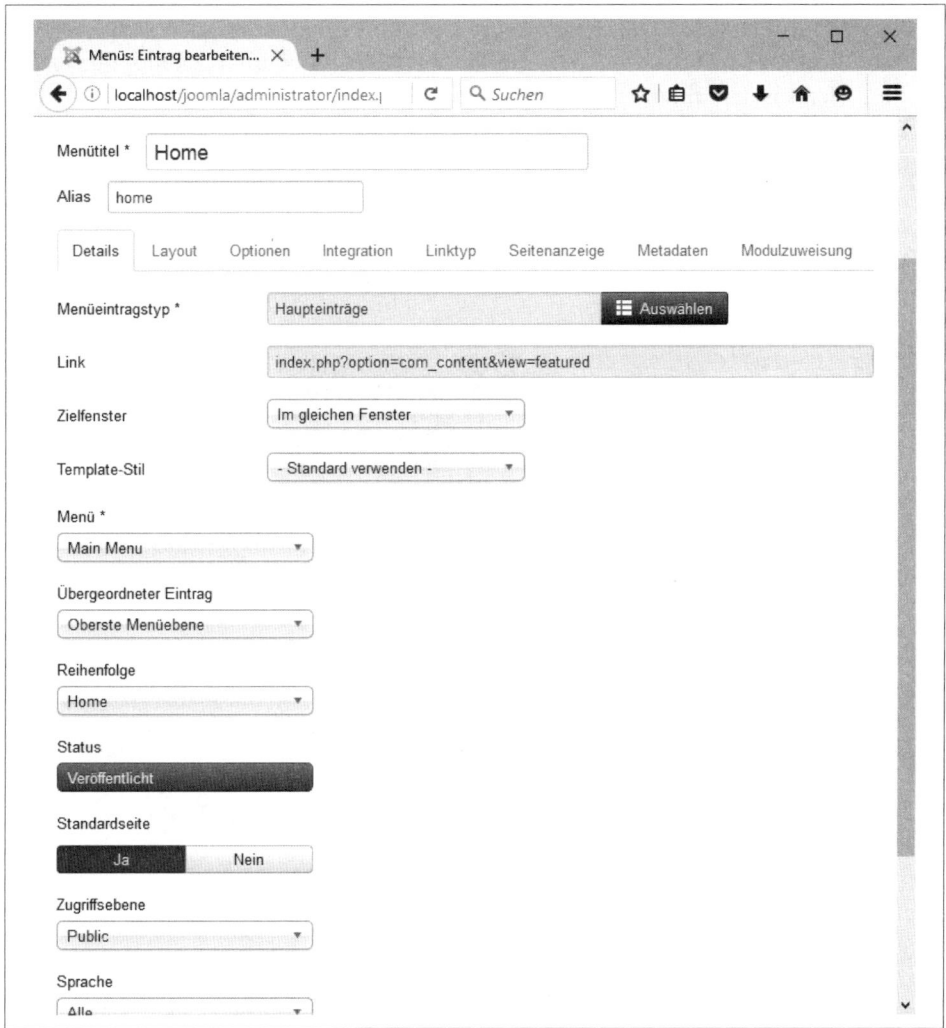

Abbildung 11-43: Diese Einstellungen biegen den Menüpunkt Home auf eine Seite mit allen Haupteinträgen um. (Hier sind die Einstellungen der Übersichtlichkeit halber übereinander dargestellt.)

Wie es jetzt weitergeht, hängt vom gewählten Menüeintragstyp ab. Bei einem einzelnen Beitrag müssen Sie noch den passenden auswählen, im Fall eines Blogs die entsprechende Kategorie. Die notwendigen Einstellungen haben die vorherigen Abschnitte und Kapitel vorgestellt (weitere Informationen finden Sie im Abschnitt »Schritt 6: Typabhängige Einstellungen vornehmen« auf Seite 456). Für die Filmtoaster-Seiten müssen Sie nichts weiter einstellen. Das Formular sollte damit wie das in Abbildung 11-43 aussehen.

Nach dem *Speichern & Schließen* zeigt Ihr Internetauftritt in der *Vorschau* schließlich die neue Startseite. Auf den Filmtoaster-Seiten sollte sie so ähnlich wie die in Abbildung 11-44 aussehen. Wenn Sie die Schritte aus Abschnitt »Haupteinträge kennzeichnen« auf Seite 207 mitgemacht haben, existiert noch ein Menüpunkt *Angesagt*, der ebenfalls zu den Haupteinträgen führt. Er wäre folglich jetzt überflüssig und könnte verschwinden. Ob Sie ihn behalten oder im Backend *Verstecken* wollen, bleibt Ihnen überlassen – das Menü würde damit allerdings übersichtlicher.

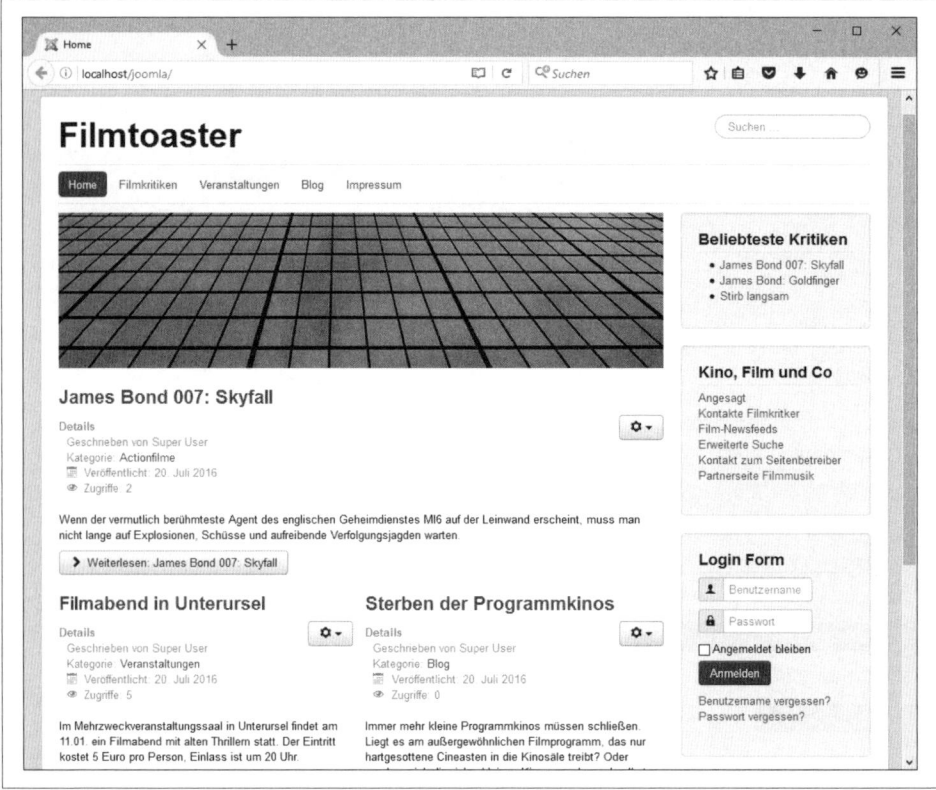

Abbildung 11-44: Diese neue Startseite auf den Filmtoaster-Seiten.

Hilfe, mein Menüeintrag ist verschwunden!

Wenn Sie einen Menüpunkt auf Ihren Internetseiten vermissen, rufen Sie zunächst im Backend *Menüs → Alle Menüeinträge* auf. Suchen Sie in der Tabelle den vermissten Menüpunkt. Nutzen Sie dazu auch die *Suchwerkzeuge*. Wenn Sie den Menüpunkt gefunden haben, öffnen Sie seine Einstellungen und kontrollieren folgende Punkte:

- Prüfen Sie, ob der Menüeintrag überhaupt veröffentlicht ist. Dazu muss im Register *Details* der Punkt *Status* auf *Veröffentlicht* stehen.

- Kontrollieren Sie, ob der Menüpunkt im korrekten *Menü* sitzt. Stellen Sie gegebenenfalls in der entsprechenden Ausklappliste seine richtige Heimat ein.
- Ist der Menüpunkt unter *Übergeordneter Eintrag* dem korrekten Menüpunkt untergeordnet? Stellen Sie im Zweifel *Übergeordneter Eintrag* auf *Oberste Menüebene*.
- Kontrollieren Sie anschließend auf der Registerkarte *Linktyp*, ob *Im Menü anzeigen* auf *Ja* steht. Des Weiteren muss entweder *Menütitel hinzufügen* auf *Ja* stehen oder aber dem Menüpunkt ein Bild zugewiesen sein (unter *Bild zum Link*).

Sind alle diese Einstellungen korrekt, wechseln Sie in die Modulverwaltung hinter *Erweiterungen* → *Module*. Klicken Sie dort das Modul an, in dem der Menüpunkt zu sehen sein müsste. In den jetzt angezeigten Einstellungen des Moduls geht die Prüfung wie folgt weiter:

- Kontrollieren Sie die Einstellungen *Erste Ebene*, *Letzte Ebene* und *Untermenüeinträge anzeigen*. Im Zweifelsfall setzen Sie *Erste Ebene* auf *1*, *Letzte Ebene* auf *Alle* und *Untermenüeinträge anzeigen* auf *Ja*.
- Überlegen Sie, ob das Template in die Darstellung eingreift. Versteckt es beispielsweise Unterpunkte eigenmächtig? Schalten Sie probeweise auf ein anderes Template um (wie in Kapitel 15, *Templates verwalten*, Seite 633, beschrieben) oder verschieben Sie das Modul an eine andere *Position* auf der Webseite.

Taucht der Menüeintrag immer noch nicht auf, bekommen ihn sehr wahrscheinlich nur ganz bestimmte Benutzergruppen zu sehen. Informationen zur Benutzerverwaltung erhalten Sie in Kapitel 12, *Benutzerverwaltung und -kommunikation*, Seite 485. Im Zweifelsfall können Sie in den Einstellungen des Menüpunkts auf der Registerkarte *Details* die *Zugriffsebene* auf *Public* setzen. Damit bekommen das Modul aber alle Besucher zu sehen.

Tipp Vergessen Sie nicht, Ihre geänderten Einstellungen jeweils zu *Speichern*.

KAPITEL 12
Benutzerverwaltung und -kommunikation

In diesem Kapitel:
- Seiten für Benutzer im Frontend
- Ein exklusives Menü für Benutzer
- Benutzergruppen
- Den Benutzer verwalten
- Zugriffsebenen – Was bekommt ein Benutzer zu sehen?
- Berechtigungen – Welche Aktionen darf ein Benutzer ausführen?
- An- und Abmeldung
- Registrierung
- Benutzerprofil
- Beiträge einreichen und freischalten
- Benutzerhinweise
- Das interne Nachrichtensystem

Gute Filmkritiken zu verfassen, kostet recht viel Zeit. Da kommt es gerade recht, wenn andere Cineasten ihre Unterstützung anbieten. Um den neuen Autoren das Schreiben von Beiträgen zu gestatten, muss man ihnen Zugriff auf die entsprechenden Funktionen des Joomla!-Systems gewähren. Hierfür ist die Benutzerverwaltung zuständig. Mit ihr können Sie zudem Teile Ihres Internetauftritts nur ausgewählten Besuchern zugänglich machen. Ein Verein könnte so beispielsweise einen exklusiven Bereich für seine Mitglieder schaffen.

Tipp   Überlegen Sie sich, ob Sie überhaupt eine Benutzerverwaltung benötigen. Dies ist immer dann der Fall, wenn Sie bestimmte Seiten nur einem kleinen Besucherkreis zugänglich machen wollen oder wenn noch weitere Personen neue Beiträge schreiben müssen.

In allen anderen Fällen ignorieren Sie einfach die Benutzerverwaltung (und somit dieses Kapitel). Sie müssen sich dann nicht bei jeder Seite und jeder Funktion überlegen, wer sie nutzen darf. Ohne Benutzerverwaltung ist Ihr Internetauftritt folglich wesentlich einfacher zu verwalten und zu warten.

Um die Arbeitsweisen der Benutzerverwaltung besser verstehen zu können, steht zunächst noch einmal ein kleiner Ausflug in die exklusiven VIP-Bereiche des Frontends auf dem Programm.

Warnung   Mit der Benutzerverwaltung können Sie flexibel bis ins kleinste Detail festlegen, wer welche Inhalte sehen und verändern darf. Damit ist die Benutzerverwaltung allerdings auch recht komplex. Die Entwickler haben zudem einige der Einstellungen unnötig kompliziert gestaltet und teilweise auch noch recht gut versteckt. Es gilt daher, besonders wachsam zu sein, um am Ende nicht versehentlich einem Benutzer mehr zu erlauben, als er eigentlich darf.

Seiten für Benutzer im Frontend

Damit Joomla! unterscheiden kann, wer welche Funktionen aufrufen und nutzen darf, erhält jede privilegierte Person ein eigenes Benutzerkonto. Es besteht aus einem geheimen Passwort und einem eindeutigen Benutzernamen. Mit diesen beiden Daten meldet sich der Besucher dann bei Joomla! an und erhält umgehend Zutritt zu den exklusiven Bereichen der Website. Einen derart privilegierten Besucher bezeichnet Joomla! als *Benutzer* (englisch *User*).

Wenn Sie der Schnellinstallationsanleitung aus Kapitel 2, *Installation*, Seite 15, gefolgt sind, erfolgt die Anmeldung auf der Startseite im *Login Form*. Als allmächtiger Seitenbetreiber besitzen Sie selbst bereits ein eigenes Benutzerkonto. Tragen Sie jetzt einmal dessen Daten (mit denen Sie das Backend sonst auch immer betreten) in das *Login Form* ein und klicken Sie auf *Anmelden*.

Es erscheinen nun bislang unsichtbare Menüpunkte (siehe Abbildung 12-1). Sie sind die ganze Zeit schon vorhanden gewesen, zeigen sich aber nur angemeldeten Benutzern. Neben Menüpunkten dürfen Sie Module (und somit auch komplette Menüs), einzelne Beiträge, Kontaktformulare und andere Inhalte nur ganz bestimmten Benutzern zugänglich machen. Sie als allmächtiger Super User sehen übrigens standardmäßig immer sämtliche Inhalte und haben Zutritt zu allen Bereichen. Die drei neuen Menüpunkte aus Abbildung 12-1 hat der Ersteller der Beispiel-Homepage angelegt. Aus diesem Grund tragen sie auch eine englische Beschriftung.

Abbildung 12-1: Die Menüpunkte Edit Profile, Create an Article und Administrator sind nur für angemeldete Benutzer sichtbar.

Joomla! merkt sich neben dem Benutzernamen und dem Passwort noch ein paar weitere Informationen über den Benutzer. Dazu gehören sein richtiger Name, seine E-Mail-Adresse, die Sprache, die er spricht, und wann er sich zum letzten Mal bei Joomla! angemeldet hat. Alle diese Informationen zusammen bilden eine Art Steckbrief, den Joomla! als *Profil* bezeichnet.

Unter dem Menüpunkt *Edit Profile* darf der Benutzer die Informationen auf seinem Steckbrief – Pardon – seinem Profil selbst anpassen (wie in Abbildung Abbildung 12-2). Dort kann er unter anderem seine E-Mail-Adresse und sein Passwort ändern – und muss folglich nicht Sie darum bitten.

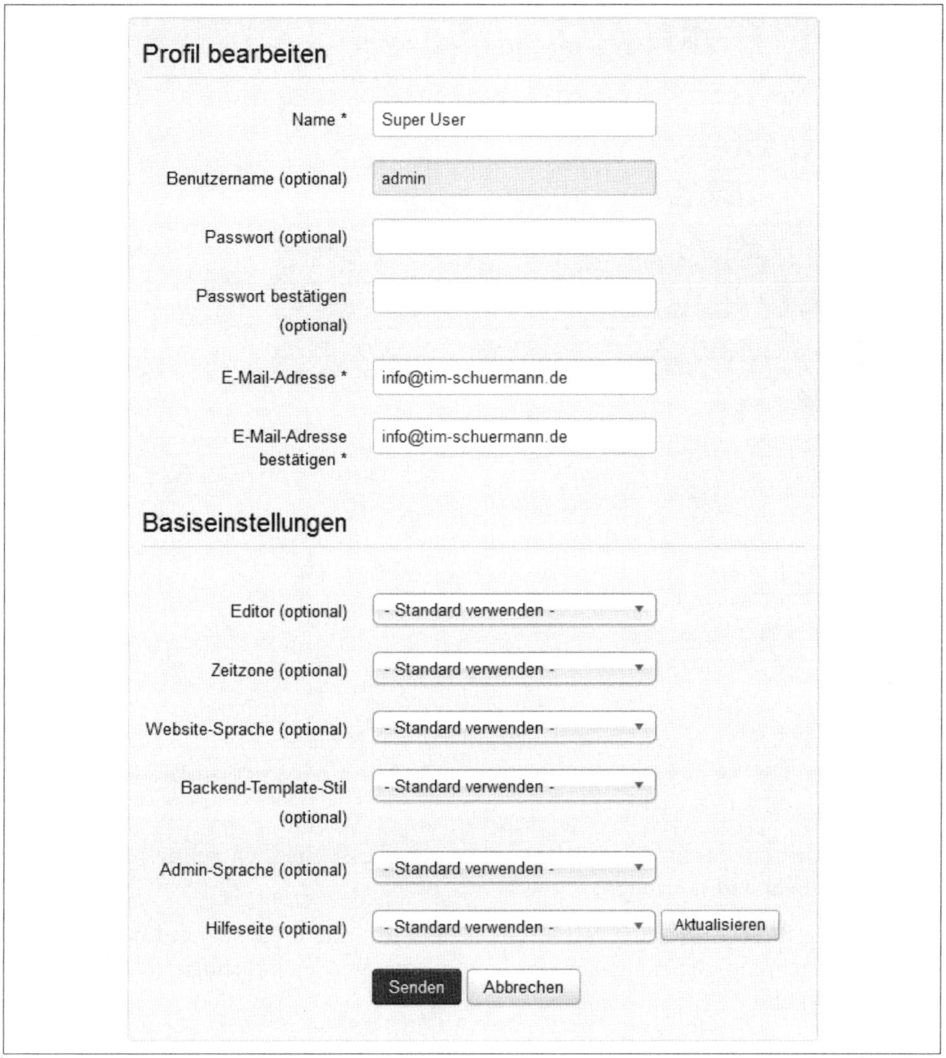

Abbildung 12-2: Die Profil-Einstellungen des Benutzers Super User.

Wenn Sie dem Menüpunkt *Create an Article* folgen, landen Sie im Formular aus Abbildung 12-3, über das der Benutzer einen Beitrag schreiben und einreichen kann. Dank dieses Formulars muss man Autoren nicht unbedingt Zutritt zum Backend und somit zu den heiligen Hallen von Joomla! gewähren.

Warnung Dieses Formular können Sie durchaus auch einfach allen Besuchern Ihrer Seite zugänglich machen. Sie laufen dann allerdings Gefahr, dass witzige Gesellen ihren Werbemüll in den Formularen abladen. Das passiert sogar automatisiert durch Programme, sodass Sie schneller in Reklametexten ertrinken, als Sie bis drei zählen können. Joomla! bietet diese Seiten folglich aus gutem Grund standardmäßig nur angemeldeten Benutzern an (und, wie Sie gleich sehen werden, sogar nur einem ganz erlesenen Kreis).

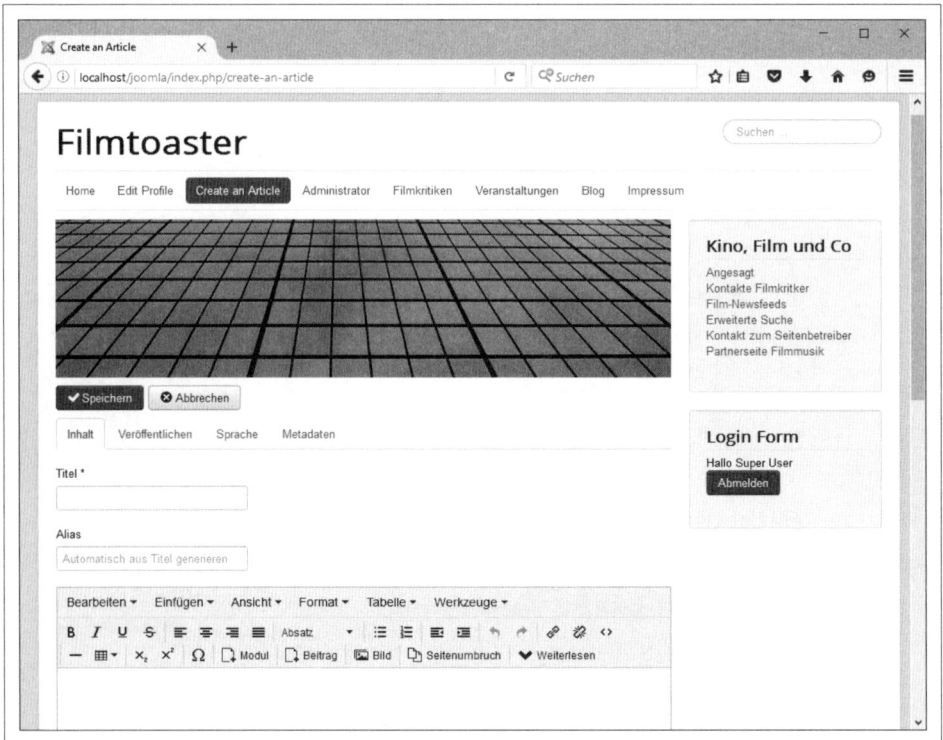

Abbildung 12-3: Über dieses Formular dürfen angemeldete Benutzer eigene Beiträge schreiben und einreichen. (Hier ist nur der obere Teil abgebildet.)

Über den dritten Punkt *Administrator* können Sie schließlich schnell zur Anmeldeseite des Backends springen.

Beenden Sie Ihren Rundgang durch das Frontend, indem Sie sich auf der Startseite über die gleichnamige Schaltfläche im *Login Form* wieder *Abmelden*. Weiter geht es jetzt im Backend.

Ein exklusives Menü für Benutzer

Nachdem sich ein Benutzer bei Joomla! angemeldet hat, kann er über die im vorherigen Abschnitt vorgestellten Menüpunkte unter anderem sein Profil einsehen oder einen Beitrag einreichen. Diese Menüpunkte erscheinen derzeit noch im waagerechten Hauptmenü. Damit das Hauptmenü übersichtlich bleibt, sammelt man in der Regel alle für angemeldete Benutzer gedachten Menüpunkte in einem eigenen Menü. Das machen übrigens auch viele große Internetseiten, wie etwa Amazon (dort gibt es das Menü *Mein Konto*) oder eBay (*Mein eBay*).

Daher sollen auch auf den Filmtoaster-Seiten die speziellen Menüpunkte in einem eigenen Menü landen. Rufen Sie deshalb im Backend *Menüs* → *Verwalten* → *Neues Menü* auf, geben Sie als *Titel* Benutzermenü und als *Menütyp* benutzermenue ein. Lassen Sie das Menü *Speichern & Schließen*, klicken Sie in der Tabelle auf *Ein Modul für dieses Menü hinzufügen*, vergeben Sie in Anlehnung an die Menüs von Amazon und eBay den Titel `Mein Filmtoaster`, wählen Sie als *Position* den Punkt *Rechts [position-7]* und lassen Sie das Modul *Speichern & Schließen*. Das neue Menü wird damit gleich am rechten Rand Ihrer Website erscheinen und in den folgenden Abschnitten nach und nach mit nützlichen Menüpunkten bestückt.

Auf Ihren eigenen Internetseiten müssen Sie selbst entscheiden, ob Sie die Menüpunkte für angemeldete Benutzer in einem eigenen Menü sammeln möchten. Sofern sich die Benutzer lediglich anmelden und einige exklusive Beiträge lesen können, passen die dazu notwendigen Menüpunkte auch noch ins Hauptmenü. Als Faustregel gilt: Gibt es mehr als drei Menüpunkte, die sich ausschließlich an angemeldete Benutzer richten, sollten Sie diese Menüpunkte in einem eigenen Menü zusammenfassen.

Benutzergruppen

Mehrere Benutzer kann Joomla! in einer Benutzergruppe zusammenfassen. Auf den Filmtoaster-Seiten könnte man beispielsweise alle Filmkritiker in eine Gruppe namens *Kritiker* stecken. Auf diese Weise behält man zum einen den Überblick, und zum anderen muss man später nicht mühsam jedem Benutzer einzeln passende Rechte einräumen.

Sämtliche Benutzergruppen verwalten Sie im Backend hinter *Benutzer → Gruppen*. Wie Abbildung 12-4 zeigt, liefert Joomla! von Haus aus schon ein paar Gruppen mit.

Gruppentitel	✓ Aktivierte Benutzer	✕ Deaktivierte Benutzer	ID
Public	0	0	1
– Guest	0	0	9
– Manager	0	0	6
– Administrator	0	0	7
– Registered	0	0	2
– Author	0	0	3
– Editor	0	0	4
– Publisher	0	0	5
– Super Users	1	0	8

Abbildung 12-4: Die mitgelieferten Benutzergruppen.

Die Spalte *Aktivierte Benutzer* verrät Ihnen, wie viele Benutzer sich aus der jeweiligen Gruppe bei Joomla! anmelden können. In der Benutzergruppe *Super Users* gibt es im Moment nur 1 Person, die sich bei Joomla! anmelden darf. Das sind Sie selbst.

Sollte ein Benutzer Schabernack treiben und etwa munter Werbebeiträge veröffentlichen, können Sie sein Benutzerkonto (vorübergehend) sperren. Der Benutzer kann sich dann nicht mehr bei Joomla! anmelden. In der Spalte *Deaktivierte Benutzer* können Sie ablesen, wie viele Benutzerkonten in den jeweiligen Benutzergruppen derzeit gesperrt sind. Im Moment steht in der Spalte überall eine 0, folglich gibt es kein gesperrtes Benutzerkonto.

 **Warnung**   Die Spalte ist übrigens etwas missverständlich beschriftet: Sie verrät ausschließlich, wie viele Benutzerkonten *gesperrt* sind. Joomla! kennt allerdings auch noch sogenannte *deaktivierte* Benutzerkonten, die hier in der Tabelle aber nicht gemeint sind (zu den deaktivierten Konten erfahren Sie im nächsten Abschnitt noch mehr).

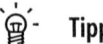 **Tipp**   Wenn es in einer Benutzergruppe sehr viele gesperrte Benutzer gibt, sollten Sie unbedingt prüfen, ob unter den Mitgliedern der Gruppe ein Problem besteht. Meldet sich beispielsweise eine Person immer wieder unter einem anderen Namen an? Oder sind die Kritiker vielleicht doch nicht so vertrauenswürdig wie gedacht? Überlegen Sie auch, ob Sie der entsprechenden Gruppe nicht weitere Rechte entziehen sollten: Wer beispielsweise keine Beiträge schreiben darf, kann auch keine Werbung einreichen. Alternativ bietet es sich an, alle Querulanten in eine eigene weitere Benutzergruppe zu stecken.

Wenn Sie wissen möchten, wie viele Benutzer in einer Benutzergruppe stecken, müssen Sie einfach die beiden Zahlen aus den Spalten *Aktivierte Benutzer* und *Deaktivierte Benutzer* addieren. Beispielsweise gibt es in Abbildung 12-4 in der Benutzergruppe *Super Users* eine Person, die sich bei Joomla! anmelden darf. Deaktivierte beziehungsweise gesperrte Benutzer gibt es in dieser Gruppe noch keine. Folglich umfasst die Benutzergruppe *Super Users* insgesamt nur einen Benutzer (nämlich Sie selbst). Da es im Moment außer Ihnen keine weiteren Benutzer gibt, sind die anderen Gruppen alle leer.

 **Warnung**   Wie der Titel *Super Users* andeutet, dürfen die Mitglieder dieser Gruppe an wirklich allen Schrauben des Systems drehen. Überlegen Sie sich also gut, wen Sie noch in diese Gruppe aufnehmen. Im Idealfall sollte das außer Ihnen niemand mehr sein.

Um nicht Gefahr zu laufen, versehentlich irgendwelche Einstellungen zu ändern, sollten Sie sich zudem für die tägliche Arbeit ein zweites Benutzerkonto einrichten, das nicht zur Gruppe der *Super Users* gehört.

Benutzergruppen dürfen Sie ineinander verschachteln und so Untergruppen bilden (ganz ähnlich, wie es auch bei den Kategorien für die Beiträge möglich ist). Die Liste aus Abbildung 12-4 zeigt Untergruppen immer eingerückt. So ist beispielsweise *Administrator* eine Untergruppe von *Manager*, die wiederum eine Untergruppe von *Public* bildet.

Die Mitglieder einer Untergruppe dürfen automatisch das Gleiche anstellen wie die Mitglieder der übergeordneten Gruppe – und darüber hinaus noch etwas mehr. Beispielsweise darf ein *Administrator* nicht nur wie ein *Manager* neue Beiträge erstellen, sondern auch noch zusätzlich neue Menüs erschaffen. Eine Untergruppe »übernimmt« also immer die Rechte von ihrer übergeordneten Gruppe und erweitertet sie um zusätzliche Befugnisse. Wie Sie gleich sehen werden, erleichtert dieser Mechanismus die Rechtevergabe.

Die in Joomla! mitgelieferten Gruppen dürfen standardmäßig Folgendes anstellen:

Public
: Diese Gruppe fasst alle Besucher zusammen, die Ihren Internetauftritt betreten und nicht über ein Benutzerkonto verfügen. Diese »normalen« Besucher dürfen lediglich die Seiten im Frontend betrachten; das Backend bleibt für sie grundsätzlich tabu.

Guest
: Benutzer dieser Gruppe besitzen die gleichen Rechte wie diejenigen in der Gruppe *Public*, sie dürfen also nur die Seiten im Frontend anschauen. Wie Sie die Zugehörigkeit zu dieser Gruppe einsetzen können, erfahren Sie auf der nächsten Seite.

Registered
: Mitglieder dieser Gruppe besitzen ein Benutzerkonto und können sich auf der Startseite Ihres Internetauftritts anmelden. Anschließend dürfen sie Bereiche einsehen, die normale Gäste nicht zu Gesicht bekommen.

Author
: Mitglieder dieser Gruppe dürfen zusätzlich Beiträge schreiben und ihre eigenen ändern (über das entsprechende Formular aus Abbildung 12-3).

Editor
: Mitglieder der Gruppe *Editor* dürfen zusätzlich auch noch alle übrigen Beiträge ändern – ganz egal, ob diese von ihnen selbst oder einem anderen Autor stammen.

Publisher
: *Publisher* können das Gleiche wie der *Editor*, zusätzlich dürfen sie aber auch noch den Status der Beiträge verändern. Insbesondere dürfen sie Beiträge freigeben, sperren, in den Papierkorb werfen und festlegen, welche Benutzergruppen den Text überhaupt zu Gesicht bekommen.

Manager
: Die Mitglieder dieser Gruppe haben im Frontend die gleichen Rechte wie die *Publisher*. Darüber hinaus dürfen sie sich im Backend anmelden und dort Inhalte anlegen und erstellen. Da sie nur Zugriff auf die Menüs *Inhalt* und *Komponenten* haben, können sie weder Menüs anlegen noch Benutzer verwalten, Grundeinstellungen ändern oder Module und Komponenten installieren oder verändern.

Administrator
: Benutzer dieser Gruppe sind den allmächtigen *Super Users* fast gleichgestellt. Sie dürfen allerdings nicht die Grundeinstellungen ändern oder einen Benutzer

zum Super User erheben. Darüber hinaus dürfen sie Erweiterungen, Templates und Sprachpakete weder nachinstallieren noch löschen.

Super Users
   Mitglieder dieser Gruppe haben Zutritt zu allen Bereichen und Einstellungen.

Diese Gruppenaufteilung ist nicht in Stein gemeißelt. Sie können sowohl die Gruppen als auch ihre Rechte fast beliebig verändern und um weitere Gruppen ergänzen (dazu folgt in wenigen Zeilen mehr).

Zusätzlich zu dieser Gruppenaufteilung sind noch zwei unumstößliche Regeln zu beachten:

- Sobald ein Gast Ihre Homepage betritt, gehört er automatisch zur Gruppe *Guest*, selbst dann, wenn er gar kein Benutzerkonto besitzt. Mit diesem Kniff kann man den Aktionsradius normaler unbekannter Besucher ohne große Verrenkungen einschränken.
- Sobald sich ein Besucher bei Joomla! um ein Benutzerkonto bewirbt (sich also registriert), steckt das Content-Management-System ihn zunächst automatisch in die Gruppe *Registered*. Gegebenenfalls müssen Sie den Benutzer anschließend manuell in eine andere Gruppe verschieben.

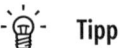 **Tipp** Sie können die beiden Gruppen auch gegen andere austauschen. Dazu klicken Sie auf *Optionen* und wenden sich auf der neuen Seite dem Register *Komponente* zu. Dort stellen Sie unter *Gast Benutzergruppe* ein, in welcher Gruppe sich automatisch Gäste (also nicht angemeldete Besucher) befinden. In welcher Gruppe die Benutzer direkt nach ihrer Registrierung landen, legt hingegen *Gruppe für neue Benutzer* fest. Diese letztgenannte Einstellung erscheint allerdings erst dann, wenn Sie die *Benutzerregistrierung* mit *Ja* einschalten. Mehr zu dieser Einstellung und ihren Gefahren finden Sie im Abschnitt »Registrierung« auf Seite 533.

Überlegen Sie sich in jedem Fall eine solche Änderung gut. Denn gerade die unbekannten Gäste sollten so wenige Aktionen wie möglich ausführen können – was aber schon genau die Gruppe *Guest* sicherstellt.

Die Gruppen *Public* und *Guest* scheinen nur auf den ersten Blick identisch zu sein; tatsächlich die Einteilung in diese beiden Gruppen aber extrem hilfreich: In Joomla! 2.5 gab es die Gruppe *Guest* noch nicht. Dort wurden einfach alle vorbeischlendernden Besucher automatisch in die Gruppe *Public* einsortiert. Wollten Sie jetzt einen Beitrag oder ein Werbebanner ausschließlich diesen normalen Besuchern zeigen, standen Sie vor einem Problem: Da alle anderen Benutzergruppen *Public* untergeordnet sind, hätten auch die angemeldeten Benutzer notgedrungen immer das Werbebanner gesehen. Der mit Joomla! 3.0 eingeführten neuen Gruppe *Guest* sind aber keine anderen Gruppen untergeordnet. Um also das Werbebanner vor allen angemeldeten Benutzern zu verstecken, müssen Sie es einfach nur auf Benutzer der Gruppe *Guest* einschränken. (Wie das funktioniert, erfahren Sie in den nächsten Absätzen.)

Wenn Sie sich aufgrund dieses verwirrenden Konzepts jetzt zu Recht etwas am Kopf kratzen, lesen Sie erst einmal weiter. Der Zusammenhang zwischen den Benutzergruppen erschließt sich gleich in der Praxis noch etwas besser.

In vielen einfachen Fällen reichen die vorhandenen Benutzergruppen bereits aus – allerdings nicht immer. Wer die vorhandenen Benutzer einfach irgendwie in die vorhandenen Gruppen einordnet, gewährt unter Umständen einigen Benutzern mehr Rechte, als eigentlich notwendig wären. Deshalb sollte man kurz überlegen, welche Benutzergruppen man überhaupt für die eigene Internetseite benötigt.

Auf den Filmtoaster-Seiten sollen wie bisher alle vorbeischlendernden Besucher sämtliche Beiträge, Veranstaltungshinweise und Blogbeiträge lesen können. Wer ein Benutzerkonto besitzt, gelangt an ein paar zusätzliche Inhalte – wie etwa exklusive Vorabberichte. Einige ausgewählte Benutzer sollen zudem über ein spezielles Formular eigene Filmkritiken einreichen können. Damit Werbefachleute dieses Angebot nicht schamlos ausnutzen und die Filmtoaster-Seiten mit Beiträgen über Potenzmittel überschwemmen, wird jeder eingereichte Beitrag erst nach einer Prüfung durch den Seitenbetreiber (also Sie) freigeschaltet. Unter dem Strich müssen also vier Benutzergruppen her:

- einmal die normalen Besucher ohne eigenes Benutzerkonto,
- alle registrierten Personen (die zusätzlich ein paar exklusive Beiträge lesen dürfen),
- Filmkritiker (die Kritiken schreiben und einreichen dürfen)
- und schließlich noch eine Gruppe für Sie als allmächtigen Seitenbetreiber.

Im nächsten Schritt prüft man, wie sich am besten Untergruppen bilden lassen. Auf den Filmtoaster-Seiten liegt etwa die Hierarchie aus Abbildung 12-5 nahe.

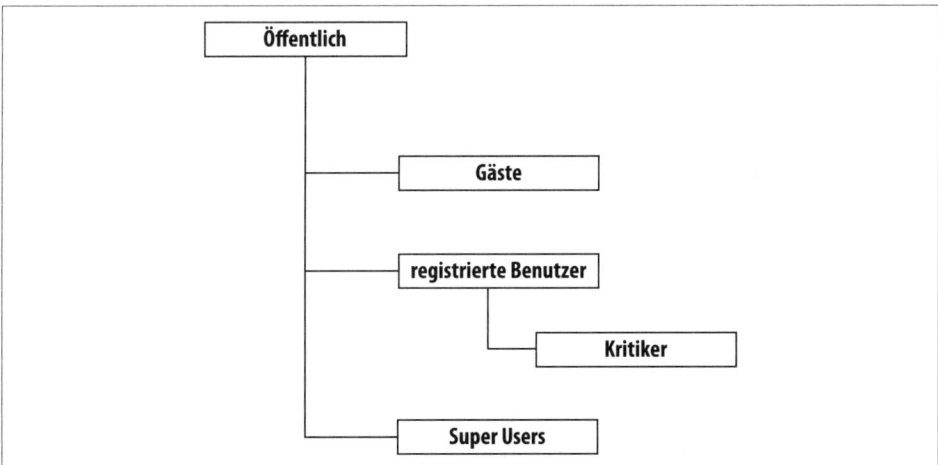

Abbildung 12-5: Die geplanten Benutzergruppen für die Filmtoaster-Seiten.

Zunächst gibt es ganz oben eine Benutzergruppe, deren Mitglieder lediglich alle öffentlichen Kritiken lesen können (in Abbildung 12-5 heißt sie *Öffentlich*). Die registrierten Benutzer dürfen natürlich ebenfalls alle Seiten im Frontend sehen, sind damit also eine Untergruppe von *Öffentlich*. Die Kritiker haben die gleichen Rechte wie die registrierten Benutzer, dürfen aber zusätzlich Beiträge schreiben. Damit sind sie eine Untergruppe der registrierten Benutzer. Sie als Super User dürfen alles und bilden somit eine eigene Gruppe. Damit bleiben noch die nicht registrierten Gäste ohne Benutzerkonto übrig. Diese dürfen nur die öffentlichen Kritiken lesen, bilden also ebenfalls direkt eine Untergruppe von *Öffentlich*.

Die Benutzergruppe *Öffentlich* nimmt somit später in der Praxis keine Benutzer auf. Sie dient hier lediglich zur besseren und einfacheren Steuerung der Rechte: Was die Gruppe *Öffentlich* darf, dürfen später automatisch alle Benutzer und Besucher.

Selbstverständlich können Sie auch auf diesen Kniff verzichten und beispielsweise einfach alle Benutzergruppen den Gästen unterordnen (schließlich dürfen die registrierten Benutzer, Kritiker und Sie als Super User immer auch das, was die Gäste dürfen). Allerdings ist es dann nicht mehr möglich, mit bestimmten Werbebannern oder der Bitte um eine Registrierung ausschließlich die Gäste zu quälen.

Für die Gäste, die registrierten Benutzer, Sie als Super User und die Gruppe *Öffentlich* gibt es mit *Guest*, *Registered*, *Super Users* und *Public* jeweils schon eine passende Gruppe in Joomla! (vergleichen Sie Abbildung 12-5 mit Abbildung 12-4). Joomla! sorgt zudem schon dafür, dass alle Besucher, die zufällig vorbeikommen, automatisch in der Gruppe *Guest* landen.

Bleiben noch die Kritiker. Es ist jetzt extrem verführerisch, die Schreiberlinge einfach in die schon vorhandene Gruppe *Author* zu stecken. Die Mitglieder dieser Gruppe dürfen allerdings ihre Beiträge nachträglich ändern. Genau das sollte man allerdings unbekannten Personen erst einmal verbieten – nicht, dass man sich auf diese Weise doch wieder Werbung für Potenzmittelchen einfängt. Folglich muss auf den Filmtoaster-Seiten eine neue Gruppe für die Kritiker her, die selbst eine Untergruppe von *Registered* ist.

 **Warnung** Man könnte natürlich auch der Gruppe *Author* einfach die entsprechenden Rechte entziehen. Allerdings besteht dabei immer die Gefahr, dass man eine (andere) erlaubte Aktion übersieht und der Benutzer dann doch wieder mehr darf, als man ihm eigentlich gestatten möchte. Das gilt besonders unter Joomla!, wo man die Rechte der Gruppen in kryptischen, unübersichtlichen Tabellen festlegt, die sich auch noch an verschiedenen Stellen des Backends verstecken. Um also bei der Rechtevergabe nicht versehentlich irgendwelche Schlupflöcher zu hinterlassen, sollten Sie sich möglichst an folgender Vorgehensweise orientieren:

Die Rechte bestehender Gruppen kann man bei Bedarf erweitern.

Bevor man die Rechte einer bestehenden Gruppe einschränkt, sollte man besser eine neue Gruppe mit weniger Rechten erstellen und diese frische Gruppe dann mit den gerade notwendigen Rechten ausstatten.

Das Anlegen einer neuen Benutzergruppe ist kinderleicht: Klicken Sie auf *Neu* in der Werkzeugleiste oder rufen Sie alternativ *Benutzer → Gruppen → Neue Gruppe* auf. Verpassen Sie der neuen Gruppe unter *Gruppentitel* einen Namen und stellen Sie in der Ausklappliste noch eine übergeordnete Gruppe ein. Im Fall der Filmtoaster-Seiten muss eine Gruppe für die Kritiker her. Klicken Sie also auf *Neu* in der

Werkzeugleiste, vergeben Sie den Gruppentitel Kritiker und setzen Sie *Übergeordnete Gruppe* auf *Registered*.

Damit dürfen die Kritiker schon einmal das Gleiche wie alle übrigen registrierten Benutzer. Was die Mitglieder der neuen Gruppe noch zusätzlich anstellen dürfen, regeln Sie gleich separat. Klicken Sie deshalb einfach auf *Speichern & Schließen*, um die Gruppe anzulegen. Für die Filmtoaster-Seiten sollte das Ergebnis in der Übersicht jetzt so wie in Abbildung 12-6 aussehen.

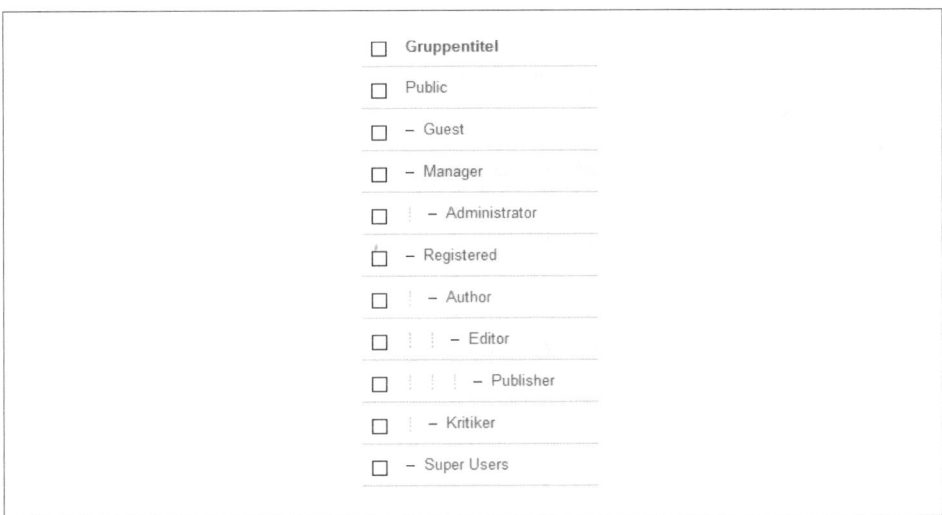

Abbildung 12-6: Die angelegte Benutzergruppe für die Kritiker.

Den Benutzer verwalten

Nachdem alle benötigten Benutzergruppen existieren, kann man endlich ein Benutzerkonto anlegen und so dem ersten Kritiker zumindest schon einmal die Anmeldung im Frontend gestatten.

Sie verwalten alle Benutzer hinter dem Menüpunkt *Benutzer → Verwalten*. Die dort erscheinende Tabelle aus Abbildung 12-7 präsentiert sämtliche derzeit vorhandenen Benutzerkonten. Die Tabelle ist ziemlich breit und lässt sich zumindest in Joomla! 3.6.0 leider auch nicht verkleinern.

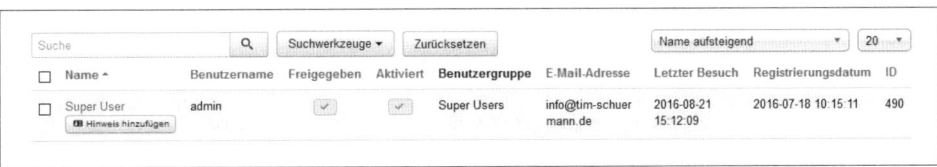

Abbildung 12-7: Die Benutzerverwaltung.

☞ **Warnung** Die Benutzerverwaltung kennt keinen Papierkorb! Wenn Sie also ein Benutzerkonto über die gleichnamige Schaltfläche in der Werkzeugleiste *Löschen*, ist es sofort verloren. Der entsprechende Benutzer kann sich dann nicht mehr bei Joomla! anmelden. Sie sollten einen Benutzer daher vor dem Löschen erst einmal nur sperren (dazu in wenigen Zeilen mehr).

Direkt nach der Installation von Joomla! ist hier nur der *Super User* vorhanden – also Sie selbst. Wie die Spalte *Benutzergruppe* verrät, gehört er zur Gruppe der *Super Users*. Ihnen ist somit einfach alles erlaubt.

☞ **Warnung** Schon allein aus diesem Grund sollten Sie das bei der Installation festgelegte Passwort niemals weitergeben.

Die Spalte *E-Mail-Adresse* verrät, wie der Benutzer per elektronischer Post zu erreichen ist. Rechts daneben zeigt *Letzter Besuch* das Datum der letzten Anmeldung, während am *Registrierungsdatum* das Benutzerkonto (von Ihnen) erstellt wurde.

Nach einem Klick auf den grünen Haken in der Spalte *Freigegeben* kann sich der entsprechende Benutzer nicht mehr am System anmelden. Eine solche Sperrung ist zum Beispiel dann sinnvoll, wenn der Benutzer auf Ihrer Website Schindluder getrieben hat und man ihn so erst mal in Quarantäne nimmt. Ein gesperrtes Konto wird in der genannten Spalte durch einen roten Kreis anstelle des grünen Hakens angezeigt. Sie können diese Sperrung natürlich auch über die Werkzeugleiste mit den Schaltflächen *Sperren* und *Freigeben* vornehmen.

☞ **Warnung** Zwar können Sie sich hier nicht selbst aussperren, dennoch sollten Sie immer genau darauf achten, wessen Konto Sie an dieser Stelle auf Eis legen. Gerade bei vielen Benutzern verrutscht man gern mal in der Zeile.

Die *Aktiviert*-Spalte spielt eine wichtige Rolle, wenn sich Besucher über das Frontend registrieren. Joomla! erstellt dann zunächst ein deaktiviertes Konto, das entweder der Benutzer oder Sie selbst erst noch explizit aktivieren müssen (zu diesem Verfahren folgt später noch mehr im Abschnitt »Registrierungsformular bereitstellen« auf Seite 534). Tabelle 12-1 fasst noch einmal die Bedeutung aller Spalten zusammen.

Tabelle 12-1: Spalten der Tabelle Benutzer und ihre jeweiligen Informationen

Spalte	Bedeutung
Name	Der vollständige Name des Benutzers.
Benutzername	Mit diesem Benutzernamen muss sich die Person bei Joomla! anmelden.
Freigegeben	Bei einem grünen Haken kann sich der Benutzer bei Joomla! anmelden.
Aktiviert	Wenn Besucher ein Benutzerkonto beantragen, müssen Sie dieses explizit aktivieren. Das ist genau dann passiert, wenn hier ein grüner Haken zu sehen ist.
Benutzergruppe	Der Benutzer gehört zu dieser Gruppe.
E-Mail-Adresse	Die E-Mail-Adresse des Benutzers.

Tabelle 12-1: Spalten der Tabelle Benutzer und ihre jeweiligen Informationen *(Fortsetzung)*

Spalte	Bedeutung
Letzter Besuch	Zu diesem Zeitpunkt hat sich der Besucher das letzte Mal angemeldet.
Registrierungsdatum	Das Benutzerkonto wurde an diesem Datum angelegt.
ID	Die interne Identifikationsnummer des Benutzers.

Benutzerkonten im Backend anlegen

Damit ein Besucher exklusive Beiträge lesen oder ein Autor seine Filmkritiken schreiben kann, müssen Sie zunächst ein Benutzerkonto für die Person anlegen. Dazu rufen Sie den Menüpunkt *Benutzer → Verwalten → Neuer Benutzer* auf. Sie landen damit im Formular aus Abbildung 12-8.

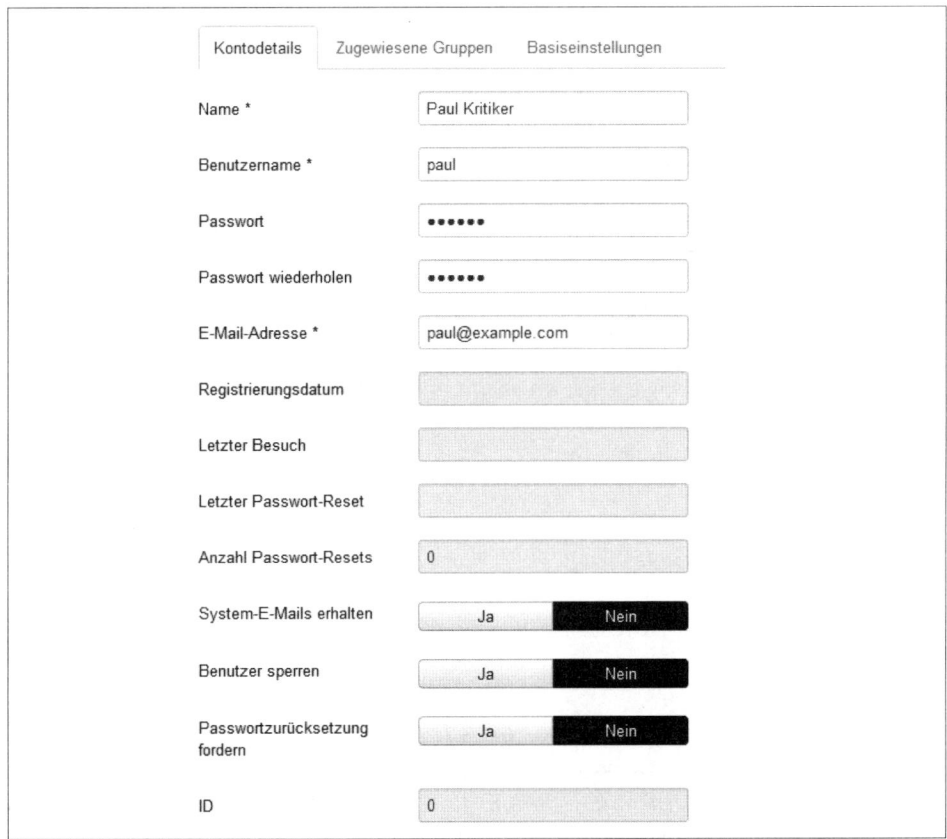

Abbildung 12-8: Hier entsteht ein neues Benutzerkonto für einen Herrn namens Paul Kritiker.

Füllen Sie zunächst die persönlichen Daten auf der Registerkarte *Kontodetails* aus (siehe Abbildung 12-8). Dazu gehören:

Name
    Dies ist der vollständige Name des Benutzers, hier zum Beispiel `Paul Kritiker`.

Benutzername
> Mit diesem Namen meldet sich der neue Benutzer später auf Ihrer Website an. Der Benutzername muss nicht mit dem tatsächlichen Namen identisch sein und darf keine Leerzeichen enthalten. In der Regel verwendet man nur den Vor- oder einen Spitznamen. Wenn Sie der Schnellinstallationsanleitung aus Kapitel 2, *Installation*, Seite 15, gefolgt sind, lautet Ihr eigener Benutzername *admin*. Für Paul Kritiker können Sie als Benutzernamen paul wählen.

Passwort
> Mit dem hier eingegebenen Passwort meldet sich der neue Benutzer später auf Ihrer Website an. Es dient somit ausschließlich der Authentifizierung. Der Benutzer kann dieses Passwort später selbst ändern. Das Passwort müssen Sie blind eingeben. Dies soll verhindern, dass jemand hinter Ihnen das Passwort mitlesen kann.
>
> Wenn Sie das Feld frei lassen, generiert Joomla! zufallsgesteuert selbst ein Passwort, das es dann dem Benutzer per E-Mail zuschickt. Dieses Vorgehen hat den Vorteil, dass man sich als Super User nicht selbst ein sicheres Passwort ausdenken muss. Zudem gerät man nicht in Verdacht, mit den Passwörtern seiner Benutzer Schindluder zu treiben.

Warnung   Gibt man selbst ein Passwort vor, sollte man immer ein möglichst schwer zu erratendes wählen. Im Idealfall ist es mindestens zwölf Zeichen lang und enthält neben Ziffern auch noch eine Mischung aus Groß- und Kleinbuchstaben. Tabu sind dagegen Eigennamen, Geburtsdaten und ähnliche persönliche Informationen. Knackprogramme, die sich auf das Erraten von Passwörtern spezialisiert haben, arbeiten mit Namenslisten und Wörterbüchern, die sie in kurzer Zeit durchprobieren. Verwenden Sie daher niemals Passwörter, die im Lexikon oder Duden auftauchen.

Passwort wiederholen
> Wenn Sie selbst ein Passwort vorgeben, müssen Sie es hier noch einmal eingeben, um Tippfehler auszuschließen.

E-Mail-Adresse
> Unter dieser E-Mail-Adresse ist der Benutzer zu erreichen. Sie muss immer eindeutig sein; zwei Benutzer dürfen folglich nicht die gleiche E-Mail-Adresse verwenden.

Registrierungsdatum und Letzter Besuch
> Sobald Sie das Benutzerkonto angelegt haben, zeigt Joomla! hier an, wann genau das war (*Registrierungsdatum*) und wann sich der Benutzer zum letzten Mal angemeldet hat (*Letzter Besuch*).

Letzter Passwort-Reset und Anzahl Passwort-Resets
> Wenn ein Besucher sein Passwort vergessen hat, kann er bei Joomla! ein neues anfordern. In diesen Feldern erfahren Sie, wie oft der Besucher diesen Dienst schon in Anspruch genommen hat (*Anzahl Passwort-Resets*) und an welchem Datum das zuletzt passiert ist (*Letzter Passwort-Reset*). Wie und auf welchem

Weg ein vergesslicher Benutzer an ein neues Passwort gelangt, verrät später noch Abschnitt »Vergessene Benutzernamen und Passwörter« auf Seite 531.

System-E-Mails erhalten
Steht dieser Punkt auf *Ja*, sendet Joomla! wichtige interne System- und Fehlermeldungen per E-Mail auch an diesen Benutzer.

Warnung Gedacht sind diese Nachrichten für Administratoren und Super User (wie Sie einer sind). Achten Sie folglich darauf, dass nur Empfänger mit entsprechend weitreichenden Rechten diese Nachrichten erhalten. Als Faustregel gilt, dass der Benutzer mindestens Zugang zum Backend haben sollte.

Benutzer sperren
Wenn Sie diesen Schalter auf *Ja* umlegen, kann sich der Benutzer nicht mehr anmelden.

Passwortzurücksetzung fordern
Wenn Sie diesen Punkt auf *Ja* setzen, muss sich der Benutzer bei seiner nächsten Anmeldung ein neues Passwort ausdenken. Das ist beispielsweise sinnvoll, wenn Sie den Verdacht haben, dass jemand Fremdes in Ihre Datenbank gelinst hat.

ID
Hier finden Sie die interne Identifikationsnummer des Benutzers. Da Sie das Konto noch nicht angelegt haben, sehen Sie dort eine *0*.

Legen Sie für die Filmtoaster-Seiten ein Benutzerkonto für Paul Kritiker an. Wie in Abbildung 12-8 tippen Sie unter *Name* seinen Namen ein, wählen als *Benutzernamen* paul, denken sich ein *Passwort* aus, tippen dieses ein weiteres Mal in das Feld *Passwort wiederholen* und geben noch eine *E-Mail-Adresse* ein. Wenn Sie nicht über eine zweite E-Mail-Adresse verfügen, verwenden Sie hier eine fiktive, die auf *@example.com* endet. Solche Adressen sind für derartige Testzwecke vorgesehen und führen immer ins Nirwana.

Als Nächstes haken Sie auf der Registerkarte *Zugewiesene Gruppen* die Benutzergruppe ab, zu der der neue Benutzer ab sofort gehören soll.

Auf den Filmtoaster-Seiten gehört Paul Kritiker zu den *Kritikern*. Entfernen Sie daher den Haken vor *Registered* und setzen Sie einen neuen bei *Kritiker* (wie in Abbildung 12-9).

Jeder Benutzer darf übrigens in mehreren Gruppen gleichzeitig stecken. Er darf dann alles, was diesen Benutzergruppen erlaubt ist. Beispielsweise könnte es auf einer Vereinsseite eine Benutzergruppe für alle Tennisspieler und eine weitere für die Fußballer geben. Damit der Koordinator für die Jugendarbeit später auf die Seiten beider Bereiche zugreifen kann, packt man ihn kurzerhand in beide Gruppen. Wie auch auf den Filmtoaster-Seiten steckt man jedoch meist jeden Benutzer in genau eine Benutzergruppe. Zum einen vereinfacht das die Rechtevergabe, und zum anderen räumen Sie so einer Person nicht versehentlich mehr Macht ein. Im Beispiel sollten Sie daher überlegen, ob Sie den Koordinator für die Jugendarbeit nicht in eine eigene Benutzergruppe sperren. Damit können Sie ihm bei Bedarf sogar noch einige zusätzliche Aktionen erlauben – oder vorhandene gezielt einschränken.

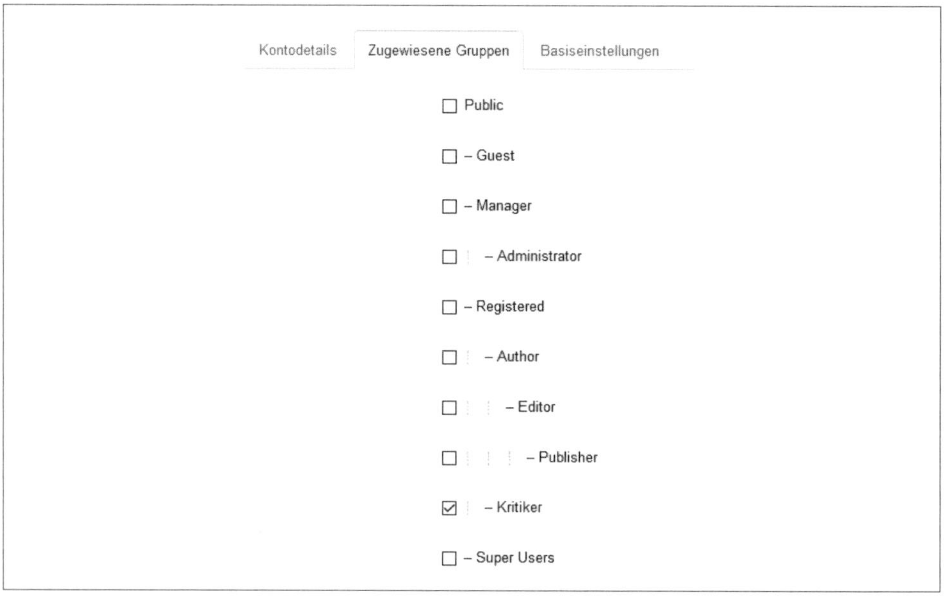

Abbildung 12-9: Dieses Register regelt die Gruppenzugehörigkeit des neuen Benutzers.

Normalerweise gelten für den neuen Benutzer die üblichen Standardeinstellungen. Spricht beispielsweise das Frontend Deutsch, geht Joomla! davon aus, dass auch der Benutzer Deutsch versteht. Ist das jedoch einmal nicht der Fall, können Sie auf der Registerkarte *Basiseinstellungen* aus Abbildung 12-10 einige dieser Vorgaben überschreiben und dem Besucher unter anderem eine andere Sprache oder Zeitzone zuweisen. Sofern die Ausklapplisten auf – *Standard verwenden* – stehen, gelten die Vorgaben von Joomla!.

Abbildung 12-10: In diesem Register können Sie dem Benutzer unter anderem eine andere Sprache zuweisen und ihn in eine ganz bestimmte Zeitzone stecken.

Im Einzelnen warten hier folgende Einstellungen:

Backend-Template-Stil
Wenn der Benutzer Zugang zum Backend besitzt, bekommt er es in der hier eingestellten Optik zu Gesicht. Für gewöhnlich müssen Sie hier keine Änderungen vornehmen.

Backend-Sprache
In der hier eingestellten Sprache erscheint das Backend, sobald sich der Benutzer angemeldet hat (vorausgesetzt, er besitzt die nötigen Rechte dazu).

Frontend-Sprache
Die Website erscheint in dieser Sprache, sobald sich der Benutzer auf ihr angemeldet hat – vorausgesetzt, Sie betreiben eine mehrsprachige Website.

Editor
Wenn ein Benutzer einen neuen Beitrag einreichen möchte, gibt Joomla! ihm einen kleinen Texteditor an die Hand, in den er seinen Text mehr oder weniger komfortabel eintippen kann (wie Sie es weiter oben im Abschnitt »Seiten für Benutzer im Frontend« auf Seite 486 bereits gesehen haben).

Standardmäßig verwendet Joomla! für solche Zwecke den TinyMCE-Editor, den Sie schon aus den vorangegangenen Kapiteln kennen. Alternativ darf man dem Benutzer auch ein karges Eingabefeld vorsetzen (Einstellung *Editor – Keine*), das allerdings nicht die Eingabe von HTML-Befehlen verhindert. Einen Autor, der die Freiheiten des TinyMCE-Editors zu weit auskostet und infolgedessen das Seitenbild zerstört, kann man durch einen derartigen Tausch allein also nicht zügeln.

Tipp Sie können aber die »bösen« HTML-Befehle herausfiltern. Wie das funktioniert, erklärt später noch der Abschnitt »Textfilter für Benutzergruppen« auf Seite 522.

Allerdings stellt ein schlichtes Eingabefeld weniger Leistungsansprüche an die Browser der Besucher. Einem sehbehinderten Autor, der auf einen Screenreader oder gar eine Braillezeile angewiesen ist, kann man beispielsweise mit einem Tausch das Leben wesentlich erleichtern.

Die dritte Alternative, *Editor – CodeMirror*, aktiviert ein Eingabefeld, das sich an Softwareentwickler richtet. Es hebt in erster Linie eingetippten Programmcode hervor.

Tipp Über Erweiterungen können Sie zusätzliche Texteditoren hinzufügen. Mehr Informationen hierzu finden Sie in Kapitel 19, *Funktionsumfang erweitern*, Seite 831.

Hilfeseite
Diese Ausklappliste bestimmt, welche Hilfeseiten der Benutzer zu Gesicht bekommt.

Zeitzone
Joomla! merkt sich zu jedem Beitrag auch sein Erstellungsdatum. Sollten die Autoren über die ganze Welt verstreut sein und somit in verschiedenen Zeitzo-

nen leben, würden diese Datumsangaben vollständig durcheinandergeraten. Aus diesem Grund kann man hier festlegen, in welcher Zeitzone sich der Benutzer gerade befindet.

Für Paul Kritiker können Sie im Register *Basiseinstellungen* alle Vorgaben belassen. Legen Sie sein Benutzerkonto per *Speichern & Schließen* an.

Dabei schickt Joomla! dem Benutzer eine kleine Begrüßungsnachricht. Damit das klappt, muss das Content-Management-System allerdings E-Mails verschicken können. Wenn Sie Windows verwenden und der Schnellinstallationsanleitung aus Kapitel 2, *Installation*, Seite 15, gefolgt sind, blockiert beispielsweise die Firewall den Versand. Sollte Joomla! die E-Mail nicht verschicken können, erhalten Sie eine entsprechende Warnmeldung (in der Regel *Could not instantiate mail function*). In der Testinstallation ist das nicht weiter tragisch. Läuft Joomla! später im Internet, sollten Sie zunächst die Grundeinstellungen kontrollieren (um die sich gleich noch Kapitel 13, *Joomla! konfigurieren*, Seite 561, kümmert) und gegebenenfalls Ihren Provider ansprechen.

Egal ob der E-Mail-Versand fehlschlug oder nicht, der neue Benutzer Paul Kritiker taucht jetzt in der Übersichtsliste auf. Da Sie ihn selbst im Backend angelegt und dabei zudem nicht gesperrt haben, leuchtet sowohl in der *Freigegeben*- als auch in der *Aktiviert*-Spalte ein grüner Haken. Paul Kritiker könnte sich somit umgehend im Frontend anmelden.

Probieren Sie das gleich einmal aus: Wechseln Sie in die *Vorschau* und melden Sie sich dort im *Login Form* als paul mit dem entsprechenden Passwort an. Im Hauptmenü fehlt jetzt allerdings noch ein Menüpunkt, der ermöglicht, eine eigene Kritik zu schreiben. Um das zu beheben, melden Sie sich wieder ab.

Benutzer in eine andere Gruppe verschieben

Wenn Sie nachträglich mehrere Benutzer in eine andere Benutzergruppe verschieben möchten, rufen Sie im Backend zunächst die Benutzerverwaltung auf (via *Benutzer → Verwalten*). Haken Sie jetzt in der Tabelle alle Benutzer ab, die Sie in eine andere Benutzergruppe verschieben möchten. Klicken Sie dann in der Werkzeugleiste auf *Stapelverarbeitung*. Im neuen Fenster stellen Sie in der Ausklappliste *Gruppe auswählen* die neue Heimat für die Benutzer ein und aktivieren darunter *Zur Gruppe zuweisen*. Klicken Sie abschließend auf *Ausführen*.

Alternativ können Sie die Benutzer auch einer anderen Benutzergruppe hinzufügen; sie stecken also anschließend in mehreren Benutzergruppen (und dürfen dann auch alles, was diesen beiden Benutzergruppen erlaubt ist). Dazu haken Sie wieder den oder die Benutzer in der Tabelle ab und klicken auf *Stapelverarbeitung*. Welcher Gruppe sie hinzugefügt werden sollen, entscheiden Sie in der Ausklappliste *Gruppe auswählen*. Stellen Sie jetzt noch sicher, dass darunter *Zur Gruppe hinzufügen* markiert ist, und klicken Sie schließlich auf *Ausführen*.

Um mehrere Benutzer aus einer Gruppe hinauszuwerfen, markieren Sie diese wieder in der Tabelle, rufen die *Stapelverarbeitung* auf und wählen aus der Ausklappliste *Gruppe auswählen* die Benutzergruppe, aus der Sie die Benutzer verbannen wollen. Stellen Sie jetzt noch sicher, dass *Aus Gruppe löschen* aktiviert ist, und klicken Sie schließlich auf *Ausführen*.

Benutzer zwangsweise abmelden

Als Super User können Sie unerwünschte Benutzer auch einfach abmelden. Dazu wechseln Sie im Backend zum Kontrollzentrum (*System → Kontrollzentrum*) und betrachten den Bereich *Logged-in Users*. Dort reicht ein Klick auf das X vor dem Benutzernamen, um den zugehörigen Benutzer vor die Tür zu setzen. Dieser kann sich dann natürlich wieder umgehend neu anmelden. Um ihn dauerhaft auszusperren, müssen Sie ihn in der Benutzerverwaltung (*Benutzer → Verwalten*) richtig *Sperren*.

| Warnung | Man sollte sich jedoch genau überlegen, ob man den Benutzer zwangsweise abmeldet. Bearbeitet er nämlich gerade einen Text, führt das nicht nur zu einem verärgerten Autor. Joomla! sperrt in diesem Fall auch den Beitrag für alle weiteren Bearbeitungen. Hiermit soll vermieden werden, dass zwei Benutzer gleichzeitig an einem Text werkeln und so Inkonsistenzen entstehen. Mehr zu gesperrten Elementen finden Sie im Abschnitt »Gesperrte Inhalte freigeben« auf Seite 106. | |

Zugriffsebenen – Was bekommt ein Benutzer zu sehen?

Welche Benutzergruppen auf welche Inhalte zugreifen dürfen, regeln in Joomla! die sogenannten *Zugriffsebenen* (englisch *Access Levels*). Genauso umständlich wie der deutsche Name ist auch die dahinterstehende Arbeitsweise.

| Warnung | Es geht hier zunächst nur darum, welche Beiträge, Menüs und andere Inhalte die Mitglieder einer Benutzergruppe überhaupt zu sehen bekommen. Welche Funktionen die Benutzer aufrufen dürfen, regeln Sie in Joomla! separat. |

Arbeitsweise

Theoretisch müssten Sie für jeden Beitrag, jeden Menüpunkt und alle anderen sichtbaren Elemente mühsam einstellen, welche Benutzergruppen sie betrachten dürfen und welche nicht. Schon bei 20 Filmkritiken und circa 15 Menüpunkten der gut florierenden Filmtoaster-Seiten würde das eine ganz schöne Sisyphusarbeit, die obendrein noch ziemlich fehleranfällig wäre. Joomla! geht deshalb einen anderen Weg.

Alle Benutzergruppen, die das Gleiche sehen dürfen, schreibt man auf eine Liste. Auf den Filmtoaster-Seiten sollen beispielsweise neben den *Super Users* auch die

Kritiker den Menüpunkt *Create an Article* aufrufen und somit einen neuen Beitrag schreiben können. Dazu würde man also zunächst eine neue Liste anlegen und die *Kritiker* und *Super Users* darauf notieren.

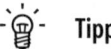 **Tipp**   Sehr oft vergisst man die *Super Users*. Diese besitzen jedoch keine Sonderstellung, sondern bilden eine ganz normale Benutzergruppe. Man kann ihnen also ebenfalls die Zugriffsrechte entziehen beziehungsweise gar nicht erst einräumen. Das führt dann beispielsweise zu der kuriosen Situation, dass man als Seitenbetreiber zwar einen Beitrag schreiben, ihn dann aber nicht im Frontend lesen darf. Denken Sie daher immer auch an die *Super Users*, wenn Sie die Rechte manipulieren.

Diese Liste bekommt nun einen eindeutigen Namen, wie etwa *KritikerZugriff*. Genau diesen Namen heftet man wiederum den entsprechenden Inhalten an, im Beispiel also dem Menüpunkt zum Formular.

Sobald sich Paul Kritiker angemeldet hat, knöpft sich Joomla! die Liste *KritikerZugriff* vor und prüft, ob Paul in einer der darauf notierten Benutzergruppen steckt. Wenn ja, blendet es den Menüpunkt *Create an Article* zum Formular ein. Die Listen bezeichnet Joomla! als *Zugriffsebenen*. Abbildung 12-11 veranschaulicht noch einmal das komplette Prozedere.

Da das Konzept ziemlich komplex ist, noch einmal kurz zusammengefasst: Auf einer Liste notieren Sie ein paar Benutzergruppen. Wenn Sie diese Liste dann an einen Menüpunkt (oder etwas anderes) heften, dürfen die Mitglieder der Benutzergruppen diesen Menüpunkt (beziehungsweise die anderen Inhalte) sehen. Gleich bei der Arbeit mit den Zugriffsebenen wird das Konzept noch etwas klarer.

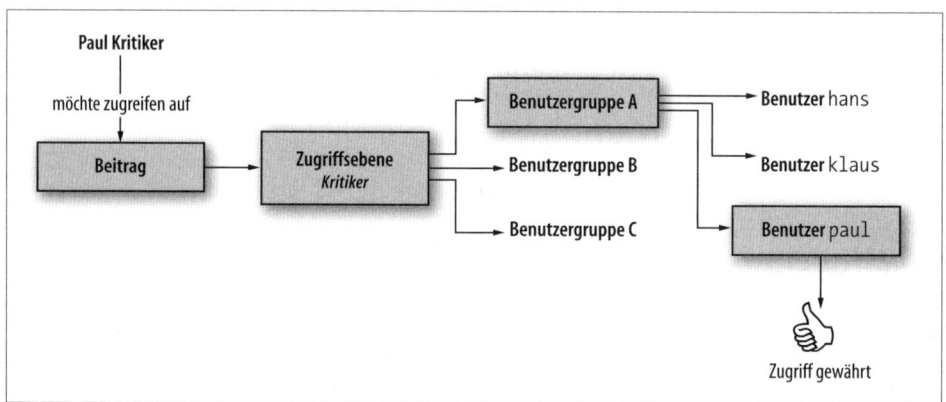

Abbildung 12-11: In diesem Beispiel möchte Paul Kritiker einen Beitrag lesen. Dem Beitrag wurde die Zugriffsebene Kritiker zugewiesen. Bevor Joomla! den Blick auf den Beitrag freigibt, schaut es nach, welche Benutzergruppen zu dieser Zugriffsebene gehören. Nur wenn Paul Kritiker in einer dieser Gruppen steckt, bekommt er den Beitrag zu Gesicht.

Die Zugriffsebenen verwaltet der Bildschirm hinter dem Menüpunkt *Benutzer* → *Zugriffsebenen* (siehe Abbildung 12-12).

Ebenenname	Benutzergruppen mit Zugriff	ID
Public	Public	1
Guest	Guest	5
Registered	Manager, Registered, Super Users	2
Special	Author, Manager, Super Users	3
Super Users	Super Users	6

Abbildung 12-12: Die bereits mitgebrachten Zugriffsebenen.

Joomla! bringt von Haus aus bereits die folgenden Zugriffsebenen mit:

Public
    Diese Zugriffsebene umfasst die Benutzergruppe *Public* und somit sämtliche Besucher. Wenn Sie diese Zugriffsebene beispielsweise einem Beitrag zuweisen, darf jedermann ihn lesen.

Guest
    Diese Zugriffsebene umfasst die Benutzergruppe *Guest*. Wenn Sie diese Zugriffsebene einem Beitrag zuweisen, sehen ihn nur noch die gerade nicht angemeldeten Besucher (also alle Gäste).

Registered
    Diese Zugriffsebene umfasst alle Benutzergruppen mit Ausnahme von *Public* und *Guest*. Wenn Sie also diese Zugriffsebene einem Beitrag zuweisen, dürfen ihn (nur) alle angemeldeten Benutzer lesen.

Special
    Diese Zugriffsebene umfasst alle Benutzergruppen mit Ausnahme von *Public*, *Guest* und *Registered*. Einen damit gekennzeichneten Beitrag dürfen folglich nur angemeldete Benutzer lesen, die mindestens den Rang *Author*, *Manager* oder *Super User* haben (vergleichen Sie auch den Abschnitt »Benutzergruppen« auf Seite 489).

Super Users
    Diese Zugriffsebene umfasst nur die *Super Users*. Einen Beitrag mit dieser Zugriffsebene dürfen folglich nur noch die *Super Users* lesen.

In der Spalte *Benutzergruppen mit Zugriff* können Sie noch einmal ablesen, welche Benutzergruppen zur jeweiligen Zugriffsebene gehören. (Mit anderen Worten: Die Spalte verrät, welche Gruppen auf der jeweiligen Liste stehen.) Joomla! schließt dabei automatisch immer alle untergeordneten Benutzergruppen mit ein. Die Zugriffsebene *Registered* umfasst folglich neben der Benutzergruppe *Manager* auch dessen Untergruppe *Administrator*.

Um Ihnen die Auswahl zu erleichtern, fasst Tabelle 12-2 noch einmal alle von Joomla! mitgebrachten Zugriffsebenen zusammen.

Tabelle 12-2: Die standardmäßig vorhandenen Zugriffsebenen

Zugriffsebene	Den Beitrag, den Menüpunkt etc. sieht …
Public	jeder
Guest	nur alle nicht angemeldeten Besucher
Registered	alle gerade angemeldeten Benutzer
Special	alle gerade angemeldeten Benutzer, die zusätzliche Aktionen ausführen dürfen (Autoren, Manager und Super User)
Super Users	nur alle Super User

In der Praxis geht man jetzt alle zu versteckenden Elemente durch und überlegt, welche Zugriffsebene die passende ist oder ob man gar eine komplett neue benötigt.

Auf den Filmtoaster-Seiten wurde allen Filmkritiken die standardmäßig vorgeschlagene Zugriffsebene *Public* zugewiesen (werfen Sie auch hier einen Blick in die Spalte *Zugriffsebene* der Tabelle hinter *Inhalt –> Beiträge*). Damit dürfen alle Besucher die Beiträge lesen, selbst wenn sie kein Benutzerkonto besitzen. Das ist genau das richtige Verhalten.

Nur die Kritiker und die Super User sollen allerdings einen neuen Beitrag schreiben können. Zum entsprechenden Formular führt im Moment der Menüpunkt *Create an Article*. Diesen Menüpunkt dürfen also nur die Kritiker und die Super User zu Gesicht bekommen. Dazu muss man dem Menüpunkt eine passende Zugriffsebene zuweisen. Mit Blick auf Tabelle 12-2 wären *Public* und *Registered* die falschen Zugriffsebenen, denn dann würden auch alle Gäste beziehungsweise im zweiten Fall jeder x-beliebige angemeldete Benutzer den Menüpunkt sehen. Auch *Special* passt dummerweise nicht: Die Benutzergruppe *Kritiker* ist eine Untergruppe von *Registered* und nicht von *Author*. Würde man also dem Formular die Zugriffsebene *Special* verpassen, könnten die Kritiker nicht darauf zugreifen (sehen Sie sich dazu auch noch einmal die Hierarchie in Abbildung 12-6 auf Seite 495 an). Mit anderen Worten: Es muss eine neue Zugriffsebene her.

Tipp   Sie merken sicher schon, dass die Rechtevergabe in Joomla! die Hirnwindungen ziemlich verknoten kann. Gemeinerweise wird das in den nächsten Abschnitten noch schlimmer.

Neue Zugriffsebene anlegen

Um eine neue Zugriffsebene zu erstellen, klicken Sie entweder unter *Benutzer → Zugriffsebenen* in der Werkzeugleiste auf *Neu*, oder Sie rufen *Benutzer → Zugriffsebenen → Neue Zugriffsebene* auf. Verpassen Sie dann im erscheinenden Formular unter *Ebenentitel* der Zugriffsebene einen Namen und haken in der Liste darunter alle Benutzergruppen ab, die zu dieser Zugriffsebene gehören sollen (siehe Abbildung 12-13).

Abbildung 12-13: Die neue Zugriffsebene umfasst die beiden abgehakten Benutzergruppen.

Warnung Joomla! schließt dabei automatisch immer alle Untergruppen mit ein. Wenn Sie also beispielsweise einen Haken vor *Author* setzen, dürfen später auch alle Mitglieder der Gruppen *Editor* und *Publisher* auf die entsprechenden Inhalte zugreifen.

Im Fall der Filmtoaster-Seiten genügt es, wie in Abbildung 12-13 die Gruppen *Kritiker* und *Super Users* abzuhaken. Als *Ebenentitel* wählen Sie einfach Kritiker.

Via *Speichern & Schließen* geht es wieder zurück zur Übersicht. Dort taucht jetzt auch die neue Zugriffsebene auf. Sobald Sie sie etwa einem Beitrag anheften, sehen ihn nur noch die Mitglieder der Benutzergruppen *Kritiker* und *Super Users*. Wie das genau funktioniert, zeigt der direkt folgende Abschnitt.

Zugriffsebene anwenden

Wenn die passende Zugriffsebene existiert, müssen Sie sie noch den entsprechenden Inhalten zuweisen. Das geschieht immer in den jeweiligen Einstellungen über eine Ausklappliste namens *Zugriffsebene*. Möchten Sie beispielsweise die Sicht auf einen Beitrag einschränken, bemühen Sie *Inhalt → Beiträge*, klicken dann auf den

Namen des Beitrags und stellen die *Zugriffsebene* in der gleichnamigen Ausklappliste ein.

Tipp   Grundsätzlich sollte man einer Benutzergruppe immer nur den Zugriff auf die gerade eben notwendigen Inhalte gewähren.

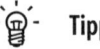 Auf den Filmtoaster-Seiten soll der Menüeintrag zum Einreichen eines Beitrags nur für die *Kritiker* und die *Super Users* erscheinen. Folglich geht es zu den Einstellungen des besagten Menüpunkts hinter *Menüs* → *Main Menu*, wo Sie in der Tabelle auf *Create an Article* klicken.

Tipp   Denken Sie zudem daran, dass jedes Menü von einem Modul auf Ihrer Website angezeigt wird. Um den Zugriff auf ein komplettes Menü zu unterbinden, müssen Sie daher die Zugriffsebene des Moduls anpassen. Analoges gilt auch für alle anderen Dinge, die über Module ihren Weg auf die Website finden.

Die Ausklappliste *Zugriffsebene* finden Sie jetzt rechts unten auf der Registerkarte *Details* (siehe Abbildung 12-14). Damit auf den Filmtoaster-Seiten die *Kritiker* und *Super Users* den Menüpunkt sehen können, stellen Sie in der Ausklappliste den Punkt *Kritiker* ein. Das Ergebnis sollte so wie in Abbildung 12-14 aussehen.

Abbildung 12-14:   Die Zugriffsebene regelt, welche Benutzer den Menüpunkt sehen können.

Speichern & Schließen Sie Ihre Änderung, wechseln Sie in die *Vorschau*, und melden Sie sich dort als paul an. Im Menü erscheint jetzt endlich der Menüpunkt *Create an Article*, über den Paul einen Beitrag einreichen kann. Wenn Sie ihn anklicken, landen Sie allerdings bei einer Fehlermeldung. Das hat einen einfachen Grund: Die Zugriffsebenen regeln nur, was Paul zu sehen bekommt, nicht aber, welche Funktionen er nutzen darf. Im Moment verbietet Joomla! allen Kritikern noch, Beiträge zu schreiben. Diese Funktion müssen Sie erst noch explizit freigeben. Bis dahin bleibt das Formular blockiert. Bevor der nächste Abschnitt genau das ändert, sollen noch kurz ein paar Probleme zur Sprache kommen, die insbesondere bei Beiträgen auftauchen.

Probleme mit der Sichtbarkeit von Beiträgen

Wenn Sie mithilfe der Zugriffsebenen einen Beitrag vor den Augen anderer verstecken, könnte er (oder sogar ein Textauszug) dennoch weiterhin erreichbar sein. Um dieses Problem besser erklären zu können, muss schnell ein weiterer kleiner Beitrag her. Wenn Sie die Filmtoaster-Beispiele nicht mitgemacht haben oder mitmachen möchten, erstellen Sie einen (Nonsens-)Beitrag, der direkt über einen Menüpunkt erreichbar ist, und überspringen dann den nächsten Absatz.

Eine ordentliche Kritik besteht aus einer Einleitung, einer kurzen Zusammenfassung des Filminhalts und einem saftigen Fazit. Damit die Kritiker an diesen Aufbau denken und nicht nur zwei kurze Sätze einreichen, könnte man eine kleine Stilfibel zusammenstellen und in einem neuen Beitrag bereitstellen. In der Stilfibel wäre auch eine Kurzanleitung für den TinyMCE-Editor und das dazugehörige Eingabeformular gut aufgehoben. Erstellen Sie also schnell einen neuen Beitrag via *Inhalt → Beiträge → Neuer Beitrag*, verpassen Sie ihm den *Titel* `Stilfibel`, legen Sie ihn in die für solche allgemeinen Beiträge gedachte Kategorie *Sonstiges* und denken Sie sich einen passenden Text aus (es reicht ein Nonsens-Text). Alle anderen Einstellungen bleiben zunächst auf ihren Vorgaben. Nach dem *Speichern & Schließen* müssen Sie die Stilfibel noch über ein Menü zugänglich machen. Rufen Sie also *Menüs → Benutzermenü → Neuer Menüeintrag* auf (wenn Sie bis hierhin nicht alle Beispiele mitgemacht haben, verwenden Sie *Menüs → Main Menu → Neuer Menüeintrag*). Aktivieren Sie dann *Auswählen*, entscheiden Sie sich für den Menüeintragstyp *Einzelner Beitrag* (auf dem Slider *Beiträge*), vergeben Sie als *Menütitel* beispielsweise `Stilfibel`, klicken Sie rechts neben *Beitrag auswählen* auf *Auswählen*, suchen Sie in der Liste den Beitrag *Stilfibel* und klicken Sie ihn an. *Speichern* Sie Ihre Änderungen (lassen Sie also die Einstellungen des Menüpunkts noch geöffnet). Wie Ihnen die *Vorschau* zeigt, existiert jetzt ein neuer Menüpunkt *Stilfibel*.

Den Menüpunkt zum Beitrag sehen im Moment noch alle Gäste: Wenn Sie einen Blick zurück ins Backend in die Einstellungen des Menüpunkts werfen, steht dort die *Zugriffsebene* auf *Public*. Um die Stilfibel auf die Kritiker zu beschränken, haben Sie jetzt drei Möglichkeiten:

- Sie setzen den *Menüpunkt* zum Beitrag auf die Zugriffsebene *Kritiker*.

  Damit sehen nur noch die angemeldeten Kritiker und die Super User den Menüpunkt, womit auch wiederum der Beitrag von normalen Besuchern nicht mehr erreicht werden kann. Zumindest fast: Gibt es noch irgendwo einen anderen Menüpunkt, der auf diesen Beitrag verweist, kann ein Besucher den Beitrag darüber immer noch einsehen. Zudem taucht der Beitrag in den Suchergebnissen auf.

- Sie können den *Beitrag* auf die Zugriffsebene *Kritiker* setzen.

  Damit sieht jeder (angemeldete) Besucher allerdings noch den Menüpunkt. Ein Klick darauf würde dann eine nichtssagende Fehlermeldung produzieren. Nur die angemeldeten Kritiker und Super User erreichen darüber den tatsächlichen Beitrag. Die anderen Benutzer dürfte die Fehlermeldung jedoch irritieren, weshalb Sie diese Methode meiden sollten.

- Sie gehen auf Nummer sicher und stellen sowohl den *Menüpunkt* als auch den *Beitrag* unter die Zugriffsebene *Kritiker*. Damit dürfen garantiert nur noch die angemeldeten Kritiker und Super User den Beitrag sehen.

Unter Joomla! sollte man durchaus beherzt paranoid zu Werke gehen und die letzte Variante wählen. Auf diese Weise läuft man gar nicht erst Gefahr, einen Beitrag doch noch für Unbefugte lesbar zu hinterlassen.

Warnung   Das Gleiche gilt übrigens nicht nur für Beiträge, sondern auch für andere Inhalte, wie etwa Kontaktformulare. Wenn Sie also den Zugriff auf ein bestimmtes Element einschränken möchten, müssen Sie die Zugriffsebene bei allen Menüpunkten, die auf das Element verweisen, bei den beteiligten Kategorien und bei den Elementen selbst passend einstellen.

Um nun also endlich die Stilfibel nur noch für die Kritiker sichtbar zu machen, kehren Sie zu den Einstellungen des Menüpunkts zurück und setzen dort die *Zugriffsebene* auf *Kritiker*. *Speichern & Schließen* Sie die Änderung. Rufen Sie jetzt *Inhalt → Beiträge* auf, suchen Sie in der Tabelle die *Stilfibel*, klicken Sie ihren Titel an und stellen Sie in ihren Einstellungen ebenfalls die *Zugriffsebene* auf *Kritiker*. Nach dem *Speichern & Schließen* sehen nur noch Kritiker und Super User die Stilfibel.

Aber auch wenn Sie wie gezeigt den Menüpunkt und den Beitrag mit einer Zugriffsebene vor der Allgemeinheit verstecken, können Sie dennoch den Anfang vom Text bewusst im Frontend anzeigen lassen: Auf den Übersichtsseiten der Kategorien präsentiert Joomla! einem Besucher normalerweise immer nur genau die Beiträge, die er auch tatsächlich lesen darf. Die Abbildungen 12-15 und 12-16 zeigen dafür ein kleines Beispiel: Die Filmkritik zu *Indiana Jones IX* dürfen nur registrierte Benutzer sehen. In der Liste aus Abbildung 12-16 taucht sie daher wie erwartet nicht auf.

‡	☐	Status	Titel	Zugriffsebene
⋮	☐	✔ ☆ ▼	Indiana Jones IX (Alias: indiana-jones-ix) Kategorie: Actionfilme	Registered
⋮	☐	✔ ☆ ▼	Stirb langsam (Alias: stirb-langsam) Kategorie: Actionfilme	Public
⋮	☐	✔ ☆ ▼	James Bond: Goldfinger (Alias: james-bond-goldfinger) Kategorie: Actionfilme	Public
⋮	☐	✔ ★ ▼	James Bond 007: Skyfall (Alias: james-bond-007-skyfall) Kategorie: Actionfilme	Public

Abbildung 12-15:   Die Filmkritik zu Indiana Jones IX dürfen in diesem Beispiel nur angemeldete Benutzer lesen.

Abbildung 12-16: Im Frontend bekommen folglich normale Besucher diesen Beitrag nicht zu Gesicht.

Wenn Sie jetzt allerdings die Einstellungen des entsprechenden Menüpunkts öffnen (im Beispiel also *Menüs* → *Main Menu* aufrufen und *Actionfilme* anklicken) und dann auf der Registerkarte *Optionen* den Punkt *Nicht zugängliche Links* auf *Ja* setzen, sehen alle Besucher wie in Abbildung 12-17 auf der entsprechenden Seite auch die Beiträge, die eigentlich einigen ausgewählten Benutzern vorbehalten sind. Wie die Abbildung zeigt, weist Joomla! immerhin deutlich darauf hin, dass den Beitrag nur angemeldete Benutzer lesen dürfen. Auf diese Weise können Sie Ihren Besuchern eine Registrierung schmackhaft machen.

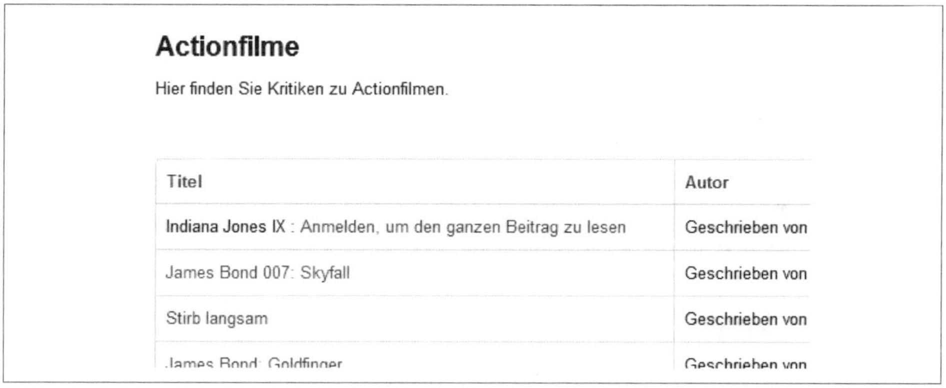

Abbildung 12-17: Der Text Anmelden, um den ganzen Beitrag zu lesen ist ein Link, über den sich die Besucher anmelden können.

Je nachdem, wo der exklusive Beitrag auf Ihrer Website Erwähnung findet, kann ein Besucher seine komplette Einleitung lesen. Das ist genau dann der Fall, wenn:

- der erlesene Beitrag gemeinsam mit anderen auf einer Seite erscheint (wie etwa im Blog der Filmtoaster-Seiten) und
- Sie in den Einstellungen des zu dieser Seite führenden Menüpunkts (im Beispiel also den Einstellungen des Menüpunkts *Blog*) auf der Registerkarte *Optionen* den Punkt *Nicht zugängliche Links* auf *Ja* setzen.

Das Ergebnis zeigt Abbildung 12-18: Ein x-beliebiger Besucher kann dann zwar nicht den kompletten Beitrag lesen, wohl aber die Einleitung.

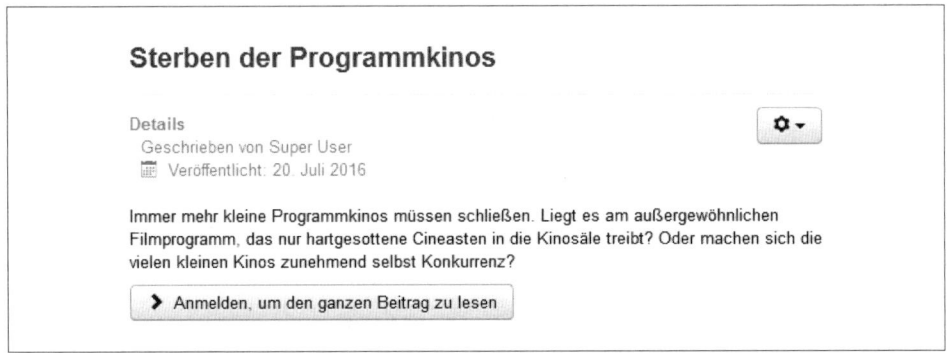

Abbildung 12-18: Diesen Blogbeitrag können eigentlich nur angemeldete Benutzer lesen. Da er aber im Blog erscheint und in den Einstellungen des Menüpunkts zum Blog Nicht zugängliche Links auf Anzeigen steht, zeigt Joomla! dennoch die Einleitung beliebigen Besuchern an.

Zusammenfassung

Da die Arbeit mit Zugriffsebenen recht verwirrend und irritierend ist, folgt hier noch einmal eine kurze Zusammenfassung.

Wenn Sie den Zugriff auf bestimmte Inhalte einschränken möchten, gehen Sie wie folgt vor:

- Erstellen Sie eine neue Zugriffsebene (*Benutzer* → *Zugriffsebenen* → *Neue Zugriffsebene*) und weisen Sie ihr alle Benutzergruppen zu, die später die Inhalte einsehen dürfen. Um unnötige Arbeit zu sparen, sollten Sie zuvor prüfen, ob es nicht schon eine passende Zugriffsebene gibt.
- Öffnen Sie die Einstellungen des Elements, dessen Zugriff Sie einschränken wollen (wie etwa einen Beitrag), und stellen Sie dort in der entsprechenden Ausklappliste die gerade angelegte *Zugriffsebene* ein.
- Klappern Sie jetzt alle Menüpunkte und Kategorien ab, über die das Element (direkt) erreichbar ist, und passen Sie gegebenenfalls auch noch deren Zugriffsebenen an.

Damit ist nun geregelt, wer welche Inhalte zu sehen bekommt. Als Nächstes müssen Sie den Benutzern noch die notwendigen Funktionen freischalten. Auf den Filmtoaster-Seiten sollen etwa die Kritiker endlich weitere Beiträge schreiben können. Das erlauben Sie über sogenannte Berechtigungen.

Berechtigungen – Welche Aktionen darf ein Benutzer ausführen?

Joomla! regelt auf unterschiedliche Weise,

- was ein Benutzer zu *sehen* bekommt und
- welche *Aktionen* er ausführen darf.

Auf welche Inhalte ein Benutzer überhaupt zugreifen darf und was er somit zu Gesicht bekommt, haben Sie über die Zugriffsebenen aus dem vorherigen Abschnitt festgelegt. Damit sieht ein Besucher zwar schon bestimmte Funktionen, kann sie aber unter Umständen gar nicht auslösen oder bekommt nur eine Fehlermeldung zu Gesicht.

Das gilt auch auf den Filmtoaster-Seiten für den Benutzer Paul Kritiker, der zwar im Menü angeboten bekommt, einen neuen Beitrag zu erstellen, beim entsprechenden Versuch aber eine Fehlermeldung erhält.

Berechtigungen anpassen

Um den Mitgliedern einer Benutzergruppe eine Aktion zu erlauben, wechseln Sie zunächst zum Menüpunkt *System → Konfiguration* und dort weiter zum Register *Berechtigungen*. Hier wartet das Registermonster aus Abbildung 12-19.

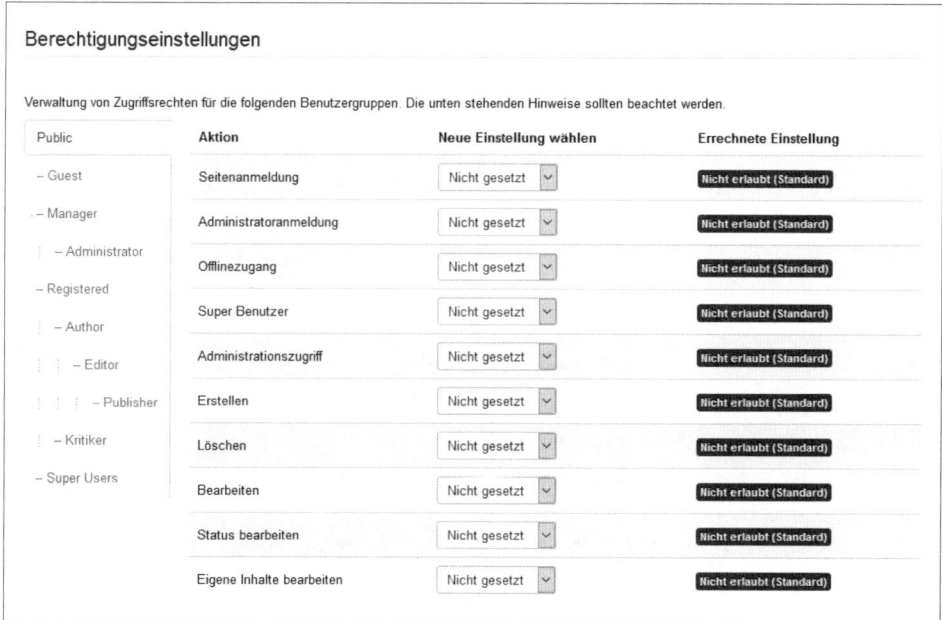

Abbildung 12-19: Hier legen Sie fest, welche Benutzergruppe welche Aktionen ausführen darf.

Es ist jedoch harmloser, als es auf den ersten Blick scheint. In der linken Spalte sehen Sie in blauer Schrift alle existierenden Benutzergruppen. Untergruppen erscheinen wieder eingerückt.

Joomla! spendiert jeder Benutzergruppe ein eigenes Register, auf dem Sie wiederum einstellen, was die Mitglieder dieser Gruppe alles anstellen dürfen. Klappen Sie jetzt das Register der Kritiker auf, indem Sie einfach auf *Kritiker* klicken. (Wenn Sie die Beispiele aus den vorherigen Abschnitten nicht mitgemacht haben, öffnen Sie stattdessen die Gruppe *Author*.) Abbildung 12-20 zeigt das Ergebnis.

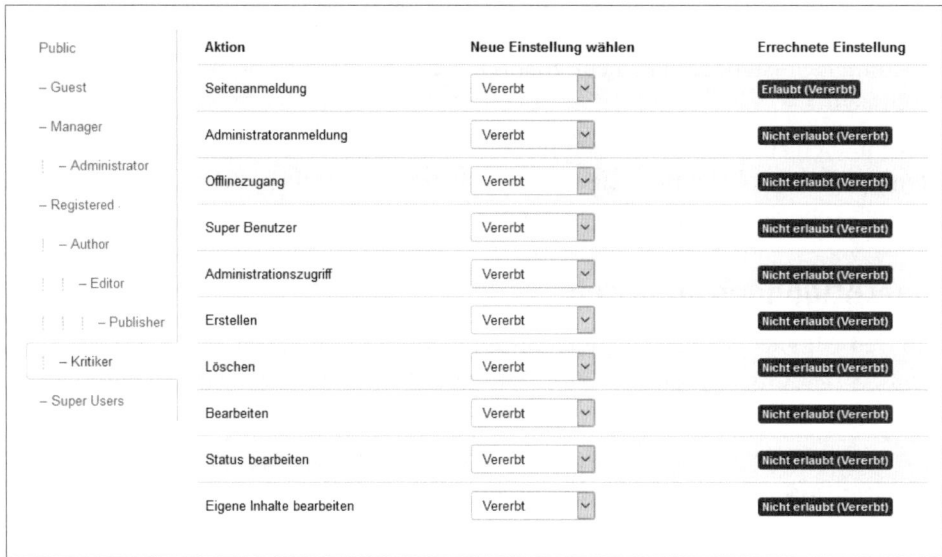

Abbildung 12-20: Die Berechtigungen für die Benutzergruppe der Kritiker.

Konzentrieren Sie sich jetzt auf die rechte Seite. In jeder Zeile finden Sie eine *Aktion*, die die Kritiker ausführen könnten. Insgesamt stehen die Aktionen aus Tabelle 12-3 bereit.

Tabelle 12-3: Mögliche Aktionen

Aktion	Die Mitglieder der Gruppe dürfen ...
Seitenanmeldung	sich am Frontend anmelden (etwa über das *Login Form*)
Administratoranmeldung	sich am Backend anmelden
Offlinezugang	sich anmelden, auch wenn die Website abgeschaltet ist (sich also im Offlinemodus befindet)
Super Benutzer	wirklich alles, egal was die übrigen Einstellungen hier noch so festlegen. Die Mitglieder der Gruppe werden folglich allmächtig.
Administrationszugriff	auf alle Bereiche im Backend zugreifen, dabei allerdings nicht die Konfiguration verändern
Erstellen	Inhalte erstellen
Löschen	Inhalte löschen

Tabelle 12-3: Mögliche Aktionen *(Fortsetzung)*

Aktion	Die Mitglieder der Gruppe dürfen ...
Bearbeiten	bestehende Inhalte verändern beziehungsweise nachbearbeiten
Status bearbeiten	bestehende Inhalte sperren und wieder freigeben
Eigene Inhalte bearbeiten	ihre selbst erstellten Inhalte verändern beziehungsweise nachbearbeiten

Einige der Aktionen schließen sich gegenseitig aus. Das gilt beispielsweise für *Bearbeiten* und *Eigene Inhalte bearbeiten*. Wenn Sie Letztgenanntes erlauben, dürfen die Mitglieder jeweils nur ihre eigenen Inhalte nachbearbeiten. Bei *Bearbeiten* können sie hingegen restlos alle Inhalte verändern, was natürlich ihre eigenen einschließt. Folglich ist nur eine der beiden Aktionen sinnvoll.

Die Spalte *Errechnete Einstellung* zeigt an, was die Mitglieder der Gruppe im Moment dürfen. Den Kritikern aus Abbildung 12-20 ist es demnach erlaubt, sich am Frontend anzumelden – mehr jedoch nicht.

Dies ändern Sie über die Ausklapplisten in der Spalte *Neue Einstellung wählen*. Steht dort ein *Erlaubt*, dürfen die Mitglieder der Gruppe die entsprechende Aktion ausführen, bei *Verweigert* hingegen nicht.

Im Moment steht dort überall noch *Vererbt*. Damit übernimmt die Gruppe die Einstellungen ihrer übergeordneten Gruppe. Die *Kritiker* sind eine Untergruppe von *Registered*. Wenn Sie jetzt deren Register aufklappen, sehen Sie, dass dort *Seitenanmeldung* in der Spalte *Neue Einstellung wählen* auf *Erlaubt* steht. Als Untergruppe übernehmen die Kritiker genau diese Vorgabe. Man sagt, sie *erben* diese Einstellung. Kehren Sie jetzt wieder zum Register der Kritiker zurück.

Um nun den Kritikern das Schreiben von Beiträgen zu erlauben, setzen Sie einfach die Ausklappliste in der Zeile *Erstellen* auf *Erlaubt*. Doch halt: Damit würden Sie den Kritikern gestatten, beliebige Inhalte zu erstellen. Prinzipiell dürften sie dann auch Blogbeiträge schreiben, neue Kontakte anlegen und andere Inhalte hinterlegen. Letzteres wird vor allem dann zu einem Problem, wenn Sie Erweiterungen installieren. So könnten die Kritiker beispielsweise neue Produkte in einen Onlineshop einstellen oder in einen Terminkalender neue Veranstaltungen eintragen.

Warnung Grundsätzlich sollte man einer Benutzergruppe immer nur so viel erlauben, wie gerade eben notwendig ist. Damit führt man die (normalerweise unbekannten) Benutzer nicht in Versuchung, die Funktionen zu missbrauchen.

Glücklicherweise kann man den Kritikern auch ganz gezielt nur das Schreiben von Beiträgen und sogar nur das Schreiben von Filmkritiken gestatten. Dazu belassen Sie die Ausklappliste auf *Vererbt* und verlassen die Konfiguration über *Abbrechen* (in der Werkzeugleiste).

Für die Verwaltung der Beiträge ist die Tabelle hinter *Inhalt → Beiträge* zuständig. Wechseln Sie dorthin, rufen Sie die *Optionen* auf (rechts oben in der Werkzeugleiste) und aktivieren Sie dann das Register *Berechtigungen*. Dessen Inhalt dürfte Ihnen ziemlich bekannt vorkommen (siehe Abbildung 12-21).

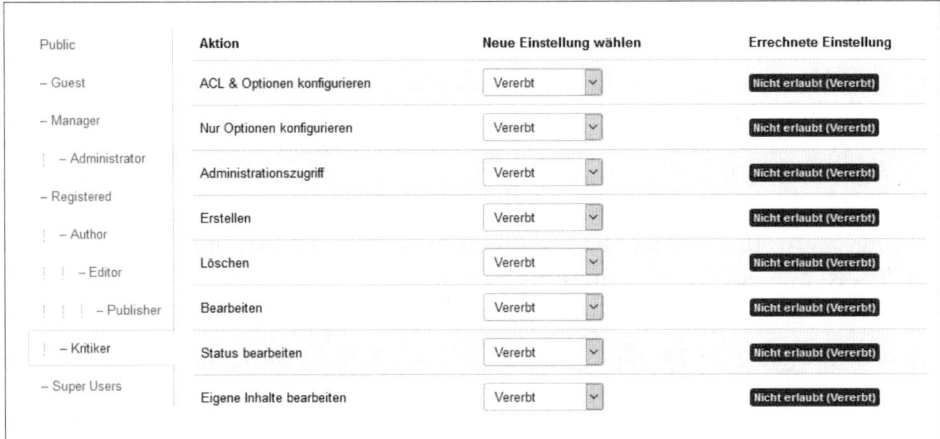

Abbildung 12-21: In den Optionen regeln Sie für jede Benutzergruppe, welche Aktionen diese ausführen darf.

In diesem Register stellen Sie ein, was die einzelnen Benutzergruppen mit den Beiträgen anstellen dürfen. Beachten Sie, dass es wirklich nur um Aktionen geht, die in irgendeiner Weise die Beiträge manipulieren. Insgesamt stehen hier die Aktionen aus Tabelle 12-4 bereit.

Tabelle 12-4: Mögliche Aktionen für Beiträge

Aktion	Die Mitglieder der Gruppe dürfen ...
ACL & Optionen konfigurieren	hinter *Inhalt* → *Beiträge* in den *Optionen* die Vorgaben verändern
Nur Optionen konfigurieren	hinter *Inhalt* → *Beiträge* in den *Optionen* die Vorgaben verändern, wobei allerdings das Register *Berechtigungen* tabu bleibt
Administrationszugriff	auf die Beitragsverwaltung zugreifen (also beispielsweise die Tabelle mit allen Beiträgen einsehen)
Erstellen	Beiträge erstellen
Löschen	vorhandene Beiträge löschen
Bearbeiten	vorhandene Beiträge bearbeiten
Status bearbeiten	Beiträge sperren und freigeben
Eigene Inhalte bearbeiten	als Ersteller eines Beitrags diesen nachträglich verändern

Klappen Sie hier wieder das Register für die *Kritiker* auf. Wie erwartet und von der Spalte *Errechnete Einstellung* bestätigt, dürfen diese im Moment noch nichts. Um ihnen das Schreiben von Beiträgen zu gestatten, setzen Sie in der Zeile *Erstellen* die Ausklappliste auf *Erlaubt*. Doch halt: Damit würde man den Kritikern erlauben, beliebige Beiträge zu schreiben, also auch Blogbeiträge. Man darf ihnen also eigentlich nur gestatten, neue Beiträge für die Kategorie der Filmkritiken und ihrer Unterkategorien (Actionfilme, Komödien etc.) zu erstellen.

Belassen Sie deshalb die Ausklappliste auf *Vererbt*, schließen Sie die Optionen mit einem Klick auf *Abbrechen* und rufen Sie *Inhalt* → *Kategorien* auf. Den Kritikern muss man erlauben, Beiträge für die Kategorie *Filmkritiken* zu schreiben. Suchen Sie daher die *Filmkritiken* in der Tabelle und klicken Sie sie an. In den Einstellungen der Kategorie wechseln Sie jetzt zum Register *Berechtigungen*. Dort finden Sie die bereits zu Genüge bekannten Register (siehe Abbildung 12-22).

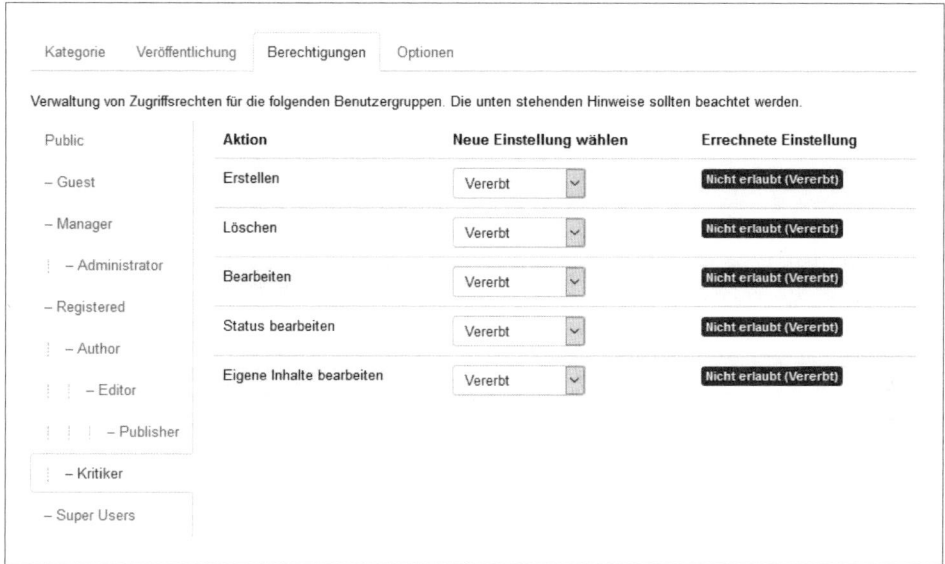

Abbildung 12-22: Hier regeln Sie, welche Aktionen die Kritiker innerhalb der Kategorie ausführen dürfen.

Auf diesen Registerkarten stellen Sie ein, was die einzelnen Benutzergruppen mit den *Beiträgen in dieser Kategorie* anstellen dürfen. Dabei stehen die Aktionen aus Tabelle 12-5 zur Verfügung.

Tabelle 12-5: Mögliche Aktionen für die Beiträge einer Kategorie

Aktion	Die Mitglieder der Gruppe dürfen …
Erstellen	Beiträge in dieser Kategorie erstellen
Löschen	bestehende Beiträge in dieser Kategorie löschen
Bearbeiten	bestehende Beiträge in dieser Kategorie nachbearbeiten
Status bearbeiten	bestehende Beiträge in dieser Kategorie sperren oder freigeben
Eigene Inhalte bearbeiten	ihre eigenen Beiträge nachträglich korrigieren beziehungsweise verändern

Um den Kritikern das Erstellen von Beiträgen in dieser Kategorie zu erlauben, öffnen Sie das Register für die *Kritiker* und setzen in der Zeile *Erstellen* die Ausklappliste auf *Erlaubt*. *Speichern* Sie anschließend Ihre Änderungen, wechseln Sie zurück zum Register *Berechtigungen*, aktivieren Sie wieder die *Kritiker* und beobachten Sie, wie sich die Spalte *Errechnete Einstellung* verändert hat (siehe Abbildung 12-23).

Abbildung 12-23: Mit dieser Einstellung dürfen die Kritiker in der Kategorie Filmkritiken eigene Beiträge erstellen.

 **Warnung**   Beachten Sie, dass die so erlaubte Aktion automatisch auch für die Beiträge in allen Unterkategorien gilt. Wenn Sie das verhindern möchten, müssen Sie nacheinander die Einstellungen der Unterkategorien aufrufen und dort dann die entsprechenden Aktionen wieder verbieten.

Melden Sie sich jetzt in der *Vorschau* wieder als Benutzer paul an und wechseln Sie zum entsprechenden Formular (via *Create an Article*, wenn Sie die vorherigen Schritte mitgemacht haben). Zum einen darf Paul Kritiker jetzt endlich einen Beitrag schreiben, zum anderen kann er auf der Registerkarte *Veröffentlichen* in der Ausklappliste für die *Kategorie* nur noch die *Filmkritiken* sowie deren Unterkategorien auswählen.

Nach dem gleichen Prinzip ändern Sie auch die Zugriffsrechte für alle anderen Elemente, Inhalte und Kategorien. Die angebotenen Aktionen sind dabei jeweils immer die gleichen. Selbst den Zugriff auf nachträglich über Erweiterungen installierte Komponenten und Module können Sie auf diese Weise regeln. (Achten Sie immer in der Werkzeugleiste auf die Schaltfläche *Optionen* beziehungsweise werfen Sie in den jeweiligen Einstellungen einen Blick ins Register *Berechtigungen*.)

Tabellen wie die aus Abbildung 12-23 regeln, wer auf welche Funktionen zugreifen darf. Man bezeichnet sie daher auch als *Access Control Lists*, kurz ACLs. Die deutsche Fassung von Joomla! spricht überwiegend einfach von *Berechtigungen*, die englische von *Permissions*. Der Begriff »Access Control List« taucht vor allem im Internet in Anleitungen und Foren auf.

Vererbungslehre

Damit Sie nicht versehentlich zu viele Rechte erteilen oder gar Benutzer aussperren, sollten Sie immer im Hinterkopf behalten, wie sich die Rechte »weitervererben«:

- Zum einen gibt eine Benutzergruppe ihre Befugnisse an alle ihre Untergruppen weiter.

  Können beispielsweise die Mitglieder der Gruppe *Registered* einen Beitrag erstellen, dürfen das automatisch auch alle untergeordneten *Kritiker* – es sei denn, man verbietet ihnen das explizit wieder.

- Zum anderen gibt ein Einstellungsbildschirm die Befugnisse an seine »untergeordneten« Kollegen weiter.

  Haben Sie beispielsweise den *Kritikern* erlaubt, Beiträge in der Kategorie *Filmkritiken* zu schreiben, dürfen sie automatisch auch Beiträge in allen enthaltenen Unterkategorien erstellen – es sei denn, Sie ändern die Berechtigungen in den Einstellungen der Unterkategorien.

Durch diese Abhängigkeiten bildet sich eine sogenannte Rechte-Hierarchie (*Permission Hierarchy*): Die Einstellungen in der Konfiguration (unter *System → Konfiguration → Berechtigungen*) gelten erst einmal auch für die komplette Beitragsverwaltung. Deren Einstellungen gelten wiederum für alle Kategorien, und deren Einstellungen gelten auch wieder für jeden einzelnen Beitrag.

Warnung Abschließend gibt es noch einen kleinen, aber wichtigen Sonderfall: Die Einstellung *Verweigert* ist immer unumstößlich. Ein so ausgesprochenes Verbot lässt sich von sämtlichen »Erben« nicht mehr umgehen beziehungsweise zurücknehmen. Haben Sie beispielsweise der Benutzergruppe *Registered* mit der Einstellung *Verweigert* verboten, Beiträge in der Kategorie *Filmkritiken* zu bearbeiten, können Sie diese Einschränkung weder für ihre Untergruppe der *Kritiker* noch für einzelne Beiträge zurücknehmen.

Es ist folglich recht kompliziert, herauszufinden, ob ein Benutzer eine bestimmte Aktion ausführen darf. Joomla! muss dazu in der Regel gleich mehrere Einstellungen abklappern. Dabei geht das Content-Management-System ähnlich vor wie Sie im vorherigen Abschnitt:

Tipp Um die folgende Detektivarbeit besser nachvollziehen zu können, sollten Sie die jeweiligen Schritte selbst parallel im Backend durchspielen.

Möchte Paul Kritiker einen Beitrag erstellen, wirft Joomla! zunächst einen Blick in die Konfiguration hinter *System → Konfiguration → Berechtigungen*. Dort steht auf der Registerkarte seiner Benutzergruppe *Kritiker* die Aktion *Erstellen* auf *Vererbt*. Um herauszufinden, was da vererbt wird, muss Joomla! im Register der übergeordneten Benutzergruppe *Registered* nachschlagen. Dort steht die Aktion *Erstellen* ebenfalls auf *Vererbt*. Also geht es weiter zum Register der nächsten übergeordneten Gruppe. Das wäre *Public*, wo *Erstellen* auf *Nicht gesetzt* steht. In diesem Fall nimmt Joomla! an, dass das Erstellen von Inhalten verboten ist.

Warnung Im Gegensatz zur Einstellung *Verweigert* lässt sich das Verbot bei *Nicht gesetzt* später wieder zurücknehmen. *Nicht gesetzt* ist folglich weniger strikt, Sie können also beispielsweise den *Kritikern* nachträglich das Erstellen von Beiträgen erlauben.

Abbildung 12-24 visualisiert diese Suche noch einmal.

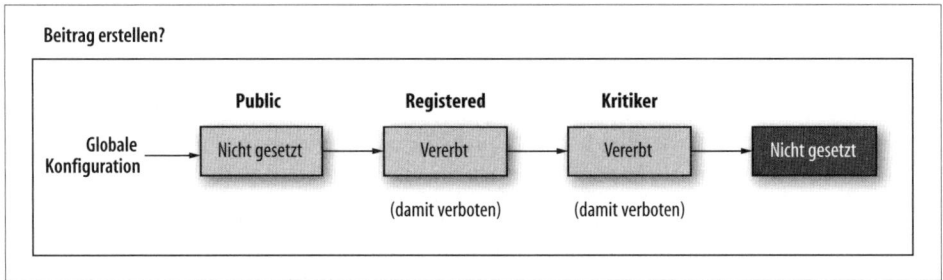

Abbildung 12-24: So ermittelt Joomla! die Berechtigungen in der Konfiguration. Die Pfeile zeigen dabei an, wie die Rechte jeweils weitergegeben werden.

Damit hat Joomla! schon einmal herausgefunden, dass das Erstellen von Inhalten – und somit auch das Anlegen von Beiträgen – prinzipiell verboten wäre. Allerdings gibt es noch weitere Stellen im Backend, an denen sich entsprechende Einstellungen verstecken. Joomla! ermittelt deshalb, welche Komponente im aktuellen Fall zuständig ist. Das ist im Beispiel die Beitragsverwaltung hinter *Inhalt → Beiträge*. Dort schaut Joomla! dann in die *Optionen* auf die Registerkarte *Berechtigungen*, wo das bekannte Spielchen von vorne losgeht: Im Register der *Kritiker* steht neben *Erstellen* der Punkt *Vererbt*. Also muss Joomla! das Register der übergeordneten Benutzergruppe *Registered* konsultieren. Auch dort ist in der Zeile *Erstellen* die Ausklappliste auf *Vererbt* gesetzt. Es gilt somit die Einstellung der nächsten übergeordneten Gruppe *Public*. Dort steht diesmal allerdings ebenfalls *Vererbt*. Damit gelten jetzt die Einstellungen aus der Konfiguration, womit das Erstellen von Inhalten erst einmal weiterhin verboten ist. Paul hat somit wieder Pech. Abbildung 12-25 fasst noch einmal Joomla!s aktuellen Ermittlungsstand zusammen.

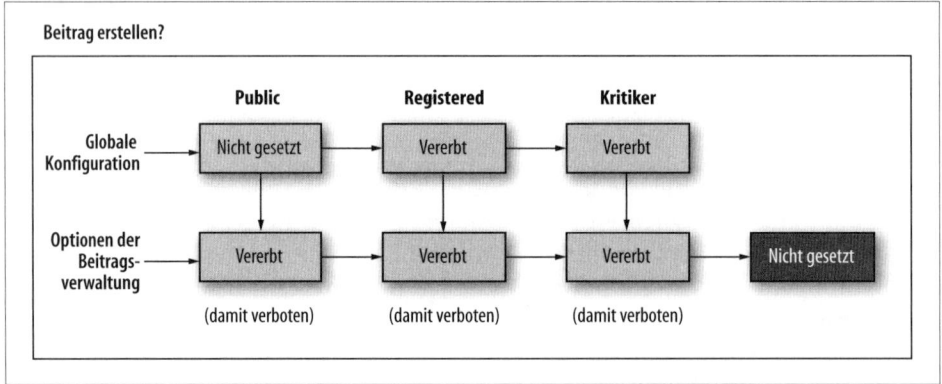

Abbildung 12-25: Die weiteren Ermittlungen in der Beitragsverwaltung. Beachten Sie, dass sich die Rechte sowohl von der Benutzergruppe als auch von den Vorgaben aus der Konfiguration übertragen.

Vielleicht darf Paul Kritiker aber einen Beitrag in einer der Kategorien erstellen. Also muss Joomla! alle Kategorien abklappern. In den Einstellungen der *Filmkritiken* angekommen, steht auf der Registerkarte *Berechtigungen* für die Benutzergruppe *Kritiker* die Aktion *Erstellen* auf *Erlaubt* (vorausgesetzt, Sie haben das Beispiel aus dem vorherigen Abschnitt mitgemacht).

Damit weiß Joomla!, dass Paul Beiträge in der Kategorie *Filmkritiken* erstellen darf. Das gilt allerdings nur, wenn eine übergeordnete Benutzergruppe dies nicht noch explizit *Verweigert* (erinnern Sie sich an die Sonderregel auf Seite 519). Also muss Joomla! erneut die Register der übergeordneten Benutzergruppen abklappern. Auf der Registerkarte *Registered* steht die Aktion *Erstellen* auf *Vererbt*, Gleiches gilt für die Benutzergruppe *Public*. Da die Einstellung *Verweigert* somit nicht auftaucht, darf Paul aufatmen und doch noch einen Beitrag erstellen. Wie sich die Rechte unterm Strich vererbt beziehungsweise übertragen haben, veranschaulicht Abbildung 12-26 noch einmal.

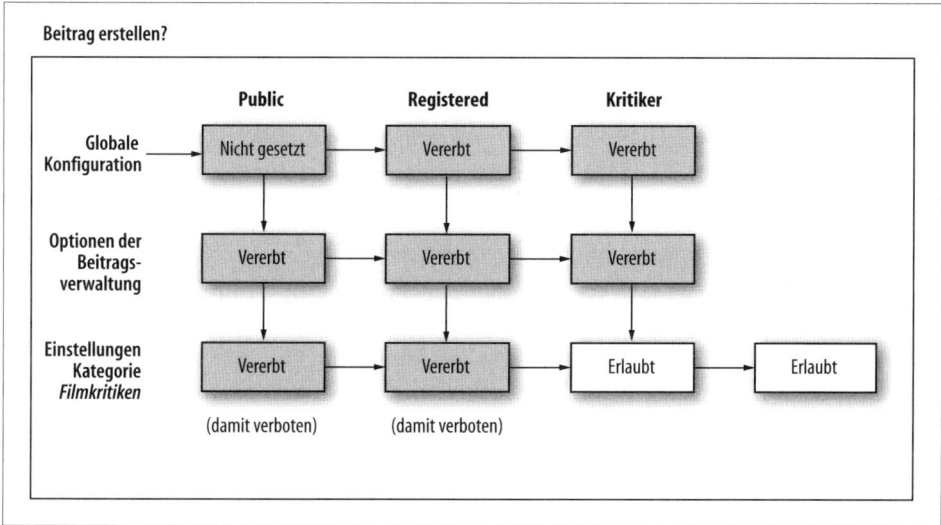

Abbildung 12-26: Die abgeschlossenen Ermittlungen für die Kategorie.

Da die Kategorie *Filmkritiken* Unterkategorien enthält, muss Joomla! auch dort noch einmal jeweils deren Einstellungen überprüfen. Im Beispiel stehen sie allesamt auf *Vererbt*. Somit gelten die Vorgaben der Kategorie *Filmkritiken* – Paul darf also auch in den *Actionfilmen*, *Komödien* und *Liebesfilmen* eigene Beiträge ablegen.

Dieses ganze Prozedere führt Joomla! bei jeder Aktion durch, die ein Benutzer ausführt. Glücklicherweise zeigt Joomla! seine jeweiligen (Zwischen-)Ermittlungen immer in der allseits bekannten Spalte *Errechnete Einstellung* an. Man muss folglich nicht selbst umständlich Detektiv spielen.

Warnung Wenn eine Aktion erlaubt ist, muss sie nicht unbedingt auch im Frontend nutzbar sein. Das klingt zunächst paradox. Fehlt jedoch ein Menüpunkt zum entsprechenden Formular, wird ein Kritiker keine neuen Beiträge einreichen können – selbst wenn er dafür noch so viele Rechte besitzt. Eine solche Situation entsteht beispielsweise, wenn man die Zugriffsebenen (versehentlich) falsch setzt oder schlichtweg vergisst, einen passenden Menüpunkt anzulegen.

Textfilter für Benutzergruppen

Wenn Sie unbekannten Personen das Schreiben von Beiträgen gestatten, dürfen diese ihre Texte auch mit HTML-Befehlen anreichern beziehungsweise »aufhübschen«. Dabei besteht allerdings die Gefahr, dass ein Autor seine Freiheiten zu stark ausreizt und das Layout somit vollkommen durcheinanderbringt. Darüber hinaus könnten böswillige Autoren auf diesem Weg recht leicht schädlichen Programmcode einschmuggeln. Aus diesen Gründen darf man unter *System* → *Konfiguration* auf der Registerkarte *Textfilter* den Gebrauch von HTML-Befehlen einschränken.

 **Warnung** Um dieses Angebot sinnvoll nutzen zu können, müssen Sie sich zumindest ein wenig mit HTML auskennen. Belassen Sie im Zweifelsfall alle Einstellungen im Register *Textfilter* auf ihren Vorgaben, diese sind bereits durchweg sinnvoll gewählt. Im schlimmsten Fall können Autoren ihre Texte kursiv oder fett drucken, aber keinen Programmcode einschmuggeln. Weitere Informationen zu HTML finden Sie später noch in Kapitel 16, *Ein eigenes Template entwickeln*, Seite 651.

Zunächst suchen Sie in der Spalte *Filtergruppen* die Benutzergruppe heraus, die Sie kontrollieren möchten. Wählen Sie dann in der Ausklappliste rechts daneben ein *Filterverfahren* aus. Dabei stehen folgende Möglichkeiten zur Auswahl:

- *Kein HTML* untersagt jeglichen Gebrauch von HTML.
- Bei *Standard Blacklist* lässt Joomla! alle HTML-Tags durchgehen mit Ausnahme einiger Befehle, die beim Einschmuggeln von fremdem Programmcode helfen könnten. Konkret verboten sind die Elemente applet, body, bgsound, base, basefont, embed, frame, frameset, head, html, id, iframe, ilayer, layer, link, meta, name, object, script, style, title, xml sowie die Attribute action, background, codebase, dynsrc und lowsrc. Weitere HTML-Elemente und Attribute können Sie über die entsprechenden Eingabefelder rechts daneben hinzufügen. Die einzelnen Elemente und Attribute trennen Sie dabei jeweils durch ein Komma oder Leerzeichen.
- Die *Whitelist* erlaubt ausschließlich die in den Feldern rechts daneben eingetippten HTML-Elemente und Attribute. Auch hier muss man wieder die einzelnen Elemente und Attribute durch Kommata oder Leerzeichen trennen.
- Die *Eigene Blacklist* funktioniert genau entgegengesetzt zur Whitelist: Joomla! verbietet dann die in den Feldern rechts daneben eingetippten HTML-Elemente und Attribute. Auch hier muss man wieder die einzelnen Elemente und Attribute durch Kommata oder Leerzeichen trennen.
- *Keine Filterung* erlaubt schließlich alle möglichen HTML-Befehle.

 Tipp Möchten Sie in Ihrem Internetauftritt den Autoren besser nicht trauen, sollten Sie hier überall *Kein HTML* aktivieren und die betroffenen Personengruppen über die aktivierte Filterung (und die möglichen Konsequenzen) informieren.

An- und Abmeldung

Wenn Sie ausgewählten Personen ein Benutzerkonto eingerichtet und mit passenden Berechtigungen ausgestattet haben, müssen sich diese auch irgendwie im Frontend an- und nach der Arbeit auch wieder abmelden können. Dafür gibt es gleich mehrere verschiedene Möglichkeiten.

An- und Abmeldung über ein Modul

Zunächst können Sie ein Modul vom Typ *Benutzer – Anmeldung* anlegen, das bereits Abschnitt »Benutzer – Anmeldung« auf Seite 392 vorgestellt hat. Wenn Sie der Schnellinstallationsanleitung aus Kapitel 2, *Installation*, Seite 15, gefolgt sind, existiert bereits ein solches Modul mit dem Titel *Login Form* (siehe Abbildung 12-27).

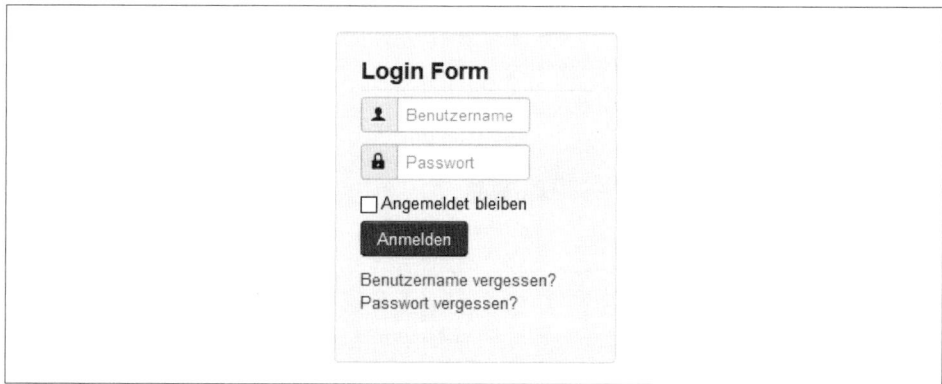

Abbildung 12-27: Über ein Modul vom Typ Benutzer – Anmeldung können sich Benutzer an- und auch wieder abmelden.

Über die entsprechenden Links in einem solchen Modul können sich vergessliche Naturen auch an ihren Benutzernamen und ihr Passwort erinnern lassen. Darüber hinaus lässt sich ein solches Modul auf der Website relativ frei platzieren, und es nimmt wenig Platz weg. Schließlich kann sich ein angemeldeter Benutzer über das Modul auch wieder abmelden.

Bei sehr vielen verschiedenen Modulen auf Ihrer Website wird das Modul allerdings von den Besuchern gern schon einmal übersehen. Alternativ oder zusätzlich dürfen Sie Menüpunkte einrichten, über die sich die Benutzer an- und abmelden können.

Anmeldeformular

Sie können einen Menüpunkt einrichten, der zum schicken Anmeldeformular aus Abbildung 12-28 führt. Es bietet die gleichen Funktionen und Möglichkeiten wie das Modul. Um sich anzumelden, müssen Besucher lediglich ihren Benutzernamen und ihr Passwort in den beiden Feldern hinterlegen und dann auf *Anmelden* klicken. Das ganze Prozedere erfordert allerdings einen Mausklick mehr als die Anmeldung über das Modul.

 Wenn Sie das Anmeldeformular anbieten möchten, erstellen Sie zunächst einen neuen Menüpunkt. Für die Filmtoaster-Seiten rufen Sie dazu *Menüs* → *Benutzermenü* → *Neuer Menüeintrag* auf (wenn Sie die Beispiele aus den vorherigen Kapiteln nicht mitgemacht haben, erstellen Sie den Menüpunkt in einem anderen Menü).

Vergeben Sie in den Einstellungen des Menüeintrags einen passenden *Menütitel*, wie etwa Anmelden oder Log in. Klicken Sie dann auf *Auswählen* und entscheiden Sie sich auf dem Slider *Benutzer* für den Menüeintragstyp *Anmeldeformular*. Mit den Standardeinstellungen würde der Menüpunkt dann zu dem kleinen Formular aus Abbildung 12-28 führen.

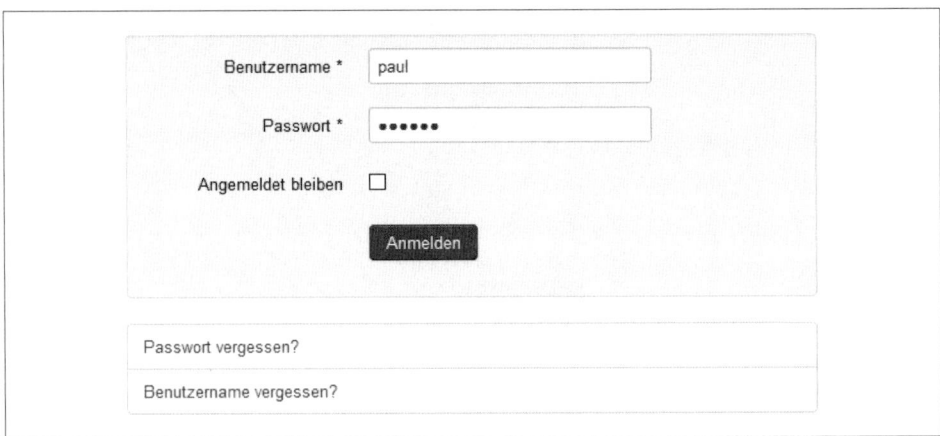

Abbildung 12-28: Das Anmeldeformular im Frontend.

Dieses Formular können Sie in den Einstellungen des Menüpunkts im Register *Optionen* noch etwas aufpeppen. Dieses ist in zwei Bereiche unterteilt. Im oberen der beiden legen Sie fest, was nach der erfolgreichen Anmeldung passiert:

Nachdem der Benutzer im Formular aus Abbildung 12-28 auf *Anmelden* geklickt hat, ruft Joomla! automatisch einen Menüpunkt auf. Zu welchem Menüpunkt Joomla! dabei wechselt, legen Sie unter *Menüeintrag für Anmeldeweiterleitung* fest. Würden Sie dort beispielsweise *Veranstaltungen* einstellen, sehen die Benutzer direkt nach ihrer Anmeldung automatisch immer erst alle Veranstaltungshinweise. Sofern in der Ausklappliste *Standard* eingestellt ist, zeigt Joomla! das Profil des Benutzers an (der dann von dort aus Ihren Internetauftritt erkunden muss).

 Tipp Viele Websites springen zurück zur Startseite. Auf den Filmtoaster-Seiten müssten Sie dazu *Menüeintrag für Anmeldeweiterleitung* auf *Home* stellen. Wenn die Anmeldung erfolgreich war, zeigt Joomla! allerdings keine Bestätigung an. Lediglich das Anmelden-Modul und eventuell ein paar neue Menüpunkte weisen auf eine erfolgreiche Anmeldung hin. Viele Benutzer dürften folglich erst einmal irritiert überlegen, ob denn die Anmeldung tatsächlich geklappt hat. Die Einstellung *Standard* ist daher ein guter Kompromiss: Da der Benutzer seine Profildaten sieht, weiß er umgehend, dass er angemeldet sein muss. Wenn Sie allerdings exklusiv für Ihre angemeldeten Benutzer ein Blog oder einen Nachrichtenticker betreiben, sollten Sie dorthin springen – damit bekommt der Benutzer direkt die exklusiven Inhalte präsentiert.

Joomla! kann nach der erfolgreichen Anmeldung nicht nur einen Menüpunkt aufrufen, sondern auch eine beliebige Internetseite Ihres Internetauftritts anzeigen. Dazu stellen Sie zunächst *Anmeldeweiterleitungstyp* auf *Interne URL* und tragen dann im aufklappenden Eingabefeld *Anmeldeweiterleitung* die Internetadresse zur gewünschten Seite ein. Auf diese Weise können Sie auch zu einer Webseite springen, die nicht direkt über einen Menüpunkt erreichbar ist. Bleibt das Eingabefeld leer, landet der Benutzer wieder in seinem eigenen Benutzerprofil.

Im Anmeldeformular präsentiert Joomla! einfach nur ziemlich lieblos die notwendigen Eingabefelder (wie in Abbildung 12-28). Netterweise dürfen Sie darüber noch einen beliebigen Text anzeigen lassen, zum Beispiel: Bitte melden Sie sich mit Ihrem Benutzernamen und Passwort an. Dazu tippen Sie einfach den Text in das Eingabefeld *Beschreibungstext*. Den zeigt Joomla! allerdings nur an, wenn die Ausklappliste *Anmeldebeschreibung* darüber auf *Anzeigen* steht.

Abschließend können Sie das Formular auch noch mit einem Bild oder Symbolfoto aufpeppen. Wenn Sie das möchten, klicken Sie einfach auf *Auswählen* rechts neben *Anmeldebild*. Dann öffnet sich die Minivariante der Medienverwaltung, in der Sie das Bild hochladen, dann anklicken und schließlich *Einfügen*. Über den Knopf mit dem X werden Sie später das Bild wieder los.

Warnung Sowohl den *Beschreibungstext* als auch das *Anmeldebild* stellen einige Templates nicht korrekt oder nur recht hässlich dar. Das standardmäßig aktive Template *Protostar* setzt beispielsweise Text und Bild noch über den grauen Kasten mit den Eingabefeldern aus Abbildung 12-28. Das Ergebnis wirkt dann recht unprofessionell. Hier müssen Sie im Einzelfall entscheiden, ob Sie den Beschreibungstext und das Bild eingeblendet lassen.

Für die Filmtoaster-Seiten setzen Sie *Anmeldeweiterleitungstyp* auf *Menüeintrag* und *Menüeintrag für Abmeldeweiterleitung* auf *Home*. Damit landet der Benutzer nach der Anmeldung wieder auf der Startseite. Alle anderen Einstellungen belassen Sie auf ihren Vorgaben.

Wenn der erfolgreich angemeldete Benutzer den Menüpunkt noch einmal aufruft, zeigt Joomla! nicht das Formular aus Abbildung 12-28 an. Stattdessen landet der Benutzer auf einer Webseite mit einer einsamen Schaltfläche *Abmelden*, wie sie Abbildung 12-29 zeigt.

Sobald der Benutzer die Schaltfläche anklickt, meldet ihn Joomla! ab. Gleichzeitig ruft Joomla! den Menüpunkt auf, den Sie in der Ausklappliste *Menüeintrag für Abmeldeweiterleitung* vorgegeben haben. Sofern dort *Standard* steht, landet der Benutzer auf einer leeren Seite. Ältere Joomla!-Versionen zeigten hier einfach wie-

der das Anmeldeformular an. Sofern Sie keine bessere Alternative haben, lassen Sie
Joomla! immer zurück zur Startseite springen. Auf diese Weise kehrt der Benutzer
wieder zu einem ihm gut bekannten Ausgangspunkt zurück. Dazu stellen Sie in der
Ausklappliste den Menüpunkt ein, der zur Startseite führt. Im Fall der Filmtoaster-
Seiten wählen Sie *Home*.

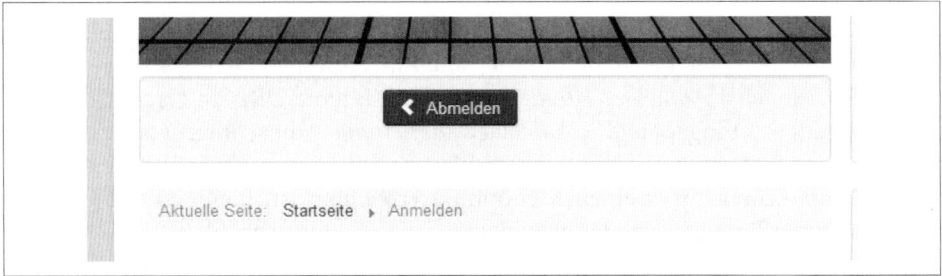

Abbildung 12-29: Über diese Schaltfläche kann sich der Benutzer wieder abmelden.

Alternativ können Sie den Benutzer auch auf eine beliebige andere Internetseite
Ihrer Website lenken. Dazu setzen Sie *Abmeldeweiterleitungstyp* auf *Interne URL*
und tragen dann im erscheinenden Eingabefeld *Abmeldeweiterleitung* die Internetadresse der entsprechenden Seite ein. Auf diese Weise können Sie auch zu einer
Unterseite springen, die nicht direkt über einen Menüpunkt erreichbar ist.

Damit die Seite mit der Schaltfläche *Abmelden* nicht ganz so leer wirkt, können Sie
noch einen beliebigen Text darüber anzeigen lassen – etwa Um sich abzumelden,
klicken Sie bitte auf die Schaltfläche. Dazu hinterlegen Sie einfach diesen Text
im Feld *Abmeldebeschreibung*. Den Text präsentiert Joomla! allerdings nur, wenn
direkt über dem Feld die Ausklappliste *Beschreibungstext* auf *Anzeigen* steht.
Zusätzlich zum Text blendet Joomla! auf Wunsch auch ein Bild ein. Wenn Sie das
möchten, klicken Sie einfach neben *Abmeldebild* auf *Auswählen*. Dann öffnet sich
die Minivariante der Medienverwaltung, in der Sie das Bild hochladen, dann anklicken und schließlich *Einfügen*. Gefällt Ihnen das Bild nicht mehr, klicken Sie einfach auf das *X*.

 Für die Filmtoaster-Seiten genügen auch hier wieder die Standardeinstellungen.

Es gibt allerdings noch ein kleines Problem: Für einen angemeldeten Benutzer ist es
nicht offensichtlich, dass er sich über den Menüpunkt auch wieder abmelden kann.
Um das zu ändern, haben Sie drei Möglichkeiten:

- Sie passen den Menütitel entsprechend an und ändern ihn etwa auf An- und
  Abmelden.
- Sie belassen den Menütitel und fügen noch einen weiteren Menüpunkt zum
  Abmelden hinzu (wie im übernächsten Abschnitt beschrieben).
- Sie fügen einen weiteren Menüpunkt zum Abmelden hinzu (wie im übernächs-
  ten Abschnitt beschrieben). Gleichzeitig präsentieren Sie den Menüpunkt zum
  Anmelden ausschließlich den nicht angemeldeten Besuchern.

Die letzte Variante ist die eleganteste: Sobald sich ein Besucher über *Anmelden* angemeldet hat, verschwindet der Menüpunkt. Dazu wechseln Sie noch einmal zurück zum Register *Details* und setzen die *Zugriffsebene* auf *Guest*, die für genau solche Fälle existiert. Ändern Sie diese Einstellung auch auf den Filmtoaster-Seiten. Weitere Informationen zur Zugriffsebene *Guest* finden Sie im Abschnitt »Zugriffsebenen – Was bekommt ein Benutzer zu sehen?« auf Seite 503.

Tipp	Es gibt hier noch einen kleinen Schönheitsfehler: Wenn Sie auf der Registerkarte *Optionen* den *Menüeintrag für Abmeldeweiterleitung* auf *Standard* stehen lassen, erhalten Benutzer nach ihrer Anmeldung eine Fehlermeldung. Der Grund ist simpel: Der Benutzer hat den Menüpunkt *Anmelden* aufgerufen. Diesen darf der Benutzer aber direkt nach der Anmeldung nicht mehr sehen, was dann zu der Fehlermeldung führt. Wenn Sie *Menüeintrag für Abmeldeweiterleitung* hingegen auf einen anderen Menüpunkt setzen, ruft Joomla! automatisch einen anderen Menüpunkt auf, den der Benutzer sehen darf. Sie merken sicher schon: Die Zugriffsebenen können die Hirnwindungen ziemlich verknoten – insbesondere wenn wie hier mehrere wirken.

Lassen Sie abschließend den Menüpunkt *Speichern & Schließen*. In der *Vorschau* können Sie sich dann über ihn bei Joomla! anmelden. Sobald das geschehen ist, verschwindet der Menüpunkt. Einen Kollegen zum Abmelden legen Sie im übernächsten Abschnitt an. Zuvor folgt aber noch kurz ein Hinweis auf die sogenannte Zwei-Faktor-Authentifizierung. Derweil können Sie sich über das *Login Form* abmelden.

Zwei-Faktor-Authentifizierung

Wenn jemand einen Benutzernamen und das zugehörige Passwort stiehlt, kann er sich bei Joomla! anmelden und dort Schabernack treiben. Sie können das mit einem Verfahren erschweren, das als Zwei-Faktor-Authentifizierung bezeichnet wird. Dabei tippt ein Besucher zunächst wie gewohnt seinen Benutzernamen und sein Passwort ein. Damit gibt sich Joomla! aber noch nicht zufrieden, sondern verlangt noch nach einem zweiten Ausweis.

Das kann zum einen ein spezieller USB-Stick der Firma Yubico mit einem digitalen Ausweis sein, den der Besucher an den Computer anstöpselt. Alternativ kann der Besucher mit einer speziellen App auf seinem Smartphone einen Sicherheitscode generieren lassen. Erst wenn er auch diesen Joomla! mitgeteilt hat, erhält er Zugang zu den exklusiven Inhalten. Der Sicherheitscode wird nach einem ausgeklügelten Verfahren erzeugt, sodass ein Angreifer ihn weder erraten noch abfangen kann. Unter anderem ist er nur 30 Sekunden lang gültig.

In beiden Fällen müsste ein Angreifer also nicht nur den Benutzernamen und das Passwort herausfinden, sondern auch noch den USB-Stick beziehungsweise das Smartphone des Benutzers erbeuten. Da sich die Benutzer auf zwei verschiedene Arten gegenüber Joomla! ausweisen müssen, gibt es zwei Sicherheitsfaktoren – daher die Bezeichnung Zwei-Faktor-Authentifizierung (englisch *Two-Factor Authentica-*

tion). Mit diesem Verfahren können Sie nicht nur die Anmeldung im Frontend, sondern auch die Anmeldung im Backend absichern.

Die Zwei-Faktor-Authentifizierung erhöht die Sicherheit, sie hat aber auch einige Nachteile: Zum einen setzt sie voraus, dass Ihre Benutzer entweder ein Smartphone besitzen oder aber sich einen speziellen USB-Stick bei Yubico bestellen. Zum anderen wird die Anmeldung aufwendiger und schreckt daher viele Benutzer ab. Jeder Benutzer kann allerdings selbst entscheiden, ob er die Zwei-Faktor-Authentifizierung nutzen möchte oder nicht. Sie können sie daher Ihren Benutzern unverbindlich anbieten.

Standardmäßig ist die Zwei-Faktor-Authentifizierung komplett deaktiviert. Um sie einzuschalten, rufen Sie im Backend den Punkt *Erweiterungen → Plugins* auf. Suchen Sie in der Tabelle die beiden Plug-ins *Zwei-Faktor-Authentifizierung → Google Authenticator* und *Zwei-Faktor-Authentifizierung → YubiKey*. Sie sollten ganz am Ende zu finden sein.

Wenn Sie eine Anmeldung über die App *Google Authenticator* ermöglichen möchten, klicken Sie auf *Zwei-Faktor-Authentifizierung – Google Authenticator*. Unter *Einsatzbereich* wählen Sie jetzt aus, ob diese Form der Anmeldung im Frontend, im Backend oder in beiden Fällen zum Einsatz kommen soll. Im Zweifelsfall lassen Sie *Beide* aktiviert. Schalten Sie jetzt die Zwei-Faktor-Authentifizierung ein, indem Sie den *Status* auf *Aktiviert* setzen. *Speichern & Schließen* Sie die Einstellungen.

Möchten Sie eine Anmeldung über einen YubiKey ermöglichen, klicken Sie auf *Zwei-Faktor-Authentifizierung – YubiKey*. Unter *Einsatzbereich* wählen Sie aus, ob diese Form der Anmeldung im Frontend, im Backend oder in beiden Fällen zum Einsatz kommen soll. Im Zweifelsfall lassen Sie wieder *Beide* aktiviert. Schalten Sie die Zwei-Faktor-Authentifizierung ein, indem Sie den *Status* auf *Aktiviert* setzen. *Speichern & Schließen* Sie die Einstellungen.

Damit haben Sie die Zwei-Faktor-Authentifizierung eingeschaltet. Jetzt sind die Benutzer am Zug.

Sobald Sie eine der beiden Methoden aktiviert haben, erscheint sowohl beim Anmeldeformular als auch im Anmelden-Modul ein zusätzliches Eingabefeld (wie in Abbildung 12-30).

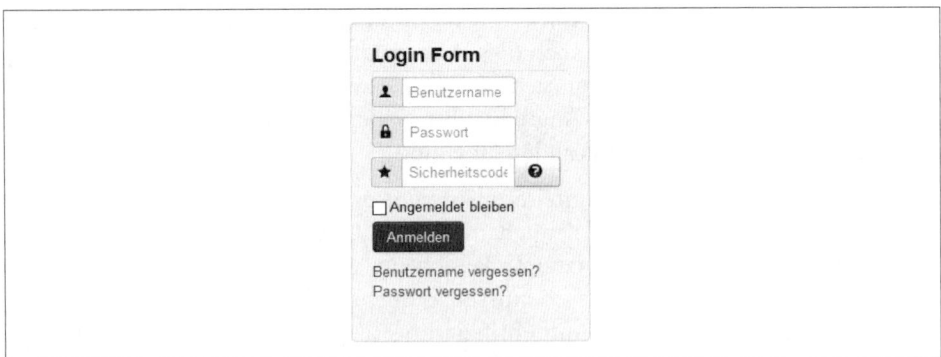

Abbildung 12-30: Den zusätzlichen Sicherheitscode muss man in das entsprechende Feld eintippen.

Dieses Feld ist erst dann von Bedeutung, wenn sich ein Benutzer bewusst für die Zwei-Faktor-Authentifizierung entschieden hat. Andernfalls reicht es weiterhin aus, den Benutzernamen und das Passwort einzutippen.

Tipp Damit sich Ihre Benutzer nicht über das zusätzliche Eingabefeld wundern, sollten Sie Ihnen kurz dessen Einsatzzweck mitteilen.

Möchte ein Benutzer die Zwei-Faktor-Authentifizierung verwenden, meldet er sich zunächst wie gewohnt bei Joomla! an und wechselt dann zu seinem Profil. Wenn Sie der Schnellinstallationsanleitung aus Kapitel 2, *Installation*, Seite 15, gefolgt sind, gelingt das über den Menüpunkt *Edit Profile*. Andernfalls müssen Sie sehr wahrscheinlich noch einen passenden Menüpunkt einrichten – dies beschreibt später Abschnitt »Benutzerprofil« auf Seite 540. Im Profil gibt es jetzt ganz unten den Abschnitt *Zwei-Faktor-Authentifizierung* (siehe Abbildung 12-31).

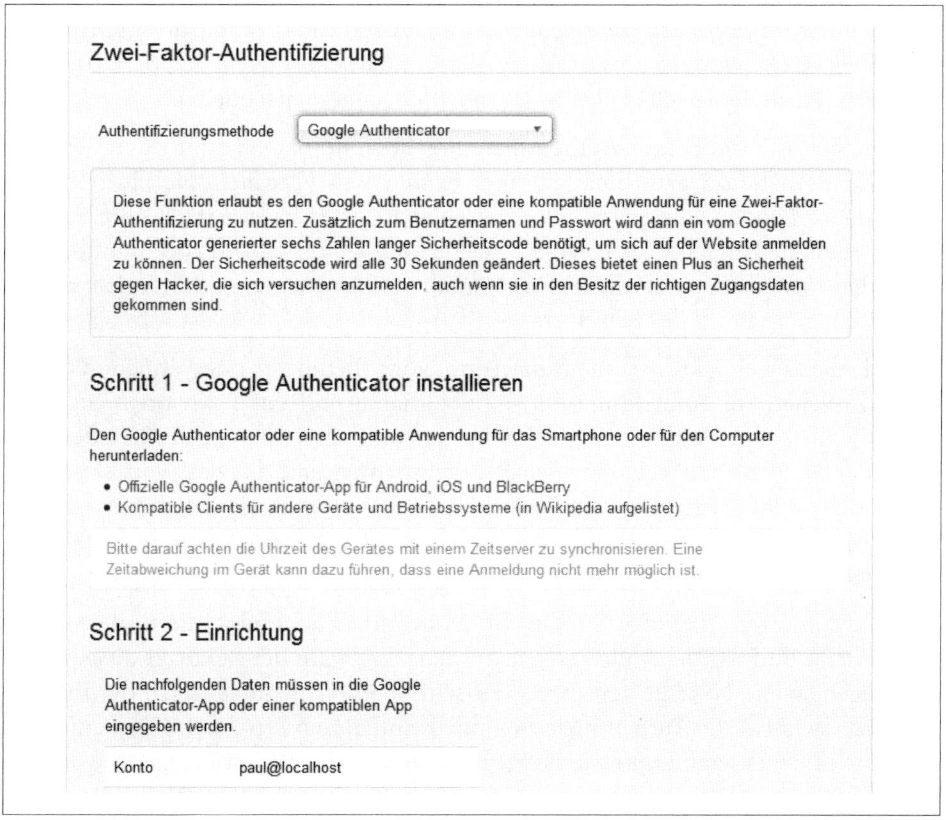

Abbildung 12-31: Hier hat sich der Benutzer für die Authentifizierung via Google Authenticator und somit sein Smartphone entschieden.

Aus der Ausklappliste *Authentifizierungsmethode* kann der Benutzer jetzt die gewünschte Methode auswählen. Anschließend blendet Joomla! im unteren Teil mehrere Anweisungen ein, die der Benutzer einmal durchführen muss.

Im Fall des *Google Authenticator* muss der Benutzer zunächst die passende App auf seinem Smartphone installieren. Diese gab es zum Erstellungszeitpunkt dieses Buchs für Android, iOS und BlackBerry. Entsprechende Links finden sich unter *https://support.google.com/accounts/answer/1066447?hl=de*. Ist das erledigt, startet der Benutzer die App auf seinem Smartphone und gibt dann die von Joomla! angezeigten Registrierungsdaten ein (die unter *Schritt 2* neben *Konto* und *Schlüssel* angezeigt werden). Die App erzeugt nun einen Schlüssel, den der Benutzer unter *Schritt 3* im Feld *Sicherheitscode* eintippt. Anschließend muss er die Einstellungen einmal *Senden*.

Tipp Damit die Zwei-Faktor-Authentifizierung auf diesem Weg klappt, müssen die Uhrzeit auf dem Smartphone sowie die auf dem Server korrekt eingestellt sein.

Wählt der Benutzer hingegen die Authentifizierungsmethode *YubiKey*, muss er zunächst seinen speziellen USB-Stick einstöpseln. Diesen erhält er beim Hersteller Yubico unter *https://www.yubico.com*. Anschließend muss er mit der Maus in das Feld *Sicherheitscode* klicken und dann die goldfarbene Fläche auf dem YubiKey berühren. Nach dem *Senden* gleicht Joomla! den Sicherheitscode ab.

Sie können die Zwei-Faktor-Authentifizierung auch im Backend für jeden Benutzer einzeln einschalten. Dazu rufen Sie unter *Benutzer* → *Verwalten* die Einstellungen des entsprechenden Benutzers auf. Im neuen Register *Zwei-Faktor-Authentifizierung* stellen Sie zunächst die gewünschte *Authentifizierungsmethode* ein und folgen dann den Anweisungen darunter. Das Vorgehen ist dabei identisch mit dem bereits vorgestellten im Profil des Benutzers.

Sobald die Zwei-Faktor-Authentifizierung vom Benutzer oder Ihnen aktiviert wurde, reichen zur Anmeldung der Benutzername und das Passwort nicht mehr aus. Wie die Anmeldung abläuft, hängt vom gewählten Verfahren ab. In jedem Fall muss der Benutzer wie gewohnt den Benutzernamen und das Passwort eintippen. Zusätzlich ist im dritten Feld ein Sicherheitscode zu hinterlegen, den entweder der Google Authenticator oder der YubiKey erzeugt. Nach einem Klick auf *Anmelden* prüft Joomla! dann alle Eingaben.

Es kann passieren, dass der Google Authenticator nicht funktioniert oder der PC keinen USB-Port für den YubiKey hat. In dem Fall wäre der Benutzer ausgesperrt. Um gegen solche Notfälle gewappnet zu sein, ruft der Benutzer nach der Einrichtung der Zwei-Faktor-Authentifizierung noch einmal sein Profil auf. Ganz unten auf der Seite findet er jetzt *Einmalpasswörter für Notfälle*. Diese kann er anstelle des von der App erzeugten Sicherheitscodes oder des YubiKey verwenden. Jedes dieser Passwörter funktioniert allerdings nur genau einmal – und danach nie wieder. Der Benutzer sollte folglich die Einmalpasswörter auf einem Zettel notieren und diesen am besten in einem Safe deponieren. Im Backend können Sie die Einmalpasswörter übrigens einsehen, indem Sie hinter *Benutzer* → *Verwalten* in die Einstellungen des entsprechenden Benutzers wechseln. Sie finden dann die Einmalpasswörter ganz unten auf der Registerkarte *Zwei-Faktor-Authentifizierung*.

Abmelden über einen Menüpunkt

Nach erledigter Arbeit sollten sich Benutzer explizit wieder von Joomla! abmelden. Damit ist sichergestellt, dass Fremde nicht unbemerkt das Benutzerkonto übernehmen können. Abmelden können sich die Benutzer auf gleich mehreren Wegen: Wenn Sie ein Modul vom Typ *Benutzer – Anmeldung* anbieten, müssen Benutzer lediglich auf dessen Schaltfläche *Abmelden* klicken (siehe Abschnitt »Benutzer – Anmeldung« auf Seite 392). Sofern Sie einen Menüpunkt vom Menüeintragstyp *Anmeldeformular* erstellt haben, können die Benutzer diesen Menüpunkt aufrufen und dann auf *Abmelden* klicken (siehe Abschnitt »Anmeldeformular« auf Seite 523).

Es gibt aber auch noch eine dritte Möglichkeit: Sie können explizit einen Menüpunkt zum Abmelden einrichten. Ein Klick darauf genügt, und schon ist der Benutzer abgemeldet. Hierzu erstellen Sie wie gewohnt einen neuen Menüpunkt. Auf den Filmtoaster-Seiten rufen Sie dafür *Menüs → Benutzermenü → Neuer Menüeintrag* auf.

Klicken Sie neben *Menüeintragstyp* auf *Auswählen* und entscheiden Sie sich auf dem Slider *Benutzer* für *Abmelden*. Vergeben Sie noch einen aussagekräftigen *Menütitel*, wie etwa `Abmelden`.

Wenn ein Benutzer den Menüpunkt anklickt, meldet ihn Joomla! zunächst ab und leitet ihn dann auf eine Seite weiter. Welche Seite das ist, dürfen Sie im Register *Optionen* unter *Abmeldeweiterleitungsseite* festlegen. Wenn Sie keine bessere Alternative haben, lassen Sie Joomla! zurück zur Startseite springen. Auf diese Weise kehrt der Benutzer wieder zu einem ihm gut bekannten Ausgangspunkt zurück. Stellen Sie dazu einfach in der Ausklappliste den Menüpunkt ein, der zur Startseite führt. Im Fall der Filmtoaster-Seiten wählen Sie folglich als *Abmeldeweiterleitungsseite* den Punkt *Home*.

Standardmäßig ist der Menüpunkt immer zu sehen – insbesondere auch für alle vorbeischlendernden Besucher, die gar kein Benutzerkonto besitzen. Wenn diese Personen auf den Menüpunkt klicken, passiert zwar nichts, er dürfte Ihre Besucher aber dennoch irritieren. Abhilfe ist recht schnell geschaffen: Stellen Sie einfach im Register *Details* eine passende *Zugriffsebene* ein. Auf den Filmtoaster-Seiten wählen Sie *Registered*. Damit sehen den Menüpunkt nur noch angemeldete Benutzer.

Vergessen Sie nicht, den Menüpunkt *Speichern & Schließen* zu lassen.

Vergessene Benutzernamen und Passwörter

Insbesondere dann, wenn sich Benutzer nur selten an Ihrem Internetauftritt anmelden, vergessen sie schon einmal ihr Passwort oder ihren Benutzernamen. Sie selbst können als Super User beide Informationen im Backend in den Einstellungen eines Benutzerkontos (hinter *Benutzer → Verwalten*) einsehen und auch ändern. Der Benutzer muss Sie jedoch dazu erst per E-Mail kontaktieren.

Alternativ können Sie zwei Formulare bereitstellen, über die ein Benutzer selbst ein neues Passwort anfordern beziehungsweise sich an seinen Benutzernamen erinnern lassen kann. Sinnvollerweise sollten beide in einem für alle Besucher sichtbaren Menü erscheinen.

Tipp   Wenn Sie ein Modul vom Typ *Benutzer – Anmeldung* anbieten, enthält dieses bereits zwei Links, über die ein Benutzer ein neues Passwort anfordern und sich an seinen Benutzernamen erinnern lassen kann (siehe Abschnitt »Benutzer – Anmeldung« auf Seite 392). Zwei zusätzliche Menüpunkte sind dann nicht zwingend notwendig.

Als Erstes zum vergessenen Passwort: Erstellen Sie zunächst einen neuen Menüpunkt. Auf den Filmtoaster-Seiten wählen Sie dazu *Menüs → Benutzermenü → Neuer Menüeintrag*.

Weisen Sie ihm hinter *Auswählen* auf dem Slider *Benutzer* den Menüeintragstyp *Passwort zurücksetzen* zu. Vergeben Sie abschließend noch einen *Menütitel*, wie etwa Passwort vergessen, und lassen Sie ihn *Speichern & Schließen*. Der fertige Menüeintrag führt dann im Frontend zur Seite aus Abbildung 12-32.

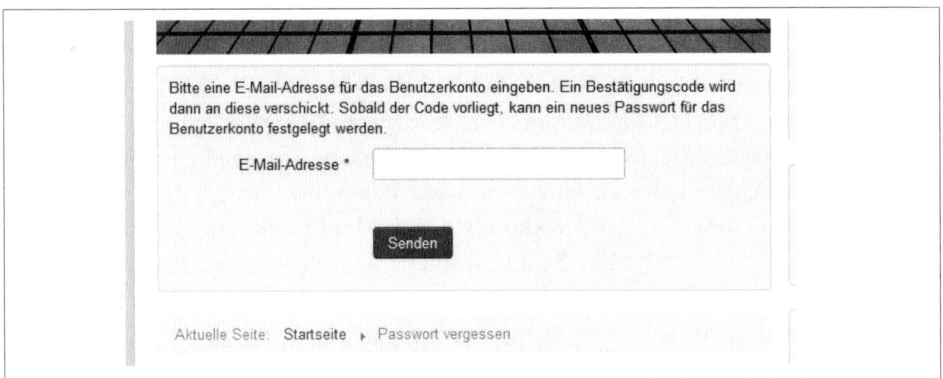

Abbildung 12-32: Um ein neues Passwort zu erhalten, muss der Besucher seine E-Mail-Adresse hinterlegen.

Hier muss der vergessliche Benutzer seine E-Mail-Adresse hinterlassen, an die Joomla! dann eine Nachricht mit einem Bestätigungscode schickt. Diesen Code muss der Benutzer zusammen mit seinem Benutzernamen in das jetzt neu angezeigte Formular übertragen. Erst danach darf er endlich ein neues Passwort vergeben. Mit dieser ganzen Prozedur soll sichergestellt werden, dass niemand ein vorhandenes Benutzerkonto kapert.

Wie oft sich ein Benutzer auf diesem Weg selbst ein neues Passwort zuschicken lassen kann, legen Sie im Backend unter *Benutzer → Verwalten* in den *Optionen* auf der Registerkarte *Komponente* fest. Benutzer dürfen innerhalb der neben *Passwort-Resets: Zeitraum* eingestellten Zeitspanne nur so oft ein Passwort anfordern, wie *Passwort-Resets: Maximum* vorgibt. Die Zahlen unter *Passwort-Resets: Zeitraum* entsprechen dabei Stunden. Mit den Vorgaben kann ein Benutzer also pro Stunde höchstens zehnmal ein neues Passwort anfordern.

Etwas weniger kompliziert funktioniert die Erinnerung an einen vergessenen Benutzernamen: Erstellen Sie wieder einen neuen Menüpunkt (auf den Filmtoaster-Seiten via *Menüs* → *Benutzermenü* → *Neuer Menüeintrag*), verpassen Sie ihm aber diesmal via *Auswählen* auf dem Slider *Benutzer* den Menüeintragstyp *Benutzername erneut zusenden*. Als *Menütitel* bietet sich etwa Benutzername vergessen an. Nach dem *Speichern & Schließen* führt der Menüpunkt dann zur Seite aus Abbildung 12-33.

Abbildung 12-33: Um an seinen Benutzernamen erinnert zu werden, muss der Besucher ebenfalls seine E-Mail-Adresse hinterlassen.

Sobald hier der Benutzer seine E-Mail-Adresse eingetippt hat, sendet Joomla! ihm den Benutzernamen zu.

Registrierung

Bislang mussten Sie immer mühsam per Hand neue Benutzerkonten für Ihre Besucher einrichten. Sie können aber auch ein Formular anbieten, über das Besucher selbst ein Benutzerkonto beantragen können. Diesen Vorgang bezeichnet Joomla! als *Registrierung*. Das Verfahren nimmt Ihnen etwas Arbeit ab, umgekehrt können aber auch Scherzbolde zahlreiche Benutzerkonten für Ihre Nachbarn, Freunde oder fiktive Personen anlegen. Das kann man zwar nicht gänzlich verhindern, aber mit in Joomla! eingebauten pfiffigen Funktionen drastisch erschweren. Zunächst muss jedoch erst einmal das erwähnte Formular her, über das sich Besucher registrieren können.

Benutzerregistrierung aktivieren

Die Registrierung erlaubt Joomla! nur dann, wenn Sie im Backend unter *Benutzer* → *Verwalten* in den *Optionen* auf der Registerkarte *Komponente* den Punkt *Benutzerregistrierung* auf *Ja* setzen und die Einstellungen *Speichern & Schließen* lassen.

Sofern Sie ein Modul vom Typ *Benutzer – Anmeldung* anbieten (wie das *Login Form* auf den Filmtoaster-Seiten), zeigt dieses Modul umgehend einen Link *Registrieren* an. Über ihn gelangen Besucher direkt zum Registrierungsformular (das der nächste Abschnitt ausführlich vorstellt).

Tipp   Sollte die Registrierung missbraucht werden, können Sie auf dem genannten Weg auch schnell die komplette Registrierung wieder abschalten. Setzen Sie dazu hinter *Benutzer* → *Verwalten* in den *Optionen* den Punkt *Benutzerregistrierung* auf *Nein* zurück. Ein Menüpunkt zum Registrierungsformular läuft dann ins Leere, während gleichzeitig aus dem *Login Form* der entsprechende Link verschwindet. Sie können anschließend im Backend aufräumen beziehungsweise die unrechtmäßig erstellten Benutzerkonten löschen.

Registrierungsformular bereitstellen

Um einen Menüpunkt auf das Registrierungsformular zeigen zu lassen, erstellen Sie zunächst einen neuen Menüeintrag. Auf den Filmtoaster-Seiten rufen Sie dazu *Menüs* → *Benutzermenü* → *Neuer Menüeintrag* auf.

Klicken Sie neben *Menüeintragstyp* auf *Auswählen* und entscheiden Sie sich auf dem Slider *Benutzer* für das *Registrierungsformular*. Vergeben Sie noch einen aussagekräftigen *Menütitel*, wie etwa Registrieren. Der Menüpunkt ist nur für Gäste interessant, die nicht angemeldet sind. Um den Menüpunkt nur diesen Personen anzuzeigen, setzen Sie noch die *Zugriffsebene* auf *Guest*. Alle übrigen Einstellungen können auf ihren Vorgaben bleiben.

Das war bereits alles. Nach dem *Speichern & Schließen* erreichen Sie in der *Vorschau* über den neuen Menüpunkt das Registrierungsformular aus Abbildung 12-34.

Hier muss der Besucher seinen vollständigen Namen, einen selbst gewählten Benutzernamen, zweimal das selbst gewählte Passwort und zweimal seine E-Mail-Adresse eintippen. Sobald er auf *Registrieren* klickt, schickt Joomla! ihm eine E-Mail und weist darauf mit der Meldung aus Abbildung 12-35 hin.

Die von Joomla! gesendete E-Mail sieht für den Besucher Hans Hansen beispielsweise wie folgt aus:

```
Hallo Hans Hansen,
vielen Dank für die Registrierung bei Filmtoaster. Das Benutzerkonto wurde angelegt
und muss zur Verwendung noch aktiviert werden.
Um dieses zu tun, genügt ein Klick auf den folgenden Link oder der Link kann auch
aus dieser Nachricht kopiert und in den Webbrowser eingefügt werden:
http://localhost/joomla/index.php/registrieren?task=registration.
activate&token=26a18f5ca43dd604089c9f053847535d
Nach der Aktivierung ist eine Anmeldung bei http://localhost/joomla/ mit dem
folgenden Benutzernamen und Passwort möglich:
Benutzername: hans76
Passwort: 123456
```

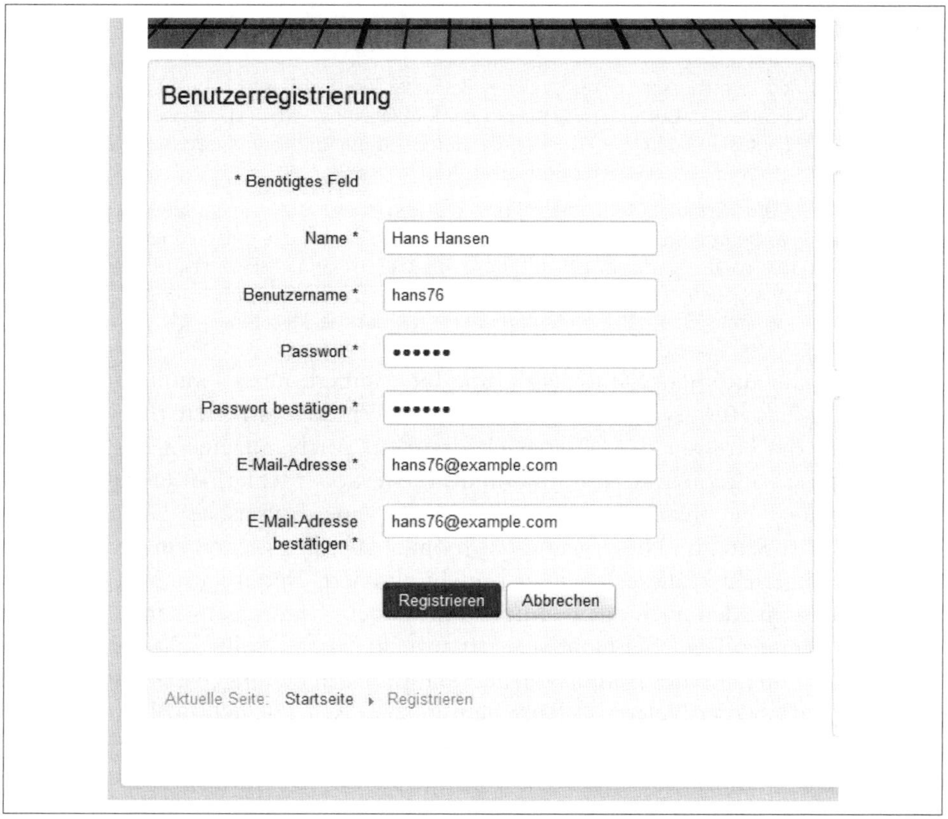

Abbildung 12-34: Über dieses Registrierungsformular beantragen Besucher ein Benutzerkonto.

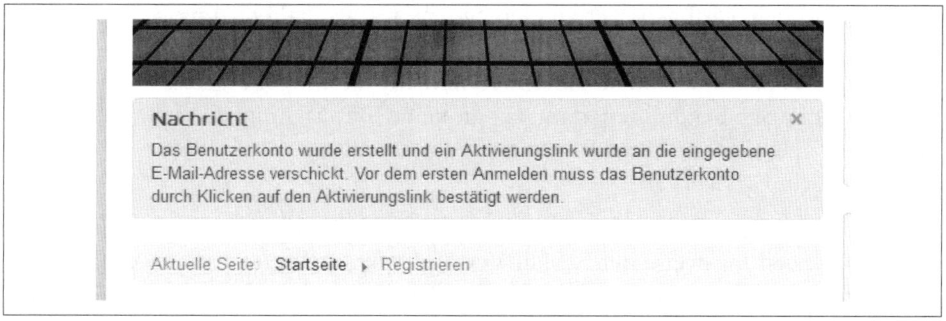

Abbildung 12-35: Diese Meldung erscheint nach der Registrierung.

Der Benutzer muss jetzt den in der zugeschickten E-Mail angegebenen Link entweder anklicken oder in seinem Browser aufrufen. Joomla! schaltet dann automatisch das Benutzerkonto frei.

Durch diese ganze Prozedur versucht das Content-Management-System, sicherzustellen, dass der Besucher eine echte Person ist, das Postfach tatsächlich existiert und kein Scherzbold ein Konto für seinen Nachbarn anlegt.

 **Warnung**   Da dieses Verfahren halb automatisch abläuft, ist es nicht hundertprozentig sicher. Beispielsweise nützt es nicht viel, dass die E-Mail-Adressen existieren und eindeutig sein müssen: Ein böswilliger Benutzer legt sich einfach beliebig viele weitere Postfächer bei einem kostenlosen E-Mail-Dienst an und erfindet irgendwelche Fantasienamen. Sie können die Hürden dafür mit einem sogenannten Captcha erhöhen, um das sich der nächste Abschnitt kümmert.

Darüber hinaus kann diese Form der Registrierung zu vielen Karteileichen führen, wenn sich zum Beispiel Besucher zwar registrieren, das entsprechende Konto aber nie wieder in Anspruch nehmen. Aus diesem Grund sollte man in regelmäßigen Abständen in der Benutzerverwaltung (hinter *Benutzer* → *Verwalten*) aufräumen und veraltete Datensätze entfernen oder zumindest deaktivieren.

Damit die halb automatische Registrierung funktioniert, muss Joomla! in der Lage sein, die E-Mails zu verschicken. Wenn Sie unter Windows arbeiten, blockiert möglicherweise die Firewall den Weg nach draußen. Auch auf einem angemieteten Internetserver kann die E-Mail-Funktion deaktiviert oder fehlerhaft eingestellt sein. Der Besucher sieht in solch einem Fall entweder eine (kryptische) Fehlermeldung oder eine leere Seite. Im Hintergrund hat Joomla! allerdings schon ein neues Benutzerkonto eingerichtet, dieses aber noch nicht aktiviert. Damit kann sich der Besucher weder anmelden noch das Benutzerkonto erneut beantragen (denn es existiert ja schon). Um den Besucher nicht verwirrt zurückzulassen, sollten Sie daher immer kurz selbst prüfen, ob der E-Mail-Versand klappt. Dazu benötigen Sie allerdings ein zweites Postfach (beispielsweise bei einem kostenlosen Freemail-Anbieter oder in Form einer E-Mail-Weiterleitung). Spielen Sie dann selbst Besucher und registrieren Sie über das Formular einen neuen fiktiven Benutzer.

Probieren Sie das direkt einmal selbst aus: Registrieren Sie im Formular einen Besucher namens Hans Hansen, dessen Benutzername `hans76` lautet. Wenn Sie über ein zweites Postfach verfügen, verwenden Sie dieses als *E-Mail-Adresse*, andernfalls nutzen Sie eine E-Mail-Adresse mit der Endung *@example.com*, wie etwa *hans76@example.com*. Solche Adressen sind für Testzwecke gedacht und führen ins Nirwana. Sie bekommen dann zwar keine Bestätigungs-E-Mail, sehen aber zumindest eine Erfolgs- beziehungsweise Fehlermeldung. Denken Sie sich abschließend noch ein *Passwort* aus.

Sofern nach einem Klick auf *Registrieren* eine Fehlermeldung oder eine leere Seite erscheint beziehungsweise der E-Mail-Versand hakt, müssen Sie die E-Mail-Einstellungen von Joomla! ändern. Das erfolgt in den Grundeinstellungen, auf die später noch das Kapitel 13, *Joomla! konfigurieren*, Seite 561, zurückkommen wird. Für den Moment ignorieren Sie eine etwaige Meldung und wechseln im Backend zur Liste hinter *Benutzer* → *Verwalten*. Hier taucht jetzt *Hans Hansen* wie in Abbildung 12-36 mit zwei rot leuchtenden Kreisen in den Spalten *Freigegeben* und *Aktiviert* auf. Klicken Sie den roten Kreis in der Spalte *Aktiviert* an. Hierdurch simulieren Sie einen Klick auf den Link in der E-Mail, wodurch Joomla! das Benutzerkonto aktiviert. Gleichzeitig schaltet es das Content-Management-System auch noch frei, wie der grüne Haken in der Spalte *Freigegeben* zeigt. Damit darf sich der Benutzer jetzt im Frontend anmelden.

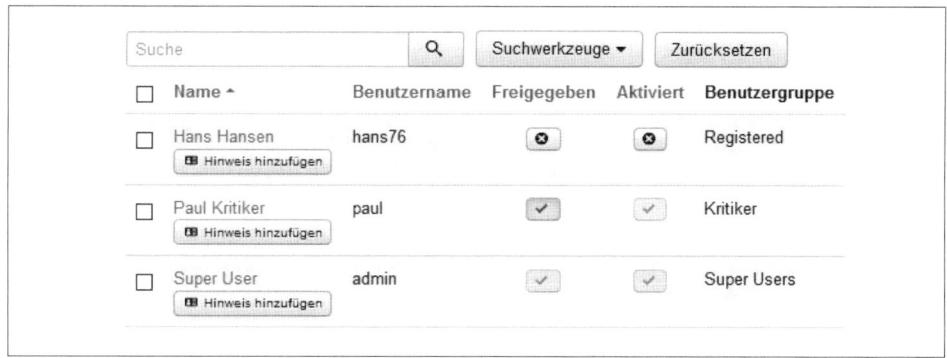

Abbildung 12-36: Das deaktivierte und noch nicht freigegebene Benutzerkonto für Hans Hansen.

Wenn der E-Mail-Versand reibungslos funktioniert, kann sich jeder Besucher eigenmächtig ein Benutzerkonto verschaffen: Er muss lediglich das Formular aus Abbildung 12-34 ausfüllen und den Link in der Bestätigungs-E-Mail anklicken. Anschließend kann er sich umgehend anmelden. Böswillige Besucher sind damit imstande, sich gleich mehrere Benutzerkonten zu organisieren. Netterweise können Sie Joomla! befehlen, das Benutzerkonto nicht mehr automatisch nach einem Klick auf den Link in der Bestätigungs-E-Mail freizuschalten. Der Benutzer darf sich dann erst anmelden, wenn Sie im Backend das neue Benutzerkonto geprüft und aktiviert haben (auf die gleiche Weise wie oben beschrieben). Damit Besucher ihr Konto nicht mehr über den Link selbst aktivieren können, wechseln Sie hinter *Benutzer → Verwalten* in den *Optionen* zum Register *Komponente*, setzen dort die Ausklappliste *Kontenaktivierung durch* auf *Administrator* und lassen diese Änderung *Speichern*. Der Benutzer erhält jetzt zwar weiterhin eine Bestätigungs-E-Mail, ein Klick auf den Link reicht aber nicht mehr aus. Erst wenn Sie im Backend das Benutzerkonto aktiviert haben, darf sich der Benutzer bei Joomla! anmelden. Insbesondere wenn ein großer Besucheransturm zu erwarten ist, bedeutet dies aber auch für Sie zusätzliche (Klick-)Arbeit.

Warnung   Wenn Sie hier *Keine* wählen, aktiviert Joomla! das Benutzerkonto immer sofort und ohne Rückfrage. Ein böswilliger Angreifer könnte sich dann automatisiert beliebig viele Benutzerkonten anlegen. Ignorieren Sie daher am besten, dass es die Einstellung *Keine* überhaupt gibt.

In den Optionen finden Sie noch ein paar weitere nützliche Einstellungen: Sobald ein Besucher über das Registrierungsformular ein Konto beantragt hat, kann Ihnen Joomla! automatisch eine Benachrichtigung per E-Mail schicken. Dazu setzen Sie *Informationsmail an Administratoren* auf *Ja*.

Wenn Sie einen mehrsprachigen Internetauftritt betreiben, sollte der neuer Benutzer von Anfang an die Beiträge in seiner Sprache sehen. Setzen Sie *Frontend-Sprache* auf *Anzeigen*, fragt Joomla! alle Benutzer schon bei der Registrierung nach ihrer bevorzugten Sprache. Bei einem einsprachigen Internetauftritt sollten Sie hier *Verbergen* belassen, bei einem mehrsprachigen immer *Anzeigen* wählen.

Sobald sich Besucher über das Formular registrieren, landen sie automatisch in der Benutzergruppe, die neben *Gruppe für neue Benutzer* eingestellt ist.

 **Warnung**   Belassen Sie hier möglichst die Voreinstellung *Registered*. Damit kann der neue Benutzer erst einmal nur exklusive Beiträge lesen und somit keinen Schabernack treiben. Erst wenn Sie einem Benutzer vertrauen, stecken Sie ihn in eine andere Benutzergruppe.

Setzen Sie niemals die *Gruppe für neue Benutzer* auf *Super Users* und *Kontenaktivierung durch* auf *Keine*. Damit könnte jeder x-beliebige Besucher umgehend Ihren kompletten Internetauftritt übernehmen.

Vergessen Sie nicht, Ihre veränderten Einstellungen zu *Speichern & Schließen*.

Captchas

Spammer und Angreifer benutzen gern Programme, die automatisch in kurzer Zeit zahlreiche Benutzerprofile anlegen. Um das zu verhindern, wurden die sogenannten Captchas erfunden. Das sind kleine Kästchen, die dem Besucher eine Aufgabe stellen (wie in Abbildung 12-37). Menschen können diese Aufgabe leicht lösen, Computerprogramme jedoch nicht. Ein neues Benutzerkonto bekommt aber nur, wer die Captcha-Aufgabe richtig gelöst hat. Dumme Programme bleiben so wirkungsvoll ausgesperrt.

Auch Joomla! kann solche Captchas einsetzen. Dazu greift es auf die Hilfe des Google-Diensts *reCAPTCHA* zurück. Der erzeugt das Captcha und prüft die korrekte Eingabe. Wenn Sie ein Captcha in Joomla! einsetzen möchten, benötigen Sie ein Benutzerkonto bei Google (das Sie unter *http://www.google.de* erhalten). Melden Sie sich dann bei Google an und rufen Sie die Seite *http://www.google.com/recaptcha* auf. Klicken Sie *Get reCAPTCHA* an. Tippen Sie unter *Label* und *Domains* jeweils den Domainnamen Ihrer Website ein. Klicken Sie anschließend auf *Register*. Google reCAPTCHA erzeugt jetzt zwei sogenannte Schlüssel (Keys): den *Secret Key* und den *Site Key*. Beide bestehen aus recht langen, kryptischen Zeichenketten.

Notieren Sie sich diese Schlüssel und wechseln Sie dann im Backend von Joomla! zur Plug-in-Verwaltung hinter *Erweiterungen* → *Plugins*. Suchen Sie dort in der Tabelle den Eintrag *Captcha – reCAPTCHA* und klicken Sie ihn an. Im neuen Formular stellen Sie zunächst sicher, dass der *Status* auf *Aktiviert* steht. Anschließend hinterlegen Sie auf der linken Seite den *Site Key* im Feld *Websiteschlüssel* und den *Secret Key* im Eingabefeld *Geheimer Schlüssel*.

Die *Version* ganz oben legt fest, was für eine Art Aufgabe das reCAPTCHA stellt. In der Version 1.0 muss der Besucher ein absichtlich verschwommenes Wort entziffern und in ein Eingabefeld eintippen. Diese Form der Aufgabe gilt allerdings nicht mehr als besonders sicher, zumal Personen mit einer Sehschwäche beim Entziffern Probleme haben könnten. Besser ist daher die Version 2.0, die eine Aufgabe wie die in Abbildung 12-37 stellt.

Mit der Ausklappliste ganz unten können Sie noch das *Aussehen* des Captchas festlegen. Wählen Sie hier eine Optik, die zum Rest Ihrer Website passt. Wenn Sie unsicher sind, lassen Sie die Vorgabe stehen. Sofern Sie sich für Version 2.0 entschieden haben, können Sie noch die *Größe* und somit die Abmessungen des Captchas verändern. Im Zweifelsfall sollten Sie hier *Normal* belassen.

Wenn Sie alle Einstellungen vorgenommen haben, lassen Sie die Einstellungen *Speichern & Schließen*.

Weiter geht es in die Grundeinstellungen der Benutzerverwaltung. Dazu rufen Sie *Benutzer → Verwalten* auf, wechseln in die *Optionen* und wenden sich dem Register *Komponente* zu. Hier stellen Sie die Ausklappliste *Captcha* auf *Captcha – ReCAPTCHA*. Nach dem *Speichern & Schließen* müssen ab sofort alle Besucher auf dem Registrierungsformular erst ein Captcha lösen, bevor sie ein neues Benutzerkonto erhalten.

Ein Captcha erscheint übrigens auch immer dann, wenn ein vergesslicher Benutzer ein neues Passwort oder seinen Benutzernamen anfordert (siehe dazu auch Abschnitt »Vergessene Benutzernamen und Passwörter« auf Seite 531).

Weitere Informationen zu Captchas im Allgemeinen und zu dem reCAPTCHA-Dienst im Speziellen finden Sie beispielsweise in der Wikipedia unter *http://de.wikipedia.org/wiki/ReCAPTCHA*.

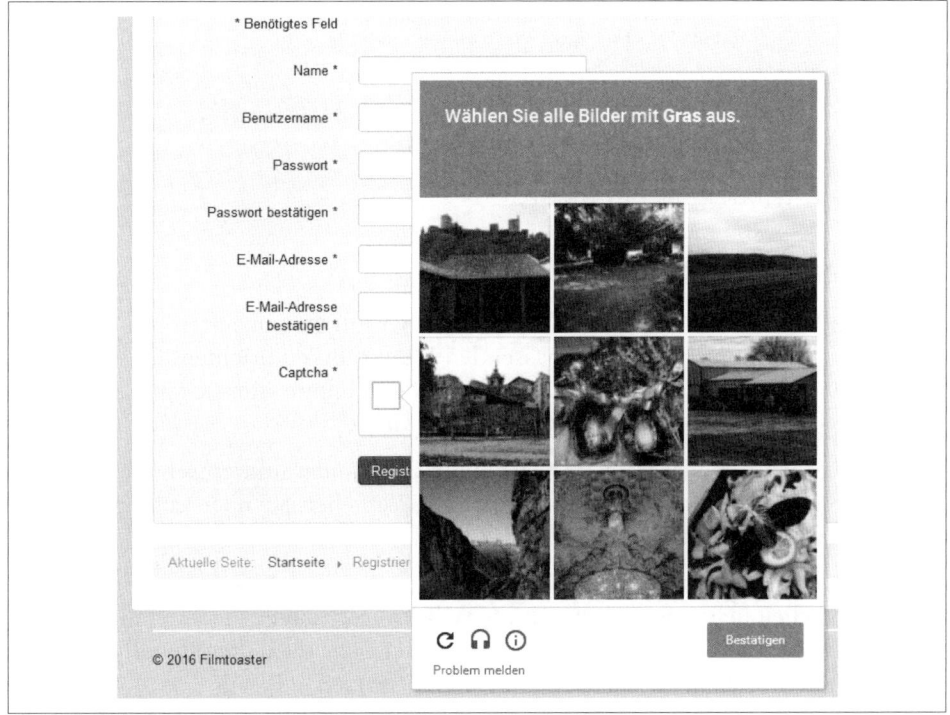

Abbildung 12-37: Bevor ein Besucher ein neues Benutzerkonto erhält, muss er eine Aufgabe lösen. In diesem Fall muss er alle Bilder mit Gras auswählen.

Benutzerprofil

Jeder Benutzer besitzt einen Steckbrief, der alle Informationen über ihn kompakt zusammenfasst. Ein Beispiel zeigt Abbildung 12-38. Zu den gespeicherten Informationen gehören unter anderem der vollständige Name, die Sprache des Benutzers und das Datum seines letzten Besuchs. Diesen Steckbrief bezeichnet Joomla! als *Benutzerprofil* oder kurz *Profil* (englisch *Profile*). Das Profil sieht immer nur der Benutzer selbst. Das Profil aus Abbildung 12-38 bekommt somit nur Paul Kritiker zu Gesicht, aber kein anderer Besucher.

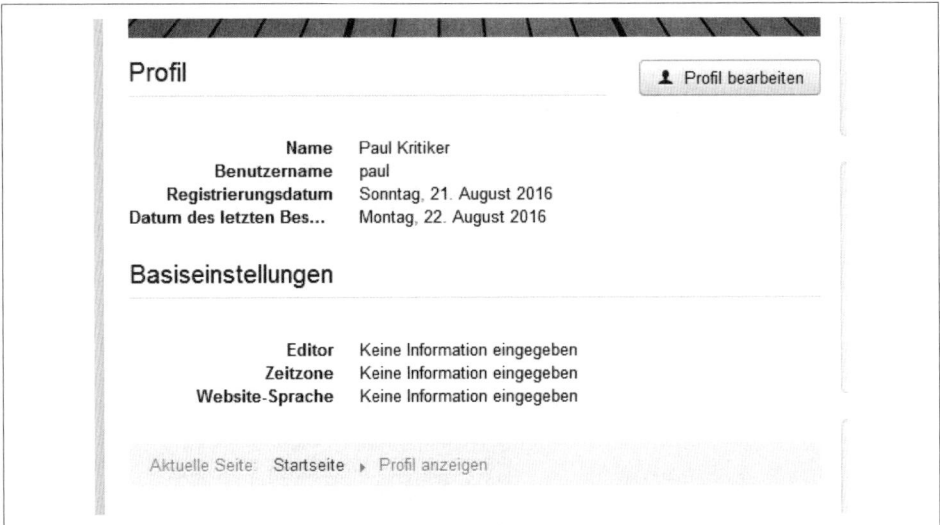

Abbildung 12-38: Das Profil des Benutzers Paul Kritiker.

Benutzerprofil anzeigen

Damit ein Benutzer sein Profil und somit die über ihn gespeicherten Informationen einsehen kann, müssen Sie einen passenden Menüpunkt einrichten. Dazu erstellen Sie wie gewohnt einen neuen Menüeintrag. Auf den Filmtoaster-Seiten wechseln Sie zu *Menüs* → *Benutzermenü* → *Neuer Menüeintrag*.

Klicken Sie dann neben *Menüeintragstyp* auf *Auswählen* und entscheiden Sie sich auf dem Slider *Benutzer* für das *Benutzerprofil*. Vergeben Sie noch einen passenden *Menütitel*, wie etwa Profil anzeigen.

Da normale Besucher kein Profil besitzen, wäre für sie der Menüpunkt nutzlos und sehr wahrscheinlich auch verwirrend. Wählen Sie daher noch eine passende *Zugriffsebene*. Auf den Filmtoaster-Seiten bietet sich dazu *Registered* an. Damit sehen den Menüpunkt nur noch angemeldete Benutzer.

Nach dem *Speichern & Schließen* existiert damit ein Menüpunkt, der zum Profil des gerade angemeldeten Benutzers führt. Das können Sie in der *Vorschau* direkt ausprobieren: Melden Sie sich dort mit Ihrem Benutzernamen und zugehörigem Passwort an (auf den Filmtoaster-Seiten etwa über das *Login Form*) und folgen Sie dem neuen Menüpunkt *Profil anzeigen*. Joomla! präsentiert Ihnen jetzt Ihren Steckbrief mit allen über Sie gespeicherten Informationen (wie in Abbildung 12-38).

Über die Schaltfläche *Profil bearbeiten* können Sie beziehungsweise später der jeweilige Benutzer die Daten korrigieren – und so beispielsweise das Passwort wechseln. Zum hinter der Schaltfläche wartenden Formular können Sie auch direkt einen Menüpunkt führen lassen.

Benutzerprofil bearbeiten

Die Angaben im Profil können Benutzer komfortabel über ein Formular ändern beziehungsweise korrigieren (wie es Abbildung 12-39 zeigt). Auf diesem Weg dürfen die Benutzer auch insbesondere ihre E-Mail-Adresse und ihr Passwort ändern, ohne Sie damit behelligen zu müssen. Zu diesem Formular gelangen die Benutzer entweder, indem sie auf *Profil bearbeiten* in ihrem Profil klicken, oder aber über einen passenden Menüpunkt.

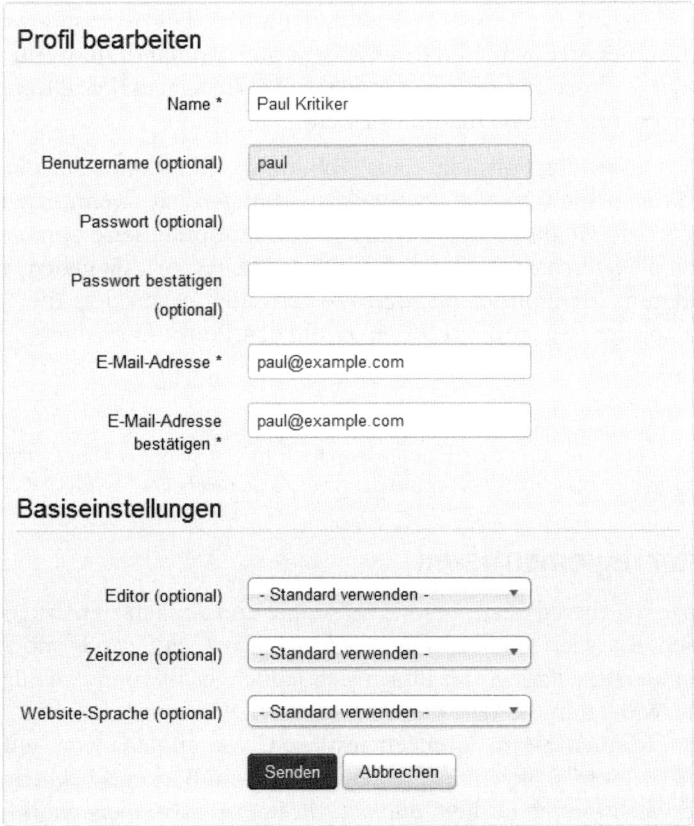

Abbildung 12-39: In diesem Formular darf der Benutzer einige seiner persönlichen Daten ändern.

 Wenn Sie der Schnellinstallationsanleitung aus Kapitel 2, *Installation*, Seite 15, gefolgt sind, existiert bereits ein solcher Menüeintrag mit der (englischen) Beschriftung *Edit Profile*. Sie sollten ihn in seinen Einstellungen (*Menüs* → *Main Menu* und Klick auf *Edit Profile*) in das deutsche Profil bearbeiten umbenennen. Für die Filmtoaster-Seiten verschieben Sie ihn noch unter *Menü* in das *Benutzermenü*. Vergessen Sie nicht, die Änderungen zu *Speichern & Schließen*.

Andernfalls müssen Sie einen neuen Menüpunkt anlegen (etwa via *Menüs* → *Main Menu* → *Neuer Menüeintrag*). Klicken Sie dann neben *Menüeintragstyp* auf *Auswählen* und entscheiden Sie sich auf dem Slider *Benutzer* für *Benutzerprofil bearbeiten*. Vergeben Sie einen passenden *Menütitel*, wie etwa Profil bearbeiten. Da normale Besucher mit dem Menüpunkt nichts anfangen können, setzen Sie noch eine passende *Zugriffsebene*. In den meisten Fällen dürfte dabei *Registered* bereits die richtige Wahl sein. Damit bekommen nur angemeldete Besucher den Menüeintrag zu Gesicht. *Speichern & Schließen* Sie die Einstellungen.

In jedem Fall führt der Menüpunkt einen angemeldeten Benutzer zum Formular aus Abbildung 12-39. Im oberen Bereich darf der Benutzer seinen Namen, seinen Benutzernamen, sein Passwort und seine E-Mail-Adresse korrigieren. Um dabei Tippfehler zu vermeiden, muss er Passwort und E-Mail-Adresse jeweils zweimal eintragen. Den Benutzernamen darf er zudem nur dann ändern, wenn im Backend unter *Benutzer* → *Verwalten* in den *Optionen* auf der Registerkarte *Komponente* der Punkt *Benutzername veränderbar* auf *Ja* steht.

Im unteren Bereich des Formulars aus Abbildung 12-39 kann der Benutzer einen anderen Editor wählen (was aber nur Auswirkungen hat, wenn er auch Beiträge schreiben darf) sowie die *Zeitzone* und die von ihm präferierte Sprache einstellen. Wenn Ihnen die letzten drei Einstellungsmöglichkeiten zu weit gehen, wechseln Sie im Backend zum Menüpunkt *Benutzer* → *Verwalten*, rufen dort die *Optionen* auf und stellen auf der Registerkarte *Komponente* den Punkt *Einstellungen im Frontend* auf *Verbergen*.

Tipp Alle Benutzer, die Zugriff auf das Backend haben, erreichen die Einstellungen aus Abbildung 12-39 auch über einen Klick auf das Symbol mit der weißen Büste ganz rechts oben in der Ecke und dann auf *Konto bearbeiten*.

Passwörter reglementieren

Viele Benutzer tendieren dazu, besonders simple und einfach zu merkende Passwörter zu wählen. Klassiker sind *123456*, *abcde*, *passwort*, *qwertz* oder noch einmal der Benutzername. Diese Passwörter lassen sich jedoch leicht von böswilligen Hackern erraten, die wiederum so das Benutzerkonto übernehmen können. Um das zu unterbinden, können Sie in Grenzen festlegen, wie ein Passwort aufgebaut sein muss, damit es Joomla! akzeptiert. Rufen Sie dazu im Backend *Benutzer* → *Verwalten* auf und wechseln Sie in die *Optionen*. Im Register *Komponente* finden Sie jetzt ganz unten die vier Ausklapplisten aus Abbildung 12-40.

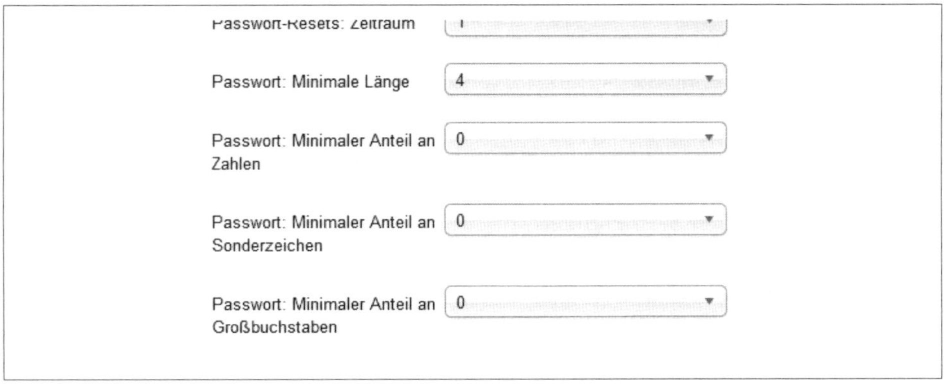

Abbildung 12-40: Diese Ausklapplisten regeln, wie die Passwörter der Benutzer aufgebaut sein müssen.

Wie lang ein Passwort mindestens sein muss, geben Sie unter *Passwort: Minimale Länge* vor. Standardmäßig muss ein Passwort gerade einmal vier Zeichen lang sein. Das offensichtlich nicht besonders sichere Passwort *abcd* oder *1234* wäre somit erlaubt. Sie sollten die Passwortlänge mindestens auf *8*, besser auf *12* hinaufsetzen.

Ein gutes Passwort besteht zudem aus einer möglichst gesunden Mischung von Groß- und Kleinbuchstaben, Zahlen und Sonderzeichen. Die nächsten drei Ausklapplisten legen fest, wie viele Zahlen (*Passwort: Minimaler Anteil an Zahlen*), Sonderzeichen (*Passwort: Minimaler Anteil an Sonderzeichen*) und Großbuchstaben (*Passwort: Minimaler Anteil an Großbuchstaben*) die Passwörter der Benutzer mindestens enthalten müssen. Sie sollten in den Ausklapplisten jeweils eine *1* einstellen. Damit müssen die Besucher in ihren Passwörtern mindestens eine Zahl, ein Sonderzeichen und einen Großbuchstaben unterbringen. Damit sind extrem triviale Passwörter wie *abcd* oder *12345* schon einmal wirksam unterbunden.

Vergessen Sie nicht, Ihre Änderungen zu *Speichern & Schließen*.

Passwörter zurücksetzen

Sie können einen Benutzer zwingen, sich ein neues Passwort auszudenken. Das könnte etwa dann der Fall sein, wenn Sie den Verdacht haben, dass ein Passwort zu einfach ist oder aber ein Benutzer sich längere Zeit nicht mehr angemeldet hat. Des Weiteren empfiehlt das Bundesamt für Sicherheit in der Informationstechnik, das Passwort regelmäßig zu wechseln.

Um das Passwort zurückzusetzen, wechseln Sie in der Benutzerverwaltung hinter *Benutzer → Verwalten* in die Einstellungen des entsprechenden Benutzers, setzen dort *Passwortrücksetzung fordern* auf *Ja* und lassen die Änderung *Speichern & Schließen*. Wenn sich der Benutzer das nächste Mal am System anmeldet, muss er sich ein neues Passwort ausdenken.

Wenn mehrere Benutzer betroffen sind, setzen Sie in der Tabelle hinter *Benutzer → Verwalten* einen Haken in ihre jeweiligen Kästchen, klicken auf *Stapelverarbeitung* in der Werkzeugleiste, markieren unter *Passwortzurücksetzung erfordern* den Punkt *Ja* und aktivieren *Ausführen*. Diese massenhafte Passwortrücksetzung bietet sich beispielsweise an, wenn Sie die Benutzer in eine andere Benutzergruppe gesteckt haben.

Beiträge einreichen und freischalten

Abschließend können Sie Benutzern noch jeweils ein Formular anbieten, über das sie Beiträge einreichen können. Das Formular kennen Sie bereits aus Abschnitt »Seiten für Benutzer im Frontend« auf Seite 486). Damit Autoren nicht einfach Werbung auf Ihren Seiten veröffentlichen können, müssen Sie die eingereichten Beiträge anschließend explizit kontrollieren und freischalten. Bevor es jedoch so weit ist, müssen Sie erst einmal Ihren Autoren einen Menüpunkt zum Formular einrichten.

Beiträge im Frontend schreiben

Autoren verfassen ihre Beiträge im Frontend in einem dafür vorgesehenen Formular, wie es Abbildung 12-41 zeigt.

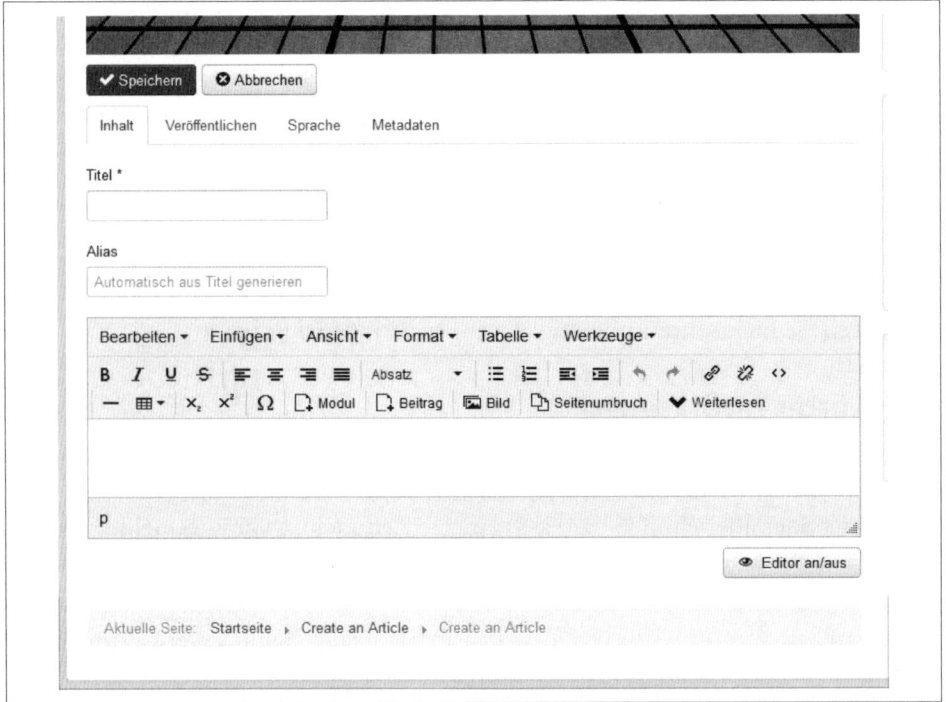

Abbildung 12-41: Über dieses Formular reichen Autoren ihre Beiträge ein.

 Wenn Sie der Schnellinstallationsanleitung aus Kapitel 2, *Installation*, Seite 15, gefolgt sind und sich im Frontend anmelden (beispielsweise über das *Login Form*), führt dorthin bereits der Menüpunkt *Create an Article*. Rufen Sie seine Einstellungen auf (*Menüs* → *Main Menu* und Klick auf *Create an Article*) und verpassen Sie dem Menüpunkt einen deutschen *Menütitel*, wie etwa `Beitrag einreichen`. Für die Filmtoaster-Seiten verschieben Sie ihn zudem mit der Ausklappliste *Menü* in das *Benutzermenü*. Lassen Sie die Änderungen *Speichern* (und somit die Einstellungen noch geöffnet).

Sofern Sie einen neuen Menüpunkt zum Formular aus Abbildung 12-41 benötigen, legen Sie einen solchen im Backend an (etwa via *Menüs* → *Main Menu* → *Neuer Menüeintrag*). Klicken Sie dann neben *Menüeintragstyp* auf *Auswählen* und entscheiden Sie sich auf dem Slider *Beiträge* für *Beitrag erstellen*. Vergeben Sie einen *Menütitel*, wie etwa `Beitrag einreichen`. Damit nicht jeder x-beliebige Besucher einen Beitrag schreiben kann, wählen Sie rechts unten noch eine passende *Zugriffsebene*. Wenn Sie bis hierhin alle Beispiele mitgemacht haben, wären die *Kritiker* passend, andernfalls könnte *Special* infrage kommen. Lassen Sie den neuen Menüpunkt via *Speichern* anlegen.

In jedem Fall gelangen Sie jetzt über den Menüpunkt zum Formular aus Abbildung 12-41. Dazu müssen Sie sich gegebenenfalls im Frontend zunächst anmelden (etwa über das *Login Form*). Das Formular enthält auf der Registerkarte *Inhalt* den TinyMCE-Editor, den Sie bereits aus dem Backend kennen. Welche weiteren Einstellungen bereitstehen, hängt vom Autor beziehungsweise seiner Benutzergruppe ab. So darf der im Abschnitt »Benutzerkonten im Backend anlegen« auf Seite 497 angelegte Paul Kritiker auf der Registerkarte *Veröffentlichen* gerade einmal die *Kategorie* einstellen, *Schlagwörter* vergeben, einen *Versionshinweis* hinterlegen, unter *Autoralias* ein Pseudonym wählen und unter *Zugriff* die *Zugriffsebene* festlegen. Sie als Super User können hingegen unter anderem noch zusätzlich den Beitrag verstecken lassen und ihn zu einem Haupteintrag erheben. In jedem Fall entsprechen die angebotenen Einstellungen denen aus dem Backend (die Kapitel 6, *Beiträge anlegen und verwalten*, Seite 135, vorgestellt hat).

Jeder Beitrag muss in mindestens einer Kategorie liegen. Aus diesem Grund darf ein Autor auf der Registerkarte *Veröffentlichen* auch eine *Kategorie* einstellen. Zur Auswahl stehen dabei allerdings nur die Kategorien, in denen der Autor einen Beitrag ablegen darf. Sie können aber auch eine ganz bestimmte Kategorie fest vorgeben. Dazu kehren Sie noch einmal in die Einstellungen des Menüpunkts zurück und wechseln dort zum Register *Optionen*. Setzen Sie die *Standardkategorie* auf *Ja* und wählen Sie dann die Kategorie in der Ausklappliste darunter. Nach dem *Speichern* wäre der Autor im Frontend nicht mehr in der Lage, die Kategorie zu verändern – selbst wenn er es theoretisch dürfte. Auf den Filmtoaster-Seiten sollen die Kritiker jedoch die Kategorie selbst bestimmen können. Belassen Sie daher *Standardkategorie* auf *Nein* und *Speichern & Schließen* Sie die Einstellungen.

Hin und wieder treffen angemeldete Benutzer auf die dicke fette Schaltfläche *Neu* aus Abbildung 12-42.

Sie taucht auf Übersichtsseiten auf, in deren Kategorien der Benutzer einen Beitrag erstellen darf. Ein Klick auf *Neu* führt dann direkt zum bekannten Formular.

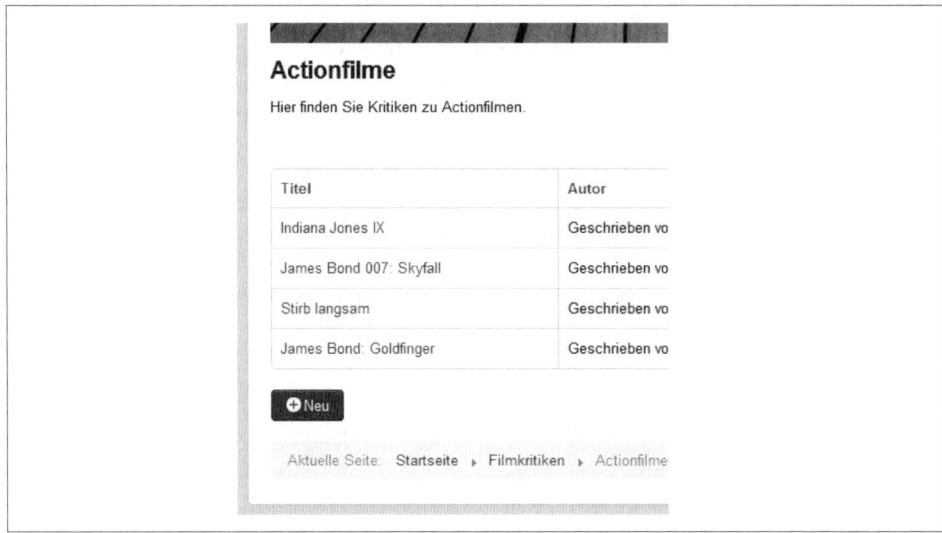

Abbildung 12-42: Über die Schaltfläche links unten kann ein Benutzer schnell einen neuen Beitrag anlegen.

Beiträge im Frontend bearbeiten

Taucht neben einem Beitrag wie in Abbildung 12-43 ein Bleistiftsymbol oder ein Link *Bearbeiten* auf, kann der Benutzer mit einem Klick darauf den Beitrag nachträglich verändern. Das setzt jedoch voraus, dass er angemeldet ist und die passenden Rechte besitzt.

Abbildung 12-43: Über das Bleistiftsymbol beziehungsweise den Link Bearbeiten darf der hier gerade angemeldete Benutzer den jeweiligen Beitrag nachbearbeiten.

Wie das Bleistiftsymbol und der Link aussehen, bestimmt das Template. Das standardmäßig aktivierte Template *Protostar* nutzt sogar unterschiedliche Vorgehensweisen: Während in Tabellen wie der in Abbildung 12-43 das Bleistiftsymbol und ein Link erscheinen, sehen Sie in Blogdarstellungen neben den Beiträgen einen Knopf mit einem Zahnradsymbol (siehe Abbildung 12-44).

Abbildung 12-44: Über das Zahnradsymbol lässt sich der nebenstehende Beitrag bearbeiten.

Wenn Sie darauf klicken, öffnet sich ein Menü, über das Sie den Beitrag bearbeiten können – natürlich wieder die passenden Rechte vorausgesetzt. Unter anderen Templates erscheint anstelle des Knopfs in der Regel wieder nur das Bleistiftsymbol oder ein Link.

Eingereichte Beiträge freischalten

Wenn ein Benutzer einen Beitrag im Frontend verfasst hat, bleibt der Text so lange versteckt, bis Sie ihn explizit im Backend veröffentlichen.

Sofern Sie die vorherigen Abschnitte mitgemacht haben, probieren Sie das einmal in der Praxis aus: Melden Sie sich im Frontend über das *Login Form* als Benutzer paul an. Rufen Sie dann den Punkt *Beitrag einreichen* auf (wenn Sie den Punkt nicht umbenannt haben, heißt er *Submit an Article*). Denken Sie sich jetzt einen *Titel* aus und tippen Sie etwas Text ein (wie in Abbildung 12-45). Auf der Registerkarte *Veröffentlichen* stecken Sie ihn in die *Kategorie* der *Actionfilme*.

Abbildung 12-45: Dieser Beitrag ...

Nach dem *Speichern* verkündet Joomla!, dass der Beitrag eingereicht sei. Zudem fehlt er noch in der Liste hinter *Filmkritiken* → *Actionfilme*.

Sie finden den Beitrag wieder, wenn Sie im Backend den Menüpunkt *Inhalt* → *Beiträge* ansteuern. Sobald Sie hier in den *Suchwerkzeugen* die Ausklappliste *– Kategorie wählen –* auf *Actionfilme* setzen, sollte Ihnen Pauls Kritik direkt ins Auge springen (siehe Abbildung 12-46).

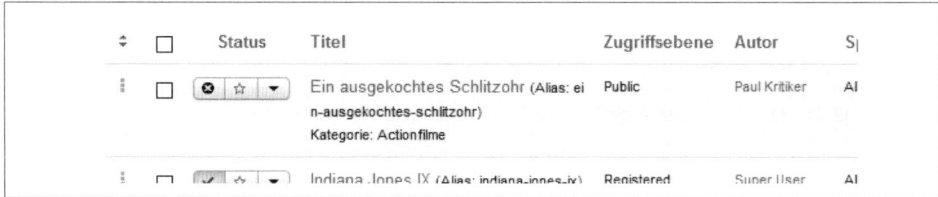

Abbildung 12-46: ... muss erst im Backend veröffentlicht werden.

Hier können Sie sich den Beitrag in Ruhe ansehen, bei Bedarf seine Einstellungen ändern und ihn schließlich wie gewohnt veröffentlichen (etwa mit einem Klick auf seinen roten Kreis in der Spalte *Status*).

 Tipp Sie finden auch immer die fünf zuletzt angelegten Beiträge im Bereich *Recently Added Articles* im Kontrollzentrum (*System* → *Kontrollzentrum*).

Durch diese explizite Freischaltung ist sichergestellt, dass Ihr Internetauftritt nicht von Werbung überquillt und die Filmkritiken keine Beleidigungen enthalten.

 Tipp Bei sehr vielen Autoren empfiehlt es sich, vertrauenswürdige Helfer zu engagieren. Ihr Benutzerkonto steckt man dann in eine der Gruppen *Manager* oder *Administrator*. Damit dürfen sie sich am Backend anmelden und die Beiträge verwalten. (Was Manager und Administratoren noch so alles anstellen dürfen, verriet Abschnitt »Benutzergruppen« auf Seite 489).

Konfigurieren des Editorfensters

Wenn Sie sich selbst im Frontend anmelden (etwa über das *Login Form*) und dann über den entsprechenden Menüpunkt einen neuen Beitrag erstellen, erscheint das schon bekannte Formular aus Abbildung 12-47. Es bietet Ihnen alle Einstellungen an, die Sie auch aus dem Backend kennen – mit einer Ausnahme: Es fehlt das Register *Bilder und Links*. Das gilt sogar dann, wenn Sie als allmächtiger Super User unterwegs sind. Möchten Sie dem Beitrag ein Einleitungsbild zuweisen, müssten Sie dazu folglich ins Backend wechseln.

Um das Register einzublenden, rufen Sie im Backend *Inhalt* → *Beiträge* auf, klicken die *Optionen* an, wechseln zum Register *Bearbeitungslayout*, setzen dort *Bilder und Links im Frontend* auf *Anzeigen* und lassen die Änderungen *Speichern & Schließen*. Wenn Sie ab jetzt im Frontend einen Beitrag bearbeiten oder neu erstellen, finden Sie im entsprechenden Formular immer auch das Register *Bilder und Links*.

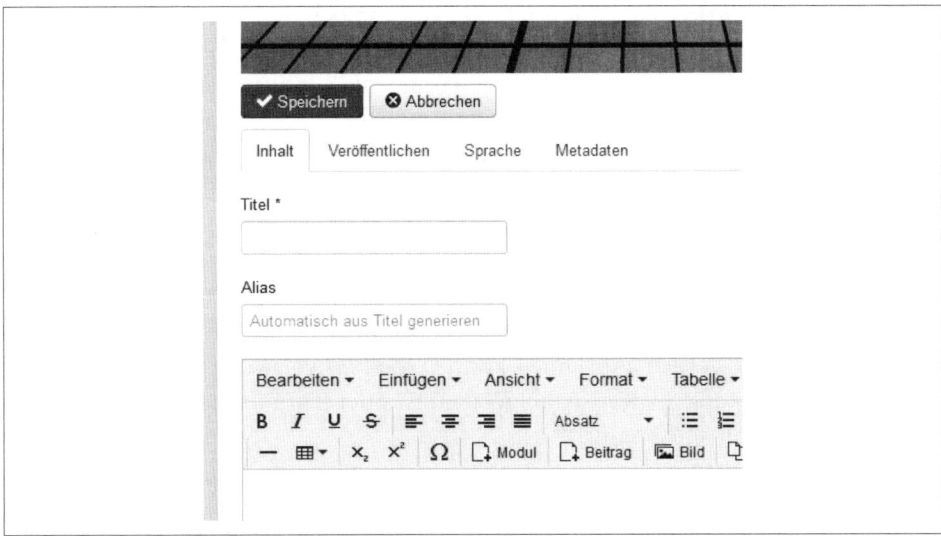

Abbildung 12-47: Dem Formular zur Eingabe eines Beitrags fehlt ein Register.

Sie können das Register aber auch gezielt nur bei ganz bestimmten Beiträgen erscheinen oder verstecken lassen. Dazu öffnen Sie zunächst im Backend hinter *Inhalt → Beiträge* die Einstellungen des entsprechenden Beitrags. Wechseln Sie zum Register *Konfigurieren des Editorfensters*, das Abbildung 12-48 zeigt. Dort legen Sie jetzt unter *Bilder und Links im Frontend* fest, ob das Register *Bilder und Links* später bei diesem Beitrag im Frontend erscheinen soll. Vergessen Sie nicht, die Änderung zu *Speichern*.

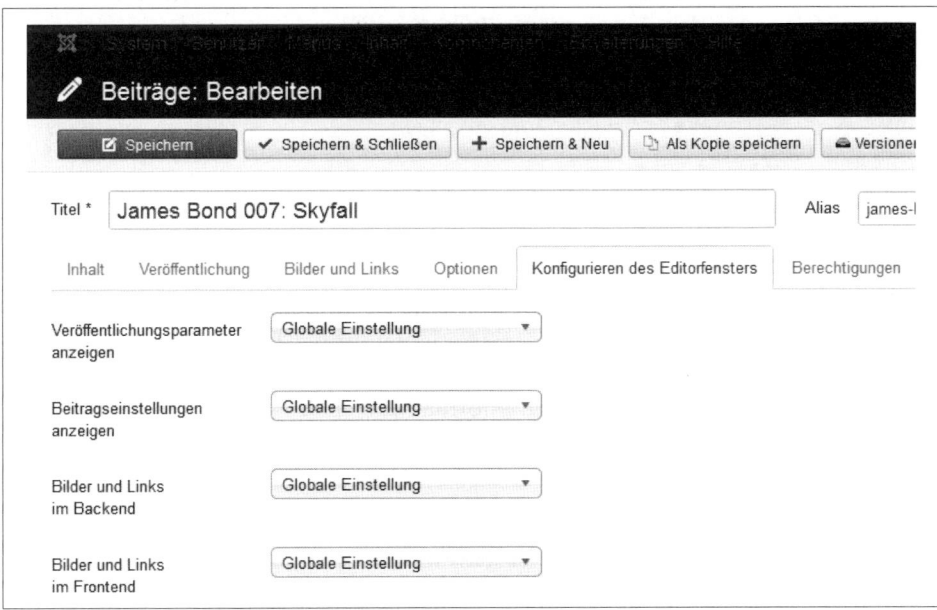

Abbildung 12-48: Auf dieser Registerkarte können Sie die anderen Kollegen ausblenden.

Im Register *Konfigurieren des Editorfensters* gibt es noch drei weitere Einstellungen. Mit diesen können Sie die übrigen Register hier im Formular ein- oder ausblenden. Setzen Sie beispielsweise *Veröffentlichungsparameter anzeigen* auf *Nein*, verschwindet das Register *Veröffentlichung* – allerdings nur hier im Backend. Durch das Ausblenden der Register wird das komplette Formular übersichtlicher. Zudem geraten andere Autoren nicht in Versuchung, die entsprechenden Einstellungen zu ändern.

Benutzerhinweise

An einzelne Benutzerkonten dürfen Sie Notizen kleben – ganz analog zu den kleinen gelben Post-it-Zetteln. Auf ihnen können Sie beispielsweise notieren, dass der Besucher schon häufig als Rowdy aufgefallen ist oder beim nächsten Vereinstreffen den Protokollführer spielen muss.

Einem Benutzerkonto dürfen Sie beliebig viele dieser sogenannten *Benutzerhinweise* (englisch *User Notes*) anheften. Um dabei den Überblick zu behalten, lassen sich die Hinweise thematisch in Kategorien zusammenfassen, den sogenannten *Hinweiskategorien*. Das funktioniert genau so wie bei den Beiträgen aus Kapitel 6, *Beiträge anlegen und verwalten*, Seite 135. Joomla! verlangt, dass jeder Hinweis in mindestens einer Kategorie liegt.

Auf den Filmtoaster-Seiten ist der Benutzer *hans76* mehrfach negativ aufgefallen. Bevor Sie sein Benutzerkonto endgültig sperren, geben Sie ihm noch eine Woche Bewährungszeit. Damit der Termin nicht in Vergessenheit gerät, soll er als Hinweis am Benutzerkonto pappen. Zudem soll eine eigene Hinweiskategorie namens *Schlechtes Benehmen* alle Hinweise sammeln, die sich auf ein rüpelhaftes Betragen beziehen. Wenn Sie den Benutzer *hans76* bisher nicht angelegt haben, nehmen Sie im Folgenden einfach einen anderen.

Tipp   Die Hinweise sind nur für Administratoren im Backend sichtbar. Wofür Sie die Hinweise dort verwenden beziehungsweise was Sie darin notieren, bleibt vollständig Ihnen überlassen. Einen bestimmten Anwendungszweck schreibt Joomla! nicht vor.

Hinweiskategorien anlegen

Sämtliche Hinweiskategorien verwaltet der Bildschirm hinter *Benutzer → Hinweiskategorien*. Wie der eine einsame Eintrag andeutet, bringt Joomla! bereits eine Kategorie namens *Uncategorised* mit, die als Sammelbecken für alle möglichen Hinweise dient. Die in den Spalten angezeigten Informationen fast Tabelle 12-6 zusammen.

Tabelle 12-6: Spalten der Tabelle Benutzerhinweise: Kategorien und ihre jeweiligen Informationen

Spalte	Bedeutung
Status	Bei einem grünen Haken ist die Kategorie veröffentlicht.
Titel	Name der Kategorie.

Tabelle 12-6: Spalten der Tabelle Benutzerhinweise: Kategorien und ihre jeweiligen Informationen *(Fortsetzung)*

Spalte	Bedeutung
Zugriffsebene	Legt fest, wer die Hinweiskategorie zu sehen bekommt.
Sprache	In dieser Sprache liegen die Benutzerhinweise vor.
ID	Die interne Identifikationsnummer der Kategorie.

Um eine neue Kategorie zu erstellen, klicken Sie in der Werkzeugleiste auf *Neu*. Das jetzt erscheinende Formular aus Abbildung 12-49 sieht nicht nur exakt so aus wie sein Kollege für die Beitragskategorien, die Bedienung ist auch identisch.

Abbildung 12-49: Diese Einstellungen erzeugen eine neue Hinweiskategorie.

Hier noch einmal kurz die Einstellungen im Schnelldurchgang:

Titel
Der Name der Kategorie; für die Filmtoaster-Seiten wählen Sie hier Schlechtes Benehmen.

Alias
Ein Alias-Name für den Titel, im Beispiel lassen Sie das Feld leer.

Beschreibung
Der hier eingetippte Text sollte kurz umreißen, was für Hinweise in der Kategorie zu finden sind, auf den Filmtoaster-Seiten etwa: Diese Kategorie sammelt alle Hinweise, die ein schlechtes Benehmen der Benutzer anmahnen oder protokollieren.

Übergeordnet
Sie können mehrere Hinweiskategorien ineinander verschachteln und so weiter gliedern. Die gerade neu entstehende Kategorie ist dabei der hier eingestellten untergeordnet. Im Beispiel soll die Kategorie alleine stehen, belassen Sie daher die Vorgabe – *Keine übergeordnete Kategorie* –.

Status
> Nur wenn die Kategorie *Veröffentlicht* ist, kleben die darin gesammelten Hinweise an ihren jeweiligen Benutzern.

Zugriffsebene
> Über diese Auskappliste legen Sie fest, wer die Kategorie zu sehen bekommt.

Sprache
> In dieser Sprache werden die enthaltenen Hinweise und die Beschreibung verfasst. Bei einem einsprachigen Internetauftritt übernehmen Sie die Vorgabe *Alle*.

Schlagwörter
> Der Kategorie können Sie noch ein paar Schlagwörter anheften. Für die Filmtoaster-Seiten ist das nicht nötig.

Notiz
> Hier können Sie eine Notiz hinterlegen. In der Regel können Sie das Feld ignorieren.

Versionshinweis
> Joomla! merkt sich jede Änderung an den Einstellungen. Mit der Versionsverwaltung aus Abschnitt »Versionsverwaltung« auf Seite 245 können Sie dann bei Bedarf schnell die Änderungen rückgängig machen. Damit das etwas einfacher gelingt, sollten Sie im Feld *Versionshinweis* kurz protokollieren, welche Änderungen Sie an den Einstellungen durchgeführt haben.

Für die Hinweiskategorie auf den Filmtoaster-Seiten sollten die Einstellungen jetzt so wie in Abbildung 12-49 aussehen.

Bleiben noch die Einstellungen in den anderen Registern: Auf der Registerkarte *Veröffentlichung* können Sie unter *Autor* einen anderen Benutzer zum Ersteller der Hinweiskategorie küren und ein paar Metadaten hinterlegen. Letzteres ist jedoch nicht notwendig, da die Benutzerhinweise nur im Backend erscheinen und Suchmaschinen dort keinen Zutritt haben.

Da die Hinweiskategorie nicht im Frontend erscheint, sind auch die Einstellungen im Register *Optionen* nutzlos: Ein alternatives Layout wie auch ein Bild bekommt niemand zu sehen. Mit anderen Worten: Sie können das Register ignorieren.

Für die Filmtoaster-Seiten legen Sie jetzt die neue Hinweiskategorie via *Speichern & Schließen* an. Als Nächstes muss der Hinweis für den Benutzer *hans76* her.

Benutzerhinweise anlegen

Sämtliche Hinweise verwalten Sie hinter *Benutzer → Benutzerhinweise*. Die dortige Tabelle ist im Moment noch leer. Um einen Hinweis hinzuzufügen, aktivieren Sie *Neu* in der Werkzeugleiste. Daraufhin erscheint das übersichtliche Formular aus Abbildung 12-50. Zunächst tippen Sie einen *Betreff* ein. Er sollte kurz zusammenfassen, um was es geht. Im Filmtoaster-Beispiel könnten Sie Bewährungszeit wählen.

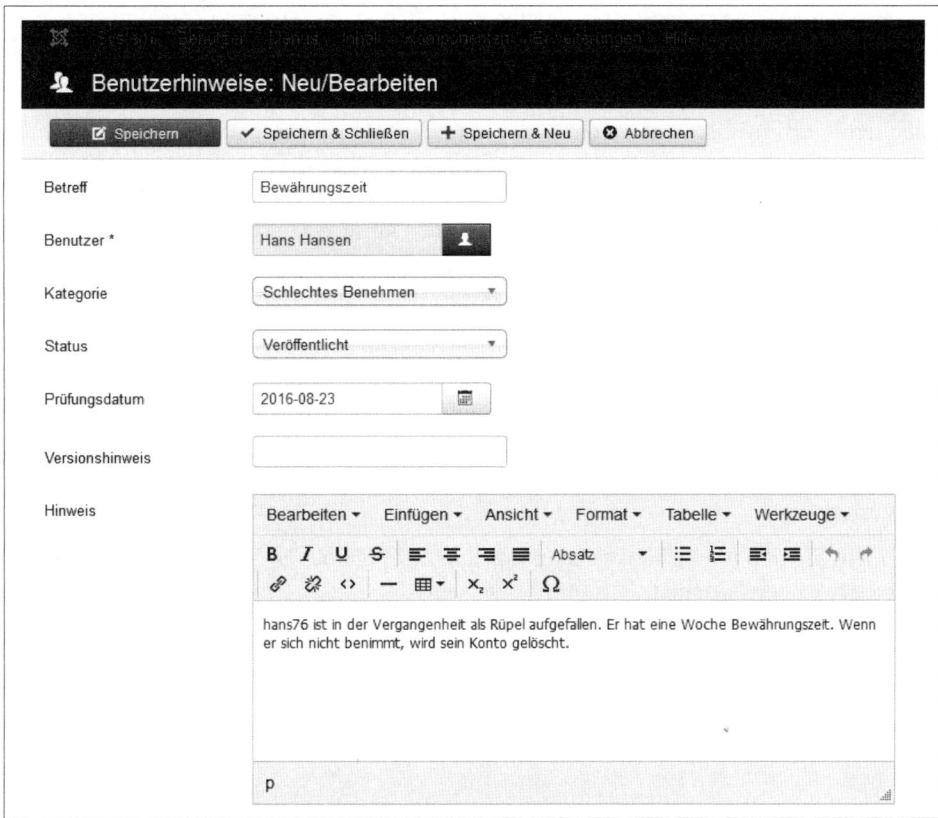

Abbildung 12-50: Diese Einstellungen erzeugen einen Hinweis für den Benutzer hans76.

Anschließend heften Sie den Hinweis an den entsprechenden Benutzer. Dazu klicken Sie erst neben *Benutzer* auf den Knopf mit der weißen Büste und dann im neuen Fenster auf den Namen der Person – im Beispiel *Hans Hansen*. (Wenn Sie nicht alle vorherigen Beispiele mitgemacht haben, können Sie auch einen beliebigen anderen Benutzer wählen.)

Mit der Ausklappliste darunter packen Sie den Hinweis noch in eine Hinweis-*Kategorie*. Im Beispiel soll das die gerade angelegte Kategorie *Schlechtes Benehmen* sein. Achten Sie darauf, dass der *Status* auf *Veröffentlicht* steht. Nur dann ist der Hinweis auch mit dem Benutzerkonto verknüpft.

Auf den Filmtoaster-Seiten muss sich der Benutzer *hans76* eine Woche lang vorbildlich benehmen. In sieben Tagen steht folglich noch einmal eine Überprüfung (des Hinweises) an. Dann entscheidet sich, ob nur der Hinweis oder das Benutzerkonto gelöscht wird. Damit man diesen Termin nicht vergisst, gibt es das *Prüfungsdatum*. Klicken Sie auf das kleine Kalendersymbol und wählen Sie einen Tag in einer Woche aus.

Leider funktioniert das Prüfungsdatum nicht wie ein Wecker, sondern ergänzt den Hinweis lediglich um ein Datum. Sie erhalten folglich keine Erinnerungsnachricht, sondern müssen immer mal wieder bei *Benutzer* → *Benutzerhinweise* vorbeischauen. Das Prüfungsdatum ist zudem optional. Wenn Sie es in Ihren eigenen Hinweisen nicht benötigen, ignorieren Sie das zugehörige Feld einfach.

Die Benutzerhinweise unterstehen der eingebauten Versionsverwaltung. Joomla! merkt sich folglich immer sämtliche Änderungen. Über die Versionsverwaltung aus Abschnitt »Versionsverwaltung« auf Seite 245 können Sie dann schnell zu einer älteren Fassung des Hinweises zurückkehren. Damit das einfacher gelingt, sollten Sie im Feld *Versionshinweis* immer kurz zusammenfassen, welche Änderungen Sie vorgenommen haben. Wenn Sie wie jetzt den Benutzerhinweis erstellen, können Sie das Feld noch leer lassen.

Abschließend tippen Sie noch unter *Hinweis* den eigentlichen Hinweistext ein (also den Text, den Sie auch auf einen Post-it-Zettel schreiben würden). Im Filmtoaster-Beispiel können Sie einfach den Text aus Abbildung 12-50 übernehmen. Es stehen Ihnen hier übrigens wieder alle Formatierungsmöglichkeiten des TinyMCE-Editors zur Verfügung,

Nachdem Sie den neuen Hinweis mit *Speichern & Schließen* angelegt haben, landen Sie wieder in der Tabelle mit allen Hinweisen.

Benutzerhinweise verwalten

In der Tabelle hinter *Benutzer* → *Benutzerhinweise* finden Sie die Informationen aus Tabelle 12-7.

Tabelle 12-7: Spalten der Tabelle Benutzerhinweise und ihre jeweiligen Informationen

Spalte	Bedeutung
Status	Bei einem grünen Haken ist der Hinweis veröffentlicht (er »klebt« dann am entsprechenden Benutzer).
Betreff	In dieser Spalte finden Sie den Betreff und darunter immer in kleiner Schrift die Hinweiskategorie, zu der der Hinweis gehört.
Benutzer	Der Hinweis wurde diesem Benutzer zugeordnet.
Prüfungsdatum	An diesem Datum muss jemand den Hinweis noch einmal auf seine Richtigkeit überprüfen.
ID	Die interne Identifikationsnummer der Kategorie.

Wechseln Sie direkt weiter in die Benutzerverwaltung hinter *Benutzer* → *Verwalten*. Hier finden Sie jetzt in der Zeile für *hans76* mehrere kleine Symbole beziehungsweise Schaltflächen (siehe Abbildung 12-51).

Abbildung 12-51: Die kleinen Symbole und Schaltflächen ermöglichen einen schnellen Zugriff auf die Hinweise des Benutzers.

Mit einem Klick auf den Trichter gelangen Sie schnell zu einer Liste mit allen Hinweisen für diesen Benutzer (genauer gesagt, wechselt Joomla! zur Tabelle hinter *Benutzer* → *Benutzerhinweise* und zeigt dort nur noch die Hinweise des entsprechenden Benutzers an).

Die Schaltfläche *Hinweis anzeigen* rechts daneben öffnet das Fenster aus Abbildung 12-52 mit allen Hinweisen des Benutzers. Joomla! zeigt allerdings nur den reinen Text an; eventuell im Hinweis eingebundene Bilder fehlen hier.

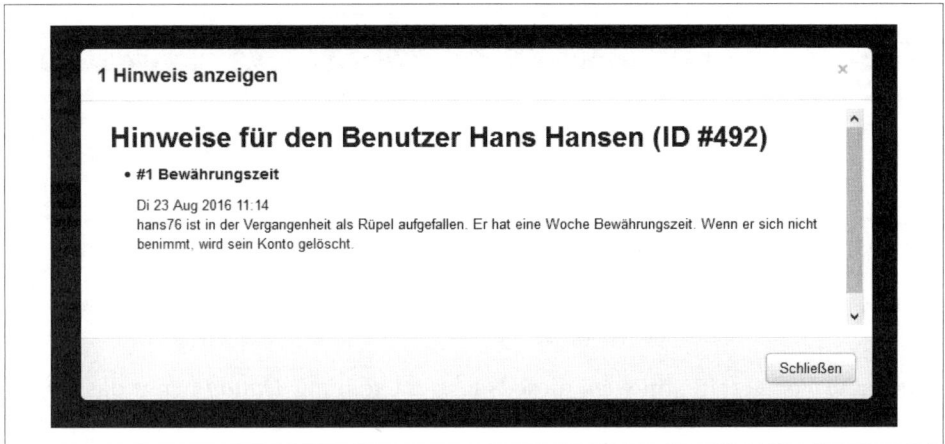

Abbildung 12-52: Dieses Fenster zeigt übersichtlich alle Hinweise eines Benutzers an. Für hans76 gibt es im Moment nur einen.

Über die dritte Schaltfläche *Hinweis hinzufügen* können Sie schließlich noch in Rekordgeschwindigkeit einen neuen Hinweis für diesen Benutzer anlegen.

Das interne Nachrichtensystem

Joomla! bietet ein eingebautes Nachrichtensystem, über das Benutzer miteinander kommunizieren können. Die Benutzer müssen dazu allerdings das Backend betreten und das Nachrichtensystem nutzen dürfen. Standardmäßig können nur die Mitglieder der Benutzergruppen *Administrator* und *Super User* über das Nachrichtensystem miteinander kommunizieren. Aber auch Joomla! selbst hat ab und an das Bedürfnis, mit einem der Administratoren zu reden. Das ist zum Beispiel immer dann der Fall, wenn jemand einen neuen Beitrag, wie zum Beispiel eine Filmkritik, einreicht.

Empfangene Nachrichten

Sobald eine Nachricht eingeht, landet sie im Joomla!-eigenen Postfach (englisch *Inbox*). Dass ein neuer Brief eingegangen ist, verrät eine entsprechende Meldung in der Statusleiste am unteren Seitenrand (siehe Abbildung 12-53).

Abbildung 12-53: In diesem Fall ist eine Nachricht eingegangen.

Über einen Klick auf diese Zahl oder alternativ über den Menüpunkt *Komponenten* → *Nachrichten* gelangen Sie zu einer Liste mit allen empfangenen Meldungen (siehe Abbildung 12-54).

Abbildung 12-54: Hier sieht man eine eingegangene Nachricht. Sie stammt von einem Benutzer namens Paul Kritiker und weist auf einen neuen Beitrag hin.

Die Spalte *Von* verrät, von wem diese Nachricht stammt. *Datum* nennt das Sendedatum, und *Gelesen* vermerkt, ob Sie die Meldung bereits gelesen haben. Bei einem roten Kreis wie in Abbildung 12-54 haben Sie auf die Nachricht bislang noch keinen Blick geworfen.

Um eine der Nachrichten anzusehen, klicken Sie einfach auf ihren *Betreff*. Auf der nun erscheinenden Seite können Sie mit einem Klick auf *Antworten* direkt eine Antwort verfassen. Letzteres funktioniert allerdings nur dann, wenn nicht Joomla! selbst die Nachricht verschickt hat.

Nachrichten verschicken

Um jemanden eine neue Nachricht zu schreiben, wählen Sie entweder aus dem Menü *Komponenten* → *Nachrichten* → *Nachricht schreiben* oder klicken alternativ im Postkasten (hinter *Komponenten* → *Nachrichten*) in der Werkzeugleiste auf *Neu*.

Im nun angezeigten Formular klicken Sie neben *An* auf den Knopf mit der weißen Büste und suchen dann aus der Liste den Empfänger aus. Beachten Sie, dass dabei nur Benutzer zur Auswahl stehen, die Zugang zum Backend haben und zudem das Nachrichtensystem benutzen dürfen. Standardmäßig sind das lediglich die Benutzer aus den Gruppen *Administrator* und *Super Users*. Über das Frontend lässt sich ein Postfach nicht einsehen.

Anschließend tippen Sie im Eingabefeld *Betreff* das Thema ein und schütten schließlich unter *Nachricht* Ihr Herz aus. Ein Klick auf *Senden* schickt den Brief auf die Reise.

Einstellungen für das Nachrichtensystem

Einstellungen rund um das Nachrichtensystem erlauben hinter *Komponenten* → *Nachrichten* gleich zwei Schaltflächen in der Werkzeugleiste. Die unter *Meine Einstellungen* veränderten Punkte gelten nur für das eigene Postfach:

Posteingang sperren
Bei einem *Ja* weist Joomla! sämtliche Zustellversuche ab. Sie erhalten also keine Post mehr.

E-Mail-Benachrichtigung bei neuen Nachrichten
Diesen Punkt sollten Sie insbesondere dann auf *Ja* stellen, wenn Sie nur selten das Backend besuchen. Joomla! benachrichtigt dann den Postfachinhaber per E-Mail, sobald eine neue Nachricht eingegangen ist.

Nachrichten automatisch löschen nach (Tagen)
So viele Tage lang bewahrt Joomla! eingegangene Nachrichten auf. Überschreitet eine Nachricht diese Lagerfrist, löscht das Content-Management-System sie automatisch. Davon unabhängig können Sie natürlich auch jede Nachricht manuell in den *Papierkorb* stecken.

Neben den privaten Einstellungen können Sie hinter den *Optionen* noch festlegen, wer überhaupt auf das interne Nachrichtensystem zugreifen darf.

Massenmail

Für den nächsten Samstag wurde kurzfristig ein interessantes Sonderprogramm im Roxy-Kino angesetzt. Um nun alle registrierten Benutzer über dieses Ereignis zu informieren, kann man auf die *Massenmail*-Funktion zurückgreifen. Sie versendet eine E-Mail an eine oder mehrere Benutzergruppen. Eine solche Rundmail ist auch dann äußerst nützlich, wenn im System plötzlich mal etwas klemmt oder Wartungsarbeiten anstehen, die einen Zugriff oder gar die Erreichbarkeit der Website beeinträchtigen.

Tipp Sie sollten diese Funktion nur für die genannten Zwecke heranziehen. Andernfalls könnte es passieren, dass sich die Empfänger über zu viel unnötige Post beschweren.

Für einen Massenversand müssen allerdings ein paar Voraussetzungen erfüllt sein. Zunächst einmal muss jeder Benutzer über eine gültige E-Mail-Adresse verfügen, die in seinem Profil eingetragen ist (siehe Abschnitt »Benutzerprofil« ab Seite 540). Darüber hinaus muss Joomla! E-Mails verschicken können. (Auf die dazu eventuell notwendigen Einstellungen geht noch Kapitel 13, *Joomla! konfigurieren*, Seite 561, ein.)

Sind diese Bedingungen erfüllt, rufen Sie im Menü den Punkt *Benutzer* → *Massenmail an Benutzer* auf. Es öffnet sich nun das Formular aus Abbildung 12-55.

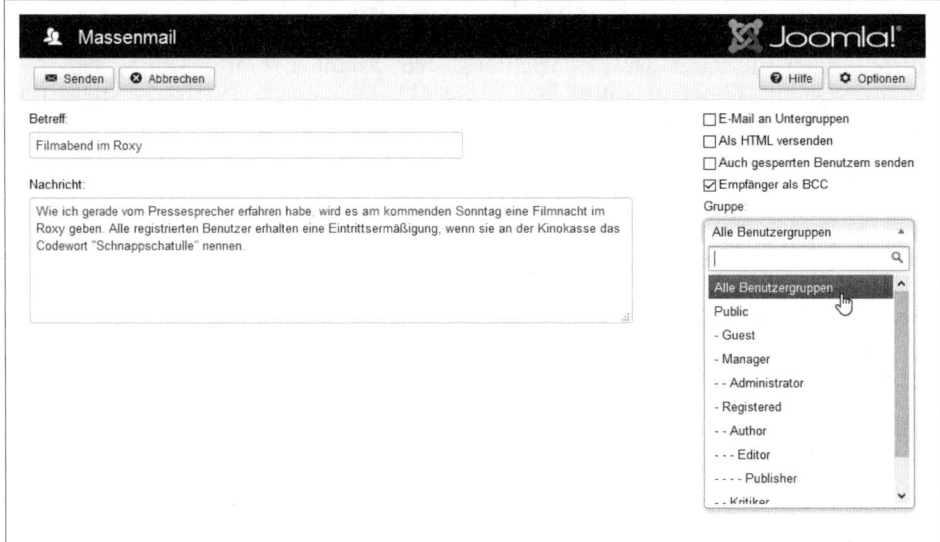

Abbildung 12-55: Die Funktion zum Versenden von Massenmails.

Bevor Sie hier die Massenmail-Funktion zum ersten Mal nutzen, sollten Sie einmal einen Blick in die *Optionen* hinter der gleichnamigen Schaltfläche in der Werkzeugleiste werfen. Joomla! bietet dort auf der Registerkarte *Massenmail* zwei Einstellungen an:

Betreffpräfix
   Den hier eingetippten Text klebt Joomla! vor den Betreff einer jeden Nachricht. Auf den Filmtoaster-Seiten könnte man etwa die Zeichenkette [Filmtoaster] eingeben, womit beim Empfänger dann eine Betreffzeile à la [Filmtoaster] Filmabend im Roxy ankommt. Auf diese Weise sehen die Empfänger auf einen Blick, woher die E-Mail stammt.

Signatur
   Der hier eingetippte Text erscheint immer am Ende einer jeden Nachricht. Üblich sind Informationen zum Absender, beispielsweise: Diese Nachricht wurde Ihnen von den Filmtoaster-Seiten geschickt.

 **Warnung** Firmen müssen bestimmte Regeln einhalten und beispielsweise in ihrer Korrespondenz immer auch den Namen des Geschäftsführers und den Firmensitz nennen. Informieren Sie sich hier am besten bei einem Anwalt, bevor Sie das erste Mal Massenmails verschicken.

Änderungen an den Einstellungen müssen Sie *Speichern & Schließen*, andernfalls klicken Sie auf *Abbrechen*.

Damit ist die Massenmail-Funktion einsatzbereit, die Sie gegebenenfalls über *Benutzer → Massenmail an Benutzer* erneut aufrufen.

Um eine E-Mail zu versenden, vergeben Sie im Formular aus Abbildung 12-55 auf der linken Seite einen *Betreff* und tippen dann Ihre *Nachricht* ein. Falls Sie auf der rechten Seite noch *Als HTML versenden* ankreuzen, dürfen Sie hier sogar HTML-Befehle verwenden, um den Nachrichtentext etwas hübscher zu gestalten. Eine Vorschau des Ergebnisses bietet die Massenmail-Funktion allerdings nicht.

Als Nächstes wählen Sie unter *Gruppe* die Empfänger. *Alle Benutzergruppen* sendet die Nachricht an wirklich alle registrierten Benutzer. Dummerweise erlaubt Joomla! darunter immer nur die Auswahl einer Gruppe als Empfänger. Wenn Sie allerdings einen Haken bei *E-Mail an Untergruppen* setzen, bezieht Joomla! auch noch alle jeweils untergeordneten (und in der Ausklappliste eingerückten) Gruppen in den Versand mit ein. Wählen Sie beispielsweise in der Ausklappliste die *Manager*, würden dann auch die Administratoren die E-Mail erhalten. Soll Joomla! auch allen eigentlich gesperrten Benutzern die Nachricht schicken, setzen Sie noch einen Haken vor *Auch gesperrten Benutzern senden*.

Sofern der Punkt *Empfänger als BCC* mit einem Haken versehen ist, setzt Joomla! alle Empfänger der Nachricht auf BCC (*Blind Carbon Copy*). Diese Funktion dürften Sie von Ihrem E-Mail-Programm kennen: Sie sorgt dafür, dass die Empfänger die E-Mail-Adressen der anderen Empfänger nicht zu Gesicht bekommen. Schon aus Gründen des Datenschutzes sollten Sie diese Funktion immer aktiviert lassen.

Sind alle Informationen beisammen, können Sie die E-Mail mithilfe der Schaltfläche *Senden* abschicken.

KAPITEL 13
Joomla! konfigurieren

In diesem Kapitel:
- Systemeinstellungen
- Ausgelieferte Website
- Globale Metadaten
- Fehlersuche (Debug)
- Zwischenspeicher (Cache)
- Sitzungsmanagement
- Cookies
- Einstellungen zum Webserver
- Einstellungen zur Datenbank
- Zeitzone des Servers
- FTP-Einstellungen korrigieren
- E-Mail-Versand einrichten (Mailing)
- Proxy-Einstellungen
- Einstellungen im Frontend ändern
- Systeminformationen
- Menüs und Kategorien wiederherstellen

Joomla! hält an verschiedenen Stellen Funktionen, Einstellungen und Informationen bereit, die sich auf das gesamte System beziehen beziehungsweise in bestimmten Notfallsituationen helfen können. Zwar benötigen Sie sie somit nicht täglich, sie zu kennen, kann Sie jedoch im Fall der Fälle retten.

Tipp Sie sollten die folgenden Abschnitte einmal lesen, bei Bedarf die jeweiligen Vorgaben in Ihrer Joomla!-Installation gerade rücken und den angebotenen Funktionsumfang im Hinterkopf behalten.

Warnung Wenn Sie unsicher sind, belassen Sie die entsprechenden Werte auf ihren Vorgaben. Die Einstellungen sind durchweg sinnvoll belegt.

Einen großen Teil der Einstellungen sammelt Joomla! hinter *System → Konfiguration*. Beispielsweise können Sie dort vom TinyMCE- auf einen anderen Editor umschalten. Die meisten Einstellungen speichert Joomla! dabei in der Datei *configuration.php*, die das Content-Management-System während der Installation in seinem Verzeichnis angelegt hat. Sind dieser Datei die Schreibrechte komplett entzogen, können Sie die im Folgenden beschriebenen Einstellungen nicht verändern. Allerdings hat das auch den Vorteil, dass Benutzer mit Zugang zum Backend nicht einfach den Namen Ihrer Website austauschen oder die E-Mail-Einstellungen durcheinanderbringen können. Nachdem Sie die Grundeinstellungen angepasst haben, sollten Sie daher der Datei *configuration.php* die Schreibrechte unbedingt wieder entziehen. (Falls Ihr FTP-Programm einen numerischen Wert verlangt, wählen Sie die 444, damit kann Joomla! die *configuration.php* nur noch lesen.)

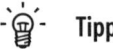 **Tipp**   Erstellen Sie von der *configuration.php* für den Fall der Fälle immer eine Sicherungskopie auf Ihrem eigenen PC. Geraten Ihnen die Grundeinstellungen einmal durcheinander, haben Sie so noch einen Rettungsring.

Systemeinstellungen

Alle essenziellen Grundeinstellungen, die das Joomla!-System selbst betreffen, finden Sie hinter *System → Konfiguration* auf der Registerkarte *System* im Bereich *System* (siehe Abbildung 13-1):

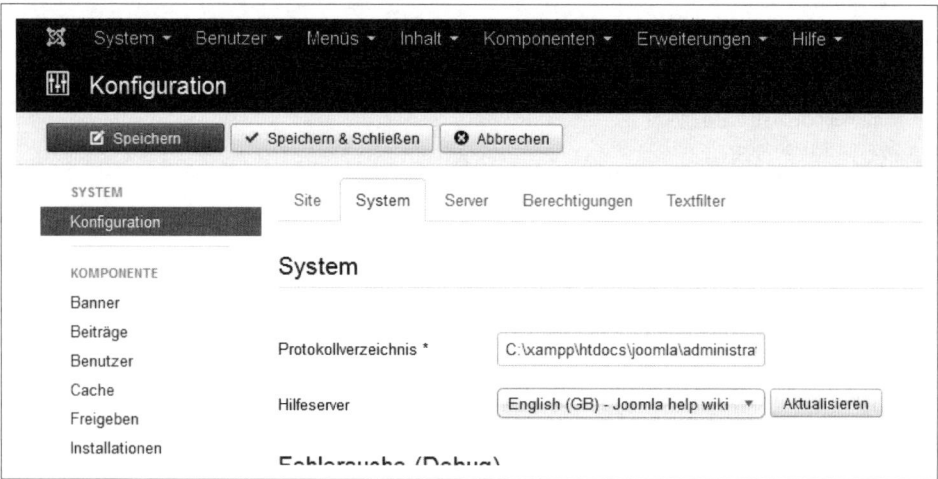

Abbildung 13-1:   Der Bereich System.

Protokollverzeichnis
  Joomla! protokolliert Fehlermeldungen und seine übrigen Tätigkeiten in diesem Ordner. Die anfallenden Meldungen speichert das Content-Management-System dort in gleich mehreren Dateien (den sogenannten Logs). In der Datei *error.php* finden Sie beispielsweise missglückte Anmeldeversuche Ihrer Benutzer. Das alles klappt allerdings nur, wenn Joomla! Schreibrechte für das Verzeichnis besitzt.

Hilfeserver
  Bestimmt die Bezugsquelle für die Onlinehilfe.

Ausgelieferte Website

Unter *System → Konfiguration* auf der Registerkarte *Site* können Sie im Bereich *Website* unter anderem Ihren Internetauftritt vom Netz nehmen und den Standardeditor wählen (siehe Abbildung 13-2).

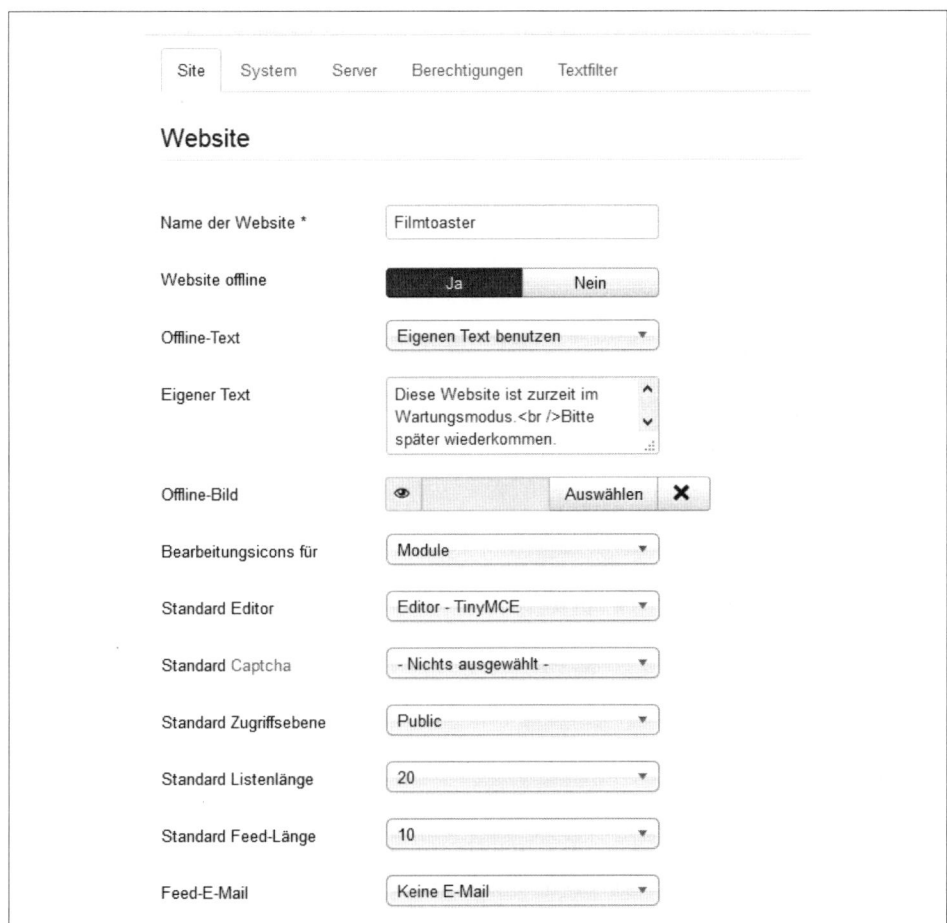

Abbildung 13-2: Diese Einstellungen beziehen sich auf das Frontend.

Im Einzelnen stehen folgende Einstellungen zur Verfügung:

Name der Website
  Hier steht der Name Ihres Internetauftritts, wie beispielsweise Filmtoaster. Das ist genau der Name, den Sie auch schon bei der Installation von Joomla! vorgeben mussten. Er erscheint an verschiedenen Stellen – auf den Seiten des Backends beispielsweise in der Titelleiste des Browsers.

Website offline
  Steht der Schalter hier auf *Ja*, wird das gesamte Frontend abgeschaltet (»offline genommen«). Diesen Zustand bezeichnet ein deutschsprachiges Joomla! auch als Wartungsmodus. Was Joomla! dann anstelle Ihrer Website anzeigt, bestimmen die beiden aufklappenden Einstellung *Offline-Text*, *Eigener Text* und *Offline-Bild*.

  Sie sollten Ihre Website immer dann »offline« schalten, wenn umfangreiche Wartungsarbeiten oder Umbauten anstehen.

Offline-Text und Eigener Text

Wenn Sie Ihre *Website offline* geschaltet haben, ist das Frontend nicht mehr zu erreichen. Was Joomla! stattdessen anzeigt, bestimmen Sie unter *Offline-Text*.

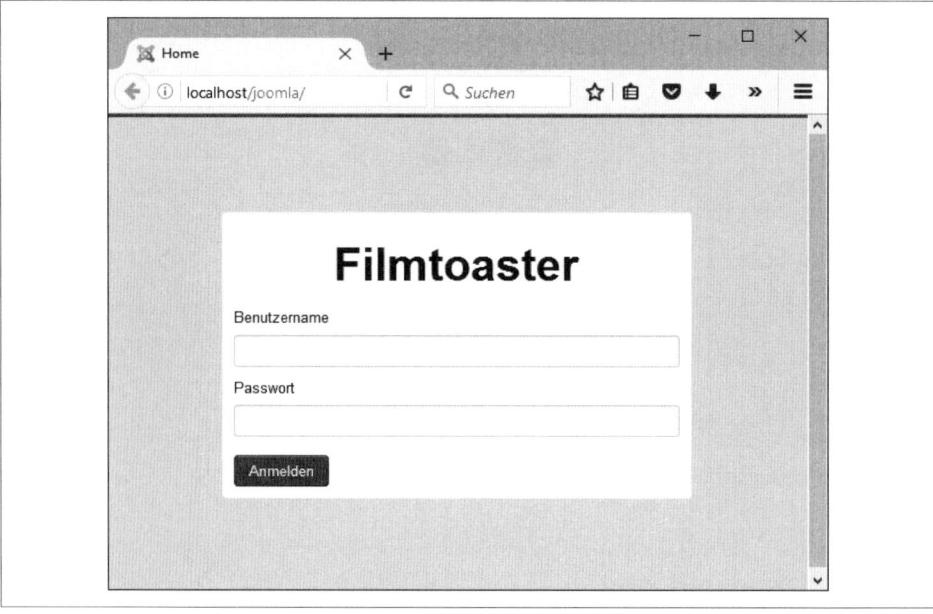

Abbildung 13-3: Das offline geschaltete Frontend zeigt diesen Schirm an.

Ist dort *Verbergen* aktiviert, präsentiert Joomla! lediglich den kargen Anmeldebildschirm aus Abbildung 13-3. Standardmäßig dürfen sich nur Mitglieder der Benutzergruppen *Manager*, *Administrator* und *Super Users* über das Formular mit Benutzername und Passwort anmelden und die Seite betrachten. Mithilfe der Benutzerverwaltung können Sie aber auch weiteren ausgewählten Gruppen den Zugang gestatten (hinter *System* → *Konfiguration* auf der Registerkarte *Berechtigungen* via *Offlinezugang*, siehe Kapitel 12, *Benutzerverwaltung und -kommunikation*, Seite 485).

In der Einstellung *Eigenen Text benutzen* erscheint zusätzlich noch die unter *Eigener Text* eingetippte Meldung (siehe Abbildung 13-4). Sie können die Vorgabe dort einfach überschreiben oder anpassen. Das <br /> sorgt für einen Zeilenumbruch.

 **Tipp** Die Offlinenachricht dürfen Sie mit HTML-Befehlen anreichern beziehungsweise aufhübschen.

Anstelle des eigenen Texts können Sie auch einfach einen *Standardtext benutzen* lassen. Den schreibt das jeweilige Sprachpaket vor, bei einem deutschen Joomla! lautet er: *Diese Website ist auf Grund von Wartungsarbeiten nicht erreichbar. Bitte später wiederkommen.*

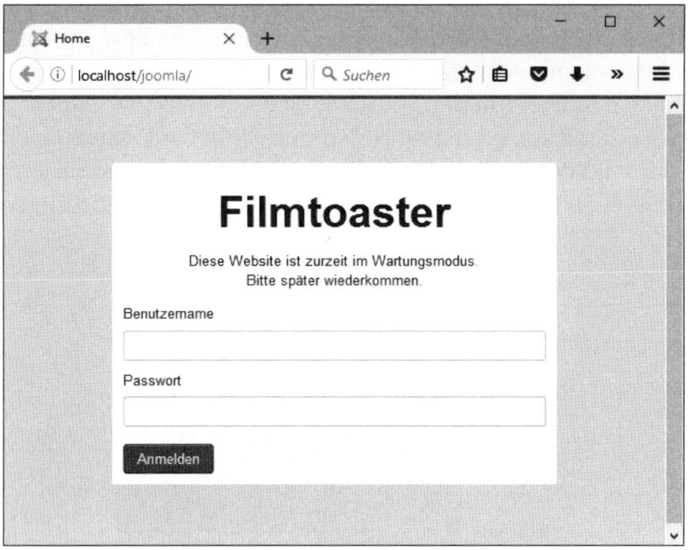

Abbildung 13-4: Das deaktivierte Frontend mit dem Eigenen Text.

Offline-Bild

Der Anmeldebildschirm des abgeschalteten Frontends sieht ziemlich karg aus. Über die Schaltfläche *Auswählen* können Sie ihn noch mit einem Bild aufpeppen. Es empfiehlt sich hier beispielsweise das Logo der Seite beziehungsweise Ihres Unternehmens. Mit einem Klick auf das X werden Sie das Bild später wieder los.

Bearbeitungsicons für

Benutzer mit entsprechenden Rechten dürfen die Module direkt auf Ihrer Website verändern. Fährt der angemeldete Benutzer mit seiner Maus über ein Modul, erscheint eine entsprechende Schaltfläche wie die in Abbildung 13-5. Ein Klick darauf genügt, um die Einstellungen des Moduls zu öffnen. Das ist zwar bequem, man läuft aber auch Gefahr, ein Modul versehentlich zu verändern. Sie können deshalb die Schaltflächen auch ausblenden, indem Sie unter *Bearbeitungsicons für* den Punkt *Keine* einstellen.

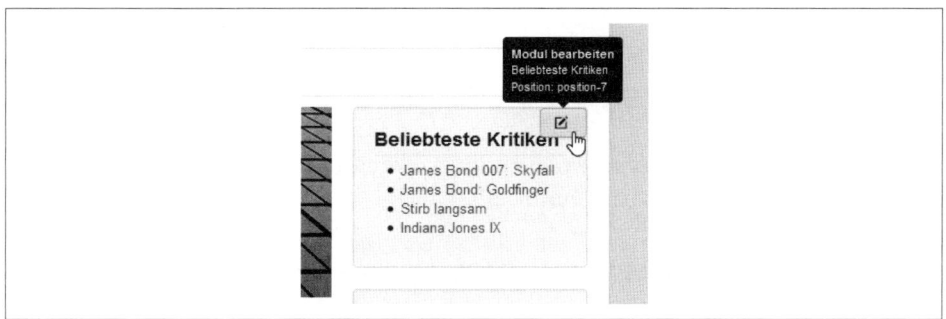

Abbildung 13-5: Ein Klick auf diese Schaltfläche würde die Einstellungen des Moduls öffnen.

Wenn Sie in der Auskappliste *Module & Menüs* auswählen, können die Benutzer nicht nur die Module, sondern auch noch die Menüpunkte direkt auf Ihrer Website bearbeiten. Das funktioniert dann wie in Abbildung 13-6: Sobald der angemeldete Benutzer mit der Maus auf einen Menüpunkt fährt, erscheint eine Schaltfläche. Ein Klick darauf führt dann direkt in die Einstellungen des Menüpunkts. Joomla! öffnet diese Einstellungen allerdings nicht im Frontend, sondern springt dazu ins Backend.

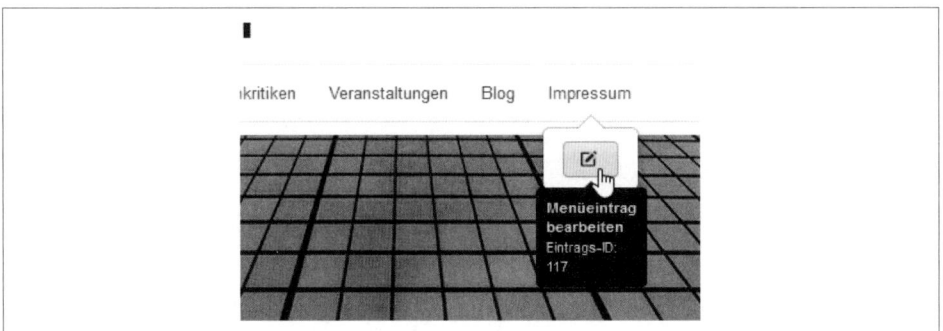

Abbildung 13-6: Hier würde jetzt ein Klick zu den Einstellungen des Menüpunkts Impressum führen.

Standard Editor
> Hier können Sie den Editor aussuchen, der standardmäßig zur Eingabe von Texten verwendet wird. Zur Auswahl stehen der TinyMCE-Editor, ein einfaches Eingabefeld (Einstellung *Editor → Keine*) und der an Softwareentwickler gerichtete *Editor → CodeMirror*, der Programmcode hübsch formatiert beziehungsweise hervorhebt.

Standard Captcha
> Abschnitt »Captchas« beschreibt auf Seite 538, wie Sie das Registrierungsformular mit einem sogenannten Captcha absichern. In der Auskappliste *Standard Captcha* bestimmen Sie, ob und, wenn ja, welchen Captcha-Dienst Joomla! standardmäßig verwenden soll. Joomla! 3.6.0 kennt zunächst nur Googles *reCAPTCHA*-Dienst (vorausgesetzt, Sie haben ihn hinter *Erweiterungen → Plugins* aktiviert). Weitere Captcha-Dienste lassen sich jedoch über Erweiterungen nachrüsten.

Standard Zugriffsebene
> Diese Zugriffsebene schlägt Joomla! standardmäßig bei allen neu erstellten Inhalten (wie Beiträgen, Menüpunkten, Kontaktformularen etc.) vor.

Standard Listenlänge
> Standardmäßig zeigen die Tabellen im Backend (wie etwa die hinter *Inhalt → Beiträge*) so viele Zeilen auf einmal an.

Standard Feed-Länge
> Die von Joomla! selbst generierten Newsfeeds enthalten maximal so viele Einträge.

Feed-E-Mail
> In seine eigenen Newsfeeds packt Joomla! nicht nur die Einleitung der Beiträge, sondern auch die E-Mail-Adressen der jeweiligen Autoren – zumindest dann, wenn Sie hier *Autor-E-Mail* einstellen. Wählen Sie stattdessen *Website-E-Mail*, taucht in den Newsfeeds immer nur die Standard-E-Mail-Adresse der Filmtoaster-Seite auf. Das ist sehr wahrscheinlich Ihre eigene. In der Standardeinstellung enthält der Newsfeed keine E-Mail-Adressen.

Tipp Klären Sie vorab mit den Autoren, ob diese ihre E-Mail-Adresse überhaupt in den Newsfeeds sehen möchten – schließlich lesen auch Spammer die Newsfeeds mit.

Globale Metadaten

Unter *System* → *Konfiguration* enthält im Register *Site* der Bereich *Globale Metadaten* Informationen, die Joomla! unsichtbar in jede ausgelieferte Seite integriert. Diese Daten werten unter anderem Internetsuchmaschinen aus. Die hier in den Eingabefeldern eingetippten Informationen versteckt Joomla! zunächst in allen Seiten Ihres Internetauftritts. Sie sollten daher nur Begriffe und Erläuterungen verwenden, die sich auf den gesamten Auftritt beziehen. Für die einzelnen Beiträge können Sie diese Metadaten dann gezielt ersetzen beziehungsweise überschreiben (mehr dazu finden Sie in Kapitel 6, *Beiträge anlegen und verwalten*, Seite 135). Darüber hinaus können Sie in den Einstellungen der Menüeinträge maßgeschneiderte Metadaten für die darüber erreichbaren Seiten hinterlegen (siehe Abschnitt »Schritt 5: Metadaten ergänzen« auf Seite 455).

Tipp HTML-Profis dürfte interessieren, dass Joomla! die Daten über das `<meta>`-Tag in der ausgelieferten Seite versteckt. Wie das Ergebnis aussieht, verrät Ihnen die sogenannte Seitenquelltextansicht Ihres Browsers.

Meta-Beschreibung
> Hier hinein gehört eine Beschreibung Ihres Internetauftritts. Für die Filmtoaster-Seiten könnte sie zum Beispiel so lauten: `Auf den Filmtoaster-Seiten finden Sie Kritiken zu aktuellen Kinofilmen.`

Meta-Schlüsselwörter
> Hier können Sie ergänzend noch Stichwörter eingeben, die Ihren Internetauftritt charakterisieren. Jeder eingegebene Begriff muss dabei durch ein Komma von seinen umstehenden Kollegen getrennt werden. Für die Filmtoaster-Seiten könnte solch eine Liste folgendermaßen aussehen: `Kino, Film, Filme, Filmkritiken`.

Tipp Auch wenn die Felder einladend groß sind, mögen Suchmaschinen keine ellenlangen Texte und Schlüsselwörtertiraden. Sie vermuten dann sogar unter Umständen Spam und strafen den Internetauftritt ab, indem sie ihn in ihren Ergebnislisten nur noch am unteren Ende berücksichtigen. Fassen Sie sich daher in jedem Fall kurz: Bei der *Meta-Beschreibung* genügen ein oder zwei Sätze, bei den *Schlüsselwörtern* reichen fünf oder sechs.

Robots
> Mit der Ausklappliste *Robots* legen Sie fest, ob die Suchmaschinen überhaupt die Seite betreten (ein Punkt bei *index*) und den Links beziehungsweise Menüpunkten darauf folgen dürfen (ein Punkt bei *follow*). *noindex* und *nofollow* verbieten hingegen die jeweilige Aktion. Niemand garantiert allerdings, dass die Suchmaschinen diese Einstellungen berücksichtigen. Zumindest die großen, wie Google und Bing, halten sich aber an die Vorgaben.

Inhaltsrechte
> Hier können Sie Informationen zum Urheberrecht hinterlassen. Falls Besucher beispielsweise sämtliche Texte des Internetauftritts nach Lust und Laune kopieren und weiterverarbeiten dürfen, sollten Sie dies hier notieren. Allerdings sind diese Angaben nicht verbindend und zudem auch noch vor den Augen normaler Besucher versteckt.

Autor-Meta-Tag anzeigen
> Bei einem *Ja* versteckt Joomla! auch noch den Namen des jeweiligen Autors in den Metadaten eines Beitrags.

Joomla!-Version anzeigen
> Wenn Sie diese Einstellung auf *Ja* setzen, posaunt Joomla! an verschiedenen öffentlichen Stellen seine Versionsnummer heraus. Angreifer und Hacker können so leichter herausfinden, welche Sicherheitslücken in Ihrer Joomla!-Version noch offen stehen und ausgenutzt werden können. Sie sollten deshalb diesen Schalter immer auf *Nein* belassen.

Fehlersuche (Debug)

Bei Fehlern, Problemen oder einem lahmen System bringen zwei Diagnosefunktionen Sie unter Umständen auf die richtige Spur. Sie finden die beiden zugehörigen Einstellungen unter *System → Konfiguration* auf der Registerkarte *System* im Bereich *Fehlersuche (Debug)*. Sie sind insbesondere auch für Entwickler von Erweiterungen interessant.

 Tipp Programmierer sprechen vom *Debuggen*, wenn sie auf Fehlersuche gehen. Der etwas merkwürdige Begriff stammt noch aus einer Zeit, als Computer so groß wie Kleiderschränke waren. Hin und wieder verirrten sich kleine Käfer (englisch *Bugs*) in die Rechner und sorgten dort für einen Kurzschluss. Die Techniker durften sich folglich als Kammerjäger betätigen und den Computer »entwanzen«, also »debuggen«. Dieser Begriff hat sich bis heute als Synonym für die Fehlersuche in Programmen gehalten.

System debuggen
> Wenn Sie diese Einstellung aktivieren, plaudert Joomla! am unteren Rand von jeder ausgelieferten Seite alle seine (intern) durchgeführten Aktionen aus – darunter finden sich auch sämtliche Interaktionen mit der Datenbank (siehe Abbildung 13-7).

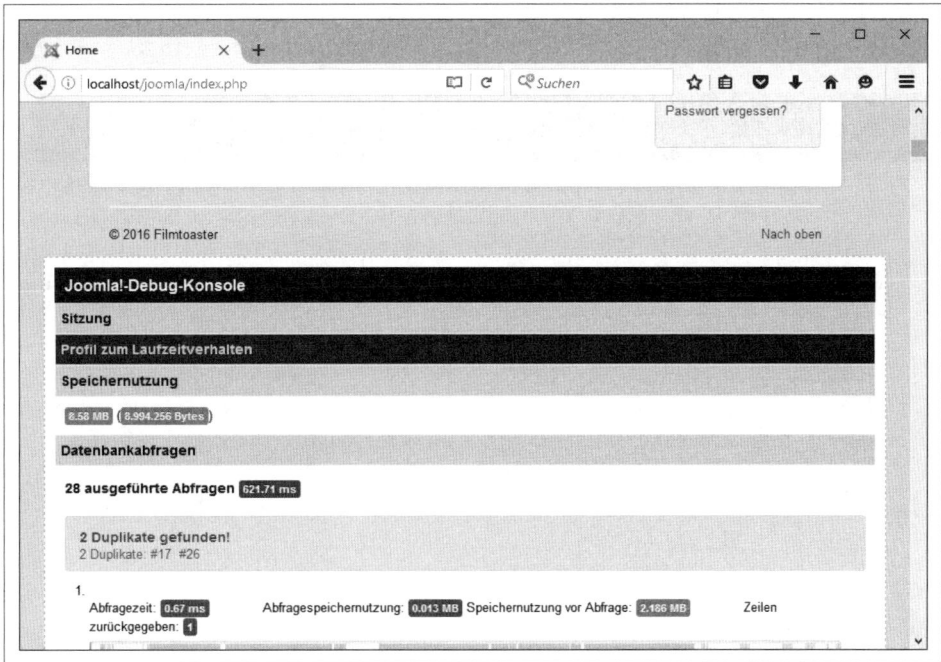

Abbildung 13-7: Die Joomla!-Debug-Konsole hilft beim Aufspüren von Programmfehlern und anderen Problemen.

In dieser sogenannten *Joomla!-Debug-Konsole* klappen Sie die einzelnen Bereiche mit einem Mausklick auf.

Diese Ausgabenflut stört jedoch die Besucher und erlaubt obendrein noch Kriminellen einen tiefen Einblick in Ihr System. Sie sollten deshalb *System debuggen* immer nur dann auf *Ja* stellen, wenn Sie eigene Komponenten entwickeln und dabei auf Fehlersuche gehen oder aber wenn größere Fehler im Betrieb auftauchen.

Tipp Die angezeigten Debug-Informationen liefert ein sogenanntes Plug-in. In dessen Einstellungen können Sie genau festlegen, welche Informationen es sammeln soll und welche Benutzer diese Daten überhaupt zu Gesicht bekommen. Was ein Plug-in ist und wie Sie seine Einstellungen verändern, verrät das gleich folgende Kapitel *Plug-ins* (und dort der für das Debugging relevante Abschnitt »System – Debug« auf Seite 614).

Wenn Sie den Punkt *System debuggen* aktivieren und nach dem *Speichern* weiter in die Benutzerverwaltung hinter *Benutzer → Verwalten* wechseln, finden Sie dort unter jedem Benutzernamen den leicht zu übersehenden Link *Debug: Berechtigungsbericht*. Ein Klick darauf zeigt detailliert an, was der Benutzer alles darf (siehe Abbildung 13-8).

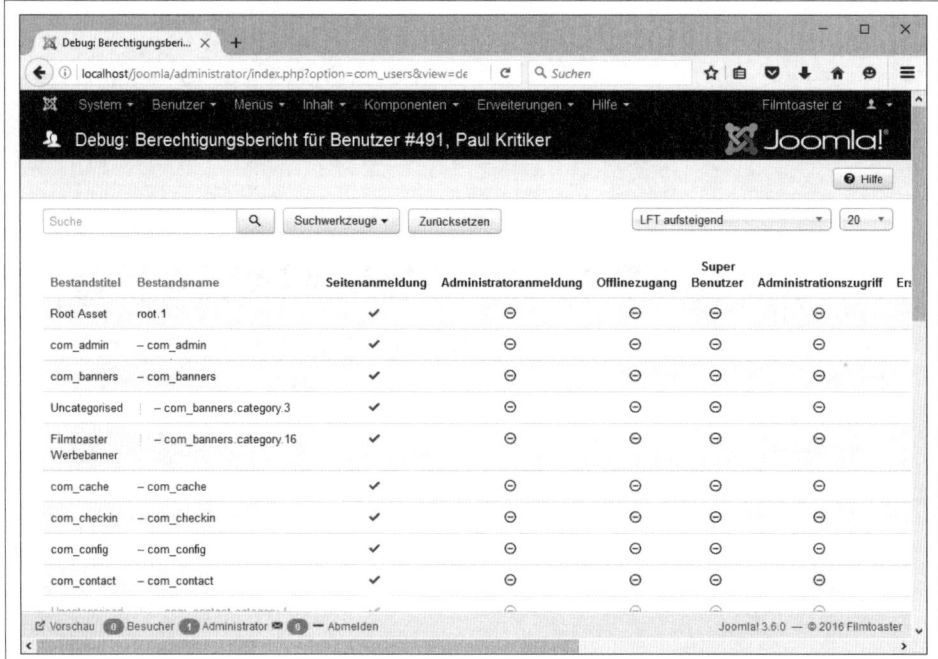

Abbildung 13-8: Der Berechtigungsbericht für den Benutzer Paul Kritiker listet auf, was er derzeit alles darf (grüner Haken) und was nicht.

Die dabei angezeigte Tabelle ist allerdings ziemlich groß und unübersichtlich. Sie sollten daher unbedingt über die *Suchwerkzeuge* die Darstellung einschränken. Beachten Sie weiterhin, dass die einzelnen Komponenten in den ersten beiden Spalten mit ihren internen Namen aufgeführt sind. Die für die Werbebanner zuständige Komponente firmiert dort beispielsweise als *com_banners*.

Den Berechtigungsbericht gibt es übrigens nicht nur für die Benutzer, sondern auch für alle Benutzergruppen hinter *Benutzer → Gruppen*.

> **Warnung** Bevor Sie jetzt *System debuggen* aktivieren, sollten Sie daran denken, dass Joomla! dann standardmäßig die Debug-Informationen auch im Frontend anzeigt (wie in Abbildung 13-7)! Schränken Sie daher zuvor unbedingt die anzeigten Daten auf ausgewählte Benutzergruppen ein, indem Sie die Einstellungen des zugehörigen Plug-ins entsprechend anpassen (siehe Abschnitt »System – Debug« auf Seite 614).

Sprache debuggen
  Bei einem *Ja* liefert Joomla! am unteren Seitenrand zahlreiche Informationen zum aktuell verwendeten Sprachpaket, darunter beispielsweise alle nicht übersetzten Texte. Zudem umrahmen zwei Sternchen alle aus dem Sprachpaket stammenden Texte.

Eine weitere Debug-Einstellung versteckt sich noch auf der Registerkarte *Server* im Bereich *Server*. Mit dem dortigen Punkt *Fehler berichten* aktivieren Sie das Diagnosesystem von PHP (also der Programmiersprache, in der Joomla! geschrieben wurde). Damit erscheinen dessen Fehler und Warnungen direkt auf den von Joomla! erzeugten Seiten. Die Ausklappliste regelt dabei, welche Art von Meldungen PHP ausgeben sol: Bei *Standard* gelten die diesbezüglich vorgegebenen Einstellungen in der *php.ini*-Konfigurationsdatei. *Keine* unterdrückt sämtliche von PHP ausgehenden Meldungen, *Einfach* gibt alle Meldungen der Kategorien E_ERROR, E_WARNING und E_PARSE aus, und *Maximum* liefert alles, was das PHP-System hergibt (Kategorie E_ALL). *Entwicklung* wiederum liefert die Fehler aus den Kategorien E_ALL und E_STRICT.

Tipp Wenn Sie sich nicht mit PHP auskennen, belassen Sie hier die Voreinstellung *Standard*.

Zwischenspeicher (Cache)

Alle Elemente, die Sie auf Ihrer Website sehen, muss Joomla! erst erzeugen: Ruft ein Besucher eine Seite ab, greift Joomla! zunächst in die Datenbank, stellt die Inhalte zusammen und hübscht das Ergebnis mithilfe des Templates auf. Dies alles nimmt recht viel Zeit und Rechenleistung in Anspruch. Um den Besucher der Seite nicht lange warten zu lassen, puffert Joomla! auf Wunsch die einmal erstellten Ergebnisse in einem Zwischenspeicher, dem sogenannten Cache. Bei der nächsten Anfrage greift das Content-Management-System einfach auf die darin abgelegten Zwischenergebnisse zurück. Dadurch fallen insbesondere die zeitraubenden Datenbankanfragen weg. Joomla! liefert folglich die Seiten in wesentlich höherer Geschwindigkeit aus.

Der Cache klingt somit verlockend. Allerdings kann es mitunter vorkommen, dass dem Besucher (vorübergehend) veraltete Inhalte angezeigt werden. In der Vergangenheit geriet der Zwischenspeicher auch immer mal wieder nach einer Aktualisierung von Joomla! durcheinander, wodurch sich wiederum der gesamte Internetauftritt merkwürdig verhielt. Des Weiteren gibt es einige Erweiterungen, deren Ausgaben sich nicht zwischenspeichern lassen. Dazu gehören unter anderem Captchas und Formulare. Abschließend beansprucht der Zwischenspeicher auf Ihrem Server zusätzlichen Festplattenplatz. Aus all diesen Gründen ist der Zwischenspeicher standardmäßig deaktiviert.

Tipp Sie können nur durch einen Test herausfinden, ob der Zwischenspeicher bei Ihnen Probleme verursacht. Dazu erstellen Sie Ihren Internetauftritt zunächst in einer Testinstallation und aktivieren dort probehalber den Zwischenspeicher. Gibt es keine Beeinträchtigungen, schalten Sie den Cache auch auf dem Server ein. Kontrollieren Sie aber immer mal wieder zwischendurch, ob alle Funktionen Ihrer Website wie gewünscht funktionieren. Sofern sich Ihr Internetauftritt merkwürdig verhält oder Informationen fehlen, sollten Sie immer zunächst den Zwischenspeicher deaktivieren beziehungsweise löschen (dazu gleich noch mehr).

Wenn Sie jetzt verunsichert sind, belassen Sie einfach die Voreinstellung und ignorieren diesen Abschnitt.

Den Zwischenspeicher anwerfen und einrichten dürfen Sie hinter *System* → *Konfiguration* auf der Registerkarte *System* im Bereich *Zwischenspeicher (Cache)*. Dort warten die folgenden Einstellungen:

Cache

Hiermit aktivieren Sie den Zwischenspeicher. Dabei haben Sie die Wahl zwischen zwei Betriebsarten:

Mit der Einstellung *AN – Normales Caching* steckt Joomla! jedes Element auf der Website separat in den Zwischenspeicher. Der benötigte Speicherplatz hält sich dabei in Grenzen. Sie haben zudem die Möglichkeit, für jedes Modul die Zwischenspeicherung zu deaktivieren (in den Einstellungen des jeweiligen Moduls). Das ist etwa sinnvoll, wenn ein Modul besonders aktuelle Informationen anzeigen muss, wie im Fall eines Nachrichtentickers. Das normale Caching empfiehlt sich somit vor allem für Websites, auf denen häufig neue Beiträge erscheinen oder die in kurzen Abständen aktualisiert werden.

In der Einstellung *AN – Erweitertes Caching* packt Joomla! größere Bereiche der Website in den Zwischenspeicher. Dazu schaut Joomla! zunächst, welche Module auf der Website nah beieinanderstehen, und speichert ihre Ausgaben dann als einen großen Block im Cache. Damit kann Joomla! die fertige Seite noch schneller zusammenstöpseln und ausliefern, im Gegenzug kostet diese Methode deutlich mehr Speicherplatz. Darüber hinaus können Sie die Zwischenspeicherung nicht mehr für einzelne Module deaktivieren. Die Joomla!-Entwickler raten zudem davon ab, das erweiterte Caching bei sehr großen Internetauftritten einzusetzen.

Das standardmäßig vorgegebene *AUS – Cache deaktiviert* schaltet den Zwischenspeicher komplett ab.

Tipp Wenn Sie den Cache nutzen möchten, aber zwischen den beiden verfügbaren Methoden schwanken, entscheiden Sie sich für die Betriebsart *AN – Normales Caching*. Sie eignet sich für alle Internetauftritte gleichermaßen.

Wenn Sie den Cache aktivieren, klappen die folgenden drei weiteren Einstellungen auf:

Cache-Speicher

Hier wählen Sie die Lagerstätte für den Cache. Standardmäßig landen die zwischengespeicherten Daten in einzelnen Dateien, die wiederum das Unterverzeichnis *cache* Ihrer Joomla!-Installation sammelt. Dieses Verzeichnis muss folglich für Joomla! beschreibbar sein. Weitere Speicherorte lassen sich über Erweiterungen nachrüsten.

Plattformspezifischer Cache

Über Erweiterungen können Sie Joomla! dazu bringen, bestimmte Inhalte nur an Smartphones oder nur an Desktop-PCs auszuliefern. Ein Beispiel ist der *Advanced Module Manager*, der von Ihnen ausgewählte Module von Smartphones fernhält – etwa weil sie für die kleinen Bildschirme zu groß sind (*http://extensions.joomla.org/extensions/extension/style-a-design/modules-management/advanced-module-manager*). Des Weiteren können auch Templates zwischen Smartphones und einem Desktop-PC unterscheiden und dann Teile der Seite verstecken. Solche Erweiterungen und Templates lassen sich jedoch leicht durch den Cache durcheinanderbringen. Auf dem Smartphone könnten dann auch Module erscheinen, die Sie eigentlich ausgeschlossen haben. Das lässt sich verhindern, indem Sie *Plattformspezifischer Cache* auf *Ja* setzen. Der Zwischenspeicher unterscheidet dann zwischen Smartphones und Desktop-PCs. Den Schalter *Plattformspezifischer Cache* müssen Sie nicht umlegen, wenn Ihr Template die Website nur über die CSS-Technik an die unterschiedlichen Geräte anpasst. Dies ist bei den meisten Templates der Fall.

Tipp Wenn Sie jetzt verwirrt sind, belassen Sie *Plattformspezifischer Cache* auf *Nein*.

Cache-Dauer
So viele Minuten verbleibt ein gepuffertes Element maximal im Cache. Nachdem diese Zeit abgelaufen ist, wird das Element auf jeden Fall aktualisiert.

Sie können den Cache-Speicher auch manuell leeren beziehungsweise zurücksetzen. Das ist beispielsweise dann notwendig, wenn sich Joomla! merkwürdig verhält, munter weiter veraltete Seiten ausspuckt oder wenn das Cache-Verzeichnis umfangreiche Dimensionen annimmt und so Ihr Platz auf dem Server auszugehen droht.

Um den Cache zu bereinigen, rufen Sie *System* → *Cache leeren* auf. Joomla! zeigt Ihnen dann eine Tabelle ähnlich der aus Abbildung 13-9 an (bei deaktiviertem Cache ist die Tabelle leer).

Cache-Gruppe ▲	Dateianzahl	Größe
_system	3	11 kb
com_contact	2	7 kb
com_content	4	19 kb
com_languages	2	0
com_plugins	2	6 kb
com_templates	2	0
mod_articles_popular	2	0
mod_custom	2	0
mod_menu	19	114 kb
mod_search	4	0

Abbildung 13-9: Die Cache-Verwaltung.

Jede Zeile führt eine Komponente oder ein Modul auf, für das Joomla! Daten im Cache abgelegt hat. In der Spalte *Cache-Gruppe* stehen die internen Namen der Komponenten und Module. So steckt hinter *com_content* die Beitragsverwaltung, während *com_contact* alle Kontakte verwaltet. *_system* bezeichnet das Kernsystem von Joomla!. Unter *Dateianzahl* können Sie ablesen, wie viele Dateien für die jeweilige Komponente im Unterverzeichnis *cache* lagern. In der Regel besteht eine ausgelieferte Webseite aus mehreren solcher im Cache abgelegten Dateien. Die *Größe* gibt schließlich noch an, wie viel Platz auf der Festplatte die Dateien im Cache belegen. Um den Cache zu leeren, klicken Sie in der Werkzeugleiste auf *Alles löschen*. Alternativ können Sie auch gezielt nur die Daten einer einzelnen Komponente beziehungsweise eines Moduls aus dem Cache entfernen. Dazu setzen Sie einen Haken in das entsprechende Kästchen und klicken dann auf *Löschen*.

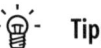
Tipp Da sich eine Seite aus mehreren Cache-Bestandteilen zusammensetzt, besteht dabei die Gefahr, dass weiterhin veraltete Daten in die ausgelieferte Webseite einfließen. Lassen Sie daher am besten immer gleich den kompletten Cache leeren.

Unter Umständen bleiben einige Daten im Cache liegen, obwohl Joomla! schon längst eine aktualisierte Fassung der Seite ausliefert. Um gezielt nur diese Karteileichen zu löschen, rufen Sie *System → Abgelaufenen Cache leeren* auf und aktivieren *Abgelaufenen Cache leeren*.

Sitzungsmanagement

Unter *System → Konfiguration* finden Sie auf der Registerkarte *System* im Bereich *Sitzung (Session)* Einstellungen zum sogenannten Sitzungs- oder Session-Management, mit dessen Hilfe Joomla! einzelne Besucher voneinander unterscheidet.

Tipp In der Regel können Sie die Einstellungen auf ihren Vorgaben belassen.

War ein angemeldeter Benutzer längere Zeit untätig, meldet Joomla! ihn aus Sicherheitsgründen automatisch wieder ab. Nach wie vielen Minuten dies geschieht, legen Sie im Feld *Sitzungslänge* fest.

Tipp Hier einen richtigen Wert zu finden, ist eine kleine Gratwanderung: Wählt man die Zeitspanne zu lang, besteht womöglich ein Sicherheitsrisiko. Wählt man sie zu kurz, wird der Autor unter Umständen während seiner Arbeit vor die Tür gesetzt. Übernehmen Sie daher im Zweifelsfall erst einmal die Vorgabe. Sollte sie zu knapp bemessen sein, erhöhen Sie sie nach und nach um jeweils fünf Minuten.

Über jeden gerade angemeldeten Benutzer muss sich Joomla! ein paar Informationen merken. Diese helfen unter anderem, den Benutzer zu identifizieren. Wo Joomla! diese Informationen zwischenspeichert, bestimmen Sie unter *Sitzungsspeicher*. Standardmäßig wandern die Informationen verschlüsselt in die Datenbank. Sie können die Speicherung aber auch dem PHP-System überlassen. Das legt die Informationen in der Regel in einzelnen Dateien ab. Wer sich mit PHP auskennt, kann diese Methode aber auch in der Datei *php.ini* über die Einstellung `session.save_handler` verändern.

Cookies

Wenn ein Besucher Ihre Website betritt, speichert Joomla! in seinem Browser ein sogenanntes Cookie. Das ist nichts anderes als eine lange, eindeutige Ausweisnummer (siehe auch *https://de.wikipedia.org/wiki/Cookie*). Mit ihrer Hilfe erkennt Joomla! den Besucher unter anderem bei einem Seitenwechsel wieder. Das kann jedoch in einigen seltenen Situationen scheitern – insbesondere dann, wenn man Joomla! mit anderen Webanwendungen wie etwa einem Forum oder einem Onlineshop verknüpft. Mit den beiden Einstellungen unter *System → Konfiguration* auf der Registerkarte *Site* im Bereich *Cookies* lassen sich diese Unstimmigkeiten beseitigen.

Tipp	Die beiden Einstellungen richten sich an erfahrene Administratoren beziehungsweise Experten. Wenn Ihnen die folgenden Ausführungen nichts sagen, lassen Sie die beiden Felder einfach leer. Falsche Einträge führen im schlimmsten Fall dazu, dass sich niemand mehr bei Joomla! anmelden kann.

Das ausgeteilte Cookie gilt immer nur für eine ganz bestimmte Domain. Das kann zu Problemen führen, wenn Sie mehrere Subdomains verwenden. Angenommen, Sie betreiben Joomla! unter *www.filmtoaster.de* und einen Onlineshop unter *shop.filmtoaster.de*. Dann gilt das Cookie nicht auch automatisch für die Subdomain *shop.filmtoaster.de*. Um das zu ändern, geben Sie in das Feld *Domaincookie* den Domainnamen ohne die Subdomains und mit einem vorangestellten Punkt ein – im Beispiel also `.filmtoaster.de`. Dann gilt das ausgeteilte Cookie auch für sämtliche Subdomains und somit im Beispiel für *shop.filmtoaster.de*. Wenn Sie hingegen in das Eingabefeld eine komplette Domain eintragen, wie etwa *www.filmtoaster.de*, gelten die Cookies ausschließlich für diese.

Der *Cookie-Pfad* wird unter anderem dann nützlich, wenn Joomla! auf dem Webserver in einem Unterverzeichnis liegt und im Hauptverzeichnis eine andere Webanwendung werkelt. In solch einem Fall kann man Joomla! mitteilen, ab welchem Pfad die Cookies gelten – und genau den hinterlegt man dann unter *Cookie-Pfad*. Webseiten außerhalb dieses Pfads können die Cookies dann nicht mehr auswerten.

Einstellungen zum Webserver

Unter *System → Konfiguration* finden Sie auf der Registerkarte *Server* im Bereich *Server* alle Einstellungen, die den Webserver betreffen (also das Programm, das die Webseiten schlussendlich ausliefert):

Tempverzeichnis
Der hier hinterlegte Pfad führt zu einem (beschreibbaren) Ordner, in dem Joomla! temporäre Daten ablegen darf. Für gewöhnlich ist dies der Unterordner *tmp* der Joomla!-Installation.

GZIP-Komprimierung
Bei einem *Ja* wird eine Seite vor ihrer Übermittlung an den Browser im GZIP-Format komprimiert. Damit schrumpfen zwar die zu übertragenden Datenmengen, Browser und Webserver müssen diese Technik aber auch unterstützen.

Fehler berichten
Mit dieser Einstellung aktivieren Sie das Diagnosesystem von PHP (also der Programmiersprache, in der Joomla! geschrieben wurde). Sie wurde bereits im Abschnitt »Fehlersuche (Debug)« auf Seite 568 ausführlich behandelt.

HTTPS erzwingen
: Moderne Webserver können mit den Browsern verschlüsselt und somit abhörsicher kommunizieren. Dies muss in der Regel im Webserver explizit aktiviert werden. Verschlüsselt übertragene Webseiten erkennt man im Browser an dem vorangestellten *https://* in ihrer Internetadresse.

  Standardmäßig liefert Joomla! seine Seiten unverschlüsselt aus. Wenn Sie *HTTPS erzwingen* auf *Nur Administrator* setzen, ist das Backend nur noch über eine solche verschlüsselte Verbindung erreichbar. In der Einstellung *Gesamte Website* gilt das sogar für Ihren kompletten Internetauftritt.

  In beiden Fällen muss die Verschlüsselung in Ihrem Webserver aktiviert und somit von Joomla! nutzbar sein.

Einstellungen zur Datenbank

Hinter *System → Konfiguration* warten auf der Registerkarte *Server* im Bereich *Datenbank* noch einmal alle Einstellungen zur Datenbank, die Joomla! auch bei der Installation abgefragt hat (mehr dazu finden Sie in Kapitel 2, *Installation*, Seite 15).

 **Warnung** Korrekturen sind hier nur dann notwendig, wenn Sie mit Ihrem Internetauftritt auf einen anderen Server umziehen oder sich etwas an der Datenbank ändert. Andernfalls besteht immer die Gefahr, dass Joomla! anschließend nicht mehr läuft.

Typ
: Der Name der verwendeten Datenbanksoftware. Den Unterschied zwischen den Einstellungen *MySQL*, *MySQLi* und *MySQL (PDO)* erläutert in Kapitel 2, *Installation*, der Abschnitt »Schritt 2: Konfiguration der Datenbank« auf Seite 51.

Server
: Der Name des Computers, auf dem die Datenbank läuft, wie zum Beispiel *filmtoaster.de* oder bei einer lokalen Installation *localhost*. Letztgenannter Name ist auch immer dann korrekt, wenn die Datenbank auf demselben Computer wie Joomla! läuft.

Benutzer
: Mit dem hier eingetragenen Benutzernamen meldet sich Joomla! bei der Datenbank an. Ihn bekommt man in der Regel vom Betreiber des Servers zugewiesen. Beim Einsatz von XAMPP ist dies root.

Datenbank
: Der Name der von Joomla! genutzten Datenbank.

Präfix
: Dieses Präfix stellt Joomla! allen seinen Tabellen innerhalb der Datenbank voran. Wenn Sie hier ein anderes Präfix eintragen, müssen die zugehörigen Joomla!-Tabellen bereits existieren.

Zeitzone des Servers

Die Einstellung hinter *System → Konfiguration* auf der Registerkarte *Server* im Bereich *Zeitzone* bestimmt die Zeitzone, in der sich Ihr Internetauftritt befindet. Aus der Liste wählen Sie dazu einfach die Hauptstadt des entsprechenden Landes. Steht der Server, auf dem Joomla! läuft, beispielsweise in Deutschland, müssen Sie in der Liste den Eintrag *Berlin* suchen.

Insbesondere Server im Internet nutzen allerdings nicht die Ortszeit, sondern sind auf die koordinierte Weltzeit (*Coordinated Universal Time,* kurz UTC) eingestellt. In diesem Fall müssen Sie in der Ausklappliste den allerersten Punkt, *Koordinierte Weltzeit (UTC),* wählen.

Die korrekte Auswahl der Zeitzone ist wichtig, da sie von einigen Funktionen und Komponenten genutzt wird. Erfragen Sie deshalb im Zweifelsfall die richtige Einstellung bei Ihrem Webhoster.

Tipp Achten Sie auch darauf, dass jedem Ihrer Benutzer die für ihn korrekte Zeitzone zugewiesen wurde (siehe den Abschnitt »Benutzerkonten im Backend anlegen« auf Seite 497 in Kapitel 12, *Benutzerverwaltung und -kommunikation*).

FTP-Einstellungen korrigieren

Hinter *System → Konfiguration* können Sie auf der Registerkarte *Server* im Bereich *FTP* die Angaben zum FTP-Zugang nachträglich ändern oder aber den FTP-Zugang aktivieren (weitere Informationen dazu finden Sie in Kapitel 2, *Installation*, im Abschnitt »Schritt 3: FTP-Konfiguration« auf Seite 54). Zur Erinnerung: Sollte Ihr Webhoster das Hochladen von Dateien per PHP verbieten, können Sie auf einen FTP-Zugang ausweichen.

FTP aktivieren
  Hierüber schalten Sie den FTP-Zugriff auf den Joomla!-Server ein und aus. Sofern Sie ihn mit *Ja* aktivieren, klappen die folgenden weiteren Einstellungen auf.

Server
  In dieses Feld gehört der Name oder die IP-Adresse des FTP-Servers. Diesen Wert erhalten Sie von Ihrem Webhoster. Häufig ist dies *localhost* oder *127.0.0.1,* also der Computer, auf dem auch Joomla! läuft.

Port
  Hier hinein gehört der sogenannte Port, an dem der FTP-Server auf Verbindungsanfragen lauscht. Diesen Wert erhalten Sie entweder von Ihrem Webhoster oder entnehmen ihn der Dokumentation Ihres FTP-Programms.

Benutzername
  Hier hinterlegen Sie den Benutzernamen für den FTP-Zugang. Diesen erhalten Sie von Ihrem Webhoster, mitunter können Sie ihn je nach gebuchtem Paket auch selbst anlegen.

 **Warnung** Normalerweise gibt Ihnen Ihr Webhoster einen FTP-Zugang, über den Sie Ihre eigenen Webseiten hochladen und verwalten können. Aus Sicherheitsgründen sollten Sie diese Anmeldedaten hier nicht eintippen. Erhält ein böswilliger Angreifer aus irgendeinem Grund Zugriff auf Joomla!, würde er damit auch die Anmeldedaten für Ihren kompletten Server kennen.

Erstellen Sie deshalb für Joomla! immer einen eigenen FTP-Zugang, dessen Aktionsradius Sie zudem auf das Joomla!-Verzeichnis beschränken. Gestattet Ihnen Ihr Webhoster das nicht oder gesteht er Ihnen nur einen einzigen FTP-Zugang zu, verzichten Sie besser auf die FTP-Funktion (und schalten sie ab, indem Sie *FTP aktivieren* auf *Nein* setzen).

Passwort
Das Passwort für den FTP-Zugang. Auch dieses erhalten Sie entweder von Ihrem Webhoster oder durften es selbst festlegen.

Root-Verzeichnis
Normalerweise darf jeder FTP-Zugang nur auf ein ganz bestimmtes Verzeichnis auf dem Server zugreifen. Genau dieses Verzeichnis ist hier anzugeben.

E-Mail-Versand einrichten (Mailing)

Joomla! muss in vielen Situationen E-Mails versenden. Das beginnt bei der Begrüßungs-E-Mail für neu registrierte Benutzer und reicht über Rundbriefe bis hin zu wichtigen Systemnachrichten an den Super User. Wie und auf welchem Weg Joomla! diese E-Mails verschickt, regeln die Einstellungen hinter *System → Konfiguration* auf der Registerkarte *Server* im Bereich *Mailing*:

Mail senden
Wenn Sie diesen Punkt auf *Nein* setzen, verschickt Joomla! keine E-Mails mehr. Damit schalten Sie gleichzeitig aber auch einige Funktionen ab, die unbedingt auf das Versenden von Nachrichten angewiesen sind. Beispielsweise können sich Besucher nicht mehr registrieren (wie in Kapitel 12, *Benutzerverwaltung und -kommunikation*, im Abschnitt »Registrierung« ab Seite 533 beschrieben). Die E-Mail-Funktion abzuschalten, ist folglich nur dann ratsam, wenn Sie Wartungsarbeiten durchführen oder der E-Mail-Versand aus irgendeinem Grund (vorübergehend) gestört ist.

Massenmail deaktivieren
Mit einem *Ja* verbieten Sie den Versand von Massenmails, wie ihn Abschnitt »Massenmail« ab Seite 557 beschreibt. Es verschwindet damit auch gleichzeitig der entsprechende Menüpunkt *Benutzer → Massenmail an Benutzer*.

Absenderadresse
Diese E-Mail-Adresse erscheint als Absender in allen versendeten E-Mails.

Absendername
Diesen Namen verwendet Joomla! als Absender in allen E-Mails.

Mailer
> Hier legen Sie fest, wer den eigentlichen Versand der E-Mails übernimmt. Dies kann entweder die in PHP integrierte E-Mail-Funktion sein (Einstellung *PHP-Mail*), das Hilfsprogramm *Sendmail* (das hierzu auf dem Server installiert sein muss) oder ein sogenannter SMTP-Server. Letzteren stellen beispielsweise viele Anbieter von kostenlosen E-Mail-Postfächern (»Freemail«) bereit.

Welche der nachfolgenden Einstellungen Sie noch ausfüllen müssen, hängt vom gewählten *Mailer* ab. Im Fall von *PHP-Mail* sind Sie bereits fertig.

Sofern das Hilfsprogramm *Sendmail* die E-Mails verschicken soll, tragen Sie unter *Sendmailverzeichnis* noch den kompletten Pfad zum Programm ein (also sein Verzeichnis samt Programmnamen). Das so entstehende Kommando ruft Joomla! dann für den Versandvorgang auf.

Beim Einsatz eines SMTP-Servers klappen noch folgende Einstellungen auf:

Server
> Hier tippen Sie den kompletten Namen des SMTP-Servers ein. Den korrekten Wert nennt Ihnen der Anbieter Ihres Postfachs beziehungsweise der Betreiber des SMTP-Servers.

Port
> An diesem Port wartet der SMTP-Server auf eine Verbindungsanfrage. Den richtigen Wert nennt Ihnen wieder der Betreiber des SMTP-Servers. Bei einer ungesicherten Verbindung wird meistens Port 25 verwendet, eine gesicherte Kommunikation erfolgt hingegen häufig über Port 465 oder 587.

SMTP-Sicherheit
> Damit die Kommunikation mit dem SMTP-Server nicht belauscht werden kann, verwenden viele SMTP-Server eine Verschlüsselung. Welches Verfahren dabei zum Einsatz kommt, stellen Sie hier ein. Den korrekten Wert erfahren Sie in der Regel vom Betreiber des SMTP-Servers.

SMTP-Authentifizierung
> Wenn der SMTP-Server eine Authentifizierung mit Benutzername und Passwort verlangt, wählen Sie hier *Ja*. Aufgrund des zunehmenden Spams ist dies mittlerweile bei fast allen SMTP-Servern der Fall. Zum Versand einer E-Mail müssen Sie dann einen Benutzernamen und ein Passwort nennen. Das ist in der Regel das gleiche Gespann, mit dem Sie Zugang zu Ihrem Postfach erhalten. Damit Joomla! die E-Mails versenden kann, hinterlegen Sie den Benutzernamen im Feld *Benutzer*, das *Passwort* im Eingabefeld darunter. Einige SMTP-Server verlangen zudem immer einen ganz bestimmten *Absendernamen* und eine ganz bestimmte *Absenderadresse*. Wenn Sie ein Postfach bei einem kostenlosen E-Mail-Anbieter nutzen, müssen Sie häufig als *Absendername* Ihren eigenen Namen eintragen und als *Absenderadresse* die E-Mail-Adresse des Postfachs.

| **Tipp** | Beschaffen Sie sich für Ihren Internetauftritt ein eigenes Postfach (beispielsweise bei einem kostenlosen E-Mail-Anbieter). Auf diese Weise können Sie Ihre private Kommunikation von Ihrem Internetauftritt trennen. | |

Ob alle Ihre Einstellungen stimmen und Joomla! E-Mails verwenden kann, prüfen Sie mit einem Klick auf *Test-E-Mail senden*. Joomla! schickt dann eine E-Mail an die *Absenderadresse*.

Proxy-Einstellungen

Hin und wieder muss Joomla! auf das Internet zugreifen – etwa um eine neue Aktualisierung herunterzuladen. In vielen Unternehmen erfolgt der Zugang zum Internet jedoch über einen sogenannten Proxy-Server. Dieser dient in der Regel der Sicherheit, häufig untersucht er den Datenverkehr auf Viren. Wenn Sie Joomla! im Intranet eines solchen Unternehmens einsetzen, müssen Sie das Content-Management-System auf den Proxy-Server hinweisen. Andernfalls kann sich Joomla! nicht mehr selbst aktualisieren.

Damit Joomla! den Proxy-Server nutzt, rufen Sie *System → Konfiguration* auf, wechseln zum Register *Server* und setzen im Bereich *Proxy* den Punkt *Proxyunterstützung* auf *Ja*. Es klappen jetzt weitere Eingabefelder auf, in denen Sie die notwendigen Zugangsdaten für den Proxy-Server hinterlegen. Die nennt Ihnen der Administrator Ihres Unternehmens. Sofern Sie den Proxy-Server selbst eingerichtet haben, sollten Sie die abgefragten Daten bereits kennen: Tragen Sie zunächst unter *Hostname* den Namen des Proxy-Servers ein. In das Feld darunter gehört der *Port*, an dem der Proxy-Server auf Verbindungsanfragen lauscht. Schließlich müssen Sie noch den Benutzernamen und das Passwort hinterlegen, mit dem sich Joomla! beim Proxy-Server anmelden muss, um Zugang zum Internet zu bekommen.

Einstellungen im Frontend ändern

Einige der zuvor beschriebenen Einstellungen können Sie auch direkt im Frontend ändern. Dazu müssen Sie allerdings zunächst einen passenden neuen Menüpunkt einrichten.

Warnung Normalerweise gibt es dafür keinen Grund: Über den Menüpunkt erreicht man nur Einstellungen, die Sie als Seitenbetreiber ein Mal bei der Installation von Joomla! festlegen und dann im Betrieb nicht mehr ändern sollten. Wenn Sie die Einstellungen im Frontend bereitstellen, laufen Sie sogar Gefahr, dass andere angemeldete Benutzer sie ändern könnten. Verzichten Sie daher möglichst auf einen solchen Menüpunkt.

Den Menüpunkt erstellen Sie, wie in Kapitel 11, *Menüs*, Seite 427, beschrieben. Wenn Sie der Schnellinstallationsanleitung aus Kapitel 2, *Installation*, Seite 15, gefolgt sind, können Sie im Backend einfach *Menüs → Main Menu → Neuer Menüeintrag* aufrufen. Klicken Sie neben *Menüeintragstyp* auf *Auswählen*, öffnen Sie den Slider *Konfiguration* und entscheiden Sie sich für den Punkt *Websitekonfiguration*. Vergeben Sie noch einen passenden Menütitel, wie etwa `Website-Einstellungen`. Damit nicht x-beliebige Besucher den Menüpunkt zu Gesicht bekommen, wählen Sie noch eine passende *Zugriffsebene*. An den Grundeinstellungen sollte in der Regel nur die Gruppe der *Super Users* schrauben dürfen, deshalb ist das auch in den meisten Fällen die richtige Einstellung. Lassen Sie den neuen Menüpunkt via *Speichern & Schließen* erstellen. Wenn Sie sich jetzt im Frontend anmelden (etwa über das *Login Form*) und dem neuen Menüpunkt folgen, erreichen Sie die Seite aus Abbildung 13-10. Die dort angebotenen Einstellungen kennen Sie bereits aus den vorherigen Abschnitten. So können Sie unter anderem den Namen der Website anpassen.

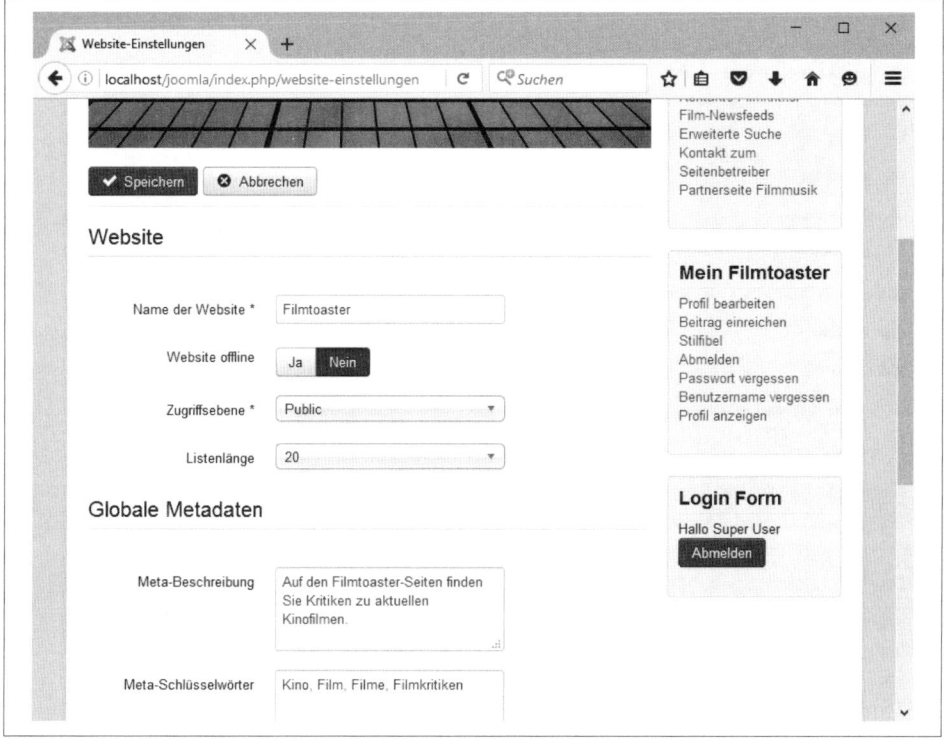

Abbildung 13-10: Über dieses Formular lassen sich einige Grundeinstellungen ändern.

Systeminformationen

Unter dem Menüpunkt *System* finden Sie noch einen Eintrag namens *Systeminformationen*. Wie in Abbildung 13-11 zu sehen ist, führt er zu einer Seite mit fünf Registern.

Auf *Systeminformationen* präsentiert Joomla! alle auf dem Server eingesetzten Programme nebst ihren jeweiligen Versionsnummern. Das nächste Register zeigt die für Joomla! wichtigsten *PHP-Einstellungen* an, während Sie unter *Konfigurationsdatei* den Inhalt der Datei *configuration.php* finden. Diese Datei speichert die Grundeinstellungen von Joomla!. Ändern können Sie diese Einstellungen übrigens zu einem großen Teil bequem über *System → Konfiguration* (wie in den vorherigen Abschnitten beschrieben).

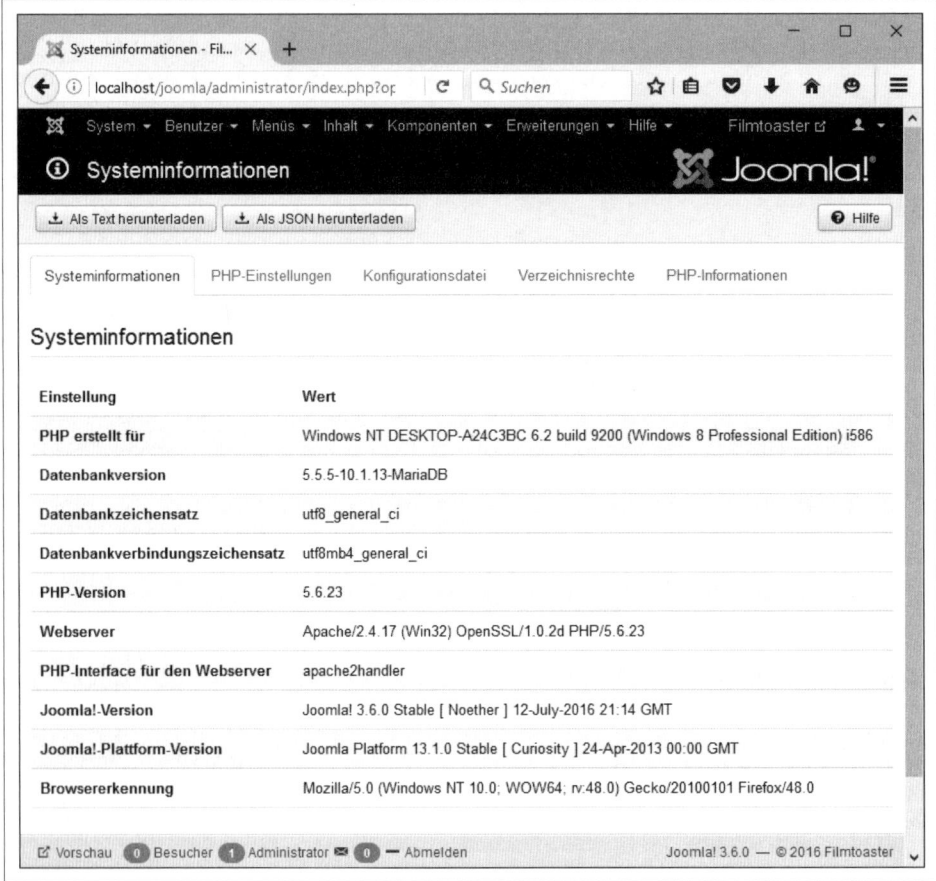

Abbildung 13-11: Die Systeminformationen des aktuellen Joomla!-Systems.

Besonders wichtig ist das Register *Verzeichnisrechte*. Hier sind sämtliche Unterverzeichnisse der Joomla!-Installation aufgeführt, in die das Content-Management-System irgendwann einmal Dateien schreiben möchte (siehe Abbildung 13-12). Sollten Sie später einmal eine Erweiterung nicht installieren oder keine Fotos hochladen können, schauen Sie immer auch in diesem Register nach – vielleicht besitzt Joomla! nicht die passenden Schreibrechte. Um alle Joomla!-Funktionen ohne Einbußen nutzen zu können, muss hier jeder Eintrag mit einem grün leuchtenden *Beschreibbar* versehen sein.

Warnung — Aus Sicherheitsgründen sollten Sie jedoch die Schreibrechte für einige der Verzeichnisse bewusst entziehen. Ist beispielsweise das Unterverzeichnis *components* nur lesbar, kann dort auch niemand ungewollt neue und eventuell sogar bösartige Erweiterungen installieren.

Dummerweise speichern einige Erweiterungen ihre Einstellungen direkt in einem dieser Verzeichnisse. Dann müssen Sie entweder in den sauren Apfel beißen und den Zugriff auf die betroffenen Ordner wieder dauerhaft gestatten oder aber auf eine andere, gleichwertige Erweiterung ausweichen.

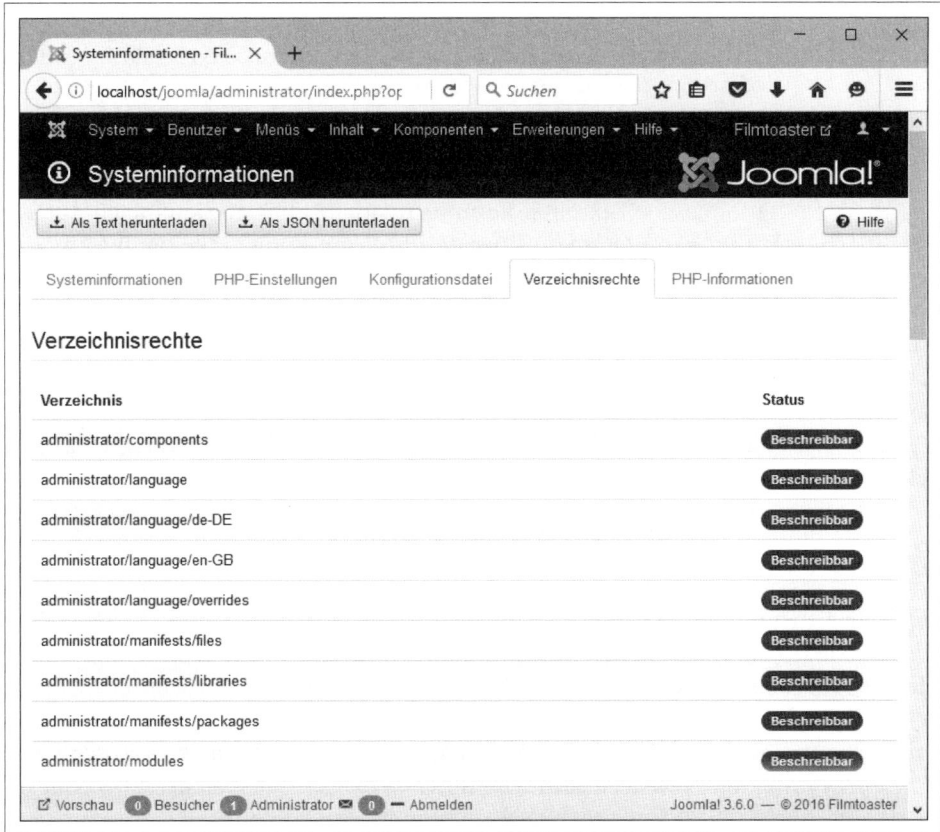

Abbildung 13-12: Hier zeigt Joomla! alle Verzeichnisse, auf die es Schreibrechte benötigt.

Das letzte Register, *PHP-Informationen*, sammelt ganz unverblümt alle Daten, die Joomla! über die PHP-Umgebung ergattern kann. Hier erfährt man unter anderem, wie viel Hauptspeicher das Content-Management-System nutzen darf (Zeile memory_limit) und bis zu welcher Größe Dateien auf den Server wandern dürfen (Zeile upload_max_filesize). Um die übrigen Zeilen interpretieren zu können, benötigt man allerdings weitergehende PHP-Kenntnisse. Ändern können Sie die meisten Eigenschaften in der Konfigurationsdatei *php.ini* (zu der Sie weitere Informationen in Kapitel 2, *Installation*, im Kasten *Ausführungszeit erhöhen* auf Seite 62 finden).

Die auf den Registerkarten angezeigten Informationen können Sie auch als Textdatei herunterladen. Das ist beispielsweise nützlich, wenn ein Problem auftritt und Sie Ihren Webhoster kontaktieren beziehungsweise eine Frage im Joomla!-Forum stellen (*http://forum.joomla.org*). Bei Bedarf können Sie dann die Textdatei an die helfende Person weiterreichen, die wiederum so einen schnellen Überblick über die Situation auf Ihrem Server erhält.

 **Warnung**   In der Textdatei fehlen alle sensiblen Informationen, wie etwa die Zugangsdaten zur Datenbank. An diesen Stellen steht jeweils nur ein **xxxxxx**. Dennoch verrät die Textdatei einem Angreifer viele wichtige Informationen über Ihren Internetauftritt. Überlegen Sie sich daher gut, an wen Sie die Textdatei weitergeben. Stellen Sie sie möglichst niemals in ein öffentlich zugängliches Forum.

Um die Informationen als Textdatei herunterzuladen, klicken Sie einfach auf die Schaltfläche *Als Text herunterladen*. Über ihre Kollegin können Sie die Informationen alternativ im JSON-Format herunterladen. Letztgenanntes vereinfacht anderen Programmen die (automatisierte) Auswertung der Systeminformationen. Zum Zeitpunkt der Bucherstellung gab es allerdings noch keine frei erhältlichen Programme, die mit den Systeminformationen im JSON-Format etwas Sinnvolles hätten anfangen können. In der Praxis benötigen Sie in der Regel nur die normale Textdatei. Informationen zum JSON-Format erhalten Sie im entsprechenden Wikipedia-Artikel unter *https://de.wikipedia.org/wiki/JavaScript_Object_Notation*.

Menüs und Kategorien wiederherstellen

Hin und wieder finden Sie in der Werkzeugleiste einen ominösen Punkt namens *Wiederherstellen* (im Englischen *Rebuild*, siehe Abbildung 13-13). Er erscheint in der Menüverwaltung (*Menüs* → *Verwalten*) und in allen Kategorieverwaltungen – also bei den Beitragskategorien (*Inhalt* → *Kategorien*), den Bannerkategorien (*Komponenten* → *Banner* → *Kategorien*), den Kontaktkategorien (*Komponenten* → *Kontakte* → *Kategorien*) und den Newsfeed-Kategorien (*Komponenten* → *Newsfeeds* → *Kategorien*).

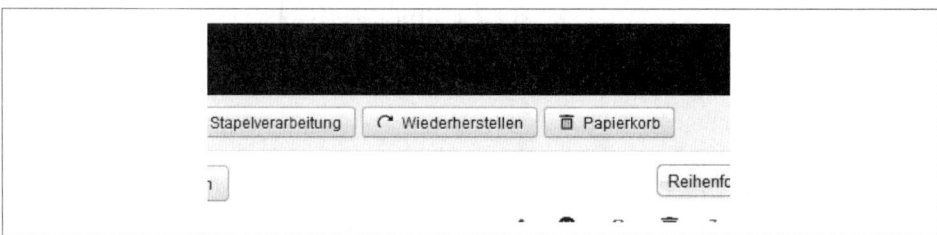

Abbildung 13-13:   Die Wiederherstellen-Schaltfläche bringt Menüs und Kategorien wieder in einen konsistenten Zustand.

Wenn man Erweiterungen einsetzt, die Menüs und Kategorien manipulieren, kann es mitunter vorkommen, dass Menüpunkte und Kategorien plötzlich falsch verschachtelt sind oder aber nicht mit dem Ergebnis in der *Vorschau* übereinstimmen. In solchen Fällen klicken Sie auf *Wiederherstellen*. Joomla! versucht dann, die korrekte Gliederung zu rekonstruieren. Glücklicherweise ist diese Reißleine nur sehr selten notwendig.

 **Warnung**   Diese Funktion ist allerdings kein Reparaturwunder. Regelmäßige Sicherungskopien Ihrer Joomla!-Installation sind daher weiterhin Pflicht.

KAPITEL 14
Plug-ins

In diesem Kapitel:
- Grundlagen
- Plug-in-Einstellungen ändern
- Authentication-Plug-ins
- Captcha-Plug-ins
- Content-Plug-ins
- Editor-Plug-ins
- Editors-xtd-Plug-ins
- Extension-Plug-ins
- Finder-Plug-ins
- Installer-Plug-ins
- Installer-Plug-ins
- Quickicon-Plug-ins
- Search-Plug-ins
- System-Plug-ins
- Plug-ins zur Zwei-Faktor-Authentifizierung (twofactorauth)
- User-Plug-ins

Eine Theatervorstellung wäre ohne die vielen guten Geister im Hintergrund zum Scheitern verurteilt – angefangen bei den Bühnenarbeitern über die Maske bis hin zur Requisite, die im Fundus nach geeigneten Gegenständen sucht.

Auch Joomla! kennt solche unsichtbaren Helferlein, die Module und Komponenten bei ihrer Arbeit unterstützen. Diese sogenannten *Plug-ins* sind mit kleinen Robotern vergleichbar, die im Hintergrund jeweils eine ganz bestimmte spezialisierte Aufgabe erfüllen.

Grundlagen

Sofern Sie dem Filmtoaster-Beispiel aus den vorherigen Kapiteln gefolgt sind, haben Sie schon mehrfach die Dienste von Plug-ins in Anspruch genommen. Beispielsweise schickt die Suchfunktion gleich mehrere spezialisierte Plug-ins los, die alle Inhalte nach passenden Fundstellen durchkämmen. Andere Plug-ins wiederum tauschen in Beiträgen schnell noch bestimmte Textpassagen aus, bevor die komplette Seite den Browser des Besuchers erreicht. Sogar den TinyMCE-Editor, in den Sie Ihre Beiträge eintippen, stellt ein entsprechendes Plug-in bereit.

Für gewöhnlich kommen weder Sie als Seitenbetreiber noch ein Besucher mit den installierten Plug-ins direkt in Kontakt. Das Wissen um die kleinen Helfer kann allerdings äußerst nützlich sein – etwa wenn etwas plötzlich nicht mehr funktioniert oder Sie gezielt eine bestimmte Funktion deaktivieren möchten. Beispielsweise könnten Sie die Suche in den Kontaktdaten komplett unterbinden, indem Sie einfach das dafür zuständige Plug-in deaktivieren. Umgekehrt bieten einige standardmäßig deaktivierte Plug-ins nützliche Zusatzfunktionen, wie beispielsweise eine automatische Formatierung von Programmcode in Beiträgen.

Das Wissen um die aktiven Plug-ins kann zudem bei Sicherheitsproblemen hilfreich sein. Sollte beispielsweise eine Sicherheitslücke in einem der Helfer bekannt werden, lässt er sich vorübergehend außer Gefecht setzen, bis eine entsprechende Aktualisierung bereitsteht. Auf die gleiche Weise tauschen Sie auch den TinyMCE-Editor gegen einen anderen Kollegen aus.

Welche Plug-ins Joomla! von Haus aus mitbringt, zeigt im Backend die Tabelle hinter *Erweiterungen* → *Plugins* (siehe Abbildung 14-1).

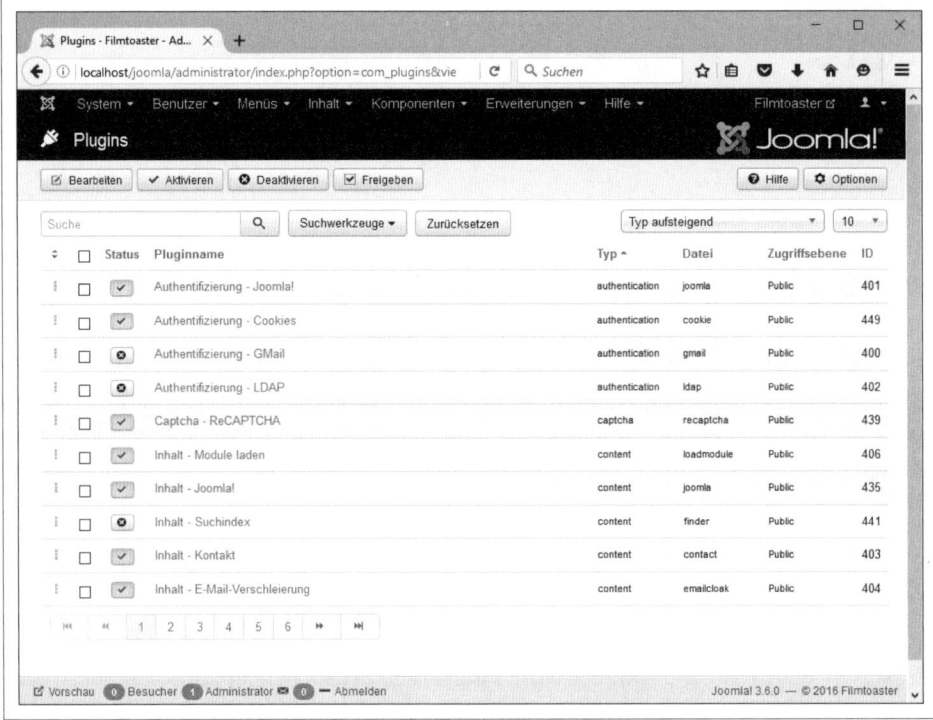

Abbildung 14-1: Die Plug-in-Verwaltung im Backend.

Joomla! gruppiert alle Plug-ins nach ihren jeweiligen Aufgabengebieten. Um was sich ein Plug-in genau kümmert, verrät die Spalte *Typ*. In Joomla! 3.6.0 können dabei Plug-ins

- die Benutzeranmeldung übernehmen (*authentication*),
- ein Captcha bereitstellen (*captcha*),
- Inhalte manipulieren (*content*),
- einen Editor zur Eingabe von Texten bereitstellen (*editors*),
- die vorhandenen Texteditoren um zusätzliche Funktionen erweitern (*editors-xtd*),

- Erweiterungen betreuen, indem sie diese beispielsweise selbstständig aktualisieren (*extension*),
- für die neue erweiterte Suche alias *Smart Search* einen Teil des Index erstellen (*finder*),
- Erweiterungen installieren (*installer*),
- ein intelligentes Symbol im Kontrollzentrum bereitstellen (*quickicon*),
- die Suche durchführen (*search*),
- spezielle Systemfunktionen bereitstellen (*system*),
- eine Zwei-Faktor-Authentifizierung durchführen (*twofactorauth*) und
- Benutzer verwalten (*user*).

Im Laufe der Joomla!-Versionen sind immer mal wieder neue Plug-in-Typen hinzugekommen. Mit Joomla! 1.6 sind die *xmlrpc*-Plug-ins weggefallen. Mit ihrer Hilfe konnten andere Programme Joomla! über das Internet fernsteuern (mittels XML-RPC-Standard). Diese Plug-ins sorgten jedoch immer wieder für massive Sicherheitsprobleme.

Plug-in-Einstellungen ändern

Wenn Sie in der Tabelle hinter *Erweiterungen* → *Plugins* auf den Namen eines Plug-ins klicken, gelangen Sie zu seinen Einstellungen. Auf der linken Seite finden Sie zunächst in fetten Lettern den Namen des Plug-ins. In Abbildung Abbildung 14-2 sind beispielsweise die Einstellungen des Plug-ins *Suche – Kontakte* geöffnet. Das linke der beiden grauen Kästchen verrät den Typ des Plug-ins – in Abbildung 14-2 handelt es sich um ein Plug-in, das bei der Suche hilft (*search*). Das zweite graue Kästchen ist nur für Programmierer interessant: Darin steht der Name einer Datei, die den Programmcode für das Plug-in enthält. Unterhalb der beiden grauen Kästchen finden Sie schließlich noch eine kurze Beschreibung des Plug-ins und seiner Aufgabe.

Abbildung 14-2: Links oben in den Einstellungen des Plug-ins erfahren Sie noch einmal, um was für ein Plug-in es sich handelt und welche Aufgabe es erfüllt.

Die Ausklapplisten und Felder auf der rechten Seite sind für alle Plug-ins gleich (siehe Abbildung 14-3). Im Einzelnen finden Sie dort folgende Einstellungen und Informationen:

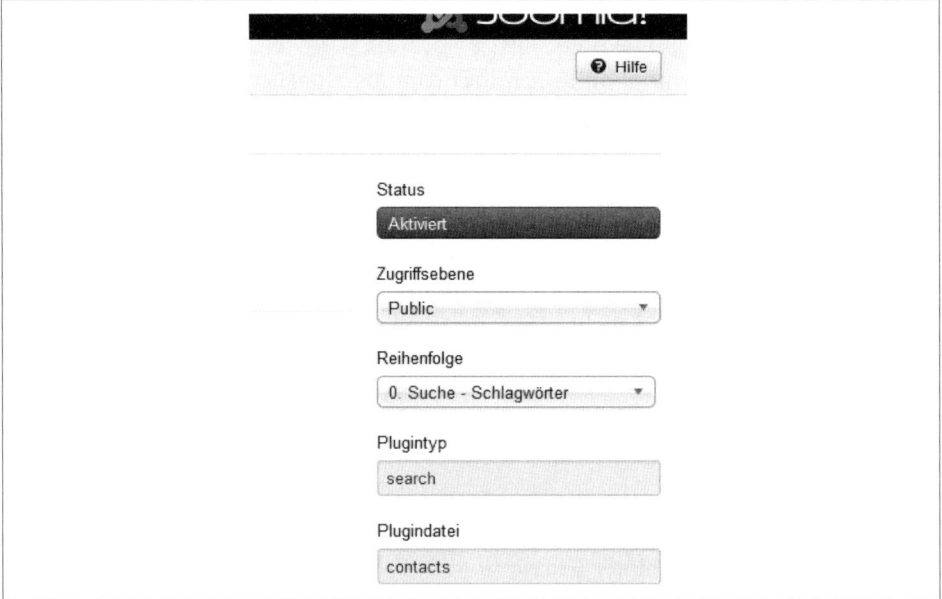

Abbildung 14-3: Diese Einstellungen finden Sie nicht nur beim Plug-in Suche – Kontakte.

Status
Hiermit schalten Sie das Plug-in ein (*Aktiviert*) und aus (*Deaktiviert*).

Zugriffsebene
Die *Zugriffsebene* regelt, für welche Benutzergruppe das Plug-in aktiv wird. Die Vorgabe sollten Sie nur dann ändern, wenn Sie zum einen die Funktionen des Plug-ins kennen und zum anderen seine Dienste ausschließlich speziellen Benutzergruppen zugänglich machen wollen. Würden Sie beispielsweise beim Plug-in *Suche – Kontakte* aus Abbildung 14-2 den Wert *Registered* wählen, könnten ab sofort nur noch alle registrierten Besucher die Kontaktdaten durchsuchen.

Reihenfolge
Bei einigen Plug-ins spielt es eine Rolle, in welcher Reihenfolge sie ihre Arbeit aufnehmen. So ist es beispielsweise ein Unterschied, ob man zuerst die Beiträge oder zuerst die Kontaktdaten nach einem Suchbegriff durchforstet.

Über die hier bereitgestellte Ausklappliste dürfen Sie diese Reihenfolge beeinflussen. In Abbildung Abbildung 14-4 führt die Liste beispielsweise sämtliche Such-Plug-ins auf. Das Plug-in *Suche – Kontakte* steht dort an zweiter Stelle, direkt darüber hat sich sein Kollege für die Kategorien geschoben. Damit sucht Joomla! einen Begriff zunächst in den Beschreibungen der Kategorien und erst danach in den Kontakten. Dies spiegelt sich dann später auch in der Ergebnisliste auf Ihrer Website wider.

Die Nummern vor den Plug-ins verdeutlichen eigentlich noch einmal die Reihenfolge: Das Plug-in mit der *0* startet als Erstes, das mit der *1* als Zweites und so weiter. Wie in Abbildung Abbildung 14-4 kann es jedoch passieren, dass mehrere Plug-ins auf derselben Position stehen. In Abbildung Abbildung 14-4 steht vor allen Plug-ins eine Null, folglich sollen sie alle als Erstes starten. In solchen mehrdeutigen Fällen wählt Joomla! selbst eine Reihenfolge. Sicher ist dann nur, dass die Plug-ins mit der *0* vor denen mit der *1* starten. Wenn Sie also eine bestimmte Reihenfolge sicherstellen wollen, achten Sie darauf, dass vor jedem Plug-in eine eindeutige Zahl steht.

Um das gerade geöffnete Plug-in früher oder später anlaufen zu lassen, stellen Sie in der Liste einfach seine neue Position ein. Soll Joomla! beispielsweise die Kontaktdaten immer erst ganz zum Schluss durchsuchen, wählen Sie unter *Reihenfolge* einfach *Als letztes* und *Speichern* die Änderung ab. Alternativ können Sie die Reihenfolge auch in der Plug-in-Verwaltung hinter *Erweiterungen* → *Plugins* über die kleinen Kästchen in der ersten Spalte verändern. Wie Sie sie bedienen, hat bereits in Kapitel 3, *Erste Schritte im Backend* der Abschnitt »Sortierreihenfolge ändern« auf Seite 100 gezeigt.

Tipp In der Regel müssen Sie die Reihenfolge hier nicht verändern.

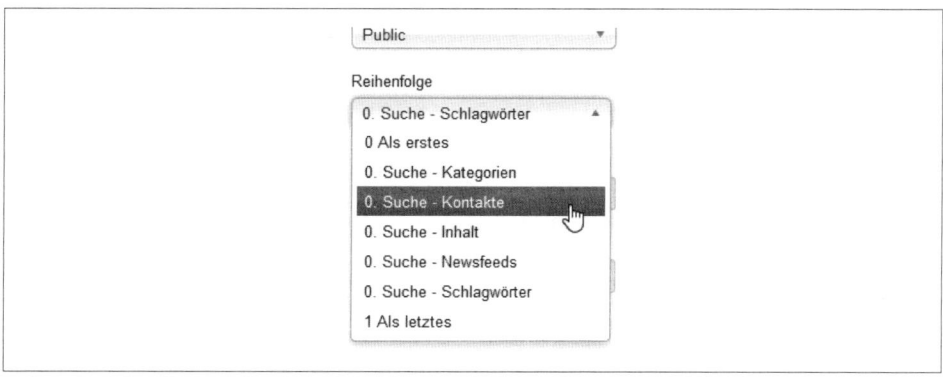

Abbildung 14-4: Die Reihenfolge der Such-Plug-ins.

Plugintyp
   Hier können Sie noch einmal ablesen, was für ein Typ das Plug-in ist. In Abbildung 14-3 handelt es sich um ein *search*-Plug-in, also um ein Plug-in, das einen bestimmten Teil des Internetauftritts durchsucht.

Plugindatei
   In dieser Datei befindet sich der Programmcode des Plug-ins. Diese Information ist nur für Joomla!-Entwickler von Interesse.

Je nach Plug-in finden Sie auf der linken Seite unter der Beschreibung des Plug-ins noch weitere Einstellungen. Welche das sind, erfahren Sie in den gleich folgenden Abschnitten. Sie verraten auch, wann und wofür man welches mitgelieferte Plug-in benötigt.

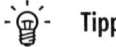 **Tipp** Wie Sie dort sehen werden, liefert Joomla! alle Plug-ins schon mit sinnvollen Voreinstellungen. Es genügt deshalb, die nachfolgenden Abschnitte kurz zu überfliegen.

Authentication-Plug-ins

Bei jeder Anmeldung am Content-Management-System müssen Sie Joomla! Ihren Benutzernamen und Ihr Passwort nennen. Eines der Plug-ins aus der Gruppe *authentication* überprüft daraufhin die Gültigkeit Ihrer Daten. Standardmäßig schlägt dabei das Plug-in *Authentifizierung – Joomla!* einfach in der Datenbank nach. Seine Kollegen laufen auf Wunsch aber auch eine andere Stelle an. Beispielsweise fragt das Plug-in *Authentifizierung – GMail* beim E-Mail-Dienst von Google nach, ob dort ein Benutzerkonto mit den eingetippten Daten besteht. Sofern das der Fall ist, gestattet Joomla! den Zutritt. Auf diese Weise muss man sich im Idealfall nur einmal anmelden.

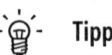 **Tipp** Diese Plug-in-Art soll auch die Erstellung sogenannter *Bridges* vereinfachen. Dabei reicht das Plug-in die Anmeldedaten an ein externes System weiter, wie zum Beispiel ein Forum. Auf diese Weise muss sich der Benutzer nicht doppelt anmelden (zunächst bei Joomla! und anschließend noch einmal am Forum). Bereits existierende Authentication-Plug-ins für verschiedene Anwendungen finden Sie im Extensions-Verzeichnis auf der Joomla!-Homepage (*http://extensions.joomla.org/category/access-a-security/site-access*).

 **Warnung** Achten Sie darauf, dass Sie immer ein Authentifizierungs-Plug-in aktiviert haben. Andernfalls können Sie sich nie wieder bei Joomla! anmelden.

Authentifizierung – Joomla!

Dieses Plug-in schlägt in der Joomla!-Datenbank den eingetippten Benutzernamen und das Passwort nach. Da es somit die bereits einschlägig bekannte Standardanmeldeprozedur realisiert, sollten Sie es nur in absoluten Ausnahmefällen deaktivieren.

Authentifizierung – Cookies

Wenn sich ein Benutzer bei Joomla! anmeldet, muss er wie in Abbildung 14-5 seinen Benutzernamen und sein Passwort eintippen. Setzt er zusätzlich noch einen Haken vor *Angemeldet bleiben*, muss er sich nicht mehr um eine Ab- und Anmeldung kümmern. Selbst wenn er Ihre Website verlässt und erst Stunden später zurückkehrt, erkennt ihn Joomla! und meldet ihn automatisch wieder an.

Um den Besucher wiedererkennen zu können, erzeugt das Plug-in *Authentifizierung – Cookies* eine eindeutige Identifikationsnummer, das sogenannte Cookie. Dieses Cookie speichert das Plug-in im Browser des Besuchers. Sobald der Besucher nach einer längeren Abwesenheit erneut Ihre Website betritt, liest Joomla! das Cookie aus, prüft es und meldet dann den Benutzer automatisch wieder an.

Abbildung 14-5: Hakt ein Besucher Angemeldet bleiben ab, erkennt ihn Joomla! automatisch wieder.

Das ganze Verfahren funktioniert allerdings nur, wenn der Browser des Besuchers nicht automatisch alle Cookies beim Beenden löscht. Des Weiteren darf sich der Besucher nicht mehr explizit abmelden (etwa über den gleichnamigen Knopf im Anmelden-Modul). Joomla! löscht beim Abmelden automatisch das Cookie.

| Warnung | Für Ihre Besucher ist das Verfahren äußerst bequem – schließlich müssen sie nicht mehr den Benutzernamen und das Passwort eintippen. Es hat aber auch einen entscheidenden Nachteil: Erlangt ein Krimineller Zugriff auf den Computer des Besuchers (etwa per Schadsoftware über das Internet), kann er mit dem Browser Ihre Website ansteuern und erhält umgehend Zutritt zu eigentlich geschützten Bereichen. Problematisch ist das vor allem, wenn der Besucher auch Beiträge schreiben oder andere Einstellungen verändern darf. Sie sollten sich daher überlegen, die Funktion komplett abzuschalten. Dazu deaktivieren Sie die Plug-ins *Authentifizierung – Cookies* und *System – Angemeldet bleiben* (das noch Abschnitt »System – Angemeldet bleiben« auf Seite 613 vorstellt). | |

Aus Sicherheitsgründen gilt das Cookie nur 60 Tage lang. Diese Zeitspanne dürfen Sie in den Einstellungen des Plug-ins unter *Cookie-Lebensdauer* verändern. Tragen Sie dazu in das Eingabefeld die Gültigkeitsdauer des Cookies in Tagen ein. Je länger ein Cookie gültig ist, desto unsicherer ist es. Belassen Sie hier im Zweifelsfall den vorgegebenen Wert.

Um die Sicherheit weiter zu erhöhen, verschlüsselt das Plug-in das Cookie. Dazu verwendet Joomla! ein Passwort, den sogenannten Schlüssel. Ja länger der Schlüssel, desto sicherer ist zwar das Cookie, desto länger braucht Joomla! aber auch wieder für die Entschlüsselung. Die Länge des Schlüssels können Sie in den Einstellungen des Plug-ins unter *Schlüssellänge* festlegen. Auch hier sollten Sie im Zweifelsfall den vorgegebenen Wert belassen.

Damit Joomla! einen Besucher wiedererkennt, brauchen Sie neben dem Plug-in *Authentifizierung – Cookies* noch den Kollegen *System – Angemeldet bleiben* aus Abschnitt »System – Angemeldet bleiben« auf Seite 613.

| Warnung | Das Plug-in *Authentifizierung – Cookies* benötigt zudem zwingend eines der anderen Authentifizierungs-Plug-ins. Wenn Sie alle anderen Authentifizierungs-Plug-ins deaktivieren, können Sie sich nicht mehr bei Joomla! anmelden! | |

Authentifizierung – GMail

Google bietet neben seiner Suchmaschine den E-Mail-Dienst *Google Gmail* an. Er ist auch bekannt unter den Bezeichnungen *Googlemail* und *Google Mail*. Wenn Sie das Plug-in *Authentifizierung – GMail* aktivieren, können sich Ihre Besucher mit ihren Gmail-Zugangsdaten bei Joomla! anmelden. Das Plug-in prüft, ob der Joomla!-Benutzer ein gültiges Konto bei Google Gmail hat.

Damit das klappt, muss allerdings in Ihrer PHP-Umgebung die cURL-Funktion aktiviert sein. Das ist genau dann der Fall, wenn Sie unter *System → Systeminformationen* im Register *PHP-Informationen* in der Liste den Bereich *curl* vorfinden, in dem *cURL support* auf *enabled* steht. Unter XAMPP ist cURL bereits aktiviert, dort müssen Sie nichts weiter unternehmen. Steht *cURL support* hingegen auf *disabled* oder fehlt der Bereich *curl*, müssen Sie die PHP-Einstellungen in der zugehörigen Datei *php.ini* anpassen. Bei einem gemieteten Server konsultieren Sie dazu die Dokumentation Ihres Webhosters, oder sprechen Sie diesen darauf an. Weitere Informationen zu cURL finden Sie unter *https://de.wikipedia.org/wiki/CURL*.

Des Weiteren müssen die Besucher in den Google-Benutzerkonteneinstellungen den *Zugriff für weniger sichere Apps* erlauben. Dies gelingt unter *https://www.google.com/settings/security/lesssecureapps*.

Das Plug-in selbst hält noch ein paar spezielle Einstellungen bereit:

Benutzernamensuffix verwenden und Benutzernamensuffix
    Gmail verwendet in der Regel als Benutzernamen die komplette E-Mail-Adresse, wie etwa *hansenhans@gmail.com*.

    Wenn Sie unter *Benutzernamensuffix verwenden* die Vorgabe *Keinen Suffix verwenden* belassen, müssen Ihre Benutzer bei der Anmeldung immer den kompletten Benutzernamen eingeben (inklusive *@gmail.com*).

    Auf Wunsch kann Joomla! den hinteren Teil, *@gmail.com*, aber auch automatisch ergänzen. Dazu setzen Sie die Ausklappliste auf *Immer diesen Suffix verwenden* und tippen in das aufgeklappte Eingabefeld *Benutzernamensuffix* die passende Adresse hinter dem @ ein – für gewöhnlich *gmail.com*. Ihre Benutzer müssen dann bei ihrer Anmeldung immer nur noch den vorderen Teil eintippen, im obigen Beispiel also *hansenhans*.

    Wenn Sie die Ausklappliste *Benutzernamensuffix verwenden* auf *Suffix verwenden, wenn er nicht eingegeben wurde* stellen, hängt Joomla! das unter *Benutzernamensuffix* eingetippte Suffix nur dann an, wenn es im Benutzernamen fehlt. Ihre Besucher können also ihren vollständigen Benutzernamen eintippen (*hansenhans@gmail.com*) oder das Suffix weglassen (und nur *hansenhans* eingeben).

Peerverbindung überprüfen
    Nachdem der Benutzer seine Anmeldedaten eingetippt hat, fragt Joomla! bei Google nach, ob ein entsprechendes Benutzerkonto existiert. Um das sensible Passwort zu schützen, geschieht dies ausschließlich verschlüsselt. Dabei erhält Joomla! von Google auch ein Zertifikat. Mit ihm kann das Content-Management-

System prüfen, ob es tatsächlich einen Computer von Google an der Strippe hat und nicht irgendeinen bösen Server im Urwald. Mitunter schlägt die Überprüfung des Zertifikats allerdings fehl. In diesen Fällen müssen Sie entweder auf die Anmeldung via Google verzichten oder aber hier die Prüfung des Zertifikats mit *Nein* ausschalten.

Benutzer-Blacklist
Die hier hinterlegten Benutzernamen dürfen sich nicht über das Plug-in und somit Google anmelden. Mehrere Benutzernamen müssen Sie dabei jeweils durch ein Komma getrennt eintippen.

Backend-Anmeldung
Wenn Sie diesen Schalter auf *Aktivieren* umlegen, können Sie sich mit Ihren Gmail-Benutzerdaten auch im Backend anmelden.

Weitere Informationen zu Gmail finden Sie unter *https://www.google.com/intl/en/mail/help/about.html* oder *https://de.wikipedia.org/wiki/Gmail*.

Authentifizierung – LDAP

Viele Firmen speichern die Benutzerdaten ihrer Mitarbeiter auf einem speziell dafür eingerichteten Server. Ähnlich wie bei einem Telefonbuch können dann andere Programme die dortigen Informationen bei Bedarf abfragen. Die Kommunikation mit einem solchen Verzeichnisdienst über ein Netzwerk regeln verschiedene Standards. Der mittlerweile am häufigsten verwendete Standard heißt *Lightweight Directory Access Protocol*, kurz LDAP.

Das Plug-in *Authentifizierung – LDAP* kontaktiert nun auf Wunsch (als sogenannter LDAP-Client) einen solchen LDAP-Server und gleicht die dort gespeicherten Daten mit den zuvor eingetippten Anmeldedaten ab. Damit das reibungslos klappt, verlangt das Plug-in in seinen Einstellungen verschiedene Basisinformationen. Wenn Sie selbst beziehungsweise in Ihrer Institution über einen Verzeichnisdienst verfügen, werden Sie die erforderlichen Parameter kennen. In allen anderen Fällen lassen Sie das Plug-in deaktiviert. Im Einzelnen bietet das Plug-in folgende Einstellungen:

LDAP-Host
Rechnername des LDAP-Servers, beispielsweise *ldap.meinserver.de*.

LDAP-Port
TCP-Port, an dem der LDAP-Server auf eingehende Anfragen lauscht.

LDAP V3
Bei einem *Ja* verwendet Joomla! die LDAP-Version 3, andernfalls noch die alte Version 2.

TLS aushandeln
Bei einem *Ja* versucht Joomla!, verschlüsselt mit dem LDAP-Server zu kommunizieren. Zum Einsatz kommt dabei das TLS-Verfahren.

Weiterleitungen folgen
Bei einem *Ja* setzt Joomla! das `LDAP_OPT_REFERRALS`-Flag. Im Zusammenspiel mit einem Windows-2003-Server muss dieses Flag deaktiviert werden.

Autorisierungsmethode
: Legt fest, mit welcher Methode sich das Plug-in am LDAP-Server anmeldet.

Basis-DN
: Bestimmt den Punkt, von dem aus das Verzeichnis durchsucht werden soll.

Suchstring
: Die hier eingetippte Suchanfrage wird vom Plug-in verwendet, um die Benutzerdaten im Verzeichnis aufzustöbern. Die Anfrage muss dem LDAP-Standard entsprechen. Die Zeichenkette [search] ersetzt Joomla! dabei durch die Benutzeranmeldung. Ein Beispiel für einen Anfragetext wäre uid=[search].

Benutzer DN
: Mit der hier eingetragenen Anfrage ermittelt das Plug-in die sogenannte Benutzer-DN. Die Zeichenkette [username] ersetzt Joomla! dabei durch die Benutzeranmeldung. Ein Beispiel für eine Eingabe wäre uid=[username], dc=mydomain, dc=com.

Benutzername und Passwort
: Die Verbindungsparameter für die DN-Lookup-Phase. Für einen anonymen DN-Lookup lassen Sie einfach beide Felder leer. Andernfalls vergeben Sie hier den entsprechenden Benutzernamen und das zugehörige Passwort eines administrativen Benutzerkontos.

Attribut: Voller Name
: In dieses Feld gehört der Name des LDAP-Attributs, das den vollständigen Namen des Benutzers enthält.

Map: E-Mail
: In dieses Feld gehört der Name des LDAP-Attributs, das die E-Mail-Adresse des Benutzers enthält.

Attribut: Benutzer-ID
: In dieses Feld gehört der Name des LDAP-Attributs, das die Benutzer-ID des Benutzers enthält.

Mehr zum Konzept der Verzeichnisdienste und zum LDAP-Standard finden Sie im Internet, beispielsweise unter *https://de.wikipedia.org/wiki/Lightweight_Directory_Access_Protocol*.

Captcha-Plug-ins

Damit Spam-Programme nicht automatisch mehrere Tausende Benutzerkonten anlegen, kann Joomla! bei der Registrierung dem Besucher eine Aufgabe stellen. Diese ist so gestaltet, dass nur ein Mensch sie lösen kann. So müssen Besucher häufig ein verzerrtes Wort erkennen und abtippen oder unter mehreren Bildern ein gesuchtes Motiv finden. Derartige Aufgaben bezeichnet man als Captchas.

In Joomla! 3.6.0 gibt es nur ein Plug-in, das solche Captchas bereitstellt. Wie sein Name *Captcha – ReCaptcha* verrät, nutzt es im Hintergrund den reCAPTCHA-

Dienst von Google. Wie man ihn in eigenen Seiten nutzt, hat bereits ausführlich Abschnitt »Captchas« auf Seite 538 beschrieben.

Content-Plug-ins

Plug-ins der Kategorie *content* manipulieren die in Joomla! gespeicherten Texte oder reichern sie um zusätzliche Informationen oder Funktionen an.

In früheren Joomla!-Versionen gab es noch das Content-Plug-in *Inhalt – Code Hervorhebung (GeSHi)*. Gedacht war es für Programmierer und Entwickler, die beispielsweise Anleitungen auf ihrer mit Joomla! verwalteten Website veröffentlichen wollten. Das Plug-in formatierte den Programmcode in Beiträgen und hob ihn gleich noch gut lesbar hervor. Dieses Content-Plug-in liegt jedoch dem aktuellen Joomla! nicht mehr bei. Über Erweiterungen lässt sich diese Funktion jedoch nachrüsten. Passende Exemplare finden Sie beispielsweise im Verzeichnis unter *http://extensions.joomla.org*.

Inhalt – Bewertung

Dieses Plug-in kümmert sich um die Bewertungen, die Besucher für jeden Beitrag abgeben können (siehe Abbildung 14-6).

Abbildung 14-6: Über die Ausklappliste bewerten Besucher einen Beitrag.

Damit diese Funktion auf der Website erscheint, muss zum einen das Plug-in aktiviert sein, und zum anderen muss auch das Bewertungssystem für den Beitrag eingeschaltet sein (mehr dazu finden Sie in Kapitel 6, *Beiträge anlegen und verwalten*, im Abschnitt »Die Darstellung des Beitrags anpassen« auf Seite 169).

Inhalt – E-Mail-Verschleierung

Spam-Programme grasen das Internet nach E-Mail-Adressen ab, um sie dann im nächsten Schritt mit Werbung zu bombardieren. Dieses Plug-in versteckt alle E-Mail-

Adressen in Beiträgen vor solchen Spam-Programmen (im Englischen spricht man von *Cloaking*, das hier im Sinne von *Verhüllen* gebraucht wird). In seinen Einstellungen erlaubt das Plug-in zwei Betriebsmodi:

- Setzen Sie den *Modus* auf *Nicht verlinkter Text*, stellt das Plug-in jede E-Mail-Adresse als normalen Text dar.
- Entscheiden Sie sich hingegen für *Als linkbare »mailto« Adresse*, verwandelt das Plug-in jede E-Mail-Adresse in einen Link. Klickt ein Besucher einen solchen Link an, öffnet sich automatisch sein E-Mail-Programm. Gleichzeitig tarnt das Plug-in die E-Mail-Adresse durch den Einsatz von JavaScript. Folglich müssen Ihre Besucher diese Programmiersprache in ihrem Browser aktiviert haben – andernfalls bleibt das E-Mail-Programm geschlossen.

Mittlerweile erkennen die Programme der Spammer aber auch solche Tarnungen. Ein Allheilmittel gegen unerwünschte Werbung bietet das Plug-in somit zwar nicht, es blockt aber zumindest viele einfache E-Mail-Sammler ab. Da man mithilfe des Plug-ins die Arbeit der Spam-Versender zumindest erschwert, sollten Sie es möglichst aktiviert lassen.

Inhalt – Joomla!

Dieses Plug-in schlägt Alarm, sobald Sie eine noch mit Beiträgen gefüllte Kategorie löschen möchten. Darüber hinaus verschickt es automatisch eine E-Mail, sobald jemand einen neuen Beitrag über das Frontend eingereicht hat. Beide Funktionen können Sie in den Einstellungen des Plug-ins deaktivieren.

Inhalt – Kontakt

Über jeden Beitrag schreibt Joomla! normalerweise auch immer den Namen des Autors. Diesen Namen können Sie in einen Link verwandeln, über den der Besucher zu einer passenden Kontaktseite springen kann. Das setzt jedoch gleich mehrere Dinge voraus:

- Sie haben für den Autor einen Kontakt eingerichtet, wobei Sie in den Einstellungen des Kontakts unter *Verknüpfter Benutzer* den Autor ausgewählt haben.
- Sie haben in den Einstellungen des Beitrags auf der Registerkarte *Optionen* den Punkt *Autor verlinken* auf *Ja* gesetzt. Beachten Sie, dass diese Einstellung von Kategorien und Menüpunkten überschrieben werden kann.

Das Plug-in *Inhalt – Kontakt* erzeugt dann den passenden Link (sofern es aktiviert ist).

Inhalt – Module laden

Dieses Plug-in blendet ein Modul mitten in einen Beitrag ein. Wie das funktioniert, wurde bereits im Abschnitt »Module in Beiträge einbinden« auf Seite 420 beschrieben. In der Kurzfassung: Klicken Sie auf die Schaltfläche *Modul* und wählen Sie eines der Module aus. Joomla! fügt dann einen kryptischen Platzhalter ein, den wiederum das Modul *Inhalt – Module laden* gegen das Modul austauscht. In früheren Joomla!-Versionen hieß das Plug-in noch *Inhalt – Modulpositionen laden*.

Tipp   Hilfreich ist dieses Plug-in besonders bei selbst geschriebenen Modulen, die von vornherein auf eine Integration mit einem Beitrag ausgelegt wurden.

Das Plug-in lässt sich in seinen Einstellungen unter *Style* in folgende Betriebsmodi versetzen, die besonders für Template-Entwickler interessant sind:

Tipp   Die Einstellungen setzen das Wissen aus Kapitel 16, *Ein eigenes Template entwickeln*, Abschnitt »Das style-Attribut nutzen«, auf Seite 669 voraus. Wenn Ihnen die folgenden Ausführungen nichts sagen, belassen Sie *Style* unbedingt auf der Voreinstellung.

Mit Tabelle umgeben – Spalten (table)
Das Plug-in packt die Ausgaben des Moduls in eine HTML-Tabelle. Diese Einstellung entspricht dem style-Attribut `table`.

Mit Tabelle umgeben – Horizontal (horz)
Das Plug-in packt die Ausgaben des Moduls in eine HTML-Tabelle und diese noch einmal in eine andere Tabelle. Diese Einstellung entspricht dem style-Attribut `horz`.

Mit Div umgeben (xhtml)
Das Modul wird mit dem HTML-Tag `<div>` eingerahmt. Die genaue Formatierung erfolgt dann über ein Stylesheet. Diese Einstellung entspricht dem style-Attribut `xhtml`.

Mehrfach mit Divs umgeben (rounded)
Arbeitet wie *Mit Divs umgeben*, nur dass diesmal mehrere verschachtelte `<div>`-Tags verwendet werden. Die genaue Formatierung erfolgt dann wieder über ein entsprechendes Stylesheet. Diese Einstellung entspricht dem style-Attribut `rounded`.

Nicht umgeben – reiner Inhalt (none)
Die Ausgaben des Moduls werden direkt, also ohne weitere umfassende HTML-Tags, ausgegeben. Bei den mitgelieferten Modulen führt das zu einer etwas durcheinandergewürfelten Darstellung. Diese Einstellung ist insbesondere dann sinnvoll, wenn die einzelnen Module ihre Formatierung selbst übernehmen.

Inhalt – Seitennavigation

Zwischen den Beiträgen einer Kategorie kann der Besucher normalerweise über passende Schaltflächen *Weiter* und *Zurück* blättern (siehe Abbildung 14-7). Diese beiden Schaltflächen stellt das Plug-in *Inhalt – Seitennavigation* bereit.

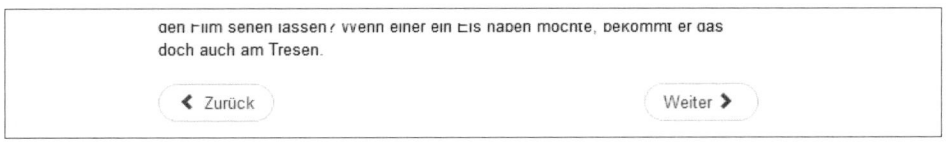

Abbildung 14-7:   Die Seitennavigation auf der Website.

In den Einstellungen des Plug-ins dürfen Sie unter *Position* festlegen, wo es die Schaltflächen einblenden soll: entweder wie gewohnt am unteren oder alternativ am oberen Ende des Beitrags. In der Ausklappliste darunter legen Sie fest, ob dies *Relativ zum Gesamten Beitrag* oder nur relativ zu dessen *Text* gelten soll.

Die Schaltflächen beschriftet das Plug-in standardmäßig mit *Weiter* und *Zurück*. Unter *Link-Text* können Sie das Plug-in aber auch anweisen, stattdessen die jeweiligen Beitragstitel zu verwenden. Das Ergebnis sieht dann so wie in Abbildung 14-8 aus.

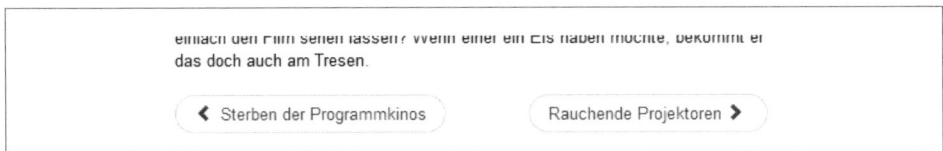

Abbildung 14-8: Hier hat das Plug-in die Schaltflächen mit den Titeln der Beiträge beschriftet.

Inhalt – Seitenumbruch

Bei einem mehrseitigen Beitrag sorgt dieses Plug-in für ein kleines Inhaltsverzeichnis (wie in Abbildung 14-9). Darüber hinaus erzeugt es den eigentlichen Seitenumbruch in einem Beitrag. (Wie man Seitenumbrüche in einen Beitrag einfügt, haben Sie bereits in Kapitel 6, *Beiträge anlegen und verwalten*, im Abschnitt »Unterseiten« auf Seite 151 gesehen.)

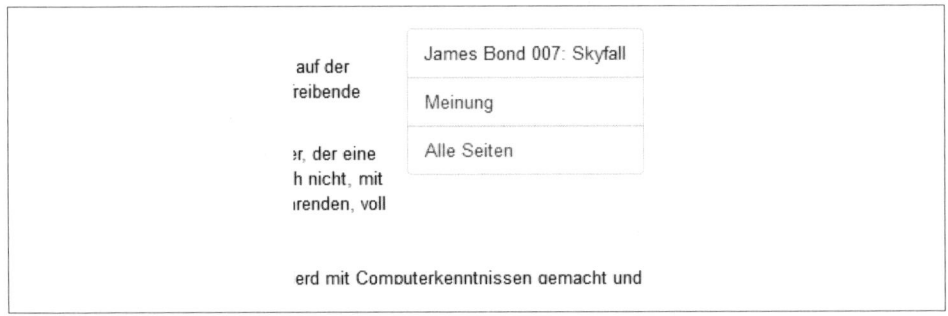

Abbildung 14-9: Das Plug-in Inhalt – Seitenumbruch erzeugt ein solches Inhaltsverzeichnis.

Das Plug-in hält in seinen Einstellungen folgende Stellschrauben bereit:

Seitentitel anzeigen
> Wenn Sie einen Beitrag verfassen und dabei einen Seitenumbruch einfügen, können Sie der neuen Unterseite auch eine eigene Überschrift verpassen. Später auf der Website erscheint diese Überschrift dann neben dem eigentlichen Titel des Beitrags (wie in Abbildung 14-10).
>
> Wenn Sie hier *Seitentitel anzeigen* auf *Verbergen* setzen, präsentiert Joomla! immer nur den Titel des Beitrags. In Abbildung 14-10 würde also nur noch *James Bond 007: Skyfall* erscheinen.

Abbildung 14-10: An den eigentlichen Titel des Beitrags, hier James Bond 007: Skyfall, hängt Joomla! auch immer noch die Überschrift der Unterseite an – in diesem Fall die Meinung des Autors.

Verzeichnisüberschrift und Eigene Überschrift
  Das kleine Menü aus Abbildung 14-9 enthält standardmäßig immer nur die Links zu allen Unterseiten. Sie können dem Kasten aber auch noch eine Überschrift spendieren, wie etwa *Inhaltsverzeichnis*. Dazu tippen Sie sie einfach in das Feld *Eigene Überschrift*. Wenn Sie diese Überschrift (vorübergehend) ausblenden möchte, stellen Sie *Verzeichnisüberschrift* auf *Verbergen*.

Inhaltsverzeichnis
  Hierüber blenden Sie das komplette Inhaltsverzeichnis ein (*Anzeigen*) oder aus (*Verbergen*). Unabhängig von der Einstellung wird der Seitenumbruch weiterhin ausgeführt. Um diesen zu unterbinden, müssen Sie ihn aus dem Beitrag entfernen. Wenn Sie das Plug-in deaktivieren, verschwinden die Seitenumbrüche in allen Beiträgen auf Ihrer Website.

Alles anzeigen
  Steht diese Einstellung auf *Anzeigen*, erscheint im Inhaltsverzeichnis der Punkt *Alle Seiten*. Er führt zu einer Seite mit dem kompletten Beitragstext.

Darstellung in
  Normalerweise verteilt Joomla! den Beitrag auf mehrere Unterseiten. Alternativ können Sie ihn aber auch auf Registerkarten (Einstellung *Tabs*) oder sogenannten Slidern anordnen. Wie die beiden Alternativen auf der Webseite aussehen, hängt stark vom aktivierten Template ab. Die Abbildungen 14-11 und 14-12 zeigen die beiden Einstellungen unter dem Template *Beez3*.

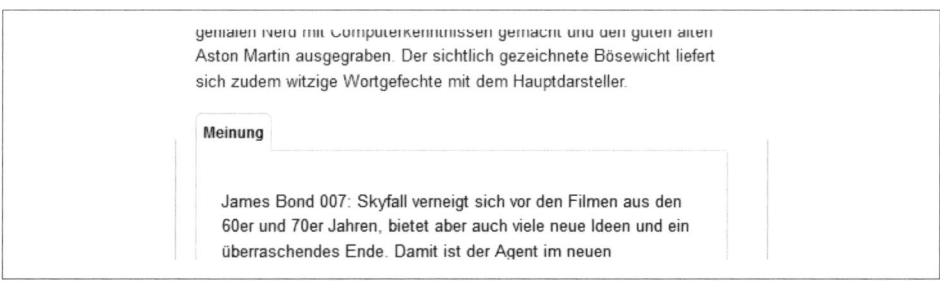

Abbildung 14-11: Der Beitrag in der Einstellung Tabs ...

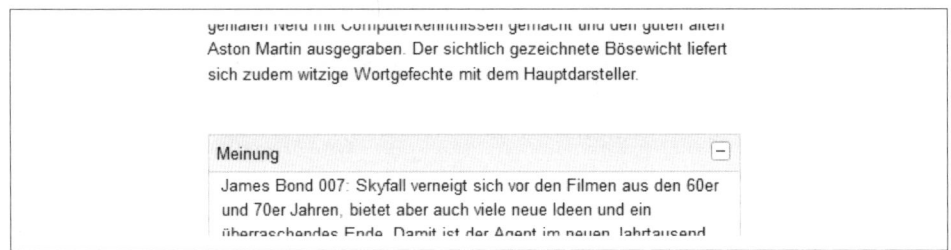

Abbildung 14-12: ... und hier mit Slidern. Der Slider klappt ein, wenn der Besucher auf das kleine Minussymbol klickt.

Inhalt – Suchindex

Dieses Plug-in gehört zur neuen Suchfunktion (*Smart Search*). Es erkennt Änderungen an Beitragstexten und aktualisiert dann automatisch den sogenannten Index. Weitere Informationen hierzu finden Sie in Kapitel 9, *Komponenten – Nützliche Zusatzfunktionen*, Abschnitt »Suchindex (Smart Search)«, auf Seite 338.

Editor-Plug-ins

Jedes Plug-in aus dieser Kategorie stellt einen Editor zur Eingabe von (längeren) Texten bereit. Auf einen solchen Editor treffen Sie beispielsweise bei der Eingabe eines neuen Beitrags: Den dort standardmäßig offerierten TinyMCE-Editor bietet ebenfalls ein Plug-in vom Typ *editors* an.

Welchen Editor (und somit welches Plug-in) Joomla! standardmäßig verwendet, legen Sie in den Grundeinstellungen hinter *System → Konfiguration* auf der Registerkarte *Site* im Bereich *Website* unter *Standard Editor* fest. In der Ausklappliste finden Sie alle aktivierten Editor-Plug-ins.

Editor - CodeMirror

Der CodeMirror-Editor richtet sich primär an HTML-Kenner, die ihre (Beitrags-) Texte manuell mit HTML-Tags formatieren möchten. Nach außen gibt sich der CodeMirror-Editor recht karg, hebt aber unter anderem die HTML-Tags farblich hervor (das sogenannte Syntax-Highlighting) und markiert die aktuelle Zeile mit der Eingabemarke hellblau (wie in Abbildung 14-13).

 Tipp   Aktivieren Sie diesen Editor nur dann, wenn sich alle Autoren gut mit HTML auskennen. Bleiben Sie im Zweifelsfall bei einem der anderen beiden Editoren.

In den Einstellungen des Plug-ins können Sie im Register *Plugin* ein paar weitere Eingabehilfen aktivieren beziehungsweise deaktivieren:

Zeilennummerierung
Standardmäßig zeigt der Editor am linken Seitenrand wie in Abbildung 14-13 auch die Zeilennummern an. In den Einstellungen des Plug-ins können Sie diese Nummerierung abschalten, indem Sie *Zeilennummerierung* auf *Aus* setzen.

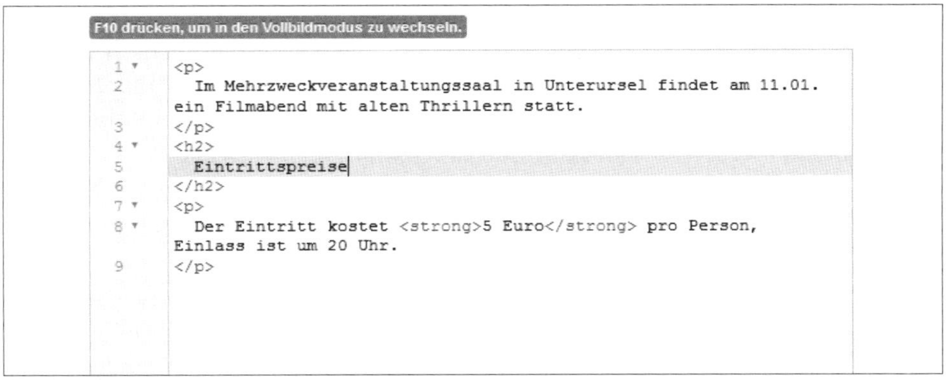

Abbildung 14-13: Der CodeMirror-Editor im Einsatz, hier mit aktivierten Zeilennummern.

Code-Faltung
In Abbildung 14-13 gibt es ganz am linken Rand mehrere kleine Dreiecke. Wenn Sie eines davon anklicken, versteckt der Editor das HTML-Element rechts daneben. In Abbildung 14-13 würde ein Klick auf das Dreieck in Zeile 4 die Überschrift *Eintrittspreise* einklappen. Sie sehen dann in der Zeile nur noch ein Ersatzsymbol. Ein erneuter Klick auf das Dreieck würde die Überschrift wieder hervorholen. Auf diese Weise können Sie unwichtige Passagen ausblenden. Die Dreiecke und somit die Versteckmöglichkeit schalten Sie ab, indem Sie *Code-Faltung* auf *Aus* setzen.

Rand für Optionen
Wenn Sie diese Einstellung auf *An* setzen, nutzt der Editor den linken Rand für zusätzliche Funktionen, wie etwa Codemarkierungen.

Aktive Zeile hervorheben
Steht *Aktive Zeile hervorheben* auf *An*, hebt der Editor die aktuelle Zeile mit der Eingabemarke hellblau hervor. In Abbildung 14-13 sehen Sie so mit einem Blick, dass sich die Eingabemarke in Zeile 5 befindet.

Wortauswahl hervorheben
Wenn Sie im Text irgendwo das Wort *Film* markieren, hebt der Editor alle anderen Vorkommen von *Film* optisch hervor. Sie erkennen so blitzschnell, wo in Ihrem Text noch überall das Wort *Film* erscheint. Das macht der Editor allerdings nur, wenn Sie *Wortauswahl hervorheben* auf *An* stellen.

Tags hervorheben
Wenn Sie die Eingabemarke in einem HTML-Tag platzieren, färbt der Editor automatisch das zugehörige andere HTML-Tag ein. Auf diese Weise sehen Sie im Tag-Salat sofort die beiden zusammengehörenden HTML-Tags. Der Editor markiert die beiden Tags allerdings nur dann, wenn *Tags hervorheben* auf *An* steht.

Klammern hervorheben
Steht diese Einstellung auf *An*, hebt der Editor auch zusammengehörende Klammern hervor.

Tag-Vervollständigung
> Wenn Sie ein HTML-Tag eingeben, ergänzt der Editor automatisch das passende End-Tag. Sie sparen sich damit etwas Tipparbeit, einige Autoren finden diese Hilfe jedoch störend oder irritierend. Sie können sie daher abschalten, indem Sie *Tag-Vervollständigung* auf *Aus* setzen.

Klammervervollständigung
> Steht diese Einstellung auf *An*, ergänzt der Editor auch automatisch Klammern.

Automatischer Fokus
> Wann immer der Editor erscheint, blinkt in ihm bereits die Eingabemarke, und Sie können direkt lostippen (man sagt, der Editor besitzt den Fokus). Steht *Automatischer Fokus* auf *Aus*, müssen Sie hingegen immer erst in den Editor klicken, um losschreiben zu können.

Vim-Tastaturbelegung
> Unter Linux- und Unix-Systemen existiert der berühmte und wegen seiner Bedienung auch berüchtigte Texteditor Vim. Wenn Sie im CodeMirror-Editor die Tastenbelegung von Vim nutzen möchten, setzen Sie diesen Punkt auf *An*.

Vollbildmodus und Zusatztaste
> Möchte sich ein Autor auf die Eingabe seines Texts konzentrieren, kann er den Editor in den Vollbildmodus versetzen. Dazu drückt er eine ganz bestimmte Taste, standardmäßig [F10]. Der Editor füllt dann das komplette Browserfenster aus. Wieder zurück zur normalen Darstellung gelangt der Autor mit einem erneuten Druck auf [F10]. Welche F-Taste in den Vollbildmodus schaltet, dürfen Sie in der gleichnamigen Ausklappliste vorgeben. Einige Browser belegen die F-Tasten allerdings selbst. Unter Firefox klappt beispielsweise [F10] ein Menü auf. Sie können daher unter *Zusatztaste* noch eine oder mehrere weitere Tasten auswählen. Diese muss der Autor dann zusammen mit der unter *Vollbildmodus* eingestellten Taste drücken, um den Vollbildmodus aufzurufen. Haken Sie beispielsweise *Strg* ab, öffnet die Tastenkombination [Strg]+[F10] den Vollbildmodus.

Auf der Registerkarte *Aussehen* können Sie noch an der Optik des Editors schrauben. Es geht dabei ausschließlich darum, welche Farben und Schriften der Editor selbst verwendet, und nicht, wie später der eingetippte Beitrag auf der Website aussieht.

 Tipp   Belassen Sie hier alle Einstellungen auf ihren Vorgaben: Die Joomla!-Entwickler haben bereits die Farben so gewählt, dass sich der Editor optisch perfekt in das Backend einfügt.

Im Einzelnen haben Sie folgende Möglichkeiten:

Theme
> Hier suchen Sie sich ein Farbschema aus. Im Fall von *blackboard* zeigt der Editor den Text in grell weißer Schrift auf einem schwarzen Hintergrund.

Aktive Zeilenhervorhebungsfarbe
　In dieser Farbe hebt der Editor die aktuelle Zeile mit der Eingabemarke hervor. Um eine andere Farbe auszuwählen, klicken Sie in das Eingabefeld.

Tag-Hervorhebungsfarbe
　Wenn die Eingabemarke in einem HTML-Tag steht, markiert der Editor das dazugehörige andere HTML-Tag in dieser Farbe. Um eine andere Farbe auszuwählen, klicken Sie in das Eingabefeld.

Schriftart, Schriftgröße (px) und Zeilenhöhe (em)
　Der Editor verwendet die hier eingestellte *Schriftart*, die er in der darunter vorgegebenen Schriftgröße anzeigt. Die Angabe der Schriftgröße erfolgt in Pixeln. Wie hoch eine Textzeile ausfällt, legen Sie unter *Zeilenhöhe (em)* fest. Die Angabe ist dabei relativ zur Schriftgröße: Bei einer *1.2* ist eine Zeile 1,2-mal so hoch wie die Schrift.

Bildlaufleistenstil
　Hiermit legen Sie fest, wie die Bildlaufleisten erscheinen sollen. Im Fall von *Einfach* sehen Sie am rechten Rand einen Balken, den Sie mit der Maus hoch- und runterschieben müssen. Bei *Überlappen* hat dieser Balken abgerundete Ecken.

Weitere Informationen zu CodeMirror finden Sie unter *http://codemirror.net*.

Editor - Keine

Der Name dieses Plug-ins ist etwas irreführend: Natürlich erlaubt auch dieses Plug-in die Eingabe von Texten. Im Gegensatz zu seinen Kollegen liefert es allerdings nur ein einsames Textfeld (das große leere Feld aus Abbildung 14-14).

Abbildung 14-14: Der Keine-Editor in Aktion, hier bei der Eingabe eines neuen Beitrags.

Da es im Gegensatz zu einem ausgewachsenen Texteditor keine weiteren Eingabehilfen anbietet, stellt es also in gewissem Sinne »keinen« Editor (englisch »No Editor«) dar.

| **Warnung** | Alle in den Editor eingetippten HTML-Befehle wertet später der Browser der Besucher aus. Ein böswilliger Autor könnte auf diesem Weg nicht nur das Layout der Seite sprengen, sondern auch schadhaften Programmcode einschmuggeln. Nutzen Sie daher immer auch die von Joomla! angebotenen Textfilter, die Kapitel 12, *Benutzerverwaltung und -kommunikation*, im Abschnitt »Textfilter für Benutzergruppen« auf Seite 522 vorgestellt wurden. | |

Editor - TinyMCE

Dieses Plug-in bietet den TinyMCE-Editor an, den vermutlich jeder Joomla!-Benutzer kennt. Er ist nach der Installation der Standardeditor und bietet umfangreiche Hilfsfunktionen bei der Texteingabe (siehe Abbildung 14-15). Um so viel Komfort nutzen zu können, müssen die Benutzer in ihren Browsern allerdings JavaScript aktiviert haben.

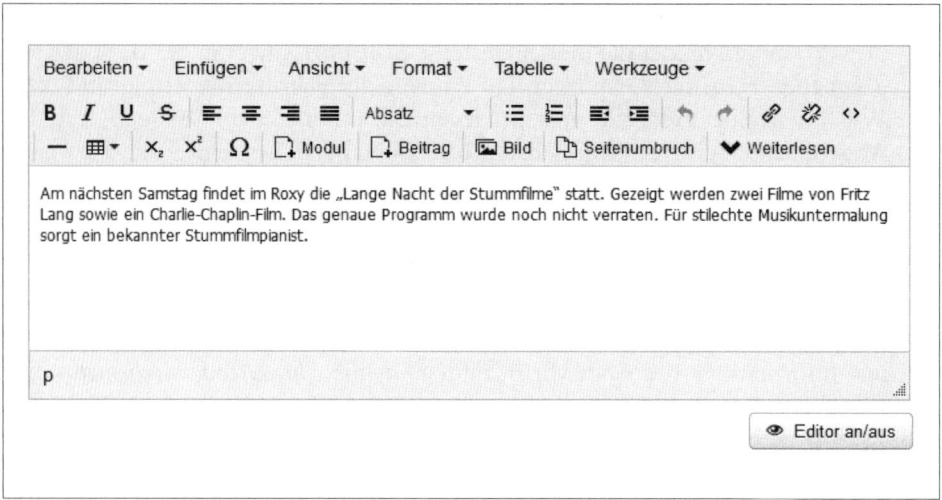

Abbildung 14-15: Der TinyMCE-Editor bei der Eingabe eines Beitrags.

Über die zahlreichen Symbole lassen sich die eingetippten Texte umfassend formatieren. Dabei besteht allerdings auch immer die Gefahr, dass Autoren das Layout sprengen oder durcheinanderbringen. Aus diesem Grund können Sie den Funktionsumfang in den Einstellungen des Plug-ins gezielt beschneiden. Im Register *Plugin* stehen zunächst folgende Einstellungen parat:

Website-Skin und Administrator-Skin
> Das Aussehen des Editors gibt ein sogenanntes Skin vor. Wie bei Templates handelt sich dabei um Designvorlagen, die unter anderem die Farbe der Symbolleisten vorgeben. Standardmäßig bringt Joomla! nur das Skin namens *lightgray* mit. Es taucht den Editor und seine Symbolleisten in ein neutrales Hellgrau. Wenn Sie dem Editor ein eigenes, individuelles Aussehen verpassen möchten, rufen Sie die Seite *http://skin.tinymce.com* auf. Dort finden Sie einen Baukasten, in dem Sie mit wenigen Mausklicks den TinyMCE-Editor anders einfärben und optisch umgestalten können. Geben Sie Ihrem Skin auf jeden Fall links oben im Eingabefeld *Skin Name* einen eindeutigen Namen. Wenn Sie fertig sind, klicken Sie auf *Download*. Sie erhalten dann eine ZIP-Datei, die Sie auf Ihrer Festplatte entpacken. Dabei purzelt ein Verzeichnis heraus, das Sie mit allen seinen Inhalten auf Ihren Server in das Unterverzeichnis */media/editors/tinymce/skins* Ihrer Joomla!-Installation kopieren. Joomla! erkennt das neue Skin selbstständig und

bietet es in den Ausklapplisten *Website-Skin* und *Administrator-Skin* an. Unter *Website-Skin* können Sie dann das Skin auswählen, das der TinyMCE-Editor im Frontend nutzen soll. Analog verwendet der TinyMCE-Editor im Backend das unter *Administrator-Skin* eingestellte Skin.

Funktionalität

Mit dieser Ausklappliste legen Sie den Funktionsumfang fest. In der Einstellung *Einfach* dürfen alle Autoren lediglich den Schriftschnitt (fett, kursiv etc.) ändern sowie Aufzählungen einfügen. *Erweitert* gewährt Zugriff auf die Werkzeuge aus Abbildung 14-15. *Komplett* bohrt den Funktionsumfang noch einmal ordentlich auf. In diesem Modus dürfen Autoren unter anderem sogar die Textfarbe ändern oder Emoticons (also kleine Smileys) einfügen.

Warnung Beachten Sie, dass die hier getroffene Einstellung für restlos alle Autoren gilt – Sie als Super User eingeschlossen.

Mobilmodus

In den Modi *Erweitert* und *Komplett* zeigt der TinyMCE-Editor ziemlich viele Schaltflächen an. Dies erschwert insbesondere auf kleinen Smartphone-Bildschirmen die Bedienung. Wenn Sie *Mobilmodus* auf *An* setzen, wechselt der TinyMCE-Editor auf Smartphones automatisch in den Modus *Einfach* und vergrößert gleichzeitig die Schaltflächen.

Drag & Drop für Bilder und Bilderverzeichnis

Möchten Sie ein Bild oder ein Foto in Ihren Beitrag einfügen, müssen Sie es einfach nur in den TinyMCE-Editor ziehen. Weitere Informationen zu diesem Drag-and-drop-Verfahren finden Sie im Abschnitt »Bilder in Beiträge einbauen« auf Seite 154. Bilder lassen sich auf diese Weise allerdings nur einfügen, wenn *Drag & Drop für Bilder* auf *An* steht.

Joomla! speichert ein so eingefügtes Bild automatisch in dem Ordner, den Sie unter *Bildverzeichnis* hinterlegt haben. Ist das Eingabefeld leer, landen die Bilder im Ordner *images* (das Sie aus Abschnitt »Medien verwalten«, Seite 250, kennen).

Wenn Sie *Drag & Drop für Bilder* auf *Aus* stellen, können die Autoren ihre Fotos nicht mehr auf den TinyMCE-Editor ziehen, sondern müssen sie über die Schaltfläche *Bild* in ihren Text einfügen.

Warnung Doch Vorsicht: In einigen Browsern wie Firefox können Autoren trotzdem Bilder in den Text ziehen. Das Bild wird dann in eine spezielle Codierung überführt und direkt im Text ablegt. Damit landet das Bild nicht mehr in der Medienverwaltung, sondern zusammen mit dem Beitragstext in der Datenbank. In der Folge haben Sie nur noch eine eingeschränkte Kontrolle über das Bild, zumal die Datenbank bei mehreren Fotos munter volläuft. Es reicht in diesem Fall allerdings aus, das Bild aus dem Text zu löschen, um es komplett zu entfernen.

Um gar nicht erst in solch eine Situation zu kommen, sollten Sie das Drag-and-drop-Verfahren möglichst immer angeschaltet lassen.

Entity-Kodierung

Aus den eingegebenen Texten produziert der TinyMCE-Editor waschechten HTML-Code, also den Stoff, aus dem eine Internetseite aufgebaut ist. Das Ergebnis speichert er anschließend in der Datenbank. Joomla! selbst greift sich später einfach diesen fertigen Textbaustein und liefert ihn so, wie er ist, an den Browser der Besucher aus.

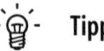
Tipp   Um zu sehen, was der Editor aus dem eingegebenen Text fabriziert, erstellen Sie probeweise einen neuen Beitrag. Klicken Sie nun auf *Editor an/aus* (rechts unterhalb des TinyMCE-Editors). Jetzt sehen Sie, wie der Text in der Datenbank ausschaut. Um die korrekte Interpretation dieses Zeichenwirrwarrs kümmert sich dann später Ihr Browser. Per *Editor an/aus* kehren Sie wieder zum TinyMCE-Editor zurück.

Findet der TinyMCE-Editor im Text Sonderzeichen und Umlaute, kann er sie durch spezielle HTML-Kürzel, die sogenannten *Entities*, ersetzen. Aus dem Umlaut ä würde dann beispielsweise die Zeichenfolge ä. Der Browser macht aus diesem kryptischen Zeichenbrei auf dem Bildschirm wieder ein ä. Wenn Sie solch eine Ersetzung vornehmen lassen möchten, setzen Sie *Entity-Kodierung* auf *Namentlich*. Bei der Einstellung *Numerisch* würde der Editor das Zeichen durch eine Zahl in hexadezimaler Schreibweise austauschen. Das ä würde dann zu ä. Dies ist lediglich eine alternative Notation, der Effekt ist letztendlich der gleiche. Durch die Ersetzung ist sichergestellt, dass jeder Browser die Sonderzeichen und Umlaute korrekt anzeigt.

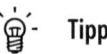
Tipp   Suchmaschinen können namentliche Entities wie < besser verdauen, geben Sie diesen also den Vorzug.

Allerdings stolpert die Suchfunktion von Joomla! gern über die Entities. Sie sollten daher *Namentlich* oder *Numerisch* nur dann verwenden, wenn es bei Ihren Beiträgen Darstellungsfehler gibt. Lassen Sie im Zweifelsfall *Entity-Kodierung* auf *raw* stehen. Dann belässt der Editor die Sonderzeichen und Umlaute im Beitrag.

Autom. Sprachauswahl und Sprach-Code

Wenn Sie die *Autom. Sprachauswahl* auf *An* stellen, spricht der TinyMCE-Editor immer die gleiche Sprache wie Joomla!.

Sie können den TinyMCE-Editor aber auch zwingen, eine ganz bestimmte Sprache zu sprechen. Dazu setzen Sie *Autom. Sprachauswahl* auf *Aus* und wählen dann in der neu erscheinenden Ausklappliste *Sprach-Code* die gewünschte Sprache aus. Jedes Kürzel steht dabei für eine mögliche Sprache, *it* beispielsweise für Italienisch, *de* für Deutsch. Eine Liste der Sprachkürzel finden Sie im Internet unter *https://en.wikipedia.org/wiki/List_of_ISO_639-1_codes* in der Spalte *639-1*.

Wenn Sie die automatische Sprachauswahl abschalten, nutzt der TinyMCE-Editor nicht die Sprachpakete von Joomla!, sondern seine eigenen. Fehlt in der Ausklappliste *Sprach-Code* die von Ihnen gesuchte, müssen Sie erst das passende TinyMCE-Sprachpaket nachinstallieren. Dazu wechseln Sie auf die Homepage des TinyMCE-Editors unter *https://www.tinymce.com*. Zu der Zeit, als dieses Buch geschrieben wurde, mussten Sie dort im *Download*-Bereich zu den *Language Packages* wechseln, dann ein Häkchen bei den gewünschten Sprachen setzen und auf *Download Selected* klicken. Das so erhaltene Archiv entpacken Sie auf Ihrer Festplatte. Im Archiv steckt mindestens eine Datei mit der Endung *.js*. Alle Dateien mit dieser Endung kopieren Sie ins Unterverzeichnis *media/editors/tinymce/jscripts/tiny_mce* Ihrer Joomla!-Installation. Anschließend stehen in der Ausklappliste *Sprach-Code* die gewünschten Sprachen bereit (gegebenenfalls müssen Sie einmal die Einstellungen des Plug-ins schließen und wieder öffnen).

Textrichtung

In vielen Sprachen schreibt man von rechts nach links. Dem trägt der Editor mit dieser Einstellung Rechnung: Wählen Sie aus der Liste einfach die bevorzugte Schreibrichtung. Joomla! 3.6.0 wertet diese Einstellung allerdings nicht aus. Stattdessen verwendet dort der TinyMCE-Editor einfach die Schreibrichtung, die das derzeit aktivierte Sprachpaket vorgibt.

Template-CSS-Klassen

Der TinyMCE-Editor versucht, den eingetippten Text so anzuzeigen, wie er später auf der Website aussehen wird. Das derzeit aktive Template teilt dazu dem Editor mit, wie die Überschriften, die einzelnen Absätze und der restliche Text aussehen müssen. Wenn Sie das nicht möchten, schalten Sie *Template-CSS-Klassen* auf *Aus*. Der TinyMCE-Editor formatiert den Text dann nach den Vorgaben von Joomla!. Gleiches passiert übrigens auch, wenn *Template-CSS-Klassen* auf *An* steht und das Template dem Editor keine Formatierungsanweisungen liefert.

Wenn Sie ein Template-Entwickler sind und den Text im TinyMCE-Editor formatieren möchten, müssen Sie ein Stylesheet in der Datei *editor.css* ablegen und dann diese Datei in Ihrem Template-Verzeichnis im Unterordner *css* ablegen. Joomla! findet dort das Stylesheet automatisch. Als Vorlage können Sie die Datei *editor.css* verwenden, die im Unterverzeichnis *templates/system/css* Ihrer Joomla!-Installation liegt. Weitere Informationen zur Template-Entwicklung finden Sie in Kapitel 16, *Ein eigenes Template entwickeln*, Seite 651.

Eigene CSS-Klassendatei

Dieses Eingabefeld ist nur für Template-Entwickler von Interesse: Soll TinyMCE für seine Vorschau ein ganz bestimmtes Stylesheet verwenden, tippen Sie hier seinen Dateinamen ein (einschließlich des kompletten Pfads dorthin).

URLs

Wenn Sie in einen Beitrag einen Link einfügen (indem Sie ein Wort markieren und auf das Kettensymbol klicken), geben Sie normalerweise eine vollständige Internetadresse wie diese an:

http://localhost/joomla/index.php/filmkritiken/actionfilme/7-james-bond-007-skyfall

Solche Internetadressen mit dem *http://* und dem Domainnamen (im Beispiel *localhost*) bezeichnet man als *absolute* Adressen. Wenn Sie die Ausklappliste *URLs* auf *Absolut* stellen, ergänzt der TinyMCE-Editor automatisch das *http://* sowie den Pfad zur Startseite Ihres Internetauftritts. Im Beispiel bräuchten Sie daher nur:

index.php/filmkritiken/actionfilme/7-james-bond-007-skyfall

einzutippen. Solche am Anfang abgehackten Adressen bezeichnet man als *relative* Adressen. Den Anfang *http://localhost/joomla/* würde dann der TinyMCE-Editor hinzufügen. Belassen Sie *URLs* auf *Relativ*, führt der TinyMCE-Editor diese Ergänzung nicht durch.

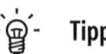 **Tipp**   Wenn Sie unsicher sind, behalten Sie hier die Vorgabe *Relativ* bei.

Neue Zeilen

Wenn Sie hier *<p>-Elemente* einstellen, erzeugt der TinyMCE-Editor bei einem Druck auf die [Enter]-Taste immer einen komplett neuen Absatz. Im Fall von *
-Elemente* führt die [Enter]-Taste nur zu einem einfachen Zeilenumbruch.

Kriminelle Autoren könnten versuchen, schädlichen (HTML-)Code in ihre Beiträge zu schmuggeln. Standardmäßig entfernen Joomla! und der TinyMCE-Editor alle potenziell gefährlichen Elemente aus den Texten oder wandeln sie in unschädliche Zeichenfolgen um. Mit den folgenden Einstellungen können Sie in diese Säuberungsaktion gezielt eingreifen.

 **Warnung**   Dazu benötigen Sie allerdings HTML-Kenntnisse. Wenn Sie unsicher sind oder sich mit HTML nicht auskennen, belassen Sie die Einstellungen unbedingt auf ihren jeweiligen Voreinstellungen.

Joomla!-Textfilter benutzen

In den Grundeinstellungen von Joomla! können Sie einen sogenannten Textfilter einschalten. Wie das funktioniert, hat bereits Abschnitt »Textfilter für Benutzergruppen« auf Seite 522 gezeigt. Der TinyMCE-Editor kann diesen Textfilter mitnutzen. Alle dort verbotenen HTML-Tags filtert der Editor dann automatisch vor dem Speichern aus dem Text. Dazu stellen Sie *Joomla!-Textfilter benutzen* auf *An*.

Alternativ können Sie in den nachfolgenden Eingabefeldern die HTML-Tags hinterlegen, die verboten beziehungsweise explizit erlaubt sind. Dazu setzen Sie *Joomla!-Textfilter benutzen* auf *Aus*. Der Textfilter aus Joomla! hat jedoch den Vorteil, dass Sie für jede Benutzergruppe unterschiedliche HTML-Tags verbieten können. Wenn Sie *Joomla!-Textfilter benutzen* auf *Aus* stellen, verbietet der TinyMCE-Editor die in den nachfolgenden Eingabefeldern hinterlegten HTML-Tags allen Benutzern.

Verbotene Elemente

Wenn *Joomla!-Textfilter benutzen* auf *Aus* steht, wirft der Editor alle hier eingetippten HTML-Tags automatisch über Bord. Ihre Namen müssen Sie ohne die spitzen Klammern eintragen. Mehrere Tags sind dabei jeweils durch ein Komma voneinander zu trennen. Das Feld darf zudem nicht leer sein. Wenn Sie alle HTML-Tags erlauben möchten, müssen Sie hier einen Begriff eintippen, den es im HTML-Standard nicht gibt, wie zum Beispiel cms.

Erlaubte Elemente
Alle hier eingetippten HTML-Tags lässt der Editor ungeprüft durchgehen. Mehrere Tag-Namen sind auch hier wieder jeweils durch Kommata zu trennen. Wenn Sie das Feld leer lassen, entscheidet der TinyMCE-Editor selbst, welche Tags er aus dem Text klaubt.

Zusätzlich erlaubte Elemente
Wenn Sie das Feld *Erlaubte Elemente* leer lassen, entscheidet der TinyMCE-Editor selbst, welche Tags er im Text belässt. Diese Elemente können Sie hier um weitere zusätzliche erlaubte Tags ergänzen. Mehrere Exemplare sind wieder durch Kommata voneinander zu trennen.

Tipp Die beiden letzten Felder hängen folglich zusammen:
Entweder Sie listen in *Erlaubte Elemente* alle HTML-Elemente auf, die der TinyMCE-Editor durchgehen lassen soll, oder aber Sie lassen das Feld *Erlaubte Elemente* leer. Dann bestimmt der TinyMCE-Editor, welche Tags er durchwinkt. Diese Tags können Sie dann im Feld *Zusätzlich erlaubte Elemente* um weitere erlaubte Tags ergänzen.

Auf der zweiten Registerkarte *Erweitert* geben zunächst *HTML-Höhe* und *HTML-Breite* die Ausmaße des TinyMCE-Editors in Pixeln an.

In der rechten unteren Ecke des TinyMCE-Editors finden Sie ein kleines graues Dreieck. Wenn Sie dieses bei gedrückter Maustaste verschieben, ändern Sie gleichzeitig die Größe des Eingabefelds. Das ist insbesondere bei längeren Texten hilfreich. Solange *Größenänderung* auf *An* steht, kann der Autor das Feld auf diese Weise vertikal vergrößern und verkleinern. Setzen Sie *Horizontale Verkleinerung* auf *An*, funktioniert das auch horizontal.

Die graue Statusleiste am unteren Rand des TinyMCE-Editors zeigt für HTML-Kenner immer noch das jeweils aktuelle HTML-Element an. Diese Anzeige sollten Sie eigentlich ausblenden können, indem Sie *Elementpfad* auf *Aus* setzen. Diese Einstellung wertet jedoch zumindest Joomla! 3.6.0 nicht aus.

Wenn Sie den *Komplett*-Modus aktivieren, stellt der TinyMCE-Editor zahlreiche zusätzliche Funktionen und Werkzeuge bereit. Nicht alle Autoren sollen jedoch immer auch alle diese Instrumente nutzen können. Netterweise dürfen Sie mit den nachfolgenden Einstellungen die Funktionen gezielt auf bestimmte Benutzergruppen einschränken. Dazu suchen Sie die entsprechende Funktion und wählen dann in der Ausklappliste eine passende Zugriffsebene. Steht beispielsweise *Schriftarten* auf *Super Users*, dürfen nur noch Sie als Super User die Schriftart ändern. Erklärungsbedürftig sind dabei lediglich die Eingabefelder *Eigene Plugins* und *Eigene Buttons*: Über das Duo können Sie den TinyMCE-Editor um eigene Werkzeuge erweitern. Weitere Informationen dazu finden Sie auf der TinyMCE-Homepage (*https://www.tinymce.com*).

Editors-xtd-Plug-ins

Die Plug-ins aus dieser Kategorie erzeugen die Joomla!-spezifischen Schaltflächen in der Symbolleiste des Texteditors (siehe Abbildung 14-16).

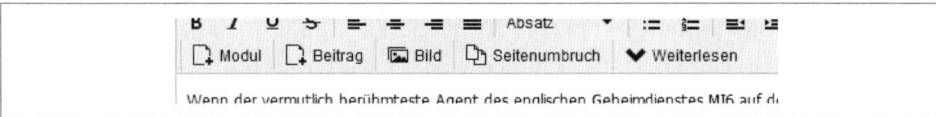

Abbildung 14-16: Hinter diesen Schaltflächen steckt jeweils ein Plug-in.

Sie fügen bestimmte Sonderelemente in den Text ein, und zwar

- ein Modul (*Schaltfläche – Modul*),
- einen Link auf einen anderen Beitrag (*Schaltfläche – Beiträge*),
- ein Bild (*Schaltfläche – Bild*),
- einen Seitenumbruch (*Schaltfläche – Seitenumbruch*) und
- die Trennlinie zwischen Einleitung und Haupttext (*Schaltfläche – Weiterlesen*, siehe auch Abschnitt »Einleitungs- und Beitragsbilder« auf Seite 160).

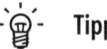 **Tipp**   Wer sich mit der HTML-Programmierung auskennt, sollte unbedingt einen Blick hinter die Kulissen werfen: Die Plug-ins sind eigentlich strohdumm, und ein Klick auf die Schaltflächen fügt lediglich den zugehörigen HTML-Code ein. Leider versteckt der TinyMCE-Editor ihn sofort, gibt ihn aber bei einem Klick auf *Editor an/aus* wieder preis. Ein Seitenumbruch besteht beispielsweise aus diesem Befehl:

```
<hr title="Meinung des Autors" alt="Meinung" class="system-pagebreak" />
```

Analog integriert ein Bild das bekannte `<img>`-Tag.

Extension-Plug-ins

Von diesem Typ gibt es in Joomla! 3.6 nur ein einsames Plug-in namens *Erweiterungen – Joomla!*. Es verwaltet die Update-Webseiten von Erweiterungen, auf denen diese wiederum ihre Aktualisierungen bereitstellen. Lassen Sie es daher möglichst aktiviert.

Finder-Plug-ins

Jedes Plug-in aus dieser Kategorie indexiert im Auftrag der neuen erweiterten Suchfunktion (*Smart Search*) einen ganz bestimmten Teil des Datenbestands. Zur Verfügung stehen dabei die Helfer aus Tabelle 14-1.

Tabelle 14-1: Alle standardmäßig in Joomla! ausgelieferten Suchindex-Plug-ins und ihr jeweiliger Tätigkeitsbereich

Plug-in	Indexiert ...
Suchindex – Inhalt	alle Beiträge
Suchindex – Kategorien	die Texte aller Kategorien (insbesondere ihre Beschreibung)

Tabelle 14-1: Alle standardmäßig in Joomla! ausgelieferten Suchindex-Plug-ins und ihr jeweiliger Tätigkeitsbereich

Plug-in	Indexiert ...
Suchindex – Kontakte	alle Kontakte
Suchindex – Newsfeeds	alle Newsfeeds
Suchindex – Schlagwörter	alle Schlagwörter

Alle Plug-ins sind standardmäßig aktiviert. Nur wenn Sie nicht möchten, dass einer der Bereiche im Index landet, sollten Sie das dazugehörige Plug-in abschalten.

Weitere Informationen zur neuen Suchfunktion und zum Index finden Sie im Abschnitt »Suchindex (Smart Search)« auf Seite 338.

Installer-Plug-ins

Wenn Sie im Backend den *Erweiterungen* → *Verwalten* aufrufen, sehen Sie die Register aus Abbildung 14-17. Jede Registerkarte bietet Ihnen einen anderen Weg an, eine Erweiterung zu installieren. Liegt die Erweiterung beispielsweise als kompaktes Paket auf Ihrer Festplatte, installieren Sie es über das Register *Paketdatei hochladen*. Auf die einzelnen Methoden geht später noch Kapitel 19, *Funktionsumfang erweitern*, Seite 831, detailliert ein. Jedes der Register stellt ein Plug-in vom Typ *Installer* bereit. Tabelle 14-2 verrät, welches Plug-in für welches Register zuständig ist.

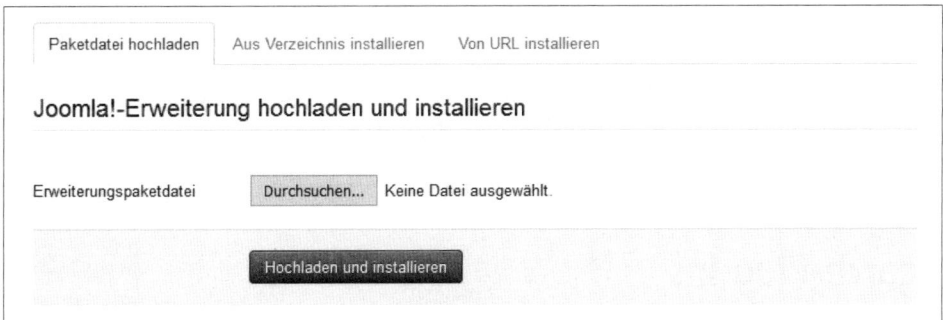

Abbildung 14-17: Jedes dieser Register stellt ein Installer-Plug-in bereit.

Tabelle 14-2: Alle in Joomla! 3.6.0 standardmäßig enthaltenen Installer-Plug-ins und das jeweils von ihnen bereitgestellte Register

Plug-in	Erzeugt das Register ...
Installer – Aus Verzeichnis installieren	Aus Verzeichnis installieren (Installiert ein auf dem Server entpacktes Erweiterungspaket.)
Installer – Durch Hochladen installieren	Paketdatei hochladen (Lädt ein Erweiterungspaket von der Festplatte hoch und installiert es.)
Installer – Von URL installieren	Von URL installieren (Lädt ein Erweiterungspaket aus dem Internet und installiert es.)

Quickicon-Plug-ins

Im Kontrollzentrum (*System* → *Kontrollzentrum*) finden Sie in der linken Spalte unten zwei intelligente Einträge (siehe Abbildung 14-18). Der untere zeigt an, ob für nachträglich installierte Erweiterungen Aktualisierungen vorliegen. Analog warnt der Eintrag direkt darüber, sobald es eine Aktualisierung für Joomla! gibt.

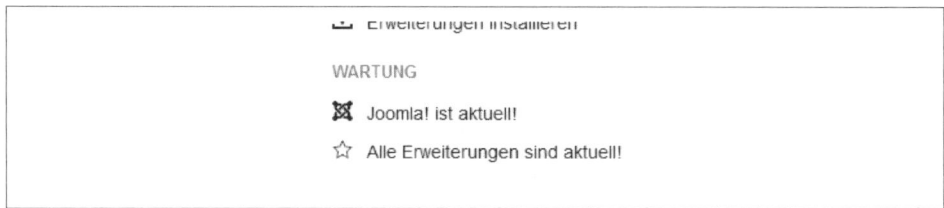

Abbildung 14-18: Hinter diesen beiden Einträgen steckt jeweils ein Quickicon-Plug-in.

Diese beiden Einträge erzeugen die beiden Plug-ins mit den sperrigen Namen *Schnellstartsymbole – Joomla!-Erweiterungsaktualisierungen* und *Schnellstartsymbole – Joomla!-Aktualisierungsüberprüfung*. Da sie auf wichtige Sicherheitsaktualisierungen hinweisen, sollten Sie sie immer aktiviert lassen.

Beide Module bieten in ihren Einstellungen genau ein Eingabefeld *Gruppe* an, das Sie ignorieren sollten. Den Inhalt müssen Sie nur dann verändern, wenn Sie das Backend umbauen möchten: Das Plug-in wird standardmäßig von einem Modul aktiviert, genauer gesagt, von einem Administrator-Modul vom Typ *Schnellstartsymbole*. In den Einstellungen dieses Moduls können Sie eine *Gruppe* hinterlegen. Das ist einfach ein eindeutiger, frei wählbarer Begriff, der standardmäßig schlicht *mod_quickicon* lautet. Das Modul zeigt jetzt ausschließlich die Quickicon-Plug-ins an, in deren Einstellungen dieselbe *Gruppe* hinterlegt ist. Ein Modul mit der Gruppe *mod_quickicon* zeigt folglich (nur) die Ausgaben von Quickicon-Plug-ins, die ebenfalls der Gruppe *mod_quickicon* zugeordnet sind.

Search-Plug-ins

Wenn ein Besucher auf Ihrer Website einen Suchbegriff eintippt, stöbern ihn die Plug-ins aus dieser Kategorie in einem ganz bestimmten Bereich der Datenbank auf. Zur Verfügung stehen dabei die Helfer aus Tabelle Tabelle 14-3.

Tabelle 14-3: Alle standardmäßig in Joomla! ausgelieferten Such-Plug-ins und ihr jeweiliger Tätigkeitsbereich

Plug-in	Durchsucht ...
Suche – Inhalt	alle Beiträge
Suche – Kategorien	die Texte aller Kategorien (insbesondere ihre Beschreibung)
Suche – Kontakte	alle Kontakte
Suche – Newsfeeds	alle Newsfeeds
Suche – Schlagwörter	alle Schlagwörter

Die Plug-ins sind alle standardmäßig aktiviert. Nur wenn Sie nicht möchten, dass einer der Bereiche durchsucht wird, sollten Sie das dazugehörige Plug-in abschalten.

In den Einstellungen eines jeden Such-Plug-ins finden Sie das Eingabefeld *Suchlimit*. Es bestimmt, wie viele Fundstellen das Plug-in maximal zurückliefert. Darunter dürfen Sie festlegen, was das Plug-in durchsuchen soll:

Beiträge durchsuchen beziehungsweise Einträge durchsuchen
  Steht diese Einstellung auf *An*, durchsucht das Plug-in alle veröffentlichten Elemente.

Archiv durchsuchen
  Steht diese Einstellung auf *An*, durchsucht das Plug-in auch die archivierten Elemente.

Eine Ausnahme bildet das Plug-in *Suche – Schlagwörter*. Dort gibt es neben dem *Suchlimit* die Einstellung *Verschlagwortete Einträge anzeigen*. Wenn Sie diese auf *An* setzen, liefert das Plug-in nicht nur einfach die zum Suchbegriff passenden Schlagwörter, sondern auch direkt alle Beiträge, Kontakte und weiteren Inhalte, denen diese Schlagwörter anheften.

System-Plug-ins

Die Plug-ins aus dieser Kategorie liefern unterschiedliche Leistungen ab, greifen aber alle in das Innerste von Joomla! ein.

Warnung Bevor Sie an den Einstellungen der folgenden Plug-ins drehen, sollten Sie sich genau überlegen, was Sie tun.

System – Abmelden

Wenn sich ein Benutzer bei Joomla! abmeldet, leitet ihn dieses Plug-in automatisch zur Startseite.

System – Angemeldet bleiben

Normalerweise muss sich ein Benutzer bei jedem Besuch erneut mit seinem Benutzernamen und dem entsprechenden Passwort anmelden. Davon wird er allerdings befreit, wenn er im Anmelden-Modul beziehungsweise im Anmeldeformular einen Haken vor *Angemeldet bleiben* setzt. Hinter genau dieser Funktion steckt das Plug-in *System – Angemeldet bleiben*. Im Hintergrund erstellt es ein sogenanntes Cookie, das anschließend verschlüsselt in den Browser des Besuchers wandert. Sobald dieser erneut die Seite betritt, dient das Cookie als Ausweis, der den Zutritt zu den geschützten Seiten ohne erneute Anmeldung erlaubt. Dies klappt allerdings nur, wenn sich der Besucher nicht explizit wieder abmeldet (über die gleichnamige Schaltfläche auf der Startseite) oder seine Cookies löscht. Letztgenanntes übernehmen übrigens viele Anonymisierungsprogramme automatisch im Hintergrund. Weitere Informationen zu diesem Verfahren finden Sie im Abschnitt »Authentifizierung – Cookies« auf Seite 590.

System – Benutzerprotokollierung

Dieses Plug-in protokolliert sämtliche fehlgeschlagenen Anmeldeversuche. Aus dem so erstellten Protokoll können Sie insbesondere Einbruchsversuche ablesen: Tauchen beispielsweise sehr viele fehlgeschlagene Anmeldungen in kurzer Zeit auf, versucht offensichtlich jemand, sich mit aller Gewalt Zugang zum Content-Management-System zu verschaffen.

Alle Meldungen landen in der Datei *error.php*. Ihren Speicherort verrät unter *System → Konfiguration* auf der Registerkarte *System* das Eingabefeld *Protokollverzeichnis*.

Einen Einblick in die Datei *error.php* gewährt Ihnen jeder beliebige Texteditor. Der in Windows mitgelieferte Editor ignoriert allerdings geflissentlich alle Zeilenumbrüche und zeigt daher nur einen riesigen Textbrei an. In den Einstellungen des Plug-ins können Sie noch die *Benutzernamen speichern* lassen. In diesem Fall protokolliert das Plug-in auch die Benutzernamen der Personen.

System – Debug

Wenn Sie unter *System → Konfiguration* auf der Registerkarte *System* den Punkt *System debuggen* auf *Ja* setzen (siehe auch Abschnitt »Fehlersuche (Debug)« auf Seite 568), beobachtet und analysiert dieses Plug-in das System. Die dabei von ihm gesammelten Informationen schreibt es immer ungeniert an den unteren Rand einer jeden von Joomla! ausgelieferten Seite.

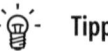
Tipp   Die Debug-Informationen erscheinen nur dann am unteren Seitenrand, wenn Sie zum einen das Plug-in aktiviert haben und zum anderen unter *System → Konfiguration* auf der Registerkarte *System* der Punkt *System debuggen* auf *Ja* steht.

Die am unteren Seitenrand ausgegebenen Informationen stören normale Besucher, Angreifer dagegen werden sich über den tiefen Einblick in Ihr System freuen. Sie sollten deshalb die Ausgaben wirklich nur in Notfällen oder in einer Testumgebung aktivieren. Beschränken Sie die Ausgaben zudem auf einen ausgewählten Personenkreis – am besten den der Super User oder Administratoren. Dazu rufen Sie die Einstellungen des Plug-ins auf und wenden sich dort dem Register *Plugin* zu. Unter *Erlaubte Gruppen* stellen Sie alle Benutzergruppen ein, die die Debug-Informationen zu Gesicht bekommen sollen. Dazu klicken Sie in einen leeren Bereich des Eingabefelds, wählen eine Benutzergruppe aus der Liste aus und wiederholen diesen Vorgang, bis im Eingabefeld alle gewünschten Benutzergruppen vorhanden sind. Wenn Sie eine Benutzergruppe wieder entfernen möchten, klicken Sie einfach auf das kleine *X* neben ihrem Namen.

Warnung   Wenn hier keine Gruppe eingestellt ist, sind die Ausgaben des Plug-ins für alle Besucher sichtbar.

Die übrigen Einstellungen legen fest, welche Daten das Plug-in sammeln beziehungsweise generieren soll. Die meisten richten sich dabei an Entwickler und Programmierer:

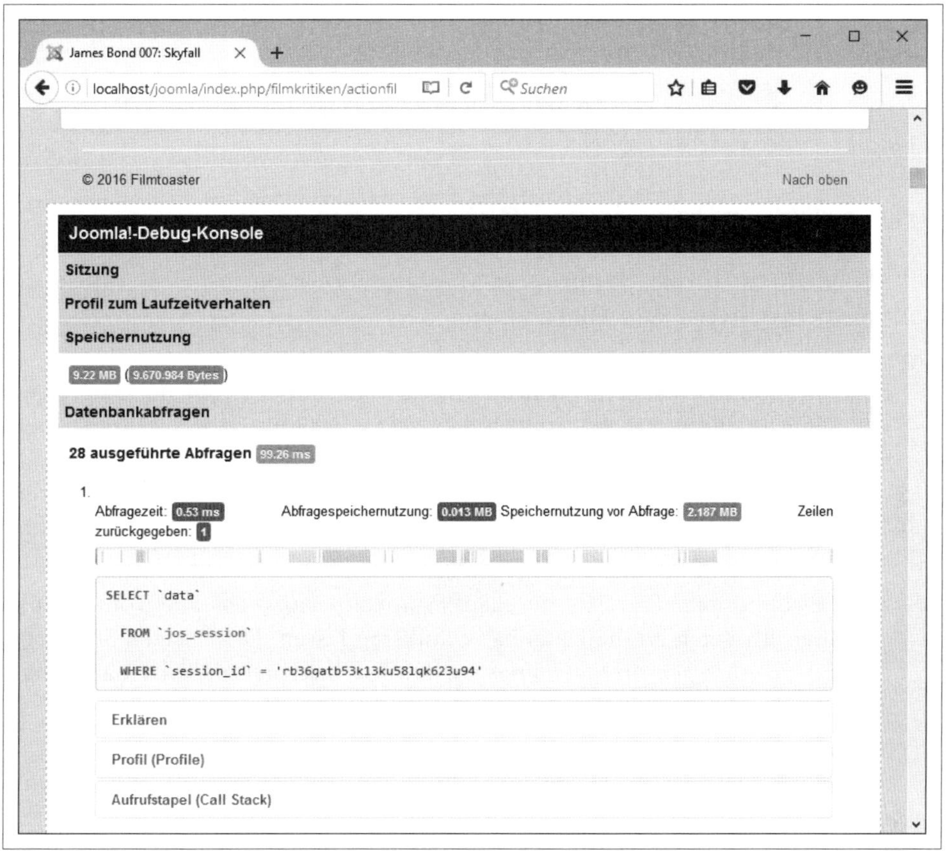

![Screenshot der Joomla!-Debug-Konsole mit Sitzung, Profil zum Laufzeitverhalten, Speichernutzung und Datenbankabfragen]

Abbildung 14-19: Ein Beispiel für die vom Plug-in erzeugten Informationen.

Laufzeitverhalten anzeigen
   Bei einem *Ja* ermittelt das Plug-in, wie lange Joomla! für welche Aktionen benötigt hat. Die Ergebnisse erscheinen in der Ausgabe unter *Profil zum Laufzeitverhalten* (in Abbildung 14-19 ganz oben).

Abfragen anzeigen
   Bei einem *Ja* listet das Plug-in alle Datenbankabfragen auf, die notwendig waren, um die aktuell angezeigte Seite zusammenzubauen (in Abbildung 14-19 unter *Datenbankabfragen*). Um die Ergebnisse interpretieren zu können, benötigen Sie Kenntnisse der Datenbanksprache SQL.

Tipp   Dieses Protokoll ist besonders wertvoll, um Einbruchsversuche aufzudecken. Sie aufzuspüren, erfordert allerdings Wissen über die internen Abläufe von Joomla!.

Abfragetypen anzeigen

Bei einem *Ja* ermittelt das Plug-in, wie oft Joomla! der Datenbank welche Fragen gestellt hat.

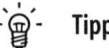

Tipp — Sollten bestimmte Anfragen überproportional häufig gestellt worden sein, könnte das wieder auf einen Einbruchsversuch hindeuten.

Stellt eine selbst programmierte Komponente zu viele Anfragen, sollte man überlegen, ob man diese Anfragen nicht irgendwie zusammenfassen kann und so wiederum Rechenzeit spart.

Speichernutzung anzeigen

Bei einem *Ja* verrät das Plug-in, wie viel Speicherplatz Joomla! belegt hat. In Abbildung 14-19 hat das Content-Management-System für den Aufbau der Seite beispielsweise 9,22 MB benötigt.

Protokolleinträge anzeigen

Beim Zusammenstellen der Seite könnten Fehler oder Probleme aufgetreten sein. Welche und wie viele es davon gab, verrät das Plug-in am unteren Seitenrand unter den *Protokollnachrichten*. Dort sehen Sie erst einmal nur, wie viele Nachrichten protokolliert wurden. Die einzelnen Nachrichten präsentiert Joomla! erst, wenn Sie im Register *Protokollierung* den Punkt *Fast alles protokollieren* auf *Ja* setzen.

Zusätzlich können Sie sich bei den *Protokollnachrichten* alle von Joomla! gestellten Anfragen an die Datenbank auflisten lassen. Dazu setzen Sie *Ausgeführte SQL-Abfragen protokollieren* auf *Ja*. Zur Interpretation der dann angezeigten Nachrichten benötigen Sie SQL-Kenntnisse.

Wenn Sie selbst Erweiterungen entwickeln, sollten Sie noch *Veraltete (deprecated) API aufzeichnen* auf *Ja* stellen. Sollte Ihre Erweiterung eine veraltete Funktion beziehungsweise Schnittstelle aufrufen, weist Joomla! Sie dann in den *Protokollnachrichten* darauf hin. Allerdings verwendet auch Joomla! noch munter solche veralteten Funktionen, weshalb Sie sehr wahrscheinlich eine recht lange Liste mit Warnungen sehen werden. Die veralteten Funktionen zeigt das Plug-in nicht nur unter den *Protokollnachrichten* an, sondern schreibt sie zusätzlich in die Datei *deprecated.php*. Deren Speicherort finden Sie unter *System → Konfiguration* auf der Registerkarte *System* im Eingabefeld *Protokollverzeichnis*.

Je mehr Sie von den drei Einstellungen im Register *Protokollnachrichten* aktivieren, desto mehr Arbeit bescheren Sie dem Plug-in, wodurch sich wiederum die Auslieferung der Seite verzögern kann. Alle Informationen blenden Sie aus, indem Sie auf der Registerkarte *Plugin* den Punkt *Protokolleinträge anzeigen* auf *Nein* setzen.

Protokollprioritäten

Ein aufgetretenes Problem muss nicht immer gleich dramatisch sein. Joomla! gibt daher jeder Problemmeldung eine Priorität. Anhand dieser können Sie schnell entscheiden, ob es sich nur um eine reine Information handelt oder ob sogar ein schwerwiegender Notfall vorliegt, der eine Auslieferung der Seite verhindern könnte. Joomla! zeigt die Priorität am unteren Seitenrand im Bereich *Protokollnachrichten* immer über der jeweiligen Nachricht an (siehe Abbildung 14-20).

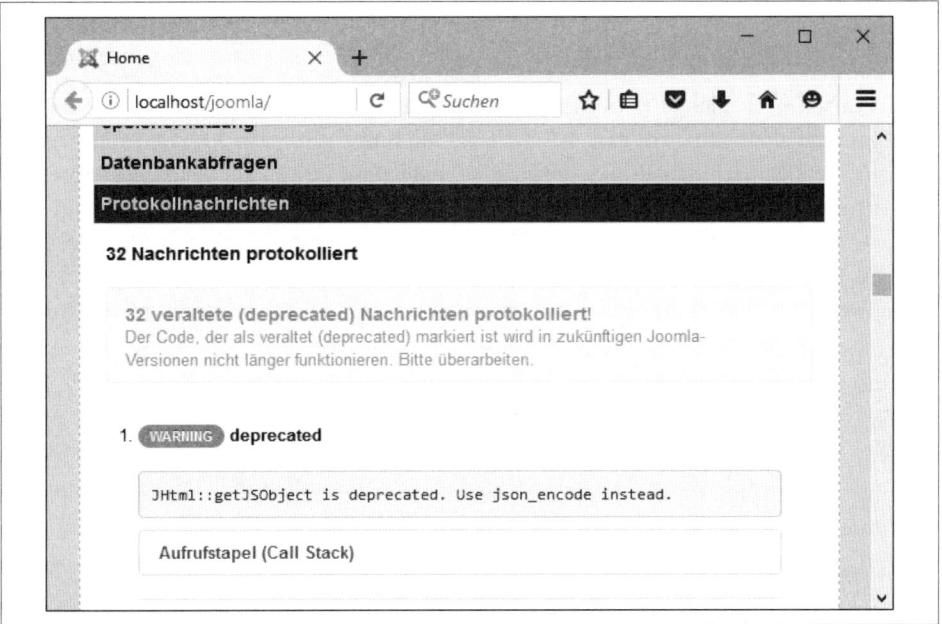

Abbildung 14-20: Die Meldung hier besitzt die Priorität einer Warnung (Warning) und gehört der Kategorie deprecated an.

Über die Einstellung *Protokollprioritäten* können Sie Joomla! anweisen, nur noch Meldungen mit ganz bestimmten Prioritäten anzuzeigen. Wenn Sie also in einer Flut von Problemmeldungen zu ertrinken drohen, lassen Sie sich nur noch alle Notfälle und Fehler präsentieren. Wie das Eingabefeld *Protokollprioritäten* verrät, listet das Plug-in standardmäßig *Alle* Probleme und Informationen auf. Um das zu ändern, klicken Sie auf das *X* neben *Alle*, dann erneut in einen leeren Bereich des Eingabefelds und wählen die gewünschte Priorität aus. Möchten Sie beispielsweise nur noch alle *Fehler* sehen, klicken Sie in der Liste den gleichnamigen Punkt an. Um weitere Prioritäten hinzuzufügen, klicken Sie wieder in einen leeren Bereich des Eingabefelds und wählen die gewünschte Priorität. Eine Priorität entfernen Sie, indem Sie auf ihr kleines *X* klicken.

Protokollkategorien und Protokollkategoriemodus

Die Fehler, Probleme und Meldungen werden noch einmal in Kategorien eingeteilt. So gehören beispielsweise Datenbankabfragen zur Kategorie *database-query*, während die Nachrichten aus der Kategorie *deprecated* auf die Verwendung von veralteten Funktionen hinweisen. Joomla! zeigt die Kategorien im Bereich *Protokollnachrichten* direkt über der jeweiligen Nachricht an (neben der Priorität, siehe Abbildung 14-20). Wenn das Plug-in nur die Meldungen aus einer ganz bestimmten Kategorie anzeigen soll, tippen Sie die Kategorie unter *Protokollkategorien* ein und setzen den *Protokollkategoriemodus* auf *Inklusive*. Möchten Sie hingegen die Meldungen aus einer ganz bestimmten Kategorie unterdrücken, tragen Sie diese Kategorie unter *Protokollkategorien* ein und stellen den *Protokollkategoriemodus* auf *Exclusive*. Dummerweise gibt es keine Liste mit allen möglichen Kategorien, jede Komponente darf ihre eigenen Kategorien wählen.

Auf Wunsch deckt das Plug-in *System – Debug* auch fehlende Übersetzungen und defekte Sprachpakete auf – vorausgesetzt, Sie haben unter *System → Konfiguration* auf der Registerkarte *System* den Punkt *Sprache debuggen* auf *Ja* gestellt. Um die dann vom Plug-in angezeigten Informationen interpretieren zu können, müssen Sie sich mit dem Aufbau der Sprachpakete auskennen. Den beschreibt ausführlich Kapitel 18, *Mehrsprachigkeit*, Seite 785. In den Einstellungen des Plug-ins dürfen Sie im Register *Sprache* festlegen, welche Fehler es im Einzelnen am unteren Seitenrand protokolliert:

Fehler in Sprachdateien anzeigen
: Ein Sprachpaket besteht aus mehreren einzelnen Dateien mit der Endung *.ini*, die wiederum jeweils die eigentlichen Übersetzungen für einen ganz bestimmten Teil von Joomla! enthalten. Wenn Sie *Fehler in Sprachdateien anzeigen* auf *Ja* setzen, meldet das Plug-in alle defekten beziehungsweise nicht lesbaren *.ini*-Dateien am unteren Seitenrand unter *Fehler in den Sprachdateien analysieren*.

Sprachdateien anzeigen
: Bei einem *Ja* nennt das Plug-in alle von Joomla! geladenen *.ini*-Dateien am unteren Seitenrand auf dem Slider *Geladene Sprachdateien*.

Nicht übersetzte Sprachstrings anzeigen
: Diese Einstellung ist besonders für Übersetzer nützlich: Bei einem *Ja* erscheint am unteren Seitenrand der Slider *Nicht übersetzte Sprachstrings*. Auf ihm listet das Plug-in alle Texte der gerade angezeigten Seite auf, die noch nicht übersetzt wurden (wie in Abbildung 14-21). Beachten Sie, dass es hier nur um die von Joomla! erzeugten Texte geht, wie etwa die Beschriftungen von Schaltflächen und Eingabefeldern.

Das erste Wort entfernen
: Für jede Beschriftung einer Schaltfläche oder eines Eingabefelds gibt es einen Platzhalter wie etwa MOD_LOGIN_REGISTER. Zu jedem dieser sogenannten Sprachstrings hinterlegt der Übersetzer im Sprachpaket eine passende Übersetzung. Sofern das Plug-in eine fehlende Übersetzung ausmacht, gibt es den zugehörigen Sprachstring im Bereich *Nicht übersetzte Sprachstrings* aus (wie in Abbildung 14-21). Gleichzeitig schlägt das Plug-in hinter dem Gleichheitszeichen eine passende Übersetzung vor. Dazu zerlegt es einfach den Sprachstring in seine einzelnen Wörter – im Beispiel führt dies zu MOD LOGIN REGISTER. Das erste Wort gibt in der Regel einen Hinweis auf den Fundort des Sprachstrings. Im

Beispiel steht das MOD für ein Modul. Wenn die Einstellung *Das erste Wort entfernen* auf *Ja* steht, entfernt das Plug-in dieses erste Wort. Im Beispiel schlägt es folglich LOGIN REGISTER als Übersetzung vor.

Vom Anfang entfernen

Sie dürfen auch selbst bestimmen, welche Wörter das Plug-in am Anfang entfernen soll. Dazu tippen Sie die Wörter in das Eingabefeld *Vom Anfang entfernen*, mehrere Wörter trennen Sie mit einem geraden Strich, also etwa MOD|COM|PLG.

Am Ende entfernen

Analog entfernt das Plug-in alle hier eingetragenen Wörter am Ende der vorgeschlagenen Übersetzung. Mehrere Wörter sind wieder durch einen Strich | zu trennen.

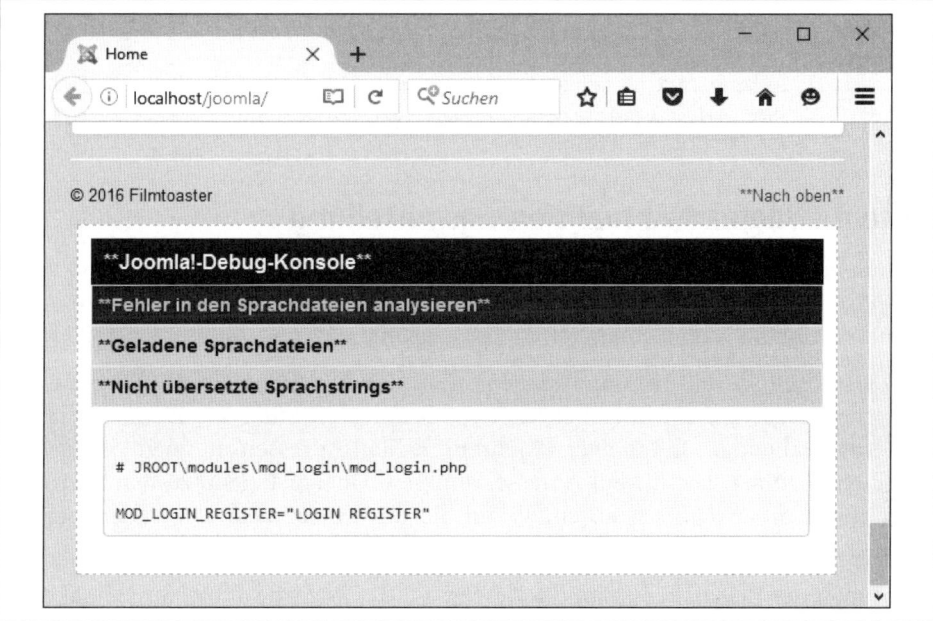

Abbildung 14-21: Hier gibt es zum Sprachstring MOD_LOGIN_REGISTER keine Übersetzung. Betroffen ist das Modul mod_login.

System – Highlight

Dieses Plug-in hebt in Texten bestimmte Ausdrücke hervor. Es kommt vor allem bei der neuen Suche *Smart Search* zum Einsatz: Das Ergebnis einer Suche ist immer eine Liste mit allen Fundstellen. Klickt ein Besucher eine der Fundstellen an, hebt Joomla! in der dann angezeigten Seite den Suchbegriff noch einmal optisch hervor. Abbildung 14-22 zeigt dafür ein Beispiel. Genau diese Hervorhebungen erzeugt das Plug-in *System – Highlight*.

Abbildung 14-22: Der Besucher hatte hier nach dem Begriff James gesucht und dann in den Suchergebnissen den Beitrag James Bond 007: Skyfall angeklickt. Im Beitrag hebt dann das Plug-in System – Highlight den Begriff James hervor (in diesem Fall gelb unterlegt).

System – Joomla!-Aktualisierungsmitteilung

Sobald eine neue Joomla!-Version vorliegt, schickt Ihnen das Plug-in *System – Joomla!-Aktualisierungsmitteilung* automatisch eine E-Mail. Diese Nachricht soll Sie daran erinnern, Joomla! schnellstmöglich zu aktualisieren.

Wer solch eine E-Mail bekommt, legen Sie in den Einstellungen des Plug-ins fest. Dort hinterlegen Sie im Eingabefeld *Super Benutzer E-Mails* die E-Mail-Adressen der entsprechenden Empfänger. Mehrere E-Mail-Adressen trennen Sie jeweils durch ein Komma. Die E-Mail-Adressen müssen dabei zwingend zu Benutzern aus der Gruppe *Super Users* gehören. Wenn Sie das Eingabefeld leer lassen, schickt Joomla! allen Super Usern eine E-Mail.

Den Inhalt der E-Mail bestimmt das derzeit auf der Website aktive Sprachpaket. In den Einstellungen des Plug-ins können Sie in der Ausklappliste *E-Mail-Sprache* explizit eine (andere) Sprache wählen. Wenn Sie mit mehreren Super Usern arbeiten, die sich in verschiedenen Ländern befinden, sollten Sie als *E-Mail-Sprache* Englisch wählen. Diese Sprache verstehen die meisten Menschen.

System – Joomla!-Statistikerhebung

Das Plug-in *System – Joomla!-Statistikerhebung* sendet regelmäßig Informationen über Ihre Website an die Joomla!-Entwickler. Diese können dann mithilfe der übermittelten Daten Joomla! verbessern. Darüber hinaus fließen die Daten in die Statistik unter *https://developer.joomla.org/about/stats.html* ein. Dort können Sie unter anderem ablesen, welche Joomla!-Versionen derzeit wie häufig im Einsatz sind.

Welche Informationen das Plug-in an die Joomla!-Entwickler schickt, können Sie den Einstellungen des Plug-ins einsehen. Die gesuchten Informationen erscheinen dort allerdings erst nach einem Klick auf den Link *Hier klicken um die zu sendenden Daten anzusehen*. Wie in Abbildung 14-23 gehören zu den übermittelten Informationen vor allem die PHP-Version, die verwendete Datenbank, die Art des Webservers und das zugrunde liegende Betriebssystem.

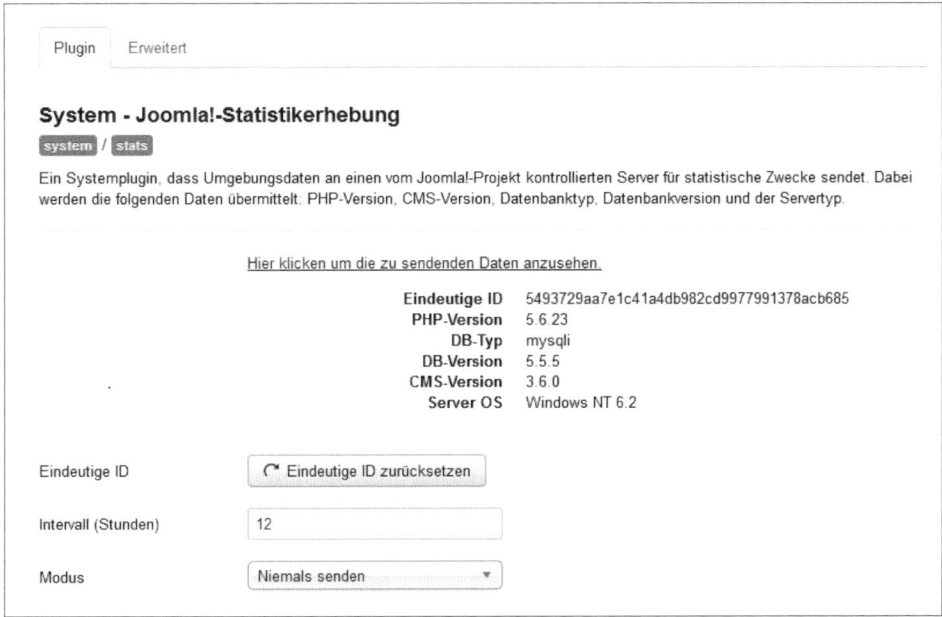

Abbildung 14-23: Das Plug-in System – Joomla!-Statistikerhebung schickt einige Informationen über die verwendete Software an seine Entwickler.

Die *Eindeutige ID* ist eine Identifikationsnummer, die bei jeder Joomla!-Installation anders lautet. Die Joomla!-Entwickler können so besser die einzelnen Internetauftritte auseinanderhalten. Mit einem Klick auf *Eindeutige ID zurücksetzen* können Sie für Ihre Website eine neue Identifikationsnummer generieren lassen.

Das Plug-in sendet die Informationen nicht, wenn Sie entweder das komplette Plug-in deaktivieren oder aber den *Modus* auf *Niemals senden* stellen.

Tipp Die übermittelten Daten enthalten zwar keine sensiblen Informationen, zumindest anhand der eindeutigen ID lässt sich jedoch Ihre Joomla!-Installation identifizieren. Es kann daher aus Datenschutzgründen sinnvoll oder sogar notwendig sein, das Plug-in zu deaktivieren. Das gilt insbesondere für den Internetauftritt eines Unternehmens. Sprechen Sie sich hier gegebenenfalls mit einem Anwalt ab. Schalten Sie im Zweifelsfall das Plug-in und somit die Datenübermittlung ab.

Möchten Sie hingegen die Joomla!-Entwickler unterstützen, lassen Sie das Plug-in aktiviert und setzen den *Modus* auf *Immer senden*. Das Plug-in schickt dann die Informationen regelmäßig an die Entwickler. In welchen Abständen das geschieht, legen

Sie unter *Intervall (Stunden)* fest. Tragen Sie dort eine 12 ein, überträgt das Plug-in nach zwölf Stunden die Daten erneut an die Entwickler. Das wiederholte Senden ist durchaus sinnvoll: Nur so erfahren die Joomla!-Entwickler von einer Aktualisierung der Datenbank, des Webservers oder einer anderen Serverkomponente.

Stellen Sie den *Modus* auf den Punkt *Auf Aufforderung*, zeigt das Plug-in im Backend wieder den großen blauen Kasten, den Sie schon aus Abschnitt »Statistikerhebung« auf Seite 91 kennen. Mit einem Klick auf *Einmalig* schickt das Plug-in dann die Informationen in genau dem Moment ein einziges Mal an die Entwickler.

Auf der Registerkarte *Erweitert* können Sie das Plug-in sogar anweisen, die Informationen bei jedem (erneuten) Seitenaufruf zu verschicken. Damit verlangsamt sich jedoch nicht nur die Auslieferung Ihrer Webseiten, Sie überschütten auch die Joomla!-Entwickler mit Informationen. Aktivieren Sie die Einstellung im Register *Erweitert* folglich nur dann, wenn Sie von den Joomla!-Entwicklern dazu aufgefordert werden!

System – P3P-Richtlinien

Viele Internetseiten sammeln eifrig Daten über ihre Besucher. Joomla! kennt beispielsweise den vollständigen Namen und die E-Mail-Adresse aller registrierten Autoren. Was mit diesen Daten im Hintergrund passiert, erfährt der Besucher jedoch normalerweise nicht.

Das *World Wide Web Consortium* (W3C, *https://www.w3.org*) entwarf deshalb 2002 die *Platform for Privacy Preferences*, kurz P3P. Mit diesem standardisierten Verfahren können Internetseiten ihren Besuchern mitteilen, wie sie die persönlichen Daten im Hintergrund speichern und weiterverarbeiten.

Das Plug-in *System – P3P-Richtlinien* klebt die entsprechenden Informationen an jede von Joomla! ausgelieferte Internetseite (genauer gesagt, wandern die Informationen im sogenannten HTTP-Header durch das Internet). Spezielle Kürzel, die sogenannten Tags, verraten dabei dem Browser, was das Content-Management-System mit den gesammelten Daten anstellt. Dem Browser bleibt es dann überlassen, ob und, wenn ja, wie er diese Informationen auswertet und seinem Besitzer präsentiert.

In den Einstellungen des Plug-ins können Sie eigene *P3P Richtlinien Tags* ergänzen beziehungsweise die vorhandenen ändern.

 **Warnung** Machen Sie das jedoch nur, wenn Sie genau wissen, was Sie tun! Andernfalls kann es passieren, dass sich einige Besucher nicht mehr bei Joomla! anmelden können.

 Tipp Wenn Sie noch nie etwas von P3P gehört haben, lassen Sie das P3P-Plug-in deaktiviert.

Weitere Informationen zum P3P-Standard finden Sie unter *https://de.wikipedia.org/wiki/Platform_for_Privacy_Preferences_Project*. Seine aktuelle Version steht unter *https://www.w3.org/TR/P3P11/* bereit.

System – SEF

Auf Wunsch verpasst Joomla! allen seinen Seiten suchmaschinenfreundliche Internetadressen (Search Engine Friendly, kurz SEF). Damit sollen Google, Bing & Co. leichter alle in Joomla! gespeicherten Beiträge aufspüren können. Das SEF-Plug-in unterstützt dieses Vorgehen, indem es in jedem ausgelieferten Beitrag sämtliche Links durch die entsprechenden suchmaschinenfreundlichen Pendants ersetzt. Ausführliche weitere Informationen zu suchmaschinenfreundlichen Adressen liefert noch Kapitel 21, *Suchmaschinenoptimierung*, Seite 901.

| Warnung | Wenn Sie die suchmaschinenfreundlichen Adressen nutzen, müssen Sie auch immer dieses Plug-in aktivieren. Ansonsten kommt es zu Inkonsistenzen, über die wiederum die Suchmaschinen bei ihrer Arbeit stolpern. |

Sind die von Joomla! verwalteten Seiten über mehrere Domainnamen erreichbar, also etwa nicht nur über *filmtoaster.de*, sondern auch noch über *filmbegeisterung.org* und *tollefilme.net*, müssen Sie in den Einstellungen des Plug-ins unter *Website-Domain* genau eine dieser drei eintragen. In der Regel wählt man die Hauptdomain – im Beispiel also etwa *filmtoaster.de*. Diese nutzt dann das Plug-in bei seiner Arbeit.

System - Seitencache

Um die Auslieferungszeiten zu verkürzen, puffert Joomla! einmal erstellte Seitenteile auf Wunsch in einem Zwischenspeicher, dem sogenannten Cache. Zusätzlich zu diesem bereits aus Kapitel 13, *Joomla! konfigurieren* (Abschnitt »Zwischenspeicher (Cache)« auf Seite 571) bekannten Verfahren puffert das Plug-in *System – Seitencache* auch noch die *komplette* an den Browser ausgelieferte Internetseite. In älteren Joomla!-Version war das Plug-in noch unter dem Namen *System – Cache* bekannt.

| Warnung | Dieses Plug-in ist standardmäßig deaktiviert, weil es in einigen Situationen Probleme auslösen kann. Betroffen sind vor allem Seiten mit Formularen oder interaktiven Elementen, die dann nicht mehr so funktionieren, wie sie eigentlich sollten. |
| | Sofern ständig nur veraltete Seiten ausgeliefert werden oder Sie ein anderes Fehlverhalten bemerken, deaktivieren Sie zunächst dieses Plug-in und schalten erst danach auch den Cache hinter *System → Konfiguration* aus. Es kann zudem helfen, den Cache einmal komplett zu löschen. |

In seinen Einstellungen bietet das Plug-in die Möglichkeit, den Zwischenspeicher in den Browser des Besuchers zu verlagern. Dazu legen Sie *Browser-Cache benutzen* auf *Ja* um. Die Seiten müssen damit gar nicht erst durch das relativ lahme Internet wandern.

Sie können Joomla! zudem anweisen, ausgewählte Seiten nicht im Cache zu speichern. Dabei haben Sie zwei Möglichkeiten, die Sie auch beide gleichzeitig einsetzen dürfen:

- Zunächst können Sie die Menüpunkte hinterlegen, die zu den auszuschließenden Seiten führen. Dazu klicken Sie in das Eingabefeld *Menüeinträge ausschließen* und wählen den Menüpunkt aus. Bei Bedarf klicken Sie erneut in einen freien Teil des Eingabefelds und suchen in der Liste den nächsten Menüpunkt. Wiederholen Sie das Verfahren, bis alle Menüeinträge gesammelt sind. Um einen Menüpunkt wieder zu entfernen (und dessen Seite somit in den Cache auszulagern), klicken Sie auf das kleine *X* neben dem Namen des Menüpunkts.
- Alternativ können Sie die Internetadresse der auszuschließenden Seite auf der Registerkarte *Erweitert* in das große Eingabefeld *URL ausschließen* eintragen. Achten Sie darauf, dass in jeder Zeile genau eine Adresse steht. Damit Sie sich nicht die Finger wund tippen, dürfen Sie auch sogenannte reguläre Ausdrücke verwenden. Das sind spezielle Kürzel, die gleich mehrere Internetadressen beschreiben. Beispielsweise steht die Zeile:

```
\/component\/users\/
```

stellvertretend für alle Adressen, die die Zeichenfolge /component/users/ enthalten. Weitere Informationen zu regulären Ausdrücken finden Sie beispielsweise in der Wikipedia unter *https://de.wikipedia.org/wiki/Regul%C3%A4rer_Ausdruck* sowie in der PHP-Dokumentation unter *http://php.net/manual/de/pcre.pattern.php*.

System – Sprachenfilter

Dieses Plug-in hilft beim Aufbau eines mehrsprachigen Internetauftritts. Ausführliche Informationen hierzu liefert später noch das Kapitel 18, *Mehrsprachigkeit*, Seite 785. Aus diesem Grund folgen hier die Einstellungen des Plug-ins nur im Schnelldurchgang:

Sprachauswahl für neue Besucher
Ihre Website spricht entweder die gleiche Sprache wie der Browser des Besuchers (*Browsereinstellungen*) oder aber die hinter *Erweiterungen → Sprachen* eingestellte Standardsprache (*Seitensprache*).

Automatischer Sprachwechsel
Sobald ein Besucher die Spracheinstellung ändert, wechselt Joomla! umgehend im Frontend die Sprache – vorausgesetzt, Sie haben hier *Ja* gewählt. Besucher können ihre Sprache in ihrem Profil ändern beziehungsweise vorgeben.

Verknüpfte Einträge
Wenn Sie diesen Punkt auf *Ja* setzen, können Sie Menüpunkte miteinander verknüpfen. Was es genau damit auf sich hat, verrät Kapitel 18, *Mehrsprachigkeit*, im Abschnitt »Schritt 9: Menüpunkte miteinander verknüpfen« auf Seite 815.

»Alternate« Meta-Tag hinzufügen
Wenn Sie diesen Punkt auf *Ja* setzen, versteckt Joomla! in den Webseiten einen Hinweis auf die anderen Sprachfassungen. Insbesondere Suchmaschinen erkennen auf diese Weise, dass es Ihren Internetauftritt noch in anderen Sprachen gibt.

»X-Default«-Meta-Tag hinzufügen und »X-Default«-Sprache
Wenn Sie Ihre Seiten in Deutsch und Englisch anbieten und ein Spanier mit Google Ihre Seiten durchsucht, sollte er möglichst die englischsprachigen Seiten angeboten bekommen – schließlich ist die Wahrscheinlichkeit höher, dass er Englisch und kein Deutsch spricht. Joomla! kann Google darauf hinweisen, dass eine der Sprachfassungen (wie etwa die englische) im Zweifelsfall als Standardsprache gilt. Dazu stellen Sie *»X-Default«-Meta-Tag hinzufügen* auf *Ja* und wählen dann unter *»X-Default«-Sprache* die Sprache aus, die Google als Standardsprache ansehen soll. Wenn Sie die Vorgabe *Standard Website-Sprache* eingestellt lassen, verwendet Joomla! die im Backend hinter *Erweiterungen → Sprachen* vorgegebene Standardsprache.

URL-Sprachkürzel entfernen
Wenn Sie einen mehrsprachigen Internetauftritt erstellen, finden Sie in allen von Joomla! erzeugten Internetadressen auch immer ein Sprachkürzel. Es zeigt an, in welcher Sprache die gerade betrachtete Seite verfasst wurde. Wenn Sie hier *Ja* wählen, unterdrückt Joomla! das Sprachkürzel – aber nur, wenn auf der Website gerade die Standardsprache zu sehen ist und gleichzeitig suchmaschinenfreundliche URLs zum Einsatz kommen.

Cookie-Lebensdauer
Die Sprache merkt sich Joomla! in einem sogenannten Cookie, das wiederum der Browser des Besuchers speichert. Dieses Cookie verliert irgendwann seine Gültigkeit. Je nach der Einstellung unter *Cookie-Lebensdauer* ist dies wahlweise am Ende der *Sitzung* oder aber erst nach einem *Jahr* der Fall.

System – Sprachkürzel

Ganz am Anfang einer jeden ausgelieferten Seite versteckt Joomla! auch ein Sprachkürzel (für HTML-Kenner: im Attribut lang des <html>-Tags). Es soll insbesondere Suchmaschinen auf die im Text verwendete Sprache hinweisen. Normalerweise nutzt Joomla! immer das Kürzel des gerade aktiven Sprachpakets.

Mit dem Plug-in *System – Sprachkürzel* können Sie dieses Kürzel gegen ein beliebiges anderes austauschen. Dazu aktivieren Sie das Plug-in zunächst, indem Sie in seinen Einstellungen den *Status* auf *Aktiviert* setzen und die Änderungen einmal *Speichern*. Auf der neu eingeblendeten Registerkarte *Sprachkürzel* finden Sie jetzt eine Liste mit den Kürzeln aller installierten Sprachpakete. In die Felder tippen Sie nun diejenigen Sprachkürzel ein, die Joomla! stattdessen in den Webseiten verwenden soll.

Wenn Sie sich beispielsweise mit Ihrem Internetangebot ausschließlich an österreichische Besucher richten, tragen Sie neben *de-DE* das entsprechende Kürzel de-AT ein. Dies signalisiert den Suchmaschinen, dass in den Texten österreichische Begriffe und Bezeichnungen auftauchen.

Tipp Wenn Sie jetzt verwirrt sind, lassen Sie dieses Plug-in deaktiviert.

System – Umleitung

Steuert ein Besucher eine nicht (mehr) vorhandene Seite an, kann Joomla! ihn automatisch auf eine beliebige andere Seite umleiten. Das kann beispielsweise eine Fehlermeldung, ein ähnlicher Beitrag oder die Startseite sein. Welche Internetadresse Joomla! auf welchen Beitrag umlenkt, legen Sie unter *Komponenten* → *Umleitungen* fest. Das Plug-in *System – Umleitung* führt dann die eigentliche Umleitung durch.

 **Warnung** Wenn Sie die Umleitungen nutzen möchten, müssen Sie folglich auch immer dieses Plug-in aktivieren.

Weitere Informationen hierzu folgen noch in Kapitel 21, *Suchmaschinenoptimierung*, Seite 901.

Plug-ins zur Zwei-Faktor-Authentifizierung (twofactorauth)

Besucher melden sich normalerweise mit ihrem Benutzernamen und ihrem Passwort bei Joomla! an. Gelangen diese Daten in die Hände eines Kriminellen, könnte sich dieser unbemerkt Zutritt zu Joomla! verschaffen. Verhindern lässt sich das mit einem weiteren Sicherheitsmechanismus: Zusätzlich zu Benutzername und Passwort müssen die Besucher einen Code eintippen, den entweder ihr Smartphone oder ein spezieller USB-Stick erzeugt. Ein Angreifer müsste dann auch noch das Smartphone beziehungsweise den USB-Stick in seine Gewalt bringen.

Diese sogenannte Zwei-Faktor-Authentifizierung stellt ein Plug-in vom Typ *twofactorauth* bereit. Es prüft insbesondere den zusätzlich eingeforderten Code. Wie dieser Code erzeugt wird, hängt vom Plug-in ab. Standardmäßig liefert Joomla! die folgenden zwei *twofactorauth*-Plug-ins mit:

- *Zwei-Faktor-Authentifizierung – Google Authenticator* ermöglicht die Anmeldung über eine App auf dem Smartphone der Besucher. Diese erzeugt den bei der Anmeldung zusätzlich benötigten Code.
- *Zwei-Faktor-Authentifizierung – YubiKey* meldet den Besucher mit einem USB-Stick der Firma Yubico an (*https://www.yubico.com/*). Hierbei erstellt der USB-Stick den Code, den der Besucher für die Anmeldung benötigt.

In den Einstellungen der Plug-ins können Sie festlegen, ob die Zwei-Faktor-Authentifizierung mit dem jeweiligen Verfahren nur im Frontend, nur im Backend oder im Front- und Backend (*Beide*) stattfinden soll.

Weitere ausführliche Informationen zur Zwei-Faktor-Authentifizierung finden Sie in Kapitel 12, *Benutzerverwaltung und -kommunikation*, im Abschnitt »Zwei-Faktor-Authentifizierung« auf Seite 527.

User-Plug-ins

Die User-Plug-ins erweitern die Benutzerverwaltung um zusätzliche Funktionen.

Benutzer – Joomla!

Das Plug-in hält die Benutzerdaten konsistent. Beispielsweise kümmert es sich darum, dass beim Löschen eines Benutzerkontos keine Rückstände verbleiben.

Tipp Lassen Sie daher dieses Plug-in möglichst immer aktiviert!

In den Einstellungen des Plug-ins können Sie sein Verhalten steuern, wobei sich jede Einstellung auf eine ganz bestimmte Situation bezieht:

Normalerweise melden sich Benutzer mit ihrem Benutzernamen und dem zugehörigen Passwort bei Joomla! an. Die Authentication-Plug-ins erlauben jedoch auch die Anmeldung auf anderen Wegen. Dabei kann es passieren, dass ein Authentication-Plug-in zwar »Benutzer ist erfolgreich angemeldet« verkündet, aber die entsprechende Person in Joomla! (noch) kein Benutzerkonto besitzt. Solch eine Situation tritt beispielsweise ein, wenn Sie einen LDAP-Server zur Authentifizierung einsetzen (und somit das Plug-in *Authentifizierung – LDAP*) oder aber Erweiterungen nachinstallieren, die eine Anmeldung über Facebook & Co. erlauben. In solchen Fällen erstellt das Plug-in *Benutzer – Joomla!* automatisch ein passendes Benutzerkonto. Damit ist sichergestellt, dass jede Person, die sich irgendwann einmal erfolgreich angemeldet hat (auf welchem Weg auch immer), unter Joomla! ein Benutzerkonto besitzt. Das passiert allerdings nur, wenn in den Einstellungen des Plug-ins die Ausklappliste *Automatisch Benutzer erstellen* auf *Ja* steht.

Wenn Sie ein Benutzerkonto anlegen, schickt Joomla! der entsprechenden Person eine E-Mail mit ihrem Passwort und ihrem Benutzernamen – vorausgesetzt, *Benachrichtigungs-E-Mail an den Benutzer* steht auf *Ja*.

Meldet sich ein Benutzer ab, räumt das Plug-in hinter ihm auf und beendet beispielsweise alle noch bestehenden Sitzungen. Das macht das Plug-in jedoch nur, wenn es *Alle Sitzungen beenden* darf.

Benutzer – Kontakterstellung

Ein Benutzerkonto können Sie mit einem Kontakt(-Formular) verbinden (wie in Kapitel 9, *Komponenten – Nützliche Zusatzfunktionen*, im Abschnitt »Kontakte und Kontaktformulare« auf Seite 284 beschrieben). Diese Handarbeit nimmt Ihnen das Plug-in *Benutzer – Kontakterstellung* ab: Sobald Sie einen neuen Benutzer anlegen, erstellt es automatisch einen dazu passenden Kontakt.

Dazu müssen Sie lediglich das Plug-in aktivieren und in seinen Einstellungen noch sein Verhalten festlegen:

Automatisch erstellte Kontaktseite
> Auf einer Kontaktseite können Sie neben Adresse und Telefonnummer unter anderem auch die Homepage des Benutzers nennen. Diese Angabe kann das Plug-in automatisch ausfüllen. Das klappt allerdings nur, wenn die zugehörigen Internetadressen einem einheitlichen Schema folgen.
>
> Angenommen, jeder Benutzer besitzt unter *http://www.example.com/benutzername* eine eigene Website. Der Internetauftritt von Hans Hansen wäre demnach unter *http://www.example.com/hans76* zu erreichen. In diesem Fall tippen Sie einfach `http://www.example.com/[username]` in das Feld *Automatisch erstellte Kontaktseite*. Sobald Sie jetzt einen neuen Benutzer erstellen, ersetzt das Plug-in zunächst den Platzhalter [username] durch den Benutzernamen und schreibt dann die entstandene Internetadresse in das Feld *Website* des zuvor erstellten Kontakts.
>
> Neben [username] gibt es noch weitere Platzhalter: [name] steht für den kompletten Namen des Benutzers, [userid] für seine interne Identifikationsnummer und [email] für seine E-Mail-Adresse.

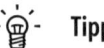 **Tipp** Es ist ziemlich unwahrscheinlich, dass sämtliche Internetadressen Ihrer Benutzer einem festen Schema folgen. Sinnvoll nutzbar ist die Ausfüllhilfe daher eigentlich nur im Intranet beziehungsweise dann, wenn Sie selbst den Benutzern jeweils eine Webseite bereitstellen.

Damit das Plug-in keine falschen Internetadressen in den Kontakten ablegt, sollten Sie im Zweifelsfall das Feld lieber leer lassen.

Kategorie
> Die vom Plug-in erstellten Kontakte landen standardmäßig in dieser Kontakt-Kategorie.

Kontakt automatisch veröffentlichen
> Mit einem *Ja* veröffentlicht Joomla! alle vom Plug-in erstellten Kontakte, bei einem *Nein* bleiben sie sicherheitshalber erst einmal versteckt.

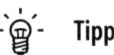 **Tipp** Sobald ein Besucher das Registrierungsformular ausgefüllt hat, erzeugt das Plug-in umgehend einen Kontakt. Damit dieser nicht schon veröffentlicht wird, bevor das zugehörige Benutzerkonto überhaupt aktiviert ist, sollten Sie hier immer das *Nein* beibehalten.

Benutzer – Profile

Wenn sich ein Benutzer im Frontend anmeldet, erhält er immer auch Zugang zu einer Profilseite. Wie in Abbildung 14-24 zu sehen ist, nennt sie gerade einmal den Namen, das Registrierungsdatum sowie das Datum des letzten Besuchs.

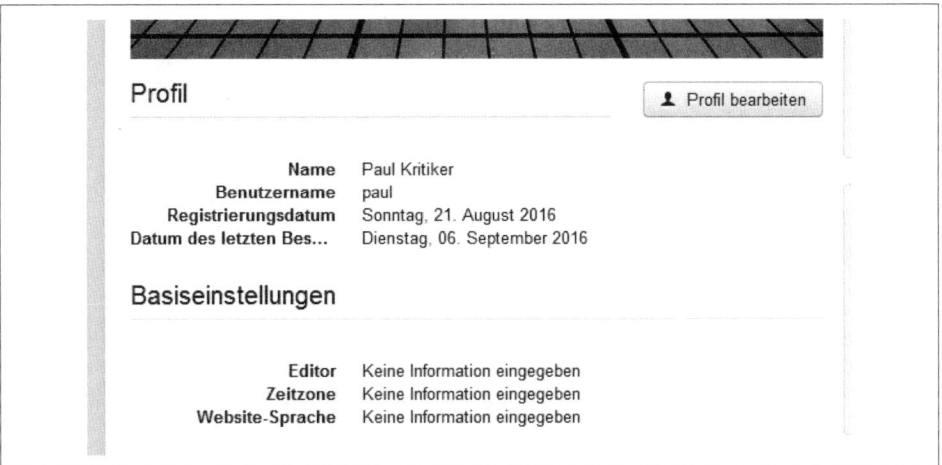

Abbildung 14-24: Das Benutzerprofil ohne Einfluss durch das Plug-in.

Das Plug-in *Benutzer – Profile* erweitert das Profil um zusätzliche Informationen, wie etwa den Wohnort, die Telefonnummer oder das Geburtsdatum. Dazu müssen Sie das Plug-in lediglich aktivieren.

Welche Informationen das Benutzerprofil dann zusätzlich führt, legen Sie in den Einstellungen des Plug-ins fest. Dort schalten Sie im unteren Bereich *Benutzerprofilfelder zum Bearbeiten des Benutzerprofils* über die Ausklapplisten die jeweilige Information frei. So können Sie beispielsweise den Besuchern erlauben, auch ihren Wohnort oder ihre Telefonnummer zu hinterlegen. Für jede dieser Zusatzfunktionen gibt es dabei folgende drei Möglichkeiten:

- In der Einstellung *Benötigt* muss der Benutzer die entsprechende Information über sich preisgeben,
- bei *Optional* kann er sie eingeben, und
- im Fall von *Deaktiviert* taucht die Information im Profil gar nicht erst auf.

Wenn Sie beispielsweise den *Ort* auf *Optional* stellen, kann jeder registrierte Benutzer über die Schaltfläche *Profil bearbeiten* seinen Wohnort nachtragen – er muss es aber nicht tun.

Einige der Informationen sollte man bereits abfragen, wenn der Benutzer sein Konto beantragt. Welche Daten das dabei angezeigte Registrierungsformular einfordert, stellen Sie im oberen Bereich *Benutzerprofilfelder für die Registrierungs- und Administrationsmaske* ein. Setzen Sie dort beispielsweise *Ort* auf *Benötigt*, muss der Benutzer schon bei der Registrierung seinen Wohnort preisgeben – andernfalls bekommt er kein Konto.

Durch diese Trennung zwischen Registrierungsformular und Benutzerprofil können Sie bei der Registrierung zusätzliche beziehungsweise andere Informationen abfragen, als später im Benutzerprofil auftauchen.

 **Warnung** Nach dem deutschen Datenschutzrecht dürfen Sie allerdings nur solche Informationen von Ihren Benutzern sammeln, die gerade eben notwendig sind. Insbesondere Unternehmen sollten hierauf penibel achten. Lassen Sie sich gegebenenfalls von einem Rechtsanwalt beraten.

Als Super User können Sie alle aktivierten Profildaten wie gewohnt in der Benutzerverwaltung hinter *Benutzer → Verwalten* ändern. In den Einstellungen eines Benutzers finden Sie dann alle vom Plug-in gesammelten Informationen im Register *Benutzerprofil* wieder.

Zur Eingabe der einzelnen Profildaten stellt Joomla! jeweils ein normales Eingabefeld bereit, in das der Besucher irgendwelche Daten eintippen kann. Das Content-Management-System prüft folglich nicht, ob wirklich eine Stadt oder ein Fantasiename wie »&g348Hgze« eingetippt wurde.

Sie können den Besuchern bei der Registrierung auch allgemeine Nutzungsbedingungen vorlegen. Erst wenn der Besucher diesen Bedingungen zustimmt, erhält er ein Benutzerkonto. Dazu erstellen Sie zunächst einen normalen Beitrag, in dem Sie die entsprechenden Bedingungen auflisten. Anschließend setzen Sie in den Einstellungen des Plug-ins den Punkt *Allgemeine Nutzungsbedingungen* auf *Benötigt*. Klicken Sie dann neben *Nutzungsbedingungen auswählen* auf *Auswählen*. Suchen Sie in der Liste den Beitrag mit den Nutzungsbedingungen und klicken Sie ihn an. Damit präsentiert Joomla! ab sofort bei der Registrierung die Auswahl aus Abbildung 14-25.

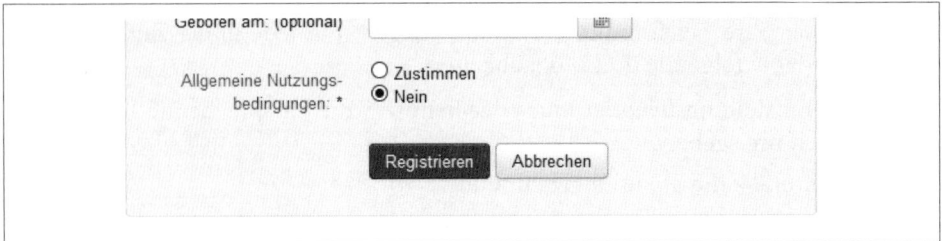

Abbildung 14-25: Hier bekommt der Besucher erst dann ein Benutzerkonto, wenn er die Nutzungsbedingungen akzeptiert. Die wiederum erreicht er mit einem Klick auf Allgemeine Nutzungsbedingungen.

Dort muss der Besucher explizit *Zustimmen* markieren und so die Nutzungsbedingungen absegnen. Ein auf diese Weise einmal erteiltes Einverständnis kann er nicht wieder zurücknehmen. Den Beitrag mit den Nutzungsbedingungen zeigt Joomla! an, wenn der Besucher auf den Schriftzug *Allgemeine Nutzungsbedingungen* klickt. Dabei handelt es sich um einen Link, der zum entsprechenden Beitrag führt. Leider erkennt man dies bei aktiviertem Template *Protostar* erst dann, wenn man mit der Maus darüberfährt.

TEIL IV
Templates

In diesem Kapitel:
- Templates nachrüsten
- Stile einsetzen
- Templates deinstallieren

KAPITEL 15
Templates verwalten

Wie jedes Content-Management-System trennt auch Joomla! den Inhalt von der Darstellung. Dadurch können Sie das Website-Design mit wenigen Mausklicks wechseln. Das grundlegende Erscheinungsbild, die Farbgebung und die Anordnung der einzelnen Inhalte steuert in Joomla! eine Designvorlage, das sogenanntes *Template*. Unter anderem gibt es die Schriftart vor und weist Bereiche aus, an denen Sie Module platzieren dürfen. Vereinfacht gesagt, enthält ein Template den Bauplan oder das Skelett der späteren Website.

Tipp Unter der Haube besteht ein Template lediglich aus herkömmlichen HTML- und CSS-Anweisungen, die mit einer Handvoll Spezialbefehlen angereichert werden. Ein Template unterscheidet sich folglich nicht wesentlich von jeder anderen Internetseite. Es lässt sich sogar in einem grafischen Webseitenbaukasten wie Adobe Dreamweaver vorzeichnen. Wie einfach die Erstellung eines Templates abläuft, zeigt gleich noch das Kapitel 16, *Ein eigenes Template entwickeln* auf Seite 651.

Templates nachrüsten

Das derzeit aktive Template dürfen Sie gegen ein anderes Exemplar austauschen. Genau darum kümmert sich die Template-Verwaltung hinter *Erweiterungen* → *Templates*.

Wechseln Sie dort in der Seitenleiste am linken Rand zum Punkt *Templates*. Alternativ können Sie auch *Erweiterungen* → *Templates* → *Templates* aufrufen. In jedem Fall erscheint eine Liste mit allen installierten Templates (wie in Abbildung 15-1).

Joomla! 3.6 bringt zwei Templates mit: *Beez3* von Angie Radtke und *Protostar* von Kyle Ledbetter. Nach der Installation ist standardmäßig *Protostar* aktiv. Wie eine Website mit dem jeweiligen Template aussieht, können Sie anhand der Vorschaubilder in der Spalte *Bild* erahnen. Wenn Ihnen die Vorschaubilder zu klein sind, klicken Sie einfach eines an. Es öffnet sich dann in einem neuen Fenster eine etwas größere Vorschau. Die dabei angezeigte Webseite ist in der Regel eine fiktive.

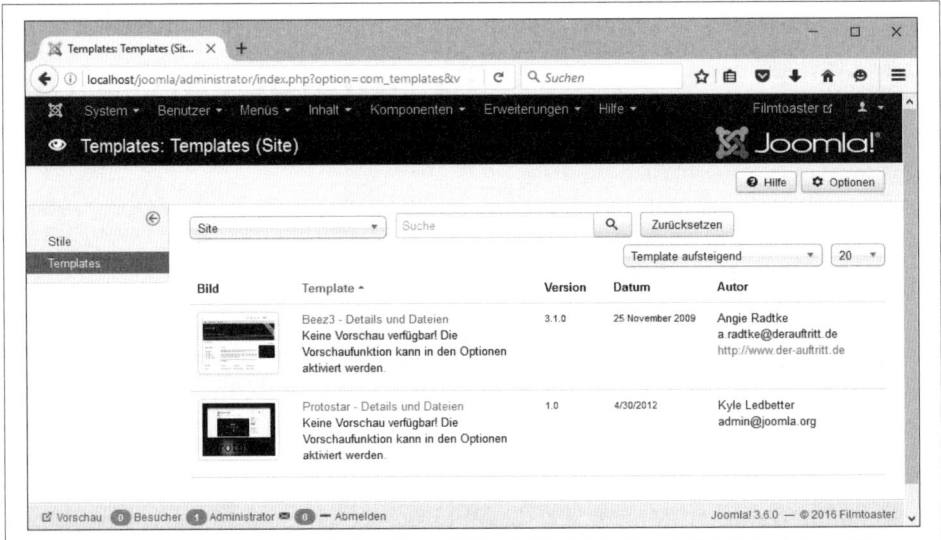

Abbildung 15-1: Von Haus aus bringt Joomla! 3.6 zwei Templates mit.

Die *Version* des jeweiligen Templates finden Sie in der Liste aus Abbildung 15-1 in der gleichnamigen Spalte. Ihre Kollegin *Datum* nennt das Erstellungsdatum. *Beez3* stammt beispielsweise aus dem Jahr 2009, erfüllt aber dennoch erstaunlich viele aktuelle Anforderungen.

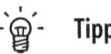 **Tipp**   Die Schöpferin des *Beez3*-Templates hat ein besonderes Augenmerk auf die sogenannte Barrierefreiheit gelegt. Derartig gestaltete Seiten können auch von behinderten Menschen betrachtet beziehungsweise von rudimentär ausgestatteten Browsern dargestellt werden. Menschen mit eingeschränkter Sehkraft können beispielsweise über die Links am rechten oberen Seitenrand die Schrift vergrößern oder verkleinern.

Die aufgelisteten Templates sind jeweils für die Optik Ihrer Website zuständig. Wenn Sie die Ausklappliste *Site* auf *Administrator* umstellen, sehen Sie zwei weitere Templates: *Hathor* von Andrea Tarr und *Isis*, das ebenfalls von Kyle Ledbetter stammt. Diese beiden Templates sorgen für ein optisch ansprechendes Backend. Sie lesen richtig: Auch das Aussehen des Backends bestimmt in Joomla! ein Template. Sie können folglich dem kompletten Backend eine andere Optik verpassen, indem Sie einfach auf ein anderes, für das Backend gedachte Template umschalten. Dafür besteht jedoch nur selten Anlass. Um wieder alle für die Website verfügbaren Templates zu sehen, stellen Sie die Ausklappliste links oben zurück auf *Site*.

Fertige Templates beschaffen

Vier Templates sind nicht gerade als große Auswahl zu bezeichnen. Um diese Situation zu verbessern, könnte man entweder selbst zur Tastatur greifen und ein eigenes Template schreiben, oder man wählt die bequemere Variante und sucht im Internet nach bereits fertigen Exemplaren. Schier zahllose Seiten bieten dort ebenso viele Templates für alle nur erdenklichen Situationen und Anlässe an, wie etwa das Angebot aus Abbildung 15-2 beweist. Größere Template-Sammlungen gab es bei Drucklegung des Buchs beispielsweise unter:

- http://www.joomlaos.de
- http://www.joomla24.com
- http://www.joomla-templates.com

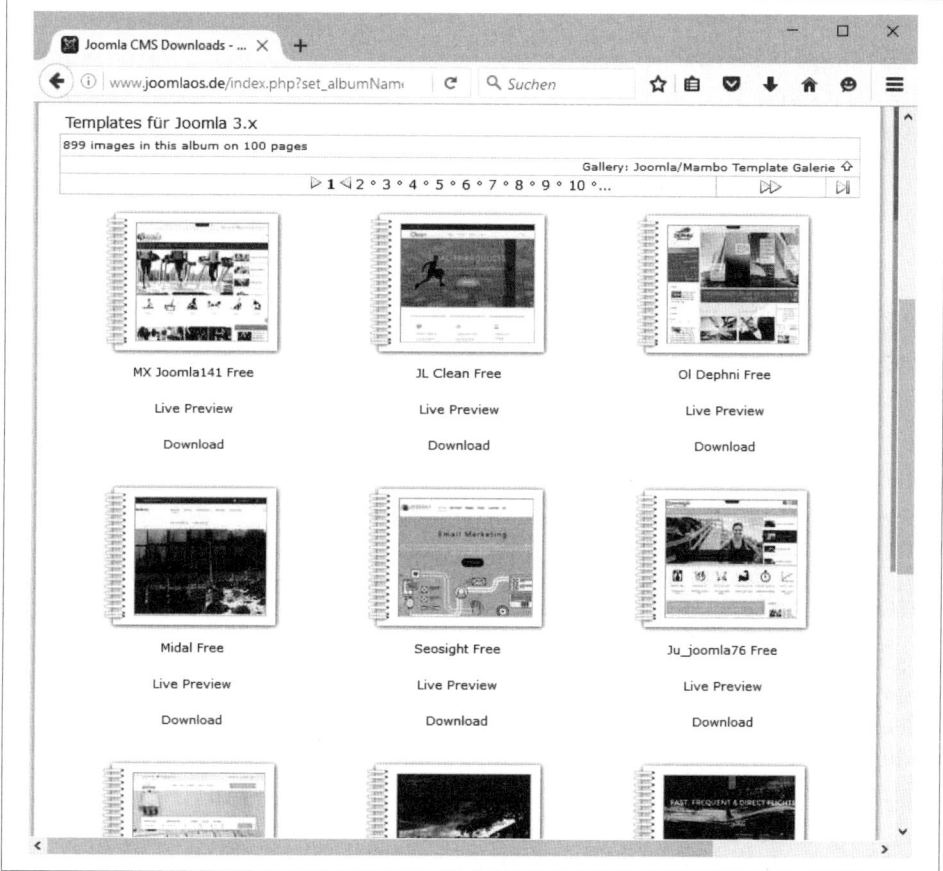

Abbildung 15-2: Freie Templates zuhauf gibt es beispielsweise unter http://www.joomlaos.de.

Beim Stöbern sollten Sie jedoch zwei wichtige Dinge im Auge behalten:

Das Urheberrecht
   Nicht alle angebotenen Templates dürfen Sie auch tatsächlich in allen Situationen kostenfrei nutzen.

Die Joomla!-Version
   Greifen Sie nur zu Templates, die für Ihre Joomla!-Version gedacht sind: Vorlagen für ältere Versionen unterscheiden sich in einigen Punkten von denen für

Joomla! 3 und können unter Umständen zu unschönen oder nicht funktionierenden Ergebnissen führen. Je nach Alter blockiert Joomla! sogar die Installation von überholten Templates.

 Suchen Sie sich für die Filmtoaster-Seiten auf einer der oben genannten Internetseiten einfach irgendein Template aus, das Ihnen gefällt. In den folgenden Beispielen kommt das Template *Clever* zum Einsatz, das bei Drucklegung dieses Buchs unter *http://joomlatemplates.me/clean-and-simple/* erhältlich war.

Templates installieren

Jedes Template landet normalerweise in einer Datei mit der Endung *.zip* oder *.tar.gz* auf Ihrer Festplatte. Um die darin enthaltene Vorlage in Joomla! zu registrieren, wählen Sie im Backend aus dem Hauptmenü den Punkt *Erweiterungen* → *Verwalten*. Dieser führt umgehend zu der Seite aus Abbildung 15-3.

Abbildung 15-3: Über dieses Formular installiert man ein neues Template.

 Hier klicken Sie im Register *Paketdatei hochladen* auf *Durchsuchen...* und wählen dann die heruntergeladene Datei mit dem Template aus. Anschließend spielt *Hochladen und installieren* das neue Template ein. Laden Sie auf diesem Weg auch das vorhin für die Filmtoaster-Seiten heruntergeladene Template hoch.

Alternativ kann Joomla! das Template auch selbst herunterladen und einspielen. Dazu tippen Sie auf der Registerkarte *Von URL installieren* die Internetadresse der Paketdatei in das Eingabefeld *Von URL installieren* ein und klicken auf *Überprüfen und Installieren*. Damit besitzen Sie dann allerdings keine Kopie des Templates auf der eigenen Festplatte.

Wenn Sie das Template in einem Archiv erhalten, das nicht auf *.zip* oder *.tar.gz* endet, müssen Sie es zunächst auf Ihrer Festplatte entpacken. Den herauspurzelten Inhalt transferieren Sie anschließend von Hand in genau das Verzeichnis auf Ihrem Webserver, das Ihnen Joomla! im Backend hinter *Erweiterungen* → *Verwalten* auf der Registerkarte *Aus Verzeichnis installieren* im Eingabefeld *Aus Verzeichnis installieren* nennt. Nach einem Klick auf *Überprüfen und Installieren* spielt Joomla! das

Template dann ein. Löschen Sie abschließend die hochgeladenen Dateien aus dem unter *Aus Verzeichnis installieren* angegebenen Verzeichnis.

Tipp Die vorgestellten drei Installationsmethoden behandelt später noch einmal etwas ausführlicher das Kapitel 19, *Funktionsumfang erweitern*, Seite 831.

Im Filmtoaster-Beispiel sollte das neue Template jetzt in der Liste mit allen Templates erscheinen (zu erreichen über *Erweiterungen → Templates → Templates*). Um die Website auf sein Design umzustellen, benötigt man allerdings noch die Hilfe der sogenannten Stile.

Stile einsetzen

Einige Templates gibt es in verschiedenen Varianten. So darf man häufig zwischen einem roten, grünen oder blauen Anstrich wählen. Andere Templates bringen wiederum passende Abwandlungen für Weihnachten und Ostern mit. Auf diese Weise lassen sich später die Themenbereiche der eigenen Website unterschiedlich farblich hervorheben oder zu speziellen Anlässen stimmungsvoll dekorieren. Solche Varianten eines Templates bezeichnet Joomla! als *Stile* (englisch *Styles*).

Alle derzeit vorhandenen Stile finden Sie hinter *Erweiterungen → Templates*, wobei dort in der Seitenleiste am linken Rand der Punkt *Stile* aktiviert sein muss. Alternativ können Sie auch *Erweiterungen → Templates → Stile* aufrufen. In jedem Fall finden Sie in der angezeigten Tabelle für jedes Template immer mindestens einen Stil mit seiner Standardoptik – meist trägt dieser Stil ein *Default* oder *Standard* im Namen. Zu welchem Template ein Stil gehört, verrät die Spalte *Template*.

In Abbildung 15-4 gibt es beispielsweise für das *Beez3*-Template gleich zwei Stile: Neben der normalen Optik *Beez3 – Default* gibt es auch noch einen Stil namens *Beez3 – Rot*. Bei Ihnen dürfte es hingegen jetzt genau drei Stile geben – für jedes Template einen.

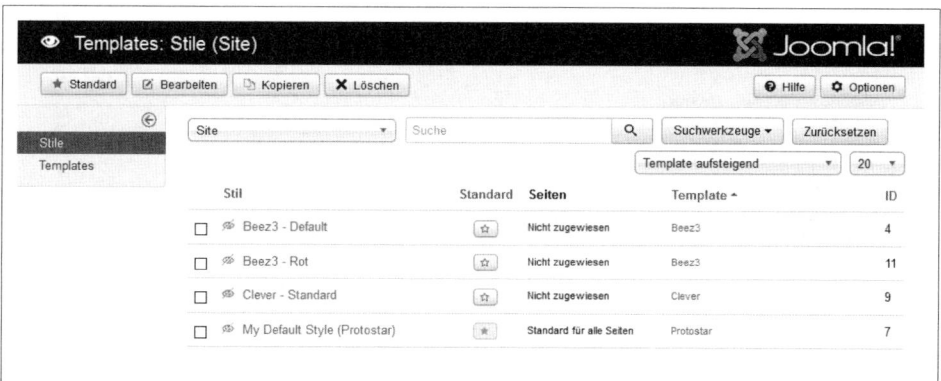

Abbildung 15-4: Hier gibt es für das Template Beez3 gleich zwei verschiedene Stile.

Stile austauschen

Welcher Stil gerade standardmäßig zum Einsatz kommt, zeigt hinter *Erweiterungen* → *Templates* → *Stile* die Spalte *Standard* mit einem gelben Stern an. Nach der Installation von Joomla! ist das der Stil *My Default Style (Protostar)*.

Um den Stil zu wechseln und somit Ihrer Website ein anderes Aussehen zu verpassen, setzen Sie einfach ein Häkchen in sein Kästchen und klicken dann auf *Standard* in der Werkzeugleiste.

 **Warnung** Sie weisen Ihrer Website also nicht direkt ein Template zu, sondern immer nur einen ganz bestimmten Stil.

 Auch zum vorhin installierten Template wurde gleich ein passender Stil namens *Clever – Standard* eingerichtet. Schalten Sie die Filmtoaster-Seiten jetzt auf diesen Stil um, indem Sie einen Haken in das Kästchen vor dem Namen setzen und auf *Standard* klicken.

 **Tipp** Alternativ können Sie auch einfach in der Zeile des Stils auf den Knopf mit dem weißen Stern in der Spalte *Standard* klicken.

Abbildung 15-5 zeigt das Ergebnis in der *Vorschau*. Sehr wahrscheinlich dürften jetzt bei Ihnen einige Module fehlen. Im Fall des *Clever*-Templates glänzt sogar das Hauptmenü durch Abwesenheit.

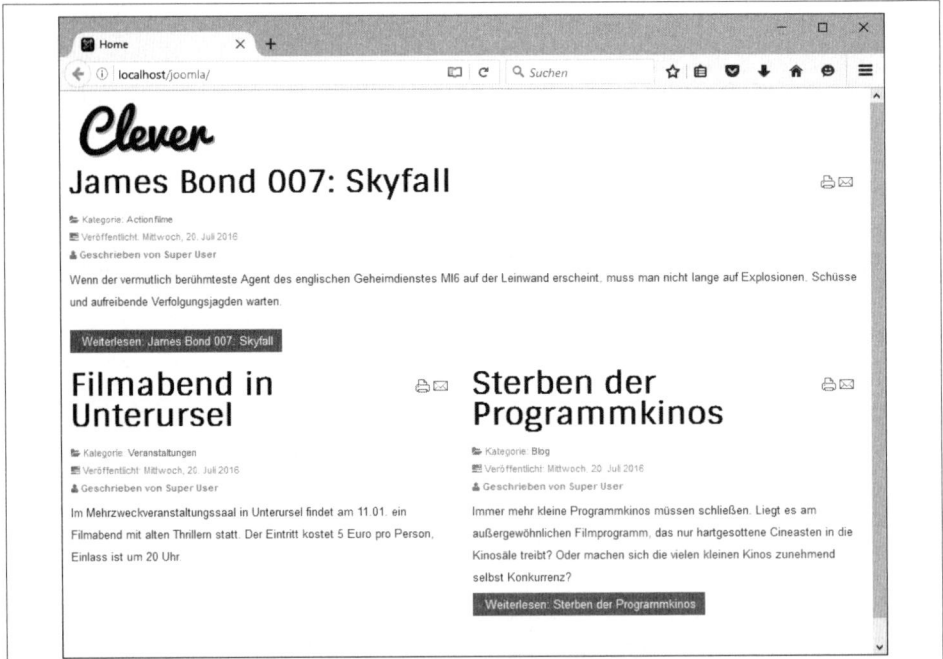

Abbildung 15-5: Die Filmtoaster-Seiten unter dem Einfluss des Stils Clever – Standard.

Dieser vermeintliche Gedächtnisschwund lässt sich recht schnell erklären: Jeder Bereich, in dem man Module platzieren darf, erhält vom Template einen eindeutigen Namen. Dummerweise gibt es hierfür keine festen Regeln – jedes Template kann seine Bereiche bezeichnen, wie es ihm beliebt. Platziert man nun beispielsweise ein Menü in einen Bereich namens *left*, der jedoch nach einem Designwechsel im neuen Template fehlt, weiß Joomla! nicht mehr, wohin mit dem Modul, und blendet es vorsichtshalber lieber ganz aus. Genau das ist übrigens auch die Erklärung, warum in Abbildung 15-5 die Menüs (beziehungsweise die für sie zuständigen Module) fehlen.

Nach Installation und Aktivierung eines fremden Templates sollten Sie daher in der *Vorschau* immer noch einmal prüfen, ob alle aktivierten Module erreichbar sind. Sollte eines von ihnen plötzlich verschwunden sein, fehlt im neuen Template die Position, an dem das Modul vorher verstaut war. Hier bleibt Ihnen dann nur übrig, entweder die betroffenen Module an eine andere Position zu verschieben oder aber ein anderes Template zu wählen.

Um herauszufinden, welche Positionen ein Template unter welchen Namen zur Verfügung stellt, rufen Sie die Template-Verwaltung auf (*Erweiterungen* → *Templates*), klicken auf *Optionen*, setzen die *Vorschau von Modulpositionen* auf *Aktiviert*, *Speichern & Schließen* die Änderungen und stellen sicher, dass Sie sich in der Tabelle mit den Stilen befinden (etwa indem Sie *Erweiterungen* → *Templates* → *Stile* aufrufen). Klicken Sie jetzt links neben dem Namen des gewünschten Stils auf das kleine blaue Augensymbol. Dadurch erscheint die Darstellung aus Abbildung 15-6.

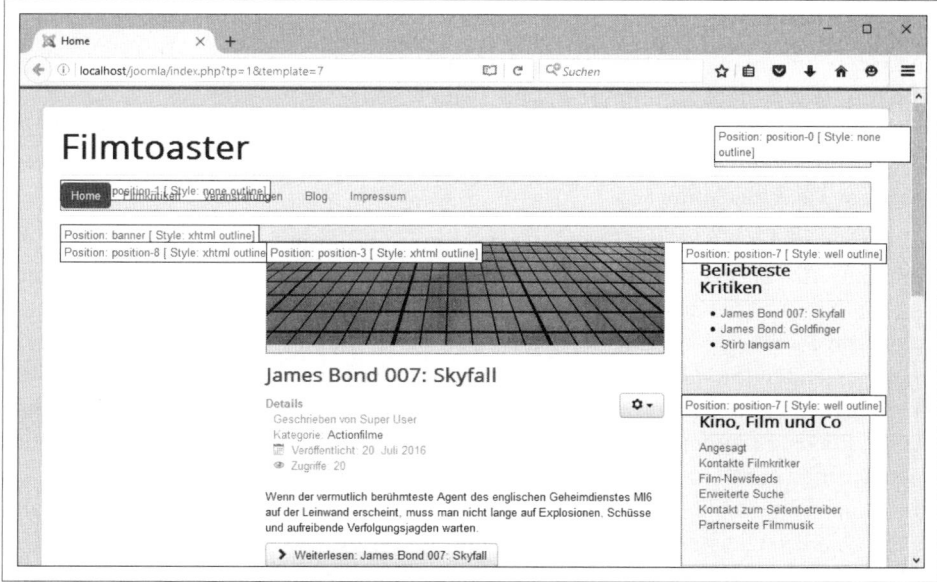

Abbildung 15-6: In dieser Ansicht markiert Joomla! alle möglichen Modulpositionen, hier am Beispiel des Templates Protostar.

Die Namen der Positionen stehen jeweils in kleiner roter Schrift links oben in den Ecken der einzelnen Bereiche. Wenn Sie sich in der Liste mit allen Templates befinden (hinter *Erweiterungen* → *Templates* → *Templates*), erreichen Sie diese spezielle Vorschau, indem Sie unter dem Namen des entsprechenden Templates auf *Vorschau* klicken (in der Spalte *Template*).

Aufgrund eines Programmfehlers zeigt Joomla! 3.6.0 allerdings in der speziellen *Vorschau* immer nur den derzeit aktiven Standardstil an – auch wenn Sie auf das Augensymbol beziehungsweise den Link *Vorschau* eines anderen Templates klicken.

Einige Template-Entwickler sind so nett und verraten die Namen der Bereiche auf ihrer Homepage. Häufig kommen durchnummerierte Positionen wie *position-0*, *position-1* und so weiter zum Einsatz (*Protostar* bezeichnet beispielsweise den Bereich am rechten Seitenrand als *position-7*), die Betonung liegt dabei allerdings auf »häufig«: Sie können sich nie sicher sein, dass ein Modul an der *position-7* auch nach einem Template- (beziehungsweise Stil-)Wechsel noch auf der Seite auftaucht.

Wie man ein Modul in einen anderen Bereich verschiebt, hat bereits Kapitel 10, *Module – Die kleinen Brüder der Komponenten*, Seite 351, gezeigt (wechseln Sie in die Einstellungen des entsprechenden Moduls und wählen Sie dort unter *Position* einen neuen Liegeplatz aus).

Da in den nachfolgenden Kapiteln ein eigenes Template entstehen soll, sparen Sie sich im Filmtoaster-Beispiel die aufwendige Prüfung aller Module und wechseln wieder zurück zum Stil *My Default Style (Protostar)*, indem Sie hinter *Erweiterungen* → *Templates* → *Stile* in seiner Zeile einen Haken in das Kästchen setzen und dann auf *Standard* klicken.

Vergessen Sie nicht, die Spezialvorschau mit den Modulpositionen wieder abzuschalten. Andernfalls könnten Angreifer einen wertvollen Einblick in den Aufbau Ihrer Seite erhalten. Klicken Sie also hinter *Erweiterungen* → *Templates* auf *Optionen*, setzen Sie die *Vorschau von Modulpositionen* auf *Deaktiviert* und *Speichern & Schließen* Sie diese Änderung.

Stile gibt es nicht nur für die Templates des Frontends, sondern natürlich auch für die Templates des Backends. Diese Stile zeigt Joomla! an, wenn Sie hinter *Erweiterungen* → *Templates* → *Stile* die Ausklappliste *Site* auf *Administrator* stellen. Nach der Installation von Joomla! gibt es für die beiden Templates *Hathor* und *Isis* ebenfalls jeweils einen passenden (Standard-)Stil. Den derzeit aktiven Stil markiert Joomla! wieder mit einem gelben Sternchen in der Spalte *Standard*. Um den Stil und somit das Aussehen des Backends zu ändern, gehen Sie wie gehabt vor: Setzen Sie einen Haken in das Kästchen des entsprechenden Stils und klicken Sie auf *Standard*. Probieren Sie das einmal aus: Setzen Sie einen Haken beim Stil *Hathor – Default* und klicken Sie dann in der Werkzeugleiste auf *Standard*. Damit erscheint das Backend jetzt so wie in Abbildung 15-7. Dieser Stil wirkt auf den ersten Blick etwas chaotisch, ist aber weniger verspielt. Das Template *Isis* ist übrigens nicht responsive, unter seinem Einfluss passt sich das Backend folglich nicht an verschiedene Bildschirmgrößen an. Kehren

Sie nun wieder zum gewohnten Stil *Isis – Default* zurück, indem Sie in sein Kästchen einen Haken setzen und dann auf *Standard* klicken.

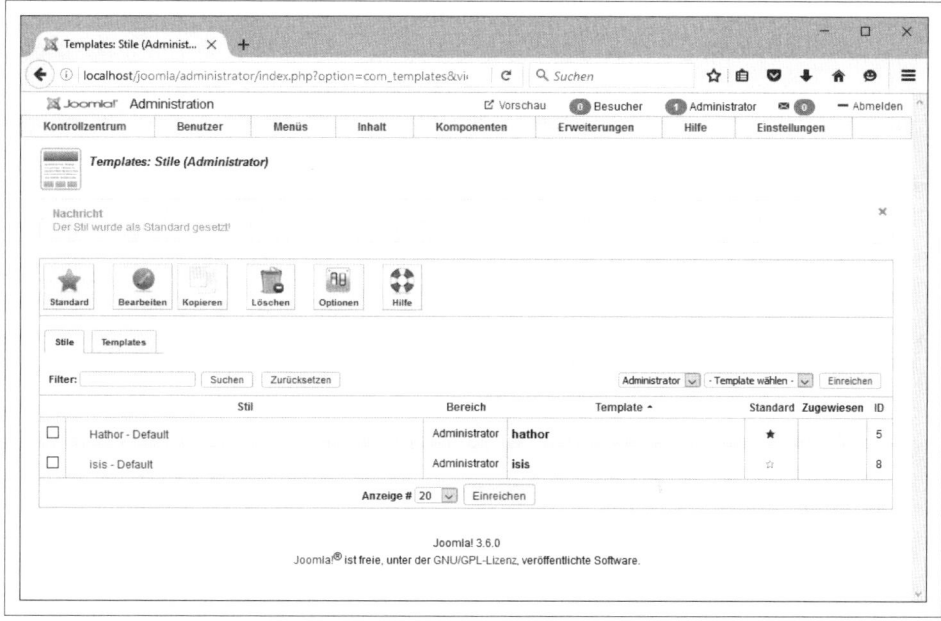

Abbildung 15-7: Das Backend unter dem Einfluss des Stils Hathor – Default.

Tipp Sinnvoll ist ein Austausch eines Stils für das Backend beispielsweise dann, wenn man selbst eine Joomla!-Distribution zusammenstellt und vertreibt. Auf diese Weise lässt sich etwa das Joomla!-Logo im Backend durch ein eigenes ersetzen. Darüber hinaus hilft ein neues Design, sich in mehreren gleichzeitig betreuten Joomla!-Installationen schneller zurechtzufinden. Viele Agenturen nutzen zudem ein eigenes Template mit ihrer eigenen Corporate Identity.

Lassen Sie sich jetzt wieder alle Stile für das Frontend anzeigen, indem Sie die Ausklappliste *Administrator* zurück auf *Site* setzen.

Stile erstellen und verändern

Der standardmäßig aktive Stil *My Default Style (Protostar)* sieht eigentlich nicht schlecht aus. Alle Seiten erscheinen jedoch derzeit noch in einem langweiligen Mausgrau. Die Filmtoaster-Seiten sollen deshalb einen anderen Farbanstrich erhalten. Um das zu erreichen, muss man glücklicherweise nicht gleich Kontakt mit dem Template-Autor aufnehmen, sondern lediglich einen neuen Stil erstellen.

Dazu überlegen Sie sich zunächst, für welches Template Sie einen neuen Stil erstellen möchten. Im Fall der Filmtoaster-Seiten ist dies *Protostar*. Wechseln Sie dann zum Menüpunkt *Erweiterungen* → *Templates* → *Stile*. Dort haken Sie jetzt einen Stil ab, der zum gewünschten Template gehört. Im Beispiel setzen Sie einen Haken in das Kästchen vor *My Default Style (Protostar)*.

Stile einsetzen | 641

Lassen Sie den Stil über die entsprechende Schaltfläche in der Werkzeugleiste *Kopieren*. Der so geklonte Stil erhält automatisch den Namen des ursprünglichen Stils, wobei Joomla! zur Unterscheidung noch eine *(2)* anhängt. Beim Duplikat handelt es sich um einen vollkommen eigenständigen Stil, der im Moment allerdings noch die gleiche Optik liefert wie das Original *My Default Style (Protostar)*. Das wiederum können Sie ändern, indem Sie auf den Namen des Duplikats klicken. Damit landen Sie in den Einstellungen des Stils.

Tipp Natürlich könnten Sie auch einfach einen vorhandenen Stil bearbeiten. Für Notfälle empfiehlt es sich jedoch immer, das Original in der Hinterhand zu behalten. Ganz nebenbei können Sie damit stets die ursprünglichen Einstellungen nachschlagen.

 Dort dürfen Sie Ihrem neuen Stil zunächst einen anderen Namen verpassen (siehe Abbildung 15-8). Auf den Filmtoaster-Seiten könnten Sie ihn beispielsweise `Protostar - Filmtoaster` nennen.

Abbildung 15-8: Die Einstellungen des kopierten Stils.

Wenn die Ausklappliste *Standard* auf *Alle* steht, nutzt Ihre Website standardmäßig immer diesen Stil. Er würde also in der Tabelle hinter *Erweiterungen* → *Templates* → *Stile* das gelbe Sternchen erhalten. Bei einem *Nein* ist der Stil hingegen nicht der Standardstil. Die übrigen Punkte in der Ausklappliste sind nur interessant, wenn Sie einen mehrsprachigen Auftritt betreiben (wie ihn Kapitel 18, *Mehrsprachigkeit*, Seite 785, beschreibt). Dann können Sie den Stil ganz gezielt einer einzelnen Sprachfassung überstülpen. Welche das ist, legen Sie in der Ausklappliste fest. Wählen Sie hier beispielsweise *English (UK)*, erscheinen alle englischen Seiten – und wirklich nur die – in diesem Stil.

 Im Filmtoaster-Beispiel soll der neue Stil standardmäßig alle Webseiten aufhübschen. Stellen Sie deshalb die Ausklappliste *Standard* auf *Alle*.

Jedes Template bietet noch ein paar weitere Einstellungen an, mit denen Sie sein Aussehen in bestimmten Grenzen verändern können. Genau diese Stellschrauben finden Sie im Register *Erweitert*. Wie in Abbildung 15-9 lässt sich meist eine (Hintergrund-)Farbe wählen. Welche Einstellungen hier genau zur Verfügung stehen, hängt vom jeweiligen Template ab.

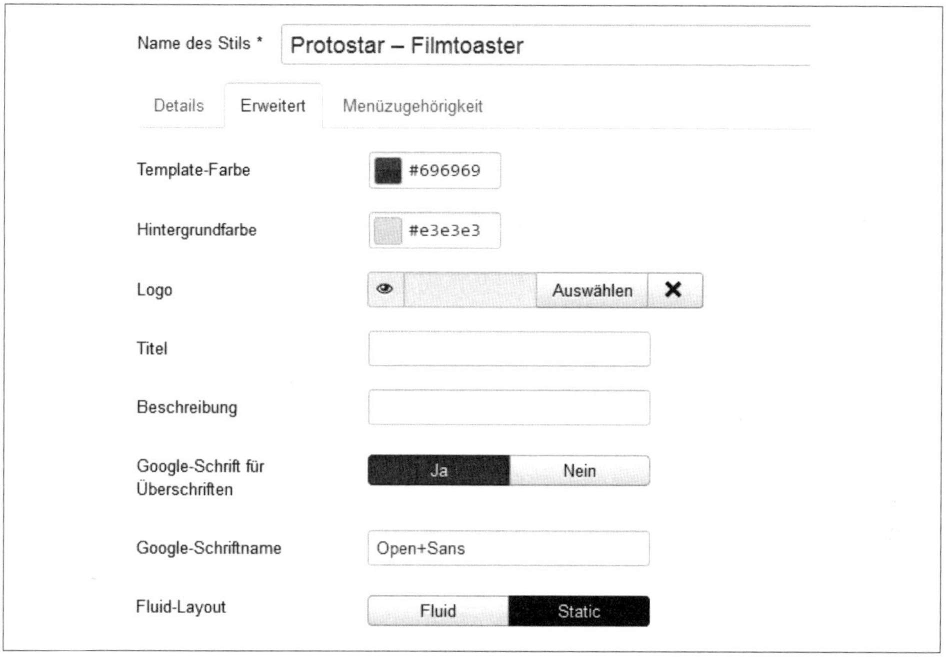

Abbildung 15-9: Diese Einstellungen erlaubt das Protostar-Template.

Tipp Ein Stil ist somit nichts anderes als eine Sammlung ganz bestimmter Template-Einstellungen.

Das Template *Protostar* bietet die Einstellungen aus Abbildung 15-9 an. Netterweise darf man dort auch eine andere *Hintergrundfarbe* wählen. Um die Filmtoaster-Seiten etwas bunter zu gestalten, klicken Sie in das Eingabefeld mit der Zahl #e3e3e3. Joomla! zeigt jetzt eine Farbpalette an, aus der Sie eine neue Hintergrundfarbe auswählen können: Auf der rechten Seite klicken Sie in dem bunten Streifen die gewünschte Farbe an und stellen dann links im etwas größeren Feld die Helligkeit ein. Wenn Sie die linke Maustaste über einem der Felder gedrückt halten und die Maus bewegen, passt Joomla! die Farbe dynamisch an. In jedem Fall erscheint die gerade gewählte Farbe im Eingabefeld *Hintergrundfarbe*. Suchen Sie sich auf diese Weise eine neue Hintergrundfarbe für die Filmtoaster-Seiten aus. Ein Klick irgendwo neben die Farbpalette schließt sie. Die kryptische Zahl im Eingabefeld ist übrigens der zugehörige numerische Farbwert in Hexadezimalschreibweise. #ff0000 steht beispielsweise für ein sattes Rot. Falls Sie bereits mit einem Bildbearbeitungsprogramm einen solchen Farbwert ermittelt haben, können Sie ihn auch einfach direkt in das Eingabefeld tippen (nachdem Sie es angeklickt haben). Zusätzliche

Informationen zu diesen Farbwerten erhalten Sie etwa in der Wikipedia unter *https://de.wikipedia.org/wiki/Hexadezimale_Farbdefinition*.

Im Register *Erweitert* bietet das Template *Protostar* noch weitere interessante Einstellungen an. So streicht das Template per *Template-Farbe* unter anderem die Überschriften und die Menüeinträge an.

Den Namen der Website (auf den Beispielseiten das fett dargestellte *Filmtoaster* links oben) dürfen Sie zudem gegen ein *Logo* oder ein beliebiges anderes Foto austauschen. Dazu klicken Sie auf *Auswählen*, aktivieren *Durchsuchen...* und wählen dann die Datei mit dem Logo aus. Klicken Sie auf *Hochladen starten* und anschließend auf das kleine Vorschaubild mit dem Logo im Bereich darüber. Per *Einfügen* geht es wieder zu den Einstellungen des Stils zurück.

 **Warnung** Es ist natürlich verführerisch, den Namen der Website durch das Logo des Vereins oder des Unternehmens auszutauschen. Den Namen der Website können jedoch Suchmaschinen und Menschen mit einer Sehschwäche lesen – bei einem Bild ist das nicht der Fall. Das Bild besitzt zudem eine feste Größe. Zwar skaliert es das Template bei Bedarf, auf kleinen Smartphones könnte man das Logo aber unter Umständen nicht mehr erkennen, während auf einem Monitor jedes Pixel zu sehen ist. Ein reiner Text ist hingegen immer knackscharf und gut lesbar. Überlegen Sie sich also gut, ob Sie wirklich den Namen der Website durch ein Logo ersetzen wollen.

Die *Beschreibung* erscheint später als Untertitel unter dem Namen der Website. Im Filmtoaster-Beispiel wäre vielleicht `Filmkritiken, Veranstaltungstipps und mehr ...` ganz passend. Der im Feld *Titel* hinterlassene Text überschreibt die bisherige Seitenüberschrift *Filmtoaster*. Wenn Sie den Namen Ihrer Website schon bei der Installation sinnvoll gewählt haben, können Sie dieses Eingabefeld in der Regel ignorieren.

 Lassen Sie jetzt die Änderungen *Speichern* (und somit die Einstellungen noch geöffnet). Wenn Sie das Ergebnis in der *Vorschau* betrachten, sehen Sie, dass Ihre Website jetzt einen bunten Hintergrund besitzt, und unterhalb von *Filmtoaster* steht der Untertitel *Filmkritiken, Veranstaltungstipps und mehr ...*

Auch wenn Sie vorhin eine dezente Hintergrundfarbe gewählt haben, dürfte das Ergebnis nicht besonders ansprechend aussehen. Das liegt daran, dass der Template-Entwickler alle Farben aufeinander abgestimmt und zudem recht dezente Farben eingesetzt hat. Wenn Sie jetzt eine vollkommen andere Hintergrundfarbe wählen, zerstören Sie zwangsläufig das Gesamtbild. Je nach Template kann es folglich recht knifflig sein, eine passende (Hintergrund-)Farbe zu finden. Sie sollten daher im Zweifelsfall die Farbvorgaben des Templates übernehmen.

 Tipp Wenn Sie die Farben ändern möchten, achten Sie darauf, dass man den Text weiterhin gut lesen kann. Ideal ist ein schwarzer oder dunkler Text auf einem hellen oder hellgrauen Hintergrund. Ein weißer Text auf schwarzem Hintergrund lässt sich hingegen nur schwer entziffern. Gleiches gilt auch für extrem knallige Farben, wie etwa das leuchtende Rot (wie in Abbildung 15-10). Sofern Sie nicht gerade eine Internetseite zur Popkultur der 1980er-Jahre anbieten, sollten Sie dezente und zurückhaltende Farben wählen. Dies wirkt gerade bei einem Unternehmensauftritt seriöser. Verwenden Sie zudem nur einige wenige Farben – auch wenn Sie bei einigen Templates weitaus mehr einstellen können.

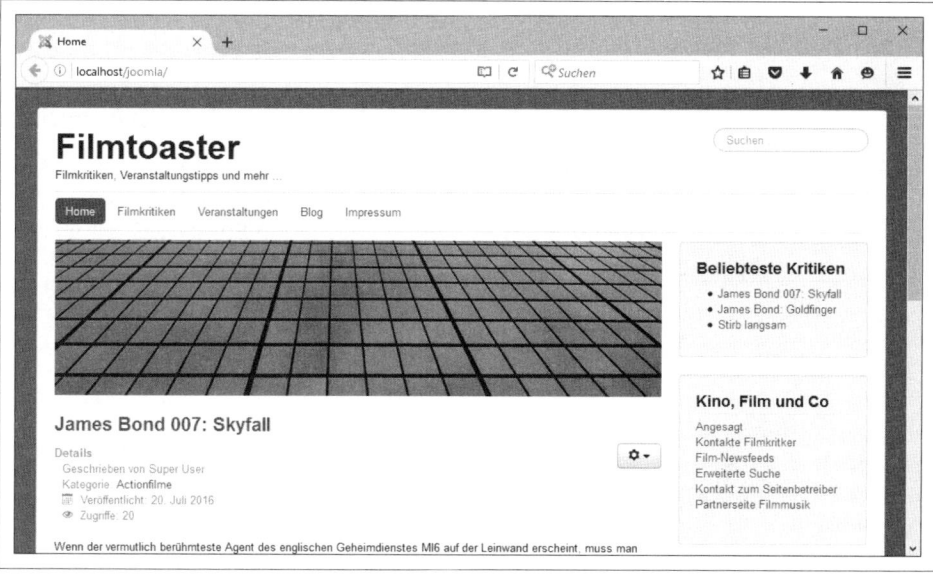

Abbildung 15-10: Der neue Stil in der Vorschau: Hier wurde absichtlich ein knallroter Hintergrund gewählt.

Kehren Sie daher auch auf den Filmtoaster-Seiten in den Einstellungen des Stils wieder zur ursprünglichen Hintergrundfarbe zurück. Dazu klicken Sie in das Eingabefeld neben *Hintergrundfarbe* und tippen #e3e3e3 ein. (Alternativ können Sie auch einfach zurück zum Stil *My Default Style (Protostar)* wechseln.) Nach dem *Speichern & Schließen* erstrahlt Ihre Website wieder in den alten grauen, aber bewährten Farbtönen.

Das standardmäßig angezeigte Bild mit den grünen Kacheln aus Abbildung 15-10 ist übrigens nicht Teil des Templates, sondern ein Modul. Wenn Sie es abschalten möchten, rufen Sie die Modulverwaltung auf (*Erweiterungen → Module*) und verstecken dort das *Image*.

Verschiedene Designs auf einer Website

In einigen Fällen kann es wünschenswert sein, den Besuchern manche Unterseiten des Internetauftritts in einem anderen Stil zu präsentieren. Im Filmtoaster-Beispiel könnte man beispielsweise das Blog gegenüber dem Rest in einem anderen Layout erstrahlen lassen. Auf diese Weise zeigt man einem Betrachter auch optisch, wo er sich gerade befindet (wenn Sie die Beispiele aus den vorherigen Kapiteln nicht mitgemacht haben, wählen Sie im Folgenden einfach einen anderen Menüpunkt, der nicht zur Startseite führt).

Um einen Stil nur auf bestimmte (Unter-)Seiten anzuwenden, wechseln Sie zunächst wieder über *Erweiterungen* → *Templates* → *Stile* in die Template-Verwaltung. Überlegen Sie sich jetzt, welchen Stil Sie den ausgewählten Unterseiten (wie etwa dem Blog) überstülpen möchten.

Warnung   Auch wenn es trivial klingt: Dies darf nicht das derzeit aktive Standard-Template sein – denn das erscheint bereits standardmäßig auf allen Seiten.

 Auf den Filmtoaster-Seiten könnte man das Blog in den Stil *Beez3 – Default* tauchen.

Dessen Namen klicken Sie jetzt einfach an, womit Sie in seinen Einstellungen landen. Wechseln Sie weiter zum Register *Menüzugehörigkeit*. Dort setzen Sie jetzt Häkchen vor alle Menüeinträge, deren Zielseiten mit diesem Stil dargestellt werden sollen (wie in Abbildung 15-11).

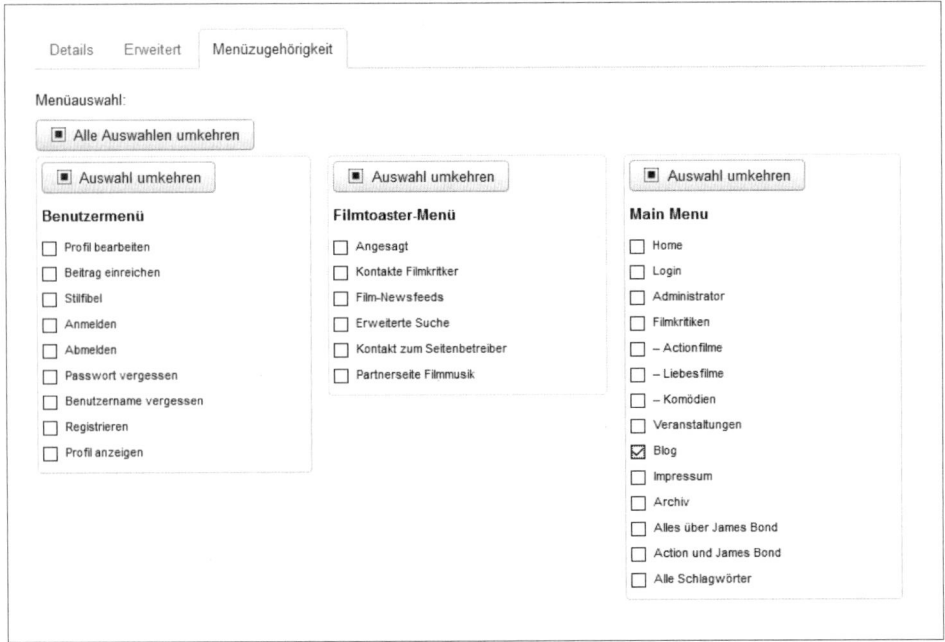

Abbildung 15-11:   Joomla! wendet den Stil nur auf die Unterseiten mit Häkchen an.

 Für die Filmtoaster-Seiten stellen Sie sicher, dass wie in Abbildung 15-11 ein Häkchen vor dem Punkt *Blog* steht. Damit erscheinen gleich alle Seiten, die über den Menüpunkt *Blog* erreichbar sind, im Stil *Beez3 – Default*.

Sobald Sie die Änderungen via *Speichern & Schließen* übernehmen, erscheint in der Tabelle mit allen Stilen in der Spalte *Seiten* neben *Beez3 – Default* der Hinweis, dass dieser Stil *Auf 1 Seiten(n) zugewiesen* und somit auf einer Seite zu sehen ist (siehe Abbildung 15-12). In der Spalte *Seiten* erfahren Sie zudem, welche Stile gerade *Nicht zugewiesen* sind und somit derzeit nicht zum Einsatz kommen. Den Standardstil kennzeichnet die Spalte *Seiten* mit dem Text *Standard für alle Seiten*.

Wenn Sie jetzt in der *Vorschau* das *Blog* aufrufen, erscheint es in der entsprechenden Aufmachung. Beim Ergebnis aus Abbildung 15-13 werden Sie allerdings erst einmal (zu Recht) zurückzucken: Der gewählte Stil *Beez3 – Default* sieht vollkommen anders aus als das auf allen anderen Seiten zum Einsatz kommende *Protostar*. Oder anders ausgedrückt: Die beiden Stile passen nicht zusammen. Das Blog sieht jetzt aus, als würde es zu einem vollkommen anderen Internetauftritt gehören.

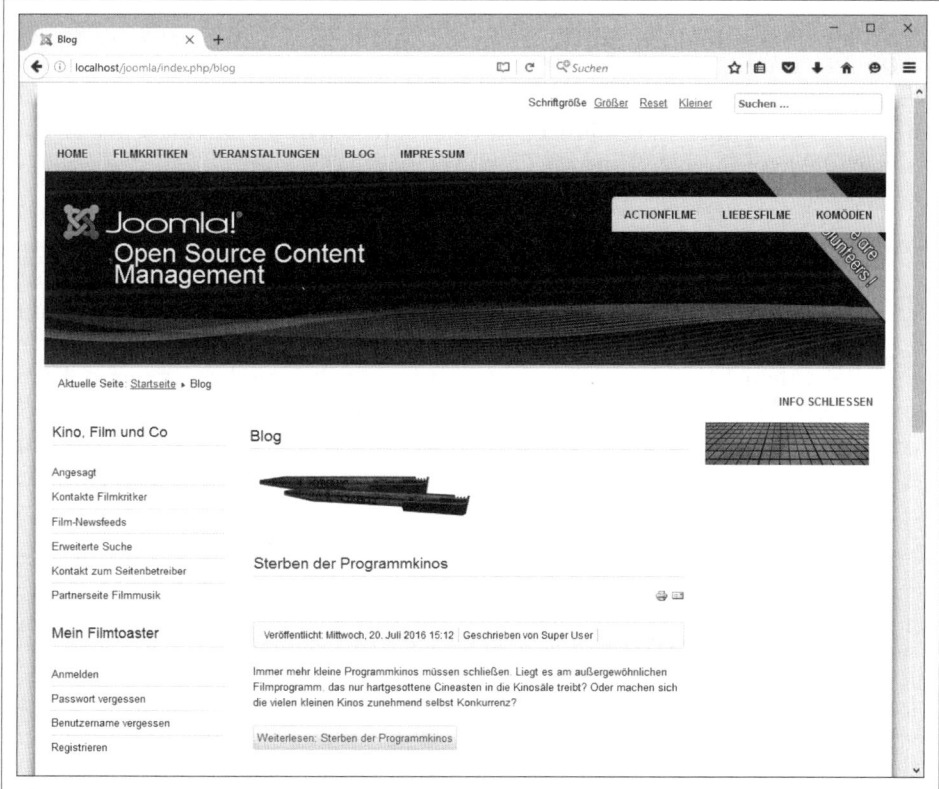

Abbildung 15-12: Wie die Spalte Seiten verrät, verschönert der Stil Beez3 – Default genau eine ausgewählten Seite.

Abbildung 15-13: Das Blog in seinem neuen Stil.

Stile einsetzen | 647

 **Warnung** Auf Ihren eigenen Seiten sollten Sie deshalb Layoutwechsel immer nur äußerst sparsam, vorsichtig und mit Bedacht einsetzen. Ein deutlicher Layoutwechsel wird in der Regel nicht nur als unangenehm empfunden, sondern gleichzeitig auch mit einem Themenwechsel assoziiert. Sofern auf der entsprechenden Unterseite nicht ein vollkommen anderer Inhalt folgt, sollten Sie nur Stile mit dezenten Änderungen beispielsweise im Titelbild oder mit einem leicht kräftigeren Farbton gegenüber dem Ursprungsdesign wählen.

 Um das Blog wieder von seinem hässlichen roten Anstrich zu befreien, klicken Sie im Backend *Beez3* → *Default* an, entfernen auf der Registerkarte *Menüzugehörigkeit* den Haken vor *Blog* und lassen die Änderungen *Speichern & Schließen*.

Wenn Sie einigen Unterseiten einen anderen Stil zuweisen möchten, können Sie alternativ auch die Einstellungen des entsprechenden Menüpunkts aufrufen. Stellen Sie dort dann auf der Registerkarte *Details* den Punkt *Template-Stil* auf den gewünschten Stil.

Stil im Frontend ändern

Um einen Stil anzupassen, mussten Sie bislang immer erst die Template-Verwaltung hinter *Erweiterungen* → *Templates* → *Stile* aufrufen und dann den entsprechenden Stil anklicken. Sie können aber auch auf Ihrer Website einen Menüpunkt einrichten, der zu allen Einstellungen des Standardstils führt. Auf diese Weise können Sie direkt auf Ihrer Website die Optik verändern.

Dazu klappen Sie im Backend das Menü *Menüs* auf. Klicken Sie dann das Menü an, in dem Sie den neuen Menüpunkt unterbringen möchten. Wenn Sie alle bisherigen Beispiele aus den vorherigen Kapiteln mitgemacht haben, bietet sich das *Benutzermenü* an. Klicken Sie in der Werkzeugleiste auf *Neu* und vergeben Sie einen Menütitel – wie etwa Stil verändern. Aktivieren Sie die Schaltfläche *Auswählen* und entscheiden Sie sich auf dem Slider *Konfiguration* für die *Template-Optionen*. Damit nicht jeder x-beliebige Besucher an den Einstellungen drehen kann, stellen Sie sicherheitshalber noch eine passende *Zugriffsebene* ein. Normalerweise sollten nur die *Super Users* die Optik verändern dürfen. Legen Sie den Menüpunkt schließlich per *Speichern & Schließen* an.

Wenn Sie sich jetzt in der *Vorschau* anmelden (etwa im *Login Form*) und dem neuen Menüpunkt folgen (im Beispiel war das *Stil verändern*), landen Sie auf der Seite aus Abbildung 15-14. Hier finden Sie die gleichen Einstellungen, die Sie auch schon aus dem Backend kennen.

Über den Menüpunkt erreichen Sie allerdings immer nur die Einstellungen des derzeitigen Standardstils. Darüber hinaus sollten die Optik nur Personen verändern können, die auch Zugang zum Backend haben. Damit bräuchten Sie den Menüpunkt aber eigentlich nicht.

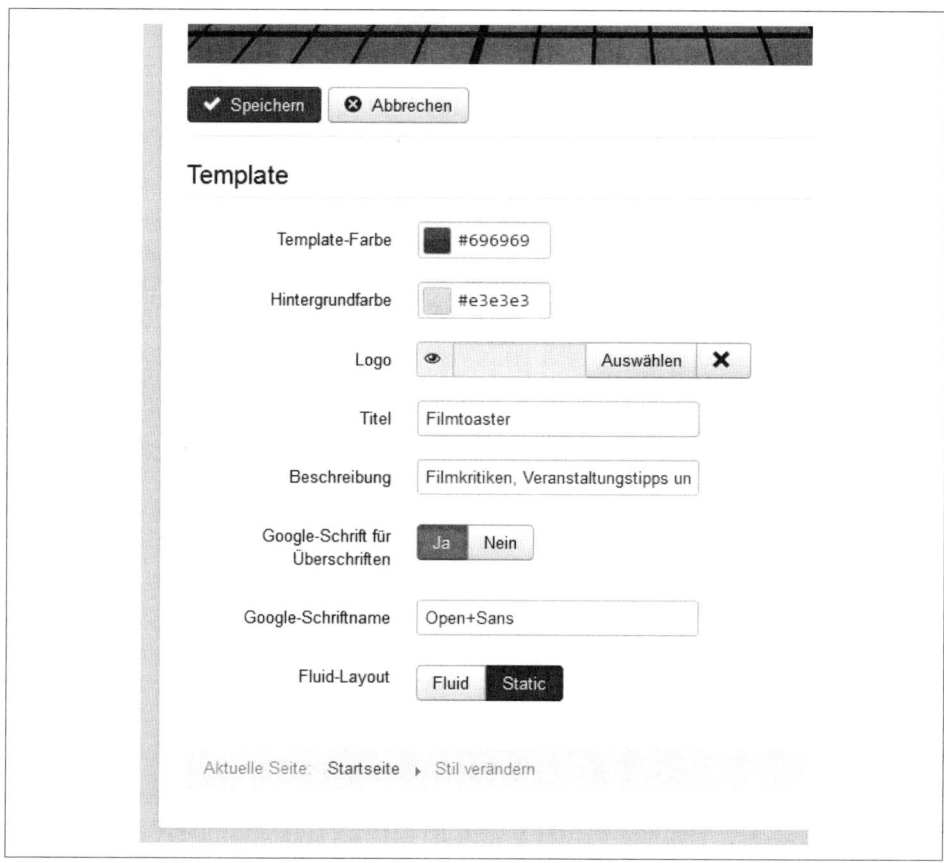

Abbildung 15-14: Über einen Menüpunkt vom Typ Template-Optionen können Sie im Frontend die Optik verändern.

Templates deinstallieren

Um ein Template und alle seine Stile wieder loszuwerden, wechseln Sie zunächst im Backend in die Template-Verwaltung hinter *Erweiterungen* → *Templates* → *Stile*. Stellen Sie dort sicher, dass die Stile des Templates nicht mehr aktiv sind: Sie dürfen keinen gelben Stern in der Spalte *Standard* tragen. Zudem müssen die Stile in der Spalte *Seiten* jeweils *Nicht zugewiesen* sein. Küren Sie gegebenenfalls einen anderen Stil zum Standard (siehe auch Abschnitt »Stile austauschen« auf Seite 638). Möchten Sie etwa auf den Filmtoaster-Seiten das *Clever*-Template wieder loswerden, darf in der Zeile des Stils *Clever – Standard* kein gelber Stern in der Spalte *Standard* leuchten.

Wechseln Sie jetzt zum Menüpunkt *Erweiterungen* → *Verwalten* → *Verwalten*. Es dauert einen kleinen Moment, bis Joomla! reagiert. Öffnen Sie dann die *Suchwerkzeuge*, stellen Sie in der Ausklappliste → *Typ wählen* → den Punkt *Template* ein, haken Sie das Kästchen vor dem zu löschenden Template ab (im Beispiel vor dem

Template *Clever*) und klicken Sie auf *Deinstallieren*. Sobald Sie die Rückfrage bestätigen, ist das Template inklusive seiner Stile gelöscht.

 **Warnung**   Achten Sie immer darauf, dass es stets mindestens ein Template für die Website und das Backend gibt.

Nicht immer findet man im Internet ein passendes Template, einige bieten zudem nur unzureichende Einstellungsmöglichkeiten. In diesen Fällen können Sie auch ein eigenes Template entwickeln. Wie das funktioniert, erfahren Sie im nächsten Kapitel.

KAPITEL 16
Ein eigenes Template entwickeln

In diesem Kapitel:
- Das Template-Verzeichnis
- Die Entwurfsskizze
- Ein HTML-Grundgerüst basteln
- Kopf für Joomla! vorbereiten
- Komponenten einbinden
- Modulpositionen kennzeichnen
- Systemmeldungen einbinden
- Name der Website einbauen
- Link zur Startseite
- Statische Bilder einbauen
- Die fertige Datei index.php
- Eigene Fehlerseite gestalten
- Die Datei templateDetails.xml
- Template-Paket erstellen und Testlauf in Joomla!
- Template Overrides
- Module Chrome

Wer in der Vielzahl der im Internet herumschwirrenden Templates nicht das passende für die eigene Website findet, darf auch selbst Hand anlegen und eigene Seitenbaupläne konstruieren. Aufgrund der dabei fast unbegrenzten Gestaltungsmöglichkeiten zählt ein eigenes Template allerdings schon zur Kür.

Tipp Wenn Sie den Arbeitsaufwand scheuen, können Sie auch ein fertiges Template als Ausgangsbasis nehmen und es Ihren Wünschen entsprechend anpassen. Beachten Sie bei solchen Änderungen aber immer die Lizenzen des jeweiligen Templates – nicht alle Designer erlauben das »Entstellen« ihrer Werke.

Ein Template ist nichts anderes als eine normale Internetseite, die mit speziellen Markierungen versehen wurde. Diese Marken kennzeichnen, an welchen Stellen Joomla! später seine eigenen Inhalte platzieren darf.

Da somit bewährte Techniken in einem Template stecken, könnte man es sogar mit einem herkömmlichen Webseiteneditor wie zum Beispiel Adobe Dreamweaver, RapidWeaver oder NetObjects Fusion erstellen. Leider kommt man selbst mit solch einer Hilfe nicht immer um nachträgliche Anpassungen herum.

Aus diesem Grund wird im weiteren Verlauf auf derartige Hilfsmittel verzichtet. Stattdessen beschreiben die nachfolgenden Abschnitte, wie man zu Fuß in kleinen Schritten zu einem individuellen Website-Design gelangt. Wohin die Reise geht, zeigt Abbildung 16-1. Der Seitenaufbau wird sich dabei automatisch an die Größe von großen Monitoren und kleinen Mobiltelefonen anpassen.

Dieses Beispiel ist absichtlich extrem einfach gehalten. Das Ergebnis wird die Besucher folglich nicht vom Hocker reißen. Im Gegenzug bleibt es jedoch verständlich.

Sofern Sie Gefallen an der Template-Entwicklung gefunden haben, können Sie es bequem als Ausgangspunkt für professionellere Ergebnisse heranziehen.

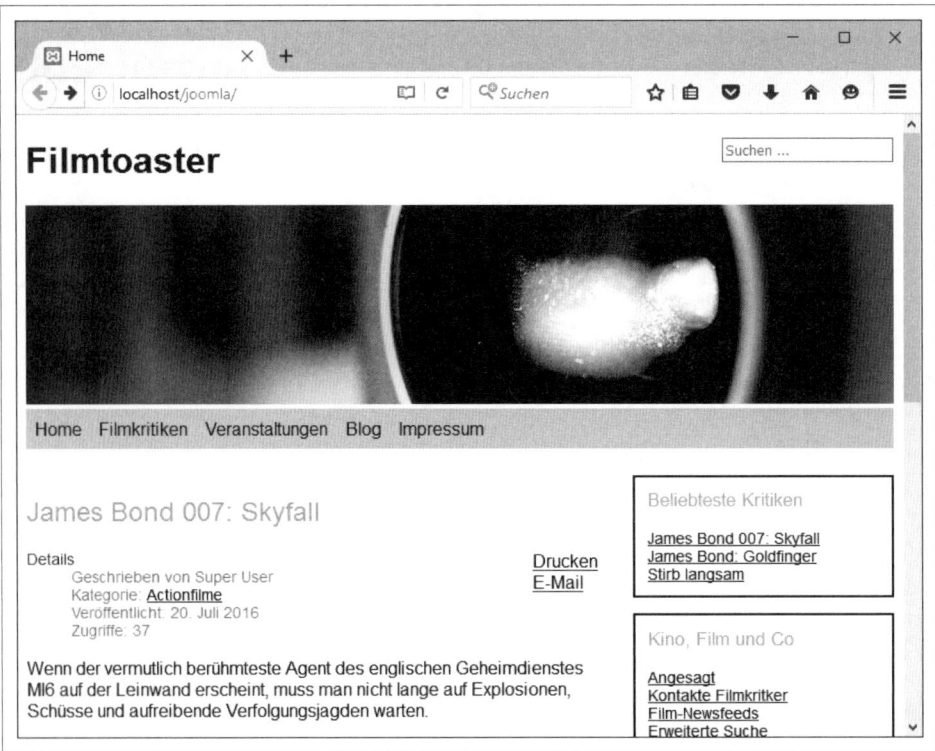

Abbildung 16-1: Die fertige Seite mit dem selbst gebastelten Template.

 Tipp Alle im Folgenden entwickelten Dateien und Beispiele finden Sie auch auf unserer Download-Seite im Verzeichnis *Kapitel16*.

Das Template-Verzeichnis

Werfen Sie zunächst einen Blick in das Unterverzeichnis *templates* Ihrer Joomla!-Installation. Wenn Sie der Schnellinstallationsanleitung aus Kapitel 2, *Installation*, Seite 15, gefolgt sind, finden Sie es

- unter Windows im Verzeichnis *C:\xampp\htdocs\joomla\templates*,
- unter OS X beziehungsweise macOS im Ordner */Programme/XAMPP/xampp-files/htdocs/joomla/templates* und
- unter Linux im Verzeichnis */opt/lampp/htdocs/joomla/templates*.

Genau dort legt das Content-Management-System alle seine Templates nach dem Hochladen ab. Jedes Verzeichnis enthält genau ein Template. Wechseln Sie nun in eines dieser Unterverzeichnisse, etwa in *protostar*. Die Dateien und Ordner, die Sie hier sehen, finden Sie auch bei den anderen Templates wieder.

Mindestens vorhanden sein müssen dabei die folgenden zwei Dateien:

- *index.php* enthält den eigentlichen Seitenbauplan.
- *templateDetails.xml* liefert wichtige Informationen über das Template, die später unter anderem auch im Backend auftauchen.

Optional dürfen noch die folgenden Dateien und Ordner existieren:

- *template_thumbnail.png* und *template_preview.png* enthalten jeweils ein Vorschaubild des fertigen Templates (*template_thumbnail.png* besitzt vorzugsweise die Abmessungen 206 × 150 Pixel, das Bild in *template_preview.png* erscheint hingegen in einer Größe von 640 × 388 Pixeln).
- Zum Template gehörende Bilder, wie beispielsweise ein großes, schickes Logo. Um die Übersicht zu behalten, sammelt man sie für gewöhnlich im Unterverzeichnis *images*.
- Sogenannte Stylesheets in Form von CSS-Dateien. Sie sorgen später für ein hübsches Äußeres. Den allgemeinen Template-Sitten folgend, sollten sie im Unterverzeichnis *css* liegen.

Alle diese Dateien und Verzeichnisse müssen im Folgenden nacheinander erzeugt und mit Inhalten gefüllt werden. Dazu erstellen Sie zunächst auf Ihrer Festplatte irgendwo ein neues Arbeitsverzeichnis.

Tipp Die wichtigsten Dateien eines Templates können Sie auch direkt im Backend einsehen und verändern, indem Sie unter *Erweiterungen* → *Templates* → *Templates* das gewünschte Template suchen und neben ihm in der Spalte *Template* auf *Details und Dateien* klicken. Auf der neuen Seite finden Sie am linken Seitenrand alle wesentlichen (HTML-)Dateien – dummerweise aber wirklich nur die wesentlichen. Wenn Sie eine der PHP-Dateien anklicken, öffnet sie Joomla! in einem Editor. Der ist jedoch alles andere als bequem und kann mit einem richtigen Texteditor nicht mithalten.

Bevor Sie dieses Arbeitsverzeichnis jetzt mit Dateien befüllen, sollten Sie sich in einem ersten Schritt kurz ein paar Gedanken über den gewünschten Seitenaufbau machen. Diese Vorarbeit erleichtert später die Arbeit und beugt chaotischen beziehungsweise unansehnlichen Ergebnissen vor.

Tipp Entwickeln und testen Sie ein Template zunächst immer in einer lokalen Joomla!-Installation. Erst wenn Sie mit dem Layout zufrieden sind, installieren Sie das Paket dann auf Ihrem richtigen Webserver. Andernfalls laufen Sie Gefahr, Ihre Besucher mit einem zerstückelten Layout zu verschrecken.

Die Entwurfsskizze

Ein Template stellt den Bauplan für alle von Joomla! ausgelieferten Webseiten bereit. Überlegen Sie sich daher zunächst, welche Elemente ständig auf allen Seiten zu sehen sein müssen. In der Regel sind das ein Hauptmenü und der Name Ihrer Website. Viele Internetauftritte stellen zudem auf jeder Seite eine Suchfunktion bereit und zeigen ein schmückendes Foto oder ein Logo an. Für alle diese Elemente muss das Template jeweils einen entsprechenden Platz reservieren.

Einplanen müssen Sie auch einen Bereich für die Ausgaben der Komponenten. Dort erscheinen dann später unter anderem die Beitragstexte, die Kontaktformulare oder die Liste mit den Suchergebnissen. Zusätzlich existieren meist ein oder mehrere weitere Bereiche, in denen der Seitenbetreiber seine Module ablegen darf.

Damit Sie nichts vergessen, erstellen Sie am besten eine Liste mit allen Elementen, für die das Template einen geeigneten Platz reservieren muss. Beim Template für die Filmtoaster-Seiten sind das:

- der Name des Internetauftritts,
- ein hübsches Foto, das als Blickfang dient (ein solches Bild bezeichnet man auch als *Teaser-Bild* oder *Aufmacher*),
- das Hauptmenü,
- das Eingabefeld für die Suche,
- eine Fußleiste mit Hinweisen auf den Seitenbetreiber,
- ein Bereich für die Ausgaben der Komponenten (und somit die eigentlichen Seiteninhalte),
- ein weiterer Bereich, in denen der Seitenbetreiber zusätzliche Module platzieren kann.

Die Internetseiten sollen nicht nur auf großen, hochauflösenden Monitoren, sondern natürlich auch auf den kleinen Bildschirmen von Mobilfunkgeräten gut aussehen und dabei gleichzeitig benutzbar bleiben. Das Template muss folglich den Seitenaufbau an die jeweilige Bildschirmgröße anpassen. Wie Sie in den folgenden Abschnitten noch sehen werden, ist das wesentlich einfacher zu erreichen, als es zunächst klingt. Dennoch muss man sich vorab überlegen, wie das Template die oben aufgelisteten Elemente und Bereiche auf kleinen und großen Bildschirmen anordnen soll.

Besorgen Sie sich daher einen Bleistift, einen Radiergummi und ein ganz normales Blatt Papier. Darauf skizzieren Sie den späteren Seitenaufbau zunächst für die kleinen Bildschirme von Mobiltelefonen.

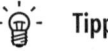 **Tipp** Ein simpel gestricktes Seitenlayout aufzuhübschen, ist immer einfacher, als ein bereits kunstvoll verziertes wieder abzuspecken. Aus diesem Grund sollten Sie sich bei der Template-Entwicklung zunächst immer erst den kleineren Bildschirmen zuwenden. Diese Strategie bezeichnet man als Mobile First.

In Abbildung 16-2 finden Sie eine solche Zeichnung für das hier angestrebte Beispiel-Template. Die Kästchen repräsentieren dabei die einzelnen Seitenbestandteile.

Da auf einem Smartphone nicht viel Platz ist und diese meist hochkant gehalten werden, bietet es sich an, die Inhalte einfach übereinanderzustapeln. Der Name der Website als wichtigstes Element (etwa *Filmtoaster*) steht ganz oben. Es folgt das Eingabefeld für die Suche, ein Foto als Blickfang, dann das Hauptmenü. Der

Bereich darunter ist für die Ausgaben der Komponenten und somit den eigentlichen Seiteninhalt reserviert. Für die Module interessieren sich die meisten Besucher erfahrungsgemäß weniger, daher sind sie ganz unten angesiedelt. Den Abschluss bildet die Fußleiste. Es geht an dieser Stelle übrigens noch nicht um die Optik, sondern primär um die Anordnung der Elemente sowie ihre Proportionen zueinander – Ihre Skizze muss folglich kein Kunstwerk sein.

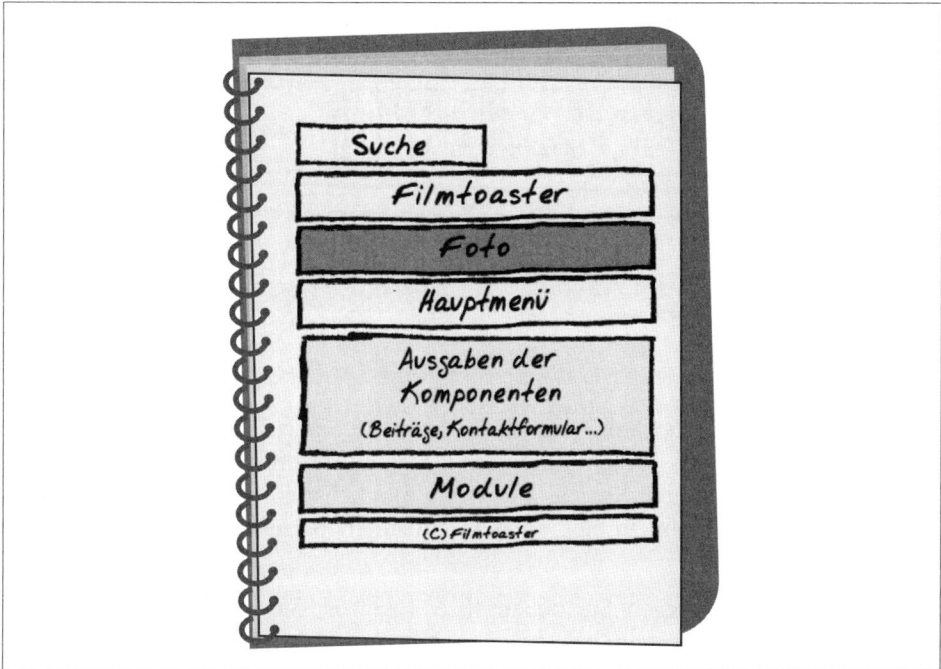

Abbildung 16-2: Das Beispiel-Template soll auf Smartphones diesen einfachen Aufbau verwenden.

Als Nächstes erstellen Sie eine zweite Skizze mit dem Seitenaufbau für größere Monitore. Dort gibt es vor allem in der Breite viel Platz. Es bietet sich also an, diesen auszunutzen. Abbildung 16-3 zeigt einen möglichen Seitenaufbau für das Filmtoaster-Beispiel (siehe auch Abbildung 16-1 auf Seite 652).

Die Kästchen repräsentieren dabei wieder die verschiedenen Seitenbereiche: Oben steht der Name der Website. Darunter soll ein Foto die Blicke der Besucher auf sich ziehen. Es folgt ein waagerechtes Hauptmenü und schließlich ein größerer Bereich für die Ausgaben der Komponenten. In der Seitenleiste rechts daneben darf der Seitenbetreiber seine Module ablegen. Am unteren Rand informiert schließlich noch eine Fußleiste über den Seitenbetreiber, während das Eingabefeld für die Suche rechts oben in der Ecke wartet. Behalten Sie beim Zeichnen im Hinterkopf, dass die Höhe und Breite der Bereiche je nach Inhalt variieren wird – schließlich könnte der Seitenbetreiber auf die waghalsige Idee kommen, gleich mehrere Module in der rechten Seitenleiste zu stapeln.

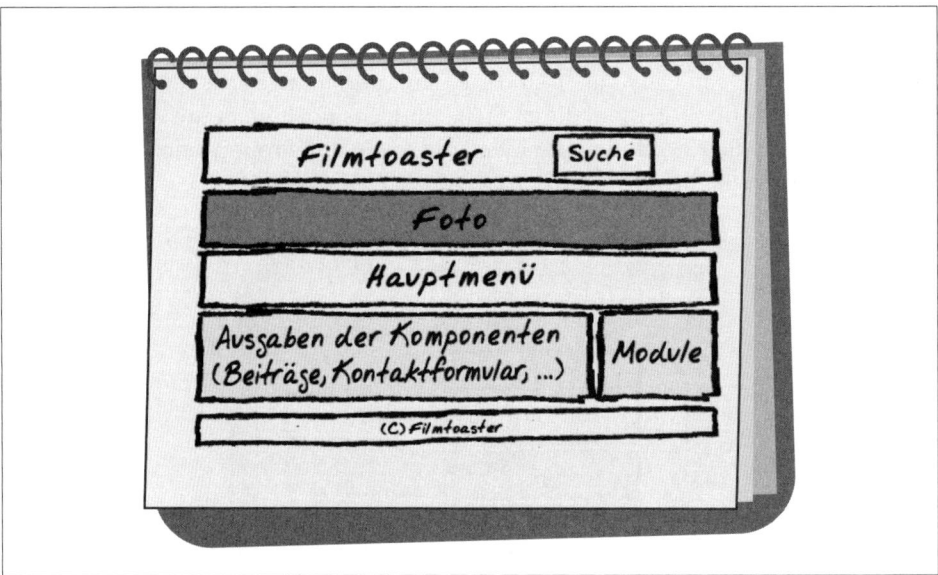

Abbildung 16-3: Das Beispiel-Template soll auf Desktopmonitoren diesen Aufbau zeigen.

Der in den Beispielen gewählte Aufbau orientiert sich jeweils an den mitgelieferten Joomla!-Templates und ist recht universell einsetzbar. Wenn Sie zum ersten Mal ein Template erstellen, sollten Sie wie hier einen möglichst einfachen Aufbau wählen. Später lässt er sich dann immer noch modifizieren beziehungsweise um weitere Bereiche ergänzen.

Die fertigen Skizzen legen Sie neben Ihre Tastatur: Sie erleichtern später den Zusammenbau und beugen unliebsamen Überraschungen vor. Darüber hinaus behalten Sie so Ihr Ziel im Blick. Im nächsten Schritt gilt es, den geplanten Aufbau aus den Skizzen Joomla! mitzuteilen.

Ein HTML-Grundgerüst basteln

Wie eine Webseite aufgebaut sein soll, verrät Joomla! die Datei *index.php*. Sie enthält eine Internetseite, die mit ein paar Joomla!-eigenen Platzhaltern gespickt ist. Um die Internetseite erstellen zu können, benötigt man Wissen um den sogenannten HTML-Standard, in den der folgende Abschnitt kurz hineinschnuppert. Kenner von HTML dürfen ihn daher ruhigen Gewissens überspringen und direkt bei Abschnitt »Das Grundgerüst für das Template« auf Seite 659 weiterlesen.

Crashkurs HTML

Eine Internetseite ist zunächst eine normale Textdatei. Sie enthält alle Texte, die später auf der Webseite erscheinen. Hinzu gesellen sich noch ein paar spezielle Textkürzel, die sogenannten *Tags*. Diese Kürzel sagen dem Browser, um was für eine Art Text es sich handelt – ist es beispielsweise eine Überschrift, ein Absatz oder doch eine Aufzählung? Man erkennt solche Tags an ihren spitzen Klammern:

```
<h1>James Bond: Skyfall</h1>
```

Dieses Beispiel teilt dem Browser mit, dass der Text *James Bond: Skyfall* eine Überschrift ist. Mit diesem Wissen kann der Browser wiederum den Text passend formatieren. Das h im Tag-Namen leitet sich übrigens vom englischen *Heading* ab. Der Schrägstrich vor dem zweiten h1-Tag zeigt an, dass hier die Überschrift endet, daher wird dieses Tag *End-Tag* (selten auch »schließendes Tag«) genannt. Analog wird der Befehl am Anfang als *Start-Tag* (oder »öffnendes Tag«) bezeichnet. Das komplette Gebilde aus Start-Tag, End-Tag und dazwischenstehendem Text bezeichnet man als (HTML-)*Element*.

Wie die Tags aussehen und was sie bedeuten, regelt ein eigener Standard, der auf den Namen HTML hört, ein Akronym für *HyperText Markup Language*. Er wird vom *World Wide Web Consortium* (kurz W3C) betreut, verwaltet und regelmäßig erneuert. Wie der Bestandteil »Language« im Namen verrät, handelt es sich um eine eigene Computersprache, die allerdings auf die Auszeichnung (Markup) von Texten spezialisiert ist.

Tipp Die vielen von HTML bereitgestellten Tags füllen ganze Bücher. Nicht umsonst führt der Buchhändler Ihres Vertrauens gleich eine ganze Batterie solcher Schinken. Eine kostenlose und sehr beliebte Anlaufstelle im Internet stellen die Seiten unter *http://www.selfhtml.org* dar. Eine alternative, aber englischsprachige Einführung wartet unter *http://www.w3schools.com*. Eine Auswahl von O'Reilly-Titeln finden Sie hier: *http://www.oreilly.de*.

Für das Beispiel-Template sind insbesondere folgende Tags interessant:

- `<p>` ... `</p>` markiert einen Absatz.
- `<h1>` ... `</h1>` erzeugt eine Überschrift.
- `<h2>` ... `</h2>` bis `<h5>` ... `</h5>` erzeugen jeweils eine Zwischenüberschrift. Diese Zwischenüberschriften werden von 2 bis 5 immer »kleiner«, ähnlich wie bei den Kapitelüberschriften in diesem Buch (weitere Informationen hierzu finden Sie unter *http://de.selfhtml.org/html/text/ueberschriften.htm*).
- `<img src="logo.png" alt="Das Logo" />` bindet an genau dieser Stelle ein Bild mit dem Dateinamen *logo.png* ein.
- `<br>` erzwingt an seiner Stelle einen Zeilenumbruch.

Die letzten zwei Tags tanzen etwas aus der Reihe. Das Tag `<br>` ersetzt der Browser durch einen Zeilenumbruch. Beispielsweise würde aus:

```
James Bond jagt einen Auftragskiller. <br> Er verfolgt ihn durch ein türkisches
Einkaufszentrum.
```

im Browser das Ergebnis:

```
James Bond jagt einen Auftragskiller.
Er verfolgt ihn durch ein türkisches Einkaufszentrum.
```

Da das Tag somit als Platzhalter für den Zeilenumbruch fungiert, ist hier ausnahmsweise das End-Tag überflüssig.

Gleiches gilt für das kryptische Tag `<img src="logo.png" alt="Das Logo" >`, das der Browser durch ein Bild ersetzt. Dieses Tag weist noch eine zweite Besonderheit auf: Es beginnt mit `<img`, dem dann bis zur spitzen Klammer `>` weitere kryptische Angaben folgen. `src=` und `alt=` sind sogenannte *Attribute*, mit denen man bestimmte Eigenschaften einstellt. In diesem Fall gibt das erste der beiden den Dateinamen für das Bild an, das zweite einen alternativen Text. Letzterer wird immer dann als Ersatz eingeblendet, wenn das Bild nicht angezeigt wird oder werden kann.

Jede Internetseite, die dem HTML-Standard folgt, besteht aus dem immer gleichen Grundgerüst:

```
<!DOCTYPE html>
<html>
<head>
    <title> Der Seitentitel </title>
</head>
<body>
    Hier steht der Seiteninhalt.
</body>
</html>
```

Das `<!DOCTYPE html>` ganz am Anfang weist darauf hin, dass es sich um ein HTML-Dokument, also eine Webseite handelt – ganz genau formuliert, folgt es dem HTML5-Standard.

Tipp Vereinzelt finden Sie im Internet noch Templates, die den veralteten XHTML-Standard nutzen (wie er noch unter Joomla! 2.5 üblich war). In diesen Templates sehen Sie anstelle von:

`<!DOCTYPE html>`

dieses Monster:

`<!DOCTYPE html PUBLIC "-//W3C//DTD XHTML 1.0 Transitional// EN" "http://www.w3.org/ TR/xhtml1/DTD/xhtml1-transitional. dtd">`

Wenn Sie sich für die Hintergründe und den Werdegang von (X)HTML interessieren, sollten Sie einen Blick auf die Seite *http://www.w3.org/standards/webdesign/htmlcss* des W3C werfen.

Alles, was zwischen den beiden Tags `<html>` und `</html>` liegt, gehört zur Internetseite. Letztere wird noch einmal

- in einen *Kopf* (alles zwischen `<head>` und `</head>`)
- und einen *Körper* (alles zwischen `<body>` und `</body>`)

unterteilt. In den Kopf kommen sämtliche Dinge, die Einstellungen oder wichtige Informationen für die Seite umfassen. Als Minimum gibt es hier die Tags `<title>` und `</title>`, zwischen denen die Beschriftung für die Titelleiste beziehungsweise das Tab des Browsers steht. Im Körper folgt dann der eigentliche Inhalt der Seite – also Ihre mit den Tags geschmückten Texte.

Die Einrückungen und Leerzeichen sollen die Lesbarkeit fördern. Sie dürfen sie aber auch weglassen und das ganze Grundgerüst wie folgt schreiben:

```
<!DOCTYPE html><html><head><title>Der Seitentitel</title></head><body>Hier steht der Seiteninhalt.</body></html>
```

Mit diesem Grundwissen geht es jetzt endlich an die eigentliche Erstellung des Templates.

Das Grundgerüst für das Template

Um die Datei *index.php* anzulegen und mit einem Bauplan zu füllen, starten Sie Ihren Texteditor. Welchen Sie verwenden, bleibt Ihrem eigenen Geschmack überlassen, solange er Dateien in der sogenannten UTF-8-Zeichenkodierung speichert (siehe Kasten »Zeichenkodierung«). Eine Textverarbeitung wie etwa Microsoft Word oder LibreOffice Writer ist dazu nur bedingt geeignet, weil sie immer auch noch weitere Informationen speichern möchte – wie etwa die verwendeten Schriftarten. Unter Windows können Sie zum mitgelieferten Editor greifen, der jedoch alles andere als komfortabel zu bedienen ist. Weitaus mehr Funktionen bietet beispielsweise *Notepad++*, den Sie kostenlos unter *https://notepad-plus-plus.org* bekommen. Eine Alternative ist *Brackets*, zu erhalten unter *http://brackets.io*. Beide Editoren heben sogar die einzelnen HTML-Tags farblich hervor. Nutzer von OS X beziehungsweise macOS finden unter den Dienstprogrammen den Editor TextEdit. Achten Sie aber darauf, dass Sie reinen Text speichern. Eine beliebte Alternative ist das kostenpflichtige Programm *BBEdit* (*http://www.barebones.com/products/bbedit/*). Linux-Anwender finden in ihrer Paketverwaltung beziehungsweise im Software-Center unzählige kostenlose Editoren. Zudem ist bereits meist ein recht komfortabler Editor vorinstalliert – unter KDE etwa Kate, in GNOME und Unity der Konkurrent Gedit.

Zeichenkodierung

Alle Dateien Ihres Templates müssen Sie mit Ihrem Texteditor in der sogenannten UTF-8-Zeichenkodierung speichern. Viele Editoren machen das von Haus aus, bei anderen müssen Sie es erst in einem Menü einstellen oder explizit beim Speichern der Datei angeben. Letzteres gilt beispielsweise für den in Windows mitgelieferten Editor. Hier setzen Sie im Menü *Datei → Speichern unter...* die *Codierung* auf *UTF-8*.

Vereinfacht gesagt, legt die Zeichenkodierung fest, wie die einzelnen Textzeichen auf der Festplatte abgespeichert werden. Die UTF-8-Zeichenkodierung hat den Vorteil, dass sie auch mit Sonderzeichen zahlreicher westlicher Sprachen zurechtkommt. Wenn Sie der technische Hintergrund interessiert, finden Sie weitere Informationen im Internet unter *https://de.wikipedia.org/wiki/UTF-8* sowie *http://www.unicode.org*.

Für die Arbeit mit Joomla! müssen Sie sich nur merken, dass Sie alle Dateien in der Zeichenkodierung UTF-8 speichern müssen.

Als Ausgangspunkt für das geplante Filmtoaster-Template verwenden Sie das Grundgerüst aus Beispiel 16-1. Der Text zwischen den Tags <footer> und </footer> erscheint später als Fußzeile am Ende der Seite. In der Regel erhält er wie in Beispiel 16-1 einen Copyright-Hinweis oder Kontaktdaten. Den kryptischen Zeichenhaufen © ersetzt der Browser später durch das Copyright-Zeichen.

Beispiel 16-1: Das Grundgerüst einer HTML-Datei

```
<!DOCTYPE html>
<html>
<head>
   <title>Filmtoaster</title>
</head>
<body>
   <footer>&copy; 2016 Filmtoaster</footer>
</body>
</html>
```

Speichern Sie Beispiel 16-1 unter dem Namen *index.html* in Ihrem Arbeitsverzeichnis ab – achten Sie darauf, dass die Endung zunächst noch *.html* lautet.

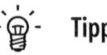

Tipp   Der Windows-Editor hängt seinen Dateien sehr gern (zusätzlich) die Endung *.txt* an, die Windows dann auch noch vor Ihren Augen versteckt. Achten Sie daher darauf, dass die Datei wirklich *index.html* heißt. Der Windows-Explorer erkennt dann den Typ *HTML-Dokument*.

Öffnen Sie die Datei anschließend in Ihrem Browser. Das Ergebnis sollte so wie in Abbildung 16-4 aussehen.

Abbildung 16-4: Die einfache HTML-Datei erscheint so im Firefox-Browser.

Tipp   Im Moment weiß der Browser noch nicht, in welcher Schriftgröße und Schriftart er die Fußzeile anzeigen soll. Aus diesem Grund wählt er einfach selbst eine geeignete Darstellung. Dies hat wiederum zur Folge, dass die Seite in Ihrem Internetbrowser etwas anders aussehen kann als in Abbildung 16-4.

Als Nächstes müssen Sie für jedes Element aus den Entwürfen einen entsprechenden Bereich reservieren. Solche (rechteckigen) Bereiche kennzeichnet man in HTML mit den Tags <div> und </div>.

Tipp   Eigentlich macht <div> überhaupt nichts, außer andere Elemente (logisch) zu gruppieren. Die *Cascading Style Sheets*, die im nächsten Kapitel auftauchen werden, sind jedoch in der Lage, die von <div>-Tags eingerahmten Bereiche aufzuhübschen und beispielsweise mit einem Rahmen zu umgeben.

Orientieren Sie sich zunächst wieder am Entwurf für Smartphones, im Filmtoaster-Beispiel also an der Zeichnung aus Abbildung 16-2 auf Seite 655. Gemäß dieser Skizze benötigen Sie von oben nach unten einen Bereich für die Suchfunktion, einen für den Namen der Webseite und noch einen dritten für das Foto:

```
<div>
    <!-- Bereich für die Suchfunktion -->
</div>
<div>
    <!-- Bereich für den Namen der Website -->
</div>
<div>
    <!-- Bereich für das Foto -->
</div>
```

Alles, was zwischen `<!--` und `-->` steht, gilt als Kommentar und wird später vom Browser ignoriert. Auf diese Weise können Sie ein paar Notizen im Template hinterlegen.

Auf das Foto folgt in Abbildung 16-2 ein Bereich für das Hauptmenü. HTML5 verlangt, dass Bereiche mit Menüs oder anderen Navigationselementen zwischen `<nav>` und `</nav>` eingekesselt werden:

```
<nav>
    <!-- Bereich für das Hauptmenü -->
</nav>
```

Unter dem Hauptmenü sollen die Ausgaben der Komponenten und somit die eigentlichen Seiteninhalte erscheinen – wie etwa ein Beitragstext oder ein Kontaktformular. Zum Schluss gibt es noch einen Bereich, in dem der Seitenbetreiber später Module platzieren kann. Dieser Bereich bietet somit ergänzende Informationen beziehungsweise Funktionen an, die auf großen Monitoren auch noch in einer Seitenleiste angezeigt werden sollen. Solche Inhalte rahmen laut HTML5-Standard die Tags `<aside>` und `</aside>` ein:

```
<div>
    <!-- Bereich für die Komponenten -->
</div>
<aside>
    <!-- Bereich für die Module -->
</aside>
```

Die komplette HTML-Datei sieht damit aus wie Beispiel 16-2:

Beispiel 16-2: Das Grundgerüst des Templates

```
<!DOCTYPE html>
<html>
<head>
    <title>Filmtoaster</title>
</head>
<body>
    <div>
        <!-- Bereich für die Suchfunktion -->
    </div>
```

Beispiel 16-2: Das Grundgerüst des Templates *(Fortsetzung)*

```
    <div>
       <!-- Bereich für den Namen der Website -->
    </div>
    <div>
       <!-- Bereich für das Foto -->
    </div>
    <nav>
       <!-- Bereich für das Hauptmenü -->
    </nav>
    <div>
       <!-- Bereich für die Komponenten -->
    </div>
    <aside>
       <!-- Bereich für die Module -->
    </aside>
    <footer>&copy; 2016 Filmtoaster</footer>
 </body>
</html>
```

 **Warnung**   Der HTML-Standard bietet auch Tags an, mit denen man Tabellen erstellen kann. Viele Webentwickler haben in der Vergangenheit einfach alle Seitenbestandteile in eine riesige Tabelle gepackt und so die Bilder und Texte auf der Seite positioniert.

Für diese Aufgabe sind Tabellen jedoch eigentlich nicht geschaffen. Ein so aufgebauter Internetauftritt ist daher weder responsive noch barrierefrei: Auf einem Smartphone bleiben die Inhalte starr in der riesigen Tabelle, was dann heftige Wischgesten bei Ihren Besuchern auslöst. Lässt sich zudem ein erblindeter Mensch die Internetseite von einem Spezialprogramm vorlesen, trägt dieses jede Zeile und jede Spalte laut als solche vor.

Nutzen Sie daher Tabellen niemals zur Formatierung, sondern ausschließlich für tabellarische Daten – etwa die aktuellen Eintrittspreise Ihres Lieblingskinos.

Damit steht bereits die Grundstruktur des Templates. Wenn Sie die Datei *index.html* speichern und in einem Browser öffnen, sehen Sie außer der Fußzeile allerdings noch nicht viel vom geplanten Layout. Als Nächstes geht es deshalb darum, die noch leeren Bereiche nach und nach mit Inhalten zu füllen.

Kopf für Joomla! vorbereiten

Spezielle Befehle im Template kennzeichnen, wo Joomla! seine Module und Inhalte einfügen darf. Dabei handelt es sich nicht mehr um HTML-Tags, sondern um Joomla!-eigene Platzhalter, deren Aussehen nur an die HTML-Befehle angelehnt wurde.

 Tipp   Genauer gesagt, handelt es sich um Befehle in der Auszeichnungssprache XML. Sie erlaubt die Definition von eigenen Tags im HTML-Stil. Doch keine Angst: Für den Entwurf eines Templates brauchen Sie keine XML-Kenntnisse. Es genügt vollauf, wenn Sie wissen, welche speziellen Befehle Joomla! gegen welche Inhalte austauscht.

Metadaten und Zeichenkodierung einbauen

Wenn Sie Beispiel 16-2 in Ihrem Browser öffnen, erscheint auf dem entsprechenden Tab beziehungsweise in der Titelleiste der Begriff *Filmtoaster*. Dies gibt der Kopf fest vor:

```
<head>
    <title>Filmtoaster</title>
</head>
```

Besser und flexibler wäre es jedoch, wenn der Browser immer den im Backend hinter *System* → *Konfiguration* im Register *Site* unter *Name der Website* eingetragenen Begriff anzeigen würde. Dazu müssen Sie nur den Kopf wie folgt ändern:

```
<head>
    <jdoc:include type="head" />
</head>
```

Den Platzhalter `<jdoc:include type="head" />` ersetzt Joomla! vor der Auslieferung der fertigen Seite unter anderem durch Folgendes:

- Ein `<title>`-Tag mit dem Namen des Internetauftritts (den Sie im Backend hinter *System* → *Konfiguration* auf der Registerkarte *Site* unter *Name der Website* vorgegeben haben).
- Mehrere `<meta>`-Tags mit Metadaten für Suchmaschinen. Darunter befinden sich unter anderem auch die Metadaten, die Sie hinter *System* → *Konfiguration* auf der Registerkarte *Site* im Abschnitt *Globale Metadaten* hinterlegt haben.
- Die verwendete Zeichenkodierung. Für HTML-Kenner: Joomla! setzt in den Kopf die Zeile `<meta charset=utf-8 />`.
- Mehrere Befehle, die JavaScript-Code einbinden. Diesen benötigt Joomla! für verschiedene Funktionen.
- Zusätzliche (versteckte) Informationen für Suchmaschinen und Browser. Für HTML-Kenner: Joomla! setzt das `<base>` und mehrere `<link>`-Tags.

Mit anderen Worten: Joomla! legt für Sie alle notwendigen Informationen im Kopf ab. Sie müssen sich folglich nicht mehr mit den kryptischen Tags im Kopf herumschlagen, der Platzhalter `<jdoc:include type="head" />` genügt – mit zwei kleinen Ausnahmen: Die Schreibrichtung und die Sprache, in der die aktuelle Webseite geschrieben wurde, müssen Sie jeweils noch selbst hinzufügen.

Aktuelle Sprache einbinden

Joomla! erlaubt mehrsprachige Internetauftritte, in denen jede Seite in einer anderen Sprache verfasst sein kann. Sie sollten daher dem Browser und insbesondere Suchmaschinen noch verraten, in welcher Sprache die aktuelle Webseite vorliegt. Das geschieht gemäß HTML5-Standard über das Attribut `lang` im `<html>`-Tag:

```
<html lang="en-gb" >
```

Zwischen die Anführungszeichen gehört nicht etwa der Name der Sprache, sondern das zugehörige international gültige Sprach-Tag. Im obigen Beispiel steht en-gb für britisches Englisch. Netterweise müssen Sie sich um diese Kürzel nicht weiter kümmern, denn es gibt auch hier wieder einen praktischen Platzhalter:

```
<?php echo $this->language; ?>
```

Er wird automatisch durch das passende Sprach-Tag aus dem gerade aktiven Sprachpaket ersetzt. Ist beispielsweise auf der aktuellen Seite das deutsche Sprachpaket aktiv, wird <?php echo $this->language; ?> gegen das Sprach-Tag de-de ausgetauscht. Sie müssen somit den Platzhalter lediglich in das Attribut lang einsetzen:

```
<html lang="<?php echo $this->language; ?>" >
```

Welche Sprache welches Sprach-Tag besitzt, erfahren Sie im Backend im Menü *Erweiterungen* → *Sprachen* in der Spalte *Sprach-Tag*. Weitere Informationen zur Mehrsprachigkeit und den Sprachpaketen finden Sie in Kapitel 18, *Mehrsprachigkeit*, Seite 785.

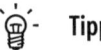

Tipp   Wie das <?php andeutet, handelt es sich hier eigentlich nicht um einen Platzhalter, sondern um einen Befehl in der Programmiersprache PHP. Sie müssen aber auch im Folgenden kein PHP beherrschen, um Templates entwickeln zu können – gehen Sie einfach weiterhin davon aus, dass es sich bei den kryptischen Gebilden um Platzhalter handelt.

Schreibrichtung vorgeben

Neben der Sprache sollten Sie auch noch angeben, ob der Text von links nach rechts oder wie etwa im Arabischen von rechts nach links gelesen wird. Das geschieht im <html>-Tag mit dem Attribut dir:

```
<html lang="<?php echo $this->language; ?>" dir="ltr">
```

In den Anführungszeichen hinter dir steht entweder das Kürzel ltr für die hierzulande gebräuchliche Schreibrichtung von links nach rechts (*left to right*) oder rtl für die umgekehrte Richtung (*right to left*). Für die gerade auf der Webseite geltende Schreibrichtung gibt es den Platzhalter:

```
<?php echo $this->direction; ?>
```

Er wird automatisch durch das passende Kürzel ltr oder rtl ersetzt – je nachdem, welches der beiden das gerade aktive Sprachpaket vorgibt. Sie müssen den Platzhalter nur noch in das Attribut dir einbauen:

```
<html lang="<?php echo $this->language; ?>" dir="<?php echo $this->direction; ?>">
```

Tipp   PHP-Kenner dürfte noch interessieren, dass language und direction Attribute der Klasse JDocumentHTML sind. Ein Objekt dieser Klasse greift sich das Template und baut damit die fertige Seite zusammen. $this zeigt dabei innerhalb des Templates auf das derzeit aktuelle JDocumentHTML-Objekt. Dieses wiederum bietet noch einige weitere nette Informationen und Manipulationsmöglichkeiten, die zum Teil in den nachfolgenden Abschnitten zum Einsatz kommen. Weitere Informationen zu JDocumentHTML und seiner Oberklasse JDocument finden Sie in der Joomla!-Dokumentation unter *http://api.joomla.org/*.

Aus historischen Gründen sollten Sie noch die optionalen Attribute `xml:lang` und `xmlns="http://www.w3.org/1999/xhtml"` hinzufügen. `xml:lang` verrät ebenfalls das Sprach-Tag. Mit den beiden Attributen wird die Sprache dann in jedem Fall korrekt erkannt:

```
<html xmlns="http://www.w3.org/1999/xhtml" xml:lang="<?php echo $this->language; ?>
" lang="<?php echo $this->language; ?>" dir="<?php echo $this->direction; ?>">
```

Weitere Informationen zur Bedeutung und Herkunft von `xmlns` und `xml:lang` finden Sie auf der Seite *http://www.w3.org/International/questions/qa-html-language-declarations.de.php*.

Tipp Wenn Sie nun einigermaßen verwirrt hat, merken Sie sich einfach nur, dass das `<html>`-Tag in Joomla!-Templates immer so aussehen muss:

```
<html xmlns="http://www.w3.org/1999/xhtml" xml:lang="<?php
echo $this->language; ?>" lang="<?php echo $this->language;
?>" dir="<?php echo $this->direction; ?>">
```

Der Anfang des Templates für die Filmtoaster-Seiten sollte jetzt wie in Beispiel 16-3 aussehen:

Beispiel 16-3: Der Anfang des Templates mit den Platzhaltern

```
<!DOCTYPE html>
<html xmlns="http://www.w3.org/1999/xhtml" xml:lang="<?php echo $this->language; ?>"
lang="<?php echo $this->language; ?>" dir="<?php echo $this->direction; ?>">
<head>
    <jdoc:include type="head" />
</head>
<body>
    ...
```

Komponenten einbinden

Die Komponenten müssen irgendwo ihre Ausgaben ablegen dürfen. Genau diese Stelle markieren Sie mit folgendem Platzhalter:

```
<jdoc:include type="component" />
```

Dort erscheinen folglich später die eigentlichen Seiteninhalte, wie etwa ein Beitragstext, ein Kontaktformular oder die Liste mit den Suchergebnissen – je nachdem, welche Komponente Joomla! gerade aufgeweckt hat.

Warnung Wenn der Platzhalter mehrfach in Ihrem Template enthalten ist, tauchen auch die Ausgaben der Komponenten mehrfach auf Ihren Seiten auf. Die Besucher sehen dann nicht nur jeden Beitrag doppelt, einige Komponenten könnten auch Fehler produzieren. Achten Sie daher darauf, dass Sie den Platzhalter wirklich nur ein einziges Mal in Ihrem Template verwenden.

Im Filmtoaster-Template gehört der Platzhalter in den dafür zugedachten Bereich, den Ihnen Beispiel 16-4 zeigt:

Beispiel 16-4:   Der gekennzeichnete Bereich für die Komponenten

```
...
</aside>
<div>
   <!-- Bereich für die Komponenten -->
   <jdoc:include type="component" />
</div>
<aside>
...
```

Modulpositionen kennzeichnen

In Ihrem Template müssen Sie alle Stellen kennzeichnen, an denen der Seitenbetreiber später seine Module ablegen darf. Das wiederum geschieht in mehreren Schritten.

Modulpositionen identifizieren und benennen

Identifizieren Sie zunächst alle Positionen, an denen später Module erscheinen dürfen. Dazu gehören insbesondere die Stellen für das Hauptmenü, die Suchfunktion und eventuell für Werbung reservierte Bereiche – denn auch diese Elemente erzeugen in Joomla! jeweils Module.

 Das Filmtoaster-Template besitzt drei Stellen, an denen später Module erscheinen können: einmal im Bereich für das Hauptmenü, an der Stelle der Suchfunktion und schließlich im extra für Module reservierten Bereich ganz am Ende der Seite.

Jeder Position müssen Sie einen eigenen eindeutigen Namen geben. Dabei können Sie, wenn Sie mögen, durchaus kryptische Wörter wie etwa *hng3lzgr* verwenden, die Namen erscheinen jedoch später auch im Backend (wie in der Liste aus Abbildung 16-5). Sie sollten folglich möglichst sprechende Begriffe wählen: Bei der Bezeichnung *mainmenu* weiß der Seitenbetreiber sofort, dass es sich sehr wahrscheinlich um eine Position für ein (Haupt-)Menü handelt. Er muss also nicht lange herumraten, welche Position wo auf der Seite liegt. Wenn Sie Ihr Template weitergeben wollen, sollten Sie zudem englische Begriffe wählen – die verstehen die meisten Seitenbetreiber.

 **Warnung**   Benennen Sie deshalb auch nicht einen Bereich auf der rechten Seite mit *left*. Das verwirrt später neben dem Seitenbetreiber auch Sie als Template-Entwickler.

Da jedes Template seine Modulpositionen anders benennt, müssen Sie nach einem Template-Wechsel immer erst umständlich im Backend alle Module an die neuen Positionen verschieben (wie im Abschnitt »Stile austauschen« auf Seite 638 beschrieben). Diese Arbeit können Sie dem Seitenbetreiber zumindest ein wenig erleichtern, indem Sie die Positionsbezeichnungen aus dem standardmäßig von Joomla! genutzten *Protostar*-Template übernehmen. So nennt *Protostar* beispielsweise die rechte Seitenspalte *position-7*. Wenn Sie im gerade entstehenden Filmtoaster-Template die Modulposition am unteren Seitenrand ebenfalls *position-7* nennen, erscheinen nach einem Template-Wechsel die Module aus der Seitenleiste automatisch am unteren

Seitenrand. Aus diesem Grund übernehmen mittlerweile viele Template-Entwickler die von *Protostar* vorgegebenen Namen, auch wenn diese recht nichtssagend sind. *Protostar* nennt die Spalte auf der linken Seite *position-8*, das Suchen-Modul erscheint standardmäßig an *position-0*, während die Stelle für das Hauptmenü *position-1* heißt.

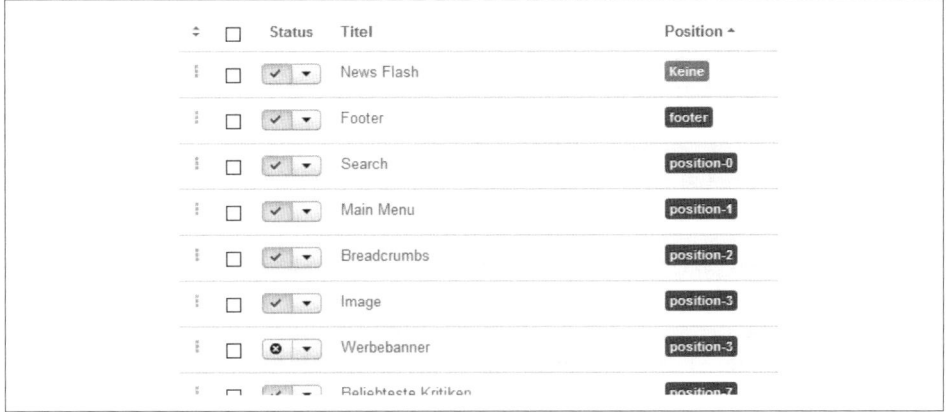

Abbildung 16-5: Wenn Sie ein Modul einer Position zuweisen, zeigt Joomla! im Backend die vom Template vorgegebenen Namen an – unter anderem hier in der Tabelle hinter Erweiterungen ® Module.

Auch das Filmtoaster-Template soll diese Positionsnamen übernehmen: Der Bereich für die Suche heißt demnach *position-0*, die Stelle für das Hauptmenü *position-1*. Der allgemeine Bereich für die Module ganz unten erhält den Namen *position-7*.

Schreiben Sie als Gedächtnisstütze die gewählten Namen in die zugehörigen Bereiche in Ihrer Entwurfsskizze. Abbildung 16-6 demonstriert das am Filmtoaster-Beispiel.

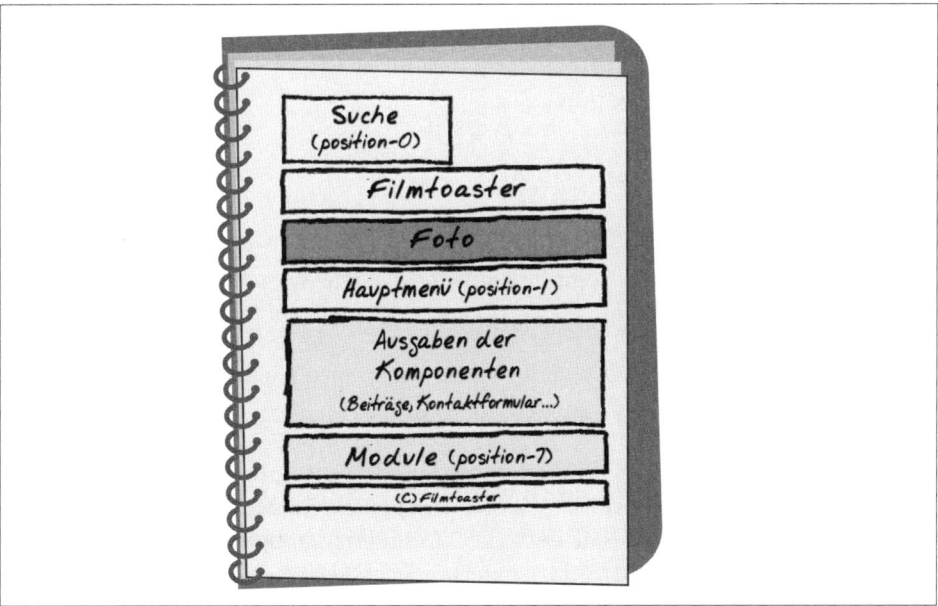

Abbildung 16-6: Den Positionen für die Module wurden hier eindeutige Namen zugewiesen.

Positionen mit Platzhaltern kennzeichnen

Als Nächstes markieren Sie in Ihrem Template jede dieser Positionen mit einem Platzhalter der Form:

```
<jdoc:include type="modules" name="NamederPosition" />
```

Im Attribut name hinterlegen Sie dabei den Namen der entsprechenden Modulposition. Den kompletten Platzhalter ersetzt Joomla! dann später durch alle Module, die der Seitenbetreiber im Backend genau dieser Position zugeordnet hat. Den Platzhalter:

```
<jdoc:include type="modules" name="position-7" />
```

tauscht Joomla! folglich gegen alle Module, die im Backend der Position *position-7* zugeordnet wurden.

Im Filmtoaster-Template gibt es drei Stellen, an denen Module erscheinen können: die Position für das Suchen-Modul mit dem Namen *position-0*, die Stelle für das Hauptmenü mit dem Namen *position-1* und der Bereich am Ende der Seite mit dem Namen *position-7*. In der HTML-Datei müssen Sie deshalb an den zugehörigen Stellen jeweils einen passenden Platzhalter einfügen, was zum Ergebnis aus Beispiel 16-5 führt.

Beispiel 16-5: Die gekennzeichneten Modulpositionen im Filmtoaster-Template

```
...
<body>
   <div>
      <!-- Bereich für die Suchfunktion -->
      <jdoc:include type="modules" name="position-0" />
   </div>
   ...
   <nav>
      <!-- Bereich für das Hauptmenü -->
      <jdoc:include type="modules" name="position-1" />
   </nav>
   ...
   <aside>
      <!-- Bereich für die Module -->
      <jdoc:include type="modules" name="position-7" />
   </aside>
   <footer>&copy; 2016 Filmtoaster</footer>
</body>
...
```

Wenn Sie in Ihrem eigenen Template auf die gezeigte Weise die Modulpositionen kennzeichnen, sollten Sie folgendes Problem im Hinterkopf behalten:

 **Warnung** An jeder Modulposition darf der Seitenbetreiber grundsätzlich beliebige Module platzieren.

Wer später das Filmtoaster-Template einsetzt, darf also an der eigentlich für das Hauptmenü reservierten Position *position-1* neben einem Menü-Modul auch munter andere Module ablegen – wie etwa das Modul mit den beliebtesten Beiträgen. Es gibt derzeit keine Möglichkeit, das zu verhindern. Als Template-Entwickler haben Sie daher nur zwei Möglichkeiten:

- Sie gestalten Ihre Seiten so universell, dass der Seitenbetreiber an jeder Modulposition beliebige Module ablegen kann. Im Filmtoaster-Beispiel sollten Sie dann die `<nav>`-Tags gegen `<div>`-Tags tauschen.
- Sie ignorieren das Problem einfach. Wenn der Seitenbetreiber zum Hauptmenü unbedingt noch die beliebtesten Beiträge platzieren möchte, muss er mit einer zerstörten Optik leben. Diesen Weg gehen die meisten Template-Macher – einschließlich der Joomla!-Entwickler. (Schalten Sie einmal im Backend auf *Protostar* um und weisen Sie *position-1* ein weiteres Modul zu – das Ergebnis ist ziemlich unansehnlich.) In diesem Fall sollten Sie bei der Weitergabe des Templates die anderen Seitenbetreiber darauf hinweisen, an welche Positionen welche Module gehören.

Damit weiß Joomla! jetzt, an welchen Stellen Module erscheinen können. Es gibt allerdings noch zwei kleine Probleme.

Das style-Attribut nutzen

Hat der Seitenbetreiber an einer Position mehrere Module platziert, erscheinen ihre Ausgaben standardmäßig einfach direkt hintereinander. Zu welchem Chaos das führen kann, demonstriert Abbildung 16-7, in der zwei Module zu sehen sind: Das erste gibt einen Text aus, das zweite erlaubt die Anmeldung bei Joomla!.

Abbildung 16-7: Hier sind gleich mehrere Module übereinandergestapelt. Wo eines anfängt und ein anderes aufhört, kann man nur erahnen.

Für einen Besucher ist nur sehr schwer zu erkennen, wo ein Modul aufhört und das andere anfängt. Um das effektiv verhindern zu können, müsste Joomla! die Module jeweils noch einmal in ein paar HTML-Tags verpacken – nur dann lässt sich gleich ein Rahmen um jedes Modul zeichnen.

Des Weiteren fehlen bei allen Modulen die Titel. So müsste etwa über dem kleinen Anmeldeformular eigentlich noch der Titel *Login Form* erscheinen. Man muss also Joomla! noch irgendwie dazu bringen, die Modultitel auszugeben.

Modulausgaben verpacken

Beides lässt sich einfacher erreichen, als es zunächst klingt: Sie müssen den Platzhalterbefehlen `<jdoc:include type="modules" ... />` lediglich ein optionales drittes Attribut namens style hinzufügen. Mit ihm steuern Sie, wie Joomla! die einzelnen Module an der entsprechenden Stelle in welche HTML-Tags einpacken soll. Ein

```
<jdoc:include type="modules" name="position-7" style="html5" />
```

sorgt beispielsweise dafür, dass Joomla! die unter position-7 platzierten Module jeweils zwischen `<div>` und `</div>` setzt und dabei auch noch den Titel des Moduls ausgibt.

Im Einzelnen dürfen in den Anführungsstrichen von style folgende Werte stehen:

html5
: Die an dieser Position platzierten Module verpackt Joomla! jeweils zwischen `<div>`-Tags, die Modultitel werden zu einer Überschrift dritter Ordnung. Das Ergebnis folgt dabei dem HTML5-Standard:

```
<div class="moduletable">
   <h3>Titel des Moduls</h3>
   ... Hier folgen die Ausgaben des Moduls ...
</div>
```

table
: Die an dieser Position platzierten Module steckt Joomla! jeweils in eine eigene (HTML-)Tabelle:

```
<table cellpadding="0" cellspacing="0" >
   <tr>
      <th>Titel des Moduls</th>
   </tr>
   <tr>
      <td> ... Hier folgen die Ausgaben des Moduls ... </td>
   </tr>
</table>
```

Da diese Variante weder barrierefrei noch responsive ist, sollten Sie am besten auf sie verzichten.

horz
: Alle Module an dieser Position packt Joomla! in zwei ineinander verschachtelte Tabellen, wobei die äußere Tabelle wiederum nur aus einer Zeile besteht:

```
<table cellspacing="1" cellpadding="0" width="100%">
<tr>
```

```
            <td>
               <table cellpadding="0" cellspacing="0" >
               <tr>
                  <th>Titel des Moduls</th>
               </tr>
               <tr>
                  <td> ... Hier folgen die Ausgaben des Moduls ... </td>
               </tr>
               </table>
            </td>
         </tr>
      </table>
```

Auf diese Weise lassen sich die Module recht einfach horizontal anordnen. Allerdings ist auch diese Variante weder barrierefrei noch responsive.

xhtml
: Die an dieser Position platzierten Module landen ausschließlich in `<div>`-Tags. Den Titel des Moduls kennzeichnet Joomla! dabei als Überschrift dritten Rangs. Das Ergebnis folgt dem (veralteten) XHTML-Standard:

```
<div class="moduletable">
   <h3>Titel des Moduls</h3>
   ... Hier folgen die Ausgaben des Moduls ...
</div>
```

rounded
: Die an dieser Position platzierten Module werden jeweils durch gleich mehrere `<div>`-Tags eingerahmt. Auf diese Weise kann man den Modulen beispielsweise über entsprechende CSS-Regeln runde Ecken verpassen:

```
<div class="module">
   <div>
      <div>
         <div>
            <h3>Titel des Moduls</h3>
            ... Hier folgen die Ausgaben des Moduls ...
         </div>
      </div>
   </div>
</div>
```

outline
: Ähnelt xhtml, regt aber Joomla! an, für jedes Modul Zusatzinformationen preiszugeben. Das Ergebnis ähnelt der speziellen Template-Vorschau mit allen Modulpositionen (wie sie Abschnitt »Neue Position ermitteln« auf Seite 359 vorgestellt hat). outline kann in der Erstellungsphase eines Templates helfen, sollte aber niemals auf der späteren Website zum Einsatz kommen.

none
: Mit none erscheinen hier nur die »reinen« Inhalte der Module, Joomla! gibt keine zusätzlichen Tags aus. Dies ist auch die Standardeinstellung, wenn das Attribut style="..." fehlt.

Das Attribut style sorgt also dafür, dass eine der oben aufgeführten Tag-Sammlungen um die Ausgabe eines jeden Moduls gelegt wird. Der Titel eines Moduls erscheint dabei natürlich nur, wenn der Seitenbetreiber im Backend in den Einstellungen des Moduls die Anzeige des Titels erlaubt hat (indem Sie im Backend unter *Erweiterungen* → *Module* das Modul anklicken, muss im Register *Modul* der Punkt *Titel anzeigen* auf *Anzeigen* stehen).

 Da für das Filmtoaster-Template keine Tabellen zur Formatierung erwünscht sind, erhalten alle Platzhalter der Form `<jdoc:include type="modules" ... >` das zusätzliche Attribut `style="html5":`. Das Ergebnis zeigt Beispiel 16-6.

Beispiel 16-6: Die mit dem style-Attribut erweiterten Modulpositionen

```
...
<body>
<div>
   <!-- Bereich für die Suchfunktion -->
   <jdoc:include type="modules" name="position-0" style="html5" />
</div>
...
<nav>
   <!-- Bereich für das Hauptmenü -->
   <jdoc:include type="modules" name="position-1" style="html5" />
</nav>
...
<aside>
   <!-- Bereich für die Module -->
   <jdoc:include type="modules" name="position-7" style="html5" />
</aside>
...
</body>
```

 **Warnung**   `style` bestimmt nur, in welche Tags die einzelnen Module eingefasst werden. Die eigentlichen Inhalte und Ausgaben der Module bleiben davon unberührt. So packt beispielsweise das Modul für die Benutzeranmeldung (*Login Form*) auch weiterhin alle möglichen Eingabefelder in ein Formular (Tag `<form>`) – komme, was da wolle. Erst mit den später noch vorgestellten sogenannten *Template Overrides* (siehe den gleichnamigen Abschnitt »Template Overrides« ab Seite 689) können Sie auch hier eingreifen.

 Tipp   Wenn Sie jetzt verwirrt sind, erweitern Sie alle Platzhalter für die Module immer um das Attribut `style="html5"` (so in Beispiel 16-6 gezeigt). Joomla! fasst dann jedes Modul noch einmal in `<div>`-Tags ein und gibt den Modultitel mit aus (solange im Backend nichts Gegenteiliges eingestellt ist).

style-Attribut über das Backend steuern

Wenn Sie in Ihrem Internetauftritt ausschließlich exklusive Beiträge für registrierte Besucher anbieten, wird das Anmeldeformular besonders wichtig. Es bietet sich dann an, den Modultitel *Login Form* zu einer Überschrift zweiter Ordnung zu erheben (ihn also zwischen `<h2>`-Tags zu stecken). Bei allen anderen Modulen sollen die Titel jedoch weiterhin in `<h3>`-Tags eingerahmt bleiben. Wenn Sie `style="html5"` oder `style="xhtml"` verwenden, ist genau das möglich: Sie dürfen die vorgegebenen

Tags auch ganz gezielt bei einzelnen Modulen austauschen. Dazu rufen Sie im Backend die Einstellungen des Moduls auf und wechseln ins Register *Erweitert*. Das unter *Modul-Tag* eingestellte Tag verwendet Joomla! anstelle der <div>-Tags. Mit dem *Header-Tag* rahmt Joomla! den Modultitel ein. Die Einstellungen aus Abbildung 16-8 führen beispielsweise zu folgendem Ergebnis:

```
<aside>
   <h2>Titel des Moduls</h2>
   ... Hier folgen die Ausgaben des Moduls ...
</aside>
```

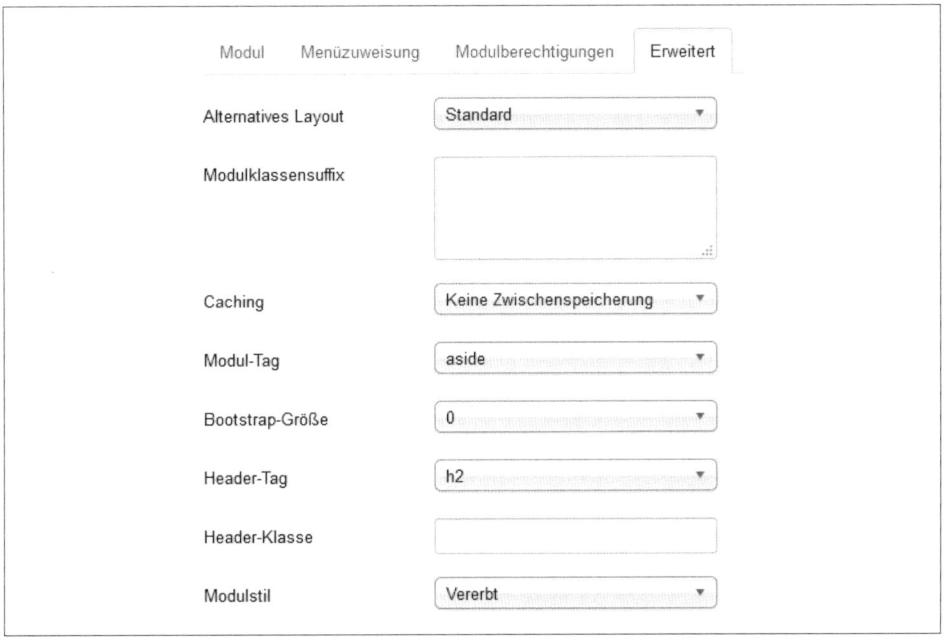

Abbildung 16-8: Mit dem Modul-Tag rahmt Joomla! die Ausgaben des Moduls ein. Das Header-Tag bestimmt, wie zwischen welchen Tags der Modultitel steht.

Die Einstellungen gelten nur für dieses Modul. Alle anderen Module rahmt Joomla! weiterhin in <div>-Tags ein. Wenn Sie von diesem Angebot Gebrauch machen, wird allerdings die noch anstehende Formatierung aufwendiger – denn Sie müssen ab sofort immer daran denken, dass es auch Module geben kann, die zwischen <aside>-Tags stecken und deren Modultitel Überschriften zweiter Ordnung sind. Wenn Sie Ihr Template später an andere weitergeben, müssen Sie zudem damit rechnen, dass die Seitenbetreiber irgendeinen beliebigen anderen Wert unter *Modul-Tag* oder *Header-Tag* auswählen könnten.

Tipp Das Konzept ist zugegebenermaßen verwirrend, bietet aber eine hohe Flexibilität: Der Seitenbetreiber bestimmt im Backend für jedes einzelne Modul, wie es später in das Template eingebettet wird. Die Mehrarbeit hat der Template-Entwickler, der alle möglichen Situationen berücksichtigen muss. Wenn Sie zum ersten Mal ein Template entwickeln, sollten Sie die Einstellungsmöglichkeiten im Backend einfach ignorieren. Genau das passiert im Folgenden auch beim Filmtoaster-Template.

Systemmeldungen einbinden

Wenn sich ein Besucher anmelden möchte und dabei versehentlich ein falsches Passwort eintippt, zeigt ihm Joomla! den Hinweis aus Abbildung 16-9 an. Neben dieser gibt es noch einige weitere Situationen, in denen das Content-Management-System Ihren Besuchern einen Warnhinweis anzeigt, beispielsweise dann, wenn der Besucher das Kontaktformular nicht korrekt ausgefüllt hat.

Abbildung 16-9: Die Fehlermeldung gibt Joomla! automatisch aus. Der Text stammt dabei aus dem derzeit aktivierten Sprachpaket.

Ihr Template muss irgendwo auf der Seite einen Platz für diese Systemmeldungen reservieren. Die entsprechende Stelle kennzeichnen Sie mit dem Platzhalter:

```
<jdoc:include type="message" />
```

Ihn ersetzt Joomla! durch die Warnung beziehungsweise die Fehlermeldung. Sofern kein Fehler auftrat, wird der Platzhalter einfach komplett ignoriert.

 **Warnung**   Wenn Sie `<jdoc:include type="message" />` weglassen oder vergessen, gibt Joomla! auch keine Fehlermeldung aus. Ihre Besucher erfahren also beispielsweise nicht, dass ihr eingegebenes Passwort einen Tippfehler enthielt. Stellen Sie daher immer sicher, dass der Platzhalter in Ihrem Template auftaucht!

In den meisten Templates erscheinen die Systemmeldungen direkt über den Ausgaben der Komponente. Damit springen sie dem Besucher direkt ins Auge.

 Deshalb folgt auch das Filmtoaster-Template dieser Konvention. Platzieren Sie den Platzhalter `<jdoc:include type="message" />` direkt über seinem Kollegen für die Komponenten. Das sieht dann aus wie in Beispiel 16-7.

Beispiel 16-7:   Die eingebetteten Meldungen

```
...
</nav>
<div>
   <!-- Bereich für die Komponenten -->
   <jdoc:include type="message" />
   <jdoc:include type="component" />
```

Beispiel 16-7: Die eingebetteten Meldungen *(Fortsetzung)*

```
</div>
<aside>
...
```

Das war bereits alles: Tritt irgendein ein Fehler auf, gibt Joomla! zukünftig direkt über den Ausgaben der Komponente eine entsprechende Systemmeldung aus.

Name der Website einbauen

Damit Besucher sofort wissen, auf welchem Internetauftritt sie gelandet sind, sollte man immer auch den Namen der Website in großen Lettern einblenden. Dank eines passenden Platzhalters ist der schnell eingebaut. Im Filmtoaster-Template soll ganz oben auf der Webseite der Name des Internetauftritts erscheinen. Den liefert der Platzhalter:

```
<?php echo JFactory::getApplication()->get('sitename'); ?>
```

Ihn ersetzt Joomla! durch den Namen der Webseite, den Sie im Backend im Menü *System* → *Konfiguration* auf der Registerkarte *Site* unter *Name der Website* vorgeben können. Den Platzhalter müssen Sie nur noch an der richtigen Stelle einsetzen:

```
...
<div>
    <!-- Bereich für den Namen der Website -->
    <h1><?php echo JFactory::getApplication()->get('sitename'); ?></h1>
</div>
...
```

Hier im Filmtoaster-Beispiel erheben die `<h1>`-Tags den Namen außerdem zu einer Überschrift erster Ordnung.

Link zur Startseite

Klickt ein Besucher den Namen der Website an, soll er automatisch zurück zur Startseite gelangen. Dieses Verhalten ist im Internet üblich: Hat sich ein Besucher versehentlich verlaufen, kann er so immer wieder zum Ausgangspunkt zurückkehren. Damit das klappt, muss man zunächst den Namen der Website in einen (anklickbaren) Link verwandeln. Dazu kesselt man ihn mit den Tags `<a>` und `</a>` ein:

```
<h1><a><?php echo JFactory::getApplication()->get('sitename'); ?></a></h1>
```

Wohin der Browser springen soll, verrät ihm das `href`-Attribut. In diesem Fall soll der Besucher wieder auf der Startseite landen:

```
<h1><a href="http://localhost/joomla"><?php echo JFactory::getApplication()->get('sitename'); ?></a></h1>
```

Damit könnten Sie das Template aber nur auf Ihrem eigenen Computer verwenden. Würden Sie später eine Seite auf einem Webserver einrichten, müssten Sie das Template mit dem Texteditor anpassen. Netterweise gibt es den Platzhalter `<?php echo $this->baseurl; ?>`, der die Internetadresse zur Startseite liefert (weitere Informationen zu diesem Platzhalter finden Sie im Kasten »$this->baseurl, JUri::root() und JUri::base()« auf Seite 677). So verwandelt sich der Titel in die folgende kryptische Zeile:

```
<h1><a href="<?php echo $this->baseurl; ?>"><?php echo JFactory::getApplication()->
get('sitename'); ?></a></h1>
```

Suchmaschinen sollte man noch explizit darauf hinweisen, dass dieser Link zurück zur Startseite führt. Das übernimmt ein zweites Attribut rel="home". Das komplette Gebilde sieht damit aus wie das in Beispiel 16-8:

Beispiel 16-8: Der eingebaute Name der Website

```
...
<div>
   <!-- Bereich für den Namen der Website -->
   <h1><a href="<?php echo $this->baseurl; ?>" rel="home"><?php echo JFactory::
getApplication()->get('sitename'); ?></a></h1>
</div>
...
```

Statische Bilder einbauen

Unter dem Namen der Website soll ein Foto erscheinen, das als Blickfang dient. Für die Filmtoaster-Seiten finden Sie auf unseren Download-Seiten im Ordner *Kapitel16* ein passendes Bild in der Datei *filmprojektor.png*. Alternativ verwenden Sie irgendein eigenes kleineres Foto.

In jedem Fall könnten Sie das Bild einfach in Ihr Arbeitsverzeichnis kopieren. In der Praxis hat es sich jedoch eingebürgert, alle Bilder und Fotos in einem weiteren Unterverzeichnis *images* zu sammeln. Da gleich noch viele weitere Dateien zum Template hinzukommen, bleibt so ganz nebenbei auch die Übersicht gewahrt. Erstellen Sie also in Ihrem Arbeitsverzeichnis ein weiteres Unterverzeichnis *images* und legen Sie dort das Foto ab.

 Tipp   Achten Sie darauf, dass das Dateiformat Ihrer Bilder von jedem Browser erkannt und verarbeitet werden kann. Unproblematisch sind die Formate PNG, GIF und JPG.

Anschließend müssen Sie das Bild noch in die Internetseite einbinden. Das geschieht wiederum über ein passendes `<img>`-Tag:

```
<img src="images/filmprojektor.png" alt="Ein Filmprojektor" />
```

In diesem Fall erwartet der Browser das Bild in einer Datei namens *filmprojektor.png* im Unterverzeichnis *images*. Bei der Installation des Templates schiebt Joomla! diesen Ordner mitsamt dem enthaltenen Foto allerdings in das entsprechende Template-Verzeichnis. Damit das schicke Foto später dort gefunden wird, muss man die komplette Internetadresse zum Bild angeben. Diese setzt sich aus der Adresse zur Startseite (wie etwa *http://localhost/joomla*) und dem Verzeichnispfad zur Bilddatei zusammen:

```
<img src="http://localhost/joomla/templates/filmtoaster/images/filmprojektor.png"
alt="Ein Filmprojektor" />
```

$this->baseurl, JUri::root() und JUri::base()

Den Platzhalter `<?php echo JUri::base(); ?>` ersetzt Joomla! durch die Internetadresse zu Ihrer Startseite. Wenn Sie der Schnellinstallationsanleitung aus Kapitel 2, *Installation*, Seite 15, gefolgt sind, ist dies *http://localhost/joomla*. Somit würde aus:

```
<img src="<?php echo JUri::base(); ?>/templates/filmtoaster/images/
filmprojektor.png" alt="Teaser-Bild" />
```

nach der Ersetzung:

```
<img src="http://localhost/joomla/templates/filmtoaster/images/
filmprojektor.png" alt="Ein Filmprojektor" />
```

Der Browser erhält damit eine komplette Internetadresse, unter der er das Bild abrufen kann.

Wenn Sie im Platzhalter `JUri::base()` gegen `JUri::root()` tauschen, erhalten Sie das gleiche Ergebnis. Mit `JUri::root()` können Sie allerdings die Internetadresse noch verändern, was aber normalerweise nicht notwendig ist. Weitere Informationen hierzu erhalten Sie in der Joomla!-Dokumentation unter *http://docs.joomla.org/JURI/root*.

Den Platzhalter `<?php echo $this->baseurl; ?>` ersetzt Joomla! durch die Internetadresse zur Startseite, der es jedoch vorher noch den Anfang mit dem Domainnamen abschneidet. Wenn Sie beispielsweise der Schnellinstallationsanleitung aus Kapitel 2, *Installation*, Seite 15, gefolgt sind, lautet die Internetadresse zur Startseite *http://localhost/joomla*. Joomla! entfernt hier den Anfang *http://localhost* und sorgt damit für das Ergebnis */joomla*. Das `<img>`-Tag:

```
<img src="<?php echo $this->baseurl; ?>/templates/filmtoaster/images/
filmprojektor.png" alt="Teaser-Bild" />
```

würde nach der Ersetzung folglich so aussehen:

```
<img src="/joomla/templates/filmtoaster/images/filmprojektor.png"
alt="Ein Filmprojektor" />
```

Der Browser nimmt jetzt an, dass die Datei auf dem gleichen Webserver liegt wie Joomla!, ergänzt selbst den entsprechenden Domainnamen (im Beispiel *http://localhost*) und hat somit wieder die Internetadresse, unter der er das Bild abrufen kann.

Im Platzhalter können Sie anstelle von `$this->baseurl` auch `JUri::root(true)` oder `JUri::base(true)` verwenden. In diesen Fällen schneidet Joomla! ebenfalls den Anfang mit dem Domainnamen ab.

Vermutlich sind Sie jetzt zu Recht verwirrt. Zusammengefasst, lässt sich sagen: Es gibt mehrere Platzhalter, die die Internetadresse zur Startseite liefern. Die in Joomla! 3.6 mitgelieferten Templates nutzen die vorgestellten Platzhalter wild gemischt und ohne festes Schema. Der Gewinner scheint dabei allerdings `<?php echo $this->baseurl; ?>` zu sein.

Unter *templates* sammelt Joomla! alle Templates. Darin liegt das Filmtoaster-Template im Unterverzeichnis *filmtoaster*, in dem wiederum im Ordner *images* das Foto *filmprojektor.png* anzutreffen ist (siehe auch Abschnitt »Das Template-Verzeichnis« auf Seite 652).

Die Adresse *http://localhost/joomla* existiert allerdings nur, wenn Sie der Installationsanleitung aus Kapitel 2, *Installation*, Seite 15, gefolgt sind. Wollen Sie Ihr Template auch in einer anderen Joomla!-Installation nutzen, müssten Sie alle zum Template gehörenden Dateien durchgehen und darin die (Verzeichnis-)Namen anpassen. Abhilfe schafft der Platzhalter <?php echo Juri::root(); ?>, der später automatisch durch die Internetadresse zur Startseite ersetzt wird (ergänzende Informationen zu diesem Platzhalter finden Sie im Kasten »$this->baseurl, JUri::root() und JUri::base()« auf Seite 677). Damit verwandelt sich die Pfadangabe in folgendes Gebilde:

```
<img src="<?php echo JUri::root(); ?>/templates/filmtoaster/images/filmprojektor.png" alt="Ein Filmprojektor" />
```

Wenn Sie nachträglich den Namen Ihres Templates ändern, müssen Sie in der obigen Zeile den Verzeichnisnamen *filmtoaster* anpassen. Netterweise gibt auch hier wieder einen Platzhalter: <?php echo $this->template ?> wird später durch den Template-Namen ersetzt. Damit sieht das komplette <img>-Tag so aus:

```
<img src="<?php echo JUri::root(); ?>/templates/<?php echo $this->template; ?>/images/filmprojektor.png" alt="Ein Filmprojektor" />
```

Dieses <img>-Tag setzen Sie jetzt an der dafür vorgesehenen Stelle ein, wie es Beispiel 16-9 für das Filmtoaster-Template demonstriert.

Beispiel 16-9: Das ins Template eingebaute Foto

```
...
<div>
   <!-- Bereich für das Foto -->
   <<img src="<?php echo JUri::root(); ?>/templates/<?php echo $this->template; ?>/
              images/filmprojektor.png" alt="Ein Filmprojektor" />
</div>
...
```

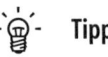

Tipp   Um Wartung und Weitergabe zu vereinfachen, sollten Sie die Verzeichnisnamen in Ihrem Template niemals »fest verdrahten«, sondern möglichst immer aus den oben vorgestellten Platzhaltern zusammensetzen.

Die fertige Datei index.php

In den vorhergehenden Abschnitten fanden spezielle Platzhalter ihren Weg in die Internetseite. Da es nun keine reine HTML-Datei mehr ist, geben Sie ihr den von Joomla! gewünschten Dateinamen *index.php*.

Abschließend sollten Sie noch sicherstellen, dass nur Joomla! den Inhalt dieser Datei auswerten darf. Dafür sorgt der Befehl

```
<?php defined('_JEXEC') or die; ?>
```

Setzen Sie ihn in die allererste Zeile (noch vor das <!DOCTYPE html>). Versucht nun jemand – wie beispielsweise ein Angreifer – das Template direkt in seinem Browser zu öffnen, blockiert Joomla! das. Damit bleibt fremden Besuchern der Einblick in den Aufbau Ihres Templates verwehrt.

Die gesamte Datei *index.php* für das Filmtoaster-Template sehen Sie noch einmal in Beispiel 16-10.

Beispiel 16-10: Die erste Version des Filmtoaster-Templates

```
<?php defined('_JEXEC') or die; ?>
<!DOCTYPE html>
<html xmlns="http://www.w3.org/1999/xhtml" xml:lang="<?php echo $this->language; ?>"
lang="<?php echo $this->language; ?>" dir="<?php echo $this->direction; ?>">
<head>
   <jdoc:include type="head" />
</head>
<body>
   <div>
      <!-- Bereich für die Suchfunktion -->
      <jdoc:include type="modules" name="position-0" style="html5" />
   </div>
   <div>
      <!-- Bereich für den Namen der Website -->
      <h1><a href="<?php echo $this->baseurl; ?>" rel="home"><?php echo JFactory::
         getApplication()->get('sitename'); ?></a></h1>
   </div>
   <div>
      <!-- Bereich für das Foto -->
      <img src="<?php echo JUri::root(); ?>/templates/<?php echo $this->template; ?>/
         images/filmprojektor.png" alt="Ein Filmprojektor" />
   </div>
   <nav>
      <!-- Bereich für das Hauptmenü -->
      <jdoc:include type="modules" name="position-1" style="html5" />
   </nav>
   <div>
      <!-- Bereich für die Komponenten -->
      <jdoc:include type="message" />
      <jdoc:include type="component" />
   </div>
   <aside>
      <!-- Bereich für die Module -->
      <jdoc:include type="modules" name="position-7" style="html5" />
   </aside>
   <footer>&copy; 2016 Filmtoaster</footer>
</body>
</html>
```

Damit wären bereits zwei von Joomla!s Forderungen erfüllt: Es existiert die zentrale Datei *index.php*, und das Bild liegt vorschriftsmäßig im Unterverzeichnis *images*.

Eigene Fehlerseite gestalten

Sollte Joomla! aus irgendeinem Grund einen Betrag nicht finden können oder ein anderer schwerwiegender Fehler auftreten, sieht der Besucher die Meldung aus Abbildung 16-10.

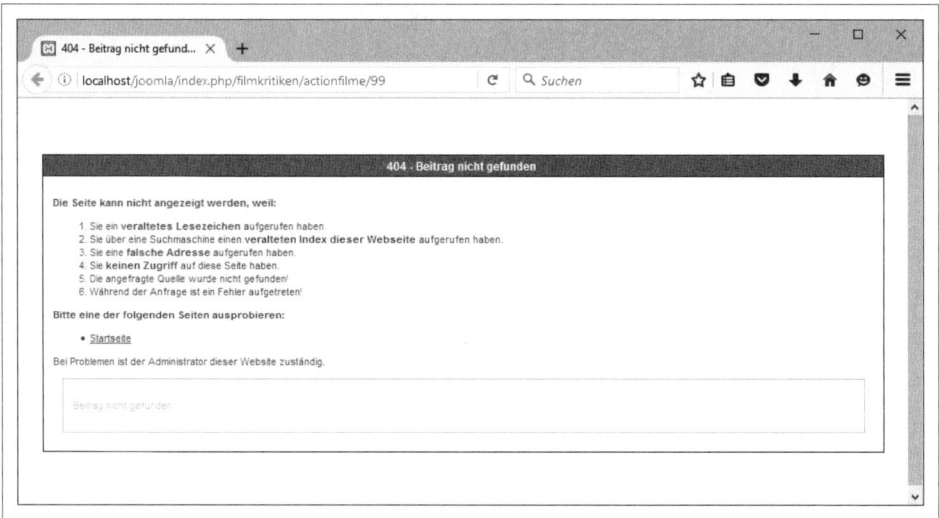

Abbildung 16-10: Hier wurde ein Beitrag nicht gefunden.

Zumindest in Joomla! 3.6 ist sie weder besonders hübsch, noch passt sich der Kasten an kleine Bildschirme an. Netterweise können Sie das Aussehen dieser Fehlerseite in Ihrem Template selbst bestimmen. Dazu erstellen Sie in Ihrem Arbeitsverzeichnis einfach die Textdatei *error.php*. Wann immer ein Fehler auftritt, zeigt Joomla! die Webseite aus dieser Datei an. Sie ist wie die *index.php* eine HTML-Datei und mit ein paar Joomla!-eigenen Platzhaltern gewürzt. Eine extrem einfache Fassung sehen Sie in Beispiel 16-11. Sie sieht etwas anders aus als die Datei *index.php*, was wiederum einen recht simplen Grund hat.

Beispiel 16-11: Beispiel für eine extrem einfache error.php

```
<?php defined('_JEXEC') or die; ?>
<!DOCTYPE html>
<html xmlns="http://www.w3.org/1999/xhtml" xml:lang="<?php echo $this->language; ?>"
lang="<?php echo $this->language; ?>" dir="<?php echo $this->direction; ?>">
<head>
    <title><?php echo $this->title; ?></title>
</head>
<body>
<body>
    <div>
        <!-- Name der Website -->
        <h1><a href="<?php echo $this->baseurl; ?>/" rel="home"><?php echo JFactory::
                    getApplication()->get('sitename'); ?></a></h1>
    </div>
    <nav>
        <!-- Bereich für das Hauptmenü -->
        <?php echo JFactory::getDocument()->getBuffer('modules', 'position-1',
                    array('style' => 'none')); ?>
    </nav>
    <div>
```

Beispiel 16-11: Beispiel für eine extrem einfache error.php *(Fortsetzung)*

```
    <!-- Fehlermeldung -->
    <p>Folgender Fehler ist aufgetreten:</p>
    <p>Nummer: <?php echo $this->error->getCode(); ?> </p>
    <p>Grund: <?php echo $this->error->getMessage(); ?> </p>
    <p><a href="<?php echo $this->baseurl; ?>/index.php">Zurück zur Startseite</a></p>
  </div>
  <footer>&copy; 2016 Filmtoaster</footer>
</body>
</html>
```

Sicherheitshalber ignoriert Joomla! auf der Fehlerseite einige Platzhalter. So gibt das Content-Management-System beispielsweise keine Module aus. Aus diesem Grund muss man auf andere Platzhalter ausweichen. Das beginnt schon beim Kopf: Dort müssen Sie jetzt selbst einen Seitentitel vorgeben. Beispiel 16-11 übernimmt einfach den Namen der Website.

Neu ist auch der Körper: Ganz oben auf der Seite erscheint zunächst wieder der Name der Website, darunter das Hauptmenü. Damit können Besucher später schnell wieder auf eine existierende Seite zurückwechseln. Da Joomla! jedoch die Module sicherheitshalber ausblendet, müssen Sie ihre Anzeige mit dem folgenden Platzhaltermonster erzwingen:

```
<?php echo JFactory::getDocument()->getBuffer('modules', 'position-1',
array('style' => 'none')); ?>
```

Joomla! ersetzt diese Zeile durch alle Module, die der Seitenbetreiber an Position position-1 platziert hat – im Filmtoaster-Template liegt dort das Hauptmenü.

Die folgenden Zeilen geben eine Fehlermeldung aus. Den Platzhalter `<?php echo $this->error->getCode(); ?>` ersetzt Joomla! dabei durch die interne Fehlernummer. Ein nicht gefundener Beitrag trägt beispielsweise immer die Nummer 404. Eine etwas aussagekräftigere Beschreibung liefert `<?php echo $this->error->getMessage(); ?>`. Abschließend bietet Beispiel 16-11 dem Besucher noch die Möglichkeit, über einen Link wieder direkt zur Startseite zu springen. Den Platzhalter `<?php echo $this->baseurl; ?>` kennen Sie schon aus den vorherigen Abschnitten (siehe auch den Kasten »$this->baseurl, JUri::root() und JUri::base()« auf Seite 677).

In Abbildung 16-10 sehen Sie noch zahlreiche weitere Meldungen und insbesondere einige Hinweise auf mögliche Fehlerquellen. Diese Texte könnten Sie jetzt einfach abtippen. Damit würden jedoch auch in einem englischsprachigen Internetauftritt alle Hinweise immer in Deutsch erscheinen. Joomla! bietet deshalb für die Texte aus Abbildung 16-10 passende Platzhalter an. Welcher Platzhalter durch welchen Text ersetzt wird, bestimmt das gerade aktive Sprachpaket. Tabelle 16-1 zeigt beispielhaft, welche Platzhalter das deutsche Sprachpaket in welche Hinweistexte eintauscht. Wenn Sie die Platzhalter nutzen, übersetzt Joomla! folglich die Texte bei Bedarf automatisch in eine andere Sprache. Die von `<?php echo $this->error->getMessage(); ?>` gelieferte Fehlermeldung erscheint ebenfalls immer automatisch in der richtigen Sprache.

Tabelle 16-1: Hinweistexte für die Fehlerseite

Platzhalter	Text mit deutschem Sprachpaket
`<?php echo JText::_('JERROR_LAYOUT_NOT_ABLE_TO_VISIT'); ?>`	Die Seite kann nicht angezeigt werden, weil:
`<?php echo JText::_('JERROR_LAYOUT_AN_OUT_OF_DATE_BOOKMARK_FAVOURITE'); ?>`	Sie ein veraltetes Lesezeichen aufgerufen haben.
`<?php echo JText::_('JERROR_LAYOUT_SEARCH_ENGINE_OUT_OF_DATE_LISTING'); ?>`	Sie über eine Suchmaschine einen veralteten Index dieser Webseite aufgerufen haben.
`<?php echo JText::_('JERROR_LAYOUT_MIS_TYPED_ADDRESS'); ?>`	Sie eine falsche Adresse aufgerufen haben.
`<?php echo JText::_('JERROR_LAYOUT_YOU_HAVE_NO_ACCESS_TO_THIS_PAGE'); ?>`	Sie keinen Zugriff auf diese Seite haben.
`<?php echo JText::_('JERROR_LAYOUT_REQUESTED_RESOURCE_WAS_NOT_FOUND'); ?>`	Die angefragte Quelle wurde nicht gefunden!
`<?php echo JText::_('JERROR_LAYOUT_ERROR_HAS_OCCURRED_WHILE_PROCESSING_YOUR_REQUEST'); ?>`	Während der Anfrage ist ein Fehler aufgetreten!
`<?php echo JText::_('JERROR_LAYOUT_PLEASE_TRY_ONE_OF_THE_FOLLOWING_PAGES'); ?>`	Bitte eine der folgenden Seiten ausprobieren:
`<?php echo JText::_('JERROR_LAYOUT_GO_TO_THE_HOME_PAGE'); ?>`	Startseite
`<?php echo JText::_('JERROR_LAYOUT_PLEASE_CONTACT_THE_SYSTEM_ADMINISTRATOR'); ?>`	Bei Problemen ist der Administrator dieser Website zuständig.

Damit jeder Besucher die Fehlermeldungen versteht, sollten Sie folglich die in Beispiel 16-11 hervorgehobenen Zeilen durch die aus Beispiel 16-12 ersetzen.

Beispiel 16-12: Die verbesserten Fehlermeldungen in der Datei error.php

```
...
<div>
   <!-- Fehlermeldung -->
   <h2><?php echo $this->error->getCode(); ?> - <?php echo $this->error->getMessage(); ?></h2>
   <p><strong><?php echo JText::_('JERROR_LAYOUT_NOT_ABLE_TO_VISIT'); ?></strong></p>
   <ul>
      <li><?php echo JText::_('JERROR_LAYOUT_AN_OUT_OF_DATE_BOOKMARK_FAVOURITE'); ?></li>
      <li><?php echo JText::_('JERROR_LAYOUT_SEARCH_ENGINE_OUT_OF_DATE_LISTING'); ?></li>
      <li><?php echo JText::_('JERROR_LAYOUT_MIS_TYPED_ADDRESS'); ?></li>
      <li><?php echo JText::_('JERROR_LAYOUT_YOU_HAVE_NO_ACCESS_TO_THIS_PAGE'); ?></li>
      <li><?php echo JText::_('JERROR_LAYOUT_REQUESTED_RESOURCE_WAS_NOT_FOUND'); ?></li>
      <li><?php echo JText::_('JERROR_LAYOUT_ERROR_HAS_OCCURRED_WHILE_PROCESSING_YOUR_
                    REQUEST'); ?></li>
   </ul>
   <p><strong><?php echo JText::_('JERROR_LAYOUT_PLEASE_TRY_ONE_OF_THE_FOLLOWING_PAGES'); ?>
                  </strong></p>
   <ul>
      <li><a href="<?php echo $this->baseurl; ?>/index.php" title="<?php echo JText::_
('JERROR_LAYOUT_GO_TO_THE_HOME_PAGE'); ?>"><?php echo JText::_('JERROR_LAYOUT_HOME_
PAGE'); ?></a></li>
```

Beispiel 16-12: Die verbesserten Fehlermeldungen in der Datei error.php *(Fortsetzung)*

```
    </ul>
    <p><?php echo JText::_('JERROR_LAYOUT_PLEASE_CONTACT_THE_SYSTEM_ADMINISTRATOR'); ?></p>
</div>
...
```

Das damit erzielte vorläufig noch etwas karge Ergebnis zeigt Abbildung 16-11. Es lässt sich aber mit den Techniken aus dem nächsten Kapitel 17, *Responsive Design*, Seite 697, weiter aufhübschen. Die Tags <ul> ... </ul> erzeugen eine Aufzählung, die einzelnen Aufzählungspunkte kesseln <li> und </li> ein.

Abbildung 16-11: Die individuelle Fehlermeldung.

Die Datei templateDetails.xml

Als Nächstes muss Joomla! irgendwie mitgeteilt werden, wie das Template heißt, wer der Autor ist und welche Dateien beteiligt sind. Alle diese Angaben sammelt die

Textdatei *templateDetails.xml*. Grundsätzlich hat sie den Aufbau aus Beispiel 16-13, der dort schon mit den passenden Beispielwerten für das Filmtoaster-Template gefüllt wurde.

Beispiel 16-13: Der Inhalt der Datei templateDetails.xml

```
<?xml version="1.0" encoding="utf-8"?>
<!DOCTYPE install PUBLIC "-//Joomla! 2.5//DTD template 1.0//EN" "https://www.joomla.
org/xml/dtd/2.5/template-install.dtd">
<extension version="3.1" type="template" client="site">

    <!-- Ein paar allgemeine Informationen über das Template: -->
    <name>filmtoaster</name>
    <creationDate>14.09.2016</creationDate>
    <author>Tim Schürmann</author>
    <authorEmail>info@tim-schuermann.de</authorEmail>
    <authorUrl>http://www.tim-schuermann.de</authorUrl>
    <copyright>Copyright (C) 2016 Tim Schürmann, alle Rechte vorbehalten.</copyright>
    <license>GNU GPL</license>
    <version>0.1</version>
    <description>Hier steht eine Beschreibung des Templates</description>

    <!-- Alle Dateien und Verzeichnisse des Templates: -->
    <files>
        <folder>images</folder>
        <filename>index.php</filename>
        <filename>error.php</filename>
        <filename>templateDetails.xml</filename>
    </files>

    <!-- Die Modulpositionen, die das Template anbietet: -->
    <positions>
        <position>position-0</position>
        <position>position-1</position>
        <position>position-7</position>
    </positions>
</extension>
```

Joomla! verwendet erneut eigene Tags im HTML-Stil, die gemäß ihrem Namen auszufüllen sind.

Tipp Genau genommen handelt es sich hierbei um eine XML-Datei. Diese Auszeichnungssprache erlaubt die Definition von eigenen Tags im Stil von HTML. Weiterführende Informationen finden Sie unter *https://www.w3.org/XML/* oder in vielen Büchern zu diesem Thema. Um Templates zu schreiben, muss man die Sprache aber nicht beherrschen.

Zwischen die Tags fügen Sie Ihre Template-Informationen ein. Am einfachsten ist es, eine bestehende Datei zu kopieren und sie dann den eigenen Bedürfnissen anzupassen. Dabei erscheinen alle Angaben vor `<files>` später als Information im Backend in der Liste hinter *Erweiterungen → Templates → Templates*.

Die ersten beiden kryptischen Zeilen

```
<?xml version="1.0" encoding="utf-8"?>
<!DOCTYPE install PUBLIC "-//Joomla! 2.5//DTD template 1.0//EN" "https://www.joomla.org/xml/dtd/2.5/template-install.dtd">
```

sind rein technischer Natur und müssen so immer vorhanden sein. XML-Kenner werden die Zeilen wiedererkennen, alle anderen können sie einfach immer gedankenlos übernehmen.

Tipp	Stören Sie sich nicht an der Versionsnummer 2.5 im Zeichensalat der zweiten Zeile: Da sich am Aufbau der *templateDetails.xml* seit Joomla! 2.5 nichts verändert hat, taucht diese alte Nummer dort noch auf.
	XML-Kenner dürfte noch interessieren, dass die Joomla!-Entwickler die DTD-Dateien nicht mehr auf ihren Seiten beziehungsweise *joomla.org* bereitstellen. Das kann einige Editoren zu einer Fehlermeldung veranlassen. Die *templateDetails.xml* wertet Joomla! dennoch korrekt aus.

Die nächste Zeile

```
<extension version="3.1" type="template" client="site">
```

sagt Joomla!, dass es sich hierbei um ein Template (`type="template"`) für Joomla! ab Version 3.1 handelt, das das Aussehen der Website (`client="site"`) verändert. Wenn Sie Ihr Template nur für Joomla! ab Version 3.6 bereitstellen möchten, ändern Sie die Nummer entsprechend ab:

```
<extension version="3.6" type="template" client="site">
```

Ältere Joomla!-Versionen verweigern dann die Installation des Templates.

Der Name des Templates gehört zwischen die `<name>`-Tags. Im Beispiel lautet der Template-Name `filmtoaster`.

Warnung	Den hier vergebenen Template-Namen zieht Joomla! zur Erstellung des zugehörigen Template-Verzeichnisses heran. Sofern das Content-Management-System den hier stehenden Begriff nicht direkt als Verzeichnisnamen verwenden kann, bastelt es sich kurzerhand aus den bestehenden Angaben einen eigenen. Aus diesem Grund sollten Sie dem Template immer den gleichen Namen verpassen wie dem Verzeichnis, in dem es später residiert. 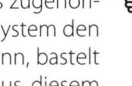

Alle folgenden Angaben sind Zusatzinformationen:

`<creationDate>14.09.2016</creationDate>`
Das Erstellungsdatum des Templates. Es bleibt Ihnen überlassen, welches Datumsformat Sie verwenden. So wäre hier beispielsweise auch Sep/14/2016 oder 14-09-2016 möglich.

`<author>Tim Schürmann</author>`
Der Autor beziehungsweise Ersteller des Templates.

`<authorEmail>info@tim-schuermann.de</authorEmail>`
> Die E-Mail-Adresse des Autors. Auf diesem Weg können die späteren Anwender bei Problemen, Fragen oder Anregungen mit Ihnen in Kontakt treten.

`<authorUrl>http://www.tim-schuermann.de</authorUrl>`
> Die Internetadresse des Autors.

`<copyright>Copyright (C) 2016 Tim Schürmann, alle Rechte vorbehalten.</copyright>`
> Informationen zum Urheberrecht.

`<license>GNU GPL</license>`
> Die Lizenz, unter der das Template verbreitet werden darf. In diesem Fall wurde die freie GNU General Public License gewählt (*http://www.gnu.org/licenses/*). Genauso wäre aber natürlich auch eine kommerzielle Lizenz denkbar.

`<version>0.1</version>`
> Die Versionsnummer des Templates. Wie schon beim Datum gibt es auch hier keine feste Vorschrift für ihren Aufbau. Dennoch sollten Sie sich an den üblichen Standard halten und wie im Beispiel durch Punkte getrennte Zahlen verwenden.

`<description>Hier steht eine Beschreibung des Templates</description>`
> Eine Beschreibung des Templates. Sie soll anderen Joomla!-Betreibern das Template kurz vorstellen und auf mögliche Einsatzbereiche hinweisen.

Der folgende Bereich zwischen `<files>` und `</files>` führt alle Dateien auf, die zum Template gehören. Jeder Dateiname wird dabei noch einmal von den Tags `<filename>` und `</filename>` eingekesselt:

```
<filename>index.php</filename>
<filename>error.php</filename>
<filename>templateDetails.xml</filename>
```

Um sich bei vielen Dateien und Unterverzeichnissen nicht die Finger wund zu tippen, kann man auch einfach ganze Verzeichnisse einschließen:

```
<folder>images</folder>
```

Hiermit würden automatisch alle Dateien und Unterverzeichnisse im Ordner *images* zum Template gehören.

Wenn Sie später ein Paket für die Weitergabe des Templates geschnürt haben, greift Joomla! auf diese Informationen bei der Installation zurück. Nur die Dateien und Verzeichnisse, die zwischen `<files>` und `</files>` in der Datei *templateDetails.xml* vermerkt wurden, kopiert Joomla! später in das zugehörige Template-Verzeichnis auf dem Webserver. Damit dort keine zerstückelte Designvorlage landet, sollten Sie immer besonders gut darauf achten, dass hier restlos alle zum Template gehörenden Dateien und Verzeichnisse aufgelistet sind.

Im unteren Teil der Datei stehen zwischen `<positions>` und `</positions>` noch einmal die Namen aller Modulpositionen, die das Template anbietet. Jeder Name wird dabei von `<position>` und `</position>` eingerahmt:

```
<positions>
    <position>position-0</position>
    <position>position-1</position>
    <position>position-7</position>
</positions>
```

Für die Filmtoaster-Seiten speichern Sie jetzt Beispiel 16-13 unter dem Dateinamen *templateDetails.xml* in Ihrem Arbeitsverzeichnis. Achten Sie dabei auf die Groß- und Kleinschreibung im Dateinamen.

Template-Paket erstellen und Testlauf in Joomla!

Damit sind bereits die Minimalvoraussetzungen an ein Template erfüllt. Verpacken Sie den Inhalt Ihres Arbeitsverzeichnisses in ein ZIP-Archiv. Rufen Sie dann im Backend von Joomla! den Menüpunkt *Erweiterungen* → *Verwalten* → *Installieren* auf, wählen Sie auf der Registerkarte *Paketdatei hochladen* via *Durchsuchen …* das gerade zuvor erzeugte ZIP-Archiv und lassen Sie es mit einem Klick auf *Hochladen und installieren* einspielen.

Joomla! öffnet jetzt die ZIP-Datei und schaut, welche Zeichenkette zwischen den `<name>`-Tags steht. Diese Information verwendet es, um im Unterverzeichnis *template* der Joomla!-Installation ein Verzeichnis mit diesem Namen anzulegen. Dort hinein kopiert es alle Dateien und Verzeichnisse, die zwischen `<files>` und `</files>` im unteren Teil der Datei *templateDetails.xml* angemeldet sind.

Falls Sie dabei eine Fehlermeldung erhalten, prüfen Sie noch einmal die exakte Schreibweise der einzelnen Dateien und des Verzeichnisses sowie den Inhalt der Datei *templateDetails.xml* auf Tippfehler.

Warnung   Tippfehler sind die am häufigsten vorkommenden Probleme bei der Template-Entwicklung. Meist überliest man sie unbewusst. Achten Sie daher vor allem auf fehlende Buchstaben oder Buchstabendreher.

Hat alles geklappt, taucht das neue Filmtoaster-Template im Menü *Erweiterungen* → *Templates* → *Templates* auf. Hinter *Erweiterungen* → *Templates* → *Stile* hat Joomla! sogar schon einen passenden Stil namens *filmtoaster* → *Standard* angelegt (wie Abbildung 16-12 zeigt).

Stil	Standard	Seiten
☐ Beez3 - Default	☆	Nicht zugewiesen
☐ Clever - Standard	☆	Nicht zugewiesen
☐ filmtoaster - Standard	☆	Nicht zugewiesen
☐ My Default Style (Protostar)	☆	Nicht zugewiesen
☐ Protostar – Filmtoaster	★	Standard für alle Seiten

Abbildung 16-12:   Das selbst erstellte Template hat nach der Installation einen eigenen Stil.

Machen Sie den Stil zum Standardstil (etwa indem Sie das Kästchen des Stils *filmtoaster → Standard* ankreuzen und dann auf *Standard* klicken). In der *Vorschau* erstrahlt dann die eigene Website im selbst gestrickten und derzeit noch etwas minimalistischen neuen Template (siehe Abbildung 16-13).

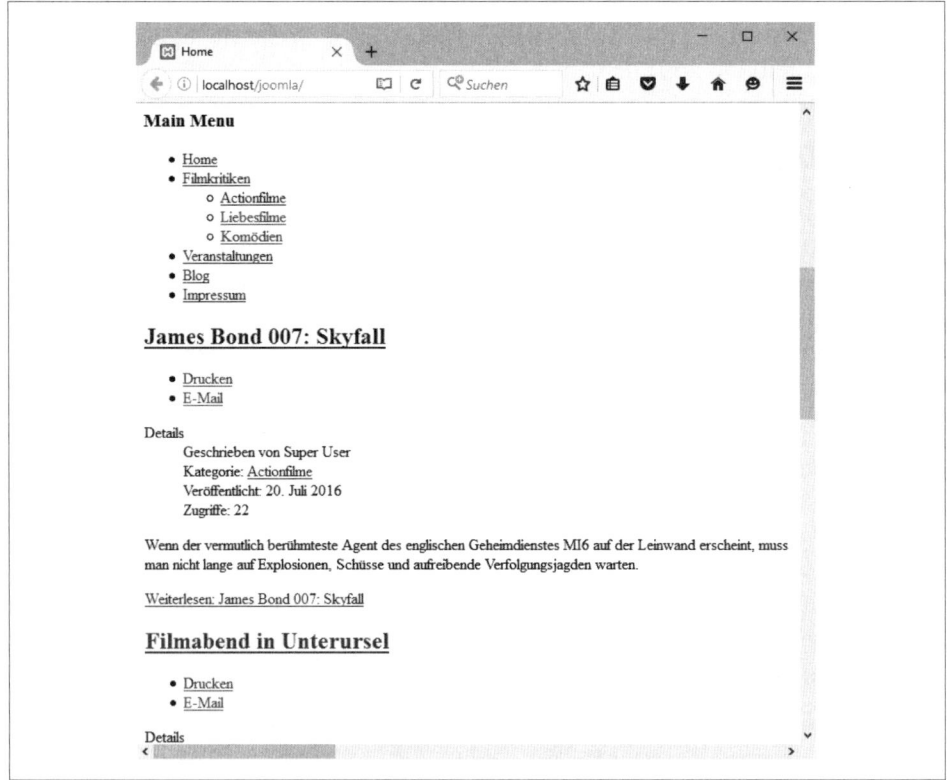

Abbildung 16-13: Das eigene Template in der Vorschau.

Alle Bestandteile der Seite werden derzeit untereinandergesetzt. Dieses Ergebnis war allerdings zu erwarten – schließlich haben die `<div>`-Tags zunächst keine optischen Auswirkungen. Folglich bleiben im Browser die aneinandergereihten Joomla!-Inhalte übrig. Das ist für die Darstellung auf Mobiltelefonen zwar schon der richtige Ansatz, die Optik könnte aber durchaus ansehnlicher sein. Dies ändert sich umgehend im nächsten Kapitel durch den Einsatz von CSS.

Bevor Sie dorthin umblättern, deinstallieren Sie jedoch zunächst das Filmtoaster-Template. Dazu rufen Sie im Backend *Erweiterungen → Templates → Stile* auf, kreuzen einen beliebigen anderen Stil an (wie etwa *My Default Style (Protostar)*) und klicken dann auf *Standard*. Anschließend rufen Sie *Erweiterungen → Verwalten → Verwalten* auf, warten ein wenig und öffnen die *Suchwerkzeuge*. Stellen Sie dann unter – *Typ wählen* – den Punkt *Template* ein, setzen Sie einen Haken in das Kästchen vor *filmtoaster* und klicken Sie auf *Deinstallieren*. Wenden Sie sich jetzt wieder Ihrem Arbeitsverzeichnis zu.

Tipp	Das wiederholte Installieren und Deinstallieren ist leider während der Template-Entwicklung immer mal wieder notwendig: Aufgrund des zugrunde liegenden Installationsmechanismus kann man Änderungen häufig nicht mehr direkt im installierten Template vornehmen.	

Damit steht das Grundgerüst des Templates. Sie können jetzt umgehend zum nächsten Kapitel springen und die Optik gestalten. In einigen seltenen Fällen kann es jedoch notwendig sein, in die Ausgaben der Module und Komponenten einzugreifen – etwa wenn Sie im Template dem Modul mit den beliebtesten Beiträgen eine ganz bestimmte Optik aufzwingen möchten. Dabei helfen die in den folgenden Abschnitten vorgestellten Techniken *Template Overrides* und *Module Chrome*. Für das Filmtoaster-Template sind sie allerdings nicht notwendig. Wenn Sie nur das Beispiel mitmachen möchten, können Sie daher einfach weiter zum nächsten Kapitel blättern.

Template Overrides

Bislang gaben die platzierten Komponenten und Module aus, was sie wollten. Die Module für die Menüs und die beliebtesten Beiträge liefern ihre Texte beispielsweise immer in einer Liste (<ul>). Sie konnten diese Liste nur mit weiteren Tags umschließen – mit anderen Worten: das Bett zimmern, in das die jeweilige Liste fällt.

Insbesondere schlampig programmierte Module und Komponenten aus dem Internet pressen ihre Inhalte schon mal eigenmächtig in Tabellen oder stellen mitunter sogar das gesamte Layout auf den Kopf.

Was die Komponenten und Module so produzieren, enthüllt wieder einmal die Quelltextansicht Ihres Browsers. Der HTML-Schnipsel aus Beispiel 16-14 zeigt die (der Übersicht halber gekürzten) Ausgaben des Moduls für die beliebtesten Beiträge:

Beispiel 16-14: Ausschnitt aus einer Ausgabe des Moduls für die beliebtesten Beiträge

```
<div class="moduletable" >
   <h3>Beliebteste Kritiken</h3>
   <ul class="mostread">
      <li>
         <a href="/joomla/index.php/filmkritiken/actionfilme/7-james-bond-007-skyfall">
         <span>James Bond 007: Skyfall</span></a>
      </li>
      <li>
         <a href="/joomla/index.php/filmkritiken/actionfilme/8-james-bond-goldfinger">
         <span>James Bond: Goldfinger</span></a>
      </li>
   </ul>
</div>
```

Mithilfe des Attributs `class` – etwa `class="mostread"` – lassen sich die einzelnen Elemente noch über die im nächsten Kapitel vorgestellten Stylesheets hübsch formatieren; die Liste selbst wird man darüber jedoch nicht los.

In die Ausgaben der Module eingreifen

Glücklicherweise dürfen Templates Einfluss auf die Ausgabe von Komponenten und Modulen nehmen. Um die dahinterstehenden Mechanismen besser verstehen zu können, ist zunächst ein kleiner Ausflug in das Joomla!-Installationsverzeichnis notwendig.

 **Warnung**   Da es gleich ans Eingemachte geht, benötigen Sie gute Kenntnisse in der HTML- und PHP-Programmierung. Ohne entsprechendes Wissen sollten Sie die Ausgaben der Module und Komponenten besser unangetastet lassen.

Wechseln Sie in den Unterordner *modules/mod_articles_popular* Ihrer Joomla!-Installation. In diesem Verzeichnis residiert das Modul *mod_articles_popular*, das die beliebtesten Beiträge einsammelt und anzeigt.

 Tipp   *mod_articles_popular* ist der interne Name des Moduls. Leider nutzt Joomla! ihn nur unter der Haube. Sie müssen also ein wenig raten, in welchem Verzeichnis welches Modul liegt. Da jedoch durchweg auf kryptische Bezeichnungen verzichtet wurde, sollte sich der korrekte Ordner im *modules*-Verzeichnis schnell aufspüren lassen. Mehr zu diesen internen Namen folgt in Kapitel 20, *Eigene Erweiterungen erstellen*, Seite 867.

Wann immer das Modul irgendwelche Inhalte ausgeben muss, zieht es die Dateien im Unterverzeichnis *tmpl* zurate. Im Fall des Moduls für die beliebtesten Beiträge finden Sie darin nur eine einzige Datei namens *default.php*. Die in dieser Datei gespeicherten Anweisungen sagen dem Modul ganz detailliert, wie es seine Daten zu formatieren hat. Öffnen Sie die Datei *default.php* in einem Texteditor, und voilà – Sie haben die bekannte Liste aus Beispiel 16-14 vor sich.

 Tipp   Mit anderen Worten: Die Datei *default.php* ist nichts anderes als eine Art »Template für die Modulausgaben« – nicht umsonst steht der Verzeichnisname *tmpl* als Abkürzung für »Template«.

Die immer wieder eingestreuten <?php>-Tags weisen dezent darauf hin, dass die Datei *default.php* eine Mischung aus HTML- und PHP-Befehlen enthält. Letztere regeln, wie die darzustellenden Inhalte – hier etwa die beliebtesten Beiträge – in den HTML-Rest einzubetten sind.

In dieses Kauderwelsch könnten Sie nun direkt eingreifen und beispielsweise alle Listen-Tags gegen <div>-Elemente austauschen. Dieses rabiate Vorgehen hat allerdings zwei gravierende Nachteile: Zum einen verändern Sie damit direkt Joomla!-eigenen Code, der mit dem nächsten Versions-Update wieder überschrieben würde. Zum anderen laufen Sie Gefahr, das Modul unbrauchbar zu machen – ein kleiner Tippfehler genügt, und schon gibt das Modul auf der Website nur noch Müll aus.

Glücklicherweise gibt es einen trickreichen Ausweg: Das (Filmtoaster-)Template wird kurzerhand mit einer eigenen Version der *default.php* ausgestattet. Dazu erstellen Sie im Arbeitsverzeichnis Ihres Templates einen Ordner namens *html*. Darin legen Sie ein weiteres Unterverzeichnis an, das genauso heißt wie das Modul – im Beispiel also *mod_articles_popular*. Dort hinein kopieren Sie die originale *default. php*-Datei (also die aus dem Unterverzeichnis *modules/mod_articles_popular/tmpl*).

Diese Kopie können Sie jetzt in Ihrem Template-Verzeichnis nach Herzenslust anpassen und beispielsweise die Listen-Tags gegen `<div>`-Pendants austauschen.

Später sucht das Modul für die beliebtesten Beiträge immer zuerst im Unterverzeichnis *html* des aktuellen Templates nach einem Unterverzeichnis *mod_articles_popular*. Wird es fündig, verwendet es die darin abgelegte Datei *default.php* zur Formatierung seiner Inhalte. Andernfalls nimmt es die Datei aus seinem eigenen Ordner. Das Template überschreibt folglich mit seiner eigenen Fassung der *default.php* die originale *default.php* des Moduls – daher rührt auch die Bezeichnung *Template Overrides* für dieses Konzept.

Sollte einmal etwas schiefgehen, deaktivieren Sie entweder kurzzeitig das Template im Backend, oder Sie löschen einfach die verkorkste *default.php* aus Ihrem Template.

Abschließend müssen Sie das Verzeichnis *html* noch in Ihrer Datei *templateDetails. xml* anmelden:

```
<files>
...
<folder>html</folder>
...
</files>
```

Jetzt können Sie den Inhalt Ihres Arbeitsverzeichnisses wieder in ein ZIP-Archiv verpacken und das so entstandene Template-Paket in Joomla! wie gewohnt einspielen.

Nach dem gleichen Schema bearbeiten Sie selbstverständlich auch alle anderen Module: Erstellen Sie einfach im Verzeichnis *html* einen weiteren Ordner mit dem Namen des Moduls und kopieren Sie dann dessen *tmpl*-Dateien dort hinein.

Es gibt grundsätzlich immer nur eine *default.php*, der allerdings bei einigen Modulen noch ein paar weitere Dateien zur Seite stehen. Ein Beispiel wäre *mod_articles_news*, das sich um die Ausgabe der letzten Beiträge kümmert. Es benötigt neben der *default.php* noch die *_item.php*, die *horizontal.php* (diese kümmert sich um eine horizontale Anordnung der Meldungen) und die *vertical.php* (falls eine vertikale Anordnung der Meldungen gewünscht ist). Diese zusätzlichen Dateien müssen Sie folglich ebenfalls kopieren und entsprechend anpassen.

In die Ausgaben der Komponenten eingreifen

Die Ausgaben der Komponenten lassen sich nach dem gleichen Prinzip überschreiben. Dort gibt es allerdings eine kleine Besonderheit zu beachten:

Wie Sie aus den vorangegangenen Kapiteln wissen, stellt Joomla! die Beiträge je nach Situation unterschiedlich dar. Auf der Startseite gibt es beispielsweise nur eine kurze Einleitung, und erst bei einem Klick auf *Weiterlesen* erscheint der Beitrag in seiner ganzen Pracht. Für die Darstellung der Beiträge ist im Hintergrund die Komponente mit dem (internen) Namen *com_content* zuständig. Abhängig von der aktuellen Situation muss sie den Text entsprechend formatieren und aufbereiten. Mit anderen Worten: *com_content* bietet verschiedene Sichtweisen oder Ansichten, englisch *Views*, auf den Text. Insgesamt kennt die Komponente fünf verschiedene solcher Views: für die Darstellung der Haupteinträge (*Featured Articles*), für alle archivierten Beiträge, für die Übersichtsseite einer Kategorie, für die Liste mit allen Kategorien und schließlich noch für die einzelnen Beiträge.

Tipp   Das sind genau die Ansichten, für die Sie auch einen Menüpunkt anlegen können.

Damit nun die Komponente *com_content* jeden Beitrag mit den von Ihnen veränderten HTML-Tags ausspuckt, muss das Template die Darstellung der entsprechenden View überschreiben.

Dazu wechseln Sie zunächst in das Verzeichnis *components/com_content* Ihrer Joomla!-Installation. Dies ist die Heimat der Komponente *com_content*. Dort geht es direkt weiter in das Unterverzeichnis *views*, das wiederum für jede von der Komponente bereitgestellte Ansicht genau ein Verzeichnis enthält. Die Darstellung eines Beitrags bestimmen beispielsweise die Dateien im Ordner *article*. Darin finden Sie dann erneut das bekannte *tmpl*-Verzeichnis vor. Seinen Inhalt müssen Sie jetzt wieder in Ihr Template kopieren – allerdings in einen ganz bestimmten Zielordner.

Wechseln Sie dazu in Ihrem Arbeitsverzeichnis in den Ordner *html* und erstellen Sie dort ein weiteres Unterverzeichnis für die Komponente – in diesem Fall mit dem Namen *com_content*. Darin erzeugen Sie nun für jede View, deren Darstellung Sie überschreiben wollen, einen weiteren Ordner. Im Beispiel soll die Darstellung eines Beitrags geändert werden. Die zuständige View lag im Verzeichnis *article*, folglich muss hier der neue Ordner ebenfalls den Namen *article* erhalten. In ihn kopieren Sie jetzt wiederum die Inhalte des *tmpl*-Verzeichnisses.

Zusammengefasst, müssen Sie im Beispiel also alle Dateien aus dem Joomla!-Verzeichnis

/components/com_content/view/article/tmpl

in den Ordner

html/com_content/article

Ihres Arbeitsverzeichnisses kopieren. Dort angekommen, dürfen Sie die Dateien wieder nach Herzenslust verändern. Auf die gleiche Weise verfahren Sie auch mit den anderen Komponenten und Views.

Denken Sie daran, dass das Verzeichnis *html* in der Datei *templateDetails.xml* angemeldet sein muss.

Tipp   Wenn die Begriffe aus diesem Abschnitt Sie endgültig verwirrt haben, warten Sie noch bis Kapitel 20, *Eigene Erweiterungen erstellen*, Seite 867. Dort blicken Sie noch einmal etwas ausführlicher hinter die Kulissen von Joomla! und insbesondere auch auf die Komponenten. Mit dem dortigen Wissen sollten auch die Template Overrides noch einmal etwas klarer werden.

Module Chrome

Bislang wurden Module über einen Platzhalter der Form

```
<jdoc:include type="modules" name="position-7" style="html5" />
```

in das Template eingehängt. In diesem Fall landen anstelle des Platzhalters alle Module auf der Website, denen die Position position-7 zugewiesen wurde. Die Angabe html5 hinter style sorgt noch dafür, dass Joomla! jedes von ihnen in <div> und </div> einrahmt. Neben html5 gibt es verschiedene andere Verpackungsmethoden, die bereits im Abschnitt »Das style-Attribut nutzen« auf Seite 669 vorgestellt wurden.

Diesen Einrahmungsmechanismus bezeichnet Joomla! als *Module Chrome*. Allgemein handelt es sich um eine Handvoll HTML-Befehle, die vor oder hinter der Ausgabe eines jeden Moduls stehen beziehungsweise wie eine Klammer die Ausgabe des Moduls umschließen. Diese zusätzlichen Befehle können dann genutzt werden, um die Seite hübsch zu formatieren (wie es das nächste Kapitel zeigt). Normalerweise wird dieser Mechanismus verwendet, um einen mehr oder weniger ansehnlichen Rahmen um jedes Modul zu zeichnen, um die einzelnen Module so für den Besucher optisch besser voneinander zu trennen. Darüber hinaus hilft Module Chrome, die eigenen Seiten barrierefrei zu halten.

Joomla! bringt von Haus aus die Module-Chrome-Stile mit, die im Abschnitt »Das style-Attribut nutzen« auf Seite 669 vorgestellt wurden. Sofern Ihnen diese Vorgaben nicht ausreichen, dürfen Sie für Ihr Template beliebig viele weitere Stile entwerfen – Grundkenntnisse in der PHP-Programmierung vorausgesetzt.

Tipp   Beachten Sie, dass diese Stile dann ausschließlich in Ihrem eigenen Template verfügbar sind.

Eigener Stil

Für einen eigenen Module-Chrome-Stil erstellen Sie zunächst ein Unterverzeichnis namens *html* in Ihrem Template-Ordner. Sofern Sie mit den Template Overrides aus dem vorherigen Abschnitt arbeiten, sollte es bereits existieren. Darin erzeugen Sie nun eine leere Textdatei namens *modules.php*.

In dieser Datei erstellen Sie nun eine PHP-Funktion namens modChrome_**STILNAME**, wobei Sie **STILNAME** durch den Namen Ihres neuen Module-Chrome-Stils ersetzen. Das ist später auch der Bezeichner, den Sie dem Platzhalter

```
<jdoc:include type="modules" name="position-7" style="STILNAME" />
```

mit auf den Weg geben. Im Beispiel des Filmtoaster-Templates taufen Sie den Stil auf den schlichten Namen film.

Die neue PHP-Funktion muss genau drei Argumente entgegennehmen: $module, &$params und &$attribs. Damit sieht im Filmtoaster-Template die *module.php* wie folgt aus:

```
<?php defined('_JEXEC') or die;
function modChrome_film( $module, &$params, &$attribs ) {
```

```
    /* hier folgt die eigentliche Stildefinition */
}
?>
```

Die erste Zeile sorgt dafür, dass nur das Joomla!-Template auf diese Datei Zugriff erhält und somit Angreifer aus dem Internet vor verschlossenen Türen stehen.

Zwischen die geschweiften Klammern gehört jetzt ein Schwung PHP-Anweisungen, die den Rahmen der Module erzeugen und ausgeben. Dabei helfen die folgenden zwei Variablen:

- $module->content – Enthält die Ausgaben des Moduls.
- $module->title – Enthält den Titel des Moduls.

Als einfache Fingerübung könnten Sie die Ausgaben des Moduls zunächst mit div-Tags einrahmen:

```
<?php defined('_JEXEC') or die;
function modChrome_film( $module, &$params, &$attribs ) {
    echo "<div>" . $module->content . "</div>";
}
?>
```

Jetzt fehlt nur noch der Titel des Moduls. Ob er auf der Website erscheinen soll, legt ein entsprechender Schalter im Backend fest. Seine Stellung verrät $module->showtitle. Diese Variable ist true, wenn die Modulüberschrift angezeigt werden soll. Eine kurze if-Abfrage in PHP genügt, und der Titel erscheint genau dann, wenn er es auch soll:

```
<?php defined('_JEXEC') or die;
function modChrome_film( $module, &$params, &$attribs ) {
    echo "<div>";
    if ($module->showtitle) echo "<h2>" . $module->title . "</h2>";
    echo $module->content;
    echo "</div>";
}
?>
```

Da es sich um eine normale PHP-Funktion handelt, dürfen Sie Ihrer Kreativität freien Lauf lassen und somit beliebig komplexe Module-Chrome-Stile produzieren.

Das war es bereits. Vergessen Sie nicht, das Verzeichnis *html* in der Datei *templateDetails.xml* anzumelden:

```
<files>
...
<folder>html</folder>
...
</files>
```

Ab jetzt können Sie den neuen Stil in Ihrem Template (in der Datei *index.php*) wie einen der vordefinierten Stile nutzen. Ein

```
<jdoc:include type="modules" name="position-7" style="film" />
```

verwandelt Joomla! dann später in:

```
...
<div>
<h2>Beliebteste Kritiken</h2>
<!-- Hier folgen die Inhalte des Beliebteste-Beiträge-Moduls -->
</div>
...
```

Jedes Modul besitzt noch ein paar individuelle Einstellungen, die Sie im Register *Erweitert* finden. Alle diese Parameter des Moduls stecken im übergebenen $params-Objekt. Beispielsweise erhält man das Modulklassensuffix über $params->get('moduleclass_sfx'). Dieses kann man dann wiederum im Attribut class ablegen:

```
<?php defined('_JEXEC') or die;
function modChrome_film( $module, &$params, &$attribs ) {
    echo "<div class=\"" . $params->get('moduleclass_sfx') . "\" >";
    if ($module->showtitle) echo "<h2>" . $module->title . "</h2>";
    echo $module->content;
    echo "</div>";
}
?>
```

Um die Namen der übrigen Parameter herauszufinden, muss man allerdings etwas Archäologie betreiben und in den Quellcode der Module hinabsteigen. Wo diese ihre Parameter und die Namen verstecken, verrät noch Kapitel 20, *Eigene Erweiterungen erstellen*, Seite 867.

Tipp Einige dieser Parameter sind für die Darstellung an dieser Stelle irrelevant. So ist es beispielsweise für die Optik und insbesondere die Umrandung des Moduls egal, ob der Cache des Moduls aktiviert ist oder nicht.

Eigene Attribute

Weiterhin ist es möglich, die <jdoc:include ... />-Anweisung um eigene Attribute zu ergänzen. Die Werte dieser Attribute übergibt Joomla! dann an die Module-Chrome-Funktion, wo man sie wiederum auswerten und weiterverarbeiten kann. So ist es beispielsweise möglich, den Titel des Moduls auf eine andere Gliederungsstufe zu setzen (also vielleicht auf <h3> anstelle des bislang vergebenen <h2>):

```
<jdoc:include type="modules" name="left" style="film" titelebene="3" />
```

oder später für das im nächsten Kapitel entstehende Stylesheet einen ganz bestimmten Klassennamen vorzugeben:

```
<jdoc:include type="modules" name="left" style="film" klasse="eckigerrahmen" />
```

Tipp Die Namen der Attribute und ihre Werte dürfen Sie ganz nach Belieben wählen. So hätte man im ersten Beispiel anstelle von titelebene durchaus auch butterbrot verwenden können. Ihre eigentliche Bedeutung erhalten die Attribute erst bei ihrer Auswertung in der Module-Chrome-Funktion.

Die Werte dieser zusätzlichen Attribute packt Joomla! in das Array $attrib und füttert damit dann die Module-Chrome-Funktion. Dort muss man sie nur noch auswerten – am einfachsten wieder über eine Fallunterscheidung:

```php
<?php defined('_JEXEC') or die;
function modChrome_film( $module, &$params, &$attribs ) {
    echo "<div>";

    /* Prüfen, ob die Anzahl übergeben wurde */
    if(isset($attribs['titelebene'])) $titelebene=$attribs['titelebene'];
    else $titelebene=2; /* wenn nein, setze alle Titel einfach zwischen <h2> */

    /* Prüfen, ob die Klasse übergeben wurde. Wenn nicht, Standardklasse wählen*/
    if(isset($attribs['klasse'])) $klasse=$attribs['klasse'];
    else $klasse='filmklasse';

    /* Rahmen zusammenbauen: */
    /* 1. Umschließendes <div> mit entsprechender Klasse: */
    echo "<div class=\"" . $klasse . $params->get('moduleclass_sfx') . "\" >";
    /* 2. Modultitel zusammenbauen: */
    if ($module->showtitle) {
        echo "<h" . $titelebene . ">" . $module->title . "</h" . $titelebene . ">";
    }
    /* 3. Modulinhalte ausgeben: */
    echo $module->content;
    /* 4. Abschließendes </div> */
    echo "</div>";
}
?>
```

Damit würden dann die <jdoc:include ... />-Aufrufe aus Tabelle 16-2 zu den jeweils nebenstehenden Ergebnissen führen:

Tabelle 16-2: Beispiele für die Anwendung von Attributen in Module Chrome

Aufruf	Ergebnis

`<jdoc:include type="modules" name="left" style="film" />`	...
	`<div class="filmklasse">`
	`<h2>Beliebteste Kritiken</h2>`
	`<!-- Hier folgen die Inhalte des Moduls -->`
	`</div>`
	...

`<jdoc:include type="modules" name="left" style="film" titelebene="3" />`	...
	`<div class="filmklasse">`
	`<h3>Beliebteste Kritiken</h3>`
	`<!-- Hier folgen die Inhalte des Moduls -->`
	`</div>`
	...

`<jdoc:include type="modules" name="left" style="film" titelebene="3" klasse="meinekl"/>`	...
	`<div class="meinekl">`
	`<h3>Beliebteste Kritiken</h3>`
	`<!-- Hier folgen die Inhalte des Moduls -->`
	`</div>`
	...

KAPITEL 17
Responsive Design

In diesem Kapitel:
- CSS-Crashkurs
- Ein Stylesheet einbinden
- Mobile First – Layout für kleine Bildschirme
- Layout für den Desktop
- Druckvorschau
- Vorschaubilder
- Neues Template-Paket erstellen
- Gezielt einzelne Elemente formatieren
- Templates mit Parametern steuern
- Texte im Template übersetzen
- Bedingte Darstellung
- Bootstrap einsetzen
- Ein vorhandenes Template verändern

Das im vorherigen Kapitel erstellte Template ist zwar schon funktionsfähig, die Webseiten wirken jedoch noch ziemlich karg. Genau das ändert sich in den folgenden Abschnitten. Abbildung 17-1 zeigt noch einmal das angestrebte Ergebnis.

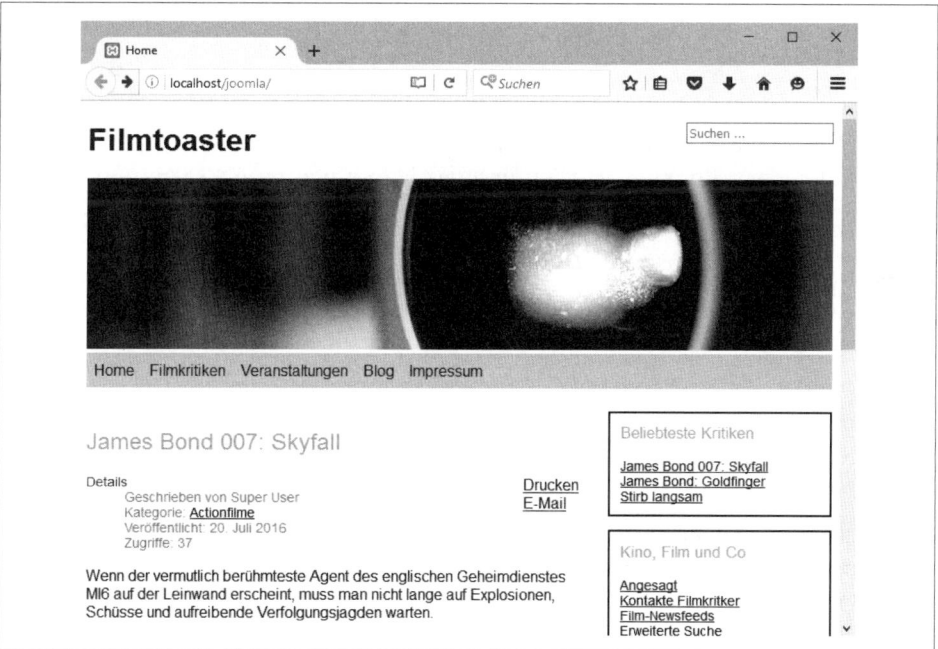

Abbildung 17-1: Das optisch verbesserte Template.

Die Webseiten sollen dabei nicht nur auf großen Monitoren, sondern natürlich auch auf den kleinen Bildschirmen von Mobilfunkgeräten gut aussehen und dabei gleichzeitig benutzbar bleiben. Idealerweise passen sich die Seiten selbstständig an

| 697

unterschiedliche Bildschirmgrößen an. Wenn das gelingt, spricht man von einem *Responsive Design*. Ins Deutsche wird diese Bezeichnung meist etwas ungelenk übersetzt mit »reaktionsfreudiges« oder »responsives Design«. Auch das in Joomla! mitgelieferte Template *Protostar* ist »responsive«: Wenn Sie Ihr Browserfenster verkleinern, passt sich die Seite automatisch an die neue Größe an (demonstriert hat das bereits Kapitel 3, *Erste Schritte im Backend*, Abschnitt »Responsive Design« auf Seite 95). Wie Sie gleich sehen werden, lässt sich solch ein Verhalten erstaunlich einfach umsetzen.

Die im vorherigen Kapitel erstellte Datei *index.php* gibt bislang nur den Grundaufbau des Templates vor. Wie der Browser eine Seite optisch darstellen soll, beschreiben mehrere spezielle Regeln. Wie diese Regeln aussehen müssen und was sie bewirken, regelt ein vom W3C entwickelter Standard namens *Cascading Style Sheets*, kurz *CSS*. Da dieser Standard somit die Grundlage für alle weiteren Arbeiten bildet, folgt im nächsten Abschnitt ein kleiner Crashkurs. Wenn Sie mit CSS schon gearbeitet haben, können Sie ihn überspringen und direkt mit dem nächsten Abschnitt »Ein Stylesheet einbinden« auf Seite 700 fortfahren.

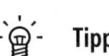

Tipp   Auch hier stößt man wieder auf die Trennung von Inhalt und Layout: Der HTML-Standard beschreibt, welche Inhalte auf der Seite zu sehen sind (wie etwa Überschriften, Texte, Links), während sich der CSS-Standard um die Optik kümmert.

CSS-Crashkurs

Das noch recht karge Grundgerüst aus der Datei *index.php* soll ein optisch ansprechendes Aussehen erhalten. So soll der Text in der Schrift *Helvetica* erscheinen, jedes Modul einen Rahmen erhalten und das Hauptmenü seine Menüpunkte waagerecht präsentieren. Dies alles teilt man dem Browser über spezielle Regeln mit. Jede dieser Regeln hübscht dabei eine oder mehrere Bestandteile der Seite auf. Eine solche Regel könnte etwa lauten: »Präsentiere alle Überschriften in der Schriftart Helvetica.« Damit der Browser diese Regel versteht, muss man sie in einer speziellen Notation aufschreiben, die der CSS-Standard festlegt.

Um eine neue Regel zu erstellen, geht man in mehreren Schritten vor: Zunächst muss man sich überlegen, welchen Elementen man auf der Website ein neues Aussehen verpassen möchte. Für den Einstieg soll zunächst nur die Schriftart aller Überschriften erster Ordnung geändert werden.

Als Nächstes sucht man im Grundgerüst der Webseite nach den HTML-Tags, die die entsprechenden Elemente einrahmen. Die Überschriften liegen immer eingerahmt zwischen <h1> und </h1>. Für das so gefundene Tag erstellt man jetzt eine neue Regel in der Form:

```
tagname
{
}
```

Der tagname war im Beispiel h1, wobei hier die spitzen Klammern weggelassen werden. Zwischen die geschweiften Klammern platziert man nun die Beschreibung des

Aussehens. Um die Schriftart zu verändern, ist lediglich eine weitere kleine Zeile notwendig:

```
h1
{
        font-family: Helvetica,Arial,sans-serif;
}
```

Das Schlüsselwort font-family weist den Browser an, die Schriftart zu ändern. Hinter dem Doppelpunkt folgt dann der Name der gewünschten Schriftart. Wie hier im Beispiel darf man dabei mehrere Schriftarten angeben, die man jeweils durch ein Komma voneinander trennt. Der Browser bevorzugt dann immer zunächst die erste – im Beispiel also die *Helvetica*. Sollte diese nicht auf dem System des Besuchers verfügbar sein, wählt der Browser stattdessen einfach die nächste, im Beispiel wäre das die *Arial*. Fehlt auch sie, soll er zu irgendeiner serifenlosen Schrift greifen. Letzteres bestimmt die Angabe sans-serif. Das komplette Gebilde font-family: Helvetica,Arial,sans-serif; ändert also eine ganz bestimmte *Eigenschaft* – nämlich die Schriftart. Man spricht deshalb auch von einer *Eigenschaftsdeklaration*.

Damit wäre die erste CSS-Regel bereits fertig: Sie weist den Browser an, alle Texte zwischen den Tags <h1> und </h1> in einer der angegebenen Schriftarten zu formatieren. Wenn man neben der Schriftart auch noch weitere Eigenschaften des Texts verändern möchte, wie etwa die Schriftgröße, notiert man sie ebenfalls zwischen den geschweiften Klammern. Die Schriftgröße ändert das Schlüsselwort font-size:

```
h1
{
   font-family: Helvetica,Arial,sans-serif;
   font-size: 16px;
}
```

In diesem Beispiel würde der Browser alle Überschriften mit einer Schriftgröße von 16 Pixeln darstellen. Damit der Browser weiß, wo die Angabe einer Eigenschaft endet und wo die nächste beginnt, setzt man noch ein Semikolon an das Ende der jeweiligen Zeile.

Wie schon bei den HTML-Dateien helfen Leerzeichen und Tabulatoren, die Regeln übersichtlich zu formatieren. Die obige Regel ließe sich folglich auch kompakter schreiben:

```
/* Ändere die Schriftart aller Texte: */
h1 { font-family: Helvetica,Arial,sans-serif; font-size: 16px;}
```

Den Text zwischen /* und */ ignoriert der Browser. Wie hier im Beispiel können Sie so Kommentare oder Notizen in oder zwischen den Regeln hinterlassen.

Zusammengefasst, hat eine CSS-Regel den folgenden Aufbau:

- Zunächst notiert man das (HTML-)Element, dessen optische Attribute geändert werden sollen. Im obigen Beispiel war das h1, also alle Überschriften der ersten Ebene.
- Es folgt eine sich öffnende geschweifte Klammer.
- Anschließend listet man alle zu ändernden Eigenschaften auf. Im Beispiel waren das die Schriftart und die Schriftgröße.

- Jede Eigenschaft beginnt mit einem Schlüsselwort, wie etwa `font-family`. Dahinter steht ein Doppelpunkt, gefolgt von einem Wert, wie etwa dem Namen der Schriftart.
- Hinter jeder Eigenschaft steht ein Semikolon.
- Schließlich folgt wieder eine schließende geschweifte Klammer.

Eine komplette Sammlung aus solchen Regeln bezeichnet man als *Stylesheet*.

Die einzelnen Regeln dürfen aufeinander aufbauen und können sich sogar wie in folgendem Beispiel überschreiben:

```
body {font-size: 16px;}
h1 {font-size: 24px;}
h1 {font-size: 8px;}
```

Der Browser geht einfach immer alle Regeln von oben nach unten durch und wendet sie an:

1. Mit der ersten Regel besitzen zunächst alle Texte zwischen <body> und </body> eine einheitliche Schriftgröße von 16 Pixeln. (Da <body> und </body> sämtliche Seiteninhalte einschließen, wirkt sich die Regel auf alle Texte aus – folglich besitzen erst einmal auch alle Überschriften eine Schriftgröße von 16 Pixeln.)
2. Mit der zweiten Regel präsentiert der Browser alle Überschriften erster Ordnung in einer Größe von 24 Pixeln.
3. Die letzte Regel wiederum revidiert das und weist allen Überschriften zwischen <h1> und </h1> nur noch eine Schriftgröße von 8 Pixeln zu.

Damit haben also auf der Seite sämtliche Texte eine Schriftgröße von 16 Pixeln, die Überschriften erster Ordnung hingegen eine Schriftgröße von 8 Pixeln. Die Regeln lassen sich folglich hintereinanderschalten. Genau das erklärt nicht nur die Bezeichnung *Cascading Style Sheets*, mit diesen Möglichkeiten lassen sich auch massiv Regeln einsparen.

Damit kennen Sie alle für das Filmtoaster-Template benötigten Grundlagen. Als Nächstes geht es endlich an die optische Gestaltung der Seiten. Falls Sie tiefer in die Möglichkeiten von CSS eintauchen möchten, empfiehlt sich ein Blick auf *http://wiki.selfhtml.org* oder ein Gang in die Buchhandlung Ihres Vertrauens.

Ein Stylesheet einbinden

Erstellen Sie zunächst in Ihrem Arbeitsverzeichnis ein Unterverzeichnis namens *css*, in dem, den allgemeinen Konventionen folgend, ein Template alle Stylesheets sammelt. Im einfachen Filmtoaster-Template gibt es nur ein einziges Stylesheet. Dessen Regeln finden allesamt in einer Textdatei Platz, die den Namen *template.css* tragen soll – auch die meisten anderen Templates verwenden diesen Dateinamen.

Den Anfang macht die Regel aus Beispiel 17-1, die eine serifenlose Schriftart einstellt.

Beispiel 17-1: Ändern der Schriftart

```
body {
        font-family: Helvetica,Arial,sans-serif;
}
```

Speichern Sie die Regel in der neuen Textdatei *template.css* im Unterverzeichnis *css*. Achten Sie darauf, dass sie die Zeichenkodierung UTF-8 nutzt (siehe auch den Kasten »Zeichenkodierung« auf Seite Seite 659). Damit der Browser weiß, dass er die darin abgelegten Regeln verwenden soll, erweitern Sie am Anfang der *index.php* die Zeile

```
<?php defined('_JEXEC') or die; ?>
```

zu:

```
<?php defined('_JEXEC') or die;
$this->addStyleSheet($this->baseurl . '/templates/' . $this->template . '/css/
template.css');
?>
```

Die hervorgehobene Zeile sorgt dafür, dass die CSS-Datei ordnungsgemäß gefunden und eingebunden wird, womit wiederum der Browser ab sofort die gewünschte Schriftart verwendet. Wenn Sie weitere CSS-Dateien einbinden möchten, müssen Sie für jede eine solche kryptische Zeile hinzufügen. Dabei können Sie einfach die oben hervorgehobene Zeile duplizieren und dann am Ende den Dateinamen austauschen.

Neben Ihrem eigenen Stylesheet können Sie zusätzlich noch das in Joomla! mitgelieferte Standard-Stylesheet via

```
...
$this->addStyleSheet($this->baseurl . '/templates/system/css/system.css');
?>
```

einbinden. Darin lagern ein paar Basisformatierungen, insbesondere für die Systemmeldungen. Für das Filmtoaster-Template ist es nicht notwendig.

Auch die Fehlerseite in der Datei *error.php* können Sie über das Stylesheet aufbrezeln lassen. Der beschriebene Weg funktioniert dort jedoch nicht, da Joomla! aus Sicherheitsgründen einige Platzhalter ignoriert. Sie müssen daher in der *error.php* die CSS-Datei wie vom HTML-Standard vorgesehen zwischen <head> und </head> mit dem folgenden Tag einbinden:

```
<link rel="stylesheet" href="<?php echo $this->baseurl ?>/templates/<?php echo
$this->template ?>/css/template.css" type="text/css" />
```

Tipp Mit diesem Tag können Sie die CSS-Datei natürlich auch in die *index.php* einbinden. Der empfohlene Weg führt in Joomla! jedoch über den obigen PHP-Befehl $this->addStyleSheet(...);. Dieser baut zunächst mit $this->baseurl und $this->template den Pfad zur Datei *template.css* zusammen und weist dann Joomla! an, später zwischen <head> und </head> das passende <link>-Tag einzufügen (zur Bedeutung von $this->baseurl und $this->template siehe Kapitel 16, *Ein eigenes Template entwickeln*, Abschnitt »Name der Website einbauen« auf Seite 675).

Abschließend müssen Sie die neue CSS-Datei noch in der *templateDetails.xml* anmelden. Der Einfachheit halber können Sie in der <files>-Sektion das komplette Unterverzeichnis *css* ergänzen:

```
...
<files>
    <folder>css</folder>
    <folder>images</folder>
    <filename>index.php</filename>
    <filename>error.php</filename>
    <filename>templateDetails.xml</filename>
</files>
...
```

Um sicherzugehen, dass sich bis hierhin kein Tippfehler eingeschlichen hat, sollten Sie jetzt den Inhalt Ihres Arbeitsverzeichnisses wieder in ein ZIP-Archiv packen und unter Joomla! installieren (via *Erweiterungen* → *Verwalten* → *Installieren* und dann *Durchsuchen...* → *Hochladen und installieren*). Anschließend machen Sie den Stil *filmtoaster* → *Standard* über *Erweiterungen* → *Templates* → *Stile* zum *Standard* und betrachten die *Vorschau*. Diese sollte so wie in Abbildung 17-2 aussehen. Sofern das bei Ihnen nicht der Fall ist oder schon bei der Installation ein Fehler auftrat, prüfen Sie alle Dateinamen und die Dateiinhalte auf Tippfehler. (Sie können sie mit den Dateien auf unserer Download-Seite vergleichen.)

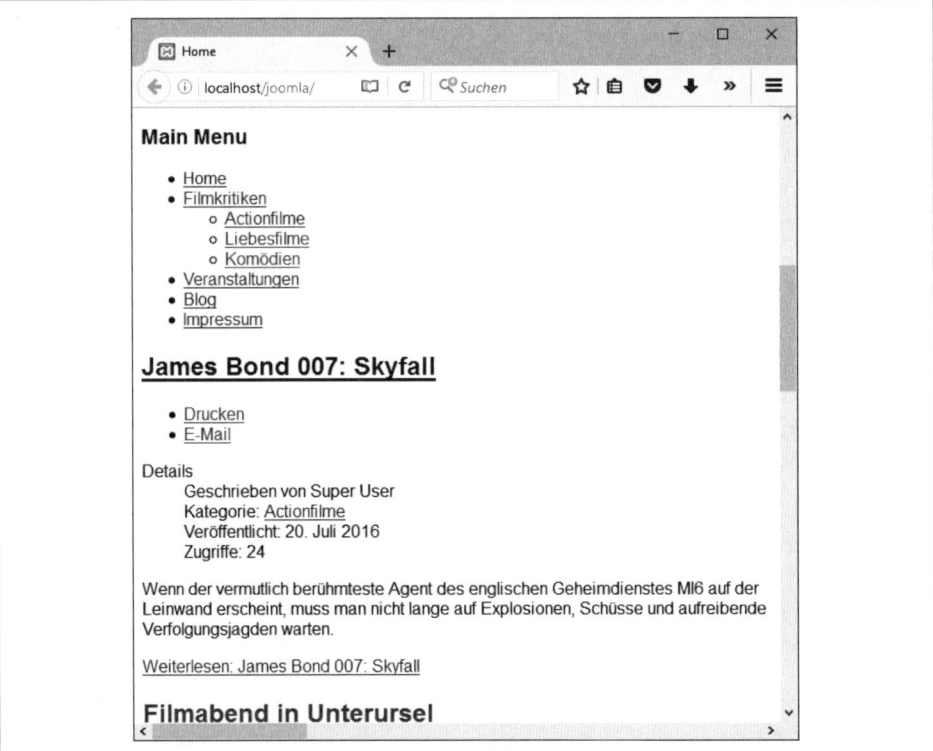

Abbildung 17-2: Die Schrift der Website erscheint jetzt in Helvetica.

Tipp Probieren Sie ruhig auch einmal andere Schriftarten aus. Prinzipiell dürfen Sie alle auf Ihrem System installierten Schriften heranziehen. Wenn Sie das Template später auf Ihrer eigenen Website verwenden möchten, sollten Sie jedoch nur Schriftarten angeben, die möglichst alle Besucher auf ihren Computern installiert haben. Hierzu gehören in der Regel *Helvetica* und *Arial*. Alternativ können Sie auch Schriften aus dem Internet einbinden. Einen guten Einstiegspunkt in dieses Thema bieten *https://wiki.selfhtml.org/wiki/HTML/Tutorials/Google-Fonts* sowie die Wikipedia-Einträge *https://de.wikipedia.org/wiki/Webtypografie* und *https://de.wikipedia.org/wiki/Web_Open_Font_Format*.

Werkzeuge der Browser

Alle großen Internetbrowser bieten mittlerweile zahlreiche Entwicklerwerkzeuge an, mit denen Sie die angezeigte Webseite analysieren, auseinandernehmen und untersuchen können. Im Zusammenspiel mit Joomla! ist insbesondere die Quellcodeansicht hilfreich. Sie zeigt die Webseite so an, wie Joomla! sie ausliefert. Diese sogenannte Seitenquelltextansicht rufen Sie unter Firefox und Google Chrome mit der Tastenkombination [Strg]+[U] auf. In Edge und im Internet Explorer 11 klicken Sie irgendwo auf der Seite mit der rechten Maustaste und wählen dann *Quellcode anzeigen*. In jedem Fall dürfte die Seitenquelltextansicht aus einem wirren Haufen von HTML-Tags mit etwas JavaScript bestehen. Da nur der Browser diese Tags verarbeiten muss, bemüht sich Joomla! nicht besonders um Lesbarkeit. Über die Suchfunktion (erreichbar in der Regel via [Strg]+[F]) können Sie jedoch schnell ein gewünschtes Element aufspüren. Suchen Sie am besten nach dem Titel, einer Überschrift oder sonstigen markanten Texten. Wenn Sie beispielsweise die HTML-Tags eines Moduls mit dem Titel *Login Form* interessiert, lassen Sie den Browser einfach nach *Login Form* fahnden.

Bei allen genannten Browsern können Sie mit [F12] die kompletten Entwicklerwerkzeuge öffnen. Darunter befindet sich meist auch ein Werkzeug, das nach einem Mausklick auf ein Element in der Webseite die entsprechenden (CSS-)Eigenschaften, die Abmessungen und die HTML-Tags preisgibt. In Firefox ist dafür beispielsweise der Inspektor zuständig, den Sie mit der Tastenkombination [Strg]+[Umschalt]+[C] aktivieren. Mit ihm lässt sich ein Objekt auf der Seite etwas einfacher untersuchen als in der Seitenquelltextansicht.

Weitere Informationen über die Entwicklerwerkzeuge und ihre Bedienung finden Sie in der Onlinehilfe Ihres Browsers. Obwohl es etwas Zeit kostet: Wenn Sie Joomla!-Templates entwickeln möchten, lohnt sich die Einarbeitung.

Eigentlich müssten Sie jetzt das Filmtoaster-Template wieder deinstallieren, dann in Ihrem Arbeitsverzeichnis alle weiteren Änderungen durchführen und das Template anschließend erneut installieren. Dieses Vorgehen ist jedoch während der Entwicklung extrem zeitraubend und umständlich, insbesondere weil man die Auswirkungen einer Änderung nicht »mal eben schnell« kontrollieren kann. Solange jedoch keine neuen Dateien zum Template hinzukommen, können Sie das Template auch einfach direkt im Joomla!-Verzeichnis verändern. Es reicht dann aus, die *Vorschau* vom Browser einmal neu laden zu lassen, um die Auswirkungen zu sehen. Wenn Sie der Schnellinstallationsanleitung aus Kapitel 2, *Installation*, Seite 15, gefolgt sind, finden Sie alle zum Filmtoaster-Template gehörenden Dateien

- unter Windows im Verzeichnis *C:\xampp\htdocs\joomla\templates\filmtoaster*,
- unter OS X beziehungsweise macOS im Verzeichnis */Programme/XAMPP/xamppfiles/htdocs/joomla/templates/filmtoaster* und
- unter Linux im Verzeichnis */opt/lampp/htdocs/joomla/templates/filmtoaster*.

Öffnen Sie dort im Unterordner *css* die Datei *template.css* in Ihrem Texteditor.

 **Warnung**   Behalten Sie im Hinterkopf, dass Sie damit quasi hinter dem Rücken von Joomla! arbeiten. Sie dürfen folglich später nicht vergessen, die geänderten Dateien wieder in Ihr Arbeitsverzeichnis zurückzukopieren.

Da die Joomla!-Entwickler die Ausgaben der Komponenten und Module eher schlecht als recht dokumentieren, müssen Sie zwangsläufig mit den entsprechenden Entwicklerwerkzeugen Ihres Browsers immer mal wieder einen Blick unter die Haube werfen. Bevor Sie weiterarbeiten, sollten Sie sich folglich mit diesen Werkzeugen vertraut machen. Beim ersten Einstieg hilft Ihnen der Kasten »Werkzeuge der Browser« auf Seite 703.

Mobile First – Layout für kleine Bildschirme

Ein Computermonitor ist wesentlich größer als der Bildschirm eines Smartphones. Sie sollten daher die Webseiten nicht einfach gedankenlos mit hübschen Ornamenten, vielen Bildern und Texten vollstopfen: Während man auf dem Monitor den Text noch gut lesen könnte, bräuchte man auf dem kleinen Smartphone eine Lupe. Folglich muss man die Webseiten für kleine Bildschirme anders gestalten.

Zunächst soll deshalb eine optisch reduzierte, dafür aber auf Smartphones gut lesbare Darstellung entstehen. Anschließend wird das Layout dann für große Monitore ordentlich aufgebohrt. Das ist einfacher, als umgekehrt ein komplexes Design für die Mobilgeräte abzuspecken. Beim Responsive Design gilt daher die Devise: Mobile First.

In einem ersten Schritt optimiert man also das Template für kleine Bildschirme. Um dabei die Auswirkungen besser begutachten zu können, verkleinern Sie Ihr Browserfenster, sodass es dem Bildschirm eines kleinen Smartphones ähnelt.

 Tipp   Moderne Browser können auch die Darstellung von unterschiedlichen Bildschirmen simulieren. Meist finden Sie die entsprechende Funktion bei den Entwicklerwerkzeugen. Unter Firefox drücken Sie einfach [Strg]+[Umschalt]+[M]. Der Browser schaltet jetzt auf eine andere Darstellung um, aus der Ausklappliste können Sie eine gängige Bildschirmgröße auswählen. Zurück zur normalen Darstellung kommen Sie erneut mit [Strg]+[Umschalt]+[M].

CSS-Reset

Ohne CSS-Anweisungen bleibt es dem Browser überlassen, wie er die entsprechenden Elemente darstellt. Damit die Webseite nicht in jedem Browser (leicht) anders aussieht, setzt man zu Beginn der *template.css* sicherheitshalber einige Formate auf ganz bestimmte Ausgangswerte.

Zunächst sollte man sicherstellen, dass kein Browser einen Rahmen um die Bilder zieht (wie es etwa noch gern der Internet Explorer 10 macht):

```
img {
    border: 0;
}
```

Diese Regel setzt den Rahmen (border) auf eine Breite von 0 Pixeln, womit er in der Folge nicht mehr zu sehen ist.

Neben dem Rahmen lässt sich auch der Abstand zu allen umgebenden Elementen beeinflussen. Diesen Abstand (oder Außenrand) bezeichnet CSS als margin. Auch ihn sollte man erst einmal auf 0 setzen. Zusätzlich darf man noch den Rahmen vom eigentlichen Bild abrücken (Abbildung 17-3). Diesen sogenannten Innenabstand alias padding setzt die folgende Regel ebenfalls prophylaktisch auf 0:

```
img {
    border: 0;
    margin: 0;
    padding: 0;
}
```

Rahmen, Innenabstand und Außenrand gibt es nicht nur bei Bildern, sondern auch bei allen anderen Elementen. So dürfen Sie sogar in Listen um jeden Aufzählungspunkt einen Rahmen ziehen und einen anderen Abstand wählen. Sie sollten daher sicherheitshalber auch den Rahmen und die Abstände von Listen und ihren einzelnen Aufzählungspunkten entfernen. Anstatt jetzt zwei weitere identische Regeln für die zugehörigen HTML-Tags ul und li zu erstellen, fasst man sie, wie in Beispiel 17-2, einfach in einer Regel zusammen.

Beispiel 17-2:   Ein einfacher CSS-Reset

```
img, ul, li {
    border: 0;
    margin: 0;
    padding: 0;
}
```

Diese Regel wendet der Browser auf alle img-, ul- und li-Tags an. Auf diese Weise spart man nicht nur drei einzelne Regeln ein, das Stylesheet wird dazu auch übersichtlicher.

Für das einfache Filmtoaster-Template soll diese Regel erst einmal genügen. Tragen Sie die obige Regel ganz am Anfang der *template.css* ein.

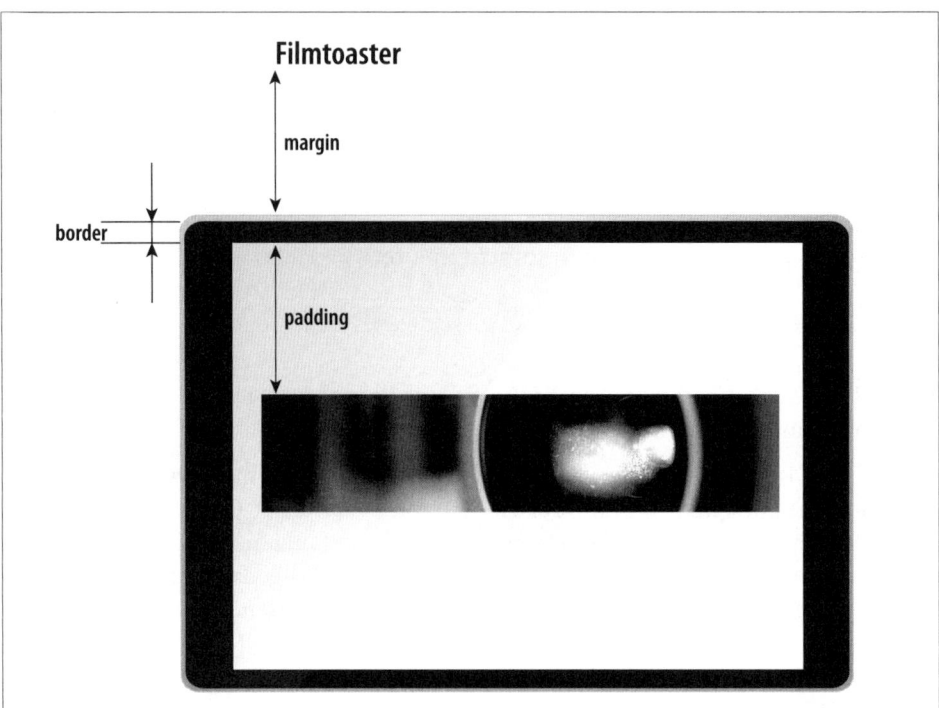

Abbildung 17-3: Neben dem Rahmen (border) gibt es noch den Innenabstand (padding) und den Abstand zu allen umgebenden Elementen (margin).

Wenn Sie Ihr eigenes Template entwickeln, können und sollten Sie analog auch noch alle weiteren HTML-Elemente auf vordefinierte Werte setzen. Da diese Regeln die Browservorgaben zurücksetzen, bezeichnet man sie neudeutsch als *CSS-Reset* oder Reset-Stylesheet.

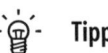 **Tipp** Im Internet finden Sie bereits fertige Regeln, die Sie übernehmen können. Die Seite unter *http://cssreset.com* hat sich sogar zur Aufgabe gemacht, CSS-Resets zu sammeln.

Bilder skalieren

Das bislang als Blickfang dienende Foto ist extrem groß. Sehr wahrscheinlich muss Ihr Browser es sogar am rechten Rand abschneiden (siehe Abbildung 17-4).

Abhilfe schafft die simple CSS-Regel aus Beispiel 17-3.

Beispiel 17-3: Bilder automatisch skalieren

```
img {
   max-width: 100%;
   height: auto;
}
```

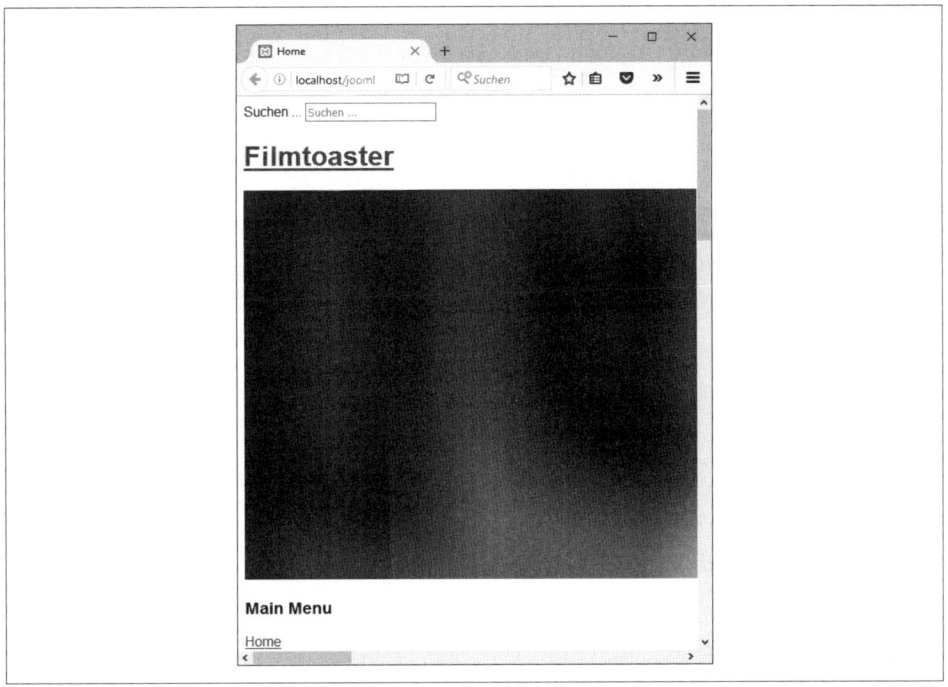

Abbildung 17-4: Der Browser schneidet das Bild am rechten Rand ab. Zudem verdrängt es die eigentlichen Beiträge.

Mit der ersten Eigenschaft max-width: 100%; dürfen alle Bilder höchstens so breit sein wie der zur Verfügung stehende Platz. Falls notwendig, verkleinert der Browser das entsprechende Bild. Dabei sollte das Bild aber möglichst nicht gestaucht werden. Genau das verhindert die zweite Eigenschaft: Sie erlaubt dem Browser, die Höhe des Bilds (height) selbst zu bestimmen (auto).

Fügen Sie die obigen Zeilen am Ende der Datei *template.css* an, speichern Sie die Änderungen und laden Sie dann die *Vorschau* in Ihrem Browser neu. Verkleinern und vergrößern Sie jetzt das Browserfenster: Alle Bilder und insbesondere das große als Blickfang dienende Foto passen sich bei Bedarf an die Größe des Fensters an (wie in Abbildung 17-5).

Tipp   Wer mit einem Mobilgerät unterwegs ist, nutzt vermutlich einen teuren Mobilfunktarif und besitzt nur einen langsamen Zugang zum Internet. Verzichten Sie daher möglichst auf riesige Bilder, die mehrere MByte groß sind. Der Download würde dann nämlich zu lange dauern und den Besucher nur Geld kosten, darüber hinaus würde man auf dem kleinen Bildschirm durch die Verkleinerung kaum alle Details erkennen können.

Auch im Folgenden können Sie immer jede neue Regel einfach der Datei *template.css* hinzufügen und dann nach dem Neuladen Ihrer Startseite die Änderungen direkt begutachten. Als Nächstes sind die Schriftgrößen an der Reihe.

Abbildung 17-5: Der Browser hat hier das Foto automatisch auf die Fenstergröße verkleinert.

Schriftgrößen

Den Namen der Website verpackt die *index.php* zwischen h1-Tags und macht sie so zu einer Überschrift:

```
...
<div>
    <!-- Bereich für den Namen der Website -->
    <h1><a href="<?php echo $this->baseurl; ?>/" rel="home"><?php echo JFactory::getApplication()->get('sitename'); ?></a></h1>
</div>
...
```

Die folgende Regel würde sie genau 16 Pixel groß setzen:

```
h1 { font-size: 16px; }
```

Diese Schriftgröße verwenden die meisten (aber nicht alle) Browser standardmäßig für den Fließtext. Das Festnageln auf 16 Pixel hat jedoch einen gewaltigen Nachteil: Die Bildschirme Ihrer Besucher besitzen unterschiedliche Auflösungen und Pixeldichten. Dies kann dazu führen, dass die Schrift auf einem Gerät gut aussieht, auf einem anderen jedoch zu groß oder zu klein erscheint.

Glücklicherweise gibt es Abhilfe: Man lässt den Browser einfach selbst eine geeignete Schriftgröße wählen und teilt ihm dann nur noch mit, um wie viel Prozent er die Schrift vergrößern oder verkleinern soll. In folgendem Beispiel würde der Browser alle Überschriften doppelt so groß drucken:

```
h1 { font-size: 200%; }
```

Alternativ zu den Prozentzahlen können Sie die Einheit em verwenden. 1 em entspricht dabei der aktuellen Schriftgröße. Bei 2 em ist die Schrift doppelt so groß:

```
h1 { font-size: 2em; }
```

Allerdings gibt es hierbei eine kleine Stolperfalle: Die relativen Angaben in Prozent oder mit em beziehen sich immer auf die in der entsprechenden Situation gerade aktuell geltende Schriftgröße. In folgendem Fall:

```
body { font-size: 24px; }
h1 { font-size: 2em; }
```

setzt die erste Regel zunächst die Schriftgröße für alle Texte auf 24 Pixel. Die Überschriften stecken mitten in diesem Text und sollen doppelt so groß sein. Folglich besitzen sie eine Schriftgröße von 48 Pixeln. Wenn Sie Prozentzahlen oder die Einheit em verwenden, müssen Sie folglich aufpassen, welche Regeln auf welchen anderen aufbauen und zwischen welchen anderen HTML-Tags der Text gerade steckt.

Genau das ist bei rem nicht nötig. Diese vierte Einheit im Bunde bezieht sich immer auf die Schriftgröße, die Sie dem Tag html zuweisen. In folgendem Beispiel:

```
html { font-size: 16px; }
body { font-size: 8px; }
h1 { font-size: 2rem; }
```

wären die Überschriften 32 Pixel groß. Das html-Tag bezeichnet man auch als Wurzel- oder Root-Element, wodurch sich die Abkürzung rem für »root em« erklärt. rem wird jedoch vor allem von etwas älteren mobilen Browsern nicht unterstützt. In der Praxis verwenden die meisten Webentwickler deshalb weiterhin em für die Schriftgröße, und so soll im Filmtoaster-Template ebenfalls em zum Einsatz kommen, wobei die Schriftgrößen aus Beispiel 17-4 gelten sollen.

Beispiel 17-4: Die angepassten Schriftgrößen

```
body {
   font-family: Helvetica,Arial,sans-serif;
   font-size: 100%;
}

h1 { font-size: 2em; }
```

Die Angabe font-size: 100%; in der body-Regel ist notwendig, weil einige Versionen des Internet Explorer sonst unter ganz bestimmten Umständen die Schriftgrößen falsch darstellen. Ergänzen Sie in der *template.css* wie in Beispiel 17-4 die Eigenschaft font-size und fügen Sie die h1-Regel am Ende der *template.css* hinzu.

Links formatieren

Als Nächstes ist das Aussehen der Links an der Reihe. Die meisten Browser färben sie blau und unterstreichen sie. Da Joomla! ziemlich viele Links generiert, sieht das Ergebnis recht unübersichtlich aus. Es bietet sich daher an, die Links etwas dezenter zu gestalten. Dabei muss man jedoch darauf achten, dass der Besucher die Links weiterhin als solche erkennt. Eine Lösung besteht darin, die einzelnen Links unterschiedlich zu formatieren: Zunächst färbt man alle Links im Text schwarz und verpasst ihnen einen Unterstrich. Genau das erledigt die folgende Regel:

```
a {
    color: #000000;
    text-decoration: underline;
}
```

Links stecken gemäß HTML-Standard immer zwischen den Tags <a> und </a>. Die gewünschte Farbe notiert man hinter color: mit einer Zahl in Hexadezimalschreibweise. Jede Zahl steht dabei für eine ganz bestimmte Farbe. So führt #CC6600 zu einem Braunton, #000000 hingegen zu Schwarz. Welche Farbe welchen (hexadezimalen) Farbwert besitzt, verrät Ihnen jede bessere Bildbearbeitung. Alternativ finden Sie im Internet zahlreiche Farbwähler (englisch *Color Picker*), wie etwa das Exemplar unter *http://www.w3schools.com/colors/colors_picker.asp*. Einigen häufig genutzten Farben haben die CSS-Macher sogar Namen zugeordnet. So färbt beispielsweise color: black; den Text ebenfalls schwarz ein. Eine Liste mit sämtlichen Farbnamen finden Sie unter anderem in der Wikipedia unter *https://de.wikipedia.org/wiki/Webfarbe#CSS_3*. text-decoration: underline; stellt noch sicher, dass die Links einen Unterstrich erhalten.

Der fette Name der Website ganz oben auf der Seite ist allerdings ebenfalls ein Link. Mit der obigen CSS-Regel würde folglich auch er unterstrichen. Da das nicht besonders hübsch aussieht, blendet die folgende CSS-Regel den Unterstrich beim Namen der Website (und nur dort) wieder aus:

```
h1 a { text-decoration: none; }
```

Sie entfernt den Unterstrich (text-decoration: none;) bei allen Links (a), die zwischen h1-Tags stecken.

Die Links stechen damit zwar nicht mehr so penetrant hervor, Besucher könnten aber einige der Links für einfachen unterstrichenen Text halten. Eine Verbesserung lässt sich zumindest für Mausbenutzer erreichen: Wenn ein Besucher mit der Maus über einen Link fährt, könnte man diesen grell hervorheben. Dieses Verfahren nutzen neben dem Internetkaufhaus Amazon viele andere großen Seiten und übrigens auch das Standard-Template *Protostar*. Wenn also der Besucher mit der Maus über den Link fährt, soll sich sein Aussehen ändern:

```
a:hover { color: orange; }
```

Der Browser wendet diese Regel genau dann auf einen Link (a) an, wenn sich der Mauszeiger gerade über ihm (hover) befindet. In diesem Beispiel färbt der Browser dann den Link orange. a:hover mussten übrigens die CSS-Entwickler einführen, da es für diese Situation kein passendes HTML-Konstrukt gab. Man bezeichnet :hover daher auch als *Pseudoklasse*.

Nutzt ein Besucher einen Touchscreen und tippt er mit seinem Finger auf einen Link, sollte dieser Link einmal kurz aufleuchten. Der Besucher sieht so, ob er den Link mit seinem Finger korrekt erwischt hat. Genau das erledigt die folgende Regel:

```
a:active { color: orange; }
```

Auch hier kommt wieder eine Pseudoklasse zum Einsatz: Der Browser wendet die Regel a:active auf alle Links an, die gerade angeklickt oder angetippt wurden. Der Einfachheit halber erhält der Link wieder ein helles Orange. Tipps zur Wahl passender Farben gibt der Kasten »Farbwahl« auf Seite 712.

Damit sind die Links erst einmal fertig: Sie sind alle schwarz und unterstrichen, nur dem anklickbaren Namen der Website fehlt der Unterstrich. Wenn der Besucher mit der Maus über einen Link fährt, gibt dieser sich in leuchtendem Orange als solcher zu erkennen. Tippt oder klickt jemand einen Link an, blitzt dieser als Bestätigung ebenfalls noch einmal kurz in Orange auf. Beispiel 17-5 zeigt noch einmal alle dazu notwendigen CSS-Regeln.

Beispiel 17-5:   Die formatierten Links

```
a {
   color: #000000;
   text-decoration: underline;
}
h1 a {text-decoration: none;}
a:hover { color: orange; }
a:active { color: orange; }
```

Wenn Sie alle vier neuen Regeln aus Beispiel 17-5 am Ende der *template.css* untergebracht haben und die Vorschau neu laden, sollte das Ergebnis wie in Abbildung 17-6 aussehen.

Abbildung 17-6:   Die Seite mit den angepassten Links.

Farbwahl

Passende Farben zu finden, ist nicht ganz einfach. Vermeiden Sie in jedem Fall grelle Farbtöne. Die schmerzen in den Augen Ihrer Besucher und lenken von Ihren Texten und Bildern ab.

Texte sollten sich durch einen hohen Kontrast vom Hintergrund abheben. Am besten lesbar ist schwarzer Text auf weißem Untergrund. Umgekehrt strengt weißer Text vor schwarzem Hintergrund das Auge beim Lesen stark an. Vermeiden Sie ähnliche Farben, wie etwa roten Text auf braunem Untergrund.

Jede Farbe löst zudem unwillkürlich eine Emotion aus. Rot bedeutet beispielsweise Gefahr und zieht somit unsere Aufmerksamkeit auf sich. Eine komplett rot angestrichene Seite wirkt daher laut und aggressiv. Grün hingegen beruhigt und erinnert an Blätter oder Gras, Blau wiederum wirkt kühl und steht für den Himmel oder Wasser.

Wenn Sie eine Website für eine Firma erstellen, sollten Sie sich an der Corporate Identity des Unternehmens und somit an den zugehörigen Farbvorgaben orientieren. Bei einem Verein könnten Sie die Vereinsfarben verwenden. Aufeinander abgestimmte Farben schlagen viele Bildbearbeitungen und Zeichenprogramme vor. Alternativ können Sie den Dienst Adobe Color CC nutzen (ehemals Adobe Kuler): Auf *https://color.adobe.com* geben Sie unter *Entdecken* ein Thema ein, wie etwa `Film`, und schon erhalten Sie mehrere Paletten mit jeweils zueinander und zum Thema passenden Farben.

Im Zweifel sollten Sie auf die in Ihrem (Aufmacher-)Foto enthaltenen Farben zurückgreifen. Jede gute Bildbearbeitung bietet ein Werkzeug an, mit dem Sie die Farben ermitteln können. Meist verbirgt es sich hinter dem Symbol einer Pipette. Auch einige Browser können die Farbwerte in einem Bild anzeigen. Unter Firefox finden Sie das entsprechende Werkzeug in den Entwicklerwerkzeugen hinter dem Menüpunkt *Farbpipette*.

Nutzen Sie in jedem Fall nur wenige Farben, meist genügen schon zwei oder drei verschiedene. Bei vielen Farben wirkt Ihre Seite sonst schnell bunt, unruhig und verspielt.

Abschließend sollten Sie immer auch ein Bildschirmfoto (Screenshot) Ihrer fertigen Webseite machen und dieses in ein Schwarz-Weiß-Bild umwandeln. Darin sollten alle Seitenelemente weiterhin gut lesbar und vor allem sichtbar sein. Auf diese Weise stellen Sie sicher, dass sowohl farbenblinde Menschen als auch solche mit einer Rot-Grün-Schwäche Ihre Seiten problemlos benutzen können (beide Gruppen zusammen stellen immerhin über fünf Prozent der Bevölkerung).

Suchen-Modul umgestalten

Die im vorherigen Kapitel erstellte Datei *index.php* reserviert gleich am Anfang einen Bereich für Module, in dem in erster Linie ein Suchen-Modul erscheinen soll:

```
...
<div>
   <!-- Bereich für die Suchfunktion -->
   <jdoc:include type="modules" name="position-0" style="html5" />
</div>
...
```

Um den Bereich formatieren zu können, stellen Sie jetzt sicher, dass sich an dieser Position (*position-0*) ein Suchen-Modul befindet, dessen Titel ausgeblendet ist. Das sollte bereits der Fall sein, wenn Sie entweder den Schritten aus allen vorherigen Kapiteln gefolgt sind oder bei der Installation Joomla! eine Beispielseite eingespielt haben (im Zweifelsfall erstellen Sie im Backend hinter *Erweiterungen* → *Module* via *Neu* ein *Suchen*-Modul, weisen ihm unter *Position* die *position-0* zu und setzen *Titel anzeigen* auf *Verbergen*).

Das Suchen-Modul sollte damit wie das in Abbildung 17-7 erscheinen. Auch wenn der Modultitel in den Einstellungen des Moduls versteckt wurde, klebt Joomla! vor das Eingabefeld noch die Beschriftung *Suchen* ... Da exakt dieser Text auch noch einmal im Eingabefeld erscheint, soll als Erstes die Beschriftung verschwinden.

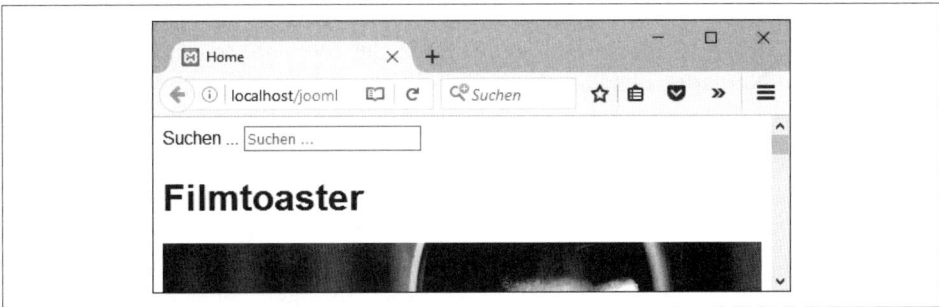

Abbildung 17-7: Das noch nicht formatierte Suchen-Modul.

Wie die Seitenquelltextansicht Ihres Browsers beweist, gibt Joomla! das Suchen-Modul wie folgt aus:

```
<div class="search mod_search80">
    <form action="..." method="post" class="form-inline">
        <label for="mod-search-searchword" class="element-invisible">Suchen ...</label>
        <input name="searchword" id="mod-search-searchword" maxlength="200"
               class="inputbox search-query" type="search"
               size="20" placeholder="Suchen ..." />
        <input type="hidden" name="task" value="search" />
        <input type="hidden" name="option" value="com_search" />
        <input type="hidden" name="Itemid" value="101" />
    </form>
</div>
```

Wie vom HTML-Standard vorgeschrieben, steckt die Beschriftung des Eingabefelds zwischen <label>-Tags. Um die Beschriftung *Suchen* ... zu verstecken, könnte man folglich einfach eine CSS-Regel für das Tag label erstellen. Damit würden jedoch sämtliche Beschriftungen vor allen Eingabefeldern auf der Webseite verschwinden. Insbesondere bei einem Kontaktformular wüssten die Besucher dann nicht mehr, in welches Feld welche Information gehört.

Netterweise gibt Joomla! fast allen ausgelieferten Elementen über das Attribut class einen Namen. Die Beschriftung des Eingabefelds tauft das Content-Management-System beispielsweise element-invisible:

```
<label ... class="element-invisible">Suchen ...</label>
```

Die so über das Attribut class vergebenen Namen bezeichnet man auch als *Klassennamen*. Damit lässt sich jetzt die CSS-Regel aus Beispiel 17-6 erstellen, die alle Elemente mit dem Klassennamen element-invisible ausblendet – und somit die hier störende Beschriftung Suchen ...

Beispiel 17-6:   Mit dieser Regel versteckt der Browser die Beschriftung des Suchen-Moduls.

```
.element-invisible {
   display: none;
}
```

Beachten Sie unbedingt den Punkt vor element-invisible. Durch ihn weiß der Browser, dass es sich um den (Klassen-)Namen handelt und nicht – wie etwa im Fall von body – um ein Tag.

Fügen Sie die Regel aus Beispiel 17-6 am Ende der *template.css* hinzu. Nach dem Speichern und Neuladen der *Vorschau* sollte die Beschriftung verschwunden sein.

Es gibt allerdings einen kleinen Haken: Man darf beliebig vielen Elementen den gleichen Klassennamen verpassen. Das hat eigentlich den Vorteil, dass sich mit nur einer CSS-Regel alle diese Elemente identisch formatieren lassen. Dummerweise macht auch Joomla! munter von dieser Möglichkeit Gebrauch und tackert den Klassennamen element-invisible noch an einige weitere Elemente. Dazu gehören im Anmelden-Modul (alias *Login Form*) die Beschriftungen vor den beiden Eingabefeldern (siehe Abbildung 17-8). Da die obige CSS-Regel alle Elemente mit dem Klassennamen element-invisible ausblendet, verschwinden auch diese Beschriftungen. Das Ergebnis zeigt Abbildung 17-9. Das ist jedoch in diesem Fall nicht weiter tragisch, da auch das Anmelden-Modul die Beschriftung noch einmal in die Eingabefelder schreibt.

Abbildung 17-8:   Vor den Eingabefeldern des Anmelden-Moduls stehen standardmäßig ebenfalls (eigentlich überflüssige) Beschriftungen ...

Wenn Sie dennoch sichergehen wollen, dass wirklich nur das Suchen-Modul von der CSS-Regel erfasst wird, müssen Sie die Regel weiter einschränken. Dabei helfen die Klassennamen der anderen umgebenden Elemente beziehungsweise Tags. So steckt das Eingabefeld für die Suche noch einmal zwischen `<div>`-Tags mit dem Klassennamen search. Damit könnten Sie die Regel wie folgt präzisieren:

```
.search .element-invisible {
   display: none;
}
```

Sie blendet ein Element mit dem Klassennamen element-invisible nur dann aus, wenn es noch einmal zwischen Tags mit dem Klassennamen search steckt. Da den Klassennamen search nur Suchen-Module erhalten, blendet somit der Browser nur dort die Beschriftung aus. Für das Filmtoaster-Template genügt jedoch die einfache Regel aus Beispiel 17-6.

Abbildung 17-9: ... die dann die CSS-Regel ausblendet.

Tipp Der Klassenname element-invisible zeigt hier ausnahmsweise auch schon an, dass Joomla! die entsprechenden Elemente eigentlich nicht auf der fertigen Webseite sehen möchte. Sie können folglich beruhigt bei der einfachen Regel bleiben:

```
.element-invisible {
   display: none;
}
```

Mit ihr gehen keine wichtigen Informationen für die Besucher verloren. Derart eindeutig ist das jedoch nicht immer. Wenn Sie auf einen neuen Klassennamen stoßen, sollten Sie deshalb erst einmal davon ausgehen, dass dieser auch noch an anderen Stellen zum Einsatz kommt.

Weiter geht es als Nächstes mit dem Hauptmenü.

Hauptmenü formatieren

Die Datei *index.php* weist unter dem großen Foto einen Bereich für das Hauptmenü aus:

```
...
<nav>
   <!-- Bereich für das Hauptmenü -->
   <jdoc:include type="modules" name="position-1" style="html5" />
</nav>
...
```

Um das Menü formatieren zu können, stellen Sie sicher, dass sich dort an *position-1* ein Menü-Modul befindet. Das sollte bereits der Fall sein, wenn Sie entweder den Schritten aus allen vorherigen Kapiteln gefolgt sind oder bei der Installation von Joomla! eine Beispielseite eingespielt haben (im Zweifelsfall klicken Sie im Backend hinter *Erweiterungen* → *Module* ein Menü-Modul an und weisen ihm dann als *Position* die *position-1* zu).

Wie in Abbildung 17-10 zu sehen, gibt der Browser das Menü derzeit noch als eine etwas unansehnliche Liste mit Links aus.

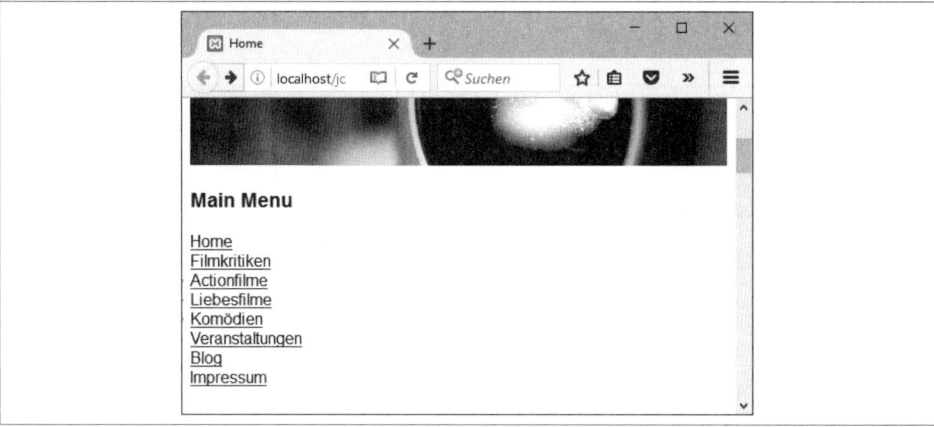

Abbildung 17-10: Das Hauptmenü erscheint standardmäßig als Aufzählung.

Hält der Besucher sein Mobilgerät hochkant, bleibt für ein waagerechtes Menü nur wenig Platz. In der Folge wird das Menü entweder extrem klein, oder aber der Browser verteilt es unschön über mehrere Zeilen. Eine Lösung besteht darin, einfach die Menüpunkte übereinanderzustapeln. Das Ergebnis zeigt Abbildung 17-11.

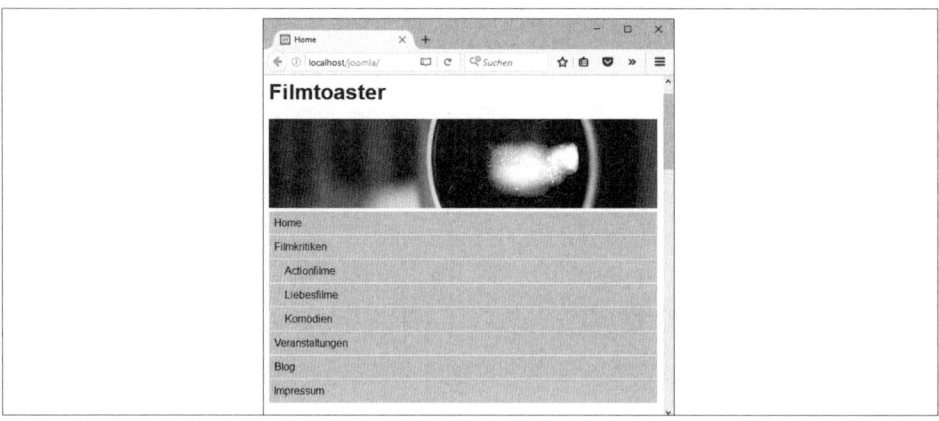

Abbildung 17-11: Das Hauptmenü stapelt die Menüpunkte übereinander. Auf diese Weise bleibt es auf kleinen Bildschirmen mit Touch-Bedienung gut benutzbar.

Joomla! gibt die Menüpunkte als Links aus, die wiederum in nicht nummerierten Listen stecken:

```
...
<ul class="nav menu nav-pills">
    <li><a href="...">Home</a></li>
    <li><a href="...">Oberpunkt</a>
        <ul class="nav-child unstyled small">
            <li><a href="..." >Erster Unterpunkt</a></li>
            <li><a href="..." >Zweiter Unterpunkt</a></li>
        </ul>
    </li>
    <li><a href="...">Impressum</a>
</ul>
...
```

Eine neue Liste beginnt mit <ul>, ein neuer Punkt mit <li>, Untermenüs sind entsprechend verschachtelt. Sie sehen diesen Aufbau, wenn Sie die Seitenquelltextansicht Ihres Browsers aufrufen (siehe auch den Kasten »Werkzeuge der Browser« auf Seite 703).

Der nicht nummerierten Liste verpasst Joomla! gleich drei Klassennamen: nav, menu und nav-pills. Damit deutet Joomla! an, dass es sich hierbei um ein Menü und nicht einfach um eine gewöhnliche Liste mit irgendwelchen Links handelt. Gleichzeitig können Sie die Menüs über den Klassennamen nav umgestalten.

| Tipp | In früheren Versionen wurden die Menüs noch über den Klassennamen menu formatiert. Die Joomla!-Entwickler haben ihn jedoch bereits als veraltet gekennzeichnet. Da er in kommenden Versionen verschwinden wird, sollten Sie ihn am besten ignorieren und wie auch hier im Folgenden stattdessen nav verwenden. |

Da Joomla! diese drei Klassen an alle Menüs heftet, würde eine CSS-Regel für nav zwangsläufig sämtliche Menüs auf der Seite umformatieren. Das an *position-1* abgelegte Menü stellt aber das Hauptmenü und soll daher auffälliger gestaltet werden. Glücklicherweise steckt die im vorherigen Kapitel erstellte Datei *index.php* das komplette Menü noch einmal zwischen <nav> und </nav> (siehe Kapitel 16, *Ein eigenes Template entwickeln*, Abschnitt »Modulpositionen kennzeichnen« auf Seite 666). Damit lassen sich CSS-Regeln schreiben, die nur auf Menüs an *position-1* wirken:

```
nav ul.nav {
    ...
}
```

Diese Regel gilt ausschließlich für eine Liste (ul), die den Klassennamen nav besitzt *und* zwischen den Tags <nav> ... </nav> liegt.

| Tipp | Wenn Sie mehrere Navigationsbereiche und somit in der *index.php* mehrere <nav> ... </nav>-Bereiche verwenden, verpassen Sie jedem davon einfach einen eigenen Klassennamen:

`<nav class="hauptmenue"> ... </nav>`
`<nav class="seitenmenue"> ... </nav>`

Auf diese Weise können Sie dann CSS-Regeln erstellen, die gezielt nur die Menüs in einem der Bereiche formatieren. Die folgende Regel bezieht sich etwa nur auf Menüs im Bereich hauptmenue:

`.hauptmenue ul.nav {`
`    ...`
`}` |

Vor jedem einzelnen Link in den Listen steht derzeit noch ein Aufzählungspunkt. Durch den CSS-Reset (aus Abschnitt »CSS-Reset« auf Seite 705) sind diese Aufzählungspunkte im Moment über den Browserrand hinausgerutscht und somit unsichtbar. Damit sie aber nicht gleich wieder sichtbar werden, entfernt sie die folgende CSS-Regel prophylaktisch:

```
nav ul.nav * { list-style: none; }
```

Diese Regel schaltet die Aufzählungspunkte bei allen (*) Elementen ab, die sich in einem Menü befinden (ul.nav), das noch einmal zwischen <nav>-Tags steckt. Auf diese Weise bleiben die Aufzählungspunkte bei allen anderen Listen erst einmal erhalten (insbesondere auch bei Aufzählungen, die sich in Beiträgen befinden).

Um das Ergebnis aus Abbildung 17-11 zu erzielen, verpasst die folgende CSS-Regel zunächst jedem Link (Tag <a>) einen hellgrauen Hintergrund und vergrößert zudem den Platz um die einzelnen Links herum um 0.5em:

```
nav ul.nav a {
    background: lightgrey;
    padding: 0.5em;
}
```

Wie Sie sehen, dürfen Sie bei der em-Angabe auch Dezimalzahlen verwenden. Anders als im Deutschen üblich, trennt dabei ein Punkt die Nachkommastellen.

Das damit erzielte Ergebnis zeigt Abbildung 17-12. Der Browser erhöht zwar den Innenabstand, die Links drängeln sich aber an einer Stelle zusammen.

Abhilfe schafft display:block;, das hinter dem entsprechenden Element – in diesem Fall also jedem Link – einen Zeilenumbruch erzwingt. Mit anderen Worten: Der Browser stellt jeden Link als Block dar. Damit die einzelnen Menüpunkte nicht zusammenkleben, schiebt sie margin-top: 1px; einen Pixel auseinander. Zudem müssen noch die störenden Unterstriche verschwinden. Damit lautet dann die komplette Regel:

```
nav ul.nav a {
    background: lightgrey;
    padding: 0.5em;
    display: block;
    margin-top: 1px;
    text-decoration: none;
}
```

Wenn der Besucher mit der Maus über die Links fährt, sollte der Link seine Farbe wechseln und so den entsprechenden Menüpunkt hervorheben. Das übernimmt die Regel:

```
nav ul.nav a:hover {
    color: #fff;
    background: darkgrey;
}
```

Sie setzt den Hintergrund auf ein Dunkelgrau und die Schriftfarbe auf Weiß.

Ein kleines Problem bleibt noch: Sofern Ihr Menü Unterpunkte enthält, sind diese noch nicht als solche zu erkennen. Das ändert sich mit der folgenden Regel, die alle Unterpunkte etwas nach rechts einrückt:

```
nav ul.nav ul li a { padding-left: 1.5em; }
```

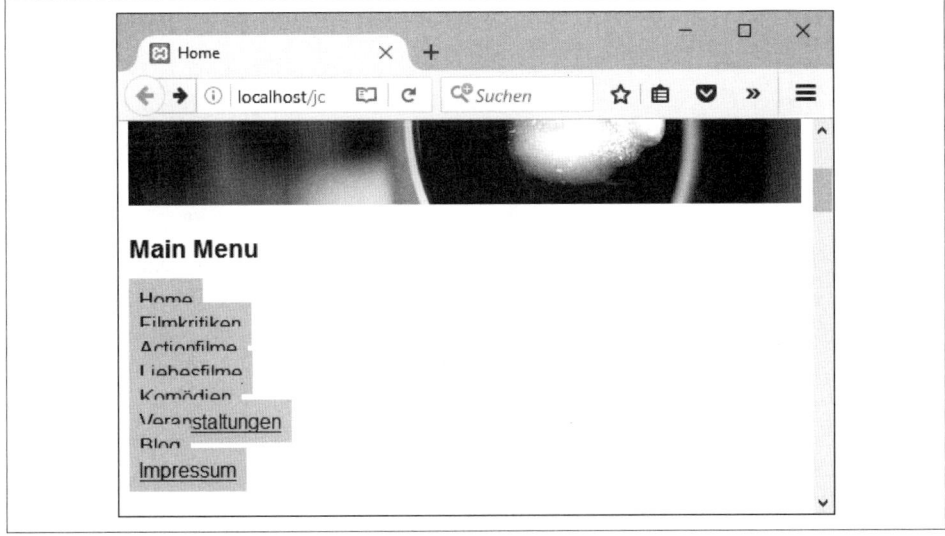

Abbildung 17-12: Hier sind die Links des Menüs mit einem Hintergrund ausgestattet, das Padding sorgt allerdings nicht für das gewünschte Ergebnis.

Diese Regel rückt alle Links (a) um 1.5em vom linken Rand weg, wenn sie ein Aufzählungspunkt (li) in einer Liste sind (ul), diese Liste in einer weiteren Liste mit dem Klassennamen nav steckt (ul.nav) und das Ganze noch einmal von <nav>-Tags eingerahmt wird.

Tipp Unterpunkte sehen Sie nur dann in einem Menü, wenn mehrere Bedingungen erfüllt sind:

- Zunächst muss das Menü einen oder mehrere Unterpunkte besitzen. Wie man diese anlegt, beschreibt Kapitel 11, *Menüs*, Abschnitt »Einen Menüeintrag anlegen« ab Seite 444.
- Die Unterpunkte müssen die korrekte Zugriffsebene besitzen: Wenn Sie einen Unterpunkt für Super-User reservieren, bekommen ihn folglich normale Besucher nicht zu Gesicht. Mehr zu diesem Thema finden Sie in Kapitel 12, *Benutzerverwaltung und -kommunikation*, Seite 485.
- Schließlich muss das Menü-Modul die Unterpunkte auch ausgeben. Das ist der Fall, wenn in den Einstellungen des Moduls im Register Modul der Punkt Untermenüeinträge anzeigen auf Ja gesetzt ist. Hierzu finden Sie weitere Informationen in Kapitel 10, *Module – Die kleinen Brüder der Komponenten*, Seite 351.

Damit wäre das Menü für Smartphones schon fertig. Alle Regeln präsentiert noch einmal Beispiel 17-7. Sie ergeben die Darstellung aus Abbildung 17-11.

Beispiel 17-7: Diese Regeln formatieren das Menü auf Smartphone-Bildschirmen.

```
nav ul.nav * { list-style: none; }
nav ul.nav a {
   background: lightgrey;
   padding: 0.5em;
   display: block;
   margin-top: 1px;
   text-decoration: none;
}
nav ul.nav a:hover {
   color: #fff;
   background: darkgrey;
}
nav ul.nav ul li a { padding-left: 1.5em; }
```

Fügen Sie Beispiel 17-7 am Ende der *template.css* hinzu. Um die Darstellung des Menüs in einem normalen Browser kümmert sich später noch Abschnitt »Layout für den Desktop« auf Seite 733. Es gibt allerdings einen kleinen Schönheitsfehler: Derzeit erscheint über dem Menü noch der Titel des entsprechenden Menü-Moduls (in Abbildung 17-12 ist das der Schriftzug *Main Menu*). Den loszuwerden, ist allerdings nicht ganz so trivial.

Modultitel gezielt unterdrücken

Modultitel lassen sich auf gleich mehreren Wegen ausblenden, die jeweils ihre ganz eigenen Vor- und Nachteile haben:

1. Sie wechseln im Backend hinter *Erweiterungen* → *Module* in die Einstellungen des Moduls und schalten den Titel aus (indem Sie *Titel anzeigen* auf *Verbergen* setzen).

   Diese Methode hat den Vorteil, dass der Seitenbetreiber selbst den Titel an- oder ausknipsen kann. Das ist aber auch gleichzeitig der Nachteil: Der Seitenbetreiber muss den Titel eigenhändig verstecken. Die meisten Templates nehmen dem Seitenbetreiber beim Hauptmenü daher diese Arbeit ab und gehen einen der beiden folgenden Wege.

2. Sie entfernen in der *index.php* das style-Attribut für die entsprechende Position. So würde aus:

   ```
   <jdoc:include type="modules" name="position-1" style="html5" />
   ```
   wieder:
   ```
   <jdoc:include type="modules" name="position-1" />
   ```

   Damit gibt Joomla! an dieser Stelle nur die Inhalte der Module aus und behält den Modultitel für sich (siehe auch Abschnitt »Das style-Attribut nutzen« auf Seite 669).

   Der Seitenbetreiber hat dann aber auch keine Möglichkeit mehr, den Modultitel wieder einzuschalten. Platziert der Seitenbetreiber weitere Module an diese Position, werden auch sie immer ohne Modultitel ausgegeben. Durch das fehlende style-Attribut rahmt Joomla! zudem die Ausgaben der Module nicht mehr in zusätzliche HTML-Tags ein.

3. Sie blenden mit einer weiteren CSS-Regel die Überschrift aus. Im Filmtoaster-Template würde etwa die folgende Regel den Titel des Menü-Moduls verstecken:

```
nav div h3 { display: none; }
```

Diese Methode hat den gleichen Nachteil wie die vorherige Methode: Es werden immer die Titel aller Module an dieser Stelle ausgeblendet. Immerhin fasst Joomla! weiterhin die Ausgaben der Module in zusätzliche HTML-Tags ein.

Die mitgelieferten Templates *Beez3* und *Protostar* verwenden die zweite Methode, und daher soll sie auch im Filmtoaster-Template zur Anwendung kommen. Entfernen Sie folglich in der *index.php* in der Zeile:

```
<jdoc:include type="modules" name="position-1" style="html5" />
```

jeweils das Attribut `style="html5"` (oder ersetzen Sie es gegen `style="none"`, was den gleichen Effekt hat). Dass Joomla! das Menü-Modul damit nicht mehr in zusätzliche `div`-Tags verpackt, ist an dieser Stelle kein Problem.

Tipp In Ihrem eigenen Template sollten Sie ebenfalls diesen Weg gehen, wenn die entsprechende Position für genau ein ganz bestimmtes Modul gedacht ist. Im Filmtoaster-Template ist beispielsweise *position-1* für das Hauptmenü reserviert.

Weiter geht es als Nächstes mit der Formatierung der Beiträge.

Beiträge formatieren

Beiträge erscheinen derzeit im Browser noch so wie in Abbildung 17-13.

Derzeit druckt der Browser die Beitragsüberschriften fett und recht groß. Ein Blick in die Seitenquelltextansicht des Browsers offenbart, dass Joomla! die Beitragsüberschriften in `<h2>`-Tags verpackt und sie folglich als Überschriften zweiter Ordnung ausgibt. Die Beitragsüberschriften sollen jedoch weniger auffällig erscheinen als der Name der Website. Sie müssen aber immer noch deutlich als Überschriften zu erkennen sein. Die folgende Regel macht die Überschriften etwas kleiner, wählt einen normalen Schriftschnitt und stellt sie schließlich noch in Orange dar:

```
h2 {
    font-size: 1.5em;
    font-weight: normal;
    color: orange;
}
```

Wenn Sie alle Beispiele aus den vorherigen Kapiteln mitgemacht haben, präsentiert Joomla! auf der Startseite mehrere Beiträge. Bei solchen Blogdarstellungen bestehen die Überschriften der Beiträge aus Links, die jeweils zum Beitrag führen. Derzeit streicht der Browser jedoch sämtliche Links schwarz an und verpasst ihnen jeweils noch einen Unterstrich. Das führt dann zum Ergebnis aus Abbildung 17-13. Die folgende CSS-Regel ändert das bei allen Beitragsüberschriften:

```
h2 a {
    text-decoration: none;
    color: orange;
}
```

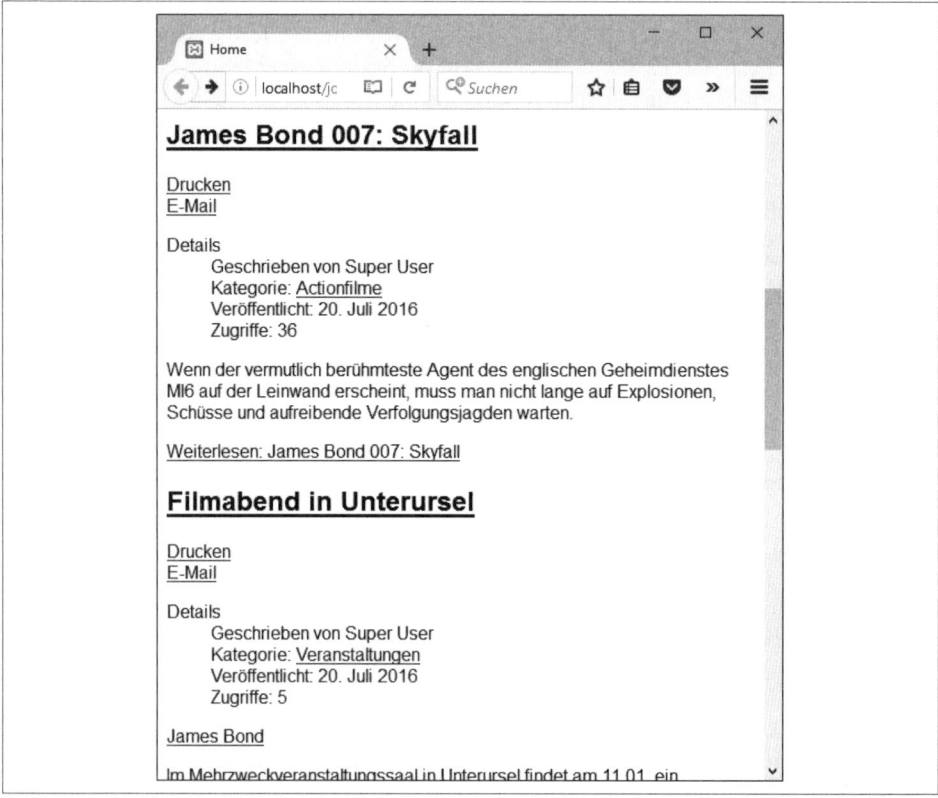

Abbildung 17-13: Die noch unformatierten Beiträge.

Bei allen h2-Überschriften, die gleichzeitig auch ein Link sind (a), entfernt die Regel den Unterstrich (text-decoration: none) und färbt den Text orange (color: orange). Der Link bleibt dabei erhalten, Besucher können weiterhin die Beitragsüberschrift anklicken beziehungsweise antippen.

Als Nächstes nehmen Sie sich die beiden Links *Drucken* und *E-Mail* vor, die zur Druckvorschau und dem E-Mail-Versand führen. Das Template *Protostar* stellt sie als Ausklappliste mit einem Zahnradsymbol dar (wie in Abbildung 17-14).

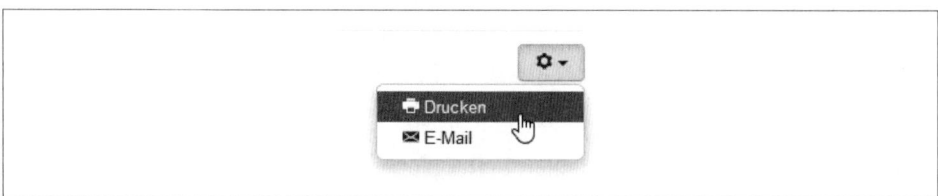

Abbildung 17-14: Protostar versteckt die Links unter einer Schaltfläche.

Diese Ausklappliste stellt *Protostar* bereit. Tatsächlich gibt Joomla! die beiden Links einfach als Aufzählung (HTML-Tag <ul>) aus, die es noch einmal in <div>-Tags verpackt. Vereinfacht, sieht das dann so aus:

```
<div class="icons">
   <div>
   ...
   <ul class="dropdown-menu">
      <li>
         <a href="..." title="Eintrag ausdrucken ..." >Drucken</a>
      </li>
      <li class="email-icon">
         <a href="..." title="Link einem Freund via E-Mail senden">E-Mail</a>
      </li>
   </ul>
   </div>
</div>
```

Tipp Wenn Sie einen Blick in die Seitenquelltextansicht werfen, finden Sie dort noch eine etwas komplexere Ausgabe. Insbesondere spickt Joomla! fast alle Tags mit teilweise gleich mehreren Klassennamen. Mit ihrer Hilfe kann dann das Template eine Ausklappliste umsetzen. Dazu sind jedoch JavaScript und ziemlich kryptische CSS-Regeln notwendig, deren Beschreibung den Rahmen dieses Buchs sprengen würden. Wenn Sie sich für die Umsetzung als Ausklappliste interessieren, sollten Sie ein gutes Buch über CSS konsultieren sowie einen Blick in das Stylesheet von *Protostar* werfen (suchen Sie darin nach den von Joomla! ausgegebenen Klassennamen, insbesondere `dropdown-menu` und `dropdown-toggle`).

Der Einfachheit halber soll das Filmtoaster-Template die beiden Links lediglich an den rechten Seitenrand schieben. Dort stören sie weniger, bleiben aber immer noch gut erreichbar. Das Ganze erledigt die folgende CSS-Regel:

```
div.icons ul.dropdown-menu {
   list-style: none;
   float: right;
}
```

Steckt zwischen div-Tags mit dem Klassennamen icons eine Liste (ul) mit dem Klassennamen dropdown-menu, schaltet die CSS-Regel zunächst in der Liste alle Aufzählungspunkte vor den Links ab (`list-style: none;`). Anschließend sorgt `float: right;` dafür, dass alle nachfolgenden Texte und Elemente an der Liste links vorbeifließen. Dadurch presst der Browser die Liste automatisch an den rechten Rand.

Noch etwas zu prominent erscheinen die *Details*, die unter anderem den Autor und die Kategorie nennen. Diesen Abschnitt verpackt Joomla! in die Tags <dl>, <dt> und <dd>. Eine Ausgabe sieht dann vereinfacht so aus:

```
<dl class="article-info muted">
   <dt class="article-info-term">Details</dt>
   <dd class="createdby">Geschrieben von <span>Joomla</span></dd>
   <dd class="category-name">
      Kategorie:    <a href="...">Uncategorised</a>
   </dd>
   <dd class="published">
```

```
        <time datetime="...">Veröffentlicht: 20. Juli 2016</time>
    </dd>
    <dd class="hits">   Zugriffe: 332</dd>
</dl>
```

`<dl>` bildet laut HTML5-Standard eine Liste aus Begriffspaaren. Ein klassisches Beispiel für eine solche Liste ist das Glossar, wobei `<dt>`-Tags den Begriff einrahmen und dann hinter `<dd>`-Tags die Erklärung folgt:

```
<dl>
    <dt>Joomla!</dt>
    <dd>Joomla! ist ein Content-Management-System</dd>
</dl>
```

Die `<dl>`-Liste ist jedoch nicht auf ein Glossar beschränkt, Joomla! nutzt sie etwa hier zur Auflistung der Details. Standardmäßig rücken dabei die Browser die Texte in `<dd>`-Tags nach rechts ein.

Im Filmtoaster-Template erscheinen die *Details* noch in der gleichen Schriftgröße und Art wie der nachfolgende Beitragstext. Da sie optisch etwas in den Hintergrund treten sollen, verkleinert die folgende CSS-Regel zunächst alle Texte ein wenig und färbt sie anschließend grau:

```
dl.article-info {
    font-size: 0.9em;
    color: gray;
}
```

Sie reduziert die Schriftgröße absichtlich nur um 0,1 em: Zum einen soll die Schrift auch auf kleinen Smartphones noch lesbar sein, und zum anderen müssen Besucher mit ihrem Finger den Kategorielink noch treffen können. Abschließend hebt die folgende CSS-Regel die Überschrift *Details* wieder etwas hervor, indem sie ihr ein Dunkelgrau zuweist:

```
dt.article-info-term { color: #444444; }
```

Sämtliche Regeln fasst noch einmal Beispiel 17-8 zusammen. Setzen Sie seine Regeln ans Ende der *template.css*, speichern Sie die Datei ab und laden Sie dann die *Vorschau* in Ihrem Browser neu. Die Auswirkungen zeigt Abbildung 17-15.

Beispiel 17-8: Diese Regeln hübschen die einzelnen Beiträge etwas auf.

```
h2 {
    font-size: 1.5em;
    font-weight: normal;
    color: orange;
}
h2 a {
    text-decoration: none;
    color: orange;
}
div.icons ul.dropdown-menu {
    list-style: none;
    float: right;
}
```

Beispiel 17-8: Diese Regeln hübschen die einzelnen Beiträge etwas auf. *(Fortsetzung)*

```
dl.article-info {
   font-size: 0.9em;
   color: gray;
}
dt.article-info-term { color: #444444; }
```

Abbildung 17-15: Der umgestaltete Beitrag.

Für das einfache Filmtoaster-Template sollen diese Formatierungen bereits ausreichen. Daher geht es direkt weiter zu den Modulen im unteren Bereich.

Module formatieren

Die im vorherigen Kapitel erstellte *index.php* reserviert derzeit am Ende der Seite einen Bereich, in dem Seitenbetreiber beliebige Module platzieren dürfen:

```
...
<aside>
   <!-- Bereich für die Module -->
   <jdoc:include type="modules" name="position-7" style="html5" />
</aside>
...
```

Die dort abgelegten Module präsentiert der Browser derzeit noch so karg wie in Abbildung 17-16. Das wird sich mit ein paar CSS-Regeln umgehend ändern.

Die erste macht zunächst alle Texte in diesem Bereich etwas kleiner, damit sie gegenüber den Beiträgen optisch in den Hintergrund treten:

```
aside { font-size: 0.9em; }
```

Die Modultitel gibt Joomla! standardmäßig als Überschrift dritter Ordnung aus, sie stecken also immer zwischen <h3>-Tags:

```
<aside>
   ...
```

```
<h3>Beliebteste Kritiken</h3>
  ...
</aside>
```

Die Überschriften sollen einen normalen Schriftschnitt erhalten. Damit sie dennoch etwas hervorstechen, bekommen sie einen orangefarbenen Anstrich. Durch diese letzte Maßnahme sehen zudem sämtliche Überschriften der Seite einheitlich aus:

```
aside h3 {
   font-weight: normal;
   color: orange;
   margin-top: 0;
}
```

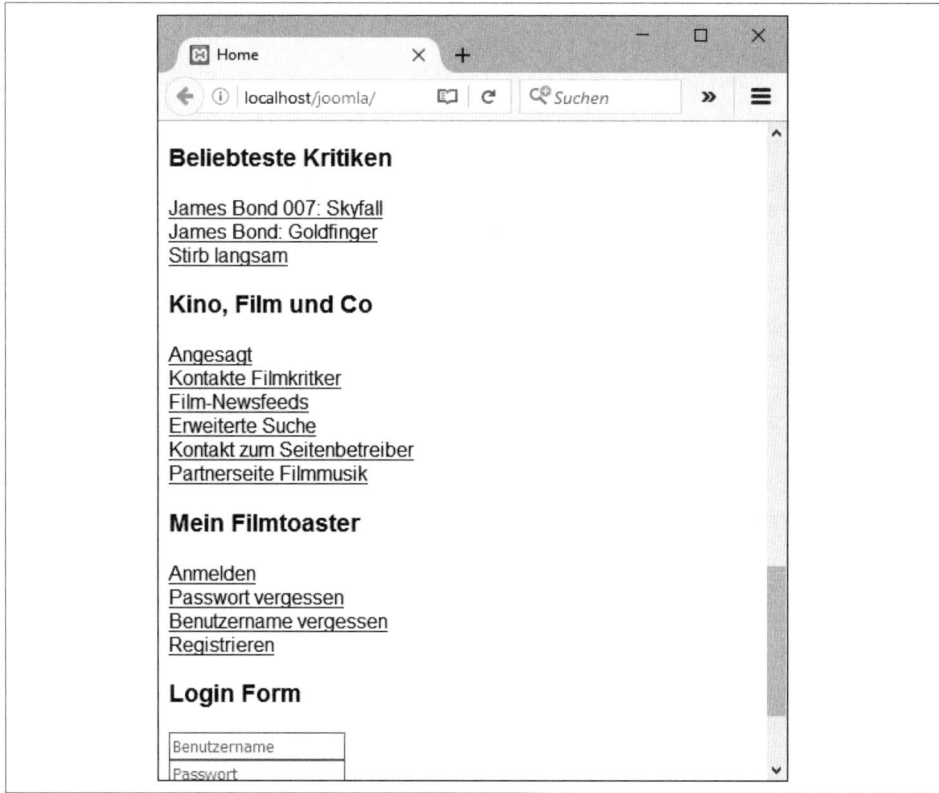

Abbildung 17-16: Hier sind drei unformatierte Module in Firefox zu sehen.

Betrachtet man Abbildung 17-16 genauer, fällt einem auf, dass über jeder Überschrift ziemlich viel freier Platz bleibt. Diesen Abstand nach oben eliminiert in der obigen Regel `margin-top: 0;`.

Die Titel trennen die Module zwar bereits optisch voneinander, besser wäre es jedoch, jedes Modul noch einmal in einen eigenen Kasten zu stecken. Standardmäßig tackert Joomla! die Ausgaben der Module einfach hintereinander. Im entstehenden Tag-Brei lassen sich daher die Module nur recht schwer voneinander trennen. Abhilfe schafft das im Abschnitt »Das style-Attribut nutzen« auf Seite 669 angesprochene style-Attribut. Abhängig vom Wert rahmt Joomla! dann jedes Modul noch einmal mit weiteren HTML-Tags ein. In der *index.php* des Filmtoaster-Templates sorgt das Attribut style="html5" dafür, dass die Ausgaben jedes Moduls noch einmal in <div>-Tags verpackt werden:

```
<div class="moduletable">
   <h3>Beliebteste Kritiken</h3>
   ... Hier folgen die Ausgaben des Moduls ...
</div>
```

Die *index.php* kesselt zudem alle Module noch einmal zwischen den Tags <aside> und </aside> ein:

```
<aside>
   <div class="moduletable">
      <h3>Beliebteste Kritiken</h3>
      ... Hier folgen die Ausgaben des Moduls ...
   </div>
   <div class="moduletable">
      ... Hier folgt ein weiteres Modul ...
   </div>
</aside>
```

Tipp Wenn Sie im Attribut style den Wert html5, table oder xhtml verwenden, klebt Joomla! wie oben gezeigt an jedes <div>-Tag noch den Klassennamen moduletable. Diesen können Sie ebenfalls zur Formatierung der einzelnen Module heranziehen. Wie Sie gleich sehen werden, ist das aber nicht zwingend notwendig.

Um einen schwarzen Rahmen um jedes Modul zu ziehen, genügt somit eigentlich folgende simple Regel:

```
aside div { border: 0.2em solid black; }
```

Sie erzeugt einen schwarzen (black) Rahmen (border) in einer Stärke von 0.2em mit einer durchgezogenen Linie (solid). Dummerweise gilt die Regel jedoch für alle div-Elemente, die sich zwischen <aside> und </aside> befinden. Sollte ein Modul selbst zahlreiche <div>-Tags ausgeben, zieht der Browser brav um jedes enthaltene Element einen schwarzen Rand. Das wiederum würde zu dem Rahmenchaos aus Abbildung 17-17 führen.

Netterweise kann man den Browser auch anweisen, die Regel nur auf die aside direkt untergeordneten divs anzuwenden:

```
aside>div { border: 0.2em solid black; }
```

Dank der spitzen Klammer zieht der Browser jetzt nur noch um jedes Modul einen schwarzen Rahmen. Die von den Modulen ausgegebenen <div>-Tags werden zumindest von dieser Regel ignoriert. Im Ergebnis aus Abbildung 17-18 kleben die Texte jetzt allerdings direkt am Rand.

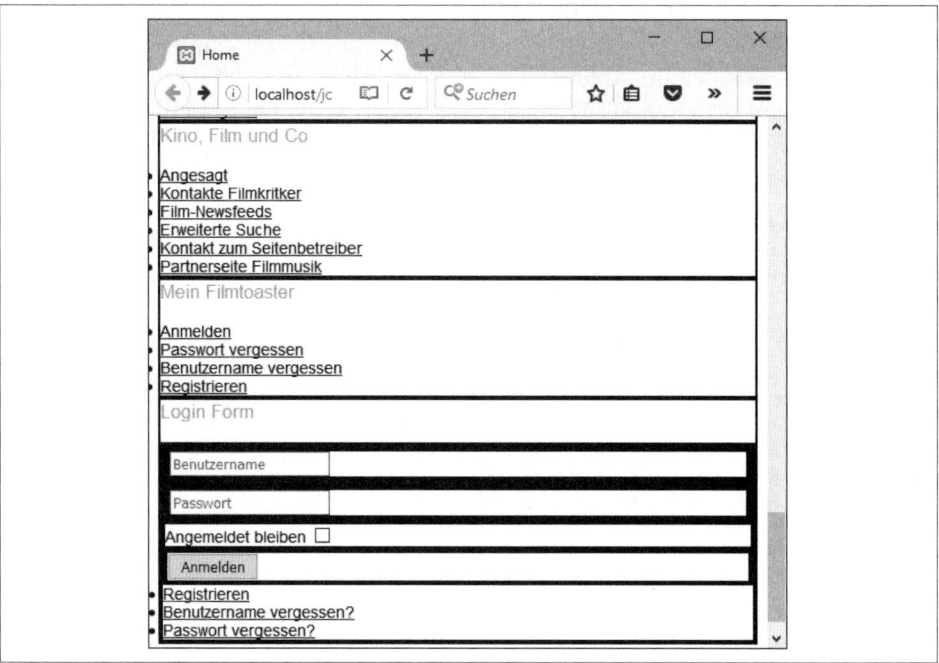

Abbildung 17-17: Die Module stecken selbst einige Texte zwischen die Tags <div> und </div>. Jedes dieser Elemente erhält hier fälschlicherweise einen schwarzen Rahmen.

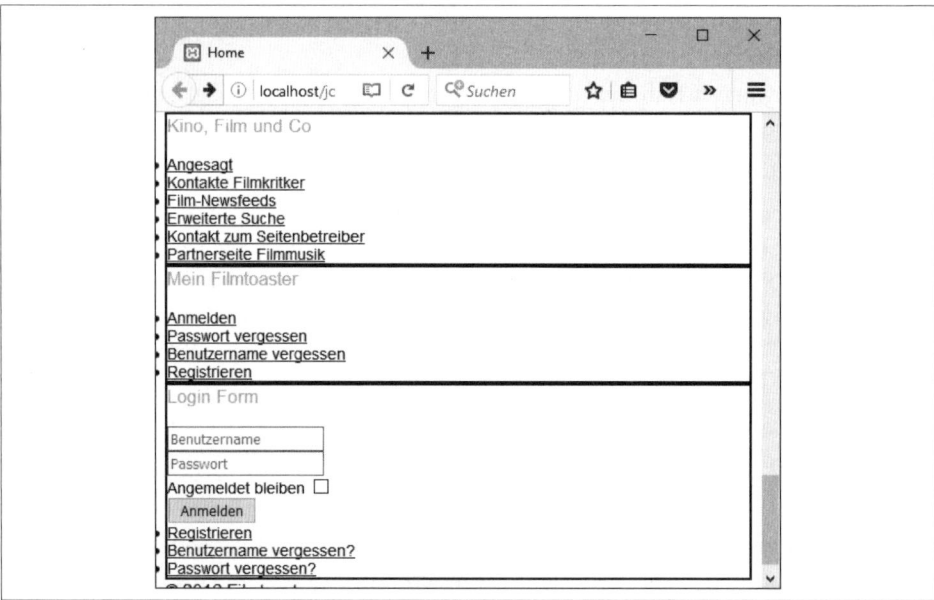

Abbildung 17-18: Jedes Modul steckt nun in einem eigenen Rahmen.

Um das zu ändern, muss man die Regel lediglich etwas erweitern:

```
aside>div {
   border: 0.2em solid black;
   padding: 0.75em;
   margin-bottom: 1em;
}
```

`padding: 0.75em;` rückt zunächst alle Inhalte um 0,75 em vom Rand weg, `margin-bottom` schafft zudem noch eine Zeile Luft unter jedem Kasten und somit etwas Abstand zwischen den Modulen.

Die noch etwas unschönen Aufzählungspunkte vor den Links versteckt schließlich:

```
aside ul { list-style: none; }
```

Diese Regel entfernt in allen Modulen sämtliche Aufzählungspunkte. Für das einfache Filmtoaster-Template soll das genügen.

Tipp An einige Aufzählungen tackert Joomla! noch Klassennamen. Über diese können Sie dann die verschiedenen Aufzählungen in den Modulen einzeln optisch gestalten. Ein Menü-Modul gibt beispielsweise die Menüpunkte in einer Liste mit dem Klassennamen `nav menu` aus:

```
<ul class="nav menu">
   <li><a href="..." >Angesagt</a></li>
   ...
</ul>
```

Die Regel:

```
aside ul.nav { list-style: none; }
```

würde somit die Aufzählungspunkte ausschließlich vor den Menüpunkten entfernen. Analog lassen sich die Aufzählungspunkte im Modul zur Anmeldung (alias *Login Form*) verstecken:

```
aside ul.unstyled { list-style: none; }
```

Welche Klassennamen die einzelnen Module an ihre Aufzählungen heften, finden Sie leider nur über die Seitenquelltextansicht Ihres Browsers heraus.

Die bisherigen CSS-Regeln fasst noch einmal Beispiel 17-9 zusammen. Fügen Sie alle diese Regeln am Ende der Datei *template.css* hinzu. Die Auswirkungen im Browser zeigt Abbildung 17-19. Für das Filmtoaster-Beispiel soll diese Optik genügen.

Beispiel 17-9: Die CSS-Regeln zur Formatierung der Module auf Smartphones

```
aside { font-size: 0.9em; }
aside h3 {
   font-weight: normal;
   color: orange;
   margin-top: 0;
}
aside>div {
   border: 0.2em solid black;
   padding: 0.75em;
   margin-bottom: 1em;
```

Beispiel 17-9: Die CSS-Regeln zur Formatierung der Module auf Smartphones *(Fortsetzung)*

```
}
aside ul { list-style: none; }
```

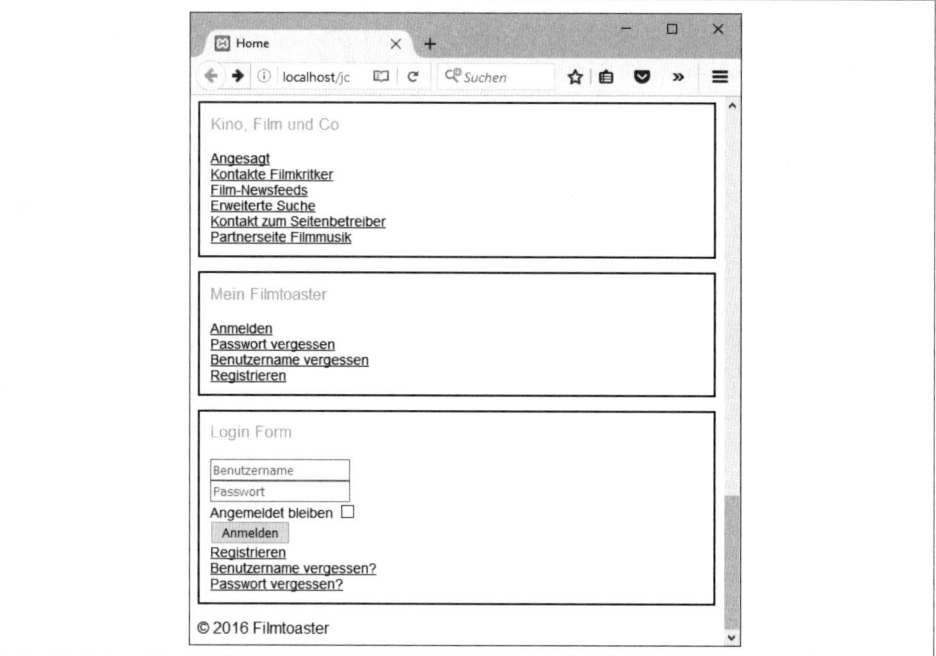

Abbildung 17-19: Die optisch etwas hübscheren Module.

Fußzeile gestalten

Als Nächstes ist die Fußzeile an der Reihe. Sie soll zentriert und in kursiver Schrift auf der Website erscheinen. Ein Blick in die Datei *index.php* verrät, dass die Fußzeile zwischen den Tags <footer> und </footer> steckt. Da die Fußzeile nur einen kurzen, eher unwichtigen Text enthält, verkleinert und zentriert die CSS-Regel aus Beispiel 17-10 den Text. Zudem erhält er eine graue Schriftfarbe.

Beispiel 17-10: Die verkleinerte und zentrierte Fußzeile

```
footer {
    font-size: small;
    text-align: center;
    color: gray;
}
```

Wie Sie im Beispiel sehen, kann font-size nicht nur einen Wert, sondern auch eine der Größenangaben xx-small, x-small, small, medium, large, x-large und xx-large erhalten. Die dabei zu wählende Größe bleibt dem Browser überlassen.

Setzen Sie die Regel aus Beispiel 17-10 ans Ende der *template.css*. Wenn Sie in ihr alle bis hierher vorgestellten Regeln gespeichert haben, sollte Ihre Internetseite wie in Abbildung 17-20 aussehen.

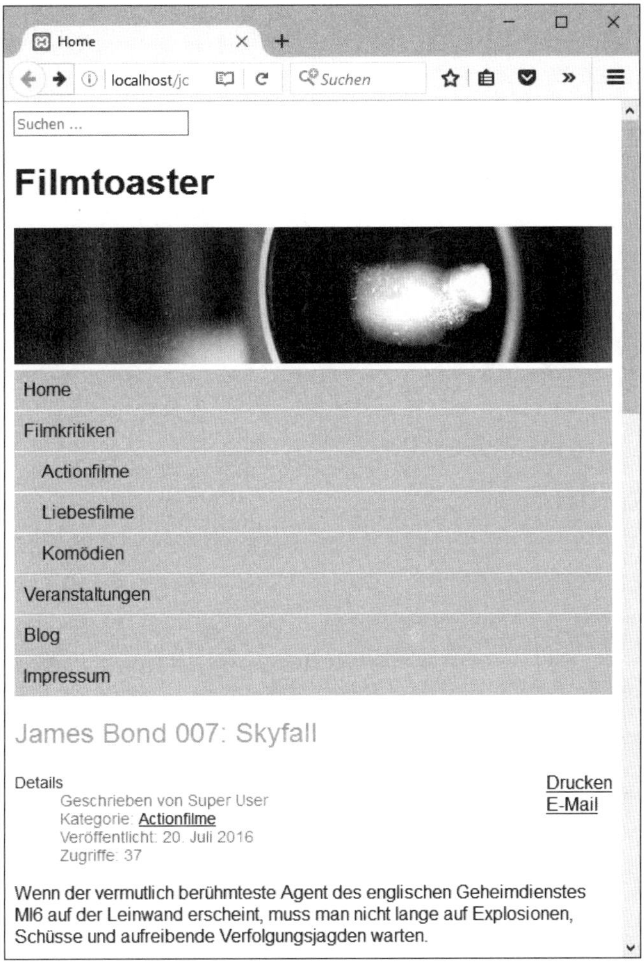

Abbildung 17-20: Die auf Smartphones zugeschnittene Darstellung.

Die vorläufige template.css

Alle übrigen Seiten und Elemente fallen netterweise schon unter eine der Regeln. Damit wären wir eigentlich auch schon fertig: Zumindest auf kleinen Bildschirmen lassen sich unsere Seiten recht gut lesen und bedienen. Die komplette *template.css* zeigt noch einmal Beispiel 17-11.

Beispiel 17-11: Die komplette template.css für kleine Bildschirme

```css
/* CSS-Reset */
img, ul, li {
   border: 0;
   margin: 0;
   padding: 0;
}

/* Schriftart einstellen */
body {
   font-family: Helvetica,Arial,sans-serif;
   font-size: 100%;
}

/* Bilder automatisch skalieren */
img {
   max-width: 100%;
   height: auto;
}

/* Schriftgröße für den Namen der Website */
h1 { font-size: 2em; }

/* Links formatieren */
a {
   color: #000000;
   text-decoration: underline;
}
h1 a {text-decoration: none;}
a:hover { color: orange; }
a:active { color: orange; }

/* Unerwünschte Beschriftungen verstecken */
.element-invisible {
   display: none;
}

/* Hauptmenü */
nav ul.nav * { list-style: none; }
nav ul.nav a {
   background: lightgrey;
   padding: 0.5em;
   display: block;
   margin-top: 1px;
   text-decoration: none;
}
nav ul.nav a:hover {
   color: #fff;
   background: darkgrey;
}
nav ul.nav ul li a { padding-left: 1.5em; }

/* Beiträge */
h2 {
   font-size: 1.5em;
```

Beispiel 17-11: Die komplette template.css für kleine Bildschirme *(Fortsetzung)*

```css
    font-weight: normal;
    color: orange;
}
h2 a {
    text-decoration: none;
    color: orange;
}
div.icons ul.dropdown-menu {
    list-style: none;
    float: right;
}
dl.article-info {
    font-size: 0.9em;
    color: gray;
}
dt.article-info-term { color: #444444; }

/* Module */
aside { font-size: 0.9em; }
aside h3 {
    font-weight: normal;
    color: orange;
    margin-top: 0;
}
aside>div {
    border: 0.2em solid black;
    padding: 0.75em;
    margin-bottom: 1em;
}
aside ul { list-style: none; }

/* Fußzeile */
footer {
    font-size: small;
    text-align: center;
    color: gray;
}
```

Bringen Sie jetzt Ihr Browserfenster wieder auf seine normale Größe, denn im folgenden Abschnitt geht es um das Layout auf größeren Bildschirmen.

Layout für den Desktop

Wenn Sie alle Beispiele aus den vorherigen Abschnitten mitgemacht haben, präsentieren sich die Filmtoaster-Seiten in einem breiten Browserfenster wie in Abbildung 17-21. Die meisten Elemente sehen auch dort bereit recht ansehnlich aus. Es stört lediglich das jetzt etwas wuchtige Menü, zudem »kleben« alle Elemente noch am linken Seitenrand. Des Weiteren sollten die Module auf einem großen Bildschirm in eine Seitenleiste am rechten Bildschirmrand wandern (wie es der Entwurf aus Abschnitt »Die Entwurfsskizze« auf Seite 653 vorgibt).

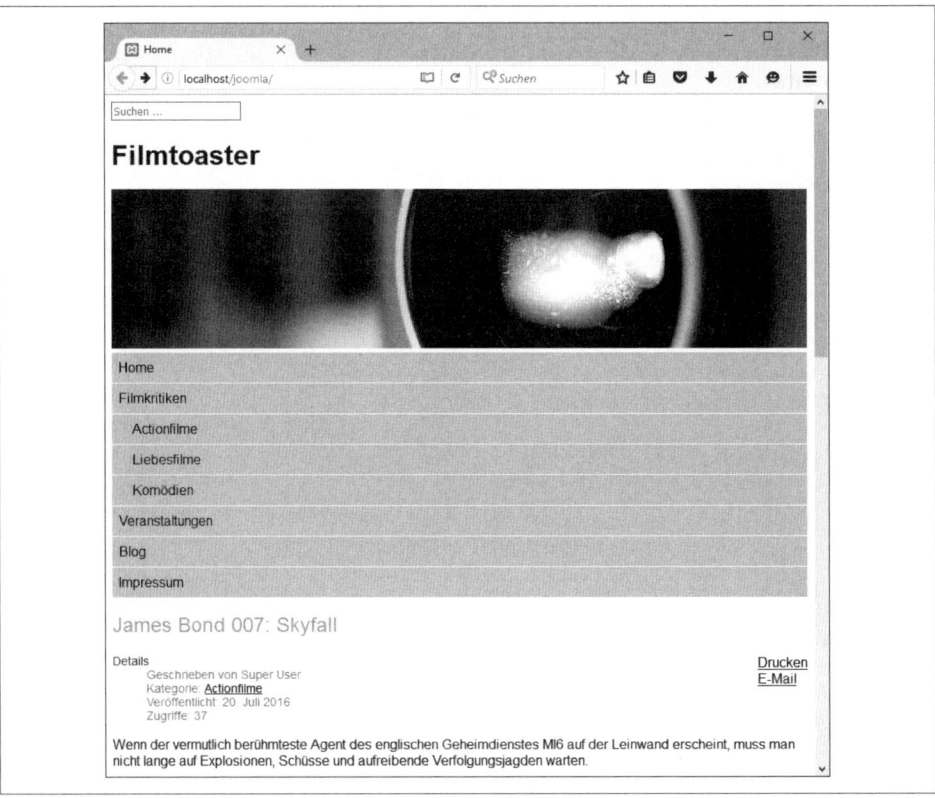

Abbildung 17-21: Die für mobile Geräte gestalteten Seiten sehen auch in einem größeren Browserfenster schon recht erfreulich aus.

Man könnte jetzt einfach passende CSS-Regeln am Ende der *template.css* hinzufügen. Diese Regeln würden dann aber die schon vorhandenen Regeln überschreiben und somit auch das mühsam zusammengebastelte Layout auf kleinen Bildschirmen ändern. Man muss folglich irgendwie zwischen verschiedenen Bildschirmgrößen unterscheiden. Genau das ermöglichen die sogenannten Media-Queries.

Media-Queries

Der Browser soll einige ausgewählte CSS-Regeln nur dann anwenden, wenn sein Fenster breit genug ist. Diese Einschränkung muss man ihm über eine ganz spezielle Regel mitteilen, die auf den ersten Blick etwas kryptisch wirkt:

```
@media screen and (min-width: 768px) {

}
```

Alle CSS-Regeln, die sich zwischen den beiden geschweiften Klammern { und } befinden, werden hier nur dann berücksichtigt, wenn das Browserfenster mindestens 768 Pixel breit ist. Solch eine spezielle Regel wird neudeutsch als *Media-Query* bezeichnet.

Aufbau einer Media-Query

Zunächst zeigt das Schlüsselwort `@media` an, dass es sich nicht um eine normale CSS-Regel, sondern um eine Media-Query handelt. Alle Angaben rechts neben `@media` beschreiben, wann die Regeln in den geschweiften Klammern gelten sollen. Im obigen Beispiel muss die Seite auf einem Bildschirm dargestellt werden (`screen`) und (`and`) mindestens eine Breite (`min-width`) von 768 Pixeln aufweisen.

Probieren Sie das einfach mal aus und speichern Sie am Ende der *template.css* folgende Zeilen:

```
@media screen and (min-width: 768px) {
    p { color: blue; }
}
```

Nach dem Neuladen der Seite zeigt Ihr Browser alle normalen Texte blau an. Verkleinern Sie jetzt das Fenster. Sobald es schmaler als 768 Pixel wird, gilt die obige Regel nicht mehr, sodass alle Texte wieder in Schwarz erscheinen. Das Ganze funktioniert dynamisch, Sie müssen die Seite also nicht immer wieder neu laden.

Netterweise sind auch mehrere Media-Queries erlaubt:

```
@media screen and (min-width: 768px) { ... }
@media screen and (min-width: 1024px) { ... }
```

Die CSS-Regeln in der ersten Media-Query berücksichtigt der Browser nur dann, wenn der Bildschirm mindestens 768 Pixel breit ist. Sollte die Auflösung in der Waagerechten mindestens 1.024 Pixel betragen, greifen zusätzlich noch die CSS-Regeln in der zweiten Media-Query.

Media-Features

Neben `min-width` gibt es noch einige weitere Auswahlkriterien, die sogenannten *Media-Features*. So gilt beispielsweise die Media-Query:

```
@media screen and (max-width: 768px) { ... }
```

nur bei allen Bildschirmen, die *höchstens* 768 Pixel breit sind. Tabelle 17-1 nennt noch ein paar weitere Media-Features.

Tabelle 17-1: Ausgewählte Media-Features

Media-Feature	Media-Query gilt, wenn ...	Mögliche Werte
`width`	das Ausgabegerät exakt diese Breite aufweist	Zahl, z. B. 768px
`min-width`	das Ausgabegerät mindestens diese Breite aufweist	Zahl, z. B. 768px
`max-width`	das Ausgabegerät höchstens diese Breite aufweist	Zahl, z. B. 768px
`height`	das Ausgabegerät exakt diese Höhe aufweist	Zahl, z. B. 768px
`min-height`	das Ausgabegerät mindestens diese Höhe aufweist	Zahl, z. B. 768px
`max-height`	das Ausgabegerät höchstens diese Höhe aufweist	Zahl, z. B. 768px
`orientation`	das Gerät das Hochformat (`portrait`) oder Querformat (`landscape`) verwendet (dieses Media-Feature ist besonders bei Tablet-PCs und im Druck interessant)	`portrait` oder `landscape`

Tabelle 17-1: Ausgewählte Media-Features *(Fortsetzung)*

Media-Feature	Media-Query gilt, wenn ...	Mögliche Werte
`aspect-ratio`	das vorgegebene Seitenverhältnis (Breite zu Höhe) aufweist	Bruch, z. B. 16/9
`resolution`	das Gerät die vorgegebene Pixeldichte aufweist (die Angabe erfolgt in Punkten pro Inch, Einheit dpi, oder in Punkten pro Zentimeter, Einheit dpcm)	Zahl mit Einheit, z. B. 100dpi

Die Kriterien lassen sich mit dem Schlüsselwort and kombinieren. Beispielsweise wendet der Browser die CSS-Regeln in der folgenden Media-Query nur dann an, wenn der Bildschirm eine Breite von mindestens 768 Pixeln, höchstens aber 1.024 Pixeln besitzt:

```
@media screen and (min-width: 768px) and (max-width: 1024px) { ... }
```

Medientypen

Des Weiteren lassen sich mit den Media-Queries nicht nur die Bildschirmgrößen, sondern auch noch andere Ausgabegeräte abfragen:

```
@media print { ... }
```

In diesem Fall werden die CSS-Regeln in den geschweiften Klammern nur dann berücksichtigt, wenn der Besucher die Seiten ausdruckt oder eine Druckvorschau aufgerufen hat. Sie können also mit dieser Media-Query Ihre Seiten für den Druck optimieren. Tabelle 17-2 listet alle weiteren möglichen Geräte auf (in der Media-Query-Sprache als *Medientypen* bezeichnet).

Tabelle 17-2: Medientypen gemäß CSS2-Standard

Medientyp	Gerät
`all`	CSS-Regeln in den Klammern gelten immer
`braille`	Braillezeile
`embossed`	Brailledrucker, der seitenweise arbeitet
`handheld`	kleine Geräte der Handheld-Klasse, in der Regel mit monochromem Bildschirm
`print`	Drucker oder Druckvorschau
`projection`	projizierte Anzeige (etwa über einen Beamer)
`screen`	farbiger Computermonitor
`speech`	Screenreader oder anderes Vorleseprogramm mit Sprachsynthese
`tty`	reine Textausgabe wie etwa in einem Terminal
`tv`	Fernseher

Mit geschickt zusammengebauten Media-Queries kann man also für den Druck, eine Braillezeile, kleine Smartphone-Bildschirme, einen quer gelegten Tablet-PC und große Desktopmonitore jeweils eigene CSS-Regeln anlegen und somit maßgeschneiderte Seiten entwerfen.

Zusammenfassung

Da die Media-Queries etwas verwirrend sein können, noch einmal kurz zusammengefasst:

Sollen CSS-Regeln nur unter ganz bestimmten Umständen gelten, greift man zu einer Media-Query. Diese hat immer folgenden Aufbau:

```
@media screen and (min-width: 1024px) {
   /* ... CSS-Regeln ...   */
}
```

Hinter dem Schlüsselwort @media folgt die Angabe, für welches Gerät die in den geschweiften Klammern stehenden CSS-Regeln gelten sollten. Im Beispiel gelten die CSS-Regeln nur, wenn die Internetseite auf einem Bildschirm (screen) erscheint. Danach folgen eine oder mehrere weitere Einschränkungen. Im obigen Beispiel betrachtet der Browser die CSS-Regeln nur dann, wenn der Bildschirm mindestens 1.024 Pixel breit ist (min-width). Sie dürfen beliebig viele Media-Queries in Ihrem Stylesheet verwenden.

Mehrere Media-Queries wählen

Typisch sind drei Media-Queries für Auflösungen mit einer Breite von 320 Pixeln für Smartphones, 768 Pixeln für Tablet-PCs und 1.024 Pixeln für große Monitore.

Allerdings können auch normale Browserfenster eine Breite von 768 Pixeln besitzen – nämlich dann, wenn der Benutzer sein Fenster verkleinert hat. Des Weiteren hängen die benötigten Media-Queries auch von den Seiteninhalten ab. Wenn Sie beispielsweise gar keine Seitenleiste mit Modulen anbieten möchten, reicht vielleicht schon eine Media-Query mit 1.024 Pixeln aus.

Wenn Sie unsicher sind, gestalten Sie Ihre Seiten wie in diesem Kapitel zunächst für kleine Mobilgeräte. Vergrößern Sie dann das Fenster Ihres Browsers so lange, bis die Seite unansehnlich wirkt. Für diese Auflösung erstellen Sie dann eine entsprechende Media-Query. Die aktuellen Abmessungen Ihres Fensters verraten Ihnen unter anderem die Entwicklerwerkzeuge des Browsers (unter Firefox etwa der *Inspektor* in der Ansicht *Box-Modell*).

Wenn Ihnen das zu fummelig oder ungenau erscheint, erstellen Sie zunächst zwei Media-Queries mit den oben genannten etablierten Auflösungen von 768 und 1.024 Pixeln:

```
@media screen and (min-width: 768px) { ... }
@media screen and (min-width: 1024px) { ... }
```

In der ersten definieren Sie ein Layout für Tablet-PCs und dann darauf aufbauend in der zweiten das Layout für größere Monitore.

In jedem Fall sollten Sie Ihre Seiten auf verschiedenen Geräten mit unterschiedlichen Auflösungen testen. Sofern die Seite auf einem der Geräte unansehnlich wirkt, erstellen Sie eine weitere Media-Query mit dessen Auflösung.

Media-Query für das Filmtoaster-Template

Für das Filmtoaster-Template genügt der Einfachheit halber eine einzige Media-Query. Sie überprüft, ob der Besucher einen Bildschirm verwendet und sein Browserfenster mindestens 768 Pixel breit ist:

```
@media screen and (min-width: 768px) {

}
```

Diese Breite sollte ausreichen, um bequem zwei Spalten und ein waagerechtes Menü darzustellen. Wenn Sie Ihre eigenen Seiten auf weitere Bildschirmgrößen optimieren möchten, fügen Sie einfach entsprechende weitere Media-Queries hinzu. Wie Sie dabei vorgehen können, verrät Ihnen der Kasten »Mehrere Media-Queries wählen« auf Seite 737.

Zwischen den geschweiften Klammern landen jetzt alle Regeln, die das Layout passend für große Bildschirme umbauen. Den Anfang macht dabei das Hauptmenü.

 **Warnung**   Diese CSS-Regeln werden auf den schon vorhandenen Regeln aufbauen. Hängen Sie daher die Media-Query unbedingt ans Ende Ihrer *template.css* an. Andernfalls wertet der Browser die Regeln in einer anderen Reihenfolge aus, was wiederum zu unerwarteten Ergebnissen führen kann.

Die Suche nach rechts schieben

Im Moment erscheint die Suchfunktion noch über dem Namen der Website (wie in Abbildung 17-21 auf Seite 734 gut zu sehen ist). Die Suchfunktion soll jedoch in die rechte obere Ecke verbannt werden. Um das möglichst einfach zu erreichen, verpassen Sie zunächst in der *index.php* dem Bereich für die Suche einen Klassennamen, wobei search ganz passend wäre:

```
...
<div class="search">
    <!-- Bereich für die Suchfunktion -->
    <jdoc:include type="modules" name="position-0" style="html5" />
</div>
...
```

Den Bereich mit dem Suchen-Modul schiebt jetzt folgende CSS-Regel an den rechten Rand:

```
.search {float: right;}
```

Das float: right; knipst für den entsprechenden Bereich den Textumfluss ein. Alle nachfolgenden Elemente umfließen ihn damit auf seiner linken Seite. Letztendlich klebt der Browser das Suchen-Modul an den rechten Rand, den Namen der Website links daneben.

Wenn Sie die Regeln allerdings einfach so in die *template.css* setzen, würde das Suchen-Modul auch auf kleinen Bildschirmen an den rechten Rand wandern. Damit das nicht passiert, müssen Sie die CSS-Regel deshalb in die Media-Query aus dem vorherigen Abschnitt setzen. Das Ergebnis zeigt Beispiel 17-12.

Beispiel 17-12: Diese Media-Query schiebt den Bereich mit dem Klassennamen search an den rechten Rand

```
@media screen and (min-width: 768px) {
   .search {float: right;}
}
```

Ergänzen Sie am Ende Ihrer *template.css* diese Media-Query. Nach dem Neuladen der Seite im Browser sollte das Ergebnis aus Abbildung 17-22 erscheinen. Auch wenn es optisch nicht so scheint, liegt das Eingabefeld auf gleicher Höhe mit dem Schriftzug *Filmtoaster*.

Abbildung 17-22: Das Eingabefeld für die Suche klebt jetzt am rechten Rand.

Das Hauptmenü aufbereiten

Das Hauptmenü soll auf großen Bildschirmen als waagerechtes Menü erscheinen. Da der CSS-Standard dafür keine maßgeschneiderten Eigenschaften anbietet, muss man die Menüpunkte mit gleich mehrere Regeln in die Horizontale bringen.

Tipp Wenn Sie zum ersten Mal mit CSS arbeiten und Ihnen irgendwann im Folgenden der Kopf raucht, übernehmen Sie erst einmal nur die Regeln. Selbst etwas erfahrenere CSS-Entwickler stolpern immer wieder mal über die in den Regeln zwangsweise benötigten Tricks und Kniffe.

Wie bereits im Abschnitt »Hauptmenü formatieren« auf Seite 715 vorgestellt, gibt Joomla! das Menü als Liste aus (zwischen den HTML-Tags `<ul>` und `</ul>`). Vereinfacht, sieht das so aus:

```
...
<nav>
   <ul class="nav menu nav-pills">
      <li><a href="...">Home</a></li>
      <li><a href="...">Oberpunkt</a>
         <ul class="nav-child unstyled small">
            <li><a href="..." >Erster Unterpunkt</a></li>
            <li><a href="..." >Zweiter Unterpunkt</a></li>
         </ul>
      </li>
      <li><a href="...">Impressum</a>
   </ul>
</nav>
...
```

Die Aufzählungspunkte (Tag `<li>`) enthalten die einzelnen Menüeinträge, Untermenüs sind verschachtelte Listen. Das Ganze steckt die *index.php* dann noch zwischen die HTML-Tags `<nav>` und `</nav>`.

Damit die einzelnen Menüpunkte nebeneinanderstehen, schaltet die folgende CSS-Regel einfach den Textumfluss ein:

```
nav ul.nav li { float: left; }
```

Sie betrifft ausschließlich die Aufzählungspunkte (li) einer Liste (ul) mit dem Klassennamen .nav – und somit ausschließlich ein Menü. Mit dieser Regel sieht das Menü wie in Abbildung 17-23 aus: Die Menüpunkte umfließen sich jetzt gegenseitig auf ihrer jeweils rechten Seite. Da alle Menüpunkte gleich hoch sind, reihen sie sich nebeneinander in einer Zeile auf. Durch den angeknipsten Textumfluss haben sich allerdings auch die nachfolgenden Texte rechts neben das Hauptmenü gemogelt (denn genau das gestattet `float:left;`).

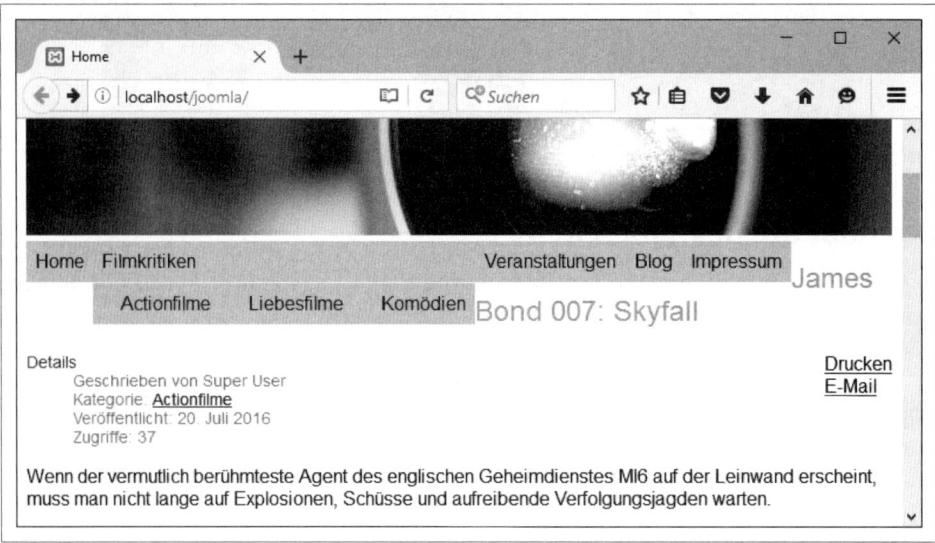

Abbildung 17-23: Die Menüpunkte sind bereits waagerecht angeordnet.

Um das zu ändern, muss man etwas in die Trickkiste greifen: Mit einer weiteren Regel dehnt man die Liste mit den Menüpunkten auf die gesamte Seitenbreite aus. Genau das erledigt die folgende Regel:

```
nav ul.nav {
    width: 100%;
    float: left;
    background-color: lightgrey;
    margin-bottom: 1.5em;
}
```

Zunächst macht sie die Liste (ul) mit dem Menü (das ist die mit dem Klassennamen nav) so breit wie das gesamte Fenster (`width: 100%;`). Das Folgende `float: left;` weist auch dem Menü einen Textumfluss zu. Das hat zur Folge, dass sich die nachfolgenden

Texte nun rechts vom Menü entlangschlängeln müssen. Da das Menü aber die gesamte Seitenbreite einnimmt, bleiben die nachfolgenden Texte unterhalb des Hauptmenüs. Des Weiteren verpasst die Regel dem Menü noch einen hellgrauen Hintergrund (`background-color: lightgrey;`). Durch diesen Kniff erscheint das Menü später als durchgehende graue Leiste. Damit die nachfolgenden Beiträge nicht direkt am unteren Rand des Menüs kleben, schafft `margin-bottom: 1.5em;` dort noch ein wenig Platz. Mit den beiden Regeln würde das Menü wie in Abbildung 17-24 aussehen.

Abbildung 17-24: Das halb fertige Hauptmenü.

Die Untermenüs sollen allerdings erst bei Bedarf aufklappen und zudem auch nicht so zerhackt aussehen. Dazu versteckt die folgende CSS-Regel erst einmal alle Untermenüs:

```
nav ul.nav ul { display: none; }
```

Sie blendet alle Listen aus, die sich in einer anderen mit dem Klassennamen `nav` befinden – und das sind genau die Untermenüs.

Anzeigen soll der Browser die Untermenüs nur, wenn der Besucher den entsprechenden Oberpunkt mit der Maus berührt. Diesen Fall erschlägt folgende Regel:

```
nav ul.nav li:hover ul {
    display: block;
    width: auto;
    position: absolute;
}
```

Wenn der Besucher die Maus auf einem Menüpunkt parkt (`li:hover`), gilt die obige Regel für die darin enthaltene Liste (`ul`) und somit das entsprechende Untermenü. In genau diesem Fall blendet die Regel mit `display: block;` die Liste wieder ein. `Width: auto;` sorgt dafür, dass das Untermenü nur so breit ist wie sein Inhalt. Das Untermenü soll direkt unter seinem Oberpunkt ausklappen. Genau das stellt `position: absolute;` sicher. Es teilt dem Browser mit, dass er das Untermenü absolut zu seinem übergeordneten Element positionieren soll.

Mit diesen beiden zusätzlichen Regeln erscheint das Menü wie in Abbildung 17-25. Das Untermenü klappt zwar auf, die Menüpunkte sind aber noch nebeneinander angeordnet. Das kann ein gewünschtes Stilmittel sein, im Filmtoaster-Template sollen die Menüpunkte jedoch untereinander erscheinen.

Abbildung 17-25: Das Hauptmenü mit ausgeklapptem, aber noch nicht fertig formatiertem Untermenü.

Der Browser ordnet die Menüpunkte nebeneinander an, weil für sie noch der Textumfluss gilt. Die entsprechende Regel nav li { float: left; } gilt für alle Menüpunkte. Für die Punkte im Untermenü muss man daher den Textumfluss explizit wieder verbieten:

```
nav ul.nav li:hover ul li { float: none; }
```

Das Ergebnis zeigt Abbildung 17-26.

Abbildung 17-26: Das fast fertige Hauptmenü.

Die Untermenüpunkte sind allerdings noch ziemlich weit nach rechts eingerückt. Das rührt daher, dass die Regeln auf schon vorhandenen aufbauen: Abschnitt »Hauptmenü formatieren« auf Seite 715 hatte festgelegt, dass Untermenüs immer 1,5 em nach rechts eingerückt werden sollten. Genau das ist auch hier noch der Fall. Die folgende Regel nimmt deshalb diesen Abstand wieder etwas zurück:

```
nav ul.nav ul li a { padding-left:0.5em; }
```

Damit wäre das Hauptmenü endlich fertig. Damit die Regeln nur auf großen Bildschirmen greifen, müssen Sie sie in der *template.css* wieder in die Media-Query setzen. Beispiel 17-13 zeigt die komplette Media-Query.

Beispiel 17-13: Die Media-Query mit den CSS-Regeln für ein waagerechtes Hauptmenü

```
@media screen and (min-width: 768px) {

  /* Suche nach rechts schieben */
  .search {float: right;}
```

Beispiel 17-13: Die Media-Query mit den CSS-Regeln für ein waagerechtes Hauptmenü *(Fortsetzung)*

```
    /* Waagerechtes Hauptmenü */
    nav ul.nav li { float: left; }
    nav ul.nav {
       width: 100%;
       float: left;
       background-color: lightgrey;
       margin-bottom: 1.5em;
    }
    nav ul.nav ul { display: none; }
    nav ul.nav li:hover ul {
       display: block;
       width: auto;
       position: absolute;
    }
    nav ul.nav li:hover ul li { float: none; }
    nav ul.nav ul li a { padding-left:0.5em; }
}
```

Ändern Sie die Media-Query wie in Beispiel 17-13 ab, speichern Sie die Neuerungen und laden Sie die *Vorschau* im Browser neu. Wenn Sie Ihr Fenster jetzt zusammenschieben, sehen Sie das alte Menü aus Abbildung 17-27, verbreitern Sie Ihr Fenster, erscheint das horizontale Menü (siehe Abbildung 17-28). Ziehen Sie das Fenster so breit, dass Sie das waagerechte Menü sehen. Als Nächstes kommt im unteren Teil der Seite eine Seitenleiste für die Module hinzu.

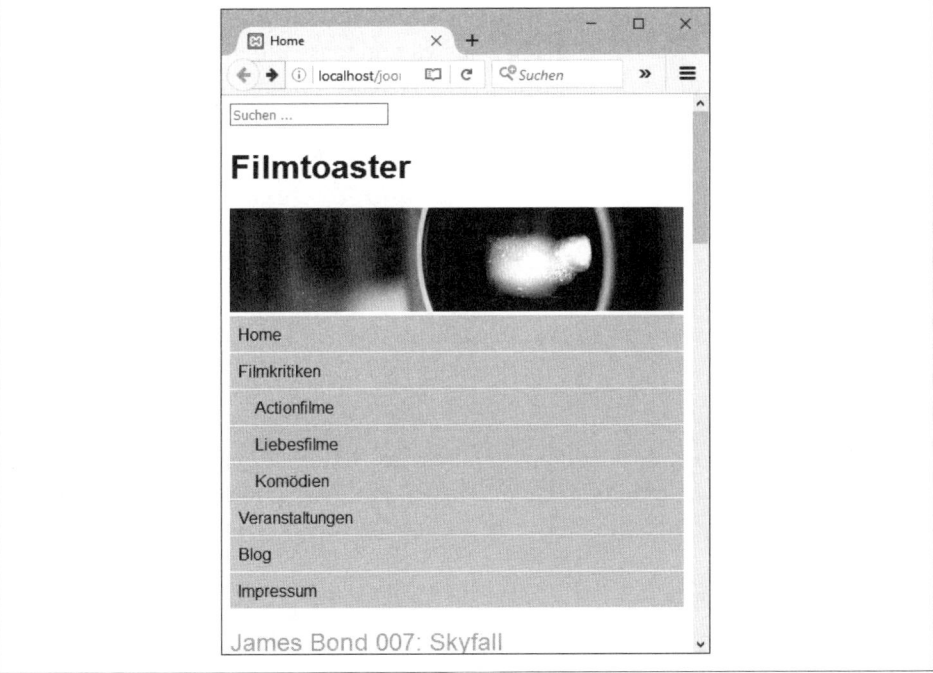

Abbildung 17-27: Das Menü im kleinen Fenster verwandelt sich ...

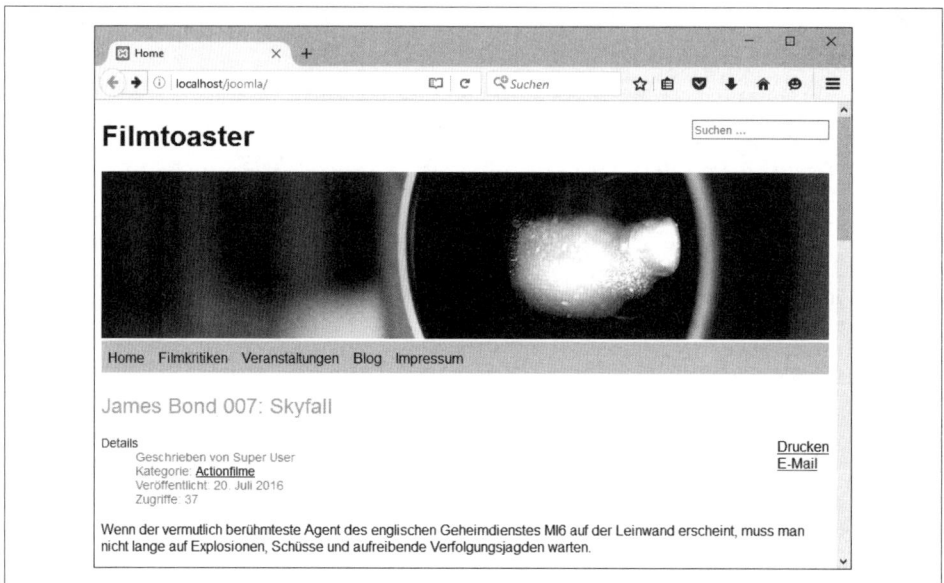

Abbildung 17-28: ... beim Vergrößern des Fensters in ein waagerechtes.

Module in eine Seitenleiste verschieben

Den Eindruck einer Seitenleiste erreicht man, indem entsprechende CSS-Regeln die Module an den rechten, die Ausgaben der Komponenten hingegen an den linken Seitenrand schieben. Das ist einfacher, als es zunächst klingt: Die im vorherigen Kapitel erstellte *index.php* steckt die Ausgaben der Komponenten in <div>-Tags, die Module zwischen <aside>-Tags:

```
...
<div>
   <!-- Bereich für die Komponenten -->
   <jdoc:include type="message" />
   <jdoc:include type="component" />
</div>
<aside>
   <!-- Bereich für die Module -->
   <jdoc:include type="modules" name="position-7" style="html5" />
</aside>
...
```

Um die Ausgaben der Komponenten gezielt an den linken Rand zu drücken, verpassen Sie dem <div>-Tag in der *index.php* noch einen Klassennamen, wie etwa den im Folgenden genutzten content:

```
...
<div class="content">
   <!-- Bereich für die Komponenten -->
   <jdoc:include type="message" />
   <jdoc:include type="component" />
</div>
...
```

Tipp	Ihren `<div>`-Tags sollten Sie jeweils immer einen Klassennamen mit auf den Weg geben, über den man auf den Inhalt des entsprechenden Bereichs schließen kann. `content` weist beispielsweise darauf hin, dass jetzt der Bereich mit dem wichtigen Inhalt folgt.

Speichern Sie die geänderte *index.php* ab und wenden Sie sich wieder der *template.css* zu. Darin genügen jetzt drei kurze Regeln:

```css
div.content {
   float: left;
   width: 66%;
}

aside {
   float: right;
   width: 30%;
}

footer { clear: both; }
```

Die erste schiebt zunächst via `float: left;` den Bereich mit den Beiträgen an den linken Seitenrand. Anschließend wird mit `width: 66%;` die Breite des Bereichs festgelegt: Er belegt ab sofort immer 66 % der verfügbaren Fensterbreite.

Nach dem gleichen Prinzip verfrachtet die zweite Regel den Bereich mit den Modulen an den rechten Rand (`float: right;`). Darüber hinaus nimmt der Bereich ab sofort 30 % der Seitenbreite in Beschlag (`width: 30%;`). Diese Breite sollte für die Module ausreichend sein. Damit nehmen die Beiträge immer zwei Drittel der Seitenbreite ein, die Module ungefähr ein Drittel. Die nicht zugewiesenen 4 % bleiben zwischen den Bereichen leer und sorgen so optisch für etwas Luft.

Der Einsatz von `float` hat allerdings einen kleinen Nachteil: Alle nachfolgenden Elemente umfließen den entsprechenden Bereich links oder rechts. Auf der Seite folgt nach den Modulen noch die Fußleiste. Die würde daher links oder rechts von den Bereichen erscheinen – je nachdem, welcher der beiden Bereiche der längere ist. Um das zu verhindern, schaltet die dritte Regel den Umfluss für die Fußzeile wieder ab.

Alle drei Regeln gehören an das Ende der Media-Query, das Ergebnis zeigt Beispiel 17-14. Stellen Sie sicher, dass die Regeln aus Beispiel 17-14 in der *template.css* noch innerhalb der Media-Query stehen:

Beispiel 17-14: Die Media-Query produziert mit den drei zusätzlichen Regeln eine Seitenleiste.

```css
@media screen and (min-width: 768px) {
   ...
   div.content { float: left; width: 66%; }
   aside { float: right; width: 30%; }
   footer { clear: both; }
}
```

Das Ergebnis im Browser sollte damit jetzt wie in Abbildung 17-29 aussehen. Wenn Sie das Browserfenster verbreitern oder verkleinern, passen sich die Spalten und der Inhalt automatisch mit an. Man könnte auch sagen, der Text »fließt« brav mit. Daher bezeichnet man Seitenlayouts, die auf Prozentwerten basieren, neudeutsch als *Fluid Layouts*.

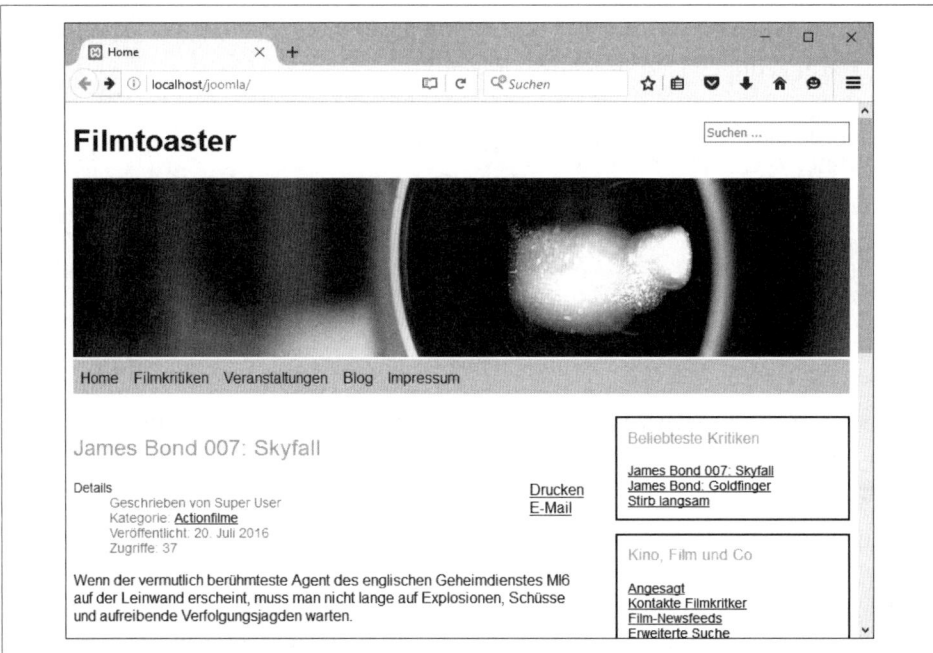

Abbildung 17-29: Die für große Monitore neu gestaltete Startseite.

Seitenbreite begrenzen

Wenn Sie Ihr Browserfenster immer breiter ziehen, werden automatisch auch die Zeilen der Beiträge immer länger. Das Lesen langer Zeilen strengt jedoch an: Zum einen fällt es dem Auge schwerer, der Zeile zu folgen, zum anderen muss es den Anfang der nachfolgenden Zeile erst suchen. Des Weiteren zieht der Browser die Seiteninhalte immer weiter auseinander, sodass nach und nach mehr weiße Stellen und Lücken entstehen. In größeren Fenstern sollte man daher den Seiteninhalten verbieten, zusammen breiter als beispielsweise 960 Pixel zu werden.

 Um dazu gleich nur eine einzige CSS-Regel schreiben zu müssen, kesseln Sie zunächst in der Datei *index.php* den kompletten Seiteninhalt zwischen `<div>`-Tags ein. Dazu fügen Sie direkt hinter dem Tag `<body>` das Tag `<div>` hinzu. Dieses bekommt zudem den Klassennamen `container` verpasst (Sie können aber auch einen beliebigen anderen Klassennamen wählen):

```
...
</head>
<body>
    <div class="container">
...
```

Das End-Tag `</div>` platzieren Sie direkt vor `</body>`:

```
    ...
    <footer>&copy; 2016 Filmtoaster</footer>
  </div>
</body>
</html>
```

Der komplette Inhalt jeder ausgelieferten Seite steckt jetzt immer zwischen `<div class="container">` und `</div>`. Diesen Bereich begrenzt die folgende CSS-Regel auf eine Breite von 960 Pixeln:

```
div.container { max-width: 960px; }
```

Fügen Sie diese Regel wie in Beispiel 17-15 am Ende der Media-Query hinzu.

Beispiel 17-15: Begrenzung der Seitenbreite

```
@media screen and (min-width: 768px) {
  ...
  div.container { max-width: 960px; }
}
```

Laden Sie nach diesen Änderungen die Seite im Browser neu und ziehen Sie das Fenster mit der Maus langsam breiter. Der Seiteninhalt passt sich zunächst noch dem Fenster an, weigert sich aber irgendwann, weiter in die Breite zu gehen. Das Ergebnis sollte dann wie in Abbildung 17-30 aussehen.

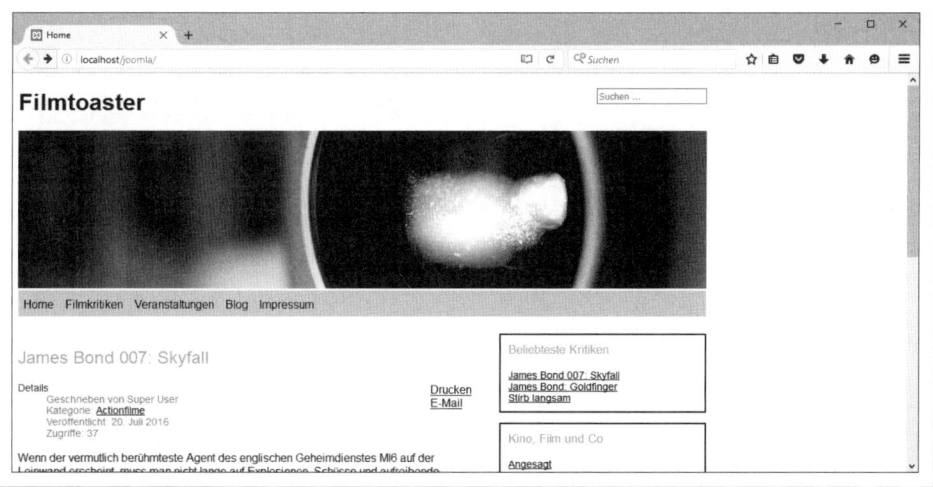

Abbildung 17-30: Der Seiteninhalt wird höchstens 960 Pixel breit, der Rest auf der rechten Seite bleibt weiß.

Allerdings entsteht jetzt auf der rechten Seite eine weiße Fläche, die umso größer wird, je breiter Sie das Browserfenster aufziehen. Die eigentlichen Seiteninhalte drängen sich hingegen auf der linken Seite zusammen. Wesentlich hübscher wäre es, wenn der Browser die Seiteninhalte im Fenster zentrieren würde. Um das zu erreichen, müssen Sie lediglich die CSS-Regel zu dem Gebilde aus Beispiel 17-16 erweitern.

Beispiel 17-16:   Begrenzung der Seitenbreite

```
@media screen and (min-width: 768px) {
...
   div.container {
      max-width: 960px;
      margin-left: auto;
      margin-right: auto;
   }
}
```

Die zwei zusätzlichen Zeilen sorgen dafür, dass die Abstände zum linken und rechten Fensterrand immer gleich groß sind. In der Folge erscheint der Seiteninhalt zentriert. Das Ergebnis im Browser zeigt Abbildung 17-31.

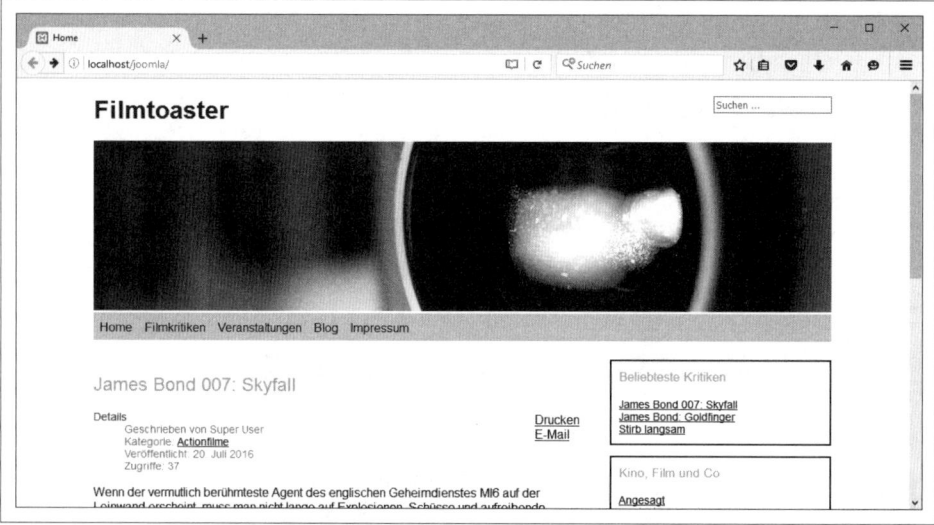

Abbildung 17-31:   Der Seiteninhalt wird höchstens 960 Pixel breit und erscheint zentriert.

 Tipp   Den Platz für die Seiteninhalte einfach zu begrenzen, ist natürlich eine Holzhammermethode. Besser wäre es gewesen, mit einer weiteren Media-Query die Seite etwas umzubauen und beispielsweise in besonders breiten Fenstern mehrere schmale Textspalten zu erzeugen. Damit würde allerdings auch die Komplexität der CSS-Regeln steigen. Videos und Bilder mit festen Abmessungen lassen sich zudem nicht mehr so einfach unterbringen. Schließlich wirken zu viele Inhalte auf dem Bildschirm schnell unübersichtlich. Aus diesen Gründen begrenzen die meisten Internetseiten einfach die Seitenbreite mit der hier gezeigten Methode.

Damit wäre die Optik fast fertig. Auf Mobilgeräten gibt es allerdings noch eine kleine Stolperfalle.

Viewports

Einige Smartphones greifen nicht zur für sie optimierten Darstellung, sondern zeigen die vollständige Fassung für große Bildschirme an. Der Benutzer des Smartphones sieht dann nur einen Ausschnitt unserer Seite. Abbildung 17-32 veranschaulicht das noch einmal: Das Smartphone tut so, als könnte es 980 Pixel anzeigen, präsentiert dem Besucher aber immer nur einen Ausschnitt von 320 Pixeln.

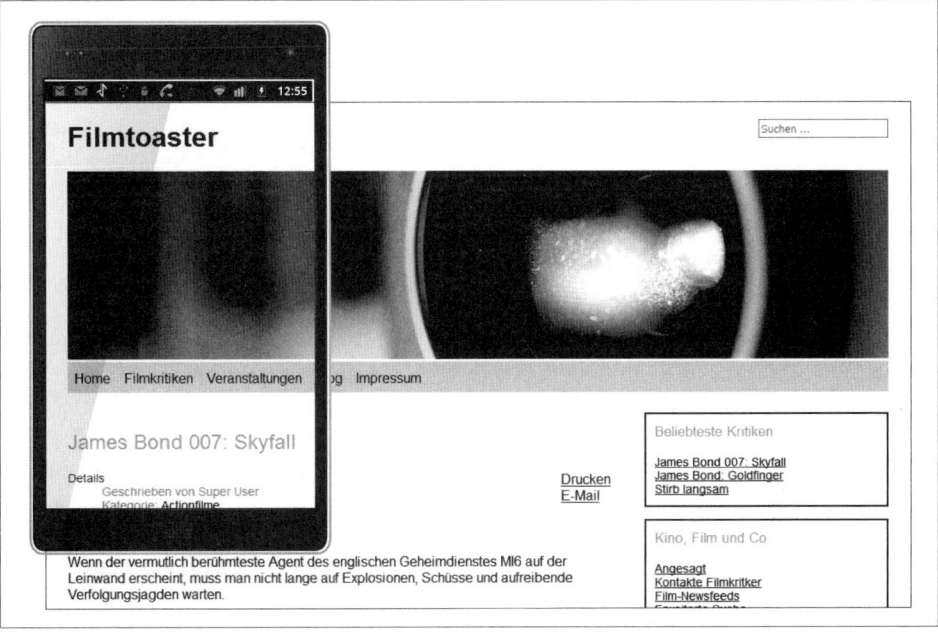

Abbildung 17-32: Einige Browser zeigen nur einen Teil der Webseite an.

Den sichtbaren Ausschnitt bezeichnet man als *Viewport*. Glücklicherweise kann man das Smartphone zwingen, diesen Viewport auf die Bildschirmabmessungen des Smartphones zu setzen. Das erledigt das folgende HTML-Tag.

```
<meta name="viewport" content="width=device-width">
```

Es gehört in den Kopf der Webseite und somit in die Datei *index.php*. Ändern Sie ihren Anfang wie in Beispiel 17-17 ab.

Beispiel 17-17: Die Angabe des Viewports in der Datei index.php

```
...
<!DOCTYPE html>
<html xmlns="http://www.w3.org/1999/xhtml" xml:lang="<?php echo $this->language; ?>"
lang="<?php echo $this->language; ?>" dir="<?php echo $this->direction; ?>">
<head>
   <jdoc:include type="head" />
   <meta name="viewport" content="width=device-width">
</head>
<body>
...
```

Das war bereits alles: Wenn ein Gerät Ihre Seiten besucht, mogelt es nicht mehr bei der Breite des Bildschirms – genau das erzwingt die Angabe `width=device-width`.

Das obige HTML-Tag wird allerdings zukünftig von einer entsprechenden CSS-Regel abgelöst:

```
@viewport {
    width: device-width;
}
```

Sie sollten die Regel daher schon jetzt zusätzlich am Anfang der *template.css* hinzufügen: Ältere Browser berücksichtigen dann das HTML-Tag, während sich neuere Browser auf die CSS-Regel stürzen.

Verbesserungspotenzial

Das bis hierhin zusammengebastelte Template ist jetzt zwar einsatzbereit, es gibt aber noch unzählige Verbesserungsmöglichkeiten.

So berücksichtigen die Menüs nur Untermenüs, nicht aber Unter-Untermenüs. Wenn Sie also dem Menü einen Unter-Unterpunkt spendieren, erscheint dieser einfach mit im aufklappenden Untermenü – hier fehlen einfach weitere passende CSS-Regeln. Darüber hinaus werden die Inhalte der Module noch etwas lieblos ausgegeben, und auch die übrigen Elemente ließen sich mit weiteren CSS-Regeln optisch weiter aufpeppen. Dazu zählen etwa die Schlagwörter, die der Browser derzeit einfach als nicht nummerierte Liste präsentiert. Das Vorgehen ist dabei stets das gleiche, das auch in den vorherigen Abschnitten beschrieben wurde: Entnehmen Sie der Seitenquelltextansicht Ihres Browsers, wie Joomla! das entsprechende Element ausgibt, und erstellen Sie passende CSS-Regeln. Die Schlagwörter sehen in der Seitenquelltextansicht beispielsweise so aus:

```
<ul class="tags inline">
    <li><a href="..." class="label label-info">James Bond</a></li>
    <li><a href="..." class="label label-info">Filme</a></li>
</ul>
```

Es handelt sich hierbei um eine einfache Aufzählung mit den Klassennamen `tags` und `inline`. Um die Schlagwörter waagerecht anzuordnen, kann man folglich einfach wie beim Hauptmenü vorgehen.

Abschließend könnten Sie Ihren Seiten noch schmückende Rahmen und Ornamente hinzufügen. Arbeiten Sie dabei aber nach dem Prinzip »weniger ist mehr«: Zu viele Ornamente, Kästen und Rahmen wirken schnell unruhig und chaotisch. Sehen Sie sich auch größere Seiten und Internetportale als Beispiele an.

Die verwendeten Standardschriften *Helvetica* und *Arial* kennen Sie und die meisten Besucher sicherlich schon zu Genüge. Andere Schriftarten binden Sie mithilfe von Webfonts ein. Eine Einführung in dieses Thema liefert die Wikipedia unter *https://de.wikipedia.org/wiki/Webtypografie*, Anbieter von entsprechenden Schriftarten listet die Seite *http://webfontsanbieter.de* auf.

Wenn ein Smartphone eine Seite abruft, könnte man verkleinerte Varianten der Fotos und Bilder liefern. Damit müssen dann im Idealfall nur noch wenige KByte Daten durch die Luft fliegen, wodurch wiederum die Seite schneller geladen wird.

Zusätzlich schont man auf diese Weise auch noch die Geldbeutel der Besucher. Da bei dieser Vorgehensweise jeder Browser unterschiedlich große Bilder erhält, spricht man auch von *responsive* oder *adaptive Images*. Ihre Einbindung in das Template ist allerdings nicht ganz trivial: Da es noch keinen verbindlichen Standard gibt, müssen Sie entweder mit (mehreren) Media-Queries arbeiten oder Zusatzdienste einspannen. Letztgenannte verkleinern dann ein Bild und senden es zurück. Einen Überblick über die derzeitigen Möglichkeiten und einige der Dienste liefert die Seite *http://www.hongkiat.com/blog/serving-responsive-images*. Zukünftig soll das HTML-Tag <picture> die Bereitstellung von responsive Images vereinfachen (siehe *https://www.w3.org/TR/html52/semantics-embedded-content.html#the-picture-element*).

Sie können auch noch den Besuchern entgegenkommen, die Ihre Seiten mit der Tastatur steuern müssen – beispielsweise aufgrund einer Behinderung oder weil an ihrem Arbeitsplatz keine Maus vorhanden ist. Diese Benutzer können standardmäßig mit der [Tab]-Taste zum jeweils nächsten Link springen. Den dabei gerade ausgewählten Link könnten Sie mit der Pseudoklasse :focus hervorheben:

```
a:focus { ... }
```

Sehr wahrscheinlich haben Sie selbst auch noch weitere Ideen, wie Sie Ihre Seiten gestalten wollen. Insbesondere wenn Sie Ihr Template weitergeben möchten, empfiehlt sich daher die Lektüre weiterführender Bücher. Mit dem Thema Responsive Design beschäftigt sich etwa *Praxiswissen Responsive Design* von Tim Kadlec (O'Reilly Verlag, ISBN 978-3-95561-433-1). Am besten stöbern Sie ein wenig beim Buchhändler Ihres Vertrauens.

Druckvorschau

Neben jedem Beitrag zeigt Joomla! auch einen Link *Drucken* an (siehe Abbildung 17-33). Das Standard-Template *Protostar* versteckt ihn hinter dem Zahnradsymbol. Wenn Sie diesen Link anklicken, öffnet Joomla! eine Druckvorschau. Ihr Aussehen können Sie selbst vorgeben beziehungsweise verändern.

Dazu erstellen Sie in Ihrem Template-Verzeichnis die Datei *component.php*. Sie gibt das Aussehen der Druckvorschau vor. Fehlt sie, gestaltet Joomla! die Vorschau nach den eigenen Vorstellungen.

Die Datei *component.php* liegt nicht nur im selben Verzeichnis wie die Datei *index.php*, sie besitzt auch den gleichen Inhalt beziehungsweise Aufbau. Sie können bei der Gestaltung folglich Ihrer Kreativität freien Lauf lassen. Die Druckvorschau sollte die Seite jedoch immer so präsentieren, dass sie der Besucher problemlos ausdrucken kann. Lassen Sie folglich alle Elemente weg, die in einem Ausdruck stören. Dazu zählen in der Regel das Hauptmenü und die Module. Meist genügt es sogar, von der *component.php* nur die Komponenten ausgeben zu lassen. Binden Sie in die *component.php* zudem ein eigenes Stylesheet ein, das die Seite für den Druck optimiert. Dieses könnte unter anderem die Seite in Graustufen tauchen und sämtliche

Seiteninhalte untereinander anordnen (ähnlich wie es das Stylesheet für Smartphones und kleine Bildschirme macht).

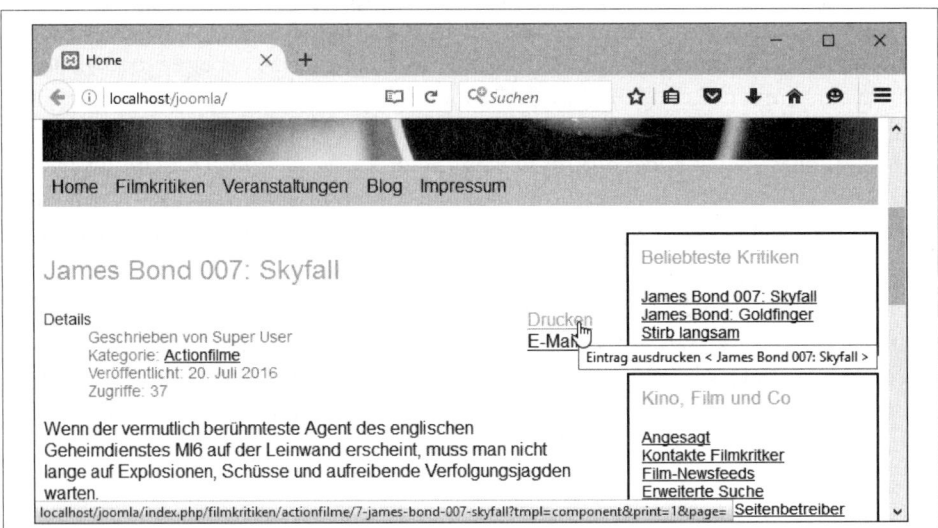

Abbildung 17-33: Über Drucken rufen Besucher eine Druckvorschau der Seite auf.

Vergessen Sie abschließend nicht, die *component.php* und ein eventuell neu hinzugefügtes Stylesheet in der *templateDetails.xml* anzumelden.

 Das Filmtoaster-Template überlässt Joomla! die Erzeugung der Druckvorschau. Legen Sie folglich keine *component.php* an.

Vorschaubilder

Im Backend können Sie über *Erweiterungen* → *Templates* → *Templates* zu einer Aufstellung mit allen Templates wechseln. Dort geben Vorschaubilder einen Ausblick auf das Layout der jeweiligen Templates. Ein Klick auf eines der Bilder holt zudem eine etwas größere Variante auf den Schirm.

Um auch für das Filmtoaster-Template solch ein Vorschaubild einzubinden, schießen Sie ein Bildschirmfoto Ihrer Seite. Dieses speichern Sie, wenn möglich, einmal mit den Abmessungen von 206 × 150 Bildpunkten (Pixeln) in der Datei *template_thumbnail.png* und dann noch einmal in einer größeren Fassung mit ungefähr 640 × 388 Bildpunkten (Pixeln) in der Datei *template_preview.png*. Beide Bilddateien verfrachten Sie dann in Ihr Template-Verzeichnis (dort liegt auch die *index.php*).

 Die zwei Vorschaubilder für das Filmtoaster-Template finden Sie auf unserer Download-Seite im Verzeichnis *Kapitel17*.

 Tipp Die Größe des Vorschaubilds ist Joomla! prinzipiell egal. Um den vorhandenen Platz im Backend nicht zu sprengen, sollten Sie sich jedoch an den genannten Abmessungen orientieren.

Vergessen Sie nicht, die Bilder in der *templateDetails.xml*-Datei anzumelden. Dazu erstellen Sie für beide einen weiteren Eintrag zwischen <files> und </files>, wie es Beispiel 17-18 zeigt.

Beispiel 17-18: Die angemeldeten Vorschaubilder in der Datei templateDetails.xml

```
<files>
   ...
   <filename>template_thumbnail.png</filename>
   <filename>template_preview.png</filename>
</files>
```

Neues Template-Paket erstellen

Wenn Sie bis hierhin direkt im Template-Verzeichnis gearbeitet haben, sollten Sie jetzt einmal ein neues Template-Paket erstellen. Das verhindert, dass Tippfehler in der *templateDetails.xml* bis zum nächsten Abschnitt überleben.

Kopieren Sie dazu den Inhalt des Verzeichnisses für das Filmtoaster-Template in ein Arbeitsverzeichnis. Verpacken Sie dann den Inhalt des Arbeitsverzeichnisses in ein ZIP-Archiv. Anschließend rufen Sie im Backend von Joomla! *Erweiterungen* → *Templates* → *Stile* auf. Aktivieren Sie den Stil *My Default Style (Protostar)*, indem Sie in seiner Zeile auf die Schaltfläche mit dem Sternchen klicken. Rufen Sie den Menüpunkt *Erweiterungen* → *Verwalten* → *Verwalten* auf. Öffnen Sie die *Suchwerkzeuge*, stellen Sie → *Typ wählen* → auf *Template* und setzen Sie einen Haken in das Kästchen vor *filmtoaster*. Lassen Sie dann das Template über die entsprechende Schaltfläche *Deinstallieren*. Joomla! darf jetzt keine Fehlermeldung ausgeben und muss das Template-Verzeichnis für das Filmtoaster-Template komplett löschen. Andernfalls sollten Sie die Datei *templateDetails.xml* auf Tippfehler kontrollieren.

Wenn die Deinstallation geklappt hat, klicken Sie in der Seitenleiste auf den Punkt *Installieren* und dann im Register *Paketdatei hochladen* auf *Durchsuchen*. Wählen Sie die gerade erstellte ZIP-Datei mit Ihrem Template aus. Lassen Sie das Paket *Hochladen und installieren*. Wenn Joomla! einen Fehler meldet, kontrollieren Sie in Ihrem Arbeitsverzeichnis die Datei *templateDetails.xml* auf Tippfehler. Läuft die Installation durch, wechseln Sie anschließend in das Joomla!-Verzeichnis, dort weiter in den *templates*-Ordner und schließlich in das *filmtoaster*-Verzeichnis. Hier müssen jetzt die gleichen Dateien und Verzeichnisse zu finden sein wie in Ihrem Arbeitsverzeichnis. Ist das nicht der Fall, sind nicht alle Dateien und Verzeichnisse in der *templateDetails.xml* angemeldet. Ergänzen Sie in ihr dann entsprechende Einträge zwischen <files> und </files> (siehe auch Abschnitt »Die Datei templateDetails.xml« auf Seite 683).

Wenn Sie die *templateDetails.xml* nachträglich anpassen müssen, nehmen Sie die Änderungen in Ihrem Arbeitsverzeichnis vor. Schnüren Sie dann wieder ein ZIP-Archiv, deinstallieren Sie Ihr Template im Backend und installieren Sie dann das neue ZIP-Archiv.

Wenn sich Ihr Template-Paket fehlerfrei installieren lässt, deinstallieren Sie es erneut und wenden sich Ihrem Arbeitsverzeichnis zu. In den nächsten Abschnitten wird das Template noch etwas aufgebohrt.

Gezielt einzelne Elemente formatieren

Mitunter möchte man ein ganz bestimmtes Modul auf der Seite optisch hervorheben. Wenn beispielsweise Ihre Beiträge ausschließlich angemeldete Besucher lesen dürfen, können Sie das Modul zur Anmeldung (alias *Login Form*) knallbunt anmalen. Dazu weisen Sie ihm zunächst im Backend einen eigenen, selbst ausgedachten Klassennamen zu und schreiben dann eine passende CSS-Regel. Wie das im Einzelnen funktioniert, erklären die folgenden Abschnitte. Zunächst geht es um die Umgestaltung des Modultitels.

 **Warnung**   Auf diesem Weg können Sie zwar ein ganz bestimmtes Modul optisch hervorheben, das gelingt aber nur, wenn der Seitenbetreiber im Backend die passenden Einstellungen wählt. Das führt insbesondere zu einem Problem, wenn Sie Ihr Template an andere weitergeben möchten. In dem Fall müssen Sie dem Seitenbetreiber vorab verraten, welche Einstellung im Backend welche optischen Auswirkungen hat.

Der Seitenbetreiber möchte in der Regel das Template jedoch nur einspielen und direkt nutzen können. Gestalten Sie Ihr Template daher möglichst allgemein und machen Sie von den im Folgenden beschriebenen Möglichkeiten nur sparsam Gebrauch. Ihr Template sollte immer auch ein ansprechendes Ergebnis ohne die Eingriffe des Seitenbetreibers bieten. Das Filmtoaster-Template wird daher von den Möglichkeiten keinen Gebrauch machen.

Header-Tag und Header-Klasse

Standardmäßig verpackt Joomla! jeden Modultitel in <h3>-Tags und kürt sie so zu Überschriften dritter Ordnung. Beim Modul *Login Form* sieht das beispielsweise so aus:

```
<div class="moduletable">
    <h3>Login Form</h3>
    <form ... >
    ...
</div>
```

Sie können den Titel eines Moduls aber auch in andere Tags verpacken lassen. Dazu rufen Sie im Backend unter *Erweiterungen → Module* die Einstellungen des Moduls auf, wechseln ins Register *Erweitert* und wählen unter *Header-Tag* das gewünschte neue Tag aus. Stellen Sie dort etwa *h2* ein, erhebt Joomla! den Titel des Moduls zu einer Überschrift zweiter Ordnung, beim *Login Form* also:

```
<div class="moduletable">
    <h2>Login Form</h2>
    <form ... >
    ...
</div>
```

Im Backend können Sie im Feld *Header-Klasse* sogar noch Klassennamen hinterlegen, die Joomla! dann an den Titel anheftet. Wenn Sie beispielsweise wichtig in das Eingabefeld eintippen, führt das zu folgendem Ergebnis:

```
<div class="moduletable">
    <h2 class="wichtig">Login Form</h2>
    <form ... >
    ...
</div>
```

Über das Header-Tag und den Klassennamen können Sie jetzt ganz gezielt den Titel dieses einen Moduls umformatieren. Die folgende Regel vergrößert einfach die Schrift um das 1,5-Fache:

```
h2.wichtig { font-size: 1.5em; }
```

Diese Regel greift nur bei Modulen, bei denen Sie im Backend

- als *Header-Tag* den Punkt *h2* eingestellt und
- unter *Header-Klasse* den Text wichtig eingetippt haben.

Sobald Sie das *Header-Tag* auf *h3* zurücksetzen, erscheint der Modultitel wieder wie gewohnt.

Das Ganze funktioniert zudem nur, wenn Joomla! den Modultitel ausgibt. Das passiert nur dann, wenn:

- im Backend in den Einstellungen des Moduls auf der Registerkarte *Modul* der Punkt *Titel anzeigen* auf *Anzeigen* steht und
- Sie in der *index.php* das style-Attribut mit dem Wert html5, table, horz, xhtml oder rounded einsetzen (siehe Abschnitt »Das style-Attribut nutzen« auf Seite 669).

Sofern bei Ihnen der Modultitel nicht so erscheint wie erwartet, sollten Sie die genannten Bedingungen prüfen.

Für die Filmtoaster-Seiten stellen Sie den Punkt *Header-Tag* wieder auf *h3* und lassen das Feld *Header-Klasse* leer.

Modulklassensuffixe

Sie können auch jedem Modul ganz gezielt ein individuelles Äußeres verpassen. Als Beispiel soll im Folgenden der Rahmen des Moduls *Login Form* einen orangefarbenen Anstrich erhalten. Alle anderen Module sollen weiterhin den schwarzen Rahmen behalten. Damit das funktioniert, müssen Sie in der *index.php* das style-Attribut mit einem der Werte html5, table, horz, xhtml oder rounded verwenden (siehe Abschnitt »Das style-Attribut nutzen« auf Seite 669).

Sofern Sie html5, table, horz oder xhtml nutzen, setzt Joomla! das Modul noch einmal zwischen weitere Tags, denen es wiederum den Klassennamen moduletable verpasst, wie etwa:

```
<div class="moduletable">
    <h3>Login Form</h3>
```

```
<form ... >
...
</div>
```

Beim Einsatz des style-Attributs rounded gibt Joomla! anstelle von moduletable den Klassennamen module aus.

In jedem Fall dürfen Sie diesen Klassennamen separat für jedes Modul im Backend verändern. Öffnen Sie dort einfach unter *Erweiterungen* → *Module* die Einstellungen des entsprechenden Moduls (im Beispiel also des *Login Form*) und wechseln Sie ins Register *Erweitert*. Den im Feld *Modulklassensuffix* hinterlegten Text hängt Joomla! an den Klassennamen. Verwenden Sie etwa das style-Attribut html5 und tippen als Modulklassensuffix den Text _farbig ein, erhält das Modul den Klassennamen moduletable_farbig:

```
<div class="moduletable_farbig">
    <h3>Login Form</h3>
    <form ... >
    ...
</div>
```

Sie müssen nur noch eine passende CSS-Regel erstellen. Die folgende färbt den Rahmen orange ein:

```
div.moduletable_farbig { border-color: orange; }
```

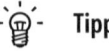

Tipp   Sie dürfen im Eingabefeld auch Leerzeichen verwenden. Damit können Sie wiederum mehrere eigene Klassennamen an das entsprechende Tag heften. Wenn Sie als Modulklassensuffix beispielsweise _farbig wichtig neu in das Feld eintippen, kleben später am Modul die Klassennamen moduletable_farbig, wichtig und neu:

```
<div class="moduletable_farbig wichtig neu">
    ...
</div>
```

Sie können sogar am Anfang ein Leerzeichen eintippen (anstelle des bislang verwendeten Unterstrichs). Damit wäre dann im Beispiel farbig kein Suffix mehr, sondern ein eigener, weiterer Klassenname:

```
<div class="moduletable farbig">
    ...
</div>
```

Nehmen Sie für die Filmtoaster-Seiten die Änderungen wieder zurück und stellen Sie sicher, dass das Feld *Modulklassensuffix* leer ist.

Menüklassensuffixe und Menü-Tag-ID

Ein Menü-Modul gibt das Menü in einer nicht nummerierten Liste aus (siehe Abschnitt »Hauptmenü formatieren« auf Seite 715):

```
<ul class="nav menu nav-pills">
    <li><a ...>Home</a></li>
    ...
</ul>
```

Diese Liste erhält standardmäßig die Klassennamen nav, menu und nav-pills. Letztgenannten Klassennamen können Sie im Backend von Joomla! gegen einen anderen austauschen. Auf diese Weise können Sie die Menüpunkte eines ganz bestimmten Menüs gezielt umformatieren.

Dazu wechseln Sie im Backend zu *Erweiterungen* → *Module* und klicken dort das Menü-Modul an, dem Sie ein anderes Aussehen verpassen möchten. In den Einstellungen geht es dann zum Register *Erweitert*, wo Sie im Eingabefeld *Menüklassensuffix* die *nav-pills* gegen Ihren eigenen Klassennamen ersetzen (siehe Abbildung 17-34).

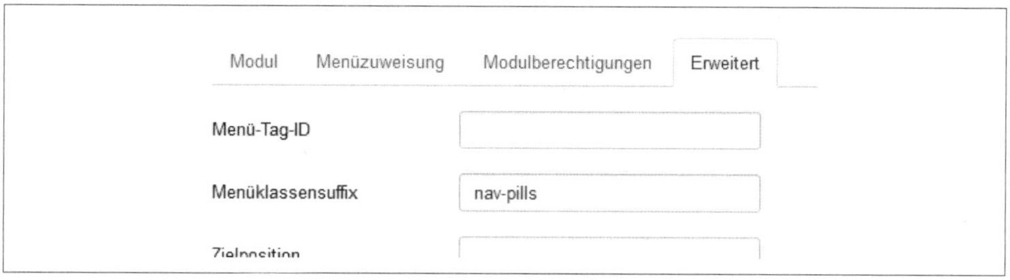

Abbildung 17-34: Die hier im Backend hinterlegten Klassennamen heftet Joomla! an die Liste mit den Menüpunkten.

Behalten Sie dabei das Leerzeichen ganz am Anfang bei. Andernfalls würde Joomla! den Text aus dem Eingabefeld als Suffix an den Klassennamen menu anhängen (daher auch die Bezeichnung Menüklassensuffix). Tippen Sie etwa wichtig ohne vorangestelltes Leerzeichen in das Feld ein, würde Joomla! Folgendes ausgeben:

```
<ul class="nav menuwichtig">
    <li><a ...>Home</a></li>
    ...
</ul>
```

Tipp   Wie beim Modulklassensuffix können Sie auch hier wieder mehrere Klassennamen angeben – Sie müssen sie nur jeweils durch ein Leerzeichen trennen.

Alle Elemente einer Seite mit dem gleichen Klassennamen erhalten immer das gleiche Aussehen. Manchmal soll jedoch ein einziges Element ganz gezielt anders formatiert werden. Dafür bietet HTML das Attribut id. Ihm weisen Sie als Wert einen beliebigen Bezeichner zu, den es aber auf der ganzen Seite nur ein einziges Mal gibt. Im Stylesheet können Sie zu dieser ID dann eine entsprechende Regel schreiben. Diese Regeln sehen genau so aus, wie die für die Klassen, beginnen aber nicht mit einem Punkt, sondern mit einem Hash-Zeichen (#). Die folgende Regel würde beispielsweise die Schrift des Menüs mit der ID menu101 vergrößern:

```
#menue101 {font-size: 1.5em;}
```

Joomla! verwendet überwiegend nur Klassennamen und keine IDs. Eine der wenigen Ausnahmen gibt es bei den Menü-Modulen: Im Backend finden Sie in den Einstellungen noch das Eingabefeld *Menü-Tag-ID* (siehe Abbildung Abbildung 17-34). Dort können Sie eine ID hinterlegen, die Joomla! dann an die Liste mit den Menüpunkten anpinnt. Tippen Sie beispielsweise unter *Menü-Tag-ID* den Wert menue101 ein, führt das zu folgendem Ergebnis:

```
<ul class="nav menu nav-pills" id="menue101">
   ...
</ul>
```

Mit der weiter oben angegebenen CSS-Regel #menue101 {...} würde dann genau dieses Menü eine größere Schrift erhalten.

Ob Sie ein Menü über das *Menüklassensuffix*, die *Menü-Tag-ID* oder gleich über beide umformatieren, hängt von Ihrem konkreten Template beziehungsweise Ihren Gegebenheiten ab:

- Die Klassennamen im Feld *Menüklassensuffix* können Sie auch noch an andere Menü-Module heften und diese so einheitlich von den restlichen Kollegen abheben.
- Eine *Menü-Tag-ID* sollten Sie nicht wiederverwenden. Ihr Einsatz ist somit vor allem dann sinnvoll, wenn Sie genau ein Menü optisch hervorheben möchten.

Tipp   Wenn Ihnen jetzt vor lauter IDs und Klassen der Kopf schwirrt, ignorieren Sie erst einmal die IDs und somit das Eingabefeld *Menü-Tag-ID*.

Für die Filmtoaster-Seiten belassen Sie die Felder *Menüklassensuffix* und *Menü-Tag-ID* bei allen Menü-Modulen auf ihren Voreinstellungen beziehungsweise leer.

CSS-Style für Links

Neben Modulen können Sie auch einen einzelnen Menüpunkt hervorheben. Auf diese Weise könnten Sie etwa auf ein Kontaktformular oder ein neues Produkt aufmerksam machen. Im Folgenden soll als kleines Beispiel der für Besucher extrem wichtige Menüpunkt *Home* fett hervorgehoben erscheinen.

Das gelingt wieder, indem Sie diesem Menüpunkt einen eigenen Klassennamen anheften. Dazu rufen Sie zunächst im Backend *Menüs → Alle Menüeinträge* auf und klicken dann in der Tabelle den Menüpunkt an, den Sie optisch aufbrezeln wollen – im Beispiel also *Home*. Wechseln Sie ins Register *Linktyp*. Hier können Sie jetzt unter *CSS-Style für Link* einen frei wählbaren Klassennamen hinterlegen. Im Beispiel ist fett vielleicht ganz passend.

Diesen Klassennamen tackert dann Joomla! wie folgt an den Menüpunkt:

```
<ul class="nav menu nav-pills">
   <li><a class="fett" href="/joomla/index.php" >Home</a></li>
   ...
</ul>
```

Beachten Sie, dass der Klassenname am Link klebt und nicht am Listeneintrag. Um den Menüpunkt in fetter Schrift erstrahlen zu lassen, fehlt nur noch eine passende CSS-Regel, wie etwa:

```
.fett { font-weight: bold; }
```

Alle übrigen Menüpunkte lassen sich nach dem gleichen Prinzip optisch umgestalten.

Warnung Hervorgehobene Menüpunkte fallen zwar ins Auge, sie können Besucher aber auch verwirren. So könnte der Besucher den Eindruck erhalten, dass der umgestaltete beziehungsweise fett hervorgehobene Menüpunkt nicht anklickbar ist – oder umgekehrt die übrigen Menüpunkte inaktiv sind. Überlegen Sie sich daher dreimal, ob und, wenn ja, welche Menüpunkte Sie hervorheben.

Für das Filmtoaster-Beispiel stellen Sie sicher, dass das Feld *CSS-Style für Link* leer ist.

Seitenklasse

Neben Modulen und Menüpunkten lassen sich auch gezielt die Inhalte einer ganz bestimmten Unterseite umformatieren. So könnte man beispielsweise ein besonders wichtiges Kontaktformular vor einen hellgrauen Hintergrund legen.

Warnung Damit weicht diese Seite optisch von allen anderen ab, was wiederum Ihre Besucher irritieren könnte. Ändern Sie daher das Aussehen einer Seite nur dann, wenn es wirklich notwendig ist. Das könnte beispielsweise bei einer Seite mit Warnhinweisen der Fall sein.

Des Weiteren können Sie auf dem folgenden Weg nur die eigentlichen Inhalte der Seite und somit die Ausgaben der Komponente verändern. Im Beispiel erhält folglich nicht die komplette Seite einen grauen Hintergrund, sondern wirklich nur die Eingabefelder des Kontaktformulars werden grau hinterlegt.

Denken Sie auch daran, dass Sie einzelnen Seiten einen anderen (Template-)Stil zuweisen können (siehe Abschnitt »Verschiedene Designs auf einer Website« auf Seite 645). Dieser Weg über die Stile ist wesentlich eleganter und flexibler als die Nutzung des hier vorgestellten Verfahrens über Klassennamen.

Um die Inhalte einer Unterseite umzugestalten, suchen Sie zunächst den Menüpunkt, der zu dieser Seite führt. Rufen Sie dann im Backend *Menüs → Alle Menüeinträge* auf und klicken Sie den Menüpunkt in der Tabelle an. Wechseln Sie zum Register *Seitenanzeige*. Denken Sie sich einen Klassennamen aus und tippen Sie ihn in das Eingabefeld *Seitenklasse* ein – im Beispiel könnte das grau sein. Achten Sie dabei darauf, dass vor dem Klassennamen ein Leerzeichen steht.

Die Ausgaben der Komponente umrahmt Joomla! automatisch mit `<div>`-Tags. Das Start-Tag erhält dabei einen Klassennamen, der abhängig von der Komponente ist. Ein von der Kontakte-Komponente ausgegebenes Formular erhält beispielsweise automatisch den Klassennamen contact. An diesen Klassennamen hängt Joomla! den Klassennamen aus dem Feld *Seitenklasse*. Im Beispiel führt das zu diesem (gekürzten) Ergebnis:

```
<div class="contact grau">
   <!-- Hier folgen die Ausgaben der Komponente -->
</div>
```

Wenn Sie das vorangestellte Leerzeichen im Feld *Seitenklasse* weglassen, würde Joomla! die beiden Klassennamen direkt aneinanderhängen. Im Beispiel würde sich somit der Klassenname contactgrau ergeben.

Abschließend muss nur noch eine passende CSS-Regel her, die im Beispiel den Hintergrund grau einfärbt:

```
.grau { background-color: lightgrey; }
```

Für die Filmtoaster-Seiten ist kein grauer Hintergrund notwendig. Sofern Sie die vorherigen Schritte ausprobiert haben, löschen Sie das Eingabefeld *Seitenklasse* wieder.

Templates mit Parametern steuern

Wenn Sie im Backend den Menüpunkt *Erweiterungen* → *Templates* → *Stile* aufrufen und dort den Stil *My Default Style (Protostar)* anklicken, finden Sie auf der Registerkarte *Erweitert* mehrere Einstellungsmöglichkeiten (Abbildung 17-35). Mit ihnen können Sie die Optik der Seite recht komfortabel anpassen (siehe Abschnitt »Stile einsetzen« auf Seite 637).

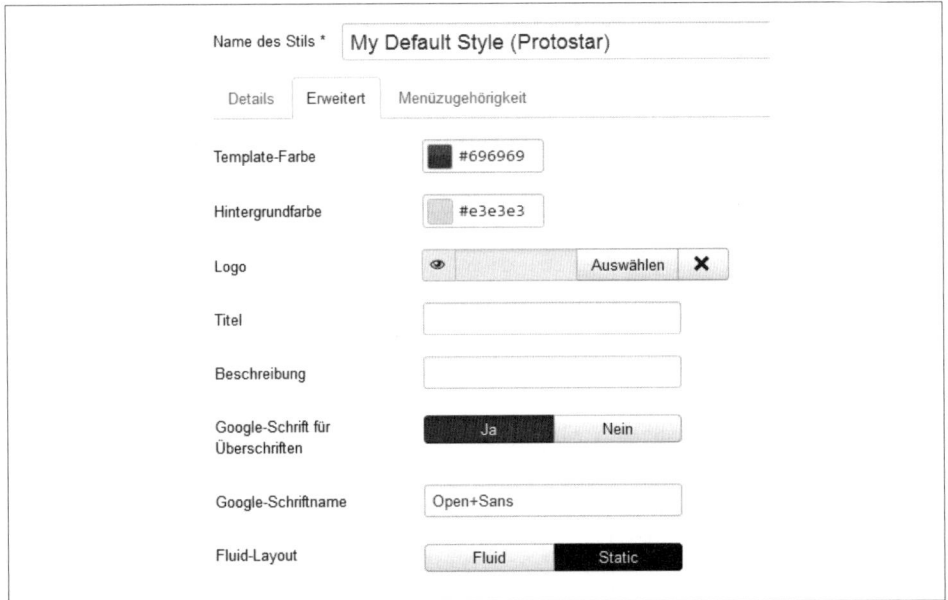

Abbildung 17-35: Die Parameter des Protostar-Templates.

Diese Möglichkeiten bezeichnet Joomla! als *Parameter*. Die in ihre Felder eingetippten beziehungsweise dort schon eingestellten Werte übergibt Joomla! an das Template, das diese wiederum auswerten und weiterverarbeiten kann.

Welche Parameter das Template anbietet, dürfen Sie als Template-Entwickler entscheiden. Auf diese Weise können Sie dem Seitenbetreiber gestatten, das Foto auszutauschen oder eine andere Hintergrundfarbe auszuwählen. Einen neuen Parameter fügen Sie dabei in drei Schritten hinzu:

1. Zunächst sagen Sie Joomla!, welche Parameter Sie benötigen.
2. Anschließend müssen Sie in Ihrem Template die Einstellungen des Benutzers auslesen (wie etwa den Dateinamen des neuen Fotos) und
3. diese Daten dann auswerten (etwa indem Sie das Foto anzeigen).

Parameter festlegen

Das Filmtoaster-Template soll drei Parameter anbieten: Der Seitenbetreiber soll ein eigenes Foto wählen können, die Seiten in eine andere Farbe tauchen dürfen und schließlich noch unter den Namen der Website einen frei wählbaren Slogan beziehungsweise Untertitel setzen können. Das Ergebnis soll wie in Abbildung 17-36 aussehen.

Abbildung 17-36: Das Filmtoaster-Template soll diese drei Parameter anbieten.

Im Backend sollen also drei Parameter auftauchen. Genau das muss man jetzt im ersten Schritt Joomla! bekannt geben.

Register auswählen

Welche Parameter im Backend auftauchen, legt die Datei *templateDetails.xml* fest. In ihr müssen Sie vor dem Tag `</extensions>` einen neuen Abschnitt

```
<config>
...
</config>
```

erstellen. Im Folgenden sollen drei neue Parameter her. Diese listet man zwischen den Tags `<fields name="params">` und `</fields>` auf:

```
<config>
    <fields name="params">
```

```
    ...
  </fields>
</config>
```

Die Parameter erscheinen entweder auf der Registerkarte *Erweitert* (wie in Abbildung 17-36 zu sehen) oder im Register *Details*. Sie können selbst entscheiden, welche Parameter später auf welchem der beiden Register erscheinen sollen. Die meisten Templates sammeln mittlerweile alle Parameter im Register *Erweitert*.

Sämtliche für das Register *Erweitert* gedachten Parameter müssen Sie in der *templateDetails.xml* zwischen `<fieldset name="advanced">` und `</fieldset>` setzen, wohingegen alle Parameter auf der Registerkarte *Details* zwischen `<fieldset name="basic">` und `</fieldset>` gehören:

```
<config>
  <fields name="params">
    <fieldset name="advanced">
        <!-- Hier folgen alle Parameter im Register Erweitert -->
    </fieldset>
    <fieldset name="basic">
        <!-- Hier folgen alle Parameter im Register Details -->
    </fieldset>
  </fields>
</config>
```

Wenn Sie nur das Register *Erweitert* benötigen, lassen Sie die Tags `<fieldset name="basic">` ... `</fieldset>` weg und umgekehrt.

Beim Filmtoaster-Template sollen die angebotenen Parameter allesamt auf der Registerkarte *Erweitert* erscheinen, womit sich der Wust aus Tags zu folgendem Haufen reduziert:

```
<config>
  <fields name="params">
    <fieldset name="advanced">
        <!-- Hier folgen alle Parameter im Register Erweitert -->
    </fieldset>
  </fields>
</config>
```

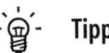

Tipp Wenn Ihnen das alles bis hierhin etwas kompliziert vorkam, verwenden Sie in Ihrer *templateDetails.xml* einfach immer dieses Grundgerüst und listen an der Stelle des Kommentars alle vom Template angebotenen Parameter auf.

Eingabefeld erstellen

Jetzt endlich kann man die eigentlichen Parameter festlegen. Für jeden von ihnen müssen Sie ein `<field>`-Tag erstellen. Attribute legen schließlich fest, um was für einen Parameter es sich handelt und wie er später im Backend aussieht.

Im Filmtoaster-Template soll der Seitenbetreiber zunächst einen Slogan beziehungsweise Untertitel vorgeben können. Diesen muss er im Backend in ein Eingabefeld eintippen können:

```
<field type="text" />
```

Damit der Seitenbetreiber weiß, was er in das Feld eingeben muss, erhält es über das Attribut `label` noch eine Beschriftung:

```
<field type="text" label="Untertitel der Website" />
```

Mit dem Attribut `description` können Sie noch eine Beschreibung hinterlegen. Diese zeigt der Browser an, wenn der Seitenbetreiber mit dem Mauszeiger auf die Beschriftung (Label) des Eingabefelds fährt:

```
<field type="text" label="Untertitel der Website" description="Hier können Sie
    einen Untertitel angeben." />
```

Auch ein Text als Vorschlag oder Vorgabe ist mithilfe des Attributs `default` möglich:

```
<field type="text" label="Untertitel der Website" description="Hier können Sie
    einen Untertitel angeben." default="Filmkritiken und mehr ..." />
```

Über das Attribut `name` bekommt jeder Parameter schließlich noch einen eindeutigen Namen. Ihn sollten Sie sich gut merken, da er später im Template bei der Auswertung des Parameters hilft. Hier im Beispiel erhält das Eingabefeld den Namen `subtitel`:

```
<field type="text" label="Untertitel der Website" description="Hier können Sie
    einen Untertitel angeben." default="Filmkritiken und mehr ..." name="subtitel" />
```

Diesen Bandwurm platziert man jetzt zwischen `<fieldset name="advanced">` und `</fieldset>`:

```
<config>
  <fields name="params">
    <fieldset name="advanced">
      <field type="text" label="Untertitel der Website" description="Hier können
          Sie einen Untertitel angeben." default="Filmkritiken
          und mehr ..." name="subtitel" />
    </fieldset>
  </fields>
</config>
```

Für Eingabefelder kennt Joomla! noch ein paar weitere optionale Attribute. Mit `size="2"` nimmt das Textfeld beispielsweise später nur insgesamt zwei Zeichen auf. Mit dem Attribut `filter="integer"` prüft Joomla! automatisch, ob eine Zahl und nicht irgendein Textmüll eingetippt wurde. Mit `filter="string"` stellt Joomla! hingegen sicher, dass nur ein Text eingegeben wurde.

Auswahlfeld für Bilder erstellen

Nach dem gleichen Prinzip ergänzen Sie weitere Parameter. Ein Auswahlfeld für ein Bild erzeugt dieses Tag:

```
<field type="media" label="Foto auswählen" description="Wählen Sie ein Foto aus"
    name="foto" />
```

Die Attribute sind die bereits bekannten. `type="media"` sorgt dafür, dass Joomla! ein spezielles Auswahlfeld für ein Bild anzeigt. Der Parameter erhält zudem den Namen `foto`.

Ausklappliste anlegen

Eine Ausklappliste (Drop-down-Box) für die Farbauswahl erstellt schließlich noch dieses Monster:

```
<field type="list" label="Farbe wählen:" description="Wählen Sie eine Farbe aus"
    default="orange" name="farbe" >
  <option value="orange">Orange</option>
  <option value="gruen">Grün</option>
</field>
```

Lassen Sie sich dabei nicht von den zusätzlichen Tags irritieren: Zunächst enthält das `field`-Tag wieder die bekannten Attribute. `type="list"` sorgt für die Darstellung als Ausklappliste.

Welche Punkte die Liste enthält, legen Sie mit einem oder mehreren `<option>`-Tags fest. Im Beispiel führt später die Liste wie in Abbildung 17-37 die zwei Einträge *Orange* und *Grün*.

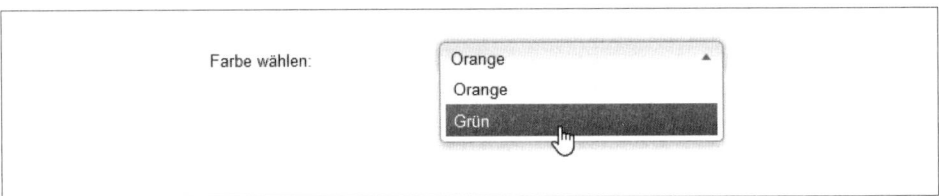

Abbildung 17-37: Die Ausklappliste mit zwei Einträgen.

Sobald ein Eintrag ausgewählt wurde, leitet Joomla! den dazugehörigen Wert hinter value an das Template weiter – hier also entweder orange oder gruen.

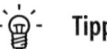

Tipp   Alle Werte können übrigens frei gewählt werden. Es wären somit auch folgende Listeneinträge erlaubt:

```
<option value="1">Eine Farbe, die orange ist</option>
<option value="gruen">00FF00</option>
```

Aus Gründen der Lesbarkeit sollte man jedoch möglichst aussagekräftige Werte wählen. Beispielsweise werden nur wenige Benutzer des Templates wissen, dass *00FF00* die Farbe Grün repräsentiert.

Das Attribut `default="orange"` sorgt abschließend noch dafür, dass in der Ausklappliste standardmäßig immer der Eintrag für orange selektiert ist. Darüber hinaus gilt er immer dann, wenn der Benutzer noch keine Einstellungen vorgenommen hat. Durch diese Vorgabe ist garantiert, dass das Template ordnungsgemäß funktioniert. Beachten Sie auch, dass durch die zusätzlichen option-Tags ein End-Tag `</field>` notwendig ist. Nur so weiß Joomla! später, wo die Liste mit den Optionen endet.

Der komplette config-Abschnitt

Für das Filmtoaster-Template sind damit alle benötigten Parameter beisammen. Beispiel 17-19 zeigt den kompletten Abschnitt für die *templateDetails.xml*.

Beispiel 17-19: Die benötigten drei Parameter in der Datei templateDetails.xml

```xml
<config>
   <fields name="params">
      <fieldset name="advanced">
         <field type="text" label="Untertitel der Website" description="Hier können
               Sie einen Untertitel angeben." default="Filmkritiken und mehr ..."
               name="subtitel" />
         <field type="media" label="Foto auswählen" description="Wählen Sie ein
            Foto aus" name="foto" />
         <field type="list" label="Farbe wählen:" description="Wählen Sie eine Farbe
               aus" default="orange" name="farbe" >
            <option value="orange">Orange</option>
            <option value="gruen">Grün</option>
         </field>
      </fieldset>
   </fields>
</config>
```

Neben den drei vorgestellten Parametern kennt Joomla! noch viele weitere Felder und Regler. Sie alle vorzustellen, würde den Rahmen dieses Buchs vollends sprengen, zumal man in der Praxis häufig mit der Ausklappliste und dem Textfeld auskommt. Eine ausführliche Aufstellung finden Sie in der Joomla!-Dokumentation unter *http://docs.joomla.org/Standard_form_field_and_parameter_types*. Für Joomla! 3.6 gelten dabei die Felder für Joomla! 2.5 weiterhin.

Für das Filmtoaster-Template wechseln Sie wieder in Ihr Arbeitsverzeichnis. Ergänzen Sie dort in der Datei *templateDetails.xml* vor dem Tag </extension> den Abschnitt aus Beispiel 17-19. Installieren Sie das geänderte Template aber noch nicht.

Parameter auswerten

Damit kann der Seitenbetreiber bereits im Backend einen Untertitel vorgeben, ein Foto auswählen und die Farbe ändern. Nur ausgewertet werden diese Einstellungen noch nicht.

Den Untertitel hat der Seitenbetreiber in ein Eingabefeld eingetippt, das den internen Namen subtitel erhalten hat (das hat Beispiel 17-19 auf Seite 765 festgelegt). Den Inhalt dieses Eingabefelds liefert der Platzhalter:

```php
<?php echo $this->params->get('subtitel'); ?>
```

Ihn müssen Sie jetzt lediglich an der passenden Stelle in die *index.php* einbauen. Das Filmtoaster-Template soll den Untertitel direkt unter dem Namen der Website anzeigen, der Platzhalter muss also an die folgende Stelle:

```php
...
<div>
   <!-- Bereich für den Namen der Website -->
   <h1><a href="<?php echo $this->baseurl; ?>" rel="home"><?php echo JFactory::
         getApplication()->get('sitename'); ?></a></h1>
   <p><?php echo $this->params->get('subtitel'); ?></p>
</div>
...
```

Mit dem genannten Platzhalter kommen Sie auch an die Werte der anderen Parameter, Sie müssen in den Hochkommata lediglich den internen Namen des entsprechenden Parameters angeben. Allgemein liefert also:

```
<?php echo $this->params->get('name'); ?>
```

immer den Wert des Parameters mit dem internen Namen name.

Damit ist es jetzt auch einfach, das Foto auszutauschen: Den Dateinamen des vom Seitenbetreiber ausgewählten Bilds liefert der Platzhalter:

```
<?php echo $this->params->get('foto'); ?>
```

Ihn müssen Sie nur noch an der passenden Stelle in das <img>-Tag einbauen, das sich damit in diesen Bandwurm verwandelt:

```
<img src="<?php echo JUri::root(); ?>/<?php echo $this->params->get('foto'); ?>" />
```

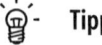 **Tipp**   PHP-Programmierer können das etwas eleganter erledigen und zunächst prüfen, ob der Seitenbetreiber im Backend überhaupt ein Bild ausgewählt hat:

```
<?php if($this->params->get('bild')) {
   echo '<img src="' . $this->baseurl . '/' .
                $this-> params->get('foto') . '" />';
} else {
   echo '<img src="' . $this->baseurl . '/templates/' .
$this->template . '/images/filmprojektor.png" />';} ?>
```

Hat der Seitenbetreiber kein eigenes Foto ausgewählt, erscheint stattdessen das vom Template mitgelieferte Bild.

Die Farbauswahl ist etwas aufwendiger zu erreichen. Die vom Seitenbetreiber ausgewählte Einstellung liefert zunächst wieder:

```
<?php echo $this->params->get('farbe'); ?>
```

Bei einer Ausklappliste gilt allerdings eine kleine Besonderheit: In der *template-Details.xml* gibt man die verschiedenen Auswahlmöglichkeiten über <option>-Tags an, von denen eines etwa so aussieht (siehe dazu auch Beispiel 17-19 auf Seite 765):

```
<option value="gruen">Grün</option>
```

Wenn der Seitenbetreiber diese Option auswählt, ersetzt Joomla! den Platzhalter `<?php echo $this->params->get('farbe'); ?>` nicht mit dem Text Grün, sondern mit dem unter value angegebenen Wert. Entscheidet sich der Seitenbetreiber folglich für eine grüne Farbgebung, ersetzt Joomla! den Platzhalter durch das Wort gruen.

In der *index.php* muss man jetzt prüfen, welche der beiden Werte ausgewählt wurden, und dann die Farbe entsprechend ändern. Das wiederum kann auf mehreren Wegen passieren. Eine extrem simple Methode nutzt einen kleinen Trick: In welchen Farben die Seiten erstrahlen, gibt das Stylesheet vor. Erstellen Sie also zunächst im Unterverzeichnis *css* ein zweites Stylesheet, das die Seite in ein Grün taucht. Sie können dazu das vorhandene Stylesheet einfach kopieren und dann in der Kopie alle orange gegen gruen austauschen. Benennen Sie die erste CSS-Datei in *template_orange.css* um, die zweite mit der grünen Farbgebung taufen Sie auf den Namen *template_gruen.css*. Die Bezeichnungen nach dem Unterstrich sind absichtlich genau so gewählt wie die Werte im value-Attribut.

Wenden Sie sich jetzt wieder der *index.php* zu. Dort sorgt bislang die Zeile

```
$this->addStyleSheet($this->baseurl . '/templates/' . $this->template . '/css/
template.css');
```

für die Einbindung des Stylesheets. Ändern Sie diese in:

```
$this->addStyleSheet($this->baseurl . '/templates/' . $this->template . '/css/
template_' . $this->params->get('farbe') . '.css');
```

Wenn jetzt der Seitenbetreiber als Farbe *Grün* auswählt, ersetzt Joomla! das Gebilde `$this->params->get('farbe')` durch gruen, womit sich als Dateiname für das Stylesheet *template_gruen.css* ergibt. Diese Datei bindet Joomla! dann ein.

Tipp Dieses Verfahren ist zugegebenermaßen nicht sehr elegant – vor allem weil man jetzt zwei fast identische Stylesheets pflegen muss. Es bietet sich daher an, die CSS-Regeln mit den Farben in zwei weitere, eigene Stylesheets auszulagern. Diesen Weg geht auch das mitgelieferte *Beez3*-Template.

Alle Änderungen an der *index.php* fasst noch einmal Beispiel 17-20 zusammen.

Beispiel 17-20: Die benötigten drei Parameter in der Datei templateDetails.xml

```
<?php defined('_JEXEC') or die;
$this->addStyleSheet($this->baseurl . '/templates/' . $this->template . '/css/template_
' . $this->params->get('farbe') . '.css');
?>
<!DOCTYPE html>
...
<body>
<div class="container">
   ...
   <div>
      <!-- Bereich für den Namen der Website -->
      <h1><a href="<?php echo $this->baseurl; ?>" rel="home"><?php echo JFactory::
            getApplication()->get('sitename'); ?></a></h1>
      <p><?php echo $this->params->get('subtitel'); ?></p>
   </div>
   <div>
      <!-- Bereich für das Foto -->
      <img src="<?php echo JUri::root(); ?>/<?php echo $this->params->get('foto'); ?>" />
   </div>
   ...
</body>
</html>
```

Wenn Sie die *index.php* entsprechend modifiziert haben, verpacken Sie den Inhalt Ihres Arbeitsverzeichnisses in eine ZIP-Datei, installieren diese Datei unter Joomla! und küren den Stil *filmtoaster* → *Standard* zum Standard.

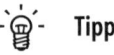
Tipp Wenn Joomla! jetzt einen Fehler ausgibt, haben Sie sehr wahrscheinlich irgendwo in der Datei *templateDetails.xml* einen Tippfehler. Das ist unter Umständen auch dann der Fall, wenn Joomla! etwas vollkommen anderes bemängelt. Werfen Sie daher immer erst einen prüfenden Blick in die *templateDetails.xml*.

Wenn Sie jetzt in die Einstellungen des Stils wechseln, erscheinen auf der Registerkarte *Erweitert* die drei Einstellungen aus Abbildung 17-36 auf Seite 761. Suchen Sie sich zunächst über *Auswählen* ein neues Bild aus und stellen Sie die Farbe auf den Wert *Grün*. Lassen Sie Ihre Änderung *Speichern* und betrachten Sie das Ergebnis in der *Vorschau*. Wechseln Sie anschließend zum Vergleich noch einmal auf *Orange*.

Tipp Wenn Sie die CSS-Dateien von unserer Download-Seite nehmen, strahlen die Texte in ziemlich knalligen Farben. Damit sieht man hier zwar sehr gut die Unterschiede zwischen den beiden Einstellungen, in Ihrem eigenen Template sollten Sie jedoch eine etwas behutsamere und augenschonendere Farbwahl treffen.

Deinstallieren Sie jetzt das Filmtoaster-Template wieder und wenden Sie sich anschließend Ihrem Arbeitsverzeichnis zu – denn es fehlt noch eine Kleinigkeit.

Texte im Template übersetzen

Bislang erschienen alle Texte des Filmtoaster-Templates im Backend in Deutsch. Das gilt insbesondere für die Parameter aus dem letzten Abschnitt. So prangte vor der Ausklappliste beispielsweise der Text *Farbe wählen:* (wie in Abbildung 17-37 auf Seite 764). Diese deutsche Beschriftung erscheint allerdings auch, wenn Sie das Backend auf Englisch oder eine beliebige andere Sprache umstellen. Das ist insbesondere dann ein Problem, wenn Sie das Template über das Internet an andere Joomla!-Nutzer weitergeben möchten und diese kein Deutsch verstehen.

Glücklicherweise lassen sich alle Texte und Beschriftungen übersetzen. Dazu legt man dem Template einfach noch passende Sprachdateien bei. (Zusätzliche Informationen zu den folgenden Schritten erfahren Sie in Kapitel 18, *Mehrsprachigkeit* ab Seite 785.)

Schritt 1: Sprachschlüssel einführen

Öffnen Sie die Datei *templateDetails.xml*. Darin ersetzen Sie alle deutschen Parameterbeschriftungen hinter label durch einen eindeutigen Platzhalter in Großbuchstaben.

Ersetzen Sie als Erstes Untertitel der Website mit dem Platzhalter TPL_FILMTOASTER_SUBTITLE. Auch die Beschreibung Hier können Sie einen Untertitel angeben tauschen Sie mit dem Platzhalter TPL_FILMTOASTER_SUBTITLE_DESC. Die gesamte Zeile lautet damit:

```
<field type="text" label="TPL_FILMTOASTER_SUBTITLE" description="TPL_FILMTOASTER_SUBTITLE_DESC" default="Filmkritiken und mehr ..." name="subtitel" />
```

Ersetzen Sie auch die anderen Beschriftungen und Beschreibungen durch entsprechende Platzhalter:

```
<field type="media" label="TPL_FILMTOASTER_PHOTO" description="TPL_FILMTOASTER_
PHOTO_DESC" name="foto" />
<field type="list" label="TPL_FILMTOASTER_COLOR" description="TPL_FILMTOASTER_
COLOR_DESC" default="orange" name="farbe" >
```

Die Namen der Platzhalter dürfen Sie selbst frei wählen. Jeder Platzhalter darf allerdings in Joomla! nur genau einmal auftauchen. Damit sie unter Garantie eindeutig sind, stellt man ihnen normalerweise ein TPL für Template sowie den Template-Namen voran. Darüber hinaus sollte man in den Platzhaltern ausschließlich englische Begriffe verwenden, da dies den Übersetzern künftig die Arbeit erleichtert. In jedem Fall ersetzt Joomla! später alle diese Platzhalter, die sogenannten *Sprachschlüssel*, automatisch durch eine passende Übersetzung. Und genau diese Übersetzungen müssen als Nächstes her (lassen Sie die Datei *templateDetails.xml* aber noch geöffnet).

Tipp Sie können auch die anderen (deutschen) Zeichenketten durch Platzhalter ersetzen. Dazu zählen insbesondere die Texte zwischen `<option>` und `</option>`, hier also Blau und Rot. Damit das Beispiel nicht zu unübersichtlich wird, sollen im Folgenden aber nur die Beschriftungen und die Beschreibungen der Parameter übersetzt werden.

Schritt 2: Sprachdateien anlegen

Erstellen Sie in Ihrem Arbeitsverzeichnis das neue Unterverzeichnis *language*. Darin legen Sie jetzt für jede unterstützte Sprache eine neue leere Textdatei an. Ihr Dateiname folgt dem Schema *en-GB.tpl_templatename.ini*. Dabei steht *en-GB* für das sogenannte Sprach-Tag. Welches Sprach-Tag zu welcher Sprache gehört, verrät Ihnen Joomla! im Backend unter *Erweiterungen → Sprachen → Installiert* in der Spalte *Sprach-Tag*. *templatename* ersetzen Sie durch den Namen Ihres Templates, wie er in der Datei *templateDetails.xml* zwischen `<name>` und `</name>` steht.

Im Filmtoaster-Beispiel sollen die Parameter sowohl eine deutsche als auch eine englische Beschriftung erhalten. Sie müssen folglich im Verzeichnis *language* die beiden leeren Textdateien

- *en-GB.tpl_filmtoaster.ini*
- *de-DE.tpl_filmtoaster.ini*

anlegen. Beachten Sie dabei die Groß- und Kleinschreibung.

Warnung Achten Sie zudem wieder darauf, dass Ihr Texteditor alle Dateien in der UTF-8-Zeichenkodierung speichert. Andernfalls können komplette Beschriftungen beziehungsweise Übersetzungen fehlen.

Schritt 3: Texte übersetzen

In beiden Dateien legen Sie jetzt die Übersetzungen ab. In jeder Zeile steht dabei zunächst ein Sprachschlüssel (also einer der Platzhalter mit den Großbuchstaben), gefolgt von einem Gleichheitszeichen und der entsprechenden Übersetzung in Anführungsstrichen.

Die Datei *de-DE.tpl_filmtoaster.ini* hat somit folgenden Inhalt:

```
TPL_FILMTOASTER_SUBTITLE="Untertitel der Website"
TPL_FILMTOASTER_SUBTITLE_DESC="Hier können Sie einen Untertitel angeben."
TPL_FILMTOASTER_PHOTO="Foto auswählen"
TPL_FILMTOASTER_PHOTO_DESC="Wählen Sie ein Foto aus"
TPL_FILMTOASTER_COLOR="Farbe wählen:"
TPL_FILMTOASTER_COLOR_DESC="Wählen Sie eine Farbe aus"
```

Analog sieht die Datei *en-GB.tpl_filmtoaster.ini* mit den englischen Übersetzungen wie folgt aus:

```
TPL_FILMTOASTER_SUBTITLE="Subtitle"
TPL_FILMTOASTER_SUBTITLE_DESC="Enter a subtile"
TPL_FILMTOASTER_PHOTO="Photo"
TPL_FILMTOASTER_PHOTO_DESC="Choose a picture"
TPL_FILMTOASTER_COLOR="Color:"
TPL_FILMTOASTER_COLOR_DESC="Choose the color"
```

Schritt 4: Sprachdateien anmelden

Abschließend müssen Sie Joomla! nur noch mitteilen, dass es diese beiden Sprachdateien benutzen soll. Dazu wenden Sie sich noch einmal der Datei *templateDetails.xml* zu und ergänzen vor dem letzten Tag </extension> den Abschnitt aus Beispiel 17-21.

Beispiel 17-21: Die angemeldeten Sprachdateien in der templateDetails.xml

```
<languages folder="language">
    <language tag="en-GB">en-GB.tpl_filmtoaster.ini</language>
    <language tag="de-DE">de-DE.tpl_filmtoaster.ini</language>
</languages>
```

Zwischen <language> und </language> steht jeweils eine Sprachdatei. Welche Sprache sie führt, verrät das Attribut tag="en-GB". Zwischen den Anführungszeichen steht dabei wieder das Sprach-Tag. Das Ganze umrahmen <languages> und </languages>, wobei das Attribut folder="language" auf den Speicherort deutet. Den müssen Sie noch zwischen <files> und </files> anmelden:

```
<files>
    ...
    <folder>language</folder>
    ...
</files>
```

Packen Sie jetzt den Inhalt Ihres Arbeitsverzeichnisses in ein ZIP-Archiv und spielen Sie es in Joomla! ein. In einem deutschsprachigen Backend heißt die Ausklappliste jetzt wie gewohnt *Farbe wählen*, und das Ergebnis entspricht weiterhin dem aus Abbildung 17-36 auf Seite 761. Wenn Sie über *Erweiterungen* → *Sprachen* → *Installiert* das Backend auf *English* schalten, steht neben der Ausklappliste jetzt *Color* (wie in Abbildung 17-38). Sollten Sie lediglich irgendwo einen Platzhalter sehen, fehlt entweder die entsprechende Sprachdatei, oder aber es gibt einen Tippfehler in der *templateDetails.xml*. Kontrollieren Sie zudem, ob Sie in der entsprechenden Sprachdatei auch alle Platzhalter beziehungsweise Sprachschlüssel übersetzt haben. Wenn Sie die nachfolgenden Abschnitte mitmachen möchten, deinstallieren Sie jetzt das Filmtoaster-Template wieder und wenden sich Ihrem Arbeitsverzeichnis zu.

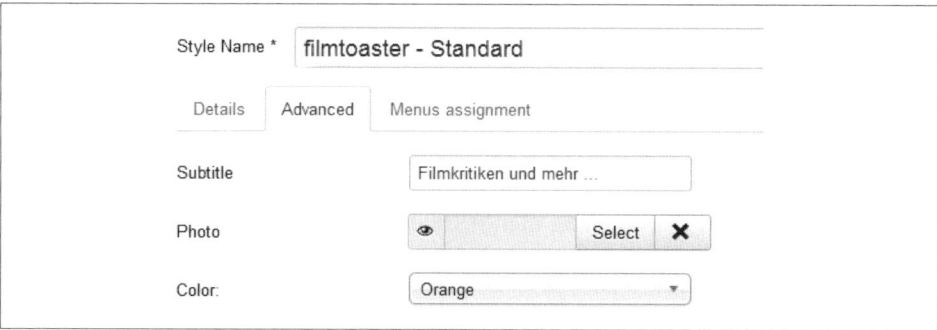

Abbildung 17-38: In einem englischsprachigen Backend sieht man diese Beschriftungen.

Bedingte Darstellung

Innerhalb der Datei *index.php* dürfen auch PHP-Befehle auftauchen. Bislang wurde diese Möglichkeit beispielsweise genutzt, um das Template-Verzeichnis zu ermitteln:

```
<?php echo $this->template ?>
```

Das etwas komisch aussehende Tag `<?php ... ?>` kann jedoch beliebig viele und beliebig lange PHP-Befehle aufnehmen.

| **Warnung** | Halten Sie sich dabei unbedingt an die Regel: »So wenige Befehle wie nötig, die so kurz sind wie möglich.« Die PHP-Befehle werden auf dem Webserver ausgeführt und können somit die Seitenauslieferung spürbar verzögern. Zudem bilden mögliche (unentdeckte) Programmfehler ein potenzielles Einfallstor für Angreifer. | |

Solche zusätzlichen PHP-Befehle eignen sich ideal, um das Aussehen der Website an bestimmte Rahmenbedingungen zu koppeln. Beispielsweise könnte man den Hauptbereich bis zum Fensterrand ausdehnen, falls in der rechten Spalte überhaupt keine Module stecken. Auf den Filmtoaster-Seiten kann das insbesondere auf Seiten mit Filmkritiken vorkommen.

| **Tipp** | Um die folgenden Erklärungen zu verstehen, müssen Sie (ein paar) PHP-Kenntnisse mitbringen oder zumindest schon einmal in einer anderen Sprache programmiert haben. | |

Module zählen

Um die Seitenleiste mit den Modulen auszublenden und dem Beitrag mehr Platz einzuräumen, nehmen Sie sich in Ihrem Arbeitsverzeichnis zunächst den betroffenen Abschnitt aus der Datei *index.php* vor:

```
...
<aside>
    <!-- Bereich für die Module -->
    <jdoc:include type="modules" name="position-7" style="html5" />
</aside>
...
```

Der Bereich zwischen `<aside>` und `</aside>` ist überflüssig, wenn in ihm keine Module stecken. Andersherum formuliert: Wenn es an dieser Position mindestens ein sichtbares Modul gibt, blendet man den Bereich ein:

```
...
<?php if($this->countModules('position-7') > 0) : ?>
<aside>
    <!-- Bereich für die Module -->
    <jdoc:include type="modules" name="position-7" style="html5" />
</aside>
<?php endif; ?>
...
```

`$this->countModules('position-7')` liefert die Anzahl der Module zurück, die an der genannten Position (position-7) erscheinen werden. Nur wenn diese Anzahl größer als 0 ist – wenn also dort Module existieren –, erscheint auch der ganze rechte Bereich.

`$this->countModules(...)` zählt nur dann ein Modul mit, wenn es gerade in der aktuellen Situation auf der Seite sichtbar ist. Das ist wiederum genau dann der Fall, wenn das Modul folgende Bedingungen erfüllt:

- Das Modul ist veröffentlicht.
- Das Modul ist aktiv. Diesen Zustand können Sie hinter *Erweiterungen* → *Verwalten* → *Verwalten* ändern. Standardmäßig sind alle Module aktiv. (Mehr dazu folgt noch in Kapitel 19, *Funktionsumfang erweitern*, ab Seite 831.)
- Das Modul ist entweder in allen Sprachfassungen oder der gerade eingestellten Sprache sichtbar.
- Der Besucher besitzt die passenden Zugriffsrechte.

Damit blendet das Template die rechte Seitenleiste mit den Modulen aus, wenn es dort keine Module gibt. Der Bereich für die Komponente nimmt aber dennoch weiterhin nur zwei Drittel des verfügbaren Platzes ein. Das erzwingt momentan diese CSS-Regel:

```
div.content {
    float: left;
    width: 66%;
}
```

Damit sich der Hauptbereich automatisch auf den kompletten Platz ausdehnt, muss man wieder zu einem kleinen Trick greifen: Wenn es keine Module am rechten Rand gibt, erhält der Bereich für die Komponente einen anderen Klassennamen, wie etwa breit. Eine dazu passende CSS-Regel bläst dann den Bereich auf die komplette Seite auf.

In der *index.php* sieht der Bereich für die Komponente derzeit so aus:

```
...
<div class="content">
   <!-- Bereich für die Komponenten -->
   <jdoc:include type="message" />
   <jdoc:include type="component" />
</div>
...
```

Den Klassennamen content darf das <div>-Tag ab sofort nur dann tragen, wenn es in der Seitenleiste mindestens ein Modul gibt. Andernfalls muss es den Klassennamen breit erhalten. Den in der jeweiligen Situation benötigten Klassennamen liefert dieser PHP-Befehl:

```
<?php if($this->countModules('position-7') == 0) echo 'breit'; else echo 'content'; ?>
```

Er gibt den Text breit aus, wenn keine Module an position-7 (und somit in der Seitenleiste) liegen. Andernfalls liefert er den Text content. Den kompletten Bandwurm müssen Sie jetzt nur noch wie in Beispiel 17-22 an der entsprechenden Stelle in der *index.php* einsetzen.

Beispiel 17-22: Die Abfrage der Module in der index.php

```
...
<div class="<?php if($this->countModules('position-7') == 0) echo 'breit'; else echo 'content'; ?>">
   <!-- Bereich für die Komponenten -->
   <jdoc:include type="message" />
   <jdoc:include type="component" />
</div>
...
```

Als Nächstes muss im Stylesheet eine Regel für den Klassennamen breit her, die dem Bereich den kompletten Platz zur Verfügung stellt:

```
div.breit {
   float: left;
   width: 100%;
}
```

Fügen Sie diese Regel am Ende der Media-Query ein (wenn Sie in diesem Kapitel alle Schritte bis hierhin mitgemacht haben, in den Dateien *template_orange.css* und *template_gruen.css*, andernfalls nur in der Datei *template.css*).

Abschließend noch einmal kurz zusammengefasst:

- Wenn in der Seitenleiste am rechten Rand keine Module vorhanden sind, erhält der Bereich mit dem Beitrag den Klassennamen breit. Der Browser wendet somit die CSS-Regel für breit an, die den Beitrag auf die komplette Seitenbreite aufbläst (width: 100%).

- Wenn in der Seitenleiste mindestens ein Modul steckt, erhält der Bereich mit dem Beitrag den Klassennamen content. Gemäß der zugehörigen CSS-Regel nimmt der Beitrag dann nur noch 66 % des verfügbaren Platzes ein (width: 66%).

Speichern Sie Ihre Änderungen, packen Sie die Inhalte Ihres Arbeitsverzeichnisses wieder in ein ZIP-Archiv, installieren Sie es nach dem gewohnten Prinzip in Joomla! und prüfen Sie das Ergebnis in der *Vorschau*. Dort sollte am rechten Rand die Seitenleiste erscheinen. Verstecken Sie jetzt im Backend probeweise alle Module, die an *position-7* platziert sind. Wenn Sie die *Vorschau* neu laden, sollte jetzt der Hauptbereich die komplette Seitenbreite belegen.

Wie Sie sehen, kann sich ein Template mithilfe einiger weniger PHP-Zeilen selbstständig unterschiedlichen Gegebenheiten anpassen.

Tipp Wenn Sie mit Sprachen arbeiten, die von rechts nach links geschrieben werden, können Sie die derzeit gültige Leserichtung in Ihrer *index.php* über

```
<?php if($this->direction == 'rtl') : ?>
<!-- die Leserichtung verläuft von rechts nach links -->
<?php endif; ?>
```

abfragen und so zusätzliche Maßnahmen einleiten.

Angemeldete Besucher

In Ihrem Template können Sie auch prüfen, ob gerade ein Besucher angemeldet ist. Auf diese Weise können Sie beispielsweise einen Begrüßungstext ausgeben oder Bereiche mit Werbung verstecken.

Ob sich gerade ein Besucher angemeldet hat, prüfen folgende PHP-Befehle:

```
<?php if(JFactory::getUser()->id) : ?>
    <!-- Benutzer ist angemeldet -->
    <p>Sie sind gerade angemeldet.</p>
<?php endif; ?>
```

Im positiven Fall erscheint dann der Text Sie sind gerade angemeldet.

Den Namen des Besuchers liefert der PHP-Befehl:

```
<?php echo JFactory::getUser()->name; ?>
```

Analog gelangen Sie an den Benutzernamen via:

```
<?php echo JFactory::getUser()->username; ?>
```

Tipp PHP-Kenner dürfte interessieren, dass JFactory::getUser() ein Objekt der JUser-Klasse zurückliefert, das die Daten des angemeldeten Besuchers kapselt. id enthält dabei die interne Identifikationsnummer des Benutzers. Weitere Informationen liefert die Entwicklerdokumentation unter *https://docs.joomla.org/JFactory/getUser*.

Bootstrap einsetzen

Eigene Stylesheets zu schreiben, kann ziemlich mühsam sein. Beim Kurznachrichtendienst Twitter (*http://www.twitter.com*) wurde deshalb Bootstrap entwickelt. Vereinfacht gesagt, handelt es sich dabei um eine Sammlung von fertigen Stylesheets und nützlichen JavaScript-Funktionen. Während die Stylesheets beispielsweise ein Menü waagerecht und optisch ansprechend auf den Bildschirm bringen, erzeugen die JavaScript-Funktionen unter anderem eine ansprechende Bildergalerie. Die Stylesheets und JavaScript-Funktionen berücksichtigen zudem unterschiedliche Bildschirmgrößen (Stichwort *Responsive Design*). Wer Bootstrap verwendet, spart sich folglich eine Menge Arbeit. Eine Demonstration der Möglichkeiten geben die Internetseiten des Bootstrap-Projekts unter *http://getbootstrap.com*.

Die Joomla!-Entwickler waren so begeistert von Bootstrap, dass sie es in Joomla! integrierten. Nicht nur die mitgelieferten Templates *Protostar* (für das Frontend) und *Isis* (für das Backend) nutzen Bootstrap, auch die Module und Komponenten unterstützen es beziehungsweise würzen ihre Inhalte mit den von Bootstrap verlangten CSS-Klassen.

Möchten Sie Bootstrap nicht verwenden, können Sie diesen Abschnitt überspringen und im Abschnitt »Gezielt einzelne Elemente formatieren« auf Seite 754 weiterlesen.

Warnung Die Sache hat allerdings einen Haken: Joomla! 3.6 liegt lediglich das hoffnungslos veraltete Bootstrap 2.3.2 bei, das noch aus dem Jahr 2012 stammt. Aktuelle Bootstrap-Versionen sind zudem nicht zur Version 2.3.2 abwärtskompatibel. Deshalb zeigen die folgenden Abschnitte nur der Vollständigkeit halber, wie Sie das in Joomla! mitgelieferte Bootstrap aktivieren und nutzen.

Wenn Sie Bootstrap in Ihrem Template einsetzen möchten, sollten Sie sich die aktuelle Version unter *http://getbootstrap.com* herunterladen und dann manuell einbinden. Das hat gleichzeitig den Vorteil, dass Sie Bootstrap auf Ihre Bedürfnisse maßschneidern können. Wie das im Einzelnen funktioniert, verrät Ihnen die ausführliche Bootstrap-Dokumentation unter *http://getbootstrap.com/getting-started*. Eine komplette Vorstellung von Bootstrap würde ein eigenes Buch füllen.

Bootstrap einbinden

Ihr Template nutzt Bootstrap, sobald Sie das zugehörige Stylesheet in der *index.php* ganz am Anfang über folgenden (PHP-)Befehl einbinden:

```
JHtml::_('bootstrap.loadCss', true, $this->direction);
```

Abhängig von der Schreibrichtung (die `$this->direction` verrät), bindet dieser Befehl automatisch alle notwendigen CSS-Dateien aus dem Verzeichnis */media/jui/css/* ein.

Die JavaScript-Funktionen holt die folgende Zeile hinzu:

```
JHtml::_('bootstrap.framework');
```

Damit die von Bootstrap mitgebrachten CSS-Regeln nicht mit den weiter oben angelegten konkurrieren, sollten Sie zudem den Befehl zum Einbinden Ihrer eigenen *template.css* erst wieder entfernen. Der Anfang der *index.php* sieht damit im Filmtoaster-Template wie in Beispiel 17-23 aus.

Beispiel 17-23: Das in die index.php eingebundene Bootstrap

```
<?php defined('_JEXEC') or die;

Jhtml::_('bootstrap.framework');
JHtml::_('bootstrap.loadCss', true, $this->direction);

?>
<!DOCTYPE html>
...
```

Beide Zeilen sind übrigens optional. Wenn Sie beispielsweise die JavaScript-Funktionen nicht benötigen, lassen Sie einfach die entsprechende Zeile `JHtml::_('bootstrap.framework');` weg. Damit muss Joomla! die ungenutzten Datenpakete dann nicht an die Browser schicken, wofür wiederum Nutzer einer langsamen Mobilfunkverbindung dankbar sein werden.

Wenn Sie die Änderungen aus Beispiel 17-23 speichern und die *Vorschau* neu laden, zeigt sich die Startseite wie in Abbildung 17-39.

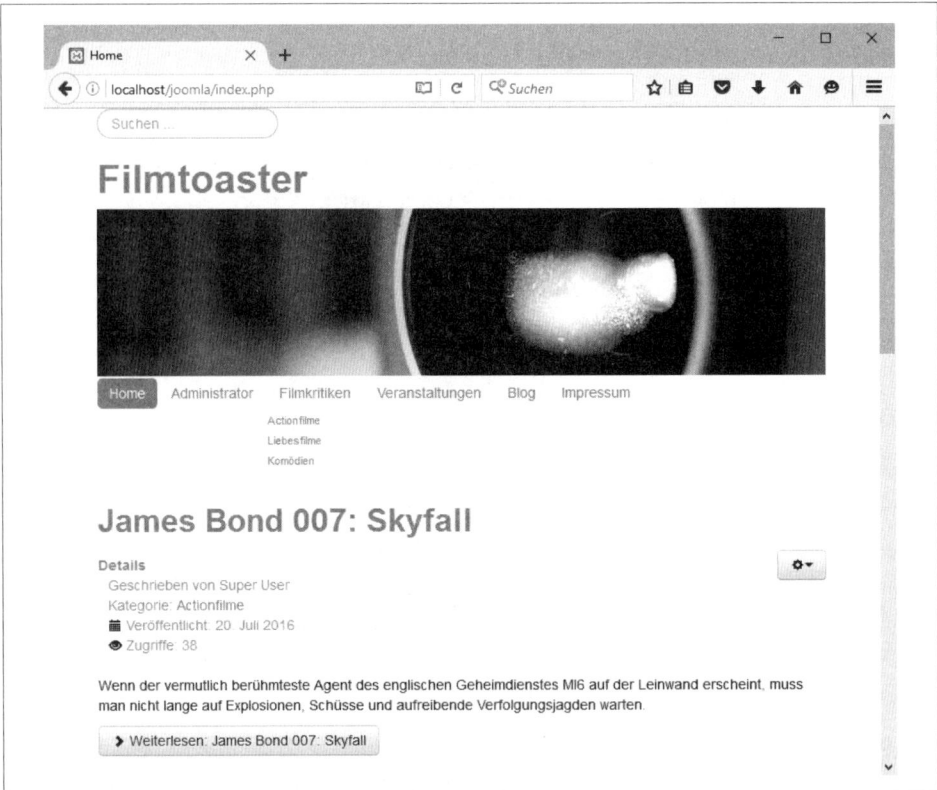

Abbildung 17-39: Bootstrap im Einsatz.

Alle optischen Veränderungen gehen auf das Konto von Bootstrap: Das eingebundene Stylesheet legt unter anderem die Schriftgröße der Überschriften fest und hat die Menüs umgefärbt. Das alles funktioniert, weil Joomla! an alle ausgespuckten HTML-Tags die von Bootstrap vorgegebenen Klassennamen tackert. Wie Sie in der Seitenquelltextansicht Ihres Browsers schnell überprüfen können, ist das Hauptmenü mit folgenden Klassennamen gespickt:

```
<ul class="nav menu nav-pills jmoddiv">
    <li class="item-101 default current active">
        <a href="..." >Home</a>
    </li>
    ...
</ul>
```

nav haben Sie in den vorherigen Abschnitten schon selbst zur Formatierung verwendet. Auch Bootstrap legt mithilfe dieses Klassennamens das Menü waagerecht. active kennzeichnet den gerade ausgewählten Menüpunkt. Für genau diesen Klassennamen bringt Bootstrap eine passende Regel mit, die dem Menüpunkt einen blauen Hintergrund verpasst.

In Ihrem eigenen Template müssen Sie jetzt ebenfalls nur noch die Tags mit den entsprechenden von Bootstrap bekannten Klassennamen spicken. Wenn Sie beispielsweise Ihrem großen Foto einen schicken Rahmen spendieren wollen, weisen Sie einfach dem Tag <img> die Klasse img-polaroid zu:

```
<img class="img-polaroid" src="...
```

Neben diesen kleinen optischen Verbesserungen hilft Bootstrap auch beim Seitenaufbau.

Seitenaufbau mit Bootstrap

Die Inhalte einer Seite können Sie mit Bootstrap recht einfach in Zeilen und Spalten unterteilen. Diese sortiert Bootstrap dann automatisch passend zur Bildschirmgröße um. Auf kleinen Smartphone-Bildschirmen stapelt Bootstrap beispielsweise die Inhalte der Spalten übereinander. Dazu müssen Sie die Seiteninhalte mit zusätzlichen <div>-Tags und ganz bestimmten Klassennamen in Zeilen und Spalten unterteilen.

Im Filmtoaster-Beispiel sollen die Module in einer Seitenleiste rechts neben dem Beitragstext erscheinen. Um das zu erreichen, stecken Sie in der *index.php* zunächst den Bereich für die Komponenten und den für die Module in eine Zeile:

```
...
</nav>
<div class="row">
    <div class="content">
        <!-- Bereich für die Komponenten --> ...
    </div>
    <aside>
        <!-- Bereich für die Module --> ...
    </aside>
</div>
<footer>
...
```

Der Klassenname row weist Bootstrap darauf hin, dass es sich hier um eine neue Zeile handelt. Diese Reihe unterteilt Bootstrap waagerecht in zwölf Teile oder Container (siehe Abbildung 17-40), die man jetzt auf die Spalten verteilt. Die linke Spalte mit dem Beitragstext soll neun Container breit sein. Dies zeigt man Bootstrap mit der Klasse span9 an (als Kurzform für »überspanne 9«):

```
...
<div class="row">
    <div class="span9 content">
       <!-- Bereich für die Komponenten --> ...
    </div>
    <aside>
       <!-- Bereich für die Module --> ...
    </aside>
</div>
...
```

Abbildung 17-40: Bootstrap legt über die Seite ein Gitter aus zwölf Spalten (in der Abbildung hellgrau dargestellt), über die man die tatsächlichen Spalten legt.

Damit nimmt jetzt die linke Spalte drei Viertel der Seite in Beschlag. Analog überspannt die Seitenleiste mit den Modulen drei Einheiten. Das Ergebnis in der *index.php* zeigt Beispiel 17-24.

Beispiel 17-24: Mit diesen Attributen nehmen die Komponenten neun Spalten und die Seitenleiste am rechten Rand drei Spalten ein.

```
...
<div class="row">
   <div class="span9 content">
      <!-- Bereich für die Komponenten --> ...
   </div>
   <aside class="span3">
      <!-- Bereich für die Module --> ...
   </aside>
</div>
...
```

Das war bereits alles; um den Rest kümmert sich Bootstrap (Abbildung 17-41). Wenn Sie wie im Abschnitt »Seitenbreite begrenzen« auf Seite 746 sämtliche Inhalte zwischen `<div class="container">` und `</div>` eingekesselt haben, zentriert Bootstrap die Seiteninhalte, wobei es die tatsächlichen Spaltenbreiten dynamisch an den vorhandenen Platz anpasst.

Im Backend von Joomla! können Sie für jedes Modul festlegen, wie viele Spalten es überspannen soll. Dazu rufen Sie im Backend unter *Erweiterungen* → *Module* die Einstellungen eines Moduls auf und wechseln zum Register *Erweitert*. Unter *Bootstrap-Größe* geben Sie jetzt vor, wie viele Spalten das Modul überspannen beziehungsweise breit sein soll. Wählen Sie dort etwa 4, ist das Modul später vier Einheiten breit. Im Hintergrund tackert Joomla! dann den Klassennamen span4 an das entsprechende `<div>`-Tag. Das passiert allerdings nur dann, wenn Sie in der *index.php* die Module mit dem Attribut `style="html5"` einbinden (siehe Abschnitt »Das style-Attribut nutzen« auf Seite 669).

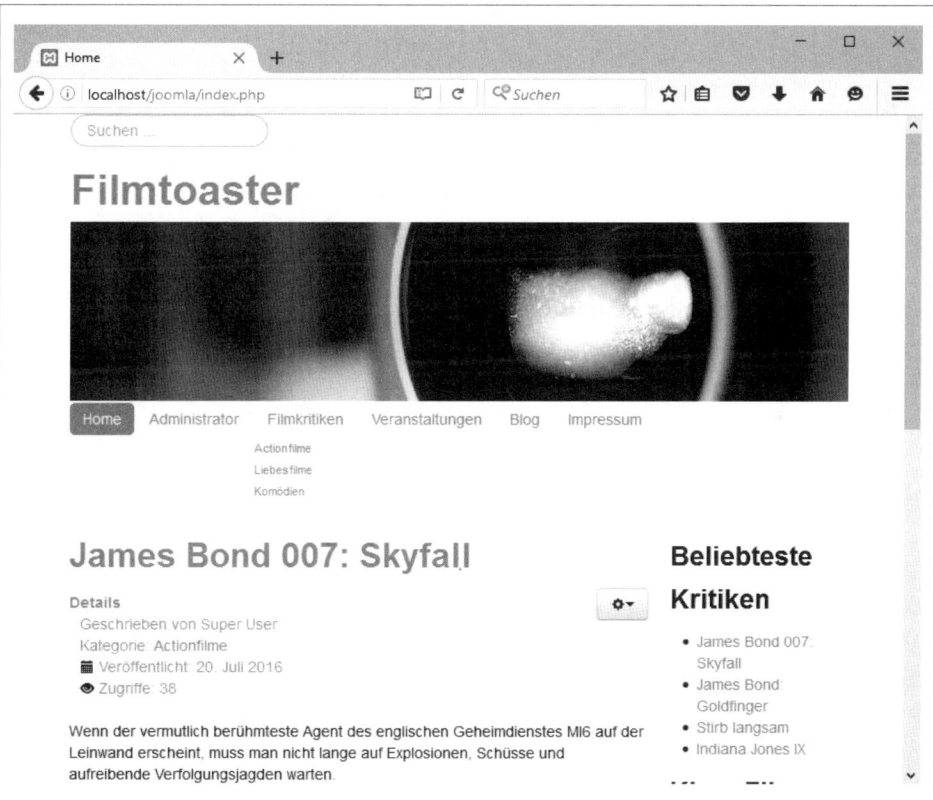

Abbildung 17-41: Hier hat Bootstrap auf der rechten Seite die Module platziert.

Die Möglichkeiten von Bootstrap gehen noch weit über das hier Gezeigte hinaus. Weiterführende Informationen zur Version 2.3.2 mit einer Referenz aller Bootstrap-Klassen finden Sie auf der Bootstrap-Homepage unter *http://getbootstrap.com/2.3.2/*.

Nachteile

So einfach, flexibel und genial Bootstrap auf den ersten Blick wirken mag – es hat auch ein paar gravierende Nachteile:

- Alle rein mit Bootstrap gestalteten Seiten sehen ähnlich aus.
- Die in Joomla! mitgelieferte Bootstrap-Version ist nicht vollständig barrierefrei.
- Die Klassennamen sind teilweise kryptisch und nichtssagend.
- Man muss unter Umständen weitere `<div>`-Tags hinzufügen. Das macht die *index.php* schwerer lesbar und bläht sie – wenn auch nur in geringem Umfang – auf.
- Die von Joomla! mitgelieferte Bootstrap-Version 2.3.2 gilt als veraltet und wird offiziell von den Bootstrap-Entwicklern nicht mehr unterstützt.

Ein vorhandenes Template verändern

Das Template *Protostar* sieht recht gut aus, es passt zu vielen Gelegenheiten und ist responsive. Da liegt die Versuchung nahe, es auch für den eigenen Internetauftritt einzusetzen. Meist passt aber irgendetwas nicht, wie etwa die Farbgebung. Nun könnte man auf die Idee kommen, einfach das Stylesheet von *Protostar* zu ändern. Das ist jedoch aus gleich mehreren Gründen keine so gute Idee:

- Sie können nicht einfach wieder zum Original-Template *Protostar* zurückschalten.
- Eine Aktualisierung von Joomla! könnte Ihre Änderungen überschreiben.
- Sie müssen sich in das Stylesheet und die *index.php* einlesen. Insbesondere die Stylesheets können jedoch leicht mehrere Tausend Zeilen umfassen. Das Stylesheet von *Protostar* besitzt beispielsweise über 7.600 Zeilen. Des Weiteren setzt *Protostar* JavaScript sowie verschiedene HTML- und CSS-Tricks ein. Sie sollten sich folglich gut in HTML, CSS und JavaScript auskennen – und natürlich in der Template-Programmierung.

Die genannten Punkte gelten nicht nur für *Protostar*, sondern auch für andere fertige Templates aus dem Internet.

Wenn Sie trotz der genannten Nachteile ein vorhandenes Template abändern möchten, sollten Sie es zunächst in ein Arbeitsverzeichnis kopieren. Im nächsten Schritt benennen Sie das so erstellte Duplikat um, indem Sie die entsprechenden Daten am Anfang der *templateDetails.xml* ändern (siehe auch Abschnitt »Die Datei templateDetails.xml« auf Seite 683). Passen Sie dann das umbenannte Template an Ihre Wünsche an und installieren Sie es schließlich wie gewohnt in Joomla!. Dank dieser Vorgehensweise können Sie bei Bedarf immer wieder zum ursprünglichen Template zurückwechseln, zudem werden Ihre Änderungen nicht bei einer Aktualisierung von Joomla! überschrieben.

 **Warnung**   Achten Sie dabei auf die Lizenz! Nicht alle Templates dürfen Sie beliebig verändern.

Sofern Sie das Template *Protostar* modifizieren möchten, können Sie sich die beschriebene Prozedur allerdings unter Umständen sparen: Seit Joomla! 3.5 reicht es aus, im Unterordner *css* des *Protostar*-Verzeichnisses eine Datei *custom.css* zu platzieren. In dieser Datei können Sie eigene CSS-Regeln ablegen, die dann wiederum die jeweiligen Vorgaben von *Protostar* überschreiben. Möchten Sie beispielsweise nur den Namen der Website orange einfärben, erstellen Sie eine neue Datei *user.css* mit folgendem Inhalt:

```
.site-title { color: orange; }
```

Speichern Sie die Datei *user.css* im Ordner *css* des *Protostar*-Verzeichnisses. Wenn Sie der Schnellinstallationsanleitung aus Kapitel 2, *Installation*, Seite 15, gefolgt sind, gehört die *user.css* folglich

- unter Windows in das Verzeichnis *C:\xampp\htdocs\joomla\templates\protostar\css*,
- unter OS X beziehungsweise macOS in das Verzeichnis */Programme/XAMPP/xamppfiles/htdocs/joomla/templates/protostar/css* und
- unter Linux in das Verzeichnis */opt/lampp/htdocs/joomla/templates/protostar/css*.

Sobald Sie jetzt die Startseite Ihres Internetauftritts aufrufen, leuchtet Ihnen der Name der Website links oben in der Ecke orangefarben entgegen. Bei einer Aktualisierung von Joomla! wird die Datei *user.css* nicht überschrieben.

Der Kniff mit der Datei *user.css* funktioniert allerdings nur beim Template *Protostar*. Darüber hinaus kommen Sie auch mit ihrer Hilfe nicht darum herum, das Stylesheet von *Protostar* zu studieren – schließlich müssen Sie irgendwie herausfinden, welche Eigenschaften Sie in der *user.css* überschreiben müssen.

TEIL V
Erweiterungen

KAPITEL 18
Mehrsprachigkeit

In diesem Kapitel:
- Sprachpakete beschaffen und installieren
- Sprachpakete entfernen
- Die Sprache wechseln
- Einen mehrsprachigen Internetauftritt erstellen
- Einzelne Übersetzungen austauschen (Language String Overrides)
- Eigene Sprachpakete erstellen

Nach seiner Installation »spricht« Joomla! zunächst ausschließlich Englisch. Um einen rein deutschsprachigen Internetauftritt zu erhalten, haben Sie in Kapitel 2, *Installation*, Seite 15, ein passendes Sprachpaket installiert und anschließend alle Texte immer in Deutsch eingegeben.

Auf diesem Weg erstellen Sie auch einen anderssprachigen Internetauftritt: Nach der Installation von Joomla! spielen Sie das zu Ihrer Sprache passende Sprachpaket ein. Dieses übersetzt dann alle von Joomla! erzeugten Elemente, wie etwa die *Anmelden*-Schaltfläche oder die Beschriftung *Suchen* rechts oben im Eingabefeld für die Suche. Die übrigen Texte verfassen Sie oder Ihre Autoren in der entsprechenden Sprache.

Mit Joomla! können Sie Ihren Internetauftritt aber auch gleichzeitig in mehreren Sprachen anbieten. Dabei müssen Sie allerdings Ihre Beiträge immer in alle unterstützten Sprachen übersetzen – eine Arbeit, die Sie nicht unterschätzen sollten. Umgekehrt erschließt man sich insbesondere mit einer zusätzlichen englischen Fassung viele neue internationale Besucher.

In den folgenden Abschnitten erfahren Sie zunächst, wie Sie Sprachpakete beschaffen, dann Joomla! auf eine andere Sprache umstellen und schließlich einen mehrsprachigen Internetauftritt erstellen. Zum Abschluss des Kapitels lernen Sie noch, wie man ein eigenes Sprachpaket erstellt.

Tipp Wenn Sie nur einen rein deutschen Internetauftritt bauen möchten, können Sie dieses Kapitel einfach überspringen. Andernfalls sollten Sie sich auf ein paar kompliziertere Konzepte einstellen.

Sprachpakete beschaffen und installieren

Um Joomla! eine andere Sprache beizubringen, muss als Erstes ein passendes Sprachpaket her. Dieses können Sie sich auf gleich zwei verschiedenen Wegen besorgen und einspielen: über das Backend und über das Internet. Zunächst zur einfacheren Variante über das Backend:

Sprachpakete über das Backend beziehen

Um an ein neues Sprachpaket zu gelangen, rufen Sie im Backend den Menüpunkt *Erweiterungen → Verwalten → Sprachen installieren* auf (in einem englischsprachigen Joomla! lautet die gleiche Menüfolge *Extensions → Manage → Install Languages*). Joomla! listet Ihnen jetzt wie in Abbildung 18-1 alle offiziellen Sprachpakete auf – dummerweise in allen möglichen Versionen und Varianten.

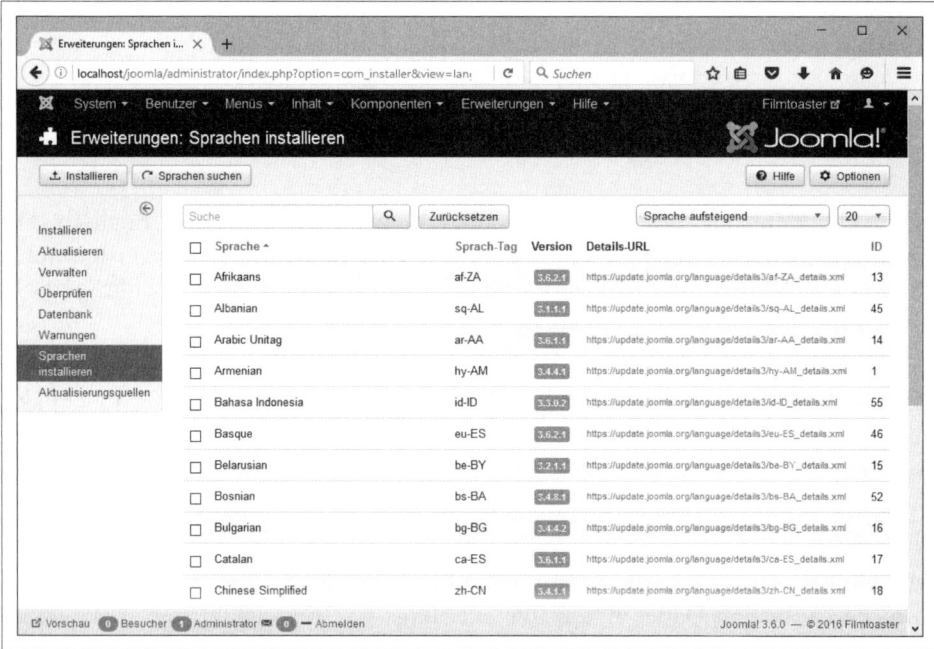

Abbildung 18-1: Weitere Sprachpakete lassen sich direkt im Backend auswählen und einspielen.

Klicken Sie zunächst in der Werkzeugleiste auf *Sprachen suchen* (*Find languages*). Damit aktualisiert Joomla! die Liste mit allen bekannten Sprachpaketen. Sie stellen so sicher, dass Sie sämtliche derzeit verfügbaren Sprachpakete zur Auswahl angeboten bekommen.

Nutzen Sie anschließend die Filtermöglichkeit über das Eingabefeld: Tippen Sie dort die gewünschte Sprache in ihrer englischen Bezeichnung ein. Wenn Sie beispielsweise das französische Sprachpaket suchen, geben Sie im Feld French ein und klicken auf die Lupe. Joomla! zeigt dann nur noch alle französischen Sprachpakete an.

Jetzt müssen Sie einen Haken vor das oder die Sprachpakete setzen, die Sie installieren wollen. Sofern mehrere Pakete zur Auswahl stehen, werfen Sie einen Blick in die Spalte *Version*. Die dortigen Nummern bestehen aus vier mit Punkten voneinander getrennten Zahlen. Die ersten drei Ziffern (etwa *3.6.0*) müssen mit Ihrer Joomla!-Version übereinstimmen; alle anderen Pakete sollten Sie direkt ignorieren. Die vierte Ziffer repräsentiert die Versionsnummer des Sprachpakets und sollte so hoch wie möglich sein. Wenn Sie also die Wahl haben, entscheiden Sie sich immer für das Paket mit der höchsten Endziffer.

Darüber hinaus findet man für einige Sprachen mehrere vermeintlich identische Einträge – zum Zeitpunkt der Bucherstellung galt das unter anderem für Englisch, Französisch und auch Deutsch (*German*). Ihre Existenz hat zwei Gründe: Zum einen gibt es unterschiedliche Dialekte. So spricht man in den USA ein amerikanisches Englisch, in England hingegen wird britisches Englisch gesprochen. Die Sprachpakete enthalten daher teilweise verschiedene Dialekte oder Sprachvarianten.

Das Filmprogramm für das Open-Air-Kino in Berlin dürfte zumindest die meisten Besucher aus Österreich nicht interessieren. Diese würden sich vermutlich mehr über das Filmprogramm eines Wiener Kinos freuen – was wiederum deutsche Besucher nicht interessiert. Wie in diesem Beispiel kann es durchaus nützlich sein, Besuchern aus Deutschland, Österreich und der Schweiz jeweils unterschiedliche Webseiten anzubieten. Das funktioniert recht elegant, indem Sie einen mehrsprachigen Internetauftritt einrichten und dann für Deutschland, Österreich und die Schweiz jeweils eine eigene Sprachfassung vorsehen. Dieser Trick gelingt allerdings nur, wenn es auch ein Sprachpaket für jedes dieser Länder gibt. Aus diesem Grund bieten die deutschen Übersetzer für alle deutschsprachigen Länder jeweils ein eigenes Sprachpaket an. So können Sie mit dem Sprachpaket *German AT* eine Fassung Ihrer Website für alle Österreicher anbieten. Das Kürzel im Namen verweist dabei auf das Land: AT steht für Österreich, CH für die Schweiz, LI für Liechtenstein und LU für Luxemburg. Alle diese Sprachpakete enthalten die gleichen Übersetzungen wie das deutsche Sprachpaket. Sie sind lediglich vorhanden, damit Sie maßgeschneiderte Versionen Ihrer Website für diese Länder bereitstellen können.

Tipp   Wenn Sie das jetzt verwirrt, ignorieren Sie erst einmal diese zusätzlichen Sprachpakete.

Sobald Sie alle gewünschten Sprachpakete in der Liste abgehakt haben, klicken Sie auf *Installieren (Install)*. Das war bereits alles. Joomla! holt jetzt die Sprachpakete aus dem Internet und spielt sie ein.

Diese Installationsmethode ist extrem bequem, hat aber ein paar kleinere Haken: Die Übersetzer müssen ihre Sprachdateien selbst auf einen vom Joomla!-Projekt betriebenen Server hochladen. Es dauert dann mindestens einen Tag, bis das Sprachpaket in der Liste des Backends auftaucht. Ob man also tatsächlich die aktuellen Sprachpakete in Joomla! angeboten bekommt, hängt von der Geschwindigkeit beziehungsweise Vergesslichkeit der Übersetzer ab. Darüber hinaus benötigt Joomla! Zugriff auf das Internet. Insbesondere in Intranets von Unternehmen ist dieser Zugriff jedoch unter Umständen blockiert.

Wenn Sie also Ihre Sprache nicht in der Liste finden oder aber die Installation fehlschlägt, müssen Sie die Sprachpakete eigenhändig aus dem Internet fischen und einspielen.

Sprachpakete aus dem Internet beziehen

Eine weitere Quelle für ein Sprachpaket bildet die Homepage des entsprechenden Übersetzerteams. Die deutschen Sprachpakete finden Sie beispielsweise unter *http://www.jgerman.de*.

Wenn Sie die Internetadresse nicht kennen, steuern Sie in Ihrem Browser die Joomla!-Homepage *https://www.joomla.org* an. Im Hauptmenü am oberen Rand finden Sie irgendwo einen Punkt *Language Packages*. Zum Zeitpunkt der Drucklegung dieses Buchs versteckte er sich hinter *Extend*. Entscheiden Sie sich auf der neuen Seite für Ihre Joomla!-Version. Im Fall von Joomla! 3.6 folgen Sie *Joomla! 3.x Translation Packs*. Es erscheint jetzt eine lange Liste mit allen derzeit zur Verfügung stehenden Sprachpaketen (siehe Abbildung 18-2). Fahren Sie mit den Bildlaufleisten gegebenenfalls weiter nach unten.

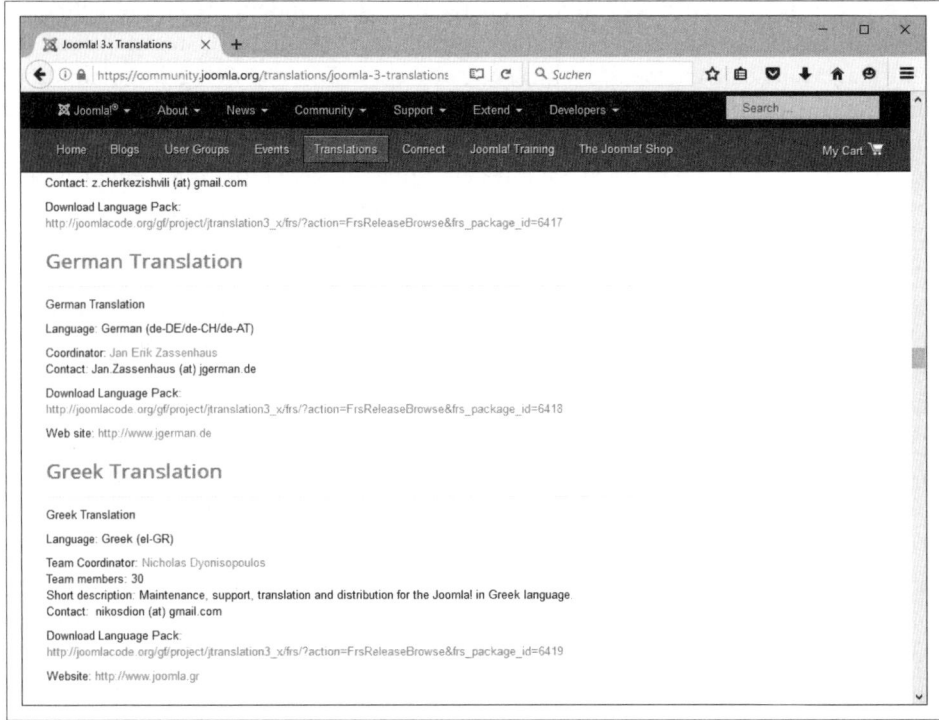

Abbildung 18-2: Auf dieser extrem langen Seite (beachten Sie die Bildlaufleiste am rechten Rand) finden Sie alle existierenden Sprachpakete.

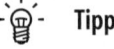

Tipp Der Weg zu dieser Liste mit Sprachpaketen hat sich in der Vergangenheit immer mal wieder geändert. Nutzen Sie im Zweifelsfall auch die Suchfunktion mit den Stichwörtern *Translations* und *Languages*.

Die Homepage des Übersetzerteams finden Sie jetzt neben *Web site*. Nicht alle Übersetzer führen jedoch einen eigenen Internetauftritt oder stellen die Sprachpakete selbst bereit. In einem solchen Fall klicken Sie in der Liste aus Abbildung 18-2 auf den langen Link unter *Download Language Pack*. Sie landen damit in jedem Fall auf einer Seite, auf der Sie die Sprachpakete herunterladen können.

Die Dateinamen der Sprachpakete folgen dem einheitlichen Muster aus Abbildung 18-3. Anhand dieser Bezeichnung finden Sie heraus, in welcher Sprache die Übersetzungen vorliegen und für welche Joomla!-Version das Paket gedacht ist. Welche Sprache ein Sprachpaket enthält, verrät das Kürzel direkt am Anfang. *de-DE* steht beispielsweise für Deutsch, *fr-FR* für Französisch und *en-US* für amerikanisches Englisch. Die ersten beiden Kleinbuchstaben geben dabei die jeweilige Sprache an, die Großbuchstaben das Land. Eine Liste mit den Sprachkürzeln finden Sie unter anderem auf der Wikipedia-Seite *https://en.wikipedia.org/wiki/List_of_ISO_639-1_codes*, die Länderkennzeichen warten hingegen unter *https://de.wikipedia.org/wiki/ISO-3166-1-Kodierliste* in der Spalte *ALPHA-2*.

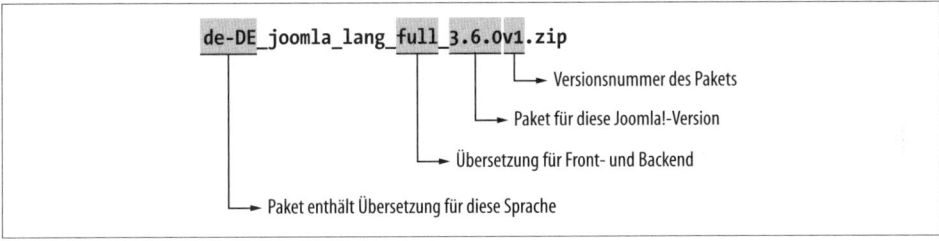

Abbildung 18-3: Die Dateinamen der Sprachpakete folgen häufig diesem Schema.

Das im Dateinamen folgende *_joomla_lang_* weist auf ein Sprachpaket für Joomla! hin. In Abbildung 18-3 enthält es die Übersetzung sowohl für das Front- als auch für das Backend – darauf deutet die Angabe *full*. Gedacht ist das Paket zudem für die Joomla!-Version *3.6.0*.

Warnung   Achten Sie unbedingt darauf, dass Sie nur die zu Ihrer Joomla!-Version passenden Sprachpakete herunterladen und installieren. Ansonsten könnten fehlerhafte oder unvollständige Übersetzungen die Folge sein.

Die Übersetzerteams aktualisieren immer mal wieder ihre Sprachpakete. Jedes Paket erhält deshalb seine eigene Versionsnummer. Sie steht für gewöhnlich am Ende des Dateinamens und lautet in Abbildung 18-3 schlicht *v1*. Eine überarbeitete Fassung würde dann das Anhängsel *v2* bekommen, die dann folgende *v3* und so weiter.

Tipp   Einige Übersetzerteams nehmen dem Joomla!-Benutzer etwas Arbeit ab und stellen ein Joomla!-Komplettpaket bereit, in das die jeweiligen Sprachpakete schon integriert wurden. Für eine Installation genügt es dann, einfach Kapitel 2, *Installation*, Seite 15, zu folgen.

Wenn Sie also die Wahl zwischen mehreren Sprachpaketen haben, gehen Sie wie folgt vor:

1. Suchen Sie alle Sprachpakete, die zu Ihrer Joomla!-Version passen. Wenn Sie etwa Joomla! 3.6.0 verwenden, konzentrieren Sie sich auf alle Dateien, die eine *3.6.0* im Namen tragen.
2. Wählen Sie das Sprachpaket, das *full* im Namen trägt (also das Sprachpaket mit den Übersetzungen für das Front- und das Backend).
3. Gibt es mehrere mögliche Kandidaten, wählen Sie das Paket mit der höchsten (angehängten) Versionsnummer.

 **Warnung**   Wenn Sie gemäß Kapitel 19, *Funktionsumfang erweitern*, Seite 831, Erweiterungen installieren, benötigen Sie für jede Erweiterung ein eigenes Sprachpaket. Welche Übersetzungen wo zu haben sind, sagt Ihnen für gewöhnlich die Homepage der Erweiterung.

Haben Sie das gewünschte Sprachpaket heruntergeladen, wählen Sie im Backend den Menüpunkt *Erweiterungen → Verwalten → Installieren* (in einem englischsprachigen Joomla! *Extensions → Manage → Install*). Dahinter wartet das Formular aus Abbildung 18-4.

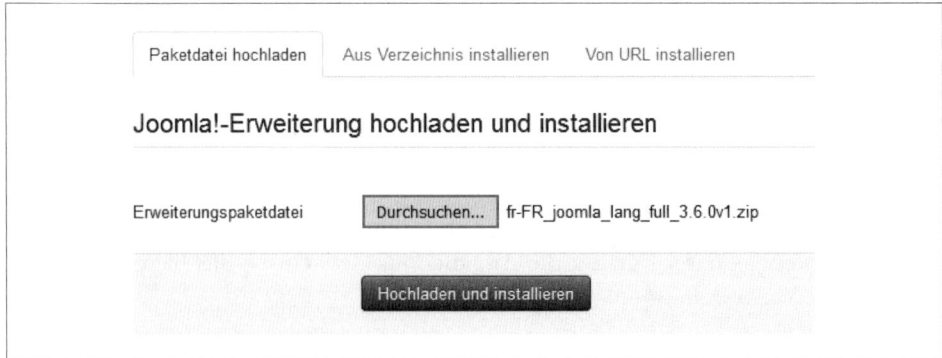

Abbildung 18-4:   Über diese Seite spielt man die heruntergeladenen Sprachpakete ein.

Im Register *Paketdatei hochladen* (beziehungsweise *Upload Package File*) klicken Sie auf *Durchsuchen...* (*Browse...*) und wählen das Sprachpaket aus. Ein Klick auf *Hochladen und installieren* (*Upload & Install*) hievt das Sprachpaket schließlich auf den Webserver und integriert es in Joomla!.

Statt das Sprachpaket erst auf den eigenen Computer herunterzuladen, können Sie seine Download-Adresse auch direkt auf der Registerkarte *Von URL installieren* (*Install from URL*) in das Eingabefeld *Von URL installieren* (*Install from URL*) eintippen. Mit einem Klick auf *Überprüfen und installieren* (*Check and Install*) lädt Joomla! sich dann das Sprachpaket selbst herunter und spielt es ein.

Funktionieren diese beiden Wege nicht oder liegt das Sprachpaket wider Erwarten in einem exotischen Dateiformat vor (das weder auf *.zip* noch auf *.tar.gz* endet), müssen Sie das Sprachpaket zunächst auf Ihrer eigenen Festplatte entpacken. Den herausgepurzelten Inhalt transferieren Sie anschließend per Hand auf Ihren Server in genau das Verzeichnis, das Ihnen Joomla! auf der Registerkarte *Aus Verzeichnis installieren* (*Install from Folder*) nennt. Nach einem Klick auf *Überprüfen und installieren* (*Check and Install*) holt das Content-Management-System die Sprachdateien aus diesem Verzeichnis und spielt sie ein. Anschließend können Sie die hochgeladenen Dateien wieder löschen.

Tipp Sollte bei einer der drei Methoden eine Fehlermeldung erscheinen, fehlen Joomla! sehr wahrscheinlich die Schreibrechte auf die Verzeichnisse *tmp*, *language* und *administrator/language*. Sie finden diese Dreierbande in Ihrem Joomla!-Verzeichnis.

Sprachpakete entfernen

Haben Sie versehentlich ein falsches Sprachpaket installiert oder möchten es später aus anderen Gründen wieder loswerden, rufen Sie den Punkt *Erweiterungen → Verwalten → Verwalten* auf, öffnen die *Suchwerkzeuge* und stellen die Ausklappliste – *Typ wählen* – auf *Paket*. Haken Sie in der erscheinenden Liste das überflüssige Sprachpaket ab, klicken Sie dann auf *Deinstallieren* und bestätigen Sie die Rückfrage mit *OK*.

Fehlt in einem Sprachpaket eine Übersetzung oder ist das Sprachpaket defekt, greift Joomla! immer auf die Texte aus dem standardmäßig mitgelieferten englischen Sprachpaket zurück. Da dieses Paket (mit dem Sprachkürzel *en-GB*) somit als Notnagel dient, lässt es sich nicht deinstallieren.

Die Sprache wechseln

Die per Sprachpaket eingeimpften Übersetzungen verwaltet das Backend hinter *Erweiterungen → Sprachen* (in einem englischen Joomla! unter *Extensions → Language(s)*). Direkt links neben dem Eingabefeld für die *Suche* finden Sie eine Ausklappliste. Wenn in ihr *Site* eingestellt ist, sehen Sie wie in Abbildung 18-5 alle möglichen Sprachen für das Frontend.

Abbildung 18-5: Diese Seite präsentiert alle installierten Sprachpakete für das Frontend. Hier wurde Joomla! nachträglich Deutsch beigebracht.

Welche dieser Sprachen Joomla! derzeit auf der Website »spricht«, zeigt der gelbe Stern in der Spalte *Standard* (bei einem englischsprachigen Joomla! heißt die Spalte *Default*). In Abbildung 18-5 erscheint die Website folglich mit deutschen Bedienelementen. Sie verändern diesen Zustand, indem Sie in den Kreis vor der gewünschten Sprache klicken und anschließend in der Werkzeugleiste *Standard* (beziehungsweise bei einem englischsprachigen Joomla! *Default*) aktivieren. Alternativ können Sie auch direkt auf den leeren Stern in der Spalte *Standard* (respektive *Default*) klicken.

Die übrigen Spalten der Tabelle aus Abbildung 18-5 liefern ein paar ergänzende Informationen zum jeweiligen Sprachpaket und den Übersetzern. So finden Sie in der Spalte *Sprach-Tag* (englisch *Language Tag*) ein Kürzel, das die Sprache und vor allem den Dialekt eindeutig identifiziert. (Es ist übrigens das gleiche Kürzel, das auch ganz vorne im Dateinamen des Sprachpakets auftaucht.) Jedes Sprach-Tag besteht aus zwei Teilen: Die ersten beiden Zeichen liefern einen Hinweis auf die Sprache, die beiden Zeichen nach dem Bindestrich stehen für das Land. *en-GB* steht somit für Englisch (*en*), wie es in Großbritannien gesprochen wird (*GB*). Die Kürzel geben die beiden weltweit gültigen Standards ISO 639-1 und ISO 3166 vor. Eine komplette Liste mit allen Sprachkürzeln finden Sie unter anderem auf der Wikipedia-Seite *https://en.wikipedia.org/wiki/List_of_ISO_639-1_codes*, die Länderkennzeichen stehen unter *https://de.wikipedia.org/wiki/ISO-3166-1-Kodierliste* in der Spalte *ALPHA-2*.

In der Spalte *Version* zeigt Joomla! noch die Versionsnummer des Sprachpakets an. Die ersten drei Ziffern verraten wieder, für welche Joomla!-Version das Sprachpaket gedacht ist. Die letzte Ziffer gibt die eigentliche Versionsnummer des Sprachpakets an. Diese Ziffer sagt Ihnen, wie häufig das Sprachpaket bereits überarbeitet wurde. In Abbildung 18-5 liegt das deutsche Sprachpaket in der ersten Version vor, folglich wurde es noch nicht überarbeitet.

Die Spalte *Datum* verrät, wann das jeweilige Sprachpaket erstellt wurde, den Übersetzer nennt die Spalte *Autor*. In der Regel gibt es mehrere Übersetzer, die sich zu einem Team zusammengeschlossen haben. Für die deutschen Übersetzungen zeichnet etwa das Team *J!German* verantwortlich. Wenn Sie mit den Übersetzern Kontakt aufnehmen möchten, finden Sie in der vorletzten Spalte *E-Mail des Autors* eine passende E-Mail-Adresse. Tabelle 18-1 fast noch einmal alle Spalten und ihre Informationen zusammen.

Tabelle 18-1: Spalten der Tabelle Sprachen: Installiert und ihre jeweiligen Informationen

Spalte	Bedeutung
Sprache	Der Name der Sprache, wie etwa *German*.
	In den Klammern steht entweder das Land (wie *Germany*) oder aber das Sprach-Tag.
Sprach-Tag	Das zur Sprache gehörende Sprach-Tag, mit dem sich die Sprache eindeutig identifizieren lässt – beispielsweise steht *en-GB* für britisches Englisch.
Standard	Die Sprache mit dem Sternchen spricht Joomla! standardmäßig.
Version	Die Übersetzungen liegen in dieser Version vor.

Tabelle 18-1: Spalten der Tabelle Sprachen: Installiert und ihre jeweiligen Informationen *(Fortsetzung)*

Spalte	Bedeutung
Datum	An diesem Datum wurde das Sprachpaket veröffentlicht.
Autor	Name des Übersetzers oder des Übersetzerteams.
E-Mail des Autors	Über diese E-Mail-Adresse können Sie mit dem Übersetzer Kontakt aufnehmen.
ID	Die interne Identifikationsnummer der Sprache.

Um dem Backend eine andere Sprache beizubringen, setzen Sie die Ausklappliste *Site* auf *Administrator*. Joomla! zeigt jetzt in der Tabelle alle vorhandenen Sprachen für das Backend an. Auch hier wechseln Sie die Sprache, indem Sie in den Kreis vor der entsprechenden Sprache klicken und dann die Schaltfläche *Standard* bemühen. Alternativ klicken Sie auf das Sternsymbol in der Spalte *Standard*.

Warnung   Dank dieser Zweiteilung können Sie dem Front- und dem Backend unterschiedliche Sprachen beibringen. Allerdings übersieht man im Eifer des Gefechts gern mal, auf welchen Punkt die Ausklappliste gerade eingestellt ist. Bevor Sie die Sprache wechseln, sollten Sie daher immer erst kontrollieren, ob Sie dies gerade für die Website (*Site*) oder das Backend (*Administrator*) tun.

Das Angebot an Sprachen für das Front- und das Backend kann übrigens voneinander abweichen – beispielsweise wenn das zuvor installierte Sprachpaket nur die Übersetzungen für das Frontend enthielt.

Die Sprache mit dem gelben Sternchen in der Spalte *Standard* gilt zunächst immer für alle Besucher und Benutzer. Küren Sie beispielsweise Englisch zum Standard, bekommen alle Benutzer ein englischsprachiges Backend beziehungsweise Frontend zu Gesicht. Jeder Benutzer darf allerdings in seinem Profil auf seine Lieblingssprache umschalten (wie im Abschnitt »Benutzerprofil« auf Seite 540 beschrieben).

Das Backend können Sie aber auch nur vorübergehend eine andere Sprache sprechen lassen. Dazu stellen Sie sicher, dass die Ausklappliste links neben dem Eingabefeld für die Suche auf *Administrator* steht. Klicken Sie dann in den Kreis vor der gewünschten Sprache und lassen Sie Joomla! in der Werkzeugleiste die *Sprache wechseln*. Das Backend spricht jetzt eine andere Sprache – allerdings nur so lange, bis Sie sich ab- und wieder anmelden (oder alternativ erneut die *Sprache wechseln*).

Um die eigene Website vollständig an eine neue Sprache anzupassen, reicht ein Wechsel des Sprachpakets alleine noch nicht aus. Denn dieses übersetzt immer nur die von Joomla! erzeugten Elemente, wie beispielsweise die *Anmelden*-Schaltfläche oder die Beschriftung *Suche* im Eingabefeld für die Suche.

Für eine komplette Übersetzung müssen Sie folgende Stellen in Joomla! abgrasen:

- In den Spracheinstellungen (hinter *Erweiterungen* → *Sprachen*) setzen Sie die Ausklappliste links neben dem Feld *Suche* auf *Site* und erheben dann die gewünschte Zielsprache zum *Standard*.
- Bei allen veröffentlichten Modulen müssen Sie den *Titel* anpassen.

- Sämtliche von Ihnen eingegebenen Texte müssen in der gewünschten Sprache verfasst worden sein. Dazu zählen nicht nur die Beiträge, sondern unter anderem auch die Beschreibungen der Kategorien, deren Titel, die Menüeinträge, alle Kontakte, die Weblinks und Werbebanner.
- In den globalen Einstellungen unter *System → Konfiguration* legen Sie auf der Registerkarte *Server* gegebenenfalls die korrekte *Zeitzone* fest (mehr dazu finden Sie in Kapitel 13, *Joomla! konfigurieren*, im Abschnitt »Zeitzone des Servers« auf Seite 577).

Es kostet also einiges an Anstrengung, bis die Website vollständig lokalisiert ist. Das wird noch schlimmer, wenn man einen mehrsprachigen Internetauftritt erstellen möchte.

Einen mehrsprachigen Internetauftritt erstellen

Bislang »spricht« die Website immer nur genau eine Sprache, die Filmtoaster-Seiten beispielsweise nur Deutsch. Wenn sie allerdings schon einmal weltweit erreichbar ist, könnte man sie doch auch in weiteren Sprachen anbieten. Unternehmen erschließen so neue Märkte, während die Filmtoaster-Seiten den englischsprachigen Cineasten eine Heimat bieten kann.

Eine Website in mehreren Sprachen anzubieten, ist in Joomla! allerdings etwas komplizierter beziehungsweise umständlicher. Im Einzelnen müssen Sie dazu

1. für jede unterstützte Sprache die entsprechenden Sprachpakete installieren,
2. festlegen, in welchen Sprachen die Beiträge und andere Inhalte vorliegen können,
3. per Hand alle Beiträge übersetzen,
4. den mehrsprachigen Auftritt aktivieren (über ein spezielles Plug-in),
5. für jede Sprache eine eigene Startseite und ein eigenes Hauptmenü erstellen,
6. ein Modul freigeben, über das die Besucher auf eine andere Sprachfassung wechseln können, und
7. sämtliche verbliebenen (Menü-)Beschriftungen übersetzen.

Wenn Sie das jetzt nicht abschreckt, finden Sie in den folgenden Abschnitten eine detaillierte Schritt-für-Schritt-Anleitung, in der Sie als Beispiel den Filmtoaster-Seiten eine englische Übersetzung spendieren.

Tipp   Dazu benötigen Sie das geballte Wissen aus allen vorangegangenen Kapiteln. Das gilt insbesondere für die Menüs aus Kapitel 11, *Menüs*, Seite 427, die Module aus Kapitel 10, *Module – Die kleinen Brüder der Komponenten*, Seite 351, und die Beiträge aus Kapitel 6, *Beiträge anlegen und verwalten*, Seite 135.

Schritt 1: Sprachpakete installieren und Mehrsprachigkeit vorbereiten

Für jede Sprache, die Ihr Internetauftritt sprechen soll, installieren Sie zunächst ein passendes Sprachpaket. Das funktioniert genau so, wie es bereits im Abschnitt »Sprachpakete beschaffen und installieren« beschrieben wurde. Das Sprachpaket sollte mindestens die Übersetzungen für das Frontend enthalten.

| Tipp | Sofern Sie kein passendes Sprachpaket im Internet finden, ist das nicht dramatisch: Entweder belassen Sie dann später die wenigen Bedienelemente auf Englisch, das die meisten Besucher verstehen, oder Sie erstellen selbst eine Übersetzung. Wie das funktioniert, verrät gleich noch der Abschnitt »Eigene Sprachpakete erstellen« auf Seite 822. | |

Die Filmtoaster-Seiten sollen in Deutsch und Englisch erscheinen. Wenn Sie der Schnellinstallationsanleitung aus Kapitel 2, *Installation*, Seite 15, gefolgt sind, haben Sie die beiden passenden Sprachpakete bereits installiert.

Als Nächstes rufen Sie *Erweiterungen* → *Sprachen* → *Installiert* auf. Stellen Sie sicher, dass die Ausklappliste links oben neben dem Eingabefeld für die Suche den Punkt *Site* zeigt. Joomla! sollte jetzt in der Tabelle alle Sprachen aufführen, die Ihre Website später anbieten soll. Küren Sie davon eine zum *Standard*. Diese Sprache »spricht« Joomla! dann in allen Zweifelsfällen – etwa wenn der Besucher noch keine Sprache ausgewählt hat.

| Tipp | Da heutzutage die meisten Besucher Englisch beherrschen, sollten Sie hier im Zweifelsfall immer *English (en-GB)* als Standard vorgeben. | |

Damit liegen jetzt für alle Bedienelemente der Website passende Übersetzungen vor. Die *Anmelden*-Schaltfläche kann also auf den Filmtoaster-Seiten prinzipiell eine englische oder eine deutsche Beschriftung tragen.

Schritt 2: Inhaltssprachen festlegen

In welchen Sprachen Beiträge, Kontakte und andere Inhalte vorliegen können, legen Sie separat fest. Dazu wechseln Sie in der Seitenleiste am linken Seitenrand zum Menüpunkt *Inhaltssprachen*. Alternativ rufen Sie *Erweiterungen* → *Sprachen* → *Inhaltssprachen* auf. In jedem Fall landen Sie in der ziemlich breiten Tabelle aus Abbildung 18-6.

Abbildung 18-6: Hier legen Sie die möglichen Sprachen für die Beiträge und für alle anderen von Ihnen eingetippten Texte fest.

Überraschenderweise finden Sie hier nur den Eintrag *English (UK)*. Für jede Sprache, in der Ihr Internetauftritt erscheinen soll, müssen Sie jetzt selbst einen neuen Eintrag anlegen.

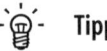
Tipp Dieses Vorgehen ist unlogisch und kompliziert, zumal Sie in fast allen Fällen hier für jedes installierte Sprachpaket ein Pendant erstellen werden.

Vielleicht kommt es Ihnen auch etwas merkwürdig vor, dass auf der Website die deutschen Texte erscheinen, obwohl es hier doch nur die Sprache Englisch gibt. Beim Anlegen der Filmkritiken (und aller anderen Beiträge) haben Sie jedoch einfach die Standardeinstellungen übernommen und die Ausklappliste *Sprache* auf dem Punkt *Alle* belassen. Damit erscheinen die Filmkritiken *immer*, egal welche Sprache Joomla! sonst gerade so spricht. Der Abschnitt »Schritt 3: Beiträge übersetzen« kommt weiter unten noch einmal auf dieses Thema zurück.

Tabelle 18-2 fast schon einmal vorab kurz zusammen, welche Informationen die einzelnen Spalten in der Tabelle anzeigen. Die Bedeutungen werden klarer, wenn Sie, wie im Folgenden beschrieben, eine neue Sprache angemeldet haben.

Tabelle 18-2: Spalten der Tabelle Sprachen: Inhalt und ihre jeweiligen Informationen

Spalte	Bedeutung
Titel	Der Name der Sprache, etwa *German*.
Hauptsprachentitel	In der Regel der Name der Sprache in der Sprache selbst, etwa *Deutsch*.
Sprach-Tag	Das zur Sprache gehörende Sprach-Tag, mit dem sich die Sprache eindeutig identifizieren lässt.
URL-Sprachkürzel	Dieses Sprachkürzel hängt Joomla! später an die Internetadresse an, um so die entsprechende Sprachfassung der Seite auszuwählen.
Bildpräfix	Besucher können über kleine Flaggensymbole auf eine andere Sprachfassung umschalten. Hier können Sie ablesen, welche Sprache mit welcher Flagge vertreten ist.
Zugriffsebene	Die Zugriffsebene für die entsprechende Sprachfassung.
Home	Hier können Sie ablesen, ob für die Sprache eine Startseite existiert.
ID	Die interne Identifikationsnummer der Inhaltssprache.

Auf den Filmtoaster-Seiten sollen neben englischen Filmkritiken auch deutsche angeboten werden. Für Englisch existiert in der Tabelle aus Abbildung 18-6 bereits ein Eintrag. Jetzt fehlt noch einer für Deutsch.

Um eine weitere Sprache hinzuzufügen, klicken Sie in der Werkzeugleiste auf *Neu*. Damit erscheint das kryptische Formular aus Abbildung 18-7. Hier müssen Sie im Register *Details* folgende Felder ausfüllen:

Titel
Hier geben Sie der Sprache einen Namen, im Beispiel einfach German. Diese Bezeichnung erscheint später sowohl im Backend als auch in allen Formularen, in denen Autoren einen Beitrag einreichen können.

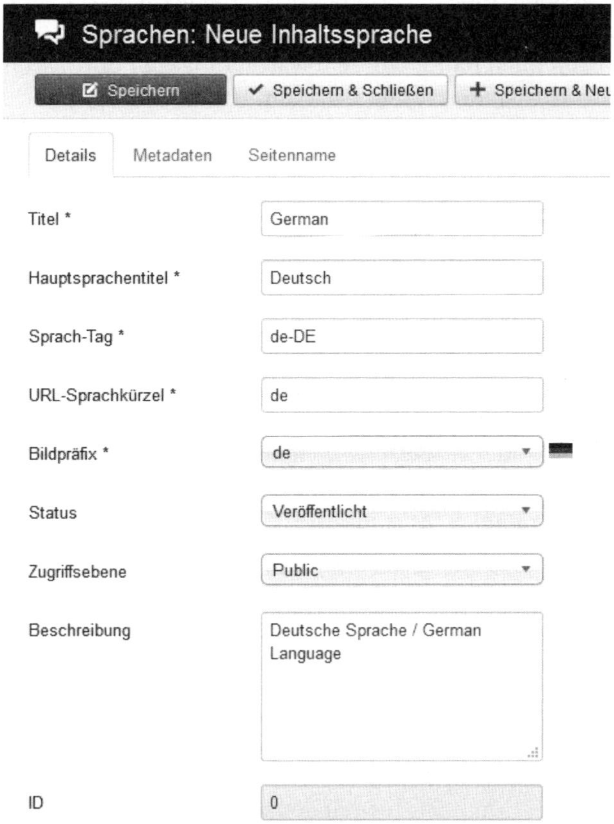

Abbildung 18-7: Mit diesen Einstellungen erfährt Joomla!, dass es auf den Filmtoaster-Seiten auch deutschsprachige Beiträge geben kann.

Tipp Deshalb sollten Sie anstelle von Deutsch als *Titel* die englische Bezeichnung German wählen. Das verstehen dann im Zweifelsfall auch Autoren, die kein Deutsch sprechen.

Hauptsprachentitel
Hier tragen Sie den Namen der Sprache in der Muttersprache ein – beispielsweise Français für Französisch. Im Fall der Filmtoaster-Seiten wäre dies Deutsch. Diese Bezeichnung taucht später auch auf der Website auf.

Sprach-Tag
Hier hinterlegen Sie das zur Sprache gehörende Sprach-Tag, das die Sprache eindeutig identifiziert. So steht beispielsweise de-DE für Hochdeutsch. Die beiden Kleinbuchstaben ganz links verweisen dabei auf die Sprache, die Großbuchstaben hinter dem Bindestrich auf das Land. Australisches Englisch erhält beispielsweise das Sprach-Tag en-AU. Das Sprachen- und das Länderkürzel geben die beiden international gültigen Standards ISO 639-1 und ISO 3166 vor.

Eine Liste mit allen Sprachkürzeln finden Sie unter anderem auf der Wikipedia-Seite *https://en.wikipedia.org/wiki/List_of_ISO_639-1_codes* in der Spalte *639-1*, eine Liste mit allen Länderkürzeln wartet hingegen unter *https://de.wikipedia.org/wiki/ISO-3166-1-Kodierliste*. Relevant ist dort die Spalte *ALPHA-2*.

In das Feld *Sprach-Tag* gehört das komplette Kürzel aus Sprach- und Länderkennzeichnung. Im Fall der Filmtoaster-Seiten ist dies für Hochdeutsch de-DE.

URL-Sprachkürzel

Im Eingabefeld *URL-Sprachkürzel* tragen Sie das Sprachkürzel ein, das gemäß ISO 639-1 zu der hier neu angelegten Sprache gehört, im Fall der Filmtoaster-Seiten de für Deutsch. Eine Liste mit den wichtigsten Sprachkürzeln finden Sie unter *https://en.wikipedia.org/wiki/List_of_ISO_639-1_codes* in Spalte 639-1.

Das hier eingetragene Kürzel hat noch eine weitere Funktion: Wenn Sie es später an die Internetadresse Ihrer Website anhängen, wechselt Joomla! auf die entsprechende Sprache. Beispielsweise erreichen Sie hinter *http://localhost/joomla/index.php/de* die deutsche Startseite Ihres Internetauftritts; *http://localhost/joomla/index.php/en* führt hingegen zur englischen.

 **Warnung**   Aus diesem Grund dürfen Sie das Kürzel auch nur für *eine einzige Sprache* verwenden. Es ist also nicht möglich, zweimal die Sprache Deutsch mit dem Kürzel de anzulegen.

Wenn Sie keine suchmaschinenfreundlichen Internetadressen verwenden (wie es Kapitel 21, *Suchmaschinenoptimierung*, Seite 901, noch zeigt), müssen Sie anstelle des Kürzels übrigens das kryptische Gebilde *&lang=de* anhängen. *de* ersetzen Sie dabei durch das hier eingetippte *URL-Sprachkürzel*.

Bildpräfix

Später auf der Website darf der Besucher eine der Sprachfassungen auswählen. Joomla! zeigt ihm dazu mehrere kleine Flaggen an. Mit einem Klick auf eine der Flaggen wechselt der Besucher dann zur entsprechenden Sprachfassung.

Welche Flagge dabei die gerade neu erstellte Sprache repräsentiert, legen Sie in der Ausklappliste *Bildpräfix* fest. Suchen Sie dazu in der Ausklappliste einfach das Sprachkürzel, das Sie auch in das Eingabefeld *URL-Sprachkürzel* eingetragen haben. Auf den Filmtoaster-Seiten suchen Sie nach *de* (für Deutsch). Sobald Sie das Kürzel in der Ausklappliste eingestellt haben, erscheint rechts von ihr eine kleine Flagge. Genau die sehen dann später auch Ihre Besucher. Die Bilder lagern übrigens alle im Unterverzeichnis *media/mod_languages/images* Ihrer Joomla!-Installation.

Status

Genau wie alle anderen Elemente in Joomla! können Sie auch eine Sprache sperren. Den Autoren ist es dann nicht mehr möglich, Beiträge in dieser Sprache zu verfassen. (Das kann sie allerdings nicht daran hindern, einfach einen deutschen Text als englischen auszugeben.) Für die Filmtoaster-Seiten behalten Sie hier *Veröffentlicht* bei.

Zugriffsebene
Nur die Mitglieder der hier eingestellten Zugriffsebene bekommen später Beiträge in dieser Sprache zu Gesicht. Für die Filmtoaster-Seiten belassen Sie hier *Public*, womit später alle Besucher die Beiträge wahlweise auch in Deutsch lesen dürfen.

Beschreibung
Abschließend können Sie noch eine Beschreibung vergeben. Sie taucht später allerdings weder im Backend noch auf der Website auf. Sie dient daher mehr als kleiner Notizblock.

ID
Auch jede Sprache bekommt eine interne Identifikationsnummer, die Joomla! nach dem Speichern der Sprache hier einträgt.

Für die Filmtoaster-Seiten sollten im Register *Details* jetzt alle Einstellungen so wie in Abbildung 18-7 aussehen.

Auf der Registerkarte *Metadatenoptionen* können Sie jetzt noch ein paar Metadaten eintippen. Joomla! liefert sie immer nur in der entsprechenden Sprachfassung aus – hier im Beispiel also in allen deutschsprachigen Seiten.

Bei der Installation von Joomla! haben Sie Ihrer Website auch einen Namen gegeben. Auf den Filmtoaster-Seiten lautet er schlicht *Filmtoaster*. Dieser taucht unter anderem in der Titelleiste beziehungsweise auf dem Registerreiter (alias Tab) Ihres Browsers auf. Ein Besucher aus England dürfte jedoch sehr wahrscheinlich mit diesem Begriff nichts anfangen können. Daher sollten Sie den Namen der Website auf der Registerkarte *Seitenname* in die hier gerade angelegte Sprache übersetzen.

Für die Filmtoaster-Seiten lassen Sie die Felder für die Metadaten und den Seitennamen einfach frei.

Legen Sie die Sprache via *Speichern & Schließen* an. Damit dürften die Beiträge jetzt endlich sowohl in Deutsch als auch in Englisch vorliegen. Bevor es an ihre Übersetzung geht, noch einmal kurz zusammengefasst:

- Unter *Erweiterungen* → *Sprachen* → *Installiert* finden Sie alle Übersetzungen für die von Joomla! erzeugten Elemente (wie die *Anmelden*-Schaltfläche). Weitere solcher Übersetzungen fügen Sie über Sprachpakete hinzu.
- Unter *Erweiterungen* → *Sprachen* → *Inhaltssprachen* finden Sie alle Sprachen, in denen Ihre Beiträge vorliegen können. Weitere mögliche Sprachen müssen Sie per Hand hinzufügen.

Schritt 3: Beiträge übersetzen

Im nächsten Schritt müssen Sie die schon vorhandenen Beiträge ihrer richtigen Sprache zuordnen und anschließend alle Beiträge übersetzen.

Auf den Filmtoaster-Seiten soll die Filmkritik zu *James Bond 007: Skyfall* den Anfang machen. Steuern Sie die Tabelle mit allen Beiträgen hinter *Inhalt* → *Beiträge*

an, suchen Sie darin den Beitrag zu *James Bond 007: Skyfall* und klicken Sie ihn an. (Wenn Sie die Beispiele aus den vorherigen Kapiteln nicht mitgemacht haben, können Sie auch einen beliebigen anderen Beitrag auswählen, der möglichst auf der Startseite zu sehen sein sollte.)

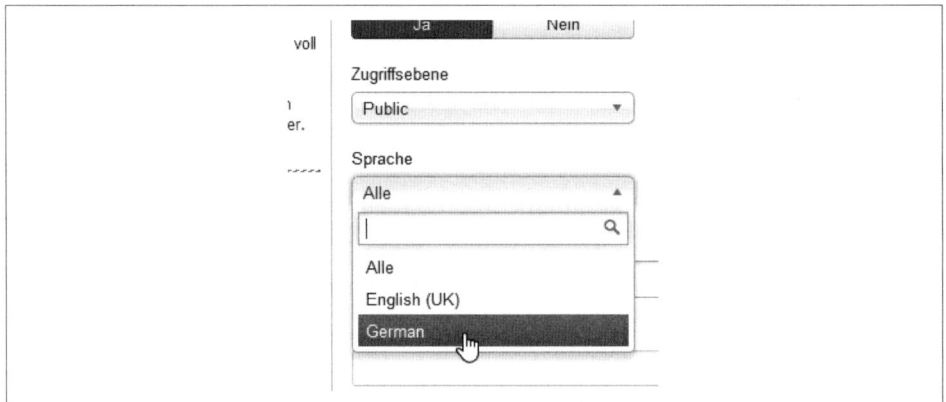

Abbildung 18-8: Über diese Ausklappliste legen Sie die Sprache des Beitrags fest.

In den Einstellungen finden Sie im Register *Inhalt* auf der rechten Seite ganz unten die Ausklappliste *Sprache*. Wenn sie auf *Alle* steht, erscheint der Beitrag immer in allen Sprachfassungen. Da die Kritik zu *James Bond 007: Skyfall* in Deutsch verfasst wurde, stellen Sie wie in Abbildung 18-8 die *Sprache* auf *German* und übernehmen die Änderungen via *Speichern & Schließen*.

Um jetzt eine englische Übersetzung zu erstellen, müssen Sie via *Neu* in der Werkzeugleiste einen komplett neuen Beitrag anlegen. Geben Sie als *Titel* Skyfall ein – das ist der englische Originaltitel des Films. Alle anderen Einstellungen setzen Sie auf die gleichen Werte wie im Beitrag zu *James Bond 007: Skyfall*, also die *Kategorie* auf *Actionfilme* und den Haupteintrag auf *Ja*. Die *Sprache* ist jetzt allerdings *English (UK)*. In das große Eingabefeld tippen Sie die übersetzte Kritik ein. Das Ergebnis sollte aussehen wie das in Abbildung 18-9.

Speichern & Schließen Sie die fertige Kritik. Damit existieren jetzt zwei Beiträge: einer mit der deutschen und einer mit der englischen Kritik zum Film *James Bond 007: Skyfall*.

 **Warnung**   Beachten Sie, dass es sich um zwei vollkommen unabhängige Beiträge handelt. Den einen zeigt Joomla! nur in der deutschsprachigen Fassung Ihrer Website, den anderen nur in der englischsprachigen.

Sie übersetzen also nicht einen Beitrag, sondern erstellen für jede Sprache einen eigenen. Das ist nicht nur bei der Eingabe extrem umständlich, die ganzen Beiträge überfluten so auch schnell die Tabelle hinter *Inhalt → Beiträge*. Allerdings können Sie auf diese Weise in den einzelnen Sprachfassungen Ihrer Website vollkommen unterschiedliche Beiträge anbieten.

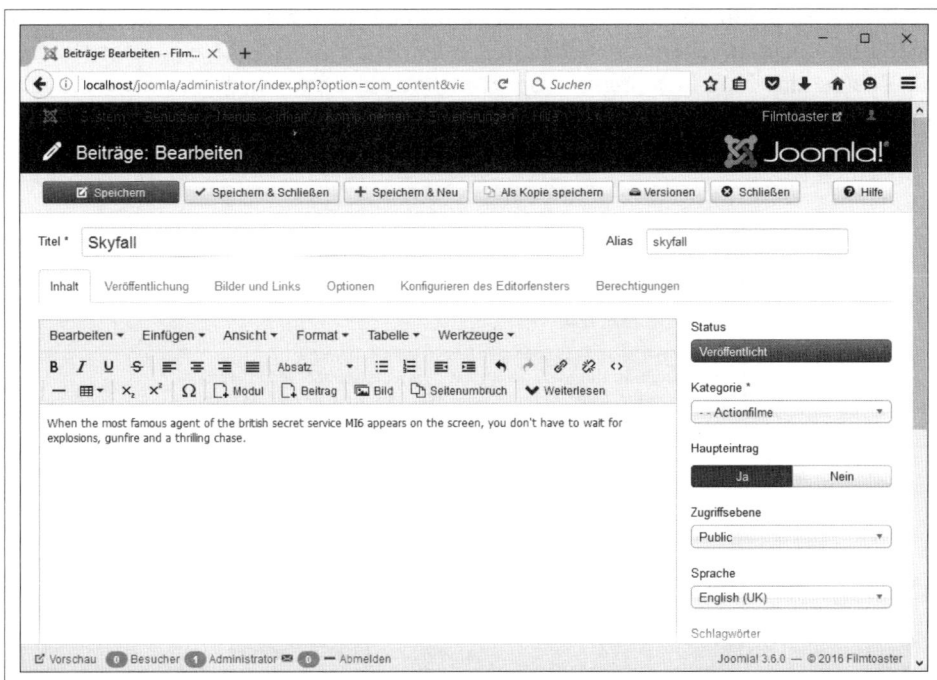

Abbildung 18-9: Die englische Fassung der Filmkritik zu James Bond 007: Skyfall.

Tipp Sie erleichtern sich die Arbeit zumindest ein wenig, wenn Sie den Beitrag zu *James Bond 007: Skyfall* erst kopieren und dann im Duplikat alle Texte übersetzen. Damit sehen Sie zumindest noch die (deutschen) Ausgangstexte und übernehmen auch gleich noch alle Einstellungen des Beitrags. Weitere Hilfe bei der Übersetzung erhalten Sie nur von speziellen Erweiterungen.

Das gezeigte Verfahren müssen Sie für alle anderen Beiträge wiederholen. Ausnahmen bilden Beiträge, die in allen Sprachen identisch sind, etwa das Impressum. Dort belassen Sie die Ausklappliste *Sprache* auf *Alle*.

Auf den Filmtoaster-Seiten genügt erst einmal die übersetzte Kritik zu *James Bond 007: Skyfall*. Als Fingerübung können Sie aber gern noch ein paar weitere Kritiken ins Englische übertragen.

Wenn Sie jetzt einen Blick in die *Vorschau* werfen, finden Sie dort sowohl den Beitrag zu *James Bond 007: Skyfall* als auch sein englisches Pendant *Skyfall*. Das wird sich jedoch umgehend ändern.

Schritt 4: Plug-in einschalten

Ein kleines Plug-in sorgt dafür, dass jeder Besucher nur noch eine Sprachfassung Ihrer Website präsentiert bekommt. Es erscheinen dann folglich entweder nur die deutschsprachigen oder aber nur noch die englischsprachigen Filmkritiken. Genau dieses hilfreiche Plug-in müssen Sie allerdings erst noch aktivieren und einrichten. Dazu rufen Sie im Backend den Menüpunkt *Erweiterungen → Plugins* auf, suchen in der Tabelle das Plug-in *System → Sprachenfilter* und öffnen dessen Einstellungen (indem Sie seinen Namen anklicken).

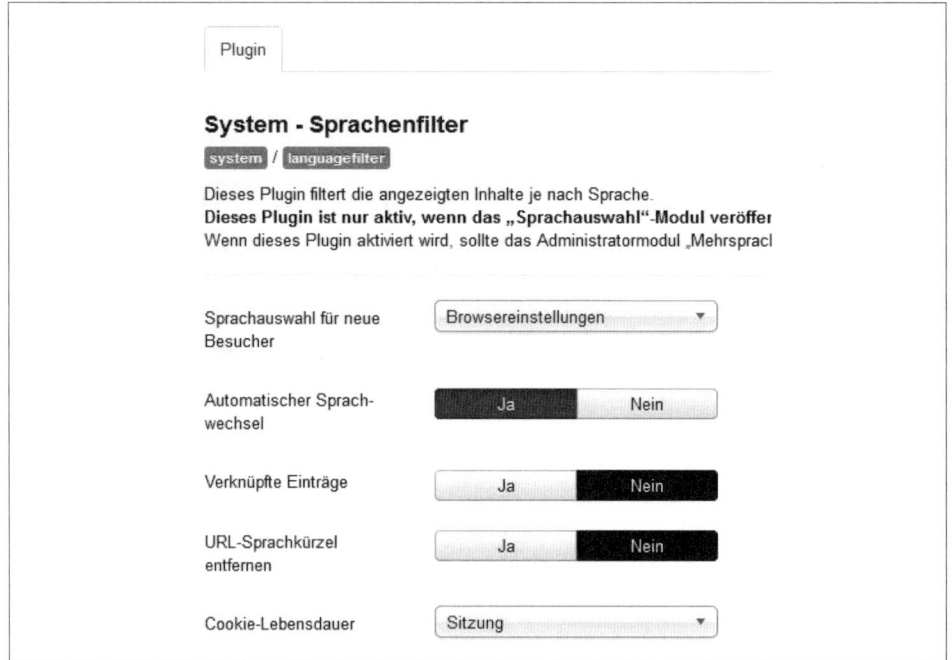

Abbildung 18-10: Die Einstellungen des Sprachenfilter-Plug-ins.

Schalten Sie das Plug-in zunächst ein, indem Sie *Status* auf *Aktiviert* setzen. Anschließend bestimmen Sie auf der linken Seite, wie das Plug-in die korrekte Sprache wählt (siehe Abbildung 18-10):

Sprachauswahl für neue Besucher

Wenn die Ausklappliste *Sprachauswahl für neue Besucher* auf *Seitensprache* steht, begrüßt Joomla! alle Besucher zunächst immer in der Sprache, die Sie unter *Erweiterungen → Sprachen → Installiert* als *Standard* festgelegt haben.

Mit den *Browsereinstellungen* beweist Joomla! hingegen etwas Intelligenz: Wenn ein Besucher Ihren Internetauftritt ansteuert, ermittelt Joomla! die in seinem Browser eingestellte Sprache und wechselt dann automatisch zu einer passenden Sprachfassung. Erst wenn diese Erkennung fehlschlägt, spricht Joomla! die hinter *Erweiterungen → Sprachen → Installiert* als *Standard* eingestellte Sprache.

In jedem Fall kann der Besucher über das gleich noch aktivierte Modul selbst eine andere Sprache einstellen. Für die Filmtoaster-Seiten stellen Sie die Ausklappliste auf *Browsereinstellungen*.

Automatischer Sprachwechsel
: Wenn ein Benutzer in seinem Profil eine andere Sprache auswählt und diese Änderung dann speichert, wechselt Joomla! umgehend zur entsprechenden Sprachfassung. Das passiert allerdings nur, wenn *Automatischer Sprachwechsel* auf *Ja* steht. Für die Filmtoaster-Seiten sollte hier *Ja* eingestellt sein.

Verknüpfte Einträge
: Setzen Sie diesen Punkt auf *Ja*, können Sie Menüpunkte miteinander verknüpfen. Belassen Sie ihn zunächst noch auf *Nein*, Abschnitt »Schritt 9: Menüpunkte miteinander verknüpfen« auf Seite 815 wird auf ihn noch einmal zurückkommen.

URL-Sprachkürzel entfernen
: Wenn Sie einen mehrsprachigen Internetauftritt erstellen, finden Sie in allen von Joomla! erzeugten Internetadressen auch immer ein Sprachkürzel. Es zeigt an, in welcher Sprache die gerade betrachtete Seite verfasst wurde. Indem Sie hier *Ja* wählen, unterdrückt Joomla! das Sprachkürzel – aber nur, wenn auf der Website gerade die Standardsprache zu sehen ist und gleichzeitig suchmaschinenfreundliche URLs zum Einsatz kommen. Für die Filmtoaster-Seiten ist *Nein* die richtige Einstellung. Damit können Sie den Internetadressen immer auch die Sprache entnehmen.

Cookie-Lebensdauer
: Die Sprache merkt sich Joomla! in einem sogenannten Cookie, das wiederum der Browser des Besuchers speichert. Dieses Cookie verliert irgendwann seine Gültigkeit. Je nach der Einstellung unter *Cookie-Lebensdauer* ist das wahlweise am Ende der *Sitzung* oder aber erst nach einem *Jahr* der Fall. Für die Filmtoaster-Seiten belassen Sie einfach die Vorgabe *Sitzung*. Das sollte auch in den meisten anderen Fällen die korrekte Einstellung sein.

Für die Filmtoaster-Seiten sollten die Einstellungen damit wie in Abbildung 18-10 aussehen.

Lassen Sie Ihre Änderungen *Speichern & Schließen*. Wenn Sie jetzt erneut die *Vorschau* aufrufen, zeigt Joomla! nur noch die deutsche Variante der Filmkritik zu *James Bond 007: Skyfall* – vorausgesetzt, Sie verwenden einen deutschsprachigen Browser.

Tipp Beachten Sie auch die Internetadresse in der Adresszeile Ihres Browsers, sie sollte jetzt mit *de* enden. Sie befinden sich damit im deutschsprachigen Bereich Ihrer Website. Wenn Sie das Kürzel gegen *en* austauschen und dann die entstandene Adresse aufrufen, landen Sie im englischsprachigen Bereich. Auf diese Weise können Sie schnell zwischen den einzelnen Sprachfassungen wechseln. Das Kürzel ist übrigens genau dasjenige, das Sie im Abschnitt »Schritt 2: Inhaltssprachen festlegen« auf Seite 795 als *URL-Sprachkürzel* vorgegeben haben.

Schritt 5: Für jede Sprache ein Hauptmenü und eine Startseite einrichten

Das Plug-in versucht zwar automatisch, die Sprache des Besuchers zu ermitteln, liegt dabei aber hin und wieder daneben. Sie sollten daher Ihren Besuchern immer die Möglichkeit geben, die Sprache selbst umzustellen. Das gilt erst recht, wenn Sie auf die Automatik verzichten und jedem Besucher beispielsweise erst immer die englischsprachige Fassung präsentieren.

Zuständig für die Sprachauswahl ist ein kleines Modul. Abbildung 18-11 zeigt es in Aktion: Alle verfügbaren Sprachen bietet es in Form von kleinen Fähnchen an. Ein Mausklick auf eine der Fahnen leitet den Besucher dann auf die Startseite in der entsprechenden Sprache um. Das setzt allerdings voraus, dass es für jede Sprache eine eigene Startseite und ein eigenes Hauptmenü gibt.

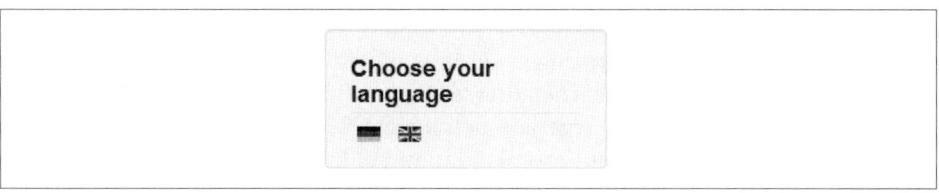

Abbildung 18-11: Später wählt der Besucher die Sprache bequem über dieses Modul aus.

Auf den Filmtoaster-Seiten existiert im Moment nur eine Startseite für alle Sprachen. Darauf blendet das *Sprachenfilter*-Plug-in die entsprechenden Beiträge ein und aus. Damit die Besucher über das Modul die Sprache wechseln können, müssen jetzt noch zwei Menüs und zwei Startseiten her: jeweils eine für die deutsche und eine weitere für die englische Sprachfassung. Das klingt nicht nur nach viel Arbeit, das wird es leider auch.

Hauptmenüs anlegen

Zunächst zu den Hauptmenüs: Auf den Filmtoaster-Seiten benötigen Sie ein Hauptmenü für die deutsche und eines für die englische Sprachfassung. Wählen Sie also im Backend *Menüs → Verwalten → Neues Menü*. Als *Titel* vergeben Sie etwa `Main Menu German` und als *Menütyp* vielleicht `mainmenu-german`.

Tipp   Wenn Sie fremdsprachigen Autoren oder Helfern den Zugang zum Backend erlauben, sollten Sie auch dort mit englischen Begriffen arbeiten. So wird ein amerikanischer Helfer sofort erraten, was sich hinter dem *Main Menu German* verbirgt, die Bedeutung eines *Hauptmenü Deutsch* dürfte ihm jedoch verborgen bleiben.

Legen Sie das Menü per *Speichern & Neu* an. Joomla! öffnet damit direkt ein neues leeres Formular, in dem Sie jetzt das Hauptmenü für die englische Sprachfassung anlegen. Als *Titel* passt nun `Main Menu English`, als *Menütyp* `mainmenu-english`. *Speichern & Schließen* Sie das Menü. Damit landen Sie wieder in der Tabelle mit allen Menüs.

Passende Module erstellen

Jedes Menü zeigt ein Modul auf der Website an (siehe Kapitel 11, *Menüs*, Seite 427). Für die beiden neuen Menüs müssen folglich noch jeweils passende Module her. Dazu klicken Sie in der Tabelle hinter *Menüs → Verwalten* in der Zeile *Main Menu German* auf *Ein Modul für dieses Menü hinzufügen*.

Dieses erste angelegte Modul soll das deutsche Hauptmenü anzeigen. Vergeben Sie daher als *Titel* am besten Hauptmenü. Wählen Sie als *Position* absichtlich *Rechts [position-7]*. Damit erscheint das Menü am rechten Seitenrand. Das hat zwei Vorteile: Zum einen bleibt das alte waagerechte Menü bei der noch anstehenden Arbeit erst einmal erhalten, und zum anderen dürfen Sie es nicht so einfach löschen. Der Grund dafür ist etwas komplexer, daher wird sich später noch der Abschnitt »Schritt 7: Das alte Hauptmenü ersetzen« auf Seite 813 genauer damit befassen.

Das deutsche Menü soll nur in der deutschen Sprachfassung zu sehen sein. Setzen Sie deshalb noch die *Sprache* auf *German*.

Tipp   Wie Sie hieran sehen, können Sie auch komplette Module nur in einer ganz bestimmten Sprachfassung erscheinen lassen.

Innerhalb der deutschen Seiten soll das Menü immer zu sehen sein, egal welchen (deutschen) Beitrag der Besucher gerade liest. Stellen Sie daher sicher, dass auf der Registerkarte *Menüzuweisung* unter *Modulzuweisung* der Punkt *Auf allen Seiten* eingestellt ist. Legen Sie schließlich das Modul via *Speichern & Schließen* an.

Die ganze Prozedur müssen Sie jetzt noch einmal für das englische Hauptmenü wiederholen: Klicken Sie auf *Ein Modul für dieses Menü hinzufügen* in der Zeile *Main Menu English*, geben Sie als *Titel* vielleicht Navigation ein, setzen Sie die *Position* auf *Rechts [position-7]*, dann die *Sprache* auf *English (UK)* und stellen Sie sicher, dass auf der Registerkarte *Menüzuweisung* unter *Modulzuweisung* der Punkt *Auf allen Seiten* eingestellt ist. Legen Sie das Modul per *Speichern & Schließen* an.

Tipp   Wenn Sie der Schnellinstallationsanleitung aus Kapitel 2, *Installation*, gefolgt sind beziehungsweise die Beispieldaten eingespielt haben, existiert bereits ein Modul mit dem Namen *Main Menu*. Aus diesem Grund erhält hier das englische Modul den Titel *Navigation*. Damit lassen sich die beiden Module leichter unterscheiden. Da die Titel der Module auch auf der Website erscheinen (können), sollten Sie sie auf Ihrer eigenen Website möglichst kurz halten und vor allem in der entsprechenden Sprache vergeben – das Modul mit dem englischen Menü erhält folglich immer einen englischen Titel.

Startseiten einrichten

Als Nächstes muss für jede Sprache eine eigene Startseite her. Erinnern Sie sich daran, dass in Joomla! ein speziell gekennzeichneter Menüpunkt die Startseite festlegt (siehe Abschnitt »Startseite festlegen« auf Seite 478). Sie müssen also für jede Sprache einen solchen speziellen Menüpunkt anlegen. Am einfachsten kopieren Sie dazu den bereits vorhandenen Menüpunkt. Damit müssen Sie nur noch ein paar wenige Einstellungen anpassen.

Auf den Filmtoaster-Seiten wechseln Sie zu *Menüs → Main Menu*. Markieren Sie das Kästchen des Eintrags *Home* und klicken Sie dann in der Werkzeugleiste auf

Stapelverarbeitung. Dort suchen Sie unter *Zum Verschieben oder Kopieren der Auswahl ein Menü oder übergeordneten Eintrag auswählen* das *Main Menu German* und wählen den direkt darunter etwas eingerückten Punkt *Zu diesem Menü hinzufügen.* Stellen Sie sicher, dass unter der Ausklappliste der Punkt *Kopieren* markiert ist. Klicken Sie abschließend auf *Ausführen.* Jetzt müssen Sie den kopierten Punkt nur noch etwas anpassen. Dazu rufen Sie *Menüs → Main Menu German* auf und klicken *Home (2)* an.

Als *Menütitel* vergeben Sie entweder wieder Home oder aber – da es sich um die deutsche Website handelt – noch besser Startseite.

Tipp   Home hätte wiederum den Vorteil, dass auch verirrte englischsprachige Besucher ihn verstehen und so zumindest immer auf die Startseite zurückfinden.

Rechts setzen Sie *Standardseite* auf *Ja* und die *Sprache* auf *German.* Damit zeigt dieser neue Menüpunkt nun auf die Startseite des deutschen Angebots. Nach dem *Speichern & Schließen* finden Sie jetzt in der Tabelle hinter *Menüs → Main Menu German* den neuen Menüpunkt wieder (siehe Abbildung 18-12).

Abbildung 18-12:   Dieser Menüpunkt zeigt auf die deutsche Startseite.

In der Spalte *Startseite* sehen Sie jetzt anstelle eines gelben Sterns eine deutsche Fahne. Sie weist darauf hin, dass der Menüpunkt auf die Startseite der deutschen Sprachfassung zeigt.

Erzeugen Sie auf analogem Weg einen Menüpunkt, der zur Startseite des englischen Auftritts führt: Hinter *Menüs → Main Menu* setzen Sie in das Kästchen der Zeile *Home* einen Haken, bemühen in der Werkzeugleiste die *Stapelverarbeitung,* öffnen die Ausklappliste *Zum Verschieben oder Kopieren der Auswahl ein Menü oder übergeordneten Eintrag auswählen,* suchen den Eintrag *Main Menu English,* entscheiden sich für den direkt darunter etwas eingerückten Punkt *Zu diesem Menü hinzufügen,* selektieren *Kopieren* und aktivieren abschließend *Ausführen.* Weiter geht es zu *Menüs → Main Menu English,* wo Sie *Home (2)* anklicken, dann den *Menütitel* auf Home ändern, die *Standardseite* auf *Ja* setzen und unter *Sprache* den Punkt *English (UK)* wählen. *Speichern & Schließen* Sie Ihre Änderungen.

Wenn Sie jetzt einen Blick in die *Vorschau* werfen, finden Sie in der deutschen Sprachfassung schon das eben angelegte deutsche Hauptmenü, dessen Eintrag auch immer brav zur deutschen Startseite zurückführt (achten Sie auf die Sprache der Kritik zu *James Bond*). Analog zeigt die englische Sprachfassung immer das englische Hauptmenü. (Wenn Sie der Schnellinstallationsanleitung aus Kapitel 2, *Installation,*

Seite 15, gefolgt sind, erreichen Sie die englischen Seiten unter *http://localhost/joomla/index.php/en*). Wie Abbildung 18-13 zeigt, ist das neue deutschsprachige Hauptmenü allerdings noch recht leer.

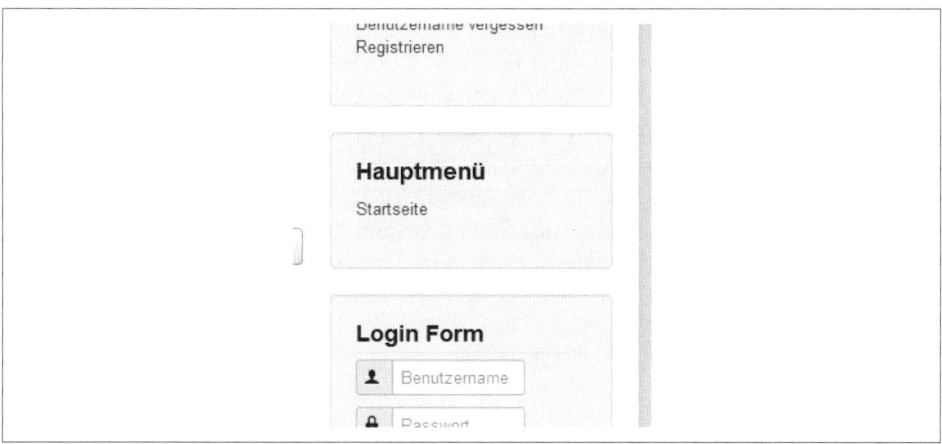

Abbildung 18-13: Das noch ziemlich leere Hauptmenü der deutschen Sprachfassung.

Menüeinträge übernehmen

Die beiden Hauptmenüs sollen die gleichen Einträge enthalten wie das noch aktuelle *Main Menu* (das waagerechte Menü links oben auf der Website). Das geht am schnellsten über die schon hinlänglich bekannte Kopieren-Funktion.

Rufen Sie *Menüs* → *Main Menu* auf. Markieren Sie bis auf die erste Zeile *Home* (die mit dem gelben Sternchen) die Kästchen aller Einträge in der ersten Spalte. Der Menüpunkt *Home* wird nicht gebraucht, da die beiden neuen Hauptmenüs bereits ein eigenes Pendant besitzen. Klicken Sie auf *Stapelverarbeitung* in der Werkzeugleiste, wählen Sie in der Ausklappliste *Zum Verschieben oder Kopieren der Auswahl ein Menü oder übergeordneten Eintrag auswählen* unterhalb von *Main Menu German* den Punkt *Zu diesem Menü hinzufügen* aus, aktivieren Sie *Kopieren* und klicken Sie auf *Ausführen*.

Lassen Sie sich jetzt über *Menüs* → *Main Menu German* alle Menüpunkte des deutschen Hauptmenüs anzeigen. Bringen Sie hier gegebenenfalls die Reihenfolge wieder in Ordnung und entfernen Sie anschließend in den Namen der kopierten Menüpunkte die angehängten Zahlen *(2)* und *(3)* (indem Sie sie jeweils anklicken und dann in ihren Einstellungen den *Titel* anpassen). Des Weiteren müssen Sie für jeden Menüpunkt die *Sprache* auf *German* setzen. Dies können Sie schnell über die Stapelverarbeitung erledigen: Rufen Sie *Menüs* → *Main Menu German* auf, haken Sie bis auf *Startseite* alle Menüpunkte ab, klicken Sie auf *Stapelverarbeitung*, stellen Sie *Sprache setzen* auf *German* und klicken Sie auf *Ausführen*. Egal welchen Weg Sie wählen, hinter *Menüs* → *Main Menu German* sollten jetzt alle Menüpunkte in der Spalte *Sprache* mit der deutschen Fahne gekennzeichnet sein.

Wiederholen Sie jetzt die Kopierorgie für das englischsprachige Hauptmenü: Wechseln Sie zum Menüpunkt *Menüs → Main Menu*, markieren Sie alle Einträge bis auf *Home*, aktivieren Sie in der Werkzeugleiste die *Stapelverarbeitung*, stellen Sie in der Ausklappliste *Zum Verschieben oder Kopieren der Auswahl ein Menü oder übergeordneten Eintrag auswählen* unterhalb von *Main Menu English* den Punkt *Zu diesem Menü hinzufügen* ein, aktivieren Sie darunter *Kopieren* und klicken Sie auf *Ausführen*. Wechseln Sie zu *Menüs → Main Menu English* und bringen Sie hier gegebenenfalls die Reihenfolge wieder in Ordnung. In den Einstellungen der einzelnen Menüpunkte entfernen Sie im *Titel* der Menüpunkte nicht nur die Zahlen, sondern übersetzen diesen auch gleich ins Englische. Darüber hinaus stellen Sie die *Sprache* auf *English (UK)*. Wenn Sie alle Änderungen vorgenommen haben, sollte in der der Tabelle hinter *Menüs → Main Menu English* in der Spalte *Sprache* überall eine britische Fahne zu sehen sein.

Zusammenfassung

Nach dieser Klickorgie wird es Zeit für eine kurze Zwischenbilanz:

- Für jede Sprache haben Sie ein neues Menü angelegt (via *Menüs → Verwalten → Neues Menü*).
- Für jedes dieser Menüs haben Sie ein neues Modul vom Typ *Navigation – Menü* angelegt.
- Für jede Sprache haben Sie eine neue, eigene Startseite angelegt. Dazu haben Sie in den neuen Menüs jeweils einen neuen Menüpunkt erstellt, diesen dabei zur *Standardseite* gekürt und ihn auf die zugehörige *Sprache* eingestellt.
- Zum Schluss haben Sie noch die neuen Hauptmenüs mit den Menüpunkten aus dem alten Hauptmenü komplettiert.

Unter dem Strich haben Sie jetzt für die deutsche und für die englische Sprachfassung jeweils ein eigenes Hauptmenü und eine eigene Startseite. Und wofür die ganze Mühe? Nur für das Modul mit der Sprachauswahl.

Schritt 6: Das Modul für die Sprachauswahl aktivieren

Nachdem die Voraussetzungen geschaffen sind, können Sie das Modul für die Sprachauswahl erstellen und einrichten. Dazu wechseln Sie zum Menüpunkt *Erweiterungen → Module*, klicken auf *Neu* und wählen als *Modultyp* die *Sprachauswahl*.

In den Einstellungen des Moduls stellen Sie zunächst sicher, dass der *Status* auf *Veröffentlicht* steht. Vergeben Sie dann einen *Titel*. Er erscheint später auch auf der Website, sofern *Titel anzeigen* auf *Ja* steht und das Template nichts dagegen hat. Sie sollten ihn daher möglichst allgemeingültig und auf Englisch wählen, wie etwa Choose your language. Via *Position* platzieren Sie das Modul an einer gut sichtbaren, aber nicht allzu störenden Stelle.

 Auf den Filmtoaster-Seiten eignet sich am besten *Rechts [position-7]* am Seitenrand.

Idealerweise sollte die Sprachauswahl auf allen Seiten zur Verfügung stehen, mindestens jedoch auf der Startseite.

Stellen Sie daher auf den Filmtoaster-Seiten sicher, dass auf der Registerkarte *Menüzuweisung* in der Ausklappliste *Modulzuweisung* der Punkt *Auf allen Seiten* eingestellt ist.

Speichern Sie die Änderungen (lassen Sie also die Einstellungen noch geöffnet). In der *Vorschau* erscheint jetzt das Modul aus Abbildung 18-14. Mit einem Klick auf eine der Flaggen wechselt Joomla! automatisch die Sprache.

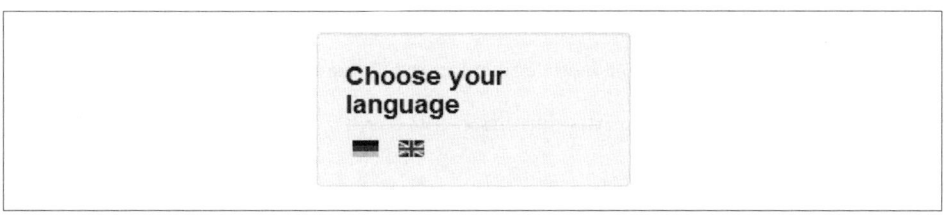

Abbildung 18-14: Über die Flaggen des neuen Moduls wechselt der Benutzer schnell die Sprache.

Unter Umständen erscheint das Modul irgendwo zwischen oder unterhalb der anderen Module. In solch einem Fall müssen Sie dann noch in seinen Einstellungen die *Reihenfolge* anpassen. Am besten setzen Sie es ganz nach oben, damit es neue Besucher sofort im Blickfeld haben. Wie Sie die Sortierreihenfolge ändern, hat bereits Abschnitt »Sortierreihenfolge ändern« auf Seite 100 erläutert.

Die Fähnchen sind zwar recht nett, aber nicht besonders aussagekräftig. Möglicherweise stört zudem die britische Fahne einen amerikanischen Besucher. Glücklicherweise können Sie in den Einstellungen des Moduls noch etwas an der Optik schrauben. Wechseln Sie deshalb noch einmal zurück ins Backend, wo Sie sich dem Register *Modul* zuwenden. Dort warten folgende Einstellungen:

Text davor
: Der hier eingegebene Text erscheint direkt unter dem Titel (also der Überschrift) des Moduls.

Text danach
: Der hier eingegebene Text erscheint am unteren Ende der Sprachauswahl (also unter den Flaggen).

Drop-Down benutzen
: Wenn Sie diesen Punkt auf *Ja* setzen, präsentiert das Modul anstelle der Flaggen eine Ausklappliste, aus der die Besucher dann ihre Sprache auswählen können (siehe Abbildung 18-15).

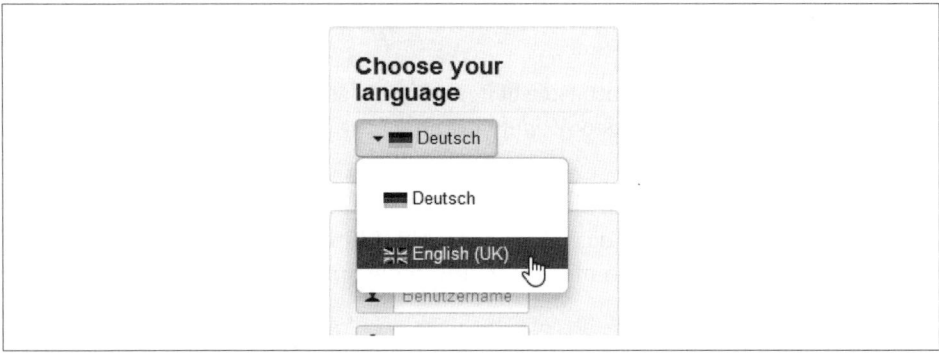

Abbildung 18-15: Wenn Sie sich für eine Ausklappliste entscheiden, enthält diese die vollständigen Namen der Sprachen.

Haben Sie sich mit *Ja* für die Ausklappliste entschieden, gelten folgende Einstellungen:

Flaggen im Drop-Down
Bei einem *Ja* erscheinen in der Ausklappliste zusätzlich kleine Flaggensymbole (wie in Abbildung 18-15). Sofern Sie die Flaggen anzeigen lassen, können Sie die Darstellung über die nächsten zwei Einstellungen beeinflussen.

Linienhöhe
In Abbildung 18-15 hat jemand die Ausklappliste geöffnet. Zwischen den beiden angebotenen Sprachen lässt Joomla! ziemlich viel Platz. Setzen Sie *Linienhöhe* auf *Ja*, rücken die Einträge in der Ausklappliste näher zusammen. Wie das Ergebnis dann aussieht, hängt vom gerade aktiven Template ab.

Aktive Sprache
In Abbildung 18-15 sieht der Besucher gerade die deutsche Sprachfassung. In der Ausklappliste bietet Joomla! ihm aber noch einmal *Deutsch* zur Auswahl an. Wenn Sie *Aktive Sprache* auf *Nein* setzen, verschwindet die derzeit aktive Sprache aus der Ausklappliste. Das Template *Protostar* verwendet die derzeit aktive Sprache immer als Beschriftung der Ausklappliste.

Die Auswirkungen der bislang vorgestellten Einstellungen veranschaulichen noch einmal die Abbildungen Abbildung 18-16 und Abbildung 18-17.

Wenn Sie sich unter *Drop-Down benutzen* mit einem *Nein* gegen die Ausklappliste entscheiden, gelten die folgenden Einstellungen:

Bildflaggen benutzen
Bei einem *Ja* zeigt das Modul kleine Flaggensymbole an (wie in Abbildung 18-15), bei einem *Nein* schreibt es die zu Verfügung stehenden Sprachen aus (wie in Abbildung Abbildung 18-19).

Aktive Sprache
Bei einem *Nein* blendet das Modul die Flagge beziehungsweise den Namen der derzeit aktiven Sprache aus.

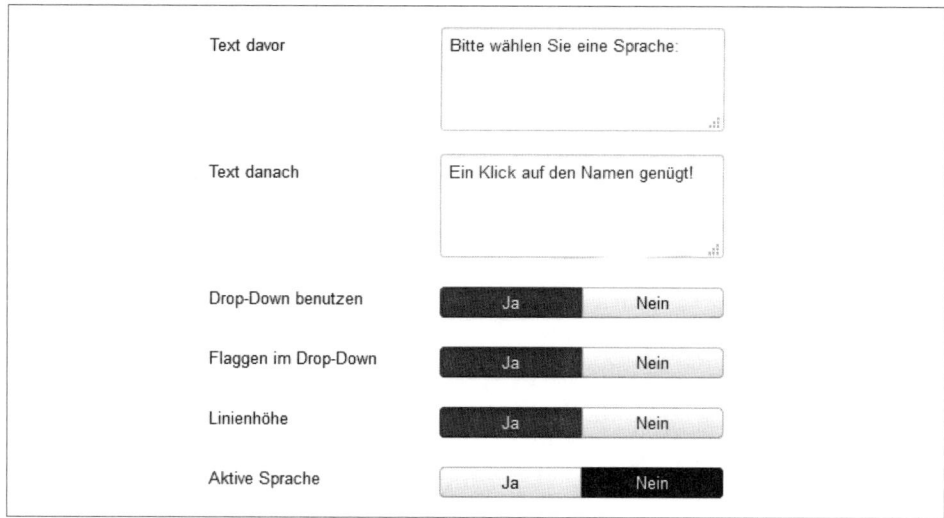

Abbildung 18-16: Diese Einstellungen ...

Abbildung 18-17: ... führen zu diesem Ergebnis.

Vollständige Sprachennamen
Wenn Sie sich gegen die Flaggen entschieden haben (*Bildflaggen benutzen* steht auf *Nein*), schreibt Joomla! normalerweise alle zur Verfügung stehenden Sprachen aus (wie in Abbildung 18-19). Insbesondere wenn Sie Ihre Internetseite in vielen Sprachen anbieten, kann das recht schnell zu einem kleinen Gedränge im Modul führen. Stellen Sie *Vollständige Sprachennamen* auf *Nein*, ersetzt das Modul die Namen der Sprachen durch ihr jeweiliges Kürzel. Aus *Deutsch* würde etwa *DE*, aus *English (UK)* entsprechend *EN*. Ihre Besucher müssen dann aber auch wissen, dass sich hinter dem Kürzel *DE* die deutsche Sprachfassung verbirgt.

Horizontale Anzeige
Bei einem *Ja* zeigt das Modul die zur Auswahl stehenden Sprachen wie in Abbildung 18-19 nebeneinander statt untereinander an.

Die Auswirkungen der bislang vorgestellten Einstellungen veranschaulichen noch einmal die Abbildung 18-18 und Abbildung 18-19.

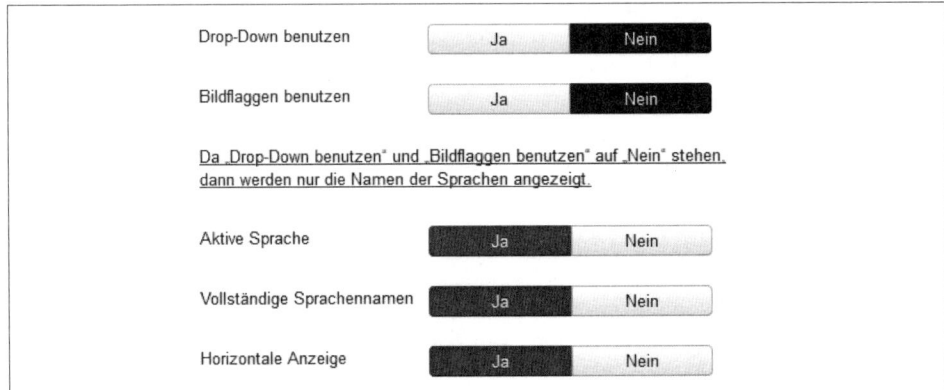

Abbildung 18-18: Diese Einstellungen …

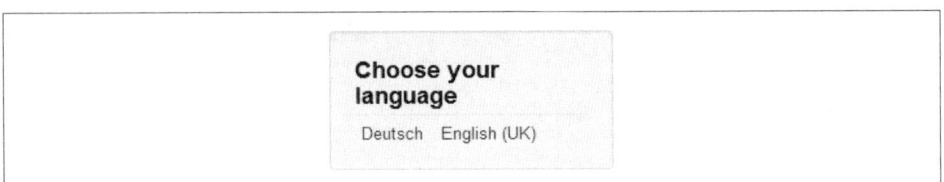

Abbildung 18-19: … führen zu diesem Ergebnis.

 Für die Filmtoaster-Seiten können Sie die Einstellungen nach Ihrem Geschmack verändern. Belassen Sie im Zweifelsfall einfach überall die Vorgaben.

Die Einstellungen auf den übrigen Registern hat bereits Kapitel 10, *Module – Die kleinen Brüder der Komponenten* auf Seite 351 vorgestellt. Für die Filmtoaster-Seiten können Sie die Register an dieser Stelle einfach ignorieren.

Das Eingabefeld *Text davor* lädt dazu ein, einen Text wie »Wählen Sie eine Sprache« einzutippen. Dieser Hinweis erscheint dann aber immer in jeder Sprachfassung. Gleiches gilt übrigens auch für den *Titel* des Moduls (im Moment also *Choose your language*). Sie können das direkt in der *Vorschau* überprüfen, indem Sie zwischen Englisch und Deutsch wechseln und dabei das Modul im Auge behalten.

Um diese Situation zu ändern, müssten Sie eigentlich zwei Sprachauswahl-Module anlegen: eines mit einem deutschen Titel, das nur in der deutschen Sprachfassung erscheint (indem Sie in seinen Einstellungen die *Sprache* auf *German* setzen), und eines mit einem englischen Titel, das nur in der englischen Sprachfassung erscheint (*Sprache* auf *English (UK)*). Wenn Sie diesen Aufwand scheuen, setzen Sie *Drop-Down benutzen* auf *Nein*, dann *Bildflaggen benutzen* auf *Ja* und *Titel anzeigen* auf *Verbergen*. Auf diese Weise zeigt das Modul nur die sprachneutralen Flaggen an. Damit reicht ein Modul, das in allen Sprachfassungen erscheint.

Speichern & Schließen Sie die Einstellungen des Moduls. Als Nächstes geht es dem alten waagerechten Menü an den Kragen.

Schritt 7: Das alte Hauptmenü ersetzen

Bislang erscheinen die neuen Hauptmenüs am rechten Seitenrand. Dazu gibt es noch das alte waagerechte Hauptmenü. Man könnte jetzt einfach das alte Hauptmenü löschen und dann die beiden neuen Hauptmenüs an seine Stelle schieben. Das alte Hauptmenü zu löschen, ist jedoch keine so gute Idee:

Warnung   Die Joomla!-Entwickler weisen extra und überdeutlich darauf hin, dass es weiterhin einen Menüpunkt auf eine allgemeine Startseite geben sollte.

Zumindest der alte *Home*-Menüpunkt (der mit dem gelben Stern in der Liste hinter *Menüs* → *Main Menu*) sollte also möglichst weiterhin existieren.

Es kommt sogar noch schlimmer:

Warnung   Das Menü-Modul, das ihn anzeigt, *muss* einer Template-Position zugeordnet sein, die es tatsächlich gibt.

Der einfachste Ausweg ist deshalb, das Modul mit dem alten Hauptmenü auf allen Seiten auszublenden. Dazu rufen Sie *Erweiterungen* → *Module* auf, suchen in der Tabelle das *Main Menu*-Modul, klicken seinen Titel an und setzen dann in seinen Einstellungen im Register *Menüzuweisung* die Ausklappliste *Modulzuweisung* auf *Auf keinen Seiten*. Nach dem *Speichern & Schließen* ist der Menüpunkt zur alten Startseite immer noch vorhanden, das Modul an einer Position, die es gibt, und das Menü auf der Website unsichtbar – also genau so, wie es sein soll.

Im nächsten Schritt schieben Sie die beiden neuen Menü-Module an die Stelle des alten Menüs. Sie können beide Menü-Module dort bedenkenlos gleichzeitig platzieren, da immer nur eines dieser beiden Module zu sehen sein wird (abhängig von der gerade dargestellten Sprachfassung). Rufen Sie also die Tabelle hinter *Erweiterungen* → *Module* auf, klicken Sie das *Hauptmenü* an und setzen Sie seine *Position* auf *Navigation [position-1]*. Damit das deutsche Menü genau so erscheint wie das alte (nämlich waagerecht), wechseln Sie noch zum Register *Erweitert* und tippen in das Eingabefeld *Menüklassensuffix* zunächst ein Leerzeichen und dann den Text `nav-pills` ein. Dies ist für *Protostar* und einige andere Templates das Zeichen, das Menü waagerecht darzustellen. Lassen Sie Ihre Änderungen *Speichern & Schließen*. Wiederholen Sie die Prozedur mit dem englischen Menü: Klicken Sie in der Tabelle das Modul *Navigation* an, stellen Sie die *Position* auf *Navigation [position-1]*, wechseln Sie zum Register *Erweitert*, geben Sie in das Feld *Menüklassensuffix* ein Leerzeichen und dann den Text `nav-pills` ein und lassen Sie schließlich die Änderungen *Speichern & Schließen*.

Wenn Sie jetzt in der *Vorschau* zwischen Englisch und Deutsch wechseln, passt sich das waagerechte Hauptmenü scheinbar der Sprache an (siehe Abbildung 18-20). Tatsächlich blendet Joomla! immer das zur Sprache passende Menü-Modul ein. Sollte das Hauptmenü unter dem Template *Protostar* nicht wie in Abbildung 18-20 waagerecht, sondern als Liste erscheinen, gibt es einen Tippfehler im Eingabefeld *Menüklassensuffix*. Achten Sie insbesondere darauf, dass vor `nav-pills` ein Leerzeichen steht.

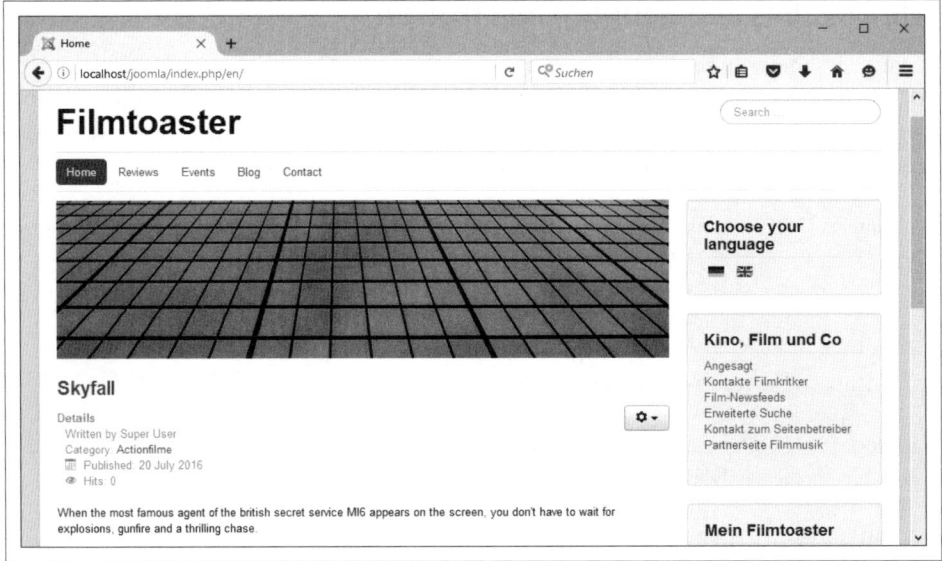

Abbildung 18-20: Hier hat ein Besucher die englischsprachige Fassung aufgerufen. Folglich blendet Joomla! das englische Menü-Modul und den englischen Beitrag ein. Zudem erscheinen alle von Joomla! gestellten Beschriftungen in Englisch (achten Sie auf das Feld für die Suche rechts oben).

Schritt 8: Abschlussarbeiten

Zum Schluss steht noch einmal eine richtige Sisyphusarbeit an: Wenn Sie einen Blick in die *Vorschau* werfen und zwischen den beiden Sprachen hin- und herschalten, dürften Ihnen viele Elemente auffallen, die nicht übersetzt werden. Dazu zählen beispielsweise alle Menüeinträge des Menüs *Kino, Film und Co*, sämtliche Kategorien, deren Beschreibungen, alle Kontakte und die Werbebanner. Alle diese Elemente müssen Sie jetzt noch einmal in einer englischsprachigen Fassung erstellen. Denken Sie auch daran, die Menüpunkte mit ihren korrekten Inhalten zu verbinden. So muss der Menüpunkt *Angesagt* zu einer Seite mit wichtigen deutschen Beiträgen führen, sein neu zu erstellendes Pendant *Hot!* hingegen zu brandaktuellen englischen Beiträgen. Am Ende haben Sie dann jedes Modul, jedes Menü und jede Kategorie doppelt: einmal mit deutschen und einmal mit englischen Texten beziehungsweise Beschriftungen.

 **Warnung**   Achten Sie dabei unbedingt darauf, welche Beiträge in welchen Kategorien landen und in welcher Sprachfassung sie zu sehen sind. Ein deutscher Beitrag in einer englischen Kategorie würde auf der Website nicht oder nur einem englischsprachigen Besucher angezeigt werden (je nachdem, welche Einstellungen gewählt wurden).

Darüber hinaus müssen Sie noch einmal alle Module daraufhin abklopfen, ob sie überhaupt noch zu sehen sind. Um ein fehlendes Exemplar wieder hervorzuzaubern, rufen Sie seine Einstellungen auf (via *Erweiterungen* → *Module* und Klick auf seinen Titel) und passen im Register *Menüzuweisung* die *Modulzuweisung* an.

Sie merken schon: Das alles ist nicht nur umständlich, man gerät auch in Gefahr, den Überblick zu verlieren. Sie sollten deshalb am besten einen Plan mit der Gliederung Ihrer Website erstellen (ruhig auf Papier) und dann alle Elemente nacheinander abhaken. Unter Umständen empfiehlt es sich sogar, die Struktur Ihres Internetauftritts noch einmal komplett zu überarbeiten. Wenn Sie gerade erst einen Auftritt erstellen, sollten Sie die Mehrsprachigkeit schon von Beginn an mit einplanen. Bei den Beiträgen raten die Joomla!-Entwickler beispielsweise zu einem Aufbau wie dem aus Abbildung 18-21.

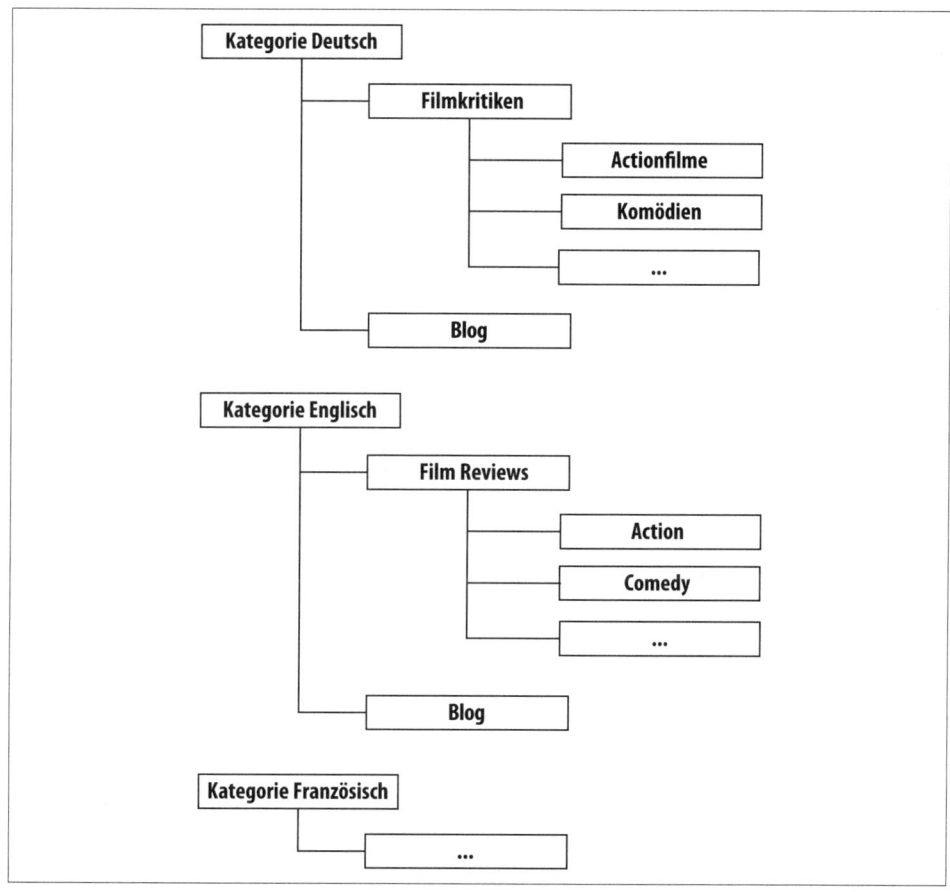

Abbildung 18-21: Möglicher Aufbau eines mehrsprachigen Internetauftritts.

Schritt 9: Menüpunkte miteinander verknüpfen

Wechseln Sie in die *Vorschau*, dort zum deutschsprachigen Internetauftritt und dann auf irgendeine Unterseite. Wenn Sie jetzt über das Modul auf die englische Sprachfassung umschalten, springt Joomla! automatisch wieder zur Startseite zurück. Wesentlich eleganter wäre es jedoch, wenn anstelle der Startseite direkt die passende englische Unterseite erscheinen würde. Betrachtet der Besucher beispielsweise gerade den deutschsprachigen Veranstaltungskalender und klickt dann auf die britische Flagge, sollte er umgehend auch den englischen Veranstaltungskalender zu Gesicht bekommen – und nicht die Startseite.

Damit das funktioniert, müssen Sie Joomla! mitteilen, welche Unterseiten zusammengehören. Das wiederum geschieht, indem Sie – Achtung – die darauf verweisenden Menüpunkte miteinander verknüpfen. Im Beispiel müssten Sie also den Menüpunkt zum deutschsprachigen Veranstaltungskalender mit dem Menüpunkt zum englischsprachigen Veranstaltungskalender verknüpfen. Erst dann kann ein Besucher bequem zwischen ihnen hin- und herschalten.

Zwei verknüpfte Menüpunkte bezeichnete Joomla! 2.5 noch als *assoziierte Menüpunkte* (englisch *Associated Menu Items*), im Internet findet man auch die Bezeichnung *sprachlich verknüpfte Menüpunkte*. Aktuelle Joomla!-Versionen sprechen nur noch von *verknüpften Einträgen* (englisch *Item Associations*).

Um überhaupt Menüpunkte miteinander verknüpfen zu können, müssen Sie als Erstes hinter *Erweiterungen* → *Plugins* die Einstellungen des Plug-ins *System* → *Sprachenfilter* aufrufen (indem Sie auf seinen Titel in der Tabelle klicken). Stellen Sie dort *Verknüpfte Einträge* auf *Ja*. Damit klappen folgende drei Einstellungen auf, die Sie aber in der Regel auf ihren Voreinstellungen belassen können:

»Alternate« Meta-Tag hinzufügen
> Wenn Sie diesen Punkt auf *Ja* setzen, versteckt Joomla! in den Webseiten einen Hinweis auf die anderen Sprachfassungen. Insbesondere Suchmaschinen erkennen auf diese Weise, dass es Ihren Internetauftritt noch in anderen Sprachen gibt.
>
> Für HTML-Kenner: Joomla! fügt in den Kopf einer Seite passende `<link>`-Tags ein. Betreiben Sie etwa einen deutsch- und englischsprachigen Auftritt, schreibt Joomla! in den Kopf der Seite:
>
> ```
> <link href="http://www.example.org/index.php/de/" rel="alternate" hreflang="de-DE" />
> <link href="http://www.example.org/index.php/en/" rel="alternate" hreflang="en-GB" />
> ```

»X-Default«-Meta-Tag hinzufügen und »X-Default«-Sprache
> Wenn Sie Ihre Seiten in Deutsch und Englisch anbieten und ein Spanier mit Google Ihre Seiten durchsucht, sollte er möglichst die englischsprachigen Seiten angeboten bekommen – schließlich ist die Wahrscheinlichkeit höher, dass er Englisch spricht und kein Deutsch. Joomla! kann Google darauf hinweisen, dass eine der Sprachfassungen (wie etwa die englische) im Zweifelsfall als Standardsprache gilt. Dazu stellen Sie *»X-Default«-Meta-Tag hinzufügen* auf *Ja* und wählen dann unter *»X-Default«-Sprache* die Sprache aus, die Google als Standardsprache ansehen soll. Wenn Sie die Vorgabe *Standard Website-Sprache* eingestellt lassen, verwendet Joomla! die im Backend hinter *Erweiterungen* → *Sprachen* vorgegebene Standardsprache.
>
> Technisch ergänzt Joomla! im Kopf der Webseiten ein `<link>`-Tag der Form:

```
<link href="http://www.example.org/index.php/en/" rel="alternate"
hreflang="x-default" />
```

In der Regel können Sie »*Alternate*« *Meta-Tag hinzufügen*, »*X-Default*«-*Meta-Tag hinzufügen* und »*X-Default*«-*Sprache* auf ihren jeweiligen Vorgaben belassen. Das gilt auch für die Filmtoaster-Seiten.

Nach dem *Speichern & Schließen* finden Sie in den Einstellungen eines jeden Menüpunkts ein neues Register namens *Verknüpfungen*. Darin können Sie den Menüpunkt mit anderen verknüpfen (siehe Abbildung 18-22).

Abbildung 18-22: In diesem Register lassen sich verschiedene Sprachfassungen eines Menüpunkts miteinander verbinden.

Wie das genau funktioniert, zeigt am besten ein kleines Beispiel zum Mitmachen. Als Ausgangspunkt dienen dabei wieder die Filmtoaster-Seiten. Stellen Sie zunächst sicher, dass es eine deutsche Filmkritik zu *James Bond 007: Sykfall* und eine englischsprachige Filmkritik zu *Skyfall* gibt. Wenn Sie den vorherigen Abschnitten gefolgt sind, sollte dies bereits der Fall sein. (Andernfalls können Sie auch zwei andere Beiträge verwenden, von denen der eine in Deutsch vorliegt und der andere in Englisch.)

Erstellen Sie jetzt einen Menüpunkt zur Kritik zu *James Bond 007: Skyfall*, der nur in der deutschen Sprachfassung auftaucht: Klicken Sie auf *Menüs* → *Main Menu German* → *Neuer Menüeintrag*, dann im Register *Details* auf *Auswählen*, gefolgt von *Beiträge* und *Einzelner Beitrag*. Vergeben Sie als *Menütitel* die Bezeichnung James Bond 007: Skyfall, stellen Sie *Sprache* auf *German*, klicken Sie dann neben *Beitrag auswählen* auf *Auswählen* und entscheiden Sie sich in der Liste für den (deutschsprachigen) Beitrag *James Bond 007: Skyfall*. Legen Sie den Menüpunkt via *Speichern & Schließen* an. Damit gibt es jetzt in der deutschen Sprachfassung einen Menüpunkt, der direkt zur Kritik zu *James Bond 007: Skyfall* führt.

Analog erzeugen Sie anschließend einen Menüpunkt zum Beitrag *Skyfall*, der nur in der englischen Sprachfassung auftaucht: Wählen Sie *Menüs* → *Main Menu English* → *Neuer Menüeintrag*. Klicken Sie dann auf der Registerkarte *Details* auf *Auswählen*, gefolgt von *Beiträge* und *Einzelner Beitrag*. Vergeben Sie als *Menütitel* die Bezeichnung Skyfall, stellen Sie die *Sprache* auf *English (UK)*, klicken Sie dann neben *Beitrag auswählen* auf *Auswählen* und entscheiden Sie sich in der Liste für den (englischsprachigen) Beitrag *Skyfall*. Legen Sie den Menüpunkt via *Speichern & Schließen* an. Damit gibt es auch in der englischen Sprachfassung einen Menüpunkt, der direkt zur Filmkritik *Skyfall* führt.

In der *Vorschau* können Sie jetzt das alte Verhalten prüfen: Klicken Sie auf den Menüeintrag *James Bond 007: Skyfall* und wechseln Sie dann auf die englische

Sprachfassung. Joomla! springt automatisch wieder zurück zur Startseite. Dies gilt es jetzt zu ändern.

Stellen Sie zunächst sicher, dass Sie die Menüpunkte überhaupt verknüpfen können. Dazu rufen Sie *Erweiterungen* → *Plugins* auf, klicken in der Tabelle *System* → *Sprachenfilter* an, stellen sicher, dass *Verknüpfte Einträge* auf *Ja* steht, und klicken dann in der Werkzeugleiste auf *Speichern & Schließen*.

Damit müssen Sie nur noch die beiden Menüpunkte *James Bond 007: Skyfall* und *Skyfall* verknüpfen. Wechseln Sie also zurück zu *Menüs* → *Main Menu German* und klicken Sie dort den Menüeintrag *James Bond 007: Skyfall* an. Öffnen Sie die Registerkarte *Verknüpfungen*. Dort finden Sie für jede weitere Sprachfassung der Webseite eine Ausklappliste, auf den Filmtoaster-Seiten ist dies nur eine für Englisch (wie in Abbildung 18-22).

Der Menüpunkt führt zur Filmkritik zu *James Bond 007: Skyfall*. Auf die englische Fassung dieser Filmkritik verweist sein Amtskollege mit der Beschriftung *Skyfall*, der sich wiederum im Menü *Main Menu English* befindet. Um die beiden Menüpunkte miteinander zur verknüpfen, öffnen Sie die Ausklappliste und wählen unterhalb von *Main Menu English* den Punkt *Skyfall (en-GB)*. Lassen Sie die Änderung *Speichern & Schließen*.

Sie landen jetzt wieder in der Tabelle mit allen Menüpunkten. Dort gibt es die Spalte *Verknüpfung*. Hier weist ein Symbol darauf hin, dass der entsprechende Menüpunkt mit einem anderen verknüpft ist. Das Symbol zeigt dabei das Sprachkürzel des verknüpften Menüpunkts, in Abbildung 18-23 ist der Menüpunkt mit einem Kollegen aus der englischen Sprachfassung verknüpft.

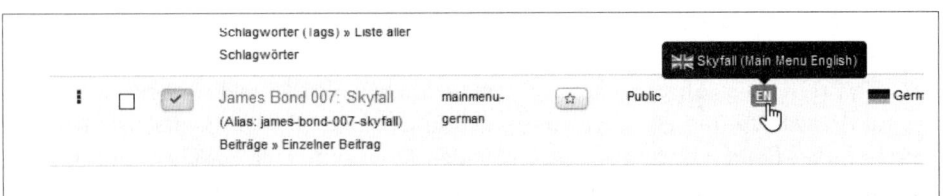

Abbildung 18-23: Wenn Sie den Mauszeiger auf dem Symbol parken, verrät Joomla!, mit welchem Kollegen der Menüpunkt verknüpft ist.

Den englischen Menüpunkt zum Beitrag *Skyfall* müssen Sie jetzt nicht noch einmal mit dem deutschen Pendant verknüpfen. Joomla! hat das bereits automatisch für Sie durchgeführt. Sie können das prüfen, indem Sie *Menüs* → *Main Menu English* aufrufen: In der Zeile für den Menüpunkt *Skyfall* finden Sie ebenfalls ein Symbol mit dem Sprachkürzel.

Wechseln Sie jetzt in die *Vorschau*. Laden Sie die Seite einmal neu und stellen Sie sicher, dass Sie die deutsche Sprachfassung sehen. Klicken Sie den Menüpunkt *James Bond 007: Skyfall* an. Wenn Sie zur englischen Fassung wechseln, erscheint umgehend der Beitrag zu *Skyfall* und nicht mehr die Startseite.

Die gezeigte Prozedur müssen Sie jetzt für alle anderen Menüpunkte in Ihrem Internetauftritt wiederholen.

Auf den Filmtoaster-Seiten haben die beiden Menüeinträge zu *James Bond 007: Skyfall* und *Skyfall* ihre Schuldigkeit getan. Löschen Sie sie hinter *Menüs → Main Menu German* und *Menüs → Main Menu English*.

Nach diesem Ausflug in die komplexe Welt einer mehrsprachigen Website geht es in den folgenden Abschnitten noch einmal um die Sprachpakete – was aber nicht heißt, dass es einfacher wird.

Einzelne Übersetzungen austauschen (Language String Overrides)

Nicht immer gefallen die Übersetzungen aus den (deutschen) Sprachpaketen. Beispielsweise bietet das *Login Form* aus Abbildung 18-24 den etwas nichtssagenden Link *Registrieren* an. Wesentlich aussagekräftiger wäre die Beschriftung *Benutzerkonto beantragen*.

Abbildung 18-24: Nur die deutsche Beschriftung des Links Registrieren soll ausgetauscht werden.

Im Folgenden soll deshalb die Beschriftung *Registrieren* gegen das passendere *Benutzerkonto beantragen* ausgetauscht werden. Alle übrigen Beschriftungen bleiben unverändert.

Um eine Beschriftung auszutauschen, rufen Sie *Erweiterungen → Sprachen → Overrides* auf. Sie landen jetzt in einer Tabelle mit allen ersetzten Beschriftungen. Da es im Moment noch keine Ersetzungen gibt, ist die Tabelle leer – Joomla! verwendet folglich immer die Texte aus den Sprachpaketen. Links unten neben der (leeren) Tabelle finden Sie eine Ausklappliste (unterhalb von *Filter*). In ihr stellen Sie sowohl die Sprache ein, in der die auszutauschende Beschriftung vorliegt, als auch gleichzeitig den Ort, an dem der Text auftaucht. Im Beispiel stammt der Text *Registrieren* aus dem deutschen Sprachpaket und erscheint auf der Website. Wählen Sie folglich den Eintrag *German (DE) – Site*. Um eine Beschriftung zu ersetzen, klicken Sie auf *Neu* in der Werkzeugleiste.

Jeder Beschriftung auf Ihrer Website ordnet Joomla! einen internen, recht kryptischen Bezeichner zu. Mit diesen sogenannten *Sprachschlüsseln* kann Joomla! die Beschriftungen auseinanderhalten und eindeutig identifizieren (in älteren Joomla!-Versionen hießen die Sprachschlüssel noch *Sprachkonstanten*). Auch der Text *Registrieren* besitzt einen solchen Sprachschlüssel. Um den Link anders beschriften zu können, müssen Sie zunächst seinen Sprachschlüssel herausfinden. Mit dem Eingabefeld auf der rechten Seite geht das jedoch ruck, zuck: Tippen Sie dort den Begriff ein, den Sie austauschen wollen – im Beispiel also Registrieren. Stellen Sie sicher, dass darunter *Suchen nach* auf *Inhalt* steht, und klicken Sie dann auf *Suchen*. Joomla! spuckt daraufhin eine ganze Reihe von *Suchergebnissen* aus (siehe Abbildung 18-25).

Abbildung 18-25: Der Begriff Registrieren taucht an insgesamt vier Stellen in Joomla! auf.

Jetzt muss man ein wenig kombinieren: Die kryptischen Begriffe in den Großbuchstaben sind die Sprachschlüssel. Anhand der Texte darunter wird schnell klar, dass nur COM_USERS_REGISTER_DEFAULT_LABEL, JREGISTER und MOD_LOGIN_REGISTER infrage kommen. Alle Sprachschlüssel, die mit COM_ beginnen, beziehen sich auf die Ausgaben von Komponenten. Analog sind die Sprachschlüssel, die mit einem MOD_ beginnen, Modulen zugeordnet. Der *Registrieren*-Link erscheint in einem Modul. Ergo heißt der ihm von Joomla! zugeordnete Sprachschlüssel MOD_LOGIN_REGISTER.

Genau diesen Sprachschlüssel klicken Sie jetzt einfach in den Suchergebnissen an. Joomla! trägt ihn daraufhin automatisch links oben in das Feld *Sprachschlüssel* ein – alternativ hätten Sie den Sprachschlüssel dort auch eintippen können. Die aktuelle Beschriftung landet unter *Text*. Tauschen Sie sie einfach gegen Benutzerkonto beantragen aus. Das Ergebnis sollte dann so wie in Abbildung 18-26 aussehen. Dem Feld

Sprache können Sie noch einmal entnehmen, dass die Ersetzung (nur) für die deutsche Sprache gilt. Analog verrät das Feld *Bereich*, dass der Text auf der Website (*Site*) erscheint. Legen Sie den Ersatz jetzt via *Speichern & Schließen* an.

Abbildung 18-26: Hier entsteht ein neuer Override, der den Registrieren-Link neu mit Benutzerkonto beantragen beschriftet.

Damit haben Sie einem Element, das Joomla! intern als MOD_LOGIN_REGISTER bezeichnet, die neue Beschriftung *Benutzerkonto beantragen* verpasst. Ob Sie auch das richtige Element erwischt haben, verrät ein Blick in die *Vorschau*. Dort zeigt sich jetzt das *Login Form* so wie in Abbildung 18-27. Sie haben folglich die Beschriftung mit einem eigenen Text »überschrieben«. Joomla! bezeichnet daher diese Ersetzungstechnik als *Language String Overrides*, kurz *Language Overrides* oder einfach *Overrides*.

Abbildung 18-27: Die ausgetauschte Beschriftung.

Wenn Sie einen solchen Override wieder loswerden und somit zur ursprünglichen Beschriftung zurückkehren möchten, rufen Sie *Erweiterungen* → *Sprachen* → *Over-*

rides auf. Setzen Sie einen Haken in das Kästchen vor dem entsprechenden Override und lassen Sie ihn *Löschen*. Entfernen Sie auf diese Weise den zuvor angelegten Override für die Filmtoaster-Seiten.

> **Language Overrides: ein Blick unter die Haube**
>
> Sämtliche Ersatztexte sammelt Joomla! in Dateien im Unterverzeichnis *language/overrides* Ihrer Joomla!-Installation. Für jedes Sprachpaket liegt dort eine eigene Textdatei mit dem Namen *xx-XX.override.ini*. Das *xx-XX* steht dabei für das Sprach-Tag des zu verändernden Sprachpakets (siehe auch Abschnitt »Die Sprache wechseln« auf Seite 791). So überschreiben beispielsweise die Texte in der Datei *de-DE.override.ini* ihre Pendants aus dem deutschen Sprachpaket.
>
> Wenn Sie diese Datei mit einem Texteditor öffnen, finden Sie in jeder Zeile genau eine überschriebene Übersetzung, wie etwa:
>
>   MOD_LOGIN_REGISTER="Benutzerkonto beantragen"
>
> Vorne steht der Sprachschlüssel, hinter dem Gleichheitszeichen der Ersatztext. Sie können hier selbst weitere Zeilen hinzufügen, was allerdings recht umständlich und fehleranfällig ist. Gehen Sie daher möglichst den Weg über das Backend.
>
> Um später sämtliche Änderungen auf einen Schlag zurückzunehmen, können Sie aber die entsprechende Override-Datei, etwa die *de-DE.override.ini*, einfach löschen.

Eigene Sprachpakete erstellen

In diesem Abschnitt erfahren Sie, wie ein Sprachpaket aufgebaut ist. Dieses Wissen ist vor allem dann nützlich, wenn Sie Ihr selbst entwickeltes Template oder eine Erweiterung in mehrere Sprachen übersetzen möchten. Natürlich können Sie auch ein komplett neues Sprachpaket und somit eine eigene Übersetzung von Joomla! in Angriff nehmen – wie zum Beispiel eine Variante in Plattdeutsch.

 Tipp Zuvor sollten Sie allerdings klären, ob dieser doch beträchtliche Aufwand überhaupt notwendig ist. So bietet sich beispielsweise eine kurze Nachfrage in einem Joomla!-Forum an. Vielleicht gibt es ja schon jemanden, der sich eine Übersetzung in dieser Mundart bereits vorgenommen hat.

Die Elemente der Website übersetzen

Der Weg zu einem komplett selbst gebauten Joomla! »op Platt« führt als Erstes in das Unterverzeichnis *language* der Joomla!-Installation. Wenn Sie der Schnellinstallationsanleitung aus Kapitel 2, *Installation*, Seite 15, gefolgt sind, ist das

- unter Windows das Verzeichnis *c:\xampp\htdocs\joomla\language*,
- unter OS X beziehungsweise macOS der Ordner */Programme/XAMPP/xampp-files/htdocs/joomla/language* und
- unter Linux das Verzeichnis */opt/lampp/htdocs/joomla/language*.

Dort steckt jede Sprache in einem eigenen Unterverzeichnis. Deren Namen bestehen aus dem jeweiligen *Sprach-Tag* (englisch *Language Tag*), das Sie bereits aus den vorherigen Abschnitten kennen. So liegen im Unterverzeichnis *de-DE* die deutschen Übersetzungen. Die ersten beiden Kleinbuchstaben benennen dabei die Sprache, wobei beispielsweise de für Deutsch und en für Englisch steht. Welche Buchstabenkombination zu welcher Sprache gehört, regelt der weltweit gültige Standard ISO 639. Eine Liste mit allen Kürzeln finden Sie unter *https://en.wikipedia.org/wiki/List_of_ISO_639-1_codes* oder *http://www-01.sil.org/iso639-3/*. In Joomla! können Sie die üblichen Kürzel mit zwei Buchstaben (ISO-Standard 639-1) oder drei Buchstaben (ISO-Standard 639-2) verwenden. Auch für Plattdeutsch (englisch *Low German* oder *Low Saxon*) gibt es ein passendes Kürzel: nds.

Nach dem Bindestrich weisen die zwei Großbuchstaben auf das Land hin, zum Beispiel AT für Österreich. Diese Länderkürzel sind wiederum im Standard ISO-3166-1 verzeichnet. Eine Aufstellung finden Sie unter *https://de.wikipedia.org/wiki/ISO-3166-1-Kodierliste* in der Spalte *ALPHA-2*. Ein Verzeichnis mit dem Namen *de-AT* enthält somit die Übersetzungen für Deutsch, wie es in Österreich gesprochen wird. Im Beispiel für Plattdeutsch lautet das Sprach-Tag nds-DE.

Tipp Joomla! stützt sich jedoch an verschiedenen Stellen auf die Sprach- und Länderkürzel. Wenn Sie davon abweichen, könnten später Probleme bei einem mehrsprachigen Auftritt oder im Zusammenspiel mit Erweiterungen auftreten.

Im Zweifelsfall sollten Sie Sprachkürzel verwenden, die Ihrer Sprache beziehungsweise Ihrem Dialekt möglichst nahe kommen oder aber in den Standards nicht auftauchen (wie etwa xx-XX).

In jedem Unterverzeichnis finden Sie gleich einen ganzen Haufen Textdateien. Jede enthält die Übersetzung für einen ganz bestimmten Teilbereich von Joomla!. Bevor es jedoch an deren Modifikation geht, erstellen Sie zunächst irgendwo auf Ihrer Festplatte ein Arbeitsverzeichnis mit einem beliebigen Namen. Dort hinein kopieren Sie alle Dateien aus dem englischen Verzeichnis *en-GB*. Eine bestehende Sprache als Ausgangsbasis zu verwenden, hat den Vorteil, dass keiner der zu übersetzenden Texte in Vergessenheit gerät. Entscheidet man sich zudem für das englische Original, sieht man wesentlich schneller, welche Texte noch nicht übersetzt wurden.

Tauschen Sie jetzt noch bei jeder kopierten Datei den Namensbestandteil *en-GB* gegen das Sprach-Tag Ihrer Sprache. *en-GB.mod_login.ini* wird im Beispiel des plattdeutschen Joomla! zu *nds-DE.mod_login.ini*. Nur die Datei *install.xml* behält ihren Namen.

Informationen über die Sprache hinterlegen

Im nächsten Schritt machen Sie sich über die Datei mit der Endung *.xml* her – im Plattdeutsch-Beispiel ist das die *nds-DE.xml*. Unter Windows hat diese Datei den Typ *XML-Dokument*. Öffnen Sie sie in einem Texteditor Ihrer Wahl.

 **Warnung**   Doch Vorsicht: Ihr Editor muss die Texte in der sogenannten UTF-8-Zeichenkodierung speichern. Andernfalls sind später alle Sonderzeichen und Umlaute entstellt, und unter Umständen weigert sich Joomla! sogar, das Sprachpaket zu installieren. Normalerweise können Sie die UTF-8-Zeichenkodierung in Ihrem Texteditor irgendwo im Hauptmenü einstellen oder beim Speichern vorgeben. Moderne Texteditoren erkennen das UTF-8-Format zudem automatisch. Sie können das testen, indem Sie eine .ini-Datei aus dem deutschen Verzeichnis de-DE öffnen. Bleiben dabei die Umlaute erhalten, kann Ihr Texteditor mit dem UTF-8-Format umgehen. Weitere Informationen zu diesem Thema liefern der Kasten »Zeichenkodierung« auf Seite 659 sowie der Wikipedia-Eintrag https://de.wikipedia.org/wiki/Unicode.

Verwenden Sie zudem keine Textverarbeitung wie etwa Word. Diese Programme wollen neben dem reinen Text auch immer noch zusätzliche Informationen speichern, wie etwa die Schriftart. Das zerstört jedoch die Sprachdateien.

Windows-Anwender müssen außerdem darauf achten, dass die Dateiendung stimmt. Beispielsweise hängt der mitgelieferte Editor gern ungefragt ein .txt als Endung an, die Windows dann im Explorer auch noch ausblendet.

Die Datei *nds-DE.xml* enthält ein paar Basisinformationen, die Sie später auch im Backend wiederfinden. Tauschen Sie einfach die entsprechenden Begriffe gegen passende Werte aus:

- Zwischen <name> und </name> steht der Name der Sprache.

  Im Beispiel ersetzen Sie den Text folglich durch Plattdeutsch (oder korrekter Plattdüütsch).

- Zwischen <version> und </version> steht die Versionsnummer der Übersetzung.

  Wie die Versionsnummer aussieht, können Sie prinzipiell frei bestimmen. Sie sollten sich aber an den üblichen Standard halten. Demnach besteht die Versionsnummer aus der Joomla!-Version und der Revision des Pakets. Im Beispiel erstellen Sie gerade die erste Version eines Sprachpakets für Joomla! 3.6.0, folglich handelt es sich um die Version 3.6.0.1. (mehr Informationen zur Versionsnummer finden Sie im Abschnitt »Sprachpakete beschaffen und installieren« auf Seite 785).

- Zwischen <creationDate> und </creationDate> steht das Datum, an dem die Übersetzung fertiggestellt wurde.

- Zwischen <author> und </author> steht der Name des Übersetzers.

- Zwischen <authorEmail> und </authorEmail> steht die E-Mail-Adresse des Übersetzers.

- Zwischen <authorUrl> und </authorUrl> steht die Internetadresse des Übersetzers. (Dies ist in der Regel der Ort, an dem man das fertige Sprachpaket bekommt.)

- Zwischen <copyright> und </copyright> stehen Urheberinformationen, etwa in der Art (C) 2016 Tim Schürmann. Alle Rechte vorbehalten.

- Zwischen `<license>` und `</license>` steht die Lizenz, unter der das Sprachpaket steht. Alternativ können Sie hier auch auf eine Datei oder Internetadresse mit weiteren Informationen verweisen.
- Zwischen `<description>` und `</description>` folgt noch eine kleine Beschreibung, wie etwa `Website in Plattdeutsch`.

Am unteren Ende der Textdatei gibt es einen weiteren Bereich zwischen den Zeilen `<metadata>` und `</metadata>`. Dieser enthält ein paar (formale) Informationen über die Sprache:

- Zwischen `<name>` und `<name>` steht noch einmal die offizielle Bezeichnung der Sprache, im Beispiel also `Plattdüütsch`.
- Zwischen `<tag>` und `</tag>` steht das Sprach-Tag (im Beispiel `nds-DE`).
- Die Zahl zwischen `<rtl>` und `</rtl>` gibt an, ob die Schreibrichtung der Sprache wie im Deutschen von links nach rechts (`0`) oder wie etwa im Arabischen von rechts nach links verläuft (dann wäre hier eine `1` richtig).
- Zwischen `<locale>` und `</locale>` gehören alle Sprach-Tags, für die diese Sprache ebenfalls gelten. Für Deutsch kann man beispielsweise nicht nur `de_DE`, sondern nach dem Standard mit den drei Buchstaben auch `deu_DE` schreiben. Schließlich gibt es noch die einzelnen Abkürzungen `de` und `deu` sowie die Bezeichnungen `german` und `germany`. Alle diese Begriffe sammeln Sie hier zwischen `<locale>` und `</locale>` und trennen sie jeweils durch ein Komma. Als Vorlage können Sie die Angaben aus der Datei *en-GB.xml* verwenden. Im Fall des Plattdeutschen sieht das dann etwa so aus: `<locale>nds_DE.utf8, nds_DE.UTF-8, nds_DE, nds, platt, plattdeutsch</locale>`.
- Die Zahl zwischen `<firstDay>` und `</firstDay>` legt fest, ob die Arbeitswoche an einem Sonntag beginnt (dann verwenden Sie die Zahl `0`) oder wie in Deutschland an einem Montag (dann gehört hier die Ziffer `1` hin).
- In einigen Fällen zeigt Joomla! einen kleinen Kalender an, in dem man dann bequem ein Datum auswählen kann. Das Wochenende hebt der Kalender dabei optisch hervor. Die Zahl zwischen `<weekEnd>` und `</weekEnd>` verrät dem Kalender, auf welche Tage das Wochenende fällt. Wenn Sie hier `0,6` eintragen, ist das Wochenende am Samstag und Sonntag, bei einer `1` hingegen am Freitag.

Texte übersetzen

Nachdem Sie die Änderungen gespeichert haben, wenden Sie sich einer der Dateien mit der Endung *.ini* zu. Jede von ihnen enthält die Übersetzungen genau einer Komponente, eines Moduls oder eines Plug-ins. Die Datei *en-GB.mod_login.ini* (beziehungsweise im Plattdeutsch-Beispiel *nds-DE.mod_login.ini*) enthält beispielsweise alle Beschriftungen des Moduls für die Anmeldung (das *Login Form* rechts unten auf der Beispiel-Website). Auch die *.ini*-Dateien können Sie mit einem herkömmlichen Editor bearbeiten.

 **Warnung** Achten Sie aber auch hier wieder darauf, dass dieser Editor die UTF-8-Kodierung verwendet.

Jede der *.ini*-Dateien enthält in jeder Zeile die Übersetzung genau eines Elements auf Ihrer Website. Alle Zeilen, die mit einem Semikolon beginnen, werden später von Joomla! ignoriert.

Die übrigen Zeilen starten mit einem in Großbuchstaben geschriebenen Begriff, der ein ganz bestimmtes Element auf der Joomla!-Website repräsentiert. Diese sogenannten *Sprachschlüssel* (englisch *Language Constant*s) geben die Joomla!-Entwickler fest vor. Dem Eingabefeld für den Benutzernamen haben die Joomla!-Entwickler beispielsweise den Sprachschlüssel MOD_LOGIN_VALUE_USERNAME zugeordnet. Hinter jedem Sprachschlüssel steht ein Gleichheitszeichen, gefolgt von der entsprechenden Übersetzung in Anführungszeichen. Dazu ein kleines Beispiel aus der Datei *en-GB.mod_login.ini*:

```
MOD_LOGIN_REGISTER="Create an account"
```

Hier besitzt das Modul ein Element namens MOD_LOGIN_REGISTER, das mit dem Text *Create an account* beschriftet ist. Es handelt sich hier folglich um den Link *Registrieren*, über den Besucher ein neues Benutzerkonto beantragen können und der im Englischen die Beschriftung *Create an account* trägt.

 **Tipp** Sie sehen an dieser Stelle einen weiteren Grund, warum man eine bestehende Sprache als Ausgangsbasis heranziehen sollte: Nur am Text nach dem Gleichheitszeichen können Sie zweifelsfrei erkennen, welches Element der kryptische Sprachschlüssel zu Beginn der Zeile repräsentiert.

 **Warnung** Wenn Sie eine dieser Zeilen löschen, zeigt Joomla! seit Version 3.2.0 den entsprechenden Text aus dem englischen Sprachpaket an. Ältere Joomla!-Versionen präsentierten dagegen nur den Sprachschlüssel.

Tauschen Sie jetzt in allen *.ini*-Dateien die Texte in den Anführungszeichen gegen die entsprechenden Übersetzungen in Ihrer Sprache aus. Mitunter stoßen Sie dabei auf merkwürdige Zeichenketten wie %s. Das sind Platzhalter, die Joomla! später durch Zahlen oder andere Begriffe ersetzt.

Die Dateien mit dem Kürzel *.tpl_* im Namen übersetzen die Texte einzelner Templates. So liegen beispielsweise in der *de-DE.tpl_protostar.ini* unter anderem die deutschen Beschriftungen der vom Template *Protostar* angebotenen Einstellungen beziehungsweise Parameter.

Die Datei .localize.php

Eine Sonderrolle nimmt die Datei mit der Endung *.localize.php* ein: Zum einen enthält sie keine Übersetzungen, sondern liefert Joomla! einige zusätzliche Informationen über die Sprache. Zum anderen weicht ihr Aufbau von dem der anderen Dateien ab.

Öffnen Sie die Datei mit einem Texteditor (im Plattdeutsch-Beispiel die Datei *nds-DE.localize.php*) und suchen Sie zunächst darin folgende Zeile:

```
abstract class en_GBLocalise {
```

Ersetzen Sie en_GB durch das Sprach-Tag der neuen Sprache. Im Plattdeutsch-Beispiel sieht das Ergebnis dann so aus:

```
abstract class nds-DELocalise {
```

Wenn Joomla! einen Beitrag in der Datenbank sucht, kann es dabei nichtssagende Wörter wie *und*, *oder*, *aber*, *in* und *auf* ignorieren. Diese Füllwörter hinterlegen Sie im unteren Teil der Datei. Suchen Sie dort die Zeile:

```
return array('and', 'in', 'on');
```

Zwischen den einfachen Anführungszeichen steht jeweils ein Begriff, den die in Joomla! eingebaute Suchfunktion später ignoriert. Die Begriffe trennt dann jeweils noch einmal ein Komma. Ersetzen Sie die Wörter zwischen den Klammern durch die Füllwörter aus Ihrer Sprache. Für das deutsche Beispiel sähe die Zeile beispielsweise wie folgt aus:

```
return array('und', 'oder', 'aber', 'in', 'auf');
```

Standardmäßig muss jeder Suchbegriff mindestens aus drei Zeichen bestehen. Des Weiteren darf die Suchanfrage nicht aus mehr als 20 Wörtern bestehen und insgesamt höchstens 200 Zeichen lang sein. Diese Limitierungen dürfen Sie aber ebenfalls ändern.

Tipp   Die Vorgaben sind für die meisten westlichen Sprachen bereits ideal. Ändern Sie sie daher nur, wenn ein guter Grund vorliegt.

Dazu suchen Sie zunächst diese Zeile:

```
public static function getLowerLimitSearchWord()
```

Zwei Zeilen darunter finden Sie die Angabe return 3;. Die Zahl vor dem Semikolon legt fest, wie viele Zeichen der Besucher mindestens in das Suchfeld eintippen muss. Weiter geht es in der Zeile:

```
public static function getUpperLimitSearchWord()
```

Zwei Zeilen darunter steht vor dem Semikolon wieder eine Zahl. Sie legt die Anzahl der Wörter fest, die der Besucher höchstens eintippen darf. Möchten Sie schließlich noch die im Eingabefeld maximal erlaubte Zeichenzahl ändern, suchen Sie die Zeile

```
public static function getSearchDisplayedCharactersNumber()
```

und passen zwei Zeilen tiefer die Zahl vor dem Semikolon entsprechend an.

Mit den übrigen Befehlen und Zeilen können Sie Joomla! noch weitere Eigenheiten der Sprache beibringen – unter anderem die Bildung des Plurals. Dazu benötigen Sie allerdings umfassende Kenntnisse in der Programmiersprache PHP. Entsprechendes Wissen vorausgesetzt, finden Sie in der Joomla!-Dokumentation unter *https://docs.joomla.org/J3.1:Making_a_Language_Pack_for_Joomla* weiterführende

Informationen zur Datei *.localize.php*. In den meisten Fällen können Sie jedoch die übrigen Befehle und Zeilen so belassen, wie sie sind.

Die Datei install.xml

Nun müssen die modifizierten Dateien in Ihrem Arbeitsverzeichnis noch zu einem Paket geschnürt werden. Dazu ist eine weitere Datei mit dem Namen *install.xml* notwendig. Ihr Aufbau entspricht dem ihrer Kolleginnen für die Erweiterungen (mehr dazu finden Sie in Kapitel 20, *Eigene Erweiterungen erstellen*, Seite 867). Für den Augenblick können Sie eine Datei aus einem bestehenden Sprachpaket in Ihr Arbeitsverzeichnis kopieren und dann modifizieren. Wenn Sie das komplette englische Sprachpaket als Ausgangsbasis verwenden, liegt in Ihrem Arbeitsverzeichnis schon eine *install.xml*, die Sie nur noch in einem Texteditor öffnen und dann anpassen müssen.

Im oberen Teil der Datei *install.xml* verlangt Joomla! wieder ein paar allgemeine Informationen, wie sie auch schon in der Informationsdatei mit der Endung *.xml* auftraten. Die dort abgefragten Daten hat Abschnitt »Informationen über die Sprache hinterlegen« auf Seite 823 vorgestellt. So steht etwa zwischen `<name>` und `</name>` der Name der Sprache – im Beispiel also `Plattdeutsch`. Passen Sie die Informationen im oberen Teil der *install.xml* an Ihre Sprache an.

Tipp   Wenn Sie die *install.xml* aus dem deutschen Sprachpaket kopiert haben, finden Sie zwischen `<description>` und `</description>` einen langen, kryptischen Text. Diesen können Sie einfach löschen und durch eine eigene Beschreibung ersetzen. Im kryptischen Textsalat des deutschen Sprachpakets dürften HTML-Kenner übrigens vieles wiedererkennen: Alles zwischen `<![CDATA[` und `]]>` sind HTML-Tags, die den Text später aufhübschen.

Im unteren Teil der *install.xml* stehen zwischen `<files>` und `</files>` alle Dateien, die zum Sprachpaket gehören. Jeder Dateiname wird dabei noch zwischen `<filename>` und `</filename>` gesetzt. Für das Plattdeutsch-Beispiel sähen die Einträge folgendermaßen aus:

```
<files>
    ...
    <filename>nds-DE.com_tags.ini</filename>
    <filename>nds-DE.com_users.ini</filename>
    ...
</file>
```

Anhand dieser Angaben weiß Joomla! später bei der Installation des Sprachpakets, welche Dateien es aus dem Paket übernehmen und im *language*-Verzeichnis ablegen muss. Achten Sie deshalb darauf, dass für jede Datei in Ihrem Arbeitsverzeichnis genau eine `<filename>` ... `</filename>`-Zeile auftaucht.

Tipp   Wenn Sie das komplette englische Sprachpaket als Basis verwenden, müssen Sie lediglich bei allen mit `<filename>` beginnenden Zeilen das Sprach-Tag `en-GB` gegen Ihr Sprach-Tag austauschen. Am schnellsten geht das mit der Suchen-und-Ersetzen-Funktion Ihres Texteditors.

Die Elemente des Backends übersetzen

Bislang wurden nur die Elemente der Website übersetzt. Die Sprache des Backends passen Sie auf die gleiche Weise an. Die zugehörigen Dateien liegen lediglich im Unterverzeichnis *administrator/language* des Joomla!-Verzeichnisses: Auch von dort können Sie sich einfach die englische Übersetzung aus dem Ordner *en-GB* in ein zweites Arbeitsverzeichnis kopieren. Anschließend müssen Sie dann nur noch dieses Duplikat an Ihre Sprache anpassen. Das funktioniert exakt so, wie in den vorherigen Abschnitten für die Website gezeigt.

Ein Sprachpaket schnüren

Wenn Sie auf die beschriebene Weise sowohl die Texte für das Frontend als auch die für das Backend übersetzt haben, müssen Sie alles in ein kompaktes Sprachpaket verwandeln.

Dazu wechseln Sie zunächst in das Arbeitsverzeichnis mit den Übersetzungen für das Frontend. Packen Sie den Inhalt dieses Verzeichnisses in ein ZIP-Archiv. Geben Sie diesem ZIP-Archiv den Dateinamen *site_de-DE.zip*. Das *de-DE* ersetzen Sie dabei durch Ihr Sprach-Tag. Im Beispiel des Plattdeutschen heißt die ZIP-Datei somit *site_nds-DE.zip*.

Gehen Sie jetzt in das Arbeitsverzeichnis mit den Übersetzungen für das Backend. Packen Sie seinen Inhalt in ein ZIP-Archiv, dem Sie den Dateinamen *admin_de-DE.zip* verpassen. Das *de-DE* ersetzen Sie dabei wieder durch Ihr Sprach-Tag. Im Beispiel des Plattdeutschen heißt die Datei damit *admin_nds-DE.zip*.

An dieser Stelle sollten Sie jetzt zwei ZIP-Archive in den Händen halten: eines mit den Übersetzungen für das Frontend und eines mit den Übersetzungen für das Backend. Kopieren Sie diese beiden ZIP-Archive in ein drittes Arbeitsverzeichnis. Darin erstellen Sie zudem eine Textdatei mit dem Namen *pkg_de-DE.xml*. Der Bestandteil *de-DE* steht dabei wieder für Ihr Sprach-Tag. Bei der Übersetzung ins Plattdeutsche heißt die Datei somit *pkg_nds-DE.xml*. Diese Textdatei füllen Sie jetzt mit folgendem Inhalt:

```xml
<?xml version="1.0" encoding="UTF-8" ?>
<extension type="package" version="3.6">
   <name>Sprachpaket Plattdeutsch</name>
   <packagename>nds-DE</packagename>
   <version>3.6.0.1</version>
   <creationDate>23.09.2016</creationDate>
   <author>Paul Kritiker</author>
   <authorEmail>paul@example</authorEmail>
   <authorUrl>http://www.example.com</authorUrl>
   <description>Sprachpaket für Plattdeutsch</description>
   <files>
      <file type="language" client="site" id="nds-DE">site_nds-DE.zip</file>
      <file type="language" client="administrator" id="nds-DE">admin_nds-DE.zip</file>
   </files>
</extension>
```

Der Aufbau ähnelt dem der *.xml*-Datei aus Abschnitt »Informationen über die Sprache hinterlegen« auf Seite 823. Alle bekannten Zeilen (wie etwa den Namen des Erstellers zwischen <name> und </name>) passen Sie wieder an Ihre Gegebenheiten an. Neu sind lediglich folgende Zeilen:

Zwischen <packagename> und </packagename> steht das Sprach-Tag, wie es auch im Dateinamen erscheint. Im Beispiel heißt die Datei *pkg_nds-DE.xml*, folglich gehört zwischen <packagename> und </packagename> der Text nds-DE.

In den Zeilen

```
<file type="language" client="site" id="xx-XX">site_xx-XX.zip</file>
```

und

```
<file type="language" client="administrator" id="xx-XX">admin_xx-XX.zip</file>
```

müssen Sie nur xx-XX gegen das Sprach-Tag Ihrer Sprache austauschen, im Beispiel für Plattdeutsch also gegen nds-DE. Die beiden Zeilen verraten Joomla!, welches ZIP-Archiv welche Übersetzung enthält.

Nach dem Speichern liegen jetzt in Ihrem Arbeitsverzeichnis drei Dateien:

- *site_nds-DE.zip* mit der Übersetzung für das Frontend
- *admin_nds-DE.zip* mit der Übersetzung für das Backend
- *pkg_nds-DE.xml* mit Informationen für Joomla!

Diese Dreierbande müssen Sie nur noch in ein ZIP-Archiv packen. So erhalten Sie das komplette Sprachpaket, das Sie, wie im Abschnitt »Sprachpakete beschaffen und installieren« auf Seite 785 beschrieben, in Betrieb nehmen können. Um den allgemeinen Standards zu folgen, sollten Sie Ihrem Sprachpaket noch den Namen *nds-DE_joomla_lang_full_3.6.0v1.zip* geben. Dabei tauschen Sie *nds-DE* gegen das Sprach-Tag. Die Versionsnummer *3.6.0v1* passen Sie an die Versionsnummer von Joomla! und die des Sprachpakets an. Mehr zum Aufbau des Paketnamens finden Sie im Abschnitt »Sprachpakete aus dem Internet beziehen« ab Seite 788.

Auch wenn Sie nur die Texte im Frontend übersetzen möchten, müssen Sie dennoch immer ein komplettes Sprachpaket schnüren. Das hat einen einfachen Grund: Einige der für das Backend gedachten Texte tauchen auch im Frontend auf. Darunter fallen unter anderem die Texte aus den Plug-ins für das Captcha und den Seitenumbruch. Im Zweifelsfall sollten Sie einfach die englischen Texte aus dem Unterverzeichnis *administrator/language/en-GB* in Ihr Sprachpaket übernehmen.

In diesem Kapitel:
- Das Joomla! Extensions Directory (JED)
- Erweiterungen installieren
- Erweiterungen verwalten und deinstallieren
- Wartungsfunktionen
- Gefahren und Probleme beim Einsatz von Erweiterungen
- Weblinks
- Kalender (JEvents)
- Bildergalerie (Phoca Gallery)
- Kommentare (JComments)

KAPITEL 19
Funktionsumfang erweitern

Der Leistungsumfang von Joomla! ist zwar schon recht üppig, bei einem stetig wachsenden Internetauftritt wird man jedoch irgendwann spezielle Funktionen vermissen – erst recht, wenn man hin und wieder einen neidischen Blick auf das Angebot der Konkurrenz wirft. So wäre doch beispielsweise eine schicke Bildergalerie oder aber ein Terminkalender mit den anstehenden Filmpremieren eine feine Sache.

In Joomla! lassen sich solche Spezialfunktionen mit wenigen Handgriffen über Erweiterungspakete nachrüsten. Egal ob Forum, Umfragen oder eine Bildergalerie – für fast jede Lebenslage stehen passende Komponenten bereit. Allein der entsprechende Katalog auf der Joomla!-Homepage unter *https://extensions.joomla.org* zählt über 7.800 Erweiterungen. Das ständig wachsende Angebot macht es natürlich unmöglich, hier alle Erweiterungen vorzustellen. Daher beschränken sich die folgenden Abschnitte auf eine Auswahl der wichtigsten und vielleicht auch interessantesten Pakete.

Warnung Einige Erweiterungen besitzen ganz spezielle Systemanforderungen. So verlangen beispielsweise viele Komponenten eine ganz bestimmte PHP-Version oder besonders viel Hauptspeicher. Sollte eine Erweiterung nicht laufen, prüfen Sie als Erstes, ob Ihr System beziehungsweise der Webserver alle Voraussetzungen erfüllt. Mehr Hauptspeicher und zusätzliche Arbeitszeit genehmigen Sie der Erweiterung bei Bedarf entweder über das Kundencenter Ihres Webhosters oder über die Konfigurationsdatei *php.ini* (wie es der Kasten »Einstellungen in der php.ini« beschreibt). Nehmen Sie gegebenenfalls mit Ihrem Webhoster Kontakt auf.

Einstellungen in der php.ini

Damit eine PHP-Anwendung nicht Amok läuft, schränkt der Server ihre Freiheiten drastisch ein. So darf sie beispielsweise nur eine ganz bestimmte Zeit ununterbrochen vor sich hin werkeln. Vor allem funktionsreiche Erweiterungen, wie etwa ein Onlineshop oder ein Forum, verlangen jedoch meist nach mehr Hauptspeicher und zusätzlicher Arbeitszeit.

→

In solchen Fällen können Sie die Limitierungen in der Datei *php.ini* aufweichen. Wo Sie diese Datei finden, hängt von Ihrem Server ab. Beim Einsatz von XAMPP liegt sie

- unter Windows im Verzeichnis *C:\xampp\php*,
- unter OS X beziehungsweise macOS im Ordner */Programme/XAMPP/xamppfiles/etc* und
- unter Linux im Verzeichnis */opt/lampp/etc*.

Einige Webhoster verbieten allerdings das Ändern der *php.ini*. In diesem Fall sollten Sie im Kundencenter nach entsprechenden Einstellungen suchen oder Ihren Webhoster kontaktieren. Die Datei *php.ini* können Sie einfach mit einem Texteditor öffnen (nicht aber mit einer Textverarbeitung wie Word).

Um einer Erweiterung mehr Hauptspeicher zu genehmigen, suchen Sie in der *php.ini* die mit `memory_limit` beginnende Zeile. Die Zahl hinter dem Gleichheitszeichen bestimmt, wie viel Hauptspeicher ein PHP-Programm maximal verwenden darf. `128M` steht beispielsweise für 128 MByte. Erhöhen Sie die Zahl auf den von der Erweiterung verlangten Wert. Die 128 MByte sind normalerweise ausreichend. Benötigt eine Erweiterung mehr, ist sie sehr wahrscheinlich schlecht programmiert oder fehlerhaft.

Mehr Arbeitszeit gestehen Sie zu, indem Sie in der *php.ini* die mit `max_execution_time` beginnende Zeile aufspüren. Die Zahl hinter dem Gleichheitszeichen legt fest, wie viele Sekunden Joomla! beziehungsweise die Erweiterung ohne Pause arbeiten darf. Wählen Sie hier keinen zu hohen Wert. Andernfalls besteht die Gefahr, dass die Erweiterung den Server mit ihrer Arbeit blockiert. Normalerweise reichen 30 Sekunden mehr als aus (`max_execution_time=30`). Knabbert eine Erweiterung länger an einer Aufgabe, ist sie auch hier sehr wahrscheinlich schlampig programmiert oder fehlerhaft.

Einige umfangreiche Erweiterungen kommen in einem mehrere MByte dicken Paket. Joomla! darf jedoch Dateien nur bis zu einer bestimmten Größe hochladen. Wo die Obergrenze liegt, bestimmen in der Datei *php.ini* gleich zwei Stellen. Suchen Sie zunächst die mit `upload_max_filesize` beginnende Zeile. Hinter dem Gleichheitszeichen können Sie ablesen, wie groß eine Datei und somit auch ein Erweiterungspaket maximal sein dürfen. Bei einem Wert von `2M` kann Joomla! nur bis zu 2 MByte große Dateien auf den Server hieven. Ist Ihr Erweiterungspaket größer, erhöhen Sie den Wert entsprechend. Mehr als 8 MByte sollten jedoch normalerweise nicht notwendig sein. Wenn Sie den Wert angepasst haben, suchen Sie die mit `post_max_size` beginnende Zeile und tragen hinter dem Gleichheitszeichen den gleichen Wert ein.

Nach dem Speichern der geänderten *php.ini* müssen Sie den Webserver einmal neu starten. Erst dann wirken die veränderten Einstellungen.

Joomla! lässt sich nur deshalb so reibungslos um schicke Zusatzfunktionen erweitern, weil es kein starres System ist. Wie bereits in Teil 3 erläutert wurde, besteht es aus einer Ansammlung von Komponenten, Modulen und Plug-ins:

- Eine *Komponente* ist ein Block Software, der eine bestimmte Zusatzfunktion realisiert oder eine größere Aufgabe löst. Die Ausgaben einer Komponente landen immer in einem speziell für sie reservierten Bereich auf der Website. Die in

Joomla! mitgelieferten Komponenten wurden bereits in Kapitel 9, *Komponenten – Nützliche Zusatzfunktionen*, Seite 263, vorgestellt.

- *Module* realisieren in der Regel eine kleine spezielle Funktion. Sie selbst dürfen sie an vom Template vorgegebene Positionen auf der Website platzieren. Häufig arbeitet ein Modul mit einer Komponente zusammen. Weitere Informationen liefert das Kapitel 10, *Module – Die kleinen Brüder der Komponenten*, Seite 351.

- *Plug-ins* sind kleine unsichtbare Helferlein, die Module und Komponenten bei ihrer Arbeit unterstützen. Kapitel 14, *Plug-ins*, Seite 585, befasste sich eingehender mit den Plug-ins, die normalerweise unbemerkt vom Joomla!-Benutzer im Hintergrund ihren Dienst verrichten.

Ein Erweiterungspaket kann eine Komponente, ein Modul, ein Plug-in oder eine Mischung daraus nachrüsten. Insbesondere die etwas größeren Erweiterungen, etwa eine Bildergalerie oder ein Terminkalender, enthalten neben einer Komponente häufig sogar gleich mehrere Module und Plug-ins.

| **Tipp** | Die in Joomla! bereits enthaltenen und für den Betrieb zwingend erforderlichen Komponenten werden auch als *Core-Komponenten* bezeichnet. Wie ihr Name schon andeutet, bilden sie den Kern des Content-Management-Systems. | |

Das Joomla! Extensions Directory (JED)

Die Joomla!-Entwickler betreiben unter *https://extensions.joomla.org* das sogenannte J*oomla! Extensions Directory* (kurz JED). Dabei handelt es sich um einen Katalog mit fast allen existierenden Erweiterungen. Das Aussehen und die Bedienung dieses Verzeichnisses ändern sich hin und wieder. Abbildung 19-1 zeigt es zum Zeitpunkt der Bucherstellung.

Damit bei mehreren Tausend Erweiterungen die Übersicht erhalten bleibt, fasst das JED thematisch zusammengehörende Erweiterungen in Kategorien zusammen. Diese sind teilweise noch einmal in Unterkategorien unterteilt. In Abbildung 19-1 finden Sie die Kategorien am unteren Seitenrand. Ein Klick auf eine Kategorie führt zu allen darin enthaltenen Erweiterungen. Möchten Sie beispielsweise eine Bildergalerie nachrüsten, wechseln Sie zur Kategorie *Photos & Images* und suchen sich dann eine der Erweiterungen aus.

Alternativ können Sie mit der Suchfunktion im oberen Teil der Seite gezielt eine ganz bestimmte Erweiterung aufspüren. Das JED dürfen Sie übrigens auch direkt und komfortabel im Backend von Joomla! durchstöbern (mehr dazu folgt direkt im nächsten Abschnitt).

| **Tipp** | Da nicht alle Entwickler ihre Erweiterungen im Joomla! Extensions Directory anmelden, ist es bei Weitem nicht komplett. Aufgrund seines dennoch recht ansehnlichen Umfangs bildet es aber eine sehr gute erste Anlaufstelle. Sollten Sie in Joomla! eine Funktion vermissen, werfen Sie daher zunächst einen Blick in das Joomla! Extensions Directory. Mit Google, Bing & Co. kann man dann anschließend immer noch das Internet nach zusätzlichen Erweiterungen durchforsten. | |

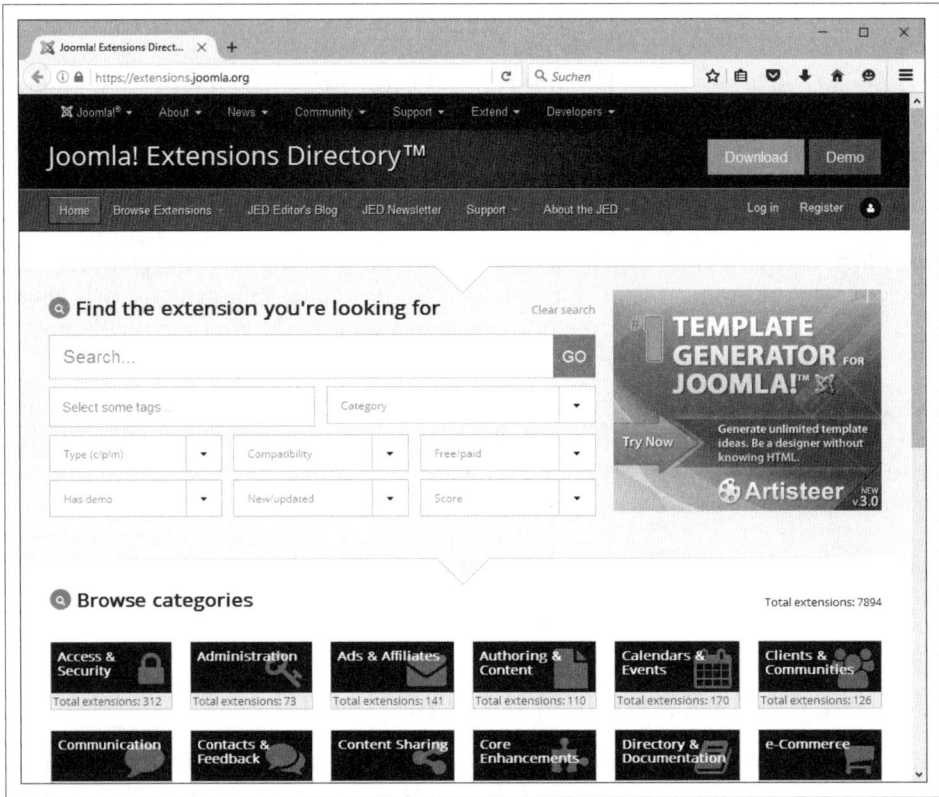

Abbildung 19-1: Das Joomla! Extensions Directory führt zahlreiche Erweiterungen.

Die Joomla!-Entwickler wollen nach und nach einige bislang mitgelieferte Funktionen in externe Erweiterungen auslagern. Auf diese Weise möchten sie das Content-Management-System etwas verschlanken. Den Anfang machte in Joomla! 3.4 die Weblinks-Komponente, die schlichtweg Listen mit Internetlinks verwaltete. Auf den Filmtoaster-Seiten hätte man mit ihr beispielsweise Links zu den Internetauftritten aller Vorortkinos anbieten können. Die Erweiterungen mit den aus Joomla! entfernten Funktionen finden Sie im Joomla! Extensions Directory in der eigens dafür geschaffenen Kategorie *Official Extensions* (direkt erreichbar unter der Internetadresse *https://extensions.joomla.org/category/official-extensions*). Die dort angebotenen Erweiterungen werden von den Joomla!-Entwicklern höchstpersönlich betreut und weiterentwickelt.

Erweiterungen installieren

Eine Erweiterung lässt sich auf gleich mehreren Wegen in Joomla! installieren. Sie alle benötigen netterweise nur wenige Mausklicks. In einem Fall können Sie sich die Erweiterung sogar bequem im Backend aussuchen.

Erweiterungen über das JED nachrüsten

Das im vorherigen Abschnitt vorgestellte Joomla! Extensions Directory (kurz JED) dürfen Sie nicht nur direkt im Backend durchstöbern, die ins Auge gefasste Erweiterung lässt sich dann auch mit nur einem weiteren Mausklick einspielen. Dazu müssen Sie Joomla! allerdings erst einmal den Zugriff auf das Joomla! Extensions Directory erlauben.

Wechseln Sie im Backend zum Menüpunkt *Erweiterungen* → *Verwalten* → *Installieren* und klicken Sie im hellblauen Kasten aus Abbildung 19-2 auf die Schaltfläche *»Aus Webkatalog installieren«-Tab hinzufügen*.

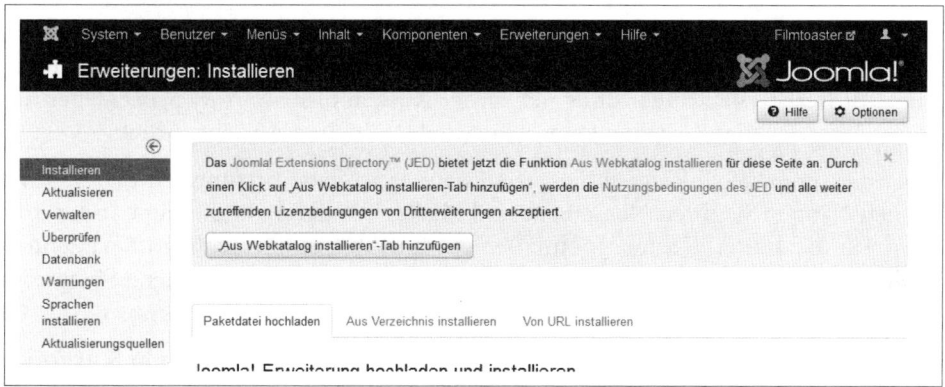

Abbildung 19-2: Über die Schaltfläche innerhalb der blauen Meldung ...

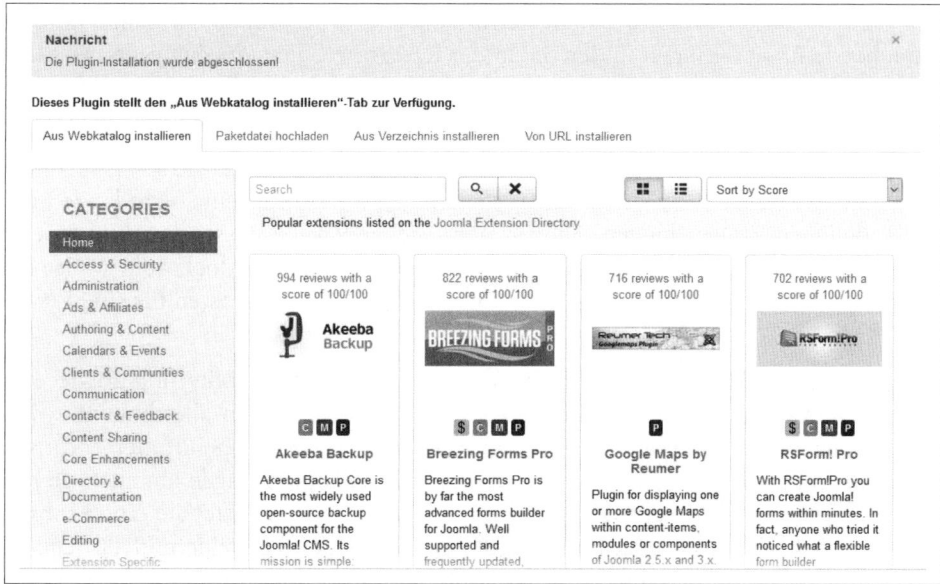

Abbildung 19-3: ... rüsten Sie dieses Register nach, über das Sie bequem den offiziellen Katalog mit Erweiterungen durchstöbern können.

Nach einer kurzen Bedenkpause finden Sie ab sofort im unteren Teil ein weiteres Register namens *Aus Webkatalog installieren*. Darin können Sie auf das komplette Joomla! Extensions Directory zugreifen (Abbildung 19-3).

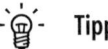

Tipp   Mit einem Klick auf die Schaltfläche haben Sie eine (offizielle) Erweiterung installiert. Diese hat ein Plug-in eingerichtet, das wiederum das Register *Aus Webkatalog installieren* zur Verfügung stellt. Das Plug-in finden Sie unter dem Namen *Installer → Webkataloginstallation* bei seinen Kollegen in der Tabelle hinter *Erweiterungen → Plugins*. Wenn Sie es dort deaktivieren, verschwindet auch das Register *Aus Webkatalog installieren* wieder.

Standardmäßig finden Sie im rechten Teil eine Auswahl der beliebtesten Erweiterungen. Jeder Kasten repräsentiert dabei genau eine Erweiterung. Alternativ können Sie auch auf eine Listendarstellung umschalten. Klicken Sie dazu auf das Symbol mit den drei Streifen direkt links neben der Ausklappliste *Sort by Score*. Über das Symbol mit den vier Kästchen kehren Sie wieder zur alten Ansicht zurück.

Über das Eingabefeld können Sie gezielt nach einer ganz bestimmten Erweiterung suchen: Tippen Sie ihren Namen ein und klicken Sie dann auf die Lupe (oder drücken Sie die [Enter]-Taste). Joomla! zeigt dann alle zum Suchbegriff passenden Erweiterungen an. Mit einem Klick auf den Knopf mit dem *X* springen Sie wieder zur Liste mit allen beliebten Erweiterungen zurück.

Um die Übersicht zu wahren, sortiert der Katalog alle Erweiterungen in Kategorien ein. Diese finden Sie in der Liste am linken Seitenrand. Ein Klick auf eine der Kategorien führt zu ihren Inhalten.

 Für die Filmtoaster-Seiten wäre ein Terminkalender eine sinnvolle Ergänzung. Entsprechende Erweiterungen finden Sie in der Kategorie *Calendars & Events*. Es klappen jetzt zwei Unterkategorien auf. Der Kalender soll die anstehenden Veranstaltungen präsentieren, folglich kommen die Erweiterungen aus der Unterkategorie *Events* infrage.

Wie im Beispiel des Terminkalenders erhalten Sie in der Regel eine recht lange Liste mit möglichen Erweiterungen. Die für den eigenen Zweck passende zu finden, ist nicht ganz einfach. Das Joomla! Extensions Directory bietet jedoch netterweise ein paar Hilfestellungen: Abbildung 19-4 zeigt exemplarisch den Kasten für eine Erweiterung namens JEvents.

Im unteren Teil des Kastens finden Sie den Namen der Erweiterung sowie eine kurze Beschreibung ihrer Funktion. Diese Beschreibung geben allerdings die Entwickler der Erweiterung vor, bisweilen fallen deshalb nichtssagend oder kryptisch aus. Die bunten Symbole über dem Namen der Erweiterung zeigen an, aus welchen Bestandteilen die Erweiterung besteht. Bei einem grünen *C* rüstet sie eine Komponente nach, bei einem roten *M* mindestens ein Modul, und bei einem lilafarbenen *P* holen Sie sich mit ihr noch mindestens ein Plug-in ins Haus. JEvents aus Abbildung 19-4 besteht folglich aus einer Komponente, mindestens einem Modul und mindestens einem Plug-in. Wenn Sie zusätzlich noch ein gelbes Dollarsymbol sehen, handelt es sich um eine kostenpflichtige Erweiterung.

Abbildung 19-4: Dieser bunte Kasten liefert zahlreiche Informationen über die Erweiterung JEvents.

Die Nutzer des Joomla! Extensions Directory (also auch Sie) dürfen jede Erweiterung bewerten. Maximal möglich sind dabei 100 Punkte. Wie viele Punkte eine Erweiterung derzeit im Schnitt bekommen hat, können Sie in ihrem Kasten über dem Symbolbild ablesen. JEvents aus Abbildung 19-4 hat mit 100 von 100 Punkten die Höchstpunktzahl erhalten. Die Erweiterung scheint folglich vielen Benutzern zu gefallen. Wie viele Anwender bereits abgestimmt haben, steht vor *reviews*: Bei JEvents haben in Abbildung 19-4 insgesamt 457 Personen ihre Meinung abgegeben. Sofern sehr viele Nutzer eine hohe Punktzahl vergeben haben, dürfte die Erweiterung praxistauglich sein. Vorsicht ist geboten, wenn nur ein Nutzer eine Wertung von 100 Punkten abgibt. In dem Fall hat nur ihm allein die Erweiterung gefallen.

Standardmäßig sortiert Joomla! die gefundenen Erweiterungen aufsteigend nach der Anzahl der Rezensenten. Über die Ausklappliste rechts oben können Sie diese Reihenfolge verändern. *Sort by Name* würde beispielsweise die Erweiterungen alphabetisch aufsteigend nach ihren Namen sortieren.

Wenn Sie den Kasten einer Erweiterung anklicken, erhalten Sie zahlreiche weitere Informationen. Für die Filmtoaster-Seiten klicken Sie *JEvents* an. Das Ergebnis zeigt Abbildung Abbildung 19-5.

Wichtig ist dort vor allem die Angabe in den Klammern hinter *Version*: Dort können Sie ablesen, wann die Erweiterung zum letzten Mal aktualisiert wurde. Je länger dieser Zeitpunkt zurückliegt, desto wahrscheinlicher besitzt die Erweiterung nicht korrigierte Fehler oder sogar Sicherheitslücken. Über die Schaltfläche *Developer Website* springen Sie schließlich noch zur Homepage der Erweiterung. Die Bewertungen und Kommentare der Nutzer erreichen Sie mit einem Klick auf die Bewertung (in Abbildung 19-5 also via *457 reviews with a score of 100/100*).

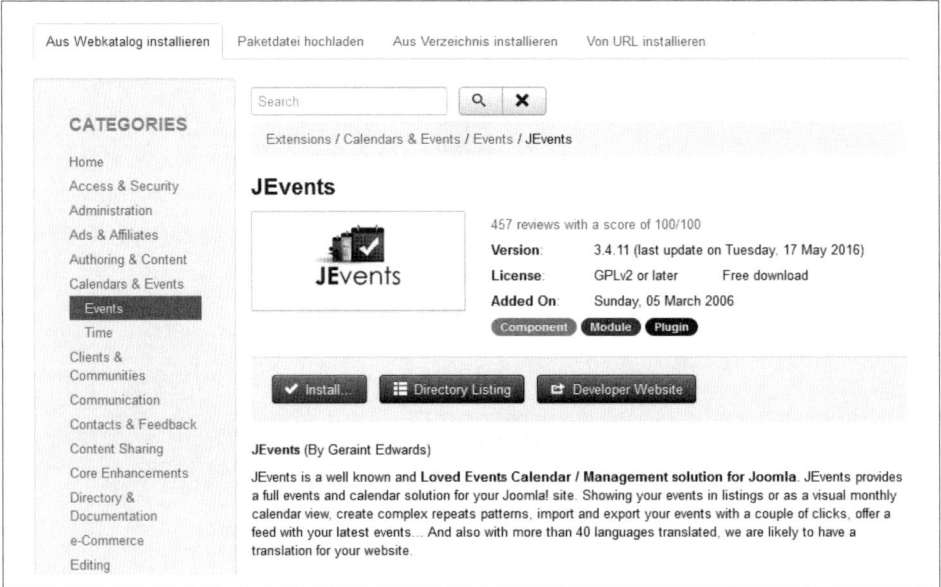

Abbildung 19-5: In dieser Detailansicht erfahren Sie unter anderem die Versionsnummer der Erweiterung.

Möchten Sie die Erweiterung einspielen, klicken Sie einfach auf *Install*. Anschließend müssen Sie die Installation noch einmal explizit mit *Installieren* bestätigen. Joomla! saugt jetzt die Erweiterung aus dem Internet und integriert sie in Joomla!. Installieren Sie auf diese Weise auf den Filmtoaster-Seiten die Erweiterung JEvents. Nach der Integration in Joomla! erscheint eine Erfolgsmeldung, deren Aussehen von der jeweiligen Erweiterung abhängt. Die neuen Funktionen erreichen Sie dann im Menü des Backends. JEvents finden Sie beispielsweise unter *Komponenten* → *JEvents*. Wie es dort weitergeht, verrät gleich noch Abschnitt »Kalender (JEvents)« ab Seite 847.

Erhalten Sie bei der Installation die Fehlermeldung *Maximale PHP-Dateihochladegröße zu klein*, ist das Erweiterungspaket zu groß. Sie müssen Ihren Webserver dann so einstellen, dass Joomla! größere Dateien auf den Server laden darf (siehe Kasten »Einstellungen in der php.ini« auf Seite 831).

Es gibt allerdings noch weitere Fälle, in denen die Installation auf dem beschriebenen Weg scheitert – beispielsweise wenn Joomla! nicht auf das Internet zugreifen darf. Darüber hinaus bieten einige Entwickler ihre Erweiterungen ausschließlich auf ihrer eigenen Homepage zum Download an. Das gilt vor allem für kommerzielle Erweiterungen. Ihnen bleibt dann nichts anderes übrig, als die Erweiterung zunächst herunterzuladen und sie dann im Backend mit einer der folgenden Methoden einzuspielen.

Erweiterungspakete einspielen

Wenn Sie sich eine Erweiterung von einer Internetseite oder aus dem Joomla! Extensions Directory unter *https://extensions.joomla.org* heruntergeladen haben, erhalten Sie in der Regel ein Paket mit der Endung *.zip*, selten auch *.tar.gz* oder *.tgz*. Dessen Installation erfolgt ganz genau so wie das Einspielen von Templates und Sprachpaketen: Rufen Sie zunächst im Backend den Menüpunkt *Erweiterungen → Verwalten → Installieren* auf. Wechseln Sie dort zum Register *Paketdatei hochladen* (das Abbildung 19-6 zeigt).

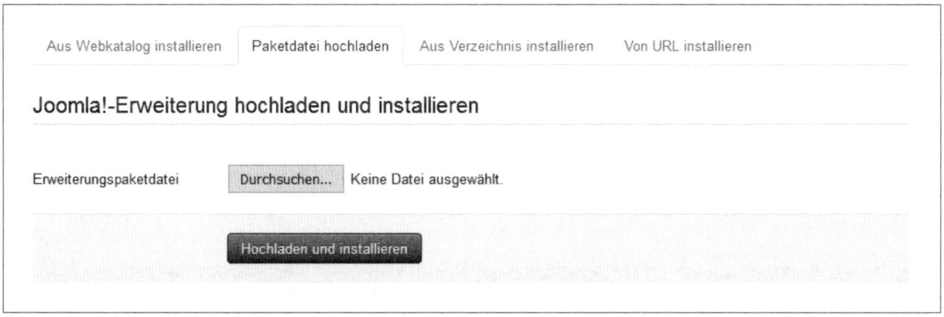

Abbildung 19-6: Der Installationsbildschirm für jede Art von Erweiterungen.

Klicken Sie auf *Durchsuchen...* und wählen Sie die Paketdatei aus. Ein anschließender Klick auf *Hochladen und installieren* spielt die Erweiterung schließlich ein.

Was Joomla! nun alles auf den Server schaufelt, hängt von der jeweiligen Erweiterung ab. Wundern Sie sich also nicht, wenn nach der Installation neben einer Komponente auch neue Plug-ins und Module im Backend auftauchen.

Einige Erweiterungen liegen in mehreren separaten Paketen vor. Diese müssen Sie nacheinander auf dem beschriebenen Weg installieren. Die dabei einzuhaltende Reihenfolge hängt von der konkreten Erweiterung ab. In der Regel sollte die entsprechende Information auf der Homepage der Erweiterung zu finden sein.

Alternativ kann Joomla! die Erweiterung auch selbst herunterladen und einspielen. Dazu wechseln Sie zum Register *Von URL installieren*, tippen dann in das Eingabefeld *Von URL installieren* die Internetadresse ein, die zur Paketdatei der Erweiterung führt, und klicken abschließend auf *Überprüfen und installieren*. Damit besitzen Sie dann allerdings keine Kopie der Erweiterung auf der eigenen Festplatte. Sollte die Erweiterung aus mehreren einzelnen Paketen bestehen, wiederholen Sie den Vorgang für jede dieser Dateien.

Erscheint bei einer der beiden beschriebenen Installationsmethoden die Fehlermeldung *Maximale PHP-Dateihochladegröße zu klein*, ist das Erweiterungspaket zu groß. Sie müssen Ihren Webserver dann so einstellen, dass Joomla! größere Dateien auf den Server laden darf (siehe Kasten »Einstellungen in der php.ini« auf Seite 831).

Schlagen alle beschriebenen Installationswege fehl oder kommt die Erweiterung nicht in einem *.zip-* oder *.tar.gz*-Archiv, müssen Sie das Erweiterungspaket zunächst auf Ihrer Festplatte entpacken. Den herausgepurzelten Inhalt transferieren Sie anschließend per Hand in genau das Verzeichnis auf Ihrem Server, das Ihnen Joomla! auf der Registerkarte *Aus Verzeichnis installieren* im Eingabefeld *Aus Verzeichnis installieren* nennt. Mit einem Klick auf das nebenstehende *Überprüfen und* *installieren* spielt Joomla! die Erweiterung schließlich ein. Anschließend können Sie die hochgeladenen Dateien wieder löschen.

 **Warnung** Einige Erweiterungen verändern bei ihrer Installation die Datenbank oder führen andere vorbereitende Maßnahmen durch. Sollte die Installation auf allen drei beschriebenen Wegen fehlschlagen, sollten Sie Kontakt mit dem Autor der Erweiterung aufnehmen oder in einem entsprechenden Internetforum um Hilfe bitten.

Erweiterungen verwalten und deinstallieren

Im Backend gelangen Sie über *Erweiterungen* → *Verwalten* → *Verwalten* zu einer Tabelle mit allen derzeit installierten Komponenten, Modulen, Plug-ins, Sprachpaketen und Templates (siehe Abbildung 19-7).

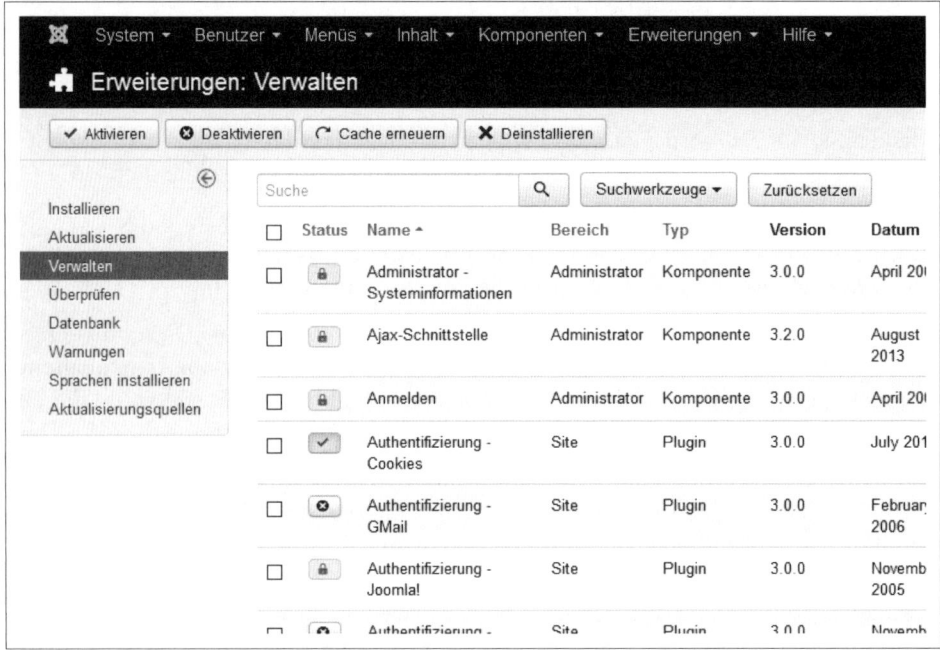

Abbildung 19-7: Der Verwaltungsbildschirm für alle derzeit installierten Erweiterungen (Ausschnitt).

Schon in der Standardinstallation ist diese Tabelle recht lang, sodass ihr Aufruf etwas dauern kann. Nutzen Sie daher möglichst auch die *Suchwerkzeuge*. Besonders hilfreich ist dabei die Ausklappliste – *Typ wählen* –. Wenn Sie diese beispielsweise auf *Komponenten* stellen, führt die Tabelle nur noch alle installierten Komponenten auf.

Mit einem Klick auf den grünen Haken in der Spalte *Status* können Sie eine Erweiterung vorübergehend außer Gefecht setzen, mit einem Klick auf den roten Kreis schalten Sie sie wieder ein. Alternativ dürfen Sie auch die Erweiterung in ihrem Kästchen ankreuzen und dann die Schaltflächen *Aktivieren* beziehungsweise *Deaktivieren* in der Werkzeugleiste heranziehen.

Tipp Diese Möglichkeit ist insbesondere dann nützlich, wenn Joomla! sich plötzlich bockig verhält. Durch eine gezielte Deaktivierung der Komponenten, Module oder Plug-ins lässt sich so der Übeltäter finden, ohne gleich die Erweiterung komplett wieder deinstallieren zu müssen.

Wenn Sie eine Erweiterung wieder loswerden wollen, markieren Sie einfach wie gewohnt das kleine Kästchen in ihrer Zeile und klicken dann in der Werkzeugleiste auf *Deinstallieren*.

Einige Erweiterungen besitzen in der Spalte *Status* ein Schlosssymbol. Dabei handelt es sich um Basiskomponenten, die Joomla! dringend zum Überleben braucht. Aus diesem Grund widersetzen sie sich jeglichen Löschversuchen. Alle so geschützten Erweiterungen zeigt Joomla! an, wenn Sie in den *Suchwerkzeugen* die Ausklappliste – *Status wählen* – auf *Geschützt* stellen. Umgekehrt präsentiert die Tabelle alle anderen Erweiterungen, wenn Sie den Punkt *Ungeschützt* wählen.

Einige Erweiterungen bestehen aus mehreren Teilen, die in einem Komplettpaket geliefert werden. Dazu gehört beispielsweise das Erweiterungspaket JEvents mit dem Terminkalender: Das Paket hat neben einer Komponente gleich mehrere Module und Plug-ins mitgebracht. Alle diese Bestandteile listet die Tabelle jeweils einzeln auf. Wenn Sie das Beispiel aus dem vorherigen Abschnitt mitgemacht haben und bei Ihnen somit JEvents installiert ist, klicken Sie auf *Zurücksetzen*, tippen in das Eingabefeld JEvents ein und aktivieren dann die Lupe. Joomla! zeigt Ihnen jetzt alle Bestandteile an, die das Erweiterungspaket JEvents mitgebracht hat. Vermutlich überrascht es Sie, wie viele Module und Plug-ins ein kleiner Terminkalender benötigt. Auch andere Erweiterungen installieren mitunter mehr Module und Plug-ins, als man gemeinhin glaubt.

In der Regel übernimmt jedes Modul und jedes Plug-in genau eine fest definierte Aufgabe. Das hat den Vorteil, dass Sie die Komponenten, Module und Plug-ins jeweils einzeln und gezielt deaktivieren können. Wenn Sie etwa verhindern möchten, dass Joomla! auch die Kalendereinträge durchsucht, schalten Sie einfach das Plug-in *Search → JEvents* aus. Alle anderen Funktionen des Kalenders bleiben erhalten.

Die in einem Paket mitgelieferten Teile könnten Sie wie gezeigt einzeln deinstallieren. Möchten Sie gleich die komplette Erweiterung loswerden, öffnen Sie die *Suchwerkzeuge* und stellen – *Typ wählen* – auf *Paket*. Joomla! zeigt Ihnen jetzt alle von Ihnen installierten Erweiterungspakete an. Um eine komplette Erweiterung zu löschen, setzen Sie zunächst einen Haken in das Kästchen vor dem entsprechenden Erweiterungspaket. Möchten Sie beispielsweise den Terminkalender JEvents loswerden, setzen Sie den Haken vor das *JEvents Package*. Nach einem Klick auf *Deinstallieren* entfernt Joomla! alle ursprünglich in diesem Paket enthaltenen Komponenten, Module und Plug-ins – und somit die komplette Erweiterung.

Mit der Schaltfläche *Cache erneuern* können Sie Joomla! zwingen, die in der Tabelle angezeigten Informationen zu aktualisieren. Das sollten Sie immer dann vornehmen lassen, wenn in der Tabelle einige Informationen wie etwa das *Datum* fehlen. Kreuzen

Sie die betroffene Erweiterung in ihrem Kästchen an und klicken dann auf *Cache erneuern*, erfragt Joomla! alle zugehörigen Informationen (noch einmal).

Wartungsfunktionen

Im Backend erreichen Sie im Untermenü von *Erweiterungen* → *Verwalten* verschiedene Werkzeuge, die Ihnen insbesondere bei Problemen weiterhelfen oder auf solche hinweisen.

Warnungen

Die Seite hinter *Erweiterungen* → *Verwalten* → *Warnungen* sammelt Fehler- und Systemmeldungen, die irgendwie die Erweiterungen betreffen. In Abbildung 19-8 weist Joomla! beispielsweise auf problematische PHP-Einstellungen hin. Sie sollten alle hier gemeldeten Hinweise beachten und ernst nehmen, da sie die Erweiterungen beeinflussen und im Extremfall sogar außer Gefecht setzen könnten.

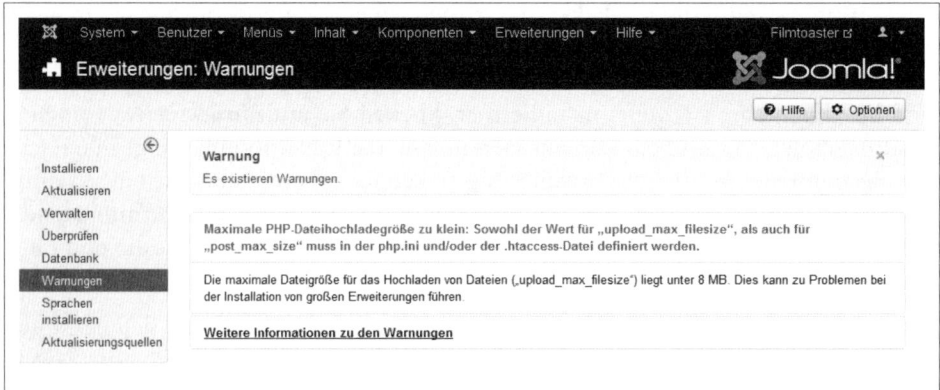

Abbildung 19-8: Joomla! beschwert sich hier darüber, dass es nur kleine Dateien hochladen darf, was wiederum die Installation von größeren Erweiterungen verhindert (Hilfe bei diesem Problem liefert der Kasten »Einstellungen in der php.ini« auf Seite 831).

Überprüfen

In einigen Situationen schlagen die Installationsmethoden aus dem Abschnitt »Erweiterungen installieren« auf Seite 834 fehl. Das ist beispielsweise dann der Fall, wenn Sie sehr große Erweiterungspakete vorliegen haben, Ihr Webhoster aber nur das Hochladen viel kleinerer Dateien gestattet. Für solche Fälle bietet Joomla! unter *Erweiterungen* → *Verwalten* → *Überprüfen* eine Hintertür an, mit der sich die Erweiterung doch noch einspielen lässt.

Dazu entpacken Sie zunächst das Paket mit der Erweiterung auf Ihrer Festplatte. Die dabei zum Vorschein kommenden Verzeichnisse kopieren Sie dann per FTP oder SSH in die entsprechenden Verzeichnisse Ihrer Joomla!-Installation.

Warnung Diese Methode setzt voraus, dass Sie genau wissen, welche Verzeichnisse aus dem Erweiterungspaket in welche Joomla!-Verzeichnisse gehören. Darüber hinaus lassen sich nicht alle Erweiterungen auf diesem Weg einspielen. Das äußert sich dann vor allem darin, dass die Erweiterung nicht korrekt funktioniert. Im Zweifelsfall sollten Sie den Entwickler der Erweiterung kontaktieren.

Sind die Paketinhalte alle an ihrem Platz, wechseln Sie im Backend von Joomla! zum Menüpunkt *Erweiterungen* → *Verwalten* → *Überprüfen*. Nach einem Klick auf *Überprüfen* in der Werkzeugleiste durchläuft Joomla! alle seine Verzeichnisse und schaut nach, ob irgendwo noch nicht installierte Erweiterungen liegen. Alle gefundenen Kandidaten listet Joomla! dann so wie in Abbildung 19-8 auf.

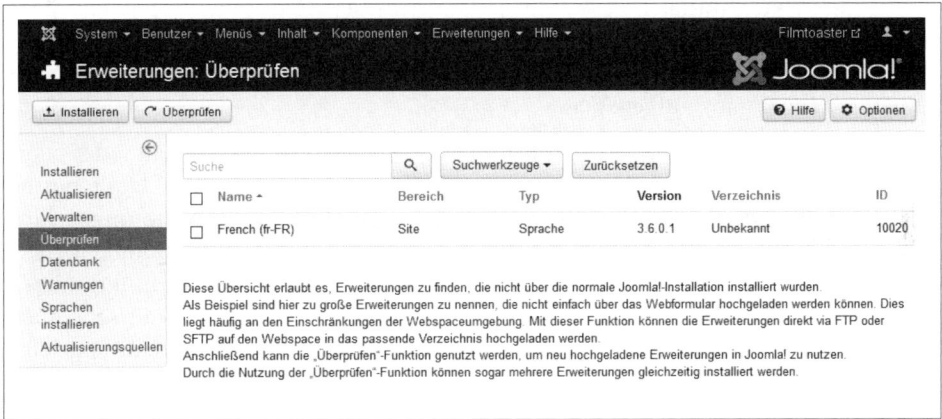

Abbildung 19-9: Hier wurde im Joomla!-Verzeichnis ein noch nicht installiertes Sprachpaket gefunden.

Alle diese Erweiterungen werden von Joomla! noch ignoriert. Um sie endgültig zu aktivieren, setzen Sie einen Haken in ihr jeweiliges Kästchen und klicken dann auf *Installieren*.

Gefahren und Probleme beim Einsatz von Erweiterungen

Die Installation einer Erweiterung ist simpel und schnell erledigt: Man muss sich nur im Joomla! Extensions Directory ein geeignetes Exemplar aussuchen und dann im Backend mit zwei Mausklicks einspielen. Dies sollte man allerdings nicht gedankenlos machen, denn Erweiterungen bergen auch ein paar Risiken.

Zunächst einmal stammen die Erweiterungen von Dritten, die mal besser und mal schlechter programmieren können. Damit schwankt auch die Qualität der Erweiterungen. Ein schlampig entwickeltes Plug-in kann schon mal die komplette Website lahmlegen. Bevor Sie eine Erweiterung installieren, sollten Sie daher immer auf ihre Bewertungen im Joomla! Extensions Directory achten. Lesen Sie dort auch unbedingt die Kommentare der Nutzer, in denen Sie häufig Hinweise auf Probleme finden.

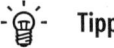 **Tipp**   Probieren Sie eine Erweiterung immer erst in einer Testinstallation aus. Nur wenn sie dort reibungslos arbeitet, installieren Sie sie auf Ihrem Server. Damit verhindern Sie, dass eine veraltete oder schlampig programmierte Erweiterung Ihre richtige Internetseite lahmlegt.

Ein weiterer Stolperstein ist die Lizenz: Nicht alle Erweiterungen dürfen Sie in allen Situationen kostenlos verwenden. So erlauben einige Entwickler den kostenlosen Einsatz nur auf privaten Websites. Auf der sicheren Seite sind Sie bei der GNU General Public License (kurz GNU GPL). Sie gestattet den kostenfreien Einsatz auch im kommerziellen Umfeld.

Des Weiteren sollten Sie immer prüfen, wann die Erweiterung zum letzten Mal von ihrem Entwickler aktualisiert wurde. Je länger dieser Zeitpunkt zurückliegt, desto wahrscheinlicher enthält die Erweiterung Fehler und Sicherheitslücken. Eine Erweiterung, die über ein Jahr nicht aktualisiert wurde, hat der Entwickler sehr wahrscheinlich sogar ganz aufgegeben.

Schließlich muss die Erweiterung zu Ihrer Joomla!-Version passen: Mit jeder neuen Joomla!-Version ändern sich auch einige Teile unter der Haube. Damit besteht allerdings die Gefahr, dass auf die Vorversion zugeschnittene Erweiterungen nicht mehr funktionieren. Als Faustregel gilt, dass unter der aktuellen Joomla!-Version zumindest auch immer die Erweiterungen für die direkte Vorversion funktionieren. Eine auf Joomla! 3.5 zugeschnittene Komponente läuft mit großer Wahrscheinlichkeit auch unter Joomla! 3.6 – vorausgesetzt, die Komponente nutzt keine speziellen Systemfunktionen.

 **Warnung**   Halten Sie auch die Erweiterungen immer auf dem aktuellen Stand. Mehr dazu folgt im entsprechenden Kapitel 23, *Aktualisierung und Migration*, Seite 941.

Weblinks

Joomla! enthielt bis einschließlich Version 3.3 noch eine Komponente namens Weblinks. Mit ihrer Hilfe konnte man den Besuchern Listen mit Internetlinks anbieten. Auf den Filmtoaster-Seiten hätte man damit beispielsweise auf die Internetauftritte bekannter Schauspieler verweisen können. In Joomla! 3.4 wurde diese Funktion in eine Erweiterung ausgelagert. Diese finden Sie im Joomla! Extensions Directory in der Kategorie *Official Extensions*. Besonders einfach zurückholen lässt sich die Weblinks-Komponente, wenn Sie hinter *Erweiterungen → Verwalten → Installieren* das Register *Aus Webkatalog installieren* aktiviert haben (siehe Abschnitt »Erweiterungen über das JED nachrüsten« auf Seite 835). Wechseln Sie am linken Rand zur Kategorie *Official Extensions*, klicken Sie *Weblinks* an und lassen Sie die Erweiterung via *Install* und dann *Installieren* einspielen. Anschließend erreichen Sie die Funktionen der Weblinks-Komponente unter *Komponenten → Weblinks*.

 Mithilfe der Weblinks-Komponente könnten die Filmtoaster-Seiten zum Beispiel auf die Kinos der näheren Umgebung verweisen. Da solche Linksammlungen erfahrungsgemäß sehr umfangreich werden können, gruppiert die Weblinks-Komponente thematisch zusammengehörige Links in Kategorien. Beispielsweise könnte man alle Links zu den Internetseiten von Prominenten in einer Kategorie *Filmstars* zusammenfassen, während man die Links auf die Kinos in einer zweiten Kategorie bündelt.

Die Weblinks-Komponente verlangt, dass jeder Link genau einer Kategorie angehört. Aus diesem Grund führt der erste Weg zum Menüpunkt *Komponenten* → *Weblinks* → *Kategorien*. Um eine neue Kategorie anzulegen, klicken Sie auf *Neu*. Im Formular verpassen Sie der Kategorie zunächst einen neuen Titel, im Beispiel etwa Kinos. Im großen Eingabefeld beschreiben Sie kurz, welche Links der Besucher in der Kategorie vorfindet. Für die Filmtoaster-Seiten notieren Sie: Hier finden Sie Links zu den Internetseiten der hiesigen Kinos. Per *Speichern & Schließen* legen Sie die neue Kategorie an.

Nachdem die Kategorie existiert, können Sie sie mit Links befüllen. Dazu rufen Sie den Menüpunkt *Komponenten* → *Weblinks* → *Links* auf. Einen neuen Link legen Sie via *Neu* in der Werkzeugleiste an. Damit öffnet sich das Formular aus Abbildung 19-10. Für die Filmtoaster-Seiten soll ein Link auf die Webseiten des (fiktiven) Roxy-Kinos hinzugefügt werden.

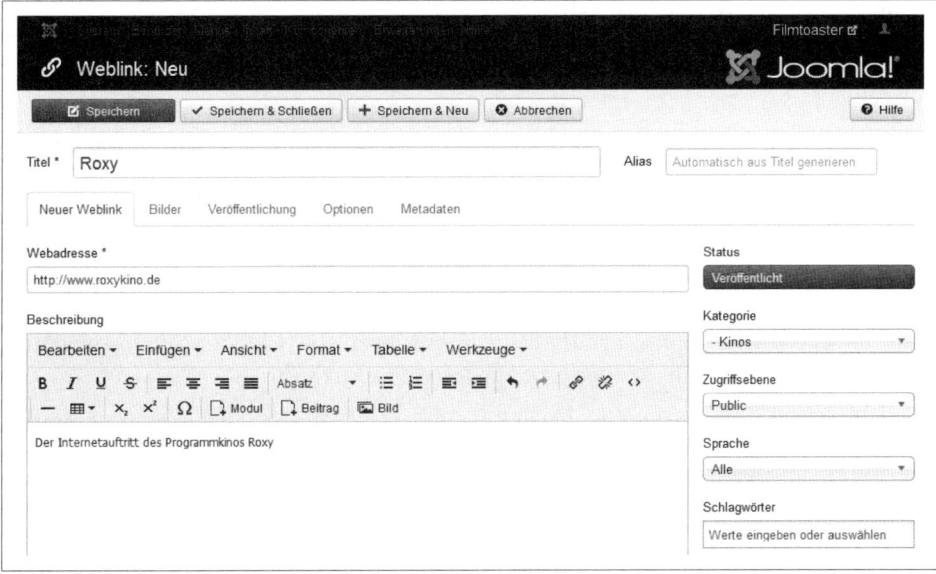

Abbildung 19-10: Hier entsteht ein neuer Link zur Homepage des Roxy-Kinos.

Unter *Titel* tippen Sie zunächst den Namen des Links ein. Diese Bezeichnung muss der Benutzer später anklicken, um auf die unter *Webadresse* eingetippte Internetseite zu gelangen. Für das Beispiel wäre Roxy ein passender Name, als *Webadresse* hinterlegen Sie *http://www.roxykino.de*. Ordnen Sie den Link anschließend in der entsprechenden Ausklappliste einer *Kategorie* zu. Den Link auf das Roxy-Kino packen Sie in die dafür vorhin angelegte Kategorie *Kinos*. Im großen Eingabefeld erklären Sie noch kurz und knapp, was den Besucher hinter dem Link erwartet – im Fall des Roxy-Kinos etwa Der Internetauftritt des Programmkinos Roxy.

Wechseln Sie weiter zum Register *Optionen*. Unter *Ziel* bestimmen Sie, was nach einem Klick auf den Link passiert. Entweder erscheint die dahinterstehende Seite im gleichen Browserfenster (*In gleichem Fenster öffnen*), in einem neuen Fenster mit allen Navigationsmöglichkeiten oder in einem neuen, nackten Fenster ohne die sonst üblichen Symbolleisten (*Als Pop-up-Fenster öffnen*). Alternativ können Sie die Internetseite auch in einem *Modalfenster* anzeigen lassen. Dabei dunkelt Joomla! Ihre Website ab und zeigt dann in einem weißen Rahmen die fremde Internetseite an. Wenn Sie die *Globale Einstellung* übernehmen, öffnet Joomla! die Internetseite im gleichen Browserfenster, ersetzt dort also Ihre eigene Website. Haben Sie sich unter *Ziel* für das Pop-up- oder das Modalfenster entschieden, tippen Sie unter *Breite* und *Höhe* die Abmessungen des neuen Fensters in Pixeln (Bildpunkte) ein. Wenn die beiden Felder leer bleiben, erstellt Joomla! ein 600 x 500 Pixel großes Fenster.

Joomla! zählt automatisch mit, wie oft ein Besucher den Link angeklickt hat. Auf diese Weise finden Sie schnell heraus, welche Links besonders beliebt sind. Wenn Sie diese Zählung für den Link unterbinden möchten, setzen Sie *Klicks zählen* auf *Nein*.

Für die Filmtoaster-Seiten belassen Sie hier alle Einstellungen auf ihren Standardwerten und lassen den Link *Speichern & Schließen*. Damit gelangen Sie zur Tabelle mit allen angelegten Links, die Sie jederzeit über *Komponenten → Weblinks → Links* erreichen. Die Spalte *Zugriffe* zeigt dort an, wie oft die Besucher diesem Link bereits gefolgt sind.

Nachdem die zugegebenermaßen etwas karge Linksammlung existiert, müssen Sie sie noch auf der Website für Besucher zugänglich machen. Das gelingt über einen entsprechenden Menüpunkt. Um ihn anzulegen, klappen Sie im Backend das Menü *Menüs* auf und wählen im unteren Bereich das Menü aus, in dem der Menüpunkt auftauchen soll. Auf den Filmtoaster-Seiten können Sie einfach *Menüs –> Main Menu* aufrufen. Klicken Sie dann auf *Neu*, gefolgt von *Auswählen* neben *Menüeintragstyp*. Da der Menüpunkt zu den *Weblinks* führen soll, klappen Sie den gleichnamigen Slider auf. Hier haben Sie jetzt die folgende Auswahl:

- *Alle Weblinkskategorien auflisten* präsentiert alle Weblinks sowie die Unterkategorien einer ausgewählten Weblinks-Kategorie, wohingegen
- *Weblinks in Kategorie auflisten* einfach nur alle Weblinks in einer einzelnen Kategorie anzeigt.
- Über einen Menüpunkt vom Typ *Weblink einreichen* können später (angemeldete) Besucher eigene neue Weblinks einreichen.

Auf den Filmtoaster-Seiten sollen alle Links aus der Kategorie *Kino* angezeigt werden. Entscheiden Sie sich folglich für *Weblinks in Kategorie auflisten*. Wählen Sie unter *Kategorie auswählen* die entsprechende Weblinks-Kategorie – im Beispiel also *Kino*. Verpassen Sie dem Menüpunkt noch einen geeigneten Menütitel, hier vielleicht `Links zu Programmkinos`. Nach dem *Speichern & Schließen* führt auf der Website ein neuer Menüpunkt zur Seite aus Abbildung 19-11. Ein Klick auf einen der Einträge öffnet die entsprechende Webseite.

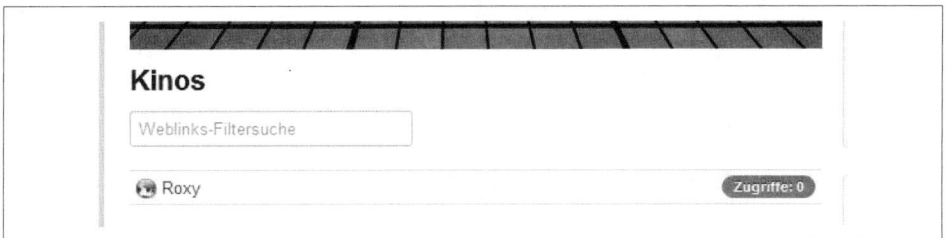

Abbildung 19-11: Hier gibt es nur einen Link zur Homepage des Roxy-Kinos.

Kalender (JEvents)

Die Veranstaltungsdaten von Filmfestivals in der nahen Umgebung könnte man auf den Filmtoaster-Seiten jeweils durch Newsmeldungen ankündigen. Eine schönere und übersichtlichere Präsentation liefert jedoch ein schmucker Kalender. Er hilft beispielsweise auch Vereinen bei der Terminplanung.

Eine der beliebtesten Lösungen ist *JEvents*, das teilweise auch einfach schlicht als *Event Calendar* oder *Events* bezeichnet wird. Sie finden die Erweiterung im Joomla! Extensions Directory in der Kategorie *Calendars & Events* oder alternativ unter *https://www.jevents.net* im Bereich *Downloads*. Den folgenden Ausführungen liegt JEvents 3.4.20 zugrunde. Die Erweiterung installieren Sie wie im Abschnitt »Erweiterungen installieren« auf Seite 834 beschrieben.

Anschließend brauchen Sie noch das deutsche Sprachpaket. Das erhalten Sie unter *https://www.jevents.net* über *Downloads → Translations*. Achten Sie darauf, dass Sie das zu Ihrer JEvents- und Joomla!-Version passende Sprachpaket erwischen. Das erhaltene Paket spielen Sie per *Erweiterungen → Verwalten → Installieren* auf der Registerkarte *Paketdatei hochladen* ein.

Grundeinstellungen

Nach der Installation gehen Sie zum Menüpunkt *Komponenten → JEvents* und dort im Menü auf der linken Seite zum Register *Berechtigungen*. Im Feld *Admin User* stellen Sie den Joomla!-Benutzer ein, der für die Kalender verantwortlich ist. In der Regel ist dies der *Super User*.

Wechseln Sie weiter zum Register *Komponente*. Das *Datumsformat* ist noch auf französisch-englische Verhältnisse geeicht. In den beiden Ländern ist es beispielsweise üblich, erst den Monat und dann den Tag zu nennen. Für das deutsche Datumsformat wählen Sie hier *Kontinental → Deutsch*. Der Tag steht dann vor dem Monat, also beispielsweise Montag, 10. Oktober 2016.

Als Nächstes ist weiter unten die Einstellung *Erster Wochentag* an der Reihe. Mit dem dort vorgegebenen Tag beginnt im Kalender eine neue Woche. Normalerweise ist das in Deutschland der *Montag*.

Öffnen Sie das Register *Event Bearbeitung*. Im englischen Sprachraum ist es üblich, nur mit zwölf Stunden zu rechnen. Die Unterscheidung zwischen Vormittag und Nachmittag fällt dann über ein nachgestelltes *am* beziehungsweise *pm*. Damit JEvents die in Deutschland üblichen 24 Stunden verwendet, setzen Sie *12-Stunden-Format verwenden* noch auf *Nein*.

Alle übrigen Grundeinstellungen können Sie auf ihren Vorgaben belassen. *Speichern & Schließen* Sie die Änderungen über die gleichnamige Schaltfläche in der Werkzeugleiste. JEvents leitet Sie dann in seine Steuerzentrale, das Kontrollzentrum (englisch Control Panel) aus Abbildung 19-12. Sie erreichen es ab sofort auch immer über den Menüpunkt *Komponenten → JEvents*.

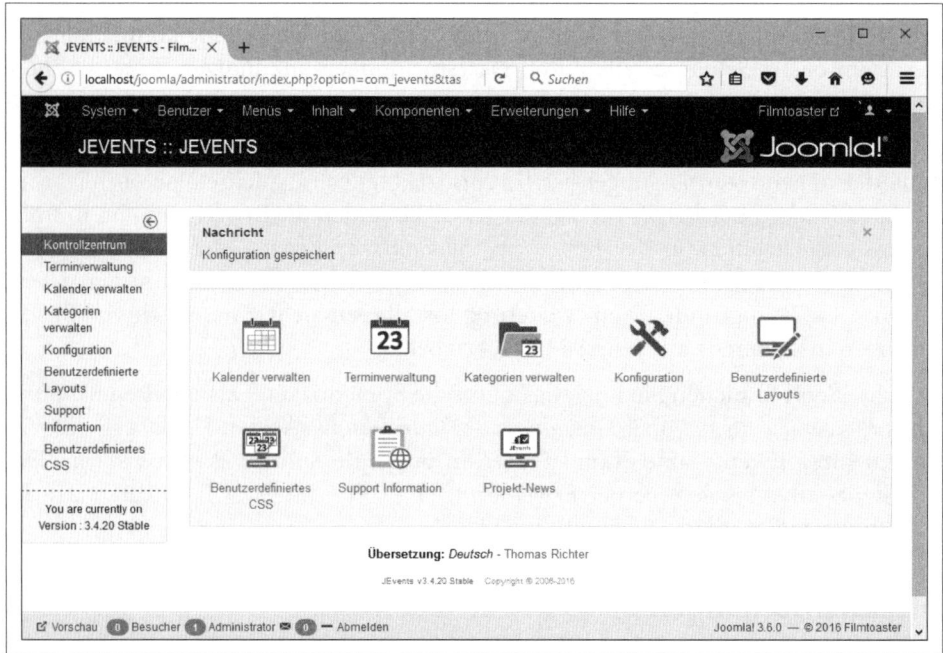

Abbildung 19-12: Die Steuerzentrale von JEvents.

Kategorien

Um bei vielen Terminen nicht im Chaos zu versinken, ordnet der Kalender alle Ereignisse übersichtlich in Kategorien an. Im Fall der Filmtoaster-Seiten könnte man beispielsweise die Termine aller anstehenden Filmpremieren in einer gemeinsamen Kategorie sammeln, während die kommenden Filmfestspiele in eine andere wandern.

Genau wie Joomla! erzwingt JEvents, dass jeder Termin beziehungsweise jede Veranstaltung in genau einer Kategorie steckt. Da bislang noch keine Kategorien existieren, muss als Nächstes eine neue her. Dazu klicken Sie auf die Schaltfläche *Kategorien verwalten*. In der erscheinenden Tabelle finden Sie bereits eine einsame Kategorie mit dem bezeichnenden Namen *DEFAULT*. Um eine eigene Kategorie hinzuzufügen, klicken Sie in der Werkzeugleiste auf *Neu*. Das nun erscheinende Formular sollte Ihnen bekannt vorkommen, denn es fragt ähnliche Informationen ab wie sein Kollege für die Beiträge.

Im Beispiel der Filmtoaster-Seiten geben Sie der neuen Kategorie zunächst einen *Titel*, wie etwa `Filmpremieren`. Die Termine in dieser Kategorie sollen sämtliche Besucher einsehen können; belassen Sie daher alle anderen Einstellungen auf ihren Standardwerten.

Interessant ist noch das Register *Optionen*. Dort dürfen Sie nach einem Klick in das Eingabefeld neben *Farbe wählen* der Kategorie eine Farbe zuordnen (siehe Abbildung 19-13). JEvents streicht damit später alle Termine an, die aus dieser Kategorie stammen. Im Kalender lassen sich dann die jeweiligen Termine optisch schneller erfassen und einfacher ihren einzelnen Gruppen zuordnen. Für die Filmtoaster-Seiten könnten Sie der Kategorie für die Filmpremieren einen Rotton zuordnen. Die Besucher würden dann schon von Weitem erkennen, wann sie sich unbedingt freinehmen müssen.

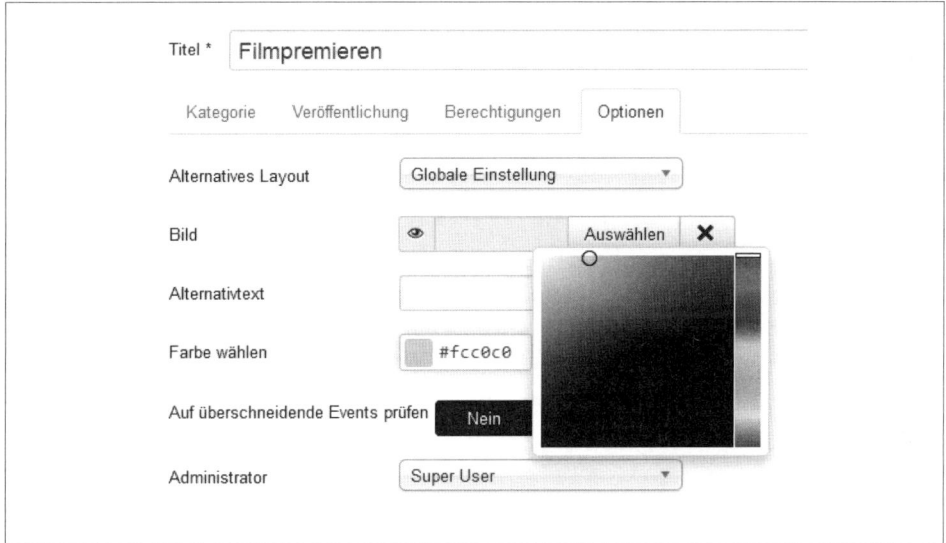

Abbildung 19-13: Um einer Kategorie eine Farbe zuzuordnen, klicken Sie sie einfach in der Palette an. Alternativ können Sie auch ihren Zahlenwert in hexadezimaler Schreibweise in das Eingabefeld tippen.

Abschließend wählen Sie noch unter *Administrator* die für diese Kategorie verantwortliche Person. Auf den Filmtoaster-Seiten stellen Sie die Ausklappliste auf *Super User*. Ein Klick auf *Speichern & Schließen* legt die neue Kategorie an.

Termine

Nachdem mindestens eine Kategorie besteht, geht es nun an das Anlegen der eigentlichen Termine, die von JEvents auch als *Ereignisse* oder *Events* bezeichnet werden. Dazu kehren Sie in der Seitenleiste am linken Rand wieder zum *Kontroll-*

zentrum zurück und aktivieren dort die Schaltfläche *Terminverwaltung*. Um eine neue Veranstaltung einzutragen, klicken Sie auf *Neu*. Es erscheint ein Formular mit zwei Registern. Auf der Registerkarte *Allgemein* legen Sie zunächst fest, wo und aus welchem Anlass der Termin stattfindet (siehe Abbildung 19-14).

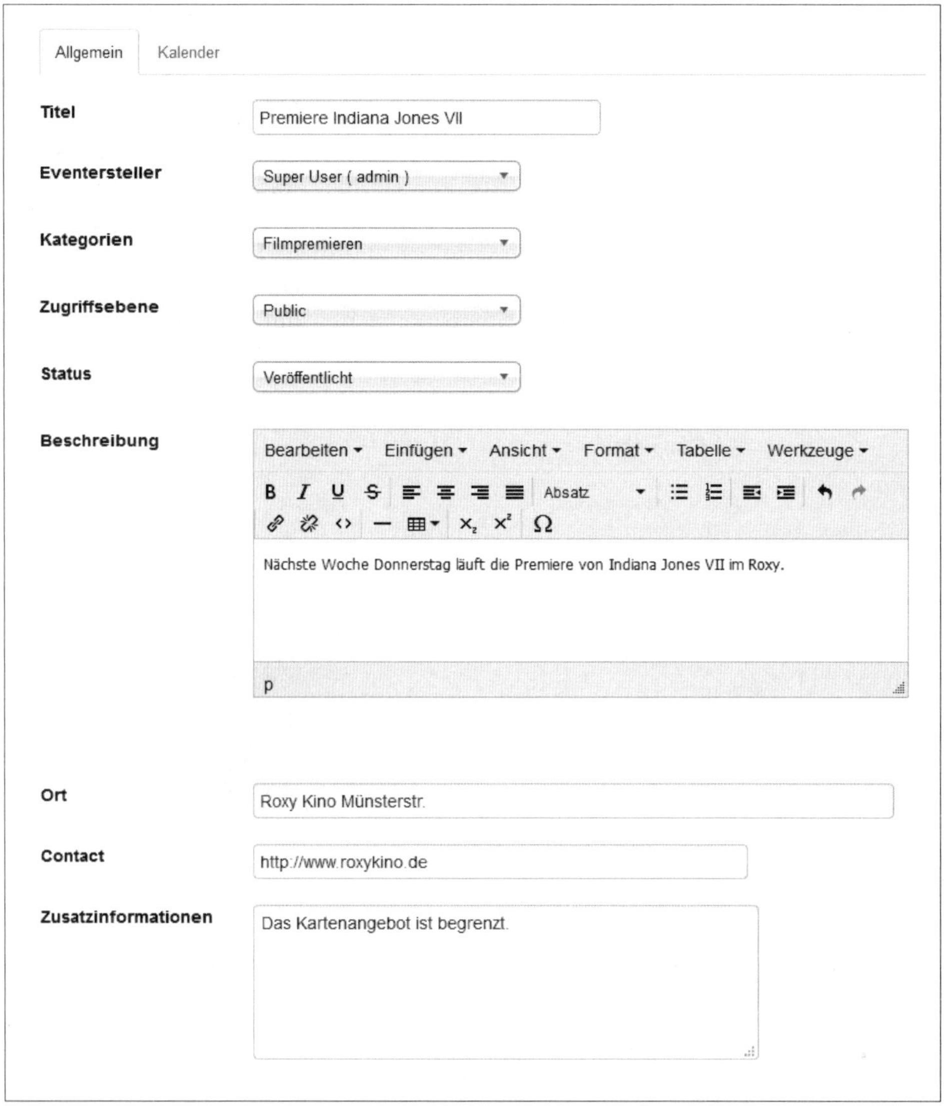

Abbildung 19-14: Hier entsteht ein neuer Termin, der auf eine Filmpremiere hinweist.

Vergeben Sie zunächst unter *Titel* eine Bezeichnung für den neuen Termin beziehungsweise das Ereignis. Auf den Filmtoaster-Seiten wäre dies zum Beispiel Premiere Indiana Jones VII. Welche Person den Termin angelegt hat beziehungsweise für ihn verantwortlich ist, bestimmen Sie unter *Eventersteller* – in der Regel sind das

Sie selbst. In der Ausklappliste darunter legen Sie fest, zu welcher Kategorie der Termin gehört, für die Filmtoaster-Seiten wählen Sie hier die *Filmpremieren*.

Mit der *Zugriffsebene* legen Sie fest, wer diesen Termin zu Gesicht bekommt. Auf den Filmtoaster-Seiten sollen alle Besucher den Termin sehen können, übernehmen Sie daher die Vorgabe *Public*. Der Termin ist nur dann später sichtbar, wenn der *Status* auf *Veröffentlicht* steht.

In das große Eingabefeld tragen Sie eine *Beschreibung* des Termins oder Ereignisses ein. In das Feld *Ort* gehört der Veranstaltungsort, an dem der Termin oder das Ereignis stattfindet. Beispielsweise könnte dies das Roxy Kino Münsterstr. sein. Unter *Kontakt* tippen Sie, sofern vorhanden, die Internetadresse ein, unter der Interessenten weitere Informationen zum Termin erhalten. Im untersten Feld dürfen Sie schließlich noch *Zusatzinformationen* hinterlegen. Beispielsweise könnten Sie hier notieren, dass festliche Abendgarderobe erwünscht ist oder dass es nur wenige Eintrittskarten gibt.

Weiter geht es mit dem Register *Kalender*. Unter *Beginn, Ende, Dauer* legen Sie fest, an welchem Datum und zu welcher Uhrzeit der Termin stattfindet (siehe Abbildung 19-15): Der Termin oder das Ereignis beginnt am *Startdatum* um *Startzeit* und geht bis zum *Enddatum* um *Endzeit*. Die Schaltflächen neben den Eingabefeldern blenden jeweils einen kleinen Kalender ein, über den Sie bequem das entsprechende Datum auswählen können. Eine derartige Hilfestellung gibt es für die Zeiten leider nicht. Dort erfolgt die Eingabe im Format **Stunden:Minuten**. Ist das Ende offen, aktivieren Sie *Keine bestimmte Endzeit*. Steht weder Start- noch Endzeit fest, weil das Ereignis beispielsweise einen ganzen Tag lang dauert, setzen Sie einen Haken hinter *Ganztägig oder unbestimmte Zeit*.

Im Fall der Filmtoaster-Seiten startet die Filmpremiere am Samstag, den 14. Oktober 2017 um 20.00 Uhr. Das Ende ist offen. Um diesen Termin einzustellen, klicken Sie auf das kleine Symbol rechts neben *Startdatum* und suchen im Kalender den 14.10.2017. Als *Startzeit* tragen Sie 20:00 ein. Kontrollieren Sie anschließend, ob das Datum unter *Enddatum* ebenfalls auf *2017-10-14* steht, und haken Sie rechts daneben *Keine bestimmte Endzeit* ab. Das Ergebnis sollte so wie in Abbildung 19-15 aussehen.

Findet ein Ereignis regelmäßig statt, wie beispielsweise das wöchentliche Treffen des *Vereins für Filmfreunde e.V.*, wäre es ziemlich mühsam, jeden dieser Termine einzeln per Hand einzutippen. Aus diesem Grund bietet JEvents für derartige Termine im unteren Teil eine kleine Automatik an. Zuerst wählen Sie dort aus, ob der Termin oder das Ereignis *Täglich*, *Wöchentlich*, *Monatlich* oder *Jährlich* wiederkehrt. Davon abhängig schaltet JEvents weitere Einstellungen frei. In jedem Fall tippen Sie als Nächstes die Anzahl der Wiederholungen in das Feld *Wiederholungsanzahl* ein. In welchem Abstand die Termine stattfinden, legen Sie unter *Wiederholungsintervall* fest. Möchte sich etwa eine Projektgruppe jeden zweiten Tag treffen, wobei aber insgesamt erst einmal nur fünf Treffen angesetzt sind, aktivieren Sie *Täglich*, tragen unter *Wiederholungsintervall* 2 ein und hinterlegen unter *Wiederho-*

lungszahl eine 5. Alternativ darf der Termin auch an einem ganz bestimmten Datum enden. Dazu aktivieren Sie *Wiederholungsende* und wählen über die kleine schwarze Schaltfläche das entsprechende Datum aus.

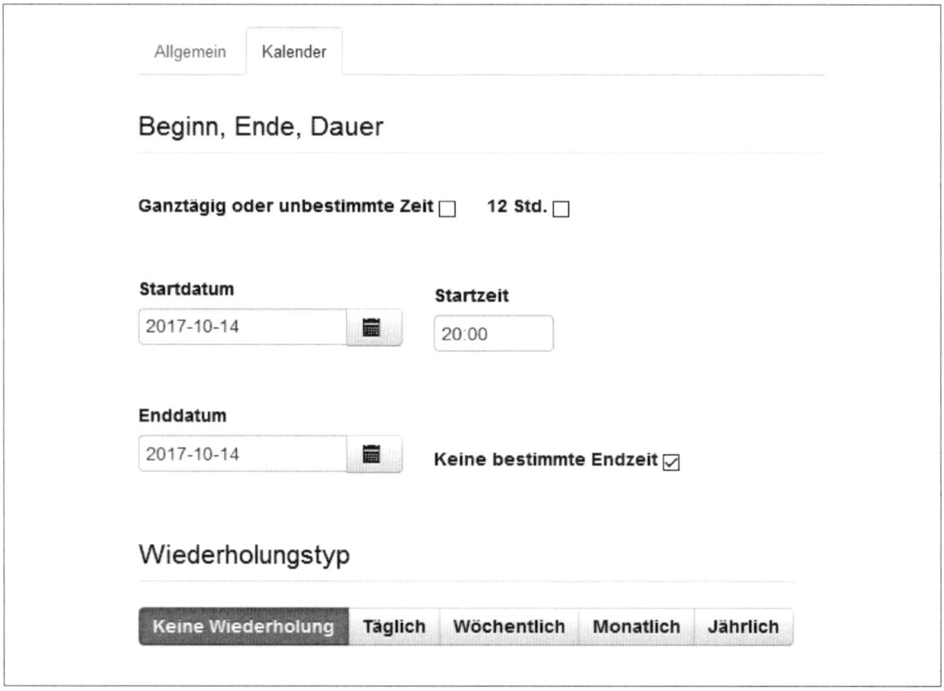

Abbildung 19-15: Der Termin findet hier am 14.10.2017 um 20:00 Uhr statt.

Bei wöchentlichen Veranstaltungen geben Sie unter *Nach Wochentag* zusätzlich noch den oder die Wochentage an. Die grün hinterlegten Tage zeigen die Veranstaltungstage an, mit einem Mausklick ändern Sie den jeweiligen Status. Für monatlich und jährlich angesetzte Termine steht jeweils noch das Eingabefeld *Nach Monatstag* beziehungsweise *Nach Jahrestag* bereit. Hier hinein gehören, jeweils durch ein Komma getrennt, die Tage, an denen die Veranstaltung stattfindet. Soll eine Veranstaltung jeden zweiten Samstag im Monat geplant werden, muss das Eingabefeld leider passen. In diesem Fall aktivieren Sie *Nach Wochentag* und färben dort mit Mausklicks die entsprechenden Tage grün. Um beispielsweise den besagten zweiten Samstag im Monat auszuwählen, stellen Sie mit entsprechenden Mausklicks sicher, dass lediglich *Sa* und *Woche 2* grün hervorgehoben sind.

Über *Speichern & Schließen* legen Sie die neue Veranstaltung an. Sie landen automatisch wieder in der Tabelle mit allen existierenden Terminen. Damit die Tabelle nicht zu unübersichtlich wird, blendet Joomla! standardmäßig abgelaufene Termine aus. Sollten Sie einen solchen Termin vermissen, setzen Sie *Vergangene Events* auf *Nein*.

Einen Menüpunkt anlegen

Im Moment ist der Kalender für Ihre Besucher noch unsichtbar. Zutritt verschafft ihnen erst ein passender Menüpunkt. Auf den Filmtoaster-Seiten soll er der Einfachheit halber im Hauptmenü (alias *Main Menu*) landen. Wählen Sie also *Menüs → Main Menu → Neuer Menüeintrag* und klicken Sie auf *Auswählen*. Der Slider *JEvents* bietet Ihnen jetzt folgende verschiedene Menüeintragstypen zur Auswahl an:

- *Ansicht nach Monat* zeigt einen Monatskalender, wie man ihn auch von herkömmlichen Kalendern auf Papier kennt (siehe Abbildung 19-16). Er bietet auch bei vielen Terminen einen guten ersten Überblick. Wenn Sie unsicher sind, welche Darstellungsform für Ihre Zwecke geeignet ist, sollten Sie zunächst diese heranziehen.

Abbildung 19-16: Die Ansicht nach Monat.

- *Anzeige nach Jahr* präsentiert eine Liste mit allen Terminen, die in einem Jahr stattfinden (siehe Abbildung 19-17). Diese Ansicht empfiehlt sich immer, wenn Sie Ihren Besuchern einen Überblick über alle (als Nächstes) anstehenden Veranstaltungen geben möchten.

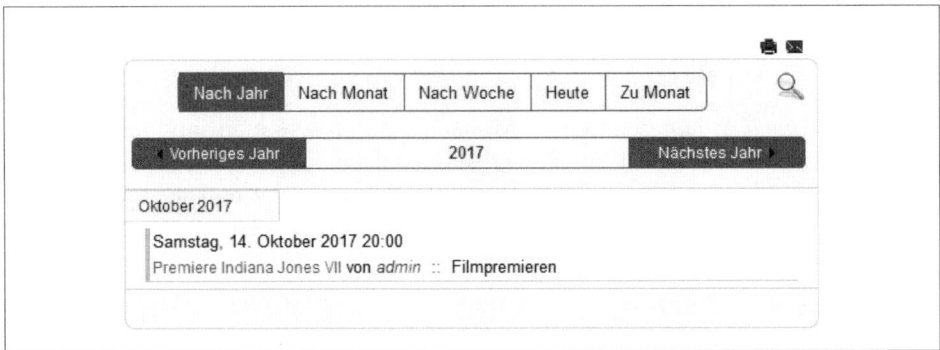

Abbildung 19-17: Die Anzeige nach Jahr.

- *Anzeige nach Woche* listet alle Termine einer Woche auf (siehe Abbildung 19-18). Diese Darstellung sollten Sie wählen, wenn sehr viele Termine vorliegen (mehr als zwei pro Woche) und Sie Ihren Besuchern einen Überblick über die als Nächstes anstehenden Veranstaltungen geben möchten.

Abbildung 19-18: Die Anzeige nach Woche.

- *Eventdetail* führt zu einem von Ihnen ausgewählten Termin (siehe Abbildung 19-19). Ein solcher Menüpunkt bietet sich immer an, wenn Sie auf einen ganz besonders wichtigen Termin hinweisen möchten.
- *Liste der Events* führt zu einer Liste mit den anstehenden Terminen.
- *Nach Kategorie anzeigen* liefert alle Termine aus einer Kategorie. Welche das ist, bestimmt standardmäßig der Besucher der Seite über eine kleine Ausklappliste (siehe Abbildung 19-20). Diese Darstellung bietet sich immer dann an, wenn Ihre Kategorien thematisch sehr weit auseinanderliegen. Verwalten Sie beispielsweise Termine für einen Fußball- und einen Handballverein, können die Fußballer so direkt alle für sie uninteressanten Handballspiele ausblenden.

Abbildung 19-19: Die Eventdetails der Filmpremiere.

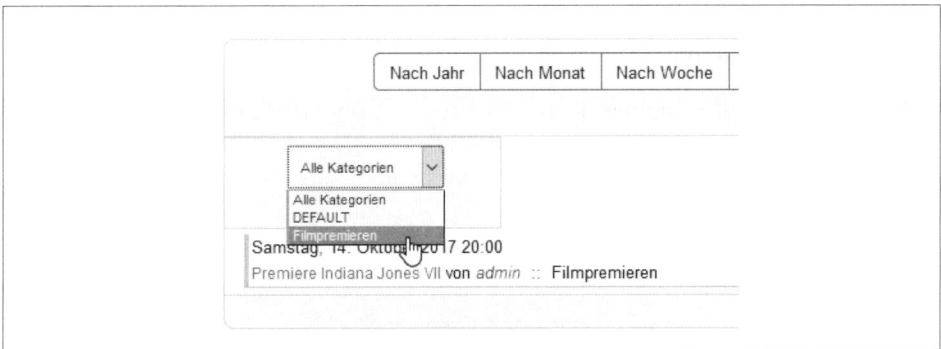

Abbildung 19-20: Hier lässt sich ein Besucher alle Veranstaltungen der Kategorie Filmpremieren auflisten.

- *Nach Tag anzeigen* präsentiert analog alle Termine an einem Tag. Diese Liste ist eigentlich nur dann sinnvoll, wenn Sie extrem viele Termine verwalten oder aber auf einen ganz bestimmten Termin aufmerksam machen wollen.
- Bei *Zeitraum* können Sie schließlich noch selbst einen Zeitraum vorgeben, aus dem JEvents alle Termine auf der Website auflistet.

Sie legen hier mit dem Menüeintragstyp übrigens nur die Standardansicht fest. Später auf der Website können die Besucher über entsprechende Punkte am oberen Rand des Kalenders beziehungsweise der Listen selbst zwischen den verschiedenen Darstellungen wechseln.

Auf den Filmtoaster-Seiten soll die Monatsansicht Verwendung finden. Klicken Sie daher auf *Ansicht nach Monat* und vergeben Sie einen passenden *Menütitel*, wie zum Beispiel Veranstaltungskalender.

Werfen Sie abschließend noch einen Blick auf die Registerkarte *Komponente*. Unter *Choose JEvent theme* können Sie dem Kalender eine andere Optik verpassen. Welcher Eintrag hier am besten mit Ihrem Template harmoniert, müssen Sie durch Ausprobieren herausfinden. Standardmäßig erscheint der Kalender wie in den vorherigen Abbildungen.

Wenn Sie unter *Kategorien auswählen – Leer lassen für alle* eine oder mehrere Kategorien einstellen, zeigt der Kalender nur noch Termine aus genau diesen Kategorien. Eine Kategorie fügen Sie hinzu, indem Sie auf einen leeren Bereich des Eingabefelds klicken und dann aus der Liste den entsprechenden Kandidaten auswählen. Eine einmal auf diese Weise hinzugefügte Kategorie entfernen Sie mit einem Klick auf das kleine *X* neben ihrem Namen. Möchten Sie, dass der Kalender restlos alle Ereignisse aufführt, behalten Sie hier einfach die Voreinstellungen bei (lassen also das Eingabefeld leer).

Tipp   Mithilfe dieser Filterung können Sie den Besuchern Ihrer Seite vorgaukeln, es gäbe mehrere Kalender für unterschiedliche Zwecke. Dazu legen Sie einfach mehrere Menüpunkte an, die jeweils nur die Termine einer ganz bestimmten Kategorie auf den Schirm bringen. Ein Besucher erhält so den Eindruck, als würde jeder dieser Menüpunkte zu einem ganz bestimmten eigenständigen Kalender führen.

Die Benutzerseite

Speichern & Schließen Sie den neuen Menüpunkt über die gleichnamige Schaltfläche und wechseln Sie anschließend in die *Vorschau*. Spielen Sie dort nun testweise Besucher und klicken Sie den neuen Eintrag im Hauptmenü an. Wie erwartet, erscheint die Monatsansicht aus Abbildung 19-16 auf Seite 853.

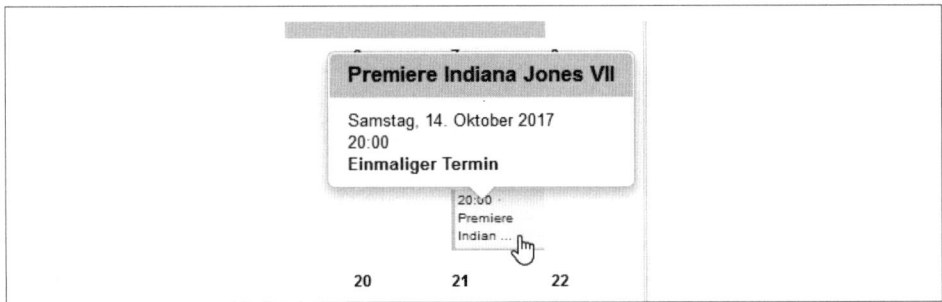

Abbildung 19-21:   Die wichtigsten Informationen über einen Termin fasst diese Sprechblase zusammen.

Über die Symbole am oberen Rand des Kalenders schaltet man schnell auf eine der anderen Darstellungen um. Fährt der Besucher mit der Maus über einen Termin, zeigt JEvents weitere Informationen an (wie in Abbildung 19-21). Ein Klick auf den Termin führt zu seiner Detailansicht aus Abbildung Abbildung 19-19 auf Seite 855.

Bildergalerie (Phoca Gallery)

Das Filmfestival im Mehrzweckveranstaltungssaal ist vor wenigen Minuten zu Ende gegangen. In diesem Jahr konnten die Veranstalter sogar ein paar prominente Filmstars gewinnen, die selbstverständlich von verschiedenen Fotografen abgelichtet wurden. Für alle Filmfreunde, die leider nicht dabei sein konnten, sollen diese Fotos auch auf den Filmtoaster-Seiten den Erfolg der Veranstaltung belegen. Man könnte sie dort einfach alle in einen neuen Beitrag einfügen. Wesentlich elegantere Ergebnisse produzieren jedoch auf solche Zwecke spezialisierte Bildergalerien. Zu den beliebtesten zählt die Phoca Gallery.

Installation

Im Joomla! Extensions Directory steckt die Phoca Gallery in der Kategorie *Photos & Images*. Sie erhalten die Erweiterung auf ihrer Homepage unter *http://www.phoca.cz* im *Download*-Bereich. Von dort benötigen Sie zunächst nur die *Phoca Gallery Component*. Achten Sie darauf, dass Sie die für Ihre Joomla!-Version passende Datei herunterladen. Das Paket für Joomla! 3.5 war zum Zeitpunkt der Bucherstellung auch für Joomla! 3.6 geeignet (beachten Sie die Angaben hinter dem Dateinamen). In jedem Fall installieren Sie die Erweiterung wie im Abschnitt »Erweiterungspakete einspielen« auf Seite 838 beschrieben.

Um Phoca Gallery Deutsch (oder eine andere Sprache) beizubringen, kehren Sie noch einmal zum Download-Bereich auf der Phoca Gallery-Homepage zurück. Unten auf der Seite im Bereich *Phoca Gallery Languages* finden Sie mehrere Sprachpakete, auf der dritten Seite auch welche für Deutsch. Laden Sie sich hier die Datei herunter, die zu Ihrer Joomla!-Version passt. Das so erhaltene Sprachpaket installieren Sie wie gewohnt über *Erweiterungen* → *Verwalten* → *Installieren*.

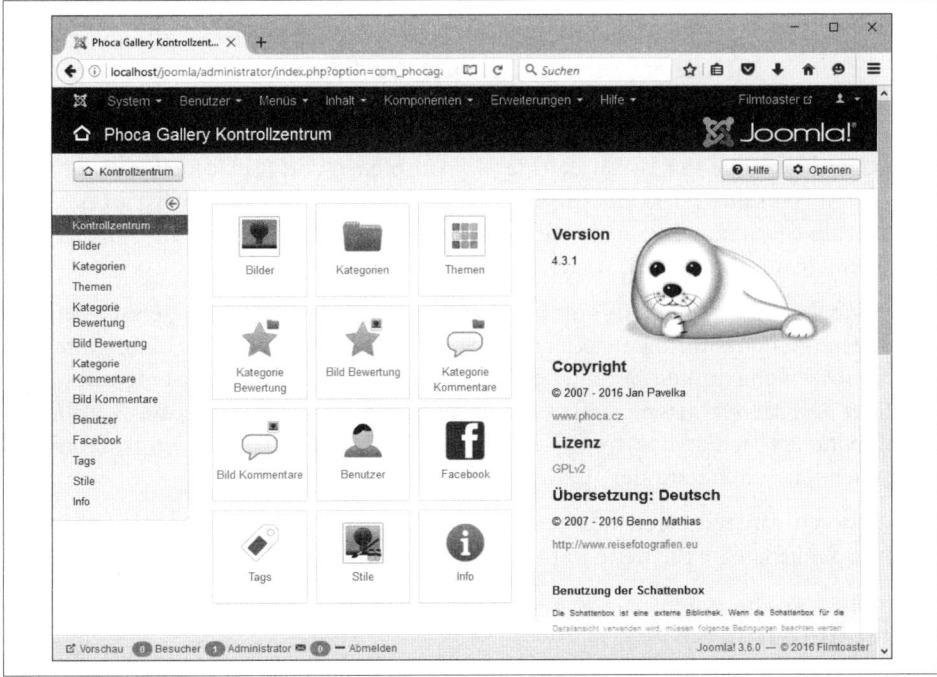

Abbildung 19-22: Über das Kontrollzentrum von Phoca Gallery legen Sie neue Bildergalerien an.

Nach der Installation erreichen Sie alle von Phoca Gallery angebotenen Funktionen hinter *Komponenten → Phoca Gallery* (siehe Abbildung 19-22).

Kategorien

Phoca Gallery fasst thematisch zusammengehörende Bilder in Kategorien zusammen. Sie können sich dabei eine Kategorie wie eine Abteilung in einem Museum vorstellen. Da jedes Bild immer zwingend in einer Kategorie enthalten sein muss, gilt es im ersten Schritt, mindestens eine Kategorie zu erstellen.

Dazu klicken Sie im Kontrollzentrum auf *Kategorien* und entscheiden sich für *Neu* in der Werkzeugleiste. Im erscheinenden Formular geben Sie der Kategorie zunächst im Feld *Titel* einen Namen. Auf den Filmtoaster-Seiten soll die Kategorie alle Bilder des Filmfestivals sammeln, folglich wäre Filmfestival ganz passend. Via *Übergeordnete Kategorie* können Sie die Kategorie in eine andere Kollegin stecken und die Kategorien so ineinander verschachteln. Da dies die erste Kategorie überhaupt ist, übernehmen Sie die Vorgabe.

Die *Zugriffsebene* bestimmt, wer später auf der Website die Bilder in dieser Kategorie betrachten darf. Auf den Filmtoaster-Seiten sollen dies alle Besucher sein, *Public* ist also schon der richtige Wert.

Über das Eingabefeld *Zugangsrechte* können Sie auch nur einigen wenigen ausgewählten Benutzern das Betrachten der Bilder erlauben. Um einen Benutzer hinzuzufügen, klicken Sie in einen leeren Bereich des Eingabefelds und suchen sich aus der Liste die entsprechende Person heraus. Sie entfernen einen Benutzer wieder aus dem Feld, indem Sie auf das *X* neben seinem Namen klicken. Mit den beiden Einstellungen darunter legen Sie nach dem gleichen Prinzip fest, wer Bilder in die Kategorie einstellen (*Rechte zum Hochladen*) und aus ihr wieder löschen darf (*Lösch-Rechte*). Auf den Filmtoaster-Seiten sollen alle Besucher Zugriffsrechte erhalten, weshalb Sie das Eingabefeld *Zugangsrechte* leer lassen. *Rechte zum Hochladen* und *Lösch-Rechte* bekommen jeweils nur Sie selbst, also der *Super User*. Klicken Sie daher zunächst in das Feld *Rechte zum Hochladen*, wählen Sie den *Super User*, klicken Sie dann in das Feld *Lösch-Rechte* und wählen Sie wieder den *Super User*.

Unter *Inhaber* stellen Sie den Joomla!-Benutzer ein, dem die Galerie gehört. Auf den Filmtoaster-Seiten sind das wieder Sie selbst, also der *Super User*. Ganz unten im Feld *Beschreibung* sollten Sie kurz zusammenfassen, welche Bilder einen Besucher in dieser Galerie erwarten. Stellen Sie abschließend noch im Register *Veröffentlichungsoptionen* sicher, dass *veröffentlicht* auf *Veröffentlicht* steht – nur dann sind die Bilder später auch auf der Website sichtbar.

Alle anderen Einstellungen können Sie auf ihren Standardwerten belassen. *Speichern & Schließen* Sie die neue Kategorie.

Bilder hinzufügen

Sobald eine Kategorie existiert, kann man sie mit den eigentlichen Bildern befüllen. Dazu rufen Sie *Komponenten → Phoca Gallery → Bilder* auf oder klicken im

Phoca Gallery Kontrollzentrum auf *Bilder*. Um ein Foto einzustellen, klicken Sie auf *Neu* in der Werkzeugleiste. Das nun erscheinende Formular wirkt monströser, als es tatsächlich ist. Tatsächlich müssen Sie nur eine Handvoll Felder ausfüllen (wie in Abbildung 19-23).

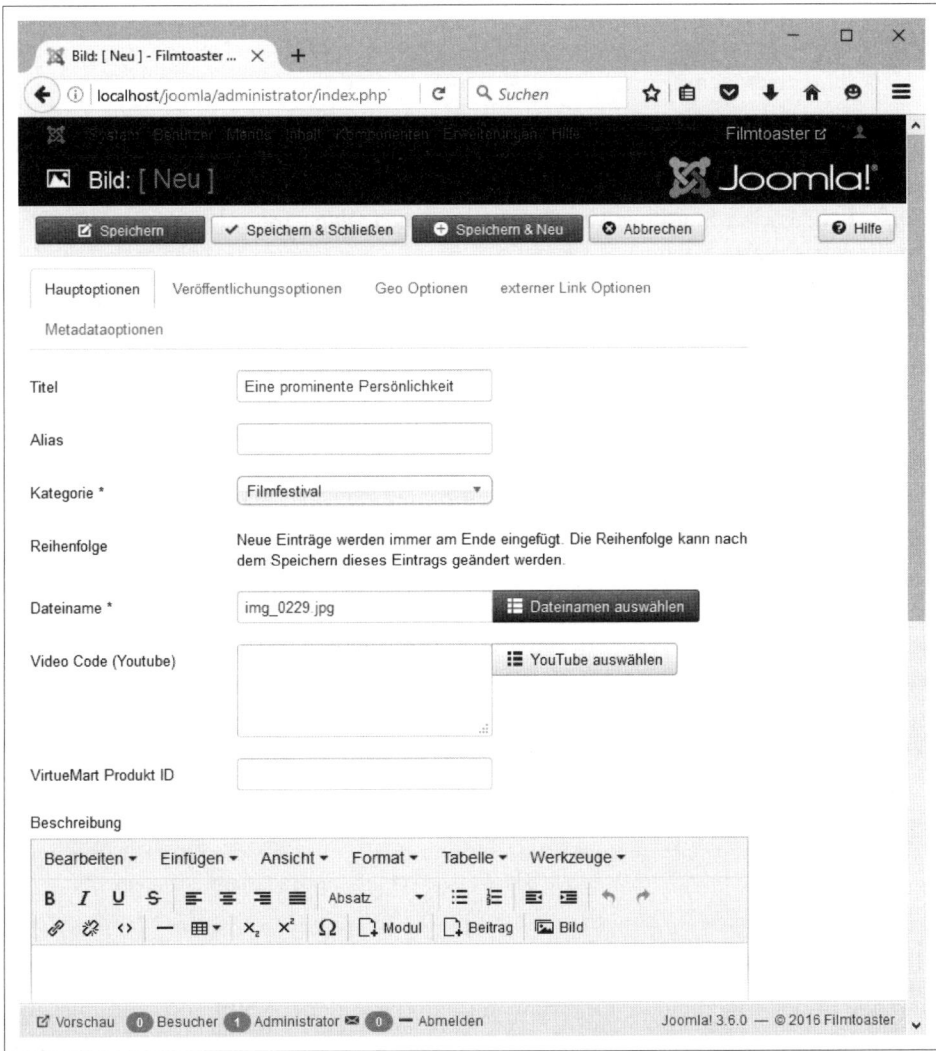

Abbildung 19-23: Hier würde das Foto aus der Datei img_0229.jpg unter der Bezeichnung Eine prominente Persönlichkeit der Kategorie Filmfestival hinzugefügt.

Zunächst geben Sie dem Bild im Feld *Titel* einen möglichst aussagekräftigen Namen und wählen eine *Kategorie*. Anschließend müssen Sie noch die Bilddatei hochladen. Dazu klicken Sie auf *Dateinamen auswählen*. Es erscheint jetzt ein kleines Fenster, das der Miniausgabe der Medienverwaltung ähnelt: Klicken Sie auf *Durchsuchen...*, wählen Sie das Foto auf der Festplatte aus und lassen Sie es via *Hochladen starten* auf

Tipp Wenn Sie sehr viele Fotos haben, sollten Sie im Fenster für jede Kategorie auf der gleichnamigen Registerkarte ein eigenes *Verzeichnis erstellen* und dann darin die jeweiligen Bilder sammeln. Das funktioniert genau so wie bei der Medienverwaltung.

Phoca Gallery speichert alle Bilder übrigens im Verzeichnis *images/phocagallery* Ihrer Joomla!-Installation, das Sie auch über die Medienverwaltung erreichen.

Im Beispiel der Filmtoaster-Seiten wählen Sie als *Titel* vielleicht das besonders originelle Eine prominente Person und stellen die *Kategorie* auf das vorhin angelegte *Filmfestival*. Laden Sie dann via *Dateinamen auswählen* irgendein beliebiges Foto von Ihrer Festplatte hoch.

Das war es eigentlich schon. Wenn Sie mögen, können Sie dem Bild noch eine *Beschreibung* verpassen. Dort können Sie beispielsweise angeben, wo das Bild aufgenommen wurde und welche Personen darauf zu sehen sind. Stellen Sie abschließend im Register *Veröffentlichungsoptionen* sicher, dass *veröffentlicht* auf *Veröffentlicht* steht. Andernfalls wäre das Bild später auf der Website nicht zu sehen. Schließlich können Sie auf der Registerkarte *Geo Optionen* noch die Koordinaten hinterlegen, an denen das Bild aufgenommen wurde. Die Schaltfläche *Koordinaten eingeben* hilft bei der Auswahl.

Speichern & Schließen Sie das neue Bild. Phoca Gallery generiert jetzt automatisch ein kleines Vorschaubild, was einen Moment dauern kann. Anschließend müssen Sie auf dem gleichen Weg alle anderen Fotos hochladen, die auf Ihrer Website erscheinen sollen.

Tipp Wenn Sie sehr viele Bilder haben, können Sie sie alle zusammen über die Funktion *Mehrfaches hinzufügen* aus der Werkzeugleiste hochladen. Sie müssen dann nur einen Namen im Feld *Titel* vorgeben, eine Kategorie unter *Kategorie* einstellen, anschließend auf der Registerkarte *Mehrfaches hochladen* alle gewünschten Dateien hochladen (via *Add Files* und dann *Start Upload*) und schließlich in der Liste unter *Dateiname* alle Bilder markieren, die Phoca Gallery anzeigen soll.

Einen Menüpunkt anlegen

Sind alle Bilder angemeldet, kann man endlich die Galerie eröffnen. Dazu muss nur noch ein neuer Menüpunkt her. Auf den Filmtoaster-Seiten soll er der Einfachheit halber im Hauptmenü (alias *Main Menu*) untergebracht werden. Wählen Sie also *Menüs → Main Menu → Neuer Menüeintrag* und klicken Sie auf *Auswählen*. Auf dem Slider *Phoca Gallery* haben Sie jetzt folgende Möglichkeiten:

- *Liste der Bilder* führt zu einer Seite, die alle Bilder aus einer Kategorie präsentiert.
- *Liste der Kategorien* bietet Ihren Besuchern zunächst alle Bilder-Kategorien zur Auswahl an. Mit einem Klick auf eine der Kategorien zeigt Joomla! dann die darin enthaltenen Bilder.

Da auf den Filmtoaster-Seiten nur eine Kategorie existiert, kann der Menüpunkt direkt zu den darin enthaltenen Bildern springen. Folglich ist *Liste der Bilder* genau richtig. Vergeben Sie noch einen *Menütitel*, wie etwa `Bilder Filmfest`.

Wenn Sie sich für die *Liste der Bilder* entschieden haben, müssen Sie noch in der entsprechenden Ausklappliste eine *Kategorie auswählen*, aus der Joomla! die Bilder anzeigen soll. Auf den Filmtoaster-Seiten entscheiden Sie sich für das *Filmfestival*. Nach dem *Speichern & Schließen* erreichen Sie dann in der *Vorschau* über den neuen Menüpunkt die Bilderauswahl aus Abbildung 19-24.

Mit einem Klick auf das Bild oder die kleine Lupe darunter öffnet Phoca Gallery das Bild in seiner vollen Pracht. Über den grünen Pfeil kann ein Besucher das Bild herunterladen.

Abbildung 19-24: Die Galerie auf der Website – die abgelichteten Zeichentrickfiguren stammen übrigens aus dem kostenlosen Kurzfilm Bick Buck Bunny (https://peach.blender.org), der von der Blender Foundation erstellt wurde.

Kommentare (JComments)

Vor allem in Blogs dürfen Besucher die einzelnen Beiträge kommentieren. Auf diese Weise kommt der Seitenbetreiber nicht nur mit seinen Besuchern in Kontakt, die sich entwickelnden Diskussionen locken diese auch immer wieder auf die Website. In Joomla! lässt sich solch eine Kommentarfunktion unter anderem über die Erweiterung JComments nachrüsten. Sie finden sie im Joomla! Extensions Directory in der Kategorie *Contacts & Feedback* oder aber auf ihrer Homepage unter *http://www.joomlatune.com*. Auf Letztgenannter klicken Sie unter *JComments* auf *Download* und laden sich dann die *JComments Component* für Ihre Joomla!-Version herunter. Den folgenden Ausführungen liegt JComments 3.0.5 zugrunde. Die Erweiterung spielen Sie wie im Abschnitt »Erweiterungen installieren« auf Seite 834 beschrieben ein.

Nach der Installation wechseln Sie im Backend zunächst zum Menüpunkt *Komponenten → JComments → Settings*. Sehr wahrscheinlich sollen Ihre Besucher nicht alle Beiträge kommentieren dürfen. Beispielsweise wäre es unsinnig, das Impressum zu kommentieren. Im Register *General* dürfen Sie daher festlegen, in welchen Beitragskategorien die Kommentarfunktion überhaupt zur Verfügung steht. Dazu klicken Sie bei gedrückter [Strg]-Taste auf alle gewünschten Kategorien neben *Choose categories for JComments to work in:*.

Im Fall der Filmtoaster-Seiten sollen die Besucher die Blogbeiträge, die Veranstaltungstipps und natürlich die Filmkritiken kommentieren dürfen. Um das zu erreichen, halten Sie die [Strg]-Taste gedrückt und klicken dann nacheinander *Filmkritiken*, *Actionfilme*, *Liebesfilme*, *Komödien*, *Veranstaltungen* und *Blog* an. Das Ergebnis sollte so wie in Abbildung 19-25 aussehen. Wenn Sie versehentlich eine falsche Kategorie ausgewählt haben, klicken Sie diese Kategorie bei gedrückter [Strg]-Taste einfach noch einmal an. Sie heben damit ihre Auswahl wieder auf.

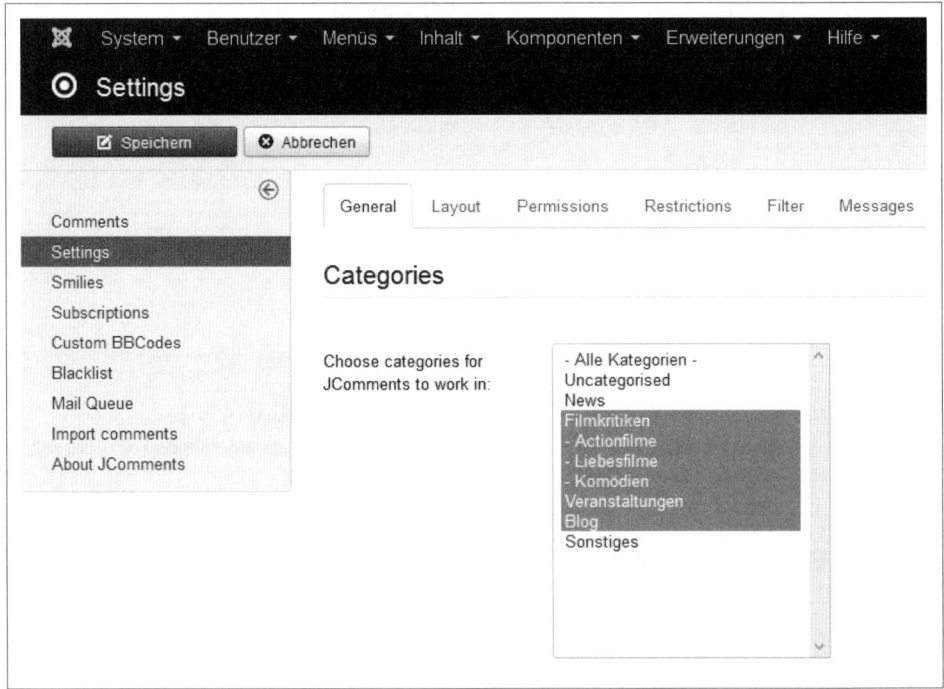

Abbildung 19-25: In den Grundeinstellungen von JComments legen Sie unter anderem fest, in welchen Beitragskategorien die Kommentarfunktion überhaupt zur Verfügung steht.

Alle anderen Einstellungen bleiben erst einmal auf ihren Vorgaben. Nach dem *Speichern* wechseln Sie in die *Vorschau*. Rufen Sie dort einen Beitrag auf. Im Beispiel der

Filmtoaster-Seiten können Sie eine Filmkritik oder einen Blogbeitrag wählen. Am unteren Ende des Beitrags finden Sie jetzt das Formular aus Abbildung 19-26, über das Besucher einen neuen Kommentar erstellen können.

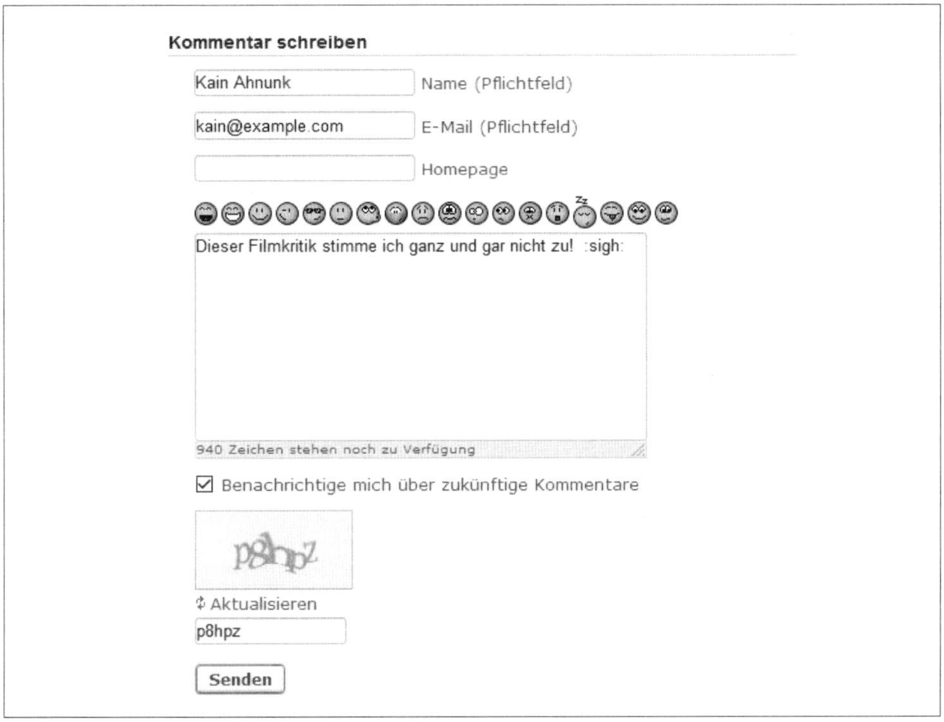

Abbildung 19-26: Mithilfe dieses Formulars können Besucher einen Kommentar schreiben.

Spielen Sie selbst Besucher und füllen Sie das Formular mit einem (Nonsens-)Kommentar aus. Genau wie richtige Besucher müssen Sie dazu zunächst Ihren *Namen* und eine *E-Mail-Adresse* hinterlegen. JComments prüft allerdings nur, ob die Felder ausgefüllt sind. Sie und Ihre Besucher können folglich irgendeinen Namen und irgendeine nicht existierende E-Mail-Adresse eintippen. Die Angabe einer *Homepage* ist zudem optional.

Den in das große Feld eingegebenen Kommentar dürfen Besucher mit den angezeigten Smileys schmücken. Ein Klick auf einen der Smileys fügt ihn an die aktuelle Stelle im Kommentar ein. Damit die Besucher keine Romane oder überlange Nonsenstexte schreiben, darf jeder Kommentar höchstens aus 1.000 Zeichen bestehen. Diese Limitierung können Sie im Backend hinter *Komponenten* → *JComments* → *Settings* auf der Registerkarte *Restrictions* im Feld *Maximum comment length* ändern. Die 1.000 Zeichen sind jedoch eine gute Vorgabe, die bei den meisten Websites ausreichen sollte.

Wenn der Besucher einen Haken in das Kästchen vor *Benachrichtige mich über zukünftige Kommentare* setzt, schickt ihm JComments automatisch eine E-Mail, sobald jemand anderes einen weiteren Kommentar hinzufügt. Dies setzt allerdings voraus, dass die eingetippte E-Mail-Adresse existiert und Joomla! E-Mails verschicken kann.

Spammer nutzen gern Kommentare, um ihre Potenzmittel zu bewerben oder Schadsoftware einzuschmuggeln. Dabei helfen ihnen Programme, die in kurzer Zeit unzählige Kommentare erstellen. Um das zu verhindern, müssen Ihre Besucher am unteren Rand des Formulars eine kleine Aufgabe lösen, das sogenannte Captcha. Im Fall von JComments muss der Besucher einfach den verbogenen Text in das Eingabefeld eintippen. Diesen können Menschen relativ leicht entziffern, dumme Computerprogramme tun sich damit jedoch schwer. Das Captcha ist allerdings kein Allheilmittel gegen Werbung (mehr zu diesem Thema finden Sie im Abschnitt »Captchas« auf Seite 538).

Wenn Sie Ihren Kommentar via *Senden* abschicken, veröffentlicht ihn Joomla! noch nicht sofort. Stattdessen müssen Sie ihn erst im Backend freischalten. Dank dieser Maßnahme können Sie Werbung oder stumpfe Beleidigungen vor einer Veröffentlichung aussortieren. Alle geschriebenen Kommentare finden Sie im Backend hinter *Komponenten* → *JComments* → *Comments* (siehe Abbildung 19-27).

Abbildung 19-27: Im Backend können Sie nicht nur alle Kommentare einsehen, sondern auch verstecken, löschen und sogar nachbearbeiten.

Dort sollte Sie jetzt auch Ihr Kommentar auftauchen. Um ihn freizuschalten, klicken Sie einfach auf den roten Kreis in der Spalte *Status*. Alternativ setzen Sie einen Haken in sein Kästchen und lassen ihn *Veröffentlichen*. Mit der letztgenannten Methode lassen sich auch schnell mehrere Kommentare auf einmal freischalten.

Im Backend dürfen Sie einen Kommentar sogar nachbearbeiten und beispielsweise ein beleidigendes Wort daraus entfernen. Dazu klicken Sie einfach auf seinen Text in der Spalte *Comment title*.

 Tipp Die meisten Besucher sehen es nicht gern, wenn der Seitenbetreiber ihre Kommentare ändert. In der Regel wird das als Zensur aufgefasst. Darüber hinaus sollten Sie negative Kommentare nicht einfach entfernen. Gerade unterschiedliche Meinungen können zu angeregten Diskussionen führen, was Ihnen wiederum mehr Besucher beschert. Tätig werden sollten Sie vor allem bei Werbung oder bei Beleidigungen.

Sobald Sie den Kommentar freigegeben haben, erscheint er wie in Abbildung 19-28 unter dem entsprechenden Beitrag. Über den Link *Zitieren* kann ein Besucher direkt auf den Kommentar antworten.

Abbildung 19-28: Der veröffentlichte Kommentar auf der Website.

Hinter *Komponenten* → *JComments* → *Settings* haben Sie auf der Registerkarte *General* festgelegt, in welchen Kategorien die Kommentarfunktion aktiv ist. Standardmäßig dürfen die Besucher alle Beiträge kommentieren, die in diesen Kategorien liegen. Sie können die Kommentarfunktion aber auch gezielt für einzelne Beiträge abschalten. Dazu rufen Sie die Einstellungen des entsprechenden Beitrags auf (indem Sie hinter *Inhalt* → *Beiträge* auf den Titel des Beitrags klicken). Fahren Sie im Beitragstext ganz ans Ende und klicken Sie dann in der Symbolleiste auf die Schaltfläche *JComments OFF*. Joomla! fügt jetzt die kryptische Zeichenkette {jcomments off} ein. Sie taucht später nicht im Beitrag auf, sondern weist JComments lediglich an, die Kommentarfunktion abzuschalten. Nach dem *Speichern & Schließen* lässt sich der Beitrag nicht mehr kommentieren. Damit Kommentare erneut möglich sind, müssen Sie nur die Zeichenkette {jcomments off} wieder aus Ihrem Beitrag entfernen.

Besitzt Paul Kritiker ein Benutzerkonto bei Joomla! und meldet er sich auf Ihrer Website an, muss er im Formular nicht mehr seinen Namen und seine E-Mail-Adresse eintippen. Zudem vertraut JComments allen Personen mit Benutzerkonto, wodurch Paul kein Captcha mehr lösen muss. Schließlich schaltet JComments seine Kommentare auch noch umgehend frei. Was welcher Benutzer darf, legen Sie im Backend hinter *Komponenten* → *JComments* → *Settings* auf der Registerkarte *Permissions* fest. Auf der linken Seite finden Sie alle Benutzergruppen, auf der rechten Seite alle möglichen Aktionen. Fehlt etwa ein Haken vor *Post new comments*, dürfen die entsprechenden Benutzer überhaupt keine Kommentare mehr schreiben. Ein Haken vor *Autopublish* veröffentlicht die Kommentare der Benutzer sofort, bei *Enable CAPTCHA* müssen die Benutzer das Captcha lösen. Die Vorgaben im Register *Permissions* sind bereits durchweg für die meisten Internetauftritte passend gewählt. Ändern müssen Sie die Einstellungen nur für alle von Ihnen selbst angelegten Benutzergruppen. Sollen auf Ihrer Website ausschließlich angemeldete Benutzer die Beiträge kommentieren dürfen, klicken Sie auf *Guest* und entfernen den Haken vor *Post new comments*. Nach dem *Speichern* dürfen dann Besucher ohne Benutzerkonto keine Beiträge mehr kommentieren.

In diesem Kapitel:
- Komponenten
- Module
- Plug-ins

KAPITEL 20
Eigene Erweiterungen erstellen

Im Internet finden Sie zwar extrem viele fertige Erweiterungen, die aber leider nicht alle erdenklichen Aufgaben abdecken. Als Betreiber einer Website ist man daher häufig vor die Wahl gestellt, eine geplante Funktionalität wieder fallen zu lassen oder aber selbst Hand anzulegen und eine eigene Erweiterung zu programmieren. Das erfordert allerdings gute Kenntnisse in HTML, SQL und der objektorientierten Programmierung in PHP. Da jede dieser Sprachen ein eigenes Buch füllen würde, setzen die folgenden Abschnitte entsprechendes Wissen voraus.

> ### Die Legacy-Klassen
>
> Im Laufe dieses Kapitels werden Sie immer wieder über Klassen stolpern, die ein Legacy im Namen tragen. Obwohl man damit üblicherweise Dinge kennzeichnet, die veraltet sind und besser nicht mehr genutzt werden sollten, trifft das unter Joomla! noch nicht zu.
>
> Die Joomla!-Entwickler wollten bereits vor der Veröffentlichung von Joomla! 3.0 unter der Haube etwas aufräumen und dabei einige zentrale PHP-Klassen verändern (genauer gesagt, wurde das im nächsten Abschnitt vorgestellte MVC-Konzept leicht verändert). Die wichtigsten alten PHP-Klassen hat man jedoch weiterhin mitgeliefert und ihnen zur Unterscheidung ein Legacy angehängt. Diese Klassen werden aber nach wie vor verwendet – auch von den Joomla!-Entwicklern selbst. Sie bilden weiterhin die Basis des kompletten Content-Management-Systems. Wann sie die neuen Klassen offiziell ablösen, ist derzeit noch nicht absehbar. Da man mit den Legacy-Klassen schnell zu einem Ergebnis kommt und sie weiterhin unterstützt und auch noch in der offiziellen Dokumentation empfohlen werden, sollen sie hier auch zum Einsatz kommen. Eine Übersicht über alle Klassen finden Sie in der Joomla!-API-Dokumentation unter *https://api.joomla.org*.

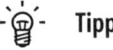
| **Tipp** | Wenn Sie über keinerlei Programmiererfahrung verfügen, sollten Sie im Internet nach Helfern suchen oder bei entsprechendem Engagement eines der Einsteigerbücher zu den genannten Themengebieten studieren. Mittlerweile bieten auch verschiedene Firmen die Entwicklung von maßgeschneiderten Joomla!-Komponenten an – entsprechendes Kleingeld im Portemonnaie des Auftraggebers vorausgesetzt.

Bei der Entwicklung von Joomla!-Erweiterungen kommen Sie zudem nicht um die Objektorientierung herum. Falls Sie mit Begriffen wie *Klassen*, *Methoden* und *Vererbung* nur wenig anfangen können, sollten Sie unbedingt mit einem guten PHP-Buch Ihr Wissen auffrischen.

In den nachfolgenden Kapiteln werden nacheinander eine einfache Komponente, ein Modul und ein Plug-in entstehen. Den Anfang macht dabei die Komponente.

Komponenten

Technisch gesehen, besteht eine Komponente aus ein paar PHP-Skripten, deren Ausgaben Joomla! einfach auf der Website anzeigt. Die Ausgaben erscheinen dabei immer in einem vom Template reservierten Bereich. Als Entwickler einer Komponente können Sie das auch nicht umgehen: Das Template gibt stets vor, wo die Ausgaben einer Komponente erscheinen und wie sie der Browser darstellt. Bei der Entwicklung sollten Sie folglich im Hinterkopf behalten, dass Ihre Texte und Informationen unter jedem Template etwas anders aussehen können.

Alle zu einer Komponente gehörenden PHP-Skripte sammelt Joomla! in einem eigenen Unterverzeichnis, das den Namen der Komponente mit einem vorangestellten *com_* trägt.

Tipp Dies ist nicht die einzige Namenskonvention, die Joomla! vorgibt. Damit das Content-Management-System die Erweiterungen finden und nutzen kann, unterliegen auch Datei- und Klassennamen verschiedenen Restriktionen. Sollte Joomla! Ihre Erweiterungen später nicht einbinden wollen, überprüfen Sie alle Datei-, Verzeichnis- und Klassennamen auf Tippfehler.

Sämtliche Komponenten liegen wiederum im Ordner *components* der Joomla!-Installation. Wenn Sie der Schnellinstallationsanleitung aus Kapitel 2, *Installation*, Seite 15, gefolgt sind, finden Sie sie also

- unter Windows im Verzeichnis *c:\xampp\htdocs\joomla\components*,
- unter OS X beziehungsweise macOS im Verzeichnis */Programme/XAMPP/xampfiles/htdocs/joomla/components* und
- unter Linux im Verzeichnis */opt/lampp/htdocs/joomla/components*.

Wenn Sie einen kurzen Blick in das Verzeichnis werfen, werden Sie feststellen, dass dort bereits ziemlich viele Komponenten vorhanden sind. Wie schon in früheren Kapiteln erwähnt wurde, besteht Joomla! selbst aus mehreren einzelnen Komponenten. *com_content* verwaltet und präsentiert beispielsweise die Beiträge, während sich *com_banners* um die Werbeflächen kümmert. Die im Folgenden entstehende Komponente soll den Namen *filmtoaster* tragen, womit sie später im Verzeichnis *com_filmtoaster* liegen wird. Bevor es jedoch an die Programmierung geht, sollten Sie sich kurz ein paar Gedanken über den internen Aufbau der neuen Komponente machen.

Model-View-Controller

Eine durchschnittliche Joomla!-Komponente enthält mehrere Tausend Zeilen Programmcode. Diesen in eine Klasse und somit in eine einzige große PHP-Datei zu stecken, würde zwangsläufig zum berühmt-berüchtigten Spaghetticode führen – also zu einem heillosen, unübersichtlichen Wust aus PHP-Befehlen. Also muss man sich irgendeine Strategie zurechtlegen, wie man den Programmcode möglichst übersichtlich strukturieren könnte – und zwar am besten gleich so, dass sich zukünftige Änderungswünsche rasch und unkompliziert umsetzen lassen. Eine mögliche Aufteilung wäre die folgende:

- Eine Klasse verwaltet alle Daten. Bei Bedarf holt sie Informationen aus der Datenbank oder speichert sie dort. Diesen Teil der Komponente, der sich ganz der Datenhaltung widmet, nennt man *Model*.
- Um die Anzeige der Informationen kümmert sich eine zweite Klasse. Sie bringt die vom Model gelieferten Text hübsch formatiert auf den Bildschirm. Man könnte also sagen, dass diese Klasse eine ganz bestimmte Sicht auf den Datenbestand liefert. Aus diesem Grund bezeichnet man sie als *View*.
- Abschließend braucht man noch eine Klasse, die alles zusammenhält und gewissermaßen als Kitt fungiert: Sie wartet zunächst auf Benutzereingaben, schaut sich dann die zu lösende Aufgabe an (wie etwa »Zeige einen Text an«), legt sich einen Schlachtplan zurecht (»Text aus der Datenbank holen und ausgeben«) und erteilt schließlich dem Model und der View entsprechende Arbeitsanweisungen. Da diese Klasse somit die gesamte Komponente steuert oder kontrolliert, nennt man sie auch den *Controller*.

In Anlehnung an die drei Aufgabenbereiche bezeichnet man diese Strukturierungsmethode als *Model-View-Controller*, kurz MVC. Ihre Grundidee ist die strikte Trennung der eigentlichen Logik (die das Model kapselt) von der Präsentation (über die Views). Möchte man die von der Komponente verwalteten Daten beispielsweise zusätzlich noch als Diagramm anzeigen, fügt man einfach eine weitere passende View(-Klasse) hinzu. Änderungen an anderen Teilen der Komponente sind somit gar nicht erst nötig.

Joomla! stülpt jeder Komponente das MVC-Konzept über und zwingt sie somit zur erwähnten Aufspaltung in drei Klassen. Damit wollten die Entwickler ursprünglich etwas Ordnung in die Programmierung bringen. Dieser prinzipiell lobenswerte Ansatz rächt sich jedoch bei kleineren Erweiterungen. Selbst eine Komponente, die nur einen Text wie etwa »Hallo Welt« ausgibt, besteht notgedrungen aus mindestens drei Klassen. Hinzu kommt noch Programmcode, der die drei Teile zusammenklebt. Unterm Strich jongliert man mit einem halben Dutzend Dateien – Tendenz schnell steigend. Sie sollten sich davon jedoch nicht entmutigen lassen, sondern vielmehr die Chancen sehen: Sobald eine Erweiterung fertig ist, wächst für gewöhnlich der Wunsch, sie um weitere Funktionen zu ergänzen. In genau diesen Fällen spielt das MVC-Konzept seine Trümpfe aus.

Um den Einstieg in die Programmierung zu erleichtern, soll die im Folgenden entstehende Komponente lediglich die existierenden Beiträge zählen und die Anzahl dann auf einer eigenen Seite präsentieren. Auf diese Weise werden Sie ohne Nebenwirkungen mit dem internen Aufbau einer Komponente etwas vertrauter. Zudem liefert es ein gutes Grundgerüst für Ihre eigenen Erweiterungen.

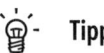

Tipp   Dieses Buch kann nur eine erste Einführung in die Joomla!-Programmierung geben. Weitere Informationen finden Sie im Developers-Portal auf der Joomla!-Homepage unter *https://docs.joomla.org/Developers*.

Erstellen Sie irgendwo auf Ihrer Festplatte ein neues Arbeitsverzeichnis. Darin legen Sie jetzt alle für die Komponente notwendigen PHP-Skripte ab.

Warnung   Wie schon bei den Templates müssen Sie auch hier alle Dateien in der UTF-8-Zeichenkodierung speichern.

1. Schritt: Das Model

Als Erstes benötigen Sie eine Klasse für die Datenhaltung, das Model. In diesem einfachen Beispiel muss das Model einfach in der Datenbank nachschlagen, wie viele Beiträge es gibt, und dann die ermittelte Zahl zurückliefern. Den dazu notwendigen Programmcode zeigt Beispiel 20-1.

Beispiel 20-1:   Das Model für das Beispiel (Datei site/models/anzahlbeitraege.php)

```php
<?php
// Sicherheitsprüfung: Wird die Klasse von Joomla! verwendet?
defined('_JEXEC') or die;

// Die Model-Klasse (von JModelLegacy abgeleitet):
class FilmtoasterModelAnzahlbeitraege extends JModelLegacy
{
    function getAnzahlBeitraege()
    {
        // Hole alle Beiträge aus der Datenbank:
        $datenbank = JFactory::getDbo();
        $query = $datenbank->getQuery(true);
        $query->from('#__content');
        $query->select('*');
        $datenbank->setQuery((string)$query);
        $allebeitraege = $datenbank->loadObjectList();

        // Zähle die Beiträge und liefere das Ergebnis zurück:
        return count($allebeitraege);
    }
}
?>
```

Jede von Ihnen erstellte PHP-Datei sollte immer mit der Sicherheitsabfrage

```
defined('_JEXEC') or die;
```

beginnen. Sie prüft, ob die Datei tatsächlich unter einem laufenden Joomla! geöffnet wurde. Damit verhindern Sie, dass Angreifer die Datei später von außen einfach aufrufen und ausführen können. Mit Blick auf Beispiel 20-1 scheint das eine etwas übertriebene Maßnahme zu sein – schließlich würde bei ihrem direkten Aufruf gar nichts passieren. Bei komplexeren Komponenten könnte das Skript jedoch unter Umständen ein anderes, unerwünschtes Verhalten an den Tag legen, an das der Programmierer gar nicht gedacht hat. Insbesondere unentdeckte Programmierfehler öffnen immer wieder eine Hintertür für Hacker. Es ist es also besser, jede PHP-Datei mit einer Sicherheitsabfrage auszustatten. Die Konstante _JEXEC wird dem Skript übrigens von der Joomla!-Umgebung zur Verfügung gestellt.

Als Nächstes leitet Beispiel 20-1 von JModelLegacy eine Klasse ab, die das eigene Model realisieren soll. In diesem Fall heißt die neue Klasse etwas sperrig FilmtoasterModelAnzahlbeitraege. Die Bezeichnung folgt damit den Joomla!-Konventionen, nach denen der Klassenname des Models immer mit dem Namen der Komponente beginnt (hier also Filmtoaster). Dann folgt der Begriff Model und schließlich noch der Name des Models (im Beispiel wurde einfach Anzahlbeitraege gewählt). Wie auch die übrigen von Joomla! bereitgestellten Klassen können Sie die Klasse JModelLegacy direkt nutzen, ohne sie in Ihrer PHP-Datei explizit einbinden beziehungsweise importieren zu müssen.

Die neu geschaffene Model-Klasse muss die Beiträge in der Datenbank zählen. Dazu benötigt das Model als Erstes Zugriff auf die Datenbank. Da Joomla! dort sowieso alle naselang irgendwelche Daten abruft, existiert bereits eine Datenbankverbindung; man muss sie folglich nicht erst noch umständlich per Hand aufbauen. Stattdessen holt man sich einfach eine Referenz:

```
$datenbank = JFactory::getDbo();
```

JFactory ist eine von Joomla! bereitgestellte (statische) Klasse, die auf Anfrage viele nützliche Systemobjekte herausrückt – in diesem Fall eines, das den Zugriff auf die Datenbank erlaubt.

Tipp getDbo() steht für »get DataBase Object« und liefert ein Objekt vom Typ JDatabaseDriver. Eine komplette Aufstellung aller weiteren JFactory-Informationen liefert die API-Referenz unter *https://api.joomla.org/cms-3/classes/JFactory.html*.

Über das erhaltene Datenbankobjekt kann man nun auf die Datenbank zugreifen. In diesem Fall sollen Informationen abgefragt werden, wozu vier Einzelschritte notwendig sind:

1. Zunächst stellt man eine passende Anfrage zusammen,
2. die man dann an die Datenbank sendet und
3. dort »ausführt«.
4. Anschließend nimmt man das von der Datenbank zurückgelieferte Ergebnis in Empfang.

Zunächst muss also eine passende Datenbankabfrage her. Bei ihrer Zusammenstellung hilft ein Objekt vom Typ `JDatabaseQuery`, das man sich in einem ersten Schritt von der Datenbank besorgt:

```
$query = $datenbank->getQuery(true);
```

Mit ein paar Methoden baut man aus dieser leeren Anfrage komfortabel die gewünschte zusammen. Auf den Filmtoaster-Seiten benötigt man aus der Tabelle mit den Beiträgen:

```
$query->from('#__content');
```

alle Informationen:

```
$query->select('*');
```

Die jetzt in $query liegende Datenbankabfrage entspricht der SQL-Abfrage:

```
SELECT * FROM #__content
```

Theoretisch könnte man sie auch direkt an die Datenbank senden. Eine solche Abfrage ist aber in der Regel auf nur eine Datenbank zugeschnitten – im Beispiel auf MySQL. Das JDatabaseQuery-Objekt baut jedoch automatisch eine zur gerade verwendeten Datenbank passende Abfrage zusammen. Folglich ist der Weg über JDatabaseQuery vorzuziehen.

Der Tabellenname `#__content` (mit zwei Unterstrichen zwischen # und content) sieht übrigens absichtlich so komisch aus: Bei der Installation von Joomla! konnten Sie den Tabellennamen ein eigenes Präfix spendieren. Die neue Komponente weiß jedoch nicht, wie dieses Präfix aussieht. Würde man hier einfach den Tabellennamen `jos_content` fest »verdrahten«, würde die Komponente auf einer anderen Joomla!-Installation möglicherweise nicht laufen. Aus diesem Grund bietet Joomla! mit `#__` eine Art Platzhalter an, den es automatisch gegen das Präfix tauscht – aus `#__content` wird dann beispielsweise `jos_content`.

Den fertigen SQL-Befehl muss man jetzt zur Datenbank schicken:

```
$datenbank->setQuery((string)$query);
```

Er sendet den zusammengestellten SQL-Befehl gleichzeitig zur Datenbank. Die nun dort befindliche Abfrage führt die Methode

```
$ergebnis = $datenbank->loadResult();
```

aus und liefert das entsprechende Ergebnis zurück, das man am besten in der neuen Variablen $ergebnis auffängt. `loadResult()` liefert allerdings nur ein einziges Datum, im Beispiel also nur einen einzigen Beitrag. Bekommt man wie im Filmtoaster-Beispiel mehrere Zeilen aus der Tabelle geliefert, muss man explizit auf ihre Kollegin `loadObjectList()` ausweichen:

```
$allebeitraege = $datenbank->loadObjectList();
```

Um die Anzahl der Beiträge zu bekommen, muss man anschließend nur noch mit `count()` die Einträge des Arrays allebeitraege zählen. Zum Schluss liefert getAnzahlBeitraege() genau diese Zahl zurück. Der Name der Methode beginnt übrigens absichtlich mit get – dazu in wenigen Zeilen mehr.

Warnung Um das Beispiel möglichst einfach und übersichtlich zu halten, holt Beispiel 20-1
einfach alle existierenden Beiträge aus der Datenbank – inklusive ihrer vollständigen Texte. Bei vielen Beiträgen kann man so schnell den Hauptspeicher fluten. In Ihrer eigenen Erweiterung sollten Sie daher möglichst immer nur einen Teil der Beiträge anfordern. Dabei hilft insbesondere die Methode $query->where(). Eine Übersicht über alle Methoden von JQuery finden Sie in der API-Referenz unter *https://api.joomla.org/cms-3/classes/JDatabaseQuery.html*.

Verschaffen Sie dem neuen Model abschließend noch ein eigenes warmes Plätzchen, indem Sie in Ihrem Arbeitsverzeichnis zunächst das Verzeichnis *site* erstellen, darin den Unterordner *models* anlegen und dort wiederum den Programmcode aus obigem Beispiel 20-1 in der Datei *anzahlbeitraege.php* speichern. Die Datei heißt absichtlich so wie das Modul, jedoch in Kleinbuchstaben.

Warnung Die (meisten) Datei- und Verzeichnisnamen gibt Joomla! vor. Eine Abweichung
von den Konventionen könnte dazu führen, dass Teile der Komponente nicht mehr gefunden werden und sie somit ihren Dienst quittiert.

Bis jetzt haben Sie in Ihrem Arbeitsverzeichnis also genau eine Datei:

Datei	Funktion
site/models/anzahlbeitraege.php	Enthält eine Klasse, die das Model realisiert.

2. Schritt: Die View

Die Daten aus dem Model müssen jetzt auf den Schirm. Darum kümmert sich die nächste Klasse, die View. Ihren Programmcode zeigt Beispiel 20-2.

Beispiel 20-2: Die View für das Beispiel (Datei site/views/anzahlbeitraege/view.html.php)

```php
<?php
// Erlaube Zugriff nur von Joomla! aus:
defined('_JEXEC') or die;

// Die View-Klasse (von JViewLegacy abgeleitet):
class FilmtoasterViewAnzahlbeitraege extends JViewLegacy
{
   // Variable zur Speicherung der Beitragszahlen:
   protected $beitragszahl;

   // Ausgabefunktion:
   function display($tpl = null)
   {
      // Ausgabe des Models in $beitragszahl merken:
      $this->beitragszahl = $this->get('AnzahlBeitraege');
      // Abschließend display() der Basisklasse aufrufen:
      parent::display($tpl);
   }
}
?>
```

Am Anfang steht wieder die Sicherheitsabfrage. Danach leitet Beispiel 20-2 die eigene View-Klasse von der JViewLegacy-Klasse ab. Der Name der neuen Klasse folgt den gleichen Konventionen wie beim Model (Name der Komponente, Begriff View und Name der View). Eine View-Klasse enthält grundsätzlich immer eine Methode display(). In Beispiel 20-2 fragt sie als Erstes über

```
$this->get('AnzahlBeitraege');
```

den vom Model verwalteten Text ab. Die Methode get() geht dabei ziemlich trickreich zu Werke: Zunächst nimmt sie den Text in den Anführungsstrichen und stellt ihm ein get voran. Im obigen Beispiel entsteht so getAnzahlBeitraege. Anschließend ruft sie im Model die Methode mit dem gleichen Namen auf. Im Beispiel würde also die Methode getAnzahlBeitraege() aufgerufen. Aus genau diesem Grund wurde in Beispiel 20-1 die Methode getAnzahlBeitraege() und nicht etwa ermittleAnzahlBeitraege() getauft.

Tipp   Es gilt also die Faustregel: Wenn eine Methode einen Wert zurückliefert, muss ihr Name immer mit einem get beginnen.

Dank der Namenskonventionen kennt die Methode get zudem bereits das passende Model (in diesem Fall FilmtoasterModelAnzahlbeitraege). Sie müssen sich also nicht erst das Model holen und es dann anzapfen.

Tipp   Wenn Sie möchten, können Sie das aber natürlich auch weiterhin tun. Das Model holen Sie zunächst per:

```
$model =& $this->getModel();
```
und rufen die entsprechende Methode manuell auf:
```
$this->gruesse = $model->getAnzahlBeitraege();
```

Die von get() zurückgelieferten Informationen landen erst einmal in der Variablen beitragszahl. Anschließend ruft Beispiel 20-2 noch die display()-Methode der Basisklasse (JViewLegacy) auf, die wiederum für die eigentliche Anzeige auf dem Bildschirm sorgt.

Bleibt nur noch, der View-Klasse eine neue Heimat zu spendieren. Erstellen Sie dazu in Ihrem Arbeitsverzeichnis unterhalb von *site* den Ordner *views*. Dort legen Sie ein weiteres Verzeichnis mit dem Namen der View an – im Beispiel wäre das also *anzahlbeitraege*. Speichern Sie darin das Beispiel 20-2 als *view.html.php*. (Die Datei *view.html.php* liegt also im Unterordner *site/views/anzahlbeitraege* Ihres Arbeitsverzeichnisses.)

Ist es Ihnen aufgefallen? Bislang fehlt noch etwas: Die aus dem Model geholte Zahl wurde nirgendwo ausgegeben. Das könnte am Ende der Funktion display() ein simples

```
echo $this->beitragszahl;
```

erledigen. Die Ausgabe der View wäre dann jedoch ein langweiliger, unformatierter Text. Die Zahl soll den Besucher aber besser in einer großen, fetten Schrift anstrahlen.

In Joomla! steuern allerdings Templates das Aussehen. So ist es auch in diesem Fall: Der View wird einfach ein kleines Template, das sogenannte *Layout*, an die Seite gestellt, das wiederum die Ausgaben der View mit entsprechenden HTML-Tags hübsch formatiert. Die Anzahl der Beiträge könnte man der Einfachheit halber mit einem zusätzlichen Text zwischen zwei `<h1>`-Tags setzen. Das Ergebnis zeigt Beispiel 20-3.

Beispiel 20-3: Das kleine Layout für das Beispiel (Datei site/views/anzahlbeitraege/tmpl/default.php)

```
<?php defined('_JEXEC') or die; ?>
<h1>
   Anzahl Beiträge: <?php echo $this->beitragszahl; ?>
</h1>
```

Genau wie Templates sind auch Layouts nichts anderes als PHP-Dateien, die ebenfalls immer mit der obligatorischen Sicherheitsabfrage beginnen sollten. Netterweise darf das Layout auf die Variablen (beziehungsweise Eigenschaften) der View-Klasse zugreifen. In diesem Fall zapft das Layout den vorhin in `beitragszahl` gemerkten Wert an und setzt ihn via `echo` in die Ausgabe ein. Im Beispiel würde damit die Ausgabe der View so aussehen:

```
<h1>Anzahl Beiträge: 17</h1>
```

Diesen HTML-Schnipsel baut nun wiederum Joomla! an der richtigen Stelle der kompletten, ausgelieferten Seite ein.

Da dieser Ablauf etwas komplizierter ist, sei er hier noch einmal kurz zusammengefasst: Die View holt aus dem Model die Anzahl der Beiträge, packt sie in eine Variable und schiebt diese wiederum in das Layout. Das Layout setzt den Inhalt der Variablen in ein HTML-Fragment ein, das Joomla! in die ausgelieferte Website integriert.

Die View gibt also nicht selbst Daten aus, sondern steckt sie nur in Variablen. Die eigentliche Ausgabe geschieht dann über das zugeordnete Layout. Dies bedeutet aber auch, dass eine View immer aus der Klasse und einem Layout besteht.

Legen Sie für das Layout im Verzeichnis *site/views/anzahlbeitraege* das Unterverzeichnis *tmpl* an und speichern Sie die kleine Vorlage aus Beispiel 20-3 dort unter dem Namen *default.php* ab. Damit besteht die Komponente in Ihrem Arbeitsverzeichnis jetzt schon aus drei Dateien:

Datei	Funktion
site/models/anzahlbeitraege.php	Enthält eine Klasse, die das Model realisiert.
site/views/anzahlbeitraege/view.html.php	Enthält eine Klasse, die eine View realisiert.
site/views/anzahlbeitraege/tmpl/default.php	Enthält das zur View gehörende Layout.

3. Schritt: Der Controller

Als Nächstes benötigen Sie eine Klasse, die den Ablauf steuert – den Controller. Er übernimmt die Regie, sobald ein Seitenbesucher die Komponente aufruft und ihr eine Aufgabe stellt. Diese Aufgabe wertet der Controller aus. Er überlegt sich, mit welchen Methoden von Model und View sie sich lösen lässt. In der Regel weist er zunächst das Model an, die Daten entsprechend der Aufgabenstellung zu verändern und sie dann an die View zur Präsentation weiterzureichen.

 **Warnung**   Der Controller koordiniert nur die Aktionen. Er selbst manipuliert weder irgendwelche Daten, noch bringt er sie auf den Bildschirm.

In diesem einfachen Beispiel muss der Controller lediglich dafür sorgen, dass bei einer Aktivierung der Komponente die eben erstellte View geladen wird und somit die Anzahl der Beiträge auf dem Bildschirm erscheint. Alles dazu Notwendige bringt bereits die von Joomla! bereitgestellte Klasse JControllerLegacy mit. Von ihr muss man nur eine eigene Klasse ableiten und dann die Methode display() wie in Beispiel 20-4 überschreiben.

Beispiel 20-4:   Der Controller für das Beispiel (Datei site/controller.php)

```php
<?php
defined('_JEXEC') or die;
class FilmtoasterController extends JControllerLegacy
{
   function display($cachable = false, $urlparams = false)
   {
      // View "Anzahlbeitraege" auswählen:
      $this->input->set('view', 'Anzahlbeitraege');
      // und anzeigen:
      parent::display();
   }
}
?>
```

Die Methode display() ruft Joomla! automatisch auf. In ihr legt Beispiel 20-4 zunächst via

```
$this->input->set('view', 'Anzahlbeitraege');
```

fest, dass der Controller die View ('view') mit dem Namen Anzahlbeitraege aufrufen soll. Abschließend sorgt parent::display() dafür, dass die View auch tatsächlich auf dem Schirm erscheint. Weitere Informationen zur Klasse JControllerLegacy erhalten Sie in der Joomla!-Dokumentation unter *https://api.joomla.org/cms-3/classes/JControllerLegacy.html*.

 Tipp   Wenn Sie die Methode display() nicht überschreiben:

```
class FilmtoasterController extends JcontrollerLegacy { }
```

... dann ruft der Controller genau die View auf, die seinen Namen trägt – im Beispiel würde also der FilmtoasterController die View FilmtoasterViewFilmtoaster aktivieren.

Unterm Strich sorgt der oben geschaffene FilmtoasterController also dafür, dass bei einem Aufruf der Komponente die vom Model ermittelte Zahl auf den Bildschirm wandert. Speichern Sie den Controller aus Beispiel 20-4 im Unterverzeichnis *site* unter dem Dateinamen *controller.php*. Insgesamt sollten in Ihrem Arbeitsverzeichnis jetzt folgende vier Dateien vorliegen:

Datei	Funktion
site/controller.php	Enthält eine Klasse, die den Controller realisiert.
site/models/anzahlbeitraege.php	Enthält eine Klasse, die das Model realisiert.
site/views/anzahlbeitraege/view.html.php	Enthält eine Klasse, die eine View realisiert.
site/views/anzahlbeitraege/tmpl/default.php	Enthält das zur View gehörende Layout.

4. Schritt: Ein Einsprungspunkt für Joomla!

Sobald jemand die Komponente später aktiviert, geht Joomla! im Verzeichnis *components* auf die Suche nach einem Unterverzeichnis mit dem Namen der Komponente – im Beispiel also *com_filmtoaster*.

In diesem Ordner erwartet das Content-Management-System ein PHP-Skript, das den gleichen Namen trägt wie die Komponente, aber ohne das vorangestellte *com_* (im Beispiel also *filmtoaster.php*). Joomla! startet dann dieses Skript einfach, lehnt sich zurück und wartet auf die Ausgaben.

Das aufgerufene PHP-Skript bezeichnet Joomla! als *Einsprungspunkt* (oder englisch *Entry Point)* der Komponente. Nach seinem Start ist es ganz allein dafür verantwortlich, ein passendes Controller-Objekt zu erzeugen und dieses zu aktivieren. Hier sieht das als Einsprungspunkt dienende Skript wie in Beispiel 20-5 aus.

Beispiel 20-5: Der Entry Point für das Beispiel (Datei site/filmtoaster.php)

```php
<?php
defined('_JEXEC') or die;

// Filmtoaster-Controller-Objekt erstellen:
$controller = JControllerLegacy::getInstance('Filmtoaster');

// Die gestellte Aufgabe lösen:
$controller->execute('');
// Weiterleiten, sofern der Controller dies verlangt:
$controller->redirect();
?>
```

Zu Beginn steht wieder einmal die Sicherheitsabfrage. Danach wird ein neues Controller-Objekt der Klasse `FilmtoasterController` erzeugt, das Beispiel 20-5 umgehend an die Arbeit schickt: $controller->execute(). Indem man execute() eine leere Zeichenkette übergibt, spult der Controller einfach sein Standardprogramm ab – und das bestand ja gerade darin, die Anzahl der Beiträge anzuzeigen. (Wie im vorherigen Schritt beschrieben, ruft er dazu die View auf, die wiederum alle nötigen Schritte veranlasst.)

Zum Abschluss leitet $controller->redirect(); den Browser noch auf eine bestimmte Seite weiter – welche das ist und ob die Weiterleitung überhaupt notwendig ist, hängt von der zuvor vom Controller gelösten Aufgabe ab. In diesem einfachen Beispiel steht zwar keine Weiterleitung an, sicherheitshalber sollte man die Anweisung jedoch immer einbauen – nicht, dass der Besucher plötzlich in einer Sackgasse steht.

Speichern Sie das PHP-Skript aus Beispiel 20-5 in der Datei *filmtoaster.php* und legen Sie diese im Unterverzeichnis *site* Ihres Arbeitsverzeichnisses ab. Damit haben Sie dort jetzt schon fünf Dateien:

Datei	Funktion
site/filmtoaster.php	Bildet den Einsprungpunkt für Joomla!.
site/controller.php	Enthält eine Klasse, die den Controller realisiert.
site/models/anzahlbeitraege.php	Enthält eine Klasse, die das Model realisiert.
site/views/anzahlbeitraege/view.html.php	Enthält eine Klasse, die eine View realisiert.
site/views/anzahlbeitraege/tmpl/default.php	Enthält das zur View gehörende Layout.

5. Schritt: Einen Menüeintragstyp anmelden

Später auf der Website muss ein Besucher die Anzahl der Beiträge auch irgendwie abrufen beziehungsweise erreichen können. Das geht besonders bequem über einen entsprechenden Menüpunkt. Um einen solchen anlegen zu können, benötigt man einen passenden Menüeintragstyp. Den gibt es aber bislang noch gar nicht für die Filmtoaster-Komponente (via *Menüs* → *Main Menu* → *Neuer Menüeintrag* kann man mit einem Klick auf *Auswählen* im Moment nur Menüpunkte auf die anderen Komponenten einrichten).

Sie müssen deshalb erst einen Menüeintragstyp für die neue Komponente anmelden – genauer gesagt, für eine View: Wenn ein Besucher einen Menüpunkt anklickt, aktiviert Joomla! die dahinter wartende Komponente. Diese Komponente liefert ihre Daten, die dann wiederum von einer ihrer Views hübsch formatiert auf den Bildschirm ausgegeben werden. Welche View das sein soll, bestimmt der Menüpunkt über seinen Menüeintragstyp. Mit anderen Worten: Ein Menüeintragstyp ist nichts anderes als ein Hinweispfeil auf eine View (siehe Abbildung 20-1).

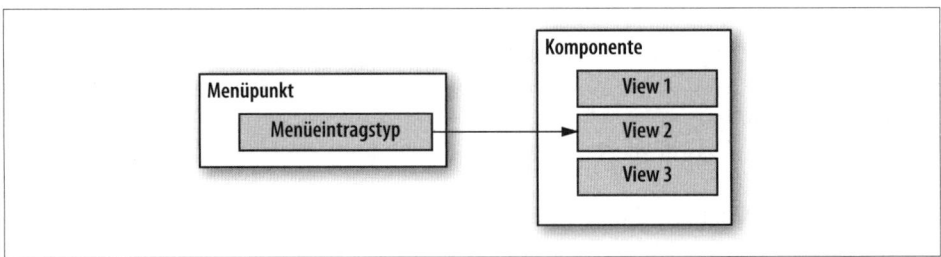

Abbildung 20-1: Ein Menüpunkt führt immer zu einer ganz bestimmten View einer ganz bestimmten Komponente.

Damit Joomla! weiß, für welche View es einen Menüeintragstyp einrichten soll, müssen Sie eine spezielle Datei namens *default.xml* im Verzeichnis der View ablegen. Beispiel 20-6 zeigt den Inhalt der Datei für das Filmtoaster-Beispiel.

Beispiel 20-6: Diese XML-Datei erzeugt einen neuen Menüeintragstyp für die Komponente (Datei site/views/ anzahlbeitraege/tmpl/default.xml).

```
<?xml version="1.0" encoding="utf-8"?>
<metadata>
    <layout title="Anzahl Beiträge">
        <message>Zählt die Beiträge und zeigt das Ergebnis an.</message>
    </layout>
</metadata>
```

Der Text hinter `title=` gibt die Beschriftung des Menüeintragstyps in der Auswahlliste vor. In Beispiel 20-6 erscheint der Menüeintragstyp später mit dem Namen *Anzahl Beiträge* (`title="Anzahl Beiträge"`). Den Text zwischen `<message>` und `</message>` zeigt Joomla! in kleiner Schrift daneben an (wie in Abbildung 20-2). Den übrigen kryptischen Textwust in der Datei können Sie immer einfach so übernehmen.

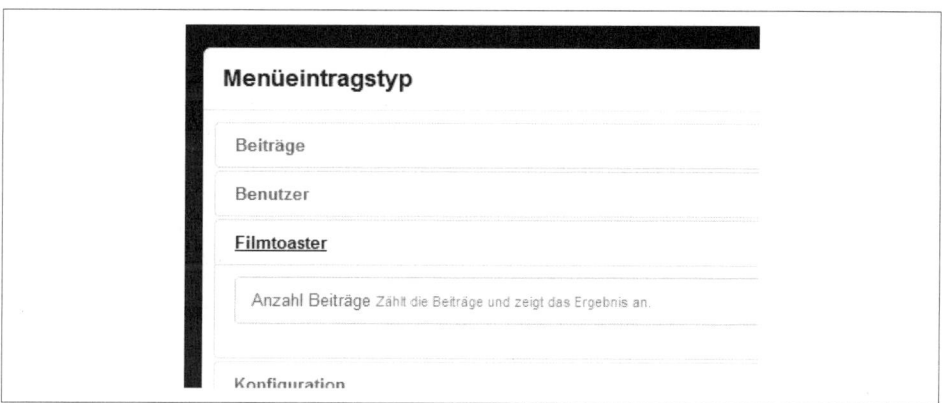

Abbildung 20-2: Dank der default.xml-Datei erhält die Komponente einen eigenen Menüeintragstyp.

Speichern Sie Beispiel 20-6 im Unterverzeichnis *site/views/anzahlbeitraege/tmpl/* in der Datei *default.xml*. Damit sollte in Ihrem Arbeitsverzeichnis jetzt das halbe Dutzend voll sein:

Datei	Funktion
site/filmtoaster.php	Bildet den Einsprungpunkt für Joomla!.
site/controller.php	Enthält eine Klasse, die den Controller realisiert.
site/models/anzahlbeitraege.php	Enthält eine Klasse, die das Model realisiert.
site/views/anzahlbeitraege/view.html.php	Enthält eine Klasse, die eine View realisiert.
site/views/anzahlbeitraege/tmpl/default.php	Enthält das zur View gehörende Layout.
site/views/anzahlbeitraege/tmpl/default.xml	Weist Joomla! an, einen Menüeintragstyp für die View zu erstellen.

6. Schritt: Die Komponente im Backend

Jede Komponente hat zwei Gesichter: eines, das der Besucher auf der Website sieht, und ein weiteres, das nur der Seitenbetreiber im Backend präsentiert bekommt. Über die Seiten im Backend kann man in der Regel neue Daten eingeben und verwalten. Diese Seiten im Backend bezeichnet man auch als *Administrator-Schnittstelle*.

Im Fall der extrem einfach gestrickten Beispielkomponente soll im Backend lediglich ein Hinweistext erscheinen. Dies übernimmt der Einfachheit halber ein einziges Skript namens *filmtoaster.php*, dessen Inhalt Beispiel 20-7 zeigt. Es muss dummerweise genau so heißen wie der Einsprungspunkt für die Website – verwechseln Sie die beiden also nicht.

Beispiel 20-7: Das Skript für die Administrator-Schnittstelle (Datei admin/filmtoaster.php)

```
<?php defined('_JEXEC') or die;

JToolbarHelper::title("Filmtoaster");
?>
<h1>
    Die Filmtoaster-Komponente im Backend
</h1>
```

Gleich bei der Installation der Komponente erstellt Joomla! für sie automatisch einen Menüpunkt im Menü *Komponenten*. Sobald Sie diesen Menüpunkt aufrufen, erscheint die in der *filmtoaster.php* definierte Seite. Wie das im Filmtoaster-Beispiel aussieht, zeigt Abbildung 20-3. Den Schriftzug *Filmtoaster* im blauen Streifen erzeugt die Zeile:

```
JToolbarHelper::title("Filmtoaster");
```

Den folgenden Inhalt aus Beispiel 20-7 zeigt Joomla! dann einfach im großen weißen unteren Teil der Seite an.

Abbildung 20-3: Im Backend zeigt die Komponente lediglich diesen Informationstext an.

Erstellen Sie in Ihrem Arbeitsverzeichnis den Unterordner *admin* und speichern Sie dort die Datei *filmtoaster.php* aus Beispiel 20-7. Damit ist gleichzeitig klar, welche der beiden Dateien namens *filmtoaster.php* für die Website und welche für das Backend zuständig ist. In Ihrem Arbeitsverzeichnis liegen damit folgende Dateien:

Datei	Funktion
admin/filmtoaster.php	Sorgt für die Anzeige im Backend.
site/filmtoaster.php	Bildet den Einsprungpunkt für Joomla!.
site/controller.php	Enthält eine Klasse, die den Controller realisiert.
site/models/anzahlbeitraege.php	Enthält eine Klasse, die das Model realisiert.
site/views/anzahlbeitraege/view.html.php	Enthält eine Klasse, die eine View realisiert.
site/views/anzahlbeitraege/tmpl/default.php	Enthält das zur View gehörende Layout.
site/views/anzahlbeitraege/tmpl/default.xml	Weist Joomla! an, einen Menüeintragstyp für die View zu erstellen.

7. Schritt: Verzeichnisse vor neugierigen Blicken schützen

Würden Sie die Komponente in diesem Zustand unter Joomla! installieren, könnte jeder Besucher über die Internetadresse *http://localhost/joomla/components/com_filmtoaster/* alle Dateien Ihrer neuen Komponente sehen. Einem Besucher mit genügend krimineller Energie wäre es somit möglich, alle Bestandteile Ihrer Komponente herunterzuladen und sie in Ruhe auf Angriffsmöglichkeiten hin zu analysieren.

Tipp Um auf die passende Adresse zu kommen, braucht es übrigens nicht viel: Den Namen der Komponente verrät Joomla! unter Umständen selbst in der Adressleiste des Browsers (dazu gleich noch mehr). Als versierter Programmierer weiß der Angreifer also, dass die Erweiterung im Verzeichnis *components/com_filmtoaster* liegt. Das muss er nur noch an *http://localhost/joomla/* hängen, und schon hat er die passende Adresse.

Um die eigenen Dateien vor fremden Blicken und vor allem vor Zugriffen zu schützen, packen Sie einfach in jedes bislang erstellte Unterverzeichnis Ihrer Komponente eine Textdatei mit dem Namen *index.html* und dem folgenden Inhalt:

```
<!DOCTYPE html><title></title>
```

Versucht nun ein Angreifer, die Adresse *http://localhost/joomla/components/com_filmtoaster/* aufzurufen, bekommt er immer nur eine weiße leere Seite vorgesetzt. Im einfachen Filmtoaster-Beispiel müssen sich insgesamt sechs *index.html*-Dateien in den Unterordnern Ihres Arbeitsverzeichnisses tummeln. Damit haben Sie es auch fast geschafft: Bis zum großen Glück fehlt nur noch eine einzige Datei.

8. Schritt: Die XML-Datei

Damit Joomla! die Komponente installieren und alle Dateien an die richtigen Positionen kopieren kann, muss die Informationsdatei aus Beispiel 20-8 her.

Beispiel 20-8: Die XML-Informationsdatei für das Filmtoaster-Beispiel (Datei filmtoaster.xml)

```xml
<?xml version="1.0" encoding="utf-8"?>
<extension type="component" version="3.6">
    <name>Filmtoaster</name>
    <creationDate>04. Oktober 2016</creationDate>
    <author>Tim Schürmann</author>
    <authorEmail>info@tim-schuermann.de</authorEmail>
    <authorUrl>http://www.tim-schuermann.de</authorUrl>
    <copyright>(C) Tim Schürmann 2016</copyright>
    <license>GNU General Public License</license>
    <version>1.0.0</version>
    <description>Dies ist eine Beschreibung der Komponente ...</description>

    <files folder="site">
       <filename>index.html</filename>
       <filename>filmtoaster.php</filename>
       <filename>controller.php</filename>
       <folder>models</folder>
       <folder>views</folder>
    </files>

    <administration>
       <menu>Filmtoaster</menu>
       <files folder="admin">
          <filename>index.html</filename>
          <filename>filmtoaster.php</filename>
       </files>
    </administration>

</extension>
```

Wenn Sie bereits das Kapitel über Templates gelesen haben, dürfte Ihnen dieser Aufbau bekannt vorkommen. Es handelt sich hierbei um eine Datei im XML-Format, worauf die erste Zeile hinweist:

```xml
<?xml version="1.0" encoding="utf-8"?>
```

Um den Aufbau der Datei zu verstehen, müssen Sie glücklicherweise kein XML beherrschen. Alle Informationen über die Komponente stehen jeweils in HTML-ähnlichen Tags. Als Erstes weist das Start-Tag

```xml
<extension type="component" version="3.6">
```

darauf hin, dass es im Folgenden um eine Komponente geht (type="component"), die für Joomla! 3.6 und höher gedacht ist (version="3.6"). Alle Informationen über diese Komponente stehen dann innerhalb von `<extension ...>` und `</extension>`.

Als Nächstes folgen ein paar allgemeine Informationen über die Komponente:

`<name>`
    Der Name der Komponente.

`<creationDate>`
    Das Datum der Erstellung.

`<author>`
: Der Autor oder Programmierer der Komponente.

`<authorEmail>`
: Die E-Mail-Adresse des Autors.

`<authorUrl>`
: Die Internetadresse der Homepage des Autors

`<copyright>`
: Das Copyright der Komponente und dessen Inhaber.

`<license>`
: Die Lizenz, unter der die Komponente veröffentlicht wurde (beispielsweise die GNU GPL).

`<version>`
: Die Version der Komponente.

`<description>`
: Eine kurze Beschreibung dessen, was die Komponente alles so anstellt beziehungsweise welche Daten sie verwaltet.

Es gibt für die Texte zwischen den Tags übrigens keine Vorschriften. Bei der Versionsnummer sollten Sie sich jedoch an die allgemeinen Konventionen halten und ausschließlich Ziffern und Punkte verwenden, etwa `1.2.3`.

Zwischen `<files>` und `</files>` listet man alle zur Komponente gehörenden Dateien auf, die ihre Arbeit im Frontend verrichten. Diese Dateien wandern später bei der Installation in das Verzeichnis *components/com_filmtoaster* Ihrer Joomla!-Installation. Das Attribut `folder="site"` sagt Joomla!, in welchem Unterverzeichnis es alle diese Dateien zu suchen hat. Jeden einzelnen Dateinamen rahmen noch einmal `<filename>` und `</filename>` ein. Damit man sich bei vielen Dateien nicht die Finger wund tippt (im Filmtoaster-Beispiel sind das immerhin schon 13 Dateien), kann man auch gleich ganze Unterverzeichnisse angeben. Mit der Zeile

```
<folder>views</folder>
```

berücksichtigt Joomla! bei der Installation beispielsweise automatisch alle Dateien aus dem Unterverzeichnis *views*.

Tipp Achten Sie immer penibel darauf, dass sich keine Tippfehler in die Verzeichnis- oder Dateinamen einschleichen. Andernfalls schlägt die Installation gleich fehl.

Der `<administration>`-Abschnitt sorgt schließlich noch für die Integration in das Backend. Mit dem von `<menu>` ... `</menu>` eingerahmten Begriff erstellt Joomla! gleich einen neuen Punkt im Menü *Komponenten*. Als Nächstes listet der `<administration>`-Abschnitt alle Dateien auf, die zur Administrator-Schnittstelle der Komponente gehören. Diese wandern bei der Installation in das Unterverzeichnis *administrator/components/com_filmtoaster* Ihrer Joomla!-Installation.

Tipp Sollte sich eine Komponente aus irgendwelchen Gründen nur unvollständig deinstallieren lassen, müssen Sie deshalb immer an den beiden genannten Stellen nach Dateileichen suchen – im Beispiel also unter *components/com_filmtoaster* und unter *administrator/components/com_filmtoaster*. Darüber hinaus merkt sich Joomla! alle registrierten Komponenten in einer Datenbanktabelle, deren Name auf `extensions` endet. Auch diese sollten Sie im Fehlerfall auf Dateireste hin untersuchen.

Speichern Sie die Datei aus Beispiel 20-8 als *filmtoaster.xml* direkt in Ihrem Arbeitsverzeichnis. Dort sollten sich jetzt die folgenden Dateien befinden:

Datei	Funktion
filmtoaster.xml	Enthält Informationen für die Installation.
admin/filmtoaster.php	Ist die Administrator-Schnittstelle der Komponente.
admin/index.html	Bietet Schutz vor neugierigen Blicken.
site/filmtoaster.php	Bildet den Einsprungpunkt für Joomla!.
site/controller.php	Enthält eine Klasse, die den Controller realisiert.
site/index.html	Bietet Schutz vor neugierigen Blicken.
site/models/anzahlbeitraege.php	Enthält eine Klasse, die das Model realisiert.
site/models/index.html	Bietet Schutz vor neugierigen Blicken.
site/views/index.html	Bietet Schutz vor neugierigen Blicken.
site/views/anzahlbeitraege/view.html.php	Enthält eine Klasse, die eine View realisiert.
site/views/anzahlbeitraege/index.html	Bietet Schutz vor neugierigen Blicken.
site/views/anzahlbeitraege/tmpl/default.php	Enthält das zur View gehörende Layout.
site/views/anzahlbeitraege/tmpl/default.xml	Weist Joomla! an, einen Menüeintragstyp für die View zu erstellen.
site/views/anzahlbeitraege/tmpl/index.html	Bietet Schutz vor neugierigen Blicken.

9. Schritt: Probelauf (und eine kleine Zusammenfassung der Geschehnisse)

Packen Sie jetzt den kompletten Inhalt Ihres Arbeitsverzeichnisses in ein ZIP-Archiv, wechseln Sie anschließend ins Backend von Joomla! und installieren Sie das ZIP-Archiv über den bereits bekannten Menüpunkt *Erweiterungen* → *Verwalten* → *Installieren*. Im Erfolgsfall erscheint die Meldung, die Sie in der *filmtoaster.xml*-Datei unter `<description>` eingetragen haben (siehe Abbildung 20-4).

Sollte etwas schiefgelaufen sein, ist meist ein Tippfehler innerhalb der XML-Datei ein Grund. Kontrollieren Sie auch, ob Sie innerhalb des `<files>`-Abschnitts eine Datei oder ein Verzeichnis vergessen haben. Ging alles glatt, steht eine Funktionsprüfung an.

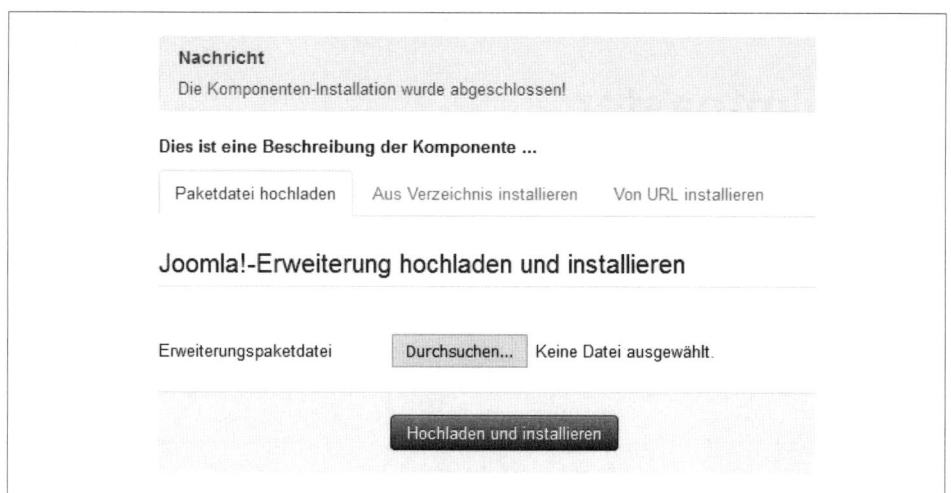

Abbildung 20-4: Die Installation der Komponente war erfolgreich.

Tipp Sollte dabei etwas nicht wie beschrieben funktionieren, prüfen Sie wieder als Erstes, ob alle Dateien an ihrem korrekten Ort liegen, ob sie den richtigen Namen tragen und ob sich in der XML-Datei kein Tippfehler eingeschlichen hat. Erst danach steht ein Blick in den Programmcode an.

Im *Komponenten*-Menü sollte für die Komponente ein neuer Menüeintrag *filmtoaster* warten. Joomla! hat den Menüpunkt komplett kleingeschrieben, was sich erst mit einer passenden Sprachdatei ändert (dazu im nächsten Abschnitt mehr). Wenn Sie ihn anklicken, führt er Sie zur Ansicht aus Abbildung 20-3 auf Seite 880 (die Beschriftung des Menüpunkts stammt aus der Datei *filmtoaster.xml*, die angezeigte Seite aus der Datei *admin/filmtoaster.php*).

Um Ihren Besuchern die neue Komponente zugänglich zu machen, legen Sie in einem der vorhandenen Menüs wie gewohnt einen neuen Menüpunkt an (auf den Filmtoaster-Seiten beispielsweise via *Menüs → Main Menu → Neuer Menüeintrag*). Nach einem Klick auf *Auswählen* finden Sie auf dem Slider *Filmtoaster* den neuen Menüeintragstyp *Anzahl Beiträge* – ganz so wie in Abbildung 20-2 auf Seite 879 (den Text *Anzahl Beiträge* und die Beschreibung stammen aus der Datei *site/views/ anzahlbeitraege/tmpl/default.xml*). Entscheiden Sie sich für den Menüeintragstyp *Anzahl Beiträge*, vergeben Sie noch einen *Menütitel* wie etwa Anzahl Beiträge und legen Sie den Punkt via *Speichern & Schließen* an. Wenn Sie jetzt in der *Vorschau* den neuen Menüpunkt aufrufen, erscheint die Seite aus Abbildung 20-5.

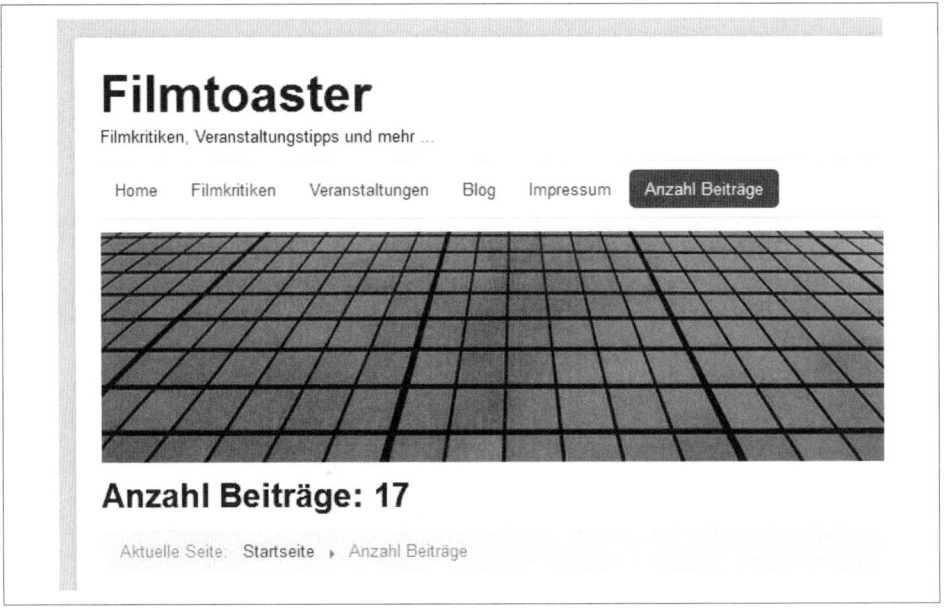

Abbildung 20-5:   Die Ausgabe der Filmtoaster-Komponente im Protostar-Template.

Die Zahl stammt aus dem Model (Datei *site/models/anzahlbeitraege.php*), die Seite selbst hat die View (Datei *site/views/anzahlbeitraege/view.html.php*) mithilfe ihres kleinen Layouts (Datei *site/views/anzahlbeitraege/tmpl/default.php*) auf den Bildschirm gebracht. Die Ausgabe der Komponente erscheint an ihrem dafür zugewiesenen Platz innerhalb des derzeit aktiven Templates.

Den kompletten Ablauf fasst noch einmal Abbildung Abbildung 20-6 zusammen:

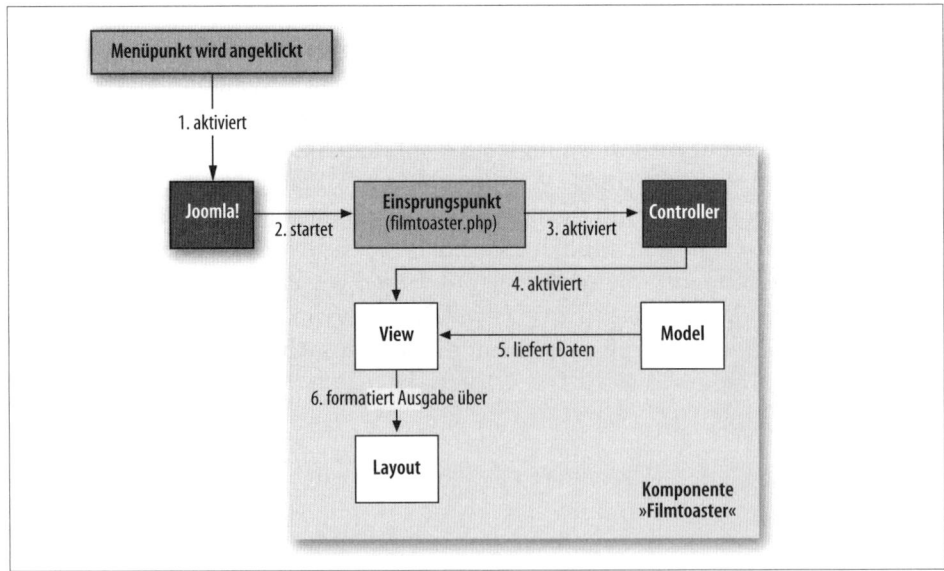

Abbildung 20-6:   Ablauf der Filmtoaster-Komponente.

Wenn Sie im Frontend auf den Menüpunkt *Anzahl Beiträge* klicken ❶, betritt Joomla! das Verzeichnis der Komponente (*components/com_filmtoaster*) und startet dort das PHP-Skript, das den Namen der Komponente trägt – in diesem Fall also *filmtoaster.php*. ❷

Dieses Skript erstellt ein Controller-Objekt, dem es anschließend die Kontrolle übergibt ❸. Das Controller-Objekt stellt nun fest, dass ihm gar keine Aufgabe genannt wurde (`$controller->execute('')` wurde nur eine leere Zeichenkette übergeben). Also greift es einfach zu seiner Standardaufgabe »Gib die von der Komponente verwalteten Daten aus«. Dazu erstellt es ein View-Objekt und ruft dann dessen `display()`-Methode auf ❹.

Damit übernimmt jetzt die View das Kommando. Zunächst benötigt sie erst einmal etwas, das sie überhaupt darstellen kann. Die entsprechenden Informationen kennt das Model, das folglich umgehend um seine Daten gebeten wird ❺. Die zurückgelieferte Zahl speichert die View zunächst in einer Variablen, die sie anschließend in ihr Layout schiebt. Dieses »Mini-Template« sorgt noch für eine hübsche Formatierung ❻.

Die gesamte Ausgabe landet schließlich wieder bei Joomla!, das damit die Seite anhand des aktiven Templates komplettiert und das Ergebnis schließlich an den Browser liefert.

Die Komponente übersetzen

Derzeit sind noch sämtliche Texte fest in die Komponente einzementiert. Würden Sie die Sprache über *Erweiterungen* → *Sprachen* → *Installiert* wechseln, bliebe die Ausgabe der Komponente weiterhin auf Deutsch. Ihre Erweiterung wäre somit nur für deutsche Nutzer interessant. Um das zu ändern, müssen Sie der Komponente eigene Sprachdateien beilegen. Dazu sind wiederum ein paar kleinere Vorbereitungen nötig.

Als Erstes müssen Sie alle in der Komponente vorhandenen Bildschirmtexte durch Platzhalter (Sprachschlüssel) ersetzen. Joomla! tauscht diese dann später automatisch gegen die zur aktuellen Sprache passenden echten Texte aus. Das Model-View-Controller-Konzept packt alle auf dem Bildschirm erscheinenden Texte in die Views. Sie müssen deshalb nur diese entsprechenden Klassen und ihre Layouts an einigen wenigen Stellen verändern. Wenden Sie sich also wieder Ihrem Arbeitsverzeichnis zu. Los geht es mit der View für die Website. Öffnen Sie ihr Layout *default.php* im Verzeichnis *site/views/anzahlbeitraege/tmpl*. Der einzige deutsche Text lautet `Anzahl Beiträge`. Ihn ersetzen Sie durch einen Platzhaltertext. Der muss mit dem Verzeichnisnamen der Komponente beginnen, darf nur aus Großbuchstaben bestehen, muss ohne Leerzeichen auskommen und muss eindeutig sein. Im Beispiel könnte man `COM_FILMTOASTER_NUMBER` wählen:

```
<?php defined('_JEXEC') or die; ?>
<h1>
    COM_FILMTOASTER_NUMBER: <?php echo $this->beitragszahl; ?>
</h1>
```

Damit nicht COM_FILMTOASTER_NUMBER als Text ausgegeben wird, müssen Sie Joomla! noch anweisen, diesen Sprachschlüssel gegen den richtigen Text auszutauschen. Das übernimmt die Funktion Jtext::_():, wie es Beispiel 20-9 zeigt.

Beispiel 20-9: Die mit einem Sprachschlüssel ausgestattete default.php

```
<?php defined('_JEXEC') or die; ?>
<h1>
  <?php echo JText::_('COM_FILMTOASTER_NUMBER'); ?>: <?php echo $this->beitragszahl; ?>
</h1>
```

Die JText::_()-Methode prüft zunächst, ob der Komponente zur gerade eingestellten Sprache eine Sprachdatei mitgeliefert wurde. Wenn ja, schlägt sie darin die ihr übergebene Zeichenkette nach und ersetzt sie dann automatisch durch die entsprechende Übersetzung. Doch Vorsicht: Sollte es keine Übersetzung geben, verwendet die JTEXT::_()-Methode einfach den ihr übergebenen Text – also den Sprachschlüssel. Nach dem gleichen Prinzip müssen Sie jetzt noch alle anderen Texte austauschen. Im Beispiel gibt es jedoch keine weiteren. Ändern Sie die Datei *default.php* entsprechend ab.

Weiter geht es mit der Datei *default.xml* im gleichen Verzeichnis. Darin lagern die Bezeichnungen für den Menüeintragstyp, die natürlich ebenfalls übersetzt werden müssen. Beispiel 20-10 präsentiert das mit den Sprachschlüsseln ausgestattete Ergebnis.

Beispiel 20-10: Der durch Platzhalter ersetzte Menüeintragstyp und seine Beschreibung (Datei site/views/anzahlbeitraege/tmpl/default.xml)

```
<?xml version="1.0" encoding="utf-8"?>
<metadata>
   <layout title="COM_FILMTOASTER_MENU_TITLE">
      <message>COM_FILMTOASTER_MENU_DESCR</message>
   </layout>
</metadata>
```

Da es sich hier um eine XML-Datei handelt, die Joomla! selbst noch auswertet und durch die Mangel dreht, braucht man JText::_() hier nicht. Die Namen der Sprachschlüssel wurden wieder irgendwie frei gewählt. Ändern Sie die Datei *default.xml* wie in Beispiel 20-10 dargestellt.

Weiter geht es mit der Informationsdatei *filmtoaster.xml*. Darin tauschen Sie zunächst den Namen gegen

```
<name>COM_FILMTOASTER</name>
```

und die Beschreibung gegen

```
<description>COM_FILMTOASTER_DESC</description>
```

und schließlich noch die Beschriftung des Menüpunkts gegen:

```
<menu>COM_FILMTOASTER_MENU</menu>
```

Jetzt sind alle ehemals fest einzementierten Texte durch Sprachschlüssel ersetzt worden. Als Nächstes müssen Sie für jede Sprache, die Sie unterstützen möchten, zwei Sprachdateien anlegen. Dazu erstellen Sie im Verzeichnis *site* den neuen Ordner *language*. In ihm müssen Sie für jede Sprache ein Verzeichnis mit dem Namen seines Sprach-Tags anlegen. Der Einfachheit halber soll die Filmtoaster-Komponente zunächst nur Deutsch sprechen. Das zugehörige Sprach-Tag lautet somit de-DE (siehe Kapitel 18, *Mehrsprachigkeit*, Seite 785). Erstellen Sie also ein Verzeichnis mit diesem Namen. Dort legen Sie jetzt eine Textdatei an. Ihr Dateiname beginnt mit dem Sprach-Tag, dem der (Verzeichnis-)Name der Komponente folgt. Die Endung lautet schließlich *.ini*. Im Beispiel muss somit die Datei *de-DE.com_filmtoaster.ini* her. In ihr parken Sie in jeder Zeile einen Sprachschlüssel aus dem Layout für die Website. Dem Platzhalter folgt ein Gleichheitszeichen und dann in Anführungszeichen sein deutschsprachiger Ersatztext. Beispiel 20-11 zeigt den kompletten Inhalt für das Filmtoaster-Beispiel.

Beispiel 20-11: Die deutschen Übersetzungen für die Website (Datei site/language/de-DE/de-DE.com_filmtoaster.ini)

```
; In diese Sprachdatei gehören die Übersetzungen für die Views der Website
COM_FILMTOASTER_NUMBER="Anzahl Beiträge"
```

Joomla! ignoriert alle Zeilen, die mit einem Semikolon beginnen. Zwischen den Anführungszeichen dürfen keine weiteren Anführungszeichen auftauchen. Wenn Sie dennoch unbedingt Anführungszeichen benötigen, müssen Sie sie jeweils durch die kryptische Zeichenfolge "_QQ_" ersetzen.

Die Sprachschlüssel aus der Informationsdatei *filmtoaster.xml* sowie ihre Kollegen für den Menüeintragstyp erwartet Joomla! in einer eigenen Datei. Für sie erstellen Sie in Ihrem Arbeitsverzeichnis im Unterverzeichnis *admin* den neuen Ordner *language*. Darin müssen Sie ebenfalls für jede unterstützte Sprache ein Verzeichnis anlegen, das als Name das entsprechende Sprach-Tag trägt. Für das Filmtoaster-Beispiel legen Sie das Unterverzeichnis *de-DE* an. In diesem Verzeichnis erstellen Sie jetzt eine Datei mit den Übersetzungen. Sie folgt den gleichen Namenskonventionen wie ihr Pendant *de-DE.com_filmtoaster.ini*, besitzt aber die Endung *.sys.ini*. Für das Filmtoaster-Beispiel erstellen Sie folglich die Datei *de-DE.com_filmtoaster.sys.ini* mit dem Inhalt aus Beispiel 20-12.

Beispiel 20-12: Die deutschen Übersetzungen für die Systeminformationen der Komponente (Datei admin/language/de-DE/de-DE.com_filmtoaster.ini.sys)

```
COM_FILMTOASTER="Filmtoaster"
COM_FILMTOASTER_DESC="Diese Komponente zählt die Beiträge"
COM_FILMTOASTER_MENU="Filmtoaster"
COM_FILMTOASTER_MENU_TITLE="Anzahl Beiträge"
COM_FILMTOASTER_MENU_DESCR="Zählt die Beiträge und zeigt das Ergebnis an."
```

Abschließend müssen Sie die neuen Sprachdateien noch in der Informationsdatei *filmtoaster.xml* anmelden. Dazu ergänzen Sie in ihr zunächst den `<files folder="site">`-Abschnitt um das *language*-Verzeichnis:

```
...
<files folder="site">
    ...
    <folder>models</folder>
    <folder>views</folder>
    <folder>language</folder>
</files>
...
```

Zusätzlich erweitern Sie den `<administration>`-Abschnitt um einen `<languages>`-Bereich:

```
...
<administration>
    ...

    <languages folder="admin">
        <language tag="de-DE">language/de-DE/de-DE.com_filmtoaster.sys.ini</language>
    </languages>
</administration>
...
```

Jede mitgelieferte Sprachdatei, die irgendwas im Backend übersetzt, wird hier jeweils zwischen `<language>` und `</language>` gesetzt. Im Filmtoaster-Beispiel existiert nur die deutsche Sprachdatei *language/de-DE/de-DE.com_filmtoaster.sys.ini*. Das Attribut `tag="de-DE"` zeigt mit dem Sprach-Tag noch einmal an, zu welcher Sprache die jeweiligen Dateien gehören. Alle diese Sprachdateien werden zwischen den Tags `<languages>` und `</languages>` angegeben. Das Attribut `folder` verrät Joomla!, dass die Dateien in Unterverzeichnissen von *admin* liegen.

Das war es endlich. Ihre kleine Komponente besteht damit aus insgesamt 16 Dateien in 10 Unterverzeichnissen. Deinstallieren Sie die noch installierte Filmtoaster-Komponente, packen Sie dann den Inhalt Ihres Arbeitsverzeichnisses in ein ZIP-Archiv und spielen Sie es unter Joomla! ein. Auf den ersten Blick scheint sich nichts verändert zu haben. Dass Joomla! tatsächlich auf die Übersetzungen in den Sprachdateien zurückgreift, sehen Sie, wenn Sie im Backend das Menü *Komponenten* aufklappen – hier erscheint jetzt der Menüpunkt *Filmtoaster* mit einem großen F.

Für jede weitere Sprache, die Sie unterstützen möchten, müssen Sie jetzt nach dem gleichen Prinzip weitere Sprachdateien hinzufügen und nach dem bekannten Muster befüllen. Denken Sie aber daran, die Sprachdateien in der Informationsdatei (*filmtoaster.xml*) anzumelden und sie unter den korrekten Dateinamen in den passenden Verzeichnissen abzulegen.

Module

Da Module in der Regel nur eine kleine und genau umrissene Aufgabe lösen, ist auch ihre Programmierung wesentlich einfacher als die Entwicklung einer Komponente. So besteht ein Modul aus mindestens einem PHP-Skript, dessen Ausgaben Joomla! an eine von mehreren möglichen Positionen auf die Website packt. Als Beispiel soll im Folgenden ein kleines Modul entstehen, das lediglich den Text *Hallo Welt!* ausgibt.

Joomla! sammelt alle installierten Module in seinem Unterverzeichnis *modules*. Genau wie bei den Komponenten erhält dort jedes Modul ein eigenes Verzeichnis. Es trägt den gleichen Namen wie das Modul, dem zusätzlich noch ein *mod_* vorangestellt wurde. Auf diese Weise lässt es sich schnell von einer Komponente unterscheiden. Das neue Modul soll den Namen *Filmtoaster* erhalten. Als erste Amtshandlung legen Sie auf Ihrer Festplatte wieder ein neues Arbeitsverzeichnis an. Dort hinein packen Sie alle Dateien, die im Folgenden erstellt werden.

Das neue Modul soll lediglich den Text *Hallo Welt!* ausgeben. In PHP könnte man das so wie in Beispiel 20-13 formulieren.

Beispiel 20-13:   Ein Modul, das den Text Hallo Welt! ausgibt (Datei mod_filmtoaster.php)

```
<?php defined('_JEXEC') or die; ?>
<h1>Hallo Welt!</h1>
```

Der erste Befehl stellt sicher, dass die Datei nur von Joomla! aufgerufen werden kann. Anschließend gibt das Skript einfach besagten Text aus. Auch wenn Sie es vermutlich nach der Entwicklung der Komponente kaum glauben können: Das Modul ist damit bereits zur Hälfte fertig. Speichern Sie den Programmcode aus Beispiel 20-13 unter dem Dateinamen *mod_filmtoaster.php* in Ihrem Arbeitsverzeichnis.

Tipp   Achten Sie auch hier wieder darauf, dass Sie alle Dateien in der UTF-8-Zeichenkodierung speichern.

Jetzt fehlt lediglich noch eine Informationsdatei, die Joomla! für eine korrekte Installation des Moduls benötigt. Im Beispiel sieht sie so aus wie in Beispiel 20-14:

Beispiel 20-14:   Die XML-Informationsdatei für das Filmtoaster-Modul (Datei mod_filmtoaster.xml)

```
<?xml version="1.0" encoding="utf-8"?>
<extension type="module" version="3.6" client="site">
   <name>Filmtoaster</name>
   <author>Tim Schürmann</author>
   <version>1.0.1</version>
   <description>Ein einfaches Modul</description>

   <files>
      <filename module="mod_filmtoaster">mod_filmtoaster.php</filename>
   </files>
</extension>
```

Der Aufbau stimmt weitestgehend mit dem der Informationsdatei der Komponenten überein (siehe Abschnitt »8. Schritt: Die XML-Datei« auf Seite 881). Das <extension>-Tag weist zunächst mit seinen Attributen darauf hin, dass es sich um ein Modul (type="module") für Joomla! 3.6 handelt (version="3.6"), das auf der

Website zum Einsatz kommt (client="site"). Anschließend folgen ein paar allgemeine Informationen über das Modul. Die Tags nennen hier den Namen des Moduls, den Autor und die Version. Den Abschluss bildet eine kurze Beschreibung, die Joomla! beispielsweise nach erfolgreicher Installation anzeigt. Sie können hier übrigens alle Informations-Tags aus Abschnitt »8. Schritt: Die XML-Datei« auf Seite 881 verwenden, also beispielsweise auch einen Hinweis auf die Lizenz hinzufügen. Zwischen <files> und </files> müssen Sie alle Dateien auflisten, die zum Modul gehören (ohne diese Informationsdatei). Die Tags <filename> und </filename> rahmen jeweils die einzelnen Dateien ein.

Neu gegenüber der Informationsdatei der Komponenten ist das Attribut module="mod_filmtoaster". Es ist nur bei der Datei anzugeben, über die Joomla! später das Modul aktivieren soll. Als Wert erhält das Attribut den Namen der Datei ohne die Endung .php.

Speichern Sie jetzt die Informationsdatei aus Beispiel 20-14 unter dem Dateinamen *mod_filmtoaster.xml* in Ihrem Arbeitsverzeichnis. Dessen Inhalt verpacken Sie anschließend in ein ZIP-Archiv, das Sie wiederum im Backend hinter *Erweiterungen → Verwalten → Installieren* wie jede andere Erweiterung installieren.

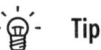

Tipp Falls Joomla! dabei eine Fehlermeldung liefert, sollten Sie zunächst den Inhalt der Konfigurationsdatei *mod_filmtoaster.xml* auf Tippfehler untersuchen.

War die Installation erfolgreich, finden Sie das neue Modul in der Liste hinter *Erweiterungen → Module*. Wie der rote Kreis in der Spalte *Status* verrät, ist das Modul derzeit noch deaktiviert (siehe Abbildung 20-7). Darüber hinaus hat Joomla! es noch keiner *Position* zugeordnet – folglich ist es auf der Website noch gar nicht zu sehen.

Abbildung 20-7: Das installierte Filmtoaster-Modul (in der ersten Tabellenzeile) ist standardmäßig noch deaktiviert.

Um diesen Zustand zu ändern, klicken Sie auf seinen Titel. In seinen Einstellungen stellen Sie den *Status* auf *Veröffentlicht*, wählen als *Position* den Punkt *Rechts [position-7]* und setzen auf der Registerkarte *Menüzuweisung* die *Modulzuweisung* auf den Punkt *Auf allen Seiten*. Nach dem *Speichern & Schließen* ist das Filmtoaster-Modul auf jeder Seite Ihres Internetauftritts zu sehen. Wechseln Sie in die *Vorschau* und werfen Sie einen Blick an den linken Seitenrand. Wie in Abbildung 20-8 finden Sie dort seinen Gruß.

Abbildung 20-8: Das kleiner formatierte Filmtoaster ist der Titel des Moduls, wohingegen das größer geschriebene Hallo Welt das Modul ausgibt.

Um ein Modul zu entwickeln, reicht prinzipiell ein PHP-Skript bereits aus. Die Joomla!-Entwickler empfehlen jedoch, auch bei Modulen die Darstellung vom Inhalt zu trennen. Doch keine Sorge: Das MVC-Konzept taucht hier nicht auf.

Im Moment befindet sich der Text Hallo Welt in der Datei *mod_filmtoaster.php*. Insbesondere bei größeren Modulen ist es jedoch wesentlich bequemer, alle Befehle, die sich auf die Anzeige von Daten beziehen, in eine externe Datei auszulagern. Möchte man das Design ändern, muss man somit nur diese zusätzliche Datei, das sogenannte *Layout*, bearbeiten oder austauschen. Die Dateien mit der eigentlichen Funktionalität bleiben unangetastet.

Die Joomla!-Entwickler raten außerdem dazu, alle vom Modul angezeigten Informationen von einer Hilfsklasse (*Helper-Class*) liefern beziehungsweise aus der Datenbank holen zu lassen. Mit ihr soll es auch losgehen. Sie erhält im Folgenden den Namen modFilmtoasterHelper. Das dabei verwendete Namensschema aus dem Präfix mod, dem Namen des Moduls und dem Anhang Helper schlagen die Joomla!-Entwickler vor, Sie können aber auch einen beliebigen anderen Aufbau wählen. Diese Klasse kümmert sich darum, die anzuzeigenden Informationen zusammenzutragen. Im einfachen Filmtoaster-Beispiel muss sie lediglich wie in Beispiel 20-15 den Text Hallo Welt zurückliefern. Bei einem komplexeren Modul würde sie die Informationen aus der Datenbank holen (das funktioniert wie bei der Komponente aus Abschnitt »1. Schritt: Das Model« auf Seite 870). Speichern Sie den Code aus Beispiel 20-15 in der Datei *helper.php* in Ihrem Arbeitsverzeichnis.

Beispiel 20-15: Die Helper-Klasse für das Filmtoaster-Modul liefert über die Methode sagHallo() den Text Hallo Welt

```php
<?php
defined('_JEXEC') or die;

class modFilmtoasterHelper
{
   static function sagHallo()
   {
      return "Hallo Welt!";
   }
}
?>
```

Die alte *mod_filmtoaster.php* wird jetzt so verändert, dass sie den anzuzeigenden Text von der Klasse `modFilmtoasterHelper` abholt:

```
$hallotext = modFilmtoasterHelper::sagHallo();
```

und mit diesem Text dann das noch zu erstellende Layout füttert:

```
require( JModuleHelper::getLayoutPath('mod_filmtoaster') );
```

Die entsprechend modifizierte *mod_filmtoaster.php* zeigt Beispiel 20-16. Die erste Anweisung holt die Hilfsklasse hinzu. require_once sorgt gleichzeitig dafür, dass die Helper-Klasse nur ein einziges Mal definiert wird. __DIR__ ist ein Platzhalter, der gegen das aktuelle (Modul-)Verzeichnis ausgetauscht wird. Beachten Sie, dass vor und hinter DIR jeweils zwei Unterstriche stehen. Ändern Sie Ihre *mod_filmtoaster.php* analog zu Beispiel 20-16 ab.

Beispiel 20-16: Die von Darstellung und Datenhaltung befreite Datei mod_filmtoaster.php

```
<?php
defined('_JEXEC') or die;
// Hole Hilfsfunktionen hinzu:
require_once __DIR__ . '/helper.php';
// Hole Filme aus der Datenbank:
$hallotext = modFilmtoasterHelper::sagHallo();
// Und aktiviere das Layout:
require( JModuleHelper::getLayoutPath('mod_filmtoaster') );
?>
```

Damit fehlt noch das Layout, das wieder einfach nur ein simples PHP-Skript ist. Im Beispiel muss es den von sagHallo() gelieferten Text ausgeben. Netterweise kann das Layout auf die Variablen aus der *mod_filmtoaster.php* zugreifen. Folglich muss das Layout lediglich den Text in hallotext ausgeben. Das funktioniert wie in Beispiel 20-17.

Beispiel 20-17: Das Layout für das Filmtoaster-Modul (Datei tmpl/default.php)

```
<?php defined('_JEXEC') or die; ?>
<h1><?php echo $hallotext; ?></h1>
```

Legen Sie in Ihrem Arbeitsverzeichnis das neue Unterverzeichnis *tmpl* an und speichern Sie darin das Layout aus Beispiel 20-17 in der Datei *default.php*.

Damit die hinzugekommenen Dateien auch bei der Installation berücksichtigt werden, müssen Sie sie noch in der XML-Datei anmelden. Die sieht dann wie in Beispiel 20-18 aus.

Beispiel 20-18: Die erweiterte Informationsdatei mod_filmtoaster.xml

```
<?xml version="1.0" encoding="utf-8"?>
<extension type="module" version="3.6" client="site">
    <name>Filmtoaster</name>
    <author>Tim Schürmann</author>
    <version>1.0.1</version>
```

Beispiel 20-18: Die erweiterte Informationsdatei mod_filmtoaster.xml *(Fortsetzung)*

```
    <description>Ein einfaches Modul</description>

    <files>
        <filename module="mod_filmtoaster">mod_filmtoaster.php</filename>
        <filename>helper.php</filename>
        <folder>tmpl</folder>
    </files>
</extension>
```

Mit `<folder>` übernimmt Joomla! auf einen Schlag alle Dateien aus dem angegebenen Verzeichnis. Damit besteht das Modul jetzt aus folgenden vier Dateien:

Datei	Funktion
mod_filmtoaster.php	Einsprungpunkt des Moduls, steuert gleichzeitig den Ablauf.
mod_filmtoaster.xml	Informationsdatei für die Integration in Joomla!.
helper.php	Diese Hilfsklasse verwaltet alle anzuzeigenden Texte und Daten.
tmpl/default.php	Layout, das die Ausgabe auf der Website erzeugt.

Tipp Um die eigenen Dateien vor fremden Blicken zu schützen, sollten Sie auch hier wieder in jedem (Unter-)Verzeichnis eine HTML-Datei mit dem Namen *index.html* und dem Inhalt `<!DOCTYPE html><title></title>` anlegen. Vergessen Sie nicht, diese zusätzlichen Dateien in der XML-Datei anzumelden.

Deinstallieren Sie das alte Modul, packen Sie dann wieder den Inhalt Ihres Arbeitsverzeichnisses in eine ZIP-Datei und installieren Sie sie unter Joomla!. Nach der Aktivierung des Moduls sollten die gleichen Ausgaben erscheinen wie schon zuvor.

Plug-ins

Plug-ins erledigen im Hintergrund Handlangerarbeiten. Technisch betrachtet, sind sie nichts anderes als PHP-Skripte, die in einer ganz bestimmten Situation von Joomla! aufgerufen werden. Aus diesem Grund gibt es verschiedene Typen von Plug-ins. So durchsuchen beispielsweise Plug-ins vom Typ *search* irgendwelche (Datenbank-)Inhalte, während *content*-Plug-ins Inhalte manipulieren. Die verschiedenen Plug-in-Typen hat bereits Kapitel 14, *Plug-ins*, Seite 585, vorgestellt.

Ein Plug-in zu erstellen, ist erstaunlich einfach: Man muss lediglich eine eigene Klasse von `JPlugin` ableiten und dann die zum gewählten Plug-in-Typ gehörenden Methoden anbieten. Als kleines Beispiel soll im Folgenden ein *content*-Plug-in entstehen. Es ersetzt in allen Texten auf der Website das Wort *Wikipedia* durch einen passenden Link auf die Startseite der deutschen Wikipedia-Ausgabe. Dazu leitet man als Erstes eine Klasse von `JPlugin` ab:

```
class plgContentFilmtoaster extends JPlugin
{
}
```

Die Klasse heißt hier `plgContentFilmtoaster`. Sie folgt damit den allgemeinen Konventionen, nach denen der Klassenname aus der Bezeichnung `plg` (für Plug-in), dem Plug-in-Typ (hier `Content`) und dem eigentlichen Namen besteht (in diesem Fall einfach `Filmtoaster`).

Joomla! startet die Plug-ins immer dann, wenn ein ganz bestimmtes Ereignis eintritt. Jedes dieser Ereignisse hat einen eigenen Namen. Stößt beispielsweise jemand die Suchfunktion an, löst er damit das Ereignis `onContentSearch` aus. Bevor ein Text auf dem Bildschirm erscheint, tritt hingegen das Ereignis `onContentPrepare` ein. Die zu implementierenden Methoden tragen genau die Namen dieser Ereignisse. Tritt etwa das Ereignis `onContentPrepare` ein, ruft Joomla! automatisch im Plug-in die Methode `onContentPrepare()` auf. Möchte man wie im Beispiel ein Wort im Text austauschen oder verändern, muss man folglich diese Methode implementieren:

```
class plgContentFilmtoaster extends JPlugin
{
    function onContentPrepare($context, &$article, &$params, $page=null)
    {
    }
}
```

Den Text übergibt Joomla! dabei netterweise im Parameter `article`, den jetzt die Methode nach Herzenslust verändern könnte. Dabei gibt es aber zwei kleine Stolperfallen.

Wenn die Smart-Search-Suche die Inhalte indexiert, wird ebenfalls `onContentPrepare()` aufgerufen. In dem Fall sollte das Plug-in jedoch tunlichst nicht aktiv werden. Andernfalls wäre das Ergebnis im Suchindex verfälscht. Wer das Ereignis `onContentPrepare` ausgelöst hat, verrät Joomla! im Parameter `context`. Damit lässt sich schnell prüfen, ob gerade Smart Search den Index erstellt. Wenn dem so ist, sollte das Plug-in umgehend seine Arbeit abbrechen:

```
function onContentPrepare($context, &$article, &$params, $page=null)
{
    if($context == 'com_finder.indexer') return true;
}
```

In allen anderen Fällen soll die Methode im Text das Wort *Wikipedia* gegen einen Link zur deutschsprachigen Wikipedia ersetzen. Da sich der Text in `article` befindet, geht das ganz einfach via:

```
function onContentPrepare($context, &$article, &$params, $page=null)
{
    /* ... */
    $ersatztext = '<a href="https://de.wikipedia.org">Wikipedia</a>';
    $article = preg_replace('/Wikipedia/', $ersatztext, $article);
    return true;
}
```

Die eigentliche Ersetzung nimmt die Funktion `preg_replace()` vor, die PHP bereitstellt (weitere Informationen finden Sie in der PHP-Dokumentation unter *http://php.net/manual/de/function.preg-replace.php*). Zum Schluss liefert die Methode true zurück. Dies ist das Zeichen für Joomla!, dass die Arbeit der Methode erfolgreich war. Sollte Joomla! allerdings gerade einen Beitrag ausgeben, übergibt es in article ein Objekt, das den Beitrag repräsentiert – und genau hier lauert die zweite Stolperfalle. An den eigentlichen Beitragstext kommt man dann nämlich nur via $article->text. In der Methode onContentPrepare() muss man also noch unterscheiden, ob gerade ein Beitragstext oder ein anderer Text vorliegt. Das komplette Ergebnis zeigt Beispiel 20-19. Das ist gleichzeitig auch schon das komplette Plug-in.

Beispiel 20-19: Das Filmtoaster-Plug-in (Datei filmtoaster.php)

```php
<?php
defined('_JEXEC') or die;
class plgContentFilmtoaster extends JPlugin
{
   function onContentPrepare($context, &$article, &$params, $page=null)
   {
      if($context == 'com_finder.indexer') return true;

      $ersatztext = '<a href="https://de.wikipedia.org">Wikipedia</a>';
      if(is_object($article))
      {
         $article->text = preg_replace('/Wikipedia/', $ersatztext, $article->text);
      }
      else
      {
         $article = preg_replace('/Wikipedia/', $ersatztext, $article);
      }
      return true;
   }
}
?>
```

Sobald Joomla! irgendeinen Text im Browser anzeigen möchte, ruft es die Methode onContentPrepare() auf und übergibt ihr im Parameter article den Text. Die Methode prüft zunächst, ob Smart Search gerade seinen Index erstellt. Wenn dem so ist, bricht sie die Verarbeitung ab. Andernfalls sieht onContentPrepare() nach, ob Joomla! einen Beitragstext anzeigen möchte. In dem Fall ist article ein Objekt, mit dem der Text via $article->text zugänglich ist. Andernfalls liegt der Text direkt in article. Damit kann die Methode im Text das Wort Wikipedia gegen einen Link tauschen, wobei ihr die PHP-Funktion preg_replace() hilft.

Erstellen Sie ein neues Arbeitsverzeichnis und speichern Sie darin den Programmcode aus Beispiel 20-19 in der Datei *filmtoaster.php*.

Tipp Vergessen Sie auch hier nicht, die Zeichenkodierung auf UTF-8 zu stellen.

Damit Joomla! das Plug-in installieren kann, benötigt man wie bei den Komponenten und Modulen eine entsprechende Informations- beziehungsweise XML-Datei. Für dieses kleine Plug-in ist das passende Pendant in Beispiel 20-20 zu sehen.

Beispiel 20-20: Die Informationsdatei filmtoaster.xml für das Filmtoaster-Plug-in

```xml
<?xml version="1.0" encoding="utf-8"?>
<extension type="plugin" version="3.6" group="content">
<name>Filmtoaster</name>
<author>Tim Schürmann</author>
<version>1.0</version>
<description>Das Filmtoaster-Plugin</description>

<files>
   <filename plugin="filmtoaster">filmtoaster.php</filename>
</files>
</extension>
```

Die XML-Datei ist weitestgehend identisch mit der Informationsdatei für Module. Ein kleiner, aber wichtiger Unterschied steckt in der zweiten Zeile:

```xml
<extension type="plugin" version="3.0" group="content">
```

Sie verrät Joomla!, dass es sich um ein Plug-in handelt (`type="plugin"`), das die Version 3.6 oder höher voraussetzt (`version="3.6"`) und der Gruppe der *content*-Plug-ins angehört (`group="content"`). Da das komplette Plug-in nur aus einer Datei besteht, umfasst der `<files>`-Abschnitt lediglich einen `<filename>`-Eintrag für die *filmtoaster.php*. Das Attribut `plugin="filmtoaster"` kennzeichnet wieder die Datei, in der die Plug-in-Klasse lagert (in diesem Fall also die Datei *filmtoaster.php*). Als Wert erhält das Attribut den Namen der Datei ohne die Endung *.php*.

Speichern Sie Beispiel 20-20 als *filmtoaster.xml* ab und packen Sie diese Datei zusammen mit der *filmtoaster.php* in ein ZIP-Archiv. Nach der Installation des Plug-ins über das Backend finden Sie das Filmtoaster-Plug-in unter *Erweiterungen → Plug-ins* wieder. Sobald Sie es hier mit einem Klick auf den kleinen roten Kreis in der Spalte *Status* einschalten, ersetzt es das Wort *Wikipedia* in allen Texten auf der Website durch einen entsprechenden Link. Testen können Sie das, indem Sie in einen Ihrer Beiträge das Wort `Wikipedia` schreiben und sich dann in der *Vorschau* diesen Beitrag anzeigen lassen.

TEIL VI
Tipps und Tricks

KAPITEL 21

Suchmaschinenoptimierung

In diesem Kapitel:
- Funktionsweise einer Suchmaschine
- Seiteninhalte optimieren
- Metadaten: Fluch und Segen
- Der Name der Website
- Suchmaschinenfreundliche URLs (Search Engine Friendly Links)
- Umleitungen
- Noch mehr Funktionen mit Erweiterungen

Die Filmkritiken sind geschrieben, die Werbebanner gebucht und die Kontaktformulare eingerichtet. Alles ist für den großen Ansturm vorbereitet – einzig die Besucher müssen noch den Weg auf die neuen Seiten finden. Im Internet helfen ihnen dabei die Suchmaschinen. Sie dienen vielen Internetbenutzern als erste Anlaufstelle und bilden somit gleichzeitig einen Wegweiser zum neu geschaffenen Angebot.

Normalerweise stoßen Google, Bing & Co. irgendwann von allein auf Ihre Website. Einige Suchmaschinen können Sie jedoch über ein Anmeldeformular direkt auf Ihre Seiten hinweisen. Google hat die Internetadresse dieses Formulars immer wieder geändert, zum Zeitpunkt der Bucherstellung war es unter *http://www.google.com/addurl/* zu finden.

Warnung Einige Internetseiten bieten an, Ihre Website automatisiert bei sehr vielen Suchmaschinen und Verzeichnisdiensten gleichzeitig anzumelden. Das ist zwar eine verlockende Arbeitserleichterung, mitunter wird das jedoch als »Suchmaschinen-Spamming« aufgefasst. Als Folge verhängen die Suchmaschinen und Verzeichnisdienste Sanktionen, was bis zur Verbannung Ihres Auftritts aus den jeweiligen Angeboten reichen kann.

Leider existieren zum Filmtoaster-Auftritt recht viele Konkurrenzseiten, die mit großer Wahrscheinlichkeit ebenfalls in den Suchergebnissen auftauchen. Suchmaschinen ordnen ihre Ergebnisse immer nach Relevanz, also nach der Bedeutung der aufgespürten Seiten für den Suchbegriff. Wenn Sie etwa bei Google nach dem Begriff `Film` suchen, erhalten Sie als erstes Suchergebnis den entsprechenden Wikipedia-Artikel (wie in Abbildung 21-1). Aus Sicht von Google ist dieser Artikel mit sehr hoher Wahrscheinlichkeit genau die von Ihnen benötigte Seite. Google liegt mit dieser Einschätzung extrem häufig richtig. Viele Internetnutzer klicken daher auch meist nur einen der obersten Links in den Suchergebnissen an. Um möglichst viele Besucher auf die eigene Website zu locken, müsste man sie also irgendwie in die oberen Ränge der Suchergebnisse katapultieren. Alle genau hierauf zielenden

Maßnahmen bezeichnet man als *Suchmaschinenoptimierung* oder auf Englisch als *Search Engine Optimization*, kurz *SEO*.

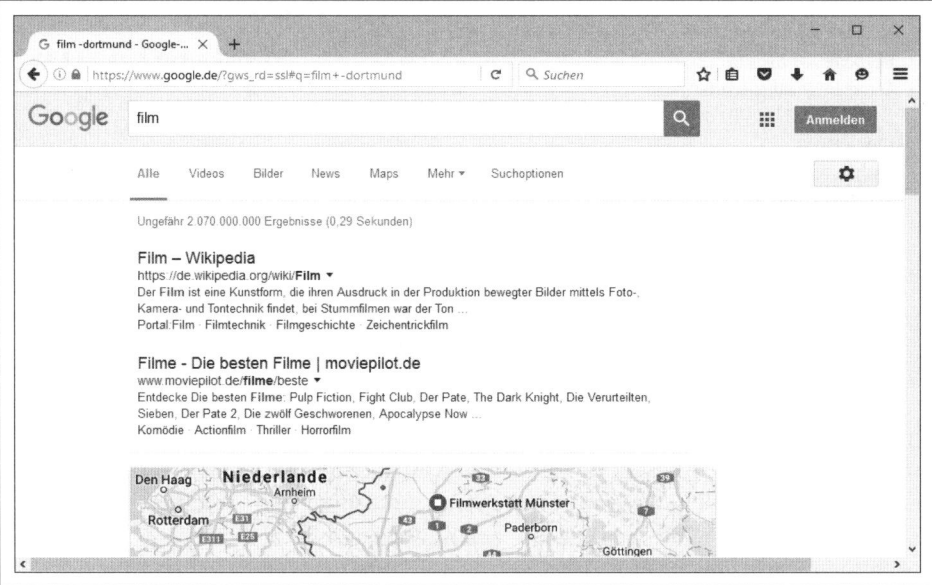

Abbildung 21-1: Alle zum Begriff film passenden Internetseiten sortiert Google nach ihrer Relevanz.

Wie die einzelnen Suchmaschinen die Reihenfolge ihrer Suchergebnisse genau bestimmen, hüten ihre Hersteller dummerweise wie Coca-Cola das Rezept seiner prickelnden Brause. Alle Maßnahmen, die ein Website-Betreiber ergreifen kann, basieren daher auf recht kargen Empfehlungen der Suchmaschinenhersteller sowie auf Erfahrungen, Hörensagen, Vermutungen und auf Konsultieren eines Hellsehers.

Bei größeren und insbesondere kommerziell ausgerichteten Internetseiten empfiehlt sich die Konsultation einer entsprechenden Marketingfirma. Unter dem Schlagwort *Internet-Marketing* (auch *Online-* oder *E-Marketing* genannt) haben sich einige dieser Firmen auf die Suchmaschinenoptimierung spezialisiert. Da sich unter diesen Unternehmen jedoch einige schwarze Schafe tummeln, die mit windigen und zweifelhaften Methoden arbeiten, heißt es auch hier, seinen Partner mit wachsamen Augen auszuwählen.

Für alle, die nicht gleich tief ins eigene Portemonnaie greifen möchten, halten die folgenden Abschnitte ein paar grundlegende Maßnahmen bereit. Um deren Wirkungsweise zu verstehen, ist zunächst ein kurzer Exkurs in die Arbeitsweise einer Suchmaschine notwendig.

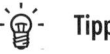 **Tipp**   Es gibt eine ganz banale, aber zentrale Regel: Gestalten Sie Ihre Website für *Ihre Besucher*. Geben Sie ihnen einen Grund, immer wiederzukommen. Dann steigen Sie ganz nebenbei auch bei Google & Co. in den Suchergebnissen auf.

Funktionsweise einer Suchmaschine

Jede Suchmaschine besteht aus mehreren Komponenten, die sich gegenseitig zuarbeiten. Neben der eigentlichen Suchfunktion arbeitet im Hintergrund ein sogenannter *Webcrawler* (kurz *Crawler* oder auch *Robot* oder *Spider* genannt). Das ist ein kleines Programm, das sich durch das Internet wühlt und einfach allen Links folgt, die ihm über den Weg laufen. Immer wenn es eine neue oder geänderte Seite gefunden hat, legt es die von der eigentlichen Suchfunktion benötigten Informationen in einer riesigen Datenbank ab.

Sobald nun eine Anfrage von einem Benutzer eingeht, kramt die Suchmaschine alle passenden Einträge aus der Datenbank und präsentiert sie in einer langen Liste auf dem Bildschirm. Die Reihenfolge der Suchergebnisse bestimmen die Suchmaschinen anhand einer Mischung aus verschiedenen Kriterien. Von einigen Vertretern (wie beispielsweise Google) ist bekannt, dass sie jeder gefundenen Seite einen Punktwert zuordnen, den sogenannten *Score*, *Rank* oder *PageRank*. Er berechnet sich aus mehreren Faktoren, beispielsweise:

- aus der Anzahl anderer Seiten, die auf die Seite verweisen,
- aus der Häufigkeit, mit der der Suchbegriff in einer Seite auftritt, und daraus,
- welche anderen Texte den Suchbegriff auf der Seite umgeben.

Je höher der Punktwert einer Seite ist, desto weiter oben steht sie in der Liste mit den Suchergebnissen.

Für die eigene Website bedeutet dies:

1. Man muss der Suchmaschine (beziehungsweise dem Webcrawler) das Sammeln von Daten erleichtern. Nur was die Suchmaschine kennt, kann sie später auch in ihren Ergebnissen berücksichtigen.
2. Die einzelnen Seiten müssen so gestaltet beziehungsweise aufgebaut sein, dass sie für bestimmte Suchbegriffe den oben genannten Kriterien entgegenkommen.

Die folgenden Abschnitte verraten Ihnen, mit welchen konkreten Maßnahmen Sie diese beiden Punkte sicherstellen – und wie Joomla! Sie dabei unterstützt.

Da es einen Konkurrenzkampf um die besten Plätze gibt, ist es unwahrscheinlich, für jeden nur erdenklichen Suchbegriff immer an erster Stelle zu landen. Wenn Sie mit Ihrer Seite Geld verdienen wollen, sollten Sie unbedingt weitere Werbemaßnahmen durchführen und beispielsweise Banner auf passenden anderen Seiten schalten. Im Internet gibt es zudem eine Reihe kommerzieller und kostenloser Dienste, die Ihre Website auf Suchmaschinenfreundlichkeit hin abklopfen, wie zum Beispiel *http://www.seitwert.de*.

Wenn Sie die Benutzerverwaltung benötigen, sollten Sie verschlüsselte Verbindungen via HTTPS verwenden. Zum einen erhöhen Sie so die Sicherheit, zum anderen bevorzugt Google mittlerweile verschlüsselte Seiten – wenn auch nur ein wenig. Für HTTPS benötigen Sie allerdings ein in der Regel kostenpflichtiges Zertifikat. Das genaue Vorgehen hängt von Ihrem Webhoster ab – sprechen Sie ihn gegebenenfalls an.

Seiteninhalte optimieren

Der entscheidende Weg zu einer guten Platzierung führt über die Inhalte der Seiten. Folglich gilt es, bereits beim Erstellen des Auftritts und bei der Eingabe der Beiträge einige Punkte zu beachten. Sofern auf Ihrer Website mehrere Autoren arbeiten, sollten Sie diese dazu anhalten, die folgenden Kriterien zu beachten, beziehungsweise regelmäßig selbst ihre Beiträge daraufhin begutachten und gegebenenfalls korrigieren.

Überschriften: Was draufsteht, muss auch drin sein

Die Überschriften sollten Sie immer mit Bedacht und zum Thema passend wählen, da ihnen von den Suchmaschinen eine besondere Bedeutung zugesprochen wird. Wenn Sie auf der Website großspurig Filmkritiken ankündigen, sollten auf der Seite folglich auch Filmkritiken vorhanden sein. Hinter der Kritik zum Film *James Bond 007: Skyfall* darf zudem keine Werbung für ein Hautpflegemittel verborgen sein. Des Weiteren taucht der Titel auch später in der Liste mit den Suchergebnissen auf.

Bei den Beiträgen dürfen Sie neben einem Titel auch noch einen sogenannten *Alias* vergeben (siehe Abbildung 21-2). In den vorherigen Kapiteln wurde der Einfachheit halber dazu geraten, ihn schlichtweg von Joomla! wählen zu lassen. Diesen Alias nutzt Joomla! derzeit in Links, die auf diesen Beitrag verweisen, sowie in den suchmaschinenfreundlichen Adressen, die gleich noch besprochen werden. Sie sollten daher immer sicherstellen, dass der Titel möglichst aussagekräftig sowie kurz und knackig ausfällt. Im Idealfall kann ein Mensch vom Alias auf den Beitrag schließen. Für die Filmkritik zu *James Bond 007: Skyfall* wäre beispielsweise der Alias *filmkritik-james-bond-007-skyfall* sinnvoll.

Abbildung 21-2: Verwenden Sie auch den Alias(-Titel).

Das richtige Menü

Zu den Beiträgen führen Menüpunkte. Auch von ihrer Beschriftung nehmen die Suchmaschinen Notiz. Folglich sollten Sie sie weise und inhaltlich richtig wählen.

Ungeschickt wäre etwa ein Menüpunkt *Filmkritiken*, der direkt zur Vorstellung eines neuen Parfüms führt. Das würde übrigens auch Ihre Besucher verwirren.

Halten Sie die Navigation schlank und übersichtlich. Bei zu vielen Menüpunkten und verästelten Unterseiten hören Besucher irgendwann genervt auf zu klicken. Auch Suchmaschinen geben früher oder später auf.

Darüber hinaus sollten Sie daran denken, dass Sie in den Einstellungen eines Menüpunkts im Register *Seitenanzeige* über das Eingabefeld *Seitenüberschrift* noch die Überschrift der Zielseite austauschen können. Darüber hinaus erlaubt Joomla! hier, den *Seitentitel im Browser*, also den Text des Browserregisters, auszutauschen. Auch auf diesen Text achten Suchmaschinen (siehe auch Kapitel 11, *Menüs*, im Abschnitt »Seitentitel verändern« auf Seite 467). Stellen Sie sicher, dass er zum Seiteninhalt passt.

Gehaltvolle Texte

Befinden sich zu wenige Inhalte auf der Seite, halten manche Suchmaschinen sie für eher unwichtig. Ihre Kritik zu *James Bond 007: Skyfall* sollte also nicht nur einfach pauschal »Der Film war gut« lauten. Eine etwas ausführlichere Begründung kommt nicht nur den menschlichen Lesern zugute, sondern auch den Suchmaschinen, die auf diese Weise mit vielen weiteren potenziellen Suchwörtern gefüttert werden. Studien zufolge stehen auf von Google besonders bevorzugten Webseiten im Schnitt 1.890 Wörter.

Das ist jedoch kein Aufruf, Texte mit hohlen Phrasen beliebig in die Länge zu ziehen: Zum einen würde das wieder Besucher abschrecken, die sich jetzt durch nichtssagende Textwüsten kämpfen müssen, zum anderen erkennen Suchmaschinen unnütze Füllwörter und strafen diese ähnlich wie Linklisten ab. Auf die gleiche Weise ahnden Suchmaschinen versteckte Schlüsselwörter, die als weißer Text auf weißem Grund an das Ende eines Beitrags geschmuggelt wurden.

Versuchen Sie, qualitativ bessere und interessantere Beiträge als Ihre Konkurrenten zu veröffentlichen. Sehen Sie sich dazu die Seiten Ihrer Konkurrenz an: Welche Themen sind dort beliebt? Was können Sie besser machen? Welche Themen hat die Konkurrenz noch nicht behandelt? Wie können Sie Ihren Besuchern einen Mehrwert bieten oder ihnen sogar weiterhelfen?

Gliedern Sie längere Texte mit aussagekräftigen Zwischenüberschriften. Verwenden Sie dazu im TinyMCE-Editor die *Heading 1*- bis *Heading 6*-Vorgaben aus der entsprechenden Ausklappliste (die aus Abbildung 21-3). Sie erreichen sie auch via *Format → Formate →Überschriften*.

Veröffentlichen Sie niemals den gleichen Text in zwei Beiträgen. Damit würden die beiden Beiträge miteinander um den besten Platz bei Google konkurrieren – und letztendlich zusammen verlieren.

Abbildung 21-3: Unterteilen Sie längere Beiträge mithilfe von Überschriften. Das kommt nicht nur der Lesbarkeit zugute, Suchmaschinen messen Überschriften auch eine erhöhte Bedeutung bei.

Bilder beschriften

Vergeben Sie für jedes Bild eine *Beschreibung*, einen *Bildtitel* und eine *Bildbeschriftung* (siehe Abbildung 21-4). Suchmaschinen werten auch diese Texte aus – denken Sie beispielsweise nur an die Bildersuche von Google.

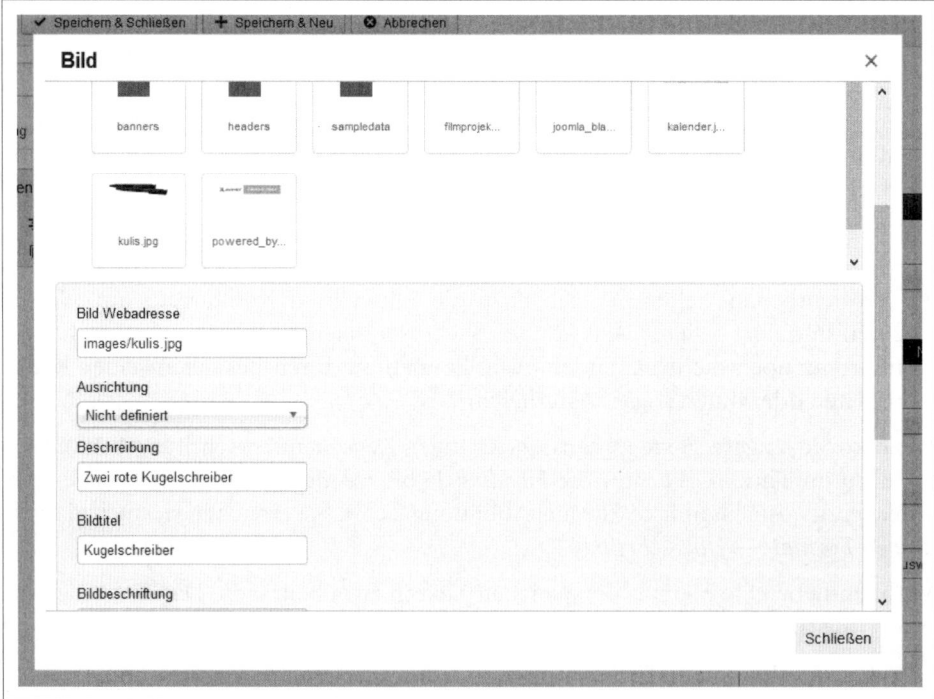

Abbildung 21-4: Beschriften Sie Ihre Bilder.

Links korrekt beschriften

Alle Links sollten passend beschriftet sein – am besten mit einem potenziellen Suchwort. Anstelle eines nichtssagenden »Hier geht es weiter« wählt man besser »Hier geht es zur Kritik zum Film ›Findet Dorie‹«. Das gilt erst recht für Links, die von fremden Seiten auf Ihre verweisen – nur lassen sich diese dummerweise nur selten beeinflussen. Sofern Sie den Betreiber der fremden Website nicht kennen, hilft vielleicht eine freundliche Anfrage.

Warnung Meiden Sie unbedingt sogenannte Linklisten. Dabei verlinken sich einfach zahlreiche Seiten mehrfach gegenseitig. Damit erwecken sie gegenüber der Suchmaschine den Eindruck, sie seien alle extrem beliebt. Auf diesen Trick haben die Suchmaschinenbetreiber jedoch reagiert und passende Gegenmaßnahmen eingeleitet. Das kann sogar bis zum kompletten Rauswurf des Internetauftritts aus den Suchergebnissen gehen – wie in der Vergangenheit sogar ein paar größere und durchaus seriöse Unternehmen erfahren durften.

Achten Sie darauf, dass keine Links und Menüpunkte ins Leere führen. Sowohl Menschen als auch Suchmaschinen bleiben in diesen Sackgassen hängen. Auch umgekehrt gilt: Eine Seite, zu der kein Link beziehungsweise Menüpunkt führt, kann weder durch normale Benutzer noch durch Suchmaschinen gefunden werden. Stellen Sie daher sicher, dass jedes Element irgendwie in Ihre Website eingebunden ist.

Tipp Falls Ihr Webhoster es Ihnen erlaubt, sollten Sie eine eigene Fehlerseite vorgeben, die einen Link auf die Startseite enthält.

Multimedia-Inhalte sparsam einsetzen

Webcrawler geben sich gegenüber der Seite als herkömmliche Browser aus. Da jedoch kein realer Benutzer diesen Suchroboter bedient, kann der Crawler weder was mit Flash noch etwas mit Videos anfangen. Setzen Sie daher solche Multimedia-Inhalte nur ergänzend ein. Das kommt darüber hinaus auch Menschen mit eingeschränkter Sehfähigkeit zupass.

Sie lebt

Achten Sie unbedingt auf die Aktualität Ihrer Seite: Anstatt einmal im Monat mehrere Kritiken gleichzeitig online zu stellen, sollten Sie besser jeden Tag eine veröffentlichen. Die Suchmaschine schließt daraus nicht nur auf eine rege Aktivität, sondern auch auf eine hohe Aktualität der Seite – folglich muss sie entsprechend beliebt und wichtig sein.

Tipp Erliegen Sie jedoch nicht der Versuchung, die Seite künstlich am Leben zu erhalten. Dies könnte zu den gleichen negativen Auswirkungen führen wie beim Einsatz von Füllwörtern.

Metadaten: Fluch und Segen

Jede Internetseite darf versteckte Zusatzinformationen enthalten, die sogenannten Metadaten (siehe Abbildung 21-5). Sie beinhalten beispielsweise den Namen des Autors der Seite. Die Webcrawler der Suchmaschinen können diese Daten auswerten und für ihre Zwecke nutzen.

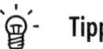

Tipp Die Browser verstecken diese Informationen standardmäßig. Um zu sehen, welche Metadaten sich in der ausgelieferten Seite verbergen, müssen Sie deshalb mit der sogenannten Quelltextansicht einen Blick hinter die Kulissen werfen. Unter Firefox drücken Sie einfach die Tastenkombination [Strg]+[U]. Das nun erscheinende Fenster präsentiert Ihnen die Seite so, wie Joomla! sie ausliefert und wie auch die Suchmaschinen sie sehen. Ganz zu Beginn finden Sie Zeilen, die mit einem `<meta...` anfangen. Dahinter stehen die Zusatzinformationen.

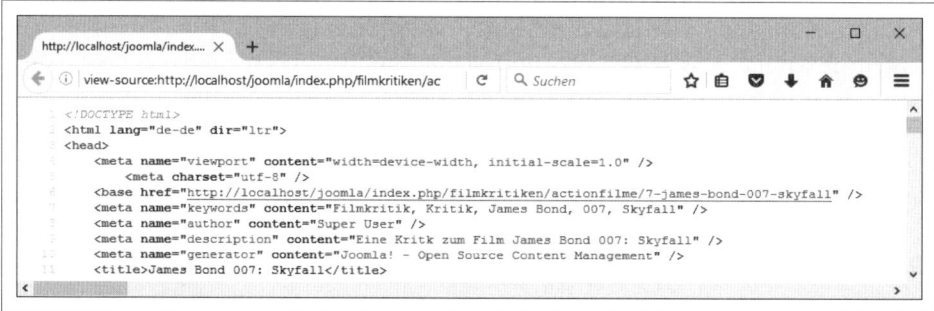

Abbildung 21-5: Die (versteckten) Metadaten in einer von Joomla! ausgelieferten Seite.

Unter den Metadaten finden Sie auch eine Liste mit Schlüsselwörtern (in Abbildung 21-5 in der Zeile, die mit `<meta name="keywords"...` beginnt). Sie sollten ursprünglich einmal beschreiben, worum es auf der Seite geht. Im Fall einer Filmkritik könnten die Schlüsselwörter zum Beispiel *Kino*, *Filmkritik*, *Film*, *Kritik* lauten. Damit weiß die Suchmaschine, dass sie bei einer Suche nach dem Wort *Kino* auch diese Seite berücksichtigen muss. In der Vergangenheit haben leider viele Webseitenbetreiber hier bewusst falsche Angaben eingesetzt, um die Suchmaschinen in die Irre zu führen. Aus diesem Grund behandeln die meisten Suchmaschinen die hier eingetippten Informationen nur noch als Daten zweiter Klasse.

Zu den Metadaten gehört auch eine kurze Beschreibung der Seiteninhalte. Diese Beschreibung erscheint später ebenfalls in den Suchergebnissen. Anhand dieser Beschreibung entscheiden Besucher, ob sie Ihre Website aufrufen.

Schon allein aus diesem Grund sollten Sie die Metadaten hinterlegen. Joomla! erlaubt das auf zwei Arten. Zum einen finden Sie bei vielen Elementen und Modulen die Möglichkeit, Metadaten einzutippen. Im Bildschirm zur Eingabe eines neuen Beitrags wechseln Sie beispielsweise zum Register *Veröffentlichung* (siehe Abbildung 21-6).

Meta-Beschreibung	Eine Kritk zum Film James Bond 007: Skyfall
Meta-Schlüsselwörter	Filmkritik, Kritik, James Bond, 007, Skyfall
Schlüsselreferenz	
Robots	Globale Einstellung
Autor	
Inhaltsrechte	
Externe Referenz	

Abbildung 21-6: Die Metadaten eines Beitrags.

Dort können Sie die Seiteninhalte noch einmal kurz beschreiben sowie darunter entsprechende Suchwörter vergeben. (Wie das funktioniert und in welches Feld welche Informationen gehören, hat bereits Kapitel 6, *Beiträge anlegen und verwalten*, im Abschnitt »Metadaten« auf Seite 143 gezeigt.) Die hier eingetragenen Metadaten liefert Joomla! immer nur mit dem jeweiligen Beitrag beziehungsweise auf der jeweiligen Seite aus. Für alle Seiten gültige Metadaten geben Sie in den Grundeinstellungen hinter *System → Konfiguration* vor. Dort finden Sie im Register *Site* links unten den Bereich *Globale Metadaten*. Über dessen Eingabefelder dürfen Sie wieder eine Beschreibung des Internetauftritts (*Meta-Beschreibung*) und passende Schlüsselwörter (*Meta-Schlüsselwörter*) hinterlegen (siehe Abbildung 21-7). Die hier eingetippten Begriffe sollten sich immer auf den gesamten Internetauftritt beziehen.

Tipp Sammeln Sie zunächst Begriffe, die mit Ihrem Auftritt in Zusammenhang stehen. Auf den Filmtoaster-Seiten wären das beispielsweise *Kino*, *Film*, *Kritiken*, *Premieren* etc. Führen Sie hier ruhig ein kleines Brainstorming durch. Anschließend wählen Sie die wichtigsten Begriffe aus und tragen sie hier ein.

In jedem Fall genügen bereits 20 Suchwörter, die Beschreibung sollte maximal 150 Zeichen umfassen. Andernfalls könnten die Suchmaschinen vermuten, dass hier ein Spam-Versuch vorliegt. Zu viele Begriffe oder eine zu lange Beschreibung wirken sich folglich sogar negativ aus.

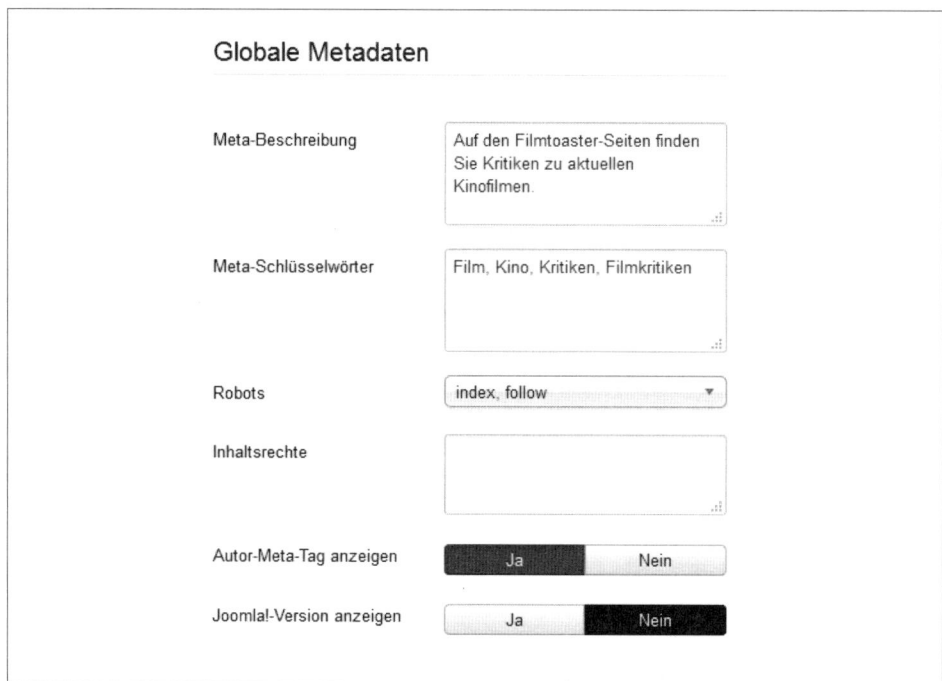

Abbildung 21-7: Die hier eingetragenen Metadaten liefert Joomla! mit jeder Seite aus.

 **Warnung**   Verwenden Sie ausschließlich Begriffe, die auch mit Ihrem Auftritt in Beziehung stehen. Beispielsweise könnten Sie in Versuchung kommen, den reißerischen Begriff »nackte Stars« oder gar thematisch etwas gänzlich Fremdes wie »Mercedes« einzubinden. Damit irritieren Sie potenzielle Besucher, die nicht das auf der Seite vorfinden, was sie eigentlich gesucht haben. Im Fall von »Mercedes« riskieren Sie sogar Markenrechtsklagen und werden obendrein noch für dieses Verhalten von den Suchmaschinen abgestraft.

Der Name der Website

Unter *System* → *Konfiguration* finden Sie auf der Registerkarte *Site* im Bereich *Website* den *Namen der Website*, den Sie bereits bei der Installation von Joomla! vergeben haben. Ihm messen Suchmaschinen eine besonders hohe Bedeutung bei. Überlegen Sie daher noch einmal, ob er kurz und knackig das Thema der Webseite umreißt. Fragen Sie sich dazu, welche Informationen Ihre Seite enthält und was sie darstellen soll. Bleiben Sie jedoch möglichst unter 80 Zeichen. Ändern Sie zudem den Namen der Website nachträglich nur in Ausnahmefällen – beispielsweise wenn sich Ihr Verein umbenannt hat. Eine Namensänderung verwirrt nicht nur Ihre Besucher, sondern auch Suchmaschinen.

 Tipp   Genauso wichtig wie der Titel ist der Domainname. So landet *http://www.kinoportal.de* in der Ergebnisliste zum Suchwort *Kino* sicherlich auf einem höheren Platz als *http://www.horstswunderwelt.de*.

Der Name eines Beitrags taucht auch immer in der Titelleiste des Browsers beziehungsweise im geöffneten Register-Tab auf (siehe Abbildung 21-8).

Abbildung 21-8: Standardmäßig erscheint als Seitentitel immer nur der Titel des Beitrags.

Dieser Beschriftung können Sie noch den Seitennamen voranstellen (wie in Abbildung 21-9).

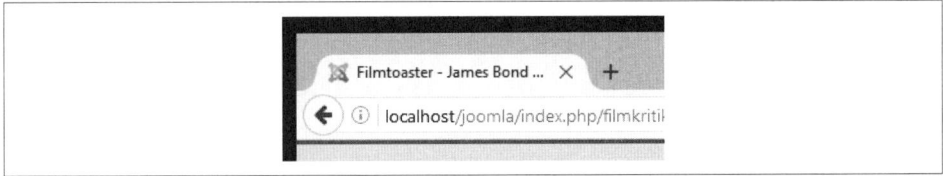

Abbildung 21-9: Auf Wunsch erscheint auch immer noch der Name des Internetauftritts im Titel.

Dazu wählen Sie unter *System → Konfiguration* auf der Registerkarte *Site* im Bereich *Suchmaschinenoptimierung (SEO)* in der Ausklappliste *Seitenname auch im Titel* einen anderen Punkt. Sie haben dabei die Wahl, ob der Seitenname wie in Abbildung 21-9 vor dem Beitragstitel (Einstellung *Davor*) oder dahinter stehen soll (*Danach*). In jedem Fall ist dann für die Suchmaschine immer eindeutig, dass diese Seite (noch) zu den Filmtoaster-Seiten gehört.

Suchmaschinenfreundliche URLs (Search Engine Friendly Links)

Die Webcrawler der Suchmaschinen sind nicht ganz dumm. Würden sie einfach allen Links folgen, könnte man sie durch zwei aufeinander zeigende Links in einer Schleife gefangen halten. Aus diesem Grund hat man ihnen etwas Intelligenz eingepflanzt, dank deren sie beispielsweise Linkfarmen erkennen und umgehen können.

Dies hat leider auch Auswirkungen auf Joomla!. Content-Management-Systeme generieren eine Seite erst dann, wenn ein Besucher sie anfordert. Diese Seite besitzt zudem eine ziemlich kryptische Internetadresse. Webcrawler können dann nicht mehr gut abschätzen, ob dies jetzt eine Seite ist, die man sich merken sollte.

Dazu ein kleines Beispiel: Schalten Sie zunächst hinter *System → Konfiguration* auf der Registerkarte *Site* im Bereich *Suchmaschinenoptimierung (SEO)* den Punkt *Suchmaschinenfreundliche URL* auf *Nein* (Sie erfahren gleich, was diese Einstellung macht) und *Speichern* Sie Ihre Änderungen. Wenn Sie jetzt in der *Vorschau* einen

Beitrag aufrufen und die Angaben in der Adressleiste Ihres Browsers betrachten, taucht dort so etwas auf wie:

```
http://localhost/joomla/index.php?option=com_content&view=article&id=7:james-bond-007-skyfall&catid=10&Itemid=127
```

In dieser Adresse ist die von Joomla! zu aktivierende Komponente sowie deren Aufgabe codiert. (Wenn Sie Kapitel 20, *Eigene Erweiterungen erstellen*, Seite 867, gefolgt sind: Es handelt sich hier um die Komponente com_content, die die View article aktiviert, die wiederum den Beitrag mit der ID 7 und den Alias james-bond-007-skyfall aus der Kategorie *Actionfilme* mit der ID 10 anzeigt.)

Der Webcrawler der Suchmaschine stellt sich nun die Frage, was er sich davon merken soll. Schlimmer noch: Es können mehrere Adressen zur gleichen Seite führen. So wartet beispielsweise hinter

```
http://localhost/joomla/index.php?option=com_content&view=article&id=7:james-bond-007-skyfall&catid=10
```

und

```
http://localhost/joomla/index.php?option=com_content&view=article&id=7
```

und

```
http://localhost/joomla/index.php?option=com_content&id=7&view=article
```

derselbe Beitrag. Die Suchmaschine kann das jedoch nicht unterscheiden und vermutet hinter jeder Adresse eine eigene Seite. Hierdurch wird ihr wiederum eine riesige Website vorgegaukelt. Aus diesem Grund fassen Suchmaschinen dynamische Seiten nur mit Samthandschuhen an.

Kryptische Adressen umschreiben (URL-Rewrite)

Glücklicherweise gibt es in Joomla! eine Funktion, die den Webcrawlern eine etwas magenschonendere und für jeden Beitrag eindeutige Adresse vorsetzt. Das ist genau die Funktion, die Sie weiter oben abgeschaltet hatten.

Sie aktivieren sie in der globalen Konfiguration hinter *System → Konfiguration* auf der Registerkarte *Site* im Bereich *Suchmaschinenoptimierung (SEO)* (siehe Abbildung 21-10).

Sobald Sie den Schalter *Suchmaschinenfreundliche URL* auf *Ja* umlegen, liefert das Content-Management-System anstelle von

```
http://localhost/joomla/index.php?option=com_content&view=article&id=7:james-bond-007-skyfall&catid=10&Itemid=127
```

die für Suchmaschinen besser verdauliche Adresse:

```
http://localhost/joomla/index.php/filmkritiken/actionfilme/7-james-bond-007-skyfall
```

 Tipp Wenn die neuen Adressen nicht sofort zu sehen sind, rufen Sie erst mal die *Vorschau* auf. Hilft das auch nicht, starten Sie Ihren Browser einmal neu.

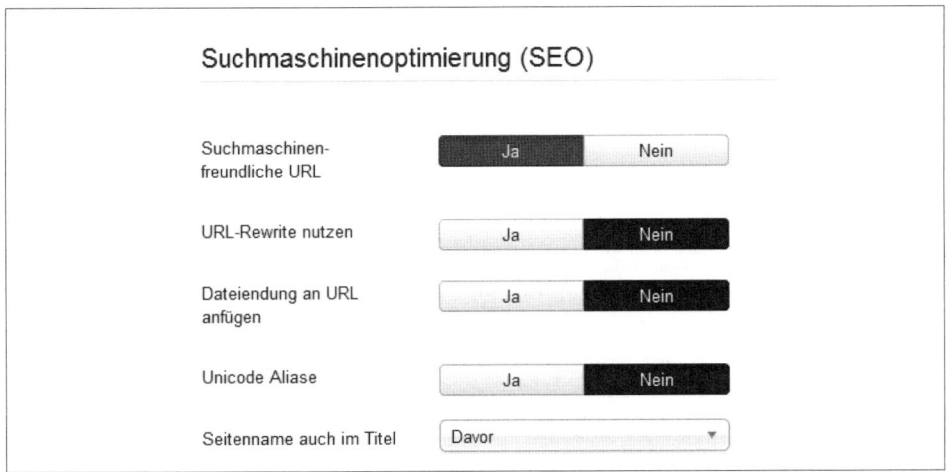

Abbildung 21-10: Hier aktivieren Sie die suchmaschinenfreundlichen Adressen.

Etwas störend wirkt allerdings noch das *index.php* in der Mitte, das Rückschlüsse auf eine dynamisch generierte Seite zulässt. Wenn Sie den Apache-Webserver oder IIS von Microsoft einsetzen, lässt sich aber auch dieser Hinweis beseitigen.

Das URL-Rewrite-Modul des Webservers nutzen

Für den Apache-Webserver gibt es eine Erweiterung mit dem Namen *mod_rewrite*, die eine ähnliche Umsetzung der Internetadressen durchführt. In XAMPP ist sie bereits standardmäßig enthalten und aktiviert. Falls Sie sich an die Schnellinstallationsanleitung aus Kapitel 2, *Installation*, Seite 15, gehalten haben, sind die Eingriffe aus dem jetzt direkt folgenden Abschnitt somit nicht mehr notwendig.

Apache vorbereiten

Ob die nötigen Voraussetzungen auch bei Ihnen erfüllt sind, zeigt Joomla! im Backend unter *System → Systeminformationen*. In der ersten Zeile muss *Apache* als Webserver auftauchen, und in der Zeile *Loaded Modules* muss die Erweiterung *mod_rewrite* erscheinen (siehe Abbildung 21-11).

Falls die Erweiterung nicht aktiviert ist, müssen Sie das Modul entweder über die Konfigurationsoberfläche Ihres Webhosters aktivieren oder in der Apache-Konfigurationsdatei *httpd.conf* die folgende Zeile hinzufügen:

```
LoadModule rewrite_module modules/mod_rewrite.so
```

Konsultieren Sie gegebenenfalls die Apache-Dokumentation. Nachdem Sie die Änderungen vorgenommen haben, müssen Sie Apache einmal neu starten. Bitte beachten Sie, dass nicht alle Webhoster derartige Modifikationen gestatten.

Des Weiteren muss es Ihnen erlaubt sein, die *.htaccess*-Datei zu ersetzen beziehungsweise eigene *.htaccess*-Dateien zu erzeugen. Die genannte Datei regelt die Zugriffsrechte auf ein Verzeichnis. Sofern Apache diese Dateien ignoriert, schalten

Sie die zugehörige Funktion über Ihre Konfigurationsoberfläche scharf oder suchen in der Apache-Konfigurationsdatei *httpd.conf* den Abschnitt für Ihre Internetseite und ersetzen dort die Zeile

```
AllowOverride None
```

durch:

```
AllowOverride All
```

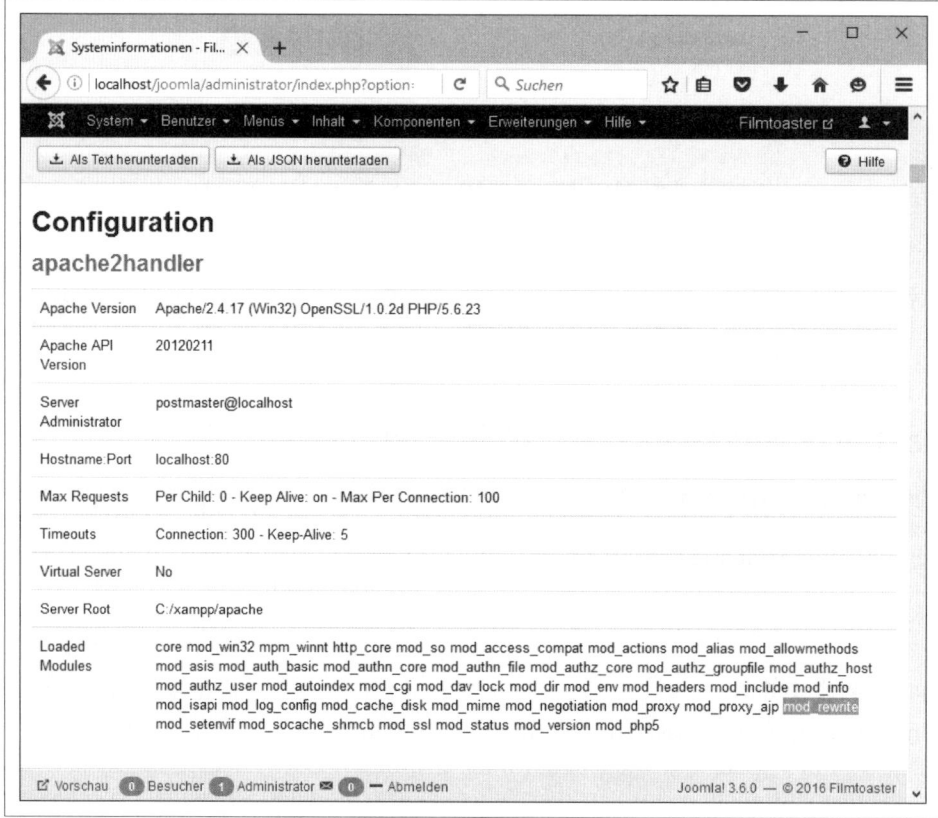

Abbildung 21-11: Taucht hier mod_rewrite auf (in der Abbildung markiert), kann Apache mit den geänderten Adressen umgehen.

IIS vorbereiten

Wenn Sie mit dem IIS von Microsoft arbeiten, installieren Sie zunächst das URL-Rewrite-Modul. Bei Drucklegung dieses Buchs war es unter *https://www.iis.net* im *Download*-Bereich erhältlich; weitere Informationen zum Modul liefert die Seite *https://www.iis.net/learn/extensions/url-rewrite-module*.

Unterstützung unter Joomla! aktivieren

Sind alle Voraussetzungen erfüllt, müssen Sie noch eine Datei im Joomla!-Verzeichnis umbenennen.

Sofern Sie Apache einsetzen, taufen Sie die Datei *htaccess.txt* in *.htaccess* um. Da Letztere mit einem Punkt beginnt, ist sie unter Unix-Betriebssystemen (wie zum Beispiel Linux oder OS X beziehungsweise macOS) standardmäßig unsichtbar. Sollte sich Windows weigern, die Umbenennung durchzuführen, können Sie die Datei in einem Texteditor öffnen und dann einfach als *.htaccess* abspeichern.

Sofern Sie den IIS einsetzen, benennen Sie die Datei *web.config.txt* im Joomla!-Verzeichnis in *web.config* um. Sollte sich Windows weigern, die Umbenennung durchzuführen, können Sie auch hier die Datei in einem Texteditor öffnen und einfach als *web.config* abspeichern.

Damit ist die URL-Rewrite-Funktion im Webserver freigeschaltet. Aktivieren Sie jetzt in den Grundeinstellungen von Joomla! hinter *System → Konfiguration* auf der Registerkarte *Site* im Bereich *Suchmaschinenoptimierung (SEO)* die Funktion *URL-Rewrite nutzen*. Nach dem *Speichern* dieser Änderung wird aus der bisherigen Adresse

```
http://localhost/joomla/index.php/filmkritiken/actionfilme/7-james-bond-007-skyfall
```

das schlanke und suchmaschinenfreundliche:

```
http://localhost/joomla/filmkritiken/actionfilme/7-james-bond-007-skyfall
```

Sollten Sie eine Fehlermeldung erhalten, kontrollieren Sie noch einmal, ob die Datei *htaccess.txt* beziehungsweise *web.config.txt* wirklich den richtigen Namen trägt. Insbesondere Windows-Nutzer müssen darauf achten, dass die Endung *.txt* nicht mehr vorhanden ist – häufig blendet Windows sie einfach nur aus.

Feintuning mit Suffixen

Über den nächsten Punkt im Bereich *Suchmaschinenoptimierung (SEO)* namens *Dateiendung an URL anfügen* perfektionieren Sie die Illusion einer herkömmlichen statischen Seite. Sobald Sie die Funktion aktivieren, hängt Joomla! an die Adresse eine zum jeweiligen Inhalt passende Dateiendung an. Aus

```
http://localhost/joomla/filmkritiken/actionfilme/7-james-bond-007-skyfall
```

wird dann:

```
http://localhost/joomla/filmkritiken/actionfilme/7-james-bond-007-skyfall.html
```

Diese Endung hilft wiederum den Webcrawlern der Suchmaschinen, indem sie schon vor dem Einlesen der Seite wissen, welche Daten auf sie zukommen (in diesem Fall eine herkömmliche Internetseite).

Zusammenfassung

Zusammengefasst, wandeln die SEO-Funktionen von Joomla! die Internetadressen wie folgt um:

1. Ausgangsadresse:

   http://localhost/joomla/index.php?option=com_content&view=article&id=7: james-bond-007-skyfall&catid=10&Itemid=127

2. Mit aktivierten suchmaschinenfreundlichen URLs:

   http://localhost/joomla/index.php/filmkritiken/actionfilme/7-james-bond-007-skyfall

3. Mit URL-Rewrite-Unterstützung des Webservers:

   http://localhost/joomla/filmkritiken/actionfilme/7-james-bond-007-skyfall

4. Mit Endung:

   http://localhost/joomla/filmkritiken/actionfilme/7-james-bond-007-skyfall.html

Das Ergebnis ist – zumindest bei einem Blick auf die Adresse – nicht mehr von einer statischen Seite zu unterscheiden.

Unicode-Zeichen berücksichtigen

Joomla! nutzt durchgehend den sogenannten Unicode-Standard. Auf diese Weise können Sie in Ihren Beiträgen, Titeln und Links sämtliche Schriftzeichen der Welt verwenden. Einer Filmkritik auf Chinesisch steht damit nichts mehr im Wege. Allerdings gibt es dabei ein kleines Problem. Sehen Sie sich noch einmal die Internetadresse des James-Bond-Beitrags an:

```
http://localhost/joomla/filmkritiken/actionfilme/7-james-bond-007-skyfall.html
```

Diese enthält den Titel des Beitrags und die Titel der Kategorien. Wenn Sie einen chinesischen Titel vergeben, würde Joomla! die Schriftzeichen folglich auch in der Adresse verwenden. Adressen dürfen laut Standard aber nur die üblichen lateinischen Buchstaben von A bis Z enthalten. Abhilfe schafft das sogenannte Transliterationsverfahren. Dabei verwandelt der Browser jedes nicht erlaubte Schriftzeichen in eine ganz bestimmte Folge aus lateinischen Zeichen (wie dieses Verfahren genau funktioniert, erklärt sehr gut die Wikipedia-Seite *https://de.wikipedia.org/wiki/Punycode*). Einige (sehr) alte Browser können mit diesem Verfahren allerdings noch nichts anfangen. Aus diesem Grund ersetzt bereits Joomla! automatisch nicht erlaubte Schriftzeichen durch die entsprechenden Platzhalter. Dadurch wird die Internetadresse zwar kryptisch, es gibt aber keine Probleme mehr mit veralteten Browsern, Screenreadern und vor allen Dingen mit Suchmaschinen.

Wenn Sie ausschließlich aktuelle Browser bedienen wollen, können Sie diese automatische Ersetzung auch abschalten. Dazu setzen Sie *Unicode Aliase* auf *Ja*.

Umleitungen

Wenn ein Beitrag veraltet ist, genügt im Backend ein gezielter Mausklick hinter *Inhalt → Beiträge*, um ihn zu sperren und somit umgehend von der Website zu nehmen. Dummerweise bekommt Google davon erst bei seinem nächsten Besuch etwas mit. Und auch andere Websites könnten noch auf den jetzt plötzlich nicht mehr vorhandenen Beitrag verweisen. Sie können deshalb in Joomla! für jede nicht mehr vorhandene Seite eine Umleitung einrichten. Ruft dann ein Besucher den alten, nicht mehr vorhandenen Beitrag auf, wechselt Joomla! automatisch auf eine andere (Nachfolge-)Seite.

Auf den Filmtoaster-Seiten könnte beispielsweise die Filmkritik zu *James Bond 007: Skyfall* veraltet sein. Bislang war sie unter der Internetadresse

```
http://localhost/joomla/filmkritiken/actionfilme/7-james-bond-007-skyfall.html
```

erreichbar. Diese alte Kritik wurde jedoch durch eine viel ausführlichere ersetzt. Die Neufassung ist ab sofort unter der Internetadresse

```
http://localhost/joomla/filmkritiken/actionfilme/21-james-bond-007-skyfall-neu.html
```

erreichbar. Wenn ein Besucher die alte Internetadresse aufruft, soll er automatisch bei dieser Neufassung landen.

Damit das alles reibungslos klappt, müssen allerdings zwei Voraussetzungen erfüllt sein:

- Das Plug-in *System* → *Umleitung* muss aktiviert sein.
- In den Grundeinstellungen hinter *System* → *Konfiguration* muss zumindest der Punkt *Suchmaschinenfreundliche URL* aktiviert sein (siehe Abschnitt »Suchmaschinenfreundliche URLs (Search Engine Friendly Links)« auf Seite 911).

Wenn beides zutrifft, wechseln Sie im Backend zum Menüpunkt *Komponenten* → *Umleitungen*. Hier können Sie jetzt eine neue Umleitung via *Neu* in der Werkzeugleiste anlegen. Sie landen damit in dem kleinen Formular aus Abbildung 21-12.

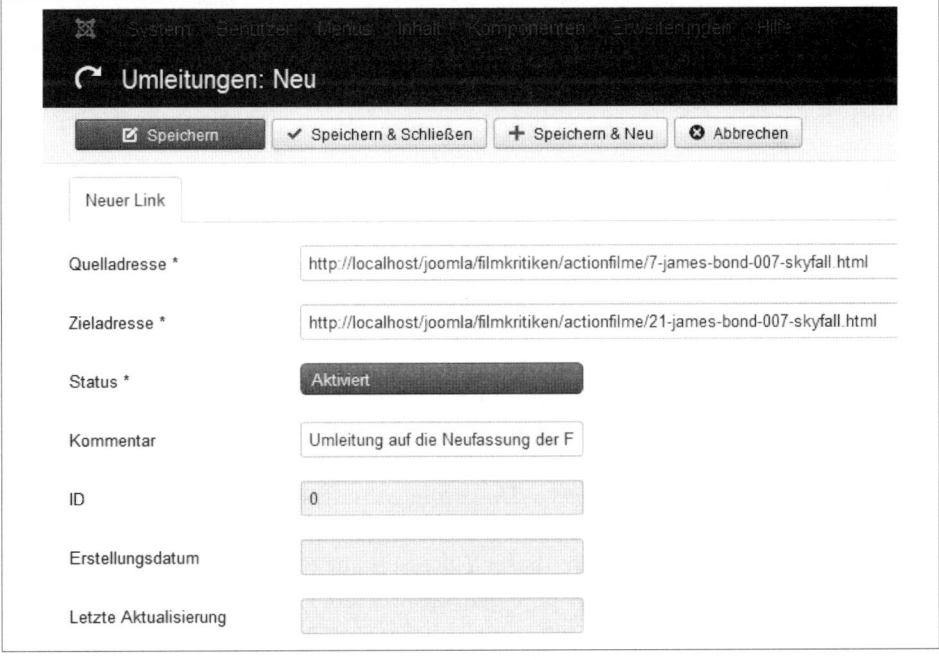

Abbildung 21-12: In diesem Formular richten Sie eine Umleitung ein.

Unter *Quelladresse* geben Sie zunächst die Internetadresse ein, unter der die alte, jetzt abgeschaltete Webseite zu erreichen war. Im Beispiel der Filmtoaster-Seiten war dies:

http://localhost/joomla/filmkritiken/actionfilme/7-james-bond-007-skyfall.html

 Tipp Sie sparen sich etwas Arbeit, wenn Sie den alten Beitrag noch nicht sperren oder löschen, sondern die *Vorschau* öffnen, darin die entsprechende Seite ansteuern und schließlich die Adresse aus der Adressleiste des Browsers in das Eingabefeld *Quelladresse* kopieren. Erst wenn Sie die Umleitung gespeichert haben, sperren oder löschen Sie den alten Beitrag. Damit ist gleichzeitig sichergestellt, dass ein Besucher nicht (kurzzeitig) eine Fehlermeldung sieht.

In das Feld *Zieladresse* gehört schließlich die Adresse, auf die Joomla! den Browser des Besuchers umleiten soll. Im Beispiel ist die neue Filmkritik unter

http://localhost/joomla/filmkritiken/actionfilme/21-james-bond-007-skyfall-neu.html

zu erreichen. Falls gewünscht, können Sie noch einen *Kommentar* hinterlassen, der Sie beispielsweise daran erinnert, warum Sie diese Internetadresse umgeleitet haben.

Stellen Sie abschließend noch sicher, dass der *Status* auf *Aktiviert* steht und somit die neue Umleitung direkt scharf geschaltet ist. Die übrigen Felder geben nur noch Auskunft über das *Erstellungsdatum* der Umleitung und wann diese Umleitung zuletzt geändert wurde (*Letzte Aktualisierung*).

Nach dem *Speichern & Schließen* erreichen Sie unter der bisherigen Internetadresse *http://localhost/joomla/filmkritiken/actionfilme/7-james-bond-007-skyfall.html* die neue Filmkritik (die natürlich auch weiterhin über ihre eigene Internetadresse *http://localhost/joomla/filmkritiken/actionfilme/21-james-bond-007-skyfall-neu.html* erreichbar ist).

 Tipp Mit dieser Umleitung können Sie jedem Beitrag auch eine eigene, kürzere Internetadresse spendieren. Auf den Filmtoaster-Seiten ist beispielsweise die Internetadresse zur Filmkritik immer noch ziemlich lang:

http://localhost/joomla/filmkritiken/actionfilme/7-james-bond-007-skyfall.html
Da die Kritik äußerst beliebt ist, wäre doch

http://localhost/joomla/kritiken/skyfall

wesentlich eingängiger. Dazu müssen Sie lediglich eine Umleitung von der Seite *http://localhost/joomla/kritiken/skyfall* auf die Seite *http://localhost/joomla/filmkritiken/actionfilme/7-james-bond-007-skyfall.html* einrichten.

Die Tabelle hinter *Komponenten → Umleitungen* präsentiert nicht nur alle eingerichteten Umleitungen, sondern auch alle bislang aufgerufenen Adressen, die ins Leere führten. Wenn Sie mehrere dieser Adressen auf eine andere umbiegen müssen, beispielsweise weil Sie zuvor eine ganze Kategorie entfernt haben, klappen Sie am unteren Rand der Tabelle den Slider *Zieladresse* auf. Setzen Sie jetzt in der Tabelle darüber einen Haken in die Kästchen aller Internetadressen, die Sie auf eine gemeinsame neue Seite umleiten wollen. Anschließend tragen Sie im entsprechenden Eingabefeld die *Zieladresse* ein (also die Internetadresse der neuen Seite) und klicken dann auf *Links aktualisieren*.

Noch mehr Funktionen mit Erweiterungen

Wenn Sie noch weiter reichende Einflussmöglichkeiten benötigen, müssen Sie zu einer Erweiterung greifen. Im Joomla! Extensions Directory unter *https://extensions.joomla.org* wartet unter *Site Management* in den Untergruppen *SEO & Metadata* sowie *SEF* eine ganze Reihe passender Erweiterungen auf ihren Einsatz.

Tipp Auch diese Erweiterungen können keine Wunder vollbringen. Die beste Suchmaschinenoptimierung besteht in einer lebendigen und mit qualitativ guten Inhalten gefüllten Seite.

Weitere Informationen und einen guten Einstiegspunkt in die Suchmaschinenoptimierung bietet der Wikipedia-Artikel *https://de.wikipedia.org/wiki/Suchmaschinenoptimierung*.

In diesem Kapitel:
- Backups mit Akeeba Backup
- Backups mit Bordmitteln
- Joomla! auf einen anderen Server verpflanzen
- Super-User-Passwort wiederherstellen
- Datenbankfehler

KAPITEL 22
Datensicherung und Wiederherstellung (Backups)

Um gegen Ausfälle, Defekte, Fehlbedienung oder einen Hacker-Angriff gewappnet zu sein, sollten Sie regelmäßig Ihre Website sichern. Im Fall der Fälle müssen Sie dann nur die letzte Sicherung wieder zurück auf den Server kopieren. Leider bietet Joomla! von Haus aus keine Möglichkeit, ein solches Backup anzufertigen. Sie müssen sich folglich selbst um regelmäßige Datensicherungen kümmern.

Dazu gibt es grundsätzlich zwei Möglichkeiten: Sie können ein Backup mit den Bordmitteln Ihres Servers erstellen oder sich von einer entsprechenden Erweiterung helfen lassen. Beide Wege haben ihre eigenen Vor- und Nachteile. So benötigt die Erweiterung entsprechende Zugriffsrechte auf Ihrem Server und stammt von einem Drittenhersteller, dem Sie vertrauen müssen. Das manuelle Backup mit Bordmitteln erfordert hingegen wesentlich mehr Handarbeit, ist aber mitunter der einzige Weg zu einer Sicherung – beispielsweise wenn Sie keine Erweiterungen installieren wollen oder dürfen.

Tipp Viele Webhoster bieten in ihrem Kundencenter auch ein automatisches Backup an. Meist landen dabei die Daten im Rechenzentrum des Webhosters. Wenn Ihnen diese komfortable Möglichkeit zur Verfügung steht, sollten Sie sie unbedingt zusätzlich nutzen.

Im Folgenden werden beide Möglichkeiten in jeweils einem eigenen Abschnitt erläutert. Anschließend erfahren Sie noch, wie man den eigenen Internetauftritt auf einen anderen Server verpflanzt und wie man im Notfall das Passwort des Super Users wiederherstellt. Zunächst aber zur Datensicherung mit der Erweiterung *Akeeba Backup*.

Tipp Spielen Sie die Datensicherung und vor allem die Wiederherstellung in einer Testinstallation durch. Sie wissen dann, wie die Sicherung abläuft, und geraten im Ernstfall nicht in Panik.

Wenn Sie auf Nummer sicher gehen wollen, sollten Sie die Daten zudem zusätzlich auf mehreren verschiedenen Wegen sichern.

Backups mit Akeeba Backup

Besonders leicht gelingt die Datensicherung und -wiederherstellung mit einer darauf spezialisierten Erweiterung. Zu den beliebtesten zählt Akeeba Backup. Sie gibt es in einer kostenlosen und einer kommerziellen Fassung. Letztgenannte bietet einen etwas größeren Funktionsumfang. Unter anderem kann sie in regelmäßigen Abständen automatisch Backups erstellen. Für kleinere und mittelgroße Seiten genügt jedoch die kostenlose Variante namens *Akeeba Backup Core*. Dank der Lizenz GNU GPL dürfen Sie sie auch einer kommerziellen Website kostenlos einsetzen. Im Folgenden soll daher das Backup und die Wiederherstellung mit Akeeba Backup Core 5.2.3 vorgestellt werden.

Leider ist die Erweiterung kein Rundum-sorglos-Paket, das man nur installieren muss, um immer ein Backup in der Hinterhand zu haben. Stattdessen erfordert sie weiterhin Ihre Mitarbeit. So müssen Sie etwa die Backups in regelmäßigen Abständen per Hand auf einen anderen Computer oder Server übertragen (dazu gleich noch mehr). Aufgrund der zahlreichen Funktionen erfordert Akeeba Backup zudem eine etwas längere Einarbeitungszeit. Insbesondere die Wiederherstellung einer Sicherung ist alles andere als intuitiv. Abschließend zusammengefasst, handelt es sich um eine recht komplexe inoffizielle Erweiterung, die tief in das Joomla!-System eingreift. Niemand kann Ihnen folglich garantieren, dass die Sicherung und die Wiederherstellung immer reibungslos und fehlerfrei funktionieren.

Installation und Einrichtung

Sie finden Akeeba Backup im Joomla! Extensions Directory unter *https://extensions.joomla.org* in der Kategorie *Access & Security*. Alternativ erhalten Sie die Erweiterung auf der Homepage des Herstellers unter *https://www.akeebabackup.com*. Wenn Sie das Erweiterungspaket selbst herunterladen, achten Sie darauf, dass Sie die *Core*-Variante für Joomla! erwischen. Damit Akeeba Backup auch Deutsch spricht, müssen Sie zudem unter *https://www.akeebabackup.com* im *Download*-Bereich unterhalb von *Akeeba Backup Core for Joomla!* auf *Language files* klicken und sich dann auf der neuen Seite das deutsche Sprachpaket herunterladen. In jedem Fall installieren Sie die Erweiterung und das Sprachpaket wie in Kapitel 19, *Funktionsumfang erweitern*, Seite 831, beschrieben.

Anschließend erreichen Sie alle Funktionen von Akeeba Backup im Backend unter *Komponenten → Akeeba Backup*. Wenn Sie diesen Menüpunkt zum ersten Mal aufrufen, bietet Ihnen die Erweiterung an, den Konfigurationsassistenten zu starten. Gehen Sie darauf ein, indem Sie auf die dicke grüne Schaltfläche klicken. Sie erreichen den Konfigurationsassistenten auch später jederzeit über *Komponenten → Akeeba Backup*, einem Klick auf *Konfiguration* und dann via *Konfigurations-assistent* in der Werkzeugleiste.

In jedem Fall untersucht der Konfigurationsassistent jetzt Ihr System und richtet Akeeba Backup ein. Dies kann mehrere Minuten dauern. Anschließend erscheint die Meldung aus Abbildung 22-1.

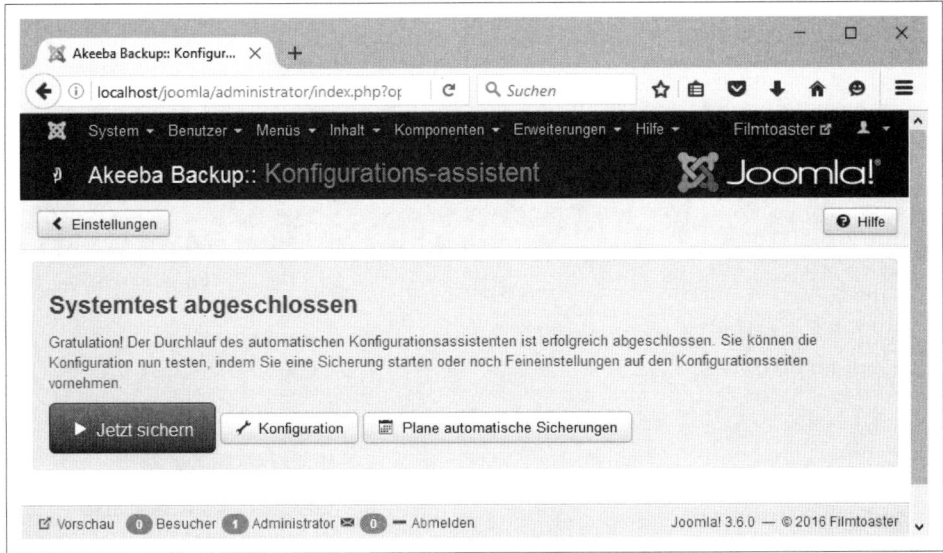

Abbildung 22-1: Akeeba Backup hat hier die Einrichtung erfolgreich abgeschlossen.

Wechseln Sie dort zunächst via *Konfiguration* in die Grundeinstellungen der Erweiterung. Dorthin gelangen Sie später auch immer über *Komponenten → Akeeba Backup* mit einem Klick auf das Symbol *Konfiguration*. Wichtig ist hier im Bereich *Grundlegende Konfiguration* die Einstellung *Ausgabeverzeichnis*: Akeeba Backup sichert gleich Ihren kompletten Internetauftritt in einem kompakten Archiv. Diese Datei speichert die Erweiterung dann im angegebenen *Ausgabeverzeichnis*. Folglich muss Joomla! in diesem Unterverzeichnis Dateien speichern und löschen dürfen. Passen Sie gegebenenfalls die Rechte entsprechend an oder wählen Sie ein anderes Verzeichnis. Normalerweise können Sie hier einfach die Vorgabe belassen.

Warnung	Jedes Backup belegt ziemlich viel Speicherplatz. Ein frisch installiertes Joomla! sichert Akeeba Backup in einer rund 14 MByte großen Datei. Je umfangreicher Ihr Internetauftritt wird, desto größer wird dann das Archiv. So finden darin insbesondere auch alle hochgeladenen Fotos Platz. Stellen Sie also sicher, dass auf dem Server immer genügend freier Speicherplatz vorhanden ist.

Im Bereich *Erweiterte Konfiguration* können Sie Akeeba Backup unter *Archivierungsalgorithmus* noch anweisen, die Sicherungen jeweils im *ZIP-Format* zu speichern. Jedes Backup landet dann in einem eigenen ZIP-Archiv. Gegenüber dem *JPA-Format* können Sie diese Sicherungen wesentlich einfacher wiederherstellen (dazu später noch mehr im Abschnitt »Wiederherstellung« ab Seite 928). Zudem lässt sich im Notfall ein ZIP-Archiv per Hand entpacken – meist genügt ein Doppelklick auf die Datei. Die Backups im JPA-Format kann hingegen nur Akeeba Backup verarbeiten.

Alle anderen Einstellungen können Sie auf ihren jeweiligen Vorgaben belassen. *Speichern & Schließen* Sie die Grundeinstellungen, womit Sie zur Kommandozentrale von Akeeba Backup aus Abbildung 22-2 gelangen. Diese erreichen Sie zukünftig auch immer via *Komponenten* → *Akeeba Backup*.

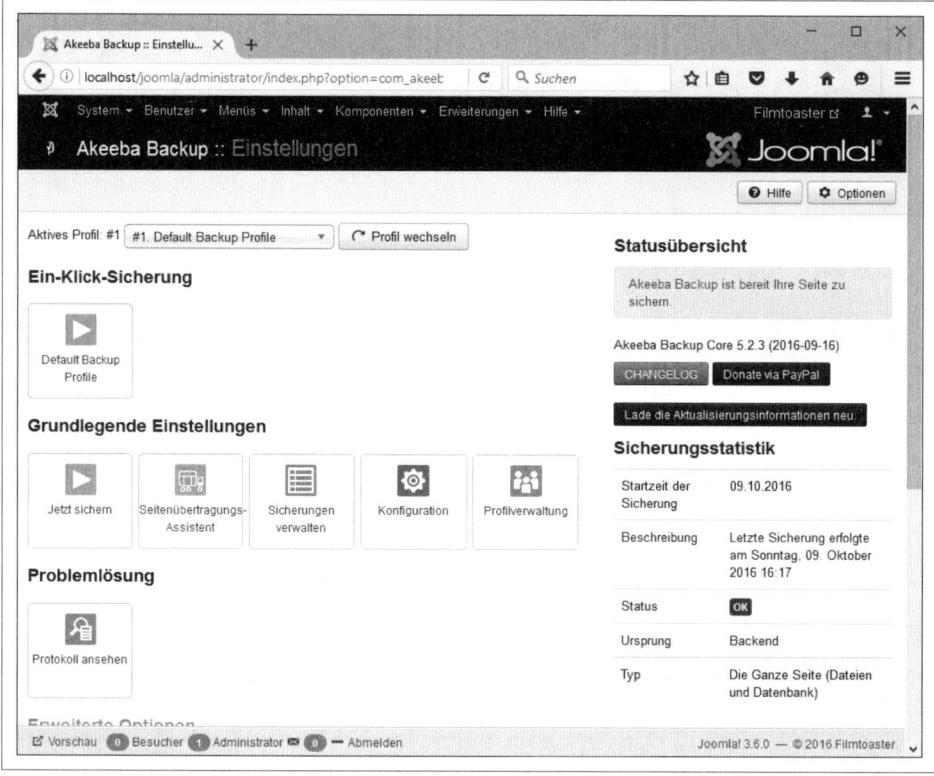

Abbildung 22-2: Hier stoßen Sie manuell eine neue Sicherung an und verwalten die vorhandenen.

Datensicherung mit Akeeba Backup

Bevor Sie eine Sicherung erstellen, sollten Sie zunächst den Zugriff auf Ihre Website blockieren. Damit verhindern Sie, dass während des Backups Autoren neue Beiträge einreichen und somit die Sicherung unterbrechen. Darüber hinaus beschäftigt Akeeba Backup den Server mit der Sicherung eine Weile, was wiederum die Auslieferung der Webseiten verzögern kann. Rufen Sie daher zunächst im Backend *System* → *Konfiguration* auf und schalten Sie im Register *Site* die *Website offline*. Lassen Sie die Änderung *Speichern & Schließen*.

Um Ihren Internetauftritt zu sichern, rufen Sie *Komponenten* → *Akeeba Backup* auf. Klicken Sie ganz oben im Bereich *Ein-Klick-Sicherung* die Schaltfläche *Default Backup Profile* an. Warten Sie, bis Akeeba Backup die Sicherung erstellt hat. Dies kann eine Weile dauern, wobei selbst leistungsstarke Server bei kleinen Internetauftritten mehrere Minuten vor sich hin werkeln (siehe Abbildung 22-3). Akeeba Backup packt dabei den gesamten Internetauftritt in ein kompaktes Archiv. Neben den Inhalten aus der Datenbank gehört dazu auch das komplette Joomla!-Verzeichnis samt allen nachträglich installierten Erweiterungen und Templates.

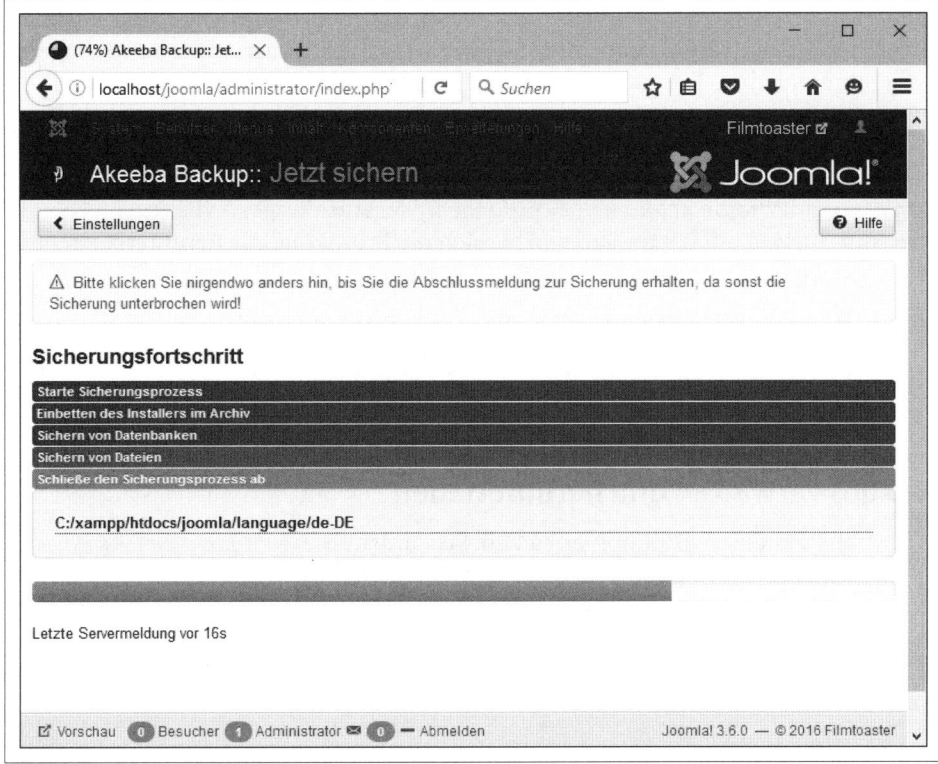

Abbildung 22-3: Während die Sicherung läuft, dürfen Sie keine weiteren Aktionen durchführen, da Akeeba Backup ansonsten den Vorgang unterbricht.

Sobald Akeeba Backup die Sicherung erstellt hat, präsentiert es die Meldung aus Abbildung 22-4.

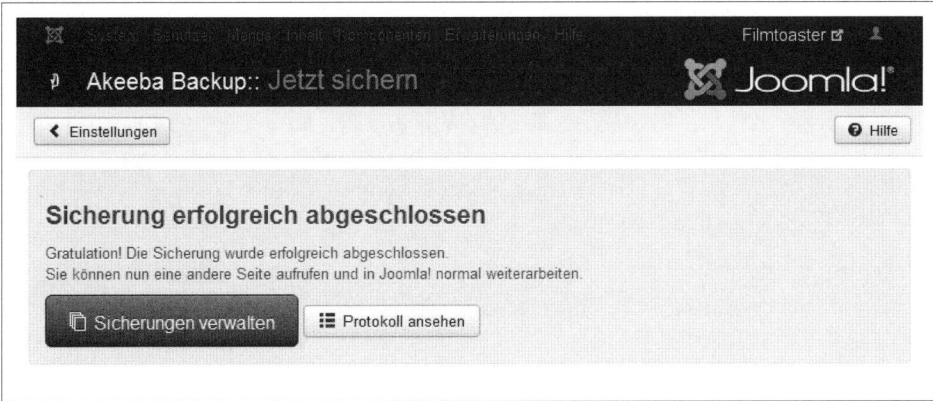

Abbildung 22-4: Das Backup wurde erfolgreich erstellt.

Via *Einstellungen* in der Werkzeugleiste kommen Sie wieder zurück zum Bildschirm aus Abbildung 22-2. Alternativ können Sie sich das während des Backups erstellte *Protokoll ansehen*. Darin hat Akeeba Backup penibel alle seine Aktionen notiert. Sie sollten es vor allem dann konsultieren, wenn während des Backups ein Problem auftrat. Ist die Protokolldatei recht groß geworden, bietet Ihnen Akeeba Backup an, sie herunterzuladen. Dies sollten Sie annehmen, zumal Sie dann das Protokoll in Ruhe auf Ihrem Computer studieren können. Die Protokolle aller Sicherungen dürfen Sie jederzeit auch nachträglich einsehen beziehungsweise herunterladen. Dazu rufen Sie *Komponenten → Akeeba Backup* auf und klicken dann im Bereich *Problemlösung* auf *Protokoll ansehen*. Sobald Sie in der Ausklappliste die entsprechende Sicherung ausgewählt haben, können Sie sich die Protokolldatei herunterladen oder anzeigen lassen.

Kehren Sie via *Einstellungen* zurück zum Backend. Dort sollten Sie Ihre Website wieder für Besucher freigeben. Dazu wechseln Sie zu *System → Konfiguration*, setzen im Register *Site* den Punkt *Website offline* auf *Nein* und lassen die Änderung *Speichern & Schließen*.

Backups verwalten und herunterladen

Alle bereits erstellten Backups erreichen Sie, indem Sie *Komponenten → Akeeba Backup* aufrufen und dann im Bereich *Grundlegende Einstellungen* auf *Sicherungen verwalten* klicken. Das Informationsfenster können Sie mit *Verstanden* schließen. Damit wird der Blick auf eine Tabelle frei, die sämtliche bislang erstellten Backups anzeigt (siehe Abbildung 22-5). In der Spalte *Beschreibung* können Sie ablesen, wann die Sicherung erfolgte.

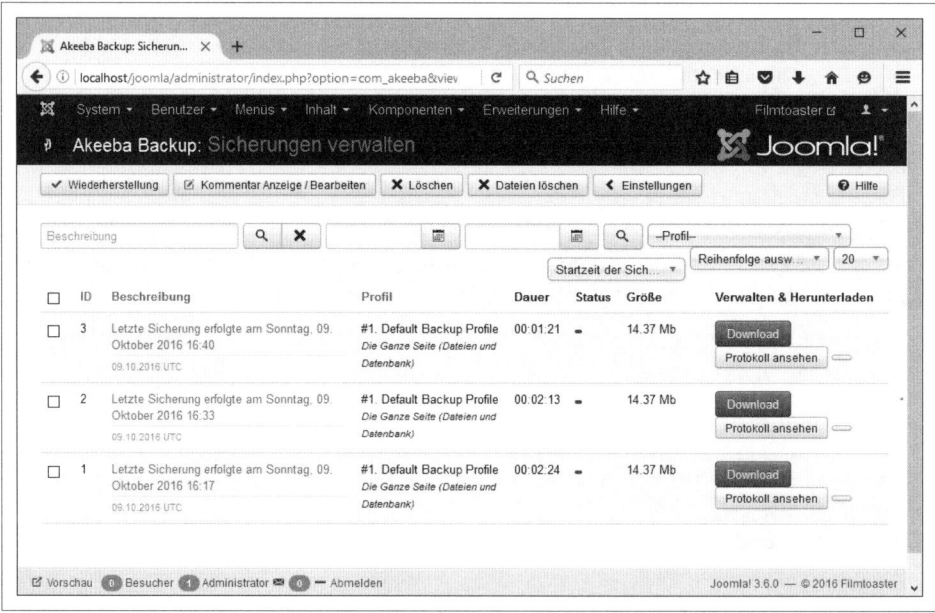

Abbildung 22-5: Hier wurden bereits drei Sicherungen erstellt (und zwar recht kurz nacheinander).

Via *Download* können Sie sich die entsprechende Sicherung auf Ihren eigenen Computer herunterladen.

Warnung Davon sollten Sie unbedingt Gebrauch machen! Wenn Sie die Sicherungen auf dem Server liegen lassen und dessen Festplatte plötzlich den Dienst einstellt, sind auch alle Backups verloren.

Bei sehr großen Sicherungen kann der Download über den Browser das Backup-Archiv beschädigen. Auf dieses Problem weist Akeeba Backup mit einer entsprechenden Meldung hin. Sie haben dann die Wahl, den Download trotzdem auf eigene Gefahr mit dem Browser durchzuführen oder aber das Fenster über das kleine *X* zu schließen und das Backup manuell herunterzuladen. Dazu klicken Sie in der Zeile für das Backup auf den unbeschrifteten Knopf (das ist der schmale Schlitz in Abbildung 22-5 – wenn Sie den Mauszeiger darauf parken, erscheint die Bezeichnung *Informationen zur Sicherungsdatei*). Damit öffnet sich das Fenster aus Abbildung 22-6. Hier können Sie ablesen, in welchem Unterverzeichnis das Backup liegt (*Wo kann ich sie auf meinem Sever finden?*) und welchen Dateinamen die Sicherung trägt (*Wie heißt sie?*). Genau diese Datei müssen Sie jetzt mit einem FTP- oder SSH-Programm herunterladen. Wie das genau funktioniert, hängt von Ihrem Webhoster ab.

Tipp Sämtliche Sicherungen speichert Akeeba Backup in einem Unterverzeichnis Ihrer Joomla!-Installation. Sie können folglich auch einfach immer regelmäßig dieses Verzeichnis per FTP- oder SSH-Programm auf Ihren Computer kopieren. Den Speicherort verrät Ihnen Akeeba Backup, wenn Sie im Backend *Komponenten* → *Akeeba Backup* aufrufen, dann *Konfiguration* anklicken und schließlich einen Blick in das Feld *Ausgabeverzeichnis* werfen.

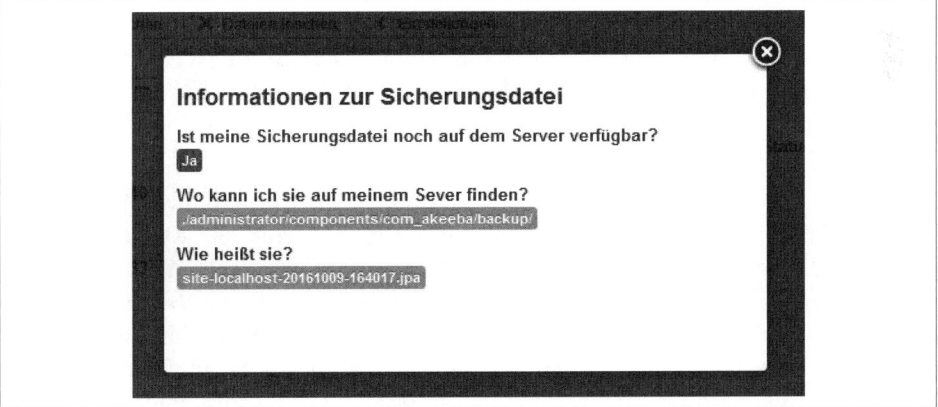

Abbildung 22-6: In diesem Fenster verrät Akeeba Backup, in welchem Verzeichnis und in welcher Datei es den Internetauftritt gespeichert hat.

In der Tabelle mit allen Sicherungen aus Abbildung 22-4 können Sie jederzeit auch einzelne Backups löschen und so wieder etwas Speicherplatz auf dem Server frei räumen. Dazu setzen Sie in einen Haken in das Kästchen vor dem zu eliminierenden Backup und klicken dann in der Werkzeugleiste auf *Löschen*.

Die Beschreibungen in der gleichnamigen Spalte wählt Akeeba Backup automatisch. Sie können sie ändern, indem Sie die entsprechende Beschreibung anklicken. Die *Beschreibung* im ersten Feld erscheint später auch in der Tabelle. Im großen Eingabefeld dürfen Sie eine ausführlichere *Beschreibung* hinterlegen. Lassen Sie anschließend Ihre Eingaben *Speichern & Schließen*.

Via *Einstellungen* in der Werkzeugleiste gelangen Sie wieder zum Akeeba-Backup-Kontrollzentrum zurück.

Wiederherstellung

Im Ernstfall können Sie mit einem Backup den alten Zustand Ihrer Website wiederherstellen. Die dazu notwendigen Handgriffe hängen davon ab, ob Joomla! und Akeeba Backup noch funktionieren oder aber Ihr Internetauftritt komplett zerstört wurde (wie etwa nach einem Festplattendefekt).

Wiederherstellung über das Backend

Sofern Sie noch auf das Backend und Akeeba Backup zugreifen können, blockieren Sie zunächst den Zugriff auf das Frontend. Dazu wechseln Sie im Backend zum Menüpunkt *System → Konfiguration*, setzen im Register *Site* den Punkt *Website offline* auf *Ja* und lassen die Änderung *Speichern & Schließen*.

Rufen Sie dann *Komponenten → Akeeba Backup* auf und klicken Sie im Bereich *Grundlegende Einstellungen* auf *Sicherungen verwalten*. Setzen Sie in der Tabelle einen Haken in das Kästchen vor genau der Sicherung, die Sie wiederherstellen möchten. Klicken Sie anschließend in der Werkzeugleiste auf *Wiederherstellung*. Im neuen Bildschirm sollte unter *Entpackungsmethode* der Punkt *Schreibe direkt in Daten* eingestellt sein. Klicken Sie dann einfach auf *Starte Wiederherstellung*. Akeeba Backup entpackt jetzt in einem ersten Schritt das Archiv mit der Sicherung. Die eigentliche Wiederherstellung stoßen Sie mit einem Klick auf *Das Seitenwiederherstellungsscript starten* an.

Akeeba Backup durchläuft jetzt noch einmal im Schnellverfahren die Joomla!-Installation. Die Bildschirme sehen zwar unübersichtlich aus, Sie dürften sie aber nach der Lektüre aus Kapitel 2, *Installation*, Seite 15, wiedererkennen. Zunächst prüft Akeeba Backup, ob der Server alle von Joomla! geforderten Voraussetzungen erfüllt (siehe Abbildung 22-7). Da Joomla! bereits auf Ihrem Server beziehungsweise Computer lief, sollte das der Fall sein. Sie können also einfach mit einem Klick auf den blauen *weiter*-Knopf ganz rechts oben in der Seitenecke zum nächsten Schritt gehen.

Prüfen Sie jetzt, ob die Einstellungen zur Datenbank korrekt sind. Von Bedeutung ist dabei vor allem die *Verbindungsinformation* auf der linken Seite (siehe Abbildung 22-8). Kontrollieren Sie, ob diese Zugangsdaten noch stimmen. Alle anderen Einstellungen belassen Sie auf ihren Vorgaben und gehen dann zum letzten Schritt *weiter*.

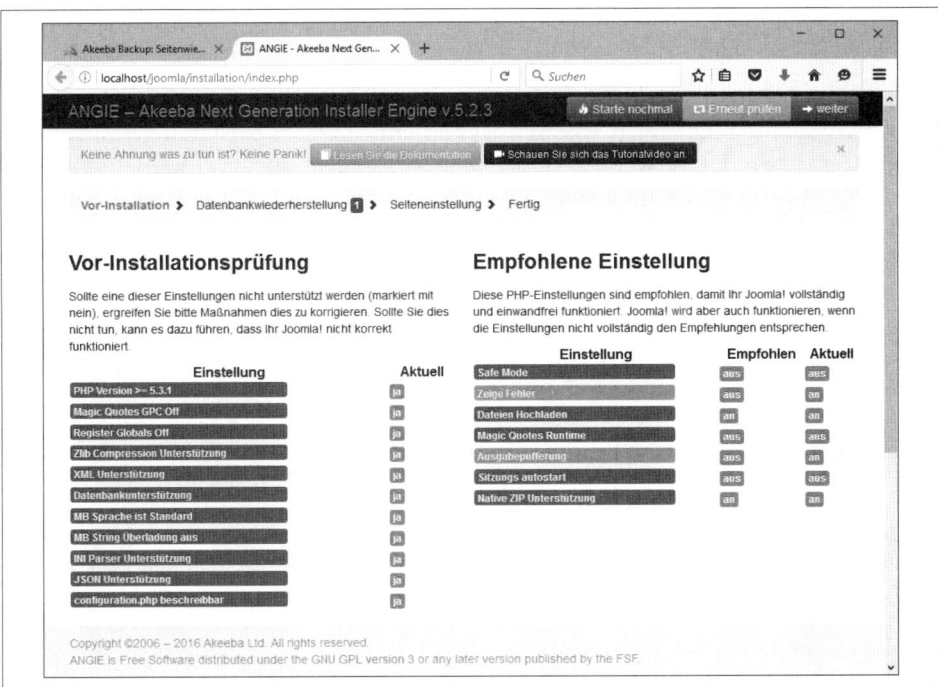

Abbildung 22-7: Hier stellt Akeeba Backup eine Sicherung wieder her – genauer gesagt, übernimmt dies die zu Akeeba Backup gehörende Komponente ANGIE.

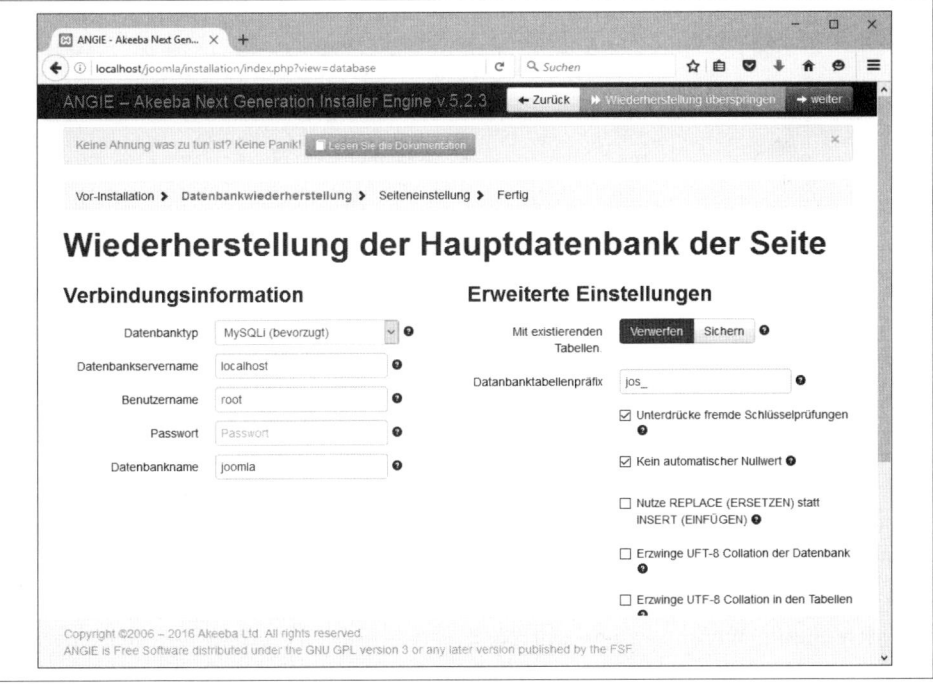

Abbildung 22-8: Die Datenbankeinstellungen sollten bereits stimmen.

Akeeba Backup schreibt jetzt die Inhalte aus dem Backup in die Datenbank zurück und stellt so den alten Zustand wieder her. Sobald dieser Vorgang abgeschlossen ist, klicken Sie auf *weiter*.

Im letzten Schritt zeigt Ihnen Akeeba Backup einige Grundeinstellungen an (siehe Abbildung 22-9). Es verwendet dabei allerdings nicht die in Joomla! üblichen Begriffe. So finden Sie im Eingabefeld *Seitenname* den Namen Ihrer Website. Die *E-Mailadresse der Seite* ist zudem nicht Ihre eigene, sondern die Absenderadresse, die in allen von Joomla! verschickten E-Mails auftaucht. Den Benutzernamen und Ihre eigene E-Mail-Adresse finden Sie im unteren Teil der Seite im Bereich *Super Administrator Einstellungen*. Kontrollieren Sie alle Einstellungen und passen Sie sie gegebenenfalls an. Sofern Sie unsicher sind, belassen Sie alle Vorgaben und klicken erneut auf *weiter*.

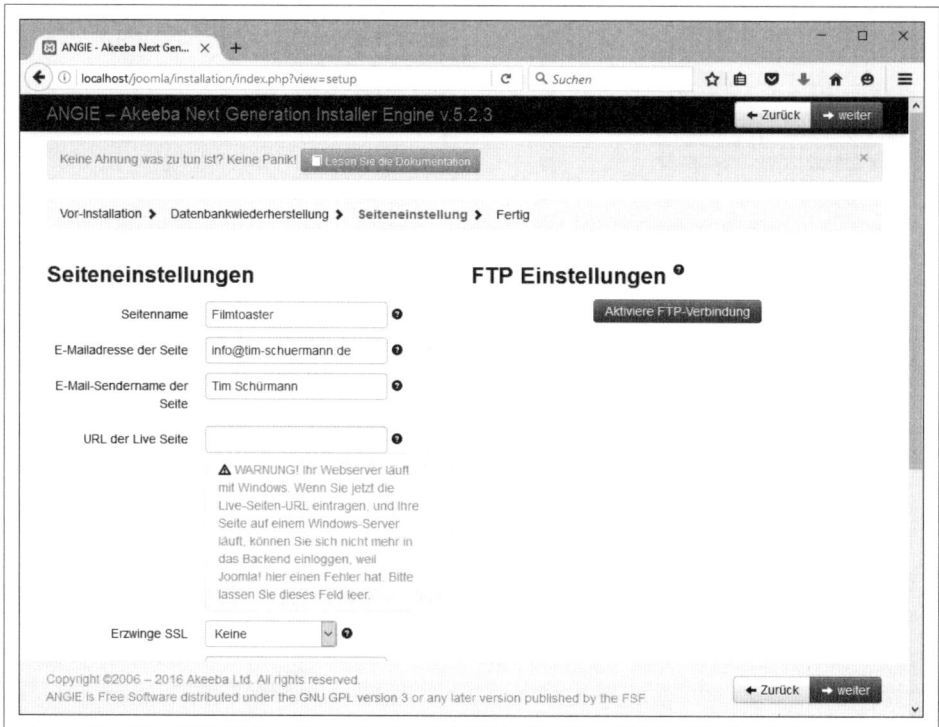

Abbildung 22-9: Zum Abschluss können Sie noch ein paar Grundeinstellungen anpassen.

Um die Wiederherstellung abzuschließen, klicken Sie noch auf die große Schaltfläche *Lösche das Installationsverzeichnis*. Schließen Sie das erscheinende Fenster über den entsprechenden Knopf. Jetzt können Sie sich erneut im Backend bei Joomla! anmelden.

Dort schalten Sie Ihre Website wieder ein, indem Sie *System → Konfiguration* aufrufen, den Punkt *Website offline* auf *Nein* setzen und die Änderung *Speichern & Schließen* lassen. Prüfen Sie jetzt, ob alles wie gewünscht funktioniert.

Wiederherstellung einer zerstörten Joomla!-Installation

Wenn Joomla! zerstört wurde oder sich Ihr Server in einem jungfräulichen Zustand befindet, verläuft die Restaurierung etwas anders. Eine defekte Joomla!-Installation sollten Sie zunächst auf Ihrem Server löschen. Kramen Sie als Nächstes die Datei mit dem Backup hervor. Diese Datei trägt entweder die Endung *.jpa* oder *.zip*. In letzterem Fall entpacken Sie einfach das ZIP-Archiv, transferieren alle so freigelegten Dateien auf Ihren Webserver und steuern ihn mit Ihrem Internetbrowser an. Das funktioniert genau so, wie in Kapitel 2, *Installation*, im Abschnitt »Joomla! entpacken« ab Seite 44 beschrieben. Es meldet sich dann allerdings nicht der Joomla!-Installationsassistent, sondern wieder Akeeba Backup. Die dabei zu durchlaufenden Schritte hat bereits der vorherige Abschnitt »Wiederherstellung über das Backend« ab Seite 928 beschrieben.

Sofern die Datei mit dem Backup die Endung *.jpa* trägt, wird es etwas komplizierter. Laden Sie sich zunächst unter *https://www.akeebabackup.com* im Bereich *Download* das Programm *Akeeba Kickstart Core* herunter. Dieses wird gleich die Sicherung zurückspielen. Entpacken Sie dessen ZIP-Archiv auf Ihrer Festplatte und kopieren Sie alle darin enthaltenen Dateien auf Ihren Server in das Verzeichnis, in dem später die komplette Joomla!-Installation liegen soll – wenn Sie der Schnellinstallationsanleitung aus Kapitel 2, *Installation*, Seite 15, gefolgt sind, also:

- nach Windows in das Verzeichnis *C:/xampp/htdocs/joomla/*,
- nach OS X beziehungsweise macOS in das Verzeichnis */Programme/XAMPP/xamppfiles/htdocs/joomla* oder
- nach Linux in das Verzeichnis */opt/lampp/htdocs/joomla*.

Dorthin kopieren Sie auch die Backup-Datei, aus der Akeeba Backup Ihren Internetauftritt wiederherstellen soll. In den folgenden Beispielen ist das die Datei *site-localhost-20161009-161727.jpa*. Stellen Sie zudem sicher, dass Akeeba Kickstart Core in diesem Verzeichnis Dateien erstellen, verändern und lesen darf.

Rufen Sie jetzt in Ihrem Browser Akeeba Kickstart Core auf. Dazu hängen Sie an die Internetadresse zu Ihrer Joomla!-Installation noch *kickstart.php* an. Wenn Sie der Schnellinstallationsanleitung gefolgt sind, müssen Sie folglich die Adresse *http://localhost/joomla/kickstart.php* aufrufen. Akeeba Kickstart Core klärt Sie jetzt in einem ziemlich langen Text darüber auf, was das Programm gleich macht und welche Probleme unter bestimmten Umständen auftauchen können. Lesen Sie den Text einmal durch und klicken Sie dann auf den Link, um das Fenster zu schließen.

Es erscheint jetzt das Formular aus Abbildung 22-10. Dort sollte unter *Sicherungsdatei* der Name der Datei mit dem Backup erscheinen, im Beispiel also *site-localhost-20161009-161727.jpa*. Andernfalls kopieren Sie die Datei mit dem Backup in das darüber angezeigte *Archivverzeichnis* und klicken auf *Neu laden*.

Belassen Sie alle anderen Einstellungen auf ihren Vorgaben und klicken Sie ganz am unteren Rand der Seite auf *Start*. Warten Sie, bis Akeeba Kickstart Core die Inhalte aus dem Backup ausgepackt hat. Dies kann einige Minuten dauern. Brechen Sie den

Vorgang nicht ab (lassen Sie also insbesondere den Browser geöffnet). Anschließend klicken Sie auf die Schaltfläche *Installationsroutine starten*. Die weiteren Schritte sind analog zu denen aus dem vorherigen Abschnitt »Wiederherstellung über das Backend« ab Seite 928.

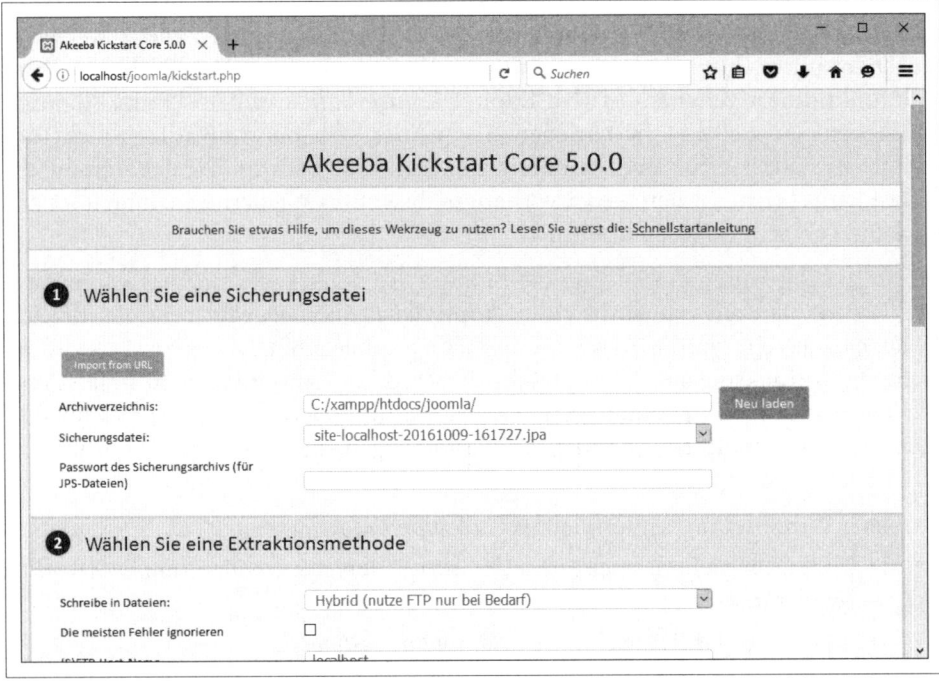

Abbildung 22-10: Akeeba Kickstart Core schreibt ein Backup wieder zurück.

Backups mit Bordmitteln

Ein Backup Ihrer Joomla!-Installation können Sie auch ohne die Hilfe einer Erweiterung erstellen und zurückschreiben. Das dazu notwendige Vorgehen ist allerdings etwas umständlicher und hängt zudem maßgeblich von Ihrem Webhoster ab.

Datensicherung mit Bordmitteln

Um ein Backup zu erstellen, schalten Sie zunächst Ihre Website offline. Damit verhindern Sie, dass Autoren während der Sicherung Texte einreichen und so das Backup inkonsistent oder gar zerstört wird. Um das Frontend abzuschalten, wechseln Sie im Backend zum Menüpunkt *System → Konfiguration*, stellen im Register *Site* den Punkt *Website offline* auf *Ja* und lassen die Einstellungen *Speichern & Schließen*.

Sichern Sie jetzt das komplette Joomla!-Verzeichnis mit Haut und Haaren. Sie müssen dabei lediglich darauf achten, dass die Dateizugriffsrechte erhalten bleiben. Einige FTP-Programme helfen hierbei.

Etwas komplizierter wird es bei den Inhalten der Datenbank. Wie Sie diese im Einzelnen sichern, hängt von der verwendeten Datenbank ab. Entsprechende Anleitungen würden allerdings den Rahmen dieses Buchs sprengen. Daher werden im Folgenden die notwendigen Schritte nur am Beispiel von MySQL gezeigt. Diese Datenbank liegt nicht nur XAMPP bei, sondern kommt auch auf den meisten angemieteten Webservern zum Einsatz.

Um die MySQL-Datenbank mit den Joomla!-Inhalten zu sichern, gibt es zwei Wege. Zum einen können Sie einfach das gesamte Datenbankverzeichnis kopieren. In der lokalen XAMPP-Installation funktioniert das ohne Weiteres, auf einem angemieteten Internetserver hat man solche Zugriffsmöglichkeiten jedoch nur in seltenen Fällen – insbesondere weil Sie hierzu MySQL für die Dauer des Kopiervorgangs anhalten beziehungsweise stoppen müssen.

Der empfohlene Weg führt daher über den Export des Datenbestands in eine einzelne Datei, den sogenannten Dump. Anfertigen können Sie ihn entweder auf der Kommandozeile oder aber bequem über eine grafische Konfigurationsoberfläche, wie beispielsweise phpMyAdmin (*https://www.phpmyadmin.net*).

Mit einer grafischen Konfigurationsoberfläche

Falls Sie eine Konfigurationsoberfläche verwenden, wählen Sie dort den entsprechenden Punkt für den Export beziehungsweise das Backup. Achten Sie darauf, dass wirklich alle Tabellen der Joomla!-Datenbank in der Sicherung landen. Wenn Sie der Schnellinstallationsanleitung aus Kapitel 2, *Installation*, Seite 15, gefolgt sind, heißt die Datenbank *joomla*.

Im Folgenden soll das Vorgehen am Beispiel der beliebten Software phpMyAdmin gezeigt werden. Sie liegt ebenfalls XAMPP bei, wo Sie sie über die Internetadresse *http://localhost/phpmyadmin* erreichen. Klicken Sie auf der linken Seite die zu sichernde Datenbank an (für gewöhnlich *joomla*) und wechseln Sie dann im rechten Bereich zum Register *Exportieren*. In der phpMyAdmin-Version aus XAMPP 5.6.23 markieren Sie jetzt *Angepasst → zeige alle möglichen Optionen an*. Stellen Sie sicher, dass unter *Format* der Punkt *SQL* eingestellt ist. phpMyAdmin sollte unter *Tabellen* bereits sämtliche Datenbanktabellen markiert und somit zur Sicherung ausgewählt haben. Im Bereich *Objekterstellungsoptionen* müssen alle Punkte mit einem Haken versehen sein mit Ausnahme von *CREATE DATABASE/USE-Befehl hinzufügen*. Alle weiteren Einstellungen belassen Sie auf ihren Vorgaben. Nach einem Klick auf *OK* bietet Ihnen phpMyAdmin den Inhalt der Datenbank in einer Datei zum Download an.

| **Tipp** | Die exportierte Datei enthält SQL-Befehle, mit denen die Datenbank wieder rekonstruiert werden kann. Da diese Befehle im Klartext lesbar sind, kann man auch noch von Hand Veränderungen an den Daten oder den SQL-Befehlen einpflegen. Allerdings sollten Sie sich dabei bewusst machen, welch heißes Eisen Sie hier anfassen: Schon ein einziger falscher SQL-Befehl oder ein Tippfehler kann die gesamte Sicherung ruinieren. | |

Mit einem Kommandozeilenprogramm

Wenn Sie auf Ihrem Server die mit MySQL ausgelieferten Kommandozeilenprogramme aufrufen dürfen, können Sie auch die Anwendung *mysqldump* zur Sicherung der Datenbank verwenden. Sofern Sie der Schnellinstallationsanleitung aus Kapitel 2, *Installation*, Seite 15, gefolgt sind, liegt sie

- unter XAMPP für Windows im Verzeichnis *c:\xampp\mysql\bin*,
- unter XAMPP für OS X beziehungsweise macOS im Verzeichnis */Programme/XAMPP/xamppfiles/bin* und
- unter XAMPP für Linux im Verzeichnis */opt/lampp/bin*.

Der vollständige Befehl für ein Backup lautet:

```
mysqldump -u benutzername --password=passwort datenbankname > backup.sql
```

Hierbei stehen **benutzername** und **passwort** für Ihre jeweiligen MySQL-Anmeldedaten. Im Fall von XAMPP lautet der Benutzer root, das Passwort entfällt. **datenbankname** ersetzen Sie durch den Namen der zu sichernden Datenbank (wie zum Beispiel joomla) und **backup.sql** schließlich durch den Namen der Datei, die sämtliche zu sichernden Daten aufnimmt. Unter XAMPP sieht der Befehl dann wie folgt aus:

```
mysqldump -u root --password= joomla > backup.sql
```

Sicherung wieder zurückspielen

Wenn der Ernstfall eintritt, löschen Sie zunächst die defekte Joomla!-Installation. Kopieren Sie anschließend das gesicherte Joomla!-Verzeichnis zurück. Melden Sie sich aber noch nicht am System an! Zuvor muss erst die Datenbank wiederhergestellt werden.

Wie das funktioniert, hängt von der verwendeten Datenbanksoftware ab. Exemplarisch soll im Folgenden wieder das Vorgehen bei einer MySQL-Datenbank vorgestellt werden. Dies ist noch einfacher als eine Sicherung – vorausgesetzt, Sie haben sich penibel an die Schritte aus dem vorhergehenden Abschnitt gehalten.

Mit einer grafischen Konfigurationsoberfläche

Sofern es noch keine Datenbank für Joomla! gibt, müssen Sie diese zunächst anlegen. phpMyAdmin bietet diese Option auf der Registerkarte *Datenbanken* an. Der korrekte Zeichensatz ist *utf8_general_ci*.

 **Warnung** Der Name der Datenbank muss mit dem von Joomla! genutzten Namen übereinstimmen. Sollten Sie ihn vergessen haben, öffnen Sie die Datei *configuration.php* im Joomla!-Verzeichnis mit einem Texteditor. Dort finden Sie den Datenbanknamen in Hochkommata in der Zeile, die mit `public $db` = beginnt. Wenn Sie der Schnellinstallationsanleitung aus Kapitel 2, *Installation*, Seite 15, gefolgt sind, heißt die Datenbank joomla.

Betreten Sie jetzt die Datenbank – bei phpMyAdmin beispielsweise mit einem Klick auf ihren Namen in der Leiste am linken Seitenrand. Nun haben Sie in der Regel zwei Möglichkeiten:

- Sie rufen das Eingabefeld für die SQL-Befehle auf (unter phpMyAdmin im Register *SQL*) und kopieren den Inhalt des vorliegenden Dumps (also der Datei mit der Endung *.sql*) über die Zwischenablage dort hinein. Stoßen Sie dann die Verarbeitung an – bei phpMyAdmin via *OK*.
- Alternativ verwenden Sie die Funktion für den Import. Unter phpMyAdmin wechseln Sie dazu zum Register *Importieren*, wählen per *Durchsuchen...* die Datei mit dem Backup und stoßen schließlich die Rücksicherung mit einem Klick auf *OK* an.

Mit einem Kommandozeilenprogramm

Möchten Sie die Datenbank mit den Kommandozeilenwerkzeugen von MySQL zurückholen, ist hierfür das Programm *mysql* zuständig. Der benötigte Befehl lautet:

```
mysql -u benutzer -p datenbankname < backup.sql
```

Dabei müssen Sie **benutzer** durch den Benutzernamen für die Anmeldung an MySQL und **datenbankname** durch den Namen der Datenbank ersetzen. *backup.sql* enthält den Dump mit der Sicherung. Im Fall von XAMPP lautet der vollständige Befehl:

```
mysql -u root -p joomla < backup.sql
```

Nach dem Abschicken des `mysql`-Befehls müssen Sie noch das zum Benutzer gehörende MySQL-Passwort eintippen. Da unter XAMPP kein Passwort vergeben ist, drücken Sie hier einfach die [Enter]-Taste.

Joomla! auf einen anderen Server verpflanzen

Die Anbieter von Internetservern liefern sich einen heißen Preiskrieg. Da kommt schnell der Wunsch auf, die Internetpräsenz auf die Festplatten eines günstigeren Konkurrenten zu verlagern. Aber auch bei den stetig wachsenden Filmtoaster-Seiten könnte es unter Umständen notwendig werden, Joomla! auf einen größeren Server zu verlagern.

Das Verschieben einer kompletten Joomla!-Installation auf einen neuen Server oder in ein anderes Verzeichnis ist zwar in wenigen Schritten erledigt, kann aber auch ebenso schnell schiefgehen.

Umzug mit Akeeba Backup

Besonders leicht gelingt der Umzug mit Akeeba Backup: Sichern Sie mit der Erweiterung den aktuellen Stand Ihres Internetauftritts und spielen Sie die Sicherung dann auf dem neuen Server wieder ein. Das funktioniert wie im Abschnitt »Backups mit Akeeba Backup« auf Seite 922 vorgestellt. Bei der Wiederherstellung dürfen Sie allerdings jetzt nicht einfach immer auf *weiter* klicken, sondern müssen in jedem Schritt die angezeigten Daten kontrollieren und bei Bedarf an den neuen Server anpassen.

Zunächst prüfen Sie im ersten Schritt, ob der neue Server alle geforderten Bedingungen für den Betrieb von Joomla! erfüllt. Achten Sie insbesondere auf gelb oder rot markierte Punkte und ändern Sie gegebenenfalls die Einstellungen Ihres Server. Das funktioniert genau so, wie in Kapitel 2, *Installation*, im Abschnitt »Schritt 4: Beispieldaten und Zusammenfassung« auf Seite 57 beschrieben. Mussten Sie die Servereinstellungen ändern, klicken Sie auf *Erneut prüfen* – Akeeba Backup klopft dann noch einmal die Einstellungen des Servers ab.

Im zweiten Schritt der Installation hinterlegen Sie unter den *Verbindungsinformationen* die Zugangsdaten für die Datenbank auf dem neuen Server. Weitere Hilfe dazu liefert in Kapitel 2, *Installation* der Abschnitt »Schritt 2: Konfiguration der Datenbank« auf Seite 51. Die *Seiteneinstellungen* im gleichnamigen letzten Schritt können Sie normalerweise wieder übernehmen. Sobald Akeeba Backup die Sicherung eingespielt hat, läuft auf dem neuen Server Ihr alter Internetauftritt.

Umzug per Hand

Komplizierter wird es, wenn Sie Joomla! manuell umsiedeln möchten. Sichern Sie als erste Maßnahme die gesamte Datenbank (siehe Abschnitt »Datensicherung mit Bordmitteln« auf Seite 932). Für den Fall, dass bei der Übertragung etwas nicht klappt, haben Sie damit gleichzeitig noch ein Backup zur Hand.

 **Warnung**   Das Verschieben auf einen anderen Server funktioniert nur, wenn dort die gleiche Datenbank wie auf dem alten Server werkelt. Ein Umstieg von beispielsweise MySQL auf den SQL Server ist nicht so einfach möglich und erfordert gute Kenntnisse beider Datenbanken.

Kopieren Sie als Nächstes das gesamte Joomla!-Verzeichnis auf den neuen Server. Dies kann je nach Zugangsmöglichkeiten zum Beispiel über ein FTP- oder SSH-Programm geschehen. Denken Sie auch daran, die Schreibrechte für die Verzeichnisse in der neuen Umgebung zu kontrollieren und gegebenenfalls anzupassen.

Spielen Sie jetzt die Sicherung der Datenbank auf dem neuen Server ein. Verfahren Sie dazu analog zu den Schritten aus Abschnitt »Sicherung wieder zurückspielen« auf Seite 934. Melden Sie sich danach aber nicht sofort wieder bei Joomla! an! Zuvor müssen Sie noch die Konfigurationsdatei *configuration.php* mit einem Texteditor öffnen und in ihr folgende Zeilen manipulieren:

- `public $user = '...';`

    Zwischen die Hochkommata gehört der Benutzername, mit dem sich Joomla! bei der Datenbank anmeldet.

- `public $password = '...';`

  Zwischen die Hochkommata gehört das Passwort, mit dem sich Joomla! bei der Datenbank anmeldet.

- `public $db = '...';`

  Zwischen die Hochkommata gehört der Name der Datenbank, zum Beispiel joomla.

- `public $dbprefix = '...';`

  Zwischen die Hochkommata gehört das Präfix, das Joomla! jeder Datenbanktabelle voranstellt (siehe auch Kapitel 2, *Installation*, Seite 15). Normalerweise müssen Sie es nicht anpassen.

- `public $host = 'localhost';`

  Zwischen die Hochkommata gehört die Internetadresse des Servers, auf dem die Datenbank läuft. Sofern sie auf dem gleichen Server wie Joomla! läuft, ist dies `localhost`.

- `public $log_path = '/opt/lampp/htdocs/joomla/logs';`

  Zwischen die Hochkommata gehört das Verzeichnis, in dem Joomla! seine Logdateien ablegt (für gewöhnlich ist es das Unterverzeichnis *logs* im Joomla!-Ordner).

- `public $tmp_path = '/opt/lampp/htdocs/joomla/tmp';`

  Zwischen die Hochkommata gehört das Verzeichnis, in dem Joomla! seine temporären Dateien speichern darf (für gewöhnlich ist es das Unterverzeichnis *tmp* im Joomla!-Ordner).

Alle betroffenen Zeilen verteilen sich leider quer über die Datei *configuration.php*. Die Werte in den Hochkommata hängen natürlich von Ihrer Joomla!-Installation und den Gegebenheiten auf dem neuen Server ab.

Nachdem Sie die Konfigurationsdatei entsprechend geändert haben, können Sie sich bei der neuen Joomla!-Installation anmelden. Anschließend sollten Sie die Grundeinstellungen hinter *System* → *Konfiguration* überprüfen. Das gilt insbesondere für die FTP-Einstellungen und den E-Mail-Server im Register *Server*.

Super-User-Passwort wiederherstellen

Wenn ein normaler Benutzer sein Passwort vergisst, kann er per E-Mail ein neues Passwort anfordern (wie es Abschnitt »Vergessene Benutzernamen und Passwörter« beschreibt auf Seite 531). Ein Super User darf diesen Weg jedoch nicht gehen.

Wenn Sie als Super User Ihr Passwort vergessen haben, können Sie sich nur von einem anderen Super User ein neues Passwort geben lassen. Das funktioniert natürlich nicht, wenn Sie der einzige Super User sind. Glücklicherweise gibt es in solch einem Fall noch zwei recht steinige Wege, über die Sie doch wieder Zutritt zum

Backend erlangen: Entweder müssen Sie Ihr Passwort direkt in der Datenbank austauschen oder aber ein Hintertürchen über die Datei *configuration.php* nutzen.

 **Warnung**   Beide Methoden kann selbstverständlich auch ein Angreifer ausnutzen – er muss sich nur einen Zugang zur Datenbank beziehungsweise Zugriff auf die *configuration.php* verschaffen. Aus diesem Grund sollten Sie die Datenbank und diese Datei ganz besonders schützen. Insbesondere dürfen keine fremden Personen Zugriff auf die Konfigurationsoberfläche, zum Beispiel in Form von phpMyAdmin, bekommen.

Benutzer zum Super User erheben

Öffnen Sie die Datei *configuration.php* im Joomla!-Verzeichnis mit einem Texteditor (verwenden Sie dabei keine Textverarbeitung wie Word!). Fügen Sie vor der schließenden Klammer } am Ende der Datei diese neue Zeile ein:

```
public $root_user='einname';
```

Dabei ersetzen Sie **einname** durch den Benutzernamen eines x-beliebigen anderen Benutzers, dessen Passwort Sie kennen. Dieser muss allerdings einer der Benutzergruppen *Manager*, *Administrator*, *Author*, *Editor* oder *Publisher* angehören. Insbesondere die Benutzergruppe *Registered* reicht hierzu nicht aus.

Nachdem Sie Ihre Änderungen gespeichert haben, erhebt Joomla! diesen Benutzer zu einem Super User. Mit ihm können Sie sich folglich im Backend ein neues Passwort verpassen. Wenn Sie nach der Anmeldung lediglich eine einsame Warnmeldung sehen und sich nur noch abmelden können, gehört der Benutzer nicht zu einer der oben aufgeführten Benutzergruppen. In diesem Fall müssen Sie in der *configuration.php* wohl oder übel einen anderen Benutzer eintragen.

 **Warnung**   Löschen Sie nach der Arbeit die Zeile wieder aus der *configuration.php* – sicher ist sicher. Das erledigt auch ein Klick auf den entsprechenden Link in dem von Joomla! angezeigten blauen Warnhinweis.

Passwort direkt in der Datenbank ändern

Wenn lediglich ein Super User existiert und man kein anderes Benutzerkonto in der *configuration.php* eintragen kann, hilft nur noch ein Austausch des Passworts direkt in der Datenbank. Das ist allerdings nicht ganz so einfach, da Joomla! das Passwort dort in einer verschlüsselten Form ablegt. (Für Experten: Es verwendet das MD5-Verfahren mit zusätzlichem Salt.) Diese Maßnahme ist aus Sicherheitsgründen notwendig: Sollte ein Angreifer die Kommunikation zwischen Joomla! und der Datenbank belauschen, findet er nur das verschlüsselte Passwort vor. Mit diesem Zeichensalat kann er sich aber weder bei Joomla! Anmelden, noch bekommt er mit seiner Hilfe das ursprüngliche Passwort heraus. Des Weiteren bleibt das Passwort vor neugierigen Augen verdeckt, die lesenden Zugang zur Datenbank erhalten. Dies betrifft nicht nur Hacker, sondern auch den Systemadministrator der Datenbank – der nicht notwendigerweise mit dem Betreiber der Website übereinstimmen muss.

Um das Passwort des Super Users zu ändern, müssen Sie sich zunächst an seinen vollständigen Namen und möglichst auch den Benutzernamen erinnern. Wenn Sie der Schnellinstallationsanleitung aus Kapitel 2, *Installation*, Seite 15, gefolgt sind, lautet der Name einfach *Super User* und sein Benutzername *admin*. Mit diesen Namen im Hinterkopf suchen Sie in der Joomla!-Datenbank zunächst eine Tabelle, die auf users endet. Darin spüren Sie den Eintrag für den Super User auf. Seinen Namen finden Sie in der Spalte *name*, der Benutzername steht in der Spalte *username*. Ersetzen Sie dann den Inhalt seines Felds *password* durch folgende Zeichenkette:

```
d2064d358136996bd22421584a7cb33e:trd7TvKHx6dMeoMmBVxYmg0vuXEA4199
```

Beachten Sie dabei unbedingt die Groß- und Kleinschreibung und vermeiden Sie Tippfehler. Damit lautet das Passwort des Super Users ab sofort *secret* (in Kleinschreibung). Melden Sie sich mit diesem neuen Passwort an und tauschen Sie es in der Benutzerverwaltung von Joomla! sofort gegen ein besseres aus.

Das genaue Vorgehen unterscheidet sich je nach der verwendeten Datenbank und den zur Verfügung stehenden Konfigurationswerkzeugen. Wenn Sie den Eingriff nicht bequem über die Benutzeroberfläche Ihres Webhosters vornehmen können, suchen Sie eine Stelle oder Seite, auf der Sie sogenannte SQL-Befehle abschicken können. Stellen Sie dabei sicher, dass sich alle Kommandos auf die Joomla!-Datenbank beziehen. Tippen Sie dann in das Eingabefeld folgenden SQL-Befehl ein (in einer Zeile):

```
UPDATE jos_users SET password='d2064d358136996bd22421584a7cb33e:
trd7TvKHx6dMeoMmBVxYmg0vuXEA4199' WHERE username='admin';
```

Ersetzen Sie dabei **jos_** durch das bei der Installation von Joomla! eingestellte Tabellenpräfix. Der Benutzername des Super Users lautet in der obigen Zeile admin. Wenn Sie bei der Installation einen anderen Benutzernamen gewählt haben, tauschen Sie ihn im obigen Befehl aus. Nachdem Sie den Befehl ausgeführt haben, können Sie sich am Backend als Super User mit dem Passwort *secret* anmelden. Klappt das nicht, hat sich bei der Eingabe des SQL-Befehls irgendwo ein Tippfehler eingeschlichen.

Als Alternative zu einem grafischen Konfigurationswerkzeug bringt MySQL das Programm *mysql* mit. Sofern Sie wider Erwarten keine grafische Konfigurationsoberfläche von Ihrem Webhoster gestellt bekommen, bietet diese Anwendung eine kleine Notlösung – vorausgesetzt, Ihr Anbieter gestattet Ihnen die Ausführung des Programms. Für den Befehl mysql benötigen Sie Zugang zur Kommandozeile, zum Beispiel über eine Anmeldung per SSH-Programm. Die Befehle lauten dann im Einzelnen (und sind jeweils mit der [Enter]-Taste zu bestätigen):

```
mysql -u benutzername -p
```

Hierbei steht **benutzername** für Ihren MySQL-Benutzernamen. Im Fall von XAMPP lautet der Befehl:

```
mysql -u root -p
```

Geben Sie nun Ihr MySQL-Passwort ein. Bei einer XAMPP-Installation drücken Sie nur die [Enter]-Taste. Es erscheint die Kommandoeingabezeile von `mysql`. Tippen Sie nun:

```
USE joomla;
```

Damit wechseln Sie in die Joomla!-Datenbank mit dem Namen `joomla`. Jetzt ersetzen Sie das Super-User-Passwort durch folgenden Befehl (tippen Sie alles hintereinander in eine einzige Zeile):

```
UPDATE jos_users SET password='d2064d358136996bd22421584a7cb33e:
trd7TvKHx6dMeoMmBVxYmg0vuXEA4199' WHERE username='admin';
```

Auch hier ist `admin` wieder der Benutzername des Super Users, *jos_* ersetzen Sie durch das bei Ihnen gültige Tabellenpräfix. Beenden Sie das Programm *mysql* mit dem Kommando exit.

Egal auf welchem Weg Sie das Passwort geändert haben, in jedem Fall können Sie sich am Backend mit dem Passwort *secret* wieder anmelden. Rufen Sie dann umgehend den Menüpunkt *Benutzer → Verwalten* auf, klicken Sie den *Super User* an und geben Sie ihm ein neues Passwort.

Datenbankfehler

Sollte Joomla! nicht auf die Datenbank zugreifen können, erzeugt es eine mehr oder weniger aussagekräftige Fehlermeldung. In solch einem Fall sollten Sie als Erstes prüfen, ob die Datenbank überhaupt läuft. Das gilt insbesondere, wenn Joomla! einen Verbindungsfehler meldet (*Could not connect to MySQL*). Wenn Sie selbst für die Wartung zuständig sind, starten Sie die Datenbank zudem probeweise neu (siehe auch Kapitel 2, *Installation*, Seite 15). Sollte immer noch keine Verbindung zustande kommen, müssen Sie Ihren Webhoster kontaktieren.

Wurde im laufenden Betrieb eine Tabelle beschädigt oder ist eine Erweiterung bei ihrer Installation Amok gelaufen, rufen Sie im Backend *Erweiterungen → Verwalten → Datenbank* auf. Joomla! prüft jetzt die Datenbank auf Probleme und zeigt diese an. Über *Reparieren* in der Werkzeugleiste versucht Joomla!, die Probleme zu beseitigen. Die Betonung liegt hier auf »versuchen«: Sind bereits Daten gelöscht, kann auch die Reparaturfunktion sie nicht wieder zurückholen. Sie sollten also keine Wunder erwarten, im Zweifelsfall lohnt es sich aber, die Funktion auszuprobieren.

In diesem Kapitel:
- Joomla! aktuell halten
- Sprachpakete und Erweiterungen aktualisieren
- Aktualisierungsquellen
- Migration von Joomla! 2.5
- Migration von einer älteren Joomla!-Version

KAPITEL 23
Aktualisierung und Migration

Sobald eine neue Joomla!-Version vorliegt, weist Sie das Backend überdeutlich mit einer roten Warnmeldung darauf hin. In Abbildung 23-1 ist beispielsweise *Joomla! 3.6.2* verfügbar. Das Backend schlägt zudem Alarm, wenn für eine der installierten Erweiterungen eine Aktualisierung bereitsteht. In Abbildung 23-1 gibt es genau zwei Erweiterungen, die dringend aktualisiert werden müssen. Zu den Erweiterungen zählt Joomla! hier allerdings auch die Sprachpakete sowie einige eigene Komponenten. Wundern Sie sich also nicht, dass Joomla! selbst dann Erweiterungen aktualisieren möchte, wenn Sie (noch) gar keine installiert haben. Erweiterungen von Drittherstellern kann Joomla! zudem nur dann prüfen, wenn diese sich an einige von Joomla! vorgegebene Regeln halten. Das ist zwar bei vielen Erweiterungen mittlerweile der Fall, aber eben leider nicht bei allen. Sie müssen folglich bei nachträglich installierten Erweiterungen immer selbst noch kontrollieren, ob Aktualisierungen bereitstehen (dazu später noch mehr).

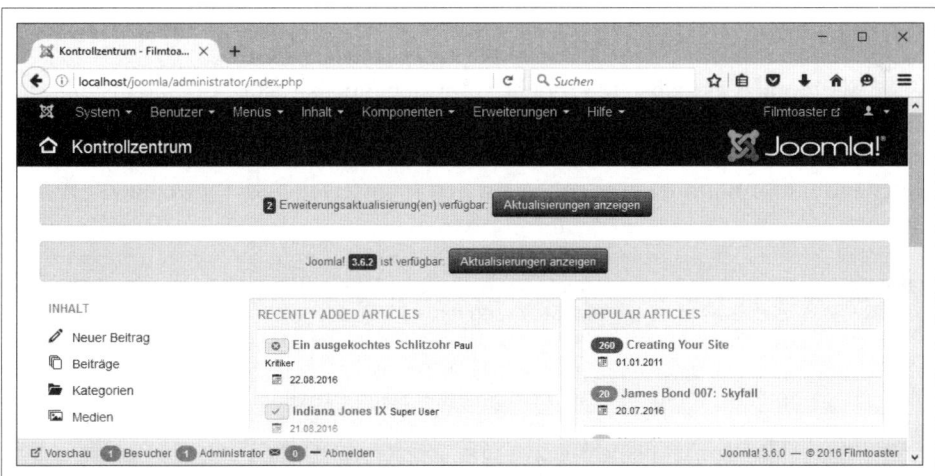

Abbildung 23-1: Hier möchte Joomla! zwei Erweiterungen und sich selbst aktualisieren.

Im Kontrollzentrum des Backends weist Joomla! nicht nur mit den Meldungen aus Abbildung 23-1 auf Aktualisierungen hin. Links unten in der Ecke finden Sie ergänzend im Bereich *Wartung* die zwei Einträge aus Abbildung 23-2. Der obere der beiden zeigt an, ob eine neue Joomla!-Version vorliegt, der untere weist auf Aktualisierungen für Erweiterungen hin.

Abbildung 23-2: Auch links unten in der Ecke kündigt Joomla! verfügbare Aktualisierungen an.

 **Warnung**   Joomla! weist absichtlich derart penetrant auf neue Versionen hin – schließlich beheben sie Fehler und schließen Sicherheitslücken. Aktualisieren Sie daher Joomla! und die Erweiterungen immer möglichst schnell. Wie Sie gleich sehen werden, gelingt das mit wenigen Mausklicks.

Bevor Sie Joomla! und/oder die Erweiterungen aktualisieren, sollten Sie Ihre Website via *System → Konfiguration* in den Offlinemodus schalten. Damit stellen Sie sicher, dass niemand während des Aktualisierungsvorgangs auf Joomla! zugreift und so unter Umständen das ganze System durcheinanderbringt.

Joomla! und die Erweiterungen aktualisieren Sie an unterschiedlichen Stellen im Backend und auf unterschiedliche Weise. Zunächst zu Joomla! selbst.

Joomla! aktuell halten

Wenn Sie Joomla! aktualisieren möchten, prüfen Sie als Erstes, ob alle installierten Erweiterungen die neue Version unterstützen. Das gilt insbesondere dann, wenn sich bei der neuen Joomla!-Version die Zahl an der zweiten Stelle erhöht hat. Entsprechende Informationen finden Sie auf den Internetseiten der jeweiligen Erweiterungen.

 **Warnung**   Zwar testen die Joomla!-Entwickler jede neue Version, es kann aber immer mal passieren, dass die Aktualisierung fehlschlägt oder nicht funktioniert. Im Extremfall könnte anschließend Ihre Joomla!-Installation zerstört sein. Erstellen Sie daher vor einer Aktualisierung immer ein Backup. Das gilt erst recht, wenn Sie ein System im produktiven Betrieb auf den neuesten Stand bringen möchten. Wer sichergehen will, sollte die Aktualisierung erst auf einem lokalen Testsystem ausprobieren. Wie man eine (Sicherheits-)Kopie einer Joomla!-Installation erstellt, hat bereits Kapitel 22, *Datensicherung und Wiederherstellung (Backups)*, Seite 921, gezeigt.

Rufen Sie als Nächstes den Menüpunkt *Komponenten → Joomla!-Aktualisierung* auf. Sofern eine Sicherheitsaktualisierung oder eine neue Joomla!-Version vorliegt, erscheint jetzt die Seite aus Abbildung 23-3. Dorthin gelangen Sie übrigens auch im Kontrollzentrum mit einem Klick auf *Aktualisierungen anzeigen* in der entsprechenden Warnmeldung oder aber mit einem Klick auf *Joomla! – Jetzt aktualisieren* links unten im Bereich *Wartung*.

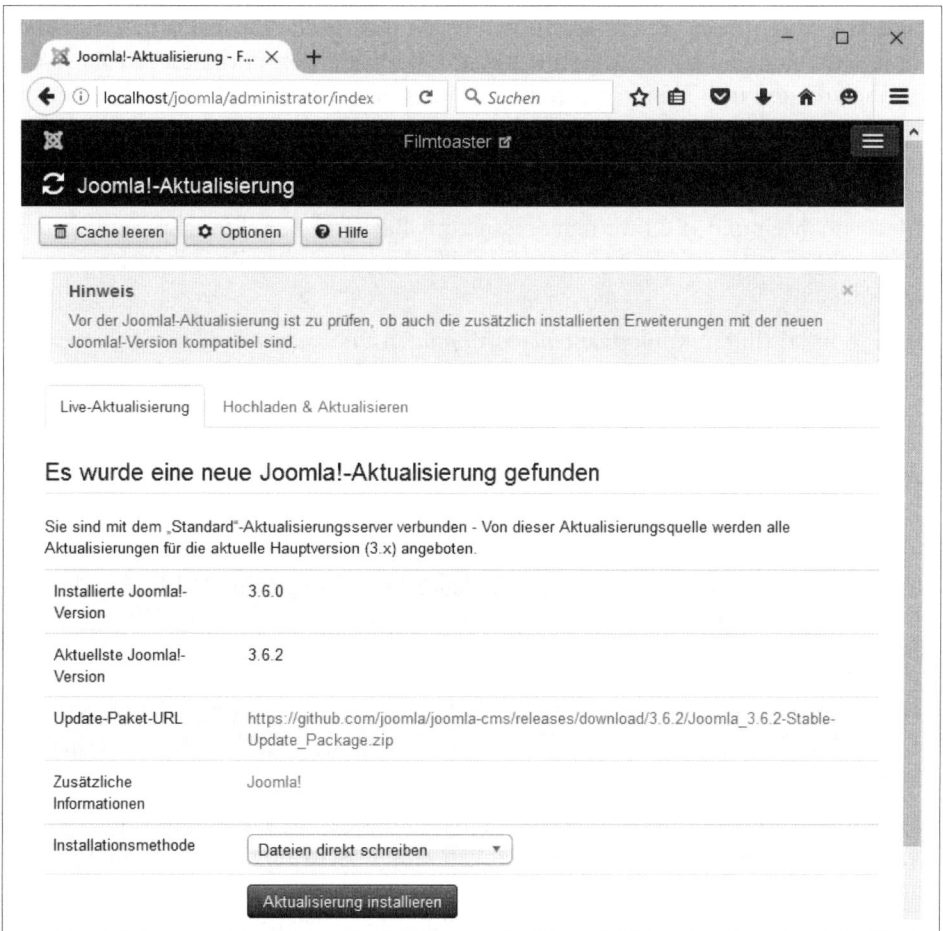

Abbildung 23-3: Hier liegt eine neue Joomla!-Version vor.

In jedem Fall stellen Sie sicher, dass Sie sich im Register *Live-Aktualisierung* befinden. Dort erfahren Sie noch einmal die momentan bei Ihnen *Installierte Joomla!-Version*. Direkt darunter können Sie ablesen, auf welche Version Ihre Joomla!-Installation gleich aktualisiert wird. In Abbildung 23-3 würde Joomla! 3.6.2 installiert. Die neue Version holt sich Joomla! gleich aus dem Internet in Form eines kompakten Pakets. Von wo es dieses Paket herunterlädt, können Sie neben *Update-Paket-URL* ablesen. Um herauszufinden, welche Neuerungen diese Version mitbringt, klicken Sie neben *Zusätzliche Informationen* auf *Joomla!*. Sie landen damit auf der Joomla!-Homepage mit den entsprechenden Angaben. Kehren Sie nach der Lektüre wieder zum Backend zurück.

Sofern Sie die FTP-Funktion von Joomla! nutzen, müssen Sie in der Ausklappliste *Installationsmethode* den Punkt *Dateien mit FTP schreiben* auswählen (weitere Informationen zur FTP-Funktion finden Sie in Kapitel 2, *Installation*, im Abschnitt »Schritt 3: FTP-Konfiguration« auf Seite 54). Andernfalls belassen Sie die Voreinstellung *Dateien direkt schreiben*. Sobald Sie auf *Aktualisierung installieren* klicken, lädt Joomla! die neue Version herunter und bringt sich selbst auf den aktuellen Stand. Dies kann ein paar Minuten dauern. Lassen Sie während dieser Zeit Joomla! in Ruhe arbeiten und insbesondere Ihr Browserfenster geöffnet. Nach erfolgreicher Aktualisierung melden Sie sich ab, laden die Seite in Ihrem Browser einmal neu und melden sich wieder an. Sofern Sie nach der Aktualisierung eine Fehlermeldung über ein ungültiges Sicherheitstoken erhalten oder eine leere weiße Seite sehen, rufen Sie einfach noch einmal die Internetadresse zum Backend auf. Löschen Sie in jedem Fall abschließend noch hinter *System → Cache leeren* den Zwischenspeicher via *Alles löschen*.

Sollte Joomla! hinter *Komponenten → Joomla!-Aktualisierung* nur eine ältere Version zur Installation anbieten oder keinen Eintrag anzeigen, obwohl nachweislich eine neue Joomla!-Version erschienen ist, klicken Sie in der Werkzeugleiste auf *Cache leeren*. Damit vergisst Joomla! alle bisherigen Versionsinformationen und geht erneut auf die Suche nach Aktualisierungen. Wenn Joomla! jetzt immer noch keine Aktualisierung anbietet, könnte dies an falschen Grundeinstellungen liegen, um die sich gleich noch Abschnitt »Aktualisierungsquellen« auf Seite 948 kümmert.

Mitunter kann die Aktualisierung fehlschlagen, etwa wenn Ihr Webhoster das Herunterladen des dicken Aktualisierungspakets verhindert. In solchen Fällen können Sie Joomla! manuell auf den neuesten Stand bringen. Dazu rufen Sie zunächst im Backend *Komponenten → Joomla!-Aktualisierung* auf und klicken auf der Registerkarte *Live-Aktualisierung* auf den Link neben *Update-Paket-URL*. Laden Sie sich jetzt das angebotene Paket herunter. Damit können Sie Joomla! gleich manuell aktualisieren.

Wenn Joomla! nicht auf das Internet zugreifen darf, zeigt Ihnen das Register *Live-Aktualisierung* kein Paket an. In solchen Fällen wechseln Sie auf die Joomla!-Homepage (*https://www.joomla.org*) und dort weiter zum *Download*-Bereich. Klicken Sie auf die Schaltfläche, die Ihnen die *Upgrade Packages* verspricht. Die jetzt erscheinende Seite bietet Ihnen mehrere Pakete an, mit denen Sie Joomla! auf den neuesten Stand bringen können. Diese Pakete tragen ein *Patch* oder *Update* im Namen. Das Aussehen der Seite hat sich in der Vergangenheit immer mal wieder verändert. Zum Erstellungszeitpunkt des Buchs zeigte sie sich wie in Abbildung 23-4. Suchen Sie sich auf der Seite das zu Ihrer aktuell installierten Joomla!-Version passende *Update*-Paket heraus. Jedes dieser Pakete steht dabei noch einmal in verschiedenen Dateiformaten bereit. Da das ZIP-Format von fast allen Betriebssystemen geöffnet werden kann, sollten Sie sich möglichst immer für das Paket mit der Endung *.zip* entscheiden. Zum Erstellungszeitpunkt dieses Buchs mussten Nutzer von Joomla! 3.6.0 folglich neben *Update from Joomla! 3.6.x* auf *.zip* klicken, um auf die Version 3.6.2 aktualisieren zu können (siehe Abbildung 23-4).

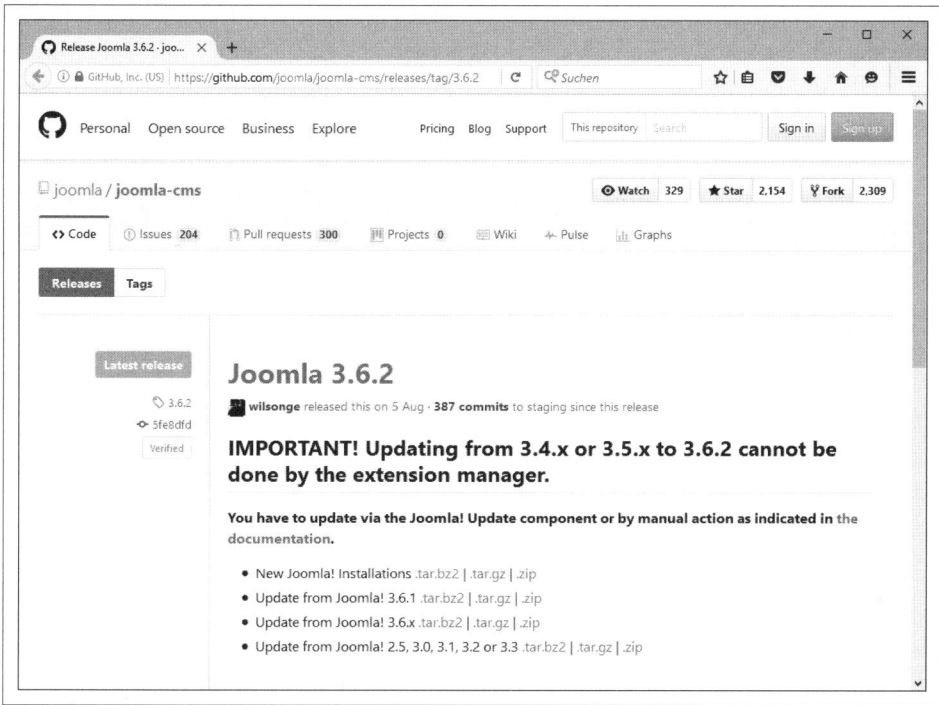

Abbildung 23-4: Auf dieser Seite stellen die Joomla!-Entwickler Pakete bereit, mit denen Sie Ihre Aktualisierung manuell vornehmen können.

Achten Sie vor dem Download auch noch auf eventuell angezeigte Hinweise der Joomla!-Entwickler. In Abbildung 23-4 weisen sie beispielsweise darauf hin, dass Besitzer einer Joomla!-Version 3.4 oder 3.5 die Aktualisierung nicht via *Erweiterungen* → *Verwalten* → *Installieren* einspielen können. Diese Hinweise sollten Sie ernst nehmen und beachten – andernfalls könnte nach der Aktualisierung eine defekte Joomla!-Installation zurückbleiben.

Sobald Sie das passende Paket heruntergeladen haben, können Sie Joomla! damit auf gleich mehreren Wegen aktualisieren. Besonders einfach gelingt das hinter *Komponenten* → *Joomla!-Aktualisierung* auf der Registerkarte *Hochladen & Aktualisieren*. Dort prüft Joomla! zunächst, ob es das Paket mit der Aktualisierung überhaupt installieren kann. Entdeckte Probleme listet der Bereich *Warnungen* auf. In Abbildung 23-5 kann der Server beispielsweise nur Dateien hochladen, die kleiner als 8 MByte sind. Wenn das Update-Paket größer ausfällt, kann es Joomla! folglich nicht entgegennehmen. Sie sollten die angezeigten Warnungen immer ernst nehmen und beseitigen. Andernfalls laufen Sie Gefahr, dass die Aktualisierung fehlschlägt. Gegebenenfalls müssen Sie dazu die Einstellungen Ihres Servers ändern. Weitere Informationen hierzu finden Sie im Kasten »Einstellungen in der php.ini« auf Seite 831.

Wenn keine Warnungen oder Probleme gemeldet werden, klicken Sie neben *Joomla!-Paketdatei* auf *Durchsuchen* und wählen die zuvor heruntergeladene Datei mit der Aktualisierung aus. Sofern Sie die FTP-Funktion von Joomla! nutzen, stellen Sie noch die *Installationsmethode* auf *Dateien mit FTP schreiben* (Informationen zur FTP-Funktion finden Sie in Kapitel 2, *Installation*, im Abschnitt »Schritt 3: FTP-Konfiguration« auf Seite 54). Andernfalls belassen Sie *Dateien direkt schreiben*.

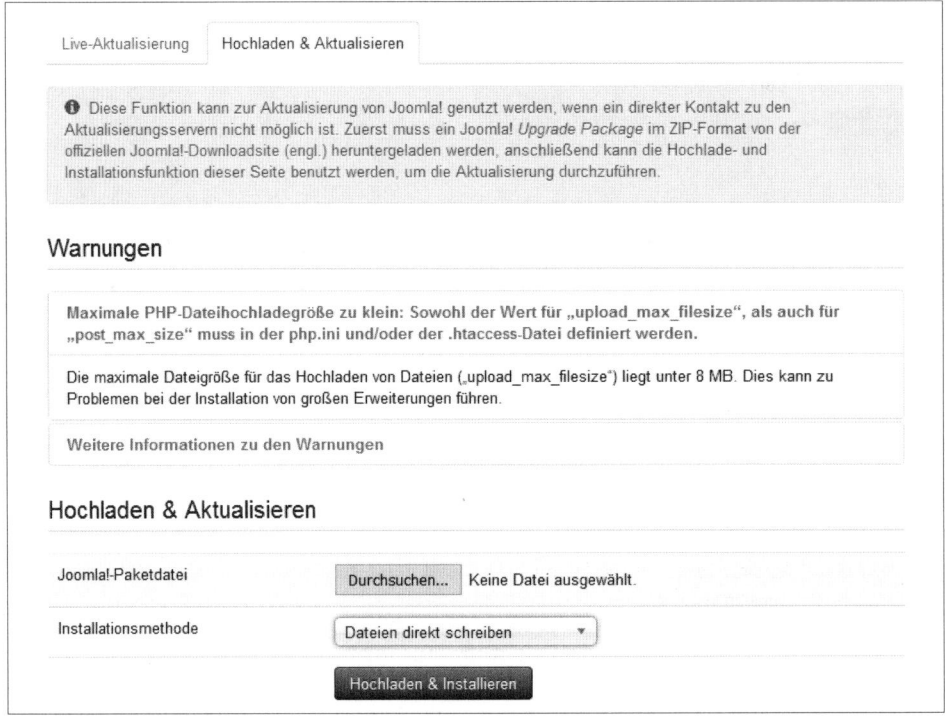

Abbildung 23-5: Über dieses Register spielen Sie ein Paket mit der Aktualisierung ein.

In jedem Fall klicken Sie auf *Hochladen & Installieren*. Joomla! fragt jetzt noch einmal explizit nach, ob Sie die Aktualisierung wirklich einspielen möchten. Bestätigen Sie das, indem Sie Ihren Benutzernamen und Ihr Passwort eintippen (mit dem gleichen Gespann melden Sie sich auch am Backend an). Starten Sie schließlich die Aktualisierung mit einem Klick auf *Installieren*. Lassen Sie jetzt Joomla! in Ruhe arbeiten. Schließen Sie insbesondere das Browserfenster nicht. Sobald Joomla! aktualisiert wurde, melden Sie sich ab, laden die Seite in Ihrem Browser einmal neu und melden sich wieder an. Sofern Sie nach der Aktualisierung eine Fehlermeldung über ein ungültiges Sicherheitstoken erhalten oder eine leere weiße Seite sehen, rufen Sie einfach noch einmal die Internetadresse zum Backend auf. Löschen Sie in jedem Fall abschließend hinter *System → Cache leeren* den Zwischenspeicher via *Alles löschen*.

Sofern die Installation auch auf diese Weise fehlschlägt, können Sie das heruntergeladene Update-Paket noch manuell entpacken und kopieren. Da Sie dabei jedoch Gefahr laufen, ein zerstörtes System zu hinterlassen, ist diese Methode wirklich nur im äußersten Notfall zu empfehlen. Um sie durchzuführen, melden Sie sich vom

Joomla!-Backend ab und entpacken das Update-Paket auf Ihrer Festplatte. Laden Sie dann den aus dem Paket herausgepurzelten Inhalt in das Joomla!-Verzeichnis auf Ihrem Webserver. Überschreiben Sie dabei die Dateien der alten Joomla!-Installation mit ihren aktualisierten Pendants. Melden Sie sich anschließend wieder im Backend an. Es erscheint jetzt schon das aktuelle Joomla!, in dem Sie allerdings noch ein paar Dinge gerade rücken müssen. Dazu wechseln Sie zunächst zum Menüpunkt *Erweiterungen* → *Verwalten* → *Datenbank* (in einem englischen Joomla! zu *Extensions* → *Manage* → *Database*). Klicken Sie in der Werkzeugleiste auf *Reparieren* (in der englischen Sprachfassung *Fix*). Damit bringt Joomla! seine Datenbank auf den aktuellen Stand. Rufen Sie jetzt den Menüpunkt *Erweiterungen* → *Verwalten* → *Überprüfen* auf (beziehungsweise *Extensions* → *Manage* → *Discover*). Klicken Sie in der Werkzeugleiste auf *Überprüfen* (*Discover*). Sofern jetzt eine Liste erscheint, setzen Sie darin einen Haken vor alle zu Joomla! gehörenden Komponenten. Keinen Haken erhalten die von Ihnen nachträglich installierten Erweiterungen. Klicken Sie anschließend auf *Installieren* (*Install*). Wenn anstelle einer Liste nur die Meldung *Keine passenden Ergebnisse* erscheint, müssen Sie nichts weiter unternehmen. Abschließend rufen Sie noch *System* → *Cache leeren* auf und lassen *Alles löschen*.

Unter Umständen erscheinen nach der Aktualisierung einige merkwürdige Menübeschriftungen. Das ist kein Grund zur Panik: In diesem Fall sind schlichtweg die Sprachpakete noch nicht auf dem aktuellen Stand.

Sprachpakete und Erweiterungen aktualisieren

Die meisten Sprachpakete sowie einige Erweiterungen benutzen den gleichen, halb automatischen Aktualisierungsmechanismus wie Joomla!. Um diese Sprachpakete und Erweiterungen auf den neuesten Stand zu bringen, braucht es daher ebenfalls nur wenige Mausklicks: Wechseln Sie im Backend zum Menüpunkt *Erweiterungen* → *Verwalten* → *Aktualisieren* und klicken Sie in der Werkzeugleiste auf *Aktualisierungen suchen*. Sofern es von einer Erweiterung oder einem Sprachpaket eine neuere Fassung gibt, zeigt sie Joomla! in einer Tabelle an (wie in Abbildung 23-6). Markieren Sie dann alle Erweiterungen, die Sie aktualisieren möchten (normalerweise sind das alle) und klicken Sie auf *Aktualisieren*.

Warnung	Allerdings gibt es immer noch viele Erweiterungen, die diesen Dienst nicht verwenden. Sie müssen dann wohl oder übel ständig selbst prüfen, ob es eine Aktualisierung gibt, und diese dann per Hand einspielen.
	Sofern also hier in der Liste kein Eintrag erscheint, sollten Sie unbedingt noch die Internetseiten aller von Ihnen nachträglich installierten Erweiterungen abklappern und prüfen, ob es eine neuere Version gibt. Wie man diese dann einspielt, hängt von der jeweiligen Erweiterung ab – die Dokumentation sollte hier entsprechende Hinweise liefern.
	Die betroffenen Erweiterungen sollten Sie aber nicht einfach deinstallieren und ihre neuen Versionen installieren, denn dabei gehen meistens auch alle mühsam eingepflegten Inhalte in der Datenbank verloren.

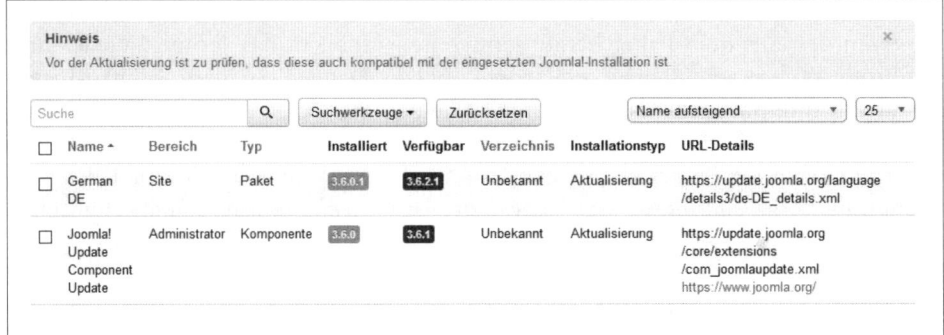

Abbildung 23-6: Hier kann Joomla! sowohl das deutsche Sprachpaket als auch eine Kernkomponente aktualisieren.

In der Tabelle finden Sie sehr wahrscheinlich wie in Abbildung 23-6 eine Erweiterung mit dem mysteriösen Namen *Joomla! Update Component Update*. Dabei handelt es sich um genau die Komponente, die hinter *Komponenten → Joomla!-Aktualisierung* das System auf den neuesten Stand bringt. Diese Komponente bringt Joomla! zwar von Haus aus mit, behandelt sie aber wie eine nachträglich installierte Erweiterung. Aus diesem Grund müssen Sie sie hier auch immer separat aktualisieren.

Wenn die Tabelle aus Abbildung 23-6 leer bleibt, obwohl es nachweislich ein neues Sprachpaket beziehungsweise eine aktuellere Erweiterung gibt, klicken Sie in der Werkzeugleiste auf *Leeren*. Damit vergisst Joomla! alle bisherigen Versionsinformationen. Anschließend müssen Sie Joomla! noch einmal neu nach *Aktualisierungen suchen* lassen. Wie lange Joomla!s Gedächtnis (beziehungsweise der Cache) die Versionsinformationen behält, können Sie in den *Optionen* unter *Aktualisierungszwischenspeicher (in Stunden)* vorgeben.

Nachdem Sie die Joomla!-Installation, die Sprachpakete und die Erweiterungen auf den aktuellen Stand gebracht haben, können Sie Ihre Installation via *System → Konfiguration* wieder für Besucher öffnen (indem Sie *Website offline* auf *Nein* setzen).

Aktualisierungsquellen

Joomla! holt alle Aktualisierungen aus dem Internet. Von wo genau, können Sie sich hinter *Erweiterungen → Verwalten → Aktualisierungsquellen* ansehen. Dort begrüßt Sie die Tabelle aus Abbildung 23-7. In jeder Zeile finden Sie eine Quelle beziehungsweise einen Ort, an dem Joomla! regelmäßig nach verfügbaren Aktualisierungen sucht. Diese Quellen können Erweiterungen um weitere ergänzen. Mindestens vorhanden sind in Joomla! 3.6 die Quellen aus Tabelle 23-1.

Tabelle 23-1: Standardmäßig vorhandene Aktualisierungsquellen

Aktualisierungsquelle	Bietet Aktualisierungen für ...
Accredited Joomla! Translations	alle offiziellen Sprachpakete.
Joomla! Update Component Update Site	die Joomla!-Update-Komponente. Sie führt die eigentliche Aktualisierung durch und versteckt sich hinter *Komponenten → Joomla!-Aktualisierung*.

Tabelle 23-1: Standardmäßig vorhandene Aktualisierungsquellen *(Fortsetzung)*

Aktualisierungsquelle	Bietet Aktualisierungen für ...
Joomla! Core	Joomla!.
Joomla! Extension Directory	alle Erweiterungen aus dem Joomla! Extensions Directory.

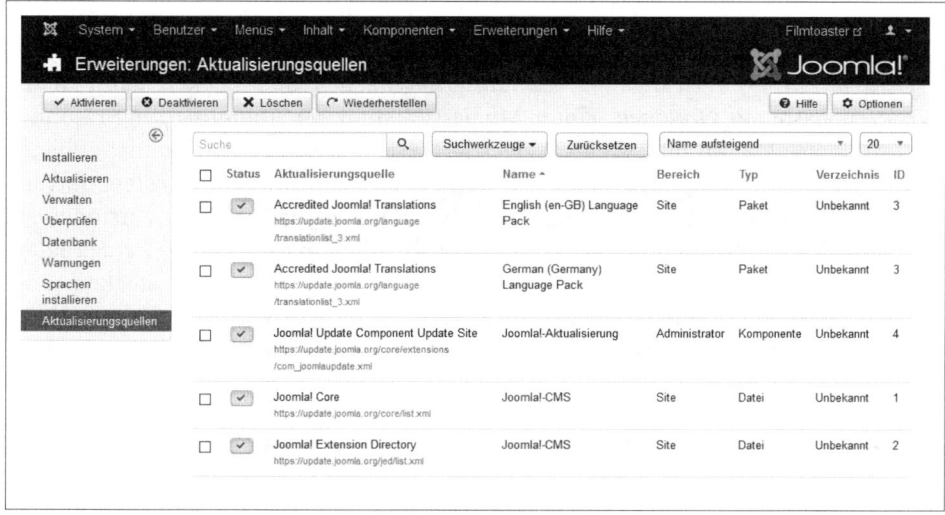

Abbildung 23-7: Aus diesen Quellen bezieht Joomla! alle Aktualisierungen.

Sie selbst dürfen zwar keine eigenen Quellen hinzufügen, können aber die vorhandenen absichtlich deaktivieren und sogar löschen. Das ist beispielsweise dann notwendig, wenn über eine der Quellen nur veraltete oder gar Schadprogramme verbreitet werden. Wenn Sie eine Quelle lediglich deaktivieren, holt Joomla! von dort (vorübergehend) keine Aktualisierungen mehr ab. Sie können die Quelle jedoch jederzeit wieder aktivieren. Nach dem Löschen ist das jedoch nicht mehr möglich, Joomla! kennt dann die Quelle nicht mehr.

Warnung Wenn Sie eine Quelle deaktivieren oder gar löschen, bekommen Sie keine Aktualisierungen mehr! Fehler und Sicherheitslücken werden dann in Joomla! oder den Erweiterungen nicht mehr behoben. Deaktivieren oder löschen Sie eine Quelle daher immer nur aus guten Gründen!

Um eine Quelle zu deaktivieren, setzen Sie einen Haken in ihr Kästchen und klicken dann in der Werkzeugleiste auf *Deaktivieren*. Via *Aktivieren* schalten Sie sie wieder ein. Alternativ können Sie auch einfach auf das Symbol in der Spalte *Status* klicken. Möchten Sie eine Quelle komplett löschen, setzen Sie ebenfalls einen Haken in ihr Kästchen und klicken dann auf *Löschen*.

Hin und wieder veröffentlichen die Joomla!-Entwickler Testversionen von zukünftigen Joomla!-Versionen. Diese möglicherweise noch fehlerhaften Versionen bietet Joomla! zu Recht nicht zur Installation an. Wenn Sie den Entwicklern helfen oder einen Blick auf kommende Joomla!-Versionen werfen möchten, können Sie die

Installation dieser Testversionen erlauben. Sobald dann eine neue Testversion vorliegt, bietet Joomla! eine entsprechende Aktualisierung an.

 **Warnung** Überlegen Sie sich das gut: Diese Vorabversionen enthalten zahlreiche Fehler. Insbesondere auf einem Server im Internet sollten die Vorabversionen unter keinen Umständen zum Einsatz kommen.

Um die Installation von Testversionen zu erlauben, wechseln Sie zum Menüpunkt *Erweiterungen* → *Verwalten* → *Aktualisierungsquellen* und klicken dann in der Werkzeugleiste auf *Optionen*. Unter *Mindeststabilität der Aktualisierungen* können Sie jetzt einstellen, ob und, wenn ja, welche Testversionen Ihnen Joomla! anbieten soll. Sofern die Ausklappliste auf *Stabil* steht, erhalten Sie nur gut getestete und stabile Versionen. Bei *Release Candidate (RC)* bietet Ihnen Joomla! auch Versionen an, die eigentlich fertig sind und kurz vor der Veröffentlichung stehen. Bei *Beta* erhalten Sie hingegen auch Versionen, die zwar noch in der Entwicklung stecken, aber bereits die meisten neuen Funktionen enthalten. Im Fall von *Alpha* bietet Ihnen Joomla! auch solche Versionen an, die sich noch am Anfang ihrer Entwicklung befinden. Der Unterschied zwischen Alpha- und Betaversion hängt dabei von den Launen der Joomla!-Entwickler ab. In der Vergangenheit enthielten Betaversionen zusätzliche Funktionen und weniger Fehler, zudem erscheinen Alphaversionen immer vor den Betaversionen. Den aktuellen Entwicklungsstand erhalten Sie mit der Einstellung *Entwicklung*. Dabei laufen Sie jedoch Gefahr, dass nach einer Aktualisierung die komplette Joomla!-Installation nicht mehr funktioniert – je nachdem, welche Fehler ein Programmierer gerade eingebaut hat. Von *Stabil* bis *Entwicklung* nehmen folglich die in Joomla! enthaltenen Fehler zu. Vergessen Sie nicht, Ihre Änderung *Speichern & Schließen* zu lassen.

Hinter *Komponenten* → *Joomla!-Aktualisierung* können Sie Joomla! aktualisieren (wie im Abschnitt »Joomla! aktuell halten« auf Seite 942 beschrieben). Von welchem Server Joomla! dabei die Aktualisierungen holt, dürfen Sie selbst festlegen. Dazu rufen Sie via *Komponenten* → *Joomla!-Aktualisierung* in der Werkzeugleiste die *Optionen* auf. Dort können Sie jetzt einen anderen *Aktualisierungsserver* wählen. Die dabei standardmäßig angebotenen Server bieten allerdings ausschließlich Vorabversionen von Joomla! an, die sich an Entwickler und Tester richten.

 **Warnung** Belassen Sie daher hier immer die Einstellung auf *Standard* – es sei denn, Sie sind ein Joomla!-Entwickler oder ein Tester.

Wenn Sie etwa *Joomla! Next* einstellen, können Sie ab sofort hinter *Komponenten* → *Joomla!-Aktualisierung* auf eine extrem frühe Vorabversion von Joomla! 4 umsteigen. Diese Version war zum Erstellungszeitpunkt dieses Buchs allerdings noch unfertig und glich einem Rohbau. Analog bietet der Server *Test* ausschließlich Testversionen der jeweils nächsten Joomla!-Version an. Zum Zeitpunkt der Bucherstellung bekam man beispielsweise eine Testversion von Joomla! 3.6.3.

Abschließend können Sie auch selbst einen (Internet-)Server aufsetzen, der dann die Aktualisierungen bereitstellt. An dieses Vorhaben sollten sich allerdings nur erfahrene Administratoren wagen, die wissen, was sie tun. In diesem Fall finden Sie eine entsprechende Anleitung in der Joomla!-Dokumentation unter *http://docs.joomla.org/Deploying_an_Update_Server*. Anschließend wählen Sie als *Aktualisierungsserver* die *Eigene URL* und tragen dann die Internetadresse Ihres eigenen Aktualisierungsservers unter *Eigene URL* ein.

Migration von Joomla! 2.5

Der Umstieg von Joomla! 2.5 auf die aktuelle Version erfordert mehrere Handgriffe, bei denen leider immer wieder etwas schiefgehen kann. Erstellen Sie daher zuallererst ein Backup sowohl des gesamten Joomla!-Verzeichnisses als auch der Datenbank. Wie das im Einzelnen funktioniert, zeigte bereits Kapitel 22, *Datensicherung und Wiederherstellung (Backups)*, Seite 921. Sollte später einmal etwas schiefgehen, ist das Backup Ihr Sicherheitsnetz.

Warnung Sofern sich Ihre Joomla!-Installation im produktiven Einsatz befindet, gelten besondere Vorsichtsmaßnahmen. In diesem Fall probieren Sie am besten die Migration zunächst auf einem Testrechner aus. Dazu kopieren Sie die Joomla!-Installation samt Datenbank vom Server auf Ihren eigenen Computer (siehe hierzu auch Kapitel 22, *Datensicherung und Wiederherstellung (Backups)*, Abschnitt »Joomla! auf einen anderen Server verpflanzen« auf Seite 935). Spielen Sie dort dann die Aktualisierung durch. Erst wenn in der Testumgebung alles funktioniert hat und keine Probleme im Betrieb auftauchen, sollten Sie sich an die Umstellung der produktiven Joomla!-Installation auf dem Server wagen. Für die eigentliche Aktualisierung wählen Sie dann einen Zeitpunkt, zu dem das System möglichst wenig genutzt wird. Darüber hinaus ist es ratsam, die in einem Katastrophenfall betroffenen Personen vorab über die Umstellung zu informieren. Hierzu zählen auf den Filmtoaster-Seiten beispielsweise die Autoren, Moderatoren und Super User.

Bringen Sie als Nächstes Joomla! 2.5 auf den letzten Stand. Dazu wechseln Sie zum Menüpunkt *Komponenten → Joomla!-Aktualisierung*. Sofern Ihnen Joomla! hier eine Aktualisierung anbietet, spielen Sie sie via *Aktualisierung installieren* ein. Zum Zeitpunkt der Bucherstellung war die Version 2.5.28 aktuell.

Prüfen Sie als Nächstes für jede installierte Erweiterung, ob es sie auch in einer Fassung für die aktuelle Joomla!-Version gibt. Die Projekt-Homepage der jeweiligen Erweiterung sollte hierüber Auskunft geben. Wurde die Entwicklung einer Erweiterung komplett eingestellt, können Sie entweder versuchen, die alte Erweiterung von Hand in das neue Joomla! zu zwingen (was jedoch oftmals schiefgeht), oder aber nach einem anderen, modernen Ersatz suchen. In letzterem Fall können Sie zwar den alten Datenbestand nicht mitnehmen, dafür ist diese Methode jedoch eine Investition in die Zukunft und dank entsprechender Updates auch sicherer – bei einer veralteten Komponente stopft schließlich niemand mehr entdeckte Sicherheitslöcher. Sollte eine Erweiterung nur unter Joomla! 2.5 laufen, müssen Sie sie vor der Aktualisierung deinstallieren.

Was für die Erweiterungen gilt, trifft auch auf die Templates und die Sprachpakete zu: Prüfen Sie auf der Homepage der Designer und der Übersetzerteams, ob es angepasste Fassungen für die aktuelle Joomla!-Version gibt. Abschließend müssen Sie noch sicherstellen, dass Ihr Server beziehungsweise die XAMPP-Installation die von der aktuellen Joomla!-Version geforderten Bedingungen erfüllt (diese finden Sie in Kapitel 2, *Installation*, im Abschnitt »Voraussetzungen« ab Seite 16).

Blockieren Sie jetzt den Zugriff auf Ihre Website. Dazu stellen Sie unter *Site → Konfiguration* im Register *Site* den Punkt *Website offline* auf *Ja*. Direkt weiter geht es mit dem Register *Server*, wo Sie *Fehler berichten* auf *Maximum* umlegen. *Speichern & Schließen* Sie Ihre Änderungen.

Wechseln Sie zum Menüpunkt *Erweiterungen → Erweiterungen* und dort weiter zur *Datenbank*. Joomla! sollte hier vermelden, dass die Datenbanktabellenstruktur aktuell ist, und zudem darunter als *Version des Datenbankschemas (in #__schemas)* mindestens die Nummer *2.5.28* anzeigen. Andernfalls klicken Sie in der Werkzeugleiste auf *Reparieren*.

Weiter geht der Einstellungsmarathon hinter *Erweiterungen → Plugins*. Deaktivieren Sie dort das Plug-in *System → Angemeldet bleiben*. Damit wären endlich alle Vorbereitungen abgeschlossen.

Rufen Sie jetzt unter *Komponenten → Joomla!-Aktualisierung* die *Optionen* auf. Stellen Sie dort den *Aktualisierungsserver* auf *Kurzzeit-Support*. *Speichern & Schließen* Sie die Einstellungen. Joomla! sollte Ihnen jetzt ähnlich wie in Abbildung 23-8 den Umstieg auf Joomla! 3 anbieten. Andernfalls rufen Sie *Erweiterungen → Erweiterungen* auf, wechseln zu *Aktualisieren* und klicken in der Werkzeugleiste auf *Cache leeren*. Kehren Sie wieder zurück zu *Komponenten → Joomla!-Aktualisierung*. Dort lassen Sie jetzt in jedem Fall die *Aktualisierung installieren*.

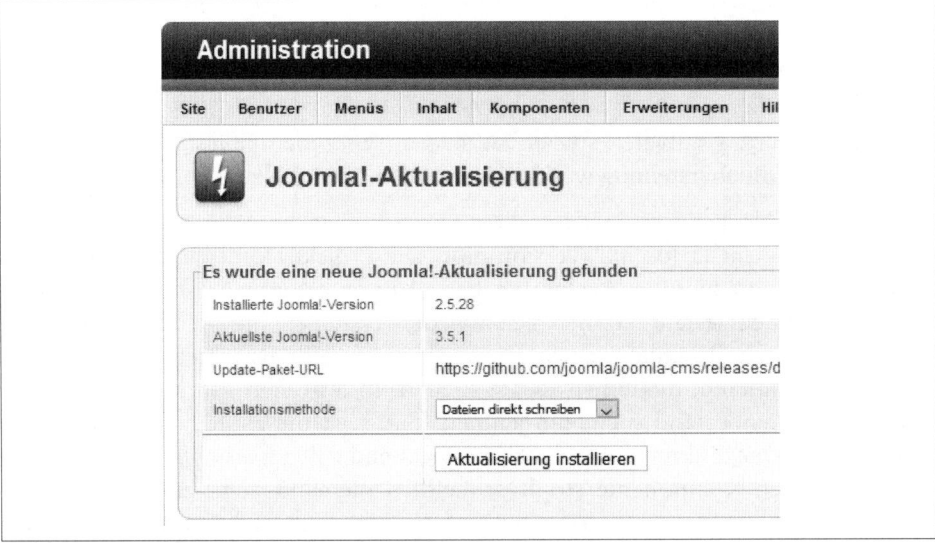

Abbildung 23-8: Hier bietet Joomla! 2.5 den Umstieg auf die Version 3 an.

Warnung	Damit gibt es kein Zurück mehr: Joomla! aktualisiert sich selbst, was wiederum eine Weile dauern kann.
	Dabei lauert allerdings eine kleine Falle: Der Webserver bricht länger laufende PHP-Programme irgendwann einfach ab. Sollte das während der Aktualisierung passieren, bleibt eine defekte Joomla!-Installation zurück, die sich auch nicht mehr reparieren lässt. Stellen Sie daher sicher, dass Joomla! nicht von Ihrem Webserver unterbrochen wird. Wenn Sie Joomla! für die Aktualisierung zwei Minuten Arbeitszeit zugestehen, sollten Sie auf der sicheren Seite sein. Wie Sie diese Einstellung vornehmen, hängt von Ihrem Webhoster ab. Hilfestellung liefert der Kasten »Einstellungen in der php.ini« auf Seite 831.

Sobald die Aktualisierung abgeschlossen ist, erscheint automatisch die Anmeldeseite für das Backend. Melden Sie sich an, dann wieder ab und noch einmal an. Aktualisieren Sie Joomla! jetzt so, wie im Abschnitt »Joomla! aktuell halten« ab Seite 942 beschrieben. Gegebenenfalls müssen Sie das Content-Management-System mehrfach auf diese Weise aktualisieren.

Migration von einer älteren Joomla!-Version

Während sich Joomla! 2.5 relativ einfach aktualisieren lässt, ist ein Umstieg (die sogenannte Migration) von noch älteren Versionen wesentlich steiniger und teilweise sogar unmöglich. Da die Joomla!-Entwickler bei diesen Versionen keine Aktualisierung auf Joomla! 3 vorsehen, müssen Sie diese Aufgabe notgedrungen einer inoffiziellen Erweiterung überlassen (dazu gleich noch mehr). Für die alten Joomla!-Versionen entwickelte Templates und Erweiterungen können Sie zudem nicht weiterverwenden.

Tipp	Bei älteren Versionen bis einschließlich Joomla! 1.7 sollten Sie deshalb darüber nachdenken, Ihren Internetauftritt mit der aktuellen Joomla!-Version noch einmal komplett neu zu erstellen.

Wenn Sie dennoch unbedingt von einer Version vor Joomla! 2.5 auf die aktuelle umsteigen möchten oder müssen, erstellen Sie zunächst ein Backup Ihrer kompletten Website (siehe Kapitel 22, *Datensicherung und Wiederherstellung (Backups)*, Seite 921). Prüfen Sie dann, ob Ihr Server die Anforderungen der aktuellen Joomla!-Version erfüllt. Insbesondere ältere PHP-Versionen können eine Aktualisierung verhindern: Während alte Joomla!-Versionen nicht unter neueren PHP-Versionen laufen, funktionieren umgekehrt neue Joomla!-Versionen auch nicht in alten PHP-Umgebungen. In solchen Fällen müssen Sie während der Aktualisierung die PHP-Version wechseln beziehungsweise umstellen. Letztgenanntes erlauben die meisten Webhoster über einen Schalter in ihrem Kundencenter. Knöpfen Sie sich abschließend alle installierten Erweiterungen vor. Suchen Sie auf der Homepage der jeweiligen Erweiterung nach einer Version, die unter der aktuellen Joomla!-Version läuft. Werden Sie nicht fündig, müssen Sie entweder auf die Erweiterung verzichten oder im Internet eine Alternative aufspüren.

 **Warnung**   Spielen Sie die Migration in jedem Fall zunächst in einer Testinstallation durch. Dazu kopieren Sie Ihre Joomla!-Installation samt Datenbank vom Server auf Ihren eigenen Computer (siehe hierzu auch Kapitel 22, *Datensicherung und Wiederherstellung (Backups)*, Abschnitt »Joomla! auf einen anderen Server verpflanzen« auf Seite 935). Aktualisieren Sie dann dort probeweise Ihre Seite. Erst wenn in der Testumgebung alles funktioniert und keine Probleme im Betrieb auftreten, sollten Sie sich an die Umstellung der produktiven Joomla!-Installation auf dem Server wagen. Für den eigentlichen Migrationsvorgang wählen Sie dann einen Zeitpunkt, zu dem das System möglichst wenig genutzt wird. Darüber hinaus ist es ratsam, die in einem Katastrophenfall betroffenen Personen vorab über die Umstellung zu informieren.

Als Nächstes müssen Sie im Internet eine Erweiterung finden, mit der Sie Ihre alte Joomla!-Version auf die aktuelle umstellen können. Das Joomla! Extensions Directory hält in der Kategorie *Migration & Conversation* entsprechende Erweiterungen bereit (*https://extensions.joomla.org/category/migration-a-conversion*). Viele dieser Erweiterungen sind jedoch kostenpflichtig und eignen sich meist nur für ganz bestimmte Joomla!-Versionen. Da sich zudem das Angebot auch noch relativ schnell ändert, kann an dieser Stelle keine konkrete Empfehlung gegeben werden. Probieren Sie am besten in einer Testumgebung verschiedene Erweiterungen aus und wählen Sie dann die für Ihre Website besonders gut geeignete.

Wie dann die Aktualisierung im Einzelnen abläuft, hängt ebenfalls von der Erweiterung ab. In der Regel müssen Sie alle Beiträge mit der Erweiterung in eine Datei exportieren, dann die alte Joomla!-Installation löschen, die aktuelle Joomla!-Version installieren, dort dann die Erweiterung erneut installieren und mit ihr die gesicherten Beiträge wieder importieren.

ANHANG A
TinyMCE-Editor

Der TinyMCE-Editor kommt in Joomla! immer dann zum Einsatz, wenn längere Texte eingegeben werden müssen – wie zum Beispiel beim Erstellen eines neuen Beitrags (siehe Kapitel 6, *Erste Schritte im Backend*).

Symbole in den Symbolleisten

Mit den Elementen aus der Symbol- und Menüleiste erlaubt der TinyMCE-Editor das komfortable Formatieren der Texte. Die jeweilige Bedeutung der einzelnen Symbole finden Sie in den Tabellen der beiden nachfolgenden Abschnitte. Im Wesentlichen entsprechen sie den Funktionen einer handelsüblichen Textverarbeitung.

Die standardmäßig angezeigten Symbole

Standardmäßig bietet der TinyMCE-Editor die Symbole aus der folgenden Tabelle an.

Tabelle A-1: Die Symbole des TinyMCE-Editors im standardmäßig verwendeten Modus Erweitert.

Symbol	Bedeutung	Entspricht Menüpunkt
B	Formatiert den Text fett.	*Format → Fett*
I	Formatiert den Text kursiv (Schrägschrift).	*Format → Kursiv*
U	Unterstreicht den Text.	*Format → Unterstrichen*
S	Streicht den Text durch.	*Format → Durchgestrichen*
≡	Richtet den Text linksbündig aus.	*Format → Formate → Ausrichtung → Linksbündig*

Tabelle A-1: Die Symbole des TinyMCE-Editors im standardmäßig verwendeten Modus Erweitert. *(Fortsetzung)*

Symbol	Bedeutung	Entspricht Menüpunkt
	Richtet den Text zentriert aus.	*Format → Formate → Ausrichtung → Zentriert*
	Richtet den Text rechtsbündig aus.	*Format → Formate → Ausrichtung → Rechtsbündig*
	Blocksatz.	*Format → Formate → Ausrichtung → Blocksatz*
Absatz	Wählt ein vordefiniertes Format, wie zum Beispiel eine (Zwischen-)Überschrift. Dahinter stecken die entsprechenden HTML-Befehle: Der *Absatz* fasst beispielsweise den Text in `<p>`-Tags ein, *Überschrift 2* entspricht einer `<h2>`-Überschrift. Weitere Informationen hierzu finden Sie in Kapitel 16, *Ein eigenes Template entwickeln*, und unter *http://de.selfhtml.org*.	*Format → Formate → Überschriften* und *Format → Formate → Absatzformate*
	Erstellt eine (nicht nummerierte) Aufzählung.	
	Erstellt eine nummerierte Liste.	
	Nimmt eine Einrückung zurück (Ausrückung).	
	Rückt den Text um einen Schritt nach rechts ein.	
	Nimmt die letzte Aktion zurück.	*Bearbeiten → Rückgängig*
	Wiederholen; führt die zuletzt zurückgenommene Aktion wieder aus.	*Bearbeiten → Wiederholen*
	Verwandelt den gerade markierten Text in einen Link.	*Einfügen → Link einfügen/bearbeiten*
	Wandelt einen Link wieder in normalen Text um.	

Tabelle A-1: Die Symbole des TinyMCE-Editors im standardmäßig verwendeten Modus Erweitert. *(Fortsetzung)*

Symbol	Bedeutung	Entspricht Menüpunkt
< >	Zeigt den Text als HTML-Quellcode an (also so, wie er in der Datenbank landet). Im dazu neu geöffneten Fenster darf man selbst in diesen Code eingreifen und so beispielsweise HTML-Befehle einfügen, die der TinyMCE-Editor nicht kennt.	*Werkzeuge* → *Quelltext*
—	Fügt eine waagerechte Linie ein.	*Einfügen* → *Horizontale Linie*
▦ ▾	Öffnet ein Menü, über das sich eine Tabelle erstellen oder eine vorhandene ändern lässt.	*Tabelle*
X_2	Tiefgestelltes Zeichen.	*Format* → *Tiefgestellt* oder *Format* → *Formate* → *Zeichenformate* → *Tiefgestellt*
X^2	Hochgestelltes Zeichen.	*Format* → *Hochgestellt* oder *Format* → *Formate* → *Zeichenformate* → *Hochgestellt*
Ω	Fügt ein benutzerdefiniertes Zeichen ein, wie etwa griechische Buchstaben oder das Copyright-Zeichen.	*Einfügen* → *Sonderzeichen*
Modul	Fügt ein Modul in den Text ein.	
Beitrag	Fügt einen Link auf einen anderen Beitrag ein.	
Bild	Fügt ein Bild in den Text ein.	
Seitenumbruch	Erzwingt einen Seitenumbruch.	
Weiterlesen	Trennt die Einleitung vom Haupttext ab und erzeugt gleichzeitig einen passenden *Weiterlesen*-Link.	

Die Symbole im kompletten Modus

Sie können den TinyMCE-Editor auch noch in einen sogenannten kompletten Modus versetzen, in dem er weitere Funktionen anbietet. Dazu rufen Sie *Erweiterungen* → *Plugins* auf, klicken *Editor – TinyMCE* an, setzen im Register *Plugin* die *Funktionalität* auf *Komplett* und *Speichern & Schließen* die Änderungen. Die folgende Tabelle präsentiert die dann komplette Funktionspalette.

Tabelle A-2: Die Symbole des TinyMCE-Editors im Modus Komplett.

Symbol	Bedeutung	Entspricht Menüpunkt
B	Formatiert den Text fett.	*Format → Fett*
I	Formatiert den Text kursiv (Schrägschrift).	*Format → Kursiv*
U	Unterstreicht den Text.	*Format → Unterstrichen*
S	Streicht den Text durch.	*Format → Durchgestrichen*
≡	Richtet den Text linksbündig aus.	*Format → Formate → Ausrichtung → Linksbündig*
≡	Richtet den Text zentriert aus.	*Format → Formate → Ausrichtung → Zentriert*
≡	Richtet den Text rechtsbündig aus.	*Format → Formate → Ausrichtung → Rechtsbündig*
≡	Blocksatz.	*Format → Formate → Ausrichtung → Blocksatz*
Formate ▼	Öffnet ein Untermenü, das verschiedene Absatz- und Zeichenformate anbietet.	*Format → Formate*
Absatz ▼	Wählt ein vordefiniertes Format, wie zum Beispiel eine (Zwischen-)Überschrift. Dahinter stecken die entsprechenden HTML-Befehle: Der *Absatz* fasst beispielsweise den Text in <p>-Tags ein, *Überschrift 2* entspricht einer <h2>-Überschrift. Weitere Informationen hierzu finden Sie in Kapitel 16, *Ein eigenes Template entwickeln*, und unter *http://de.selfhtml.org*.	*Format → Formate → Überschriften* und *Format → Formate → Absatzformate*
Schriftart ▼	Schriftart.	
Schriftgröße ▼	Schriftgröße.	
🔍	Suchen & Ersetzen (sucht im Text nach einem Wort und ersetzt es bei Bedarf durch ein anderes).	*Bearbeiten → Suchen und ersetzen*
≔	Erstellt eine (nicht nummerierte) Aufzählung.	

Tabelle A-2: Die Symbole des TinyMCE-Editors im Modus Komplett. *(Fortsetzung)*

Symbol	Bedeutung	Entspricht Menüpunkt
	Erstellt eine nummerierte Liste.	
	Nimmt eine Einrückung zurück (Ausrückung).	
	Rückt den Text um einen Schritt nach rechts ein.	
	Nimmt die letzte Aktion zurück.	*Bearbeiten → Rückgängig*
	Wiederherstellen; führt die zuletzt zurückgenommene Aktion wieder aus.	*Bearbeiten → Wiederholen*
	Verwandelt den gerade markierten Text in einen Link.	*Einfügen → Link einfügen/bearbeiten*
	Wandelt einen Link wieder in normalen Text um.	
	Fügt eine Textmarke beziehungsweise einen Ankerpunkt ein. (Weitere Informationen zum Konzept der Ankerpunkte finden Sie beispielsweise unter *https://wiki.selfhtml.org/wiki/HTML/Textauszeichnung/a/Seiteninterne_Verweise*.)	*Einfügen → Textmarke*
	Fügt ein Bild ein.	*Einfügen → Bild einfügen/bearbeiten*
	Zeigt den Text als HTML-Quellcode an (also so, wie er in der Datenbank landet). Im dazu neu geöffneten Fenster darf man selbst in diesen Code eingreifen und so beispielsweise HTML-Befehle einfügen, die der TinyMCE-Editor nicht kennt.	*Werkzeuge → Quelltext*
	Ändert die Textfarbe.	
	Ändert die Hintergrundfarbe des Texts. (Auf diese Weise kann man beispielsweise einen Text gelb hinterlegen und ihn so wie mit einem Textmarker hervorheben.)	
	Schaltet den Editor in einen Vollbildmodus.	*Ansicht → Vollbild*

Tabelle A-2: Die Symbole des TinyMCE-Editors im Modus Komplett. *(Fortsetzung)*

Symbol	Bedeutung	Entspricht Menüpunkt
▦ ▾	Öffnet ein Menü, über das sich eine Tabelle erstellen oder eine vorhandene ändern lässt.	*Tabelle*
X_2	Tiefergestelltes Zeichen.	*Format → Tiefgestellt* oder *Format → Formate → Zeichenformate → Tiefgestellt*
X^2	Hochgestelltes Zeichen.	*Format → Hochgestellt* oder *Format → Formate → Zeichenformate → Hochgestellt*
Ω	Fügt ein Sonderzeichen ein, wie etwa griechische Buchstaben oder das Copyright-Zeichen.	*Einfügen → Sonderzeichen*
☺	Fügt ein Smiley beziehungsweise ein sogenanntes Emoticon ein.	
▶	Bettet ein Video in den Text ein.	*Einfügen → Video einfügen/bearbeiten*
—	Fügt eine waagerechte Linie ein.	*Einfügen → Horizontale Linie*
▸¶	Die Schreibrichtung verläuft von links nach rechts.	
¶◂	Die Schreibrichtung verläuft von rechts nach links.	
✂	Schneidet den gerade markierten Text aus.	*Bearbeiten → Ausschneiden*
🗐	Kopiert den gerade markierten Text in die Zwischenablage.	*Bearbeiten → Kopieren*
📋	Fügt den Text aus der Zwischenablage ein.	*Bearbeiten → Einfügen*
¶	Blendet unsichtbare Zeichen (wie Zeilenumbrüche) ein und aus.	*Ansicht → Unsichtbare Zeichen anzeigen*
¶	Blendet die sogenannten HTML-Blockelemente ein und aus.	*Ansicht → Blöcke anzeigen*

Tabelle A-2: Die Symbole des TinyMCE-Editors im Modus Komplett. *(Fortsetzung)*

Symbol	Bedeutung	Entspricht Menüpunkt
	Fügt ein Leerzeichen ein, an dem kein Zeilenumbruch stattfindet („geschütztes Leerzeichen").	*Einfügen → Geschütztes Leerzeichen*
66	Macht aus dem gerade markierten Text ein Zitat, das eingerückt erscheint. (Dabei kommt das HTML-Element `blockquote` zum Einsatz.)	*Format → Formate → Absatzformate → Zitat*
	Fügt eine fertige (Text-)Vorlage ein.	*Einfügen → Vorlage einfügen*
	Druckt den Text aus.	*Datei → Drucken*
	Öffnet ein Fenster mit einer Vorschau, die allerdings nicht exakt der Darstellung im Frontend entspricht.	*Ansicht → Vorschau*
{;}	Programmierer können hierüber formatierten Quellcode in den Text einfügen.	
Modul	Fügt ein Modul in den Text ein.	
Beitrag	Fügt einen Link auf einen anderen Beitrag ein.	
Bild	Fügt ein Bild in den Text ein.	
Seitenumbruch	Erzwingt einen Seitenumbruch.	
Weiterlesen	Trennt die Einleitung vom Haupttext ab und erzeugt gleichzeitig einen passenden *Weiterlesen*-Link.	

Tabellen erstellen und ändern

Die Bedienung des TinyMCE-Editors ist weitgehend selbsterklärend und funktioniert wie in einem herkömmlichen Textverarbeitungsprogramm. Eine Ausnahme bildet das Erstellen von Tabellen, das etwas fummelig geraten ist und eine etwas ausführlichere Vorstellung erzwingt.

Tabellen anlegen

Um eine neue Tabelle zu erstellen, fahren Sie zunächst im Text an die Stelle, an der später die Tabelle erscheinen soll. Klicken Sie dann entweder auf das Tabellensymbol in der Symbolleiste oder rufen Sie den Menüpunkt *Tabelle* auf. Fahren Sie über den Eintrag *Tabelle einfügen*. Es klappt jetzt wie in Abbildung A-1 eine Art Gitter aus. Wenn Sie mit dem Mauszeiger darüber fahren, ziehen Sie automatisch mehrere blaue Kästchen auf. Diese repräsentieren die Größe der zu erzeugenden Tabelle. Stellen Sie durch Verschieben der Maus die gewünschte Abmessung der Tabelle ein und drücken Sie dann die linke Maustaste.

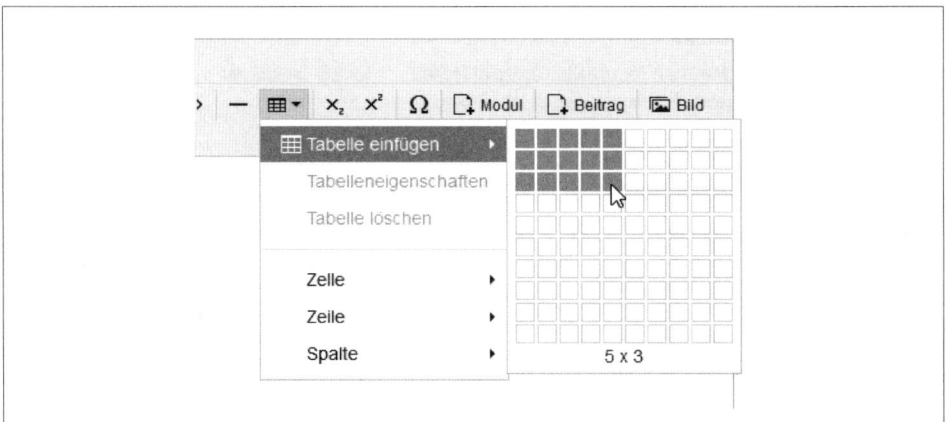

Abbildung A-1: In diesem Fall würde der TinyMCE-Editor eine Tabelle mit drei Zeilen und fünf Spalten anlegen.

Der TinyMCE-Editor erstellt jetzt eine passende Tabelle, die wie in Abbildung A-2 erscheint. Die Tabelle selbst ist dabei auf den kleinstmöglichen Platz geschrumpft. Unter ihr erscheint eine Symbolleiste, in der Sie häufig benötigte Funktionen abrufen können. Wenn Sie mit der Maus über die Symbole fahren, verraten Sprechblasen die entsprechende Funktion.

Abbildung A-2: Die Tabelle erscheint zunächst etwas gequetscht.

Tabellengröße ändern

Um die Tabelle herum befinden sich vier weiße Kästchen. Über diese können Sie die Tabelle in ihrer Größe verändern: Fahren Sie mit der Maus auf eines der Kästchen. Sobald sich der Mauszeiger in einen Doppelpfeil verwandelt, halten Sie die linke Maustaste gedrückt. Ziehen Sie dann die Tabelle auf die gewünschte Größe auf.

Wenn Sie die Abmessungen der Tabelle exakt vorgeben möchten, rufen Sie *Tabelle → Tabelleneigenschaften* auf. Mithilfe der entsprechenden Eingabefelder können Sie jetzt die *Breite* und *Höhe* der Tabelle in Pixeln bestimmen. Im dabei erscheinenden Fenster dürfen Sie auch noch den Abstand um jede Zelle herum (*Zellenabstand*) und den Abstand vom Text zum Zellenrand (*Zelleninnenabstand*) vorgeben. Des Weiteren lässt sich die Dicke des Rahmens festlegen. Sofern das Feld *Rahmen* leer bleibt, gibt es um die Tabelle keinen Rahmen (das Template kann jedoch um Tabellen selbst einen Rahmen ziehen). Wenn Sie *Beschriftung* anklicken, erstellt der TinyMCE-Editor wie in Abbildung A-3 über der Tabelle ein weiteres Feld. Darin können Sie der Tabelle eine Überschrift verpassen. Die *Ausrichtung* schließlich legt fest, wie der Beitragstext später auf der Webseite die Tabelle umfließt.

Tipp Im Register *Erweitert* dürfen Sie dem Rahmen und dem Hintergrund der Tabelle noch eine Farbe zuweisen. Die Farbgestaltung und Formatierung der Tabelle ist jedoch Aufgabe des Templates. Am besten ignorieren Sie daher das Register *Erweitert*.

Über *Tabelle → Zeile* und *Tabelle → Spalte* können Sie jederzeit einzelne Zeilen und Spalten löschen oder umgekehrt weitere nachträglich hinzufügen.

Abbildung A-3:   Die teilweise ausgefüllte Tabelle mit der Überschrift Trainingsplan.

Einzelne Zellen anpassen

Um eine der Zellen mit Inhalt zu füllen, klicken Sie einfach in sie hinein und schreiben drauflos. Wenn Sie mit der Maus in der Tabelle zwischen zwei Spalten oder Zeilen fahren, verwandelt sich der Mauszeiger wieder in einen Doppelpfeil. Halten Sie jetzt die linke Maustaste gedrückt, können Sie die Größe der beiden Spalten beziehungsweise Zeilen verändern.

Wenn Sie die Eingabemarke in der Zelle platzieren (etwa indem Sie in die Zelle klicken) und dann *Tabelle → Zelle → Zelleneigenschaften* aufrufen, erscheint das Fenster aus Abbildung A-4.

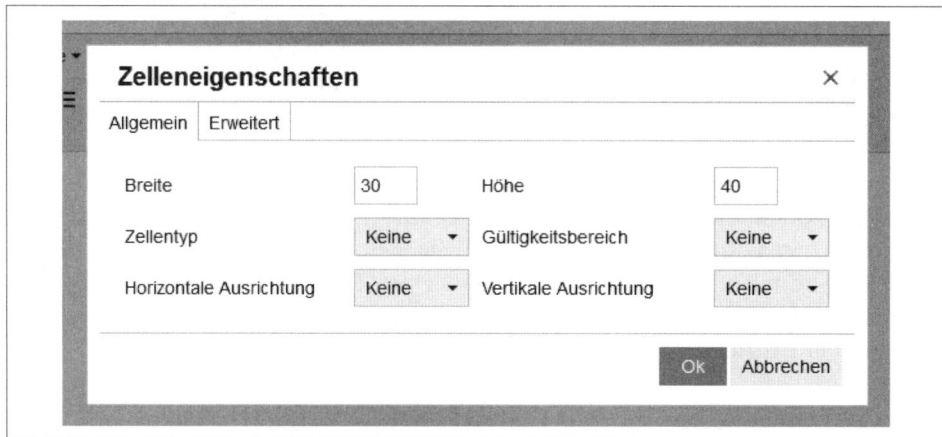

Abbildung A-4: In diesem Fenster können Sie die Eigenschaften einer Tabellenzelle ändern.

Hier können Sie zunächst die *Breite* und *Höhe* der Zelle in Pixeln exakt vorgeben. Standardmäßig erscheint der Text immer in der Mitte der Zelle. Sie können ihn aber auch in der Ausklappliste *Horizontale Ausrichtung* an den linken oder rechten Rand pressen lassen. Analog setzen Sie ihn mit der Ausklappliste *Vertikale Ausrichtung* an den oberen beziehungsweise unteren Zellenrand. Wenn Sie den *Zellentyp* auf *Kopfzeile* setzen, verwandelt sich die Zelle in eine entsprechend hervorgehobene Spaltenbeschriftung.

 **Tipp** Auf dem Register *Erweitert* können Sie dem Rahmen und dem Hintergrund noch eine Farbe zuweisen. Auch hier gilt jedoch wieder: Die Farbgestaltung und Formatierung der Tabelle ist Aufgabe des Templates. Am besten ignorieren Sie daher das Register *Erweitert*.

Sie dürfen auch zwei Zellen zu einer verschmelzen. Dazu klicken Sie in eine der beiden Zellen, halten die linke Maustaste gedrückt, fahren mit der Maus über die andere Zelle und lassen die Maustaste wieder los. Beide Zellen sollten jetzt markiert erscheinen. Rufen Sie dann *Tabelle → Zelle → Zellen verbinden* auf. Eine einzelne Zelle spalten Sie in zwei auf, indem Sie in die Zelle klicken und dann *Tabelle → Zellen → Zelle aufteilen* wählen.

Tabellen umpositionieren und löschen

Die Tabelle bleibt immer fest an der Stelle, an der Sie sie eingefügt haben. Sie können sie aber wie ein Zeichen ausschneiden und an einer anderen Position wieder einfügen. Wenn Sie die Tabelle komplett loswerden wollen, klicken Sie in eine ihrer Zellen und rufen dann *Tabelle → Tabelle löschen* auf.

Index

A
<a> 675
Abbrechen 131
Abmeldung 523, 531
Access Control Lists 518
Access Levels 503
ACLs 518
Admin(-Bereich) 87
Administration 87
[administration] 883
Administration Modules 356
Administrationsbereich 87
Administrationsoberfläche 87
Administrator 87
   Benutzername 49
   Passwort 49
Administrator-Module 356
Administratoroberfläche 87
Administrator-Schnittstelle 880
Akeeba Backup 922
   Akeeba Kickstart Core 931
   Backups
      erstellen 924
      herunterladen 926
      verwalten 926
      wiederherstellen 928
   Datensicherung 924
   Einrichtung 922
   Installation 922
   JPA-Format 923
   Wiederherstellung 928
      einer zerstörten Joomla!-Installation 931
      über das Backend 928
   ZIP-Format 923

Aktualisierung 941
   Aktualisierungsquellen 948
   E-Mail-Benachrichtigung 620
   Erweiterungen 947
   Sprachpakete 947
   von alter Joomla!-Version 953
   von Joomla! 2.5 951
Alle Kategorien auflisten (Menüeintragstyp) 180
Alle Kontaktkategorien auflisten (Menüeintragstyp) 304
Alle Newsfeed-Kategorien auflisten (Menüeintragstyp) 326, 330
Alte Datenbanktabellen 53–54
Angemeldet bleiben 590
   Login Form 613
Anmeldeformular 523
Anmeldung 522
   Google Authenticator 528
   Zwei-Faktor-Authentifizierung 527
Apache 16
Archiv 219
Archivierte Beiträge (Menüeintragstyp) 220
Articles 113
<aside> 661
Associated Menu Items 816
Assoziierte Menüpunkte 816
ATOM 401
Aufmacher 149
Ausklapplisten, Probleme mit 133
Authentication-Plug-ins 590
[author] 882
<author> 685
[authorEmail] 883
<authorEmail> 686

[authorUrl] 883
<authorUrl> 686
Autor 145

B

Backend 87
   angemeldete Benutzer 94
   Anmeldung 87
   Hauptmenü 89
   Hilfe 108
   Kontrollzentrum 91
   Listen 96
   Logged-in Users 94
   Papierkorb 104
   Recently Added Articles 94
   Statusleiste 89–90
   Suchfunktion 99
   Suchwerkzeuge 99
   Tabellen 96
   Werkzeugleiste 104
   zuletzt hinzugefügte Beiträge 94
Backup 921
   Akeeba Backup 922
   mit Bordmitteln 932
Banner 264
Bannerwerbung 264
<base> 663
Baukastenanwendung 3
Bauplan 86
Bearbeitungsbildschirm
   Beiträge 136
   Kategorien 122
   Menüpunkt 178
Beez3 633
Beispieldaten installieren 57
Beispielseiten 82
   aufrufen 66
   Breadcrumb-Leiste 84
Beiträge 83, 113
   Alias 137–138
   anlegen 135
   archivieren 219
   aus dem Archiv holen 224
   bearbeitet von 146
   Bearbeitungsdatum 146
   Beitragsbilder 160
   Berechtigungen 142
   Bilder einbauen 154
   Darstellung anpassen 169
   Einleitungsbilder 160
   einreichen 544
   erstellen 136
   Erstellungsdatum 169
   Externe Referenz 144
   freischalten 544, 547
   gliedern 149
   Haupteintrag 142
   Inhalt 138
   Inhaltsrechte 144
   Inhaltsverzeichnis 152
   in Menü einbinden 204
   Kategorie wählen 140
   Key Reference 144
   kopieren 175
   Links auf Internetseiten 165
   Menüpunkte 177
   Meta-Beschreibung 143
   Metadaten 142
   Meta-Schlüsselwörter 143
   Module integrieren 420
   Querverweise 163
   Schlagwörter 147
   Schlüsselreferenz 144
   Seitentitel 152
   Seitenumbruch 151
   Sichtbarkeit 509
   speichern 146
   Status ändern 140
   Suchwerkzeuge 135
   Text eingeben 138
   Titel 137
   übersetzen 799
   umsortieren 174
   veröffentlichen 140
   Veröffentlichung beenden 168
   Veröffentlichung starten 168
   Versionshinweis 140, 142
   verstecken 140
   verwalten 135
   Verweise auf andere Beiträge 163
   Weiterlesen 150
   zeitgesteuert freischalten 168
   Zugriffe 146
   Zugriffsebene 142
Beitragsbilder 160
Benutzer 486
   abmelden 488, 503, 531
   Abmeldung 523
   Anmeldung 523
   aus Benutzergruppe entfernen 503
   Beiträge
      bearbeiten 546

einreichen 544
    freischalten 544, 547
    schreiben 544
Beitragsformular 487
Benutzernamen 486, 497
Benutzerprofil (Register) 630
    einer anderen Benutzergruppe hinzu-
        fügen 502
    Frontend 486
    Gruppen 489
    Gruppen zuweisen 499
    Hinweise 550
    in andere Benutzergruppe verschieben
        502
    Kontaktformular 284
    Konto 486
    Passwort 486, 498
    Profil 486, 540
    Profile (Plug-in) 628
    Registrierung 533
    Registrierungsformular 534
    vergessener Benutzername 531
    vergessenes Passwort 531
    verwalten 495
    Visitenkarte 285
    YubiKey 528
    Zugewiesene Gruppen 499
    Zwei-Faktor-Authentifizierung 527
Benutzergruppen
    Administrator 491
    Author 491
    Editor 491
    Guest 491
    Manager 491
    Public 491
    Publisher 491
    Registered 491
    Super Users 492
    Textfilter 522
Benutzerhinweise 550
    anlegen 552
    verwalten 554
Benutzerkonten 86
    aktivieren 536
    anlegen 497
    Benutzerhinweise 550
Benutzername 49, 86, 486, 497
    vergessener 531
Benutzerprofil 539
    anzeigen 540
    bearbeiten 541

Berechtigungen 142, 513
    Access Control Lists 518
    ACL & Optionen konfigurieren 516
    ACLs 518
    Administrationszugriff 514, 516
    Administratoranmeldung 514
    anpassen 513
    bearbeiten 515–517
    Bericht 569
    Blacklist 522
    Eigene Inhalte bearbeiten 515–517
    erstellen 514, 516–517
    HTML verbieten 522
    löschen 514, 516–517
    Nur Optionen konfigurieren 516
    Offlinezugang 514
    Permission Hierarchy 519
    Permissions 518
    Rechte-Hierarchie 519
    Seitenanmeldung 514
    Status bearbeiten 515–517
    Super Benutzer 514
    Textfilter 521
    vererben 515
    Vererbungslehre 518
    Whitelist 522
Berechtigungsbericht 569
Bildbeschriftung 156
Bilder
    Ausrichtung 156
    Beitragsbild 161
    Beschreibung 156
    Bildbeschriftung 156
    Bildtitel 156
    Caption-Klasse 156
    einbinden 258
    Einleitungsbild 161
    Einstellungen ändern 159
    Größe ändern 158
    in Beiträge einbauen 154
    löschen 159
    skalieren 706
    Suchmaschinenoptimierung 905
    umplatzieren 159
    Vorschau 252
Bildergalerie 113
Bildtitel 156
Bildunterschrift 156
Bildverzeichnisse 255
BitNami 21
Blacklist 522

\<body\> 658
Bootstrap 774
Bootstrap-Größe 779
\<br\> 657
Branches 342
Breadcrumb-Leiste 368
Breadcrumbs 402
Brotkrumennavigation 402

C

Cache 571, 623
Captcha-Plug-ins 594
Captchas 538, 566, 594
Caption-Klasse 156
Cascading Style Sheets 698
   @media 734
   @viewport 750
   float 740, 742
   Fluid Layouts 746
   focus 751
   Hauptmenü aufbereiten 739
   Layout für den Desktop 733
   Media-Features 735
   Media-Queries 734
   Medientypen 736
   position 741
   responsive Images 751
   Seitenbreite begrenzen 746
   Seitenleiste 744
   Verbesserungspotenzial 750
   Viewports 748
Categories 114
class 713
Cloaking 596
CMS 4
com_banners 868
com_content 868
components, Verzeichnis 868
configuration.php 65, 561, 581, 938
Contacts 285
Content-Management-System 4
   Funktionsweise 5
   serverseitig 5
Content Maps 342
Controller 875
Control Panel 91
Cookies 301, 574, 590, 613
[copyright] 883
\<copyright\> 686
Core-Komponenten 833
[creationDate] 882

\<creationDate\> 685
CSS 698
   @media 734
   @viewport 750
   active 711
   background 718
   Bilder skalieren 706
   border 705
   class 713
   color 710
   Crashkurs 698
   display 718
   Eigenschaft 699
   Eigenschaftsdeklaration 699
   em 709
   Farbwahl 711
   float 740, 742
   Fluid Layouts 746
   focus 751
   font-family 699
   font-size 699
   Hauptmenü aufbereiten 739
   height 707
   hover 710
   Innenabstand 705
   Klassennamen 714
   Layout für den Desktop 733
   Links formatieren 710
   list-style 718
   margin 705
   margin-top 718
   max-width 707
   Media-Features 735
   Media-Queries 734
   Medientypen 736
   Menü formatieren 715
   padding 705
   padding-left 719
   position 741
   Pseudoklasse 710
   rem 709
   Reset 705
   responsive Images 751
   sans-serif 699
   Schriftgrößen 707
   Seitenbreite begrenzen 746
   Seitenleiste 744
   text-decoration 710, 718
   Verbesserungspotenzial 750
   Viewports 748
CSS-Reset 704

CSS-Style für Link 758
cURL 592
custom.css 781

D

Dateien
   filtern 256
   hochladen 54
   überprüfen 257
Dateitypen überprüfen 257
Datenbank 5, 17, 51
   Alte Datenbanktabellen 53–54
   alte Tabellen 53
   Fehlermeldungen 940
   localhost 51
   MariaDB 18
   MySQL 934
   MySQL (PDO) 51
   MySQLi 51
   phpMyAdmin 933
   Präfix 872
   Servername 51
   Tabellen löschen 53
   Tabellenpräfix 53
   Zugangsdaten 51
Datenbankabfragen 615
Datenbanktyp 51
Datensicherung 921
<dd> 723
Debug 614
[description] 883
<description> 686
Design 633
Designs, verschiedene auf einer Seite 645
<div> 660
<dl> 723
DOCTYPE 658
DocumentRoot 44
Dokumente hochladen 255
Drupal 5
<dt> 723
Dynamisch erzeugte Seiten 6

E

Editor 566
   CodeMirror 600
   Keine 603
Editor-Plug-ins 600
Editors-xtd-Plug-ins 609
Eindeutige ID 621
Einleitung, Aufmacher 149

Einleitungsbilder 160
Einsprungspunkt 877
Eintragsversionsverlauf 246
Einzelner Beitrag (Menüeintragstyp) 204
Einzelner Kontakt (Menüeintragstyp) 310
Einzelner Newsfeed (Menüeintragstyp) 326, 331
Einzel- und Mehrspalten-Layout 446
em 709
E-Mail-Einstellungen 578
E-Mail-Verschleierung 595
Entry Point 877
error.php 614
Erscheinungsbild 633
Erstellungsdatum 168
Erweiterungen 831
   aktivieren 840
   aktualisieren 947
   Bildergalerie 856
   deaktivieren 840
   deinstallieren 840
   erstellen 867
   Events 847
   Gefahren 843
   geschützte 841
   installieren 834
      als Pakete 838
      über das JED 835
   JComments 861
   JED 833, 835
   JEvents 847
   Joomla! Extensions Directory 833, 835
   Kalender 847
   Kommentare 861
   Komponente 832
   Module 833
   Official Extensions 834
   offizielle Erweiterungen 834
   Phoca Gallery 856
   Probleme 843
   Suchmaschinenoptimierung 919
   verwalten 840
   Warnungen 842
   Wartungsfunktionen 842
   Webkatalog 835
   Weblinks 844
Erweiterungspaket 263
Event Calendar 847
[extension] 882
Extension-Plug-ins 610
Externe Referenz 144

F

Featured Articles 207
Featured Contacts 313
Fehlerprotokolle 562
Fehlerseite, error.php 680
Fehlersuche 568
Fileinfo 257
[filename] 883
<filename> 686
[files] 883
<files> 686
File Transfer Protocol 54–55
FileZilla 47
Filmtoaster 14
Filmtoaster-Seiten, Gliederung 118
Finder-Plug-ins 610
float 742
Fluid Layouts 746
focus 751
[folder] 883
<folder> 686
<footer> 660
Frontend 82
Front Page 82
Frontpage 14
FTP 47
FTP-Einstellungen 577
FTP-Konfiguration 54
Full Package 42
Funktionsumfang erweitern 831

G

Gesperrt, Inhalte 106
Gliederung von Inhalten 116
Globale Einstellung 217
GNU General Public License XIII, 7
Google Authenticator 528
Google Gmail 592
Google Mail 592
GPL XIII
Grundeinstellungen 561
    Beiträge 217
    Bildverzeichnisse ändern 254
    Cookies 574
    Datenbank 576
    Debuggen 568
    E-Mail-Versand 578
    Frontend 562
    FTP 577
    im Frontend ändern 580
    Medien 256

    Medienverwaltung 254
    Proxy 580
    Sitzung 574
    Suche 333
    System 562
    Webserver 575
    Zeitzone 577

H

<h1> 657
<h2> 657
Hauptbeiträge 207
Haupteinträge 207, 294
Haupteinträge (Menüeintragstyp) 209
Hauptkonfiguration 48
Hauptkontakte (Menüeintragstyp) 314
<head> 658
Header-Klasse 754
Header-Tag 754
Hilfen 107
Hilfeserver 562
Hinweiskategorien 550
Home 82
Homepage 14, 82
    Aufbau 116
    Design 633
htdocs 44
HTML
    <a> 675
    <aside> 661
    <base> 663
    <body> 658

 657
    <dd> 723
    <div> 660
    <dl> 723
    <dt> 723
    <footer> 660
    <h1> 657
    <h2> 657
    <head> 658
    <html> 658, 663–664
    <img> 657
    <jdoc
        include> 668
    <label> 713
    <li> 683, 717
    <link> 663
    <meta> 663
    <nav> 661
    <p> 657

<title> 658, 663
<ul> 683, 717
   Attribute 658
   class 713
   Crashkurs 656
   End-Tag 657
   Grundgerüst 658
   HTML5 658
   Klassennamen 714
   Kommentar 661
   Kopf 658
   Körper 658
   Start-Tag 657
   Tags 656
   Zeichenkodierung 659
<html> 658, 663–664
HTTPS 456

I

Iframe-Wrapper 476
images, Verzeichnis 251
<img> 657
Impressum 118
   mit Kontaktformular 302
index.php 653, 659
Indexierung 338
Informationsdatei
   für Komponenten 881
   für Module 891
Inhalte
   archivieren 219
   Blog 118
   freigeben 106
   freischalten 105
   gesperrte 103
   gliedern 116
   Identifikationsnummern 103
   löschen 105
   Menüpunkte 177
   Sortierreihenfolge 100
   Suchmaschinenoptimierung 904–905
   veröffentlichen 105
   versteckte 215
   Zugriff regeln 503
Inhaltsgruppen 341
Inhaltssprachen 795
Inhaltsverzeichnis 152
.ini-Dateien 825
install.xml 828
Installation 41
   Abschluss 63

   Ausführungszeit erhöhen 63
   Datenbank 51
   Installationsprüfung 61
   Installationsverzeichnis löschen 62
   Konfiguration 48
Installationspaket 42
Installationsverzeichnis löschen 63
Installer-Plug-ins 611
Internetauftritt, mehrsprachiger 794
Internet Media Type 257
Intro 149
Item Associations 816

J

JComments 861
JControllerLegacy
   execute() 877
   redirect() 878
JDatabase
   loadObjectList() 872
   loadResult() 872
JDatabaseQuery 872
   from() 872
   getQuery() 872
   select() 872
   setQuery() 872
jdoc
   include 663, 665, 668, 674
<jdoc:include> 663, 665, 668, 674
JDocumentHTML 664
JED 833, 835
JEvents
   Benutzerseite 856
   Ereignisse 849
   Events 849
   Grundeinstellungen 847
   Kategorien 848
   Menüpunkt anlegen 853
   Termine 849
JFactory 871
   getDbo() 871
JModuleHelper 894
   getLayoutPath() 894
Joomla! XIII
   abmelden 74
   aktuell halten 941–942
   anmelden 67
   Arbeitsweisen 81
   auf anderen Server verschieben 935
   aufrufen 48
   Aussprache 7

Backup 921
Datensicherung 921
einrichten 561
Einsatzbereiche 4
entpacken 30, 44
erweitern 831
Erweiterungspakete 831
Full Package 42
Funktionsweise 5
Geschichte 6
Grundeinstellungen 561
Hauptkonfiguration 48
Hilfen 107
Installation 33, 41
konfigurieren 561
Leistungsumfang erweitern 831
mehrsprachig 794
Migration 941
Schnellinstallation 19
Sicherheitsaktualisierungen 942
Sprache wechseln 791
Systeminformationen 581
Terminologie 81
Upgrade Package 42
Versionen 6
Versionsnummern 6
Voraussetzungen 16
Vorteile 4
Wiederherstellung 921
Wortbedeutung 8
Joomla!-Debug-Konsole 569
Joomla! Extensions Directory 833, 835
JPlugin 895
JText 888
 _() 888
JURI
 Templates
  base() 677
  root() 677
JViewLegacy
 display() 874

K

Kalender 847
Kategorieblog (Menüeintragstyp) 196
Kategorieliste (Menüeintragstyp) 186
Kategorien 114
 Alias 123
 Basisoptionen 129
 Berechtigungen 125
 Beschreibung 123
 Bild zuordnen 129
 Einstellungen 122
 erstellen 122
 für Banner 268
 für Kontakte 286
 für Newsfeeds 314
 Grundeinstellungen 217
 Kategoriebild 129
 Kategorieblog 195
 kopieren 134
 Layout ändern 129
 Menüpunkte 177
 Meta-Beschreibung 128
 Meta-Informationen 128
 Meta-Schlüsselwörter 128
 Papierkorb 124
 Schlagwörter 125
 speichern 131
 Stapelverarbeitung 133–134
 Status 124
 Tags 125
 veröffentlicht 124
 Veröffentlichung (Register) 127
 Verschachtelung ändern 132
 verschieben 132
 versteckt 124
 verwalten 121
 Vorgaben 217
 Zugriffsebene 125
Key Reference 144
Klassennamen 714
Kommentare 861
Kompaktliste der verschlagworteten Einträge
  (Menüeintragstyp) 231
Komponenten 263, 352, 832
 Banner 264
 erstellen 868
 Kontakte 284
 Model 869
 Model-View-Controller 869
 Newsfeeds 314
 Softwareentwicklung 263
 Suche 332
 Templates einbinden 665
 Werbebanner 264
 Werbung 264
Konfigurieren des Editorfensters 548
Kontakte 284
 erstellen 291
 Featured Contacts 291
 Haupteinträge 294, 313

Hauptkontakte 313
in Menü einbinden 310
Kategorien 286
Kategorien in Menü einbinden 303
Kontaktformular 300
Symbole 312
vCard 297
Kontakte in Kategorie auflisten
    (Menüeintragstyp) 304
Kontaktformular 284, 300
Kontaktkategorie 286
    Metadaten 290
    Optionen 290
    Veröffentlichungsoptionen 289
Kontrollzentrum 91
    beliebteste Beiträge 94

L

<label> 713
[language] 890
Language Constants 826
Language Manager 75
Language Overrides 821–822
Language String Overrides 819
Language Tag 792, 823
Langzeitunterstützung 8
Layout 875
LDAP 593
Legacy-Klassen 867
<li> 683, 717
[license] 883
<license> 686
Lightweight Directory Access Protocol 593
<link> 663
Links 165
    formatieren 710
    suchmaschinenfreundliche 911
    Transliteration-Verfahren 916
    Umleitungen 916
    Unicode-Zeichen 916
Liste aller Schlagwörter
    (Menüeintragstyp) 242
Listen
    filtern 99
    Sortierkriterien 100
    Suchfunktion 99
    Übersicht schaffen 98
Login Form 86
Logo 644
Logs 562

Long Term Support 8
Löschen, aus dem Papierkorb 105

M

Mambo 7
MariaDB 18
max_execution_time 62
@media 734
Media-Features 735
Media Manager 252
Media-Queries 734
    @media 734
    @viewport 750
    all 736
    and 735
    aspect-ratio 736
    Aufbau 734
    braille 736
    embossed 736
    für das Filmtoaster-Template 738
    handheld 736
    height 735
    max-height 735
    max-width 735
    Media-Features 735
    Medientypen 736
    min-height 735
    min-width 735
    orientation 735
    print 736
    projection 736
    resolution 736
    screen 735–736
    speech 736
    tty 736
    tv 736
    wählen 737
    width 735
Medien 250
    Content-Type 258
    Dateitypen überprüfen 257
    löschen 253
    Uploads blockieren 257
    Verzeichnisse 253
Medientypen 736
Medienverwaltung 252
    Mini-Ausgabe 258
    rechtliche Aspekte 259
Medienverzeichnis 251
Mehrspalten-Layout 446

Mehrsprachigkeit 785
  Beiträge übersetzen 799
  Hauptmenü 803
  Inhaltssprachen festlegen 795
  Item Associations 816
  Menüpunkte verknüpfen 815
  Plug-in 801
  Sprachauswahl 804, 808
  Sprachenfilter 802
  Sprach-Tag 797
  Startseite 803
  URL-Sprachkürzel 798
  verknüpfte Einträge 816
  vorbereiten 795
[menu] 883
Menüeintrag-Alias 473
Menüeinträge 428, 435
  abmelden 530–531
  beschriften 452
  Bild als Beschriftung 466
  Bild hinzufügen 466
  erstellen 444
  gliedern 459
  Grundeinstellungen 452
  Iframe-Wrapper 476
  in andere Menüs verschieben 439
  Integrationseinstellungen 463
  kopieren 441
  Linktyp 466
  löschen 438
  Menüeintragstyp 445
  Menütitel 452
  Metadaten 455
  Modulzuweisung 464
  Optik ändern 466
  reCAPTCHA 538
  Reihenfolge ändern 437
  RSS-Feeds 463
  Seitenanzeige 468
  Seitentitel verändern 467
  sichtbare Module 464
  Titel 452
  typabhängige Einstellungen 456
  Unterpunkte 444
  verschieben 439
  verschwunden 482
  Websitekonfiguration 580
  zum Archiv 220
  Zwischenüberschriften 475

Menüeintragstyp 180, 428, 431, 445
  abmelden 448, 531
  Alle Kategorien auflisten 180, 447
  Alle Kontaktkategorien auflisten 304, 308, 449
  Alle Newsfeed-Kategorien auflisten 326, 330, 450
  Anmeldeformular 448, 524
  anmelden (Programmierung) 878
  Archivierte Beiträge 220, 447
  Beiträge, Rubrik 447
  Beitrag erstellen 447
  Benutzer, Rubrik 448
  Benutzername erneut zusenden 448, 533
  Benutzerprofil 448, 540
  Benutzerprofil bearbeiten 448, 542
  Einzelner Beitrag 204, 447
  Einzelner Kontakt 310, 449
  Einzelner Newsfeed 331, 450
  Externe URL 451, 471
  Haupteinträge 209, 447
  Hauptkontakte 314, 449
  Iframe-Wrapper 452, 476
  Kategorieblog 196, 447
  Kategorieliste 186, 448
  Kompaktliste der verschlagworteten Einträge 231, 450
  Konfiguration, Rubrik 449
  Kontakte, Rubrik 449
  Kontakte in Kategorie auflisten 304, 450
  Liste aller Schlagwörter 242, 450
  Menüeintrag-Alias 451, 472
  Menü-Überschrift 451, 475
  Newsfeeds, Rubrik 450
  Newsfeeds in Kategorie auflisten 326, 450
  Passwort zurücksetzen 448, 532
  Registrierungsformular 448, 534
  Schlagwörter, Rubrik 450
  Suche 343, 451
  Suche, Rubrik 450
  Suchformular oder Suchergebnisse auflisten 335, 450
  Suchindex, Rubrik 451
  Systemlinks, Rubrik 451
  Template-Optionen 449
  Trennzeichen 451, 474
  Verschlagwortete Einträge 239, 450
  Websitekonfiguration 449, 580
  Wrapper, Rubrik 451
  Zwischenüberschriften 475

Menu Items 435
Menu Item Type 180
Menüklassensuffixe 756
Menüpunkte 428
   anlegen 177
   für archivierte Beiträge 220
   für Haupteinträge 209
   für Kontakte 303
   für Newsfeeds 325
   Hauptkontakte 314
   umformatieren 758
   verknüpfen (Mehrsprachigkeit) 815
Menüs 427–428
   Begriffe 428
   erstellen 431
   indirekt erreichbare Inhalte 211
   Kategorien 180
   löschen 430
   Menüeinträge 435
   Menu Items 435
   Menütyp 431
   Modul 428–429, 432
   verwalten 428
   wiederherstellen 584
   Zwischenüberschriften 475
Menü-Tag-ID 756
[message] 879
<meta> 663
Metadaten 128
   Globale 567
   Kontaktkategorie 299
   Newsfeed-Kategorien 318
   Newsfeeds 323
   Robots 128
   Suchmaschinenoptimierung 908
   Werbekunden 266
Migration 941
   von Joomla! 2.5 951
MIME Magic 257
MIME-Typ 257
Miro 7
Mobile First 654, 703
Model 870
Module 351, 833
   Archivierte Beiträge 380
   Backend 424
   banner 378
   Beiträge – Archiv 380
   Beiträge – Beliebte 380
   Beiträge – Kategorie 383
   Beiträge – Kategorien 387

   Beiträge – Neueste 388
   Beiträge – Newsflash 389
   Beiträge – Verwandte 392
   Beitragskategorien 383, 387
   Beliebte Beiträge 380
   Benutzer – Anmeldung 392
   Benutzer – Neueste 394
   Benutzer – Wer ist online 395
   Benutzerdefiniertes Modul 396
   Breadcrumbs 402
   Brotkrumennavigation 402
   Eigenschaften verändern 371
   Einstellungen 371
   erstellen 366, 890
   Feed – Anzeige 397
   Feeds – Externen Feed anzeigen 397
   Feeds – Feed erzeugen 400
   formatieren 725
   für Beiträge 380
   für eigene Texte 396
   für Menüs 401
   für Newsfeeds 397
   für Schlagwörter 403
   für spezielle Situationen 414
   für Werbebanner 378
   Fußzeile 414
   Helper-Class 893
   im Frontend bearbeiten 418
   in Beiträge einbinden 420
   in die Ausgaben eingreifen 690
   loadmodule 422
   loadposition 423
   Menüs 401, 428–429, 432, 461
   Menüzuweisung 375
   Modulklassensuffix 374
   Modultyp 366
   Navigation – Menü 401, 432
   Navigation – Navigationspfad (Breadcrumbs) 402
   Navigationspfad 402
   Neueste Beiträge 388
   Neueste Benutzer 394
      nur auf bestimmten Unterseiten anzeigen 375
   Position 357, 359
   Reihenfolge anpassen 363
   Schlagwörter – Ähnliche 405
   Schlagwörter – Beliebte 403
   Schlagwörter-Wolke 404
   Sprachauswahl 406, 808
   Statistiken 414

Suchen 408
Suchindex 411
Syndication Feeds 400
Tag-Cloud 404
Titel anzeigen 372
Typ 357
umplatzieren 358
umpositionieren
    im Frontend 363
    über das Backend 361
Unterseiten 375
verschieben 358
verschwunden 420
Verwaltung 355
Werbebanner 279
Wer ist online 395
Wrapper 415
zeitgesteuert anzeigen 372
Zufallsbild 417
zur Benutzerverwaltung 392
zur Navigation 401
zur Sprachauswahl 406
zur Suche 408
Module Chrome
    eigene Attribute 695
    erstellen 693
    Parameter 695
moduletable 727
Module Type 366
Modulklassensuffixe 755
Modultyp 366
    Archivierte Beiträge 380
    Banner 367, 378
    Beiträge – Archiv 367, 380
    Beiträge – Beliebte 367, 380
    Beiträge – Kategorie 367, 383
    Beiträge – Kategorien 367, 387
    Beiträge – Neueste 367, 388
    Beiträge – Newsflash 367, 389
    Beiträge – Verwandte 368, 392
    Beitragskategorien 383, 387
    Beliebte Beiträge 380
    Benutzer – Anmeldung 368, 392
    Benutzer – Neueste 368, 394
    Benutzer – Wer ist online 368, 395
    Benutzerdefiniertes Modul 368, 396
    Eigene Inhalte 396
    Eigene Inhalte (Leeres Modul) 368
    Feed – Anzeige 397
    Feeds – Externen Feed anzeigen 368, 397
    Feeds – Feed erzeugen 368, 400

Fußzeile 368, 414
Leeres Modul 396
Menü 401, 432
Navigation – Menü 368, 401, 432
Navigation – Navigationspfad (Breadcrumbs) 368, 402
Neueste Beiträge 388
Neueste Benutzer 394
Schlagwörter – Ähnliche 369, 405
Schlagwörter – Beliebte 369, 403
Sprachauswahl 369, 406
Statistiken 369, 414
Suchen 369, 408
Suchindex 369, 411
Syndication Feeds 368, 400
Wer ist online 395
Wrapper 369, 415
Zufallsbild 369, 417
MySQL 17, 51
    Dump 933
    mysql (Befehl) 935
    mysqldump 934
    Sicherung zurückspielen 934
MySQL (PDO) 51
MySQLi 51

N

Nachinstallationshinweise 92
Nachrichten 555
    Einstellungen 556
    Empfangene 555
    Postfach 555
    verschicken 556
Nachrichtenkanäle 314
Nachrichtensystem 555
    Einstellungen 557
    Massenmail 557
[name] 882
Name der Website 48
<nav> 661
Navigationspfad 402
Newsfeeds 314, 463
    Alle Newsfeed-Kategorien auflisten 326, 330
    einrichten 319
    Einzelner Newsfeed 326, 331
    Kategorien 314
    mit Menüpunkt verbinden 325
    Newsfeeds in Kategorie auflisten 326
    Schlagwörter verstecken 331

Newsfeeds in Kategorie auflisten
　　　(Menüeintragstyp) 326
Nginx 16
Notes 550
Nutzungsbedingungen 630

O
Onlinehilfe 108
OpenSearch 337, 410, 413
Open Source Matters 5
Optionen
　　Kategorien 217
　　Medienverwaltung 256
Overrides 821–822

P
<p> 657
P3P 622
P3P-Richtlinien 622
Papierkorb 104
Passwort 49, 86, 486, 498
　　reglementieren 542
　　vergessenes 531
　　zurücksetzen 543
Permission Hierarchy 519
Permissions 518
Phoca Gallery 856
　　Bilder hinzufügen 858
　　Installation 857
　　Kategorien 857
　　Menüpunkt anlegen 860
PHP 17, 867
　　Ausführungszeit 62
　　Einstellungen 581
　　Interpreter 17
　　php.ini 61
php.ini 62
　　display_errors 63
PHP-Mail 579
phpMyAdmin 934
Platform for Privacy Preferences 622
Platzhalter für Texte 887
Plug-ins 585, 633, 833
　　Authentication-Plug-ins 590
　　Authentifizierung – Cookies 590
　　Authentifizierung – GMail 591
　　Authentifizierung – Joomla! 590
　　Authentifizierung – LDAP 593
　　Benutzer – Joomla! 627
　　Benutzer – Kontakterstellung 627
　　Benutzer – Profile 628
　　Captcha-Plug-ins 594

Captcha – ReCaptcha 594
Content-Plug-ins 595
Editor – CodeMirror 600
Editor – Keine 603
Editors-Plug-ins 600
Editors-xtd-Plug-ins 610
Editor – TinyMCE 603
erstellen 895
Erweiterungen – Joomla! 610
Extension-Plug-ins 610
Finder-Plug-ins 610
Inhalt – Bewertung 595
Inhalt – Code Hervorhebung (GeSHi)
　　595
Inhalt – E-Mail-Verschleierung 595
Inhalt – Joomla! 596
Inhalt – Kontakt 596
Inhalt – Module laden 596
Inhalt – Modulpositionen laden 597
Inhalt – Seitennavigation 597
Inhalt – Seitenumbruch 598
Inhalt – Suchindex 600
Installer – Aus Verzeichnis installieren
　　611
Installer – Durch Hochladen installieren
　　611
Installer – Von URL installieren 611
Installer – Webkataloginstallation 836
Installer-Plug-ins 611
Quickicon-Plug-ins 612
Schaltfläche – Beiträge 610
Schaltfläche – Bild 610
Schaltfläche – Modul 610
Schaltfläche – Seitenumbruch 610
Schaltfläche – Weiterlesen 610
Search-Plug-ins 612
Sprachenfilter 802
Suche – Inhalt 612
Suche – Kategorien 612
Suche – Kontakte 612
Suche – Newsfeeds 612
Suche – Schlagwörter 612
Suchindex – Inhalt 610
Suchindex – Kategorien 610
Suchindex – Kontakte 611
Suchindex – Newsfeeds 611
Suchindex – Schlagwörter 611
System – Abmelden 613
System – Angemeldet bleiben 613
System – Benutzerprotokollierung 613

System – Cache 623
System – Debug 614
System – Highlight 619
System – Joomla!-Aktualisierungsmitteilung 620
System – Joomla!-Statistikerhebung 620
System – P3P-Richtlinien 622
System – SEF 622
System – Seitencache 623
System – Sprachenfilter 624, 802
System – Sprachkürzel 625
System – Umleitung 625–626
System-Plug-ins 613
twofactorauth 626
Typ 586
User 626
User-Plug-ins 627
Zwei-Faktor-Authentifizierung 626
Zwei-Faktor-Authentifizierung – Google Authenticator 626
Zwei-Faktor-Authentifizierung – YubiKey 626
Popular Articles 94
<position> 686
position 741
<positions> 686
Postfach 555
PostgreSQL 17
Profile 540
Programmierung
   Ablauf 884
   Controller 869
   Einsprungspunkt 877
   Informationsdatei 897
   JControllerLegacy 876
   JDatabaseDriver 871
   JFactory 871
   JModelLegacy 871
   JViewLegacy 874
   Layout 893
   Sprach-Tag 889
Protokollierung 614
Protokollverzeichnis 562
Protostar, custom.css 781
Pseudoklasse 710

Q

Quickicon-Plug-ins 612
Quick Icons 93

R

reCAPTCHA 594
Rechte-Hierarchie 519
Registrierung 533
   aktivieren 533
   Formular 534
rem 709
require_once() 894
Responsive Design 95, 697
RSS 400
RSS-Feeds 463

S

Schlagwörter 147, 224
   ändern 230
   auf Website auflisten 241
   ausmisten 226
   bearbeiten 227
   Beschreibung 228
   Bilder 230
   Einleitungsbild 230
   erstellen 227
   gliedern 228
   Kompaktliste der verschlagworteten Einträge 231
   Liste aller Schlagwörter 242
   Menüpunkt zu einem Schlagwort 230
   Schlagwortbild 230
   schnell zuweisen 230
   Tag-Cloud 147
   Tag-Wolke 147
   unterordnen 228
   Verschlagwortete Einträge 239
   verwalten 225
Schlagwörter-Wolke 404
Schlüsselreferenz 144
Schlüsselwörter 908
Schnellinstallation, XAMPP installieren 20
Schnellstartsymbole 93
Schreibrechte 78
Search Engine Optimisation 902
Search-Plug-ins 612
Secure Shell 47
SEF 623
Seite
   ausdrucken 84
   senden 84
Seitenklasse 759
Seitenleiste 97
   im Template formatieren 744
Seitentitel 152

Seitenumbruch 151
Sendmail 579
SEO 902
Server mieten 18
Session-Management 574
Sicherheitsaktualisierungen 941
Sidebar 97
Site 82
Site Modules 356
Site offline 50
Sitzungsmanagement 574
Slider 446
Slider (Begriffserklärung) 178
Smart Search 338, 587, 610
    aktivieren 340
    Filter 346
    Finder 339
    Indexierung 338
    Modul 349
    Statistiken 349
    Suchfilter 346
    Suchformular 342
SMTP-Server 579
Speichern & Neu 131
Speichern & Schließen 131
Spider 903
Sprachauswahl 804, 808
Sprache 785
    einzelne Übersetzungen austauschen 819
    Inhaltssprachen 795
    Language String Overrides 819
    Language Tag 792
    mehrere Sprachfassungen 794
    Modul 808
    Overrides 821
    Sprach-Tag 792
    wechseln 791
Sprachenfilter 624
Sprachkonstanten 820
Sprachpakete 68, 785
    .ini-Dateien 825
    .localize.php 826
    .xml-Datei 823
    aktualisieren 947
    aus dem Internet beziehen 788
    Backend übersetzen 829
    bei Installation einspielen 68
    beschaffen 785
    deinstallieren 791
    deutsche 68
    entfernen 791
    erstellen 822
    Informationen zur Sprache 823
    install.xml 828
    installieren 36, 785
    Language Constants 826
    Language Overrides 822
    Language String Overrides 819
    Language Tag 792, 823
    löschen 791
    Overrides 821
    schnüren 829
    Sprachschlüssel 820, 826
    Sprach-Tag 792, 823
    Texte übersetzen 825
    über das Backend beziehen 786
    wechseln 791
Sprachschlüssel 820, 826, 887
Sprach-Tag 792, 797, 823
SQL Server ab Version 10.50.1600.1 17
ssh, Secure Shell 47
Startseite 14, 82
    aufrufen 66
statische Seite 6
Statistikerhebung 91, 620
Status 105
Stile 637
    Default 637
    erstellen 641
    Erweitert (Register) 642
    im Frontend ändern 648
    Probleme beheben 639
    Standard 637
    tauschen 638
    verändern 641
style 670
Styles 637
Stylesheets 653, 700
Suche 332
    Anfragen analysieren 332
    Filter 346
    Finder 339
    Menüeintragstyp 450
    Nodes 342
    OpenSearch 337
    Statistiken 332
    Suchen-Feld 332
    Suchformular 335
    Suchformular oder Suchergebnisse auflisten 335
Suche (Menüeintragstyp) 343
Suchfilter 346

Suchformular oder Suchergebnisse auflisten (Menüeintragstyp) 335
Suchfunktion 83, 99, 332
Suchindex 338, 600
   aktivieren 340
   Filter 346
   Finder 339
   Indexierung 338
   Menüeintragstyp 451
   Modul 349
   Statistiken 349
   Suchfilter 346
   Suchformular 342
Suchmaschinen
   Funktionsweise 903
   Rank 903
   Robot 903
   Score 903
   Webcrawler 903
Suchmaschinenfreundliche URLs 911
Suchmaschinenoptimierung 901
   Aktualität 907
   E-Marketing 902
   Füllwörter 905
   Internet-Marketing 902
   Linklisten 907
   Links 906
   Menüs 904
   Multimedia-Inhalte 907
   Name der Website 910
   Onlinemarketing 902
   PageRank 903
   Punktwert 903
   Schlüsselwörter 905
   Search Engine Friendly Links 911
   Seitenname 910
   Suchmaschinenfreundliche URLs 911
   Überschriften 904
   Unicode-Zeichen 916
   URL-Rewrite-Modul (Apache) 913
Suchwerkzeuge 99, 135
Super Administrator 86
Super User 86, 88
   Passwort wiederherstellen 937
Syntax-Highlighting 600
Systeminformationen 581
Systemmeldungen 673
System-Plug-ins 613
System – Sprachkürzel
   Sprachkürzel (Register) 625

T

Tabellen
   filtern 99
   Inhalte löschen 53
   Sortierkriterien 100
   Suchfunktion 99
   Übersicht schaffen 99
Tag-Cloud 147, 404
Tags 147, 225, 656
   verwalten 225
Tag-Wolke 147
template_preview.png 653
template_thumbnail.png 653
templateDetails.xml 683
   <author> 685
   <authorEmail> 685
   <authorUrl> 686
   <copyright> 686
   <creationDate> 685
   <description> 686
   <extension> 685
   <filename> 686
   <files> 686
   <folder> 686
   <license> 686
   <position> 686
   <positions> 686
   <version> 686
Templates 86, 633, 651
   <author> 685
   <authorEmail> 686
   <authorUrl> 686
   <copyright> 686
   <creationDate> 685
   <description> 686
   <filename> 686
   <files> 686
   <folder> 686
   <jdoc:include> 663, 665
   <license> 686
   <position> 686
   <positions> 686
   <version> 686
$this 678
Angemeldete Besucher 774
Ausgaben von Komponenten verändern 691
Bauplan 633
Bedingte Darstellung 771
Beiträge formatieren 721

beschaffen 634
Bilder einbauen 676
Bilder skalieren 706
class 713
CSS-Reset 705
CSS-Style für Link 758
custom.css 781
default.php 690
defined('_JEXEC') 678
deinstallieren 649
Druckvorschau 751
einzelne Elemente 754
entwickeln 651
Entwurfsskizze 653
erstellen 651
Farbwahl 712
Fehlerseite 679
Fluid Layouts 746
Fußzeile 730
get() 675
Grundgerüst 656, 659
Hathor 634
Hauptmenü formatieren 739
Header-Klasse 754
Header-Tag 754
HTML 656
HyperText Markup Language 657
index.php 653, 659, 678
installieren 636
Isis 634
Klassennamen 714
Komponenten 665
Kopf 662
Layout für den Desktop 733
Leserichtung 664
Links formatieren 709
Link zur Startseite 675
Media-Queries 734
Menü formatieren 715
Menüklassensuffixe 756
Menüpunkt umformatieren 758
Menü-Tag-ID 756
Menüzuweisung (Register) 646
Metadaten 662
mit Parametern steuern 760
Mobile First 654, 704
Module
    Ausgaben über das Backend steuern 672
    formatieren 725
    verpacken 670
    zählen 771–772
Module Chrome 692–693
    erstellen 693
moduletable 727
Modulklassensuffixe 755
Modulpositionen 666
    benennen 666
    identifizieren 666
    kennzeichnen 666
    Platzhalter 668
Modul-Titel unterdrücken 720
Name der Website 675
Overrides 689
Paket erstellen 687
Parameter 760
Pfadangaben 678
Protostar 633
Responsive Design 697
responsive Images 751
Schreibrichtung 664
Schriftgrößen 708
Seitenbreite begrenzen 746
Seitenklasse 759
Seitenname 675
Spezialbefehle 662
Sprachdateien 769
Sprache 663
Sprache einbinden 663
Sprachschlüssel 768
style-Attribut 669
Stylesheet einbinden 700
Suchen-Modul formatieren 711
Systemmeldungen 674
template_preview.png 752
template_thumbnail.png 752
templateDetails.xml 653, 683
Template Overrides 689
übersetzen 768
UTF-8-Zeichenkodierung 659
verändern 780
Verbesserungspotenzial 750
verwalten 633
Verzeichnis 652
Viewports 748
Vorschaubilder 752
XML 662
Zeichenkodierung 663
Thumbnails 252
TinyMCE 138, 604, 955

Kompletter Funktionsumfang 957
Modus Erweitert 955
Symbole 955
Tabellen 961
<title> 658, 663
Toolbar 97
Two-Factor Authentication 527
TYPO3 5

U
Übersetzungen austauschen 819
<ul> 683, 717
Umleitungen 916
Unterseiten 151
Uploads blockieren 257
URL Rewrite 912
URL-Sprachkürzel 798
User 486
User Notes 550
UTF-8-Zeichenkodierung 659, 824

V
vCard 297
Verbesserungspotenzial 750
Verknüpfte Einträge 816
Veröffentlichungsdatum 168
Veröffentlichungsoptionen
 Werbebanner 276
Verschlagwortete Beiträge (Menüeintragstyp) 239
[version] 883
<version> 686
Versionsverwaltung 245
 aufrufen 246
 automatische Löschung 250
 Eintragsversionsverlauf 246
 Versionen einsehen 247
 Versionen löschen 250
 Versionen vergleichen 247
Verstecken, Inhalte 105
Verwaltungszentrale 88
Verweise auf andere Beiträge 163
Verzeichnisrechte 582
Verzeichnisse, vor Blicken schützen 881
View 869, 873
 Template 875
Viewports 748
Voraussetzungen 16
Vorlage 86
Vorspann 149

W
W3C 657, 698
Wartungsarbeiten 563
Wartungsmodus 563
web.config.txt 915
Webhoster 18
Webkatalog 835
Weblinks 844
Webseite 14
 Grundgerüst 658
 HTML5 658
Webserver 16
 Apache 16
 htaccess.txt 915
 IIS 16–17
 mod_rewrite 913
 Nginx 16
 URL-Rewrite 913
Website 14, 82
 Design 633
 Entwurfsskizze 653
 mehrsprachig 794
 offline 563
Weiterlesen 150
Werbebanner 264
 Abrechnungsdetails 274
 abschalten 283
 Anzahl Aufrufe 275
 Anzahl Klicks 275
 anzeigen 279
 Fullbanner-Format 273
 Kategorien 268
 kontextabhängig 277
 Metadaten 270
 Modul 279
 Standardgrößen 273
 Statistik 281
 Veröffentlichungsoptionen 276
 Veröffentlichungsstart 276
 verstecken 283
 Zahlweise 275
Werbung 264
 abschalten 283
 anzeigen 279
 einbinden 271
 Fullbanner-Format 273
 kontextabhängig 266, 277
 Modul 279
 veröffentlichen 276
 Werbekunden verwalten 265
 Zahlweise 275

Werkzeugleiste 97
Whitelist 522
Wiederherstellung 921
WordPress 5
World Wide Web Consortium 657

X
XAMPP 19
   beenden 39
   BitNami 21
   installieren 19
   löschen 39
   Sicherheit 41
   unter Linux installieren 27
   unter OS X installieren 24
   unter Windows installieren 20
   XAMPP Application Manager 25
   XAMPP Control Panel 22
XAMPP Application Manager 25
XAMPP Control Panel 22
   starten 24
XML 684
XML-Informationsdatei 881

Y
YubiKey 528

Z
Zeichenkodierung 659
Zugriffsebenen 142, 503
   anlegen 506
   anwenden 507
   Arbeitsweise 503
   Beiträge 509
   Guest 505
   Probleme 509
   Public 505
   Registered 505
   Special 505
   Super Users 505
Zwei-Faktor-Authentifizierung 527
   Plug-ins 626
Zwischenspeicher 571, 623
Zwischenüberschrift
   in Menüs 475

Über den Autor

Tim Schürmann ist selbständiger Diplom-Informatiker und derzeit hauptsächlich als freier Autor unterwegs. Seine zahlreichen Artikel erscheinen in führenden Zeitschriften und wurden in mehrere Sprachen übersetzt. Er hat bereits einige erfolgreiche Bücher geschrieben, darunter mehrere Auflagen von *Praxiswissen Joomla!* oder *WordPress 4 komplett – Das Kompendium für Websites und Blogs* (O'Reilly Verlag). Die Entwicklung von Joomla! verfolgt er nicht nur seit dessen Anfängen, er folterte das Content-Management-System selbstverständlich auch schon in der Praxis mit schwer verdaulichen Inhalten. Seine Steckenpferde sind die Programmierung, Algorithmen, freie Software, Computergeschichte, Schokoladeneis und der ganz alltägliche Wahnsinn.

Kolophon

Auf dem Cover von *Praxiswissen Joomla! 3.x komplett* ist ein Roter Vari (*Varecia ruber*) zu sehen. Der Rote Vari lebt wie alle Lemuren endemisch auf der Insel Madagaskar. Auf der Halbinsel Masoala im gleichnamigen Nationalpark konnten die letzten Familiengruppen dieser Feuchtnasenaffen vor der Ausrottung bewahrt werden. In den Bäumen des tropischen Regenwalds suchen die dämmerungsaktiven Tiere nach Früchten, Blättern und Nektar und kommen vormittags zum Sonnenbaden auf den Boden. Dabei strecken sie alle vier Gliedmaßen von sich, sodass es aussieht, als würden die Tiere die Sonne anbeten.

Mit ihren 50 bis 55 Zentimetern Rumpflänge und dem 60 bis 65 Zentimeter langen Schwanz gehören sie zu den größten Lemurenarten Madagaskars. Auffällig ist die rote bis rotbraune Färbung ihres weichen, langhaarigen Fells, das auch vor den starken Regengüssen der Regenzeit schützt. Das Gesicht, die Füße und der Schwanz sind schwarz. Hinten am Nacken ist ein großer weißer Fleck, und auch an den Füßen, am Schwanz und am Kopf können helle Haare vorkommen. Die gelben Augen mit schwarzer Iris geben dem Gesicht mit der schmalen, hundeähnlichen Schnauze einen markanten Ausdruck.

Der Rote Vari lebt in Gruppen von 2 bis 16 Tieren. Untereinander zeigen sie ihre Zugehörigkeit durch gegenseitige Fellpflege. Mit lauten Rufen, die durch einen Kehlsack verstärkt werden, markieren sie ihr Revier und warnen vor Feinden. Ein trächtiges Weibchen baut aus Blättern und eigenen Haaren ein Nest, wo die zwei bis drei völlig hilflosen Jungtiere zur Welt kommen. Dort bleiben sie auch in den ersten Wochen und werden von der Mutter, aber auch von anderen Gruppenangehörigen versorgt.

Die Zerstörung des Regenwalds und die Jagd nach Fleisch und Fell der Tiere haben die Population zusammenschrumpfen lassen. Der Rote Vari wird trotz aufwändiger Schutzmaßnahmen auf der Roten Liste des IUCN als »stark gefährdete« Art geführt.

Das Design der Reihe *O'Reillys Basics* wurde von Michael Oreal entworfen, der auch das Coverlayout dieses Buchs gestaltet hat. Als Textschrift verwenden wir die Linotype Birka, die Überschriftenschrift ist die Adobe Myriad Condensed, und die Nichtproportionalschrift für Codes ist LucasFont's TheSansMono Condensed. Das Kolophon hat Geesche Kieckbusch geschrieben.

Rezensieren & gewinnen!

Besprechen Sie dieses Buch und helfen Sie uns und unseren Autoren, noch besser zu werden.

Als **Dankeschön** verlosen wir jeden Monat unter allen neuen Einreichungen fünf O'Reilly-Bücher. Mit etwas Glück sind dann auch Sie mit Ihrem Wunschtitel dabei.

Wir freuen uns über eine **aussagekräftige Rezension**, aus der hervorgeht, was Sie an diesem Buch gut finden, aber auch was sich verbessern lässt. Dabei ist es egal, ob Sie den Titel auf Amazon, in Ihrem Blog oder bei YouTube besprechen.

Schicken Sie uns einfach den Link zu Ihrer Besprechung und vergessen Sie nicht, Ihren Wunschtitel anzugeben:

www.oreilly.de/besprechungen oder **besprechung@oreilly.de**

dpunkt.verlag GmbH

Wieblinger Weg 17 fon: 0 62 21/14 83-0
69123 Heidelberg fax: 0 62 21/14 83-99